재생, 부천 다시 놀자!

- 부천 르네상스 위한 치열했던 의정활동 기록

재생, 부천 다시 날자!

초판1쇄 발행 2018년 3월 10일

엮고 지은이 김 종 석
편   집 디자인블루

펴 낸 이 최 진 섭
펴 낸 곳 도서출판 말

출 판 신 고 2012년 3월 22일 제 2013-000403호
주   소 서울 마포구 토정로 222(신수동 448-6) 한국출판컨텐츠센터 316호
전   화 070-7165-7510
전 자 우 편 dream4star@hanmail.net

ISBN 979-11-87342-08-3

부천 르네상스 위한
치열했던
의정활동 기록

재생, 부천 다시 놀자!

김종석 엮고 지음

학생운동, 월간 〈말〉 기자 시절의 글, 격동의 시대를 지나온 기록들을 갈무리했습니다. 국회 보좌관 7년, 경기도의원 6년, 정책 개발과 예산 확보를 위해 뛰었던, 생생한 의정활동 기록도 담았습니다. 오늘보다 더 나은 내일을 위해 분투했던 '김종석의 치열했던 삶'의 기록이기도 합니다.

맘
도서출판

다시 세상을 향하여 신호음을 보냅니다!

정치인에 대한 불신이 극에 달한 지금 무엇을 어떻게 하겠다는 말을 차마 할 수가 없었습니다. 고민 끝에 지난날 제 삶을 온전하게 보여드리고, 미래를 가늠해 볼 수 있도록 하자는데 생각이 미쳤습니다.

모든 정치인에게는 속기록이 있습니다. 작가가 글로, 판사가 판결문으로, 사진작가가 사진으로, 말해야 하듯이, 정치인은 속기록으로 말해야 한다는 신념을 가지고 있습니다. 속기록을 의식해서 그런 것은 아니지만, 저는 늘 상대와 치열하게 논쟁합니다. 그런 의미에서 속기록은 저의 생각과 다짐을 돌아보게 하는 거울입니다. 제 생각을 술술 풀어나가면서 책을 쓰기는 훨씬 편했지만, 최대한 객관성을 확보해보고자 속기록 위주로 정리했습니다.

제가 결정적으로 김대중 전 대통령님을 존경하게 된 것은 『말』지 기자 경험 때문입니다. 김대중 전 대통령님의 인터뷰 녹취를 풀면, 말이 그대로 적확한 문장이 됩니다. 당신의 생각을 말로 하시기 전에 얼마나 다듬었는지를 충분히 가늠할 수 있었습니다.

원고를 쓰기 위해 속기록을 보면서 많이 비참해지기도 했습니다. 상당부분이 저에게 유리하게 기억이 조작되어 있었기 때문입니다. 동료의원이 더 잘 했던 일을 제가 더 잘한 것으로 기억하고 있거나, 제가 아주 조리 있게 이야기를 잘했다고 생각하고 있는 부분이 사실은 중언부언의 '끝판왕'이었다는 사실을 발견하고 부끄러워 죽는 줄 알았습니다. 하지만, 저를 반추할 거울을 가지고 있다는 사실만으로도 감사할 일입니다.

30년 전의 기록과 지금의 기록, 한 세대의 기록을 한꺼번에 보니 여러 생각이 듭니다.

과거에 그랬고, 지금 그렇듯이 미래에도 저는 시대정신과 동떨어진 삶을 살 수는 없을 것 같습니다. 리영희 선생님, 조세희 선생님, 당신들의 모든 인생을 걸고, 치열한 삶을 살아 가신 그 분들을 옆에서 지켜보고, 사랑을 받았는데, 어찌 제가 비뚤어지게 살 수 있겠습 니까.

솔직히 지금도 저에게 삶을 살아가는 유력한 무기가 사랑인지 분노인지 잘 모르겠습니 다. 제 삶이 두 갈래 길에서 어느 한 길을 선택하고, 가지 않았던 길을 아쉬워할 정도로 조금은 단순한 삶을 살았으 면 좋으련만, 참 복잡하게 여러 길을 걸었다는 생각이듭 니다.

오늘이 있기까지 참 많은 분들의 사랑을 받았습니다. 그 저 감사할 따름입니다. 제 삶의 든든한 버팀목인 홍지은 씨와 세빈, 민수 고맙습니다. 하늘나라에 먼저 가신 김광 평, 김창제, 홍충섭, 세 분의 아버지, 당신들의 아들이자 사위였던 것이 자랑스럽습니다. 무한 사랑을 퍼주시는 김 지순, 김영자, 이애용, 세 분의 어머니 사랑합니다. 저의 정치적 어머니이자 동지인 소사댁 김상희 의원님 고맙습 니다. 경기도의회 운영위원회 전문위원실 전·현직 직원 들, 특히 김대중 주무관에게 감사의 마음을 전합니다. 자 료 공유해주신 부천타임즈 양주승 기자, 경기도의회 양근 서 의원님 감사합니다.

문사를 꿈꿨으나, 투사로, 정치인으로 살았습니다. 부천 의 경제, 도시, 문화, 예술의 재생을 위해, 부천 르네상스 시대를 활짝 열어젖힐 준비를 잘 마쳤는지, 책을 통해 확 인해주시고, 김종석에게 따뜻한 손을 내밀어주십시오.

김 종 석

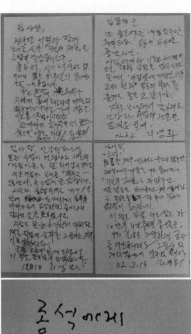

정치는 종합예술, 인문학적 소양에 기대

김종석 경기도의원의 새로운 책 『재생, 부천 다시 날자』의 출간을 축하드립니다.

아는 이들은 아는 사실이지만 김종석 도의원은 신춘문예를 통해 등단한 작가입니다. 그러므로 공인된 문사인 저자의 책에 추천사를 쓴다는 것이 사실 좀 조심스럽기도 합니다. 그러나 이 책은 문학 서적이 아니고 부천의 미래를 위한 한 정치인의 아이디어를 모아 놓은 책인 만큼, 정치선배로서 저자가 가진 좋은 생각들을 알리는 데 도움을 줄 수 있다면 굳이 주저할 이유가 없겠다는 생각을 했습니다.

저자는 현역 도의원으로 아직은 열악한 우리 지방자치의 현실에 비추어 봤을 때 매우 좋은 능력을 갖춘 인재입니다. 아마도 정치 분야의 전문성은 다른 누구와 비교해도 부족하지 않으리라 생각합니다. 존경하는 김상희 의원님의 정책보좌관직을 비롯하여 오랜 국회보좌관 생활을 거치면서 전문적인 식견과 정치적 안목을 충분히 갖춰 왔고, 본인 스스로 도의원이 되어 재선에 이르는 동안에는 경기도의회의 소문난 정책통, 예산통으로 인정받아 왔습니다. 지방자치와 분권 그리고 도시재생에 대한 일관된 소신을 가지고 부천 발전을 위한 많은 일에 줄곧 기여해 온 것으로 압니다.

정치 외적인 분야에서 남다른 경험을 지니고 있는 것 역시 저자의 큰 장점일 것입니다. 전남대 재학 시절에는 우리 사회의 민주화를 위해 학생운동의 일선에 섰으며 그로 인해

원 혜 영 더불어민주당 국회의원(부천 오정)

옥고를 치르기도 했습니다. 학교를 졸업하고는 월간 『말』 지 기자, 계간 『당대비평』 의 편집장, 도서출판 〈아침이슬〉의 대표로 저널리즘과 출판 분야에서 많은 경험을 했습니다. 이는 기본적으로 정치인이 꼭 갖춰야 할 인문학적 소양을 충분히 갈고 닦았음을 의미합니다.

꼭 인문 분야가 아니더라도 정치인으로서 남들과 구분되는 다양하고 풍부한 삶의 경험들을 지니고 있다는 것은 매우 행복한 일입니다. 정치의 기본은 이러니저러니 해도 올바르고 폭넓은 관점을 갖는 것이기 때문입니다. 지금은 5선의 국회의원인 저 개인의 삶을 돌아보더라도 학생운동 시절의 경험과 생각, 풀무원 창업으로 경영 일선에 섰을 때의 경험과 생각, 새 정치를 꿈꾸며 현실정치에 뛰어들던 때의 경험과 생각 그리고 민선 부천시장으로 행정가의 관점에서 세상을 바라보던 시절의 경험과 생각들이 각각 다르지만, 결국 정치라는 '종합예술'의 장에서는 한 덩어리의 자양분이 되어 유익한 결과를 가져다 주는 것을 경험하곤 했습니다.

저자 역시 본인이 가진 많은 것들을 잘 다듬고 숙성시켜서 더욱 더 많은 이들을 행복하게 하는 정치인이 되어 주기를 바랍니다. 아울러 이 책에 담긴 저자의 좋은 생각들이 보다 많은 이들에게 읽혀지고 알려질 수 있기를 기대합니다.

평등·공정·정의로운 나라를 향한 열정과 땀!

제7회 전국동시지방선거가 90일 앞으로 다가오면서 부천 정가도 들썩이고 있습니다. 고 김대중 대통령님의 단식 투쟁을 통해 얻어졌다고 해도 과언이 아닌 우리나라 지방자치제도가 시행된 지 벌써 26년이 지났습니다. 아직 아쉬운 점이 더 많지만 지금의 풀뿌리 민주주의가 국민의 정부와 참여정부를 탄생시켰고, 문재인 정부의 집권을 가능하게 했다는 것에 대부분 동의하실 것으로 믿습니다.

문재인 대통령께서 '연방제에 버금가는 강력한 지방분'을 추진하겠다는 국정의지를 밝히며, 개헌의 필요성을 역설하시고, 본격적인 지방자치시대를 열 것을 호소하고 있습니다. 실제로 전 세계 주요 선진국들의 경우, 국가 경쟁력을 강화하기 위해서 중앙집권적 권력구조를 중앙과 지방의 수평적 권력구조로 빠르게 전환하고 있습니다.

경기도 31개 시군 중에서 해당 지역 도의원 전체가 특정 정당으로만 채워진 경우는 매우 희귀한 사례라고 합니다. 부천시민들께서 그만큼 우리 민주당을 지지해 주시고, 성원해 주신 결과이기도 하지만, 우리 부천시 도의원 한 사람 한 사람의 능력들이 그만큼 출중하다는 의미이기도 합니다.

설　　훈 더불어민주당 국회의원(원미을)

　김종석 의원의 『재생, 부천 다시 날자! ─ 부천 르네상스 위한 치열했던 의정활동 기록』은 학생운동 경험, 국회 보좌관 경험, 경기도의원 경험이 잘 녹여져 있습니다. 평등하고 공정한 나라, 정의로운 사회를 만들기 위해 오직 국민만 바라보고 달려온 땀과 열정이 담겨져 있습니다. 그가 꿈꾸는 재생은 부천 시민 모두가 꿈꾸는 재생이기도 할 것입니다. 그 재생의 의미가 단순한 도시재생이 아니라 문화 재생, 예술 재생, 경제 재생을 의미하는 것임을 우리 모두는 알고 있습니다.

　다시 한 번 김종석 의원의 『재생, 부천 다시 날자!』 책 출간을 진심으로 축하드리며, 부천시민 여러분의 건승과 행복을 기원합니다.

『재생, 부천 다시 날자!』희망의 증거가 되기를!

경기도의회 운영위원장인 김종석 의원이 『재생, 부천 다시 날자!』를 출간했습니다. 이 책을 세상에 내놓기 위해 지난 수개월 동안 자료를 정리하고, 편집하는 산고를 겪는 모습을 지켜보았기에 여느 정치인들의 책과는 다를 것이라고 기대했습니다.

이 책은 김종석 의원의 삶은 물론 의정활동 철학을 잘 보여주고 있습니다. 격동의 현대사에서 민주화와 통일 운동에 직접 참여한 김종석의 눈[目], 〈말〉지 기자 및 국회보좌관으로 활동하며 국민의 목소리를 들은 귀[耳], 경기도의원으로 활동하며 부천 소사 주민들의 애환을 대변한 입[口]의 기록이기 때문입니다.

이 책에는 '부천 르네상스 위한 치열했던 의정활동 기록'이라는 부제가 붙어 있습니다. 김종석 의원이 소사를 넘어서, 부천을 넘어서, 경기도를 위해, 치열하게 활동했던 결과물들이 모두 정리되어 있습니다.

지역의 크고 작은 사업 예산을 확보하기 위해 그가 얼마나 끈질기게 노력했는지를 한눈에 알 수 있습니다. 특히 주목할 부분은 10년 가까이 가장 큰 지역현안이었던 '뉴타운 문제'를 해결해 나가는 과정입니다.

김 상 희 더불어민주당 국회의원(부천 소사)

  지난 19대 국회에서 우리 당의 많은 의원들과 함께 뉴타운 출구전략을 마련하고, 법제화에 성공했습니다. 김종석 의원은 경기도에서 뉴타운대책특별위원회를 만들고, 매몰비용 지원 조례를 전국 최초로 만들었습니다. 경기도 행정사무감사 회의록과 자료들을 통해, 생생하고 치열했던 의정활동 현장을 느껴보십시오.

  이제 김종석 의원이 도시재생과 지방분권을 들고 나왔습니다. 보좌관 시절과 도의원 시절에 그랬듯이 잘 해나갈 것입니다. 『재생, 부천 다시 날자!』를 통해 성공여부를 가늠해 보십시오.
  이 책이 정치에 기대를 거는 사람들에게 희망을 주는 증거가 되기를 기대하며, 김종석 의원의 건승과 부천시민 여러분의 행복을 기원합니다.

뉴타운 해결사의 또 다른 도전

김종석 의원은 도전하는 사람입니다. 기자, 편집자, 출판사 대표, 국회보좌관, 경기도 의원까지 참으로 다양한 직업을 거쳐 이곳까지 왔습니다. 먹고 살기 위해 연관 없는 여러 분야를 돌고 돌았던 것은 결코 아닙니다.

직업을 선택하는 그의 기준은 일관됩니다. 하고 싶은 일, 정의로운 일에 대한 매진입니다. 하고 싶은 일은 타고난 소질인 글을 쓰는 것이고, 정의로운 일은 청소년기에 경험한 광주의 아픔을 잊지 않고 살아가는 것입니다. 그의 삶의 흔적을 따라가면 힘이 넘치면서도 사람을 품는 능력이 왜 남다른지 자연스레 이해가 됩니다.

인간적 면모만이 아닙니다. 그는 정책에서도 도드라진 능력을 보여주고는 합니다. 제가 경험한 김종석 의원의 정책 능력 한 가지만 말씀드리겠습니다. 저는 19대 국회 국토교통위원회 소속으로 뉴타운 후속 대책을 마련하기 위해 고심하고 있었습니다. 당시 거대 여당의 횡포에 더해 특정 지역에 국한된 문제이었기에 함께 힘을 합칠 국회의원들이 많지 않았습니다. 국회뿐만 아니라 기초·광역 의원의 지원이 필요했습니다.

김 경 협 더불어민주당 국회의원(부천 원미갑)

그때 도의원 한 사람의 활약이 눈에 들어왔습니다. 경기도 뉴타운 대책특별위원회를 만들고, 전국 최초로 뉴타운 매몰비용을 지원할 수 있는 실효성 있는 조례를 탄생시킨 중심인물이 김종석 의원이었습니다. 이 조례를 근거로 경기도지사나 시장이 뉴타운 직권해제를 할 경우 해산된 조합에도 매몰비용을 지원할 수 있게 되었습니다.

『재생, 부천 다시 날자! - 부천 르네상스 위한 치열했던 의정활동 기록』은 김종석 의원의 생생한 삶의 기록이자 의정 활동 보고서입니다. 부천과 함께 했던 열정의 시간들, 고민의 시간들이, 오늘보다 더 나은 내일을 꿈꾸는 부천시민들에게 길라잡이가 되고, 희망을 일구는 삶의 자양분이 되기를 기원하겠습니다.

지금까지 그래왔던 것처럼 우리와 함께 할 김종석 의원의 또 다른 삶에서도 무궁한 발전이 있기를 기대합니다.

공부하는 정치인이 통하는 세상,
부천에서 시작됐으면

책이 막판까지 진통이 심한 모양입니다. 김종석이기 때문입니다. 신춘문예 당선과 월간 『말』 기자, 계간 『당대비평』 편집장을 지낸 그입니다. 그러니 글도 책도 그의 손을 거치는 과정이 만만치 않을 터입니다. 이렇게 귀한 책에 제 글이 실리는 것만으로도 영광입니다.

17대 국회 보좌관 시절에 '김종석' 이름을 들었습니다. 보좌관들 사이에서 민주당의 가치를 열심히 지키는 보좌관으로 회자됐습니다. 2012년 부천 보궐선거를 응원하러 갔다가 그를 만났습니다. 후보자 김종석의 이력을 살펴보니 깐깐할 것 같았습니다. 예상은 빗나갔습니다. 풋풋하고 따뜻했습니다.

드디어 경기도의회에 입성했고, 도정 질의나 의총에서 발언하는 모습을 봤습니다. 내가 그동안 기다려왔던 의원의 모습이었기에 기뻤습니다. 정책에 대한 식견과 안목이 뛰어났고, 보좌관 경험에서 우러나오는 정무적 감각도 남달랐습니다.

2014년 우리는 경기도의회에서 다시 만났습니다. 김종석 없는 9대 의회는 상상이 안 될 정도로 핵심 역할을 했습니다. 제가 전반기 의장 시절에 건설교통위원으로 활동할 때는 신청사 건립 과정에서 탁월한 리더십과 협상력으로 주목받았습니다. 후반기에 제가 연정

강득구 경기도 연정부지사

부지사가 돼 집행부의 일원으로 일할 때는 민생연정 관련된 주요 이슈마다 마지막은 늘 김종석이 정리했습니다.

일만 잘하고 인간미가 없으면 정치를 못 합니다. 그런 점에서 김종석은 만점입니다. 집안 사정으로 두 분의 어머님을 모시고 있는데, 지극정성으로 대하는 모습에서 감동을 받았습니다. 다른 사람을 대할 때도 늘 자신의 어머니를 대할 때와 같습니다. 사람 존중이 몸에 밴 사람입니다.

이제 부천의 새로운 미래를 준비하면서 『재생, 부천 다시 날자!』를 펴내는 것을 축하합니다. 대부분 정치인은 행사에 자주 가서 사람들을 만납니다. 김종석은 그 시간에 공부하고 정책을 준비합니다. 기성 정치인과 사뭇 다른 모습입니다. 정치인은 시대에 대한 고민, 현안에 대한 고민이 필요하기 때문에 공부가 필수입니다. 공부하는 정치인이 통하는 사회, 부천이 그런 세상의 출발점이 되기를 기대합니다.

재생, 부천 다시 날자!

- 부천 르네상스 위한 치열했던 의정활동 기록

목 차

"늘 시대의 부름에 응했습니다!"

저는 전남 강진군 도암면 석문리에서 3남 중 둘째로 태어났습니다. 저희 집안은 도강(道康) 김씨 종가로 조부께서 면장을 하시는 등 지역 유지였던 관계로 가정교육은 상당히 엄격한 편이었습니다. 초등학교에 입학하기 전까지 증조부에게서 《천자문》을 배웠던 기억이 지금까지 남아 있습니다.

초등학교 때는 심한 개구쟁이였고, 중 2때인 1979년 박정희 대통령 서거 소식에 하늘이 무너진 줄 알고, 면사무소에 가서 분향해서 평평 울었던 아주 평범한 학생이었습니다. 그런데 작은아버지가 자손이 없어 제가 양자로 가야 했습니다. 고등학교에 입학해서 광주로 가면 그분들과 같이 살 기회가 없을 것 같아 중 3때 리어카에 짐을 싣고 작은아버지 집으로 갈 때는 눈앞의 풍경이 뿌옇게 흐려졌습니다.

1980년 광주는 많은 이들에게 그렇듯 저에게도 큰 영향을 미쳤습니다. 광주에서 고등학교를 다니던 선배들이 며칠 동안 걸어서 고향까지 와 들려준 광주의 흉흉한 소문은 놀랍기만 했습니다.

1982년 광주에서 자취를 하면서 고등학교에 다닐 때, 전남대 총학생회장이었던 박관현 열사가 감옥에서 숨졌다는 소식에 학교가 술렁거렸습니다. 당시 문예부 활동을 하던 제게 광주의 상황은 자연스럽게 사회문제에 대한 관심을 갖게 했습니다. 조선대 뒷산에 올라가 김지하 선생님의 《오적》 복사본을 숨죽이며 보았던 기억이 생생합니다.

여러 이유로 3수를 했습니다. 대학에 다니는 친구들의 신림동 자취집에 기거하면서 생계비와 학원비를 조달하기 위해 명동에서 신문배달을 했습니다. 당시 석간이었던 동아일보 광화문 본사에서 매일 신문덩이를 짊어지고 명동에서 신문을 돌렸는데, 요지경 속 명동은 제게 참으로

많은 것을 느끼게 했습니다. 다락방보다 좁은 공간에서 금은세공을 배우고 있는 제 또래 아이들의 슬픈 눈망울과 고급 양장점에 모인 귀부인들, 그리고 문밖에 버려진 고급 요리를 보면서 불평등한 사회에 분노하고 바로잡아야 한다고 다짐했던 기억이 있습니다.

당시 친구들과 함께 읽었던 수많은 사회과학 책 중에서 제 인생을 바꾼 책이 있습니다. 김병오 씨가 지은 《민족문제와 통일문제》입니다. 비록 이론적으로 완벽하게 정리되지는 않았지만 남북통일만이 우리 사회의 모든 모순을 해결할 수 있다고 판단했습니다. 그래서 통일문제에 대해서는 '박사'가 되겠다고 다짐하고 통일 관련 책과 자료들을 닥치는 대로 섭렵했습니다.

전남대 총대의원회 의장, 전대협 6·10 남북학생회담 대표

전남대학교 국문과 입학 후에는 어느 학생들처럼 강의실보다는 거리에서 살면서 열심히 학생운동을 했습니다. 1987년 대학 2학년 때부터 '통일박사'로 통하며 통일문제를 주제로 단과대를 돌면서 강연을 했습니다. 이 소식이 전해졌는지 6월 항쟁 후에 전국대학생대표자협의회(이하 전대협)에서 통일문제 확산을 위한 비공개조직이 꾸려졌고, 제가 대표를 맡게 되었습니다.

전국의 대학을 돌며 수차례에 걸쳐 모임을 가졌고, 전국 각 대학교 도서관, 연구소에서 통일 관련 자료를 취합했습니다. 하지만, 1987년 대선을 앞두고 학생운동권이 후보단일화파와 비판적

지지파로 분열하면서 고비를 맞게 되었습니다. 고려대 운동장에서 양김(兩金)이 참여해서 집회가 열리던 그 시각에 고대총학생회 사무실에서 저는 전대협 간부들을 상대로 통일운동 준비만은 무슨 일이 있어도 지속적으로 추진해야 한다고 울부짖었습니다.

1987년 대선 패배 후에 다시 조직을 꾸리자는 연락이 왔습니다. 하지만 제가 전남대 총대의원회 의장으로 선출되었던 터라 더 이상 그 일을 맡지 못하게 되어, 그동안 수집했던 모든 자료를 전대협에 넘겨주었습니다.

1988년 제가 책임을 맡았던 조직을 근간으로 조국통일학생추진위원회(통학추)가 꾸려졌고, 마침내《조국은 하나다》라는 단행본으로 출간되었습니다. 그때의 감격은 지금도 잊을 수가 없습니다. 1988년부터 들불처럼 번졌던 통일운동

에 미약하나마 나름대로 기여했다는 점에서 그때의 일은 지금도 제 인생에서 가장 큰 자랑이자 보람입니다.

통학추가 꾸려지고 서울대 총학생회장 후보로 나온 김중기가 남북학생회담을 제안했습니다. 전대협에서는 판문점에서 북측 학생들을 만나 실무적인 이야기를 나눌 때 제가 꼭 필요하다면서, 6·10 남북학생회담 남한측 13인 대표 중 한 사람으로 활동해 줄 것을 요청해 왔고, 저는 기쁜 마음으로 제안을 수락했습니다.

1988년 6월 9일 서울에서 열린 회의에서 "광주의 영령들의 뜻을 받들어 기필코 휴전선을 돌파하겠다."며 투쟁의 선봉장이 되겠다고 나섰습니다. 하지만 전대협에서는 제가 남아서 해야 할 일이 많다며 말렸습니다. 그후 약 5개월 동안 전국의 대학을 돌며 '통일 강연'을 다녔습니다. 그

해 11월 수배 6개월 만에 투옥이 되었는데, 12월에 김남주 선생님을 비롯한 양심수 대사면이 있어서 금세 풀려났습니다.

1989년부터 1991년까지 방위로 군에 입대한 후 매년 두 차례씩 보안대에 끌려 다니며 어려운 세월을 보냈습니다. 복학 후 졸업을 앞둔 91년 대학 4학년 때 과연 제가 글을 써도 좋을지 탐색해 보느라 〈광주매일〉 신춘문예 소설 부분에 응모한 결과 '아버지의 수첩'이 당선되었습니다.

1992년 전국연합 실무자로 14대 총선 전국연합 시민후보 이문옥 감사관 선거에 참여한 이후, 운동도 미디어 시대에 맞게 해야 한다는 생각을 했습니다. 그리고 서울로 상경 후 학원 강사를 하며 시나리오 창작과정을 수강했습니다.

월간 〈말〉 기자, 〈당대비평〉 편집장, 〈도서출판 아침이슬〉 대표

1994년 월간 〈말〉지 기자 공채 시험에 응시, 〈말〉지에 입사하게 되었습니다. 1995년 12월 28일 지금의 아내를 만나서 이듬해 2월 25일 결혼했습니다. 그 때나 지금이나 말없이 제 삶을 온전히 지지해 주고 함께해 주는 가장 든든한 지원군입니다.

〈말〉지 기자 시절 월급은 적었지만 좋은 선배 동료들을 만날 수 있었고, 마음껏 신념과 열정을 표출할 수 있었습니다. 당시 김대중 대통령님, 노무현 대통령님과의 인터뷰에 말석에나마 참여하면서 참 많은 것을 느꼈습니다. 특히 노무현 대통령님과 수차례 인터뷰 배석에서, 그 분이

큰 정치인으로 성장할 것이라는 확신이 들었습니다. 1997년 김대중 대통령님이 당선된 다음날, 방송국에 다니던 선배에게 "다음 대통령은 노무현입니다."라고 말하자, 깜짝 놀랐던 선배의 얼굴이 지금까지 생생하게 기억납니다.

하지만 소설을 쓰고 싶은 제 안의 열망을 꺾을 수가 없어서, 1996년 〈말〉지 기자를 그만두고 도서출판 당대 편집장으로 자리를 옮겼습니다. 그 출판사에서 소설가 조세희 선생님을 모시고 윤정모 선생님, 문부식 선배와 함께 〈당대비평〉을 창간, 편집장으로 2년 동안 일했습니다. 출판사 내부 사정으로 문부식 선배와 결별한 후, 1999년 '도서출판 아침이슬'창업 후, 2003년까지 40여 권의 책을 출간했습니다.

도서출판 아침이슬이 출판계에서 나름대로 주목받는 출판사로 성장하고, 도약의 발판을 마련했지만 어려움도 많았습니다. 그러던 중 아이가 많이 아팠습니다. 종교는 없었지만 모든 신들에

게 간절히 기도했습니다. 그 덕분이었는지 다행히 아이가 회복되었고, 저는 기도할 때 했던 약속대로 생업을 정리하고 생면부지의 땅, 강원도 홍천군으로 낙향했습니다. 월세 보증금까지 다털어서 빚잔치를 하고, 강원도 폐교를 임대해서 들어갔습니다. 강원도의 혹독한 겨울나기도 힘들었지만, 아내와 두 아이의 생계가 위협받는 상황에 직면하자 가장으로서 죄책감에 한없이 괴로운 나날이었습니다. 그때 절친한 친구의 주선으로 2004년 총선에서 광명을 열린우리당 양기대 후보 선거운동을 도와주게 되었습니다.

7년간의 정책보좌관 시절(17~18대 국회의원 김동철 · 김상희 의원)

총선 이후, 생면부지였던 고 김근태 의장님 보좌관이었던 윤천원 선배 소개로 열린우리당 김동철 의원실에 채용되어, 2004년 5월부터 2007년 6월까지 건교위, 법사위, 예결위 등을 맡아 3

년 동안 정책보좌관으로 근무를 했습니다.

17대 국회의원 김동철 의원실에서 가장 보람된 일은 호남고속철도 조기착공을 성사시킨 것입니다. 당시 저는 영·호남 지역 간 균형발전을 위해서는 SOC건설, 그 중에서도 호남고속철도 건설이 반드시 필요하다고 판단해 계속해서 의원님께 질의서를 써드렸습니다.

경부고속도로 건설로 수도권과 영남권에 경제력이 집중되면서 지역 간 불균형 발전이 심화되었다는 구체적이고도 실증적인 정책건의서를 만들어 청와대와 정부 관계자에게 보냈습니다. 동시에 별도의 정책자료집을 만들어 17개 광역시도 국장급 이상, 전국 언론사 국장급 이상에게 보내 우호적인 여론을 끌어내기 위해 전력을 다

했습니다. 호남고속철도 건설은 경제성이 아닌 정책적 판단에 따라 결정해야 한다고 끈질기게 실득했습니다. 마침내, 노무현 대통령께서 호남고속철도 조기착공 결정을 내렸습니다.

2016년 호남고속철도가 완공되었습니다. 서울에서 광주까지 두 시간이 채 걸리지 않는 고속철 안에서 만감이 교차했습니다. 2004년 최초로 조기착공 문제제기 후 12년 만에 거대한 역사가 마무리 되었습니다. 비록 아무도 알아주지 않는다 해도, 국가 균형발전의 토대가 되는 호남고속철도 조기착공에 일조했다는 것만으로도 저는 큰 자부심을 가지고 있습니다. 호남고속철도 조기건설은 대학시절 통일운동에 이어, 제 인생에서 내세울 만한 또 하나의 큰 자랑이자 보람입니다.

2008년 11월, 민주당 김상희 의원실에 채용된 후 지금까지 김상희 의원님과 함께하고 있습니다. 면접 당시 19대 총선 승리와 정권교체를 위해 분골쇄신하겠다는 약속을 드렸고, 그 신념으로 의원님을 보필했습니다. 18대 국회 상반기에는 환경노동위원회에서 정책보좌를 했고, 2010년 3월부터 부천시에 내려와 2년여 동안 민주당 소사지역위원회 사무국장 역할을 맡아 일했습니다.

한나라당과 새누리당의 아성 소사구 … 김상희 의원과 16년 만에 탈환!

2012년 4·11 총선과 함께 치러진 보궐선거에서 16년 만에 한나라당-새누리당 아성을 무너뜨렸고, 저 또한 경기도의원에 당선되었습니다. 재선 도의원으로 6년여 동안 정권교체와 민주주의 회복을 위해서 노력했습니다. 또한 지역 주요 현안이었던 뉴타운 매몰비용 지원 및 직권해제 조례를 전국 최초로 발의했고, 범안로 확장 등 오래된 주민 숙원사업을 해결해 냈습니다.

2016년 하반기부터는 경기도의회 운영위원장, 더불어민주당 수석부대표, 경기도 민생연정 협상단장을 맡아 288개 주요 연정과제를 타결시켰습니다. 지난 2년 동안 민주당의 가치와 이념을 구현하는 정책예산으로 1조 원 이상을 확보했습니다.

지금까지 그랬던 것처럼 시대정신을 외면하지 않고 제 인생의 모든 것을 걸고 민주주의와 남북한 평화통일을 위해 부천시 발전과 오직 시민들만 바라보고 앞으로 달려가겠습니다.

더불어민주당 수석부대표 김종석 의원

아시아뉴스통신 강경숙 기자

민주화 운동권, 기자, 출판사 대표 진보성향 오피니언 리더
상식과 원칙 벗어나면 비타협적으로 맞서 바로 잡아
남 지사 대권 도전 호의적, 도정 공백 '연정'으로 크지 않아
대한민국 마지막 살 길 '지방자치와 분권' 다음 정권 해결 과제

'강성'에 '반골' 한 번 잡으면 끝을 봐야

경기도의회 운영위원장인 2선의 김종석(51. 부천6) 의원은 한마디로 자신만만하고 전투적인 '강성'이다. 세상의 일이나 권위 따위에 순종하지 않고 반항하는 기질을 가진 '반골'이다. 생각도, 성격도, 행동도 모든 것이 그렇다. 하지만 무조건 '강성'이고 '반골'이진 않다. 상실과 원칙에 벗어나면 비타협적으로 맞서 바로 잡는다.

인터뷰 초반부터 느껴진다. 만나기 전까지 의원에 대해 아는 것은 거의 없었다.

'경기도의원 아시아 포커스'를 진행 하다 보니 여기저기서 김종석 의원을 한 번 해보라고 한다. 기자는 사람들이 의회 운영위원장이니까 추천했으려니 했다. 만나보니 그런 이유는 '씨알'도 먹히지 않고 중요하지 않은 이유임을 알았다.

다섯 번째 '경기도의회 아시아 포커스' 주인공 김종석 의원을 만나본다.

김종석 의원의 그와 같은 성향은 여러 곳에서 볼 수 있다.

도민 민원해결, 의회 운영, 집행부나 의회의 역할, 의안발의, 도정질의 등 명분에 맞지 않으면 누구하고도 상대하지 않는다. 이는 상식과 원칙에 어긋나면 절대로 타협하지 않는다는 말이다. 보는 관점에 따라 다르겠지만 '집요'하기까지 하다. 지역 사업 등 예산 가지고 집행부나 의원들과 타협하지 않는다. 논리적인 정책적 명분으로 싸워 이겨 쟁취한다.

성격이나 성향이 급한 면도 있고, 말도 빠르지만 이는 스피드하게 일처리를 하는데서 작용한다. 뭔가 해결해야 할 하나가 눈 안에 들어오면 언제 어디서든 끝까지 기억해 다 잡아내고 확인해 처리한다.

민주화 · 통일 운동으로 수배 '옥살이' 학생 운동권 중심

김 의원은 경기도의회 운영위원장임과 동시에 더불어민주당 수석부대표를 맡고 있으며 전국 시도의회 운영위원장협의회 사무총장 등 굵직한 직함을 갖고 있다.

일사천리로 능수능란하게 말을 이어나가는 김 의원은 막힘이 없다. 원래 성격도 그렇겠지만 그가 살아온 길이 그럴 수밖에 없음도 작용한 듯싶다.

전남 강진 출신인 그는 전남대 국문과를 졸업했다. 전남대학교 총대의원회 의장, 전국대학생대표자협의회 6 · 10 남북학생회담 대표 등으로 활동했다. 민주화 · 통일 운동으로 수배도 됐었고 그리 길지 않은 기간이지만 투옥도 되어 소위 말하는 '옥살이'를 했다. 누구(?)처럼 발만 넣었다 뺀 경우가 아닌 아주 투철한 학생운동을 뼛속 깊게 한 중추적 학생운동권 출신이다.

의식과 시각이 남 달랐던 시절, 많은 책을 끼고 '토론'과 부딪히면서 20대를 보냈을 것으로 추측해본다. 소설가의 꿈이 있었던 그는 92년 〈광주매일〉 신춘문예 소설 부문에 '아버지의 수첩'으로 당선되기도 했다.

한 순간 민주화 시대에 맞는 운동으로서의 생각 전환이 있었다. 소위 말하는 '미디어'의 영화를 배워보기 위해 전라도 '촌놈'이 서울로 상경했다. 정치인을 하겠다는 생각은 하지 않은 시절이다.

그는 '기자' 출신이기도 하다. 1985년 6월 민주언론운동협의회의 기관지로 창간되어 1989년 정기간행물로 등록된 진보적 성격의 월간지 〈말〉의 기자였다. 3년간.

김 의원이 '이제 끝났다'라고 손을 놓아야 끝난 것이지 그렇지 않고서야 절대로 끝난 게 끝난 것이 아니다. 끝을 보지 않고는 끝내지 않는 습성이다. 그러니 '집요하다'고 할 수밖에.

자신이 입을 통해 나온 말에 대해서도 반드시 책임진다. 처리결과를 보고 안 된 것이 있으면 다 기억해 내서 다시 파악한다. 다시 따져 묻는다. 될 때까지.

어찌 보면 당하는 사람 입장에서는 피곤한 상대이기도 하다. 이러니 집행부에선 긴장하고 의원들 사이에선 피곤하다는 말도 나올 법 하다.

경기도에서 연정이 꽃핍니다

창작과 비평의 성격과도 비슷한 계간지 〈당대비평〉에서는 편집장을 했다.

이땐《난장이가 쏘아 올린 작은공》으로 유명한 조세희 소설가가 발행인이었고 미문화원 방화사건의 주요 인물인 문부식 시인이 주간을 맡아 함께 일을 했다.

거기에 도서출판 '아침이슬'의 대표이기도 하면서 김 의원은 계속 진보성향 오피니언 리더 그룹의 길을 걸었다.

7년간 국회의원 보좌관 하다가 '도의회로'

정치권과의 인연은 과거 열린우리당, 지금의 양기대 광명시장의 총선 일을 도우면서부터다. 이때 김근태 국회의원 비서관이지만 일면식도 전혀 없던 어떤 사람(?)한테 발탁됐다. 이력서 내용만으로.

이후 17대 국회 열린우리당 김동철 국회의원 정책보좌관으로 활동했다. 손학규 대선예비후보 선대위에서는 기획조정 및 메시지 팀장을 했다. 2010년 18대 국회에서도 민주통합당 김상희 의원의 보좌관을 하면서 부천에서 생활했다. '정치를 하겠다'라기보다 나라를 이끄는 정치인들의

뜻을 함께 하며 돕는 것도 인간으로서의 도리라고 봤다. 거기에 살아가는 세상에 뜻있는 일이라 생각했다.

국회 보좌관 당시 거의 7년여 동안 건설교통위원회(현 국토교통위원회) 법사위, 환노위, 예결위를 담당하면서 정책 입안 및 입법 활동 능력을 키워나갔다.

학생운동권 시절부터 도의원이 되기 전까지 그의 '강성'일 수밖에 없음의 환경이 작용한 결과다. 그래서일까 김종석 의원이 '떴다' 하면 같은 의원들이나 공무원들이 긴장한다. 도정질문 등 도지사를 향해 던지는 화살의 촉도 예사롭지 않다.

누구든, 어떤 내용이건, 일이건 김 위원장에게 걸렸다 하면 각오는 해야 한다. 끝까지.

의안발의를 하거나 5분 발언, 도정 질문, 토론 등을 할 때 보면 논리적이고도 분석적이며 신속하고 명쾌하게 진행시켜 버린다.

김 의원은 부천 소사 제6선거구 현역 도의원이 총선 출마이유로 사퇴를 해 2012년 4월 재보궐선거에서 당선되어 경기도의회로 고고씽!이다.

도민 삶의 질 향상 방해 … 제도 개선 노력 기울인 도의원

4년 동안의 도정활동을 하면서 김 의원은 어떤 도의원이었을까? 의원 스스로 정의를 내려본다면 '지역구 부천을 포함해 도민의 삶의 질 향상을 방해하는 것들을 제도적으로 개선하는데 모든 노력을 기울여 온 도의원'이다.

우선적인 성과로 보는 것이 '뉴타운'이다. 이 사업은 김문수 도지사 시절, 뉴타운 지역으로 묶여 7~8년 동안 아무런 재산권 권리를 행사 못해 이래저래 주민들만 피해를 본 사업이다.

2012년 4월 재보궐선거에서 당선, 도의원이 되자마자 이 문제부터 손을 댔다. 뉴타운특위위원장을 하면서 도지사가 해제 방안을 내놓게 했다. 도정질의부터 김 지사와 싸우다시피 해 얻은 성과다.

2013년 뉴타운 해결책을 도지사가 발표하게 하면서 해제방안으로 150억의 매몰비용을 세우는 후속대책을 이끌어냈다.

범안로 4차선 확장 사업도 지역의 10여 년 동안 해결되지 않은 숙원사업이었다. 원래 2차선도 안된 도로 때문에 출퇴근시간에는 여기만 지나는데 40여 분이 걸린다. 병목현상으로 오랫동안 이랬으니 주민들의 피해는 이만저만이 아니다. 재개발지역이어서 방법을 찾지 못했었는데 140억 원을 확보해 확장 사업을 진행할 수 있었다.

또 하나의 성과를 보자면 경기도청 신청사 건립해 따라 예산 중 1,600억 원 정도를 아끼게 되었다는 점이다.

"남경필 지사는 신청사 건립을 위해 2,000억은 빌려서 2,000억은 도의 재산을 팔아서 도청만 지을 계획이었다. 당시 도의회 건교위에서 반대했다. 광교개발 이익에 따라 신청사도 들어서야 하므로 교육청, 한국은행 등도 유치되는 복합개발을 해야 한다."고 주장했다.

복합개발을 하게 방향을 바꾸도록 했고, 지금은 복합개발 하면서 나머지 부지를 팔아 1,600억 원의 개발이익을 아끼게 해놓은 것이 '성과'라면 '성과'다.

건교위 활동 당시엔 상임위원이 누구냐에 따라

가져가는 예산을 못 가져가게 했다. 대신 사업의 우선순위를 1위부터 24위까지 정해놓고 한 사업이 완공되면 그 다음 순위로 넘어가게 하는 장치를 만들었다. 이렇게 하니 일을 진행하는 집행부에서도 좋아하고 의원들에게서도 마찰이 없다.

남 지사 잘 정돈되어 있고 진정성 느껴져

김 의원은 남경필 지사의 대권 도전에 대해선 호의적이다. 지사직을 그만두고 나갔든 아니든 같은 당이든 아니든 도전엔 기회를 열어두어야 한다며 별반 상관치 않는다. 도지사도 정치인이니까.

도지사 출마선언으로 인한 도전공백도 크게 보지 않는다. 김문수 지사 때처럼 '연정'이 없었으면 모를까 지금은 '연정'이 공동의 책임이기 때문이다. 지사가 대권에 나가도 연정부지사, 연정실행위원회를 포함해 최근 민생도정협의회도 구성됐으니까 크게 문제되지 않는다고 본다.

도정 공백 없게 지사 본인이 알아서 적절히 잘 해야 하며 우려가 되지 않도록 완벽을 기해야 할 것으로만 언급한다.

대선 인물 '남경필'에 대해 호평을 했다. 같이 '연정'을 해보니 사람 자체가 잘 정돈되어 있는 것을 알았고 진정성도 느껴진다. 남 지사가 별로 인기가 없는 것은 과거도, 현재도 보수정당 출신인데 내놓는 정책들을 보면 진보진영에서 좋아할 만한 파격성이 다분하다.

진보진영에서 더 좋아하는 내용들이라 보수진

영에선 지지를 못 받는 것으로 분석한다. 하지만 본인의 소속 정당의 역할이나 정책결정 과정에서 좌고우면하지 않고 미래 시대정신에 투철 하려고 하는 것을 높이 산다.

남 지사의 '연정'도 높이 평가했다. 1기 연정이 아무도 가지 않은 길을 걸어가다 보니 성과도 적고 시행착오도 겪었지만 2기 연정에서는 시행착오를 겪었던 시스템을 다 정비하고 가고 있다.

당시 새누리당에 있었던 도지사가 안 들어줘도 그만이지만 합의적 과정 속에서 188개 사업을 성취적으로 다 담아냈다고 평가한다. 예산도, 인사 권한도 다 내려놨다고 본다.

이는 도지사직에 있으며 쉬운 일이 아니라는 말과 함께 "역대 이렇게 한 도지사가 누가 있었냐?"고 반문한다. 이는 국회에서도 못 한 것으로 한국 정치사의 거의 획기적인 성과이며 '연정'이었기에 가능했었다고 본다.

의원이 보기에 그렇게 남 지사가 '연정'을 하면서 많은 것을 내려놨다. 이는 의회주의자가 아니면 할 수 없는 것들이라며 과감하게 내놓은 부분을 인정한다.

지방자치와 분권을 위한 '개헌' 차기정부 숙제

이제 대한민국의 미래, 진로 남은 길이 없다는 김 의원은 정치적으로 마지막 살 길은 '지방자치와 분권'이라고 강조한다. 의원들이 소신 행보를 하고 지방자치가 바른 방향으로 가기 위해 의회 역할이 중요한데 이는 예산이 뒷받침되지 않으면 사상누각이나 마찬가지다.

8 : 2로 중앙에 예산 편중된 상태에서 지방자치는 어패가 있고 지방의 권한과 예산을 지자체로 대폭 이양해 주는 제도적인 뒷받침이 되어야 지방자치 분권이 될 것이라 봤다.

이에 작금의 중앙 정치 상태를 개탄한다.

"지금의 중앙정부는 대통령에게 모든 것이 편중

되어 있다. 예산의 80%가 중앙에 치중해 말 잘 들으면 보조금으로 주고, 그렇지 않으면 삭감하는 행태가 벌어진다. 또한 행자부 관련 일 진행 사항을 보면 부당한 처우가 많다. 필요한 인력을 정책적으로 맞게 쓰면 되는데 안 되는 이유가 너무도 많아 진척이 어렵다.”

도의회든 지자체든 정책적으로 일을 하고 의원을 뒷받침하면서 권익을 강화할 수 있도록 중앙 정부가 해야 하는데 실제로 그렇지 못하다는 점을 꼬집은 것이다.

김 의원이 생각하는 진정한 민주주의는 다수결의 원칙에 따라 좌지우지 되는 것은 아니다. 다수당과 소수당의 비율은 51 : 49 정도가 적당하다고 본다. 다수결이 아니라 같이 공생해야 한다는 의미에서 끝까지 가더라도 대화와 소통으로 ‘진정한 합의점’을 이끌어내는 것이 진짜 민주주의로 생각한다.

전면 개정된 대한민국헌법이 1988년에 시행되고 지방자치법의 전문 개정으로 지방자치제가 부활되면서 거의 30년 세월이다.

“지방자치단체마다 특색이 다르다. 인구도, 면적도, 사업규모나 내용도, 지리적 특성도 모두 다르다. 그렇다면 예산 배분이나 사업시행도 그 지자체 특색에 맞게 이루어져야 하는데 중앙에 편중되고 천편일률적이어서 큰 문제다. 이는 시대착오적 발상이고 지방자치에 역행하는 부분이다.”

이는 권한은 주어지지 않고 의무와 책임만 지라고 하는 양상으로 보여진다고 꼬집었다.

이번에 박근혜-최순실 사태도 모든 것이 중앙에 편중되어 있었기 때문에 발생된, 언젠가는 터질 폭탄이었다고. 이 사태로 6개월째 중앙정부는 기능이 마비되지 않은 곳이 없을 정도로 부작용이 있다고 본다.

인사권자를 비롯한 윗선 공무원들이 복지부동이어 마땅히 해야 할 일을 하지 않고 몸을 사리는 모습들을 개탄한다. 심지어 어떤 시도에서는 공

무원들이 10시 30분이나 11시가 되면 벌써 점심을 먹으러 나가는 한심한 상황이 벌어진다.

대통령 중심의 과대한 중앙집권의 늪 속에서 예산 갖고 도지사를 좌지우지 쥐고 흔들려는 중앙집중 정치 형태가 이젠 바뀌어야 한다고 주장한다. 또 의원이 생각하는 정권교체는 대통령이 바뀌는 게 중요한 것이 아니다. '사람'이 바뀌는 것이 아니라 '세력'이 교체되어야 한다. 대통령이 누가 되든 중요하지 않고 이들을 뒷받침하는 세력이 중요하며 이를 위해 훈련된 사람을 적재적소에 배치해야 하는 것이 정권교체의 중점이라고.

거기에 거시적인 발상에서 중앙에 치우친 예산과 권한을 지방으로 대폭 이양해 주는 일을 해야 한다며 지방자치와 분권이 강화되는 개헌을 이루어내는 것이 차기정권의 숙제라고 강조한다.

도의원을 하면서 개인적 사리사욕도, 예산의 사유화도, 권력의 사유화도 하지 않았다는 김 의원은 앞으로도 '유수불식(流水不息) 세월부대인(歲月不待人)' 자세로 산다. 그만큼 시간은 기다려 주지 않는다는 자세로 몸을 불태우듯이 자신의

역할을 계속 그렇게 할 것으로 믿어진다. '왠지!' 말이다.

의원이 도의원을 다시 하든 안하든, 국회의원의 길을 걷든 아니든, 새로운 곳에서 새로운 일을 하든 안하든지 말이다.

─ 약력 ─

- 조대부고 졸업
- 전남대학교 국문학과 졸업
- 전남대학교 총대의원회 의장
- 월간 〈말〉 기자, 계간 〈당대비평〉 편집장
- 도서출판 아침이슬 대표
- 민주당 김상희 국회의원 보좌관
- 제8대 경기도의회 의원
- 제9대 경기도의회 의원
- 의회 운영위원장
- 더불어민주당 수석부대표
- 전국 시·도의회운영위원장협의회 사무총장

아버지의 수첩

1991년 12월 초 광주 소재 지역신문 기자로 입사했다. 입사 후 1주일쯤 출근했는데, 낯선 옷을 입은 것처럼, 내가 있을 자리가 아닌 듯 해, 바로 사표를 냈다. 아마 그 때가 12월 12일쯤 되었던 것 같다. 문득 내가 글을 써도 될지 묻고 싶었다. 지금도 그런지 모르겠지만, 당시 중앙지는 10일, 지방지는 15일이 신춘문예 마감일이었다.

3일 동안 쓴 단편소설이 「아버지의 수첩」이었다. 당시에는 귀했던 컴퓨터가 있는 친구 집에 후배를 데리고 가서, 원고지에 쓴 글을 옮기게 했다. 지금은 상상할 수 없지만, 그나마도 마감일도 지키지 않았고, 공모 관행도 지키지 않았다. 먼저 원고 접수를 15일 자정을 넘긴 16일 아침에야 했다. 또 작품을 1개 신문사에만 응모해야하는데 4개 지역 신문에다 다 보냈다. 그 때는 당선은 꿈도 꾸지 못했고, 본심 최종에만 올라갔다는 심사평을 한 곳에서만이라도 들으면 작정하고 소설을 써볼 요양이었다.

결과는 3·4일 뒤에 당선통지가 왔다. '카더라 통신'에 의하면, 다른 신문에서도 당선권에 접근했는데, 심사위원과 신문사 간에 소통이 있었던 모양이었다. 상금은 150만원이었고, 술 사주는 값으로 200만원은 썼던 거 같다. 부모님께 효도가 아니라 오히려 민폐를 끼친 결과였지만, 어른들은 좋아하셨다.

당선 후, 서울 우이동에 있는 한승원 선생님 댁에 인사를 드리러갔다. 그 자리에서 선생님께서 당시 연세대 재학 중이던 따님을 소개하시면서, 앞으로 문단에서 만날지 모르니 인사를 하라고 했다. 그 분이 지금의 작가 한강이다. 94년 한강 씨는 단편 소설 「붉은 닻」으로 서울신문 신춘문예를 통해서 문단에 데뷔했다.

철제 의자에 앉아 노루잠을 잤던 터라 온 몸이 노곤했다. 시계가 6시를 힘겹게 넘고 있었다. 동절기 특별경계령이 내려지지만 않았어도 내무반에 들어가 곯아떨어질 시간이었다. 유하는 중대 본부 유리문을 열고 밖으로 나왔다. 새벽 공기가 밤송이 같은 머리카락 사이를 뚫고 지나 유리창에 부딪혔다. 성긴 별이 밤새 추위에 떨어서인지 파랗게 질린 얼굴로 내려다보고 있었다. 마음껏

일깨워주신 '큰사랑' 뿌리가 되어

감히 세상을 향하여 신호음을 보냈습니다.

땅에 허리를 박고 흐르는 물로 사시는 삶들이 있습니다. 그분들의 사랑을 배우는 데 아직도 번번이 실패하고 있습니다. "얘야, 너의 글에는 삶의 무게가 없구나." 꾸지람이 들립니다. 평생을 허리 꺾어 낫으로 살아오신 할머님과 부모님께 모든 영광을 드립니다.

차마 부르지 못할 이름을 가슴 속에 묻으며, 보잘 것 없는 저에게 삶의 유력한 무기는 사랑임을 가르쳐준 갯벌글모임, 명고, 황토, 구단, 남우회. 그리고 학과 후배들. 벌떼같은 아우성으로 기뻐할 그들과 하루쯤 어깨를 펴고 기뻐하겠습니다.

매운 회초리로 일깨워 주신 '광주매일'과 심사위원님께 비껴서지 않고 사랑의 뿌리를 키워 나아갈 것임을 약속드립니다.

약력

- 1965년 강진 도암 출생
- 현재 전남대 국문과 4년재학

기지개를 켜고 주머니를 뒤졌다. 입 안이 깔깔하고 충혈된 눈이 불편했지만 담배를 하나 뽑아 물었다. 아무래도 자연의 편지가 마음을 무겁게 했다.

"… 사랑은 어느 쪽이 어느 쪽을 극복하는 것은 아니라고 생각해요. 그리고 모든 일에 목숨을 걸고 매달렸을 때, 역사의 일보전진은 온다는 오빠의 말 속에는 개인의 자유가 짓눌려 있다는 생각도 들구요. 결국 목적의식적 삶을 사는 것이 인간과 동물의 차이라는 점을 인정하면서도, 철저한 자기 강제와 완전주의에 대한 오빠의 집착이 전부 옳다고는 생각하지 않아요. 설령 그것이

맞는다고 해도 저는 이제 지쳤어요……."

거의 석 달 만에 받아 본 자연이의 편지였다. 기쁜 마음으로 봉투를 열었는데 다 읽은 후에는 정신이 아득했다. 마치 마지막 구슬을 꿰다가 줄을 놓쳐버린 것처럼 생각은 수백 갈래로 흩어져 버렸다. '지쳤어요'라는 말만이 화인처럼 가슴에 남았다. 가슴이 탁 막혀왔다. 유하는 불길한 생각을 떨쳐버리기라도 하듯 손가락으로 꽁초를 튕겼다. 새벽교회로 향하는 발소리가 들렸다. 모처럼 새벽이 열리는 모습을 보고 싶었다. 모든 자유를 거세당했던 신병시절, 가슴을 칭칭 감아

오르던 수상함들을 새벽은 얼마나 통쾌하게 씻어 주었던가? 유하는 동쪽 하늘로 시선을 옮겼다.

개 짖는 소리, 발소리, 그 소리들이 하늘을 흔들면 태양은 서둘러 일어나 불씨를 키웠다. 그러면 공제선에는 돋을볕이 비추고 전봇대와 집, 길들은 선착순을 하듯 재빨리 제자리로 돌아왔다. 가끔씩 몇 가닥 구름이 산 위에 걸쳐 있을 때면 새벽이 열리는 모습은 더욱 장관이었다.

사위의 장면들이 어둠 저편 시간의 터널을 지나 뚜벅뚜벅 걸어왔다. 말간 빛 무리가 먹장구름을 찢으며 물상들을 휘저었다. 유하의 가슴은 뛰기 시작했다. 남몰래 새벽을 은밀하게 즐긴다는 데 생각이 미치자 가슴은 이제 주체할 수 없을 정도로 쿵쾅쿵쾅 큰 걸음으로 내달렸다. 끝끝내 빛 무리와 눈겨룸을 해보지만 해는 알몸이 부끄러운 듯 화살 같은 빛을 쏘아댔다.

자전거 발디딤판이 반쯤 부서진 것은 보름쯤 전의 일이었다. 그러나 유하는 애써 수리하기는 싫었다. 덜커덩거리며 질질 끌리는 본새가 보기 좋지는 않았지만, 삐걱거리는 소리는 지난 세월 같기도 했고, 무엇보다도 조심스럽게 타면 석 달 정도는 어떻게 탈 수 있지 않을까 해서였다. 격일제 근무니까 오고 가는데 넉넉잡아 백 번만 타면 됐다. 제대를 하고 나면 자전거는 집안 구석 어딘가에서 녹슬다가 엿장수 차지가 될 것이다. 그때는 아무래도 좋았다. 어쨌든 지금 발판은 용케 잘 버티고 있었다. 그리고 덜컹거리는 소리에 박자를 맞추다보면, 어느새 자전거는 마을의 초입에 들어서 있곤 했다. 고개를 숙이고 좀더 속력을 내었다. 고개티를 넘어 오는 북풍이 얼굴을 때렸다. 자전거가 일시 정지할 듯 했지만 물러설

수는 없었다. 유하는 안장에서 일어나 발판을 굴렀다. 가슴 가득 쏟아져 들어오는 둔중한 북서풍과의 팽팽한 전선형성이었다. "수평으로 누워 사느니 수직으로 서다 죽겠어." "단 한 번도 꺾이지 않을 거야." 유하는 북서풍과의 대치를 계속하며 조금씩 앞으로 나아갔다. 바람이 지나간 자리에 순간의 정적이 머물렀다. 이제 더 매운바람이 휘몰아쳐 올 것이라는 생각을 했다.

지나간 날들의 처음에는 희망밖에 없었다. 그러나 조금 시간이 지나자 삶은 희망과 절망이 반반씩 되었다. 요즈음은 자꾸 절망 쪽으로 더 많은 생각들이 가 있었다. 스쳐지나가는 전봇대의 일정한 간격만큼씩 세월들이 뒤로 돌아가기 시작했다.

화살이 되어 가서, 가서는 돌아오지 않는 화살이 되겠다는 말을 마치자, 우레와 같은 박수소리가 민주광장을 울렸다. 유하는 수많은 새떼들의 비상하는 날갯짓 소리를 들었다. 가슴 속 깊이서 치밀어 오르는 무엇이 떨림으로 전해지며 손바닥이 축축하게 젖어왔다. 유하는 이름도 모르는 얼굴들을 기억이라도 하려는 듯 시선을 부챗살처럼 천천히 펼쳤다. 항상 검은 안경을 쓴 채 입을 다문 여학생, 이글거리는 눈빛의 까치머리 남학생 등 거리 시위의 시작을 알릴 때 희망으로 나타나곤 했던 학우들이었다. 이제 이 사람들과 마지막 이별을 해야 했다. 가슴 한 켠에 죽순처럼 외로움이 자리를 틀었다. 열의 중간에서 자연의 얼굴이 보름달처럼 크게 떠올랐다.

집회가 끝나고 유하가 마지막 저녁 회의를 마치고 학생회관을 나왔을 때, 하늘에는 무수히 많은 별들이 반짝이고 있었다. 길게 드러누운 은하

전개 차분하고 소재선택 적절

본심에 올라온 13편의 작품들 가운데서 유영안의 '수족관' 심영의의 '안개비', 김종석의 '아버지의 수첩', 손철의 '斜陽', 정경수의 '가출', 정하경의 '갈색 메아리' 등 6편을 다시 정독했다.

그중 '안개비'는 친자확인소송을 벌이고 있는 세 인물이 뚜렷하게 살아났고 사건전개도 원만했다. '수족관'은 많이 써본 솜씨였다. 아버지와 아들의 대립갈등 구조를 통해 무엇을 말하려 하였는가도 분명했다. 한데 이야기의 상투성이 뽑는 사람을 망설이게 했다.

'아버지의 수첩'은 차분하고 느긋하다.

'아버지의 수첩'은 자기가 가진 총의 성능과 자기가 잡아야 할 알맞은 짐승을 잘 선택했고 제대로 잡아 맞추는 솜씨도 발휘했다.

최종심에서 만난 3편의 작품들은 묘하게도 아들과 아버지의 관계를 중심으로 이야기가 얽히고 뻗어간 것들이다.

소설을 쓰려하는 분들께 이 자리를 통해 반드시 말해드리고 싶은 게 있다.

어떤 이야기를 써가려고 할 때 먼저 스스로에게 분명히 확인해야 할 것이 있다. '나는 지금 이 이야기를 왜 쓰려하고 있는가.'

〈소설가 한승원〉

수 강을 건너 이제 남북학생들은 만날 것이다. 서울행 열차를 타면 언제 이 땅을 다시 밟을 수 있을지 유하 자신뿐만 아니라 다른 누구도 몰랐다. 유하는 담배를 뽑아 물고 민주광장을 향해 걸었다. 광장에는 아무도 없었다. 가로등만이 말 없이 광장을 지키고 있었다. 광장 어디엔가 남아 있을 것 같던 함성은 아무 곳에도 없었다. 광장의 가운데로 가서 유하는 땅바닥에 주저앉았다. 굴비처럼 엮이어 줄지어 감옥으로 향했던 선배들의 행렬, 그 자리에 유하도 떠날 사람이 되어 앉아 있었다. 아련한 그리움들이 컷 사진이 되어 똑똑 떨어졌다.

"제 첫 번째 소원은 우리 민족이 하루 빨리 통일을 이루는 것입니다."

입학식 후 학과생들이 처음으로 모여 자기소개를 하는 자리였다. 여기저기서 웃음소리가 흘러나오고 웅성거림이 피어올랐다. 유하는 정색을 하고 다시 한 번 좌중을 휘둘러보았다,

"제 두 번째 소원은 시골에서 고생하시는 부모님이 빚 없는 세상에서 단 하루라도 사시는 것을 보는 것입니다."

강의실은 물을 끼얹은 듯 조용해졌다.

"제 세 번째 소원은 그 날이 올 때까지 여러분과 함께 어깨 걸고 끝까지 싸우는 것입니다."

그리고 유하는 공부를 못해 삼수를 했다는 말과 이름 석 자를 허공에 남기고 단상을 내려왔다. 교단을 향하여 주인 없는 박수소리가 밀물처럼 밀려나왔다. 그날 100강당 중간 어름에 유난히도 둥근 얼굴에 활짝 미소를 머금고 있는 얼굴이 있었다. 그 후로 유하는 아무도 몰래 가슴속에 얼굴 하나를 묻었다.

시계를 보니 얼추 열 시가 가까워져오고 있었다. 광장에서 일어나 학생회관을 향해 걸었다. 전화기를 몇 번을 들었다가 놓았다. "오빠는 용기가 없어." 자연의 얼굴이 눈에 밟혀왔다. 동아리 학습을 끝내고 뒤풀이를 하고 집으로 돌아가던 길에 자연이 던졌던 말이었다. "이제 가면……." 유하는 다시 전화기를 들었다. 손끝이 가늘게 떨렸다. 꾹꾹 결의를 다지듯 번호판을 눌렀다. 전화선을 타고 흐르던 신호로 파도치듯 달려왔다.

"야, 이자식아! 누구 밥줄 끊을 일 있냐?"

트럭이 급브레이크를 밟고 섰다. 유리창 너머로 늙수그레한 운전수가 주먹을 내두르고 있었다.

"……."

얼떨결에 머무르고 있는 사이 트럭은 바람 끝을 남기고 신경질적으로 떠났다.

마을 안에 들어서자 따뜻한 공기가 유하를 감쌌다. 윗집으로 바로 올라갈까 하다가 동네 골목으로 핸들을 꺾었다. 아랫집의 녹슨 철대문이 입을 반쯤 벌린 채 누렁이를 막 내뱉고 있었다. 누렁이는 흠칫 놀라더니 컹컹 짖으며 집으로 되돌아 들어갔다. 벌써 1년이 넘도록 누렁이는 꼬리 한번 흔들지 않았다. 항상 경계의 눈초리를 늦추지 않고 일정한 거리를 두고 빙빙 돌기만 했다. 유하는 스스로 자꾸 작아진다는 생각을 하면서도 누렁이만 보면 낯선 이질감과 함께 화가 났다. 사람을 보면 꼬리를 흔들며 반갑게 맞는 것이 가축인데도 누렁이는 번번이 유하의 친절을 받아들이려 하지 않았다. '이제 개와 신경전인가.' 유하는 누구에게인지 모를 조소를 머금으며 가볍게 도리질을 쳤다.

"워매, 아들 오네."

마을 사람들이 어머니를 둘러싸고 마루에 모여 앉아 있었다. 건천아짐이 '아들'을 강조하는 모양이 무슨 일이 있는가 보았다.

"아야, 으짜믄 쓰것냐……."

밑도 끝도 없는 건천아짐의 소리였다. 건천아짐은 유독 마을에서도 입심이 세기로 알려진 아짐이었다. 그래서 항상 웃음을 잃지 않는 아짐인지라 그 얼굴에 드리워진 그림자가 유하의 가슴에 더욱 짙은 무게로 저울추처럼 내려왔다.

"……."

유하는 대답을 구하듯 어머니를 향해 눈을 돌렸다. 검버섯이 더욱 짙게 두드러져 쑥잎처럼 선명하게 살아났다. 작년 5월 위암 수술 후 독한

항생제로 인한 기미였다. 어머니는 아무 말씀이 없으셨다.

건천아짐이 펄쩍펄쩍 뛰며 손사래까지 곁들며 이야기를 했다. 그러니까 어제 장애인협회라는 곳에서 사람이 나와 아버지를 데려갔다는 것이다. 농한기를 맞아 장애인들의 관광을 시켜준다고 해서 앞마을 장씨 아저씨와 아버지가 따라 나선 것이다. 그 사람들은 하루 전에 신청서라는 것을 받아갔는데, 공돈으로 그런 여행을 할 정도로 집안 형편이 어려운 것은 아니라고 어머니는 고사했지만 아버지는 막무가내로 성님이 가도 된다고 했다며 우겼다는 것이다.

"참 벨일이다 싶었제."

데퉁스러운 아짐의 말에도 어머니는 멍멍하게 앉아있었다. 유하는 아득하게 떨어져 가는 의식을 간신히 붙잡고 방안에 들어섰다. 보온밥통의 주황색 불빛이 불안하게 반짝거리고, 아랫목 이불 위에서 고양이는 그르렁거리며 세상모르게 단잠을 자고 있었다.

전화기 받침대 위에 굵은 사인펜으로 낙서가 된 종이와 수첩이 보였다. 유하는 수첩을 들고 표지를 넘겼다. 구식 칼라의 양복이 아버지를 더욱 어색하게 해놓고 있었다. 아버지의 넓은 이마에는 지난 세월 몇 가닥이 고통스럽게 출렁이고, 놀란 듯이 뜨고 계신 눈자 위에는 지친 그림자가 엷게 드리워져 있었다. 성명: 김장규. 신체장애 급수 4급. 신체장애자임을 확인함. 주민등록증을 제외한 아버지의 유일한 또 하나의 증명서였다.

"인만나. 이것이 여그 있었구만."

언젠가 인감도장을 찾다가 수첩을 주워들고 아버지는 흡족한 표정으로 자랑을 늘어놓았다.

투표 때나 몸에 지녀보는 주민등록증보다는 차비가 반값으로 줄어드는 장애자 수첩이 아버지에게는 더욱 기특하게 여겨지는지도 몰랐다.

유하는 낙서가 되어진 종이를 들었다. '장애자협회' '서울' '히랫밤'이라고 씌여진 글씨가 비틀거리며 서 있었다. 돋보기를 쓰고 쓴 아버지의 글씨가 틀림없었다. 어디로 가셨는지 몰라 답답한 만큼 낙서는 불규칙적으로 끄적거려 있었다. 한 번 더 군청 사회과로 전화를 걸었다. 건조한 음성의 아가씨는 그런 단체는 없다고 짤막하게 답하고 전화를 끊었다.

연일 계속되는 범죄와의 전쟁은 기다렸다는 듯이 공권력과의 격돌을 불러일으켰다. 세상은 냄비의 물처럼 끓어올랐고 사람들은 프라이팬에서 튀겨지는 멸치처럼 화들짝 놀라고 있었다. TV에서는 영광 앞바다 멍텅구리 배에서 탈출한 추레한 사십대가 지옥 같은 삶을 회상하기도 했고, 기자는 열을 내어 무어라고 떠들었지만 세상은 좀처럼 잦아들지 않았다. 인접 군에서는 날품을 팔고 돌아온 아주머니들이 봉고차에 실려 갔다는 꼬리 없는 소문이 나돌기도 했다. 풍랑에 밀리며 밧줄을 당기는 아버지의 모습이 보였다. 화등잔하게 커져 두려움에 떨고 있는 아버지의 두 눈이었다.

"안 돼."

유하는 단말마 같은 비명을 내지르고 밖으로 뛰었다. 잿당모퉁이를 돌아 도래까끔 서 마지기 논배미에 이르러서야 유하는 발가락에 감각이 없음을 느꼈다. 멀리 내다보이는 무심한 석문산은 도로를 따라 달리는 차들을 냉큼 받아먹고만 있었다. 실이 끊어진 연줄처럼 길이 흐물흐물 쭈

그러졌다. 눈물막이 뿌옇게 서려왔다. 유하는 짚더미 위로 몸을 던졌다.

"인만나. 인만나."

동네아이들이 아버지 뒤를 따르며 손나팔을 불어댔다. 골목에서 막 나오려다 유하는 얼른 몸을 숨겼다. 아버지는 황소 같은 눈을 굴리시다가 빙그레 웃고 걸어갔다.

"인만나. 귀머거리. 귀머거리."

아이들은 추근추근 아버지의 뒤를 따랐다. '나쁜놈들…….' 유하는 자신도 모르게 두 손을 불끈 쥐었다. 4학년에 다니는 성현 형이었다. 유하는 눈을 휘둘러 돌멩이를 주워들었다. 그리고 조막손을 만들며 냅다 뛰었다. 성현 형과 뒤엉켰다. 눈물이 핑 도는가 싶더니 코를 훔치자 코피가 묻어났다. 배를 깔고 앉은 성현 형의 득의양양한 얼굴이 짓눌려왔다. 유하는 안간힘을 다하여 가랑이로 성현 형의 목을 걸었다. 순간적으로 자세가 역전되었고 유하는 이글거리는 분노로 머리를 향해 손을 내리쳤다. 비명소리와 함께 찐득한 피냄새가 났다. 아이들이 삽시간에 이리저리 튀어 달아났다. 가슴이 철렁 내려앉았다. 그때 억센 손회목이 유하의 어깨를 나꿔채는가 싶더니 눈앞에 불이 번쩍했다.

"……인만나……."

무서운 얼굴로 아버지가 쏘아보고 있었다. 눈물이 핑 돌았다.

"미워."

유하는 뺨을 손으로 감싸고 뒤돌아서 뛰었다. 코피자국만이 유하의 뒤를 밟아왔다. 뒷산 작은 골 백제성에 앉아 유하는 목이 쉬도록 울었다. 계백장군의 자리에 앉았지만 하나도 기쁘지 않았다. 유하는 얼얼거리는 뺨을 만졌다. 아버지가 미웠다. 건너편 신라성에 가서 김유신 자리에다 오줌을 쌌다. 성현 형의 자리였다. 고추를 추슬러 넣고 돌아와 계백장군의 가마니에 앉았다. 유하는 성현 형이 죽었을지도 모른다고 생각했다. 그러자 갑자기 옆에 서있는 노송이 귀신처럼 덮쳐올 것만 같았다.

슬픈 해가 기울었다. 누리에 어둑하게 어둠이 깔렸다. 무섭기는 했지만 산을 내려가기는 싫었다. 무성한 억새가 몸을 비비며 소리를 질러댔다. 유하의 간이 콩알만 해졌다. 아버지가 미웠다. '내려가지 않을 거야.' 유하는 옹골차게 마음을 먹었지만 걸음은 벌써 백제성을 벗어나고 있었다. 마을의 굴뚝에서 솟아나는 연기가 허기를 몽땅 일으켜 세웠다. 큰 소나무의 그림자들이 흐물흐물 유하에게 대들며 다가왔다. 유하는 조금 더 마을 쪽으로 내려왔다. 혹여 무슨 일이 나서 소리를 지르면 제각의 산지기나 윗집의 할머니가 뛰어올 수 있는 거리쯤에서야 비로소 마음이 놓였다. 해가 기울고 마을의 불빛이 몇 개 보일 때쯤 유하를 부르는 할머니의 목소리가 들렸다.

"으앙."

산지기를 앞세우고 온 할머니 치마폭에 유하는 쓰러지듯 안겼다.

"워따따 내 새끼, 그려 울어라잉. 실컷 울어부러라."

할머니는 주름진 손으로 피딱지를 떼시며 유하의 엉덩이를 토닥토닥 거렸다. 마침내 유하는 서러움을 봇물로 터뜨리며 뒷산이 떠나가라고 오열했다.

"윤기가 뭔지……, 그래도 지애비라고. 쯧쯧."

할머니의 치마폭에서 상큼한 밥풀 냄새가 났다.

그 일이 있은 뒤로 유하는 슬금슬금 아버지를 피했다. 그리고 아랫집에 놀러 가지도 않았다.

"… 인만나 유하야!"

"……."

유하는 대답을 하지 않고 방문에 붙어있는 쪽 유리로 밖을 살폈다. 아버지의 손에는 방패연이 들려있었다. 빨갛고 파란 태극무늬까지 그려진 연은 학교에서 펄럭이는 국기보다도 컸다. 유하는 가만히 방문을 열고 나가서 눈을 내리깔았다.

"… 인만나……. 아나."

아버지는 실패를 유하의 손에 쥐어주고 살며시 웃으셨다. 유하의 입이 귀밑까지 찢어졌다.

온 동네를 통틀어 창호지 온장으로 만든 연은 하나뿐이었다. 조무래기들에게 둘러싸여 유하는 아이들의 부러움을 짐짓 떨치며 연을 띄웠다. 연은 환하게 웃으며 두둥실 날아올랐다.

"와……."

"울 아빠가 만들어 줬이야."

실패가 빙글빙글 돌기 시작했다. 아버지에 대한 미움은 연보다 멀리 날아가 버렸다. 그 뒤로 아이들은 더 이상 아버지를 놀리지 않았다.

대 이파리 부비는 소리가 들렸다. 날씨가 추워 대나무들이 우성거리며 서로의 몸을 비비는 모양이었다. 모로 누운 어머니는 잠을 이루지 못하고 가끔씩 한숨을 길게 내놓았다. "뭐니뭐니해도 집안은 남자심이 있어야제."

"느그 엄마 성정이 당초부터 데면데면이야 했그냐, 다 느그 아부지 탓이제."

할머니의 말이 귓전을 울렸다.

중학교 3학년에 막 올라갈 무렵이었다. 밖에

서는 그날 밤도 대이파리가 잔가지에 묻어나는 추위를 털고 있었다. 할머니가 깊은 속내를 꺼내시면서 말을 이었다. "느그 아부지가 장개를 두번 간 폭이어야. 에려서 풍이나 귀가 멀고나서 혼사를 치르기는 치러야 쓰것는디 어디 선뜻 나서는 사람이 있어야제. 그랬는디 제산대부집에 부엌살림 하는 아이가 손끝도 여물고 어른들을 알아본다고 대소가 어른들이 느그 아부지를 여웠으믄 하드라. 그래 얼마나 더 존 자리날까 싶어 서둘러 여워갔고 제저금을 냈어야. 그라고 한해나 살았능가 싶다."

할머니가 지난날을 회상하는 것은 약간은 고통스러워 보였다. 할머니는 이제 코끝이 거뭇해지는 손주에게 가사(家史)를 알려주어도 된다는 안도감과 의무감에 굵은 주름을 펴며 말을 이었다. 우우- 하는 울음소리가 대숲에서 계속 흘러나왔다.

"하래는 산지기 판수애비가 느그 집앞을 지난디 저 건네 재경이가 느그 큰방으로 들어가드란 것이여. 그래서 판수애비가 방문 앞에 가서 '재경이 자네 뭐할라고 놈의 방에 들어간가, 어른들 알까 무섭네. 언능 나오소.' 그랬드니 그 질로 방문을 차고 나가드란 것이여. 그리고 며칠 있은께 느그 할아버지가 '애기 나가라고 하소. 글 안하믄 난리 날팅게.' 그때는 느그 할아부지가 얼마나 무섭든지 베 몇 필하고 돈 둘러다가 보따리를 싸서 줬어야. 몹쓸 양반 먼저 가서 자리는 잘 잡았는지. 에구 못된 양반. 그 때 애기가 안 나가믄 느그 할아부지가 소에다 사지를 묶어놓고 찢어논다고 해서 참말로 정신이 없었어야. '잘못 했어라우.' 그람시로 눈물을 그렁그렁 달고 빌드라

마는. 으짜거시냐. 너 이대로 있으면 느그 시아 버지하고 문중 어른들한테 죽을 것인께 언능 가라고 등을 밀었제. 그래도 살 섞고 살았다고 감시로도 고개를 돌린디 참말로 짠하드라마는 으짜것이냐. 느그 아부지는 '우에 그라요.' 그람시로 눈만 깜박깜박하고 있드라. 말도마라. 그때는 집안에 무슨 우세냐고 서둘러서 그랬다마는 그때 내 속 탄 것을 생각 하믄 끌끌……."

할머니는 진저리를 한 번 치고 숨을 고르시더니 내쳐 이야기를 계속했다.

"그 뒤로 제산대부 사우가 벌교서 산디, 느그 엄마를 댔어야. 그래 나랑 느그 종잔머니랑 선 보러 갔는디. 애기가 참말로 선하드라. 즈그 아부지는 인공 때 산사람이 되고 집이 사단이 나서 다 쓰러진 오두막에서 살고 있어서 서둘러 식 올리고 신부집서 하룻밤도 안자고 와부렀어야. 그때는 논 서 마지긴가 띠어 줬웅께."

할머니의 이야기를 듣고 유하는 밖으로 나왔다. 대숲에서 울리는 소리는 어쩌면 어머니의 울음소리인지도 몰랐다. 푸르디 푸른 청춘을 뚝뚝

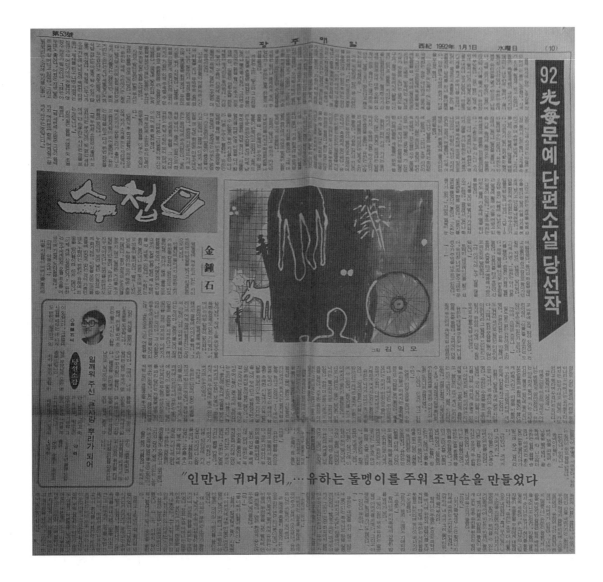

第53號　　　　　광　주　매　일　　　　西紀 1992年 1月1日　水曜日　(10)

92 光尚문예 단편소설 당선작

수첩

金鍾石

당선소감

일깨워 주신 큰사랑 뿌리가 되어

"인만나 귀머거리„…유하는 돌멩이를 주워 조막손을 만들었다

그림 김 익 모

분지르는 소리가 들렸다.

그 다음날 유하는 윗집에서 짐을 싸서 리어카에 실었다. 몹시도 하늘이 맑은 날이었다. 비탈길을 내려오는데 자꾸만 눈물이 쏟아져 나왔다. 언제부터인지 몰랐지만 명절 때가 되면 집에는 웃지 못 할 일이 생겼다. 차례상을 놓고 향불을 달라고 부엌을 향해 엄마를 부르면 대답은 늘 "잉." 하는 두 목소리가 들렸다. 그럴 때면 "윗집 엄마 말고 아랫집 엄마."라고 구분을 지어야 했고 그때마다 집안 가득 웃음꽃이 피어나곤 했다.

"엄마 내 집 왔네."

눈물 꽃을 지우며 리어카를 끌고 아랫집에 들어섰다. 어머니는 영문을 몰라 당황스러워 하면서도 아무 말 없이 묵묵히 짐을 옮겨 주었다. 광주로 고등학교를 오기 전까지 유하는 1년 동안 아랫집에서 살았다. 아버지는 뒤에서 누가 부르면 전혀 못 알아들었다. 보청기를 꽂으면 윙윙 울려 너무 시끄럽다고 잘 들으려고 하지 않아서, 아버지에게 뭔가를 이야기하려면 자연히 목소리가 커지고 손짓 몸짓을 다 동원해야 했다. 오랜 세월을 살아온 어머니는 아예 체념한 듯 말수가 없었다. 그래서 동네 아주머니들은 어머니를 '쌩콩댁'이라고 불렀다. 아버지가 무슨 말을 못 알아들을 때마다 어머니는 당신의 속내만 깎아냈다. 그리고 그것이 쌓여 응어리가 풀리지 않으면 어머니는 건천아짐한테 가서 눈물보따리를 끄르고 한바탕 우시곤 하시는 모양이었다. 어머니는 시집온 후 몇 번 보따리를 쌌다가도 누가 아버지를 돌봐줄까 생각하면 기가 막히고 불쌍해서 가만히 보따리를 풀곤 했다고 언젠가 건천아짐이 넌지시 일러주었다.

우우 대숲은 아직도 울고 있었다. 가끔씩 어머니의 한숨소리가 밤 안 공기를 가만 흔들었다. 밥통의 황색불은 계속해서 깜박거리고 있었다. 우-하고 바람이 한번 지나갔다. 순간 정적이 감돌고 귓가를 울리던 무수한 소리가 베갯속으로 빨려들어갔다. '결국 모든 결정은 혼자하는 거야.' 유하는 찌르듯 천장을 향해 들었다. 실종신고만 하고 가만히 앉아서 기다릴 수만은 없었다. 두 눈을 찔끔 감았다. 아련하게 멀리서 "지쳤어."라는 말이 들리는 것 같았다.

따따따따 귓바퀴를 쪼아대는 소리에 눈을 들었다. 희붐한 창호지에 어둠은 아직 남아있었다. 문밖에서 따따거리는 소리와 함께 말소리가 들렸다.

"제수씨, 너무 걱정마시쇼. 여그저그 손 쓸디는 다 써놨응께."

윗집 아버지의 목소리였다. 유하의 가슴속에서 불같은 화가 솟아올랐다. 아랫집 아버지는 윗집 아버지 말이라면 무엇이든지 따랐다. 그런데도 몸이 불편한 아버지에 대한 불만이 터져 나온

것이다. 따따거리는 소리가 멀어지는가 싶더니 부엌 쪽에서 딸각거리는 소리가 들렸다. 도마 위를 가르는 칼날이 가슴을 베어왔다.

방문을 열어제꼈다. 우중충한 하늘이 회색빛으로 잔뜩 찌푸리고 있었다. 올해는 유난히도 첫눈이 많았는가 싶었는데, 그 뒤로 보름이 다 되도록 눈은 한 번도 내리지 않았다. 날씨는 금방 눈이라도 쏟아질 기세였지만 아침부터 바람이 설치는 모양이 영 제 깜냥을 못할 것 같았다.

"내 새끼 있난능가."

할머님이 윗집에서 내려오시는지 마당 끝을 밟고 있었다. "야, 편히 쉬셨소." 유하는 신발을 신고 마당에 내려서 가볍게 허리를 굽혔다.

거죽만 남은 할머니의 눈자위는 퉁퉁 부어 있었다. 밤새 아직도 남아 있는지 모를 콩알만 한 간을 쪼개고 또 쪼개면서 오지게도 우셨는가 보았다. 유하는 할머니의 앙상한 겨드랑이에 손을 넣어 방으로 모셨다. 솜털같이 가벼운 몸이건만 할머니는 주렁을 짚고야 운신이 가능했다.

"으짜그나……, 으짜그나."

한숨 섞인 말을 토하며 할머니는 유하의 손을 꼭 쥐었다. 앙상하게 뼈만 남은 손에는 마른 온기가 아직 남아 있었고 가녀린 손회목에는 파란 힘줄이 불거져 가지가지에 검버섯을 피우고 있었다. 부엌문을 열고 어머니가 몸을 내밀었다.

"엄니 내려오셨소."

"오냐 밥 차리냐, 어서 차려라."

할머니는 안타까움 반, 애정 반이 뒤섞인 얼굴로 어머니를 바라보았다.

"내가 죽어사쓴디 이 숭한 꼴을 볼라고 살았능갑다. 이 일을 으짜끄나……. 죽어 지옥에 떨어

질 놈들, 할 짓이 없어……. 에구, 이 주먹이 총이라믄 땅봐서……."

할머니는 금방이라도 눈물을 쏟을 것 같았다.

"벨 말씀을 다하시오."

유하는 목소리를 약간 높여 할머니 말을 가로막았다.

밥상이 들어와 숟갈을 들고 입술을 적셨다. 억지로 밥 한 숟갈을 구겨 넣었지만 목에 걸려 도통 넘어 가지를 않았다. 구역질이 나오는 것을 간신히 참고는 이내 숟가락을 놓았다.

"우에? 그만 묵냐 더 묵어라."

"……."

"내가 또 식전부터 흰소리를 했능갑다."

"아니어라우, 좀 있다가 먹을라우."

"아야, 그래도 한 술 더 떠라 어려울수록 묵어야제. 그래야 심을 쓰는 벱이여야."

유하는 할머니의 손을 가만히 빼고 밖으로 나왔다.

서산마루에 해가 설핏 기울 때쯤 유하는 덜커덩거리는 자전거를 타고 출근을 했다. 중대장의 목소리가 행정반을 뚫고 나와 카랑하게 울렸다. 무기고 옆 초소에서 근무를 서는 애들이 엄지손가락을 세워보였다. 신병들이 왔는가 보았다. 중대장은 유하가 출근한 것을 확인하고는 밖으로 나갔다. 적당한 군기는 잡되 사고는 철저히 방지한다는 것이 중대장의 철학이었다. 혹여 신병들을 졸병들에게 맡겼다가 무슨 일이 있을까 싶어, 유하 오기를 기다렸다가 가만 자리를 비켜준 것이었다.

"집합 이 새끼들, 동작 봐라."

종래의 우쭐거리는 목소리가 들렸다. 행정반

난로가에 앉아 담배를 물었다. 내무반에서는 목소리가 바쁘게 뛰어다니고 있었다.

"군인의 길."

"군인은 조국과……."

"시꺼 임마, 따라서 복창해. 군인의 길, 군인의 길은 갈 길이 아니다 알겠슴까."

"예, 알겠슴다."

"군인정신, 제정신이 아니다 알겠슴까."

"예."

유하가 선임이 되고부터 중대본부의 모든 것은 변했다. 다른 사람의 영역을 침범하지 않는 한 모든 자유가 주어졌다. 그리고 신문을 놓고 한자 공부를 하기도 했고, 모든 사상의 자유와 독서의 자유가 주어졌다. 신병의 신고식도 폐지되었고 어리둥절하게 굳어있는 아이들을 잠시 놀리는 것이 신고식의 전부였다. 개구쟁이 같은 종래의 목소리가 날아왔다.

"단기병은 우리나라 최강의 정예부대다. 북한이 가장 두려워하는 것은 여러분의 도시락 가방이다. 일설에 의하면 그 가방에서 짤랑거리는 소리가 무엇인지를 몰라 남침의사를 완전히 포기했다고 한다. 알겠슴까."

"예, 알겠슴다."

웃음이 저절로 터져 나왔다.

"또한 여러분은 유사시 전쟁이 발발하더라도 아침 8시 출근 오후 5시만 되면 싸우던 무기를 놓고 칼같이 퇴근을 한다. 그리고 작전 투입시는 적의 동사무소를 신속하게 접수, 주민등록본을 확보한다. 알겠슴까."

"예. 알겠슴다."

어둠이 완전히 내리고 야간 근무지만 남은 무

기고 초소에는 정적만이 감돌았다. 바람결이 한 결 수그러졌다. 유하는 품속에 갈무리한 수첩을 꺼내 들었다. 잠시라도 떨어져 있으면 아버지와의 끈이 영원히 끊어져 버릴 것 같아 출근을 하면서 들고 왔었다. 올해는 겨울나기가 유난히도 힘들 것 같다는 생각이 들었다. 돌이켜 생각하면 한순간 한순간을 최선을 다하려는 삶이었는데 가슴 속에는 쉬이 사랑의 뿌리가 내리지를 못했다. 어디서부터가 잘못 되었는지 알 수가 없었다. 막 전입을 왔을 때 내무반 벽의 주인 없는 군화 자국이 지금까지도 유하의 가슴을 밟고 있었다. 결국 내무반 구석의 녹슨 캐비닛처럼 군대는 유하의 정신을 녹슬게 했는지도 몰랐다.

"소대장님, 눈이 옵니다."

성호가 들뜬 목소리로 초소를 나가며 외쳤다. 보안등 불빛 위로 함박눈이 쏟아졌다. 유하는 하늘을 올려다보았다. 보릿대를 태울 때 불티가 날 듯 함박눈은 촘촘히 하늘을 수놓으며 쏟아져 내렸다. '그래 결단을 내리자' 유하는 속으로 중얼거리며 눈발 맞기에 여념이 없는 성호를 불렀다.

"성호야, 내일 우리집 가서 소여물 좀 썰자."

"예, 그러십시다."

성호가 건성으로 대답하고 떨어지는 눈을 따라 경둥경둥 뛰었다. 유하는 홀가분한 마음으로 철모를 벗고 밤송이 같은 머리에 설화를 만들었다. 칙칙하게 가슴을 감쌌던 모든 수상함들이 물러가고 희망이 물씬물씬 자라는 것 같았다

밤새 쌓인 눈은 발목을 훨씬 넘었다. 화단에는 설화가 만발하고 온 세상은 티끌 한 점 없는 새하얀 광목으로 덮여 있었다. 자전거는 두고 걸었다.

"성호야, 쏘주 한 병하고 약솜 몇 뭉치 그라고 빨간약 한 병만 사와라."

"예?"

성호의 눈은 무슨 일이냐고 묻고 있었다. 술 한 잔만 하면 토악질을 해대던 치가 아침부터 술을 찾자 어리둥절한 모양이었다.

"이렇게 눈도 내렸고 아름다운 세상을 위해 식전 아침이지만, 얼마나 좋냐 한 잔 할란다."

"야, 역시 시인이심다."

성호는 눈이 감기도록 미소를 짓더니 약국으로 바삐 내달았다.

신작로를 두고 논둑길을 걷기로 했다. 눈에 반사된 햇빛이 눈부셨다. 빈 속에 소주를 들이키자 놀란 뱃속이 요동을 쳤다. 매운바람 끝은 회초리가 되어 양 목을 세차게 때렸다. 혈관을 타고 흐르던 알코올이 가슴에서 불같은 기운을 만들어 냈다. 귓전이 윙윙 울리고 "지쳤어요."라는 자연의 말이 꿈틀거리며 살아 올랐다.

"이 시대에 완벽한 사랑은 없어요. 혼자서 모든 것을 사랑하려는 것은 오만이에요."

"오빠의 사랑은 경도된 사랑이에요."

자연의 말들이 솔잎 끝이 되어 아프게 찔러 왔다.

"이 시대의 모순을 깨는 유일하고도 위력한 무기는 사랑이라는 오빠의 말 뒤에 숨겨진 모험주의에 대해 생각해봤나요."

하늘이 빙빙 돌았다. 숨 막히게 조여 왔던 보안대의 지하실이 펼쳐졌다. 밤을 꼬박 세워 조사가 끝나자 만 원짜리 한 장이 달랑 차비라고 던져졌다. 책을 싸들고 터미널로 오는 길에 분노보다는 눈물이 흘렀다. 끝없이 떠올랐던 자연의 얼

굴이었지만 전화를 할 수가 없었다. 빨리 집으로 돌아가고 싶을 뿐이었다. 짧게 자른 머리가 그렇게 슬픈 적은 없었다. '세상 무서울 것 없는 김유하가 적의 포로가 된 느낌이 어때, 그동안 전향했어?' 히죽거리던 조사관의 얼굴이 떠올랐다, 마음속에서는 침을 뱉으라고 했지만 입은 열리지 않았었다. 어쩌면 거기서부터 잘못됐다는 생각이 들었다. 차라리 모든 짐을 자연과 나누어졌더라면 적어도 지쳤다는 편지를 받지는 않았을 것이다. 유하는 일주일이 멀다고 찾아오는 보안대의 수상스러운 움직임과 보안대 지하실에 끌려간 이야기를 차마 자연에게 하지 못했었다. 아픈 상처는 혼자서 떠안아 해결하고 싶었다. 화사하게 웃는 자연의 얼굴을 찡그리게 하고 싶지는 않았었다. 그러나 본질을 이야기하지 않고 검은 무리를 향한 끝없는 증오만을 내뱉는 편지에서 자연은 당연히 지칠 수밖에 없었을 것이다. 그러나 지금 유하가 마음먹은 일은 자연에게 가는 길은 아니었다. 앞산에 걸렸던 자연이의 얼굴을 밀고 아버지의 얼굴이 떠올랐다. 새마을 공사장에서 유하의 학비를 벌다가 경운기에 손가락을 잘렸던 아버지가 한 매듭이 없는 뭉툭한 오른손 검지를 들어 보이고 서 있었다.

동네 길은 손님을 기다리듯 단정하게 쓸어져 있었다. 술기운에 눈 밑이 빨개져 모자를 누르고 야전상의의 깃을 세웠다. 아랫집에 들어섰지만 왠지 어딘가 자리가 빈 것 같았다. 어머니는 어디를 가셨는지 인기척이 없었다. 유하는 차라리 잘됐다고 내심 생각했다.

"성호야, 어머니 오셔서 밥 차리실 때까지 한 짐 썰자. 너는 저기 가서 짚 좀 가져와라."

"그랍시다."

성호가 흔쾌히 대답을 하고 짚을 가지러 갔다.

유하는 헛간문을 열고 안으로 들어가 작두를 내려 날을 살폈다. 날씨가 추워져서인지 작두날도 파랗게 빛나고 있었다. 갑자기 정신이 맑아졌다. 어머니의 병상을 지키던 아버지의 모습이 떠올랐다. 어디서 들었는지 어머니 몸에 좋다는 풀뿌리는 있는 대로 캐어다가 달이시던 아버지의 모습이 겹쳐졌다. 유하는 작두의 손잡이를 들고 오른손 검지를 작두 날 밑에 놓았다. 두 눈이 저절로 감겼다. 의식의 한 귀퉁이에서 램프의 거인처럼 자연이 켜져왔다.

'사랑을 위해 죽음도 불사한다면 그것은 누구를 위한 거야. 남을 위한다는 것은 위선이야. 좀 더 오빠가 솔직해졌음 좋겠어. 오빠는 영웅이 아니야.'

"이만큼이면 돼요?"

성호가 짚단을 들고 들어왔다.

"뭐하시오?"

"응 으응. 작두날이 잘 갈아졌는가 본다."

유하는 얼른 손가락을 뒤집어 날을 살피는 척했다.

"조심하시오 손 빈디. 말년에는 떨어지는 낙엽도 조심하란디."

"알았어 임마, 내가 어린애냐. 참, 성호야 엊저녁에 초소에서 보다 둔 내 책 좀 중대장 몰래 숨겨두라고. 그리고 택시 한 대만 불러라."

"뭐 할라고라우."

성호가 모르겠다는 얼굴로 물었다.

"그냥 시키는 대로 해라. 뭐 좀 시킬라고 그랑께."

유하는 고개를 돌리며 단호하게 말끝에 힘을 주었다. 그리고 라이터를 꺼내 작두날을 달구었다. 빨간 불꽃이 따뜻한 온기를 느끼게 했다. '그래 세상을 밝히는 불꽃은 사랑이야.' 유하는 혼자서 중얼거렸다. 헛간의 벽에는 무수히 많은 세상 사람들이 모여 있었다. 유하는 다시 손잡이를 움켜잡았다. 눈앞이 뿌옇게 흐려져 왔다. '위 사람은 장애자임.' '지쳤어요.' '전향했냐?' 유하는 두 눈을 질끈 감았다. 따뜻한 물줄기가 볼을 타고 흘렀다. 마음이 착 가라앉았다.

"유하야, 느그 아부지 온다."

유하가 막 손잡이에 힘을 가할 때, 건천아짐의 건강한 목소리가 들려왔다. 얼른 손을 뺐으나 손가락 끝에서 피가 솟았다. 유하는 손가락을 움켜쥐고 밖으로 나왔다. 마을 사람들에 애둘러 싸여 아버지는 둥실둥실 떠오고 있었다. 유하는 고개를 떨구고 헛간으로 들어왔다. 성호가 어느새 다가와 옆자리에 섰다.

"조심하시랑께 내가 뭐라고 합디요."

성호가 야상주머니에서 약솜을 꺼내면서 아버지 수첩을 땅에 떨쳤다. '신체 장애자 수첩'이라는 금박 글씨가 두 눈 가득 들어왔다. 유하의 눈에서는 하염없이 눈물이 흘렀다.

"어디 봅시다, 살 쪼끔 비었구마는 애기같이 울고 그라요."

성호가 핀잔을 주며 손가락 끝을 묶었다. 연락을 받은 할머니와 어머니가 윗집에서 내려왔다.

"뭔 지랄났다고 가지마랑께 갔소."

어머니의 목소리가 온 집 안을 울렸다. 그리고는 그렁그렁한 눈물을 달고 어머니는 뒤란으로 가버렸다.

"…인만나…….."

황소 같은 눈을 굴리며 아버지는 미소를 머금었다.

"웠따 오래살고 볼일이네 쌩콩네가 다 울고, 서방 사흘 안보였으믄 열녀문 날 뻔했네."

건천아짐의 입심에 마당가득 웃음꽃이 피어났다.

"시상에 오살놈들이 빌어묵을 일이 없어 몸도 안 성한 사람들을 데려다가 광주 차부에서 통들고 돈 동냥하라고 했다고 안하요, 그란디 여관에서 새벽에 도망왔다요. 참말로 문딩이 콧구녁 마늘씨를 뽑아묵제."

건천아짐의 능갈치는 소리가 온 집 안을 흔들었다.

뒤란에서 어머니를 달래는 윗집 어머니 목소리가 들렸다. 유하는 아버지의 수첩을 쥐고 큰방으로 뛰어갔다. 전화기를 들고 다이얼을 돌렸다. 전화선을 따라 또르륵 또르륵 신호음이 달려 나갔다. 얼어붙은 땅 밑에서 전화선이 동맥처럼 펄떡펄떡 뛰고 있을 거라는 생각을 하면서 유하는 가슴속에 묻어둔 얼굴을 꺼냈다. 끝

4월 16일, 이전과 이후
대한민국은 달라져야 합니다!

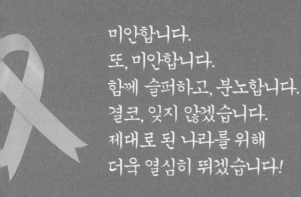

미안합니다.
또, 미안합니다.
함께 슬퍼하고, 분노합니다.
결코, 잊지 않겠습니다.
제대로 된 나라를 위해
더욱 열심히 뛰겠습니다!

김종석

∧ 김종석이 걸어온 길
- 전남 강진 출생(만 47세)
- 조대부고/전남대 졸업
- 전남대 총대의원회 의장
- 월간 『말』 기자(전)
- 『당대비평』 편집장(전)
- 김상희 국회의원 보좌관(전)

∧ 경기도의회 경력
- 뉴타운대책특별위원장(현)
- 새정치민주연합 대변인(현)
- 도시환경위원회 위원(현)
- 제3기 예산결산특별위원(전)
- 건설교통위원회 위원(전)
- 경기도 주택정책심의위원(전)

2 경기도의원 ('12.4.11 보궐선거 당선)
김종석

격론, 오늘보다 나은

내일을 위하여 !

■ 경기도의회 도정질의(2012. 5. 2.)
'거짓과 기만'이 아니라 상식과 원칙'이 필요하다!

■ 경기도의회 도정질의(2012. 9. 5.)
'거짓과 기만'으로는 미래로 갈 수 없습니다!

■ 경기도의회 도정질의(2014. 11. 5.)
상식과 원칙이 바로 선 경기도여야 합니다!

■ 경기도의회 도정질의(2015. 11. 4.)
'NEXT 경기'상식과 원칙이 바로 서야 한다!

GYEONGGI PROVINCIAL COUNCIL
www.ggc.go.kr

'거짓과 기만'이 아니라 '상식과 원칙'이 필요하다!

지난 이명박 정권 4년은 참으로 모질고 고통스러운 세월이었습니다. 정치, 경제, 사회 등 모든 분야에서 대한민국이 철저하게 무너져 내렸기 때문입니다.

사랑하는 천이백만 경기도민 여러분, 존경하는 허재안 의장님을 비롯한 선배·동료 의원 여러분! 부천 소사 출신 민주통합당 김종석 의원입니다. 선배·동료 의원들께서 알고 계시다시피 본 의원은 금번 4.11 보궐선거를 통해 영광스럽게도 이 자리에 서게 되었습니다. 때문에 아직 서툰 점이 많습니다. 이런 점을 감안하셔서 본 의원의 도정질의가 미흡하더라도 널리 혜량하여 주십시오.

경기도민 여러분, 선배·동료 의원 여러분! 오만과 독선으로 점철되었던 이명박 대통령의 임기가 이제 채 1년이 남지 않았습니다. 돌이켜 보면 지난 이명박 정권 4년은 참으로 모질고 고통스러운 세월이었습니다. 정치, 경제, 사회 등 모든 분야에서 대한민국이 철저하게 무너져 내렸기 때문입니다.

이명박 정권 4년 성적표 그 결과는 이렇습니다. 대한민국이 부채공화국으로 전락했습니다. 부자감세로 90조 원의 세수가 감소했습니다. 토건 위주 10개 대형 국책사업에 200조 원이 투입되었습니다. 4대강사업에 24조 원의 예산이 퍼부어졌습니다. 그 결과 국가채무는 2011년 현재 422조 원으로 참여정부 시절인 2007년과 비교했을 때 123조 원, 41%가 증가했습니다. 공기업 공사채 발행액도 2011년 283조 원으로 2007년보다 163조 원, 136%가 증가했습니다. 747공약은 말 그대로 빌 공(空)자 공약이었습니다.

이명박 정권 4년 가계부채 262조원

서민경제는 파탄 직전으로 살인적인 고물가가 지속되고 있습니다. 2011년 소비자물가 상승률은 4.2% 대로 IMF 이후 최악입니다. OECD 34개

회원국 중에서 에스토니아를 제외하고 최고 수준입니다. 2011년 말 기준으로 아파트 전셋값이 전년 대비 14.5% 상승했습니다. 8년 만에 최대 상승폭을 기록하면서 전세대란으로 인한 전세난민이 속출했습니다. 사실상의 가계부채는 1,000조 원을 돌파했습니다. 이명박 정권 4년 동안 늘어난 가계부채가 262조 원에 달합니다. 비싼 대학등록금 때문에 학자금 연체로 인한 신용불량자가 2007년 3,785명에서 2011년 6월 2만 9,076명으로 668%가 증가했습니다. 2007년 말 353개였던 SSM 점포는 이명박 정권 들어서 673개가 증가했습니다. 재래시장과 골목상권은 완전히 붕괴되었습니다.

대통령 친인척 측근비리가 봇물처럼 터져 나오고 있습니다. 도덕적으로 완벽한 정권이라는 이 정권에서 대통령 부인 사촌언니인 김옥희 · 대통령 사촌처남인 김재용 · 대통령 아들인 이시형 · 대통령 친형인 이상득, 그 밖에 추부길 · 천신일 · 은진수 · 신재민 · 박영준 · 박희태 · 최시중 등 대통령 친인척 측근들이 줄줄이 비리혐의로 처벌받거나 수사기관에서 조사 중입니다.

민주주의는 파괴되었고, 역사는 30년 전으로 되돌아갔습니다. 정부가 버젓이 민간인 불법사찰을 자행했습니다. 국회에서는 3년 연속 정부 예산안이 날치기 처리되었고 방송미디어법 등 언론악법과 비정규직법 등 노동악법이 날치기 처리되었습니다. 이렇게 국민의 99%인 중산층과 서민들은 모두가 못살겠다고 아우성인데 바야흐로 대선정국이 도래했습니다.

도지사 아닌 노동운동가 김문수 존경

김문수 지사께 질의하겠습니다. 본격적인 질의에 앞서 개인적인 소회를 잠깐 말씀드리고자 합니다. 26년 전 전남대 5.18 광장에서 노동운동가 김문수의 사자후에 감명 받았던 청년이 오늘 이 자리에 섰습니다. 오늘의 제가 있기까지 한때는 제 삶의 기준이 되었던, 도지사가 아닌 젊은 날의 노동운동가 김문수 님께 처음이자 마지막으로 존경과 감사의 인사말씀을 드리면서 질의를 시작하고자 합니다.

지사님! 앞서 본 의원이 평가한 이명박 정권 성적표가 잘못되었거나 부당하다고 생각하십니까?

도지사 김문수 그런 점이 공감됩니다.

김종석 위원 지사께서는 대한민국이 처한 현재의 상황, 그 책임에서 자유롭다고 생각하십니까?

도지사 김문수 자유롭지 않고 책임이 많이 있습니다.

김종석 위원 구체적으로 어떤 측면에서 지사님께서 책임을 지셔야 할 부분이 있다고 생각하십니까?

도지사 김문수 저도 국회의원을 3선 했고 도지사를 재선째, 가장 오래 하고 있는 사람으로서 상당한 책임이 많이 있다고 생각합니다.

김종석 위원 우리 경기도에는 대한민국 국민의 25%가 거주하고 있습니다. 지사님께서 말씀하셨듯이 경기도 살림살이도 좋지 않습니다. 경기도 부채는 2005년 7,651억 원에서 2011년 1조 7,484억 원으로 2.3배가 증가했습니다. 경기도시공사도 마찬가지입니다. 2005년 8,629억 원이었던 부채가 2011년 7조 909억 원으로 약 8.2배가 증가했습니다. 문제는 이 모든 것들이 이명박 정부와 같이 건설과 관련된 분야에 대량 투입되었다는 것입니다.

지난 4.11 총선결과 경기도 국회의원 총 52석 중에서 민주통합당이 29석, 새누리당이 21석, 통합진보당이 2석을 차지했습니다. 2008년 18대 총선에서는 총 51석 중 한나라당이 32석, 민주당이 70석, 친박연대가 1석, 무소속이 1석을 차지했었습니다. 4년 만에 결과가 정반대로 나타났습니다.

지사께 여쭙겠습니다. 지난 10월 서울시장 보궐선거에서 새누리당의 전신인 한나라당이 패배했습니다. 또 지난 4·11 총선에서 서울·경기 지역에서는 사실상 새누리당이 참패했습니다. 지사께서는 그 의미가 무엇이라고 보십니까? 왜 그랬다고 보십니까?

도지사 김문수 정권 말기 시점에 선거를 해서 여러 가지 정치적인 부담을 다 그 후보들이 짊어진 점이 있고요. 또 민생 부분에서 상당히 어려운 점이 많이 있겠습니다. 우리 경기도도 뉴타운이나 부동산 개발 또 주택의 가격, 일자리 문제점, 민생경제의 어려운 점, 측근비리, 뭐 여러 가지 원인이 전부 중첩이 돼서 그런 결과가 일어났다고 생각합니다.

김종석 위원 그렇습니다. 본 의원은 경기도와 서울에서 살고 있는 국민들이 이명박 대통령은 물론 오세훈 서울시장, 김문수 도지사가 정치와 행정을 잘못하고 있다고 판단해서 내린 심판의 결과라고 생각합니다. 지사께서도 동의하십니까?

도지사 김문수 뭐, 저도 책임이 크겠고 방금 말씀하신 것처럼 대통령 중심제 아래서 대통령의 임기 후반과 또 대통령에 대한 여러 가지 실정에 대한 느낌, 또 저 자신도 뉴타운이라든지 이런 여러 가지 부분들이 합쳐져서 그런 결과를 가져왔다고 생각합니다.

실정 반성은 커녕 대권도전, 잘못된 것

김종석 위원　그렇다면 총선 이후 김문수 지사께서 하셔야 할 일은 무엇이었습니까? 경기도민의 뜻을 겸허하게 받들어서 지난 2년 동안 이끌어 온 도정을 꼼꼼하게 되돌아보고 처절하게 반성해서 잘못된 점을 바로 잡는 것이 아니었겠습니까?

도지사 김문수　그렇게 하고 있습니다.

김종석 위원　그런데 지사께서는 도민들께서 일을 잘못했다고 회초리를 들었더니 반성은커녕 한 발 더 나아가 위대한 대한민국을 만들겠다고 대권 도전에 나섰습니다. 이거 한참 잘못된 거 아닙니까?

도지사 김문수　제가 이제 좀더 잘해보고자 출마선언을 하게 됐습니다.

김종석 위원　지난 4월 22일 지사께서는 대선 후보 출마를 공식 선언하셨습니다. 본 의원은 지난 4월 22일 김 지사께서 발표한 이른바 대선출마 선언문을 보고 깜짝 놀랐습니다. 아무리 눈을 씻고 찾아봐도 오늘날 김문수 지사가 있기까지 지난 6년여 동안 아낌없이 한결같이 지사를 성원해 주신 천이백만 경기도민에 대한 감사나 대선에 도전하면서 불가피하게 발생할 도정 공백에 대한 그 어떤 사과문구나 사죄문장이 없었기 때문입니다. 경기도민들께서는 2010년 지방선거에서 경기도지사로, 재선지사로 뽑아주셨습니다. 경기도정을 잘 보살피라고 뽑아주신 겁니까, 아니면 대권 도전하라고 뽑아주신 겁니까?

도지사 김문수　기본적으로 경기도지사를 잘해야 되겠지만 대통령이 된다면 우리 도민들도 다 찬성하실 것으로 보고 있습니다.

김종석 위원　본 의원은 지사께서 천이백만 경기도민께 정중하게 감사를 드리고 사과하셔야 된다고 봅니다. 이 자리를 빌어 천이백만 경기도민께 감사드리고 사과하실 기회를 드리겠습니다. 말씀하시죠.

도지사 김문수　경기도민 여러분들께서 저를 역사상 가장 오랫동안 도지사직을 수행할 수 있도록 선택해 주신 데 늘 감사를 드립니다. 나름대로 최선을 다했습니다마는 우리 경기도지사의 직만으로 경기도를 발전시킨다는 것은 많은 한계가 있다는 것이 지금 우리 지방자치의 한계이겠습니다. 우리 대한민국을 지방자치가 좀더 강화되고 또 민생이 잘 보살펴지고 또 국론이 통일되는 그러한 기회를 가지기 위해서 이번 대권 도전선언을 하게 되었는데 일일이 다 사전에 양해를 구하거나 동의하지 못하고 이러한 발표를 하게 된 데 대해서는 대단히 송구스럽게 생각하고 앞으로도 계속 말씀을 드리고 이해를 구하고 또 함께 더 위대한 대한민국, 그리고 더 잘사는 경기도를 만들 수 있도록 제가 열심히 노력을 하도록 하겠습니다. 감사합니다.

불법적인 대선관련 문건 발견

김종석 위원　지난 4월 24일 경기도 대변인실에서 관련된 대선 관련 문건이, 4월 30일에는 경기도 보좌관실에서 관련된 대선 관련 문건이 잇달아 발견되었습니다.

두 문건과 관련하여 지사께서는 존재 사실을 모르셨지요?

도지사 김문수　네, 저는 알지를 못합니다.

김종석 위원　보고 받지도 않으셨지요?

도지사 김문수 그렇습니다.

김종석 위원 네, 그럴 줄 알았습니다. 대선후보로 출마선언을 하는데 이렇게 허접한 문건으로 준비한다는 것이 상식적으로 말이 되지 않거든요. 그렇지 않습니까?

도지사 김문수 내용은 제가 다 보지 않았습니다마는 저는 저런 문건이 있는 줄 몰랐습니다.

김종석 위원 그런데 두 문건과 관련된 당사자가 경기도청 소속 공무원인 것은 맞지요?

도지사 김문수 그것은 지금 선관위에서 조사를 하고 있기 때문에 조사결과가 잘 나오겠습니다마는 그 문서가 발견된 지역, 또 저와 같이 도청에 계약직으로 들어왔던 저희 대변인실이나 또 홍보를 담당하거나 연설문을 쓰던 사람들은 다 사직토록 했습니다.

김종석 위원 공무원은 선거와 관련해서 관여할 수가 없습니다. 진상을 파악해 보셔서 그럼 지금 사직처리를 하셨다는 말씀이시죠?

도지사 김문수 일단은 그러한 개연성이 높고 앞으로도 제가 당내 경선을 하는 데까지 저를 도와줄 수밖에 없는 개인적 관계나 또 그런 위치에 있는 사람들은 사직을 하도록 했습니다. 그래서 앞으로 이런 오해가 일어나거나 또 이런 문제가, 시비가 일어나지 않도록 차단을 시키는 차원에서 했습니다.

김종석 위원 공무원 신분으로 경기도민이 아닌 도지사의 대선 관련 문건을 작성했다면 이는 공무수행이 아니라 명백한 관권선거입니다. 지사님 개인적으로는 몰랐다 하더라도 도의적인 책임은 있다고 생각합니다. 이런 불미스러운 일이 발생한 것에 대해서 경기도민께 사과하시죠.

도지사 김문수 이런 여러 가지 문제점이 일어나게 된 것이 기본적으로 공무원들의 선거개입 금지라는 법적 규정에 의해 일어난 것인데 제 자신이 대통령 출마를 선언함으로써 저와 친하고 또 저를 홍보나 언론, 이런 차원에서 보좌하던 사람들의 서류 중에서 나온 것에 대해 모두 제 책임이라고 생각합니다. 이 부분에 대해서 일단 저는 사직하게 하고 앞으로도 그럴 소지가 있거나 물의가 일어나면 사직케 할 것이며, 공직이 마치 선거에 개입하는 것과 같은 오해나 물의가 일어나지 않도록 철저히 조치토록 하겠습니다. 대단히 송구스럽게 생각합니다.

김종석 위원 본인의 책임이라고 하셨고, 앞으로도 이런 일이 일어나면 사직을 시키겠다고 했습니다. 본 의원은 꼬리자르기라는 의혹을 지울 수가 없습니다. 또 다시는 이런 일이 발생하지 않으리라는 보장이 없습니다. 지사님께서 지사직에 계신 한 경기도 공무원들은 언제든지 선거법 위반으로 공무원직을 내놔야 될 처지에 몰리게 됩니다. 이런 혼란을 방지하려면 지사께서 도지사직에서 사퇴하는 게 맞지 않겠습니까? 사퇴하실 의사 없으십니까?

"도지사직 유지 대권 도전은 놀부심보"

도지사 김문수 저도 원래 사퇴를 생각해 봤습니다. 의원님 말씀처럼 제가 공직에 있으면서 대통령직에 도전하는 것은 여러 가지 불편한 점이 많은데 우선 현행 공직선거법상 도지사가 대통령 후보로 예비후보 등록을 할 수 없기 때문에 또 예비후보 등록을 해야만 선거활동이 자유롭고 후원금 모금이라든지 이런 게 가능하기 때문에 그런 점에서 일단 사직하고 대선후보로 도전하는 것이 깨끗하고 순리에 맞다고 생각을 했습

중부일보

2012년 05월 03일 목요일 003면 종합

민주 "김 지사, 도의적 책임져야"
새누리 "야당, 지나친 정치적 공세"

김 지사 사퇴 논란 도의회 여야 쟁점 부상

2일 열린 경기도의회 본회의에서는 김문수 경기도지사의 지사직 사퇴 논란이 경기도의회 여·야 대결로 비화되고 있다.

민주통합당 의원은 관권선거 책임을 물어 지사직 사퇴를 촉구하자, 새누리당 의원은 과도한 정치공세라며 김 지사를 옹호했다.

민주당 김종석(부천 6) 의원은 이날 도정및 교육행정에 관한 질의를 통해 공무원이 작성한 '김문수 대선 문건'과 관련해, 김 지사의 관권선거 의혹을 집중 추궁했다.

김 의원은 "문제가 불거진 뒤 해당 공무원을 사직토록 한 것은 책임을 회피하기 위한 '꼬리자르기'"라

고 비판 한 뒤 "김 지사가 문건에 대해 개인적으로 몰랐다고 해도 도의적인 책임이 있다"며 지사직 사퇴를 촉구했다.

김 의원은 이어 "대선 홍보문건 발견으로 관권선거 논란을 일으키는 등 혼란을 야기하고 있는데 사퇴해야 한다"고 강조했다.

김 의원에 이어 질의에 나선 새누리당 윤태길(하남 1) 의원은 김 지사 사퇴 요구는 민주통합당의 지령을 받은 정치공세라며 반박했다.

윤 의원은 "김 지사 지사직 사퇴 촉구는 야당 국회의원의 지령을 받은 정치공세"라면서 "도지사직에 욕심

2일 열린 경기도 의회 본회의에서 김종석 의원이 도정질의를 하고 있다.
〈사진=경기도의회〉

을 낸 일부 야당 국회의원의 지령을 받은 야당 도의원들이 이를 충실히 이행하고 있다. 당리당략에 휘둘려 도의회의 자존심을 버린 행위"라고

맞불을 놨다.

그는 "미국의 경우 공직을 유지한 채 대통령 선거에 출마할 수 있다"며 "그런데 우리나라는 현행 선거법에서 이를 제한해 관권선거 논란 등이 일고 있는 것"이라고도 반박했다.

지사직 사퇴를 요구하고 있는 민주당은 '지령을 받은 정치공세'라는 윤 의원의 발언을 문제삼아 공식 사과를 요구하고 나서면서 지사직 사퇴 논란이 민주당과 새누리당의 갈등으로 비화될 조짐이다.

민주당 김현삼(안산 7) 대변인은 신상발언 기회를 얻어 "오는 15일까지 공식 사과문을 제출할 것을 요구하고, 이행하지 않을 경우 윤리위원회에 회부하는 등 당 차원에서 대응하겠다"고 밝혔다.

이에 대해 새누리당 신현석(파주 1) 대변인은 "민주당이 지령이라는 단어에 너무 민감하게 반응했다"면서 "민주당의 태도를 지켜보면서 대응하겠다"고 말했다.

이복진기자/bok@joongboo.com

니다.

그러나 사직한다는 보도가 나가자 또 보궐선거를 왜 하느냐, 보궐선거 비용이 약 200억 원 이상 들어가는데 책임질 거냐고 말씀들을 하셨습니다. 또 보궐선거 비용을 내라, 약속 위반이다 등의 말씀이 많기 때문에 일단 우리 새누리당의 당내 경선 때까지는 도지사직과 당내 경선을 같이 하는 것이 차선책이라고 봐서 그 길을 택했는데 존경하는 우리 김종석 의원님 말씀처럼 여러 가지 무리가 있을 수 있습니다.

제 자신도 두 가지 일을 하기에 많은 어려운 점이 있고, 또 공무원들도 여러 가지 불편한 점이 있을 수 있습니다. 그러나 사직했을 때 도정의 공백이나 다른 문제점도 있기 때문에 일단 새누리당의 당내 경선이 있을 때까지는 겸직하는 것이 제가 할 일이라고 생각합니다. 다만 새누리당의 공식적인 대선후보가 될 때는 사직하더라도 도민들께서 이해해 주실 것으로 생각이 됩니다.

그래서 매우 어려운 점이 어느 쪽을 택하더라도 있겠지만 우리 공직자 중 이번에 사퇴한 분이나 또 도와주는 분은 어디까지나 저와 같이 계약직으로 도청에 들어와서 저의 정무적인 지원을 하던 분들입니다. 앞으로도 문제가 될 경우에는 제가 다 사직케 하여 도민들한테 물의가 일어나지 않도록 제 신변을 철저하게 관리해 나가도록 하겠습니다.

의원님들께서도 아시겠지만 현행 선거법상 우리 지방자치단체와 단체장과 의원님들 모두 국회의원에 비해서 불리하기도 하고 선거 자체도 그렇고 모든 면에서 어려운 점이 있습니다. 다만 저를 통해서 우리나라 지방자치가 좀더 굳건하게 발전하고 여야를 떠나 지방자치와 지방분권이 선거법뿐만 아니라 모든 면에서 더 발전하는 기회가 되었으면 합니다. 더불어 제가 잘 할 수 있도록 초당적으로 배려해 주시고, 질책해 주시면 제가 우리 지방자치의 발전을 위해서 어떤

거론되는 대선후보보다 적극적으로 헌신할 것을 약속드립니다.

김종석 위원 뒤에서 말씀드리겠습니다마는 참으로 궁색한 변명이십니다. 지금 지사직을 사퇴하나 한나라당 후보가 돼서 사퇴하나 보궐선거를 치르는 것은 마찬가지인데 그 말을 누가 믿겠습니까? 어제 존경하는 민주통합당 의원님께서 말씀하셨듯이 이거야말로 양손에 떡을 든 놀부의 심보가 아니고 무엇이겠습니까? 참 너무나 궁색하다는 생각이 듭니다.

좀 다른 사안입니다. 지사께 한 가지 더 여쭙겠습니다.

지난 4월 8일 일요일 아침 일찍 소사구에 오신 적 있으시죠?

도지사 김문수 있습니다.

김종석 위원 본 의원이 알기로는 부천지역 국회의원 후보자 네 분, 선거 관계자들과 식사를 같이 하시고 성주산에 올라서 주민들을 만난 것으로 알고 있는데 이거 관권선거 아닙니까?

도지사 김문수 아닙니다. 그걸 관권선거라고 할 수 있는 어떠한 근거도 없습니다. 왜냐하면 그날은 부활절 새벽예배가 부천종합운동장에서 열려서 참석하고 아침식사를 안 해서(다른 지역은 제가 모르기 때문에) 저희 집(부천 소사구) 근처에서 하게 된 것입니다. 아침을 소사구 아침 해장국집에서 한 뒤 통상적으로 제가 자주 가는 약수터에 가서 약수를 마시고 산을 간단하게 산보 한 다음에 돌아왔습니다. 선거운동 한 적이 전혀 없고, 어떤 오해도 있을 수 없습니다.

김종석 위원 선거운동을 하지 않았다 하더라도 저는 지사님의 그런 인식이 이런 관권선거 논란을 야기하는 일을 발생시켰다고 봅니다. 좀더

현명하게 처신하신다면 당연히 현직 도지사가 선거기간 중에 자당의 의원들과 식사를 하고 또 같이 산에 올라가서 주민들한테 악수하면서 "꼭 찍어주십시오." 해야만 선거운동입니까? 제대로 된 처신을 하시려면 차라리 집에 가서 조용히 잠만 주무시고 나오시는 게 맞는 것이고, 일요일이라고 부활절이라고 지사 신분이 바뀝니까? 아닙니다. 일요일에도 관용차를 타고 일요일에도 지사 신분이고 거기에 선거기간에 가셨으면 그게 곧 관권선거 시비를 충분히 일으킬 만한 소지가 있다고 생각하시지 않으십니까?

"관권 선거 오해차단 사퇴해야"

도지사 김문수 그런 오해를 하실 수도 있겠으나 그날도 다 식사비 각자가 내고 또 제가 선거운동의 의심을 받을 어떤 언행을 한 적이 한 번도 없고……

김종석 위원 잘 알겠습니다.

도지사 김문수 또 제집에서 아침에 산책 나갔다 온 것이, 물론 정당이 다른, 존경하는 우리 김종석 의원님은 당시에 후보자이셨기 때문에 그런 영향을 미칠 수 있지 않느냐 오해도 하실 수 있습니다. 제가 그런 소소한 일상도 누리지 못한다니 참 안타깝습니다. 경기도지사가 자기 살고 있는 지역에 또 자기 집도 있고 출신지역에 산보도 못한다, 사람을 많이 만나러 다닌 것도 아니고 식사하고 산자락에 올라가서 물 한 잔 먹고 온 겁니다.

김종석 위원 잘 알겠습니다.

도지사 김문수 너무 오해 안 하셨으면 좋겠습니다.

김종석 위원 잘 알겠습니다. 지사님, 기왕 대

선후보에 출마선언을 하셨습니다. 앞서 말씀하셨다시피 현직 단체장은 어디에 가서든지 발언을 제한 받을 수밖에 없습니다. 수없이 많은 선거법 위반에 대해서 걱정을 하셔야 됩니다. 이렇게 관권선거 시비에 시달리느니 도지사직을 깨끗하게 사퇴하시고 대선에 전력을 다하시는 것이 지사님에게도, 경기도민에게도 모두에게 좋을 것 같은데 어떻습니까? 사퇴하시죠.

도지사 김문수 여러 가지를 살펴볼 때 사퇴하는 문제와 하지 않는 문제를 나름대로 심사숙고한 결과 일단 새누리당의 경선후보로 제가 선출이 된다면 사퇴하겠다는 입장입니다.

김종석 위원 그 말씀은 아까도 들었고요. 지사님, 지사님은 경기도민을 보셔야지 왜 새누리당을 보십니까?

도지사 김문수 당내 경선에서 제가 정당소속이기 때문에 새누리당의 경선에서 일단 승리해야지만 대선후보가 될 수 있기 때문에 불가피하다고 할 수 있습니다.

김종석 위원 알겠습니다. 현재 지사님께서는 대선행보의 일환으로 전국을 돌고 계십니다. 앞으로는 더 자주 그러실 것 같은데요. 대선후보 출마선언 전후로 현장 실국장회의 참석 등 도정에 차질은 없으십니까?

도지사 김문수 현재까지는 없습니다마는 앞으로도 차질이 전혀 없다고 말할 수는 없겠습니다. 그러나 최소한으로 줄이면서 또 불필요한 물의라든지 불가피한 그런 어려움을 최소화할 수 있도록 제가 최선을 다하고 또 존경하는 의원님들께서도 그런 점에서 비판과 여러 가지 지도해 주시기를 기대합니다.

김종석 위원 지사님께서 말씀하셨다시피 지

사님께서 자리를 비워도 부지사를 비롯해서 경기도 공무원들이 차질없이 도정을 잘 운영하고 있습니다. 그렇다면 더더욱 지사직에서 사퇴하셔야 되는 것 아닙니까?

도지사 김문수 그런 훌륭한 공무원들이라는 것은 제가 의원님하고 같은 생각입니다. 그러나 도지사로서 또 선출직 도지사로서 중요한 그런 결정을 내릴 때는 일정하게 또 제가 불가피하게 필요한 경우도 있겠습니다. 이럴 때도 어떤 제 나름대로 대통령 후보로 선출되고자 한다, 또 대선에 출마하겠다 하는 생각이 크게 볼 때 도정에 꼭 방해가 된다기보다는 우리 도정을 한 단계 더 업그레이드 시키는 데도 일정한 긍정적인 효과도 있다는 점을 말씀드리고 싶습니다.

김종석 위원 알겠습니다.

도지사 김문수 꼭 폐해만 있는 것은 아니겠습니다.

■ 도정질의 자료 –3

대한민국 지도자의 철학?

- "세계최고이자 대한민국 최고의 자랑 삼성이 맘 놓고 기업 활동을 할 수 있도록 뒷받침하는 게 공직의 책무다" - 2007.5.20 수원 영통구 삼성로 확장을 위한 양해각서 체결식

- "효순이 미선이 사고는 도로협소가 문제인데 반미운동으로 악용하고 변질되고 있다. 미국 쇠고기 수입을 우리 축산이 세계적으로 발전할 수 있는 기회로 만들어야 한다. 반미운동은 공직자들이 막아야 된다" -2008.5.8 경기도청 월례조회

- "만약 우리 대한민국이 일제 식민지가 안 되었다면 그리고 분단이 안 되고 통일이 되어 있었다면, 전쟁이 일어나지 않았다면, 과연 오늘의 대한민국이 있었을까? 저는 없었을 것이라고 생각한다." - 2009.1.03 부천상공회의소 신년인사회

- "도시계획과 건축 분야에서 세계 1위다. 이명박 대통령은 이승만, 박정희, 세종대왕, 정조대왕 다 합쳐도 반만년 역사에서 최고의 역량이다" - 2010.11.21 서울 서초구 양재동 aT 강연

"대권주자 검증 혹독해야"

김종석 위원 알겠습니다. 본 의원은 일국의 대통령선거 후보는 국민을 이끌어 갈 리더십과

비전, 철학을 가지고 있어야 한다고 생각합니다, 조중동 언론에서 주로 쓰는 말입니다만. 따라서 검증도 그만큼 혹독해야 한다고 생각합니다. 지사님의 출마선언서의 요체는 지사께서 서민과 노동자의 대변자, 남북 간·동서 간 사회갈등 해결사라는 것이었습니다. 맞습니까?

도지사 김문수　그렇습니다.

김종석 위원　글씨가 좀 작은데 잘 보이십니까?

도지사 김문수　저는 잘 보입니다.

김종석 위원　의원님들께는 자료를 배포해 드리지 못해서 잘 안 보이실 것 같습니다. 지사님께서는 2007년 5월 "세계 최고이자 대한민국 최고의 자랑인 삼성이 마음 놓고 기업활동을 할 수 있도록 뒷받침하는 게 공직의 책무다."라고 말씀하신 적 있으시지요?

도지사 김문수　이게 앞뒤를 거두절미해서 오해가 일어날 수 있지만 대체로…….

김종석 위원　"네, 아니오."로만 답변해 주십시오.

도지사 김문수　대체로 취지가 맞는데 자칫하면 또 오해가 일어날 수 있는 부분이 있습니다.

김종석 위원　공직의 책무는 국민에게 봉사하는 것이지 대기업을 보호하고 뒷받침하는 게 책무는 아니죠. 다음 "효순이·미선이 사고는 도로가 협소한 문제인데 반미운동으로 악용되고 변질되고 있다.", "미국 쇠고기 수입을 우리 축산이 세계적으로 발전할 수 있는 기회로 만들어야 된다. 반미운동은 공직자들이 막아야 된다." 2008년 5월 8일 경기도청 월례조회에서 이와 같은 취지의 말씀하신 적 있으시지요?

도지사 김문수　그렇습니다. 이게 여러 가지

로…….

김종석 위원　됐습니다.

도지사 김문수　그런 취지의 말씀을 했습니다.

김종석 위원　"우리나라가 일제 식민지가 안 되었다면, 분단이 안 되고 통일이 되었다면, 전쟁이 일어나지 않았다면 오늘의 대한민국이 있었을까? 저는 없었을 것이라고 생각한다."라고 말씀하신 적도 있으시지요?

도지사 김문수　그렇습니다. 역경이 있었기 때문에 오늘 같은 기적이 일어났다고 봅니다.

이명박 대통령이 세종, 정조와 동격(?)

김종석 위원　알겠습니다. "도시계획과 건축 분야에서 세계 1위이다. 이명박 대통령은 이승만, 박정희, 세종대왕, 정조대왕 다 합쳐도 반만년 역사에서 최고의 역량이다." 말씀하신 적 있으시죠?

도지사 김문수　건축분야에서 그렇다는 겁니다. 건축과 도시계획에서 그렇다는 거지, 저게 좀 빼놓고 해서 오해가 일어날 수 있겠습니다.

김종석 위원　얼마나 궁색하십니까? 세종대왕과 정조대왕께서 건축하셨습니까?

도지사 김문수　정종은 여기 수원 화성을 하셨고요.

김종석 위원　수원 화성도 잘 하셨으면 그것보다도 더 잘 했다고 말씀하신 건 무리 아니신가요?

도지사 김문수　지금은 우리나라 건축이 세계 최고 수준에 올라가 있습니다.

김종석 위원　네, 알겠습니다. 자, 이 내용대로라면 저는 이런 비전과 철학으로는 대한민국의 미래를 이끌어 갈 수 없다고 봅니다. 철학, 이념 등이 너무 한쪽으로 치우쳐 있습니다. 새로운 것이 전혀 없습니다. 어떻게 생각하십니까?

도지사 김문수   저는 대한민국이 세계에서 가장 성공한 대한민국이고, 반만년 역사에서 대한민국 건국 이후에 64년 동안의 역사가 오천년 역사에서 가장 위대한 역사라고 생각합니다. 오늘의 대한민국 사람들이 세계에서 가장 위대한 국민이라고 생각하고 있습니다.

김종석 위원   알겠습니다.
 2004년 지사께서는 "완전국민경선 방식은 동원능력에 좌우되고 그렇기 때문에 선관위도 그것까지는 행정적 지원이 안 되기 때문에 불가능하다." 이렇게 말씀하셨습니다. 2012년 완전히 바뀌셨습니다. "완전국민경선 방식이 가장 민심과 일치하는 경선이다." 라고 말씀하셨습니다. 2010년에 "대선출마는 전혀 생각해 본 적도 없다. 만약 대통령에 출마한다면 도지사에 나오지 말고 대선 준비를 해야 하지 않겠느냐."라고 말씀하셨습니다. 2012년 "저는 오늘 제18대 대통령선거에 출마하겠다는 결심을 밝힙니다." 하고 출마선언을 하셨습니다. 2012년 4월 22일 출마선언을 하시면서 "조만간 예비후보로 등록하겠고 지사직을 내놓겠다."고 했습니다. 이틀이 지난 것도 아닙니다. 하루 지나서 대선후보 확정 후에 사퇴하겠다고 말을 바꿨습니다. 정치지도자의 언행은 태산과 같아야 하는 것 아닙니까? 너무 말 바꾸기가 심하신 것 아닙니까?

도지사 김문수   여러 가지로 그런 오해가 일어날 수 있는 점도 있겠습니다마는 거두절미해

서 그런 가능성들을 열어두고 한 말인데 딱딱 자르니까 의원님처럼 그런 오해가 일어날 수 있다고 보는데 제가 그것도…….

김종석 위원   오해가 아니고 저는 지금 사실을 말씀드리고 있는 말을 쿼터에 그대로 따서 가져 온 겁니다.

도지사 김문수   꼭 사실과 일치하지는 않습니다. 문맥을 전체적으로 들어보시면 사퇴한다 그러다가 안 한다 이런 게 아니라.

김종석 위원   알겠습니다.
"소녀시대 쭉쭉빵빵이다. 춘향전, 춘향이 X표 먹으려고 하는 것. 박정희 전 대통령 총 맞아 죽었고, 노무현 전 대통령 스스로 바위에서 떨어져

죽었다." 지사님의 신중하지 못한 언행이 인터넷과 많은 국민들 사이에서 패러디 대상이 되고 있습니다. 방금 한 말은 국회의원 선거에서 낙마했던 김용민 씨가 한 말이 아닙니다. 이 나라를 이끌어 가시겠다고 대선후보로 나온 지사께서 과거에 하신 발언들입니다. 너무 부적절한 발언 아닙니까? 어떻습니까?

도지사 김문수　일부 그런 점이 있을 수 있는데요. 그 점에 대해서는 신중하게 더 조심하도록 하겠습니다.

김종석 위원　우리 사회를 이끌어 나가는 지도자는 반드시 책임져야 되는 말이 있습니다. 두 가지만 묻겠습니다. 우선 자료에 나온 말씀 묻겠습니다. "지역주민들도 대부분 찬성하고 수질도 개선되는데 4대강 사업을 반대할 이유가 없다. 다른 지역에서 안 하면 경기도에서 다 하겠다." 여주 한강살리기사업 추진상황 점검회의에서 말씀하신 적 있으시죠?

도지사 김문수　하여튼 한강살리기사업은 성공이라고 생각합니다. 만일 예산을 다른 데 사용하지 않는다면 끌어다가 임진강부터 경기도 모든 하천을 깨끗하고 아름답게 만들고 싶습니다.

15대 국회 노동법 날치기 주역

김종석 위원　알겠습니다. 15대 국회에서 노동운동의 주역이었던 김문수 지사께서는 노동법 날치기 과정에서 거수기 역할을 하셨던 것 맞으시죠?

도지사 김문수　그렇습니다.

김종석 위원　공공기관 지방혁신도시로 이전, 세종시 설치 반대, 수도권 규제 반대 주장했던 것 맞으시죠?

도지사 김문수　그렇습니다.

김종석 위원　연장선상입니다. 이제 우리 사회를 이끌어 가는 지도자로서 반드시 책임져야 될 말을 두 가지만 묻겠습니다. 만약 지사께서 불행하게도 금년 여름에 4대강 공사현장에서 홍수사고가 터지거나 큰 사고가 터지면 저 말에 대한 책임을 지고 대선후보직에서 사퇴하실 의향이 있으십니까?

도지사 김문수　그런 질문…….

김종석 위원　"네, 아니오."로만 답변해 주십시오.

도지사 김문수　그건 잘못된 질문으로 생각하고 있습니다.

김종석 위원　왜 잘못된 질문입니까?

도지사 김문수　전혀 앞뒤가 안 맞는 질문인 것 같습니다.

김종석 위원　4대강에 대해서 적극적으로 찬성을 했는데 또 4대강 무너지더라도 아무 책임을 지지 않겠다, 경기도가 나서서 다 하겠다고까지 하서 놓고 책임을 지지 않겠다는 것은 앞뒤가 안 맞는 거 아니에요?

도지사 김문수　4대강은 지금 제가 맡고 있는데, 경기도의 한강살리기는 성공적인 사업으로 수질이 13년 만에 제일 좋아졌거든요. 홍수도 막고 다 좋아졌습니다.

김종석 위원　알겠습니다. 만약 대선후보가 돼서, 두 번째입니다. 경기도지사직에서 사퇴하더라도 결코 지역 간 균형발전을 주장하지 않고, 수도권 규제완화도 주장하지 않고 공공기관 지방이전 반대를 계속 주장하시겠습니까?

도지사 김문수　기본적으로는 잘못된 정책이지만 이미 시행된 것을 또 되돌리자고 하기는 어

경인일보

"김지사, 대선 문건 도의적 책임있다"

도의회 민주당, 연일 '맹공'

뉴타운자료 삭제건도 추궁

여당은 "野 정치공세" 감싸

김교육감은 동시 뭇매맞아

곽노현판결·인권조례 거론

GYEONGGI PROVINCIAL COUNCIL
www.ggc.go.kr

김문수 경기도지사가 2일 경기도의회에서 열린 제267회 임시회 제2차 본회의 도정질문에서 김종석 의원의 지사직 사퇴 요구 질문에 대해 "대선 후보가 될 때까지 지사직을 유지할 것"이라고 답변하고 있다.
/임일수기자 pplys@kyeongin.com

대권 도전에 나선 김문수 경기도지사를 두고 경기도의회 민주통합당은 연일 맹공을 가하는 반면, 새누리당은 김 지사를 옹호하고 나섰다.

김상곤 경기도교육감은 여야로부터 동시에 뭇매를 맞았다.

■ 도지사 두고, 여야 의원 대립 = 2일 도의회에서 열린 제267회 임시회 도정 질문에서 민주당 김종석(부천6) 의원은 "최근 경기개발연구원 홈페이지에 게재한 '경기도 부동산 및 개발에 대한 쟁점과 대안' 등 뉴타운 관련 정책자료가 3월초 감쪽같이 사라졌다"며 "이 문건이 총선을 한 달여 앞두고 사라졌는데 (지사의)'의도적인 삭제'라고 생각지 않느냐"고 지적했다.

또 '김문수 대선 문건'과 관련, "문제가 불거진 뒤 해당 공무원을 사직토록 한 것은 책임을 회피하기 위한 '꼬리자르기'"라며 "문건에 대해 (김 지사)개인적으로 몰랐다고 해도 도의적인 책임이 있다"고 추궁했다.

렵습니다. 기본적으로 수도이전은 잘못된 발상이고 또 수도권이라고 해서 연천이나 연평도, 옹진의 백령도까지 수도권으로 묶어 놓는 것은 매우 잘못된 일입니다. 그래서 이런 것들은 앞으로도 반드시 제가 대통령이 되면 고칠 겁니다.

김종석 위원 다시 여쭙겠습니다. 공공기관 지방이전 반대를 계속 주장하시겠습니까, 대선 후보가 되시면?

도지사 김문수 공공기관 이전도 기본적으로 안 맞는 게 많이 있습니다. 예를 들면 합리적으로 전부 조정해야 된다고 생각합니다.

김종석 위원 알겠습니다.

도지사 김문수 억지로 옮기는 것은 문제가 있습니다.

김종석 위원 대선출마 관련해서 마지막 정리 질문입니다. 초선의원 시절 김대중 대통령 저격수로 색깔론 공세를 펼친 적 있으시죠?

도지사 김문수 무슨 색깔론이요?

김종석 위원 김대중 전 대통령에 대해서 색깔론 공세를 펼치신 적이 있지 않으십니까?

도지사 김문수 구체적으로 말씀해 주시기 바랍니다, 그 말씀은.

김종석 위원 '빨갱이'라고 말씀하신 적 없으십니까?

도지사 김문수 구체적으로 말씀해 주세요. 저는 잘 기억이 안 나는데요.

김종석 위원 저는 구체적으로 말씀드리고 있습니다.

도지사 김문수 글쎄요. 구체적으로 해주시면 좋겠습니다.

김종석 위원 세종시 설치 반대하셨죠, 아까 말씀하셨다시피?

도지사 김문수 세종시는 근본발상이 잘못된 것으로 저는 생각합니다만……

김종석 위원 "네, 아니오."로만 말씀해 주십시오. 제가 지사님께 지금 강의 듣는 게 아닙니다. 4대강사업 적극 찬성하셨죠?

도지사 김문수 4대강은 처음에는 제가 경기도 같으면 임진강이나 한강 하류나 지천부터 하자고 대통령한테 건의를 서면으로 드렸는데 받아들여지지 않았습니다.

김종석 위원 뉴타운정책 도입도 찬성하셨죠?

도지사 김문수 뉴타운은 제가 직접 적극 추진했습니다.

중부일보

김종석 "도정공백 등

대선 출마를 선언한 김문수 경기지사의 지사직을 놓고 경기도의회 민주통합당과 김 지〔…〕가 2일 사퇴 공방을 벌였다. 민주당 대표로 나선 김종석 의원은 관권 선거 의혹과 도정〔…〕백 우려 등을 제기하며 지사직 사퇴를 촉구했다. 김 지사는 "대권 도전을 선언하게 됐〔…〕데 사전에 동의를 구하거나 양해를 구하지 못한 것에 대해서는 송구스럽게 생각하고 〔…〕지만 사퇴는 하지 않겠다"고 반박했다. 다만, 김 지사는 전 정책보조관이 작성한 대선〔…〕략 문건에 대해서는 "책임질 일이 있으면 책임지겠다"고 말했다.

▶김 의원=대선 출마를 공식 선언했다. 출마선언문에 김문수 지사가 있을 때까지 1천200만 경기도민에 대한 감사나 도정 공백에 대한 사과 문구가 없었다. 경기도민이 뽑아 준 것은 도지사를 하라고 뽑아 준 것인가? 대권도전을 하라고 뽑아 준 것인가?

▶도지사=기본적으로 경기도지사를 잘해야 하지만 대통령이 될 수 있다면 되는 것에 대해서는 도민들도 찬성할 것으로 생각한다.

▶김 의원=경기도민께 사과를 해야 한다.

▶도지사=경기도민 여러분께서 역사상 가장 오랫동안 도지사직을 선택해주신데 늘 감사드린다. 나름대로 최선을 다했으나 경기도지사의 직만으로 경기도를 발전시킨다는 것에 한계가 있다. 일일이 사전에 양의와 동의를 구하지 못해 송구스럽다. 앞으로 말씀을 드리고 이해를 구하고 함께 더 위대한 대한민국, 더 잘사는 경기도를 만들도록 노력을 하겠다.

▶김 의원=대선관련 문건이 발견됐다. 존재사실을 몰랐나?

▶도지사=전혀 알지 모른다.

▶김 의원=보고를 안 받았나?

▶도지사=내용을 다 보지 않았지만 저런 문건이 있는지 몰랐다.

▶김 의원=문건 관련 당사자가 경기도청 소속 공무원인가?

▶도지사=선관위에 조사 중이다. 문서가 발견된 지역이 나와 같이 도청에 계약적으로 들어왔던 대변인실이나 홍보, 연설문을 쓰는 사람들로 사직토록 했다.

▶김 의원=공무원은 선거에 관여할 수 없다. 진상을 확인하고 사직처리한 것인가?

▶도지사=일단은 개연성이 높고 앞으로 도 당내 경선을 하는데까지 나를 도와줄 수밖에 없는 개인적 관계나 위치에 있는 사람들을 사직 하도록 했다. 앞으로 오해나 문제나 시비가 일어나지 않는 차원에서 했다.

▶김 의원=공무원 신분으로 대선 문건을 작성했다면 관권선거. 개인적으로는 몰랐다고 해도 도의적 책임이 있다.

▶도지사=이런 문제점이 일어나게 된 것은 기본적으로 공무원들의 선거 개입 금지라는 법적 규정 때문이다. 대통령 출마를 선언하면서 나와 친하고 내 홍보나 언론 이런

차원에서 보좌하던 그런 사람들의 서류〔…〕에서 나온 것에 대해 모두 내 책임이다. 〔…〕런 부분에 대해 일단 사직케 했고, 앞으〔…〕 그럴 소지나 물의가 일어날 수 있는 사람〔…〕 사직케 하면서 공직이 마치 선거에 개입〔…〕는 것과 같은 오해나 물의가 일어나지 않〔…〕록 철저히 조치토록 하겠다.

▶김 의원=본인의 책임이라고 했고 앞으〔…〕로 일어나면 사직 시키도록 하겠다고 했〔…〕꼬리자르기라는 의혹을 지울 수 없다. 〔…〕는 이런 일이 일어나지 않을 보장이 없〔…〕 지사직에 있으면 경기도 공무원들은 언제〔…〕 공직을 내놓을 처지에 있다. 이런 논란을 〔…〕지하기 위해서는 도지사사퇴가 맞는 것〔…〕닌가? 사퇴 의사는 없나?

▶도지사=사퇴를 원래 하는 것으로 〔…〕을 해봤다. 공직에 있으면서 대통령직에 〔…〕전하는 것은 우선 여러가지 불편한 것〔…〕다. 공직선거법상 도지사가 대통령 예비〔…〕보 등록을 할 수 없다. 예비 후보 등록을 〔…〕야만 선거활동이 자유롭고 후원금이 가〔…〕하기 때문에 그런 점에서 사직하고 대권〔…〕보로 도전하는 것이 깨끗하고 순리에 맞〔…〕고 생각을 했다. 그러나 사직한다는 보도〔…〕 나가니까 보궐 선거를 왜 하느냐는 책임〔…〕 물어 보궐 선서 비용을 내놔라. 약속 위반이〔…〕다. 여러가지 말이 많아 일단 새누리당의〔…〕내 경선까지는 도지사직과 당내 경선을 〔…〕이 하는 것이 그래도 차선책이라고 봐서〔…〕했는데 여러가지 물의가 많다. 여러〔…〕 가지 일을 하기에 어려움이 있다. 공무원〔…〕도 불편한 점이 있다. 그러나 사직했을 〔…〕오는 도정의 공백이나 문제점도 있어 비〔…〕교 했을 때 일단 새누리당의 당내 경선〔…〕 있을 때까지 겸직하는 것이 도정의 공백〔…〕줄이는 점이나 불편한 점이 있음에도 불〔…〕이라고 생각하고 새누리당의 공식적인 〔…〕보가 되면 사직하고 도민들도 이해를 해〔…〕수 있을 것이라 생각한다. 현행 선거법 상〔…〕지방자치 단체와 의원들이 국회의원으〔…〕해 불리하다.

▶김 의원=궁색한 변병이다. 지금 지〔…〕직을 사퇴하나 후보가 되어서 사퇴하나 〔…〕 궐선거를 치르는 것은 마찬가지다. 양〔…〕떡을 든 놀부의 심보와 같다. 지난 4월〔…〕 일요일 아침 소사구에서 부천지역 국회〔…〕원 후보자 4명, 선거관계자들과 식사 자〔…〕

"도정 차질 우려 자시직 사퇴해야"

김종석 위원 어제 존경하는 강득구 의원께서 5분 발언을 통해 발표했듯이 경기도민 열 사람 중 여섯 명은 도지사직을 사퇴해야 된다고 생각하고 있습니다. 경기도민들은 김문수 지사의

퇴해라" 김 지사 "당내 경선까지 유지"

가 2일 오전 수원시 팔달구 경기도의회 본회의장에서 열린 제267회 임시회 제2차 본회의에서 도정질문에 답변 후 자리로 돌아가고 있다.
강제원기자/jewon@joongboo.com

회서 민주통합당 김종석 의원 김 지사에 집중 추궁

김종석	김문수
정공백 도민사과 없어 건 알고 있었나 의사는 없는가 등과 식사, 관권선거 아닌가	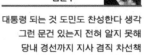대통령 되는 것 도민도 찬성한다 생각 그런 문건 있는지 전혀 알지 못해 당내 경선까지 지사 겸직 차선책 선거운동 의심받을 행동 하지 않아

게 올라 주민들 만난 것으로 관건선거 아닌가?
아니다. 그것을 관건선거라고 거떠한 근거도 없다. 왜냐하면 철 새벽 예배가 부천 종합운동 다. 아침을 안 먹어서 근처에서 고, 아침 식사를 마친 다음에 약 산보를 하고 돌아왔다.
-선거운동을 하지 않았다고 해 런 인식이 이런 관건선거 논란 지사신분으로 일요일에 관용 거기간에 갔으면 관건선거 는 있다.
그런 오해를 할 수 있으나 그 각자 내고 선거운동을 의심을 하지 않았다. 경기도지사가 자 는 지역에 산보도 못한다? 너 했으면 한다.

▶김 의원=대선 후보 출마를 하셨으니까 현직 단체장은 어디에서나 발언을 제한 받을 수밖에 없다. 관건 선거 시비에 시달리니 도지사직을 사퇴하고 대선에 전력을 다 하는 것이 좋을 것 같은데 사퇴하라.
▶도지사=여러가지를 많이 살펴볼 때 사퇴하는 문제와 하지 않는 문제를 심사숙고한 결과 일단 새누리당의 경선 후보로 선출이 되면 사퇴하겠다.
▶김 의원=지사라면 경기도민을 봐야지 왜 새누리당을 보나.
▶도지사=정당 소속이기 때문에 경선에서 승리를 해야지만 대선 후보가 될 수 있다.
▶김 의원=대선 행보의 일환으로 전국을 돌고 있다. 대선 후보 출마 이후 이후 현장 실국장 회의에 차질이 없나?
▶도지사=현재까지는 없다. 앞으로도 전혀 없다고는 못하지만 최소한으로 줄이면서 불필요한 물 등 어려움을 없앨것이다.
▶김 의원=지사님께서 자리를 비워도 경기도 공무원들이 차질없이 도정을 잘 운영하고 있다. 더더욱 사퇴를 해야 하는 것 아닌가?
▶도지사=훌륭한 공무원들이라는 것은 같은 생각이다. 그러나 도지사로서 중요한 결정을 내릴 때는 일정하게 내가 필요할 때가 있다.
▶김 의원='삼성이 맘 놓고 기업활동을 할 수 있도록 뒷받침하는게 공직의 책무'라거나 '효순이 미선이 사고가 도로협소 문제인데 반미운동으로 악용하고 변질되고 있다', '일제 식민지가 안 되었다면 그리고 분단이 안되고 통일이 되어 있었다면 오늘의 대한민국이 있었을까' 등의 말을 했다. 이

런 비전과 철학으로 대한민국의 미래를 이끌어갈 수 없다고 본다. 재벌, 이념 등이 너무 한쪽으로 치우쳐 있는 것 아닌가?
▶도지사=앞뒤를 거두 절미를 해서 오해가 일어날 수 있다. 역경이 있었기 때문에 오늘 같은 한국이 있었다는 소리다.
▶김 의원='도시계획과 건축 분야에서 세계1위다. 이명박 대통령은 이승만, 박정희, 세종대왕, 정조대왕 다 합쳐도 반만년 역사에서 최고의 역량이다'라고 말한 적 있나?
▶도지사=건축분야에서 그렇다는 이야기다.
▶김 의원=2004년 완전 국민경선을 반대했으며 2012년은 민심과 일치하는 경선이 다라고 했다. 2010년 대선 출마 없다고 했다. 2012년 출마하겠다고 했다. 지난달 22일 지사직 내놓겠다고 했다. 하루 뒤 대선후보 확정 후 사퇴하겠다고 했다.
▶도지사=여러가지로 오해가 있을 수 있다. 거두절미해서 가능성을 열어 놓은 말을 자르니까 오해가 일어날 수 있다. 사실과 일치하는지 문맥을 전체적으로 들어봐야 한다.
▶김 의원=지사의 심심치 못한 언행이 인터넷상에 패러디 되고 있다. 김용민이 한 말이 아니다. 나라를 이끌어 가겠다고 대선에 나온 후보로서 부적절한 발언이 아닌가?
▶도지사=일부 그런 점이 있을 수 있다. 신중하게 조심하도록 하겠다.
▶김 의원=4대강을 적극적으로 찬성했는데 올해 여름에 4대강 공사 현장에서 사고가 터지면 책임을 질 것인가?
▶도지사=4대강 중 경기도의 한강살리기는 성공적인 사업이다. 수질이 13년만에 좋아졌다.
▶김 의원=강득구 의원 설문조사 결과 도민들 10명 중 6명이 도지사직 사퇴해야 한다고 생각한다. 대선 후보로 김 지사의 출마 선언문처럼 대선후보로 뒤를 미는 것이 아니라 지사직을 물러나라고 등을 밀고 있다. 사퇴하시겠습니까?
▶도지사=사퇴하지 않겠다.
김연태기자/dusxo619@joongboo.com
이복진기자/bok@

출마선언문에서처럼 대선후보로 등을 미는 것이 아니라 경기도지사직에서 물러나라고 김문수 지사의 등을 밀고 있습니다. 지사의 대선출마는 자유입니다. 본 의원은 민심을 거슬러서는 결코 대선주자가 될 수 없다고 생각합니다. 경기도정에 더 이상 차질이 생기지 않도록 즉각 지사직에서 사퇴할 것을 촉구합니다. 사퇴하시겠습니까?

도지사 김문수 사퇴하지 않겠습니다.

김종석 위원 다음은 뉴타운 관련하여 질문하겠습니다. 경기도개발연구원이 경기도 산하기

관으로 있지요?

도지사 김문수   그렇습니다.

김종석 위원   경기도개발연구원 누리집에서 뉴타운 관련 자료 세 개가 사라진 사실을 알고 계십니까?

도지사 김문수   모르고 있습니다.

김종석 위원   지난해부터 누리집에 올라와 있던 경기개발연구원 뉴타운 관련 정책자료가 선거를 한 달 앞둔 3월 초부터 감쪽같이 사라졌습니다. 화면에 보이는 자료가 그 자료들입니다. 최근 본 의원이 본 뉴타운정책 자료 중에서 가장 의미 있는 자료였습니다. 왜냐하면 그 내용이 뉴타운정책을 총체적 부실로 규정한 아주 생생한 자료였기 때문입니다. 경기연 관계자는 정책제안서는 그렇다 하더라도 연구보고서가 삭제되는 일은 흔한 일이 아니라고 그랬습니다. 혹시 이거 의도적으로 삭제된 것 아닙니까?

도지사 김문수 저는 알고 있지 못합니다.

김종석 위원 참 편리하십니다. 그러면 지사께서는 경기연 원장에게 지시하셔서 삭제경위를 보고토록 해주시고 관련 자료를 즉각 게시하도록 조치해 주시기 바랍니다. 그럴 의향 있으십니까?

도지사 김문수 그렇게 하겠습니다.

"범안로 지원대책 마련하라!"

김종석 위원 하나 더 지적하겠습니다. 본 의원이 뉴타운 관련 자료를 요구했더니 경기연 원장이 출장 중이라 결재를 못해 목록마저도 제출하지 않았습니다. 이와 관련돼서도 경위 조사하시고 질책해 주시길 부탁드립니다.

도지사 김문수 그렇게 하겠습니다.

김종석 위원 경기도 뉴타운에 대해 할 말이 정말 많은데 시간이 너무 없습니다. 마지막으로 넘어가겠습니다. 제일 마지막 자료 12 사진 올려주십시오.

■ **자료-12**

범안로(현대홈타운~계수동) 출근길 모습

지사님, 소사에서 16년 동안, 12년 동안, 아니,

10년 동안 국회의원 하셨지요?

도지사 김문수 그렇습니다. 10년 했습니다.

김종석 위원 소사에 가면 범안로가 있습니다. 현대홈타운에서 계수동 구간입니다. 그 도로는 300여 미터 구간이 차선도 없고 인도도 없이 300여 미터 구간만 잘라진 채 양쪽으로는 6차선 도로가 시원하게 뚫려 있습니다. 그 상황 알고 계시지요?

도지사 김문수 그렇습니다.

김종석 위원 계수·범박조합 재개발이어서 도로를 해줄 수 없다고 방치한 지가 10여 년이 되고 있습니다. 오늘 아침에 저는 거기를 통해서 출근하면서 15분을 기다려야 했습니다. 아침 7시부터 9시까지 100미터 이상 차량이 늘어서 있습니다. 계수·범박조합에서 자체적으로 해결을 해서 시도비가 투자되어 도로를 만든다면 그것을 용인하겠다고 했습니다. 시도비 투자해서 1만 5,000세대 이상이 사는 범박동 주민들이 좀 편하게 살 수 있도록 해주실 의향 있으십니까?

도지사 김문수 저도 노력을 많이 했습니다. 의원님 잘 아시는 전직시장 계실 때 주민들하고 협약을 한 게 있습니다. 약속을 했기 때문에 그 약속을 지키면서 해야 되는 여러 가지 문제가 있어서 저희 도에서 마음대로 못하는 그런 애로사항이 많습니다.

김종석 위원 그쪽 조합 측하고 협약을 맺어서 가져오면 도에서도 허용된 범위 안에서 도움을 주실 수 있다는 말씀이시지요?

도지사 김문수 그렇습니다.

김종석 위원 네, 잘 알겠습니다. 존경하는 선배·동료 의원 여러분! 오랜 시간 동안 경청해 주셔서 감사합니다.

'거짓과 기만'으로는 미래로 갈 수 없습니다!

정치에 대한 국민들의 불신이 극에 달하고 있는 모습에서 민주주의 최고의 제도인 정당정치가 붕괴되는 것이 아닌가 싶어서 너무나 두렵습니다.
정치권에 몸담고 있는 모든 정치인들이 변화하지 않으면 국민들의 준엄한 심판을 받을 것입니다.

사랑하는 천이백만 경기도민 여러분, 존경하는 윤화섭 의장님을 비롯한 선배·동료 의원 여러분! 문화특별시 시민시장인 부천시 소사 출신 민주통합당 김종석 의원입니다.

지난 1년 동안 이른바 '안철수현상'으로 우리 사회가 들썩이고 있습니다. 저는 안철수 원장에 대한 국민들의 지지열기가 두렵습니다. 정치에 대한 국민들의 불신이 극에 달하고 있는 모습에서 민주주의 최고의 제도인 정당정치가 붕괴되는 것이 아닌가 싶어서 너무나 두렵습니다. 때문에 여야를 떠나서, 지위 고하를 막론하고 정치권에 몸담고 있는 모든 정치인들이 변화하지 않으면 국민의 심판을 받을 것이라고 생각합니다.

저는 경기도의회에 입성 전 선배·동료 의원님과 김문수 경기도지사님, 김상곤 경기도교육감님에 대해 존경의 마음을 금치 않았습니다. 무

상급식이라는 시의적절한 시대적 어젠다를 발굴해 우리 사회의 복지패러다임을 바꾼 김상곤 교육감님, 오랜 정치적 연륜을 발휘해 통 큰 정치적 결단을 내린 김문수 지사님, '친환경급식'이라는 명칭을 고집하지 않고 여야가 원만한 합의를 이끌어낸 선배·동료 의원님들이 참으로 자랑스러웠습니다.

학교폭력 생활기록부 기재 안돼

보궐선거로 경기도의회에 입성한 것이 너무나 기뻤고 그래서 여러분을 본받고 싶었습니다. 그 마음을 저는 지금도 변치 않고 가지고 있습니다. 본 의원은 경기도의회, 경기도, 경기도교육청 구성원인 우리 모두가 다시 그때 그 정신으로 돌아가야 한다고 생각합니다. 우리 경기도만이라도 경기도민의 기대를 저버리지 않고 국민의 기대를

저버리지 않아야 한다고 생각하기 때문입니다.

먼저 김상곤 경기도교육감님께 질의하겠습니다. 자리로 나와 주시기 바랍니다.

학교폭력사태 방지를 위해 국가적인 노력이 필요한 시점입니다. 최근 이주호 교육과학기술부 장관이 공문을 통해 학교폭력 가해학생 조치사항을 학교생활기록부에 기재하라고 강요하면서 이를 반대한 경기도를 비롯한 3개 교육청에 대한 특별감사를 실시했습니다.

본 의원은 교과부장관의 조치가 헌법에 보장된 인격권은 물론 절차상으로도 심대한 문제가 있다고 봅니다. 이런 경우는 장관 취임 이후 다섯 차례 더 있었습니다. 헌법에 보장된 인격권을 중대하게 침해하고 있다는 본 의원의 의견에 대해서 동의하십니까?

교육감 김상곤 네, 유감스럽게도 동의합니다.

김종석 위원 본 의원은 학창시절 학생생활기록부에 기록된 "품행이 방정하고 타에 모범이 된 자"라는 한 줄 때문에 긍지와 자부심을 가질 수 있었고 늘 그렇게 살려고 평생을 노력해 왔습니다. 이 자리에 모이신 모든 의원님께서도 그랬을 것으로 믿습니다. 교육감님, 저는 지금도 대부분의 학생들이 그렇지 않을까 생각하는데 어떻게 생각하십니까?

교육감 김상곤 네, 지금도 대부분 학생들이 그런 생각을 가지고 학업에 임하고 있습니다.

김종석 위원 학교폭력이 발생하면 가해학생은 그에 따른 처벌을 받고 있죠?

교육감 김상곤 네, 그렇습니다. 종합적으로 처벌과 조치를 받고 있고 심리상담프로그램까지 받고 있습니다.

김종석 위원 학생이 학교폭력이 아닌 범죄를 저질러 법에 따라 처벌받으면 그 사실이 학교생활기록부에 기재됩니까?

교육감 김상곤 학교폭력대책자치위원회 조치사항만 기재됩니다.

김종석 위원 그렇다면 저는 형평성에서도 큰 문제가 있다고 생각합니다. 이미 처벌을 받은 학생에게 평생을 따라다니는 학교생활기록부에 학교폭력 조치사실을 기록하면 이중 처벌하는 결과가 초래될 뿐만 아니라 영영 낙인이 찍혀 성인이 되어서도 그 학생은 정상적인 사회생활을 영위하지 못할 가능성이 큽니다. 어떻게 생각하십니까?

교육감 김상곤 네, 그게 참으로 우려스러운 부분이고 그러한 우려 때문에 제가 200시간 연속 비상근무를 하고 있습니다.

김종석 위원 따라서 인격이 완성되지 않은 학창시절의 한 순간의 실수에 대해 이처럼 국가가, 전 사회가 나서서 가해학생을 사실상 왕따시키는 이 조처는 결코 있어서도 있을 수도 없는 일이라고 봅니다. 교육감님의 견해는 어떻습니까?

교육감 김상곤 네, 교육자로서, 교육행정가로서 또 자치단체장으로서 그 부분을 깊이 생각하고 있습니다.

김종석 위원 학교폭력은 개별학생 처벌만으로는 결코 근절되지 않습니다. 우리 사회구성원 전체가 지혜를 모아 대책을 마련해야 됩니다. 그럼에도 학교폭력에 대한 국민적 우려가 큰 만큼 경기도교육청이 책임감을 가지고 학교폭력 근절 대책을 마련해야 할 것입니다. 동의하십니까?

학교 비정규직 정규직화 필요

교육감 김상곤 네, 지금까지도 그래 왔고 앞으로 더욱더 계속 열심히 하겠습니다.

김종석 위원 선생님을 제외한 교육계 종사자의 비정규직 비율이 너무 높습니다. 특히 경기도교육청 산하기관 종사자 비정규직 비율이 너무 높습니다. 2012년 현재 4만 2,686명 중 72%인 3만 1,366명이 비정규직입니다. 비정규직으로 근무하고 있는 분들이 학생 교육을 위해 수행하고 있는 역할은 굳이 경중을 따지지 않더라도 매우 중요합니다. 당직 경비원, 사서, 영양사, 조리실무사, 특수교육실무사, 행정실무사 등 아주 중요한 역할들을 하고 있습니다. 따라서 이분들이 학교 교육현장에서 체득한 경험을 보존해서 더 나은 교육환경을 만들기 위해서는 최소한 무기계약직으로 전환해 안정적으로 근무할 여건을 마련해 줘야 된다고 봅니다. 예컨대 최근 사회문제가 되고 있는 학교폭력, 아동성폭력 등의 문제를 놓고 보더라도 학교에 전담 경비원을 뒀다면 훨씬 예방에 도움이 될 것이라고 생각합니다. 동의하십니까?

교육감 김상곤 네, 대체로 안타까운 상황이라고 생각하고요. 그리고 비정규직을 축소시켜 나가야 된다는 생각을 합니다.

김종석 위원 4대강 사업처럼 토건 위주가 아니라 22조 원을 사람에 투자한다면 보람을 가지고 일할 수 있는 양질의 일자리가 마련되어 청년실업은 물론 고용안정에도 큰 도움이 된다고 생각합니다. 동의하십니까?

교육감 김상곤 지금······.

김종석 위원 토건 위주의 사업에 22조 원을 투자하는 게 아니라 중요한 역할을 하고 있는 비정규직 노동자들에게 그 돈을 투자한다면 양질의 일자리가 생기고 그게 고용안정은 물론 청년실업 등에도 도움이 될 것이라고 여쭸습니다. 동의하십니까?

교육감 김상곤 네, 원칙적인 의미에서 동의합니다.

김종석 위원 지난해를 제외하고 경기도교육청에서 최근 3년 동안 정규직으로 전환한 인원이 6,000여 명에 이르고 있습니다. 이같이 늘고 있다는 사실은 매우 바람직하다고 봅니다. 앞으로도 지속적으로 예산이 부족하면 정부에 예산

지원을 건의하고 한정된 재원을 적재적소에 배치해 비정규직의 정규직 전환에 활용할 수 있도록 노력해 주시기를 부탁드립니다. 그렇게 하시겠습니까?

교육감 김상곤 네, 지금 22개 직종에서 전면적인 무기계약직 전환을 계획하고 있습니다.

김종석 위원 자리에 들어가 주셔도 됩니다. 수고하셨습니다.

교육감 김상곤 감사합니다.

김종석 위원 다음은 김문수 도지사께 질의하겠습니다. 자리로 나와 주시기 바랍니다.

본격적인 질의에 앞서 도지사께 세 분의 공무원을 칭찬하고 한 분의 산하기관장, 그리고 이름 모를 공무원을 비판하고자 합니다.

먼저 서상교 철도국장님을 칭찬하고자 합니다. 본 의원이 건교위원회에서 활동하던 과정에서 장기적인 관점에서 철도정책을 논하던 중 전철 1호선 서울-인천 구간 지하화 필요성에 대해서 이야기를 했더니 내년도 예산에 관련 용역을 반영하도록 방법을 강구해 보겠다고 하셨습니다. 본 의원은 당장 사업을 추진하는 것도 아니고 경기도의 미래 철도 발전을 위해 1~2억 원 예산 범주에서 사업성을 검토해 본다는 것은 결코 나쁘지 않다고 생각합니다. 지사께서도 제 의견에 동의하십니까?

도지사 김문수 네, 좋은 말씀이라고 생각합니다.

김종석 위원 내년도 예산에 반영해 주시겠습니까?

도지사 김문수 네, 저희들이 검토를 해서 최대한 노력하겠습니다.

김종석 위원 감사합니다. 다음은 이기택 신도시정책관과 김대순 뉴타운사업과장님을 칭

찬합니다. 현재 경기도에서는 뉴타운 주민 추가 분담금을 인터넷을 통해서 열람하도록 하고 있습니다. 그런데 주민들이 실제 자산으로 인정받은 면적과 선택해야 하는 면적을 비교하는데 전용면적과 공용면적이 명확히 규정되지 않아 실제로 현장에서 큰 혼선이 일어나고 있습니다. 이 같은 문제점을 지적하자 즉각 조처가 이루어져 주민들께서 혼선이 줄었다고 좋아하고 있습니다. 그래서 지사님께서도 이 세 분의 공무원을 칭찬해 주셨으면 좋겠습니다. 그렇게 해주시겠습니까?

도지사 김문수 네, 그렇게 하겠습니다.

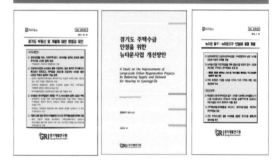

김종석 위원 다음은 비판하겠습니다. 먼저 홍순영 경기개발연구원장을 비판하고자 합니다.

지난 5월, 도정질의를 통해 본 의원은 지사께 경기개발연구원 누리집에서 삭제된 뉴타운 관련 세 건의 자료집에 대해 삭제경위를 살펴보셔서 보고토록 해주시고 관련 자료를 즉각 다시 게시하도록 조치해 달라고 말씀드렸습니다. 지사님께서는 그렇게 하셨다고 하는데 기억하시죠?

도지사 김문수 네.

김종석 위원 그런데 아직까지 그 문제가 시

▲ 5일 오전 경기도의회 본회의장에서 열린 경기도정과 교육행정에 관한 도정 질의에서 김종석(민주통합당·부천6) 의원이 김문수 경기지사에게 측근 지방 계약직 공무원 채용과 관련해 질문하고 있다.
지난 7월 김문수 새누리당 대통령 후보 경선 캠프에 합류하기 위해 퇴직했던 계약직 공무원 5명 중 4명이 최근 경기도청에 계약직으로 복귀해 논란이 일고 있다.

정되지 않았습니다. 물론 삭제경위에 대한 그 어떤 보고도 없었습니다. 다시 자료집이 게재되지도 않았습니다. 지사님, 왜 책임지지 못하는 답변을 하셨습니까?

도지사 김문수　제가 경위를 조금 더 알아보겠습니다.

김종석 위원　본 의원은 금번 도정질의를 앞두고 세 건의 자료집을 실물로 제출할 것을 요구했습니다. 그랬더니 이번에는 자료 미제출 사유서가 왔습니다.

저번에는 원장 출장 때문에 자료를 제출할 수 없다고 그러더니 이번에는 법 때문에 안 된답니다. 다른 이유도 납득이 되지 않습니다. 정치적인 논란을 방지하기 위해서 또 2012년 6월 완료된 경기도가 자체 연구한 뉴타운사업의 공식적인 결과에 대해 혼란을 일으키는 것을 방지하기 위해서 자료를 제출하지 못하겠다고 합니다. 공

공 정보를 하는 법률적 근거에 대해서는 연구개발에 현저한 지장을 초래하기 때문이라고 합니다. 법인 등에 정당한 이익을 해할 우려가 있기 때문이랍니다. 부동산 등으로 특정인에게 이익 또는 불이익을 줄 우려가 있기 때문이랍니다. 연구자가 자체 발굴한 주제를 학술적인 관점에서 추진한 기초적 연구자료이기 때문에 정치적 논란이 되는 것을 방지하기 위해서 줄 수 없다는 겁니다. 지사님, 이게 국가기밀 사항입니까?

도지사 김문수　비밀사항은 될 수가 없습니다.

김종석 위원　그러면 도의원들이 국가기밀을 팔아먹는 사람들입니까?

도지사 김문수　그렇지 않습니다.

김종석 위원　자, 그렇다면 지사께서는 이런 자료가 미제출된 이유가 타당하다고 보십니까?

도지사 김문수　저도 한 번 더 경위를 파악하겠습니다.

김종석 위원　홍순영 경기개발연구원장, 지사님께서 임용하셨지요?

도지사 김문수　그렇습니다.

경기 연구원장 정치적 판단 큰 문제

김종석 위원　객관적 연구가 생명인 연구기관의 대표가 스스로 정치적으로 판단을 하고 경기도의 눈치를 보느라 소신껏 연구한 연구자의 자료를 사장시키고 경기도민의 알권리를 침해했습

니다. 경기도의회의 권능을 무시하고 자료를 제출하지 않았습니다. 이러한 행태는 지난해 말 경기도의회를 폄하하는 자료집을 발간해 존경하는 이재준 의원님으로부터도 이미 지적을 받은 바 있습니다.

지사님께 여쭙겠습니다. 다시 경위를 파악해서 홍순영 원장을 해임하실 의사는 없으십니까?

도지사 김문수   경위를 파악하겠습니다, 그것도.

김종석 위원   존경하는 의장님, 기획위원회 동료 의원 여러분! 간곡히 호소합니다. 매년 1,000억 원에 가까운 경기도민의 세금이 경기연에 지원되고 있는 것으로 알고 있습니다. 국민의 알권리, 경기도의회를 무시하고 객관적인 연구를 진행하지 못한 연구자는 이미 자격상실입니다. 관련 상임위에서 철저히 따져봐 주시고 불필요한 예산지원을 중단해 주시기를 바라 마지않습니다. 아울러 의장님께서는 경기도의회의 권능을 무시한 홍순영 원장에 대해 특단의 조처를 취해 주시길 부탁드립니다.

지사님께 다음 질의를 하겠습니다. 현재 김문수 도지사 도정공백방지특별위원회가 활동하고 있습니다. 지사님께서 바쁘신 경선운동 과정에서 짬을 내서서 저희 특위 위원들에게 어떤 이익이나 이권을 몰래 제공하신 적 있으십니까?

도지사 김문수   없습니다.

김종석 위원   아니면 특위가 공무원들을 괴롭히기 위해서 만들어졌다고 생각하십니까?

도지사 김문수   그런 취지는 아니라고 생각합니다.

김종석 위원   도정공백특위에서 8,000가지가 넘는 자료를 요구했다는 보고를 관계 공무원으로부터 받으신 적 있습니까?

도지사 김문수   8,000가지가 넘는 자료를 요구하지 않으셨다고 들었습니다.

김종석 위원   그런데 특위가 그런 활동을 했다고 언론사에 제보한 경기도 공무원이 있습니다. 어떻게 해야 되겠습니까?

도지사 김문수   저는 그런 공무원이 있다는 것을 알지 못합니다. 파악을 해보겠습니다.

김종석 위원   오직 김문수 지사님에 대한 충성심에서 거짓말을 일삼고 의회의 권능을 무시한 그 이름 모를 공무원을 비판합니다. 지사께서 어떤 조치를 해주시겠습니까?

도지사 김문수   그런 공무원이 있다고 못 들었는데 의원님께서 제시해 주시면 제가 적절한 조치를 취하겠지만, 아직 들은 바가 없습니다.

김종석 위원   다음 질문하겠습니다. 지사님, 9월 4일 열린 월례조회에서 "의회에서 특위 만들어 여러분들이 시달리는 부분들이 많이 있었을 텐데 여러 가지 참으면서 잘해 주신 점 감사드립니다." 이런 말씀하신 적 있으십니까?

도지사 김문수   네, 그런 말을 한 적이 있습니다.

김종석 위원   도정공백특위 구성 원인 제공자가 누구입니까?

도지사 김문수   원래 원인은 제가 대선 경선에 출마했기 때문에 저로부터 비롯되었다고 봅니다.

김종석 위원   지사님 말씀에 따르면 마치 지사님께서 대선후보 경선에 나선 것은 아무 문제가 없는데 의회에서 공무원들만 괴롭힌 것처럼 들립니다. 그렇게 생각하십니까, 여전히?

도지사 김문수   그렇게 생각하지는 않습니다.

경선패배 복귀 도민에 사과 해야

김종석 위원　경기도민의 60%가 도지사직을 사퇴하고 경선에 나가시라고 했음에도 이를 무시하시고 도지사직을 유지한 채 새누리당 대통령후보 경선에 나섰던 김문수 도지사께서 다시 도정에 복귀하셨습니다. 지난 4월 22일 대선 출마를 선언하면서도, 후보 출마를 선언하면서도 천이백만 경기도민들에게 그 어떤 감사나 도정 공백에 대한 그 어떤 사과, 사죄의 말도 없이 기어코 가시더니 돌아오실 때도 경기도민들에게 그 어떤 감사의 말씀이나 사과의 말씀 없이 돌아오셨습니다. 지사님, 이건 너무 오만하신 것 아닙니까!

도지사 김문수　뭐 오만이라기보다는 제가 대통령 경선에 나갔으면 당선이 돼야 되는데 당선되지 못하고 돌아왔고, 도정의 일정한 공백도 있어 송구스러운 마음에 사죄나 감사의 말씀을 감히 드리지 못했습니다. 그리고 제가 우리 경기도민들의 명예와 자존심에 충분하게 부응하지 못한 점에 대해서 정말 송구스럽게 생각합니다. 또 의원님들께서 특위까지 만드셔서 활동하시게 한 점에 대해서는 대단히 저도 부담을 느끼고 있습니다.

김종석 위원　지사께서 돌아오셨는데 가져오신 성적표가 참으로 민망합니다. 총 득표수 8,955표 지지율 8.68%를 얻기 위해서 경기도사의 도정공백으로 초래된 피해가, 또 향후 예측되는 도정공백으로 인한 피해가 너무나 클 것으로 보입니다. 지사님, 2014년에 경기도지사에 출마하시겠습니까?

도지사 김문수　아직까지 생각해 본 적이 없습니다.

김종석 위원　지사께서 출마하시든 안 하시든 간에 금번 경선 참여로 이제 도지사께서 차차기 대선에 출마할 것이라는 사실이 기정사실화됐습니다. 따라서 조기 레임덕 현상 발생이 불가피해졌습니다. 경기도가 도지사의 레임덕 그리고 관권선거 논란에 휩싸여 더 큰 도정공백이 발생할 가능성이 커졌습니다. 그렇지 않겠습니까?

도지사 김문수　그럴 수도 있겠습니다만 제가 그렇게 되지 않도록 노력하겠습니다.

김종석 위원　지사께서는 안 될 것이 뻔한 게임에 참여했습니다. 포스트 박근혜가 되고자 했기 때문입니다. 2등 해서 그것을 발판삼아 당내 2인자 자리를 확보해 차차기 대선을 준비하겠다 이런 것 아니었습니까?

도지사 김문수　되려고 했지 안 되려고 한 사람 있겠습니까?

김종석 위원　한 자릿수의 득표에 머문 지사께서 박 후보가 대선에서 승리할 경우 정권 재창출에 기여한 공로를 내세워 차차기에 도전할 발판을 마련하기 위해 박근혜 후보를 도울 수밖에 없을 거라는 것이 주변의 대체적인 분석입니다. 어떻습니까? 그렇게 하시겠습니까?

도지사 김문수　그런 생각은 아닙니다. 되려

고, 저는 정말 대통령에 당선이 되어 여러 가지 제가 필요한 선진 통일강국 대한민국을 만들려고 했던 것이 제 목표였습니다.

김종석 위원 그런데 지사께서는 새누리당 경선 후에 이렇게 말씀하셨습니다. "새누리당의 대선 승리를 위해 최선을 다하겠다." 경선 결과 발표 직후였습니다. "저를 지지해 주신 것보다 더욱 뜨겁게 선출된 박근혜 당선자를 지지해 달라."고 트위터를 통해 말씀하셨습니다. 지사님의 측근 관계자는 이렇게 말했습니다. "현직 공무원이기 때문에 공직선거법상 직접 선거운동을 할 수는 없지만 가능한 범위에서 선대위 직책을 맡거나 간접적으로 돕는 방안을 생각하고 있다." 이 같은 발언들을 종합했을 때 경기도민을 위해서가 아니라 박근혜 후보와 새누리당을 위해서 향후 도정활동을 하겠다는 말씀으로 들립니다. 우려하지 않아도 되겠습니까?

도지사 김문수 우려하지 않으셔도 될 것입니다. 제가 법적으로 철저하게 선거법을 준수하고 있습니다.

김종석 위원 지사께서는 시책추진보전금 2,085억 원, 업무추진비 연간 4억 원, 홍보비 수십억 원, 인허가권 수천 건, 인사권 9,300여 명, 비서실·대변인 수십 명의 막대한 권한을 사용해서 적법하게 박근혜 후보 대통령 선거운동을 하고 다음에는 차차기 대선을 위해 뛰신다면 경기도가 제대로 나아갈 수 있겠습니까! 결국 지사께서 앞으로 적법하게 대통령 선거운동을 한다 하더라도 끊임없는 관권선거 논란 때문에 또다시 도정공백이 발생할 수밖에 없습니다. 그렇지 않습니까?

도지사 김문수 그런 일은 없을 것입니다.

김종석 위원 지사께서는 지난 도정질문 답변에서 도지사 사퇴 시 250억 원의 비용이 발생하기 때문에 사퇴하지 않으시겠다고 했습니다. 하지만 지사의 대선후보 경선 참여 전후로 경기도와 경기도민들께서는 그보다 몇 갑절인 수백억 원의 피해를 입었습니다. 그만큼 경기도에 심각한 도정공백이 발생했습니다. 동의하지 않으십니까?

도지사 김문수 일정한 도정공백도 발생했지만 또 일정하게 경기도에 도움이 되는 점도 있었다고 생각합니다.

김종석 위원 경기도에 도움이 된 점이 무엇입니까?

도지사 김문수 경기도의 여러 가지 현안문제와 지방자치 강화를 위한 제 나름대로의 노력이나 여러 측면에서 도움이 되는 점도 상당수 있다고 생각합니다.

김종석 위원 경선과정 중 연설을 하시면서 "김문수에게 표를 달라, 지지해 달라." 하셨던 것이 어떻게 지방자치 발전을 위한 것입니까?

도지사 김문수 제가 지방자치의 강화를 위해서 모든 지역을 다니면서도 하고 언론에서도 하고 지속적으로 제가 유일하게 지방자치의 강화 필요에 대해서 역설을 했습니다.

대선참여, 도정공백 초래 성과전무

김종석 위원 참으로 궁색한 답변이십니다. 그럼 이제부터 도정공백 문제로 나타난 문제를 하나하나 짚어보겠습니다.
금번 경선 참여로 도지사로서의 영(令)이 꺾이게 되었습니다. 특히 상황을 모면하려는 거짓으로 지사님의 장점인 진실성마저 의심받게 되었습니다. 지난번 도정질문에서 지사께서는 '경기도지사는 후원금을 모집할 수 없어서 불리하다'고 말씀하신 적이 있으십니다. 맞습니까?

도지사 김문수　그렇습니다.

김종석 위원　지사님, 이번에 경선과정에서 후원계좌 안 만드셨습니까?

도지사 김문수　만들었습니다.

김종석 위원　저번 답변이 결과적으로 거짓말 아닙니까?

도지사 김문수　그렇지 않습니다. 그건 무슨 말씀이냐 하면 제가 국회의원들처럼 국회의원직을 가지고 예비후보 등록을 할 수 없기 때문에 후원회를 못 만든 겁니다. 그러나 저는 예비후보 등록을 못한 상태에서 당 후보로 등록하면서 그 기간 동안에만 후원금을 모집할 수 있습니다. 그래서 국회의원에 비해서 상대적으로 매우 불리한 처지에 있다 이 말씀입니다.

김종석 위원　아니, 국회의원이신 박근혜 전 대표나 김문수 지사님이나 후원회를 똑같이 만들 수 있었는데 뭐가 그게 차별이 있었다는 겁니까?

도지사 김문수　그렇지 않습니다.

김종석 위원　지사님께서는 분명히 그때 '후원계좌를 만들 수가 없다'라고 언급하셨습니다.

도지사 김문수　그런데 그 점은 다른 국회의원들은 본인이 그 직을 가지고 예비후보 등록이 되고 예비후보 등록이 되면 후원금을 모집할 수 있는 데 비해서, 저는 직을 사직하기 전에는 예비후보 등록이 안 됩니다. 그래서 선거법상…….

김종석 위원　예비후보 등록을 제가 여쭙는 게 아닙니다. 이번에 후원계좌를 만들어서 후원금 모집하셨지 않습니까!

도지사 김문수　후원계좌를 만들 수 있는 것

도 그…….

김종석 위원　아니, 만드셨습니까, 안 만드셨습니까!

도지사 김문수　만들었는데 국회의원들은 일찍 만들어서 오랜 기간 동안 모집할 수 있고 저는 짧은 기간 동안에 늦게 당의 공식…….

김종석 위원　그러면 그렇다고 말씀을 하셔야지, '후원계좌를 만들 수 없다'라고 말씀을 분명히 하셨습니다.

도지사 김문수　그 시점에는 만들 수 없었습니다. 자세히 좀 보시면 제 말씀을 이해하게 될 겁니다.

김종석 위원　지사님, 올해 신고된 재산이 얼마셨습니까?

도지사 김문수　신고재산이 한 4억 남짓인 것으로 알고 있습니다.

김종석 위원　금번 경선과정에서 후원금은 얼마가 들어왔습니까?

도지사 김문수　후원금은 제가 아직까지 집계해서 선관위 등록한 걸 못 들었습니다마는 일정하게 들어왔는데 뭐…….

김종석 위원　새누리당 대선후보 경선비용으로는 얼마를 당에 납부하셨습니까?

도지사 김문수　2억 5,000으로 알고 있습니다.

김종석 위원　자, 2억 5,000…….　지사님의 재산이 4억인데, 아파트 파셨습니까?

도지사 김문수　제가 부채를 좀 냈습니다. 그래서 부채를, 기채를 1억 했습니다.

김종석 위원　앞서 말씀드렸듯이 지사께서는 경기도지사로서 막강한 권한을 가지고 계십니다. 경기도와 연관된 많은 분들이 합법적인 후원을 하셨을 겁니다. 2억 5,000 중에는 합법적인 자금이 대부분일 것입니다. 지사님 입장에서는 이제 신세를 갚아야 하지 않겠습니까? 앞으로 도정운영에 걸림돌이 될 수도 있을 정도로 후유증이 예상되는데 어떻게 생각하십니까?

도지사 김문수　후원금 때문에 행정에 영향을 미치지 않도록 노력도 하고 또 의원님께서도 계속 감시를 해주시기 바랍니다.

김종석 위원　도정공백 두 번째 문제점입니다. 지사님, 현재 경기도인사위원회 위원장이 누구십니까?

도지사 김문수　인사위원장은 행정1 부지사로 알고 있습니다.

김종석 위원　지사께서는 경기도인사위원장이 공정하게 공무원을 채용하고 있다고 보십니까?

도지사 김문수　물론 그렇게 하고 있습니다.

현대판 위인설관에 경악

김종석 위원　경기도의 기강이 무너지고 있습니다. 반칙과 특권이 난무하고 있습니다. 본 의원은 지난 제13회 경기도 지방계약직 공무원 채용시험과 관련 지사의 선거운동을 돕고자 퇴직했던 공무원들이 다시 제자리로 되돌아오려 하는 현대판 위인설관(爲人設官)에 대해 문제점을 지적한 바 있습니다. 자료 5번 올려주세요.

　그런데 어제 합격자 발표를 살펴보니 우려했던 대로 시험에 응시한 5명 중 4명이 최종 합격했습니다. 이건 국민과 경기도민, 응시생 모두를 기만한 것 아닙니까!

도지사 김문수　공정하게 했다고 저는 생각하기 때문에.

김종석 위원　공정하게 했다고 들으셨다고요?

도지사 김문수　네, 물론 공정하게 하지 그

걸······.

김종석 위원　어떤 측면에서 공정했습니까?

도지사 김문수　그건 인사위원회에서 했겠습니다만 일단은 응시했던 사람이 모두 안 되어야만 공정하다고 이렇게 가정을 하시는 겁니까, 의원님께서?

김종석 위원　참으로 지사님께서는 간단하십니다. 지사님께서 공정하다고 말씀하신 그 부분을 대다수 언론과 이 자리에 모이신 거의 모든 의원님과 대부분의 경기도민들은 '참으로 오만하고 방자하구나!' 이렇게 표현을 하고 있습니다. 그에 대해서는 어떻게 생각하십니까?

도지사 김문수　그 점에 대해서는 공정하지 않

경인일보

2012년 08월 29일 수요일 103면 종합

도 계약직공무원 5명 선발
김문수캠프 5명 서류 합격
모두 뽑히면 '막장 드라마'

도청 떠나 생긴 공석 메우는 시험에 전원 지원
도의회 "다 복귀땐 나머지 응시생 들러리 전락"

'계약직 공무원 채용, 실업자 비웃는 짜고치는 고스톱?'

경기도에 사표를 던지고 김문수 경기도지사의 경선 캠프에 합류했던 계약직 공무원 5명의 공석을 메우는 공개선발 시험에, 자리를 박차고 나갔던 전직 계약직 공무원 5명이 서류심사에서 모두 합격한 것으로 확인됐다. 일각에선 김 지사의 측근들을 다시 계약직 공무원으로 불러들이기 위해 합격자를 내정해 놓고 선발시험만 공개적으로 치러 구색만 맞추는 것 아니냐는 비난이 쇄도하고 있다.

경기도는 지난 2일 공석이던 5개 보직에 계약직을 채용하기 위해 '2012년 제13회 지방계약직공무원 선발시험' 공고를 내고, 서류심사를 거쳐 면접 대상자로 22명을 지난 27일 선발했다.

하지만 김 지사 측근으로 지난 7월말까지 의원면직 또는 계약만료로 퇴직했던 직원 5명 전원이 서류전형에 합격하면서 '내정' 의혹이 강하게 일고 있다.

실제로 윤여찬(대변인 언론담당관실, 전임계약직 나급)씨와 한정수(대변인 언론담당관실, 전임계약직 다급)씨, 이수찬(대변인 언론담당관실, 전임계약직 다급)씨, 여동욱(서울사무소, 전임계약직 나급)씨, 김은경(서울사무소, 전임계약직 나급)씨 등은 지난달말까지 순차적으로 경기도를 떠났다.

또한 경기도가 지난 1개월 넘도록 공석을 메우지 않고 있었는데다 서류접수 일이 김 지사의 도정 복귀 여부가 결정되는 20일부터 22일까지였던 것도 이같은 내정 의혹을 뒷받침한다는 지적이다.

경기도의회에서도 공세를 이어갔다. 민주통합당 김종석 도의원은 이날 "경기도가 공고한 계약직 채용시험 서류전형 합격자를 확인한 결과, 김 지사의 경선을 돕기 위해 캠프에 참여했던 계약직 직원들이 전원 경기도에 복귀하려는 것으로 보인다"며 내정 의혹을 제기했다.

또한 김 의원은 "이번 계약직 채용시험에서 김 지사 측근들이 해당 분야에 전원 채용될 경우, 나머지 17명의 응시자는 들러리로 전락하게 된다"며 "서류전형에 합격하지 못한 응시생까지 포함할 경우 훨씬 많은 응시생들이 들러리를 서게 됐다"고 비난했다.

특히 김 의원은 "김 지사가 측근 5명을 해당 분야에 그대로 채용한다면 이는 김 지사가 1천200만 도민을 기만하는 것"이라며 "경기도의회는 오만한 김 지사의 행태를 엄중하고 심판하고, 그 책임을 준엄하게 물을 것"이라고 덧붙였다.

한편, 경기도인사위원회는 29일 1차 서류전형 합격자를 대상으로 면접시험을 치른 뒤 다음달 4일 최종 합격자를 발표한다.
/이재규·이경진기자 lkj@
kyeongin.com

은 점을 찾으셔서 지적을 해주시면 좋겠습니다.

김종석 위원 금번 측근 채용은 지난 2010년 지방선거 전후로 퇴직과 임용이 반복된 것과는 차원이 다른 중차대한 문제입니다. 선거 시기에 지사를 위해 고생했고, 또 오랫동안 손발을 맞춰서 해당업무를 잘할 수 있어서 경기도에 도움이 되기 때문에 인지상정으로 이해합니다. 그런데 금번 사안은 전혀 다릅니다. 그들은 경기도와 도민을 위해서가 아니라 오직 지사를 위해 일했기 때문입니다. 경기도 공무원은 경기도민을 위해서 헌신하고 봉사하는 것이 주된 임무입니다. 경기도민을 위한 공무원이 아닌 김문수 지사 개인을 위해서 일하는 공무원은 경기도에 필요치 않습니다. 그렇지 않습니까?

도지사 김문수 '저를 위하는 것이 꼭 경기도민을 위하지 않는 것이다.' 이렇게 단정하시는 것은 선거제도와 공무원의 채용규정에 대해서 너무 단순하고 부정적으로 말씀하시는 것으로 들립니다.

김종석 위원 지사께서는 전제군주로부터 경기도 영토를 하사받은 영주십니까? 아니지 않습니까! 민주공화국인 대한민국의 자랑스러운 선출직 경기도지사입니다. 지사님, 경기도가 무슨 사조직입니까? 지사에게 충성만 하면 필요에 따라서 제집 들락거리듯 들락거려도 되는 곳이 경기도입니까? 말씀해 보시죠.

도지사 김문수 그런 말씀은 과한 말씀이고 어느 대통령이나 어느 지역, 미국이든지 어느 선진국이든지 봉건영주라서 그런 게 아닙니다. 그래서 이런 제도에 대해서는 의원님께서 너무나 잘 아실 겁니다. 그래서 일방적으로 너무 부정적인 측면을 몰아서 그렇게 말씀하시는 것은 사리에 적합하지 않다고 생각합니다. 지금 오히려 우리가 지방에서 고쳐야 될 점은 국회의원들에 비해서 광역자치단체장을 한 사람들이 대통령 후보가 되는 것이 저는 더 적합하다고 봅니다. 그런데 그런 기회마저 다 차단하려고 하는 것은 지방의회 스스로가 그런 쪽으로 자꾸 몰고 가는 것은 자승자박(自繩自縛)이라고 생각합니다.

김종석 위원 동문서답은 그만하셔도 좋습니다. 금번 공무원 채용과 관련해서 경기도민과 들러리로 전락한 16명의 응시생들에게 사과해야 한다고 생각합니다. 지사님, 사과하실 의향 있으십니까?

도지사 김문수 그런 오해가 있는 부분에 대해서 해명은 할 수 있겠습니다만 사과할 생각은 없습니다.

김종석 위원 2006년부터 2012년까지 계약직 채용횟수 현황을 살펴보았습니다. 경기도 주요 실국 기조실, 비서실, 대변인실, 서울사무소 등은 도지사의 정무활동을 보좌하는 기관들입니다. 총 183명이 채용되었는데 이 중 3회 이상 퇴직과 채용을 반복한 지사 측근들이 총 12명입니다. 지사님, 경기도가 알바생 양성소입니까? 이

곤혹 5일 오전 경기도의회 본회의장에서 열린 경기도정과 교육행정에 관한 도정 질의에서 김종석(민주통합당·부천6) 의원이 김문수 경기지사에게 측근 지방계약직 공무원 채용 등과 관련해 질문하자 안경을 고쳐쓰며 곤혹스런 표정을 짓고 있다. 지난 7월 김문수 새누리당 대통령 후보 경선 캠프에 합류하기 위해 퇴직했던 계약직 공무원 5명 중 4명이 최근 경기도청에 계약직으로 복귀해 논란이 일고 있다. /뉴시스

들이 이럴 수 있었던 것은 지사 측근이었기 때문입니다. 이거 잘못된 것 아닙니까!

도지사 김문수 지사 측근이라고 다 무능하거나 부적합한 사람은 아닙니다. 너무 그렇게 획일적으로 지사 측근은 다 부적합한 사람만 있다 이렇게 보시는 것도 너무 과도한 단…….

지사측근 다섯차례 채용 퇴직 반복해

김종석 위원　제가 지금 말씀드리는 것은 적합, 부적합을 떠나서 어떻게 한 직원이 다섯 차례에 걸쳐서 필요에 따라서 임용되고 퇴직을 반복하느냐는 겁니다.

도지사 김문수　의원님께서 또 지적하실 수 있습니다만 저도 유능한 사람, 적합한 사람을 쓰기 위해서 최선을 다하고 있습니다.

김종석 위원　수원 소재 경기도 관사 거주자 현황을 살펴봤습니다.

　8월 20일 현재 정규직 5급과 계약직 나급을 기준으로 총 24명이 거주하고 있습니다. 이 중 주요 실국 비서실, 대변인실, 기조실, 감사실 등 소속이 11명입니다. 지사의 지근거리에 있는 측근과 실세들이 절반 가까이 차지하고 있습니다. 2006년부터 2012년 동안 3회 이상 채용과 퇴직을 반복한 직원도 2명이 포함돼 있습니다. 김태윤?손원희 전 비서실장 등입니다. 손 전 비서실장은 2012년 7월 20일 의원면직된 후에도 아직 8월 20일 현재까지 관사에 거주하고 있습니다. 이거 잘못된 거 아닙니까?

도지사 김문수　금시초문입니다. 집이 바로 가까이 있기 때문에 관사에 거주할 일이 없다고 생각합니다.

김종석 위원　지사님, 도 집행부에서 제출한 자료에 관사에 근무하고 있다고 명시돼 있습니다, 8월 20일 자로.

도지사 김문수　제가 알기로 바로 용인에 있기 때문에 관사에, 자기가 부인하고 떨어져서 살 이유가 없다고 봅니다.

김종석 위원　이 문제에 대해서는 다시 확인을 하시고 답변해 주시기 바랍니다.

도지사 김문수　제가 다시 확인하겠습니다.

김종석 위원　도지사 정무를 보좌하는 정무직 채용이 전임 손학규 지사 때보다 두 배 이상 늘었습니다.

도지사 김문수　그렇지 않습니다. 이것도 잘못된 통계입니다.

김종석 위원　2005년 기획조정실, 자치행정국, 대변인, 감사관, 서울사무소 주요 실국 계약직 직원현황을 살펴보면 2005년에 29명이었는데 지난해 68명에 달합니다. 이거 사실상 도지사의 측근들을 챙기기 위해 그런 것 아닙니까?

도지사 김문수　전혀 그렇지 않습니다. 지금 변호사도 채용하고 의사도 채용하고 이러는데 그런 부분들을 무조건 저하고 가깝다 이렇게 보시는데 그건 자료를 자세히 보시면 전혀 사실이 아닙니다.

김종석 위원　실국의 계약직 직원 자체가 늘어나는 사실에 대해서도 부정하시는 겁니까?

도지사 김문수　변호사나 의사들도 다 계약직들입니다. 그래서 우리…….

김종석 위원　그러니까 저는 변호사와 의사를 빼달라는 말씀이 아니라 정원이 늘었습니까, 줄었습니까?

도지사 김문수　아니, 그러니까 그것을 제 측근으로 자꾸 이렇게 정무직이라고 하는데 정무직이 아닙니다. 잘못 알고 계신 겁니다.

김종석 위원　경기도 기강이 무너지고 있습니다. 진심이 담기지 않은 거짓 정치, 기만의 정치로는 이 난국을 헤쳐 나갈 수 없다고 봅니다. 정치인은 내가 가진 모든 것을 버려야 한다는 말이 있습니다. 그렇게 하지 않으면 공도 과도 모든 것이 따라와서 재도약도 못하게 되고, 모든 것을

경향신문

2012년 08월 30일 (목)
15A면 지역

'김문수맨' 전원 경기 공무원 서류전형 통과

"사표 내고 경선캠프 갔던 인원 불러들이나" 논란

김문수 경기지사가 새누리당 대선 후보 경선에 출마하자 이를 돕기 위해 사표까지 내고 경기도를 떠났던 계약직공무원들이 다시 돌아오려 하고 있어 논란을 빚고 있다. 특히 이들 중 일부는 2년 전에도 김 지사의 경기도지사 재선을 위해 사표를 내고 나갔다가 복귀한 전력이 있다.

경기도는 서울사무소대외협력관·대변인실 모니터 요원 등 공석인 5개 보직을 채우기 위해 지난 2일 지방계약직공무원 선발시험 공고를 내고 서류심사를 거쳐 면접 대상자 22명을 선발했다고 29일 밝혔다.

선발된 면접 대상자들 중에는 5개 보직 전임자였다가 계약기간이 만료 되거나, 만료 전 사표를 내고 나간 5명이 포함됐다. 이들 5명은 지난달 12일과 19일 사표를 제출하고 경기도를 떠났던 인사들로 이번 지방계약직공무원 모집에 다시 응시해 전원 서류전형에 합격한 것이다.

경기도 공무원들은 "도가 김 지사의 측근들을 다시 계약직 공무원으로 불러들이기 위해 합격자를 내정해놓고 선발시험만 공개적으로 치러 구색만 맞추는 것 아니냐"고 지적했다.

경기도의회 김종석 도의원(민주통합당)도 "경기도가 공고한 계약직 채용시험 서류전형 합격자를 확인한 결과, 김 지사의 경선을 돕기 위해 캠프에 참여했던 계약직원들이 전원 경기도에 복귀하려는 것으로 보인다"며 내정 의혹을 제기했다. 김 의원은 "이번 계약직 채용시험에서 김 지사 측근들이 해당 분야에 전원 채용될 경우, 나머지 17명의 응시자는 들러리로 전락하게 된다"며 "서류전형에 합격하지 못한 응시생까지 포함할 경우 훨씬 많은 응시생들이 들러리를 서게 됐다"고 비판했다.

김 의원은 "김 지사가 측근 5명을 해당 분야에 그대로 채용한다면 이는 김 지사가 1200만 도민을 기만하는 것"이라며 "김 지사의 현대판 위인설관(爲人設官)은 즉각 중단돼야 한다"고 말했다.

이 밖에 김 지사를 보좌하다 그의 대선경선을 위해 사표를 냈던측근들 중 일부는 자리를 바꿔 복귀하는 것으로 전해졌다.

김 지사 측근들은 민선 5기 지방선거 때인 2010년 6월에도 18명이 임기를 마치지 않은 상태에서 사표를 내고 나갔다가 선거 후 재임용돼 도민들로부터 비난을 받은 바 있다.

민주당 경기도당도 "지사의 정치적 목적을 위해 공무원직을 사임하고 캠프 자원봉사로 나갔던 사람들을 공무원으로 복귀시키는 것은 정치 도의에 어긋나는 일"이라며 "전형적인 돌려막기식 회전문 인사로 경기도정을 사적으로 운영하는 것"이라고 논평을 냈다.

경기도인사위원회는 이날 1차 서류전형 합격자를 대상으로 면접시험을 치른 뒤 다음달 4일 최종 합격자를 발표할 예정이다.

경태영 기자 kyeong@kyunghyang.com

20.1 X 11.2 cm

잃게 되는 결과가 초래되기 때문입니다. 지사님 측근에 대한 세심한 관리를 간곡히 주문합니다.

도정문제 세 번째입니다. 지난 7월 26일 제270회 경기도의회 임시회가 열렸습니다. 그날 본회의에서는 결산승인 건이 있었습니다. 그날 경기도지사께서는 연가를 내고 회의에 불참하셨는데 어디에 계셨습니까? 본회의가 열리는 그 시각 지사께서는 경선후보로서 지지를 호소하고 계셨습니다. 경기도 살림살이를 책임진 수장께서 경기도민의 세금을 얼마나 잘 사용했는지 의회의 승인을 받는 날 연가를 내고 후보자로서 지지활동을 하는 것 자체가 명백한 도지사로서 직무유기이자 이것은 도정공백이라고 봅니다. 동의하십니까?

도지사 김문수 방송에 출연하는 게 다 도정공백이라고 말씀하시는 것도 좀 과한 말씀이십니다.

김종석 위원 중요한 결산심사를 빠지고 후보자로서 지지 호소활동을 하는 것이 도정공백이냐 아니냐의 말씀을 드렸습니다.

도지사 김문수 그래서 무슨 공백이 일어났느냐 이렇게 지적하시는 것이 좋을 거 같습니다.

도지사, 폭우 녹조에도 현장 안 찾아

김종석 위원 도정공백 문제점 네 번째입니다. 경기도재난안전본부 구성·운영 조례에 따르면 도지사는 재난안전대책본부장을 맡도록 돼 있습니다. 지사께서 새누리당 경선에 참여하고 있는 동안 폭염, 녹조, 폭우가 연달아 발생하면서 20만 마리 이상의 가축과 천이백만 경기도민들이 녹조로 인해 큰 불편을 겪었습니다. 관계 공무원들이 헌신적인 노력을 기울이며 신속하고 적정한 대응에 나섰지만 지사께서 자리하고 계실 때와 아닐 때 보다 신속하고 적절한 판단 조처를 내리는 데 있어서 큰 차이가 있다고 봅니다. 동의하십니까?

도지사 김문수 제가 있는 것이 더 옳고 또 좋을 것으로 생각합니다.

김종석 위원 그럼 도정공백이었던 건 맞지요?

도지사 김문수 그렇다고 해서 의원님이 지적하시는 것처럼 도정공백이 꼭 일어났다 이렇게 단정해서 말씀드리기에는, 구체적인 것을 좀 제시하실 필요가 있다고 봅니다.

김종석 위원 도정공백 문제 다섯 번째입니다. 경기도를 위해서 써달라는 경기도민께서 낸 혈세가 도지사 개인의 대선후보 활동에 사용됐습니다. 6월 13일 수요일 평일 오찬입니다. 대전에서 김영관 전 대전시의회 의장 등 10여 명과 간담회를 하는 경비가 업무추진비로 사용되었습니다. 명목상 "지방분권추진 논의"라고 기록되어 있습니다. 현직도 아닌 전직 의장입니다. 간담회 참석자들에게 경선 도와달라고 하신 것 아닙니까?

도지사 김문수 이런 부분에 대해서 지적하시는 것은 구체적으로 제가 사실 확인돼야 돼요. 제가 일일이 알지 못하고 있고 또 의원님께서 문제되는 부분이 있으면…….

김종석 위원 지출결의서 부분들에 대해서 카드로 결제한 것이 여기에 있습니다, 지사께서.

도지사 김문수 그러니까 그런 것이 있으면 지적을 하셔서 바로잡으시든지 적절한 조치를 취해 주시기 바랍니다.

김종석 위원 6월 25일 월요일 평일 5시에 끝난 간담회입니다. 서울 롯데호텔에서 종교인 네 분을 만났습니다. 종무정책 추진을 논의했다는 명목인데 이 또한 종교계에 경선 도와달라고 하

신 것 아닙니까?

도지사 김문수 자꾸 단정하시지 말고 구체적으로 문제되는 것은 특위활동도 하셨으니까…….

김종석 위원 저는 이게 경기도의 발전을 위해서 전혀 도움이 되지 않음에도 불구하고 업무추진비를 쓰신 것에 대해서 지적하고 있습니다.

도지사 김문수 그런 것이 있으면…….

김종석 위원 잘못된 겁니까, 아닌 겁니까?

도지사 김문수 잘못된 것 있다면 판단해서 적절하게 처리하시기 바랍니다.

김종석 위원 적절하게 처리하라는 말씀은 무슨 말씀이십니까? 고발을 하라는 말씀이십니까?

도지사 김문수 어떤 조치든지 간에 공직의 기강을 바로 세우기 위해서 필요한 모든 조치를 취해 주시기 바랍니다.

김종석 위원 4월 24일에서 25일까지, 화요일에서 수요일입니다. 평일에 동서울, 북대구 1박 하셨습니다. 다음날 선운사 가셨습니다. 다시 다음날 봉담 톨게이트를 지나간 하이패스 기록입니다. 관용차량을 이용해 1박 2일 일정으로 지방을 다녀오셨습니다. 대구에서 1박 하시면서 선거운동하신 것 아닙니까?

도지사 김문수 필요하신 것 있으면 조치를 취해 주시기 바랍니다.

김종석 위원 잘 알겠습니다.

도지사 김문수 제가 일일이 답변할 그런, 또 잘 알지도 못할 뿐만 아니라 의원님께서 특위 활동을 하셨으니까 그 기준에 맞춰서 구체적으로 처리해 주시기 바랍니다.

김종석 위원 그러겠습니다. 지사께서는 올해 연가를 며칠 사용하셨습니까?

도지사 김문수 올해 연가를……. 조금 자료

를 보겠습니다.

김종석 위원　20일 넘게 사용하셨을 겁니다. 이유여하를 막론하고 과거하고 비교했을 때 자리를 비운 만큼 도정공백이 초래됐다고 보는데 동의하십니까?

도지사 김문수　17.5일을 사용했습니다, 올해.

김종석 위원　도정공백이 초래되었다고 보십니까, 오랫동안 자리를 비운 것으로 인해서?

도지사 김문수　제가 자리를 항상 지키고 있는 것보다는, 자리를 비운 만큼 도정에 좀 공백이 있을 수 있겠습니다. 그러나 대과없이 경선을 마치고 이렇게 다시 자리에 서게 된 것을 다행스럽게 생각합니다.

김종석 위원　과장급 이상 공무원 10명이 휴가를 못 갔습니다. 개인적인 휴식을 통해서 재충전을 해야 되는데 도지사 공백으로 인해 9,300여 명의 공무원들이 그만큼 긴장할 수밖에 없었습니다. 도지사께서 출마를 안 하셨으면 이런 불필요한 에너지는 낭비되지 않았을 겁니다. 이 또한 지사 때문에 발생한 도정공백으로 인한 피해 중 하나라고 보는데 동의하십니까?

도지사 김문수　공무원들이 저 때문에 고생을 많이 한 것은 인정을 하고 있습니다.

김종석 위원　특강정치도 마찬가지입니다. 2010년에 49회, 2011년 62회, 올해 4월까지 14회 특강하셨습니다. 도정에 전념하지 못하고 허비한 시간, 부대경비 비용 사용, 이 모든 것이 경기도가 아니라 지사 개인을 위해 한 것 아닙니까? 경기도민이 피해보는 건 맞지 않습니까? 그렇다고 생각하지 않으십니까?

도지사 김문수　도지사가 하는 특강을 이렇게 부정적으로만 보시는 경우는 아마 전국에 우

리 의원님 외에는 별로 없을 겁니다.

김종석 위원　2009년 10월 14일 부천에서 김문수 경기도지사, 홍건표 부천시장, 차명진 국회의원, 건설업체 관계자, 시민 500여 명이 참석한 가운데 소사지구 재정비촉진사업 일명 뉴타운개발사업이 첫 삽을 뜹니다. 당시 지사께서는 "뉴타운은 자칫 잘못하면 소사구에 정들어 살던 많은 분들이 쫓겨나서 뿌리를 잃어버리는 결과도 가져올 수 있다."라고 우려까지 표명하셨습니다. 그때 당시만 하더라도 뉴타운개발사업에 대해서 반대한 분들도 아주 많았습니다.

■ **자료- 9**

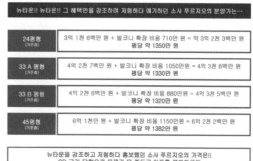

지금 지사께서 첫 삽을 뜬 그곳에 이달부터 대우 푸르지오 아파트가 들어서서 주민들이 입주를 하게 되어 있습니다. 그런데 뉴타운개발만 믿고 분양을 받았는데 뉴타운개발이 물 건너가서 6,000만 원에서 2억 원까지 손실을 보고 있다고 피눈물을 흘리고 있습니다. 지사님, 누구의 책임입니까?

도지사 김문수　그건 좀 사정을 파악해 보겠습니다.

김종석 위원　지사님께서 뉴타운 찬성하셨지

한국일보

2012년 08월 30일 (목)
12면 수도권

"김문수 캠프 5명, 공무원 재임용 중단하라"

자신들 공석 메우는 계약직 1차 서류전형 통과 논란

김문수(사진) 경기도지사의 새누리당 대선 경선 캠프 합류를 위해 경기도에 사표를 냈던 계약직 공무원 5명이 자신들의 공석을 메우는 공개선발 시험에 다시 응시, 1차 서류전형을 모두 통과해 논란이 일고 있다. 경기도는 1개월이 넘도록 공석을 메우지 않다가 김 지사의 도정 복귀 여부가 결정되는 대선 경선일 이후 선발시험 서류접수를 하도록 일정을 잡아 의구심을 더하고 있다.

29일 경기도에 따르면 도가 지난 27일 발표한 '2012년 제13회 지방계약직 공무원 선발시험' 5개 분야의 서류전형 합격자 22명 중 5명이 김 지사의 측근으로 경선 캠프 합류를 위해 지난달 말까지 의원면직 등으로 퇴직했던 직원인 것으로 나타났다. 이들은 서울사무소 대외협력관과 국회·중앙부처 대

외협력 지원요원, 사진촬영요원 등 사퇴 전까지 도청에서 일했던 분야에 그대로 합격해 '내정' 의혹이 일고 있다.

특히 경기도는 1개월 넘도록 이들의 빈자리를 메우지 않고 있다가 김 지사의 도정 복귀 여부가 결정되는 20일 새누리당 대선 후보 경선일부터 22일까지 선발시험 서류접수를 하도록 일정을 잡아 내정 의혹을 뒷받침하고 있다.

전국공무원노동조합 경기도청지부은 이날 성명을 내고 "계약직 등 공무원 직종 구분은 공직자로서 복무 기간과 기능에 관한 사항을 구분하기 위한 것이지 특정인의 정치적 수단으로 이용할

수 있도록 하기 위해 만든 것은 아니다"며 "정치 활동을 위해 사표수리가 된 계약직 공무원을 재임용하는 자체가 공무원의 정치적 중립성을 훼손할 가능성이 높다"고 채용 중단을 촉구했다.

경기도의회 민주당 의원들도 공세를 이어 갔다. 민주통합당 김종석 도의원(부천6)은 "김 지사의 경선을 돕기 위해 캠프에 참여했던 계약직 직원들이 전원 경기도에 복귀하려는 것"이라며 "이들이 해당 분야에 전원 채용될 경우, 나머지 17명의 응시자는 들러리로 전락하게 되고 서류전형에 합격하지 못한 응시생까지 포함할 경우 훨씬 많은 응시생들이 들러리를 서게 됐다"고 비난했다.

한편 경기도인사위원회는 29일 1차 서류전형 합격자를 대상으로 면접시험을 치른 뒤 다음달 4일 최종 합격자를 발표한다.　　김기중기자 k2j@hk.co.kr

15.5 X 11.5 cm

않습니까?

도지사 김문수 　제가 추진한 사업입니다, 뉴타운은.

김종석 위원 　그럼 누구의 책임이겠습니까?

도지사 김문수 　이 사업이 얼마나 손실을 봤는지에 대해서는 제가 사정을 좀 파악해 보겠습니다.

뉴타운 정책 실패 책임져야

김종석 위원 　피눈물을 흘리고 있는 주민들의 사정을 보면 회사 측에서 분양이 안 되니까 2억 5,000만 원을 깎아서 할인해 버립니다. 그렇지 않아도 손해를 보고 있는데 6억 원을 다 납부한 이분들은 거의 거리로 쫓겨날 지경입니다. 이와 관련돼서 점검해 보시고 지도 감독하실 의향이 있으십니까?

도지사 김문수 　네, 제가 전부 조사를 해보고 문제가 있는지를 파악하도록 하겠습니다.

김종석 위원 　주민 추가부담금이 2억 원 이상인 지역이 18개, 2억 원인 지역이 28개, 1억 원 미만이 13개, 환급 받는 곳은 14개에 불과한 것으로 나타났습니다. 뉴타운사업 더 할 수 있겠습니까, 없겠습니까?

도지사 김문수 　어려운 지역이 많기 때문에 가능하면 우리 도에서도 정책을 뉴타운사업 출구전략을 신속하게 마련 시행하도록 그렇게 하고 있습니다.

김종석 위원 　그런데 촉진지구가 해제되고 나면 그나마 집값이 더 떨어지지 않을까 하는 걱정 때문에 주민들이 반대도 못하고 있습니다. 대안이 없기 때문에 이러지도 저러지도 못하고 있는 것입니다. 경기도의 대책은 무엇입니까?

도지사 김문수　그래서 이 점에 대해서 저희들이 출구전략을 쓰더라도 많은 문제가 있기 때문에 여러 가지로 종합적인 대책을 세우고 있습니다.

김종석 위원　추정분담금 시스템 공개결과 주민들 관심이 매우 저조합니다. 8월 21일 현재 이용률이 13.3%에 불과합니다. 이거 대책 세워야 되는 것 아닙니까? 도정홍보비 한 푼도 지출되지 않는 것으로 확인했습니다. "주민 추가분담금 홍보에 이러이러 하여 들어가시면 얼마를 분담해야 되는지 알 수 있으니 주민들께서 잘 살펴보십시오." 하고 홍보에 사용할 용의는 없으십니까?

도지사 김문수　그것도 한번 검토를 하겠습니다, 가능한지 어떤지.

김종석 위원　무엇보다도 뉴타운사업의 후속 대책이 서둘러 나와야 됩니다. 매몰비용, 기반시설 부담금을 국가에서 지원되는 방안을 마련해야 됩니다. 경기도에서 특단의 대책을 세워주실 것을 부탁드립니다.

도지사 김문수　그렇게 하겠습니다.

김종석 위원　자리에 들어가셔도 좋습니다. 시간관계상 나머지는 속기록에 첨부한 자료를 올려주시기 바랍니다.

김문수 도지사의 공약사업 진행사항을 체크해 보았더니 GTX 추진은 3,375억 원, 유니버설 스튜디오에 3,000억 원을 앞으로 도에서 부담해야 됩니다. 총 6,000억 원을 토목 위주 과도예산 사업에 사용되니 재검토 들어가야 됩니다. 이 사업들 반드시 재검토되어야 한다고 믿습니다.

장시간 동안 경청해 주셔서 감사합니다.

상식과 원칙이 바로 선 경기도여야 합니다!

세월호 참사, 국가시스템이 붕괴되었다는 것 때문에 온몸에 전율을 느꼈고 여야를 떠나 정치인으로서 이 사회를 책임지고 있는 우리 모두가 대오각성하지 않으면 어쩌면 이 사회가, 이 국가가 붕괴될 수도 있겠다라는 두려운 마음을 가졌습니다.

존경하는 천이백오십만 경기도민 여러분! 강득구 의장님, 선배·동료 의원님, 남경필 도지사님, 이재정 교육감님 안녕하십니까? 문화특별시 부천시 출신 건교위 소속 김종석 의원입니다.

본 의원은 오늘 도정질의에 앞서서 존경하는 강득구 의장님께 먼저 말씀을 드리려고 합니다. 이 발언은 발언시간에서 제외해 주시기 바랍니다. 본 의원은 도정질의를 준비하면서 경기도청에 48건, 경기교육청에 19건의 자료요구를 10월 20일 날 하였습니다. 국정감사와 행정사무감사로 집행부 분들이 힘든 점들은 이해할 수 있으나 경기도청으로부터 16건의 자료가 미제출 되었습니다. 관련된 자료는 제 자료에 올려놨습니다.

존경하는 강득구 의장님, 경기도 집행부의 경기도의회와 의원을 능멸하고 무시하는 수준이 도를 넘어서고 있습니다. 남경필 도지사께서 올

해 처음으로 시작하는 정례회의입니다. 본 의원은 이 자리에 서기 위해서 1년을 기다려 왔습니다. 그럼에도 불구하고 자료제출이 되지 않아 공문으로 답을 달라고 했더니 일부는 누락하고 어제 오후 6시 15분에 다 완성되지도 않은 자료를 폭탄처럼 의원한테 보내왔습니다.

강득구 의장님께서는 경기도의회와 의원을 경시하는 집행부 행태에 대해서 그 경위와 진상을 파악해 주십시오. 진상파악 여하에 따라 경기도지사께서 사과가 필요하시다면 향후 본회의장에서 의견을 표명해 주시기 바라며, 재발방지 대책을 마련해 주실 것을 촉구합니다. 관련 자료를 의장님께 전달해 드리겠습니다.

(김종석 의원, 강득구 의장에게 자료제출)

의장 강득구 네, 그렇게 하도록 하겠습니다.

김종석 위원 본 질의에 들어가도록 하겠습니다. 1세대를 공유하는 문화는 3세대를 간다고 합니다. 일제 36년 동안 향유되고 공유되었던 문화가 지금 우리 주변에서 아직도 음습하게 자리하고 있는 것이 그 이유인 것 같습니다.

30년 군사독재 시절을 겪었습니다. 그 군사독재 시절의 음습한 잔재가 아직도 여전히 우리 사회에 남아 사회 근간을 흔들려고 하는 상황을 우리는 목도하고 있습니다. 30년 이전에 광주 민중항쟁의 결과로 87년 체제에 저희가 소중하게 얻어냈던 체제, 그 정신 또한 여전히 살아 있습니다. 이제 이 치열한 싸움 끝에 30년 후, 60년 후 우리 사회가 어떻게 자리해야 될 것인지 우리 모두가 세월호 참사를 눈앞에 두고 한 번쯤 진지하게 고민해 봐야 할 것이라고 생각합니다.

세월호, 국가시스템 붕괴 전형

본 의원은 세월호 참사를 느끼면서 여야 정치권의 공방을 넘어서서 우리 사회가 국가시스템이 붕괴되었다는 것 때문에 온몸에 전율을 느꼈고 여야를 떠나 정치인으로서 이 사회를 책임지고 있는 우리 모두가 대오각성하지 않으면 어쩌면 이 사회가, 이 국가가 붕괴될 수도 있겠다라는 두려운 마음을 가졌습니다. 그와 같은 마음이 여기 계신 존경하는 의원님들, 남경필 도지사님, 이재정 교육감님 모두가 똑같이 느꼈을 것이라고 생각합니다. 그럼에도 불구하고 우리 사회는 양극화 정치, 마치 로마시대의 분열하여 통치하라는 것들이 아직도 횡행하고 있습니다. 어떻게 해야 되겠습니까? 우리 경기도부터 모두가 정신 똑바로 차리고 다 함께 해나갔으면 하는 바람입니다.

이재정 교육감님께 먼저 질의하겠습니다. 9시 등교 추진한 지가 두 달이 되었습니다. 여러 성과들도 있고 언론에 따르면 서울에서도 이 부분들을 받아들일 것처럼 하고 있는데요. 이에 대해서 교육청에 요구한 자료를 보니까 중간점검을 실시하고 계신 것 같습니다. 성과와 한계가 있을 것 같은데요, 이거 어떻습니까?

교육감 이재정 10월 말 현재 경기도 내에 95.9%의 학교가 9시 등교를 모두 실시하고 있고요. 고등학교의 경우 좀 미흡합니다만 전에 고등학교 교장협의회 임원들과 얘기한 결과 수능시험이 끝난 다음부터 9시 등교를 실시하겠다고 했습니다. 그동안의 결과를 보면 학생들의 호응은 굉장히 좋고요. 실제로 반대하시던 학부모들도 이제는 굉장히 좋게 받아들이고 있습니다. 학교문화도 바뀌어 가고 있고, 학생들의 집중력도 좋아지고 있으며 특히 학생들의 학습태도가 변하여 아주 좋다고 평가하고 있습니다.

김종석 위원 네, 저도 중1, 중2 학부모이기도 합니다. 그래서 저희는 집사람이 맞벌이를 하지 않기 때문에 그분들에 대한 고통은 모르겠습니다만 제 입장에서는 아침에 늦게 가니까 얼굴볼 시간도 있고, 대신 또 밤에 늦게 자더라고요. 근데 늦게 자는 것도 아빠하고 떠들고 노니까 저 개인적으로는 긍정적인 부분들이 있다고 생각합니다만 또 맞벌이 부부들이라든가 어려운 분들의 처지들이 고려될 수 있도록 후속조치를 좀 부탁드리고요.

한 가지 우려가 되는 것은 늘 풍선효과가 있습니다. 아침에 늦게 등교한다고 그래서 자칫 잘못하면 아침 사교육 문제가 등장할 수 있습니다. 제가 그 부분들에 대해서는 잘 모르겠습니다만 존경하는 교육위원님들, 그 다음에 교육청 집행부에서 좀 유념해서 생각해 주셔야 될 것들이 조례개정 등을 통해 아침 일찍 시간에 사교육을 못하게 해야지 이 조치 때문에 더 일찍 일어나서 사교육 받고 학교가야 되면 이중으로 학생들이 고생할 수도 있기 때문에 이런 점들도 좀 신경을 써주셨으면 좋겠습니다. 동의하십니까?

교육감 이재정 네, 알겠습니다.

김종석 위원 혁신학교와 관련해서 질문하겠습니다. 제 지역구에 초등학교 두 곳이 있습니다. 한 학교가 공부를 잘 가르친다고 매년 약 30명 정도가 위장전입 등의 형태로 그 학교로 가서 같은 아파트 단지인데도 나눠서 갔습니다. 근데 그 인근의 한 학교는 학교시설도 엄청 크고 교실도 남아도는데 그 학교 대신 옆 학교로 갔다고 합니다. 근데 그 학교가 혁신학교로 지정이 됐습니다. 예전에는 30명이 갔던 그 학교에서 올해는 한 명도 가지 않고 정상적으로 갔다고 제가 학교 간담회를 통해서 들었습니다.

이게 여러 논란들은 있지만 혁신학교가 공교육의 회복 활성화 방안으로 자리매김하고 있지 않느냐 하는 생각들을 가지고 있습니다. 주민들은 덩달아서 주변의 고등학교도 혁신학교인데 집값까지 올라서 좋다고 일부 만족하는 것 같습니다. 해서 저는 혁신학교가 이런 성과를 공유하고 확대, 발전시키기 위한 방안들이 필요하다고 보는데 이에 대한 견해와 대책은 어떻습니까?

교육감 이재정 그래서 저희가 혁신학교를 좀더 확장해 나가는 의미에서 학교 수를 늘린다는 것보다도 그런 학교 교육문화, 학습문화가 바뀌면서 일어나는 여러 가지 효과들을 가지고 혁신공감학교를 늘려가자 이렇게 이제 정책을 세우고 있습니다.

특히 학생과 학부모, 교사의 만족도가 굉장히 상승하고 지금 의원께서도 말씀하신 것처럼 기초학력미달 학생이 현저하게 줄어들고요. 학교폭력이라든가 학생들 간의 갈등도 사라지고 교사 자신이 정말 선생님으로서 보람과 긍지를 느낀다고 합니다. 뿐만 아니라 실제로 사교육 참여율이나 사교육비가 경감되는 결과를 가져오기 때문에 이런 면에서 저희는 혁신교육 프로그램을 모든 학교가 부분적으로라도 공유했으면 좋겠고, 학교 전체가 변화하도록 노력하려고 합니다.

저희는 이제 경기도 혁신학교정보센터를 홈페이지에서 운영하면서 내용들을 공유하고 있고요. 며칠 전에는 세종시 교육청에서 교육감 이하 모든 간부가 오셔서 한 3시간 동안 우리 혁신학교에 대한 내용으로 같이 토론했습니다. 뿐만 아니라 우리 혁신학교가 이제 외국에까지 소문이 났어요. 저에게도 외국에서 초청하겠다는 소식이 전해올 정도로 혁신학교에 대한 관심이 대단히 높습니다. 이런 점에서 앞으로 저희는 혁신학교를 일반화해 나가는 데 더 노력을 해갈 계획입니다.

김종석 위원 이명박 정부 당시 도입된 특성화고는 매우 의미 있는 정책으로 성과가 자리잡는 것 같습니다. 그럼에도 불구하고 특목고, 자사고, 특성화고, 일반고로 고교 서열화 문제가 공교육 활성화에 상당한 저해요인이 있다라고 생각합니다. 특목고와 자사고 존치를 현행법에 따라서 존중하더라도 대신 엄정한 평가를 통해서 존속유무를 심각하게 고려해야 할 필요가 있다고 보는데 동의하십니까?

교육감 이재정 네, 전적으로 동감합니다.

김종석 위원 지역의 일선 학교에서 의원들하고 교육계 분들을 만나면 그런 문제가 있습니다.

교장선생님이 얼마만큼 열심히 하시느냐에 따라 그 학교가 예산을 조금이라도 더 받아 시설 개선도 이루어지기도고 한다고요. 교장선생님의 열의에 따라서 학교발전 자체가 바뀌는 것 같습니다. 교사들도 마찬가지인데 교직원분들이 공교육 일선 현장에서 사명감을 가지고 열심히 하고 계시지만, 다른 측면에서는 매너리즘에 빠져 교육 자체에 공교육에 대한 미덥지 못한 부분들에 대한 우려들도 있다고 봅니다. 문제는 그럼에도 불구하고 이분들 탓만 할 게 아니라 이분들의 교

권신장을 위한 조치들, 그와 같은 후속대책들이 교육청 차원에서 마련돼야 된다고 보는데 동의하십니까?

교육감 이재정 네, 저도 공감합니다.

김종석 위원 아울러 지사님께도 나중에 말씀드리겠습니다만 예컨대 경기도 농촌 지역의 경우에 문화시설이라든가 이런 부분들이 없습니다. 또 사실은 그 지자체들은 돈이 없기 때문에 경기도에서 돈을 준다 하더라도 대응을 제대로 하지 못해 유지를 못합니다.

예를 들어서 경기도 양평군 읍내에 서울보다 열 배 이상 큰 청소년 문화시설을 개관한다고 해도 다른 지역 청소년들이 차타고 와서 놀고 즐기기는 어려운 문제지요. 그런 측면에서는 우리 학교가 지역사회 공동체하고 공동으로 발전할 수 있는 길들을 모색하고 상호 협의하면 훌륭한 시설들을 편하게 이용할 수 있다고 생각되는데 그런 부분들에 대한 정책검토를 해보실 의향은 있으십니까?

교육감 이재정 네, 특히 경기도의 경우는 산천이 아름답고 좋은 지역들이 많아서요. 그런 지역에 적절한 청소년의 문화적 활동을 위한 시설들, 특히 폐교를 활용한다든가 하는 방안도 저희들이 생각하고 있고요. 또 하나는 제가 공약으로 내걸었던 '꿈의 학교'라는 프로그램을 접목하고 각 지역의 좋은 프로그램을 통해 학생들이 교과 학습 이외에 보다 폭넓고 다양한 삶을 경험을 할 수 있도록 저희들이 만들어 갈 계획입니다.

학생들에게 우리가 학교생활을 통한 교과 중심의 운영을 탈피하는 것, 그것이 앞으로 교육의 하나의 큰 길이고 그런 것을 함으로 해서 학생들 스스로가 자기가 잘할 수 있고 또 하고 싶은 것들을 찾아서 자기의 진로까지도 개척해 나갈 수 있는 데 도움을 줄 수 있으리라고 그렇게 판단을 합니다.

누리과정 중앙정부 책임져야

김종석 위원 네, 박근혜 정부 들어서기 이전에 대통령 공약으로 고교 무상교육, 초·중등 학급당 학생 수 감축, 돌봄 교실 확대 등 대선공약들이 실제로 제대로 추진이 되지 않고 있습니다. 문제는 누리과정과 관련되어서 집권여당의 대표

까지 하셨던 분이 가서서 하시는 말씀이 일선 교육감님들이 추진하고 있는 무상급식 예산을 사실상 그렇게 받아들일 수밖에 없는데 그걸 줄여서라도 누리과정을 하라 이런 식으로 말씀들을 하고 있는 것 같습니다. 본 의원이 생각했을 때 누리과정은 중앙정부가 책임져야 될 문제인데 어찌하여 일선 교육청에 떠넘기는지 이와 관련되어서는 심각한 문제가 있다고 생각하는데 어떻게 생각하십니까?

교육감 이재정 네, 지금 예산편성을 해서 어제 2015년도 저희 경기도교육청의 특별회계 예산에 대한 개요를 의장단에게 보고말씀을 드렸습니다만 여기서 가장 큰 문제가 누리과정에 관한 것이죠. 여기는 법적인 문제가 하나가 있고요. 어린이집에 대한 보육에 대해서 법률에 의해서 본다고 하면 교육감의 의무사항이 아니고 과제가 아닌 어린이집에 대해서 어떻게 하느냐는 문제가 있습니다. 그럼에도 불구하고 정부가 그동안 이 어린이집과 유치원에 관한 공통교과 운영 같은 것도 만들었기 때문에 그런 어떤 피해 갈 수 있는 길은 있습니다만 법이 우선 정비가 돼야 된다는 생각이 있고요.

두 번째는 이것이 대통령의 시책사업일 뿐만 아니라 실제로 국고, 지방, 지방교육의 교부금에서 책임지기로 하다가 시행령에서 "보통교부금에서 다 부담해야 된다." 이렇게 나왔기 때문에 이제 그 누리과정 전액이 다 저희한테 넘어와 부담입니다. 내년도 같은 경우는 1조가 훨씬 넘어갑니다. 금년도보다 내년에 늘어난 액수만 1,300억이 넘습니다. 그래서 저희가 아무리 예산을 따져 봐도 누리과정을 도저히 편성할 수 없는 상황입니다. 실제 이번 예산안의 누리과정 어린이집

부분은 저희들이 편성을 하지 못한 상태입니다.

그런데 이런 문제가 누리과정뿐만이 아니고 돌봄도 문제입니다. 실제 돌봄도 2013학년도 대비 66%가 늘어나 학급수가 늘어나고 돌봄학생 수는 47%가 증가해 운영비뿐만 아니라 시설 구축비 등이 우리 교육재정에 큰 부담이 되는 상황이고요. 이제 금년부터는 1학년부터 6학년까지 돌봄을 확대하게 됩니다. 그러면 막대한 운영비와 시설비가 투입, 많은 비정규직 채용, 학부모의 민원이 발생할 것이며, 돌봄에 관련된 업무 등으로 학교업무 자체가 어려움을 겪게 될 것입니다. 때문에 이 문제가 꼭 보완되고 수정되어야 합니다. 왜냐하면 학교는 돌봄에 관한 책임이 아니고 교육에 관한 책임뿐인데도 이런 막대한 책임을 언제까지 져야 하는지가 숙제입니다. 이 문제는 근본적으로 저희가 교육부 측과 논의하면서 대책을 마련해 나갈 계획입니다.

김종석 위원　네, 알겠습니다. 교육부의 지방교육재정교부금법상의 내국세 교부비율을 올리는 것과 그다음에 보건복지부 산하에 있는 어린이집 문제는 중앙정부에서 풀어야 되는 문제라고 생각이 되어서요. 그와 관련된 노력들을 17개 교육청이 공동으로 해서 이번에는 반드시 바로잡을 수 있어야 된다고 봅니다.

다음 무상급식과 관련 질의를 하겠습니다. 무상급식이 실시되기 전에 제가 지역의 학교에 간담회를 하러 간 적이 있습니다. 그 학교에는 150명 정도가 우리 사회에서 말하는 저소득층이 있었고요. 점심시간이었는데 선생님들이 식사를 안 하셔서 왜 그러냐고 그랬더니 "약 100명 정도가 급식비용을 내지 못하는데 내지 않았다 해서 차마 밥을 주지 않을 수 없어 선생님들은 학교에서 같이 식사를 할 수도 있는데 안 했다."는 말씀들을 들었고 그 현장을 목격했습니다.

무상급식이 실시되면서 적어도 이제 먹는 문제로 이렇게저렇게 논란할 여지는 없다고 봅니다. 무상급식 정책은 이제 어느 한 정파, 정당, 세력의 전유물이 아니라 이미 보편적 복지로 정착된 제도이고 이 또한 혼란을 줄이기 위해서도 지속적으로 추진이 돼야 될 상황이라고 봅니다. 제 의견에 동의하십니까?

교육감 이재정　네.

교육청 비정규직 처우 개선 필요

김종석 위원　다음 질문하겠습니다. 경기도교육청의 비정규직 현황을 보면 지난 2년 동안 13년 대비 14년을 보시면 정규직으로 전환한 노력들이 많이 이루어졌습니다. 2013년 비정규직으로 계셨던 분들이 기간제로 전환되어서 20% 정도가 기간제, 무기 계약직으로 80%를 전환하면서 약 20%로 비정규직의 정규직 전환이 이루어졌습니다.

이와 관련되어 해당 업무에 종사하고 계신 분들은 급식 지원이라든가 복지 지원이라든가 행정 지원이라든가 지속적이고 상시적인 역할을 하는 업무들을 하고 계십니다. 이분들이 좀더 책임감을 가지고 안정적인 상태에서 교육의 주체인 학생들에게 서비스를 하기 위해서는 지속적으로도 정규직화 노력이 필요하다고 보는데 그렇게 하실 의향 있으십니까?

교육감 이재정　네, 지금 3만 5,000명의 비정규직이 있는데요. 비정규직 가운데 무기계약을 해야 할 대상자가 한 2,000여 명 좀 넘습니다. 그 대상에는 한시적 고용을 한다든가 어느 특수 분야라든가 해서 법령으로 무기계약을 할 수 없는 또는 초단시간 계약으로 일하기 때문에 무기계약을 할 수 없는 대상자만 빼고는 1년이 경과되면 법령에 의해 저희가 다 무기계약을 해가고 있는 중이죠. 그러나 문제는 원천적으로 3만 5,000명이나 되는 이 비정규직에 대한 처우문제라든가 노동조건이나 노동환경 문제 등이 아주 큰 과제로 남아 있기 때문에 근본적으로는 이 비정규직을 어떻게 해소해 나가느냐 하는 것이 저희 교육현장의 가장 큰 과제로 남아 있습니다.

김종석 위원 네, 알겠습니다. 나머지 질의는 시간관계상 서면으로 하겠습니다.

교육감 이재정 네, 알겠습니다.

김종석 위원 답변해 주셔서 고맙습니다. 고생하셨습니다. 다음은 남경필 도지사께 질의하도록 하겠습니다. 자리로 나와 주시기 바랍니다. 취임하신 지 지금 100일 넘으셨는데요. 경기도 도정에 대해서는 많이 파악하셨습니까?

도지사 남경필 네, 열심히 공부하고 있습니다.

김종석 위원 연정과 관련해서 먼저 말씀드리지 않을 수가 없습니다. 사실은 제가 경기도에 다수당 의원이 되어서 다수당 의원으로서 하고 싶은 일들도 많았고 그래서 꿈에 부풀어 있었는데 지사님의 연정문제로 저는 지난 3개월 동안 새벽까지 잠을 못자고 이런저런 고민들을 많이 했습니다.

결과적으로 모두가 처음 걸어가 본 길이란 말씀을 하셨지만 이제 연정의 길을 가게 되었습니다. 이 길을 가는 데 있어서 가장 중요한 것은 진정성일 겁니다. 그렇지 않으면 그 연정은 어떤 의미도 없다라고 생각하기 때문입니다. 연정과 관련되어서 몇 가지만 좀 여쭈어보도록 하겠습니다.

저는 법과 제도가 선행되지 않고서는 현 단계 경기도는 연정이 아니라 협치 정도로 하면 어떨까 하는 생각을 가지고 있습니다. 지사님, 국회에 계시면서 연정이 소신이라 그러셨다면 지방자치법을 개정해 연정을 할 수 있는 길들을 열어주시도록 입법노력을 해주셨으면 더 좋았을 텐데, 그런 노력하신 적 있으십니까?

도지사 남경필 못했습니다.

김종석 위원 못하셨습니까?

도지사 남경필 네.

연정, 법과 제도로 뒷받침 돼야

김종석 위원 법과 제도로 이루어지지 않고 어떤 특정 개인의 주도로 이루어지는 모든 정치 현안들과 그 어떤 선도 저는 그 부분들에 대해서는 아무 의미가 없다라고 생각합니다. 왜냐하면 법과 제도가 뒷받침되지 않고서는 궁극적으로 뒤에 가서 유야무야 되거나 마치 모래 위에 성을 쌓는 것처럼 될 확률이 많다라고 생각하기 때문입니다. 도지사께서는 향후에라도 법과 제도를 정비해서 저는 그래야 된다고 봅니다, 경기도라도. 지금 다수당에 소속되어 있는 지사님이시지 않습니까. 그렇죠?

도지사 남경필 아, 저기 국회 내에서요?

김종석 위원 네. 국회도 그렇죠?

도지사 남경필 그렇습니다.

김종석 위원 그러면 지사님께서 잘 아시다시피 국회에서 소수당이 할 수 있는 일은 사실 없습니다. 발목잡고 떼쓰고 해서 막거나 해야 되지 우리 정치가 잘못되어서 51%만 얻으려고 하면 좋을 텐데 늘 90, 100%를 얻으려고 하기 때문에 쉽게 말씀드려서 다수당이 결정하면 언제든지 할

중부일보

2014년 11월 06일 (목)
03면 종합

'연정 뇌관' 사회부지사 인사청문회… 남 지사-새정치 정면충돌

도의회, 도정·교육행정 질의

▶김준현(새정치민주연합·군포2) = (저희 공공기관장에 인사청문회를 했던 사회통합부지사 추천에 대해서 남 지사가 도에서는 합의하다는 남 지사의 라디오 인터뷰 발언을 상기한 후) 착각한다는 말이 있다. 사실인가.

▶남경필 = 착각이라는 표현은 적절치 않다.

▶김 = 사회통합부지사는 인사청문회 대상이 아니다. 여야 합의도 되지 않는다. 도민들로부터 권한을 위임받은 78명의 도의원들이 이를 대표해서 파견하는데 한 사람을 인사청문회 하자는 것은 예의가 아니다. 공공기관장과 비교하는데 이는 비교 대상이 아니다. 78명의 위원에서 검증을 거친 것이다.

▶남 = 인사 청문회가 싸움의 대상이라 생각하지는 않는다. 공직자의 자질을 검증받는 부분에서 인사청문회 장점은 정책 청문회다. 이를 거쳐 자질을 높이고 존경심을 얻을 수 있는 과정이라 보기 때문에 청문회를 거치는 게 바람직하다고 생각하지 않아 그렇게 말했다. 다만 도의회 여야가 정치적 합의를 통해 결정해 주는 것을 따르겠다.

5일 열린 경기도의회 도정 및 교육행정 질의에서 경기연정의 파트너인 남경필 경

부지사 파견 결정 후 봉합국면서 남 "청문회 실시" 라디오 발언 새정치 의원들 반발~ 정국 경색

인사청문회 논란 국회까지 번져 연정 반대 의원들 '흔들기' 빌미

기사인과 새정치연합 소속 의원들이 야당 및 사회통합부지사 후보에 대한 인사청문회 실시 방침을 놓고 정면 충돌했다.

남 지사는 도의회 여야가 합의할 경우 청문회를 열지 않아도 어쩔 수 없다는 뉘앙스를 풍겼지만 인사청문 대상이라고 못박은 반면, 새정치연합 측은 인사청문 대상이 아니라고 선을 긋고 있어서다.

남 지사는 답변에서 "경기도, 여야연정 정책협의회 합의문을 보면 고위공직자는 인사청문회를 하되 고위공직자는 사실 사회통합부지사 1명이라며 "(KBS 방송 발언은) 착각이 아니고 그렇게 생각한 것"이라고 말했다.

지난 8월 5일 서명한 여야연정 정책협의 회 합의문에 고위공무원 및 신하공공기관장에 대한 인사청문회를 실시한다(16항)는 내용이 담겨있는 점을 강조한 것이다.

이 합의사항에 따라 경기도공사, 경기

문화재단, 경기중소기업종합지원센터, 경기개발연구원 가관장 후보자에 대한 인사청문회가 지난달 시행됐고, 경기중소기업지원센터 대표이사와 경기도과학기술진흥원장 내정자에 대한 인사청문이 실시되고 있다.

사회통합부지사 인사청문 실시 여부가 어렵사리 본격 출범을 앞둔 경기연정의 새로운 '뇌관'으로 부상하고 있다.

사회통합부지사는 남 지사가 제안한 야당과의 연정(聯政)의 핵심으로 새정치연합이 내부 찬반 논란 끝에 파견하기로 지난달 27일 결정하면서 갈등이 봉합되는 듯했다.

하지만, 남 지사가 이틀 뒤 KBS라디오 '안녕하십니까 홍지명입니다'에 출연, 사회통합부지사도 인사청문회를 한다고 말한 것이 논란의 불씨를 지폈다.

새정치연합 측은 인사청문회가 대상이 아니라는 입장을 정리하고 후보 선정을 위한 공모를 준비하고 있다.

인사청문회 개최 논란은 경기도의회를 넘어 국회까지 번지고 있다.

새정치민주연합 경기도당 공동위원장 안 송호창(의왕·과천)의원이 도의회 새정치연합과 같은 논리를 펴며 남 지사를 압박한 것으로 알려졌다.

송 의원은 지난 4일 남 지사가 내년도 국비 확보를 요청하기 위해 마련한 국회

예결위 소속 도내 여야의원들과의 간담회에서 "사회통합부지사에 대한 인사청문회는 합의 사항이 아니라는 취지의 말을 했다"한 참석자는 전했다.

송 의원은 "연정 실시라는 정신에도 맞지 않다"며 "인사청문회 실시는 안된다"고 말한 것으로 전해진다.

이에대해 남 지사는 "인사청문회를 실시하는 것이 맞는 것 같다"고 했고, 새누리당 노철해(광주)의원도 "경기도내 아무바 4개 기관장도 인사청문회를 했고, 고위 공직자면 당연히 해야 하는 것 아니냐"고 거들었다.

인사청문 논란은 연정 자체에 반대하는 새정치연합 도의원들에게 연정을 흔드는 빌미까지 제공하는 모양이다.

김종석(새정치연합·부천)의원은 도정 질의에서 "사회통합부지사와 관련해 몇 가지 문제가 있다고 본다. 인사권과 예산권을 준다고 했고 그와 관련 구체적 계획이 있느냐"고 따져 물으면서 "공무원을 사회통합부지사, 도지사 눈치를 보고 어디로 줄서야할지 몰라 책임행정을 못할 수 있다고 주장했다.

남 지사는 "효율적으로 운영될까 생각한다. 도정 공무원들은 줄서지 않는다"고 응수하자, 김 의원은 "가장 선행될는 지 지켜보겠다"며 여운을 남겼다.

/김재득·김환규·양진영기자

경기도의회 도정 말말말

- 김준현: 부지사 청문회 발언 착각이란 말이 있다- 사실인가? / 남경필: 착각이라는 표현이 적절치 않다
- 김준현: 검증거친 인물 청문회 여는 것, 도의원에 대한 예의 아니다 / 남경필: 자질 높이고 존경받는 과정- 여야 정치적 합의에 따르겠다
- 김종석: 1대 기관장도 청문회 거쳐- 고위 공직자라면 당연해야 / 노철해: 연정 정신에 안 맞아- 인사청문회 실시 안된다
- 김종석: 인사권·예산권 가진 사회통합부지사- 공무원들 줄서기 우려 / 남경필: 도정 공무원들 줄서지않는다- 효율적으로 운영되리라 생각

수가 있습니다. 그런다라고 한다면 경기도 연정을 보다 뒷받침하기 위해서는 경기도만이라도 특별법 형식으로 만들어서 그 실험들을 제도적으로 할 수 있도록(경기도부터 해 보고 잘 된다면 전국적으로 확산할 수 있도록) 하는 노력들이 필요하다고 봅니다. 그거 하실 의향 있으십니까?

도지사 남경필 법안은 이제 앞으로 이번에 사회통합부지사 문제가 추천되고 하면서 여야 공히 도당이 협력을 해서 추진하도록 했습니다. 앞으로 이렇게 추진할 겁니다.

김종석 위원 사회통합, 경기도 연정을 보면 마치 사회통합부지사가 모든 연정을 하는 데 정점인 것처럼 얘기되고 있습니다. 지난 3개월 동안 제가 봤을 때는 공약 관련에 대해 제대로 시행되지도 못하고 모든 언론과 모든 사람의 관심은 연정, 연정, 연정, 연정. 연정을 안 하면 마치 경기도가 뭐가 잘못될 것처럼, 또 연정의 핵심은 사회통합부지사를 저희가 받지 않으면 마

치 모든 것이 안 될 것처럼 하는 분위기로 되어 제대로 일을 하고 있는지 감시하고 일을 준비하셔야 될 지사님 입장에서도 그런 부분들이 전혀 제대로 되지 못했습니다.

저는 사회통합부지사와 관련되어 다음과 같이 몇 가지 문제점이 있다고 생각합니다. 이에 대해서 지사님의 견해를 여쭈도록 하겠습니다. "사회통합부지사에게 인사권과 예산권을 주시겠다."고 말씀을 하신 바 있고 그와 관련해서 구체적인 대안을 마련하고 계시고 있죠?

도지사 남경필 네. 사회통합부지사를 파견해 주시면 그 부지사와 함께 모든 예산과 인사를 함께 논의하겠습니다.

경기도의회 국회보다 훨씬 생산적

김종석 위원 지사님께서 한 가지 조금 착각하고 계신 것 중 하나는 이 나라 정치에서 싸우고 하는 부분들은 국회 얘기입니다. 지사님 5선

격론, 오늘보다 나은 내일을 위하여! **93**

의원을 하셔서 국회는 누구보다 더 잘 아시겠지만 경기도의회에서 새누리당 의원님들과 불가피하게 싸우고 했더라도 저는 국회보좌관으로 근무할 때의 경험과 제가 여기에 와서 느껴봤을 때 경기도의회 의원님들이 훨씬 상호 간에 입장을 존중해 주고 그동안 잘해 왔습니다.

또 쉽게 말씀드려서 사회통합부지사가 누구에 의해서 선출된 겁니까? 선출되지도 않았습니다. 경기도 의원 여기 한분 한분 이 자리에 모이신 여야 의원님들은 존경하는 남경필 도지사님께서 얻으셨던 득표보다 훨씬 많은 득표를 모두 다 얻으셨습니다. 여기에 계신 128분의 도의원들이 경기도 문제에 있어서는 누구보다도 잘 알고 있습니다. 쉽게 말씀드려서 경기도의회 전체 의원분들의 의견만 도지사께서 잘 반영하시면 그게 곧 협치고 연정인 겁니다. 누가 권한도 주지 않았는데 왜 사회통합부지사와 예산과 인사권 모든 것을 논하시겠다고 하십니까. 이것은 저희 의원님들을 무시하는 것 아닙니까, 어떻습니까?

도지사 남경필 근데 뭐가 착각이라고 하셨는지부터 좀 말씀해 주시면 좋겠습니다.

김종석 위원 뭐가 착각이라고 했던 말씀은 뒤에 말씀에 방점이 있는 거고요. 경기도의회는 국회처럼 승자독식으로 싸우면서 누가 모든 걸 다 가져가기 위해서 하지 않았다는 말씀을 드린 것을 혹시 착각하시는 것 아닌가 하는 말씀을 드립니다. 국회와 도와의 상황을 착각하신 것 아니냐는 말씀입니다.

도지사 남경필 네, 뭐 차이는 분명히 도의회가 훨씬 더 갈등과 분열의 소지가 없었습니다만 지난 도의회에서 이런 모습이 전혀 없었던 것은 아니었던 것 같습니다.

김종석 위원 직업공무원제가 우리나라에서는 시행되고 있습니다. 이제 오직 경기도민만을 위해서 봉사해야 될 공무원들은 사회통합부지사 눈치 보랴 더 높은 도지사 눈치 보랴, 어디로 눈치를 봐야 될지 모르고 어디로 줄서야 될지 몰라서 오히려 책임행정을 할 수 없는 사태가 올 수도 있다고 생각합니다. 이에 대해서는 어떻게 생각하십니까?

도지사 남경필 저는 그렇게 생각 안 합니다.

김종석 위원 그럼 어떻게 생각하십니까?

도지사 남경필 저는 효율적으로 잘 운영될 것으로 생각합니다. 우리 도청 공무원들 그렇게 줄 서고 그러지 않습니다.

김종석 위원 그렇습니까?

도지사 남경필 네.

김종석 위원 네, 그러면 기왕에 진행되는 거 이후에 과정들을 보면서 지켜보도록 하겠습니다.

도지사 남경필 그건 또 지도자의 리더십이 밑에 사람들을 눈치나 보게 할 것인지 아니면 자율적으로 운영하면서 토론과 소통을 통해서 할 것인지 결정합니다. 그래서 리더십이 중요하다고 생각합니다.

김종석 위원 네, 알겠습니다. 기타 현안 관련해서 몇 가지 질문하겠습니다. 빅데이터 예산 삭감이 지난 추경에 있었습니다.

도지사 남경필 네.

서수원–의왕 고속도로 요금 인상 도의회 동의 필요

김종석 위원 우리 경기도에서는 서수원-의왕 간 고속도로 요금인상과 관련되어 두 사업 모두 다 경기도의회에 보고하고 추진을 해야 했음에도 불구하고 법적 절차들이 미비하고 지켜지지 않았습니다. 이에 대해서는 공식적으로 지사님 사과가 필요하다고 보는데 사과하시겠습니까?

도지사 남경필 서수원 말씀…….

김종석 위원 서수원-의왕 간 고속도로 요금 인상과 관련되어 도의회에 보고를 하고 협의를 한 이후에 해야 되는데 그냥 진행을 했습니다. 빅데이터 예산, 도의회 예산 보고되기 전에 먼저 사용됐습니다. 그 부분들에 대해서…….

도지사 남경필 그러니까 빅데이터를…….

김종석 위원 지사님의 공식적인 사과를 받고 싶어서 드리는 말씀입니다.

도지사 남경필 빅데이터 말씀하시는 겁니까? 아니면 서수원을 말씀하시는…….

김종석 위원 두 가지 다 말씀을 드리는 겁니다. 조례를 지키지 않은 집행부 공무원들의 잘못된 행위에 대해 수장으로서 사과를 해주십사고 요청하고 있는 겁니다.

도지사 남경필 빅데이터 관련되어서는 이미 제가 상당히 잘못했다는 말씀을 드렸고요. 그것은 도의회 예산 의결 없이 사전 진행한 부분에 대해서는 잘못됐다, 그래서 삭감되는 것에 대해서 감수한다는 말씀을 드렸습니다. 서수원-의왕 민자도로와 관련되어서는 저때 이루어진 일은 아니어서 제가 자세히 모릅니다만 도의 절차에는 문제가 없다는 보고를 받았습니다.

김종석 위원 도의회 절차에는 문제가 없다….

도지사 남경필 도의 절차에 대해서는 문제가 없다.

김종석 위원 도의 절차에 대해서는 문제가….

도지사 남경필 그리고 그것과 관련되어서는 지금 국장께서…….

김종석 위원 듣지 않겠습니다. 저는 지사님

께 여쭈었습니다.

도지사 남경필 팩트를 좀 들으시면…….

김종석 위원 도의 절차에 문제가 없다라는 말씀에 대해서 책임질 수 있으시죠?

도지사 남경필 국장한테 직접 보고를 받으시는 게 더 좋을 것 같습니다. 짧게 답변드리도록 하겠습니다.

김종석 위원 안 받겠습니다.

도지사 남경필 아니…….

김종석 위원 도의, 아니 답변하셨지 않습니까? 도와 도의회 관계에서…….

도지사 남경필 아니 답변을…….

김종석 위원 절차상에 있어서 문제가 없다라고 지금 말씀을 주셨습니다.

도지사 남경필 의장님, 답변을 좀 하게 해주십시오. 저는 이 답변을 듣고 제가 그 사실에 의거해서 최종적인 답변을 드리도록 하겠습니다.

김종석 위원 네. 그냥 넘어가고 공약 관련해서 질의하겠습니다. 100일이 지났는데도 내년도에 어떻게 도지사께서 공약을 최종 확정해서 가야 할지 도민 앞에 제시하지 못하고 있습니다. 이 부분들에 대해서 문제 있는 것 아닙니까? 사과하셔야 되는 것 아닙니까, 도민들께? 어떻습니까?

도지사 남경필 사과할 일 있으면 사과할 텐데요. 지금 열심히 하고 있고요. 11월 10일 날 공약을 확정할 예정입니다. 지금 매니페스토 주민배심원단과 늘 상의하고 있습니다. 빨리 확정하는 것이 효율적일 수도 있습니다만 저는 매니페스토 주민배심원단과 소통하면서 결정하는 것이 더 근본적인 대책이라고 생각해서 지금 그렇게 해오고 있고 11월 10일 확정 예정하고 있습니다.

김종석 위원 주민배심원단을 운영하면서 하

경인일보

2014년 11월 06일 (목)
01A면 종합

여vs야, 도정현안 공방전
남vs이, 무상급식 신경전

9대 도의회 첫 정례회 도정질의
부지사 청문회·분도 등 의견 분분
道 급식비 30% 지원 놓고 대립각

5일 개시된 9대 경기도의회 첫 정례회 도정질의에서 경기북부 분도와 사회통합부지사 청문여부, 9시 등교, 대북전단 살포 등 경기도 현안들이 '종합판' 형태로 다뤄졌다. 분도 문제와 부지사 청문회 등 현안을 놓고 도의원들간 의견이 분분한 가운데, 남경필 지사와 이재정 교육감 역시 무상급식 비용 분담을 두고 신경전을 벌였다. **|관련기사 2·3면**

포문은 여야간 줄다리기가 팽팽한 사회통합부지사 청문회 문제로 열렸다. 김준현(새정치·김포2) 의원이 "꼬여있던 야당 추천 문제가 풀리니 이제 도지사 손안에 두겠다는 건가"라며 청문회 반대의견을 내놓자, 남 지사는 "여야 합의대로 따르겠다"면서도 "도민들이 부지사를 평가할 기회를 갖게 하는 건 좋은 일"이라고 맞받았다. 여야 반응도 엇갈려 새누리당은 "지사도 부지사가 청문회를 함께 하는 데 의견을 함께 하는 것"이라고 한 반면, 새정치민주연합에서는 "지사가 청문회를 해야 한다고 밀어붙이지 않은 것은 야당 의견을 존중하겠다는 뜻"이라며 서로 다른 해석을 내렸다.

북부 분도에 대해서도 의견이 제각각이

었다. 박재순(새·수원3) 의원은 도정질의 중 "많은 의원들의 관심사지만 분도 문제는 소모적 논쟁"이라며 공개적으로 비판했다. 남 지사 역시 "재정자립도가 더 악화되는 결과만 초래할 것"이라며 견해를 함께 했다. 그러나 정례회 상정을 목표로 추진중인 북부 분도 촉구 결의안(경인일보 10월 23일자 1면 보도)에는 이날 기준 55명의 의원이 발의에 참여한 것으로 알려졌다.

오산 소속 도의원들이 힘을 보탰던 도청사 오산 유치 문제는 남 지사가 "광교 청사 유치는 주민들과의 약속"이라고 일축하며 없던 일이 됐다.

이날 남 지사와 이 교육감은 무상급식비 분담문제로 다소 냉랭한 분위기였다. 도정질의 전 기자회견에서 이 교육감은 "타 시·도처럼 도가 무상급식비의 30%를 지원하면 교육청 부담을 줄일 수 있다"고 밝혔다. 그러나 남 지사는 이 문제에 대한 김종석(새정치·부천6) 의원의 질문에 "지금 방식이 좋다고 생각한다"며 무상급식비 직접 지원을 사실상 거부했다. 도는 친환경농산물을 급식재료로 쓰는 학교를 대상으로 예산을 간접지원하고 있다.

이날도 여당 의원의 질의는 이 교육감에게 집중됐고, 야당 의원들은 측근 인사, 연정, 자료 제출 문제 등을 두고 남 지사를 향해 날을 세웠다.

/강기정기자 kanggj@kyeongin.com

시는 것도 소중하겠지요. 그런데 내일모레면 예산안 도의회에 제출하시죠?

도지사 남경필 네.

김종석 위원 더 소중한 것은 지사님께서 공약이 확정되어 그 공약 내용들이 예산안에 담기고 이 부분들이 제대로 실행될 수 있겠는가를 도의회에서 또 검토하고 협조하는 것도 중요한 문제라고 생각합니다. 민간 매니페스토 주민배심원단이 다 결정하는 것만이 중요한 것은 아니라고 보고요.

도지사 남경필 당연히 도의회에서 심의해

주시고 거기에 따를 수밖에 없습니다.

경기도 무상급식 예산 지원해야

김종석 위원 도의 무상급식과 관련된 조례가 말이 다릅니다. 제가 정확히 파악하지 못하겠습니다만 무상급식 자체의 용어와 관련되어 지원이 없는 것은 우리 경기도가 유일하다고 알고 있습니다. 지사님, 지난 지사님하고는 다르게 많이 열려 있으시잖아요. 무상급식 조례 받으시고 무상급식 예산 지원하실 용의 있으십니까?

도지사 남경필 지금 저는 현재까지 도에서

해왔던 방식이 좋다고 생각하고 그것을 계속 따라갈 생각입니다.

김종석 위원 그 이유는 무엇입니까? 아까 말씀대로…….

도지사 남경필 큰 갈등 없이…….

김종석 위원 보편적으로 무상급식은 모든 지자체에서, 상당수 다수의 지자체에서 받아들이고 있는데 굳이 무상급식 용어와 이 부분들에 대해서는 하지 않겠다고 하시는 의도가 있으십니까?

도지사 남경필 전임 도의회와 행정부가 저는 굉장히 좋은 모델을 만들었다고 생각합니다. 사회적 갈등 없이 굉장히 현명한 정치적인 협의를 이뤄내셨고 그 결과 지금 제도가 시행되고 있기 때문에 저는 전임 지사 시절, 전임 도의회 시절의 좋은 선례는 따르는 것이 좋겠다는 판단입니다.

김종석 위원 네, 알겠습니다. 도지사님 측근 인사와 관련해서 질문하겠습니다. 비서실에 열한 분을 채용하셨어요. 맞지요?

도지사 남경필 네.

김종석 위원 경기도에서 직원으로 가신 분은 한 분이시고 총 열두 분이 근무하고 계시는 것도 맞고요? 잘 모르십니까?

도지사 남경필 비서실은 두 분…….

김종석 위원 중요한 것은 아닙니다. 넘어가겠습니다. 경기도 임기제 개방형 직위 임용자 현황을 지사님 취임 이후에 보니까 한 50분을 채용하셨고요. 그중에 약 30분 정도가 지사님, 이른바 꼭 측근까지는 아니지만 주위 분들이 많은 것 같습니다. 이 부분은 큰 문제가 있다고 생각합니다. 경기도 홈페이지, 누리집에 가시면 공개경쟁입찰을 통해서 모집하겠다고 되어 있고 각 항목마다 2,000명에서 1,000명 이상의 클릭 수를 보

면 아마 많은 분들이 접수하셨을 겁니다. 그렇지만 최종 결과를 보면 지사님과 같이하셨던 분들이 다 채용됐습니다. 이는 현대판 위인설관(爲人設官)과 마찬가지라고 생각합니다.

지사님께서 도정철학을 펼치시는 데 함께 하셨던 분들이 같이하는 게 당연히 맞다고 봅니다. 그런데 적어도 첫 시작부터 직위가 아닌 다른 부분들도 측근들로 꾸려지고 있습니다. 예를 들어 법상으로 공개경쟁모집을 하게 되어 있어도 알아서 오지 말라 쇼가 아니라 불가피하게 이러이러한 분야는 공개제한경쟁으로 치른다고 고시한다든가 이런 식으로 하는 게 맞다고 봅니다. 그렇지 않으면 일자리를 구하기 위해 찾아오신 분들이 너무 억울하고 힘든 것 아닙니까? 어떻게 생각하십니까?

도지사 남경필 지금 50명이라는 게 어떤, 관사를 말씀하시는 거예요? 지금. 원래 질문이….

김종석 위원 개방형 직위 임기제, 개방형 직위 임용자 된 분이 지사님 이후에, 지사님 취임 이후에 50분이 채용이 되셨어요. 다 해서. 그것도 잘 모르십니까? 그중에서 명단을 달라고 했더니 동그라미, 동그라미 쳐서 개인정보보호라고 안 줘서 여기저기 보고 맞춰 보니까 30분 정도는 어찌 됐든 지사님과 인연 있는 분들이시고, 그분 중에 열한 분이 비서실에서 근무하고 계신 상황입니다. 이해되셨습니까?

도지사 남경필 비서실 근무자는 저하고 그동안 쭉 해온 분들이 함께 일하는 게 맞다고 생각해서 그렇게 했고요. 나머지 분들은 무슨 말씀을 하시는지 잘 모르겠습니다. 저한테 무슨 데이터를 주시거나 이러셨어야 제가 미리 보고 말씀을 드릴 텐데 지금 질의…….

김종석 위원   데이터 드렸습니다. 시간만 다 가고 있네요. 사족 가지고 자꾸 그러지 마시고 어찌 됐든 지사님이 같이하시고 비서실에 열한 분으로 줄여서 말씀하시네요. 열한 분을 모집할 때는 경기도 홈페이지를 통해 '이 자리에 대해서 공개모집합니다.'라고 올린다니까요. 그러니까 2,000명 이상의 사람들이 혹시 내가 채용될 수 있을까 해서 지원하셨을 테고요. 그런데 결과는 지사님의 측근 열한 분이, 국회에서 데리고 계셨던 그분들이 그 자리를 차지하셨다니까요.

도지사 남경필   네.

김종석 위원   나머지 원서접수 하신 분들은 위인설관(爲人設官)이지 않습니까? 이미 내정되어 있는데 들러리밖에 안 되니 그에 대해서는 사과가 필요하지 않겠습니까? 제도 개선을 하시든가요. 어떻습니까?

도지사 남경필   제도 개선을 한번 검토해 보겠습니다. 아예 처음부터 제가 찍어서 임명을 하라는 방향으로 가시라는 말씀이신지 모르겠습니다만, 하여튼 일리가 있습니다. 이거 공개해 놓고 실제로는 내정된 것과 같은 이런 상황을 한번 바꿔봐라 이런 말씀의 취지시라면 한번 검토해 보도록 하겠습니다.

경기도 재정투자 대폭 늘려야

김종석 위원   알겠습니다. 지방재정 파탄 위기와 관련돼서 말씀드리겠습니다. 2004년부터 2013년까지 경기도의 지방채 발행 현황을 살펴보면 최근 2010년 이후에는 큰 차이가 없습니다. 무슨 말씀인가 하면 빚을 많이 냈다든가 별도로 그러지 않고 적절한 수준을 유지하고 있습니다. 즉 경기도 살림살이가 어려워서 이 일도 못하겠

다, 저 일도 못하겠다 이런 부분들은 없어져야 된다라고 보고요. 시책추진금 주시는 것 보니까 예산을 조기집행해서 한 경우에 인센티브도 제공하고 계십니다. 또 중앙정부는 내년도 20조 재정적자를 감수하고까지 적자예산을 편성하고 있습니다. 공공부문의 역할이 그만큼 중요하다는 역할일 텐데요.

이에 대해서 지사께, 그런데 우리 경기도는 이번 예산안 보니까 편성할 때 실국별로 전년대비 70% 수준밖에 실링을 안 주셨다고 그리고, 그래서 못 담겠다는 말씀들을 실무국장님들은 많이 하십니다. 이거 좀 문제 있는 것 아닙니까? 경기도가 대대적으로 공공부문에 투자를 좀더 했으면 하는 바람인데 어떻습니까?

도지사 남경필   일단 빚을 갚아야겠다고 생각을 했습니다. 또 경기도 재정이라는 게 자주적이지 못합니다. 그래서 굉장히 가변적이고 종속적이어서 어떤 상황이 올지 모르기 때문에 일단 빚을 갚는데 우선했고요. 그다음에 특히 경기북부지역에 대한 인프라 구축에 특별한 예산을 편성하겠다는 것이 이번 예산의 특징이라고 보시면 되겠습니다.

김종석 위원   네, 알겠습니다. 중요한 것은 경기도민들은 이렇게 생각하실 것 같습니다. 빚을 졌냐 안 졌냐가 문제가 아니고 도가 자산을 운용하고 또 공기업들이 얼마나 공공의 목적으로 일을 했느냐 이렇게 설득을 해야지 단순한 재정자립도, 재정자주도 이런 문제들을 핑계 삼아 투자를 소홀히 해서는 안 된다고 생각합니다. 어떻게 생각하십니까?

도지사 남경필   핑계를 댄 건 아니고요. 드려야 될 돈을 아예 못 드린 것들이 있습니다. 그래서

경기신문

2014년 11월 06일 (목)
03면 종합

野 '십자포화'에 南 지사 '진땀'

경기도의회 본회의

남경필 지사가 추진한 경기도 인사와 각종 사업이 도의회 새정치민주연합으로부터 집중포화를 맞았다.

공무원의 측근인사 채용에서 사업 명칭에 대한 외국어 남발, 남 지사의 경차 실 사용 논란까지 취임 100일을 조금 넘은 남 지사 행보에 비판의 목소리가 쏟아졌다.

5일 열린 경기도의회 제252회 정례회 2차 본회의에서 김종석(새정치연합·부천6) 의원은 "민선 6기 들어 임기제·개방형 직위로 채용된 도청 직원 50명 중 남 지사와 관계가 있는 인물이 30명에 달해 '현대판 위인설관'(사람을 위해 벼슬자리를 만듦)이 발생하고 있다"고 지적했다.

30명은 ▲자치행정국 15명 ▲기획조정실 7명 ▲대변인실 6명 ▲서울사무소 2명 등으로 지난 7월1일부터 9월25일까지 순차적으로 채용됐다.

또 김 의원은 "비서실 직원 11명이 남 지사 측근 인사로 채워졌다. 이 과정이 공개모집을 통해 이뤄졌는데 해당 홈페이지

野 "현대판 위인설관 발생"
南 "필수적 인원 특채한 것"

道 사업명 외국어 사용 논란
野 "굳이… 책무 망각한 것"

野, 경차 이용 전시행정 추궁
南 "도청 출근할 때 탄다"

채용 공고를 2천명이 클릭했다"라며 "(도가) 해당 공모에 내정된 사람이 있는 것도 모르는 구직자들을 들러리로 세우고 있다"고 비판했다.

이에 남 지사는 "도정 운영을 위해 관련 규정에 따라 필수적인 인원을 특별채용한 것"이라고 해명했다.

도정에 대한 외국어 남발도 지적을 받았다.

최종환(새정치연합·파주1) 의원은 "남 지사는 도정 비전을 '넥스트 경기(Next 경기)'라 명명하고, 슬로건으로는 '굿모닝 경기도'을 사용하고 있는데 정부기관이 굳이 부서명, 정책명, 사업명에 외국어나 외래어를 무분별하게 사용하는 것은 책무를 망각한 것"이라고 비난했다.

도는 현재 '경기 쇼셜 광장 구축', '콘텐츠코리아 랩', '스마트 콘텐츠밸리', '굿 게임쇼 코리아', '선셋드라이브' '에코팜랜드 조성', '위넷 아카데미' 등의 정책·사업명에 외국어를 사용하고 있다.

남 지사의 경차 실 사용 논란도 일었다.

최 의원은 "남 지사가 지난 7월 3일 출근 당시 경차를 타고 출근해 신선한 충격을 줬는데, 요새 경차를 타지 않는다는 제보가 있다"라며 남 지사의 전시행정 여부를 추궁했다.

이와 관련 남 지사는 "전혀 아니다. 관용차인 카니발은 도청으로 직접 출근하지 않고 현장을 갈 때 이용하고, 도청에 출근할 때는 지금도 모닝을 이용한다"고 해명했다.

/홍성민·이슬하기자 hsm@

올해까지 최소한 교육청이나 각 시군에 드리지 못한 것은 다 처리하자고 1차 목표로 했습니다.

김종석 위원 자료를 여러 가지 준비를 했는데 시간이 다되어 못할 것 같습니다. 간단간단하게 여쭙겠습니다. 우리 경기도에 산업단지가 한 군데도 없는 지역이 몇 있습니다. 또한 저희 부천 같은 경우 인구 90만임에도 불구하고 일반산업단지가 한 곳밖에 없고 2,000명 정도가 근무합니다. 인천, 시흥, 안산공단에서 100만 원 더 준다고 해도 안 간답니다. 이와 관련돼서 이런 지역 간 형평성 차원에서 도에서 지원책이 필요하다고 보는데 어떻게 생각하십니까?

도지사 남경필 좋은 대안을 마련해 주시길 부탁드리고요. 지금 규제가 많습니다. 그래서 규제를 받지 않는 이러한 지식문화산업을 적극적으로 유치하는 방향으로 경기도는 앞으로 진행하겠습니다.

김종석 위원 네, 알겠습니다. 자리에 들어가셔도 좋습니다. 오랜 시간 동안 경청해 주셔서 고맙습니다.

'NEXT 경기' 상식과 원칙이 바로 서야 한다!

우리 경기도정, 민주주의가 구현된 도정이었으면 좋겠습니다. 일방적 지시가 아닌 합리적인 토론을 통해 정책이 결정되고, 정보가 투명하게 공개되는 도정, 다양성과 자율성이 존중되는 도정, 책임성과 투명성이 강화된 도정이기를 진정으로 바라마지 않습니다.

존경하는 강득구 의장님, 1,270만 경기도민 여러분! 안녕하십니까? 부천시 출신 새정치민주연합 소속 김종석 의원입니다.

세계 정치가 새로운 길 찾기 모색 중인 것 같습니다. 유럽 · 중남미 등지에서 40대 정치인이, 또 굳이 분류를 하자면 좌파 성향의 정치인들의 집권사례가 다수 발생하고 있습니다. 미국의 경우 버니 샌더스 열풍이 나타나고 있습니다. 이런 현상의 원인에는 신자유주의 경제시대의 모순된 경제성장, 즉 기업이익은 극대화되지만 개인은 불행한 상황에 대한 반발, 대안을 제시하지 못한 정치권에 대한 식상함의 발로 때문이 아닌가 싶습니다.

그런데 우리 정치의 동향은 과거로 회귀 중에 있습니다. 우리나라와 일본만이 보수화, 우경화의 길을 걷고 있고 노회한 보수정치인들이 권력을 지배하고 있습니다. 최근에는 현직 대통령과 집권 여당 대표가 친일파 후손 논란에 자유롭지 못한 상황에서 이를 반성하고 참회하고 역사와 국민에게 헌신, 봉사해도 부족할 판에 오만방자하게 국민을 상대로 역사전쟁을 벌이겠다고 나서고 있습니다.

밀어붙이기식 국정운영중단해야

메르스 사태에서 보여준 우리 사회의 민낯, 정보 미공개, 일방적인 지시, 이런 낡은 시대정신과 정치세력으로는 우리 미래는 한 치 앞도 나아갈 수 없을 것입니다. 검인정교과서로 전환되기까지 참여정부에서 2년의 과정에 걸쳐서 결정했습니다. 무엇이 그리 급합니까? 다양한 논의를 거치지도 않고 일방적으로 밀어붙이는 것에 대

해서 참담한 마음을 금할 수가 없습니다.

우리 경기도정, 민주주의가 구현된 도정이었으면 좋겠습니다. 일방적 지시가 아닌 합리적인 토론과 정책이 결정되고 정보가 투명하게 공개되는 도정, 다양성과 자율성이 존중되는 도정, 책임성과 투명성은 강화된 도정이기를 진정으로 바라마지 않습니다.

경기도 연정 시행 중입니다. 법과 제도 개선을 위한 노력들이 매우 미진한 상황인 것 같습니다. 이 주제를 가지고 일문일답으로 도정질의를 시행하고자 합니다. 남경필 도지사님 발언석으로, 답변석으로 와 주시기 바랍니다.

꼭 이맘때, 1년 전 본 의원은 도정질의를 한 바 있습니다.

도지사 남경필 네.

김종석 위원 지사님께서는 지금 1년 반 정도

경기도정을 해 오셨는데요. 제가 여쭤보고 싶은 것은 사실 경기도정 일을 해 보시니까 국회보다는 훨씬 더 생산적으로 일하고 있다고 생각하지 않으십니까? 어떻습니까?

도지사 남경필 저도 그렇게 생각합니다.

김종석 위원 앞서 말씀드렸듯이 저는 연정에 대한 시도에 대해 여전히 법과 제도가 개선되지 않은 상태에서는 언제든지 불안정하게 흔들릴 수 있고, 흘러가는 물에 불과하기 때문에 이 제도로 시급하게 정착시키는 게 필요하다라고 생각을 합니다.

그런데 답변자료를 보니까 일부 개정하는 것은 있지만 저는 지금 남경필 지사님과 같은 소속 정당이 다수당일 때 경기도만이라도 특별하게 법과 제도에 근거해서 연정을 할 수 있는 토대를 만들 수 있도록 마무리지어 주셨으면 했는데 그에 대한 노력이 미흡하다고 생각하는데 어떻게 생각하십니까? 앞으로 국회 회기 임기도 얼마 남지도 않았습니다. 어떻게 노력을 하시겠습니까?

도지사 남경필 결국 법과 제도는 국회가 해줘야 되는데요. 아주 솔직하게 말씀을 드리면 이번 국회에 대해서 저희가 최대한 노력했습니다. 예를 들면 부지사 정수 확대는 저희가 법을 통해 달성할 수 있겠습니다만 실질적인 연정의 제도 달성은 결국 다음 대선 때 각 정당의 후보들이 자신들의 비전을 밝히고 그 결과로 실제로 정치개혁으로 이루어질 경우에 실현 가능하다라는 판단을 합니다.

김종석 위원 그렇더라도 어찌 됐든 이 부분들에 대해서 당초 연정 자체의 의제들은 남경필 도지사께서 이미 선점하셨습니다. 그렇다고 한다면 언론과 국민의 관심은 남경필 도지사님을 많이 바라보고 있습니다. 이에 대해서 무거운 책임감을 느끼시고 최대한 노력하셔서 법과 제도를 개선해 놓지 않으시면 이 연정은 몇 년 후 역사가 지났을 때 아무도 기억하지 않을 것이라고 저는 생각합니다. 그 노력들을 최대한 기울여 주시기를 부탁드립니다. 그럴 용의 있으시죠?

도지사 남경필 네, 최대한 노력할 테고요. 특히 다음 총선 이후에도 이러한 연정 정신이 국가에 반영될 수 있도록 저는 꾸준하게 지금 설득, 대화하고 있는 중입니다.

김종석 위원 경기도 도정 실무적으로 들어가서 여쭙도록 하겠습니다. 먼저 경기도의 대오각성을 촉구하는 첫 번째 사항으로 예산담당 실국 상황에 대해서 말씀 여쭙겠습니다. 우리 경기도는 지난 8월 제2차 추경안을 제출하셨고 1회 추경 7월 24일 날 본회의를 통과한 것에 대비해서

약 2조 5,000억 원, 4,807억 원이 늘어난 것을 확정한 바 있습니다. 경기도가 제가 봤을 때는 5~6월 추경 편성시기를 놓쳐서 메르스 사태로 인한 경기 침체에 대해서 저는 추경이 제대로 된 역할을 못했다는 아쉬움이 있습니다. 이에 대한 도지사의 의견은 어떻습니까?

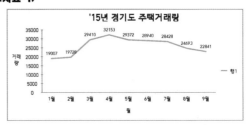

〈자료 1〉

도지사 남경필 추경에 대해서는 실시 여부 그리고 시기에 대해서 늘 논란이 있습니다. 결론적으로 의원님께서 지적해 주신 대로 '아, 좀 일찍 됐으면 메르스에 선제적으로 대처할 수 있지 않았을까.' 하는 아쉬움이 있습니다만 또 한편으로는 늘 저희는 주택경기 상황과 연동돼 있기 때문에 거기에 대해서 보수적으로 추경 편성을 할 수밖에 없는 그러한 안타까운 상황도 있고요. 그래서 의회의 이런 의견에 대해서 더욱더 주의를 기울이면서 앞으로 추경 편성시기, 여부 이런 것들을 협의를 통해서 강화해 나가도록 하겠습니다.

보수적 추경 변경 사과해야

김종석 위원 말씀 잘 하셨는데요. 경기도는 도세 중에서 취득세가 차지하는 비중이 50% 이상입니다. 그 말의 의미는 경기도 예산담당 실국에서 취득세 들어오는 추이들을 면밀하게 지켜보고 있어야 되는 게 기본임무 중의 하나입니다.

2015년 경기도 주택거래량입니다. 3~4월 중 3월에 2만 9,000, 4월에 3만 2,000 해서 급격하게 취득세가 증가하기 시작합니다. 이 추세는 7월까지 평균 약 2만 8,000~9,000세대를 유지하고 있습니다. 이 말의 의미는 무슨 말씀인고 하면 3~4월에 취득세가 이렇게 급격히 증가하고 있다는 소리는 이 추세들에 맞춰서 곧바로 추경이 들어갔어야 된다는 소리고, 이건 곧 일렀더라면 3~4월 두 달 이후 준비상황, 이러저런 추이를 지켜본다 했더라도 6월에는 충분히 추경을 할 수가 있었는데 안 했다라는 겁니다.

그래서 이건 단순히 넘어갈 문제가 아니고 사실은 이 부분들에 대해서는 도민들에게 도지사가 사과해야 되지 않나 생각합니다. 항간에는 당시 1기 예결위를 회피하기 위해서 추경을 안 했다라는 낭설인지, 진실인지에 대한 얘기까지 돌고 있습니다. 만약에 집행부가 그랬다면 이건 정말 중차대한 문제라고 생각하는데 설마 그럴 리는 없겠죠. 어떻습니까? 그것에 대해서 어찌 됐든 이런 취득세 추이를 면밀하게 검토하지 못한 부분들에 대한 책임을 실국에는 물었어야 되는 것 아닙니까? 어떻습니까?

도지사 남경필　그런데 이걸 어떻게 바라볼 거냐의 문제인데요. 3~4월에 많이 늘어났다고 평가할 수도 있을 테고요. 이게 결국 하향추세에 들어간다라고 또 판단한다면 이 판단의 근거는 달라질 것 같습니다. 그래서 좀 아쉬운 면은 있습니다만 그것 가지고 책임, 문책 이런 상황까지는 아니라는 판단입니다.

김종석 위원　제가 책임과 문책을 말씀드리는 게 아니라 늑장대응으로 인해서 돈은 넘쳐나는데 못 써서고 10월이 다 돼서야 하는 것에 대해

서, 실기한 것에 대해서는 경기도지사로서 그렇게 답변하시면 안 된다라고 생각합니다.

그러면 과거만 문제냐? 현재와 미래를 살펴보겠습니다. 경기도는 2016년 본예산 편성안으로 약 18조 8,000억 원에 대해서 지금 예산안을 준비 중인 것으로 알고 있습니다. 거기에 경기도 집행부는 2016년 주택거래 감소, 취득세 감소 예상, 신중한 재정의 운용이 필요하다는 입장입니다.

본 의원은 지난 4년 동안 의정활동을 하면서

집행부로부터 '돈이 많아서 펑펑 써야 되겠습니다.' 하는 소리를 단 한 번도 들어본 적이 없습니다. 늘 경기가 어렵고 이래서 예측 불가능하고 그래서 늘 보수적으로 해야 된다라는 말을 하고 있습니다. 그런데 이게 얼마만큼 주먹구구식이고 엉터리 예측이었는지를 보여 드리겠습니다.

〈자료 2〉
□ 참고자료 2-1 : 경기도 시군별 공동주택 건축 허가현황 ('13년~ '15년 9월)

(단위 : 호)

구분	분양						임대					
	계	민간	공공				계	민간	공공			
			LH	경기도시공사	지방공사	기타			LH	경기도시공사	지방공사	기타
2013	66,087	62,822	1,725	0	1,540	0	17,246	173	14,034	0	443	2,596
2014	117,240	113,983	2,837	0	420	0	31,853	1,755	28,019	0	0	2,079
2015	167,054	165,375	0	0	1,679	0	18,315	3,413	13,199	0	0	1,703

※ 자료 : 국토교통부 주택공급 통계정보 시스템(HIS)

경기도 시군별 공동주택 건축현황입니다. 자료에 살펴보시면 허가현황에서 2013년에 6만 6,000건입니다. 2014년 급격하게 늘어나갑니다. 약 12만 건의 공동아파트 짓겠다는 허가가 늘어납니다. 2015년 9월 현재까지 무려 17만 건의 아파트를 짓겠다고 합니다. 세 배에서 네 배가 늘어났습니다. 통상 아파트 건설에서 완공까지 2년에서 3년이 소요된다라고 했을 때, 지사께서는 복도 많으십니다.

2014년 허가건수에 대한 것들이 2016년이면 완공되기 시작해서 취득세가 들어오기 시작합니다. 그러면 내년도에는 취득세가 다소 침체된다 하더라도 그 추이와 허가물량들이 완공되어 입주하기 시작하면 취득세가 늘어날 것은 분명한 사실인데 이 부분들에 대해서 주먹구구식으로 해서 취득세가 감소할 것이다, 보수적으로 해야 된다 하면 또 본예산을 심도 있게 검토하지 못하고 그때 가서 돈이 왕창 들어오면 다시 급하게

하는, 이렇게 제대로 검토되지 않는 예산안에 대해서 문제 있다고 생각하지 않으십니까? 어떻게 생각하십니까?

도지사 남경필 존경하는 의원님의 분석도 의미가 있습니다만 전체적으로 예산을 짜고 집행하는 집행부 입장에서는 사실 조심스러울 수밖에 없는 상황이고요. 예를 들면 경기도의 예산추계가 엉터리다? 저는 그렇게 생각하지 않습니다. 왜냐하면 다른 시도들 모두와 비교해 볼 때 우리 경기도가 2014년도 세수추계의 경우에 초과세입이 5.5% 정도이고, 타 시도가 보통 7~15% 정도인데요. 거기에 비하면 그래도 상당히 양호한 예산편성을 해 왔기 때문에 이게 너무 엉터리다 이렇게 평가하시기는 조금 무리가 있는 것 같습니다.

김종석 위원 국가경제를 예측하는 여러 지표 중 경제성장률이 다양한 분야에 반영되기 때문에 주요 예측지표로 활용하는 게 맞습니다. 그런데 앞서 말씀드렸다시피 우리 경기도 도세는 적어도 52%에 달하는 게 취득세입니다. 그렇다고 하면 다른 여러 지표들은 감안하시고 뭘 한다 하더라도 취득세에 대한 면밀한 살핌이 있어야 또다시 올해와 같이 내년에도 실기되지 않을 테니 이러지 않도록 각별히 유념할 필요가 있다고 생각하는데 그렇게 하실 의향 있으시죠?

도지사 남경필 네, 계속해서 잘 지켜보겠고요. 그런데 저희가 늘 부채에 대한 문제, 또 빚을 갚아나가야 되는 이런 사항도 있기 때문에 의회하고 잘 협의하면서 지나치지 않게, 그러나 부족하지 않게 예산추계를 잘 짜나가도록 하겠습니다.

주거환경 정비기준 적립 규모 늘려야

기호일보

2015년 11월 05일 (목)
02A면 종합

주거복지 기금 적립·심야약국 지원 필요성 역설

경기도의회 도정·교육행정 질의 요지

경기도의회는 4일 제304회 정례회 2차 본회의를 열고 경기도정 및 경기도 교육행정에 관한 질의에 나섰다.

▶김종석(새정치·부천6) 의원은 도시재생 및 주거 환경정비 대책의 부재를 지적하며 도민들의 주거안정과 전세대란 해소를 위한 대책 마련을 촉구하고 나섰다.

김 의원은 남경필 경기지사를 상대로 한 도정질의에서 "남 지사는 취임 이후 도시 및 주거환경 정비 조례, 주거복지조례 등 주거복지 관련 조례에 두 차례 재의를 요구했다"며 "지난 수년간 도가 재정상황의 어려움을 이유로 회피해 온 주거복지 기금을 적립토록 하고 이를 통해 정책 목표를 확실하게 하기 위한 조례 개정 조치가 도지사의 예산편성 권한을 침해한다는 것인지 이해할 수 없다"고 따졌다.

또한 "지난 해 말 기준 도내 주택보급률은 전국 최하위 수준인 9 7.8%에 불과하고 도내 전체 가구의 9.8%인 37만 가구가 최저주거기준 미달가구"라며 "도가 낙후지역 도심 재생사업 활성화 대책을 마련하고 도민들의 주거안정을 위해 임대주택 공급 정책의 수정 등 대책 마련에 나서야 한다"고 주문했다.

▶박창순(새정치·성남2) 의원은 도에 남한산성의 효과적인 관리와 활용 방안 등을 촉구했다.

박 의원은 "경기문화재단 기금 등을 활용, 남한산성 내 주택 몇 채를 구입해 떡 공방, 도자기 공방, 해장국 공방 등과 같이 도민들이 직접 체험할 수 있는 공방을 조성하는 방안을 고려해달라"며 "또 산성 안에 숙박시설을 마련해 방문객들이 머무르며 남한산성을 깊이 탐방할 수 있도록 해달라"고 제안했다.

또한 "도에서 남한산성의 체계적인 관리를 위해 조직 일원화를 검토하겠다고 밝혔지만 최근 광주시에서 남한산성 관리권을 광주로 가져오겠다는 입장을 밝히는 등 남한산성 관리권한에 대한 명확한 입장을 밝히고 관리주체 일원화를 조속히 추진해달라"고 촉구했다.

▶박재순(새누리·수원3) 의원은 연정 정책 중 하나인 심야약국에 대한 도의 지원이 부실하다고 지적했다.

박 의원은 "지난 1월 공포된 '경기도 심야약국 운영 조례'에 따라 도내 약국 4천714곳을 대상으로 신청을 받은 결과 0.1%인 단 6곳만이 신청했다"며 "심야약국 운영이 외면받는 가장 큰 원인은 시간당 3만 원을 지원하는 부실한 지원제도 탓"이라고 꼬집었다.

▶김영환(새정치·고양7) 의원은 남 지사의 '민선 6기 일자리 70만 개 창출' 공약과 관련, 남 지사가 일자리 성과를 과대 부풀리기하고 있다고 지적했다.

김 의원은 "남 지사는 지난 7월 임기 1년 간 19만6천 개의 일자리를 창출, 전국 48.3%를 차지했다고 발표했지만 이는 해당 기간의 월별취업자를 전년동월과 비교해 11개월로 나눠 산술평균을 낸 것으로 데이터 분석 오류에 해당하는 부풀리기"라고 지적했다.

그러면서 "숫자를 목적으로 치중하다 보면 내용적으로 허술할 수 있어 체감할 수 있는 질 좋은 일자리 창출을 위해 목표를 재설정할 필요가 있다"고 제안했다.

박현민 기자 min@kihoilbo.co.kr

김종석 의원　박창순 의원　박재순 의원　김영환 의원

김종석 위원 부채는 뒤에서 또 말씀 나눌 테니까요. 경기도의 대오각성을 촉구하는 두 번째로 주택정책담당 실국에 대해서 질의하겠습니다. 도지사께서는 취임 이후에 도시 및 주거환경 정비에 대한 사항, 주거복지에 관련된 조례를 두 차례에 걸쳐 재의요구를 하셨습니다. 맞죠?

도지사 남경필 네.

김종석 위원 그 주요 이유를 보시면 두 조례에서는 그게 관건입니다. 그러니까 상한과 하한, 기금 적립을 할 때 상한과 하한에 대해 집어넣은 것에 대해서 "도지사의 전속적 권한인 예산편성권을 제한하여 위법한다."라고 표현을 해 놓으셨더라고요. 그 다음에 이건 좀 받아들이기 어렵습니다만 이렇게 상한과 하한을 도의원들이 조례에 명시할 수밖에 없었던 전사(前史)에 대해서는 알고 계십니까?

도지사 남경필 설명해 주시죠.

김종석 위원 도시환경과 주거복지를 정비하는데 도에다 예산을 가지고 기금을 적립해 놔야지 사업할 수가 있지 않겠습니까? 매년 예산 때만 되면 돈이 없다고 해서 안 넣습니다. 그래서 몇 차례 부탁을 하고 수년 동안 얘기를 하고 그래도 안 돼서 궁여지책으로 그러면 주민의 주거복지 향상이라든가 도시재생·정비 이런 부분들에 대한 필요한 자금을 조금은 강제적으로라도 해야 된다 싶어서 이런 조례들이 자꾸 올라오는 겁니다. 그러면 집행부는 그에 대한 의도를 좀 받아들여줘야 되지 않겠습니까? 도의회에서 요구를 하여 기금을 적립해 달라고 그러면, 전혀 안 했다는 소리는 아닙니다. 생색만 냅니다, 매년. 유의미하게 정책을 집행할 만한 기금을 쌓아 놓지 못하고 있습니다. 그 이유로 늘 재정여건의 평계를 대죠.

자, 그런데 여기 보시면 아니, 이것 좀 했다고 재정운용의 건전성과 효율성을 저해하여 주민의 복리증진에 심각한 영향을 준답니다. 주민의 복리증진을 위해서 하는 노력의 모든 책임을 도의회 조례가 져야 됩니까? 어떻습니까? 그렇지 않습니까?

도지사 남경필 네.

김종석 위원 그래서 저는 이 정책목표를 확실히 하기 위한 조례 개정 조치가 도지사의 예산 편성권을 제한하고 침해했다라고 말씀을 하셨거든요. 도지사께서는 도의회 자율편성예산으로 내년도 500억 원을 하기로 하셨는데 맞습니까?

도지사 남경필 그렇습니다.

김종석 위원 그건 왜 주시는 겁니까, 그러면?

도지사 남경필 그건 제가…….

김종석 위원 그건 도지사의 권한 아닙니까? 예산을 제대로 짜야 될 권한은 도지사가 가지고 계시고, 그것에 대해서 엄정하게 심사하고 제대로 했는가를 따질 권한은 저희가 가지고 있습니다. 그런데 기금 적립이 제가 알기로는 매년 100억 원 정도 규모입니다. 이 부분은 도지사의 예산편성권을 심대하게 침해했는데 나머지는 연정을 하기 위해서라도 500억 원은 그냥 그 권한을 준다 이게 결코 저는 기쁘지는 않거든요. 어떻습니까?

도지사 남경필 2개 예산은 별개라는 판단이 듭니다. 결국 어떤 정책적 목표를 달성하는 데 무엇이 주냐, 어떤 방법이 좋겠느냐의 문제인데요. 말씀하신 것처럼 하한선을 두는 것은 참 받아들이기가 어렵습니다. 그렇지만 의회의 의원님들께서 앞으로 이 500억이 됐든 예산을 가지고 주거복지 차원의 예산이 필요해서 하시겠다고 하면 저는 전적으로 동의하고요. 예를 들면 존경하는 이재준 의원님께서 지난번에 내셨던 조례의 달성하고자 하는 정책적 목표는 경기도의 주거복지를 제대로 하라는 것으로 저희는 받아들였습니다. 그래서 그것을 저희는 내년 예산을 충분히 반영해 본예산에 편성해서 정책을 충실히 시행하려고 합니다.

김종석 위원 네, 알겠습니다. 주택정책담당 실국장님 자리하고 계시죠. 오늘 지사님 발언, 도의회가 요구한 사항들에 대해 적극 반영하겠다라는 발언 기억하셔서 예산편성 과정에서 엉뚱한 말씀이 안 나오시기를 바랍니다.

제가 군이 이렇게 주장하는 이유는 예산편성권이나 이것은 부차적인 문제입니다. 이 재의요구를 하시는 것 자체가 저는 어떻게 받아들였냐 하면 도시 및 주거환경 정비와 주거복지에 대해서 도지사가 왜 사소한 것으로 이렇게 재의요구를 하실까, 혹시 거기에 대한 뜻은 별로 없는 건 아닐까 이런 의심이 조금 들었기 때문입니다. 그와 관련된 내용은 다음 질의를 통해서 해 보도록 하겠습니다. 경기도 아파트 전세가가 전년 대비 약 8% 정도 오른 것을 알고 계시죠?

도지사 남경필 네.

도민 37만 최저주거 기준 마련

김종석 위원 매매가 대비 무려 74%까지 돼 있습니다. 일부 지역에서는 경기도도 그런 곳이 나타났다고 합니다. 집값보다도 전세가가 더 비싼 경우가 있습니다. 혹시 부동산버블이 터지면 위험하니까 집을 안 사는 이런 현상까지 와서 말 그대로 민생파탄, 민생대란의 주범 역할이 주거복지문제, 주거환경문제가 차지하고 있습니다. 이렇게 되도록 정부와 지자체의 대응이 잘못된 것도 상당한 영향을 미치고 있습니다.

일례로 제가 늘 경기도 집행부를 공격하기 위해서 하는 말씀입니다만 김문수 지사 재임 이후 8년, 그다음에 지사님 오셔서까지 경기도시공사가 임대주택을 아파트로 공급한 것은 559세대가 전부입니다. 2014년에 한강 신도시에 짓는 게 전부입니다. 그래서 저는 지금 경기도의 주택정책이 제대로 되지 못하고 있다고 생각합니다. 그 부분들에 대해서 하나하나 좀 따져 보도록 하겠습니다.

뿐만이 아닙니다. 경기도 내에 현재 약 37만 가구가 최저 주거기준에 미달되고 있습니다. 일상적인 삶을 사는 주거기준 자체 미달이 37만 가구라는 것은 상당히 높은 수준이고요. 이렇게 낙후된 지역은 성남, 부천, 수원, 안산, 안양의 일부 오래된 도시가 대부분 차지하고 있습니다. 남경필 도지사께서는 지난 임대공급계약 공약으로 12만 3,000호 공급계약을 확정하고 준비하고 계시지요?

도지사 남경필 그렇습니다.

김종석 위원 경기도 임대주택은 14년 말 28만 세대를 저희가 가지고 있습니다. 전체 주택 대비 임대주택 비율은 6.7%입니다. 광주가 9% 정도 되고 다음으로 경기도가 많기는 합니다. 그러나 여전히 부족합니다. 주택보급률 100%가 안 넘는 것은 경기도와 서울이 유일합니다. 그만큼 주택정책에 대해 더 심혈을 기울여야 된다는 의미입니다. 공공임대주택이 중요한 이유는 여러

가지가 있습니다만 지사님, 임대주택에 사시는 분들은 다 경제적으로 어려운 분들이지요?

도지사 남경필 그렇습니다.

김종석 위원 그렇기 때문에 임대주택에 사시는 분들은 대도시와 가까워야 됩니다. 그래야지 대중교통으로 출퇴근하기 편하시죠. 또한 주로 일자리가 저임금이거나 3D 업종에 종사하시는 분들이 많습니다. 그런데 우리 경기도 임대주택은 어디에 있느냐.

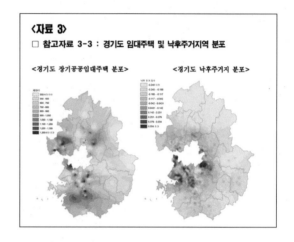

〈자료 3〉

□ 참고자료 3-3 : 경기도 임대주택 및 낙후주거지역 분포

〈경기도 장기공공임대주택 분포〉   〈경기도 낙후주거지 분포〉

우리 경기도에서 임대주택이 가장 많은 곳은 수원입니다. 다음은 파주, 오산, 화성 순입니다. 무슨 말씀인가 하면 국민을 위해서 임대주택을 짓는 게 아니라는 거죠. 경기도 대부분의 임대주택은 LH공사가 마치 자기 집 드나들듯 하면서 다 지어대고 있습니다, 신도시 개발 위주로 하다 보니까.

제가 파주에서 산 적이 있습니다. 버스로 파주에서 서울까지 나오는 데 약 두 시간 걸립니다. 교하와 운정신도시에 임대주택을 잔뜩 집어넣어 놨습니다. 사실상 자가용이 없으면 이동하기가 매우 어렵습니다. 그렇다면 저는 경기도시공사가 해야 될 일은 뭐냐? 낙후된 주거지역 이를테

면 다세대주택을 매입해서 공급하라는 거예요.

매입임대주택이라는 제도는 대규모 아파트단지를 짓는 것보다 비용도 얼마 안 들고 훨씬 더 낫습니다. 그런 다세대주택을 사서 공급하면 임대주택에 산다고 소외받지도 않고 어디에서 사는지 알려지지 않습니다, 주민들과 다 같이 섞여 살기 때문에요. 여러 장점들이 있음에도 불구하고 이 분야의 사업을 경기도는 별도로 하지 않습니다. 중앙정부가 하는 사업에 다만 금액 조금 붙여서 하는 게 전부입니다. 지사님, 임대주택

좀 정확하니 제대로 지어보실 생각 있으십니까, 어떻습니까?

도지사 남경필　있습니다.

김종석 위원　그래서 내놓으신 것이 경기도용 임대주택 '따복마을' 건설계획을 내놓으셨지요?

도지사 남경필　그렇습니다.

따복마을 전시성 사업되어선 안돼

김종석 위원　저는 이 계획이 상당히 잘 됐으면 좋겠다라는 마음이 있습니다만 회의적입니다. 그 이유는 다음과 같습니다. 시군 공유지를 활용하기 때문에 토지비용이 낮아져서 70% 정도로 공급하겠다는 말씀이지 않습니까?

도지사 남경필　네.

김종석 위원　모든 시군이 알짜배기 땅, 아까 말씀드렸듯이 시의 지하철역에 가까운 시도 공유지 등은 지자체가 돈이 없기 때문에 팔아서 자꾸 그런 식으로 씁니다. 알짜배기 땅은 내놓지 않고요, 후보지 6개 시군에서 13개소 지금 제출했다고 그러네요. 제가 그 해당 부지가 어느 부지인지 준비과정이라 아직은 세밀하게 들여다보지 못했습니다만 또다시 시 외곽이거나 아주 좋지 않은 조건이거나 그럴 가능성이 많습니다. 그래서는 안 되지 않습니까?

우리 경기도가 지사님 오시기 전에 광교신도시에 임대주택 부지가 있습니다. LH가 공사를 시작할 때 대부분 임대주택부터 짓습니다. 우리 경기도는 그렇게 하지 않았습니다. 그런데 임대주택 부지마저도 짓지 않고 민간업자한테 팔아버렸습니다. 이게 지금 우리 경기도의 현실입니다. 그래서 경기도 임대주택 따복마을 건설계획은 좋으나 향후 재원마련 대책과 연간 어느 정도

공급하겠다는 계획은 가지고 계십니까, 어떻습니까?

도지사 남경필 이것은 국가재정과 기금 그리고 개인부담 약간, 이렇게 들어가기 때문에 경기도 예산투입은 그렇게 대규모로 이뤄지고 있지 않습니다.

김종석 위원 네, 그럴 겁니다. 그리고 지금은 추진 중이기 때문에 그러신다는 말씀이지 않습니까? 그래서 저는 실효성이 없는 정책은 전시성 사업이라고 생각합니다. 경기도민들에게 실질적인 효과도 있어야 합니다.

경기도에 보시면 도시주택실에 경기도형 도시정비사업도 있습니다. 그 사업은 누가 보기에는 경기도형 정비사업으로 뭘 추진하고 있나 보다라고 생각하겠지만 전혀 그렇지가 않습니다. 매년 기다렸다가 국토부에서 하는 사업에 응모해 되면 전달만 하는 거기에 일부, 제가 알기로 10억인가 붙일 겁니다. 그 정도 붙여주고 경기도형 건설사업이라고 얘기를 합니다.

그래서 이런 부분들이 보다 실효성 있게 진행될 수 있도록 지사님께서 각별히 좀 신경을 써 주시고 저는 이 정책 자체가 실패하기를 바라지 않습니다. 하는 데 있어서 원칙, 도심지에 가까운 지역에 임대주택을 좀 짓고, LH가 하지 못한 부분들을 우리가 보완해서 경기도가 작더라도 했으면 좋겠습니다. 그렇게 하실 의향 있으십니까, 검토하시겠습니까?

도지사 남경필 네, 지금 말씀드린 대로 지난번에 안양 역세권에 처음 아주 작지만 했는데요. 이런 정책들이 전체 임대주택 필요에 비하면 너무나 작은 물량입니다만 그러나 이렇게라도 시작해서 물꼬를 터 나가겠습니다. 그리고 아울러

정부가 추진하고 있는 뉴스테이사업과 관련되어서도 적극적으로 저희가 협력을 해서 추진을 해 나가도록 하겠습니다.

공공청사 복합개발 필요

김종석 위원 신청사 관련해서 질문 드리겠습니다. 우여곡절을 겪고 경기도 신청사가 광교에 지금 건립 추진 중입니다. 기왕에 시작된 사업, 역사에 남을 기념비적인 건축물과 개발이 되었으면 하는 마음입니다. 그와 관련돼서 몇 가지 질문 드리겠습니다.

2014년 경기도 신청사 건립 당초, 재원 조달방안에 대해 지사께서 보고를 받으셨는데요. 지사님, 저는 이 과정에 엄청 큰 문제가 있다고 생각합니다. 경기도 집행부 공무원이 어떻게 4,200억 원이라는 어마어마한 돈을……. 지사님, 우리 일반 개인이 집을 살 때 어떻게 합니까? 적금을 들고 예금을 들고 몇 년 동안 모으고도 부족한 금액은 은행대출을 받아서 집 사지요, 그렇지요?

도지사 남경필 그렇습니다.

김종석 위원 하물며 4,200억 원을 들여 경기도 신청사를 짓는다는데 경기도는 그동안 단 한 푼도 적립하거나 준비하지 않았습니다. 전액을 빌려서 짓다가 상당 부분은 경기도 공유재산을 팔아서 빚을 갚겠다고 계획을 세운 바 있습니다. 또한 남경필 도지사님과 여기 있는 집행부 실국 담당 공무원들이 이미 퇴직한 이후인 2018년부터 10년 동안 그 돈을 갚겠다는 계획을 지난해 연말 올렸습니다.

반드시 짚어야 될 몇 가지는 도의회에서 제안을 했고, 또 지사님께서 흔쾌히 받아 주셔서 지금은 방향전환을 모색하고 있는 상황입니다. 95

년 서울시가 신청사를 짓습니다. 94년 지방자치로 처음으로, 조순 시장 때입니다. 신청사를 짓겠다고 하다가 보류를 한 이유는 서울시에 여유자금이 없었기 때문입니다. 그래서 95년부터 기금을 적립합니다. 300억, 그다음 500억, 800억을 적립합니다. 그러다가 국가적으로는 큰 불행이나 서울시에는 행운이 되는 IMF가 터집니다. 그 800억 원이 이자가 붙어서 1,800억 원이 됩니다. 거기에 1,000억 원 보태서 2,900억 원으로 청사건설을 시작해 2009년에 서울시 청사가 개청합니다. 15년 정도 소요됐죠. 중요한 일에 그 정도 기간이 소요되는 것은 당연합니다. 준비도 그만큼 철저해야 됩니다.

우리 경기도는 그렇지 못했습니다. 이제 우리도 신청사 기금 조례를 만들어 그렇게 해야 됩니다. 적어도 저는 경기도 신청사 4,200억 원이 약 3,600억 원으로 줄어든다 하더라도 8만 광교 주민, 1,270만 도민 중 도청을 태어나서 돌아가실 때까지 한 번이라도 가실 분이 몇 분이나 되시겠습니까? 저는 그렇게 많지 않다고 봅니다. 경기도청 공무원과 해당 지역 주민들, 일선 시군 공무원들이 주로 이용할 겁니다. 일선 시군 공무원들도 요즘은 전자정부여서 과거처럼 출장이 빈번하지도 않습니다.

이 많은 돈을 쓰는데 지사께서는 8만 광교주민과 수원시민을 제외한 나머지 지역 주민들에게 동의를 구하는 등 열심히 노력하셔야 되는 것 아닙니까? 이렇게 큰돈을 쓰면서 과거에 약속했으니까 그냥 가자 이럴 수는 없는 것 아닙니까, 어떻습니까?

도지사 남경필 　그래서 의회에, 우리 1,300만 주민들을 대표하시는 우리 의원님들께 설명을

드리고 동의를 구하는 것입니다. 그리고 그 과정 속에서 도의회 의견을 저희는 충실히 반영하도록 노력을 했습니다.

〈자료 4〉

□ 참고자료 4-1 : 도쿄 복합개발 사례 현장 답사 사진

도시마 구청사 민원실과 외부전경

도쿄 오페라시티 수경공원과 안내도

롯본기 안내도　미드타운 타워동

김종석 위원 　존경하는 강득구 의장님이 지원해 주셔서 저는 경기도 집행부와 함께 일본을 다녀온 적이 있습니다. 복합개발 사례들을 보고 왔는데요. 아주 유의미한 부분들이 몇 가지 있었습니다.

첫째, 도쿄 도시마구 청사인데 1층부터 9층까지가 구청입니다. 원도심에서 개발을 했다는데, 특이한 점은 10층부터 49층까지 아파트를 지어놨습니다. 그래서 건축비 4,300억 원 중에서 1,900억 원을 확보해서 예산절감을 합니다.

또 다른 사례는 도쿄 오페라시티입니다. 우리 지방자치단체에서도 여러 건물들을 짓는데 문제는 매년 몇 백억씩 들어가는 유지비입니다. 도쿄 오페라시티는 오페라 단지를 짓고 그 옆에 오피스텔을 같이 올려 오피스텔을 분양하고 나오는 임대

수익으로 운영비를 충당하는 사례가 되겠습니다.

도쿄 롯본기힐즈, 미드타운시티처럼 민간이 개발한 것도 있고 같이 개발한 것도 있습니다. 롯본기힐즈에서 가장 눈을 끌었던 것은 아주 고급 시설이라는 것입니다. 외국인을 상대로 엄청난 임대료를 받는 시설인데, 거기 보시면 두 동의 아파트가 있습니다. 민간이 했는데도 얼마만큼 치밀하게 준비했는가 하면 롯본기힐즈를 개발해 놓고 원주민이 그 건물 청소를 하시는데 그분들이 살 임대아파트를 같이 넣어놨습니다, 그 금싸라기 같은 땅에다가. 이래야 되지 않겠습니까?

그래서 저는 이 도시마구 청사를 보면서 참 여러 가지를 느꼈습니다. 거의 호텔식으로 되어 있는데 우리처럼 낡고 그런 게 아닙니다. 한국어 서비스도 하고, 주민들을 위해 회의실도 개방되어 있습니다. 거기서는 제가 주인이 된 것 같았습니다. 저는 그래야 된다고 봅니다. 새로 지어

진 도청사에서 공무원과 도의원들만 편한 게 아니라 주민들이 '내가 주인이구나!'라고 느낄 수 있도록 짓고 운영해야 된다고 봅니다.

또한 그런 의미에서 몇 가지 조금 더 말씀을 드리고자 합니다. 광교신청사는 기념비적인 건물을 만들되 건립 재원을 최대한 자립적으로 마련할 수 있도록 그 노력을 경주해 주셔야 된다고 생각합니다.

둘째, 기왕에 하는 것이니 경기도교육청이나 공공기관들 같이 들어가 행정복합타운으로서의 역할들을 하면, 광교주민도 좋고 행정을 보는 나머지 도민들도 좋으리라고 생각합니다.

셋째, 융복합청사가 필요하다고 봅니다. 지사님, 저는 그런 꿈을 꿔봅니다. 60층을 지어 1층부터 30층까지 도청 쓰고 30층부터 60층까지 청년지원센터로 해서 같이 사용하는 겁니다. 용적률 최대로 올리세요. 근사하고 널찍하게 지어서

뭣합니까? 금싸라기 같은 땅에다가 빡빡하니 지어 여러 가지 하면 좋지 않습니까? 그리고 이건 또 어떻습니까? 도청 청사를 빙 둘러싸고 청룡열차가 막 달려버리는 겁니다. 이것이 타당해서가 아니라 저는 비전문가입니다. 뭔가 30년, 50년 기념비적인 작품을 만들게 하는 노력, 그게 관광활성화나 수원시 입장에서도 도움이 될 거라고 봅니다.

그런데 이런 부분들에 대해 방향전환을 했더니 도지사님과 수원시장님, 용인시장님께서 벌써 개발이익 가지고 합의하시고 이러셨더라고요. 문제는 그게 중요한 것이 아니고 이제 시작입니다. 다소 시간이 늦어지더라도 우리 집행부들이 모든 상상력을 발동해서 도청을 제대로 한 번 지어봐야 된다는 필요성이 있다는 생각입니다. 그에 대해서 동의하십니까, 어떻습니까?

경기도 신청사 공공청사 롤모델 될 것

도지사 남경필 네, 저는 존경하는 김종석 의원님께서 말씀해 주신 역사에 남는 기념비적인 건설이 돼야겠다는 것, 그리고 우리 도민들의 혈세를 투여하지 않고 자체 자원이 충분히 가능한 방식으로 지어야 되겠다는 것에 동의를 하고요. 다만 그 과정에서 인근지역 주민들, 해당 자치단체장님들의 뜻과 생각을 다 함께 어울러서요. 지금 말씀하신 것 중에 이런 게 가능하겠습니다. 그러니까 인근 주민들이나 단체장님들이 걱정하시는 것 중 여기는 너무 인구밀도가 높아 혹시 주변환경을 해치는 게 아닌가 하는 우려를 하시는데요. 그것과 지금 말씀하신, 예를 들면 청년 창업허브 이런 것들은 사실은 피해가면서 할 수가 있거든요. 그런 창조적인 방법을 계속해서 논

의해 나가도록 하겠습니다.

김종석 위원 네, 지금의 상황이 다시 판을 짠다는 시작점이라고 생각하시고 어떻게든 도민의 혈세 낭비를 줄이고 자체사업을 할 수 있는 방안에 대해서 최대한 노력을 경주해 주시기 바랍니다.

도지사 남경필 네. 그리고 특히 복합행정타운의 경우 교육청, 의회, 다른 공공기관 예를 들면 이곳 현재 도청이 매각될 가능성도 있습니다. 그랬을 경우 현재 이곳으로 입주하도록 돼 있던 소방본부라든지 이런 행정타운을 함께 도청사에 넣는 방법을 포함해서 지금 의원님께서 말씀하신 내용들을 잘 검토하도록 하겠습니다.

김종석 위원 네, 수원 광교에 멀티환승시설 설치를 지금 계획하고 계십니다. 왜 또 광교입니까? 수원 광교 살기 좋습니다. 전철 잘 되어 있어요. 멀티환승시설을 광교에 하시겠다는 것은, 현재 우리 건교위 차원에서 경기도 버스체계 개편 연구용역 중입니다. 버스노선 체계가 너무 빙글빙글 돌아서 어떻게 하면 효율적일지 용역을 해 놓은 상태입니다. 그 결과도 나오기 전에 지금 고속도로 주변에다가 이를테면 조그마한 터미널 같은 것을 하시겠다는 거잖아요. 이 상황에 소관 상임위원회인 건교위 위원들은 논의 과정에서 전체가 반대하고 있습니다. 그러다 보니 경기도는 도시공사 시켜 일을 하시려고 그런 것 같습니다. 약 250억에서 300억가량의 사업비가 들어갈 것 같은데요. 이 노선체계 연구결과가 나오기 전에 섣부르게 안 하셨으면 쓰겠고요. 또 이런 멀티환승센터를 향후 31개 시군에 대해서 다 하실 생각입니까, 어떻습니까? 작게 하실지, 어떨지 부분만 답변……

도지사 남경필 31개 시군은 아니고요. 이게 기본적으로…….

김종석 위원 고속도로 인근에서 하겠다는 말씀이지 않습니까?

도지사 남경필 그렇습니다.

김종석 위원 효과 대비 비용이 너무 많이 들어갑니다. 시범사업으로 하기에는 수원은 여건이 너무 좋습니다. 한다면 중소도시에서 시험해 보시고 하셔야지 경기도시공사의 자원을 낭비하면서까지 해야 하는지에 대해서는 좀더 신중한 검토를 해 주시기 바랍니다.

시간이 없어서 몇 가지만 여쭙겠습니다. 청년일자리 창출에 도지사께서 명운을 걸어야 된다는 말씀을 드리고 싶습니다. 여러 가지 것이 있습니다. 경기지역 신용보증재단이라는 것이 있지요?

도지사 남경필 네, 있습니다.

김종석 위원 신용보증재단이 있습니다. 우리 경기도 출연 안 합니다. 5억, 9억씩 조금씩 넣으시다가 2015년 9월에 도에서 44억 원인가 넣으셨어요. 내년에 50억인가 넣으시겠다고 말씀하십니다. 특례보증제도라는 게 있습니다. 돈을 넣은 만큼 좀더 많이 대출해 줍니다. 그러면 31개 시군이 적극적으로 돈도 많이 내놔야 됩니다. 중앙정부에서 1조 8,000억 원 정도로 창업운용자금을 운영하고는 있습니다. 박근혜 대통령이 별도의 청년펀드를 만들어서 하고 있는데, 저는 실효성이 크게 떨어진다고 봅니다. 신용보증재단에서 자체로 할 수 있도록 법적 제도가 갖춰져 있지 않습니까? 저는 그걸 제안합니다. 좀 도가 돈을 많이 내놓고, 오직 청년만을 위해서, 현 청년들이 몇 번을 실패하더라도 오랫동안 자금을 지원할 수 있게 조치를 취해주셨으면 좋겠습니다. 검토할 용의 있으십니까?

도지사 남경필 네, 검토하겠습니다. 방식은 어떻게 됐든 간에 저희 명운을 청년창업에 걸고 있습니다.

김종석 위원 김포도시철도 건설 중입니다. 제 지역구는 아닙니다. 우리 건교위에서 다녀왔는데요. 도지사의 정책적 판단이 필요한 부분이 있습니다. 자꾸 집행부는 도가 할 일이 아니라는 소리를 하십니다. 그런데 존경하는 집행부 여러분! 경기도에서 하는 모든 사업 즉, 도민을 위해서 쓰는 돈은 도가 무조건 할 수 있게 되어 있습니다. 보조금 조항이나 아니면 기타 등으로 해서 모든 것을 할 수 있습니다. 단지 효율적인 예산 운용을 위해서 도와 시군 업무가 나눠져 있을 뿐입니다.

동두천 상패 국도인데도 도비 줘야 됩니다. 범안로 제 지역구 주민들이 너무 고통스럽기 때문에 도가 좀 도와주시면 좋습니다. 이배재터널 성남 넘어가는 데 광주시민들 너무 고생하고 있습니다. 1,000억 원이 넘는 돈을 어떻게 광주시가 합니까? 도가 조금 보태주셔야죠.

김포 경전철 안 하겠다고 각서 썼다고 안 주시겠습니까? 의정부, 용인 다 조금씩은 줬습니다. 왜 김포만 안 줍니까? 좀 검토해 보십시오. 이것은 법과 제도가 아닌 관행의 문제일 뿐입니다. 그렇기 때문에 도지사의 정책적 판단과 결단이 남은 문제입니다. 신중하게 검토해 주실 걸 부탁드립니다.

괴안119 안전센터 예산 지원 필요

도지사 남경필 네, 한번 검토해 보겠습니다.

김종석 위원 네. 부천시 괴안 119안전센터라

<자료 5>

※ 부천시 괴안 119안전센터 현황표

위치	부천시 소사구 괴안동 108-2				개소년월일	1985.10.14
여건	면적	인구	소방대상물	관할구역	근무인원	
					소방	기타
	5.69km²	102,034명	2,037개소	소사동,괴안동 역곡동,옥길동	17명	3명
청사현황	부지	지목	면적	증축연월일	소유자	
		대지	575.1m² (173.96평)		부천시	
	건물	건물조	층수	연면적	건축연도	소유자
		철근 콘크리트	지상2층 지하1층	366.2m² (110.77평)	1985년	부천시

는 곳이 있습니다. 마지막 자료사진 좀 올려주시 겠습니까? 지은 지 30년이 됐고요. 안전행정위 원회에서 선정한 사업우선 순위 32개에는 빠져 있습니다. 그런데 거기 현재 관리인구 그다음에 노후도, 여기가 경인옛길이고 일방통행로여서 교통상황이 정말 어렵습니다. 도가 32개 지으려 면 거의 15년 소요됩니다. 제가 부천시장한테 돈 좀 내놓으라고 그랬습니다. 저는 투트랙으로 가 야 된다고 봅니다. 좀 급해 가지고 시가 일부 부 담하는 경우에는 경기도가 일부라도 비용을 부 담해서 지어줄 필요성도 있다고 생각합니다. 역 곡 3동 주민이 3만 명인데 제가 3,500명 주민들 이 서명하셔서 이전해 달라고 제출한 청원서를 도의회에 접수할 예정입니다. 지사님 한번 살펴 봐 주시기 바랍니다.

도지사 남경필 네, 알겠습니다.

김종석 위원 나머지는 시간관계상 마무리 짓 도록 하겠습니다. 경기도 연정, 지사님을 위해서 가 아니라 우리 사회의 미래를 위해서 반드시 성 공시켜야 될 것입니다. 그러려면 진정성이 무엇 보다 담보돼야 될 것입니다. 그 진정성을 담기 위해서 노력해 주시기 바라고 지사님의 명예가 소중한 만큼 도의원의 명예도 소중합니다. 연정 을 하는 데 있어서 저는 500억 원의 예산 달갑지 도 않습니다. 저희들이 열심히 논쟁하고 싸워서 집행부로부터 얻어내면 됩니다. 서로가 본분을 지켜가면서, 그럼에도 불구하고 도민들의 이익 을 위해서 같이할 수 있는 경기도정이 됐으면 좋 겠고 그런 의원이 되도록 노력하겠습니다. 고맙습니다.

경기도의회 5분 자유발언

열정과 진실,
그 치열한 기록

- 제281회 제1차 본회의 (2013. 9. 2.)
- 제287회 제1차 본회의 (2014. 4. 8.)
- 제312회 제1차 본회의 (2016. 7. 7.)
- 제322회 제1차 본회의 (2017. 8. 29.)

거짓과 기만이 아니라 상식과 원칙이 필요하다!

– 국정원 댓글의혹 사건 진상규명을 위한 특검 도입 촉구 –

사랑하는 경기도민 여러분!

존경하는 김경호 의장님을 비롯한 선배·동료 의원 여러분!

부천시 소사 출신 민주당 소속 김종석 의원입니다.

대한민국의 민주주의가 근간이 뿌리째 흔들리고 있습니다. 검찰 수사와 국회 국정조사특위 등을 통해서 국정원의 대선불법개입 및 경찰의 수사 축소·은폐가 사실인 것으로 드러났습니다.

이에 따른 국정원 개혁과 책임자 처벌, 대통령 사과를 요구하는 국민적 요구가 높아지고 있는 와중에 통합진보당 현역 국회의원이 연루된 내란음모사건까지 발생했습니다.

국정원의 대선불법개입 사건과 내란음모죄는 별개의 사건입니다. 하지만 두 사건 모두 대한민국 민주주의에 심각한 해를 끼쳤습니다. 철저한 진상규명이 필요합니다.

국정원의 대선불법개입과 관련해서는 국정원 개혁, 대통령 사과, 책임자 처벌이 뒤따라야 합니다. 내란음모죄 사건과 관련해서는 혐의가 사실로 드러날 경우 법에 따라 엄중한 처벌이 뒤따라야 합니다.

대한민국 민주주의 위기 봉착

사상 초유의 국기문란, 국헌문란 사건을 둘러싸고 국론이 분열되고 있습니다. 세대 간, 이념 간, 지역 간, 계층 간, 정치세력 간 대립이 극에 달하고 있습니다.

상식과 원칙은 사라지고 거짓과 기만이 우리사회를 지배하고 있습니다. 대한민국 민주주의가 심각한 위기에 봉착했습니다. 왜 이렇게 되었습니까? 도대체 누구 때문입니까? 바로 국정원 때문입니다.

대한민국 국정원은 직원만 1만 명에 달하고 한 해 사용 예산이 1조 원이 넘는 것으로 알려지고 있습니다. 이마저도 추정치일 뿐입니다. 2013년

대한민국 예산이 340조 원입니다. 1조 원의 예산을 쓰고도 어디에 썼는지 국회 결산도 받지 않는 곳이 국정원입니다. 국민들이 이처럼 막강한 힘을 국정원에 준 이유가 무엇 때문이겠습니까? 남북한이 적으로 대치하고 있는 특수한 상황에서 국가와 영토를 지키고 국민의 생명과 재산을 지켜달라는 의미였습니다.

대한민국을 전복하려는 간첩을 잡으라고, 수조 원에 달하는 기업비밀 유출을 막으라고, 인터넷 해킹을 통한 해외 정보 유출을 막으라고 막대한 권력과 예산을 그들에게 준 것입니다. 그런데도 국정원은 잡으라는 간첩은 안 잡고 국내 정치에 깊숙하게 개입했습니다.

대한민국에서 광주민주화운동은 무슨 의미입니까? 전두환 군부독재의 계엄령에 저항한 수많은 광주시민들이 제 나라 군인들의 총에 죽임을 당하면서도 끝까지 민주주의를 지키고자 했던 시민항쟁, 그것이 바로 광주민주화운동입니다.

유신 독재자의 딸을 대통령으로 뽑을 수 있는 자유, 심지어 일베저장소에서 전직 대통령을 마음껏 조롱할 수 있는 자유, 지금 우리가 누리고 있는 이 모든 자유들이 바로 광주 영령들의 피로 얻어낸 것들입니다.

그런데 국민의 세금으로 월급을 받으면서 국민의 생명과 재산을 지켜야 할 국정원 직원들이 제 본분을 잊은 채 정권수호자로 전락해 PC방에 숨어서 특정지역을, 광주 영령들을, 전직 대통령들을, 대한민국 헌법 제1조 민주공화국을 지키기 위해 목숨을 바쳐온 분들을 댓글로 희롱하고 폄하

하고 모욕했습니다.

특정 대선후보를 비방하고 또 다른 대선후보를 지지하는 댓글을 달면서 국민갈등을 부추기고 여론을 조작했습니다. 국가기밀문서인 2007년 남북정상회담 대화록을 십권여당 관계자들에게 불법 유출해 대선 과정에서 정치적으로 악용했습니다.

이 같은 짓을 저지른 원세훈 전 국정원장의 행위는 대한민국 민주주의를 파탄 내는 국기를 뒤흔든 중대범죄이자 반인류적 범죄입니다. 스스로 인간이기를 포기한 짐승 같은 행위입니다.

김용판 전 경찰청장 또한 다르지 않습니다. 국민을 위해 민생현장에서 묵묵히 헌신·봉사하고 있는 13만 경찰들을 배신하고 개인의 출세와 야망을 위해 수사 결과를 조작, 허위 사실을 유포했습니다. 하지만 아직도 그 실체는 완전히 드러나지 않고 있습니다. 경찰의 수사 축소·은폐를 지시하고 공모한 정치인이 누구인지 밝혀지지 않았습니다.

국정원 개혁방안 마련해야!

박근혜 대통령께 호소합니다.

최근 이루어진 여론조사에서 국민의 60% 이상이 대통령의 국정운영에 지지를 표하고 있습니다. 하지만 이런 여론조사도 있습니다. 국정조사 진상규명이 충실하지 못했다는 국민, 국정원 여직원 관련 경찰수사가 허위발표였다는 국민, 국정원 댓글의혹 사건 등 진상규명을 위한 특검 도입이 필요하다는 국민 의견도 절반이 넘고 있습니다.

국민 10명 중 8명은 대통령과 야당 대표의 대화가 필요하다고 생각하고 있습니다. 이제 대통령께서 결단해야 될 때입니다. 제1야당 대표와 회담, 국정원 개혁방안 마련, 특검을 통한 책임자 처벌, 박근혜 대통령의 대화와 소통을 촉구합니다.

존경하는 경기도민 여러분께 호소합니다!

경천동지할 내란음모사건이 발생했습니다. 그런데 시기가 미묘합니다. 개혁의 대상으로 지목받고 있는 국정원이 내란음모사건을 발표하고 수사를 주도하고 있기 때문입니다. 만약에 국정원이 수년 동안 수사해서 발표한 내란음모사건이 유죄판결로 귀결된다면 이석기 의원과 관련자들은 엄중한 처벌을 받아야 할 것입니다. 통합진보당은 스스로 반국가단체임을 자인하고 즉각 해체

함으로써 혹독한 책임을 져야 할 것입니다.

하지만 역으로, 금번 사건이 내란음모죄로 기소되지 못하거나 기소되더라도 무죄판결을 받는다면 현 정권과 국정원도 엄중한 심판을 받아야 할 것입니다. 결과적으로 표적사찰, 정치탄압, 공작정치를 한 것이기 때문에 현 정권은 정권퇴진과 국정원 해체, 새로운 정보기관 재편으로 혹독한 책임을 져야 할 것입니다.

경기도민들께서 공정한 심판자로서 현명한 판단을 내려주셔서 대한민국 민주주의를 굳건하게 지켜주십시오.

> 이제 대한민국의 통치프레임이 더 이상 지역분열, 지역패권주의, 남북대결, 종북좌빨, 냉전이데올로기 증식이어서는 안 됩니다.

존경하는 경기도민 여러분!

대한민국이 사회갈등으로 인해 연간 최대 246조 원의 손실을 보고 있습니다. 사회갈등이 심각한 수준입니다. 국민을 분열시키는 이런 낡은 통치프레임으로는 미래로 나아갈 수가 없습니다.

기만과 거짓이 사라진 대한민국을 여러분의 손으로 만들어 주십시오!

경청해 주셔서 고맙습니다.

'부천 소사 범안로 확장' 경기도가 적극 지원해야 합니다!

사랑하는 경기도민 여러분!

존경하는 김경호 의장님을 비롯한 선배·동료 의원 여러분!

부천시 소사 출신 새정치민주연합 소속 김종석 의원입니다.

본 의원은 오늘 부천 소사 범안로 확장 필요성과 경기도의 지원이 절실하다는 점을 김문수 경기도지사와 집행부 공무원들에게 호소하고자 이 자리에 섰습니다.

범안로는 총 연장 12.9㎞인 도로로 경기도 부천시 소사구 괴안동에서 시흥시, 광명시, 서울시 금천구 독산동까지 2개 광역시도와 4개 시구를 경유하는 광역도로입니다. 범안로 대부분의 구간은 왕복 6~8차선 도로입니다.

그런데 부천시 소사구 구간만 왕복 2차선 도로입니다. 그중에서도 계수·범박 주택재개발 정비구역을 관통하는 약 520m 범안로 구간은 인도 설치는 물론 중앙선 차선을 표시할 수 없을 정도로 도로폭이 협소해 지난 10년 동안 만성적인 교통체증과 교통사고 발생이 일상화되다시피 한 곳입니다.

옥길지구 입주전 확장완료해야!

존경하는 선배·동료 의원 여러분!

김문수 도지사님 그리고 집행부 공무원 여러분!

여러분께서 보신 자료는 60~70년대 거리풍경을 재연한 영화세트장이 아닙니다. 2014년 4월, 바로 지금 부천시 소사구에 엄연히 존재하고 있는 비극적인 우리 시대의 부끄러운 한 단면입니다.

범안로는 해당 지역 주민들만 이용하는 도로가 아닙니다. 인접한 시해인로를 거쳐 수도권외곽순환고속도로와 연결되는 중요한 간선도로입니다.

또 인근에 옥길보금자리지구, 소사2택지지구, 국민임대 범박지구 등이 위치해 2만 2,000세대 6만여 명의 주민들이 직접적으로 이용하고 있는 도로입니다. 출퇴근시간에 이 구간을 통과하려면 최소 20~30분이 소요됩니다.

2015년 말 옥길보금자리가 준공되면 이 도로가 확장되지 않을 경우 수습 불가능할 정도로 엄청난 교통대란이 발생할 것입니다.

존경하는 선배·동료 의원 여러분! 김문수 도지사님 그리고 집행부 공무원 여러분!

지금까지 범안로는 단지 재개발구역 내에 위치

하고 있다는 이유만으로 단 한 푼의 국비도, 도비도, 시비도 지원받을 수 없었습니다.

우리 사회 주요 공공재인 도로를, 더욱이 주요 도시를 연결하는 광역도로인 범안로를 개발이익 환수 차원에서 민간에 건설토록 해 10년 이상 소사구민들을 말로 다할 수 없는 불편함 속에 방치한 것은 그 책임소재를 따지기에 앞서 우리 모두가 참으로 부끄럽게 여겨야 할 일입니다.

이제 우리 사회 부끄러운 자화상을 우리 손으로 지울 때가 되었습니다. 2012년 5월 4일 본 의원의 도정질의 시 김문수 도지사께서는 법적절차에 위반된 사항이 없다면 적극 지원하겠다고 약속하셨습니다.

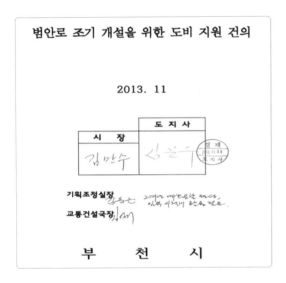

현재 모든 걸림돌이 사라졌습니다. 재개발지역 주민들을 설득해서 해당 구간을 제척해 도비와 시비 지원이 가능해졌습니다. 안전행정부 중앙 투융자심사도 통과했습니다. 오직 경기도의 지원 결정만이 남았습니다.

2013년 7월 9일 김문수 도지사께서는 부천시 현장방문 중 시책추진비 지원건의를 받고 범안로 개설사업비를 우선하여 지원하기로 약속하셨습니다. 2013년 11월 8일 도지사의 결재로 총사업비 359억 원 중 179억 원을 도비로 지원하겠다고 결정하셨습니다. 2년에 걸쳐 지원하되 2014년도에 시책추진보조금 40억 원, 추경에 50억 원 등 90억 원을 지원하겠다고 약속하셨습니다.

부천 소사 교통혼잡 강도 전국 1위

존경하는 선배·동료 의원 여러분!

김문수 도지사님 그리고 집행부 공무원 여러분!

국토교통부가 2014년 2월에 발표한 자료에 따르면 부천시 소사구 지역의 교통혼잡 강도가 전국에서 가장 높은 것으로 나타났습니다. 31개 시군 어디나 매한가지로 어려움이 많겠지만 부천시 재정자립도는 41.6%로 매우 어렵습니다. 도비 지원이 불가피한 실정입니다. 부천시의 범안로 확장사업, 약속대로 도와주십시오!

존경하는 선배·동료 의원 여러분!

경기도 집행부 공무원 여러분!

이제 김문수 도지사께서는 곧 임기를 마무리하시게 됩니다. 본 의원도 이 자리에 다시 서지 못할 수도 있습니다. 다시 이 자리에 서게 될 선배·동료 의원 여러분과 경기도 집행부 공무원 여러분께 호소합니다. 여러분께서 꼭 기억해 주십시오. 범안로 확장, 반드시 마무리해 주십시오.

끝으로 이 자리를 빌려 존경과 감사의 마음을 표해야 할 분이 계십니다. 경기도에서 부천시로 부임하신 후, 지난 1년여 동안 본 의원과 머리를 맞대고 범안로 해결방법을 찾아 불편한 몸을 이끌고 경기도로, 서울로 뛰어다니며 노고를 아끼시지 않은 부천시 전경훈 창조도시단장님께 머리 숙여 존경과 감사의 예를 김문수 지사님과 경기도 집행부에게 대신 표합니다. 전경훈 단장님, 고맙습니다.

경청해 주셔서 고맙습니다.

○ 부천시 재개발 기본계획 반영 --------------------- 2003. 3.
○ 계수·범박주택재개발 추진위원회 승인 ------------- 2006. 5. 23
○ 계수·범박주택재개발 정비구역 지정 -------------- 2009. 10. 26
○ 계수·범박주택재개발 조합 설립 인가 -------------- 2010. 5. 31
○ 김종석 의원 도정질의, 도지사 도비 지원 약속 -------- 2012. 5. 4
○ 김문수 도지사 범안로 현장방문, 도비지원 약속 ------- 2013. 7. 9
○ 김종석 의원 소개, 경기도의회 『범안로청원』채택 ----- 2013. 10. 16
○ 김문수 도지사 사업비 지원건의 결재 -------------- 2013. 11. 8
○ 부천시, 정비계획 및 정비구역 변경 신청 접수 ------- 2013. 12. 30
○ 부천시, 정비계획 및 정비구역 변경 고시 ----------- 2014. 2. 28
○ 안전행정부 중앙 투·융자사업 심사 통과 ----------- 2014. 3. 24

□ **범안로 확장 사업개요**('14년 ~ '15년)

○ **사 업 명 : 범안로 확장 개설 사업**

○ **사업기간 : 2014. 1. ~ 2015. 6.**

○ **사 업 량 : L=520m B=25m**

○ **사 업 비 : 359억**

　- 공사비 39억, 보상비 320억

　- 부담액 : 부천시 180억, 경기도 179억

※ 계수·범박구역 재개발 정비계획상 범안로
　확장계획 폭 30~36m 중 당초 도시계획
　시설결정 폭인 25m만 제척 변경한 계획임.

도민 위한 연정인가?
대권 향한 연정인가?

존경하는 경기도민 여러분!

윤화섭 의장님을 비롯한 선배 · 동료 의원 여러분!

남경필 도지사와 이재정 교육감을 비롯한 관계 공무원 그리고 언론인 여러분!

안녕하십니까? 더불어민주당 부천 출신 건설교통위원회 김종석 의원입니다.

본 의원은 오늘 현재 경기도에서 남경필 도지사와 경기도의회 더불어민주당이 함께 추진해 왔던 연정과 관련하여 남경필 도지사의 뜻을 직접 확인하고자 이 자리에 섰습니다.

단도직입적으로 여쭤겠습니다. 남경필 도지사께서는 내년 새누리당 대선후보 선출 경선에 나설 계획이십니까, 아니면 경기도정에만 전념할 생각이십니까?

지사께서 대권도전에 나서면 김문수 지사 재임 때처럼 수개월 동안 도정공백이 불가피합니다. 만약 대선후보가 되면 도지사직을 사퇴해야 됩니다. 그래도 2기 연정을 하는 것이 필요하다고 생각하십니까?

> 남경필 도지사께서는 도민을 위해서 연정을 하고 있습니까, 아니면 대권을 향해서 그 도구로 연정을 하고 있습니까?

도민의 삶의 질 높이는 연정 필요

지사님, 지금의 연정 어떻게 시작되었습니까? 지난 지방선거에서 경기도민들께서는 야당에게 압도적인 의석을 안겨주면서 강한 야당이 되어서 남경필 지방정부를 제대로 견제하라는 명을 주셨습니다.

그럼에도 지향하는 가치가 서로 달라도 협치를 통해서 경기도민의 삶의 질 향상을 도모한다는 대의에 따라 제대로 된 지방분권과 지방자치를 위해 우여곡절 끝에 지금까지 연정을 해왔습니다. 그런데 2년 동안 시행해 온 연정, 그 결과는 어떻습니까?

남경필 지사님, 최근 경북대학교 특강에서 "지금은 글로벌 스탠더드를 만드는 게 중요하다. 이미 경기도에서 연정을 통해 안 싸우면서 예산을 자동 통과하고 지방장관제를 논의하고 있다. 이

경기신문									2016-07-08 (금) 003면

도의회 더민주, 南 지사 '대권 앞길' 압박

5분 발언서 '도민 연정인가, 대권 연정인가' 추궁
연정 폐기 아닌 주도권 싸움 유리한 위치 선점 관측

경기도의회 더불어민주당이 남경필 지사와의 연정(연합정치) 존폐 여부 결정을 앞두고 대선 출마를 고민 중인 남 지사를 겨냥한 압박 수위를 높이고 있다.

도의회 더민주 후반기 수석부대표를 맡은 김종석(부천6) 의원은 7일 열린 제312회 임시회에서 '도민을 위한 연정인가, 대권 향한 연정인가'를 주제로 5분 발언을 통해 남 지사에게 쓴소리를 쏟아냈다.

김 의원은 "남 지사가 김문수 지사 재인 때처럼 내선에 도전하면 도정 공백이 불가피하고 만약 대선 후보가 되면 도지사직을 사퇴해야 한다"라면서 "그래도 연정2기를 하는 것이 필요하다고 생각하느냐"며 남 지사의 대권 행보를 경계했다.

그러면서 "더민주가 지난 연정을 엄중하게 평가 중이다. 너무 앞서 가서는 안된다"라며 대권을 향한 연정에 우려감을 드러냈다.

더민주는 오는 14일 연정 평가 토론회를 거쳐 오는 19일 의원총회를 열어 남 지사와의 연정 지속 여부를 최종 결정할 계획이다.

더민주의 이같은 남 지사 압박은 '연정 폐기'로 치닫는 극단적 선택보다는 남 지사와의 연정 주도권 싸움에서 유리한 위치를 선점하려는 호전적 전략으로 관측된다.

더민주 내부에서는 "남 지사의 내년 대권 불출마 약속이 연정 2기 출발의 전제 조건이 돼야 한다"는 강경 발언도 제시됐지만 "연정2기를 더민주 중심, 민생 중심으로 전환해야 한다"는 남 지사와 더민주 모두 상생하는 중재적 가치에 무게감이 쏠린 것으로 알려졌다.

이날 김 의원의 5분 발언에서도 "더민주 전체 의원들의 총의를 모아 작성한 연정계약서에 남 지사 동의 여부에 따라 연정 지속 여부가 결정될 수 있다"고 언급했다.

또 더민주는 이날 의총을 통해 ▲7월 19일 연정 실행여부 결정 ▲7월 19~30일 연정실행 시 연정합의문 작성 ▲8월 연정합의문 동의질자 ▲8월말~9월초 사회통합부지사 임용 등 향후 연정 인정을 발표하기도 했다.

이는 연정의 지속 가능성과 함께 더민주가 남 지사와 별인 연정 재혐상을 염두해 둔 압박 전략을 간접적으로 내비친 것으로 풀이된다.

앞서 박승원 더민주 대표는 남 지사의 붏의 특별조정교부금(시책추진비)을 사회통합부지사와 6대 4 분배 등을 요구하며 "남 지사 중심의 이미지 연정이 아닌 민생 연정으로 전환하기 위해 후반기에는 연정유 원점에서 재검토하겠다"고 말한 바 있다.

/홍성민기자 hsm@

더민주 김종석(부천6) 수석부대표는 7일 제9대 후반기 경기도의회 첫 임시회에서 '도민 위한 연정인가? 대권 향한 연정인가?에 대한 5분 발언을 하고 있다.					/노경신기자 mono316@

는 개발도상국이 뒤따라야 할 것이다."라는 강연을 했다는 언론보도가 있었는데 사실입니까? 남경필 지사님, 이거 좀 민망한 거 아닙니까? 너무 침소봉대 되었다고 생각하지 않으십니까?

지난 연말 여야 의원들이 심하게 싸워 병원에 실려 나가고 사상 초유의 준예산 사태와 총 376건 1,028억 원의 사업예산에 대한 부동의를 남발하는 엄청난 사태가 발생했지 않았습니까! 이에 경기도의회 의회사에서 씻을 수 없는 오점을 새겨놓지 않았습니까! 알고 계십니까? 다분히 감정이 섞인 보복성 예산 부동의는 지사께서 재의요구를 하지 않아 부동의 자체가 성립도 하지 않습니다. 집행부가 미집행하겠다고 단지 우기고 있을 뿐입니다.

지사님, 국가 경제가 어렵습니다. 도민이 고통받고 있습니다. 언제까지 볼모로 잡으려고 하십니까? 끝까지 미집행하시겠습니까? 예산목록을 주십시오. 경기도민들을 위해, 민생을 위해 더불어민주당 의원들과 상의해서 예산집행의 길을 열겠습니다.

지사님, 연정의 기본이 무엇입니까? 상호간에 협의한 협약서 내용을 실천하고 지키는 것 아닙니까? 경기연정 정책합의문 20개 항 중에서 완료된 건 7개에 불과합니다. 13개가 아직도 추진 중

준 이른바 자율편성예산을 예산을 나눈 미담사례로 생각하고 있는 것은 아닙니까? 사회통합부지사의 소관인 경기복지재단 후임자가 명예퇴직 후에 대기 중이라는데 사실입니까?

최근 인사 모두 대권용 인사

지사님, 경기도 연정이 대권 연정으로 불리는 이유와 근거를 들어보겠습니다.

먼저 인사 관련입니다. 남경필 도지사께서는 조창희 전 경기문화재단 대표가 문화정책자문관으로 임용될 예정이라는데 사실입니까? 경기문화재단 재임 중 독단적 경영과 폭언, 노조 회유 등으로 직원들과 숱한 갈등을 빚어왔던 그래서 사표를 쓰고 나간 바로 그분 아닙니까? 2개월 전에 경기도 피감기관의 대표였던 분이 감독기관의 직원이 되어서 관리 감독을 한다? 이런 코미디 같은 인사가 어디 있습니까? 명백히 비정상적인 측근 챙기기 인사입니다.

채성령 대변인, 이승철 전 새누리당 대표의원, 민경원 전 의원 이 모든 인사권, 명백히 낙하산 인사, 돌려막기 인사, 측근 챙기기 인사, 비정상적인 인사입니다. 김화수 경기도일자리재단 대표 내정자 인사청문회 과정에서 공공부분 일자리 창출 책임자로 부적합하다는 의견이 제시됐습니다. 명백히 보여주기 인사입니다.

경기도평생교육진흥원 G-MOOC 윤여준 추진단장, 여야를 넘나들며 여러 대권주자에게 킹메이커를 자처하고 다녔지만 실제로는 성공에 이르지 못한 노정객일 뿐 온라인 평생교육 전문가라는 소리를 들어보지 못했습니다.

이 모든 인사, 경기도민을 위한 인사 맞습니까? 남경필 도지사, 대선 준비용 인사는 아닙니까?

입니다. 실천의지 너무 박약하고 실행력도 정말 미흡합니다.

지사님, 언론 인터뷰에서 인사권을 포함한 권력과 예산을 나누지 않는 협치와 연정은 허구이자 사기라고 주장하지 않으셨습니까? 연정 상대인 더불어민주당에 권력과 예산을 얼마나 나눠주셨습니까? 더불어민주당이 추구하는 가치를 실현하기 위한 사업예산 편성을 위해 도지사의 특별조정교부금을 일부라도 사회통합부지사에게 나눠주신 적 있으십니까?

혹시 지사께서는 의원의 자존과 명예에 손상을

경기일보　　　　　　　　　　　　　2016-07-08 (금) 005면

"도민 위한 연정인가 대권 도구인가"

더민주 김종석 수석부대표, 南지사 면전서 비판
"윤여준 추진단장 영입도 대선 겨냥한 인사" 지적

7일 경기도의회 본회의장에서 열린 '제312회 임시회 1차 본회의'에서 더불어민주당 김종석 의원이 '도민 위한 연정인가? 대권 향한 연정인가?'를 주제로 5분 자유발언을 하고 있다.　오승현기자

경기도의회 더불어민주당 신임 수석부대표가 '경기연정'을 남경필 지사의 '대권 연정'으로 비유하며 날선 비판을 쏟아냈다. 특히 후반기 의사일정 첫날, 본회의석상에서 남경필 지사를 면전에 두고 비판의 목소리를 높여 연정을 둘러싼 주도권 싸움이 시작된 양상이다.

더민주 김종석 수석부대표(부천6)는 7일 제9대 후반기 도의회 첫 임시회 '5분 발언'을 세웠다.

김 수석은 "지사께서 대권 도전에 나서면 김문수 지사 재임 때처럼 수개월 동안 도정 공백이 불가피하다. 만약 대선 후보가 되면 도지사직을 사퇴해야 된다"면서 "도민을 위해 연정을 하고 있는지 아니면 대권을 향해 그 도구로 연정을 하고 있는지 묻지 않을 수 없다"고 말했다.

그는 이어 연정을 대권용 연정임을 비유하듯, 최근 남 지사가 가진 경북대 특강과 인사의 예를 들었다.

김 수석은 "최근 경북대 특강에서 남지사는 '연정을 통해 안 싸우면서 예산을 자동통과하고 지방장관제를 논의하고 있다는 등의 말을 한 것으로 안다"면서 "과연 그런 것인지, 지난해 연말 여야 의원들이 심하게 싸웠고 사상 초유의 준예산 사태와 총 376건 1천28억 원에 달한 사업에 대해 부동의를 남발한 사례가 있지 않는가"고 반박했다. 또 "언론 인터뷰를 통해 권력(인사권 포함)과 예산을 나누지 않는 협치연정은 허구(사기)라고 주장했다"며 "연정 상대인 더민주에 권력과 예산을 얼마나 나눠 주었는지? 더민주가 추구하는 가치를 실현하기 위한 사업예산 편성을 위해 도지사의 특별조정교부금(시책추진비)을 일부라도 사회통합부지

사에게 나눠준 적이 있는지"를 캐물었다.

특히 대권 연정의 화룡점정으로 최근에 진행된 이승천 도의회 새누리당 전 대표, 윤여준 지무크(G-MOOC) 추진단장 등의 인사를 꼬집었다.

김 수석은 "여야를 넘나들며 여러 대권 주자에게 킹메이커를 자처한 그 분이 무슨 일을 하고자 경기도에 왔는지 궁금할 뿐"이라며 "명백히 대선을 겨냥한 보여주기식 인사"라고 지적했다.

김 수석부대표는 이어 "더민주는 지난 연정을 엄정하게 평가 중이다. 연정 평가토론회→2기 연정 실행여부 결정(의총)→연정계약서 작성→의총 동의→사회통합부지사임명 등 절차를 밟을 것"이라며 "남 지사는 앞서가지 마라"고 경고했다.

이날 김 수석의 공개질의에 남 지사는 회의가 끝난 뒤 김 수석과 비공개 면담을 갖고 "연정을 통해 권력과 예산을 내놓을 준비가 돼 있다. 지방자치의 일보 전진과 위상 강화를 위해 노력을 기울이겠다"고 말한 것으로 알려졌다.　김동수기자

남경필 지사님, 다음 연정 추진여부와 관련해서 너무 앞서가지 마십시오. 현재 경기도의회 더불어민주당은 연정FT를 구성, 지난 연정을 엄정하게 원점에서 평가 중입니다.

향후 연정평가토론회, 2기 연정 실행여부 결정 의총 등을 거쳐서 민주적 절차에 따라 더불어민주당 전체 의원님들의 총의를 모으고 그 뜻을 받들어 작성한 연정계약서를 남경필 도지사가 받아들였을 때 비로소 연정은 지속될 것입니다.

그 연정계약서는 남경필 도지사가 평생 마주한 그 어떤 시험문제보다도 어렵고 고뇌에 찬 결단을 내려야 될 계약서가 될 것입니다. 그때까지 연정 상대에 대한 예의를 지켜주십시오.

> 경기도 연정은 오직 경기도민만을 위해, 오직 민생을 위해, 진정한 의미의 지방분권과 지방자치를 위해서만 시행되어져야 합니다.

존경하는 선배 · 동료 의원 여러분!

연정, 아무도 가보지 않은 새로운 길이기에 다소간의 시행착오는 용인될 수 있습니다. 하지만 "눈길 걸을 때 똑바로 걸어라, 뒤에 사람의 이정표가 되느니"라는 말도 있습니다. 남경필 도지사가 초심으로 돌아가 오직 경기도민과 오직 민생을 위해서 경기도의회 더불어민주당과 연정을 하고 있다는 사실을 잊지 말 것을 거듭 촉구합니다.

남경필 도지사께 정중하게 답변을 요청합니다. 경기도민 앞에 도민을 위한 연정을 할 것인지, 대권을 향한 연정을 할 것인지를 명확하게 답해 주십시오.

경청해 주셔서 고맙습니다.

거짓과 기만이 아니라 상식과 원칙이 필요하다!

– 지방분권과 자치 강화, 연정 과제 완료 촉구 –

존경하고 사랑하는 경기도민 여러분!

안녕하십니까? 부천 출신 더불어민주당 소속 농정해양위원회 김종석 의원입니다.

본 의원은 오늘 대한민국의 지방분권과 자치강화를 위해, 진정한 교육자치의 실현을 위해 모두가 힘을 합쳐서 상식과 원칙을 바로 세울 것을 촉구하고자 이 자리에 섰습니다.

존경하는 선배 · 동료 의원 여러분!

책상에 놓인 제안서 35~36페이지를 살펴봐 주십시오. 지방자치단체의 자치권은 69년 전인 1948년 7월 17일 제헌 헌법에서 법령의 범위 내에서 국가가 위임한 행정사무와 재산관리, 조례의 제정이 가능하도록 했습니다.

지난 55년 동안 단 한 글자도 바뀌지 않았습니다. 지방의회의 조직과 운영에 관련된 조항은 지난 55년 동안 "는"이라는 단 한 글자만 빠져서 개정되었습니다.

우리는 도민을 위한 조례제정권도, 자치 행정권도 없는 허울뿐인 지방자치를 하고 있습니다.

그래서 경기도의회가 나섰습니다. 운영위원회 산하에 지방분권 · 자치개선 TF를 구성해서 4개월 동안 가동했습니다. 그 결과 반드시 해결해야 할 3대 핵심과제 및 24개 실천방안을 결과물로 도출했습니다. 총 24건의 현안 해결을 위해 30건의 법률개정안과 제도개선안도 마련했습니다.

지방분권 개헌 못하면 역사의 죄인

건의서 책자 300페이지를 한장 한장 살펴봐 주십시오. 페이지 페이지마다 지방정부와 지방의회를 억압하는 굴종의 역사로 가득 차 있습니다.

문재인 대통령께서 연방제에 버금가는 강력한 지방분권이 이루어져야 한다며 내년 지방선거 시

개헌안을 국민투표에 부치겠다고 목표를 제시했습니다.

내년에 지방분권형 개헌안을 쟁취해내지 못한다면 지금 여기 본회의장에 있는 우리 모두는 역사의 죄인이 될 것입니다.

외람되지만 내년 지방선거를 통해 경기도민들에게 가장 필요한 것은 남경필 도지사, 이재정 교육감, 정기열 의장을 비롯한 우리 128명의 도의원이 아닙니다. 그렇다고 다른 새로운 인물도 아닙니다. 진정으로 도민들에게 필요한 것은 지방분권과 자치를 강화할 수 있는 제도와 시스템이 갖춰지는 것입니다.

국가 대비 지방의 사무비중이 6 대 4 정도로 확대돼야 합니다. 총 4만 6,000건의 국가사무 중 1만 8,000건의 사무가 지방으로 이양돼야 합니다.

국가세금 317조 원 중 지금보다 지방세가 40% 127조 원이 되었을 때, 지금보다 4,000여 건의 국가사무가 지방사무로 이관되고 51조 원의 국민세금이 지방에 더 주어졌을 때 도민은 그만큼 더 행복해질 것입니다.

경기도의회가 지방분권과 자치강화를 위한 대안을 들고 청와대로, 국회로, 행안부로 가겠습니다. 17개 광역시도 의회, 집행부와 연대해 지방분권형 개헌 열기를 전국에 들불처럼 퍼져나가게 하겠습니다.

남경필 도지사와 집행부 여러분!

이재정 교육감과 교육공무원 여러분!

상식과 원칙을 바로 세우는 노력에 동참해 주십시오. 지방분권과 자치강화를 위한 경기도의 제안서, 경기도교육청의 제안서를 만들어주시고 경기도의회의 든든한 친구가 되어 동행해 주십시오.

존경하는 남경필 도지사님!

도지사께서는 지난달 11일 기자간담회를 열어 올 연말까지 경기도 채무가 제로가 되게 하겠다고 선언했습니다. 지사님께 여쭙겠습니다. 지금 대한민국의 채무가 제로입니까? 17개 광역시도 중에서 채무 제로인 곳은 몇 곳이나 됩니까? 대한민국 1,900만 가구 중 채무 제로인 가구는 또 몇 가구나 됩니까?

경기도가 채무 제로가 되면 누가 좋을까요? 경기도민이 좋을까요? 아닙니다. 본 의원은 단 한 사람만 좋을 것이라고 생각합니다. 내년 선거에서 '빚 없는 경기도'라는 타이틀이 필요한, 바로 남경필 도지사 한 사람뿐입니다.

中부일보 2017-08-30 (수) 002면

"南지사 '경기도 채무 제로화' 선언은 내년 선거용"

김종석 도의원, 평가절하 비판
"지금은 빚내서라도 투자해야"

경기도의회 김종석(부천6·사진) 수석부대표가 최근 남경필 경기지사가 발표한 경기도의 '채무 제로' 선언을 평가절하하며 내년 선거용이라고 비판했다.

김 부대표는 29일 "남 지사가 도정 사상 처음으로 채무 제로 시대를 열겠다고 예고했는데, 채무 제로로 좋은 사람은 내년 선거에서 '빚 없는 경기도'라는 타이틀이 필요한 남 지사 한 사람뿐"이라고 지적했다.

김 부대표는 이날 도의회 본회의 5분 발언을 통해 "경기도의 차세대 성장동력 발굴을 위해 빚을 내서라도 북부지역 균형발전, 도시재생사업, 출산장려, 청년일자리 창출에 투자해야 할 시기가 아니냐"며 이같이 밝혔다. 이어 "대부분의 가정에서 빚을 내서라도 아이를 대학에 보내고, 국가도 미래를 위해 빚을 내서 투자를 한다"며 "남 지사는 심사숙고해 채무 제로 선언을 철회해달라"고 요구했다. 남 지사는 지난달 11일 기자간담회를 열어 "올해 차기 추경예산이나 내년 본예산에 미상환 부채 6천84억 원을 편성해 채무를 모두 갚겠다"고 채무 제로를 선언했다.

이와함께 김준현(민주당·김포2) 의원은 남 지사가 지난 18일 발표한 청년임금, 청년 마이스터통장, 청년 복지포인트 등 3개 청년 일자리 정책에 대해 날을 세웠다. 김 의원은 "6천억 원의 대규모 사업비가 투입됨에도 불구하고 재정 측면에서 사업성 분석이 부족하고 중기재정계획 등에 반영되지 않는 등 여러 문제점이 있다"며 "'일하는 청년통장'과 '경기도 청년구직지원금'은 차질 없이 잘 진행되고 있는 시점에 추가적으로 일자리 시리즈 3종 사업을 추진하려는 특별한 이유가 있는지 남경필 지사는 답변해 달라"고 지적했다.

이외에도 명상욱(한국당·안양1) 의원은 14여년 만에 재개발 사업에 청신호가 켜진 안양 냉천지구의 학교신설 해지를 재검토해야 한다고 촉구했다. 명 의원은 "냉천지구에 입주하는 초등학생들은 왕복 3km, 8차선 도로를 2번이나 건너야 하는 악조건의 통학로를 따라 전국 최대 과밀학급(80여 학급)이 될 안양초등학교를 다녀야 할 지경"이라며 "교육청의 일방적 결정으로 인해 이제 냉천지구는 교육사각지대가 될 우려마저 생기게 되었다"고 강조했다. 김현우기자

경기도 채무 제로 선거용

지난달 우리나라 국가부채는 900조 원, 가계부채는 1,400조 원에 육박한 것으로 나타났습니다. 대부분의 가정에서는 빚을 내서라도 미래를 위해 아이들을 대학에 보냅니다. 국가도 미래를 위해 빚을 내서 투자를 합니다.

경기도의 차세대 성장동력, 빚을 내서라도 투자해야 되지 않겠습니까?

북부지역 균형발전, 빚을 내서라도 5대 도로 투자에 집중해야 되지 않겠습니까?

도민의 안전을 위해서 119안전센터 36개를 빚을 내서라도 당장에 지어야 되지 않겠습니까? 뉴타운 정책 실패한 원도심 지역을 빚을 내서라도 도시재생사업에 투자해야 되지 않겠습니까?

전국 꼴찌인 문화예산을 2% 수준으로 편성해야 되지 않겠습니까?

해마다 반복되고 있는 농정·축산·해양 분야 질병 예방을 위해서 빚을 내서라도 예산을 늘려야 되지 않겠습니까?

인구절벽 대한민국, 빚을 내서라도 출산 장려 대책을 마련해야 되지 않겠습니까?

전국 17개 광역시도 중에서 유일하게 채무 제로를 선언한 광역지자체장이 있습니다. 도지사직 꿈수사퇴를 통해 스스로 지방분권과 지방자치를 짓밟고 적자를 이유로 진주의료원을 폐쇄하고 무상급식을 중단한 불통과 아집의 상징, 바로 홍준표 전 경남도지사입니다. 남경필 도지사님, 상식과 원칙을 벗어났습니다. 심사숙고하셔서 채무 제로 선언을 철회해 주십시오.

존경하는 남경필 도지사님!

경기연정을 시작하면서 우리는 아무도 가보지 않은 길을 갔습니다. 이제 또 우리는 아무도 해보

128 재생, 부천 다시 날자!

기호일보

2017년 08월 30일 (수)
03A면 종합

경기도의회 · 경기도의회 · GYEONGGIDO ASSEMBI · GYEONGGIDO · ONGGIDO ASSE · 기 도 의 회 · GYEONGGIDO

29일 오후 경기도의회 브리핑룸에서 경기도의회 김종석 운영위원장(왼쪽부터), 최호 자유한국당 대표, 박승원 더불어민주당 대표, 정기열 의장, 최춘식 국민바른연합 대표, 김유임 헌법개정 지방분권위원장이 지방분권·자치권확보 3대 핵심과제 24개 실천방안을 발표한 뒤 기념촬영을 하고 있다.
홍승남 기자 nam1432@kihoilbo.co.kr

헌법에 대한민국 '지방분권 국가' 명시를

도의회 지방분권 개헌 제안

지자체 자율성 확대·역량 제고
3대 과제·24개 실천방안 제시
내달까지 靑·국회 전달 계획

경기도의회가 내년 개헌을 앞두고 헌법에 대한민국을 '지방분권 국가'로 명시하는 등 지방분권 및 지방자치 강화를 위한 24개 법·제도 개선 방안을 국회와 청와대 등에 건의한다.

도의회 정기열(민·안양4)의장과 더불어민주당 박승원(광명3)·자유한국당 최호(평택1)·바른정당 최춘식(포천1)대표, 김종석(민·부천6)운영위원장, 김유임(민·고양5)지방분권위원장은 29일 도의회 브리핑실에서 기자회견을 열고 지방분

권형 개헌을 만들기 위한 3대 핵심과제와 24개 실천방안이 담긴 제안서를 발표했다.

도의회가 2~3개월간 '지방분권과 자치 강화를 위한 TF'를 운영하며 만든 3대 핵심과제는 ▶지방자치 기반 구축을 위한 지방분권 강화 ▶지자체 조직·인력 운용 자율성 확대 ▶지자체 자치 역량 제고 등이다.

TF를 이끈 김 위원장은 "지방자치와 분권을 강화하자는 목소리는 커지고 있지만 구체적으로 무엇을 어떻게 바꿔야 할지는 손에 잡히지 않고 있다"며 "진정한 지방자치 강화 실현을 위해 필요한 법·제도 개선사항을 정리했다"고 말했다.

지방분권 강화 과제에는 헌법제1조 제3항에 지방분권 국가 선언 규정을 신설하는 헌법상 지자체 법적 시위·위상 강화를 비롯, 중앙부처의 정책 입안 시 지자체 참여 법

제화, 지방세 조례제정권 신설 등 11개 실천 방안이 담겼다.

또 지자체 조직·인력 운용 자율성 확대 과제로는 지방의회 직원 임면권 의장에게 부여, 의회직렬 신설, 지자체 부단체장 정수 제한규정 완화 등 5개 실천 방안이 포함됐다.

지자체 자치 역량 제고를 위해서는 지방의회 건의안·철의안 중앙부처 회신 의무화, 지방공기업 사장 인사청문회 도입, 광역의원 후원회 허용, 의정비 제도 개선 등 8개 실천 방안이 제시됐다.

도의회는 이들 실천 방안이 실현되기 위해 지방자치법, 지방재정법, 지방교부세법, 정치자금법 등 28개 법령 개정이 필요하다고 건의했다.

이 제안서는 내달까지 청와대와 국회, 중앙부처로 전달되고 전국 지자체를 비롯한 지방의회, 전국시

도의장협의회 및 시도의회운영위원장협의회 등에도 배포된다.

정기열 의장은 "우리나라 지방분권은 현재 미흡한 실정"이라며 "전국시도의장협의회에서도 이 제안서를 집중 논의해 새 정부의 지방분권형 개헌이 제대로 이뤄질 수 있도록 노력하겠다"고 말했다.

남궁진 기자 why0524@kihoilbo.co.kr

지 않았던 마무리를 해야 됩니다. 아름다운 이별이 될지, 상처만 남은 이별이 될지 아직은 가늠할 수가 없습니다.

벌써부터 선거연대가 나오고 선거를 의식한 숙성되지 않은 정책이 우후죽순처럼 올라오고 있습니다. 이럴 때일수록 초심으로 돌아가야 됩니다. 8월 말 현재 288개 연정과제 중 완료된 과제가 29건입니다. 평균 추진율은 62%입니다. 남경필 지사님, 민생연정 과제 완료를 위해 더욱 분발해 주십시오.

마지막으로 한 말씀만 드리겠습니다.

경기도 신청사가 2020년 완공 예정입니다. 햇수로 4년, 만 3년을 기다려야 합니다. 본청 구관 일부 공간을 의회에서 사용할 수 있도록 지사께서 특단의 대책을 마련해 주시기 바랍니다. 경기도 공무원 중 지하에서 근무를 하고 있는 공무원들이 몇 분이나 되시는지 모르겠습니다. 경기도의회 공무원들이 지상에서 근무할 수 있게 대책을 마련해 주십시오.

경청해 주셔서 고맙습니다.

경기도 연합정치, 성공인가? 실패인가?

지방 자치와 분권 강화를 위한 제도적 뒷받침이 전무한 상황에서 정치적 합의를 통해 협치의 장을 마련했다는 점에서 경기도 민생연합정치는 높게 평가받아야한다고 보지만 공정한 평가는 역사의 몫이다. 민주당 협상단장으로 288개 연정과제 협상을 주도, 2년 동안 3조6천억 원의 연정예산을 편성했다. 개인적으로 엄청난 정치적 경험이었다.

2014년 지방선거 과정에서 남경필 도지사 후보가 연합정치를 제안하고, 새정치민주연합 경기도당이 제안을 받아들여, 대한민국 헌정사 초유의 정치 실험이 경기도에서 시작되었다. 경기도의회 주요 구성원인 도의원이 배제된 채, 논의를 이어가던 연정은 초반에 수많은 우여곡절을 겪다가 점차 안정을 찾았다.(※ 경기도 연정 전체에 대한 평가는 양근서 도의원 발제문 「경기도 연합정치의 성과와 한계, 남겨진 과제」본 책자 p.144 참조)

2016년 7월, 9대 후반기 더불어민주당 대표단에서 수석부대표와 의회운영위원장을 맡게 되었다. 이와 함께 제2기 연합정치 협상단장을 맡아 새누리당과 협상을 시작했다.

그 결과 경기도 연합정치 공식 명칭은 "경기도 민생연합정치"로, 연합정치 주체를 "도의회 더불어민주당과 남경필 도지사 - 도의회 새누리당"으로 명확하게 했다.

한편으로 경기도 연합정치의 비전과 가치를 '협치와 분권을 바탕으로 경기도민의 민생과 경기도의 미래에 대한 책임 공유'로 잡고, 연합정치 목표를 '지방자치와 지방분권 확대 강화, 도민의 삶의 질 향상 도모'로 잡았다.

경기도 연합정치 협상단 회의가 몇 차례 파행을 겪은 끝에, 총 3장, 17절, 79개조 288개 사업을 추진하기호 합의하고, 연정협약서를 작성하고, 연합정치합의문에 담았다. 민주당은 당초 40개 핵심과제와 155개 과제를 제안해, 최종적으로 189개 정책사업을 반영시켰다. 2년 동안 3조6천억 원의 연정예산이 편성되었고, 민주당의 정책과 가치를 실현하는 예산으로 1조원 이상을 반영시켰다.

경기도 연합정치 성과와 한계

경기도 연합정치에 대한 평가는 연합정치가 종료되는 9대 의원 임기가 끝난 후 엄정하게 이루어져야 할 것이다. 다만, 연정에 참여한 당사자로서 간단하게나마 평가를 하지 않을 수 없다. 경기도 연합정치는 지방 자치와 분권 강화를 위한 제도적 뒷받침이 전무한 상황에서 정치적 합의를 통해 협치의 장을 마련했다는 점에서 높이 평가할 수 있을 것이다. 민주당의 정체성에 맞는 정책수립, 예산확보, 의정활동 지원기반 확대, 도의회 위상 제고 등도 긍정적으로 평가할 수 있는 부분이다.

하지만, 최초 연정 제안과 논의가 당사자인 경기도의회 민주당 도의원이 배제된 채, 남경필 도지사와 민주당 경기도당위원장 주도로 진행되어 큰 혼선 야기한 점, 지방 자치와 분권 강화를 위한 제도적, 법률적 뒷받침 부족으로 인한 지속적이고 안정적인 연정 추진이 한계에 봉착한 점, 시기적으로 연정 후반기에 남경필 도지사가 정책협의에 미흡한 태도를 보여 그로 인해 혼선이 유발되고, 광역버스준공영제 시행, 청년연금, 청년마이스터통장, 청년복지포인트 등 이른바 청년정책 3종시리즈 시행을 두고 갈등을 겪은 것은 큰 아쉬움으로 남는다.

그럼에도 불구하고 지방 자치와 분권 강화를 위해 대한민국 정치사에서 처음 시도한 연합정치 실험은 매우 의미가 있었다.

■ OBS 뉴스M 〈전격인터뷰〉 (2016. 9. 6.)

"연정, 협치 존중하되 감시와 비판도 확실히 할 것"

Q 올해로 출범 60주년이 되는 경기도의회 운영위원장으로서 취임 두 달을 맞이했는데 어떻게 지내셨나요?

A 경기도의회 운영위원장 및 더불어민주당 수석부대표로서 2기 연합정치 협약서를 체결하는데, 경기도의회 더불어민주당 협상단장으로 참여해 분주하게 보냈다. 협상결과 경기도민의 실질적인 삶의 질 향상을 도모할 수 있는 약 288개 과제에 대해 협상을 타결 지어서 매우 기뻤습니다.

Q 아무래도 경기도 연정 2기의 향방이 가장 큰 현안으로 꼽을 수 있겠는데, 1기 연정 평가를 토대로 만든 2기 연정 합의문에는 어떤 민생 정책들이 담겼나요?

A 2기 민생연정 합의과제가 모두 민생과 직결된 것이어서 중요하지 않은 것이 없지만 그동안 경기도의회 여야 간에 격돌하고 쟁점이 되었던 정책들이 협상을 통해 타결되었다는 것이 매우 의미가 있습니다. 우선, 경기도가 학교무상급식 지원에 전국 도 평균 지원금 수준인 14.4%, 연간 1,033억 원을 지원하기로 합의했습니다. 2016년 237억 원 대비 약 4.3배 증가한 규모입니다. 청년의 구직활동에 직접 필요한 광의적 자기계발을 지원하는 '경기도 청년구직지원금' 제도를 도입·시행하기로 한 것, 주거복지예산을 일반회

계 2%까지 단계별 확대('16년 0.28% 수준)하고, 도시재생기금을 매년 120억 원 적립, 생활임금제 공공부문 확대 방안을 마련한 것도 큰 성과입니다.

아울러, 연정부지사 파견 및 지방장관제 도입으로 연정 내실화 기반을 마련하고, 지방자치와 분권 강화를 위해서 의회 의원지원 조직을 강화하고, 사실상 의회 인사권 독립을 보장하기로 한 것도 의미있는 성과입니다. 또 예산 나눠먹기 논란을 빚었던 자율예산 편성은 하지 않기로 했습니다.

Q 미취업 청년들에게 수당을 지급하는 내용의 '청년 구직지원금' 시행도 중점 과제로 뜨거운 관심을 받고 있는데, 구체적으로 어떤 내용을 담고 있습니까?

A 구체적인 제도는 이제 집행부가 설계해야 하고 다만, 심각한 청년실업 문제를 극복하기 위한 특단의 대책이 마련되어야 한다고 본다. 현재 우리나라 전체 실업률은 3.5%로 전년 3.7%에 비해 소폭 하락했고, 청년실업률도 취업자 수가 증가함에 따라 9.2%로 0.2%p 하락했습니다. 하지만 경기도 만 15~29세 청년실업률 2012년 6.9%, 2013년 7.3%, 2014년 8.3%, 2015년 8.9%로 매년 증가추세입니다.

그래서 우리 당에서 연정합의문에 "청년 일자리 창출·확대 차원에서 저소득층 및 장기 미취업 청년의 구직활동에 직접 필요한 광의적 자기계발을 지원하기 위해 '경기도 청년구직지원금' 제도를 도입·시행한다."고 명시, 지원 대책을 마련하자고 한 것입니다.

현재 서울시의 경우, 보건복지부와의 갈등으로

2,831명 대상으로 월 50만 원, 6개월 지원을 추진하지 못하고 있습니다. 성남시도 사정이 비슷한데 청년실업 문제를 가지고 정치적 논쟁은 무의미합니다. 도움이 될 수 있는 모든 수단과 방안을 강구해야 합니다.

청년일자리 창출, 지상 최고의 선한 활동

Q 복지부가 서울시 청년수당제도를 취소시켰기 때문에 경기도의 청년수당제도 역시 복지부에 의해 제동이 걸릴 가능성이 높지 않을까요? 어떤 대책이 있습니까?

A 연정정책 과제로 양측이 합의한 경기도 청년구직지원금제도를 반드시 추진하기 위해 명칭을 고집하지 않았습니다. 중앙정부와 갈등을 일으키지 않고 시행할 수 있도록, 경기도에 정책설계 자율권을 주었기 때문에 경기도가 구직활동에 어려움에 처한 청년들을 지원할 수 있는 정책을 잘 만들어 올 것으로 봅니다.

Q 그런데 경기도의회 새누리당이, 다수당인 더불어민주당이 연정 합의문에 담긴 상당수 사업예산을 일방적으로 삭감했다며 반발하고 있습니다. 이에 대해서는 어떻게 대응하시겠습니까?

A 경기도의회 새누리당에서 다소 과장 왜곡해서 발표한 정치공세입니다. 실제로 약 4개 사업 예산이 문제인데 모두 절차상 하자 때문에 예산을 편성할 수 없는 상황입니다.
보건복지위원회 경기도 '일하는 청년통장' 사업은 500명 이상 사회복지공동모금회 자금 추가 조달이 불가하다는 사업안의 부적절성 때문에 해당 사업의 예산규모를 조정한 것입니다.

새누리당이 위원장을 맡고 있는 경제과학위원회의 '경기도주식회사' 예산안은 별도의 출자동의안이 예산안과 같은 회기 내에 제출되어 절차상의 하자가 있어 합리적 절차를 이행한 결과입니다.
우리 더불어민주당은 연정 제2기 경기도 분권과 협치의 정신이라는 큰 틀을 존중하지만, 의회 본연의 임무인 예산심사에 만전을 기하고 있습니다. 서로 다른 가치를 지향하는 상대방의 요구를 수용하되, 동시에 개별의원이나 상임위원회의 자율적이고 합리적 의정활동을 보장해야 한다는 확고한 원칙을 가지고 있고, 이를 지킬 것입니다.

Q 앞으로 소통과 상생의 의정활동이 이뤄질 수 있도록 운영위원장으로서 어떤 노력을 하실 건가요?

A 민주주의 원칙이 다수결이 아니라 대화와 타협, 합의라고 생각하고 이에 맞게 모든 일을 추진한다면, 문제될 것이 하나도 없을 것입니다.

> ■ 중부일보 인터뷰 (2016. 9. 22.)
>
> # "정치? 대화와 타협, 양보와 배려다!"

Q 운영위원장 선출 소감 및 두 달 임기 소회는?

A 올해로 출범 60주년이 되는 경기도의회 의회운영위원장으로 선출되어 영광입니다. 의원 한분 한분의 빛나는 의정활동을 지원해야 할 막

중한 임무가 주어져서 부담이 되지만 나아가 임기 동안 민주적 절차에 의거, 여야 간의 원만한 의사일정 진행을 수행해야 한다는 책임감도 느끼고 있습니다.

경기도의회 운영위원장 및 더불어민주당 수석부대표로서 2기 민생연합정치 더불어민주당 협상단장으로 참여, 경기도민의 실질적인 삶의 질 향상을 도모할 수 있는 약 288개 과제가 포함된 연정합의를 체결하는데 나름대로 역할을 할 수 있어서 매우 기뻤고, 자부심을 느낍니다.

Q 행감과 예산 심의 두 분야 중 어느 부분을 중점적으로 보실 건가요?

A 2기 연정 시작되었지만 도의회 본래 임무인 집행부에 대한 감시와 견제 역할을 게을리 하지 않을 것입니다. 경기도민의 혈세가 지원된 사업들이 제대로 진행되고 있는지, 예산 낭비 요인은 없는지 꼼꼼하게 들여다 볼 것입니다. 특히 남경필 도지사의 대선 출마가 가시화되고 있는 만큼 전시행정, 선심행정 요인이 없는지 잘 살펴보겠습니다.

내년도 예산 심의는 재원이 늘 한정된 만큼, 선택과 집중을 통해서 실질적으로 도민의 삶의 질 향상을 도모할 수 있는 사업에 예산이 우선적으로 배분될 수 있도록 심의 방향을 잡고 있습니다. 특히 민생경제가 어려운 만큼 서민, 중소기업, 소상공인, 청년 일자리 창출 등 연정합의문에 포함된 민생 관련 예산이 제대로 편성되었는지 치밀하게 따져볼 것입니다.

Q 김영란법 시행. 공보 기능 위축될 전망인데?

A 김영란법 시행으로 우리 사회가 전체적으로 큰 변화에 직면한 것은 사실입니다. 반칙없고, 투명하고, 깨끗한, 상식과 원칙이 바로 선 사회를 만들기 위한 노력이 계속되어야 한다는 데 공감하기에 다소간의 불편함은 우리 사회 구성원 모두가 받아들여야 한다고 봅니다. 다만, 법 시행 초기, 제도가 정착되지 않아 혼란이 발생할 수 있는 부분은 사전에 준비를 잘해서 혼란이 최소화되도록 하겠습니다. 공보 기능의 경우, 객관적인 의정활동 홍보 기준 등을 마련해 공식적으로 지원한다면 오히려 공보기능이 활성화될 것입니다.

Q 의원들의 원활한 의정활동 지원방안은?

A 2기 연정 합의문에도 대폭 반영시켰지만 도의회 예산·입법정책 기능 강화를 위해 전국 평균의 의회 인력을 확보하고, 정책위원회 강화 및 의회정책연구원 신설 등의 조치를 통해 의정활동 지원의 폭과 질을 대폭 늘리고, 높이려고 합니다. 의회사무처에 대한 의장의 사실상 인사권 행사, 의정활동 자문위원 제도 도입, 보좌관제 추진 등을 적극 추진하려 하고 있습니다. 아울러 의원입법 정책연구비, 의정활동보고 지원 예산 확보, 개별 의원 맞춤형 홍보방안 등을 마련할 계획입니다.

Q 연정 2기 기대와 바람은?

A 2기 연정 실행 과정에서 분권과 협치라는 연정 정신을 큰 틀에서 존중하고, 서로 다른 가치를 지향하는 상대방의 요구를 수용해야겠다는 원칙을 지키기 위해 노력할 것입니다. 한편, 연정과 별개로 개별의원이나 상임위원회의 자율적이고 합리적 의정활동이 확실하게 보장되어야 한다는 확고한 원칙도 가지고 있는데 이 모든 것이 조화를 이루어 서로 상생하는 정치를 펼쳤으

면 좋겠습니다.

Q 운영위원장으로 꼭 하고 싶은 일은?

A 정치에서만큼은 민주주의 원칙이 다수결이 아니라 대화와 타협, 양보와 배려, 그리고 합의라는 점을 경기도민들에게 보여드릴 수 있도록 의회 운영을 잘하겠습니다. 아울러 상식과 원칙이 바로 서기 위해서는 모든 분야가 제도로 정착되어야 한다고 생각하기 때문에, 여러 분야에 대한 제도 정비를 통해 원활한 의회 운영이 될 수 있도록 최선을 다하겠습니다.

■ 경기방송 〈유연채의 시사 999〉 (2016. 12. 7.)

"민생연정 최고목표는 경기도민의 삶의 질을 높이는 것"

유연채 최순실 국정농단 의혹 사태로 시국이 어수선합니다. 남경필 지사가 새누리당을 탈당하면서 경기도 연정도 불안하기만 한데요. 연정 대담, 오늘은 양당 수석부대표와 함께 연정에 대한 얘기 나눠 보겠습니다. 김종석 경기도의회 더불어민주당 수석부대표와 임두순 경기도의회 새누리당 수석부대표가 이 자리에 오셨습니다.

김종석 안녕하세요.

유연채 남경필 지사의 탈당 이후 경기연정에 대한 우려가 많습니다. 특히 경기도의 내년도 예산 통과 이후 도의회 새누리당이 중대 결정을 할 것이라고 밝혔는데요. 앞으로 경기 연정, 어떻게 전망하십니까?

김종석 경기도 2기 민생연정은 '경기도민생

연합정치합의문'(2016.9.9. 서명), '경기도 민생연합정치 기본조례안' 제정(2016.11.16.) 등을 통해, 제도적 근거를 마련해서 추진하고 있습니다. 이를 통해, 경기도 연정 실행 과정을 체계화하고, 연정 과제 이행의 책임성도 확보했습니다. 또한 경기도 2기 민생연정 최고 목표는 경기도민의 삶의 질을 높이는 데 있습니다. 외부의 정치적 환경에 영향을 받지 않을 수는 없겠지만 큰 틀에서 경기도민의 민생을 살피고, 지방자치와 분권을 강화하는 방향으로 연합정치의 비전과 정책은 지속적으로 발전해 나갈 것입니다. 전체적으로 잘 될 것으로 전망합니다.

유연채 남지사의 탈당을 놓고 얘기가 많았는데요. 먼저 치고 나갔다고는 하지만 탈당 이후 대통령의 탄핵을 주장하는 남지사의 발언이 많은 주목을 받지 못하고 있는 것도 사실입니다. 도의회 양당은 남지사의 탈당 어떻게 보고 계십니까?

김종석 남경필 지사가 새누리당 탈당 기자회견에서 "생명이 다한 새누리당을 역사의 뒷자락으로 밀어내고자 한다."면서 "그 자리에 정당다운 정당, 새로운 대안을 만들어 갈 것"이라고 밝혔습니다. 이른바 '최순실 게이트' 진상 규명과 박근혜 대통령의 퇴진을 요구하는 촛불 집회가 어느덧 6차까지 진행되었습니다. 12월 3일 6차 촛불 집회에서는 사상 최대 인원인 232만 명(주최 측 추산)이 모여 대통령 퇴진을 요구했습니다.

30년 전의 6월 민주항쟁이 대통령 5년 단임제를 골자로 하는 '87년 체제'로 수렴됐듯이 이번 촛불 시위 역시 한국의 민주주의를 한 단계 더 높이는 방향으로 마무리되어야 할 것입니다. 그런 측면

에서 남경필 지사의 행동은 촛불민심에 부응한 것이었다고 긍정적으로 평가합니다. 다만, 남 지사의 대권행보로 인한 경기도정의 공백, 경기도 연합정치에 혼란이 발생하지 않도록 남 지사의 신중하고 책임있는 자세가 필요하다고 봅니다.

유연채   어제부터 사흘 간 경기도의회 예산결산특별위원회에서 경기도 내년도 예산안에 대해 계수조정이 진행 중입니다. 일단 상임위에서는 남지사의 역점사업들이 어느 정도 반영됐는데요, 예결위에서 삭감 얘기도 나오고 있습니다. 어떻게 예상하십니까?

김종석   현재 경기도의회 예결위에서 경기도가 제출한 19조 5,914억 원, 도교육청이 제출한 12조 3,656억 원 등 모두 31조 9,570억 원의 내년

도 예산안을 심사 중입니다.

남 지사가 대선 행보를 본격화할 것으로 보이는 만큼 선심성, 전시성 예산은 없는지 꼼꼼하게 살피고, 법령에 근거하지 않거나 규정에 어긋나서 수립된 예산은 과감하게 삭감할 것입니다.

유연채   남 지사의 탈당 이후 이미 도정공백 우려도 기정사실화되고 있습니다. 도지사보다는 정치인으로서의 행보에 더 속도를 내고 있는데요?

김종석   남 지사가 정치인으로서 대권에 도전하는 것은 자유입니다. 또한 김문수 지사의 대권 도전과는 차이가 있다고 생각합니다. 지금은 연정을 하고 있기 때문에 남 지사의 도정공백을 메워줄 제도적 장치가 마련되어 있습니다. 남 지사가 자신의 정치 행보에만 매몰되지 않고, 도민들

의 민생을 챙기는데 소홀하지 않도록 잘 감시하고, 상호 협력해 도민들의 우려를 불식시키겠습니다.

"박근혜 대통령 탄핵은 국민의 뜻"

유연채 국회의 박근혜 대통령 탄핵소추안 표결이 이틀 앞으로 다가왔습니다. 새누리당 비박계는 물론 친박계에서도 탄핵 찬성 의견이 속속 나타나면서 탄핵안 가결 가능성은 한층 높아진 상황인데요. 의회 차원에서는 대통령 탄핵과 관련한 앞으로의 시국 어떻게 전망하고 계십니까?

김종석 대통령이 조기 퇴진 일정을 밝히고 2선으로 후퇴한다는 이른바 '질서 있는 퇴진' 주장은 그동안 혼란만 빚었습니다. 국회 추천 총리나 대통령의 사퇴 시한에 대해 대선을 앞두고 입장이 서로 크게 다른 여야 정당들이 합의한다는 것 자체가 현실적이지 않았습니다. 박 대통령이 탄핵 위기에 직면한 것은 법을 위반했기 때문입니다. 온정주의에 입각해 적당히 정치적으로 넘어가려 해서는 안 된다고 봅니다.
국민의 촛불 민심은 국회가 헌법에 있는 탄핵 절차를 추진하라고 명령하고 있습니다. 국회에서 탄핵안이 가결될 것으로 봅니다.

유연채 그동안 논란이 됐던 누리과정 예산에 대해 경기도와 도의회, 도교육청이 한시적으로 합의를 이뤄냈죠? 경기연정의 큰 성과가 아닐까 하는데 어떻습니까?

김종석 지난 12월 2일 국회에서 '유아교육지원 특별회계 설치법'이 통과되어 내년부터 2019년까지 3년간 한시적으로 유아교육지원 특별회계를 만들어 중앙정부가 누리과정 예산을 일부 지원하기로 했습니다. 이에 따라 도의회와 도교육청, 경기도가 누리과정 예산 5천459억 원 편성에 합의했습니다. 지난 몇 년 동안 누리과정 예산 편성문제로 심각한 갈등을 빚기도 했는데, 연정 주체들의 노력을 통해 난제가 해결되어 참 다행스럽게 생각합니다.

> ■ 기호일보 〈인터뷰〉 (2017. 8. 17.)
>
> ## "연방제에 버금가는 강력한 지방분권 필요"

기호일보 정치에 입문하게 된 계기는?

김종석 2004년 열린우리당 광명을 국회의원 후보였던 양기대 현 광명시장을 도우면서 현실 정치에 입문했습니다. 이후 17대 국회 열린우리당 김동철 국회의원 정책보좌관으로 활동했고, 손학규 대선예비후보선대위에서 기획조정 및 메시지 팀장으로 일했습니다. 2008년 18대 국회 민주통합당 김상희 국회의원 정책보좌관으로 일하다가, 2012년 4월 재보궐선거를 통해 경기도의회에 입성했습니다.

기호일보 후반기 민주당 수석부대표이자 도의회 운영위원장으로서 의회운영과 경기연정 정책 추진에 중추적 역할을 해왔습니다. 기억에 남는 성과들을 꼽자면?

김종석 288개 연정 과제가 다 의미가 있다고 봅니다. 특히 경기도와 학교급식 지원비 1,033억 원 지원에 합의한 점('16년 237억 원 대비 → 4.3배 증가), 경기도 청년수당제를 도입한 것, 주거복지예산을 일반회계 2%까지 단계별 확대('16년 0.28% 수준)하고 도시재생기금을 매년 120억 원

기호일보　　　　　　　　　　2017-08-28 (월) 007면

객관적 자료 기반 상임위 재편 이끌 것

인터뷰 김종석
도의회 운영위원장

임기 내 도정 원칙 정립 목표
도시재생 상생안 마련도 주력

경기도의회 다수당인 더불어민주당의 수석부대표이자 도의회 운영 전반을 도맡고 있는 운영위원장으로서 양대 중책을 책임지고 있는 김종석(부천6)의원. 화통하면서도 거침 없는 그는 초선 시절이던 지난 8대 의회부터 '강성'으로 알려져 왔다. 상식과 원칙에 어긋난다면 거침없이 질타하고 개선책을 찾아낸다. '책임감'도 그 누구에 뒤지지 않는다.

그는 "정치에서만큼은 민주주의 원칙이 다수결이 아닌 대화와 타협, 양보와 배려, 합의라는 것을 행동으로 보여 주고 싶다"며 "제 묘비에 '민주주의 김종석의 묘'라고 새길 수 있는 삶을 사는 것이 목표"라고 강조했다.

그런 김 위원장은 288가지 조항으로 짜여진 2기 경기연정 정책합의문 작성 과정에서 선봉에 서기도 했고, 민주당 수석부대표로서 연정정책과제들이 실현되는 데 누구보다 앞장서고 있다.

김 위원장은 성과로 경기도와 학교급식 지원비를 4.3배 증가시키는 데 합의한 점, 도 청년

수당제 도입, 주거복지예산의 단계별 확대, 도시재생기금 적립 의무화 등을 꼽는다. 그는 "매년 반복됐던 누리과정 갈등 해결에 일조한 것도 적지 않은 성과"라며 "도 연정부지사 권한 확대와 지방장관 격인 '연정위원장' 파견 등도 지방분권과 자치 확대 차원에서 의미 있는 진전이었다"고 전했다.

최근에는 도의회의 만년 숙제인 '상임위원회 재편' 문제를 두고 고심 중이다. 제10대 도의회 출범에 앞서 현 9대 의회가 미리 방향을 정리해 둬야 한다는 생각에서다.

김 위원장은 "최대한 객관적인 개편 용역을 진행하고 있다"며 "모든 상임위 활동은 오직 도민을 위해서야 하고, 거기에 최적화된 시스템 구축이 필요하다"고 강조했다. 그러면서 "상임위 소관 부처별 예산 규모와 단위사업 수, 인력 및 안건처리 현황 등 최대한 객관화된 수치를 도출해 상임위원장과

의원들, 도 집행부의 의견을 최대한 담으려 노력 중"이라고 말했다.

김 위원장은 1년 남짓 남은 9대 의회 임기 동안 도정 곳곳에 자리잡은 비상식과 무원칙을 바로잡겠다는 다짐이다.

그는 "상식과 원칙이 바로 선 사회가 되려면 지도자 개인에 의존하는 인치(人治)가 아니라 제도화된 시스템 작동이 필요하다"며 "도민 삶의 질 향상을 가로막고 서민과 약자에게 고통을 주는 비상식과 무원칙을 바로잡기 위해 노력하겠다"고 강조했다.

김 위원장은 부천시를 지역구로 두고 있다. 부천은 김문수 지사 시절 '뉴타운' 실패로 후유증을 앓았고, 김 위원장은 초선이던 8대 의회 당시 뉴타운특별위원장을 맡아 뉴타운 해결책 마련을 위해 동분서주했다.

그는 "실패한 뉴타운 정책으로 시 전체가 10년 후퇴했다고 해도 과언이 아니다. 주민과 소통하는 도시재생, 대규모 개발방식이 아니 모두가 공생하는 도시재생이 필요하다"며 "제대로 된 도시재생 방안 마련을 위해 지혜를 모으겠다"고 했다.

김 위원장은 마지막으로 "우리 사회 발전을 위해 일할 기회를 주신 도민들과 지역주민들에게 늘 감사하다"며 "시민정신으로 늘 깨어 있는 정치인, 시대정신에 부응하는 정치인이 되도록 노력하겠다"고 약속했다.

남궁진 기자 why0524@kihoilbo.co.kr

적립하도록 한 것, 매년 반복되었던 누리과정 갈등 해결도 큰 성과라고 봅니다. 연정부지사 권한 확대와 사실상 지방장관인 연정위원장 파견도 지방분권과 자치확대 차원에서 매우 의미있는 진전이었다고 생각합니다.

기호일보 '경기연정'의 성공적 마무리를 위한 방향을 제시하자면, 또 지방선거 이후 연정의 지속 여부를 전망하자면?

김종석 경기연정이 아무도 걸어보지 않았던 길을 걸었듯이 또 아무도 해보지 않았던 마무리를 해야 합니다. 바야흐로 지방선거가 1년도 남지 않은 상황이라 여러 가지 걱정도 많습니다. 선거를 의식한 숙성되지 않은 정책, 협의되지 않

는 정책들이 우후죽순처럼 올라올 가능성이 많기 때문입니다. 이럴 때일수록 상식과 원칙을 지키는 정치를 하면 됩니다. 경기도민의 삶의 질 향상을 위해 연정을 시작했습니다. 그 초심을 잃지 않고, 연정합의문에 적시된 합의사항에 대한 관리만 제대로 해도 연정은 대성공이라고 봅니다.

다음 지방정부의 연정의 지속 여부는 예단하기 어렵습니다. 지방정부와 의회가 하는 일은 중앙정부와 달리 극심한 정치적 논쟁에서 거리를 두고 있는 사안들이 많습니다. 오히려 도민의 실질적인 삶과 직결되어 있습니다. 그런 점에서 어느 당의 후보가 도지사가 되더라도 연정을 하는 게 좋다고 봅니다. 다가오는 자치와 분권의 시대에 협치는 필수이자, 시대정신입니다!

기호일보 도의회의 '숙제'인 상임위원회 재편 용역이 진행 중입니다. 제10대 의회를 위해 9대 의회서 방향이 정리돼야 한다는 입장인데, 상임위 재편의 기조와 원칙이 궁금합니다.

김종석 현재, 최대한 객관적인 용역이 진행 중이어서 뭐라 예단하기는 어렵습니다. 다만, 용역을 발주한 취지는 경기도의회 모든 상임위 활동은 오직 경기도민을 위해서 해야 하고, 거기에 최적화된 시스템이 구축되어야 한다는 것입니다. 도지사와 교육감, 해당 집행부, 의장과 도의원 등 조직의 이해관계가 반영된 입장이 아니라 행정서비스, 정책서비스를 받는 도민의 입장에서 바라봤을 때, 만족할 수 있는 최선의 방안을 마련하고자 합니다.

상임위 소관부처별 예산규모, 단위사업 수, 인력 현황은 물론 상임위별 의안처리 현황, 순 회의시간 등 최대한 객관화된 수치와 함께 상임위원장, 의원, 실국장, 집행부 직원들의 의견을 최대한 담으려고 노력 중입니다.

기호일보 지방분권 강화에 대한 기대감이 높습니다. 지방의회 활동 경험을 바탕으로 새정부의 개헌 논의와 맞물려 지방분권 강화를 위해 실질적으로 이뤄져야 할 필수적 개선사항들을 꼽자면 무엇입니까?

김종석 문재인 대통령께서 말씀하신 대로 "연방제에 버금가는 강력한 지방분권"이 이루어져야 합니다. 이를 위해서 중앙정부 권한의 획기적인 지방이양과 자주적인 지방재정 확충방안이 마련되어야 합니다. 현재 국가 총사무가 46,000건, 국가 대비 지방의 사무비중이 70 : 30 정도 되는 것으로 알려지고 있습니다. 현재 국세 대비 지방세 비중은 8 : 2쯤 됩니다. 두 사안 다 그 비중이 6 : 4쯤 되어야 자치와 분권이라 할 수 있을 것입니다. 아울러 지방정부와 지방의회의 자치역량 강화를 위한 제도 개선이 필요한데 이 모든 것을 실형하기 위해 지방분권형 개헌이 반드시 이루어져야 합니다.

기호일보 남은 9대 의회 임기 동안 최우선으로 검토할 도정 및 의정 현안과제는 무엇인가요?

김종석 우리 사회가 상식과 원칙이 바로 선 사회가 되려면, 지도자 개인에게 의존하는 인치(人治)가 아니라 제도화된 시스템이 작동되어야 한다고 생각합니다. 도정 및 의정 곳곳에 자리잡은 채, 도민의 삶의 질 향상을 가로막고, 서민과 사회적 약자들에게 고통을 주는 비상식과 무원칙을 바로잡도록 최선을 다하겠습니다.

기호일보 지방선거가 내년으로 다가왔는데 향후 진로에 대한 계획은?

김종석 경기도의원으로서 지난 5년 동안, 뉴타운 문제 해결, 범안로 도로 확장, 경기도신청사 복합개발로 전환 등 소속 상임위와 지역 현안사업 해결에 최선을 다했습니다. 제1당 지도부의 일원으로 연정에 참여해, 어느 정도 성과도 거두었습니다. 도의원으로서 후회가 남지 않도록 남은 10개월 동안 마무리 잘하겠습니다.

기호일보 부천시를 지역기반으로 두고 있는데 주된 지역현안과 해결방안은?

김종석 서울 다음으로 인구밀집도가 높은 지역이 부천입니다. 신도시도 있지만 관내 대부분이 원도심지역으로 매우 낙후되어 있습니다. 특히 실패한 뉴타운 정책으로 시 전체가 10년은 후퇴했다고 해도 과언이 아닙니다. 주민과 소통하는 도시재생, 대규모 개발 방식이 아닌 모두가 공생하는 도시재생이 필요합니다. 예컨대, 자기 집은 주민 스스로 고치고, 도로, 공원, 주차장 등 주거인프라는 중앙정부와 지방정부가 지원하는 도시재생이 이루어져야 합니다. 제대로 된 도시재생 대안 마련을 위해 동료의원, 집행부와 지혜를 모으겠습니다.

기호일보 자신만의 정치적 '소신', '신조'를 표현하자면?

김종석 정치는 승자독식이 아니라 51%를 얻고, 49%를 내주는 것이라고 생각합니다. 정치에서만큼은 민주주의 원칙이 다수결이 아니라 대화와 타협, 양보와 배려, 그리고 합의라는 것을 행동으로 보여드리는 정치인이고 싶습니다. 그래서 제 묘비에 "민주주의자 김종석의 묘"라고 새길 수 있는 삶을 살았으면 좋겠습니다.

중부일보 2018-01-17 (수) 005면

道민주당 '연정 중단' 공식 제안

"가벼이 움직이는 南지사 · 민생연정 무의미" 경기도의회 더불어민주당 박승원 대표(왼쪽)와 김종석 수석부대표가 16일 도의회에서 기자회견을 열고 연정 마무리를 제안하고 있다.
사진=경기도의회

"연정 아래 같이 책임질 수 없어"
南지사 겨냥 '철새 정치인' 비판

경기도의회 더불어민주당이 민선 6기 동안 진행해온 '연정(聯政)'의 공식 마무리를 제안한다.

남경필 경기지사의 잇따른 탈당과 재입당 등으로 연정 정신이 훼손됐다는 이유에서인데 남 지사 측도 민주당의 제안에 동의하는 모습이다.

도의회 민주당 박승원(광명1) 대표와 김종석(부천6) 수석부대표 등 대표단은 16일 "경기도만을 바라보지 않고 개인의 미래만 바라보고 가벼이 움직이는 남 지사와 민생연정을 함께한다는 것은 무의미하다. 경기 연정을 마무리할 것을 공식적으로 제안한다"고 밝혔다.

대표단은 이날 도의회에서 기자회견을 열고 "연정 상대인 남 지사가 이당 저당을 옮겨 다니는 '철새 정치인'으로 불리는 지금의 현실에 자괴감마저 든다"며 이같이 말했다.

이어 "정치공학적인 판단에 따라 입·탈당을 반복하는 행위는 남 지사가 책임있는 정치 주체가 될 수 없다는 것을 확인시켜주고 있다"며 "경기도만을 바라보지 않고 개인의 미래만 바라보고, 가벼이 움직이는 남 지사가 더 이상 민생연정 정신을 훼손하지 않기를 바란다"고 비판했다. 또한 "연정을 끝내지 않으면 남 지사의 정치 행위에 같이 무한 책임을 져야 한다"면서 "개인적인 정치 행위를 연정이라는 이름으로 같이 책임질 수는 없다"고 말했다.

대표단은 "연정은 상대 파트너에 대한 신뢰가 가장 중요한데 남 지사가 일방적으로 자신의 정치적 행보로 일관해

온 부분에 대해 안타까움을 금할 수 없다"며 "연정 마무리는 지방선거를 앞두고 해야 할 절차이지만 남 지사로 인해 좀 더 빨라졌다"고 덧붙였다.

이에대해 남 지사 측은 연정의 마무리 절차를 진행하겠다는 입장을 전했다.

도 관계자는 "연정을 마무리하고 연정정신을 계승하는 데 동의하고 변함이 없다. 조만간 연정주체들이 논의의 장을 만들어 마무리 절차를 진행할 것"이라며 "민선6기 연정이 유종의 미를 거두고 민선 7기 또 다른 성과와 밑거름이 되도록 노력하겠다"고 말했다.

한편, 도와 도의회는 2014년 8월 '경기도 연합정치 실현을 위한 정책합의 문' 20개 항에 합의하면서 연정을 시작했으며 2016년 9월 작성한 '경기도 민생 연합정치 합의문'에서는 2기 연정사업을 288개로 확대했다.

김현우기자

마지막으로 도민들과 지역주민들께 드리고 싶은 다짐은?

김종석 우리 사회 발전을 위해 일할 수 있는 기회를 주신 도민들과 지역구민들에게 늘 감사한 마음을 갖고 있습니다. 시퍼런 정신으로 늘 깨어있는 정치인, 시대정신에 부응하는 정치인이 되도록 노력하겠습니다.

■ 경인방송 〈문현아의 카페인 – 시사오락관〉
(2017. 9. 28.)

"지방분권과 자치 강화 …
대한민국 유일한 블루오션"

문현아 오늘 이야기 나눌 주제는 '경기도 연정(연합정치)'과 '지방분권'입니다. 이 내용 함께 해 주실 분, '경기도의회 김종석 도의원' 모셨습니다. 경기도의회가 지난달 29일 지방분권과 자치권 확보를 위한 3대 핵심과제 24개 실천방안을 확정하고 이를 국회와 청와대, 중앙부처에 건의하기로 했다는데요. 이게 어떤 내용인가요.

김종석 우리나라 지방자치 제도는 제헌헌법에 근거해, 70년 전부터 시행됐습니다. 그러다가 5 · 16 군사쿠데타로 중단되었다가, 김대중 전 대통령의 단식 투쟁 등의 성과로 노태우 정부 때 다시 부활했습니다. 그동안 여러 차례 헌법이 바뀌었으나 지방자치와 관련된 헌법 조항은 '는' 자 한 글자 바뀌었습니다. 그만큼 지방자치에 대한 심도 깊은 연구와 관심이 부족했던 것이죠. 지방정치는 중앙정치와 다르게 논쟁하거나 싸움이 일어날 소지가 적습니다. 대붑분의 업무가 주민들의 삶의 질을 향상시키기 위한 일이기 때문이죠. 그럼에도 많은 제약을 받고 있어서 지난 10년 동안 지방자치 발전을 저해한 사안들을 모아 정리한 결과, 3대 핵심과제 24개 실천방안으로 추렸습니다. 도민들의 삶을 바꿀 수 있도록 법 개정 등 제도 개선을 해야 할 분야를 모은 것입니다.

문현아 경기도 연합정치에 대해 처음 듣는 청취자들도 있으실 거라 봅니다. 경기도 연정 설명해 주시지요.

김종석 현재 경기도에서는 경기도의회 더불어민주당과 남경필 도지사-경기도의회 자유한국당이 연정을 하고 있습니다. 남경필 도지사가 2014년 지방선거에서 당선 된 이후 경기도의회의 '여소야대' 특성을 감안, 원활한 도정 운영을 위해 경기도의회 더불어민주당에 연정을 제안해 도민의 삶의 질 향상을 위해서라면 해보자고 해서 협치가 성사됐습니다. 그런데 우리나라에서는 연정이 법적으로 뒷받침을 못 받고 있습니다. 그런 여러 한계에도 불구하고, 아무도 가보지 않는 길을 가고 있습니다. 우리나라 지방자치, 지방정치사에서 획을 그은 사건으로 기록될 것입니다.

문현아 그럼 앞서 말씀드린 지방분권, 자치권 확보를 위한 24개 실천방안 중 정말 중요한 것들을 꼽아본다면 어떤 것들이 있습니까? 한 번 짚어주시지요.

김종석 어느 것 하나 중요하지 않는 것이 없지만 재정과 권한입니다. 일반 가정에서도 경제권이 중요하지 않습니까? 현재 우리나라 국세와 지방세 비중이 8대 2입니다. 중앙정부가 8을 가진 것이지요. 그래서 지방정부가 실제로 쓸 돈이 없습니다. 중앙정부가 대부분의 재정 권한을 쥐고 있기 때문에 무늬만 지방자치일 뿐입니다. 2016년 기준으로 우리나라 국세가 76%로 약 242조 원 정도 됩니다. 지방세는 24%로 약 75조 원 밖에 안 됩니다. 이 비율을 6 대 4 정도로 조정하는 것이 문재인 대통령도 공약한 부분이고요. 그렇게 됐을 때, 지방세는 127조 원으로 현재에 비해 두 배가량 늘어납니다. 그러면 지방정부가 그 만큼 정책 특색에 맞게 쓸 수 있기 때문에, 이를 위한 법적 근거를 마련해 달라는 주요

내용을 담았습니다.

또 하나는 국민들이 행복하게 잘 살도록 국가가 수행하고 있는 사무가 약 4만6천 건에 달합니다. 그런데 이중 중앙정부 사무가 약 70%입니다. 지방은 약 30%에 그칩니다. 이러한 국가사무 중 지방으로 약 4천 건을 더 이양해, 지방정부가 특색에 맞게 일을 할 수 있도록 제도 개선을 해야 합니다. 청취자들께서는 안 보이시겠지만, 법과 제도 개선이 필요한 내용을 담은 300페이지가 넘는 책자를 만들어 청와대, 국회, 중앙정부에 건의했습니다.

문현아 우려되는 부분이 내년 지방선거 때 각 자치단체 후보가 부단체장 승진 임용을 공약으로 내세우고 있는데요. 그렇게 되면 경기도 인사 적체가 발생, 승진이 어려워지는 등의 부작용이 우려됩니다. 또 지방분권에 따른 광역지자체의 역할도 변화가 필요할 것 같은데요.

김종석 지방자치와 분권이 그렇게 협소하게 해석되면 안 된다고 생각됩니다. 현재 시군에 내려가는 부단체장은 도와 시군 간에 가교 역할을 하고 있습니다. 예산, 정책 등에서 조정자 등 중요한 역할을 하고 있는 건데요. 만약 지방분권이라고 해서 인사 교류를 막아버리면 지역에서는 그 자리에 시군 공무원이 승진해서 좋은 측면도 있지만, 도민들 입장에서 보자면 좀 더 다양한 행정서비스, 예산을 더 많이 가져올 수 있는 측면이 있기 때문에 넓게 봐서 존치할 필요가 있습니다.

"우리의 삶이 확 바뀌는 지방자치와 분권 강화 꼭 필요!"

문현아 지방분권과 자치 강화, 경기도 역할

경기일보 2018-01-17 (수) 001면

경기도의회 더불어민주당이 남경필 경기지사에게 '경기도 연합정치 종료'를 공식 제안. 경기도 연정이 중단될 위기에 처해졌다. 16일 도의회 더불어민주당 박승원 대표의원과 김종석 의회운영위원장이 연정 중단관련 기자회견을 하고 있다(왼쪽). 같은 날 경기도 미세먼지 대책 기자회견을 하고 있는 남 지사.
전형민기자

경기연정 3년여 만에 파국

도의회 민주당 "철새 정치인과 함께한다는 것 무의미"
南 지사에 종료 제안… 道 "조만간 논의의 장 만들것"
"민선 6기 막바지… 도의회 잇속만 챙기고 끝" 비난도

경기도의회 더불어민주당이 남경필 경기지사에게 '경기 연정 종료'를 공식 제안했다.

도의회 다수당이자 연정의 한 축인 민주당이 사실상 연정 종결을 선언한 것으로 남 지사의 정치실험이 3년여 만에 파국 수순을 밟게 됐다. 이런 가운데 도의회 안팎에서는 도의회의 잇속만 챙기고 끝난 '물 빠진 경기연정'이라는 비난도 일고 있다.

민주당 대표단은 16일 도의회 브리핑룸에서 기자회견을 열고 "경기도민을 바라보지 않고 개인의 미래만 바라보고 가벼이 움직이는 남 지사와 민생연정을 함께한다는 것은 무의미하다"며 "이 자리를 통해 경기 연정을 마무리할 것을 공식 제안한다"고 밝혔다.

이어 "연정 상대인 남 지사가 이 당 저 당을 옮겨 다니는 '철새 정치인'으로 불리는 지금의 현실에 자괴감마저 든다"면서 "정치공학적인 판단에 따라 입탈당을 반복하는 행위는 남 지사가 책임 있는 정치 주체가 될 수 없다는 것을 확인시켜주고 있는 것"이라고 비판했다.

남 지사는 바른정당과 국민의당 합당에 반대하며 바른정당을 탈당, 지난 15일 한국당으로 복당했다.

대표단은 "남 지사의 정치적 행보가 도민들의 민생을 나아지게 하고 삶의 질을 향상시키는 것과 무관하게 개인의 정치 진로를 모색하는 차원에서 이뤄지고 있다는 점에서 우려의 마음이 크다"고 꼬집은 뒤 "그간의 연합정치의 성과와 과제를 평가하고 점검하는 작업을 통해 연정이 유종의 미를 거둘 수 있도록 민주당 차원에서 연정 마무리를 책임 있게 수행해나갈 것"이라고 강조했다.

이에 대해 도 관계자는 "연정을 마무리하고 연정정신을 계승하는데 동의하고 변함이 없다"며 "조만간 연정주체들이 논의의 장을 만들어 마무리 절차를 진행할 것이다. 민선 6기 연정이 유종의 미를 거두고 민선 7기 또다른 성과의 밑거름이 되도록 노력하겠다"고 말했다.

이런 가운데 도의회 안팎에서는 연정 파트너인 민주당이 민선 6기 막바지에 돌연 연정 종료를 제안함으로써 도의회의 잇속만 챙기고 끝난 '물 빠진 경기연정'에 그쳤다는 비난의 목소리가 나오고 있다.

도의회 관계자는 "경기연정은 첫 단추부터 잘못 됐다. 민주당이 애초 받아들이지 말았어야 했다"며 "사실상 인사권, 연정예산(지역예산) 등 도의회의 실속만 챙겨주고 민선 6기 임기 막판에 내 쳐진 꼴"이라고 꼬집었다.

갑작스러운 연정 종료 제안에 대해 박승원 민주당 대표(광명3)는 "연정은 상대 파트너에 대한 신뢰가 가장 중요한데 남 지사가 일방적으로 자신의 정치적 행보로 일관해온 부분에 대해 안타까움을 금할 수 없었다"며 "연정 마무리는 지방선거를 앞두고 해야 할 절차지만 남 지사로 인해 좀 더 빨라졌다"고 설명했다.

한편 지난 2014년 지방선거에서 연정을 약속했던 남 지사는 취임과 동시에 도의회와의 연정을 추진했다. 같은 해 8월 '경기도 연합정치 실현을 위한 정책합의문'을 통해 연정을 공식화했다. 이후 도의회 후반기 지도부 구성으로 지난 2016년 9월 '경기도 민생연합정치 합의문'을 통해 288개 연정사업을 마련, 제2기 연정이 진행 중이다. 박준상기자 관련기사 3면

은 어떻게 강화되어야 한다고 생각합니까?

김종석 경기도를 비롯해 광역지자체가 연방제 수준의 권한을 받아와야 합니다. 그러기 위해서 개헌과 후속 입법 등을 통해 지방자치, 지방경찰, 지방의 조세 징수 등이 가능해야 합니다. 지방의 조례도 상당 부분 독립성을 보장해 주고, 지방정부의 권한 등이 보장되어야 합니다. 중앙정부는 보충성 원리에 따라 외교, 국방만 맡고, 나머지 국가 업무를 사실상 지방정부가 맡는, 주민의 삶과 관련된 모든 업무를 보도록 권한이 강화되어야 합니다.

문현아 지금까지 남경필 지사의 경기도 연정 어떻게 평가하실까요.

김종석 소속 정당은 다르지만 존경의 마음을 가지고 있습니다. 아무리 '여소야대'라고 하지만 예산과 인사권을 일부라도 내놓기가 쉽지 않은데 과감하게 내 주었고, 지금까지 약간의 불협화음은 있었지만, 큰 틀에서는 대화와 타협을 통해 협치를 이뤄냈다는 측면에서 아주 높게 평가합니다.

문현아 경기 연정, 아쉬운 점도 있을 텐데요.

김종석 있지요. 요즘 선거가 가까워져서 그

런지, 과거와 달리 민주당과 상의해서 하기 보다는 좋은 정책이라고 판단되는 것은 혼자 준비해서 슬쩍 발표해버려, 내부적으로 '협치를 하기로 했으면 끝까지 해야지 왜 그러느냐?'는 불만도 있습니다. 하지만 충분히 극복할 수 있기 때문에 잘 마무리하도록 노력하겠습니다.

문현아 앞으로 경기 연정 전망을 하자면 어떤가요?

김종석 연정은 도의회나 남경필 도지사가 잘 되기 위해서 한 것은 아닙니다. 오직 도민의 삶의 질 향상과 행복을 위해서 한 것입니다. 이 초심을 잊지 않는다면, 작은 차이를 극복하고 마지막까지 잘 마무리할 수 있을 것입니다.

문현아 지방분권과 연정이 왜 필요하고, 왜 중요한지 말씀해 주시지요.

김종석 정치권을 바라보는 도민들께서 하나같이 하는 말씀, '싸우지 마라'입니다. 그 말씀은 몸싸움을 하지 마라는 것이지, 정책 경쟁을 하지 마라는 의미는 아닙니다. 누구 정책이 나은지 치열하게 경쟁하고 싸워야 합니다. 김문수 도지사 시절과 달리 남경필 도지사와 연정을 하면서, 경기도의회에서 몸싸움하는 구태가 없어졌습니다. 양측이 연구 개발한 정책들이 협치를 통해 합의 추진되었습니다. 이렇게 지방분권과 연정이 이루어지면 도민의 삶이 달라집니다. 법과 제도가 뒷받침되면, 도민들의 삶에 훨씬 더 많은 변화가 있을 것입니다.

문현아 지방자치와 분권 강화, 그리고 안정적인 연정을 위해 보완해야 할 점은 무엇입니까.

김종석 국가든 지방정부든 시스템이 중요합니다. 인치(人治)가 되면 사람이 바뀌면 다 바뀌게 됩니다. 국가가 축적한 역량, 사회적 합의가 이루어진 부분은 법과 제도로 시스템을 뒷받침해야 합니다. 우리나라는 법으로 지방정부를 획일적으로 '기관대립형'을 선택하도록 되어 있습니다. 도지사와 의회가 대립하는 형태입니다. 이런 제도적 제약 요인의 해소가 필요합니다. 예를 들어 기관 선택을 경기도 도민들에게 선택하도록 하고, '기관화합형'인 내각제 형태를 도입할 수도 있을 것입니다. 도의회 다수당 대표가 도지사 역할을 하고, 도의원들이 지방장관 역할을 하는 겁니다. 서구 선진국에서는 많은 국가가 그렇게 하고 있습니다.

문현아 끝으로 꼭 전하고 싶은 말이 있습니까.

김종석 예를 들어 지방분권형 개헌이 이루어지고 재정권한이 6 : 4로 조정되면, 경기도의 경우 2016년 지방세가 21조 원이었는데 2020년에 42조 원, 두 배 늘어납니다. 이렇게 되면 광명에 가면 아이 키우기가 좋고, 부천에 가면 대학 보내기가 좋고, 또 어디가면 노후에 살기가 좋다고, 지방정부들이 특색 있는 행정서비스 경쟁을 하게 되어, 주민들의 선택의 폭이 넓어지게 됩니다. 한 마디로 개인의 삶이 확 바뀌게 됩니다.
따라서 내년 지방선거에서 반드시 지방분권형 개헌이 이뤄져서 중앙정부는 보충만 해주고, 나머지는 지방정부에 맡기는 그런 국가로 우리나라가 바뀌었으면 좋겠습니다. 우리에게 남은 유일한 블루오션이 바로 지방분권과 자치 강화입니다. 이를 실현하기 위해 도민들께서 엄청나게 힘을 보태주셨으면 좋겠습니다.

경기도 연합정치의 성과와 한계, 남겨진 과제?

양근서 / 경기도의원(제3연정위원장)

이 글은 경기도 연합정치 연정실행위원회 제3연정위원장인 양근서 도의원이 지난 2월 23일 경기도의회 더불어민주당이 주최한 연정평가 토론회에서 발표한 발제문이다. 경기도 연합정치에 대해, 양근서 도의원과 전적으로 입장을 같이하는 필자의 요청으로 게재하게 되었다. 좋은 글을 공유하게 해준 양근서 도의원께 감사드린다.

1. 개괄

□ 경기도 연정은 '파탄' 났나?

경기도 연정의 종료 시점이 4개월 앞으로 다가왔다. 일부 언론은 이를 두고 '파국', '파기', '졸혼' 등 자극적인 표현을 써가며 마치 연정이 파탄난 것처럼 보도하고 있으나 사실과는 다르다. 연정은 정치 행위 주체들간의 '공적 계약'이다. 다만, 법적 효력과 구속력이 있는 민사적 계약과는 달리 계약의 이행과 결과에 대해 정치·도덕적으로 책임을 진다는 점에서 차이가 있다. 정치적으로 책임진다는 의미는 유권자에게 연정의 이행 과정과 성과를 투명하게 공개해 차기 선거에서 투표로서 정치적 심판을 받는 것을 말한다. 따라서 경기도 연정의 한 축인 경기도의회 더불어 민주당이 연정 종료를 제안한 것은 매우 자연스럽고 당연한 일이다.

연정의 종료 시점은 계약서인 연정합의문에 별도로 명기돼 있지는 않으나 계약에 서명한 참여 주체들의 임기가 만료되는 올해 6월 30일이다. 이전에 치러지는 6·13 지방선거에서 경기도민의 연정에 대한 정치적 판단과 심판을 받기 위해서는 연정 주체는 물론 언론, 시민사회, 학계 등 여러 단위에서 냉정하고 객관적인 평가작업이 선행돼야 한다. 경기도 연정과제의 충실한 이행을 관리하고 집행부와 의회간의 교량 역할이 부여된 연정위원장으로서 먼저 비판적 평가를 시작한다.

□ 경기도 연정은 어떻게 시작됐나?

경기도 연정의 시작 배경에 대해서도 일부 사실과 다른 오해가 있다. 2014년 6·4지방선거에서 새누리당 남경필후보는 2위인 새정치민주연합 김진표후보에 0.87%차이로 신승했다. 경기도의회는 새누리당이 50석(39%)을 차지해 78석(61%)을 차지한 새정치민주연합에 압도적인 열세의 여소야대 상황이 됐다. 남지사로서는 안정적인 도정 운영을 위해선 연정이 절실히 필요할 수 밖에 없는 처지여서 연정을 제안했다는 것이 연정 제안의 배경으로 회자된다.

필자 역시 이와 같은 인식을 가지고 있었으나 남지사는 새누리당 후보로 공천되는 날 이미 경기도 연정을 공약으로 제시했다. 정치는 결과로서 평가하는 책임윤리의 영역이라는 측면에서 '선의'와 '진정성'에 의존하는 정치만큼 위험한 것도 없지만 아무튼 정치인 남경필의 연정 제안이 정치적인 수세국면을 타개하기 위해 어쩔 수없이 수용한 것이라기보다는 자신의 정치철학을 반영한 적극적인 정치신념이었다는 점은 인정해야 한다.

□ 연립정부인가? 연합정치인가?

원래적 의미의 '연정'은 연립정부(Coalition government) 또는 연합정부의 뜻이다. 다당제 구조의 의원내각제 하에서 다수당이 과반수 의석을 확보하지 못했을 때 다른 정당과 협력하여 구성하는 정부를 말한다. 공동으로 정부를 구성하는 원리이기 때문에 소수당인 야당을 연정에 참여시키기 위해 권력(인사권, 내각의 직위, 정책 등)을 나눠 분점하는 방식으로 연정체계가 구성된다. 남경필지사가 후보시절 처음 제안한 '경기도 연정' 역시 당초는 연립(합)정부의 개념으로 이해됐고, 남지사 역시 언론 인터뷰 등을 '독일식 연정'을 모델로 제시하곤 했다. 그러나 '연립정부' 또는 '독일식 연정'은 국내의 정치제도와 법률의 미비로 온전히 실현하는 것은 불가능하다. 이 같은 판단 때문인지 남지사는 경기도 연정의 개념과 의미를 국내 실정에 맞는 수준으로 축소하여 '연합정치'로 규정했다.

독일을 비롯한 의원내각제, 다당제 국가의 중앙정부와 지방정부에서는 연정을 실행하는 제도적인 장치가 의원 내각제로 의원의 입각(주장관)을 통해 연정에서 계약하고 합의한 정책과제를 실행하는 역할을 하는 것인 기본이다.

연정 실행을 위한 법제가 미비한 우리 현실에서 경기도 연정은 의회 과반수 의석 확보에 실패한 소수 여당의 남지사가 의회중심의 안정적인 정부를 구성하기 위해 정책과 인사(추천)권을 매개로 과반 다수당인 야당과 협치한 것이라고 정의할 수 있다.

그럼에도 불구하고 경기도 연정은 인사(추천)권, 정책, 예산의 분배 등을 공적으로 계약하고 이의 실행을 담보할 수 있는 상시적인 연정 추진 체계와 방식을 조례로서 제도화했다는 점에서 대화와 타협, 양보 등 상호 협력을 통한 정치라는 의미의 '협치' 수준을 뛰어 넘었을 뿐만 아니라 여러 근본적인 한계에도 불구하고 한국 정치사에 괄목할만큼 의미있는 정치 실험이었다고 평가하지 않을 수 없다.

2. 경기도 연정의 의미와 한계

□ 정책적 의의

전술했듯이 경기도 연정은 권력독점(all or nothing), 승자독식(Winnner takes all), 극한대립과 충돌을 특징으로 하는 한국의 정치풍토에서 지방정부와 지방의회가 주도하여 이를 극복하고 상생과 통합, 협력의 정치로 전환하는 정치 실험을 했다는 점에서 상징적인 의미가 크다. 또한 이 연정이 정치적 선언에 그치지 않고 이념과 가치, 노선이 서로 이질적인 정당이 생활임금제 도입 합의, 공공기관장 인사청문회 실시, 반값 또는 무상교복 시행, 공공임대상가제 도입 등 국민적 공감이 가능한 이슈에 대해 정책연대를 통해 개혁적인 정책 성과를 만들어냈다는 점에서도 실질적인 성과로 평가돼야 마땅하다.

□ 법과 제도적 제약들

경기도 연정이 연립정부가 아닌 '연합정치'로서 한계를 가지고 출발했기 때문에 여러 시행착오와 문제점이 노정됐다. 누구도 가보지 않을 길을 걷다 보니 초기에는 '연합정치'의 기준과 모델이 없어 구체적인 원칙과 방향성, 내용을 설정하기가 어려웠다. 실질적인 의미의 '연정'이 실행되기 위해서는 정책과 인사권의 분점, 그리고 핵심적으로는 의원의 내각 입각이 뒷받침돼야 한다. 그러나 경기도 연정은 우리나라의 법과 제도의 미비와 제약으로 인해 매우 제한된 틀에서 정책합의 위주로 진행될 수밖에 없는 구조적 한계가 있었다. 가장 대표적인 예가 경기도 내각(지방장관)으로 필자가 남지사에게 제안해 연정 실행을 담보하기 위한 핵심적인 제도적 장치로 구성하려 했으나 행자부의 개입과 반대로 실현되지

못했다.

□ 행자부의 지방장관제 도입 반대

2016년 5월 필자는 지방의원의 겸직을 금지한 지방자치법과의 충돌을 피하기 위해 무보수 명예직 지방장관제를 제안했다. 연정이 선언적 의미에 그치지 않고 실질적으로 시행되기 위해서는 협약 과제의 이행을 점검·관리·평가함과 동시에 연정의 정치·행정적 책임성을 보장할 수 있는 최적의 장치로 의원이 집행부에 참여하여 관련 부서를 통할하는 의원 내각제 실험을 본격적으로 하자는 취지였다.

당시 행자부는 박근혜 대통령에게 보고한 정부 혁신 방안에서 지방자치단체의 기관구성 형태를 획일적인 기관대립형에서 의원내각형 등 통합형 모델로 다양화하기 위한 지방조직 제도개선을 하겠다는 계획을 스스로 수립해 놓고 있었다. 그럼에도 불구하고 경기도의 지방장관제 혹은 의원내각제 실험에 대해서는 반대하는 이율배반적 모습을 보여 주었다.[1]

□ 경기도 연정의 주요 실행체계

연정의 기본은 의석비율에 인사의 배분이므로 도지사의 인사권중 현행법상 배분 가능한 범위와 직을 구체적으로 정해 연정 계약서에 명기해야 했다. 하지만 현실적인 한계로 인해 경기도 연정은 남경필지사가 사회통합부지사 자리에 대한 자신의 임용권을 새정치민주연합에 인사 추천권 형태로 나눠주는 방식으로 진행됐다. 집행부 실국장급과 산하 공공기관장 등의 인사권도 도지

---

1) 참고자료의 〈지방장관제 도입 관련 통보사항 – 행정자치부 (2016.8.26.)〉

사와의 정치적 합의에 따라 연정 파트너에 추천권을 부여하는 방식으로 가능할 것이었다. 경기도 산하 기관 24개 중 1기 때는 6개, 2기 때는 7개 기관의 장(CEO) 임용에 대한 인사 추천권이 새정치민주연합에 주어진 것과 같은 맥락이다.

□ 연정부지사 / 사회통합부지사

1기 연정의 사회통합부지사는 물론 2기의 연정부지사 모두 관할 실국에 대한 별도의 인사권은 주어지지 않았다. 사무분장과 전결처리규칙 등을 개정해 연정(사회통합)부지사의 권한과 업무 범위를 확장하고 소관 집행부서에 대한 인사권의 보장을 합의 한후 연정을 추진했으면 훨씬 강화된 연정체계가 완성됐을 것이다. 더 나아가 향후 연정시 부지사직에는 경기도의회 의원 중에서 선출하여 겸직하는 방안을 적극 추진할 필요가 있다.

이를 위해서는 지방자치법상 지방의회 의원의 겸직 금지 조항에 '특수경력직공무원'을 예외로 추가(지방자치법 제35조)하여 연정뿐 아니라 시·도의원의 부단체장 겸직 허용의 물꼬를 터야 할 것이다.

2기 연정부지사 소관 부서가 1기 사회통합부지사보다 줄어든 이유는 전체 부서에 대한 총괄 기능을 강화하는 한편 2기에서부터 새로 도입된 연정위원장들이 해당 분야별 부서를 관장할 수 있도록 하기 위해서였다.

□ 연정위원장

연정위원장제는 연정협약 과제의 이행을 점검·관리·평가하고 연정의 정치·행정적 책임성을 제고하는데 최적의 장치로 고안됐다. 부지사 자리 하나 나눠주고 정책합의 하는 느슨한 협치 수준의 연정은 '의사(Psuedo)연정'에 불과하다고 판단해 보다 과감하고 적극적으로 실질적인 연정을 실행하기 위한 제도적 장치였다. 또한, 지자체의 획일적인 기관대립형(의회↔집행부) 기관구성 방식에 의원내각제형 모델을 도입하는 선도적인 자치·분권실험이었고 새로운 시대의식으로 떠오른 '협치와 분권'이념에도 부합됐다.

그러나 당초 지방장관제라는 이름으로 추진하려 했으나 행자부의 반대에 부닥쳐 우회한 명칭이 연정위원장이다. 따라서 연정위원장제도는 현행법상 의원내각제가 법제화돼 있지 않은 한계로 인해 일종의 경기도 의원내각제 실험으로 볼 수 있고, 연정 과제의 이행을 관리하는 역할을 수행함으로써 의회의 각 정당에서 파견한 도지사 '보좌기관'으로서의 성격을 갖는다. 실제 연정위원장은 경기도의회 소속이 아니라 경기도지사가 임명장을 수여해 경기도 소속이자 집행부의 역할을 수행한다.

다만, 도지사 보좌기관 성격으로서의 경기도 연정위원장은 결재권이 없어 정책 목표의 달성 및 수행에 간접적으로 기여할 뿐 정책에 대한 최종적인 책임을 질 수는 없다. 의회 각 정당에서 경기도에 파견된 현직 의원으로서, 소속 정당에서 정치적 책임을 지게 된다.

경기도 연정위원장은 매주 2회 정기적인 도지사 주재 도정회의에 참석해 부지사 등과 함께 실국장과장의 주요 현안과 업무에 논의하고 있고, 수시로 소관 연정과제의 이행을 점검하는 역할을 하고 있다.

만약 경기도 연정이 한단계 진화해 3기 연정이

추진된다면 연정위원장 꼬리표를 떼어내고 본격적인 지방장관제 실험으로 나아가는 것이 바람직하다. 현행법상 지방의원은 공무원직을 겸할 수 없도록 규정하고 있으나 이때의 공무원은 어디까지나 지자체가 경비를 부담하는 지방공무원을 지칭하는 것이다.

따라서 지방자치단체인 경기도에 내각을 구성하고, 경기도의회 의원이 해당 장관직으로 임명돼 해당 장관직에 대한 별도의 경비(급여)를 받지 않는 '무보수 명예직 장관'방식으로 지방장관제 실험이 가능할 것이다. 물론, 이 경우에도 행자부가 지방장관이라는 명칭 자체를 사용하지 말 것을 강요할 수 있지만 이는 법률적 근거가 없기 때문에 지자체 자율적으로 결정할 수 있는 문제라고 본다.

또한 현행 연정위원장의 권한과 역할을 극복하기 위해서는 현행 법규의 제약에도 불구하고 도지사로부터 연정협약과제 등에 대한 결재를 위임받아 넓은 의미의 문서 결재권[2]을 부여함으로써 실질적인 의사결정과 집행권한을 행사하도록하는 것이 필요하다.

현재 새정치민주연합 3, 자유한국당 3 등 모두 6명의 연정위원장이 해당 소관 부서에 대한 연정과제의 이행을 자문관리하는 역할을 하고 있다.

□ 연정실행위원회, 재정전략회의

연정정책과제를 효율적으로 수행하기 위하여 경기도연정실행위원회를 설치하고 산하에 재정전략회의를 운영했다. 연정실행위원회는 연정부지사와 각 당의 대표가 공동위원장을 맡고 연정위원장을 비롯한 각 당 정책위원장 등 19명 이내로 구성해 연정정책 시행에 대한 최고 협의기구로서 기능했다. 재정전략회의는 연정정책과제 예산의 편성과 집행에 대한 사항을 심의하는 역할을 했다.

□ 연정 합의 과정의 문제들

독일 사민당은 대연정(기민,기사+사민당)합의안에 대해 2월 20일부터 2주간 46만여명의 당원투표로 찬반 여부를 결정한다. 투표결과 과반수가 반대할 경우 대연정은 무산되고 이에 대한 책임을 지고 기민당 메르켈 총리는 사임하고 새총리가 새로 협상을 진행하거나 총선을 다시 치러야 한다.

사민당은 2017년 9월 총선에서 20.5%를 득표했으나 연정합의안 발표후에는 17%로 지지율이 떨어졌다. 이처럼 야당에게 연정에 참여하느냐 마느냐는 매우 민감한 주제이다. 당원과 지지자들이 투표로 만들어 준 세력 구도를 바꾸는 것이기 때문에 유권자 입장에서는 자신들의 뜻과 참정권을 왜곡하는 것으로 받아 들일 수 있고 연정의 합의 내용과 이행 결과를 냉정하게 평가한다. 야당의 연정 참여 여부는 가능한 한 폭넓은 당원의 참여속에서 결정돼야 하고 연정의 합의 내용, 이행결과 역시 당원은 물론 지지자들에게 매우 즉각적으로 투명하게 공개돼서 정치적 심판을 받는 책임정치 구조를 확립하는 것이 통례이다.

따라서 여러 긍정적인 평가와 성과에도 불구하

---

2) 소관 실·국 등 집행부의 직무수행에 대한 지휘·감독과 통할을 부여하기 위한 방안으로는 '위임 전결' 외에도 '대결'(직무를 대리하는 자가 행하는 결재로 사후 보고), 결재의 개념에 해당하지 않지만 해당 공무원이 기안한 문서의 내용을 분석하고 점검하여 동의 여부를 결정하는 '검토', '협조' 서명이 가능하며 세부 운영기준은 경기도 규칙 등으로 정할 수 있다.

고 새정치민주연합의 경기도 연정 합의는 몇가지 비판에 직면할 수 있다. 먼저, 압도적인 과반 다수당의 지위를 확보한 야당이 연정에 참여함으로써 투표 결과로 나타난 민의를 왜곡할 수 있다는 문제가 제기될 수 있다.

물론 연정 참여여부를 결정하는 과정에서 당원과 민의를 반영하는 절차적 민주주의가 잘 보장이 됐면 어느 정도 해소될 수 있지만 새정치민주연합은 연정 참여 여부를 결정하는 과정에서 '참여'와 '숙의'가 기본인 민주주의적 원칙이 제대로 지켜지지 않고 오히려 훼손된 측면이 없지 않다.

경기도 연정은 실질적인 주체인 경기도의회 의원들이 배제된 채 첫 단추부터 국회의원 중심으로 진행됐다. 연정의 주체가 당, 김진표 새정치민주연합 경기도지사 후보, 경기지역 국회의원, 경기도의회 중 누구인지 모호한 상태에서 초기에는 의회의 주도성이 상실됐다. 더욱이 경기도의회 새정치민주연합은 의원총회를 통해 연정 참여가 부결됐는데도 불구하고, 개별적인 설득 작업을 진행한 후 재의를 해서 연정 참여를 결정하는 모습을 보였다.

□ 연정의 형해화와 '야당없는 의회' 의 출현

연정의 법제적 토대가 미비한 상태에서 출발한 경기도 연정은 새정치민주연합 입장에서는 민의 왜곡에 대한 부담뿐만 아니라 실질적인 연정은 없는데도 연정에 따른 공동책임, 야당의 부재, 의회기능 약화 등을 초래할 정치적 부담과 위험이 내재돼 있었다.

먼저 양당 독점 구조인 의회 구조에서 야당의 연정 참여는 경기도의회를 '야당 없는 의회'를 초래했다. 경기도의회는 8대 의회가 통합진보당,

노동당, 정의당 등 소수 정당들이 존재했던데 반해 9대 의회는 단 한석의 소수정당도 없이 새정치민주연합과 새누리당만의 양당 독점체제로 출발했다.

따라서 강력한 유일 야당인 새정치민주연합의 연정 참여는 결과적으로 야당없는 의회로 귀결될 수 밖에 없었다. 이후 남지사의 잦은 당적 변경(새누리당 탈당-바른정당 가입-바른정당 탈당-자유한국당 복당)과 정당간 이합집산으로 경기도의회가 4개 정당으로 재편됐을 때도 야당 부재 현상은 지속됐다.

2017년 7월에는 연정합의문을 수정해 새로 출현한 제3의 교섭단체(국민의당과 바른정당이 연합한 국민바른연합)가 연정에 추가로 참여했으나 같은 해 11월 국민바른연합 소속 의원중 일부가 자유한국당으로 복당함으로써 4개월만에 교섭단체 지위를 상실해 합의문을 수정한 잉크가 채 마르기도 전에 무색해졌다.

1기 연정의 주체가 누구냐를 놓고 우여곡절이 있었지만 2기 연정은 남경필 경기도지사, 경기도의회 새누리당, 새정치민주연합의 3자로 확정해 서명했다. 따라서 남지사의 당적 변경이나 새로운 교섭단체의 출현 등에 따라 연정합의문을 수정할 일이 아니었음에도 4자 계약서를 다시 쓴 일은 연정의 기본 개념에 대한 이해 부족에서 비롯된 게 아닌가 짚어볼 일이다.

□ 1기 연정합의 과정의 오류들

경기도 연정은 애초부터 참여 주체들간에 연정에 대한 학습과 이해가 부족한 상태에서 시작돼 시행착오를 많이 겪을 수밖에 없었다. 2014년 8월 5일 20개조로 합의된 첫 경기도 연정 정책합

의문[3]은 내용은 차치하고라도 형식적으로도 정치 합의문의 기본 조건조차 갖추지 못했다. 이 합의문에는 누가 합의했다는 것인지 명기(서명)돼 있지 않았는데 말하자면 도장도 서명도 없는 계약서였다.

특히, 연정의 가장 중요한 주체인 남경필지사의 사인이 빠져있다는 것은 향후 합의문의 이행을 담보하고 책임질 수 있는 주체가 사실상 없다는 점에서 커다란 결함이 있는 계약서였다. 양 정당의 정책협상단이 합의한 것인데, 국회의원, 도의원, 지사후보 측으로 안배돼 있을뿐 서명이 없어 합의문을 누가 책임지고 이행하고 그 결과에 책임을 질 수 있는지 알 수 없었다.

이 연정합의문은 내용적으로도 부족한 점이 많았다. 연정합의문은 최종 사인한 합의 결과가 나오면 나머지는 예산 배정해서 이행하고 실천만 하면 되도록 가능하면 구체적인 정책합의가 필요하다. 그런데 1기 합의문의 20개 항목들은 구체적인 세부 정책 과제가 아니라 지나치게 큰 틀의 정책목표와 방향성 중심의 정책으로만 합의됐다는 한계를 가지고 있었다. 이 같은 한계를 극복하기 위해 경기도지사, 경기도의회의장, 새정치민주연합대표, 새누리당 대표 등 4자는 〈경기도 연합정치 실현을 위한 정책협의회 합의문〉[4]을 실천하기 위해 공동으로 노력한다는 내용의 협약문에 서명한다. 2기 연정에서는 정책합의 항목을 288개로 대폭 확대하고 정책 내용도 보다 구체화했다.[5]

□ 의회주의의 왜곡과 약화

야당없는 의회는 필연적으로 양당의 담합 속에서 의회주의를 왜곡시키고 약화시키는 결과로 이어졌다. 견제와 균형을 전제로 적당한 긴장관계가 유지돼야 할 의회와 집행부가 '연정'이라는 파트너쉽 관계로 전환되면서 긴장이 풀어져 발생한 문제들이 적지 않다. 대표적인 사례들이 의회에 편성권을 부여한 '연정협력예산', 무더기 부동의 예산안 속출, 새로운 연정과제 끼워 넣기, 그리고 초유의 준예산사태 등이다.

□ '연정협력예산'의 위험성

2기 민생연정 정책과제로 추진되고 있는 사업은 모두 288개 정책(세부과제 별도)에 올해 기준으로 1조 6천억원 가량의 예산이 책정됐다. 연정은 합의문이라는 계약서에 의해 추진되는 것이기 때문에 이들 연정 과제 이외의 정책사업들은 연정과는 별개의 것들로 통상적인 사업예산의 처리 규정을 따르면 된다. 그러나 남경필지사의 연정에 대한 열정이 지나친 탓이었는지 합의문상의 정책과제를 이행하기 위한 예산외에 의회에 예산 편성권을 부여하는 '연정(협력)예산'이 등장하기에 이르렀다.

남지사의 제안으로 시작된 이른바 연정(협력)예산은 2년간 3차례에 걸쳐 모두 913억원에 달했다. 이들 예산은 다시 각 당 대표단 4, 상임위 6의 비율로 배분됐고, 대표단 몫은 다시 의석 비율에 따라 6:4로 분배됐다. 집행부가 가지고 있는 예산 편성권을 의회에 부여한 것은헌법과 법

---

3) 참고 자료의 〈경기도 연합정치 실현을 위한 정책협의회 합의문(2014.8.5.)
4) 참고 자료의 〈경기도 연합정치 실현을 위한 공동 협약문(2014.11.11.)
5) 참고자료의 〈경기도 민생연합정치 합의문(2016.9.9.)

리에도 맞지 않는 것으로 지적되며 의회 내부적으로도 비판의 목소리가 작지 않았다. 헌법상 삼권분립의 원리는 물론이고 집행부는 예산의 편성, 의회는 집행부가 편성한 예산안에 대한 심의·의결권을 갖도록 한 민주주의의 기본 원리를 파괴하는 것이기 때문이다.

행자부 예산편성지침에서도 포괄예산편성을 금지하고 있어 구체적인 사업계획 없이 쌈짓돈처럼 의회에 수백억원씩 뭉칫돈으로 예산 편성권을 준 것은 명백한 잘못이다. 상식적으로만 봐도 연정(협력)예산을 허용하게 되면 의회가 스스로 사업예산을 편성한 후 다시 의회가 이를 심의·의결하는 방식의 '셀프 예산'이어서 견제장치가 없다. 이 것 자체가 의회주의의 왜곡이다.

일부에서는 이것도 연정의 한 유형으로 이해하는 잘못된 인식을 하고 있는데 우리나라와 같은 집행부와 의회의 대립형 기관 구조는 물론 의원내각제와 같은 기관통합형 구조 어디에서도 의회와 집행부의 고유한 기능과 역할은 엄격히 구분된다. 의회와 의원의 예산 편성에의 참여 기회와 폭을 넓힐 수 있는 길은 편성권 자체를 의회에 넘겨주는 것이 아니라, 집행부의 예산 편성과정에 의회의 의견을 사전에 적극 반영하는 수준으로만 가능한 일이다. 실제, 경기도 연정의 확대판으로 시행된 '연정협력예산'에 대해 감사원이 경기도를 대상으로 집중적인 감사를 벌여 조만간 감사결과를 발표할 예정이다.

의회에서 스스로 편성하고 심의·의결한 '셀프 예산'들이 어떤 사업 예산으로 나뉘고 쪼개졌는지 세부적인 사업 편성 내역을 들여다보면 왜 위험한 것인지 알 수 있을 것이다. 남지사의 제안을 집행부 공직자들은 '노'라고 말할 수 있었어야

했고, 의회 역시 좀 더 면밀히 검토해서 수용하지 않았더라면 하는 아쉬움이 두고두고 남는 대목이다.

□ 무더기 부동의 예산안 속출

우리나라는 국회든 지방의회든 의회에서 심의·의결한 예산안들의 집행에 대한 법적 구속력이 없는 예산 비법률주의를 채택하고 있다. 해마다 연말에 옥신각신해가며 의회가 심의의결한 예산안은 법률이 아니어서 집행부가 이를 그대로 이행하지 않아도 위법은 아니라는 말이다. 다만, 의회에서 통과시킨 예산안중 일부라도 집행부가 자신들 맘에 들지 않는다고 집행을 하지 않는 경우는 흔하지 않다. 의회가 다음 예산 심의 때 집행부의 역점사업 예산을 삭감하는 보복으로 대응할 것이 예상되기 때문이다.

집행부에서 편성해 상정된 예산안에 대해 의회는 증액하거나 신규 편성시에는 집행부의 동의를 받아야 하지만 감액만큼은 집행부 동의가 필요없이 무한대로 가능하다. 이 같은 역학 관계로 인해 집행부와 의회는 상호간에 정치적으로 구속하며 해마다 예산 협상과 줄다리기를 할 수 밖에 없고, 예산 비법률주의의 한계 때문에 오히려 의회와 집행부는 상호 존중과 신뢰가 절대적으로 필요한 것이다.

따라서 의회에서 심의·의결한 예산안에 대해 집행부가 명시적으로 부동의하여 해당 사업 예산을 집행하지 않는 사례는 흔하지 않고 바람직하지도 않은 일이다. 집행부의 예산 부동의 자체가 의회의 권능과 위신은 물론 의회주의를 훼손하는 것이기 때문이다.

그러나 경기도는 연정을 하고 있는 상황에서도

의회에서 증액한 예산사업에 대해 2차례에 걸쳐 모두 452개 사업에 대한 2천 600억여원의 예산을 집행하지 않는 무더기 부동의 사태라는 악순환이 반복됐다.

이같은 무더기 부동의 사태의 책임을 전적으로 집행부 탓으로만 돌릴 수는 없다. 부동의 사업의 대부분이 집행부와 충분한 사전 교감이나 공감대가 없는 상태에서 증액된 것들이다. 의회 상임위나 예결특위 심의 과정에서 무리하게 신규로 집어넣기는 했지만 예산 편성에 필요한 관련 규

정과 절차를 사전에 이행하지 않은 경우가 많아 집행부 입장에서는 부득이하게 집행을 할 수 없는 경우가 많기 때문이다. 결국 연정체제하에서 의회 스스로 절제력과 긴장감이 이완되고 방만해지면서 초래한 잘못이 있음을 인정하지 않을 수 없다.

□ 초유의 '준예산 사태'로 인한 식물행정

2016년 경기도민은 사상 초유의 준예산 사태로 새해를 맞아야 했다. 국가가 책임져야 할 누리

(Image text visible in poster: 리는 경기연정 / 을 응원합니다!! / 의회)

과정의 보육료 지원 예산 편성 문제로 빚어진
여야의 충돌로 경기도의회는 본예산안을 처리
하지 못했다. 이로 인해 경기도와 경기도교육청
이 직원 인건비와 기관 운영비, 의무경비, 계속
사업비를 제외하고는 아무런 사업도 할 수 없는
사실상 '식물행정' 상태에 빠졌다. 이 사태는 경
기도 연정이 이해관계가 충돌하는 돌발적인 정
치 이슈에 얼마나 취약한 구조에 있는 것인지를
보여줬다.

3. 경기도 연정의 법제적 과제

경기도 연정(연합정치)은 '협치'와 와 '연정(연립
정부)'의 중간단계 수준의 미완의 정치 실험이었
다. 여러 한계와 문제에도 불구하고 경기도 연정
의 성과를 계승하고 확산하기 위해서는 지방의
원내각제(지방장관제)와 지방상원 방식의 양원
제를 도입 해야 한다.

□ 지방의원내각제 도입

헌법 제118조는 지방의회의 조직, 권한, 의원 선거와 지방자치단체의 장의 선임방법 기타 지방자치단체의 조직과 운영에 관한 사항을 법률로 정한다고 규정하고 있다. 따라서 분권형 개헌안에 반드시 지방자치단체가 자율적으로 기관구성 형태를 선택할 수 있도록 하는 조항을 적용하여 현재와 같은 기관대립형이든 의원내각제와 같은 기관 통합형이든 지자체가 자율적으로 선택할 수 있도록 해야 한다. 개헌이 아니라면 지방자치법 개정을 통해서도 가능하기 때문에 법령 개정을 추진해야 한다.

지방의원내각제는 심지어 박근혜정부에서조차 정부 혁신 방안으로 확정된 바 있다. 지방자치단체의 기관구성 형태를 획일적인 기관대립형에서 의원내각형 등 통합형 모델로 다양화하기 위한 지방조직 제도개선 계획을 수립한 것이다.

이밖에도 박근혜정부 국정과제에도 포함돼 현재도 법정계획인 지방자치발전 종합계획에 반영됐다. 이 계획상으로는 2016년부터 지방자치단체 기관구성형태 다양화를 위한 법제화를 시도하겠다고 밝히고 있다.

지방의원내각제 도입은 법적 한계에도 불구하고 연정의 내실화와 책임성 제고차원에서도 필요할뿐만 아니라 지방자치의 선진화 및 혁신을 선도하고 견인할 수 있는 유력한 제도이다. 우선은 오는 6월 지방선거 동시 개헌이 추진될 수 있도록 하되, 개헌이 안될 경우에는 관련 법령의 조속한 제·개정을 촉구하고, 현행법내에서 조례와 규칙 제정을 통해 도입·운영할 수 있는 방안을 모색해야 한다.

□ 지방 상원형 양원제 도입

분권형 개헌의 핵심 중 하나로 양원제 도입을 강력하게 추진해야 한다. 현행 단원제 국회만으로는 지속가능한 지방자치와 분권형 국가를 보장할 수 없다. 통제받지 않는 입법권으로 온갖 특권을 누릴뿐만 아니라 지방분권에 소극적이가 심지어는 분권에 역행하는 입법을 견제하기 위해 필요하다. 국회의원 정수를 늘리지 않고 지역대표형 상원을 설치함으로써 단원제 국회의 대립과 갈등을 완화하고 무엇보다 지방자치와 분권의 가치를 대변하는 기능을 수행할 수 있다.

하원인 국회는 입법권을 갖고 광역자치단체장과 지방의회의장 등으로 구성된 당연직 상원은 국회의 입법안을 심의해 지방자치와 분권에 역행하는 입법안을 거부함으로써 중앙집권적 입법을 견제하면서 지방의 이익은 지키는 강력한 견제 기능을 갖출 수 있다. 독일의 상원(분데스라트) 모델을 우리나라의 양원제 모델로 적용하는 방안을 적극 모색할 필요가 있다.

지방상원형 양원제와 지방의원내각제(지방장관제)도입은 경기도의회 헌법개정 지방분권위원회에서 다듬은 분권형 개헌안에 핵심적인 조항으로 반영돼 국회 개헌특위를 비롯한 관계 기관에 건의를 해 놓은 상태이다.

마지막으로 경기도 연정의 원래 취지와 철학은 분권, 협치, 상생, 협력에 있다. 이러한 철학이 일회성 정치실험으로 끝나거나 퇴색되지 않도록 하기 위해서는 법제화가 반드시 필요하다. 거듭 확신하지만 선의에 의존하는 정치만큼 위험하고 허망한 것이 없다. 법제화를 위한 2대 과제(지방 상원형 양원제, 지방의원 내각제 도입)를 실현하는 일에 힘을 모아야 한다.

도시재생 선진국 일본에서 길을 찾다

【일본 복합개발 현장】

1. 유카리가오카 뉴타운
2. 퍼시피코요코하마
3. 토라노몬힐즈
4. 도시마구청
5. 롯본기힐즈
6. 오다이바
7. 도쿄오페라시티
8. 유카리가오카 뉴타운 현황

도시재생 선진국 일본에서 길을 찾다

2015년 도시마구청을 처음 방문했을 때, 나도 모르게 입이 쩍 벌어졌다. 머릿속에 섬광처럼 빛이 지나갔고, 몇 번이나 무릎을 쳤는지 모른다. 3년 동안 집중적으로 일본을 방문했던 이유는 부천시의 도시재생 해법의 단초를 일본의 도시개발 현장에서 발견했기 때문이다.

9대 의회 임기 동안 총 3차례 일본을 방문했다.

1차 방문은 2015년 3월 에히메현과 경기도 의회간 친선연맹 교류 차원의 3박4일 방문이었다. 두 지자체 의회의 우호증진을 목적으로, 현청이 있는 마츠야마와 오가는 길에 오사카, 아와즈시마 등지를 방문했다.

2차 방문은 2015년 5월 「민관복합청사와 복합재개발」관련해, 현장학습 차원에서 경기도 집행부 직원들과 2박3일 동안 가나가와현과 도쿄를 방문했다. 경기도 신청사 건설을 앞두고 계획을 입안하는데 참고하고자 롯본기힐, 미드타운, 도쿄오페라하우스, 도시마구청, 요코하마 소재 미나토 미라이(미래항구) 21 프로젝트 및 퍼시피코 요코하마 지역을 방문했다.

3차 방문은 2017년 10월, 「도시재생 분야 선진 우수사례 연구를 위한 현장 견학」의 일환으로 도쿄, 요코하마, 유카리가오카 등 일본 내 주요 도시재생 성공사례 지역을 4박 5일 동안 방문했다.

3년 동안 집중적으로 일본을 방문했던 이유는 부천시의 도시재생 해법의 단초를 일본의 도시개발 현장에서 발견했기 때문이다.

각각의 현장이 그 특성이 달랐던 일본의 도시개발 현장을 둘러보고 느꼈던 점은 헤아릴 수 없을 정도로 많았지만, 그 특징을 정리하자면, 다음과 같이 정리할 수 있다.

첫째, 도시개발의 큰 방향과 흐름이 단순한 건설, 재생이 아니라, 유지 관리 쪽으로 옮겨가고 있었다.

둘째, 도시재생을 위한 부동산개발이 단기간 완료 후 철수하는 방식이 아니라, 장기간 개발과 사후 관리에 초점을 맞춘, 성장관리식개발로 진행되고 있었다.

셋째, 도시재생 방식이 대규모, 전면적 개발이 아니라, 소규모 부분적 개발이 이루어지고 있었다.

넷째, 도시개발의 결과인 대부분의 시설물이 거의 예외없이 복합개발로 이루어지고 있었고, 재원확보 수단 또한 민관공동개발방식으로 이루어지고 있었다.

1 유카리가오카 뉴타운

우리나라의 경우 대부분의 건설회사가 택지 구입 후 주택 분양을 완료하면 사실상 사업장에서 철수한다. 과거 일본도 마찬가지였다. 하지만, 현재 일본에서 뉴타운 사업은 단기간에 대규모 건설사업 후 수익을 얻고 철수하는 방식 대신, 위험을 줄이기 위해서 장기 플랜을 수립하여, 점진적으로, 소규모로, 최종 사업 종료 이후에도 지속적인 관리를 수행하며, 사업의 안정성 및 지속성 확보를 통해 이윤을 얻는 방식으로 그 방향이 바뀌고 있다.

신도시 건설 중단 등 대규모 단지에 주택을 건설하는 방식을 접은 우리나라의 경우에도 앞으로 도시개발의 방향이 신규 건설보다는 재생과 관리 쪽으로 그 방향이 바뀔 것으로 보인다.

그런 의미에서 일본 유카리가오카 뉴타운과 건설회사인 야마만사(社) 사례는 우리에게 많은 시사점을 던져주고 있다.

유카리가오카 뉴타운은 치바현 사쿠라시(千葉縣 佐倉市)에 위치하고 있는 전형적인 대도시 교외형 뉴타운이다. 도쿄 도심에서 동쪽으로 약 38km 떨어져 있고, 전철로 1시간 거리에 위치하고 있는 철저히 계획된 도시다.

뉴타운 전체 개발 면적은 약 245ha(245만㎡, 74만평)이며, 계획인구 3만명, 계획호수 8,400호를 목표로, 1977년에 사업을 시작해, 지금까지 40년이 넘도록 아직도 개발이 진행 중이다.

유카리가오카 뉴타운이 일본 내에서도 주목받는 이유는 비슷한 시기에 건설된 다른 뉴타운과는 달리, 일본 부동산 버블이 터져서 전국에서

야마만의 해피 서클 시스템

✓ 생애주기 변화에 따라 희망하는 주거유형으로 부담없이 이사할 수 있도록 지원

✓ 결혼해서 가족을 이루고 사는 동안 필연적으로 발생하게 되는 가족 구성 변화에 유기적으로 대응

- (20대)저렴한 맨션
- (30·40대) 마당이 있는 단독주택
- (50·60대) 역세권 고급 주상복합
- (70대 이상) 실버주택

라이프사이클에 따라 지역 내에서 작은 집에서 큰 집으로 또는 반대로 갈아탈 때 야마만이 주택을 현재 시세로 되사주고, 이렇게 사들인 '중고 주택'을 최신 인테리어로 리모델링해 신축주택 대비 20~30% 싼 가격에 판매

가격이 폭락할 때도 가격이 하락하지 않고, 인구 감소 현상도 발생하지 않고, 오히려 지속적으로 인구가 증가하고 있기 때문이다.

유카리가오카 뉴타운이 주목받는 이유는 더 있다. 뉴타운의 개발과 관리를 민간 건설회사인 야마만사(社)가 40년 동안 맡아서 하고 있다는 사실 때문이다. 현재 야마만사(社)는 유카리가오카에서 이주 리모델링사업, 운영 관리사업, 임대업 등 종합 타운 매니지먼트를 실행하고 있다.

야마만사는 통상적인 건설회사와 다른 길을 40년 전부터 걸었다. 유카리가오카 뉴타운은 사실상 도시 전체가 야마만사에 의해 운영, 관리되고 있다고 해도 과언이 아니다. 도로, 공원 등의 기반시설 유지관리는 사쿠라시(市)가 담당하지만, 모노레일 건설 및 운행은 물론 주민들을 위한 사업으로 육아, 요양, 방범, 여가활동에 필요

한 시설 설치 및 유지관리 서비스는 야마만사가 담당하고 있다.

야마만사는 유카리가오카 뉴타운에 연간 주택 공급물량을 200호로 제한해 공급한다. 기존에 거주하던 주택을 팔고 떠나는 주민에게 실 감정가로 매입해, 리폼 등을 거쳐 신축한 주택보다 시세 대비 20% 저렴한 수준으로 공급하는 해피 서클 시스템을 구축해 시행하고 있다.

예컨대 20대는 저렴한 맨션에서 살다가 가정을 꾸리게 되는 30~40대에는 마당이 있는 단독주택, 50~60대에는 역세권 고급 주상복합주택, 70대 이상은 실버주택에서 모든 세대가 라이프스타일 변화에 따라 생활하는 도시를 구축했다.

또한, 다양한 분야에 자회사를 설립하여 각종 서비스를 수행하고 있다. 야마만사 본사 인원이 116명인 반면 뉴타운 관리 및 주민 편의 제공을

위한 자회사 직원은 1,000여 명에 이르러 지역 경제 활성화 및 일자리 창출에도 크게 기여하고 있다.

유카리가오카에서 가장 눈에 띄는 것 중의 하나는 노인들을 대상으로 재활서비스 및 의료·복지 관련 각종 편의시설이 확보된 유칼립투스원이라 불리는 노인보건시설과 자발적 생활 노인 그룹 홈과 방과 후 가정 기능 탁아소를 결합해 놓은 유칼립투스피아라 불리는 노인아동복합 복지시설이었다.

〈 참고 〉 야마만 社의 유카리가오카 뉴타운 관리 및 주민 편의를 위한 생활지원서비스

사업종류	내 용	
철도사업	유카리가오카 뉴타운을 순환하는 '야마만 유카리가오카線'을 건설, 운행	
복지사업	고령자를 위한 '복지마을'을 조성하여 간호노인보건시설(유카리 유토엔), 아동·노인병설형 그룹홈(유카리 유토피아) 등 라이프 서포트 사업 수행	
육아지원사업	육아세대가 안심하고 사회활동을 할 수 있도록 인가보육원(유카리 헬로키즈, 미야노모리 헬로키즈), 인가외보육원, 종합육아지원센터(유-키즈) 등 운영	
방범사업	유카리가오카 뉴타운 내 주민의 안전한 생활을 위해 방범회사((주)YM메인터넌스)를 설립 운영하고 있으며, 타운순찰차가 24시간 365일 지역 순회경비 수행	
리폼인테리어사업	주민 개개인의 라이프스타일에 최적화된 기능이고 쾌적한 주거공간을 제공하기 위해 건축사, 시공관리기사, 인테리어코디네이터 등 전문 스탭 운영	
상가임대사업	유카리가오카 역 앞 쇼핑센터(유카리 플라자, AEON), 유카리가오카선 중학교역과 연결되는 '비오토피아 플라자' 등을 운영하여 일상생활의 편리성 향상을 위한 사업 수행	
생활편의시설사업	유카리가오카 뉴타운 내 온천, 볼링장, 커뮤니티호텔(위싱톤호텔 유카리) 등을 운영하여 주민의 여가생활 지원	
그린인프라사업	유카리가오카 뉴타운 내 가로수 및 공원 관리, 상하수도설비공사, 개인정원 관리 등을 통해 지역의 경관유지를 하고 있으며, 주말농장도 운영	
도시농업사업	유카리가오카 뉴타운 내 태양광을 이용한 식물공장(야마만유카리 팜)을 2013년에 설립하여 안전한 식자재 제공 및 농업체험까지 추진할 계획	
자산관리사업	주민의 주거환경 니즈에 맞춰 부동산매매, 임대 등 중개를 하고 있으며, 주민이 소유한 부동산 자산관리 및 운영에 대한 지원	

□ 유카리가오카 뉴타운 주변 사진

유칼립투스원(노인보건시설)

오감체험 케어정원

유칼립투스피아(노인·아동복합시설)

유카리가오카 뉴타운 현황 청취

모노레일 체험

뉴타운 주거단지 현장 확인

노인과 아이들이 각각 독립된 공간에서 대부분의 시간을 보내지만, 한 건물에 배치, 수용함으로써 자연스럽게 마주칠 수밖에 없게 되어 있었다. 그런데, 현재까지의 얻은 결과는 놀라운 것이었다. 일본의 큰 사회문제의 하나인 이지메

(왕따) 현상이 일본 내 다른 지역보다 현저하게 낮게 나타나, 학계에서 본격적으로 연구 중이라고 했다.

우리나라의 경우 수용 및 이용시설이 철저하게 세대별로 격리되거나, 분리된 경우가 많은데,

시범적으로 노소복합복지시설을 운영해보는 것도 매우 의미가 있지 않을까 싶었다.

유카리가오카 뉴타운 도시 재생의 성공요인은 민간 업체가 도시 건설 사업에 있어 정부의 규제나 간섭을 받지 않았고 교통(순환경전철), 복지(노인, 육아), 주택(부동산, 방범) 문제 등을 종합적으로 체계적인 관리를 하는 등 도시의 지속성이 유지되도록 40년 넘게 일관성 있는 프로젝트를 추진하고 있기 때문이다.

부천시 원도심 지역이 급속도로 쇠퇴하는 주요 이유 중 하나는 도시 관리 주체가 없기 때문이다. 개인 주택을 사유재산으로만 생각하고, 관리를 개인의 자유에 맡기고 간섭하지 않다보니, 결과적으로 주변지역이 동시에 다 슬럼화되는 결과가 초래되고 있는 것이다. 그렇다고 공공부문이 나서서 이 문제를 해결할 수도 없다. 결국

민간 타운매니지먼트 인력 양성이 절실하게 필요하고, 이들을 통해 사회적 소통과 합의를 유도해서 시민과 함께하는 도시재생을 해야 한다. 이를 위해서는 중앙정부도 도시재생 뉴딜사업에 대해 전반적인 개선방안을 모색하고, 관련법을 서둘러서 정비해야 한다.

2 퍼시피코 요코하마

미나토미라이(미래항구) 21 프로젝트 및 퍼시피코 요코하마 주변 인프라 환경은 2만㎡의 전시장 주변에 다양한 복합문화시설이 구비되어 있어, 도쿄의 수도권 집중 기능을 분산시키고 있

을 뿐만 아니라 요코하마시의 랜드마크로 자리 잡아 요코하마시 자체 기능을 강화시키는 역할을 하고 있었다.

퍼시피코 요코하마는 전시컨벤션 산업 활성화를 위해 민관공동으로 재개발한 곳으로 컨벤션홀, 컨퍼런스센터, 전시관, 아넥스홀, 인터컨티넨털 요코하마 호텔 등으로 구성되어 있는 복합시설로 1991년 준공됐다. 준공 당시에는 전시홀이 1만㎡이었는데 2001년 2만 ㎡로 확장되었다.

특히 요코하마 랜드마크 타워, 미술관, 코스모 클락21 등 차별화된 문화시설과 전시장 인근에 호텔 3천 객실 이상이 존재, 전시컨벤션을 위한 최적의 환경을 갖추고 있었다. 현재 연간 1,000여 건의 행사를 개최하고 있고, 2002년 한일 공동 월드컵 FIFA 미디어센터로 활용되었다. 개최 목적에 따라 전시·회의로 분류, 규모와 목적에

따라 전시는 도쿄 빅사이트, 회의는 퍼시피코 요코하마에서 주로 개최, 운영하고 있다.

요코하마 퍼시피코는 주식회사이다. 지분은 요코하마시가 가장 많이 가지고 있고, 가나가와 현도 주요 주주이다. 사장은 요코하마시 출신으로 시에서 지명한다. 건설비용이 총 845억 엔 정도 소요되었고, 요코하마시 미나토미라이 개발 지역 내 주요거점이다. 시에서 토지를 임대하여 개발했고, 부지는 요코하마시에서 간척해서 제공했다.

미나토미라이(미래항구) 21 프로젝트 및 퍼시피코 요코하마는 부천시의 상동영상문화산업단지 개발에 많은 시사점을 던져주고 있다. 전시컨벤션산업 대신 영상문화산업만 대입하면, 부천의 미래, 상동영상산업단지의 미래를 가늠할 수 있기 때문이다.

상동영상산업단지는 요코하마처럼 볼거리, 즐길거리, 숙박시설, 이 3박자가 맞아떨어지게 동시에 개발해야 지역경제에 미치는 파급효과가 가장 클 것이라는 판단이 들었다. 그런 측면에서 부천시에 고급 호텔이 없다는 점이 못내 아쉽고, 대책이 필요하다는 생각이다.

현재 보유하고 있는 국공유지를 매각 방식이 아닌 장기 토지임대 방식의 개발로 전환할 필요도 절실하게 느껴졌다. 개발사업 측면에서 보면, 토지의 장기임대는 초기부담을 낮추어 빠른 개발을 가능하게 하는 장점이 있기 때문이다.

요코하마 미나토미라이 21의 사례와 같이 부천시 상동영상산업단지, 원미어울마당, 소사어울마당 등의 공공기관 부지, 오정동 미군반환공여지 등과 같은 국공유지를 토지 장기임대 방식을 통해 민간자본을 유치해, 민관공동복합개발 방식으로 사업을 추진한다면, 사업 추진도 빨라지고, 시 재정부담도 줄이는 효과가 있을 것이라는 판단이 들었다.

3 토라노몬힐스

토라노몬힐스는 일본의 복합개발사례 중 여러 가지 면에서 아주 특이한 경우다. 도쿄에서 두 번째로 높은 빌딩인 토라노몬힐스는 건물 높이가 무려 247m나 되는 초고층 빌딩이다. 그런데, 위치한 지역적 특성이 독특하다. 바로 초고층빌딩 밑으로 지하 차도가 자리하고 있다.

이 지역은 도쿄타워가 인접해 있는 등 도심지역에 속해 개발 여건이 좋았지만, 지형 특성상 68년 동안 개발이 되지 못하고 있었다. 이에 도쿄도가 환상2호선 시가지재개발사업의 일환으로 도시기능의 고도화 및 거주환경 향상을 위해, 전례없이 직접 사업시행자로 나서고, 민간투자를 적극 유치, 모리부동산이 모리빌딩 건설에 특정건축자제도[1]로 참여해 14억엔을 투자, 오피스 및 호텔, 리테일 등 다양한 복합시설로 개발한

토라노몬힐스 빌딩 건물 밑으로 지하 차도 입구가 설치되어 있다.

---

1) 지자체 등 사업시행자가 건축을 민간사업자에게 의뢰해 건설비용을 부담하도록 하고, 사업 후 귀속되는 바닥면적을 제외한 모든 면적을 취득할 수 있는 제도

것이다.

토라노몬힐스 빌딩은 1층~4층 상점과 레스토랑, 4층~5층 2,000명 수용 객석 갖춘 문화교류시설, 6층~35층 오피스, 37층~46층 레지던스, 47층~52층 일본 최초 라이프스타일호텔이 자리잡고 있다.

토라노몬힐스 빌딩은 도로상부에 건축물이 입지하는 입체도로제도를 활용, 사업협력자방식을 적용해서 추진했는데, 우리나라의 민간사업자공모방식과 유사했다. 특정건축자제도는 국공유지개발로 수익발생 부분을 민간에, 나머지는 사업주체에 귀속시키는 일본에만 있는 제도인데, 규제완화 및 민간의 창의적 아이디어를 활용해 복합개발에 성공한 사례라는 점에서 시사하는 바가 컸다.

우리 부천시의 경우 경인선 전철로 인해 남북이 분단되어, 상권, 생활권마저 단절되어 있다. 경인선 지하화만 추진된다면, 모든 문제가 풀리겠지만, 그렇지 않다면, 일본처럼 입체도로제도를 도입하는 것도 검토해 볼 필요가 있다는 판단이 들었다.

예컨대, 부천역 남ㆍ북부 광장, 역곡역 남북부 광장을 포함한 국공유지시설에 초고층 빌딩을 복합개발로 추진해, 오피스, 문화교류시설, 호텔, 주차장 등의 시설을 마련한다면, 자체로 부천시 랜드마크로 자리잡아 사람과 돈이 몰리는 지역경제 활성화 거점이 될 수 있지 않을까 하는 상상을 해보았다.

4 도시마구청

2015년 도시마구청을 처음 방문했을 때, 나도 모르게 입이 쩍 벌어졌다. 머릿속에 섬광처럼 빛이 지나갔고, 몇 번이나 무릎을 쳤는지 모른다.

뉴타운지구 해제로 오랫동안 낙후되었던, 소사ㆍ원미ㆍ고강지구 원도심 지역의 미래 설계도가 획획 머릿속을 지나갔기 때문이다.

도시마구청 신청사 정식 명칭은 도시마 에코뮤즈타운이고, 2015년 5월 7일 개청했다. 전체 규모는 지하 3층, 지상 49층으로 건물 최고 높이가 189m다. 부지면적은 8,324㎡, 연면적은 94,681㎡이고, 이중 도시마구청 점유 면적은 25,573㎡다. 건물용도의 용도는 구청사, 상가, 사무실, 공동주택(432가구), 주차장 등으로 구성되었다.

도시마 구청과 같이 공공청사와 맨션이 복합된 곳은 일본에서 유일하다. 당초 구청소유 부지는 초등학교 등을 포함해 60% 정도였고, 35억 엔의 토지가치를 가지고 있었다. 주변 주택가는 재개발 추진의사가 있었다.

2003년 처음으로 구청사 신축 계획이 시작되고, 2008년에 현 부지에 건설을 결정했으며, 2010년에 본격적으로 구체적인 계획을 세우고, 2011년 해체, 2012년에 착공, 2015년에 완공했다.

2012년 당시 도시마구는 872억 엔의 채무를 가지고 있을 정도로 재정이 매우 열악했다. 그래서 재정 투입을 최소화하는 경제적인 개발방안을 고심하게 되었고, 고심 끝에 민관복합개발을

하기로 결정했다.

주거지역이었기 때문에 높이제한이 있었으나, 재개발 오픈스페이스 조성 등에 의한 규제완화를 통해 건물 높이를 2배 늘려짓도록 했다. 그 결과 35억 엔 가치의 지가가 상승하여 85억 엔이 되었다. 추가경비는 136억 엔이 필요했지만, 교통접근성이 좋은 기존 구청부지 임대료로 191억 엔을 충당하여 결국 90억 엔의 여유자금까지 확보하게 되었다.

도시마 신청사는 총 49층의 복합건축물로 이

중 구청은 1층 일부와 3층에서 9층까지를 이용하고 있었다. 3, 4층은 주민이용 창구 및 민원실로 사용하고, 9층은 구의회, 10층은 옥상정원, 기타 층을 사무공간으로 사용하고 있다.

복합건물 맨션은 11층에서 49층까지로 총 432호였다. 기존 원주민에게 110호를 배정했고, 322호를 일반 분양했으며, 각 호별 크기는 원룸에서 161㎡(48평)까지 다양했다. 일반 분양분 맨션 분양가는 호당 8억 원에서 21억 원으로 평당 3,000만원 수준이었다. 분양업자에게 181억 엔

도시마 구청 외관

현황 청취

도시마 구청 외관

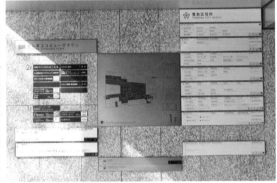
건물 내부 안내도

에 매각하여, 7주 만에 분양을 완료했다고 한다. 주민 구성은 실제 소유주 주거가 70%, 임대가 30%였다.

구청사는 환경계획 측면에서 태양광 등을 활용하고, 이산화탄소 배출을 고려하여 건설했으며, 주택관리 조합 등 3개의 조합이 청사관리를 수행하고 있었다. 이러한 민·관 복합청사 개발이 성공할 수 있었던 이유는, 초역세권 토지에 청사 건립을 계획하여 성공적인 분양으로 민간 자본을 쉽게 조달할 수 있었고, 노후주택 밀집지역 도시재생을 위해 주민과 구청이 함께 10여 년간 지속적인 협의를 통해 이해와 설득을 구하는 노력이 있었기 때문이다.

부천시는 경인선 전철과 지하철 7호선이 동서로 관통하고 있고, 원시·소사·대곡선이 완공되면 남북으로 관통한다. 여기에 홍대선, 화곡선 등이 연장되면 말 그대로 사통팔달의 철도망을 가지게 된다.

인구 밀집도 전국 2위인 부천시는 주거지역이든 산업단지든 확장할 공간이 거의 한계에 다다랐다. 결국 기존 도시를 재생하여 다시 쓸 수밖에 없는 실정이다. 대신 부천시는 사실상 시 전역이 역세권이나 다름없다. 자연환경으로서 주거환경은 열악해도, 교통요충지로써 도시생활의 편리함은 어디 내놔도 뒤지지 않는다.

만약, 부천시 원도심지역의 공공건물과 부지를 주변의 민간소유 부지와 함께 민관복합개발로 추진한다면, 도시재생은 물론, 이로 인한 일

자리 창출과 경제적 이익이 막대할 것으로 보인다. 물론 과도한 시 재정 투입 우려는 전혀 하지 않아도 된다. 민간자본 유치로 해결하면 되기 때문이다.

예컨대, 원미어울마당, 소사어울마당, 역곡3동 주민센터, 성곡동주민센터 등 역세권에 40층 고층 빌딩을 지어서 1층~3층은 상가, 4층~10층은 공공시설 및 도서관, 문화센터, 공연시설, 체육시설, 청소년시설 등 주민 편의시설, 11층~40층은 오피스, 벤처타운, 아파트 등을 배치한다면,

어떻게 될까?

그 지역에 사람이 모여들고, 새로운 상권이 형성되어서, 경제적 파급효과가 인근 전통시장과 원도심 골목상권까지 미쳐서 부천시 경제 전체가 활성화될 수도 있지 않을까? 상상만으로도 흐뭇할 뿐더러, 이렇게만 된다면 부천시 원도심 지역이 무용지물의 낙후된 쇠퇴지역이 아니라, 부천시의 새로운 성장기반이 될 수도 있다는 생각이 들었다.

5 도시마구 신청사 정비 개요

도시마구의 개요

• 인구 약 28만 명
  면적 13.01km²

• 인구 밀도 전국 1위
  상업지역과 주택지역이 조화

• 이케부쿠로역은 승하차 승객 수 국내 2위의 대형 터미널

• 최근 인구는 증가 경향, 특히 외국인 인구가 증가 (인구의 약 10%가 외국인)

• 지속 발전 도시를 목표로 '국제 아트 컬처 도시', '여성 친화적 도시 만들기' 등, 독자적인 정책을 추진

도시마구의 인구 추이

신청사 계획지의 위치

이케부쿠로역

신청사 계획지
(도시마구 남이케부쿠로 2-45-1)

구 청사지의 분산 창구

구청 별관

이케부쿠로보건소

분청사 A관

구 본청사

분청사 B관

구민센터

생활산업플라자

신청사 계획지와 그 주변 (항공 사진)

2009년 1월 20일 촬영

구의 기채 및 차입금 잔액의 추이

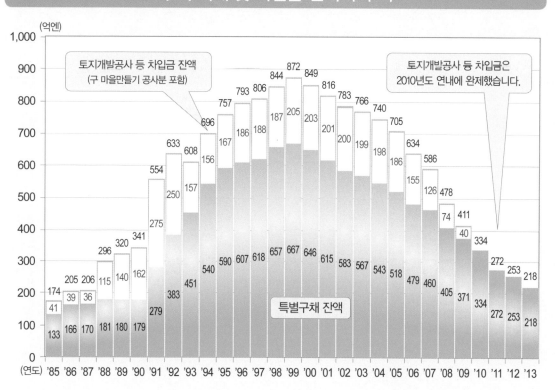

시가지재개발사업과 신청사 정비 흐름

	2003년도	2004년도		2005년도	06년도	07년도	08년도	09년도	10년도		
	도시계획 방침 · 재개발 초기 ▷				신청사 정비 방침 지권자 (토지소유자+지상권자) 교섭 ▷			신청사 계획 구체화 재개발 사업 결정·인가 ▷			
		04.9	04.12	06.3				09.7	10.1	10.8	11.3
도시계획 시가지 재개발 사업	도쿄의 세련된 시가지 만들기 추진조례(2003년 10월)	· 남이케부쿠로 2초메 지구 개발사업협의회·설립	· 시가지재생 방침의 책정 (남이케부쿠로 2초메 지구) 시가지재생지구의 지정	· 남이케부쿠로 2초메 시가지 재개발 준비 조합·설립				· 도시계획결정·고시	· 남이케부쿠로 2초메 A지구 시가지 재개발조합·설립 인가 참가조합원 결정(9월) 설계자 결정(10월)	사업계획 인가	시공자 결정
	03.10				06.5		08.9	09.11		10. 11. 12	
신청사 정비	· 공공시설의 재구축 본부안· · 후보지로 3곳을 제안 (현 청사지, 지슈초교 옛터, 히노데초교 지구)				· 후보지를 2곳으로 좁힘(현 청사지, 옛 히노데초교 지구) 신청사 정비 방침(초안)		· 옛 히노데초교 지구안의 우선화 신청사 정비 방침의 책정	신청사 정비 기본 계획 책정	· 신청사 건물 내부에 관한 기본 계획을 정리	신청사정비추진계획의 책정	청사 위치 변경 조례 의결

	2011년도			2012년도	2013년도	2014년도	2015년도	
	재개발 건물 건설 · 신청사 실내 계획, 정비 ▷							
	11.4	11.5	12.2			15.3		
시가지 재개발 사업 도시계획	권리 변환 계획 인가(전원 동의형)	해체공사 착수	본체공사 착수			준공		
						14.12	15.3	15.5.7
신청사 정비	신청사 정비 검토 건물 계획(각종 설비 · 사인 · 디지털 광고판 · 통신 환경) 실내 플랜(레이아웃 · 직원 관련 시설 · 의회 시설) 구민 서비스(종합창구 · 콜센터) 방재 거점 기능(재해대책센터 · 재해정보시스템) 건물 유지 관리(관리규약 · 옥상 정원 · 1층 다목적 홀 등의 관리) ▷					보류상* 매입 의결	신청사 낙성식	신청사 오픈

* 토지의 고도 이용으로 새로이 탄생한 부지, 역자주.

신청사 바닥 취득 및 자금 계획

청사 바닥 면적 : 25,573.46m²
주차장 등 : 1,049.15m²

| 85억 엔어치 바닥에 무상으로 변환 | → | 권리상*
10,740.85m² | 보류상
청사 바닥
14,832.61m²
주차장 등
1,049.15m² | ← | 보류상 구입비
123.9억엔

옵션 사양 등
12.1억엔 |

옛 히노데초교와 아동관의 토지·건물의 자산 활용

구 청사지구의 자산 활용
(제안 땅값)
191억엔
→
신청사 정비비
135.9억엔

* 권리사 : 재개발 시 지권자가 권리로서 보유하는 부지 및 바닥, 역자 주

구 청사터 활용 사업의 기본틀

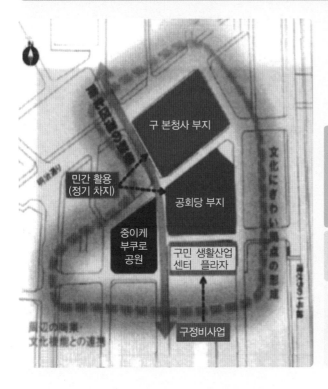

- 구 본청사 부지와 공회당 부지에 정기차지권을 설정해 민간사업자에게 임대

- 이 부지에 새로운 홀을 정비해 홀 부분을 구(區)가 구(區)의 분을 소유

정기차지권 이란?	계약의 갱신이나 건물매수청구권을 인정하지 않는 특약을 정한 50년 이상의 기간에 걸친 차지 계약. 계약 종료 시에는 토지를 갱지로 구에 반환한다.
지대 수령	계약 기간 중 지대를 일괄 선불로 수령해, 신청사 정비에 충당한다.
임대 조건	두 부지의 건물 저층부에는 집객성이 우수하고 활기 창출 효과를 기대할 수 있는 시설의 도입을 조건으로 한다.

청사지 활용의 3가지 목적

1
활기 넘치는 거점의 창출
(램블링(rambling) 행위의 확대)

- 650만명 집객
- 270억엔 효과

2
문화 거점의 창출
(새로운 홀의 정비)

- 7개 극장
- 신 홀
- 복합상영관
- 보컬로이드극장
- 후지산케이그룹
- 초고층 오피스 타워

3
신청사 정비비 재원의 창출
(지대 확보)

재정에 부담을 주지 않고
새로운 부채도 없이
신청사를 정비!!

구청사 활용 사업자의 제안 내용

〈전체 시설 개요 ①〉

※ 제안 당시 아이디어를 나타낸 것으로, 향후 변경될 수 있습니다.

재개발 건물의 개요

주 택
(11~49층)

신청사
(1층의 일부와
3~9층)

- 부지면적 : 약 8,324m2
- 건물용도 : 청사, 점포, 사무소
  공동주택, 주차장
- 구 조 : 철골철근콘크리트조 /
  (중간 면진) 철근콘크리트조 /
  일부철골조
- 규 모 : 지하 3층 / 지상 49층
- 건축면적 : 약 5,320m²
- 연상면적 : 약 94,750m²
- 용적대상면적 : 약 66,600m²
- 최고높이 : 약 189m

신청사 전유 부분 : 약 25,500m²

청사 부분의 단면도

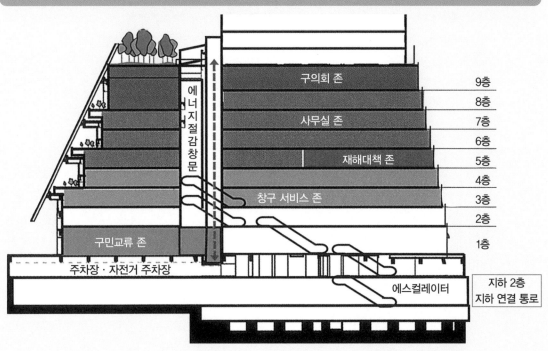

구의회 존 — 9층
8층
사무실 존 — 7층
6층
재해대책 존 — 5층
4층
창구 서비스 존 — 3층
2층
구민교류 존 — 1층

에너지절감창문

주차장·자전거 주차장

에스컬레이터

지하 2층
지하 연결 통로

신청사 방재 계획

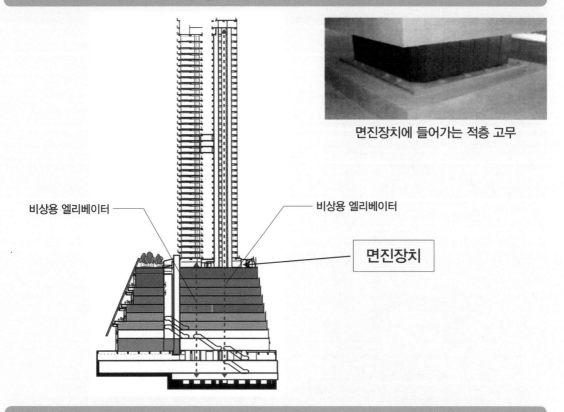

면진장치에 들어가는 적층 고무

비상용 엘리베이터

비상용 엘리베이터

면진장치

신청사 방재 계획 (안전성의 확보)

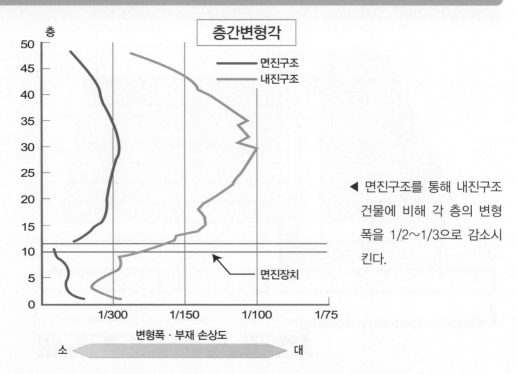

층간변형각

면진구조
내진구조

면진장치

변형폭 · 부재 손상도
소　　　대

◀ 면진구조를 통해 내진구조 건물에 비해 각 층의 변형 폭을 1/2~1/3으로 감소시 킨다.

환경계획 (그린 청사)

• '에코 베일'을 두른 나무와 같은 건축

나뭇잎처럼 다양한 기능을 가진 '에코 베일'로 건물을 에워싸 환경 부하를 줄입니다.

최신 환경기술 등을 적극적으로 도입해 관민을 포함해 일본 전국의 환경 대책 모델이 되는 '그린 청사'를 지향합니다.

① 유리 · 반투명 유리
② 태양광 발전(비결정형(amorphous))
③ 녹화 패널
② 태양광 발전(단결정)
③ 친환경 나무 루버

① 유리 · 반투명 유리
  가리개 · 햇빛 제어 · 방음 · 방풍
② 태양광 발전
  발전 · 방음 · 방풍
③ 루버(친환경 나무 또는 알루미늄)
  차양
④ 녹화 패널
  벽면 녹화 · 방풍 · 차양 · 방음

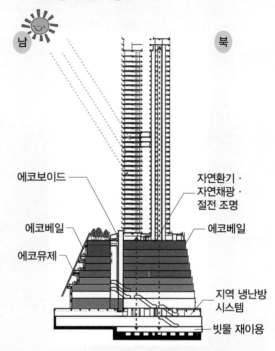

남 / 북

에코보이드
에코베일
에코뮤제
자연환기 · 자연채광 · 절전 조명
에코베일
지역 냉난방 시스템
빗물 재이용

신청사의 CO_2 감축효과표

항 목	연간 소비 에너지량 (MJ / 년)		연간 CO_2 배출량 (t– CO_2 / 년)	
공조 설비의 에너지 절감	기준 공기조화 소비 에너지량	17,518,500	① 기준에서의 CO_2 배출량 →	671
	계획 공기조화 소비 에너지량	13,040,000	② 계획에서의 CO_2 배출량 →	500
	감축 소비 에너지량	4,478,500	③ CO_2 감축량(①–②)	171
환기 설비의 에너지 절감	기준 환기 소비 에너지량	5,910,000	① 기준에서의 CO_2 배출량 →	226
	계획 환기 소비 에너지량	4,780,000	② 계획에서의 CO_2 배출량 →	183
	감축 소비 에너지량	1,130,000	③ CO_2 감축량(①–②)	43
조명 설비의 에너지 절감	기준 조명 소비 에너지량	24,063,486	① 기준에서의 CO_2 배출량 →	922
	계획 조명 소비 에너지량	8,368,695	② 계획에서의 CO_2 배출량 →	320
	감축 소비 에너지량	15,694,791	③ CO_2 감축량(①–②)	602
승강기 설비의 에너지 절감	기준 엘리베이터 소비 에너지량	773,840	① 기준에서의 CO_2 배출량 →	30
	계획 엘리베이터 소비 에너지량	577,939	② 계획에서의 CO_2 배출량 →	22
	감축 소비 에너지량	195,901	③ CO_2 감축량(①–②)	8
에너지절감법 기준치에 의한 합계	기준 소비 에너지량 합계	48,265,826	① 기준에서의 CO_2 배출량 →	1,849
	계획 소비 에너지량 합계	26,766,634	② 계획에서의 CO_2 배출량 →	1,025
	감축량 합계	21,499,192	③ CO_2 감축량(①–②)	824
태양광발전에 의한 효과	연간 기대 발전량(kWh)	29,952	CO_2 감축 효과	11
			CO_2 감축량 총 합계	835
CO_2 감축률				45.15%

종합창구 (3F)

복합건물 내 본청사의 유지관리를 위한 기본 생각

〈재개발 건물의 관리 형태 이미지〉

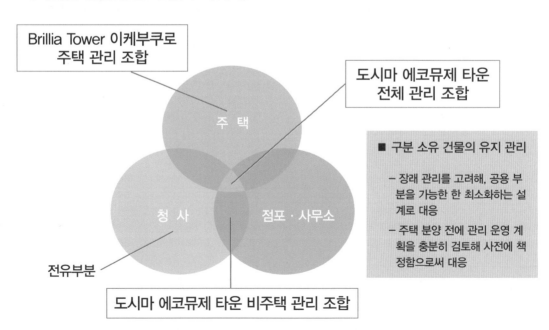

Brillia Tower 이케부쿠로 주택 관리 조합

도시마 에코뮤제 타운 전체 관리 조합

주 택

청 사

점포 · 사무소

전유부분

도시마 에코뮤제 타운 비주택 관리 조합

■ 구분 소유 건물의 유지 관리

– 장래 관리를 고려해, 공용 부분을 가능한 한 최소화하는 설계로 대응

– 주택 분양 전에 관리 운영 계획을 충분히 검토해 사전에 책정함으로써 대응

복합빌딩의 관리 구분의 명확화 (지하 3F 설비계통)

지하 3층 관리구분도(안)

■ 전체관리조합
  (전체공용부분)

특별고압전기실,
비상용 발전기실,
소화펌프실, 소화봄베실,
전기실, 복도, 계단,
용수조, 오수조,
우수제어조,
긴급용 오수조 등

■ 비주택관리조합
  (비주택공용부분)

통신기계실, 수수조실,
우수이용조,
PS(배관 공간) 등

청사 전유 부분

주택 공용 부분

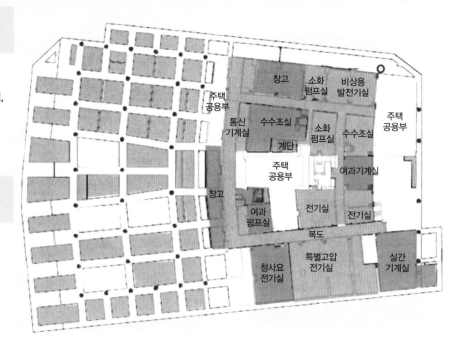

주택
공용부

창고   소화
        펌프실   비상용
                 발전기실

통신   수수조실   소화   주택
기계실   펌프실   수수조실   공용부
        계단

        주택
        공용부   여과기계실

창고
        여과   전기실   전기실
        펌프실

                    복도

        청사요   특별고압   실간
        전기실   전기실   기계실

6 롯본기힐즈와 오다이바

전 세계적으로 도시재개발 성공사례로 꼽히는 롯본기힐즈는 1990년 TV아사히 본사의 이전과 함께 재개발구역으로 지정되었다. 모리빌딩이 지었던 아카사카(赤坂)의 아크힐즈를 모델로 재개발 계획을 세워 사업이 추진됐다.

롯본기힐즈 개발주체는 ㈜모리빌딩과 재개발조합이었다. 총 사업 규모는 부지면적이 89,400㎡, 연면적이 729,100㎡에 달하는 대규모 재개발 사업이었다. 개발기간은 1986년부터 2003년 4월까지로 계획에 14년, 건설에 3년이 소요됐다. 총 사업비는 2,700억엔, 한화로 약 2조 4,750억원이 투입되었다.

사업 완료 후, 롯본기힐즈는 도쿄 최고의 오피스단지로 손꼽히며, 세계적인 기업인 골드만삭스, 리만 브라더스 홀딩스, J-WAVE, Yahoo! Japan, 라이브도어, 라쿠텐 등의 유명 기업들이 입주해 있다. 모리미술관 등 문화시설이 입주해 있는 롯본기힐즈 모리타워, TV아사히 본사, 도쿄 그랜드하얏트호텔, 복합영화상영관, 야외이벤트공간인 롯본기힐즈 아레나와 함께 주거공간인 롯본기힐즈, 게이트타워 레지던스, 다양한 쇼핑몰 등도 함께 자리하고 있다.

롯본기힐즈 개발은 주변상권 등 지역 전체 경제가 활성화되는데 크게 기여했다고 평가받고 있다. 롯본기힐즈 주변 임대료와 유동인구가 크게 증가했기 때문이다. 이 같은 성공에 결정적인 역할을 한 것은 여러 가지 이유가 있지만 특히 타운매니지먼트 도입을 통해 롯본기힐즈와 지역 전체의 활성화를 위한 지속적인 노력이 있었던 것이 주된 성공요인으로 꼽는다.

건물분양 없이 사업자가 임대사업을 통해 해당 지역을 지속적으로 관리하면서, 롯본기힐즈와 지역전체의 경제 활성화를 위한 노력을 기울이고, 자체행사 외에 지역상권 전체와 함께 추진하는 행사를 연 2회 진행하는 등의 노력이 결실을 맺고 있는 것이다.

주변과 상생하는 모리그룹의 도시개발 철학도 사업 성공에 한 몫을 했다. 모리그룹은 이윤창출만큼이나 주변 지역기여에 관심이 많다. 주변지역의 발전이 자체 개발지역의 가치를 상승시키는 선순환 구조 형성에 기여한다고 믿기 때문이다. 주민과의 신뢰를 중요시 여기는 모리그룹은 롯본기힐즈 개발 시 주민과 1,000번 이상 회의를 진행하는 과정에서 늘 정직한 입장을 표명해 강력한 신뢰를 형성했다.

롯본기힐즈의 경우 최고급 빌딩 옆에 임대아파트를 함께 지어서, 재개발 전 해당지역 원주민들을 거주하도록 해, 롯본기힐의 주요시설에서 근무하며 살아가게 했다. 젠트리피케이션[2] 현상 자체를 최소화하기 위해 도시재생 시작단계 때부터 계획하고 반영한 것이다. 이런 부동산 개발 철학이 공공부문이 아니라, 민간부동산 개발회사에 의해 진행되었다는 점은 가히 충격이었다.

우리나라의 경우 신도시 또는 대규모 택지개발이건 소규모 택지개발이건, 심지어 빌라신축

---

2) 재건축 등으로 인해 도시 환경이 변하면서 중·상류층이 유입돼 임대료 등 주거비용이 상승. 그 비용을 감당할 수 없는 원주민들이 다른 곳으로 밀려나는 현상

마저도 단기간 투지 후 썰물처럼 빠져나가는 방식이어서 도시가 관리되지 못하고 난개발 되고, 주민 갈등으로 사업이 부침을 겪는 상황이 일상화되어 있다는 점에서 더 놀랍고 충격이 컸다.

롯본기힐즈 개발 컨셉도 사업성공의 밑거름이 되었다. 건물 용적률을 최대한 높이고 주변을 녹지로 만들어 주민에게 제공하고, 건물 외관의 차별화를 위해 시설별로 다른 디자이너를 선정하고, 모든 시설을 동시에 개장하여 시너지 효과를 크게 한 것도 다 치밀한 준비가 있었기에 가능했다.

모리그룹의 부동산을 개발하되, 분양하지 않고 임대하는 방식도 우리나라와는 전혀 다른 방식이다. 일본이 20년 전부터 시작된 저금리 기조로 인해 자금조달이 용이한 상황이었던 것이 이

사업방식을 가능하게 했다. 자금여력만 있다면 분양보다는 임대를 통한 사업지구를 체계적으로 관리하는 것이 바람직할뿐만 아니라, 소유권을 보유함으로써 책임감을 가지고 개발을 하고 관리하기 때문이다.

모리그룹의 관리 방법도 여간 치밀한 게 아니다. 부동산 경기침체 시에도 임대료를 내리지 않는다. 한번 내리면 다시 올리기 힘든 시장의 특성이 있다고 판단해서, 공실이 있어도 임대료를 내리지 않는다. 임대료가 조금 비싸더라도 해당 건물만이 가지고 있는 특징이 있다면 비싼 임대료는 문제가 되지 않는다는 입장이다.

건물 임대 및 수익 창출 방안도 임차인과 함께 공유하고 추진한다. 임차인은 최소 보증금만 납부하는 대신, 목표 매출액 초과 시, 추가 수수료

롯본기 건설 개요 청취

광장 Town Management 사례(썬토리 행사)

롯본기 개발 현황

를 받고, 부진한 사업자는 퇴출된다. 총괄관리자로서 정기적으로 회의와 교육 실시해 개별사업자의 이익창출을 위해 최선을 다한다. 완공이전부터 롯본기힐즈 브랜드 북을 만들어 전 직원이 공유하고, 시민 홍보를 강화, 힐즈족이란 신조어가 생겨날 정도였다고 한다.

또, 모리그룹은 부동산 개발계획 수립 시 이벤트 광장을 가장 중요하게 생각했다. 이벤트광장을 통해 많은 사람을 끌어들여 단기간에 상업적인 가치를 높인 것이다. 실제로 롯본기힐즈 광장 운영은 초기 3년 동안은 적자가 발생했지만, 안정적 상권이 형성되는 4년차부터 시설물 광고 수익을 통해 흑자로 전환했다.

도시재생 성공여부 타운매니지먼트가 좌우

타운매니지먼트(Town Management · TM)는 상업 · 업무시설 집적지나 대형 복합시설을 하나의 마을로 간주, 전문 기관이 종합적으로 운영 · 관리하는 도시재생 방법을 뜻한다. 재개발지역에 건물을 신축, 리모델링 등 하드웨어 개발뿐만 아니라, 다양한 이벤트와 마케팅, 소프트웨어 콘텐츠를 활용해, 해당 지역을 브랜드화한다.

일본의 도쿄 롯본기힐즈와 도쿄미드타운 등 복합시설이 들어선 롯본기 일대와 도쿄역 주변 오테마찌와 마루노우찌 등지의 타운매니지먼트가 성공사례로 주목을 받았다. 특히 2009년부터 매년 열리는 '롯본기 아트 나이트(Roppongi Art Night)'는 롯본기힐즈, 모리미술관, 도쿄 미드타운, 산토리미술관, 국립신미술관, 상점가 등 인근 주요 민 · 관시설들이 대거 참여하면서 롯본기 일대를 대표하는 행사로 자리잡았다. 롯본기힐즈의 연간 방문객 수는 약 4,000만 명에 달한다.

단순히 건물을 새로 짓고 끝내는 것이 아니라, 지자체, 건물주, 상인 등이 타운매니지먼트 주체로 협의체를 꾸려서 다양한 문화와 예술을 가미하는 방식은 문화콘텐츠가 풍부한 부천시에 매우 적합한 도시재생 방법 중 하나라는 생각이 들었다.

타운매니지먼트는 대규모 재개발지역만 필요한 것이 아니다. 원도심 지역의 소규모 도시재생 사업에도 필수적으로 도시재생 전문가 양성이 필요하다. 현재 도시재생대학 등을 통해 마을만들기 전문가 등을 양성하기 위한 다양한 프로그램들이 도입되어져있지만, 좀 더 지원을 강화해, 민간전문가들을 더 많이 양성할 필요가 있다는 판단이 들었다.

도쿄 입체 부도심 오다이바

도쿄 오다이바는 미나토구 다이바 지역에 있는 복합개발지역으로 1980년대 후반 도심 혼잡의 문제점을 완화하기 위해, 도쿄 임해부도심으로 해안개발을 진행, 부지를 매립하여 인공섬을 조성했다. 이후 도쿄도와 연결하는 레인보우다리를 건설하고, 대형 복합쇼핑몰인 아쿠아시티, 자동차 전시관인 메가웹, 각종 테마파크, 후지TV 건물, 자유의 여신상 등을 조성하여 현재 매년 수백만 명의 관광객이 모여드는 도쿄의 주요 관광명소 중 하나다. 복합개발 초기단계부터 브랜드 특화작업을 추진하여 단기간에 가치를 향상시킨 복합개발성공사례로 손꼽히고 있다.

7 도쿄 오페라시티와 신국립극장

김만수 정부가 추진했던 정책 중에 가장 아쉽게 느껴지는 것 중의 하나가 바로 중동특별계획구역 사업무산이다. 이와 관련해서 차후에라도 부천시 도시개발의 반면교사로 삼기 위해 냉정한 평가가 있어야한다고 본다. 이 계획의 무산으로 부천시청 주변 도시계획이 몇 십 년은 후퇴했다고 보기 때문이다.

중동특별계획구역의 핵심은 민관복합개발을 통해, 부천시민문예회관 신축, 호텔 신축 등을 통해 부천의 미래를 완전 바꿀 수 있었다는 점이다. 결과적으로 그 지역에는 당초 계획했던 것보다 훨씬 밀집된 아파트가 들어서게 되고, 난개발이 될 가능성이 높아졌기 때문이다. 도쿄 오페라시티를 보면, 그래서 더 저절로 한 숨이 나온다.

도쿄 오페라시티는 신주쿠구 니시신주쿠지역에 자리하고 있다. 총 규모는 면적이 69,000㎡이고, 지하 2층, 지상 54층으로 총사업비는 800억엔이 투입되었다. 1985년 현상설계를 했고, 1997년에 개장했다. 주요시설은 오페라·발레·뮤지컬 전용극장, 영화관, 갤러리, 레스토랑 등이 있고, 관리주체는 문화시설은 도쿄오페라시티 문화재단, 상업·업무시설은 민간사업자가 맡고 있다.

도쿄 오페라시티가 주목받는 이유는 정부와 민간사업자의 제휴를 통해 복합문화시설을 만들었기 때문이다. 도쿄도에서는 공공부지를 제공하고, 민간사업자는 신국립극장을 건립해주고, 그 대가로 오페라시티 시설 사용권을 얻는 방식으로 개발이 추진되었기 때문이다.

최근 들어 부천시의 경우 공공건물 건축시 부지매입 비용이 사업비용을 과다하게 차지해 사업추진에 어려움을 겪는 경우가 많다. 나아가 완공 후에 관리비용도 엄청나게 발생한다. 이 문제를 해결하는 방법이 곧 민관복합개발방식인 것이다. 예술문화, 업무, 상업시설 등 3개의 기능을 유기적으로 결합시켜서, 향후 유지관리 비용을 최소화하는 복합개발에 대한 심층적인 연구가 필요한 이유가 바로 여기에 있다.

도쿄 오페라시티 외관

도쿄 오페라시티 내부

도쿄 신국립극장 건립 및 운영

※ 이 자료는 국회도서관 의회정보실에서 국회도서관 소장 자료 및 국·내외 관련기관의 사실(fact) 자료에 근거하여 작성한 자료로 작성자 개인이나 국회도서관의 입장과는 무관하며, 입법 및 의정활동 목적으로만 사용하기 위해, 전재합니다.

1. 신국립극장과 도쿄오페라시티의 민관 공동 개발 사업[3]

가. 사업 개요

○ 도쿄 오페라시티는 신국립극장(일본 최초의 본격 오페라극장)의 동일 가구(街區:거리구획) 내에 홀 등의 문화시설을 겸비한 민간 오피스빌딩 정비사업임

○ 가구 전체의 개발은 「도시계획법」상의 특정가구제도에 의거한 '하쓰다이 요도바시 가구 건설사업'으로 관민 공동으로 추진됨. 가구 내의 건물(신국립극장 및 도쿄오페라시티 빌딩)은 민관 각각이 사업 주체가 되어 건설함. 신국립극장과 도쿄오페라시티 빌딩은 「건축기준법」상 1동(棟)의 건물로 취급되며 지붕이 있는 회랑(갤러리아)에 의해 일체화됨

○ 도쿄오페라시티 내의 문화시설은 좌석 수 1,632석의 콘서트홀과 시설면적 3,200㎡의 아트 뮤지엄 등이 있음

나. 사업주체

○ 도쿄오페라시티 건설·운영협의회
○ 특수법인 일본예술문화진흥회

다. 사업의 경위 및 연혁

○ 신국립극장의 국제설계공모 시에 심사위원회의 일부 위원으로부터 주변 지역에 대해서도 일본을 대표하는 문화시설에 어울리는 환경을 정비해야 한다는 의견이 있었음

○ 이를 바탕으로 문화청, 건설성이 신국립극장과 동일 가구 내의 주요 인접 지권자(토지 소유권자)에 대해 가구의 민관일체 개발을 요청함. 1988년 '제2국립극장 주변가구정비협의회'가 설립되었고 도쿄오페라시티 프로젝트가 시작됨

라. 사업추진체계

1) 가구 전체 개발 추진

○ 민관 공동에 의한 가구의 일체개발 추진을 위해 민관의 협의·조정이 이루어짐. 기획 단계에서는 제2국립극장주변가구정비협의회(문화청, 건설성 및 주변 지권자), 사업화 단계에서는 연락조정회의(9개 민간지권자와 특수법인 일본예술문화진흥회(신국립극장의 설치주체). 문화청, 건설성이 특별회원으로 참가)가 각각 설치됨

---

3) https://www.city.sendai.jp/machizukuri-kakuka/shise/gaiyo/soshiki/sesakukyoku/link/documents/no9603030104_3.pdf

○ 두 조직 모두 임의단체로서 조정은 전원 동
의를 원칙으로 추진됨

2) 건설 · 소유

○ 특수법인과 민간 각각이 사업 주체가 되어
통일된 콘셉트 하에 각각 신국립극장과 도
쿄오페라시티 빌딩을 건설 · 소유함. 두 건
물을 잇는 지붕 달린 회랑(갤러리아)은 도쿄
오페라시티 빌딩의 공동이용시설로 건설되
고 특수법인과 민간이 공유함

3) 관리운영

○ 각 시설의 소유자가 각각의 시설을 관리 운
영함. 관민 공유시설인 지붕 달린 회랑(갤러
리아)은 양자 공동으로 관리됨

① 도쿄오페라시티 빌딩

○ 시설 구분에 따른 관리운영주체가 각각 설
립되어 민간 9인(단체)가 소유하는 빌딩의
통일적인 관리운영이 이루어짐

  • 업무시설, 상업시설, 공용시설
    - 도쿄오페라시티 빌딩(주)
  • 문화시설
    - 도쿄오페라시티 아트(주) : 관리운영
    (재단법인) 도쿄오페라시티 문화재단 :
    사업 기획
  • 지역냉난방 사업
    - 도쿄오페라시티 열공급(주)

② 신국립극장

○ 특수법인 일본예술문화진흥회의 위탁을
받아 (재단법인) 신국립극장운영재단이 관
리 · 운영함

마. 민관 프로젝트의 특징

1) 민관 공동사업에 의한 개발

○ 민간(도쿄오페라시티)과 공공(신국립극장)
의 개별 프로젝트를 조합하여 민관 공동의
가구(街區) 개발 사업으로 실시함. 가구개
발에 있어 「도시계획법」에 근거한 특정가
구제도를 활용함으로써 전체의 용적률의 할
증이 있었으며 사업자 간의 미사용용적 이
전이 가능해짐

2) 민간사업자의 사업이익 : 특정가구제도 활용
에 의한 할증용적과 용적이전

○ 민관 공동사업에서는 민간 사업자의 참가
여부가 중요한데 이 프로젝트에서는 특정가
구제도의 활용에 따른 할증용적과 용적이전
이 민간 사업자 참가의 인센티브로 작용함.
할증용적이 생김으로써 가구 전체의 평균용
적률은 444%에서 602%로 증가함. 또한 용
적이전에 의해 신국립극장의 미사용 용적
을 민간 사업자가 사용함. 민간 사업자는 소
유지를 자체개발할 경우보다 월등히 고도로
활용할 수 있게 됨

3) 공공의 미사용 용적의 민간 사업자 사용 및 문
화시설 정비

○ 민간 건물로의 용적이전은 신국립극장의
'미사용 용적의 사용 및 허락에 관한 계약'에
의해 이루어졌고 민간사업자가 용적 사용의
대가를 지불함

○ 미사용 용적을 차용하는 민간 사업자에게
는 차용 용적 중 적어도 10% 이상을 문화시
설로 사용하는 조건이 전제되며 이 조건에
의거하여 민간 사업자가 콘서트홀이나 아트

뮤지엄 등을 정비함. 이 조치에 의해 공공의 재산(미사용 용적)을 민간 사업자에게 제공하는 경우의 공공성 확보 문제를 해결함

○ 이 사례는, 공공의 단독사업일 경우 가치 창출이 되지 않았을 미사용 용적을 ① 공공성의 담보하에 (관련 문화시설 정비 조건), ② 수입원(사용허락의 대가)으로 함과 동시에 ③ 민관을 연결하는 열쇠(민간 사업자 참가의 인센티브)로서 매우 유용하게 활용한 것으로 평가됨

4) 민간에 의한 문화시설 운영

○ 도쿄오페라시티 빌딩에 설치된 콘서트홀 등의 문화시설은 관련 민간사업자의 출자·출연에 의한 주식회사·재단법인에 의해 관리 운영됨

○ 개인을 포함한 다수의 민간사업자들의 협력에 의해 문화시설이 운영됨

2. 도쿄오페라시티[4)]

가. 세계 유수의 극장도시 '도쿄 오페라시티'

○ 도쿄오페라시티 가구(街區)는 세계 톱클래스의 음향특성을 자랑하는 콘서트홀과 오페라, 발레, 현대무용, 연극 등 현대 무대예술을 공연하는 신국립극장 등 6개의 극장·홀과 함께 2가지 미술관시설로 구성되는 세계 유수의 극장도시임. 약 60사가 오피스에 입주해 있고 약 60개의 식당·상점과 함께 비즈니스부터 식사, 쇼핑, 문화를 폭 넓게 향유할 수 있는 일본 최대급 '극장도시'로 건립됨

나. 도쿄오페라시티 문화재단의 개요

○ 도쿄오페라시티 문화재단은 1995년 12월 민간사업자 6사에 의해 설립되어 음악, 미술의 주최사업 실시 및 콘서트홀(1,632석), 리사이틀 홀(265석), 아트갤러리 운영관리를 주요 사업으로 하고 있음. 음악 사업에서는 1997년 9월의 콘서트홀 오픈 후 콘서트홀에서 매년 250회 이상 공연이 실시되며 리사이틀 홀에서는 같은 해 4월 오픈 이후 매년 300회 이상 공연 (리허설 이용 포함)이 실시되고 있음

○ 또한 미술 사업에서는 1999년 9월의 아트갤러리 개관 후 연간 4회 정도의 기획전이 개최되고 있음. 2010년 4월에는 내각부로부터 공익재단법인의 인가를 받음

다. 사업자

○ 일본생명보험상호회사, NTT도시개발주식회사, 쇼와셸 석유주식회사, 데라다 고타로, 저팬 리얼 에스테이트 투지법인, 게이오전철주식회사, 빌트머티리얼 주식회사, 상호물산주식회사

라. 도쿄오페라시티의 목적

○ 도쿄오페라시티는 '사회에 공헌'을 주안으로 신국립극장 및 주변 환경의 정비와 유효 활용을 목적으로 하고 있음. 그 때문에 '비즈니스 존' '예술문화 존' '어메니티·상업존'의 3가지 영역을 연관시킨 도시공간의 창출을 지향하고 있음. 단순히 시설이 집적되

---

4) http://www.tokyooperacity.co.jp/info/

기만 한 거리가 아니라 도쿄오페라시티 전체가 신국립극장과 일체가 되어 스페이스 미디어로서의 기능을 발휘함

마. 도쿄오페라시티 빌딩시설 기본 구성

○ '비즈니스 존'은 지상 54층 지하 4층 건물, 234m의 초고층 오피스 빌딩임. 한 층은 ㄷ자형으로 연결된 약 2,000m²의 공간으로 층고 2.7m와 대형 창문을 갖춘 사무공간임
  - 비즈니스 효율화의 고도정보통신시스템이나 사무자동화 대응, 절전, 선진 보안시스템을 갖추고 있으며, 각 층의 출입은 모두 IC카드를 사용함. 엘리베이터 앞에 마련된 접객공간, 대기용 스카이 로비, 자연광을 살린 엘리베이터 홀 등 인간성을 중시한 자연친화적인 오피스 존임

○ '예술문화 존'은 오페라, 발레, 현대무용, 뮤지컬, 현대 연극 등을 위한 신국립극장이 있으며, 도쿄 오페라시티 내에는 2층 발코니를 가진 수용인원 1,632명의 콘서트홀 및 풀오케스트라 연습도 가능한 2층으로 된 리사이틀 홀, 전자 미디어 시대의 새로운 복합예술의 가능성을 모색하며 실천해 나가는 NTT Intercommunication Center, Art Museum, 음악당 등이 우수한 예술의 거점으로서 예술문화의 발전에 기여함

○ '어메니티 · 상업 존'은 도쿄오페라시티와 신국립극장을 연결하는 총 길이 200m의 유리공간 '갤러리아'와 '아트리움', 옥외광장 '산쿤 가든' 등의 퍼블릭 공간과 유기적으로 연계한 음식 서비스 공간으로 형성되며, 인근 거주자를 포함하여 모든 방문객에게 단순히 소비만 하는 공간이 아니라 심리적 양식이 되는 문화를 접하는데 기여함

바. 도쿄오페라시티 프로젝트의 경위

• 1980년 5월 - 제2국립극장(현 신국립극장) 용지로 구 도쿄공업시험장 터 결정

• 1985년 7월 - 제2국립극장 국제설계공모 실시

• 1986년 7월 - 문화청은 제2국립극장 건설 예정지의 주요 인접 민간 지권자들을 불러 도시환경 정비를 설명, 협력 의뢰

• 1988년 4월 - 문화청 · 건설성 및 민간 지권자들로 구성한 '제2국립극장 주변 가구(街區) 정비에 관한 연구회' 조직, 일체적 계획 · 정비 검토 실시

• 1988년 8월 - 문화청 · 건설성 및 민간 지권자가 '제2국립극장 주변가구정비협의회' 발족. 특정 가구로서 정비하는 기획설계 작업 개시

• 1988년 10월 - 제2국립극장 주변가구정비협의회는 재단법인 일본지역개발센터에 다카야마 에이카(도쿄대 명예교수)를 위원장으로 하는 '제2국립극장 주변가고정비검토위원회' 설치, 가구 정비의 방향성 및 공동사업 추진상의 기본 방책에 대한 검토 위탁

• 1990년 3월 - 개발 콘셉트, 시설 구성 · 규모 · 형태 · 용도 등 사업 내용 전반에 걸친 기획설계 종료

• 1990년 3월 - 지권자 전원과 '기본협정서' 등 체결

• 1990년 4월 - 제2국립극장 주변가구정비협의회를 발전적으로 해소하고 민간 지권자

전원에 의한 '도쿄오페라시티 건설·운영 협의회'를 설치하고 가구정비사업의 실시를 위해 구체적 검토를 시작. 또한 제2국립극장의 설치 주체인 특수법인(현 독립행정법인) 일본예술문화진흥회와 '연락조정회의' 설치

- 1990년 9월 - 도쿄도시계획특정가구 결정 의견을 표명하고 환경영향평가조례에 의거한 환경영향평가 절차 개시
- 1991년 4월 - 도쿄오페라시티 열공급주식회사 설립
- 1992년 2월 - '도쿄도시계획 하쓰다이 요도바시 특정가구' 도시계획결정이 고시됨
- 1992년 8월 - 제2국립극장 기공식
- 1992년 11월 - 도쿄오페라시티 기공식
- 1994년 11월 - 도쿄오페라시티 문화시설위원회에 아티스틱 어드바이저리 커뮤니티 조직
- 1995년 3월 - 입주자 모집설명회(상업존) 개최
- 1995년 7월 - 도쿄오페라시티 열공급주식회사 영업 개시
- 1995년 9월 - 도쿄오페라시티 건설공사 '상량감사 모임'
- 1995년 10월 - 도쿄오페라시티 콘서트홀 오픈기념 콘서트 기획 발표
- 1995년 12월 - 도쿄오페라시티 빌딩주식회사 설립
- 1995년 12월 - 재단법인 도쿄오페라시티문화재단 설립
- 1996년 8월 - 도쿄오페라시티 터워, 아트리움, 갤러리아, 레스토랑 & 상점 등 주요 시설 오픈

- 1996년 11월 - 스카이웨이 데크 개통
- 1997년 4월 - NTT Intercommunication Center, 리사이틀 홀 오픈
- 1997년 9월 - 게이오신선 하쓰다이역 동쪽 출구 공용 개시
- 1997년 9월 - 도쿄오페라시티 콘서트홀 오픈
- 1997년 10월 - 신국립극장 오픈
- 1999년 4월 - 도쿄오페라시티 산쿤 가든 오픈, 레스토랑 & 상점 등 그랜드오픈
- 1999년 9월 - 오토 아트갤러리 오픈

3. 신국립극장

가. 신국립극장운영재단

○ 신국립극장은 오페라, 발레, 댄스, 연극 등의 현대무대예술을 공연하기 위한 극장으로 1997년 10월 오픈함. 이 극장에는 오페라극장, 중극장, 소극장 등 3가지가 있으며 다채로운 무대전환을 가능하게 하는 등 최신 기술을 구사한 설비가 갖춰져 있으며 연출에는 다양한 고안이 가능한 구조로 되어 있음

○ 또한 신국립극장의 시설 내에는 정보센터가 마련되어 있으며 정보코너(1층), 도서열람실(5층), 비디오부스(5층)가 일반인에게 개방되어 있음. 지바현 조시시(銚子市)에는 무대미술센터가 있으며 공연에 사용되는 무대장치나 의상의 보관 및 전시를 하고 있음

○ 신국립극장의 운영은 독립행정법인 일본예술문화진흥회의 위탁을 받은 공익재단법인 신국립극장운영재단이 담당하고 있으며 현대무대예술 공연의 주최, 민간예술단체 등에 대한 극장시설의 이용 공여, 예술가 연수 등의 여러 사업을 실시하고 있음

○ 신국립극장의 공연 등에 관련한 경비(공익
재단법인 신국립극장운영재단의 경비)는
입장료 수입 외에 독립행정법인 일본예술문
화진흥회의 위탁비(국비 포함) 및 많은 민간
기업, 개인 독지가들의 기부금으로 충당되
고 있음

나. 신국립극장 연혁

- 1966년 4월 - 중의원 문교위원회에서 국립
  극장법안 가결 시에 '전통예능 이외의 예능
  진흥을 위해 시설 및 기타에 대해 필요한
  조치를 취할 것'이 부대결의됨
- 1972년 12월 - 문화청에 '제2국립극장설립
  준비협의회' 설치
- 1976년 5월 - 제2국립극장설립준비협의회
  가 사업전문위원회가 책정한 기본구상안
  승인
- 1980년 5월 - 국유재산중앙심의회에서 도쿄
  공업시험소 터(도쿄도 시부야구 혼마치)를
  제2국립극장용 용지로 이용하도록 답신
- 1981년 6월 - 제2국립극장설립준비협의회에
  서 전문위원회가 책정한 제2국립극장설치구
  상개요 및 건축규모를 문화청 장관에게 보고
- 1986년 5월 - 제2국립극장건축설계공모 결
  과 228개의 응모(외국 작품은 22개국 60작
  품) 중에서 야나기자와 다카히코의 설계 플
  랜 결정
- 1989년 3월 - 국립극장법 일부 개정으로 특수
  법인 국립극장(독립행정법인 일본예술문화
  진흥회)이 제2국립극장(가칭)의 설치자가 됨
- 1990년 3월 - 국립극장법 일부 개정으로 특
  수법인 국립극장은 특수법인 일본예술문화
  진흥회가 됨
- 1992년 2월 - 도시계획결정이 고시되어 하
  쓰다이 · 요도바시 가구가 특정가구가 됨.
  이에 따라 일체 개발로 미사용 용적을 인접
  한 도쿄오페라시티가 이용할 수 있게 되어
  일체적 문화 존이 확보됨
- 1992년 8월 - 제2국립극장(가칭) 건설공사
  착공
- 1993년 4월 - 재단법인 제2국립극장운영재
  산 설립 허가
- 1994년 7월 - 특수법인 일본예술문화진흥회
  가 제2국립극장운영재단에 공연준비 등 업
  무 위탁(이후 현재에 이름)
- 1995년 4월 - 제2국립극장(가칭)은 '신국립
  극장'으로 정식 결정되어 각 극장은 오페라
  극장, 중극장, 소극장으로 결정됨. 재단법
  인 제2국립극장운영재단은 재단법인 신국
  립극장운영재단으로 명칭 변경
- 1995년 9월 - 심벌마크 결정
- 1997년 5월 - 신국립극장 준공식
- 1997년 6월 - 무대예술센터(지바 초시시)가
  준공
- 1997년 10월 - 개장기념공연 오페라 "켄 다
  케루" 상연
- 1998년 4월 - 신국립극장 오페라연구소 개소
- 2001년 4월 - 신국립극장 발레연구소 개소
- 2005년 4월 - 신국립극장 연극연구소 개소
- 2007년 3월 - 오페라 극장의 애칭이 '오페라
  팰러스'로 결정
- 2007년 10월 1일 - 개장 10주년 기념식전 실시
- 2012년 4월 - 재단법인 신국립극장운영재단
  이 공익재단법인으로 이행

4. 시설 이미지[5]

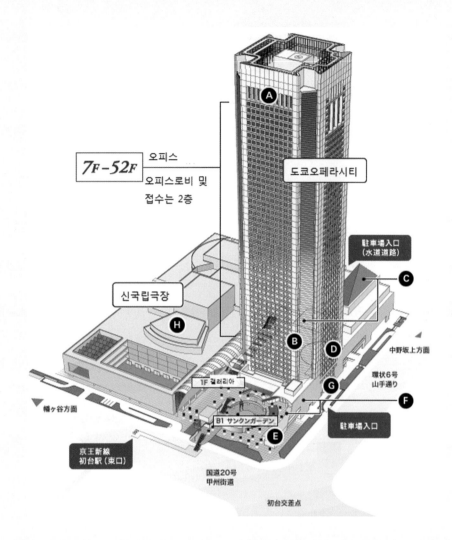

$7F - 52F$　오피스

오피스로비 및

접수는 2층

도쿄오페라시티

신국립극장

駐車場入口
(水道道路)

中野坂上方面

環状6号
山手通り

幡ヶ谷方面

1F 갤러리아

B1 サンクンガーデン

駐車場入口

京王新線
初台駅（東口）

国道20号
甲州街道

初台交差点

5. 참고사이트

- 도쿄 신국립극장

  http://www.nntt.jac.go.jp/about/foundation/history.html

- 도쿄오페라시티

  http://www.tokyooperacity.co.jp/info/

- 센다이시

  https://www.city.sendai.jp/machizukuri-kakuka/shise/gaiyo/soshiki/

  sesakukyoku/link/documents/no9603030104 _3.pdf

---

5) http://www.tokyooperacity.co.jp/info/

9 도시재생 선진국 일본이 주는 교훈

도시재생 선진국 일본의 재개발 사례를 살펴보면서 얻은 교훈은 이루 말할 수 없을 정도이다. 그 주요사항을 정리하면 다음과 같다.

첫째, 도시재생도 중요하지만, 지속적인 개발과 철저한 유지관리가 더 필요하다는 사실이다. 도쿄도 대부분의 지자체가 쇠퇴현상을 겪고 있었음에도 도시재생이 성공한 지역은 거의 모든 지역이 지속적인 개발과 유지관리를 실천하고 있었다.

도쿄 도심지역은 물론이고, 유카리가오카를 70년대 이후 지속적인으로 개발하고, 유지관리를 이어오고 있는 야마만사의 사업방식은 놀라움 그 자체였다. 전원주택형 뉴타운이 불가능한 부천시에 큰 도움이 되지 않는 사례인 것 같지만, 연간 적정한 규모로 개발규모를 통제하면서 주민의 생애주기(Life Cycle)에 맞는 적정한 주거를 제공하고, 육아ㆍ복지ㆍ안전 부문까지 책임지서 적정 수익을 창출하는 야마만사의 이러한 지속적인 사업모델은 기존의 택지개발방식과는 다른 것으로, 신규 주택수요가 크지 않은 저성장시기에 경기도시공사나 부천도시공사의 사업모델로 검토할 필요가 있어 보였다.

둘째, 민ㆍ관 간에 긴밀한 협력체계가 이루어져야 한다는 점이다. 도쿄 도심 대부분의 도시재개발사업에서도, 유카리가오카 뉴타운개발사업에서도 협업은 필수로 여겨졌다. 사회 기반시설을 야마만이 건설하여 사쿠라시에 기부채납한 도로, 공원 등의 기반시설 유지관리를 사쿠라시가 담당하고, 그 외의 육아ㆍ복지ㆍ안전 등의 서비스를 야마만사가 수행하는 등 공공과 민간의 협업 방식의 적용방안은 우리에게 많은 시사점을 던져주어 심도깊은 연구가 필요할 것으로 보였다.

셋째, 지속가능한 도시를 만들기 위해서는, 주

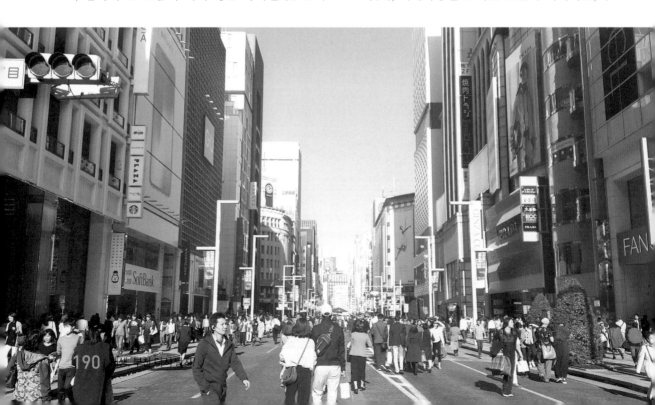

민 스스로 주도적인 재생사업을 추진하고 지자체에서 정책으로 뒷받침하는 것이 필요하다는 점이다. 주민들을 설득하는 과정에서 갈등 관리가 필요함에 따라 이를 수행할 전문 플래너(planner) 및 코디네이터(coordinator) 육성이 병행되어야 한다는 사실을 일본 재개발 현장은 웅변하듯이 보여주었다.

넷째, 도시재생, 지역재생, 중심시가지 활성화 등 다양한 관련 정책 간 유기적인 연계 및 조화가 필요하고 이에 맞는 제도 정비가 수반되어야 한다는 점이다. 또한, 쇠퇴해가는 지역의 재개발을 위해 주민과 협의하여 공동개발을 추진하며, 조례 제정 등으로 다양한 인센티브를 받아 재정 지원 없이 공공청사 및 주택 건설로 성공적인 재개발 추진하는 방안에 대해서 연구가 필요해 보였다.

다섯째, 성공적인 재생사업을 위해서는 마을과 주민의 특성에 맞는 고유한 프로그램과 콘텐츠를 개발하고 장소성과 역사성을 가진 요소의 보존과 개발이 조화롭게 추진되어 새로운 부가가치를 제공함은 물론 장기적으로 철저한 유지관리를 통해 지속가능성을 확보해야 한다는 점이다.

여섯째, 도시관리의 주체와 재원에 대한 고민이 필요하다는 점이다. 저성장 노령화 시대에 있어서, 누가 무슨 재원으로 도시를 관리할 것인가? 영미권의 BID(Business Improvement District), HOA(Home Owners' Association), COA(Commercial Owners' Association) 등과 같이 지역사회의 관리비를 받으면서 종합서비스를 제공하는 방식이 있지만, 이러한 강제적인 과금 체계는 법령개정이 되어야만 가능하고 우리나라 정서상 국민들이 받아들이지 않을 가능성이 높다.

반면, 유카리가오카 신도시의 야마만사는 그러한 법적 강제없이 육아, 노인요양, 방범, 주택관리, 철도, 호텔, 주차, 부동산중개, 대학유치, 주택순환 등 지역사회에서 필요한 다양한 준 공공서비스나 역할을 유기적으로 연계시키면서 사적인 계약의 방식으로 제공하고 있다는 것은 한마디로 대단하다고 생각할 수밖에 없다.

민간 주식회사이지만 지역에 봉사하는 정도는 우리나라의 도시개발 공기업과 비교해도 차원이 달랐다. 그런 의미에서 정부예산 등의 공공의 재정적 지원 없이 지역주민과 자발적 계약을 통해 관리 재원을 조달해내는 야마만의 자세와 성과를 적극적으로 배워야할 필요가 있었다.

경기도 뉴타운 문제 해결사?
"부천 출신 김종석!"

다시는 이 땅에서 국민들을 현혹하는 '뉴타운 개발'과 같은 '괴물정책' 이 태어나서는 안 된다는 생각에 뉴타운 문제 해결 과정을 정리했다.

2014년 7월 7일 마침내 부천시 뉴타운 지구 전체가 해제되었다. 약 8년여 동안 사업 찬반을 둘러싸고 주민간 갈등의 골이 깊었다. 지난 8대 경기도의회에서 뉴타운대책특별위원회 위원장으로 활동하면서 뉴타운 해제 시, 매몰비용을 지원하는 조례를 개정, 뉴타운 출구전략을 마련한 것은 내 인생에서 다섯 손가락 안에 드는 잘한 일이라고 생각하고 있다.

부천에서 광명에서 구리에서 고양에서 경기도의회를 찾아와 내민 절박한 도민들의 안타까운 손떨림이 아직도 기억에 생생하다. 그럼에도 순박한 그분들은 지난 8년 동안 재산권을 침해받고, 지역발전 기회를 놓쳤는데도, 이제 쫓겨나지 않아도 된다는 안도감에 기뻐하시는 모습을 보면서 마음이 짠했다.

사실상 주민을 약탈하는 뉴타운 사업은 역사

속으로 사라졌지만, 후속 대책 마련도 큰 문제다. 헌법에 보장된 주거권 보호 차원에서 정부와 지자체, 공공부문에서 특단의 조처가 마련되어야 하지만, 사정은 여의치 않다. 4대강 사업, 뉴타운 사업, 나라를 결딴 낸 전직 대통령을 비롯해, 전직 도지사, 아무도 책임지지 않는 이 나라는 제대로 되려면 아직 멀었다.

다시는 이 땅에서 국민들을 현혹하는 '뉴타운 개발'과 같은 괴물같은 정책이 태어나서는 안 된다는 생각에 뉴타운 문제 해결 과정을 정리했다.

■ 도시환경위원회 업무보고 (2012. 9. 7.)

"소사역 푸르지오 뉴타운지구 억지 포함 주민 피해 너무 커"

김종석 위원　앞으로 뉴타운 사업으로 건설된 아파트는 안 나올 것입니다. 부천에 경기도에서 유일하게 뉴타운으로 지어진 아파트가 있습니다. 약 800세대 단지입니다. 당초에 뉴타운지구에 포함될 지역두 아닌데, 김문수 지사께서 뉴타운 홍보하느라 억지로 뉴타운지구에 포함시켰습니다. 20평대부터 48평대까지 평당 분양가가 1,300만 원쯤 됩니다. 현재 주변 아파트 시세가 900만원에서 1,000만원 정도입니다. 입주를 앞 둔 지금 입주자들은 적게는 6,000만 원에서 2억까지 손해 볼 처지에 놓였습니다.

더 큰 문제는 시행사가 2년 전부터 아파트 분양가보다 최고 2억 5,000만원을 다운시켜서 팔고 있다는 것입니다. 입주 예정자들은 피눈물을 흘리면서 그 증거를 잡으려고 하지만 쉬운 일이 아닙니다. 행정기관에서는 아무도 나서주지 않습니다. 경기도에서는 이런 상황을 파악하고 있고, 어떤 대책을 가지고 있습니까?

도시주택실장 김정렬　글쎄, 그것은 제가 현장의 상황을 정확히는 알 수 없어서 답변을 드리기가 어렵습니다.

김종석 위원　제 말씀은 도에서 이런 상황에 대해서 책임질 수 있거나, 아니면 어떤 조치를 내려줄 수 있는 수단과 방법을 현실적으로 가지고 있는가를 여쭈는 겁니다.

도시주택실장 김정렬　그 수단은 없고요. 그거와 관련해서 제 견해를 말씀드리면 이제 100원으로 분양을 했는데, 사업주체가 분양이 원활하지 않고, 미분양이 나오고, 또 입주가 제대로 안 되고, 분양대금 납부가 제대로 안 되어서, 일부 주택에 대해서 세일판매를 한다면, 판매를 촉진하기 위한 하나의 마케팅일 뿐이기 때문에 그 자체를 어떻게 할 수는 없다고 봅니다.

김종석 위원　아파트가 준공해서 입주한 이후

에 그랬다면 모르겠습니다. 그런데 입주하기 1년, 2년 전부터 세일 판매를 하는 것은 문제 아닌가요. 입주하기도 전에 세일판매를 해버리면, 처음에 분양받은 입주민들만 고스란히 손해를 보잖아요.

도시주택실장 김정렬 미분양이 됐거나 계약 해지 된 아파트에 대해서 어떤 공급방법을 정하는 것은 사업주체의 자유가 아니겠습니까?

김종석 위원 해약된 세대가 아니라 미분양된 아파트를 입주 전에 낮은 가격에 털어내고 있다니까요. 그래서 제가 도에 촉구하고 싶은 것은 현장에 가보라는 겁니다. 지금 현장 상황 제대로 파악하지 못하고 있지 않습니까? 불법 탈법은 없는지, 하다못해 주민들 만나서 경청해서, 위무라도 해달라는 겁니다, 그럴 용의가 있습니까?

도시주택실장 김정렬 네, 한 번 현장을 파악해 보겠습니다. 불법여부 사실관계를 확인해 보겠습니다.

김종석 위원 다음, 뉴타운 대책과 관련해서 현재 도에서 매몰비용으로 1,000억원 정도 재원을 마련해서 지원할 계획을 세우고 있다고 했나요?

도시주택실장 김정렬 공식적으로 결재를 받아서 그 기준을 세운 것은 아니고, 다만 도시주택실 차원에서 실장이 부지사님이나 지사님께 "이런 정도의 가이드를 가지고 일을 하겠습니다" 하고 추진하고 있는 상태입니다.

김종석 위원 도에서 어느 정도 부담할 계획입니까?

도시주택실장 김정렬 픽스된 것은 아닙니다만 조합이 50% 정도 자부담하고 국가가 20% 하면…….

김종석 위원 도와 시가 30%를 지원하겠다

이 말씀이십니까?

도시주택실장 김정렬 네, 그렇게 생각하고…….

김종석 위원 이와 관련해서 공공부문 지원 비율이 매우 중요합니다. 주민들은 쉽게 해산하려 하지 않습니다. 대책이 없으니까 그렇습니다. 사업을 진행할 것도 아닌데 분담해 가지고 매몰 비용을 내놓자니 억울할 수밖에 없습니다. 지난 7년 동안 사업이 완료되면, 1~2억원 벌 줄 알았는데, 오히려 분담금을 2억원 내놔야 한다는 사실도 믿기지 않는데, 이제 와서 비용까지 내놓으라고 하면 누가 선뜻 해산하려 하겠습니까? 이미 사업성이 없는데, 계속 지지부진 끌어서는 안 됩니다. 어떻게 1,000억원으로 추정하는지 잘 모르겠습니다. 제가 알기로는 우리 부천시만 하더라도 매몰비용이 1,000억원 정도 되지 않을까 추정하고 있거든요. 그래서 최대한 객관적으로 추산해서 지사님께 제대로 된 정책을 건의해 주셔야 된다고 봅니다. 주민 부담을 최대한 낮춰서 30 대 30 대 30 비율로 최대한 빨리 털게 해주어야 합니다.

경기도에서 뉴타운사업과 관계된 도민들이 100만입니다. 우리 도민의 1/10입니다. 경기도 발전을 위해서 도로를 놓고 뭘 하는 것도 좋지만, 뉴타운 문제를 해결할 방안을 하루빨리 만드는 것이 필요합니다.

도시주택실장 김정렬 네, 그렇게 하겠습니다. 금년 가을 국회 상황을 지켜보고 내년 초쯤 되면, 국가가 얼마를 부담할 건지가 어느 정도 정리가 될 것이기 때문에 동시에 우리 도에서도 도시환경위원회 위원님들과 상의를 해서 지원 비율을 확정하는 절차를 밟도록 하겠습니다.

■ 경기방송 〈현장 의정포커스〉 (2012. 11. 1.)

"뉴타운 후속 대책 마련에 전력을 다할 것"

Q 경기도의회 김종석 의원님, 반갑습니다. 의원님의 지역구인 부천 소사 지역은 경기도에서 최초로 뉴타운 사업이 추진된 지역입니다. 지금 소사 뉴타운 사업이 난항을 겪고 있다고 하는데, 지역 현실이 어느 정도로 심각한가요?

A 2007년 3월 재정비촉진지구로 지정되었는데요. 원미, 소사, 고강 총 3개 지구, 49개 구역이 뉴타운지역으로 지정되었습니다. 현재, 공사가 진행 중인 구역은 소사역 푸르지오 1개 구역이고, 나머지 지역은 진행 중이거나 중단된 상태입니다. 소사구 전체 1/3 지역을 무차별적으로 뉴타운 지구로 지정하면서 주민들 간 찬반 갈등으로 사회적 문제가 야기되고 있습니다. 조합, 추진위 측과 비대위 간에 고소고발이 난무하면서 지역공동체가 붕괴될 위기에 처했습니다. 원미 지구에서는 뉴타운을 반대하며 자살하는 경우도 발생했습니다.

Q 뉴타운사업이 이처럼 어려움을 겪게 된 원인은 무엇이라고 보십니까?

A 무엇보다도 정책추진 책임주체인 공공부문에서 법적·제도적 뒷받침은 소홀히 한 채, 정치적 유불리 판단에 따라 무차별적으로 뉴타운 지구 지정을 확대하고, 이를 밀어붙인 이명박 정부

와 김문수 도지사에게 큰 책임이 있다고 봅니다. 경기도의 경우 뉴타운 지구 2/3 지역이 2008년 총선 이전에 지정되었습니다. 시장 수요를 무시한 주먹구구식 정책도 한몫했습니다. 2007년 미국의 서브프라임 모기지 사태로 주택 가격이 급락하고, 글로벌 금융위기가 닥치고 있는 상황에서 뉴타운 정책을 확대 실시했으니까요.

현재, 소사구 아파트의 경우 평당 900만 원 선에서 거래되고 있는데, 뉴타운 분양가는 평균 1,350만 원대입니다. 사업성이 없기 때문에 건설업체도 주민들도 나서지 않고 있는 겁니다.

Q 경기도와 경기도의회에서 문제 해결을 위한 노력이 시급할 텐데요. 경기도에 촉구하고 싶은 내용은 무엇인가요?

A 정보공개의 투명성이 확보되어야합니다. 현재, 경기도 뉴타운 지구 아파트에 입주하기 위해서는 추가분담금을 평균 1억5천만 원 부담해야 됩니다. 이 같은 사실을 대부분의 도민들은 모르고 있습니다. 투명한 정보공개를 통해 주민들이 사업추진 여부를 객관적으로 판단할 수 있도록 방안을 마련해야 합니다.

뉴타운 사업 예산 지원 강화도 필요합니다. 2007~2011년까지 뉴타운 개발과 관련해 경기도비가 178억 원 투입했습니다. 대부분 뉴타운 계획 수립용역비였습니다. 결과적으로 지키지도 못할 약속, 도민을 현혹하는 거창한 계획을 세우는 데만 도비가 투입된 것입니다.

이제 사업성이 있는 곳은 신속하게 사업이 추진될 수 있도록 관련 조례 개정을 통해 행정적 지원과 예산 지원을 강화해야 할 것이고, 사업성이 없는 곳은 신속하게 사업을 정리할 수 있도록 이른바 매몰비용을 지원해야 할 것입니다. 현재 경기도 뉴타운지구 76개 구역 사용비용은 총 972억 원(추진위 240억 원, 조합 732억 원)으로 추정하고 있습니다.

Q 의원님 상임위원회가 도시환경위원회입니다. 뉴타운 문제와 직결된 상임위원회인데요. 뉴타운 사업 전반의 재검토를 위해 상임위 차원에서 어떤 활동을 펼칠 계획인가요?

A 뉴타운 문제 해결을 위한 후속 대책을 수립하기 위해서는 먼저, 국회에서 관련법이 개정되어야 합니다. 상임위 차원에서 실태파악을 통해 관련법 개정을 촉구하고, 법 개정 이후 이를 조례로 뒷받침 할 수 있도록 사전에 준비를 철저히 하겠습니다.

아울러, 뉴타운 사업 지속 추진 방안 및 출구전략을 마련하겠습니다. 관련 조례 개정을 통해 행정적 지원과 예산 지원을 강화할 것이고, 이른바 매몰비용 지원 예산을 확보하기 위한 대책도 마련하겠습니다.

"도시재생, 수요자중심, 소규모, 사업이어야"

Q 올바른 도시 재정비 사업의 방향은 무엇이라고 보시나요? 새로운 대안을 제시해 보시면요?

A 먼저, 도시 재정비 사업이 "자산 증식 수단"이 아니라 현재의 열악한 "주거환경을 개선"하는 사업이라는 점을 확고히 해야 할 필요가 있습니다. 발상의 전환이 필요하다는 말씀입니다. 또한 몇 가지 원칙을 세워서 사업을 추진해야 할 것입니다.

첫째, "공급자 중심"이 아닌 "수요자 중심"의 사

업, 둘째, "대규모 개발"이 아닌 "소규모 개발" 사업, 셋째, "공동체 파괴"가 아닌 "공동체를 강화"하는 사업, 넷째, 공공부문의 역할이 강화된 사업, 즉 기반시설 비용 지원을 강화하고, 재정비사업 관리 감독을 강화하는 방향으로 사업을 추진해야 할 것입니다.

현행법에 따른 '주거환경관리사업', '가로주택정비사업'의 실질적 지원 대책 마련도 마련해야 합니다. 단독주택 및 다세대 주택 중심의 구도심 개선사업 시 주요 도로 확장, 주차장, 공원, 주민 편의 시설 등은 공공부문에서 투자하고, 주민들은 자신의 주택을 개량하는 것입니다. 개인 주택과 다세대 주택 재건축 및 리모델링 비용을 국가 지자체에서 저금리로 지원하는 지원 대책도 마련되어야 합니다.

Q 앞으로 도시환경위원회와 경기도의회에서 활동하면서 중점적으로 활동하고 싶은 분야와 각오가 있다면 한 말씀 부탁드립니다.

A 무엇보다도 뉴타운 후속 대책을 마련하는 것이 배우 시급한 과제입니다. 우선, 소관 상임위인 도시환경위원회에서 대책을 강구하겠습니다. 하지만 보다 근본적인 대책을 마련할 필요가 있다고 판단되면, 동료 의원들과 상의해 경기도의회 차원에서 뉴타운대책특별위원회를 구성할 계획입니다.

다음으로는 인구밀집지역의 녹지 공간 확보 차원에서 도시공원을 늘리고, 도민들의 이용이 많은 도시 인근의 산을 거점화해 친환경적으로 정비하도록 정책적 수단을 마련해, 도민들이 편히 이용할 수 있도록 할 계획입니다.

■ 도시환경위원회 행정사무감사 (2012. 11. 09.)

"2013뉴타운 매몰비용 반드시 편성 필요"

김종석 위원 언론에 보니까 경기도 예산안 발표를 했어요. 뉴타운 매몰비용 예산 올해 담았습니까, 안 담았습니까?

도시주택실장 김정렬 그건 아직은 예산안에 세우지 못 했습니다.

김종석 위원 서울시에서 2013년 예산에 39억 원 편성한 거 알고 계십니까?

도시주택실장 김정렬 네, 알고 있습니다.

김종석 위원 해산에 따른 비용보조로 정비사업 24억, 뉴타운 14억 5,000. 이것은 내년 하반기 추진될 매몰비용에 대해서 지원이 이루어질 것을 미리 예측해서 예산을 만든 겁니다. 그런데 지금 우리 경기도에서는 예산안에 안 들어갔다 이 말씀이시잖아요?

도시주택실장 김정렬 저희는 국회의 관계법령 정비동향을 본 다음에 저희가 조례를 어차피 제정을 해야 되기 때문에 그 부분을 정리한 후에 예산을 내년도 추경에 반영할 계획으로 이번 예산안에는 아직 세우지 못 했습니다.

김종석 위원 지금 김문수 지사께서는 뉴타운 사업을 앞장서서 추진하셨던 분이십니다. 그분이 경기도지사를 하고 있고요. 박원순 시장은 뉴타운에 대해서 아무 상관도 없는데 뒷수습하고 있습니다. 다음을 내다보고 미리 준비하고 있다고 그럽니다. 한마디만 드릴게요. 김문수 도지

사의 뻔뻔스럽고 이 무책임한 행태에 대해서 경악을 금치 못하겠어요. 한마디 더 하겠습니다. 2013년도 경기도 예산안에 매몰비용 반드시 편성 필요합니다.

도시주택실장 김정렬   그것은 편성을 하려면 편성기준이 책정이 돼야 되는데 그 기준이 조례나 관계법령이 먼저 선행이 돼야만 기준을 정할 수 있기 때문에 아직은 편성 제안을 못했다는 점을 양해해 주시면 감사하겠습니다.

■ 도시환경위원회 행정사무감사 (2012. 11. 16.)

"매몰비용 지원 근거 조례 마련, 예산 편성해야"

김종석 위원   부천 출신 김종석 위원입니다. 질의에 앞서서 저번 9월 업무보고시 제가 발언했던 내용을 조금 수정하고자 합니다. 당시 업무보고 과정에서 부천 뉴타운지역 관련 아파트 할인판매가 법에 위배된다고 주장을 했는데, 법 위반사항은 아니라는 점을 밝힙니다. 더불어, 그와 관련해서 뉴타운과장이 직접 현장을 찾아 점검해준 것에 대해 감사의 말씀을 드립니다. 사족을 달자면, 우리 공무원들이 할 수 있는 일이 일을 해결해 주는 것도 있지만, 주민들의 얘기만 들어줘도, 그 역할이 크다고 생각합니다. 거듭 감사하다는 말씀을 전하겠습니다.

도시주택실장 김정렬   감사합니다.

김종석 위원   저번 질의에서 경기도 집행부가 관련 조례가 미비해서 매몰비용 예산을 편성하지 못했다고 했습니다. 이후 본 의원이 대표발의해서 매몰비용 지원 근거를 만들었습니다. 이제 집행부에서 매몰비용을 편성하는 노력을 해 주시지요?

도시주택실장 김정렬 매몰비용 관련해서 사용비용인데요, 대상지역과 범위 그리고 지원비율, 절차와 시기 이런 것들이 하나하나가 상당히 쟁점들이 많습니다. 충분히 논의해서 정리할 필요성이 있다고 생각합니다. 그래서 존경하는 김종석 위원님께서 최근에 발의해 주신 매몰비용 관련 조례를 저희도 지금 심도 있게 검토하면서 혹시라도 조례에 빠진 사항은 없는지, 또 지금 국토해양위원회에서 관련 법안을 검토하고 있기 때문에 그것 등과 연관해서 신중히 종합적으로 최대한 빠른 시일 내에 조례를 뒷받침할 수 있도록 노력하겠습니다.

김종석 위원 현재 관련 법안은 국토해양부 소위를 통과했다가 전체회의로 다시 돌아갔는데요. 지금 추진위원회의 매몰비용 지원과 관련해서는 작년에 이미 법을 개정한 사항입니다.

도시주택실장 김정렬 그렇죠.

김종석 위원 그런데 왜 연계를 시킵니까? 조합 매몰비용 지원 여부, 국비지원 여부를 국토해양부에서 논의 중이고, 본 위원이 발의한 조례는 해산된 추진위원회에 대해서, 법에서 조례로 정하라고 한 부분들을 정해 놓은 것이기 때문에, 그와 관련해서는 해당 사항을 점검해서 대응해 주면 됩니다.

도시주택실장 김정렬 네.

김종석 위원 추정분담금 홍보 관련입니다. 2012년 9월 30일 현재 뉴타운지구 토지 등 소유자 5만 2,520명 중에서 15.6%인 8,196명이 확인한 것으로 나타났습니다. 9월 도정질의 시에 홍보부족에 대해서 광고 필요성을 제기했고, 이에

대해서 김문수 지사께서는 검토하겠다고 답변한 바 있습니다. 추정분담금 시스템에 대해서 주민설명회, 우편발송, 현수막 게재, 전단지, 반상회보 게재, 인터넷라디오, 신문언론사 홍보하셨는데 아직도 부족합니다. 해당지역 언론매체를 통해서 광고를 하는 것에 대해서도 신중히 검토할 필요가 있다고 봅니다만?

도시주택실장 김정렬 네, 검토하겠습니다. 다만 그 부분에 대해서 조금 제가 보충설명 올리면, 해당 지역 한 집만 확실히 인터넷으로 확인하면, 주변지역은 사실 확인하지 않아도 비슷하기 때문에 실제로는…….

김종석 위원 그건 실장님의 생각이고 현장에 가보시라니까요. 아직도 모르시는 분들은 집 한 채 주는 줄 알고 계신다니까요?

도시주택실장 김정렬 실제로는, 확인은 16.8 그렇지만 실제로 알고 있는 분들은, 대부분 그 지역에 계신 분들은 이 보다 훨씬 높은 비율이 알고 있습니다, 현재. 홍보를 많이 강화해서.

김종석 위원 그렇다면, 어느 특정지역을 방문조사하거나, 여론조사를 한, 수치로 되어있는 근거가 있나요?

도시주택실장 김정렬 그것은 없습니다마는…….

김종석 위원 없죠? 근거를 가지고 얘기해야지 "알고 있습니다"라고 추정해서 말하는 것, 얼마나 비과학적입니까?

도시주택실장 김정렬 시군의 공무원들이나 또 관련된 사람들 얘길 들어보면 퍼센트는 16%지만 위원님 방금 말씀하셨듯이 노인 분들이나 등등 분들은 남 이야기를 많이 듣기 때문에 실제로 자기가 접속은 못하지만 주변에 자기 인근지

역하고 비교해서 다 알고 있는 거거든요.

김종석 위원 알겠습니다. 이와 관련돼서는 홍보방안을 최대한 강구해 달라는 말씀입니다. 그렇게 할 의향이 있으신 겁니까, 없으신 겁니까?

도시주택실장 김정렬 네, 그렇게 하겠습니다.

김종석 위원 뉴타운 문제, 후속 대책을 이야기할 때마다, 제일 많이 하는 답변이 지금 나라에 돈이 없다는 소리입니다. 돈 없다, 돈 없다, 그 소리만 하시는데요. 저는 우리 경기도에서 그 돈을 만들기 위해서 어떤 노력을 하셨는지 한번 여쭙고 싶습니다. 경기도가 도시주거환경정비기금으로 올해 35억원 조성한 것 있죠?

도시주택실장 김정렬 네.

김종석 위원 징수된 재산세 10%를 적립하도록 되어있는데, 그걸 다 담아 놓으신 건 아니시죠?

도시주택실장 김정렬 그렇죠.

김종석 위원 서울시의 도시환경정비기금 적립 규모가 2조 원쯤 된다면서요?

도시주택실장 김정렬 글쎄, 정확히 거기에 대한……

김종석 위원 서울시는 한 2조 원쯤 된답니다. 우리 경기도 올해 35억원이 뭡니까? 위원님들께서 수없이 징수된 재산세 10% 적립을 지키라고 하는데도 집행부에서 안 지키는데, 이럴 경우 뭐 제재할 방법, 이런 거 없습니까?

도시주택실장 김정렬 지금 경기도의 경우에 최근 3년간 우리 시군까지 포함하면……

김종석 위원 시군 포함하지 마시고 저는 지금 경기도를 말씀드리는 거예요.

도시주택실장 김정렬 그런데 서울시의 경우는 시군구까지 다 포함된 개념이니까……

김종석 위원 네, 구까지 포함이 돼 있는 겁니다.

도시주택실장 김정렬 저희가 지금 한 2,260억 정도 됩니다. 서울시하고 비교하면 많이 부족해서 추가 확충해야 되겠습니다마는 현재 사업 자체가 진도가 안 나가다 보니까, 이 문제를 지금 호흡 조절한다고 이해해 주시면 고맙겠습니다.

김종석 위원 어찌 됐든 2001년부터 도시주거환경정비기금 조성하는데, 31개 시군에서는 조금씩이라도 집어넣어 가지고, 조성액이 8,000억 원 정도 돼요. 그리고 쓰고 남는 게 한 1,600억 원 정도 됩니다. 1,600억 원이 남아 있는데, 거기에 우리 경기도가 집어넣은 금액이 35억 원입니다. 이건 누가 보더라도 기금 마련에 노력을 기울이지 않았다고 볼 수밖에 없어요.

그래서 제가 연장선상에서 말씀을 드리면, 돈 없다고만 그러시지 마시고, 이렇게 했으면 좋겠습니다. 먼저 우리 도에서 정비기금을 적립을 지방세법에 따라서 부과 징수되는 재산세 10%를 적립하도록 되어있는 것을 12%로 좀 더 올려서 적립하는 방안을 강구하세요. 경기도가 이런 노력 시도해 본 적 있습니까?

제가 쭉 한번 말씀드려 볼게요. 개발이익 환수에 관한 법률에 따라서 개발부담금 중에서 지방자치단체의 귀속분이 현재 50/100으로 돼 있습니다. 이런 부분들은 국회 차원에서 80/100 정도로 올려주도록 하는 노력이 필요하다고 생각하고요.

그다음에 재건축 초과이익 환수에 관한 법률에 의해서 재건축부담금 중 지방자치단체에 귀속된

경기도의회 도시재생포럼 세미나(중간보고회)

부천의 도시재생사업구상안과
경기도 도시재생사업의 실효성 제고를 위한 정책적 지원 방안 연구

일시 : 2015년 10월 16일   장소 : 소사본동 주민센터

것을 보면 국가가 50/100, 도가 20/100, 시군이 30/100 가져가고 있습니다. 왜 50%를 중앙정부가 가져가느냐고요. 저는 중앙정부가 가져가는 50% 중에서 20%쯤 잘라서 우리 도에 40/100 정도를 주도록 해야한다고 봅니다.

또, 현재 정비구역 안에 국유지 매각대금의 20% 이상 또 공유지 매각대금의 30% 이상의 금액을 시도지사가 해당지역 시장?군수에게 주게 돼 있습니다. 이런 것들도 조정되어야하는데 이와 관련해서도 우리의 힘을 벗어나 있습니다. 다 국회에서 법률을 개정해야 될 문제입니다.

제가 여기서 핵심적으로 드리고자 하는 말씀은 경기도는 경기도대로 "이거 왜 국가 돈 안 주냐?"고 수동적으로 대응하지 말고, 좀 더 적극적으로 제도 개선 노력을 해달라는 것입니다. 꼭 제가 말하는 대로 하라는 것이 아니라, 어디서 재원을

마련할 것인지, 최대한 노력해달라는 것입니다. 동의하십니까?

도시주택실장 김정렬 네, 정비기금의 재원을 다각화하고 확충하려는 노력이 필요하다는 지적을 해주셨는데요. 동감입니다. 지금 현재 재산세가 시?군세다 보니까 재산세 얼마를 이렇게 잡아서 시군에서 주로 조성이 되고, 저희는 사실상 일반회계에서 전입 받아서 한 35억 조성하다 보니까 어려움이 많습니다. 앞으로 국민주택기금이나 등등 우리 주택 관련, 주거복지 관련 재원을 중앙정부와 지방자치단체 간의 권한재조정 통해 조정할 수 있도록, 기회가 있을 때마다 노력을 해나가도록 하겠습니다.

김종석 위원 네, 제 질의는 다 끝났는데요. 제 지역구와 관련된 사안 하나만 질의하겠습니다. 저희 지역구에 범안로라는 도로가 있습니다.

건설교통위원회에서는 이 도로가 도시주택실 소관 업무라고 합니다. 사실은 이 문제를 기어이 풀어보고 싶어서 도시환경위원회에 왔습니다. 범암로가 재개발지역에 위치하고 있습니다.

도시주택실장 김정렬　범박로?

김종석 위원　아니요. 범안로입니다.

도시주택실장 김정렬　네.

김종석 위원　그 도로가 7, 8년째 확장되지 못해서 주민들이 너무 고생하고 있습니다. 이와 관련해서 현행법에 따라서 왜 지원이 안 되는지, 그 다음에 지원 방법을 만들 수 있으면 어떻게 만들 수 있는지, 이 부분들에 대해서 세부적으로 검토를 해가지고 한 번 보고해 주세요.

도시주택실장 김정렬　네. 그렇게 하겠습니다.

김종석 위원　잠깐 발언기회를 얻었는데요. 한 가지만 더 질의하겠습니다. 아까 택지과인가요? 거기만 고생하신 게 아니고 도심재생과도 그러시고, 제가 봤을 때는 전체적으로 한정된 인력으로 고생들이 많으신 것 같아요.

도시주택실장 김정렬　네, 그렇습니다.

김종석 위원　행정사무감사를 하면서 뉴타운 문제에 대해서 질의를 많이 했습니다. 지금 신도시정책관 직제가 편제되어 있는데, 신도시만 중요한 것은 아니지 않습니까? 기존 도시에서 살고 계신 분들도 경기도민 전체로 보자면 훨씬 더 많을 텐데, 정부정책도 그렇고, 경기도도 신도시 쪽에 인원배치도 많이 하고, 예산도 많이 주고, 이러는 것 같습니다.
제가 주택정책심의위원회에서도 말씀드린 바 있습니다. 경기도 전체에 대한 주택정책을 좀 더 심도 있게 논의하고, 실행하기 위해서는 조직과 예산 확보가 필수라고 봅니다. 이렇게 일손이 달

리다 보니 제대로 된 정책이 못 나온 측면도 있다고 봅니다. 그런 측면에서 경기도 주택국을 신설할 필요가 있다고 봅니다. 어떻게 생각하십니까? 말씀 한번 해보시죠.

도시주택실장 김정렬　위원님 지적에 전적으로 동감입니다. 위원님들께서 많이 지원해 주시면 저희도 안에서 여러 관련 부서들을 설득해 나가도록 하겠습니다.

김종석 위원　그리고 마지막으로 한 가지만 더 말씀드리겠습니다. 본 위원 대표발의로 뉴타운특위를 만들고, 또 조례안도 만들어놓고 그랬는데요. 지금은 뉴타운 정책실패에 대한 책임소재 공방을 하는 것은 무의미하다고 생각합니다. 그래서 도의회하고 집행부가 머리를 맞대고, 뉴타운 후속대책들을 하나하나 체크할 수 있도록, 긴밀한 정보 교류와 연구를 했으면 좋겠다는 바램을 말씀드립니다.

■ 제273회 제2차 회의 (2012. 11. 21.)

"부천 소사·원미지구 기반 시설 차질없이 지원해야"

김종석 위원　부천 출신 김종석 위원입니다. 추경하고 2013년 예산안 다 들어와 있는데요. 몇 가지 좀 짚고 넘어가겠습니다. 2013년 세출예산 기준으로 우리 도시주택실 소관 예산이 전체 경기도 세출예산에서 차지하는 비율이 5.3%쯤 되네요?

도시주택실장 김정렬　네.

김종석 위원 도민들이 일상적인 삶을 살고, 생활하는 데 있어서, 의식주가 가장 기본적인 밑받침이 돼야 될 것이라고 생각하는데, 동의하십니까?

도시주택실장 김정렬 네, 그렇습니다.

김종석 위원 저는 '주(住)'의 문제 이게 전체 경기도 예산에서 차지하는 비율이 5.3% 정도밖에 되지 않는다는 것에 대해서 일단은 좀 안타깝다는 말씀을 드리고요. 그나마도 대부분이 국비지원 사업들이라는 점에서 더 아쉽습니다. 쭉쭉 한번 짚어보겠습니다. 우선 전체적으로 2013년 예산안을 놓고 보면요, 우리 도시주택실 소관을 놓고 보니까 도시재생 예산이 60억 원 줄어들었고요, 신도시 8억 늘었고요, 토지정보 1억 7,000 늘었고요, 도시주택 10억 늘었고요, 도시정책과 6억 7,000 늘었습니다.

도시주택실장 김정렬 네.

김종석 위원 전체 국비가 줄어서 그런다 하더라도 이건 뭔가 잘못됐지 않았느냐 싶습니다. 서민 주거환경, 사회취약계층 이와 관련된 예산들 자체에 대해서 단순 수치만 놓고 보더라도 전체 5개 과만 높고, 일부 약간 변동된 1억 이하 변동 있는 것은 제가 지금 말씀드리지 않는 겁니다. 이런 상황을 놓고 봤을 때, 도대체 우리 경기도가 주민들의 주거와 관련되어서, 이렇게 해도 되겠는가 싶어서, 좀 걱정도 되고, 우려되는 부분도 많은데, 실장님 의견은 어떻습니까?

도시주택실장 김정렬 위원님 우려의 견지에서 말씀해 주신 걸로 감사하게 생각합니다. 저희 예산이 금년도 예산보다 약 4.8%가 감액된 수준에 편성됐습니다마는 주된 원인을 분석해 보면 주거환경, 지금 존경하는 김종석 위원님 지적대

로 도심재생과의 예산이 많이 줄었기 때문입니다. 그것은 주로 지금 주거환경개선사업에 종전의 사업지구 10개 지구 중에서 8개 지구가 완료됨에 따라서 56억의 사업비가 감액됐습니다. 그래서 그것이 큰 영향을 미치고 있고요.

그다음에 뉴타운후속 대책인 도심재생사업의 한 종류인 주거환경관리사업에 대한 예산을 추가로 받아야 되는데, 국토해양부의 신규사업이다보니 사업전환 예산이 현재 기획재정부의 정부 예산안에 반영되지 못했습니다. 그래서 그것이 예산에 반영되면 추가로 저희들한테 내려올 것이기 때문에 아마 내년도에는 전체적으로 보면 큰 차질은 없이 진행될 것으로 이해해 주시면 감사하겠습니다.

김종석 위원 네, 알겠습니다. 이와 관련해서는요, 저번에 우리 행정사무감사에서 지적된 바 있지만, 두 가지 문제인 것 같습니다. 추진위원회 해산 시 비용인데요. 이 부분에 대해서 적절한 규모를 알아야 되지 않겠습니까? 도시주택실에서 파악한 게 있습니까? 내년도 추진위원회 해산 관련 예산이 어느 정도 될 것인지 산출해 놓았으면 그 자료를 좀 주세요. 그다음에 도시주거환경정비기금 내년에 한 푼도 안 넣었지 않습니까?

도시주택실장 김정렬 네.

김종석 위원 이유가 뭡니까? 올해도 100억 원 가까이 해야 되는데 35억 원 반영안 한 것이 문제가 되는 것으로 아는데요. 내년도에 하나도 이렇게 편성이 안 돼 있는 이유가 뭐죠?

도시주택실장 김정렬 그거는 전체 일반예산의 2/1,000 이내에서 이렇게 해서 하도록 되어 있습니다만 현재 정비기금 수요자체가 아직은

없어서, 일단 일반예산에서 내년도 수요에 맞춰서 편성하다 보니까 금년도 사업이 대부분 이월됐습니다. 그래서 금년도에 이월된 금액으로 일단 내년도 사업은 처리를 하고 그다음에 추가적인 향후 수요가 발생 시에 이에 대처하는 걸로 생각을 하고 있습니다. 다만, 위원님 말씀하신 대로 전체적으로, 종합적으로 봐서 잘 준비하겠습니다.

김종석 위원 알겠습니다. 그런데요. 기금운용의 성격상에 있어서 그렇게 말씀을 하시면 안 되고요. 돈이 있을 때 기금을 적립하겠다는 것은 안 한다는 말 아닌가요? 우리 세대가 마감할 때까지 또 돈이 부족할 것이기 때문에 기금적립 못한다고요. 그러니까, 어려운 과정에서도 조례와 법령에 따라서 기금을 적립하라고 했으면 수단방법 안 가리고 다른 데 아껴서라도 해야 됩니다. 위원님들이 조례까지 만들어 드렸는데, 한 푼도 반영하지 않았다는 것은 매우 잘못됐다고 보고요. 이와 관련돼서는 저는 적정 수준대로 0.2%, 올해 100억 원 기금을 편성, 적립해야 한다고 생각합니다. 그 부분들에 대해서는 이후에 또 논의 나누시기로 하고요.
그다음에 성립 전 예산이 6개 나왔어요? 2차 추경하고 관련해서요. 금액으로 485억 원입니다. 우리 도시주택실 연간 평균 예산이 1,400억 원쯤 되지요? 올해 기준으로 맞춰보면 34%에 해당하는 금액입니다. 성립전 예산은 비록 법적으로는 문제가 없지만, 이렇게 임의로 집행부가 편성, 집행하는 것은 결코 바람직하지가 않습니다. 그렇게 할 거면 의회가 왜 있습니까? 2012년 전체 예산의 34%가 성립 전 예산인 것에 대해서 문제가 있다고 생각하지 않으십니까?

도시주택실장 김정렬 그거는 위원님 말씀에 공감하고 송구스럽게 생각합니다. 다만 이 사업의 내용들이 전세임대 · 매입임대 · 국민임대 이런 사업이다 보니까, 사실은 세부적인 돈 액수에 대해서는 위원님들과 미리 협의를 드리지 못했습니다만, 업무보고 때라든가 전체적으로 볼 때는 위원님들께서 충분히 지적을 해주셨고 예산을 집행하는 그런 단순 어떤 행정 처리의 과정이었다고 볼 수도 있기 때문에 미리 액수에 대해서 상세하게 설명을 못 드린 데 대해서 이해해 주시면 감사하겠습니다.

김종석 위원 오전에 이어서 몇 가지 질문 좀 드릴게요. 저번에 9월 달부터 보고돼서요. 우리 재정비촉진사업 관련해서 국비 지원이 2011년에 55억, 2012년에 95억 되어 있는데 2012년에 도비 50억 원 추가로 확보하겠다고 하셨는데 그거는 별도로 추가 확보되지 않았죠?

도시주택실장 김정렬 저희가…… 그 부분이 기반시설비 지원 말씀인 거죠?

김종석 위원 됐습니까, 안 됐습니까? 추가 안 됐죠?

도시주택실장 김정렬 지금 안 됐습니다.

김종석 위원 연초에 보고할 때는 사업이 신속하게 진행되면 50억 원 추가한다고 그랬는데, 안 했어요. 잘못된 거잖아요? 재정비촉진사업 지원과 관련돼서요. 2012년에 50억 원이었습니다. 사업내용이 부천 원미 · 소사, 구리 인창지구 기반시설지원금이 얼추 50억 원쯤 됐던 것 같은데, 2013년에 127억 원 잡혀 있거든요. 세부적인 사업 내용이 있습니까? 여기 예산안에는 안 나와 있어요. 추정치를 해놓은 겁니까, 어떤 겁니까?

도시주택실장 김정렬　이게 국비확보 부분인데요. 지금 저희는 국비요청을 했어요.

김종석 위원　국비요청이 됐는데 그 세부사업 내용이 안 내려와서 잘 모르시고 있는 겁니까?

도시주택실장 김정렬　지금 국토부에 예산이 다 반영이 안 돼 가지고, 150억 원만 반영된 상태입니다. 이 예산이 전국 예산 규모가 그렇다는 것이고, 결국은 우리가 요구한 게 147억 원이기 때문에, 실제로 저희한테 내려오는 거는 그중에 일부일 것 같습니다.

김종석 위원　그러니까 2013년에 보면 127억이라니까요. 지금 현재 잡혀 있는 게?

도시주택실장 김정렬　국토해양위원회 심의과정에서는 지금 1,000억 원으로 증액돼 있고……

김종석 위원　돼 있을 테고요.

도시주택실장 김정렬　그래서 저희가 요구한 금액 일부를 배정받으려고 지금 추진하고 있습니다.

김종석 위원　그렇다면, 국비가 확정되지 않아서 그렇지 이후에 추경 편성 등을 통해 정상적인 사업 진행이 가능하다는 말씀인가요?

도시주택실장 김정렬　네. 그렇습니다.

김종석 위원　부천 소사·원미 지구 기반시설지원 예산 편성 내용을 살펴보면, 하수관거 교체, 도로 확장 등 입니다. 그 지역은 뉴타운사업 한다고 모든 게 묶여서 낙후될 대로 낙후된 지역입니다. 사업 차질없이 완료하도록 조처하세요. 일단 넘어가겠습니다.

도시주택실장 김정렬　참고로 국토부에서는 2,000억 원을 목표로 지금 예산 확보 노력을 하고 있는데요. 기재부하고 마지막 국비재원 여유를 봐가지고 지금보다 더 늘어나게 되면, 앞으로 사업은 기반시설 지원을 확대하도록 요구하겠습니다.

김종석 위원　다음 뉴타운 매몰비용 관련돼서

요. 이 부분에 대해서는 접근을 그렇게 해주시기 바랍니다. 지금 상황에서는 아직 해산됐다고 정식 신고한 곳은 없을 테니까, 예측되는 상황을 시군에서 파악해서 자료를 올려달라고 하세요. 그래야 제대로 된 예산을 세울 거 아닙니까? 서울시가 39억 원을 편성했으니, 그보다 사업규모가 작은 경기도는 예산을 더 적게 편성하겠다는 것은 너무나 안이한 생각입니다. 도민들에게 확실한 신호를 주기 위해서라도 최소한 뉴타운 매몰비용은 39억 원 이상 편성해야 된다고 봅니다.

도시주택실장 김정렬　네. 참고해서 반영하겠습니다.

김종석 위원　그리고, 맞춤형정비사업과 관련해서요, 지금 10개 지역에 1억 원씩, 10억 원 잡아놓은 게, 맞춤형정비사업 활성화를 위한 기반조성 지원 사업 마중물이라는 것이지요?

도시주택실장 김정렬　뉴타운 해제지역 후속대책으로 보면 되겠습니다.

김종석 위원　그러니까요. 이 예산을 후속대책을 세우기 위한 용역비 차원으로 보면 되는 거냐고요?

도시주택실장 김정렬　그렇습니다. 거기서 그림을 그려 가지고 후속대책을 집행하려는 우리 도의 정책을 담으려고 하는 그런 내용이 되겠습니다.

김종석 위원　뉴타운 후속 대책을 연구하기 위한 예산이라는 그 말씀이신 거죠?

도시주택실장 김정렬　네.

김종석 위원　저는 그렇게 생각합니다. 새로운 방법을 또 만들고 그렇게 아니라, 기존 가로주택정비사업하고, 주거환경관리사업의 경우는 이제 패러다임 자체를 바꿔야 될 필요가 있지 않습니까?

도시주택실장 김정렬　네, 그렇습니다.

김종석 위원　기반시설 지원을 10개 지역에 다 한다면, 도에 상당한 재원부담으로 올 수도 있을 것 같은데요? 나중에 또 돈 없다고 그러지 말고, 집중화해서, 사업을 진행해야 하지 않나요? 10개 지역에 다 일괄적인 용역비를 1억 원씩 내려보내서 해본다? 이것 자체가 조금 우려스러운 점이 있거든요. 어떻게 생각하세요?

도시주택실장 김정렬　저희가 지금 뉴타운으로 묶였던 곳이 한 240군데 되었습니다. 추진위원회도 구성되지 않았다가 해제된 곳 등을 포함해서 현재 정리된 지역이 116개 지역이고, 아직 124개 지역이 남아 있지 않습니까? 그 124개 중에서 30% 정도가 내년에 해제될 것으로 추정하고 있습니다. 앞으로 정비사업이 꼭 필요한 사업지구가 31개 시·군 중에서 7개 시입니다. 그래서 시에 적어도 한 군데씩은 샘플링을 해놓고, 만들어봐야, 국토부에 우리가 시범사업을 요청할 때도 뭘 순서에 따라서 제시할 것이 있을 것 같습니다.

김종석 위원　네, 알겠습니다. 충분히 이해됐습니다. 저는 이와 관련돼서도 조금 더 추가로 말씀드리자면, 지금 이 사업기간을 보시면 1월부터 하셔서 12월까지 즉, 내년에는 계획만 짜겠다는 모양으로 비칠 수가 있거든요. 그렇다고 한다면 내년 상반기 중에라도 어디에선가 추진위원회 해산신청이 들어오고 청산하려는 곳이 있으면 곧바로 연결시켜서 사업을 진행할 수 있도록 해달라는 겁니다. 동의하세요?

도시주택실장 김정렬　그렇게 집행되고, 실행될 수 있도록 노력하겠습니다.

「경기도 도시 및 주거환경정비 조례 일부개정조례안」

김종석 위원　　부천 출신 김종석 의원입니다. 존경하는 김진경 위원장님 그리고 도시환경위원회 위원 여러분! 안녕하십니까? 본 의원이 대표 발의한 「경기도 도시 및 주거환경정비 조례 일부개정조례안」에 대하여 제안설명을 드리겠습니다.

먼저 제안이유를 말씀드리면 2012년 2월 1일 도시 및 주거환경정비법 개정을 통해 추진위원회 승인이 취소된 경우 추진위원회 사용비용을 지원하기 위하여 사용비용 보조비율 및 보조방법 관련 사항이 조례로 위임됨에 따라 이를 규정하기 위한 것입니다.

주요내용을 말씀드리면 제11조의3에서 시장·군수는 추진위원회 사용비용을 검증하기 위해 추진위원회사용비용산정위원회를 구성·운영할 수 있으며 산정위원회의 구성은 부시장 또는 부군수를 위원장으로 15명 이내의 위원으로 구성하며 산정위원회에 제출하는 증빙자료는 계약서, 국세청에서 인정하는 영수증과 해당업체가 국세청에 소득신고한 자료 등으로 규정하였습니다.

제11조4에서 추진위원회 비용의 보조는 추진위원회 승인 이후 도시 및 주거환경정비법 제14조제1항에서 규정한 업무, 도시 및 주거환경정비법 시행령 제22조에서 규정한 업무를 수행하기 위하여 사용한 비용으로써 주민총회의 의결을 거쳐 예산의 범위에서 결정한 비용으로 규정하고 추진위원회 사용비용은 객관적인 증빙자료에 기초하여 산정위원회의 검증을 거쳐 결정하며 시장·군수는 산정위원회에서 검증한 금액의 70% 이내에서 보조할 수 있도록 하였습니다.

또한 안 제46조에서 도시주거환경정비기금으로 추진위원회의 해산 시 사용비용 보조금을 지원할 수 있도록 규정하였습니다. 이와 아울러 부칙에서 이 조례 시행 당시 법 제16조의2제5항에 따라 추진위원회 승인 취소 고시된 경우에는 이 조례 시행일을 승인 취소 고시일로 규정하도록 경과 조치를 두었습니다.

보다 상세한 내용에 대해서는 미리 배부해 드린 본 조례안을 참조해 주시기 바라며 지금까지 설명드린 조례안에 대해 적극적인 지지와 심도 있는 심사를 당부드리면서 이상 제안설명을 마치겠습니다.

박승원 위원　　박승원입니다. 존경하는 김종석 의원님께서 아주 훌륭하신 조례를 대표발의 해 주셔서 감사합니다. 이번 개정안에서 신설한 추진위원회사용비용산정위원회의 원활한 운영을 위해서 위원의 임기 또 회의개의 및 의결 등에 관한 사항을 신설하기를 제안드립니다.

김종석 위원　　네, 존경하는 박승원 위원님께서 지적해 주신 부분들에 대해 추진위원회사용비용산정위원회의 원활한 운영을 위해서 제가 미처 발견하지 못한 부분들에 대해 적절한 지적을 해준 것에 전적으로 동의하고 받아들이겠습니다.

위원장 김진경　　박승원 위원님 수고하셨습니다. 조금 전 박승원 위원님께서 조례안 내용 중 구체적으로 수정하자는 의견을 제시하셨습니다. 박승원 위원님의 수정안에 대한 의견이 있으십니까? 그러면 의결하도록 하겠습니다. 본 조례안은 수정한 부분은 수정한 대로 기타 부분은 원안대로 의결하고자 하는데 이의 있으십니까? 다음으로 본 조례안과 관련하여 김정렬 도시주택실장의 의견을 듣도록 하겠습니다. 김정렬 도시주택실장은 나오셔서 본 조례안에 대한 의견을 말씀해 주시기 바랍니다.

　도시주택실장 김정렬　　경기도 도시주택실장 김정렬입니다. 도시 및 주거환경정비 조례 일부개정조례안에 대한 집행부 의견을 말씀 올리겠습니다.

존경하는 김종석 의원님께서 발의해 주신 도시 및 주거환경정비 조례 일부개정조례안은 도시재정비촉진사업, 도시일반재정비사업 등에 대한 사업이 원활히 진행되지 않는 지역에 대하여 출구전략을 지원하는 차원에서 상당히 매우 필요한 조례라고 생각합니다. 다만 저희 집행부 입장에서 현재 이 조례를 집행하기 전에 심도 있는 검토와 논의가 필요한 부분이 있다고 생각하기 때문에 몇 가지 말씀을 올리겠습니다.

첫째는 현재 이 조례개정안의 근거법률인 도시 및 주거환경정비법 개정안의 해당조문이 국회 국토해양위원회에 계류 중에 있기 때문에 그에 대한 국가책임에 관한 매몰비용 논란 등이 같이 정비될 예정이기 때문에 이에 대한 국가정책 방향을 일부 감안할 필요가 있다고 생각합니다. 물론 개정안은 조합에 대한 개정내용도 있지만, 법률개정안은 조합에 대한 부분도 있지만 추진위원회 부분에 대한 국가 지원 비율에 관한 부분이 있기 때문에 이 개정안을 바로 제정하기에 앞서 그 부분을 충분히 감안해야 할 필요가 있다고 보는 것입니다.

두 번째는 이 개정안 자체에 대한 검토인데요. 한네 가지 정도의 의견을 말씀드리겠습니다. 우선 보조대상을 재정비촉진사업, 즉 뉴타운에 한정할 것인지, 아니면 재개발·재건축 등 일반재정

비사업 전반에까지 포함 지원할 것인지 여부가 심도 있게 논의되어야 한다고 생각합니다. 그리고 조례가 시행된 이후에 승인된 추진위원회의 매몰비용이라든가 또 조례가 시행되기 전에 이미 해산된 추진위원회라든가 구역 지정이 해제된 지역에 대한 지원 여부와 지원 시기 등에 대한 규정이 필요하다고 생각합니다.

두 번째는 보조범위에 있어서, 비용보조의 범위에 있어서 국토해양부의 고시내용에 따른 추진위원회의 업무범위 이외에 추진위원회 자체에서 규정에 따라서 외부에 지출한 비용 또는 지출 예정인 비용 예를 들면 사업이 제대로 정비사업이 진행되지 않았을 경우에 정비업체에 대한 손해배상예정액 같은 비용들이 있겠습니다. 그 비용의 인정 여부에 대한 또는 어디까지 인정할 수 있는지에 대한 신중한 검토가 필요하다고 보고 있습니다.

세 번째는 보조비율에 관한 부분입니다. 시군에 지원하는 도비 비율이 지금 현재 사용비용의 70%로 개정안이 제출되어 있습니다만 시 지역 주민의 책임과 시군의 책임 그리고 우리 도의 공공적 보조책임을 어떻게 배정 안분하는 것이 적절한 것인지에 대한 검토가 필요하며 이 부분에 있어서 국비지원 여부에 관한 해당 관계 법률의 개정 여부가 초미의 관심사기 때문에 함께 검토되어야 될 필요가 있다고 보고 있습니다.

그다음에 마지막으로 도비의 지원 시기에 관계되는 문제인데요. 일정한 비용이 사용비용으로 책정되었다고 했을 때 그 비용을 주민과 시군과 도에서 바로 삼분해서 줄 것인지, 아니면 시군에서 1차 처리하고 그다음에 주민이라든가 도에서 2차적으로 할 것인지, 아니면 주민들이 처리를 하고 시군과 도가 사후에 보전해야 되는 건지 이런 지원의 방법 내지 절차 이런 부분들이 이 조례개정안에 충분히 담겨져 있지 않기 때문에 이런 부분에 대한 보완이 필요할 거라고 생각합니다. 그리고 이 부분은 도의 재정이, 일반재원이 상당 부분 지원돼야 할 사항이기 때문에 일반 뉴타운이나 도시재정비사업과 관계없는 시군의 일반 주민과의 이해관계가 걸리기 때문에 일정 부분 공청회라든가 아니면 일정한 토론회 같은 것들이 필요하다고 봅니다만 그것까지는 진행이 안 된다 하더라도 우리 위원회에서 심도 있는 토론과 논의를 거친 후 처리되는 것이 바람직하다고 생각합니다. 이상 보고 마치겠습니다.

위원장 김진경　김정렬 도시주택실장 수고하셨습니다. 김종석 의원님이 도시주택실장의 의견에 대해 다른 또 의견이 있으십니까?

김종석 위원　네, 몇 가지 의견을 말씀드리겠습니다. 첫째, 보조대상에서 뉴타운과 재개발을 전체로 할 거냐 말 거냐, 이 부분들에 대해서는 이미 도정법 자체의 개정된 사항 안에 둘 다를 포함해서 추진위원회 해산 시에 하도록 하고 있고, 이후 후속조치도 거기에 따르도록 되어 있고요.

둘째, 법 개정 이후에 추진위원회가 구성돼서 했을 때는 이게 일몰제여서 2년 안에 추진위원회가 해산할 경우에 대해서 상위법에서 이미 뉴타운지역과 재개발지역들을 다 아울러서 포함하고 있기 때문에 군이 하위법인 우리 조례에서 그걸 구분할 필요는 없습니다. 이것은 집행부의 입장에서 비용을 어떻게 줄인다든가 하는 측면에서 하게 되어 있어서 그렇지, 상위법에 근거가 있어서 전혀 문제가 없다고 생각합니다.

셋째, 추진위 매몰비용과 관련해서는 현재 국회에서 논의되고 있는 상황은 국비 지원의 타당성은 인정하지만, 현실적으로는 어렵다고 보는 쪽으로 논의가 되고 있습니다. 그래서 우선 지자체 비용으로라도 우선해서 지원하는 쪽으로 법이 개정될 확률이 높습니다. 관련 법안 개정안들이 현재 국회 건교위 전체회의에서 다 보류된 상태입니다.

이 조례의 취지는 올해 2월에 시작된 법이 추진위원회에 관련된 사항만 되어 있기 때문에 이후에 국가에서 보조를 하게 된다든가 이랬을 경우에 그때 가서 근거를 조정해도 된다는 생각이고요. 보조비율과 관련해서는 경기도 보조금 조례가 별도로가 마련돼 있기 때문에 그에 따르거나, 집행부에 오히려 그 권한을 주는 것이 좋다고 봅니다.

도비지원 시기와 기타 공청회가 필요하다는 부분들에 대해서도 동의할 수 없는 게, 이미 법 자체가 개정되어 올해 2월부터 시행되고 있고, 그에 대한 후속조치를 집행부가 마련해 놓지 않았으면서, 당연히 법에서 위임받아서 할 수 있는 사항을 가지고 이제 와서 공청회를 해서 할 거냐 말거냐 논한다는 것 자체가 적절치 않다고 생각합니다. 전반적으로 집행부가 지적한 부분들은 조례로 담을 사항이라기보다는 이후의 추진과정에서 좀 더 면밀하게 검토를 해서 반영할 것은 반영하면 됩니다. 이상입니다.

■ 제273회 제5차 회의 (2012. 11. 26.)

뉴타운·재개발 등 정비사업 출구 전략 및 제도개선 촉구 결의안 채택

김종석 위원　존경하는 김진경 위원장님 그리고 도시환경위원회 위원 여러분! 안녕하십니까? 부천 출신 민주통합당 소속 김종석 의원입니다. 본 의원이 대표발의한 「뉴타운·재개발 등 정비사업 출구전략 및 제도개선 촉구 결의안」에 대하여 제안설명을 드리겠습니다.

먼저 제안이유를 말씀드리면 대규모로 진행된 도시재개발 방식인 뉴타운 사업이 주택경기 침체와 정부의 정책적·제도적 뒷받침이 제대로 되지 않아 사실상 실패한 것으로 귀결되었음에도 정부는 모르쇠로 일관하여 지역 주민들의 고통이 나날이 가중되고 있습니다. 이와 더불어 국가는 당연히 부담해야 할 복지재정을 비롯해 뉴타운·재개발과 관련된 정비사업 비용부담 등을 자치단체에 떠넘기는 무책임한 행태로 일관하고 있습니다. 국가 차원의 지원책이 제대로 마련되지 않음으로써 뉴타운 사업 시행을 두고 찬반으로 나뉘어 극심한 갈등을 빚었던 주민들이 다시 사업추진비용 부담 책임을 두고 법적공방을 벌이는 등 주민 간 갈등이 지속적으로 고조되고 있습니다.

이에 따라 이번 결의안은 국회는 뉴타운·재개발 등 정비사업의 출구전략 마련과 제도개선을 위하여 현재 계류 중인 도시 및 주거환경정비법, 도시재정비 촉진을 위한 특별법, 도시재생 활성화 및 지원에 관한 특별법안 등을 즉각 심의하고 국토해양부는 뉴타운·재개발 등 정비사업 과정에서 추진위원회와 조합이 사용한 비용과 정비사업 비용을 국가에서 부담하도록 정부 강화대책을 마련하도록 촉구하는 것입니다.

보다 상세한 내용에 대해서는 미리 배부해 드린 본 결의안을 참조해 주시기 바라며 지금까지 설명드린 결의안에 대해 적극적인 지지와 심도 있는 심사를 당부드리면서 이상 제안설명을 마치겠습니다.

뉴타운·재개발 등 정비사업 출구전략 및 제도개선 촉구 결의안

대규모로 진행된 도시재개발 방식인 뉴타운 사업이 주택경기 침체와 정부의 정책적, 제도적 지원이 미흡하여, 사실상 뉴타운 정책은 실패한 것으로 귀결되었다.

경기도의 경우, 추진위원회와 조합이 구성되지 않은 66개 구역에서 주민의견을 조사한 결과, 45개 구역에서 사업을 반대하고 있는 것으로 나타났다.

조합 설립 인가 전 73개 구역을 대상으로 한 추정분담금시스템 검토 결과에서도, 추정분담금을 2억 원 이상 부담해야 하는 구역이 18개소, 1억 원 이상~2억 원 미만을 부담해야 하는 구역이 28개소, 1억 원 미만을 부담해야 하는 구역이 13개소, 분담금을 환급받을 수 있는 구역이 14개소에 불과한 것으로 나타남으로써, 대부분의 구역이 사업성이 없는 것으로 판명되었디. 이는 비단 경기도뿐만 아니라, 서울을 비롯한 수도권 전체에서 나타나고 있는 현상이다.

그럼에도, 뉴타운 정책실패에 대한 명백한 책임이 있는 정부는 지난 수년 동안 재산권을 행사하지 못함으로써 막대한 경제적 손실을 입은 해당 지역 국민들을 위로하고 보상할 대책을 내놓기는커녕 뉴타운 사업 청산과정에서 해소해야 할 사업추진비용마저 주민이 부담하도록 책임을 전가하고 있다. 뉴타운 정책 실패로 인한 국민들의 고통은 나날이 가중되고 있는데도, 모르쇠로 일관, 오히려 국민적 불신을 가중시키고 있다.

이명박 정부는 부자감세 90조원, 4대강 사업 23

조원 등 113조원에 달하는 막대한 국부를 허공에 날려버림으로써, 국가 재정을 파탄 위기로 몰아가고 있다.

이로 인해 광역·지방자치단체는 약 36조원의 세수감소 현상이 발생해 주요사업을 추진할 재원이 고갈된 상태에 이르렀다. 그럼에도 정부는 오히려 국가가 당연히 부담해야할 복지재정을 비롯해 공익성 사업인 뉴타운, 재개발과 관련된 정비사업 비용을 지방자치단체에 떠넘기는 무책임한 행태로 일관하고 있다.

현행법은 시·도지사 또는 시장·군수·구청장으로 하여금 추진위원회의 승인이 취소된 경우 해당 추진위원회가 사용한 비용의 일부를 시·도 조례가 정하는 바에 따라 보조할 수 있도록 2년 한시법으로 규정해 놓았다. 조합의 경우 추진위원회의 경우보다 매몰비용이 훨씬 큼에도 보조할 법적 근거마저 마련하지 않은 채, 국토해양부는 민간사업에 대해 국고 보조를 할 수 없다는 무책임한 언변만 늘어놓고 있다. 하지만, 이것은 대단히 잘못된 것이다. 국민의 주거복지를 실현하기 위한 과정에서 발생한 추진위원회와 조합이 사용한 사업비용에 대한 보조는 광역·지방자치단체가 아닌 정부가 보조해야 한다.

이미, 현행법에 따라, 뉴타운, 재개발등 정비구역에서 사업을 포기하겠다는 주민들의 의견이 속출하고 있음에도, 국가 차원의 지원책이 제대로 마련되지 않아, 뉴타운 사업 시행을 두고 찬반으로 나뉘어 극심한 갈등을 빚었던 주민들이 다시 사업추진비용 부담 책임을 두고 법적공방을 벌이는 등 주민간 갈등이 점차 고조되고 있다.

주거권은 헌법으로 보장된 국민이 누려야할 기본적인 권리다. 뉴타운, 재개발등 정비사업은 명백한 공익사업이다. 따라서 추진위원회와 함께 조합도 매몰비용을 지원받을 수 있어야 한다. 또한 앞으로는 정비사업의 기반시설, 임시수용시설 설치비용 부담 주체에 국가, 시·도지사를 포함시켜 공공성을 획기적으로 강화시켜야 한다.

이를 위해서 필요하다면, 현재 마련된 도시·주거환경정비기금재원 중에서 지방자치단체에 귀속되는 개발부담금과 재건축부담금, 국·공유지 매각대금의 비율을 높임으로써 지방자치단체로 하여금 도시주거환경정비기금을 충분히 확보하도록 해야 한다. 예를 들어, '재산세 중 12% 이상의 범위 내에서 대통령령이 정하는 일정률 이상의 금액"정비구역 안의 국유지 매각대금 중 100분의 30 이상, 공유지 매각대금 중 100분의 50 이상의 금액'을 재원으로 추가하는 방안을 마련하고, 개발이익 환수 배분도 '징수된 개발부담금의 100분의 80에 해당하는 금액'을 지방자치단체에 귀속시키고, 재건축 부담금 배분도 '현재 국가, 특별시·광역시·도·제주특별자치도에 각각 100분의 50, 100분의 20, 100분의 30이 귀속되도록 되어 있는 것을 100분의 30, 100분의 40, 100분의 30으로 배분'하도록 하는 등 지방자치단체에 획기적인 비용을 지원할 수 있는 특단의 대책을 마련해야 한다.

국민들의 주거복지 실현을 위해 앞장서야 할 국가가 공공부문에서 마땅히 부담해야 할 비용까지 국민들에게 전가시키는 이런 어처구니없는 일이 더 이상 벌어져서는 안 된다. 또한, 서민을 비롯한 사회취약계층의 주거안정 도모는커녕 무차별적으로 용적률을 완화하고, 임대주택비율을 줄이는 등 국민을 위해 국가가 해야 할 최소한의 임무마저 방기하는 행태도 즉각 중단되어야 한다.

끝으로, 뉴타운, 재개발등 정비사업이 지역 주민들의 뜻에 따라, 사업성이 없는 지역에서는 사업 추진을 중단하고, 사업성이 있는 지역에서는 사업이 조기에 완료될 수 있도록, 국가와 시·도지사의 지원이 확대·강화되어야 한다는 점을 거듭 강조하면서, 문제 해결을 위해 아래와 같이 촉구한다.

1. 국회는 뉴타운, 재개발등 정비사업의 출구전략 마련과 제도개선을 위해, 현재 국회에 계류 중인「도시 및 주거환경정비법」개정안 13건,「도시재정비 촉진을 위한 특별법」개정안 3건,「도시재생 활성화 및 지원에 관한 특별법안」등을 즉각 심의해야 한다.

2. 국토해양부는 뉴타운, 재개발등 정비사업 과정에서 추진위원회와 조합이 사용한 비용(매몰비용), 정비사업비용(기반시설부담금 등)을 국가가 부담하는 방안을 마련하고, 재정형편이 어려운 시?도와 지방자치단체에 비용부담을 전가시키는 결과가 초래되지 않도록, 뉴타운, 재개발등 정비사업에 대하여 국가에서 책임지는 공공성 강화대책을 마련해야 한다.

2012년 11월　일
경기도의회 의원 일동

도시주택실장 김정렬　도시주택실장 김정렬입니다. 먼저 본 결의안에 대한 의견을 말씀드리기에 앞서 관련되는 방금 처리하신 도시 및 주거환경정비조례 일부개정조례안에 대한 의결에 관하여 의견을 말씀드리도록 하겠습니다. 도지사를 대신하여 동 개정안에 대한 심도 있는 논의를 당부 드렸음에도 불구하고 바로 의결한 데 대하여는 다소 유감스럽게 생각합니다.

이어서 본 결의안에 대한 의견을 말씀드리겠습니다. 도시재정비사업은 민간이 주체가 되는 사업으로서 그 사업의 성패에 대한 귀책은 토지등소유자에게 있고 입안권자인 시장·군수에게 주된 책임이 함께 있다고 봅니다. 다만 뉴타운의 경우에는 특정 구역에 한정되지 않고 민간사업이라 하더라도 공공의 계획 하에 도시의 상당 부분을 광역적으로 정비하려는 사업이라는 점에서 공공의 책임이 크고 국가도 정치하지 못한 제도를 제정·운영해 왔다는 점 등에서 상당 부분 반드시 책임지는 조치가 있어야 된다고 생각합니다. 따라서 이 결의안에 대하여 집행부로서는 대체적으로 매우 동감합니다. 다만 순수 민간사업 전반에 대하여까지 사업의 성패에 대한 공공책임을 강하게 강조하는 부분에 대하여는 많은 도민들이 동의하기 어려울 것으로 생각합니다. 따라서 일부분에 대하여는 한번 신중히 수정할 필요가 있지 않나 이런 생각을 합니다. 이상입니다.

위원장 김진경　김정렬 도시주택실장 수고하셨습니다. 자리로 들어가서도 좋습니다. 김종석 의원님 발언대로 나와 주시기 바라겠습니다. 김종석 의원님, 도시주택실장이 본 결의안에 대해서 수정하고자 한다고 말씀하셨는데 의견 있으십니까?

김종석 위원　동의하지는 않습니다. 일부 조항에 대해서 어떤 의미에서 말씀하셨는지 좀 모호해 가지고 그러는데요. 당연히 일반 개인사업에 대해서 공공이 책임지는 부분을 두고 말씀하시는 것 같은데요. 그와 관련해서는 기반시설부담금을 일반 사업자에 전가한 부분들이 있기 때문에 별도 수정을 하지 않아도 됩니다. 수정 의견을 받아들이지 않겠습니다. 이상입니다.

■ 제273회 의회운영위원회 (2012. 11. 28.)
뉴타운대책특별위원회 구성 결의안 채택

위원장 김주삼 수고하셨습니다. 다음은 경기도 뉴타운 대책 특별위원회 구성 결의안을 대표발의하신 김종석 의원님 발언대로 나오셔서 제안설명 해주시기 바랍니다.

김종석 위원 존경하는 김주삼 위원장님 그리고 의회운영위원회 위원 여러분! 안녕하십니까? 부천 출신 민주통합당 소속 김종석 의원입니다. 본 의원 등 48명의 의원이 공동발의한 경기도 뉴타운 대책 특별위원회 구성 결의안에 대하여 제안설명을 드리겠습니다. 먼저 제안이유를 말씀드리면 대규모로 진행된 도시재개발 방식인 뉴타운사업은 주택경기 침체와 제도의 문제점으로 인해 실패한 정책으로 귀결되고 있음에도 불구하고 정부와 자치단체는 후속대책을 모르쇠로 일관하여 지역주민들의 고통이 나날이 가중되고 있습니다. 이에 따라 이번 결의안은 경기도 뉴타운 대책 특별위원회의 구성을 제안하는 것입니다.

특별위원회의 주요활동은 현재 추진되고 있는 뉴타운사업을 검토하여 사업성이 없는 지역은 사업추진을 중단하고 사업성이 있는 지역은 조기에 완료될 수 있도록 국가와 경기도의 지원을 강화하는 방안을 모색하려는 겁니다. 위원회는 15명 이내로 구성하고 위원회의 활동기간은 위원회의 위원 선임일로부터 12개월로 하되, 다만 본회의 의결을 거쳐 활동기간을 연장할 수 있도록 하였습니다.

보다 상세한 내용에 대해서는 미리 배부해 드린 본 결의안을 참조해 주시기 바라며 지금까지 설명드린 결의안에 대해 적극적인 지지와 심도 있는 심사를 당부드리면서 이상 제안설명을 마치겠습니다. 경청해 주셔서 감사합니다.

위원장 김주삼 김종석 의원님 수고하셨습니다. 다음은 의사일정 제8항 경기도 뉴타운 대책 특별위원회 구성 결의안에 대해서 대표발의하신 김종석 의원님께 질의해 주시기 바랍니다. 김종석 의원님 발언대로 나오시기 바랍니다. 질의하실 위원님 안 계십니까? 민경원 위원님 질의해 주시기 바랍니다.

민경원 위원 민경원 위원입니다. 지난번에 우리 운영위원회 회의 때도 특별위원회 구성하는 문제에 있어서 정말 심도 있게 해야된다라는 말씀을 제가 드린 적이 있었습니다. 그래서 뉴타운대책특별위원회도 마찬가지로 이게 별도의 특별위원회를 구성할 필요성이 있는가. 다시 한번 우리가 심도 있게 논의를 해볼 필요가 있지 않나. 왜 그런 생각을 해보게 됐냐 하면 아까 우리 전문위원님께서 검토의견에서 말씀하셨다시피 도시환경위원회 단일 위원회 소관사무로 되어 있어요. 이게 도시환경위원회에서도 행정사무감사나 아니면 기타 필요할 경우에 소위원회를 구성해서 얼마든지 심도 있게 논의할 수 있는 사안이지 않겠나라는 생각을 합니다. 그래서 굳

경기도 뉴타운 대책 특별위원회 구성 결의안(김종석의원 대표발의)

1. 주문

가. 주택경기 침체와 국가·경기도의 정책적 뒷받침을 제대로 받지 못해, 사실상 실패한 정책으로 판명된 경기도 뉴타운 사업에 대하여 정책 수립 및 시행 과정에 대한 면밀한 조사 등을 통해 도민의 편에 선 도시재생 대책을 마련하려는 것임. 또한, 현재 추진되고 있는 뉴타운 사업에 대해서는 사업성이 없는 지역은 사업 추진을 중단하고, 사업성이 있는 지역은 사업이 조기에 완료될 수 있도록, 국가와 경기도의 지원을 강화하는 방안을 모색하려는 것임. 이를 위해 "경기도 뉴타운 대책 특별위원회"를 구성함.

나. 활동기간 : 위원 선임일로 부터 12개월로 함. 다만, 본회의의 의결을 거쳐 활동기간을 연장할 수 있음.

다. 위 원 수 : 15명 이내

라. 본 특별위원회는 활동기간이 종료하기 전까지 활동결과 보고서를 본회의에 제출함

2. 제안이유

가. 경기도 뉴타운 정책 실패 원인과 정책 추진 과정에서 나타난 문제점을 조사하고 진단하여, 뉴타운 사업을 대체할 수 있는 도시재생 사업 모델을 개발, 경기도민의 주거복지를 실현할 수 있도록 행정적, 제도적 방안을 모색코자 함

나. 경기도 뉴타운 사업 지역에 대한 현장 점검 활동 및 대상 지역에 거주하는 도민들과의 적극적인 현장 접촉활동 등을 통해서 도민의 입장을 반영한 도시재생사업 모델을 제시, 경기도민의 삶의 질을 높일 수 있도록 하는 과정에서, 경기도가 그 역할과 책임을 다할 수 있도록 별도의 전담 특별위원회를 구성하려는 것임

3. 관련 법규

○ 「지방자치법」제56조 및 같은 법 시행령 제56조
○ 「경기도의회교섭단체 및 위원회 구성·운영조례」제12조

이 특별위원회를 별도로 구성해서 이렇게 많은 기간 동안 시간과 비용을 따로 해야 될 필요성이 있는가라고 저는 여쭤보고 싶습니다.

김종석 위원 답변드리겠습니다. 이 건에 대해서는 말씀주셨다시피 도시환경위원회 단일 사안이기 때문에 여야 의원님들께 모두 여쭸고요. 뉴타운사업 지역이 지역구이신 의원님들의 경우 많은 관심을 가지고 계시는 반면, 도시환경위원

회에 오신 여야 의원님들 중에서는 지역에 뉴타운이 하나도 없으신 의원님도 계십니다. 이와 관련해서는 저희 상임위 차원에서 여야 의원님들 다 계시는 자리에서 소위원회를 구성해서 활동할 것이냐, 그렇지 않으면 특별위원회를 구성해서 전문적으로 심도 있게 활동할 것이냐에 대해서 논의를 했고, 여야 의원님 모두가 도시환경위원회에서는 뉴타운 활동만 있는 게 아니기 때문

에 특별위원회를 만들어서 하는 게 상임위 운영 차원에서도 좋겠다는 의견을 주셔서 동 결의안을 발의하게 되었습니다.

민경원 위원　그러면 도시환경위원회에서 특별위원회를 별도로 구성을 해서 운영할 필요가 있다는 논의를 심도 있게 하셨다는 말씀이신 거죠?

김종석 위원　네, 그렇습니다.

민경원 위원　잘 알겠습니다.

■ 경인방송 〈의정중계탑〉 (2012. 11. 26.)

"경기도 뉴타운·재개발 출구전략 마련했다!"

〈경기도 의정중계탑〉 시간입니다. 국제 금융위기에 뒤이은 부동산경기의 침체로 인해 전국적으로 재개발사업이 장기 지연되거나 중단되고 있습니다. 특히 뉴타운 재개발사업을 대규모로 추진해왔던 서울, 인천, 경기 지역은 재개발사업 중단으로 인한 후유증이 심각한 상태인데요. 저마다 갖가지 묘안을 가지고 뉴타운, 재개발사업의 출구전략을 모색하고 있습니다만, 매몰비용 처리 문제로 심각한 갈등을 겪고 있습니다. 이 문제를 해결하기 위해 새로운 방안을 제시한 경기도의회 도시환경위원회의 김종석 도의원과 자세한 말씀 나눠보겠습니다.

Q　김종석 의원님, 안녕하십니까? 지역구가 부천 제6선거구인데요. 그곳도 뉴타운사업이 추진되다가 중단된 상태죠? 어떻습니까?

A　그렇습니다. 소사지구의 경우 24개 구역에서 뉴타운이 추진되고 있는데 이는 제 지역구의 2/3에 해당하고, 소사구 전체로 보아도 약 30%에 달할 정도로 광범위한 규모입니다.

현재 상황은 한마디로 심각한 상태입니다. 경기도 뉴타운 사업 중에서 유일하게 사업이 완료된 곳이 저의 지역구에 있는 소사역 푸르지오 아파트입니다. 올해 12월 입주완료 예정인데, 주변 시세와 비교했을 때, 1세대 당 8,000만 원~1억 8,000만 원 손실을 보고 있는 상황입니다.

문제는 현재 뉴타운 사업을 추진 중인 소사구 지역의 경우 33평 기준으로 평균 주민분담금이 2억 원 가까이 된다는 것입니다. 거의 사업성이 없다고 보면 됩니다.

Q　서울, 인천, 경기 수도권 세 광역자치단체가 현재 뉴타운, 재개발사업 때문에 몸살을 앓고 있는데요? 경기도 전체에서 그간 추진되다가 중단된 뉴타운, 재개발사업지구가 어느 정도 되나요?

A　경기도의 경우 2012년 11월 말 현재 기준으로 당초 12개 시(市), 23개 지구, 2,946만4천 제곱미터에서 추진되었던 뉴타운 사업이 현재, 7개 시(市), 12개 지구, 1,802만1천 제곱미터로 줄어들었습니다. 뉴타운 지구로 보면 50% 가까이, 면적으로 보면 1/3 이상 지역에서 뉴타운 사업이 중단된 상태입니다.

현재 사업을 추진 중인 곳은 세부적으로는 124개 구역인데 추진위가 구성되기 전인 곳이 48개 구역, 추진위가 구성된 곳이 43개 구역, 조합이 구성된 곳이 32개 구역, 준공된 곳이 1개 구역입니다.

경기매일

2013년 09월 03일
03면 (종합)

도의회 뉴타운특위 위원장 김종석 의원 선출

민주당 간사, 염종현 의원 선출

경기도의회 경기도뉴타운대책특별위원회는 2일 제281회 임시회 기간 중 위원장으로 김종석 의원(민주당·부천6), 민주당 간사에 염종현 의원(민주당·부천1)을 각각 선출했다.

그동안 뉴타운특위는 '뉴타운 재개발 등 정비사업 관련법 개정촉구 결의안'을 국회 등 관계기관에 제출했고 부천시 및 구리시 뉴타운현장을 방문하고 추진위와 비대위 관계자를 면담하는 등 활발한 활동을

김종석 위원장   염종현 간사

펼쳤다.

이번에 선출된 김종석 위원장은 "뉴타운사업으로 고통받는 도민을 위해 그동안의 특위 활동을 보다 심화시키고 근본적인 문제해결을 위

해 제도적 해결방안 모색에 최선을 다하겠다"고 포부를 밝혔다.

아울러 염종현 간사도 "뉴타운특위활동을 통해 도민이 체감할 수 있는 제대로 된 성과를 낼 수 있도록 노력하겠다"고 말했다.

한편, 2일 뉴타운특위는 위원회(안)으로 '뉴타운 출구전략 및 제도개선 입법 촉구 결의안'을 통과시키고 업무보고를 통해 뉴타운사업의 문제점에 대해 경기도 관계자와 심도 깊은 논의를 했다.

김병관 기자

(15.2*7.8)cm

Q 현재 중단된 사업지구의 주민들 사이에서 심각한 갈등과 고통을 겪고 있죠? 어떤 문제들이 나타나고 있습니까?

A 이미 뉴타운 사업 추진 과정에서 주민들 간 찬반 갈등으로 고소고발이 난무하는 등 사회적 문제가 야기된 바 있습니다. 부천시 원미지구에서 자살한 사례도 있습니다.

현재는 사업 중단을 둘러싸고 조합, 추진위 등 뉴타운 찬성 측과 비대위 등 뉴타운 반대 측 간에 또다시 고소고발이 난무할 것으로 보입니다. 뉴타운 찬성 측에서는 주민들에게 뉴타운이 중단되면 금전적 손해배상을 하겠다며 협박하고 있는 상황이기도 합니다.

살기 좋은 주거환경을 조성하겠다는 뉴타운 정책이 오히려 지역공동체를 붕괴시키는 결과를 초래하고 있습니다.

Q 사업을 계속 추진할 수도 없고 그렇다고 이

제까지 매몰된 비용 때문에 중단할 수도 없는 상태인데요. 상황이 그런데도, 경기도에서 2013년도 예산안에 관련 예산을 편성하지 않았다구요?

A 네, 그렇습니다. 경기도 집행부는 관련 조례도 준비하지 않고 예산도 편성하지 않았습니다.

서울시는 관련 조례 준비는 물론 '2013년도 예산안'에 재개발·재건축 등 추진위원회 매몰비용 보조예산 39억 원을 편성했습니다. 해산에 따른 비용보조로 정비사업 관련 24억5000만 원, 뉴타운 관련 14억5000만 원을 배정한 것입니다.

뉴타운 정책을 입안하고 추진한 당사자인 김문수 도지사와 경기도 집행부의 무책임한 행태에 경악을 금치 못하고 있습니다.

전국 최초, 뉴타운 매몰비용 지원 조례 발의

Q '경기도 도시 및 주거환경정비 조례 개정안'

대표발의를 통해 해결책을 제시하셨는데 어떤 내용입니까?

A 미온적인 경기도를 대신해서 경기도의회 차원에서 해산된 추진위원회를 지원할 수 있는 근거를 만들었습니다. 경기도에서도 내년부터 뉴타운 재개발 등 해산된 추진위원회가 사용한 매몰비용을 지원할 수 있도록 한 것입니다.

추진위원회가 사용한 비용을 객관적으로 검증하기 위한 '추진위원회사용비용산정위원회'를 구성토록 했고, 추진위원회 해산 시 사용비용을 최대 70%까지 지원하도록 했으며, 도시·주거환경정비기금으로 추진위원회가 사용한 비용을 보조금으로 지원하도록 했습니다.

Q 그런데 추진위 단계나 특히 조합설립 단계에서는 이미 수십 억, 혹은 100억 원을 초과하는 매몰비용이 발생했다고 하는데요. 자치단체 재정만으로 매몰비용을 감당할 수 없지 않겠습니까? 이와 관련하여 경기도 의회에서 결의안을 채택하셨죠?

A 현재 경기도에서는 뉴타운 매몰비용으로 총 972억 원이 사용된 것으로 추정하고 있습니다. 추진위 사용비용이 240억원, 조합 사용비용이 732억원입니다.

현행법에서는 뉴타운 추진위를 해산할 경우 사용비용을 지자체가 보조할 수 있도록 했는데, 조합의 경우 사용비용을 지원할 법적 근거가 마련되어 있지 않습니다.

따라서 국회에서 관련법을 개정해달라는 결의안을 채택한 것입니다. 주요 내용은 헌법에 보장된 주거권 보호 차원에서 국토해양부에 뉴타운, 재개발 등 정비사업 과정에서 추진위원회와 조합이 사용한 매몰비용, 기반시설부담금 등을 국가에서 부담하도록 정부의 대책 마련을 촉구하는 내용입니다.

뉴타운, 재개발 등 정비사업의 출구전략 마련과 제도개선을 위하여, 현재 국회에 계류 중인 '도시 및 주거환경정비법' 개정안 13건, '도시재정비 촉진을 위한 특별법' 개정안 3건, '도시재생 활성화 및 지원에 관한 특별법' 등을 즉각 심의할 것을 촉구했습니다.

한마디로 정리하자면, 사업성이 있는 곳은 적극 지원해서 사업을 조기에 완료할 수 있도록 하고, 사업성이 없는 곳은 빨리 사업을 정리하도록 국가와 지자체가 책임지는 방안을 강구하라는 것입니다.

Q 국토해양부의 입장은 여전히 지방자치단체가 부담해야 한다는 것 같은데, 이와 관련하여 경기도와 서울, 인천시가 공동 대응을 할 필요는 없을까요?

A 당연히 공동으로 대응해야 합니다. 현재 중앙정부가 복지재정의 상당 부문을 지방정부에 전가하는 바람에 지방정부 재정이 매우 어려운 실정입니다.

경기도의 경우, 뉴타운 매몰비용의 국비지원 필요성을 역설하면서 국토부와 국회를 상대로 정책 건의를 하고 있는데 받아들여지지 않고 있습니다. 경기도의회에 뉴타운특위가 만들어지면 서울시의회와 교류를 통해 중앙정부, 국회 설득에 나설 예정입니다.

뉴타운특별위원회 구성해서 최선 다할 것

Q 도시환경위원회에서는 '경기도 뉴타운대책

특별위원회 구성결의안' 도 만장일치로 채택하셨다고 들었습니다. 본회의를 통과했나요? 언제부터 활동에 들어갈 예정입니까?

A 현재 추진되고 있는 뉴타운 사업에 대해서는 사업성이 없는 지역은 사업 추진을 중단하고, 사업성이 있는 지역은 사업이 조기에 완료될 수 있도록, 국가와 경기도의 지원을 강화하는 방안을 모색하기 위해 "경기도 뉴타운 대책 특별위원회"를 구성하기로 한 것입니다. 아직 본회의에서 통과되지는 않았으나 12월 14일 본회의에서 안건이 처리될 예정입니다.

사실상 실패한 정책으로 판명된 경기도 뉴타운 사업에 대해, 정책 수립 및 시행 과정에 대한 면밀한 조사 등을 통해 도민의 편에 선 도시재생 대책을 마련하려고 합니다.

도시환경위원회 여야 의원들이 만장일치로 채택해서 결의안을 발의했고, 해당 상임위인 운영위원회에서 안건심의를 마치고 이미 의결을 마쳤기 때문에 오는 12월 14일 본회의에서 통과될 것으로 봅니다.

그럴 경우, 뉴타운특위위원 선정 과정을 거쳐, 2013년 1월 말에 열리는 임시회부터 활동이 가능할 것입니다.

Q 끝으로, 도민 여러분께도 한 말씀 부탁드리겠습니다.

A 2007년부터 2011년까지 뉴타운 개발과 관련해 경기도는 도비 178억 원을 투입했습니다. 대부분이 뉴타운 계획 수립용역비였습니다. 결과적으로 지키지도 못할 약속, 도민을 현혹하는 거창한 계획을 세우는 데만 도비가 투입된 것입니다.

뉴타운 수렁에 빠진 도민들을 위해 경기도의회가 나설 것입니다. 사업성이 있는 곳은 신속하게 사업이 추진될 수 있도록 관련 조례 개정을 통해 행정적 지원과 예산 지원을 강화할 방안을 마련하고, 사업성이 없는 곳은 직권해제 등을 통해 신속하게 사업을 종료할 수 있는 대책을 마련하겠습니다.

■ 제275회 제1차 회의 (2013. 1. 30.)

2013년도 업무보고 – 도시주택실, 축산산림국

김종석 위원 박근혜 당선인께서 철도부지에다 임대주택 짓고 이런다고 그러셨죠?

도시주택실장 김정렬 네.

김종석 위원 이와 관련돼서 이것은 전액 국비로 하라고 그러세요. 만에 하나 경기도시공사에서 우리 경기도 철도부지에 도 예산으로 이 사업 진행하면 이건 용납 안 하겠습니다. 멀쩡하게 좋은 국공유지 놔놓고, 소음 등 주건환경이 열악한 철도부지에 임대주택을 짓는다? 있을 수 없는 일입니다. 국토해양부에서 철도부지에 임대주택 짓는 문제를 도비부담으로 하거나 또는 도 산하기관 도시공사 비용으로 하도록 의견협조 들어오면 즉각 보고해 주세요.

도시주택실장 김정렬 네, 그것은 아직 구체적으로 저희한테 내려온 건 없기 때문에 저희도……

김종석 위원 네, 아직 안 내려왔겠죠. 정부가 출범도 안 했으니까요.

도시주택실장 김정렬 보금자리나 임대주택 관련 등등에 대해서는 임대주택에 대한 지자체의 부담이 크기 때문에 그 부분에 대한 충분한 의견을 전달하도록 하겠습니다.

김종석 위원 뉴타운 문제와 관련해서, 매몰비용 지원 근거법이 2년 한시법으로 실제로는 1년 남은 거거든요. 지금 현장상황은 복잡합니다. 뉴타운 반대 측은 추진위원회를 해산 신청하는 데까지 가게 할 능력과 힘이 없어요. 뉴타운 찬성측, 즉 추진위는 아직도 뭐라고 하고 있느냐, "2017년까지 뉴타운 기본계획 세우게 돼 있고, 그때까지만 조합으로 전환하면 되니까, 해산 신청 안 하고 두면 돼!" 이러고 있습니다. 이제 해산 신청을 둘러싸고 계속 문제가 발생할 겁니다. 우리 도시환경위원회는 물론, 뉴타운특위에서 면밀하게 점검하겠지만, 지금으로서는 추정분담금을 최대한 홍보해서 사업중단 여부를 서둘러 결정하게 해야 합니다.

도시주택실장 김정렬 일단 오늘 저희가 생각했던 것들은 안내문을 우편으로, 2월부터는 촉진계획 변경 반영한 내용을 세부적으로 우편으로 발송하는 것을 생각했고요. 또 언론이나 지역 유선방송에 출연을 해서 하거나 자막이라든가 이런 거 내보내고, 그다음에 우리 경기버스의 모니터링 자막 거기에도 좀 내보내는 방법을 생각하고 있는데요. 지금 위원님들 말씀 지적에 따르면 실제 상황에서는 유언비어 비슷한 말부터 해서, 서로 간에 자기 유리한 얘기, 또 사실과 관계없는 얘기들이 혼재되어서 이야기되어지고 있는 것 같은데요. 그런 부분들을 좀 더 모니터링하면서 대책을 마련하겠습니다.

김종석 위원 우편으로는 이미 시에서 한다니까요. 31개 시군이 아니라, 일부 시에서 뉴타운 사업 하는 거니까 우리 도가 그것까지 책임질 수는 없지 않습니까? 그래서 제가 말씀드리는 것은 추진위원회가 구성된 지역, 그 대상 지역이 있을 것 아닙니까? 그 지역에 대해서 홍보를 강화하라는 거예요. 일선 해당 시에서 플래카드를 걸거나, 가가호호 다니며, 동사무소 가면 안내받을 수 있다는 것을 이미 홍보하고 있다니까요. 그래서 도에서 지역 언론사를 상대로 광고를 할 때, 그냥 단순한 광고가 아니라, 주민들에게 가장 효율적으로 다가갈 수 있는 방법을 연구해 주세요. 한시법이라, 시간이 얼마 남지 않았습니다. 상반기 내에 집중홍보 기간을 정한다든가 어떻게 해서라도 최대한 홍보를 해보고 결과에 따라서, 예산이 부족하다면 추경에서 추가로 예산 편성을 한다든가 하는 식으로 뉴타운 후속 대책을 면밀하게 검토해 주십사 하는 말씀입니다.

도시주택실장 김정렬 2월 중에 저희가 단순한 우편발송, 위원님 말씀을 들어보니까 단순한 우편발송이나 이런 것보다는 좀 더 체감이 될 수 있고 신뢰성이 갈 수 있는 그런 방법을 강구해야 될 것 같습니다. 2월 달에 한번 상황을 좀 더 몇 개 지역을 모니터링 해 가지고 홍보방법을 위원님께 상의해서 확정하도록 이렇게 하겠습니다.

김종석 위원 이상입니다.

■ 경기도의회 소식지 〈의정마당 인터뷰〉 (2013. 2. 14.)

"뉴타운 문제 해결 견인차"

경기일보

경기도의회 뉴타운대책특별위원회 의원들이 23일 부천 뉴타운지구 지정지역을 방문해 현장을 둘러보면서 대화를 나누고 있다. 도의회 제공

도의회 특위, 부천 뉴타운지구 현장방문

주민들 찬반의견 수렴… 해결방안 모색

경기도의회 뉴타운대책특별위원회는 23일 부천시 뉴타운지구 지정지를 방문해 주민들의 찬반 의견을 수렴하고 뉴타운사업 해결방안을 모색했다.

뉴타운특위는 이날 부천시 뉴타운지구 지정을 찬성하는 추진위원회 주민, 반대하는 비상대책위원회 주민들과 잇따라 간담회를 갖고 양측의 입장을 모두 청취, 뉴타운 정책에 반영해 나가기로 했다.

부천시에는 총 3개 지구 41개 구역이 뉴타운사업지구로 지정됐지만 이중 1개 지구 1개 구역만 준공이 됐고 나머지 40개 구역은 경제침체 등의 영향으로 인해 사업 추진에 어려움을 겪고 있다. 특히 일부 구역은 추진위와 비대위의 찬반 대립이 고조되면서 주민간의 갈등으로 비화되고 있지만 제도적 한계로 시의 조정 중재 역할도 미흡한 상태다.

특위 소속 위원 중 부천 출신 김종석, 신종철, 염종현 의원 등은 간담회에서 주민들에게 실질적이고 구체적인 도움이 되는 방안을 마련할 것을 경기도와 부천시 공무원에 각각 주문했다.

이날 현장방문에는 특위에 소속되지 않은 부천 출신 김광희 의원과 류재구 의원도 동참해 법령 개정을 통한 제도개선 방안을 요청했다.

임채호 위원장(민·안양3)은 "뉴타운사업으로 인해 많은 도민들이 고통을 받고 있음에도 불구하고 이를 중앙정부와 국회 등에서는 방관하는 자세에 머물러 있다"며 "주민들과의 많은 대화를 가지면서 대안을 모색해 국가적인 정책 지원방안이 마련되도록 노력하겠다"고 말했다.

정진욱기자 panic82@kyeonggi.com

(15.4*17.8)cm

Q 현재 가장 중요하게 생각하는 지역 현안은 무엇입니까?

A 뉴타운 문제 해결과 경인선 지하화 추진이 가장 중요한 지역 현안입니다.

경기도 뉴타운 사업의 경우 주택경기 침체와 부실한 정책으로 인해 사업추진이 불투명해져 사실상 좌초 상태에 직면했습니다. 특히 부천시의 경우, 뉴타운 사업 도입 초기에 무차별적으로 뉴타운 지구 지정을 남발, 현재 심각한 사회문제가 야기되고 있습니다. 따라서 뉴타운 문제 해결과 후속 대책 마련을 위해 의정 활동의 초점을 맞춰 전력을 다해 왔고 앞으로도 그렇게 할 것입니다. 지난해 연말 뉴타운 문제 해결을 위해서 관련 조례와 결의안 등 총 세 건을 대표발의했습니다.

또 경기도가 당초 예산안에 반영하지 않은 뉴타운 매몰비용 관련 예산 23억 원을 반영토록 하는 등 경기도 집행부의 '뉴타운?재개발 출구지원 방침'을 견인해 냈습니다. 또한 '경기도 뉴타운 대책 특별위원회'를 구성, 향후 근본적인 뉴타운 후속 대책을 마련할 전기를 만들었습니다.

중장기적으로는 '경인선 지하화' 실현을 위한 정책 대안을 제시하기 위해 노력하고 있습니다. 서울에서 인천까지 도시가 연담화되어 있는 경인선의 경우 지하화를 하게 되면, 수도권의 부족한 녹지 공간 확보는 물론 남북으로 단절된 도시공간의 효율적인 활용이 가능해져 지역 간 균형발전에도 큰 도움이 되기 때문입니다.

그동안 도정질의와 상임위 활동 등을 통해 지속적으로 문제 제기를 했고, 현재 경기도 집행부에서 경기개발연구원에 용역과제를 지시해 올해 연말까지 결과를 내놓기로 했습니다. 그 결과에 따라 후속 정책대안을 제시할 예정입니다.

Q 의정 활동 과정에서 특별히 조례를 제·개정하려고 하는 사항은 있는지요?

A 이른바 수도권으로 불리는 경기도 대도시들의 생활환경문제 개선을 위한 정책 대안을 마련하기 위해 노력하고자 합니다. 부족한 녹지 공간을 효율적으로 활용하기 위한 방안 마련, 대기오염, 하천 오염 문제 해결을 위한 제도 개선책 마련 등에 초점을 맞춰서 관련 조례를 제?개정하고자 자료를 수집하고 있습니다.

Q 향후 중점적으로 추진하고 싶은 의정활동은 무엇입니까?

A 내년 초까지 활동하게 될 '뉴타운 대책 특위' 활동에 매진할 계획입니다.

뉴타운 문제 해결 기본 원칙은 사업성이 있는 곳은 빠르게 사업을 완료토록하고, 사업성이 없는 곳은 서둘러 사업을 정리하는 것입니다. 이를 위해서 현장 방문을 통한 주민 의견 수렴, 관련 법 개정 및 정부와 경기도의 예산 지원이 필수적으로 동반되어야 합니다. 중앙 부처, 국회 방문 등을 통해 정책 대안을 지속적으로 건의하고, 경기도 차원의 도시재생정책이 수립될 수 있도록 노력하겠습니다. 한편 지방분권 강화 방안 마련을 위해서도 노력하려고 합니다.

우리나라에 지방자치제가 도입된 지 20년이 지났지만 아직도 제대로 뿌리내리지 못하고 있습니다. 여러 가지 이유가 있지만 무엇보다도 예산과 권한이 중앙정부에 집중되어 있기 때문입니다. 주민 밀착형 생활정치 구현은 지방자치제가 제대로 정착되었을 때 비로소 가능하다고 보기 때문에, 지방분권 강화 방안 마련을 위해 선배, 동료 의원들과 지혜를 모으도록 노력하겠습니다.

Q 지역구민들에게 혹은 기타 하고 싶은 말씀이 있으십니까?

A 광역의회의 역할은 광역자치단체가 중앙정부와 기초자치단체 사이에서 허리 역할을 제대로 수행하는지를 살피는 것이다. 특히 경기도의 경우 대도시와 농촌, 신도시와 구도시가 공존하고 있는 만큼 지역 간 균형발전을 이루는 것이 매우 중요합니다. 도민 모두가 행복한 경기도를 만들기 위해서는 소사를 넘어 부천을 넘어 경기도를 넘어 대한민국의 미래를 바라보고 의정활동에 임해야 된다고 봅니다. 경기도민, 소사구민들의 격려와 성원을 부탁드립니다.

■ 제277회 제1차 회의 (2013. 4. 4.)

박근혜 정부 주택시장 정상화 대책 관련 현안보고

주택정책과장 이춘표　　서민 주거안정을 위한 주택시장 정상화 종합대책에 대해서 주요내용을 보고 드리겠습니다. 다음은 행복주택인데 이것은 철도부지 위에 이런 임대주택을 지어서 서민들을 위해서 공급하겠다는 내용인데 내용이 조금 호도되는 부분이 있습니다. 이게 철도 선로부지 위에 데크를 설치해서 그 위에다 아파트를 짓는다는 얘기인데 이게 외국의 사례는 일부 있는데 저희가 먼저 정부에서도 이것이 과연 실효성

이 있느냐 연구를 했습니다. 연구를 했는데 철로 선로부지 위에다 데크를 설치하고 그 위에다 아파트를 짓는 것은 철로가 일탈할 수도 있고 또 여러 가지 소음, 진동, 공해, 매연 이런 것 때문에 이건 바람직하지 않다 결론이 나서 거기다 짓는 것이 아니고 철로가 가면 옆에 자투리땅이 있거든요. 철도부지가 도시계획시설인데 철로부지 아니고 철로부지에 예를 들어서 기지창 같은 데 이런 데 공지가 많은데 그런 여유부지에다 짓겠다는 내용인데 역시 지금 확정된 건 아무것도 없습니다.

국토부에서 철도시설관리공단 그다음에 코레일 이쪽에서 제안을 해서 검토를 내부적으로 하고 있는데 이런 여유부지가 많지 않기 때문에 조금 확대를 시켰습니다. 그래서 국유지, 국공유지를 포함해서, 폐교부지라든지 이런 데를 포함해서

이걸 연간 20만 호를 5년 동안 짓겠다 이렇게 계획만 발표돼 있는데 저희 경기도에서는 어차피 이게 행복주택이 지어지면 경기도에 아마 많이 지어질 겁니다, 서울하고 경기도.

그래서 저희가 전제로 깔고 있는 것은 분명히 이런 행복주택이라는 미명하에 짓되 첫째는 지자체 그다음에 주민, 지역주민에 사전에 공감대가 형성이 안 되면 절대 저희는 반대다 이 입장을 계속 피력하고 있습니다. 이건 뭐냐 하면 그렇게 안 되면 또 제2의 보금자리모양 저런 사태가 분명히 올 수 있을 것 같아서 이건 앞으로도 지속적으로 저희가 중앙부처하고 협의는 하는데 또 위원님들이 그런 입장을 많이 피력해 주시고 정치권하고 같이 노력해야 될 거라고 저희가 판단하고 있습니다.

김종석 위원　우리 경기도의 부동산 취득세가 전체 도세의 40% 정도 차지하나요?

도시주택실장 김정렬　네 38% 정도 되고 있습니다.

김종석 위원　그러면 취득세 이거 관련해서는 정부에서 다 보조를 해주겠다는 소리인가요?

도시주택실장 김정렬　네, 그렇습니다.

김종석 위원　작년에도 보조를 해준다고 그랬고 늘 그렇게 말하지요. 근본적인 문제는 중앙정부에서 취득세율을 올렸다가 내렸다가 맘대로 하고, 세금 안 걷혔다고 지방채 발행하라고 하고, 이런 악순환이 계속되고 있잖아요. 차라리 부동산 취득세를 도세로 하지 말고, 국세로 하라고, 국회의원들한테 끊임없이 건의해서 세목교환을 해야 한다고 봅니다. 도가 안정적인 재원을 확보할 수 있게 그 노력을 더 하셔야 된다고 보는데, 동의하십니까?

도시주택실장 김정렬　네, 위원님 말씀에 전적으로 동감하고요. 그래서 저희가 인수위 당시부터 건의했던 게 취득세는 맘대로 지금 위원님 지적대로 그렇게 하기 때문에 지방재정이 안정성도 없고 예측이 불가능하다. 그래서 하려면 취득세는 국세로 전환을 하고 그래서 부동산세…….

김종석 위원　네, 상황은 알고 있고요. 매입·전세임대주택 사업현황 이거 매달 추진한 실적 보내달라고 그랬는데, 왜 보고 안 해주세요? 우리 본예산 편성한 것 말고, 추가로 국토부에서 내시돼서 내려온 거 있나요?

도시주택실장 김정렬　지금 국토부 물량이 아직 확정이 안 된 걸로 알고 있습니다.

김종석 위원　올해 사업 물량도 아직 확정 안 해 놓고 뭘 늘린단 소리를 하느냐고요? 작년 본예산에서 편성한 예산 진행상황을 주세요.

도시주택실장 김정렬　확대해서 내려오는 걸로는 방침은 정해졌습니다마는 아마 이번 대책과 관련해 가지고…….

김종석 위원　추경에서 하겠다는 소리겠죠. 나중에 자료로 제출해 주세요.

도시주택실장 김정렬　네, 그렇게 하겠습니다.

김종석 위원　철도 가까이 행복주택 짓는 거 저번에도 말씀드렸어요. 성수동 가보시면 진동 때문에 임대주택에서 못 살 정도라는 것 알고 계시지요? 그리고 이제 와서 땅도 없는데, 국공유지에다 행복주택 20만 호 또 짓는다? 이거 다 거짓말이잖아요. 어디에다 20만 호 지을 거예요? 철도변 행복주택 이거 경기도에서는 예산 한 푼도 집어넣을 수 없어요. 지역에 가보세요. 대도

시권에는 대규모 국공유지가 거의 없어요. 그나마 자투리 공유지에다 임대주택 짓겠다는 것인데, 말만 그럴싸할 뿐이지 비용 자체가 나오지를 않아요.

그다음에 보금자리주택을 임대주택으로 전환한다면서요? 현재 보금자리주택 22개 지구 미착공된 사업도 하지 않을 거면서, 이제 와서 행복주택으로 20만 호 임대주택 짓겠다, 이게 말이 됩니까? 이건 전혀 실효성 있는 대책이라고 볼 수가 없는 거죠.

마지막으로 한 가지만 더 말씀드릴게요. 수직증축 허용구역 말씀하셨잖아요? 이 문제도 마찬가지입니다. 신도시에 사시는 분들만 주민입니까? 구도심지역의 경우, 도시경관을 핑계 삼아 용적률 안 주고, 그래서 난리인데, 신도시만 수직증축을 해 주겠다? 아파트 세 내놓고 가만히 있어도 전세로 금방 다 나가는데, 집주인 보증 받아오면 전세자금 지원해준다고요? 앞뒤가 전혀 맞지 않잖아요. 이래놓고 이게 무슨 대책이에요? 도대체 뭐가 서민을 위한 대책입니까? 결국 주택경기 활성화 명분으로 건설업자 도와주겠다는 것이지, 서민 주거안정과 무슨 상관이 있다는 것입니까? 아무튼 경기도가 잘 따져서 중앙정부가 챙기지 못한 사각지대, 도에서 할 수 있는 일들을 잘 체크해 주세요. 이상입니다.

도시주택실장 김정렬 김종석 위원님 말씀대로 임대주택 부분이라든가 수직증축 부분 이런 부분도 지금 재정문제 이런 문제들이 상당히 실효성 측면에서 저희가 좀 어려움이 있을 것 같습니다. 임대주택을 지으려면 재정을 확보해야 되는데, 그 재정확보 대책은 아직 제시가 되어 있지 않고, 또 기존 시가지의 용적률이나 재정비사업의 경우에 용적률이 이미 250%까지 주어져 있기 때문에 더 줄 수 있는 여유가 있지도 않고, 또 민간이 임대주택을 지을 수 있도록 활성화한다고 했지만, 실질적으로 많은 리스크를 안고 임대주택을 도심 내에 지을 수 있는 제도적 장치가, 실효성 있는 실탄이 좀 부족하다고 보기 때문에, 임대주택 관련된 부분은 좀 더 우리 행정현실에 맞춰서 정리해야 될 것 같고요.

그다음에 김종석 위원님 말씀대로 또 하나의 맹점 중의 하나라고 저희가 보고 있는 게, 기존의 도심상황에 대한 정리가 좀 필요한데, 그 부분에 대한 대책이 충분히 안 세워져서, 지금 뉴타운이나 도시재정비나 기존의 계획들이 많이 있거든요. 이것들을 어떻게 재건축 등으로 전환할 것인지 구체화되어 있지 않기 때문에 우리 도의 역할이 상당히 중요할 것 같습니다. 그래서 그런 내용 등을 저희가 보완해서 또 위원님 말씀도 참고해서 국토부와 보완할 것은 보완할 수 있도록 최선을 다하도록 하겠습니다.

■ 제281회 제1차 회의 (2013. 9. 5.)

조합 및 도지사·대도시 시장 직권해제도 매몰비용 지원

김종석 위원 존경하는 김진경 위원장님 그리고 도시환경위원회 위원 여러분! 안녕하십니까? 민주당 소속 부천 출신 김종석 의원입니다. 본 의원을 비롯하여 24명 의원이 공동발의한 경기도 도시 및 주거환경정비 조례 일부개정조례안에 대하여 제안설명을 드리겠습니다.

먼저 제안이유를 말씀드리면 지난해 2월 1일 국회는 도시 및 주거환경정비법 개정을 통해 추진위원회의 승인이 취소된 경우 해당 추진위원회 사용비용의 일부를 시도 조례가 정하는 바에 따라 보조할 수 있도록 규정하여 현행 경기도 도시 및 주거환경정비 조례에는 뉴타운 매몰비용 지원대상을 주민 스스로 해산을 결정한 추진위원회로 규정하였습니다.

이에 따라 추진위원회 단계를 거쳐서 조합을 설립했다가 해산되는 경우 매몰비용을 지원받을 수 없는 문제가 발생하여 제대로 된 뉴타운 출구 전략이 마련되지 못했다는 지적이 이어져 왔습니다. 따라서 사업성이 있는 곳은 국가와 지자체가 적극 지원을 통해서 조기에 사업을 종료토록 하고 사업성이 없는 곳은 조기에 사업추진이 종료될 수 있도록 이번 조례안을 준비하였습니다. 주요내용을 말씀드리면 제11조의4를 개정하여 주민이 자발적으로 조합을 해산하거나 도지사 및 대도시의 시장이 정비구역 등을 해제하는 경우에도 추진위원회 및 조합이 사용한 비용을 보조하도록 규정하였습니다.

보다 상세한 내용에 대해서는 미리 배부해 드린 본 조례안을 참조해 주시기 바랍니다. 이상으로 제안설명을 마치겠습니다. 감사합니다.

위원장 김진경 다음 질의응답시간입니다. 김종석 의원님 질의해 주세요.

김종석 위원 현행 도정법에서는 사업성 여부, 사업추진 여부 가능성에 따라서 시도지사가 직권으로 해제할 수 있는 조항이 있죠?

도시주택실장 이문기 네.

김종석 위원 굳이 조례가 아니더라도요?

도시주택실장 이문기 네, 그렇습니다.

김종석 위원　그럼에도 실제 현장에서는 예컨대 75%의 동의를 득해야 조합이 되는데, 반대하는 의견이 30% 가까이 됐을 때, 결국 사업추진이 안 될 수밖에 없잖아요?

도시주택실장 이문기　네, 그렇습니다.

김종석 위원　그러니까 이게 사실 참 답답한 문제인데요. 사업을 할 수도 없고, 안 할 수도 없고, 그래서 시간은 끌어지고, 모든 현장들에서 이런 문제가 상존하고 있는 것 아닙니까? 이 조례를 마련하는 취지가 바로 거기에 있습니다. 도지사나 대도시 시장들이 뉴타운지구 직권해제 여부 판단 시, 좀 더 용이하도록, 우리 조례에다가 세부적인 기준들을 마련하려는 것입니다. 맞습니까?

도시주택실장 이문기　네, 그렇습니다.

김종석 위원　그런데 조금 걱정이 되는 부분은 이 조례가 만들어진 취지가 이미 법에서 시·도지사가 직권해제를 할 수 있도록 해놓았음에도 불구하고, 행정담당자 입장에서 판단하기가 어려운 부분이 있기 때문에 주저하는 부분들이 있다고 생각합니다. 그래서 좀 구체적으로 적시할 필요도 있다고 보는데, 이 정도로 해도 시·도지사가 직권해제를 하는데 있어서 도움이 된다고 판단하십니까? 어떠십니까?

도시주택실장 이문기　위원님께서도 잘 아시다시피 사실 저희가 당초 입법예고할 때는 내용 중에는 구체적으로 비례율은 뭐 0.7 이런 식으로 구체적으로 다 넣었었습니다. 그렇게 될 경우에는 판단하기도 쉽고 한데, 다만 그 내용을 가지고 입법예고를 해본 결과 이게 너무나 의견이

범안로 긴급확장을 위한 청원(김종석 의원 소개)

김종석 위원 존경하는 김진경 위원장님 그리고 도시환경위원회 위원 여러분! 안녕하십니까? 민주당 소속 부천 출신 김종석 의원입니다.

이번 청원은 본 의원의 소개로 부천 범박 힐스테이트 5단지 입주자대표회의 신상태 회장 등이 지난 6월 28일 제출하였습니다.

먼저 제안이유를 말씀드리면 부천시 범안로 주변 범박동 단지에는 지난 10년간 입주자가 1만 2,000명에서 2만 4,000명으로 2배 이상 증가하였고 주변단지가 총 1만 7,000여 세대로 4만여 명에 이르고 있습니다. 더불어 자동차가 2배 이상 증차되었으나 아파트단지 인근에 위치한 주요 간선도로와 연결되는 범안로의 경우 10년 전 그대로의 모습으로 방치되어 교통체증과 사고위험성으로 입주민들의 불만이 최고조가 되어 있는 상태입니다. 특히 범안로 상습정체구역인 계수구간 340m는 5.2m의 폭으로 아파트단지 내부도로 6m보다 작고 버스 2대가 교차될 수 없어 일시정지 후 나뉘어 교차해야 되며 계수삼거리에서 밀려드는 차량을 감당할 수가 없어 출퇴근 시간에는 30분 이상 정체해야 하는 등 이미 도로로서의 기능을 상실했습니다. 이러한 사정에도 불구하고 해당지역이 재개발지역이라는 이유로, 재개발사업이 지연되고 있다는 이유로 예산문제를 전혀 지원받지 못하고 있습니다.

따라서 이번 청원은 부천시 계수동 범안로 상습정체구역인 계수구간 340m에 대한 긴급적인 확장을 요구하는 것입니다. 보다 상세한 내용에 대해서는 미리 배부해 드린 본 청원요지서를 참조해 주시기 바랍니다. 이상으로 제안설명을 마치겠습니다. 감사합니다.

※ 참고 : 청원요지서

접수일자	2013. 6. 28.		번호	1158
청 원 인	주소	부천시 소사구 범안로 130-27		
	성명	부천 범박 힐스테이트5단지 입주자대표회의 회장 신상태		
소개의원	김종석 의원	소관위원회		도시환경위원회
제 목	범안로 긴급확장을 위한 청원			

요지(취지)

○ 부천시 범박동은 지난 10년간 입주자가 12,020명에서 24,083명으로 약 2배 이상 증원되었고, 더불어 자동차가 2배 이상 증차되었으나, 아파트 단지 인근에 위치한 주요 간선도로와 연결되는 범안로의 경우 10년 전 그대로의 모습으로 방치되어 있어 교통체증과 사고의 위험성으로 입주민들의 불만이 최고조가 되어 있는 상태임.

○ 특히, 범안로 상습 정체구역인 계수구간 340m는 폭인 5.2m로 아파트단지 내부도로(6m)보다 적고, 버스 2대가 교차될 수 없어 일시정지 후 나뉘어 교차해야 하며, 계수삼거리에서 밀려드는 차량을 감당할 수가 없어 출퇴근 시간에는 30분 이상 정체해야 하는 등 이미 도로의 기능을 상실했음.

○ 이러한 사정에도 불구하고 해당지역이 재개발지역이라는 이유와 예산문제를 이유로 근본적인 대책을 강구하고 있지 않음. 이에 본 청원인들은 부천시 계수동 범안로 상습정체구역(현대힐스테이트~계수동)인 계수구간(340m)에 대한 긴급적인 확장을 청원함.

다양하게 나와서 일률적으로 어느 하나의 숫자를 정하기도 어려운 그런 상황이었습니다. 그래서 여기서 너무 구체적으로 정할 경우에는 오히려 집행하는데 또 선의의 피해를 보는 그런 주민들도 생길 수 있다는 판단하에 여러 가지 판단의 근거를 조례에서 규정하고 그 범위 내에서 좀 더 세부적인 건 저희가 따로 정해서 시행할 수 있도록 하자고 의견을 모았습니다.

김종석 위원 　네, 잘 알겠습니다. 이상입니다.

도시정비구역의 기반시설 설치비용 지원을 위한 법령개정 촉구 건의안 채택

김종석 위원 　존경하는 김진경 위원장님 그리고 도시환경위원회 위원 여러분! 안녕하십니까? 민주당 소속 부천 출신 김종석 위원입니다. 이번 회기에 도시환경위원회의 안으로 제출할 도시정비구역의 기반시설 설치비용 지원을 위한 법령개정 촉구 건의안에 대하여 설명드리겠습니다.

먼저 제안이유를 말씀드리면 현재 재개발 등의 정비사업구역으로 지정되었으나 정비사업이 지연되는 경우 현행 법령 하에서는 도로 등 기반시설 설치비용을 국가와 지방자치단체가 지원할 수 있는 관련 규정이 없습니다. 정비사업 지정구역의 경우 주택경기 침체와 도로 등 기반시설 설치비용 부담으로 사업이 답보상태에 머물면서 주민들의 고통이 날로 가중되고 있으며 도로 등 모든 기반시설 설치를 사업 시행자에게만 전가시키는 것은 국가와 지방자치단체가 공공의 책임을 방기하는 너무나 무책임한 행위입니다.

그동안 도시 및 주거환경정비법을 비롯하여 관계법령의 개정을 통해 도로, 공원 등 사회기반시설에 대한 국비 및 도비 지원이 가능하도록 보완했음에도 불구하고 여전히 사각지대가 존재하고 있습니다. 이러한 문제점을 해결하기 위하여 이번 건의안에서 국토교통부는 뉴타운 및 재개발 등 정비사업 지원으로 인해 낙후되고 부족한 기반시설을 개선하지 못한 채 열악한 주거환경에서 고통을 받고 있는 지역의 전국적인 상황에 대하여 면밀한 실태조사를 실시하여 대책마련을 촉구하며 국회는 정비구역지정 지역주민들의 불편을 해소할 수 있는 대책을 마련하기 위해 관계법령을 개정하도록 촉구하는 것입니다.

보다 상세한 내용에 대해서는 미리 배부해 드린 본 건의안을 참조해 주시기 바랍니다. 이상으로 제안설명을 마치겠습니다. 감사합니다.

■ 2013년 도시주택실 행정사무감사 (2013. 11. 14.)

"뉴타운지역, 도지사 직권해제하라!"

김종석 위원 　김기봉 융복합도시정책관에게 질의하겠습니다. 지금 뉴타운 관련해서요, 조합 매몰비용을 지원할 수 있게 돼 있습니까, 안 되어 있습니까?

융복합도시정책관 김기봉 　조합은 아직 지원할 수 없습니다.

김종석 위원 　그러니까 지금 문제가 혼선이 오는 겁니다. 최근에 언론기사를 보니까, 저희가 저번에 도에서 뉴타운특위 또 거기에 같이 위원회 대안으로 되어 있는 것에 추진위원회에만 매

도시정비구역의 기반시설 설치비용 지원을 위한 법령 개정 촉구 건의안

현재 진행되고 있는 재개발 등의 도시정비사업은 해당 사업이 지연되고 있는 경우 현행 법령 하에서는 도로 등 기반시설 설치비용을 국가와 지방자치단체에서 지원할 수 없도록 되어 있다. 다만, 정비구역 해제 이후 재정사업으로 추진시 도로 등 기반시설 설치비용을 지원할 수 있도록 되어있다.

이 같은 법령 때문에 대부분의 정비사업 구역의 경우, 주택경기 침체와 도로 등 기반시설 설치비용 부담 등으로 인해 사업이 답보상태에 머물면서 주민들의 고통이 날로 가중되고 있다.

하지만, 낙후된 원도심을 대상으로 도시재생 사업을 하면서 도로 등 모든 기반시설 설치를 사업시행자에게만 전가시키는 것은 상식과 원칙을 벗어난 행위이다. 경기침체로 인해 사업성 확보가 어려운 마당에 국가와 지자체가 공공의 책임을 방기하고 민간에 그 책임을 전적으로 떠넘기는 것은 너무나 무책임한 행위이기 때문이다.

경기도의회에 청원 접수된 부천시 소사구의 범안로가 대표적인 사례이다.

범안로는 부천시 소사구에서 광명시까지 왕복 4차선~6차선으로 연결되는 주요 간선도로 중 하나이다. 뿐만 아니라 부천시 주요도로인 동남로와 서해안로와 연결되어, 서울외곽순환도로와 연결되는 중요한 역할을 담당하는 도로이다.

범안로 인근에는 이미 입주가 완료된 범박힐스테이트 아파트단지(5,464세대, 19,137명), 범박국민임대주택단지(2,307세대, 6,921명)가 자리하고 있고, 2015년 입주예정인 옥길보금자리주택단지(9,357세대, 12,081명)가 자리하고 있다. 총 1만7천여 세대, 3만8천여 명의 인근 주민들이 범안로를 이용하고 있다.

그런데, 부천시 소사구 계수동 4-44번지 일원 범안로 미확장 구간 340m는 왕복 2차선(도로폭 5.2m)에 불과, 출퇴근시 병목현상으로 인해 이 구간을 통과하는데 30분 이상이 소요되고 있다. 뿐만 아니라 해당 구간은 보행자 도로는 물론 보행안전 확보시설도 마련되지 않아 통행하는 차량에 의해 주민들이 상시적으로 생명의 위협을 느낄 만큼 보행 자체가 위협받고 있다.

이렇게 해당 정비사업구역 주민은 물론, 주변지역 주민들이 10년 가까이 고통을 받고 있는데도 국가와 경기도, 부천시는 범안로 해당구간이 계수·범박재개발사업 지역에 위치해 있다는 이유만으로 그 어떤 지원책도 내놓지 못하고 있다.

그동안 국회를 비롯한 지방의회에서는 뉴타운 및 재개발 등 정비사업의 문제점을 해소하고자 「도시 및 주거환경정비법」 등 관련 법령들이 숱하게 제·개정되었다. 특히, 도로, 공원 등 사회기반시설에 대한 국비 및 도비 지원이 가능하도록 관련 법령들이 상당부분 보완했다. 그럼에도 여전히 사각지대가 존재하고 있다.

이에 우리 경기도의회는 정부와 국회에 대해 아래와 같이 촉구한다.

1. 국토교통부는 재개발 등 정비사업 지연으로 인해 기반설치비용 지원을 받지 못해 고통을 받고 있는 전국적인 상황에 대하여 면밀한 실태조사를 실시하여 대책을 마련하라

2. 국회는 정비구역지정 지역 주민들의 불편을 해소할 수 있는 대책을 마련하기 위해 관련 법령을 개정하라

2013년 9월
경기도의회 의원 일동

몰비용이 지원되다가 우리가 조례를 개정해 가지고 조합도 할 수 있게 되어 있습니다, 지금.

융복합도시정책관 김기봉 …….

김종석 위원 저번에 그렇게 조례를 개정했다니까요!

융복합도시정책관 김기봉 네, 맞습니다. 제가 착각했습니다. 조례를 개정해서…….

김종석 위원 왜 이 말씀을…… 하게 돼 있잖아요?

융복합도시정책관 김기봉 네.

김종석 위원 그런데 최근 언론보도를 보니까요. 실명은 안 나왔어요. 우리 관련 부서 직원 말이 조합은 아직 관련법이 개정되지 않아서 또 도가 돈이 없으니까 사실상 안 될 거다 이런 식으로 했더라고요. 그런데, 우리 경기도의 경우는 조합이 해산하면, 국비지원이 없더라도 경기도하고 일선 시가 부담해서 조합의 매몰비용도 지원할 수 있도록 되어있다는 말씀을 드리고요. 이와 같은 사실들을 실무부서에서 좀 정확히 인식해서 적절하게 대응을 해주실 것을 부탁드립니다.

융복합도시정책관 김기봉 알겠습니다.

김종석 위원 왜 이 말씀을 드리느냐 하면, 국회 국정감사 자료에도 다 똑같이 해놨어요. 경기도 뉴타운 대책에 대해서 물으면, 우리 경기도는 이렇게 조합에 대해서도 매몰비용을 지원하게 해 놨다, 그러니, 국비 지원을 더 해달라, 이렇게 얘기를 해야 할 거 아닙니까? 대외적으로 사실이 왜곡되지 않도록 경기도의 입장을 앞으로 좀 정확하게 해주시고요.

융복합도시정책관 김기봉 알겠습니다.

김종석 위원 두 번째로요. 저번 조례개정을

통해서 시도지사가 직권 해제하는 부분들에 대해서 몇 개 안을 넣어 가지고 시행세칙으로 담을 수 있도록 했잖아요? 그 부분들에 대해서는 지역 간 편차 이런 것들이 있으니까, 좀 세부적인 틀을 만들 필요가 있다 그렇게 말씀드린 바 있는데요. 그와 관련해서는 준비가 되고 있습니까?

융복합도시정책관 김기봉 위원님 말씀에 답변 드리겠습니다. 그 문제는 지금 경기개발연구원하고 협의 중에 있습니다. 협의를 해서 어느 정도 안이 마련되면 우리 도시주택실 위원님들하고 협의를 해서…….

김종석 위원 좀 서둘러 주세요. 조례가 통과되어도 정치적 부담 때문에 지사께서 적절한 조치를 취하려 하지 않는 경우가 왕왕 있어요. 최종 확인은 안 됐지만 김문수 지사께서 거의 출마 안 하실 것으로 말씀하고 있어요. 그러니까 사업성이 없는 데는 유권자들 의식하지 말고, 과감하게 직권해제를 해야 합니다. 최종 결정은 지사님이 하시더라도 여러분이 판단할 테이블은 만들어 드려야 될 것 아닙니까. 구리는 땅값이 이런데 이렇기 때문에 사업성이 없습니다, 구리하고 상황이 다른 평택은 이렇습니다, 광명은 이렇습니다. 그래서 그 기준이 다 달라야 된다고 제가 계속 주장하는 거예요. 집행부에서 좀 서둘러서 기준을 마련해야, 직권해제 요건이 됐을 때, 지사님이 판단을 하시지요. 그 테이블을 서둘러서 좀 만들어 주세요.

융복합도시정책관 김기봉 알겠습니다.

김종석 위원 실장님께 여쭙겠습니다. 2013년도에 경기도가 재정위기라고 그래서 추경 통해서 대폭 예산을 삭감했고 2014년에도 마찬가지거든요. 경기도 주장에 의하면 작년 가용예산

경기신문

2012년 11월 16일 금요일 003면 종합

뉴타운구역 매몰비용 최대 70%지원 추진

도의회, 뉴타운 종합대책 마련… 내달 심의
정비사업 출구전략 마련 촉구 결의안 발의

경기도의회가 조합이 설립되지 않은 도내 뉴타운 사업지의 매몰비용을 70%까지 지원하는 방안을 추진한다.

이와 함께 대책 마련을 위한 특별위원회 구성과 뉴타운 등 정비사업들에 대한 출구전략 마련을 촉구하는 결의안도 발의돼 뉴타운 문제 해결을 위한 도의회 차원의 종합대책이 마련될 전망이다.

도의회 도시환경위원회 김종석(민·부천) 의원은 15일 '경기도 도시 및 주거환경정비 조례 개정안'을 대표 발의했다.

김 의원에 따르면 도내에는 현재 7개 시, 13개 지구, 124개 구역에서 뉴타운사업이 진행 중으로

이 가운데 사업비용이 들어간 곳은 조합설립추진위원회가 구성된 43개 구역, 조합이 설립된 32개 구역, 분양이 된 1개 구역 등이다.

이번 조례안의 대상 구역은 뉴타운 조합설립추진위원회가 구성된 43개 구역과 기존 재개발·재건축 구역 40개 등 83개 구역이다.

조례안은 조합설립추진위원회가 사용한 비용을 검증하기 위해 시장·군수가 산정위원회를 구성해 현장조사를 하거나 전문가의 의견을 들을 수 있도록 했다.

특히 시장·군수는 산정위원회가 검증한 금액의 70% 이내에서 보조할 수 있도록 하는 내용을 담

고 있다.

이는 뉴타운 사업지 주민이 조합설립추진위원회를 구성했다가 경제성 저하로 사업을 포기하면 사업비용의 상당 부분을 보전해주겠다는 것으로 뉴타운 출구전략의 일환이다.

이와 함께 김 의원은 경기도 뉴타운정책 실패 조사 및 향후 대책 수립을 위한 '경기도 뉴타운대책 특별위원회 구성결의안'과 국회 뉴타운 후속 대책 입법 조속한 처리 촉구 등을 골자로 한 '뉴타운·재개발 등 정비사업 출구전략 및 제도개선 촉구 결의안'도 함께 발의했다.

한편, 이번 조례안과 결의안은 다음달 14일까지 열리는 도의회 제273회 2차 정례회에서 심의될 예정이다.

/김수우·남궁진기자 ksw1@

이 8,000억 정도다. 올해는 그 절반으로 떨어져서 16조 중에서 4,000억 정도 쓸 수밖에 없다. 그런데 실제 또 내용을 들여다보면, 빚을 안 내면, 1,600억 정도가 마이너스 나게 되어 있어요. 그냥 공무원 인건비만 지급하고, 아무 사업도 못하게 되어 있어요.

실장님, 공공부문에서 어려우면 그 이유가 어디가 있다고 보십니까? 제가 봤을 때는 국내경기가 어렵고 그러면 민간에서는 당연히 주머니 더 닫아걸지 않겠습니까? 주머니를 여는 역할을 저는 공공부문이 해야 된다고 생각하는데 큰 틀에서는 동의하십니까? 어떻습니까?

도시주택실장 이문기 도시주택실 입장에서 부동산 분야로 본다고 그러면 사실 민간이 위축됐을 때 공공 쪽에서 지출을 늘리는 구조로 지금까지 해온 적이 있었습니다. 그래서 지금 공공투자 쪽 예산 배정을 우선적으로 한다든가 아니면 또 주택건설 물량을 늘린다든가 그런 조치를 하고 있습니다.

김종석 위원 네, 그 말씀 때문에 이 말씀을 드립니다. 경기도는 과거에도 있었고, 앞으로 100년, 1000년 갈 수도 있습니다. 그 과정에서 김문수 도지사의 재임기간은 흘러가는 순간에 불과합니다. 그런데 지금 경기도는 이 어려운 경

제상황에서 재정건전성이라는 미명 때문에, 경기도 살림살이 빚더미에 올려놨다는 이 소리가 듣기 싫어서 빚내서 공공부분에 투자할 생각을 하지 않고 그동안 해왔던 일마저도 중단하고 있습니다. 이런 상황은 도시주택실 소관 업무뿐만이 아니고, 전 분야에서 다 그렇습니다. 그래서 저는 아까 말씀드린 대로 공공주택, 임대주택 건설 이런 사업은 경제상황이 어려운 때일수록 많이 일을 벌려야 한다고 봅니다. 저는 그런 측면에서 우리 도시주택실이 발상을 달리해서 공공부문에 대한 투자를 좀 늘릴 수 있도록, 계속해서 아이디어를 만들 필요가 있다고 생각합니다. 이 부분에 대해서 동의하십니까?

도시주택실장 이문기 지금 사실 정부지출에 있어서 건설투자 쪽이 전후방 연관효과나 고용을 늘리는 데 있어서는 효과적인 건 사실입니다. 다만 재원이 문제가 되겠는데, 저희가 공공주택, 임대주택을 늘리는 데, 도에 직접적인 예산이 있는 게 아니고, 대부분이 LH나 경기공사를 통해서 하다 보니까, 저희 집행부에서 그 부분 비중을 늘리는 데, 일정부분 한계가 있는 게 또 사실입니다.

김종석 위원 네, 그건 잘 알겠고요. 추가로 하나 말씀드릴게요. 그 연장선상입니다. 지금 우리 경기도에 있어서 영구임대주택, 즉 사회적 취약계층들에 대한 주거 영구임대아파트 이런 부분들에 대한 대부분 시행을 LH가 하고 있습니다. 그렇죠?

도시주택실장 이문기 네, 그렇습니다.

김종석 위원 1년 사업 물량도 막대한 규모입니다. 그렇죠?

도시주택실장 이문기 네.

김종석 위원 그로 인해서 현재 경기도와 일선 시군의 사회복지비용 지출이 엄청나게 늘어나고 있어요? 그렇지 않습니까?

도시주택실장 이문기 네.

김종석 위원 경기도의 경우 복지 분야에, 5조 원 이상을 투입하고 있습니다. 그래서 사실은 우리 경기도가 LH나 정부로부터 도시주택실 소관 사업에서 엄청난 특혜를 받을 필요가 있어요. 왜냐? 서울 땅값이 비싸니까 경기도에다 영구임대주택 많이 지어서 서울에서 살던 어려운 분들이 경기도로 오시면 뒷감당은 경기도가 다 해야 됩니다. 그렇지 않습니까?

도시주택실장 이문기 네, 그렇습니다.

김종석 위원 물론 국가가 당연히 해야 할 일이지만, 그분들 세금 감면해 드려야 되고, 복지비용 지출해야 되고, 그래서 우리 경기도가 특혜, 혹은 인센티브를 받아야 된다는 거예요. 우리 도시주택실에서 LH와 국토부를 상대로 사업 예산을 따오실 때, 이런 주장을 강하게 해야 한다고 봅니다. 무슨 말씀인지 이해가시죠?

도시주택실장 이문기 네, 저희도 절감하고 있습니다. 지금 사실상 경기도에 국민임대주택이 집중되면서 타지에서, 특히 서울 쪽에서 취약계층이 많이 오시고 그러다 보니까, 저희가 계산한 바로는 가구당 연간 한 370만 원 정도 지방재정이 복지비나 세금감면 이런 데 부담이 되고 있습니다. 그래서 이런 부분을 국감 때도 자료형태로 해서 제시했고, 기재부나 국토부하고도 협의를 하고 있습니다.

뉴타운 후속대책 서둘러야

김종석 위원　　뉴타운 후속 대책과 관련해서 지난해 연말에 국회에서 많은 대책들이 나왔지요?

도시주택실장 이문기　　네.

김종석 위원　　먼저 우리가 결의안 등을 통해서 요구했던 대로 한시법 기간이 1년 연장되었어요. 그다음에 법인세 감경 제도가 도입되었어요. 만약, 뉴타운지구 사업자가 사업을 포기하겠다고 하면 법인세에서 최대 20%까지 감경해주겠다는 것이지요. 그러면 제도 운영상에 있어서요, 매몰비용의 70%까지 지원하는 현행 제도와 연관성은 어떻게 됩니까?

도시주택실장 이문기　　법인세 손금처리는 갖고 있는 채권, 정비사업자나 시공사가 갖고 있는 채권 전부를 포기할 경우에 대해서 법인세 혜택을 주는 것이기 때문에 전부를 포기해야 되거든요. 그럴 경우에 자연스럽게 조합이나 추진위에서 부담할 부분은 없어지는 걸로 알고 있습니다.

김종석 위원　　어찌 됐든 매몰비용 지원에 이어서 법인세 손금처리제도까지 만들어졌으니, 뉴타운 출구전략은 더 이상 현실적으로 나올 게 없을 것 같아요. 우리 정부 입장에서나 지자체 입장에서 최대한 후속대책은 다 세워놨단 말이에요. 그럼 이것을 빨리 털 필요가 있어요. 이제 출마도 안 하시고, 뉴타운 원인 제공자도 지사님

이었으니까, 좌고우면 하지 말고, 결자해지 차원에서 지사께서 사업성 없는 곳은 직권해제 해야 합니다. 또다시 주민들한테 찬반 물어서 갈등을 부추기면 안 됩니다.

부천시의 경우, 2월 중으로 전체 지구를 해제하려고 준비 중입니다. 저한테 광명시민들이 전화 주셔요. 지금 도는 어떻게 돌아가느냐고요. 50만 이하 시에서는 지사에게 직권해제 권한이 있잖아요? 광명시장님은 "지사님이 이제 결정할 것 같으니 그 추이를 지켜봐서 조치하겠습니다." 그렇게 답변하신 모양입니다. 그러니까, 얼마 남지 않은 6월 지사님 임기가 다하기 전에 특별하게 사업성이 있어서 사업이 쫙쫙 진행되는 곳 말고는 최소한의 주민들이 사업추진이 안 되겠다고 막아놓는 데는 이제 과감하게 직권해제 해주셔야 돼요. 동의하십니까?

도시주택실장 이문기　　저희도 사업성이 없거나 또 사업추진 의지가 약간 그런 부분에 대해서는 구역 재조정, 해제가 빨리될 수 있도록 출구 전략 하는 거에 대해서 전적으로 동의하고 있습니다.

김종석 위원　　그다음에 좀 우려스러워서 한 가지 더 말씀드립니다. 1개소 당 1억원씩 지원하는 경기도 맞춤형 정비사업도 2013년에 10개 하다가 올해 2014년에는 3개밖에 안 해요, 물론 재원이 부족해서 그렇겠지만요. 그럼에도 각별히 신경을 써야 될 게 사업신청을 하고 싶어도 못 하는 경우에요. 현재 뉴타운지정 지구는 해제가 안 되어서 사업 신청도 못 하고 있어요. 지금 우리 경기도에서는 13년 10개도 2개 해놓고 나서, 나머지는 국토교통부 공모사업에 응모해 가지고 하나씩 하나씩 풀어가고 있잖아요? 재정은 없

는데, 올해부터 직권해제 된 지역은 많이 쏟아져 나오고, 어떻게 지원할 것인지, 사실 걱정입니다. 그렇지 않습니까?

뉴타운 지구로 오랫동안 묶여 있어서 7년, 8년씩 아무런 발전도 못했는데 해제가 늦어지는 바람에 또 뒤처지는 이런 결과가 초래되고 있어요. 이러면 안 되지요. 실무부서에서 면밀하게 체크를 해서 형평성 차원에서라도 과거에 지원을 받지 못했던 지역들을 도와줄 방법을 집행부가 찾아내야지요. 무엇보다도 경기도에서 경기도시공사하고 묶든 LH하고 묶든 뉴타운, 재개발, 재건축 후속대책 샘플을 만들어서 보여주어야 해요. 그런 사업들을 좀 시급하게 진전시킬 필요가 있어요. 본 사업이 아니더라도 시범사업이라도 해서 그분들한테 꿈과 희망을 드릴 수 있도록 해야 합니다. 동의하십니까?

도시주택실장 이문기　네, 알겠습니다. 지금 작년에 10개 지구 맞춤형정비사업 하고 금년에 3개밖에 못하는데, 사실은 작년에 잘 아시는 것처럼 2개 사업지구만 국비를 받았고, 8개 지구는 금년에 국비 공모에 들어가야 되는 사항입니다. 그래서 저희가 예산문제도 있지만 그걸 무한정 늘릴 수가 없어서 금년에 3개만 일단 추진을 하게 되었습니다. 다만 이제 금년에 언론보도도 좀 있습니다만 국토부에서 행복주택사업을 지자체에서 희망하는 쪽으로 가져가겠다, 찬성하는 쪽, 그러면서 그게 자연스럽게 재생 쪽하고 연계되는 측면이 있습니다. 그래서 최근에 의왕시나 포천 이런 데도, 거기는 오히려 거꾸로 시에서 노후지역에 대해서 재생하는 거를 행복주택으로 가져가 보겠다고 신청을 한 사례도 있는데, 그런 부분들이 자연스럽게 연계돼서 국비 지원의 통

로를 다양화해 낙후된, 노후된 지역을 정비하는데 도움이 될 수 있도록 지혜를 모아가도록 하겠습니다.

김종석 위원　네. 마지막으로 뉴타운지구가 됐든 , 재개발?재건축지구가 됐든, 노후지역 대부분에 4층짜리 다세대주택들이······.

도시주택실장 이문기　네, 다가구 · 다세대.

김종석 위원　저번에도, 한 번 지적한 바 있지만 1기 신도시 뭐 하면서 그쪽은 수직 증축 얘기 나오면서 어떻게 해결할 방법을 제시한단 말이에요. 그런데 구도심 대책은 안 나와요. 다가구 · 다주택의 경우 안전성만 확보된다면, 2층만 올릴 수 있다면, 그 자체로 주거환경을 정비할 수도 있습니다. 대규모 철거를 하지 않는, 뉴타운 방식이 아닌, 그런 부분들에 대한 연구와 검토들 우리 경기도 차원에서 진행시켜 주셨으면 좋겠어요. 예를 들어서 4층짜리에다 2층만 올릴 수 있다면, 1층을 주차장으로 사용하고, 그 비용은 한 개 층 올려서 분양한 비용으로 조달하면 되잖아요? 그게 가능한지 어쩐지 현행법령을 정확하게 몰라서 그러는데, 면밀하게 검토 해보세요. 수직증축 대책도 필요하지만, 그보다 더 낙후된 저층 아파트, 다세대, 다가구주택에서 사시는 어려운 분들을 현실적으로 도울 길, 대책들을 마련할 필요성이 있다는 것입니다.

도시주택실장 이문기　네, 알겠습니다. 그 부분도 같이 검토를 하도록 하겠습니다.

김종석 위원　이상입니다.

■ 경기도의회 〈소식지 인터뷰〉 (2016. 3. 8.)

"부천, 도시재생·교통 혼잡 문제 해결이 제1과제"

김종석 건설교통위원의 이력은 화려하다. 언론사 기자, 출판사 대표를 거쳐 국회 정책보좌관으로 7년이나 일했다. 국회 경험을 바탕삼아 부천으로 온 그가 가장 먼저 한 일은 부천 지역에 난립한 뉴타운 정책을 폐기하는 것이었다. 2012년, 김 의원이 보궐선거로 8대 경기도의회에 입성하자마자의 일이다.

"주민들에게 뉴타운 사업 같은 부동산 개발로 절대 이익 못 얻는다. 정부가 뭘 해줄 수 있는 상태가 아니다."라고 말씀드렸죠.

김 의원은 뉴타운의 허상을 알리고 중앙정부와 지방정부의 역할을 주민들에게 역설했다. 정부는 SOC(사회간접시설) 확충으로 주민들이 편안하고 안전하게 살 수 있는 인프라를 구축해야 한다고. 그게 정부의 역할이라고.

처음에는 김종석 의원을 믿지 못한 주민들의 반발이 이어졌지만 진정성 있는 소통과 대화로 주민들을 꾸준히 설득해 나갔다. 결국 8대 도의회 때 당시 김문수 도지사의 직권해제를 통해 뉴타운 정책 폐지의 근거조항을 만들고, 도에서 매몰비용을 지원할 수 있도록 조례를 제정하기에 이른다.

"부천 지역의 특성이 있죠. 1세대 개발로 안양, 광명과 함께 가장 노후화된 도시 중 하나면서도 서울과 인천의 중간에 위치해 젊은 사람들이 많이 유입되는 도시, 전국 혼잡도 1위…… 부천에 필요한 건 뉴타운 재개발이 아니라 본질적인 의미의 도시재생과 고질적인 교통 혼잡 문제를 해결하는 것이 우선돼야 합니다. 적어도 개발 때문에 원주민들이 억울하게 살던 집을 떠나선 안 되는 거죠."

김 의원은 실제 10년 이상 좁은 길 때문에 병목 현상이 있었던 범안로 문제를 도비 119억 원을 지원받아 해결했다. 최근에는 광역교통시설부담금 징수에 따른 시군 교부금을 현행 3%에서 징수율(80%)에 따라 최대 10%까지 차등지급하는 내용의 조례개정안을 입법예고했다. 이 개정안이 시행되면 시군 교부금이 확대돼 각 지자체의 재정자립도에 긍정적인 영향을 줄 것이라 기대되고 있다.

김종석 의원이 요즘 마음 쓰이는 일이 하나 있다. 정부의 개성공단 폐쇄 조치 때문이다. 경기도 내 많은 지역이 휴전선과 맞닿아 있다는 지리적인 현실도 한몫 한다.

"경기도는 북과 접경지역입니다. 도의원이 남북관계 개선에 할 수 있는 일이 없어 안타까울 뿐입니다. 다만 지자체가 할 수 있는 민간교류의 끈을 놓지 않으며 합리적으로 통일을 준비해야 할 때입니다."

■ OBS 〈경기의정보고서 민생돋보기〉 (2017. 4. 25.)

부천시, 도시재생 사업 적극 추진, 도시 확 달라질 것

안녕하세요! 〈경기의정보고서 민생돋보기〉입니다.

경기도의 현안과 의원들의 활동을 담는 민생돋보기. 오늘 첫 순서 의정토론 핫이슈에서는 부천시에 최근 다양한 형태의 개발계획들이 속속 발표되고 있다고 하는데요. 어떤 내용인지 점검해 보고 앞으로의 과제도 함께 짚어보도록 하겠습니다. 함께 하신 두 분 소개합니다. 부천시 출신 김종석 의원, 염종현 의원 자리했습니다. 본격적으로 토론 진행하기에 앞서서 두 분 나오셨으니 요즘 어떻게 지내시는지 근황을 들어볼까 하는데요. 30초 시간 드리겠습니다. 먼저 김 의원님?

김종석 경기도의회 운영위원장으로서 128명 동료의원들이 의정활동을 잘 지원할 수 있도록 제도 개선에 노력하고 있고, 더불어민주당 수석부대표로서 지방자치와 지방분권 강화, 그

리고 288개에 달하는 제2기 연정 과제 실천을 위해 노력하고 있습니다.

유영선 의정토론 핫이슈는 지역의 크고 작은 현안들에 대한 문제점 그리고 대안을 경기도의회 의원들과 함께 고민하는 시간인데요. 먼저 오늘의 주제 함께 보시고 이야기 나눠보겠습니다. 국토부가 공모한 도시재생사업에 부천시의 경제기반형 사업인 "부천허브렉스"사업과 근린재생형사업인 "성주산을 품은 주민이 행복한 마을"사업이 선정되어 현재 추진 중입니다. 어떤 내용입니까?

김종석 "성주산을 품은 주민이 행복한 마을"사업은 부천시 소사 뉴타운 해제지역인 소사본동, 소사본3동 일대에 2020년까지 총 사업비 100억 원을 투입해 펼쳐지는 도시재생사업입니다. 커뮤니티 가로 조성 등의 사업을 통해 지역공동체, 문화, 경제 재생을 목표로 추진하는 사업입

니다. 근린재생형 사업은 생활권 단위의 생활환경 개선, 기초생활 인프라 확충, 공동체 활성화, 골목경제 살리기 등을 위한 사업입니다.

염종현 "부천허브렉스"사업은 경제기반이 상실되고 근린생활 환경이 악화된 도시 내 쇠퇴지역의 경제·사회·물리적 재생을 위한 지원사업입니다. 4대 산업 고도화 및 창조 공간형성을 목표로 부천 종합운동장 주변에 R&D 종합센터 등 기업지원시설을 조성할 계획으로 2021년까지 총 사업비 400억 원을 투입하는 도시재생사업입니다. 경제기반형 사업은 산업단지, 항만, 공항, 철도, 국도 등 국가의 핵심적인 기능을 담당하는 도시계획시설의 정비 및 개발과 연계하여 도시에 새로운 기능을 부여하고 고용기반을 창출하기 위한 사업입니다.

유영선 네, 부천시 신도시지역이 아닌 낙후된 원도심지역에 살고 계신 시민들에게는 더없이 기쁜 일이 아닐까 생각이 듭니다. 사실 뉴타운 개발사업 등 다양한 개발에 대한 계획들이 발표되었다가 또 취소되기도 했는데, 뉴타운 사업 시작에서 실패까지 간략하게 정리해 주시지요?

김종석 경기도 뉴타운사업은 2007년 3월 부천시 소사·원미·고강지구를 재정비촉진지구로 최초 지정한 이후, 12개 시(市) 23개 지구, 213개 구역(2,946만㎡)에서 약 140억 원의 예산을 투입해 계획만 세우고, 홍보 선전만 하다가 중단된 사업입니다. 실제 주민들을 위해 사용한 사업비는 0원이었습니다.

부천시의 경우, 경기도 뉴타운사업이 시행된 7개 시(市) 전체 108개 구역 중에서 45개 구역(41.6%), 전체 909만㎡ 면적 중에서 407만㎡(44.7%)를 차지할 정도로 광범위하게 뉴타운사

업이 진행되었습니다.

뉴타운 문제를 해결하기 위해서 2012년 보궐선거 당선 후 염종현 의원님과 경기도뉴타운특별위원회를 결성해서 함께 활동했고, 뉴타운지역 자진해산 및 직권해제 시 추진위 조합 사용비용 지원 근거를 마련한 조례 개정, 도시재생을 위한 기금 140억 원을 적립하는 성과를 거뒀습니다.

이런 활동의 결과로 2017년 4월 현재 경기도 뉴타운사업 매몰비용, 이른바 사용비용보조 71억원(48개 구역), 부천시 34개 구역 56억 원이 지원되었습니다.

유영선 뉴타운 후속 대책으로 도시재생사업을 추진하고 있는데, 경기도의회에서 어떤 대책을 세웠고, 도시재생사업은 기존 개발방식과는 어떻게 다른 겁니까?

염종현 도시재생사업은 단순히 환경정비에만 그치는 뉴타운개발 방식이 아닌 주민공동체가 문화, 경제와 함께 주거환경을 개선하는 사업입니다. 주민과 함께 소통하면서 추진된다는 점, 현장지원센터를 가동한다는 점도 뉴타운사업과는 차이가 있습니다.

근린재생형, 경제기반형 도시재생사업 동시 추진 중

유영선 네, 주민과 상인협의체가 함께 나서 개발하는 주민주도형 사업인 만큼 기대가 큽니다. 김 의원님! "성주산을 품은 주민이 행복한 마을" 어떤 계획으로 추진될 예정인가요?

유영선 네, 주민과 상인협의체가 함께 나서 개발하는 주민주도형 사업인 만큼 기대가 큽니다. 김 의원님! "성주산을 품은 주민이 행복한 마을" 어떤 계획으로 추진될 예정인가요?

◉ **소사지역 도시재생구상(안)** ※ 공모신청을 위한 구상(안)이며 향후 상세한 활성화계획 수립 시 주민의견 반영하여 계획조정 예정

공동체 재생	1. 지역 맞춤형 복지센터 건립 2. 안전마을 조성사업 (CCTV 설치, 가로등 설치 등) 3. 갈등해소 프로그램운영 4. 지역자부심 찾기 프로젝트 5. 공동체 강화 마을학교 운영 6. 마을축제 운영 7. 행복주택 공급
문화 재생	1. 커뮤니티 가로 활성화 사업 2. 학교와 함께하는 문화체험 프로그램 3. 성주산 프롬나드 투어사업 4. 복사골 축제 사업 5. 지역 밀착형 평생학습센터 운영 6. 프리마켓 및 행복나눔장터 7. 마을 역사문화탐방 지원사업 및 소식지 발간사업
경제 재생	1. Small business 창업 아카데미사업 2. 전통시장 특화 3. 노후주택 집수리 사업 4. 마을기업 지원사업 5. 가로주택 정비사업 계획지원사업 6. 소상공인 지원체계마련 7. 지역상권 발전을 위한 주민협의체 지원

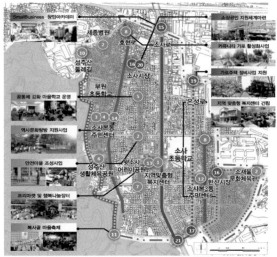

◉ **춘의지역 도시재생구상(안)** ※ 공모신청을 위한 구상(안)이며 향후 상세한 활성화계획 수립 시 주민의견 반영하여 계획조정 예정

4대 특화 산업 고도화	1. R&D 종합센터 (마중물) 2. 공동기기 이용센터 설립 (마중물) 3. 기술거래시장 (마중물) 4. 슬리핑 랩 5. 산업전시컨벤션 6. 삼보판지 지식산업센터 7. 소신여객 지식산업센터
창조 공간 형성	1. 뫼비우스 광장 (마중물) 2. 아트팩토리 프로젝트 (마중물) 3. 문화특구 MESSE 거리 조성(마중물) 4. 뫼비우스 순환길 조성 (마중물) 5. 솔라 데카에슬론 (마중물) 6. 플리마켓 (마중물) 7. 행복주택 8. 도로정비
부천시 新 경제 거점 형성	1. 슬리핑 랩 2. 판타스틱 아레나 3. U-스트릿 4. 청년창업지원

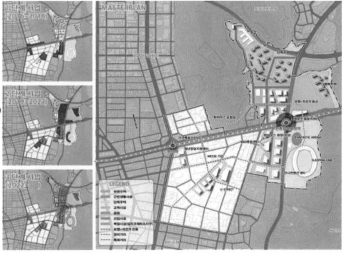

김종석 크게 세 가지 방향으로 추진됩니다. 공동체재생을 위해 지역맞춤형 복지센터 건립, 공동체 강화 마을학교 운영, 마을축제 운영사업 등을 추진합니다. 문화재생을 위해 커뮤니티 가로활성화 사업, 복사골 축제, 지역밀착형 평생학습센터 운영, 학교와 함께하는 문화체험 프로그램 사업 등을 추진합니다. 경제재생을 위해 전통시장특화, 마을기업지원, 소상공인 지원체계 마련, 지역상권 발전을 위한 주민협의체 지원사업

등을 펼칩니다.

유영선 염 의원님, 부천시의 경제기반형 사업인 "부천허브렉스"사업 어떻게 추진될 예정인가요?

염종현 4대 특화산업 고도화를 위해 R&D종합센터, 산업전시컨벤션, 지식산업센터 설립 사업을 추진합니다. 창조공간형성을 위해 뫼비우스 광장조성, 아트팩토리 프로젝트, 문화특구 MESSE 거리 조성 사업 등을 진행하고, 부천시 신경제거점형성을 위해 슬립핑랩, 판타스틱아레

나, 청년창업지원 사업도 함께 추진합니다.

유영선 네, 지방정부와 중앙정부에서 함께 힘을 모으는 만큼 기대도 효과도 클 것이라는 생각이 드는데요. 현재 가장 큰 어려움 혹은 개선 사항은 없으신가요?

김종석 한정된 예산이 가장 큰 문제입니다. 도시재생사업 중에서 큰 비중을 차지하는 사회기반시설에 대한 중앙정부의 지원이 큰 폭으로 확대되어야 할 것입니다.

유영선 소사지역의 도시재생사업과 함께 부천지역의 또다른 개발 사업은 바로 부천영상문화산업단지 개발이 아닐까 싶습니다. 하지만 그동안은 난개발로 조금 아쉬운 부분이 있었던 거 같습니다. 이번에 수립된 개발 계획의 포인트는 무엇입니까?

염종현 부천영상문화산업단지 1단계 사업은 2018년 하반기에 착공해서 2020년 완공을 목표로 연면적 76,541㎡(건폐율 32.84% / 용적률 548.80%) 부지에 공공문화단지, 산업단지, 스마트 융복합단지, 수변공원 등이 조성될 예정입니다.

유영선 네, 무엇보다 만화영상산업 특구 조성이 필요하다는 의견이 많은데 웹툰융합센터 건립은 잘 진행될 것 같습니까?

김종석 부천영상문화산업단지에 지하 2층 지상 18층 규모로 웹툰융합센터를 신축하는 사업인데, 만화자료원, 만화창작·콘텐츠기업 입주공간, 전시마켓관, 컨벤션, 인력양성, 문화 관련 기관·단체 입주공간 등을 마련하는 사업입니다. 부천시의 특성을 가장 잘 살릴 수 있을 뿐만 아니라 4차 산업혁명의 메카가 되도록 반드시 성공시켜야 할 사업이고, 잘 될 것으로 봅니다. 남경필 도지사와 면담을 통해 적극 지원도 요청했습니다.

염종현 지하철 7호선 개통 이후 만화가, 웹툰 작가들이 부천으로 몰려옵니다. 예술인들이 정주하면서 창작도 하고, 산업으로 연결시키는 예술인 임대형 행복주택 건설도 눈여겨볼 만한 사업입니다. 지하 6층, 지상 28층, 886세대 규모로 부천시와 LH가 공동시행 방식으로 추진하는데, 부천시는 토지제공, 행정절차 이행, 웹툰센터 구상, 건설비용을 분담하고, LH는 사업계획수립·인허가·시행, 행복주택(LH부담), 웹툰센터(LH수탁)를 건립하는 사업입니다. 총 사업비 1,500억 원을 투자해, 경제효과 3,000억 원, 일자리창출 3,000개 창출을 목표로 하고 있습니다.

유영선 특히 눈에 띄는 대목은 국내 굴지의 대기업이 참여해 관광 쇼핑단지를 조성하겠다는 것인데요. 반대의 목소리도 만만치 않은 것으로 알고 있는데 어떤 상황인가요? 대책은?

염종현 지리적 특성상 부평구 주민들의 반대 목소리가 만만치 않은 상황입니다. 대화와 타협을 통해 끝까지 노력을 해봐야겠지만, 어렵다면 다른 방향도 모색할 수 있을 것으로 봅니다.

유영선 문화와 만화 관광 쇼핑 등이 함께 어우러져 부천의 랜드 마크로 키우겠다는 야심찬 계획으로 경제적 효과도 클 거 같아요? 눈여겨볼 만한 계획은 어떤 게 있습니까?

부천시, 신성장 동력 기반 확보 위해 최선 다할 것

김종석 부천영상문화산업단지 스마트 융·복합단지 개발을 통해서 기업혁신클러스터를 조성하고, 문화기술산업(CT) 캐릭터 업종 유치를 통해 지역경제 활성화를 도모하려는 계획도 눈여겨 볼 만한 사업입니다.

유영선　앞으로 부천의 미래를 결정할 두 가지 계획을 살펴봤습니다. 기대도 있고 우려도 있는 거 같은데요. 이러한 개발계획이 잘 시행되기 위해 어떤 부분들이 고려되어야 하겠습니까?

김종석　무엇보다 시민들의 참여가 중요하다고 봅니다. 부천시와 국회의원, 도의원, 시의원이 긴밀한 협력관계를 구축해서 관련 예산을 적기에 확보하는 것도 매우 중요합니다.

유영선　네, 앞으로 5년이 부천의 미래를 결정할 가장 중요한 시기가 아닐까 하는 생각이 듭니다. 도의회 의원으로서 어떤 활동을 하실 예정이십니까?

김종석　부천시, 첨단 기업유치를 위한 혁신 공간 확충 계획을 수립 중입니다. 부천시가 신성장 동력을 확보하고 기업하기 좋은 환경을 조성해, CT산업·첨단산업 인프라 구축을 통해 2천 개 기업유치, 고용창출 10만 명, 경제효과 120조 원, 지방세입 4천억 원 달성 계획을 수립했습니다. 부천시와 긴밀하게 협조해서 신도시지역과 원도심지역이 균형발전을 이룰 수 있도록 최선을 다하겠습니다.

사 업 명	주 요 내 용
웹툰융합센터·예술인 행복주택	웹툰의 창작·전시마켓·만화자료원, 관련 콘텐츠 기업, 예술인의 주거·창작 집적화
부천기업혁신 클러스터(BBIC-Ⅰ)	대학, 연구소, 지원기관이 집적된 R&BD 단지
종합운동장 도시 첨단산업단지 (BBIC-Ⅱ)	ICT(IOT 중심) 기반 첨단산업 및 중견·강소기업 집적단지
대장동 친환경 산업단지(BBIC-Ⅲ)	대기업, 다국적 기업 본사 (한국지사), 신성장 동력

유영선　네. 오늘 두 분 함께 해 주셨는데, 두 분 모두 부천을 위해 종횡무진 뛰어다니시는 분들이십니다. 이 분들에게 부천은 어떤 도시일지 궁금한데요. 마지막으로 오늘은 부천을 한 줄로 표현해 주시면 좋을 거 같아요.

김종석　함께 살자! 행복한 변화!! 살맛나는 세상, 부천!!!

유영선　민생돋보기에서 함께한 부천시의 향후 개발 청사진을 살펴봤는데요. 무엇보다 시민이 편안하고 행복한 도시개발이 이뤄지기를 기대해 보겠습니다. 오늘 함께 해 주신 두 의원님 감사합니다.

문화도시 부천이 새로운 도약을 준비하고 있습니다. 주민이 함께하는 개발을 통해 행복한 부천이 될 수 있기를 기대해 봅니다. 아울러 난개발이 아닌 효율적인 개발을 통해 부천시의 도시경쟁력을 높일 수 있었으면 합니다.

경기도의 미래를 만드는 경기의정보고서 〈민생돋보기!〉 오늘 시간 여기까집니다. 시청해주신 여러분, 고맙습니다.

- 문화·만화·산업·상업 등 융복합 부천영상문화산업단지 조성
- 일자리 창출, 지역경제 활성화, 공공문화시설 확충
- 신성장 동력확보로 미래지향적 도시 발전

김종석 의정활동 단상
오직, 부천과 경기도민을 위하여!

의정활동 단상 1 : 오직 부천을 위하여!

범안로 확장 도비지원, 뉴타운 매몰비용 지원 및 도시재생사업 추진 독려, 경인선 지하화, 오정물류단지, 송내역 환승센터, 소사~대곡선 일반철도 건설 추진촉구, 굴포천 국가하천 지정 요구, 도시농업, 반려동물 관리 대책 등 오직 부천시와 부천시민을 위하여 상임위원회에서 토론했던 그 열정의 기록을 소개한다.

■ 건설교통위원회 업무보고(2014.09.18)

경인선 지하화 연구용역 방치 '분노'

김종석 위원　부천 출신 김종석 위원입니다. 제가 2012년 보궐선거로 들어와서 건설교통위원회에 배치됐다가 한 2년 만에 다시 돌아왔습니다. 이 말씀을 꺼낸 이유를 알고 계시지요? 저는 그걸 짚고 넘어가려고 합니다. 2012년 연말에 국장님께 말씀드린 경인선 지하화 관련하여 사업성 검토 차원에서 용역 추진을 부탁드렸고 국장님은 경기개발연구원에 과제를 주겠다고 말씀하셨습니다. 그리고 2년 동안 중간보고가 단 한 번도 없었습니다. 알고 계시지요, 그 상황에 대

해서?

철도국장 서상교　네.

김종석 위원　지금 어떻게 되고 있나요? 용역하고 있습니까, 안 하고 있습니까? 그것만 말씀해 주세요.

철도국장 서상교　중지된 상태입니다. GRI에서의 연구는 '중지'라는 표현이 적절하지는 않습니다만······.

김종석 위원　어쨌든 실제로 답을 해주셔야 해요. 중지된 상태나 마찬가지인 거죠?

철도국장 서상교　네.

김종석 위원　그러면 해당 상임위원이거나 아니거나 그 상황을 보고해 주셔야 되는 것 아닙니까?

철도국장 서상교　그 부분에 대해서는 죄송스럽게 생각하고요. 그런 과정에 또 부천시에서도 경인선 지하화 용역을 해보겠다고 하고 ······.

경인선 지하화 추진위원회 발족식

일시 : 2013. 09. 10(화) 오후2시   장소 : 부천상공회의소

김종석 위원 아니, 그러니까요. 제가 해당 상임위원회 소속 위원이든 아니든 변동된 사항을 보고를 해주시는 게 맞는 거잖아요.

철도국장 서상교 네, 송구스럽습니다.

김종석 위원 제가 경인선 지하화 연구용역을 부탁했던 것은 경기도에 그럴 의무가 있기 때문입니다. 대부분의 철도예산이 다 국비로 내려오잖아요. 그렇죠?

철도국장 서상교 네.

김종석 위원 단순히 해당 지역 의원님들의 지역구 상황을 봐주라는 것이 아니에요. 경기도 대도시의 경우 대부분 수도권 전철하고 연결되어 있어요. 여러 시군이 연결되기 때문에 광역단위로 판단해서 경기도가 과업을 수행하라는 거예요. 경기도 산하기관에 경기개발연구원이 있기 때문에 개략적으로라도 연구, 검토를 해줘야

됩니다. 예컨대 교외선 문제가 있면 이 문제에 대해 당장 돈 들여서 해주라는 것 아니지 않습니까? 그에 대한 검토용역 아주 적은 비용으로, 전문적으로 들어가라는 것도 아닙니다. 그거 해줄 수 있잖아요? 그것을 해주는 것이 저는 경기도 철도국 본연의 역할이라고 봅니다. 동의하십니까?

철도국장 서상교 위원님의 말씀 취지에 대해서 저희들도 정무적인 판단이라든지 여러 가지 그런 것들이 있어야 하는데, 실무적인 판단만 했던 것에 대해 송구스럽게 생각합니다.

김종석 위원 경기도 철도국에는 GTX만 있는 것 같습니다. 지사가 GTX에 집착하다 보니까 집행부도 그것만 신경을 쓰고, 그러다 보니 노선이 겹치고 그렇습니다. GTX 수요, 지사님이 바라보는 것과 일반시민들이 바라보는 것이 다릅니다.

저는 GTX에 매진하다 보니 경인선 지하화, 경부선 지하화, 교외선 문제에 소홀했다고 봅니다. 이에 대해서는 별도의 답변을 요구하지 않겠습니다만, 앞으로 유념해서 사업추진을 부탁드립니다.

철도국장 서상교 네, 알겠습니다.

■ 건설교통위원회 행정사무감사(2014.11.14.)

오정물류단지
잘못 꿰어진 단추

김종석 위원 오정물류단지 관련해서 질의하겠습니다. 경기도 31개 지역 중 산업단지나 물류단지가 없는 지역들이 있어요. 산업단지가 없는 지역에서는 물류단지가 산업단지 대안으로 중요한 역할을 합니다. 부천시의 경우 산업단지가 없고, 대부분 공업지역이어서 오정물류단지가 중요한 역할을 합니다. 그런데 오정물류단지 건설에 몇 가지 문제점이 있습니다. 유통법에 따르면 물류단지에는 대형마트형 사업자가 입주할 수 없도록 되어 있습니다. 그거 알고 계시죠?

철도국장 서상교 네, 알고 있습니다.

김종석 위원 2014년 5월, 6월에 두 차례 거쳐 사업자 선정이 유찰되면서 그걸 이유로 감정가보다 130억 원 정도 더 써낸 코스트코의 입점이 허용되었습니다. 계약서 내용을 들여다볼 필요가 있는데, LH에서는 법 때문에 안 된다고 자료제출을 거부하고 있어요. 도 차원에서 어떻게 상황을 파악하고 있습니까?

철도국장 서상교 LH가 규정을 들이대면서 못 준다고 하는 태도는 제가 생각해도 좀 괘씸하다 하는 생각이 들고요.

김종석 위원 그렇죠?

철도국장 서상교 더군다나 LH가 공공기관인데 이런 문제를 유발하는 것은 저도 좀 문제가 있다고 봅니다. 하지만 도에서도 하지 마라, 취소해라 하기에도 제약이 있습니다. 엊그제 저희 과장이 코스트코와 LH 관계자 불러서 빨리 조정해라 하고 있는데…….

김종석 위원 이행협약서 보시면, 협약내용을 철저히 지키라고 되어있고 그렇지 않을 경우 계약서상으로 취소할 수도 있습니다. 제가 문제 삼는 것은 유통산업발전법 시행령 제3조 제1항 별표 제1호에 의해서 "대형마트는 제외하고 공급하고"라고 되어 있는데, "단지 미분양 시 지구단위계획에서 정한 허용 용도로 변경하여 재공급하도록 되어 있다"는 이 조항을 악용한 겁니다. 물류단지를 조성하는 당초의 목적이 뭡니까? 원활하게 화물을 수송할 수 있는 근거지를 만드는 거잖아요. 부천의 오정물류단지는 입지가 공항 근방이고, 대도시 지역이라 물류단지 건설에 상대적으로 국비를 엄청나게 많이 들여서 조성하고 있습니다. 그런데 당초 목적에서 현격하게 벗어난 외국 기업에게 혈세를 퍼준 꼴밖에 안 되고, 우리 국민들은 그만큼 피해볼 소지가 있어요. 그래서 제기된 민원을 해결하는 과정에서 경기도가 좀더 책임감을 가지고, 노력을 경주해 줄 것을 촉구하는 겁니다. 그렇게 할 용의 있습니까?

철도국장 서상교 네. 엊그제도 만났고 또 계속 그렇게 독촉을 하도록 하겠습니다.

김종석 위원 지금 물류단지와 관련돼서는 우리 도가 계획승인권이라든가 직접 관여할 수 있는 부분이 전혀 없습니까?

철도국장 서상교 일단 우리 도가 물류단지를 하겠다고 사업시행자가 제출을 하면 저희들이 심의해서 승인을……

김종석 위원 하는 거죠. 이를테면 일선 시군하고…….

철도국장 서상교 협의도 하고요.

김종석 위원 국토부하고 직접 하는 게 아니라 도가 하게 돼 있는 거죠?

철도국장 서상교 위원장님이 말씀하신 물류단지가 아닌 창고는 시군에서 바로 해 버리기 때문에 저희들이 통제하는 게 조금 애로가 있는 사항입니다.

김종석 위원 오전 답변에서 LH에 자료 요구를 하였지만 안 준 것에 대해서 우리 증인께서 같이 분해하셨는데요. 경기도도 마찬가지거든요. 물류단지계획심의위원회, 그 내용이 법상으로 지금 공개할 수 없다고 되어 있는데요.

철도국장 서상교 물류단지심의위원회……?

김종석 위원 위원회 회의록이요. 그렇게 민감합니까, 내용이?

코스트코 입점 불법 아니어도 명백한 편법 특혜

철도국장 서상교 제가 봐서는 크게 문제될 건 없다고 보는데, 실무자들은 또 조례에 절차사항이 있어서 그런 것 같습니다. 그 부분은 의논해서 처리하도록 하겠습니다.

김종석 위원 계약상대가 이미 코스트코인 줄 모두가 알잖아요. 그러면 코스트코하고 LH가 계약을 맺었는데 어떤 이면조항이 있는지, 혹은 다른 특별한 사항은 없는지 그것을 알 권리가 우리한테는 있는 거잖아요. 그런데 이 부분에 대해서 공개가 되지 않으니까 여러 불필요한 억측들이 나온다고 생각하거든요. 그래서 도에서 자료 제출을 못 받더라도 내용 파악을 위해 노력을 해주셔야 된다고 생각하고요. 또 경기도에서 부천시에 "단지 지정 당시 제기됐던 사항에 시도 대형마트 입점에 대해 조건부로 동의했던 사항인 바 민원 해소에 적극 노력 바람" 이런 식으로 경기

경기일보

2015년 11월 13일 (금)
05면 정치

매서운 눈빛, 날카로운 질문

12일 경기도의회 건설교통위원회의 철도국에 대한 행정사무감사에서 김종석 도의원 등이 질의를 하고 있다. 사진 오른쪽은 의원들의 질의를 듣고 있는 철도국 관계자들.

김시범기자

경기도의회 건설교통위, 행정사무감사 현지확인

**안성공도물류단지, 용인~포곡간 도로확포장 공사
경안천 고향의 강 정비사업 행정사무감사 현지 확인**

경기도의회 건설교통위원회는 제304회 제2차 정례회 기간 중 2015년도 행정사무감사 현지확인의 일환으로 10일 안성공도물류단지, 용인·포곡간 도로확포장 공사, 경안천 고향의 강 정비사업현장을 방문했다.

이번 현지확인 중 안성공도물류단지는 경기도-경기도시공사-안성시-(주)이마트 간 MOU체결(2011년도), 물류시설용지 입주협약(2012년)을 체결한 이래, 대기업 특혜 논란 등으로 제동이 걸렸던 사업이었으나, 지난 5일 기획재정위원회에서 '경기도시공사 신규 투자

사업 추진 동의안'을 통과시킨데 이어, 9일 경기도의회 4차 본회의에서 최종 통과되면서 사업이 본격적인 추진 궤도에 오를 수 있게 됐다.

용인·포곡간 도로확포장공사 구간은 2002년 4월부터 2007년 6월까지 전체 7.16km중 6.34km공사 완료되었고, 2007년 도로공사 추진계획에 따라 용인시에서 잔여구간(0.82km)에 대한 공사가 진행 중인 상황이다. 현재 군 사령부 진입도로 이용차량의 증가로 교통정체 및 미 확장 구간의 안전사고가 우려되는 등 공사추진이 시급한 실

정이나, 용인시에서 사업비 미확보로 현재까지 사업이 지연되고 있다.

경안천 고향의 강 정비사업 현장은 2012년 8월 실시설계를 완료하고 용인시 처인구 포곡읍 유운리·모현면 일산리 구간(L=6.4km)에 공사를 진행중이다.

현장에서 보고를 받은 송영만

위원장은 "고향의 강 정비사업을 통해 경안천이 수해로부터 안전하고 지역주민의 편안한 쉼터가 되는 하천공간으로 조성될 수 있기를 기대한다"며 "현장 지도감독 등을 철저히 해 안전문제에도 각별히 유념해 줄 것"을 당부했다.

김동초 기자
kdc@sudoilbo.com

도가 답한 것으로 나와 있어요. 맞습니까?

철도국장 서상교 지금 위원님께서 말씀하신 그 취지로 의견이 나간 것 같습니다.

김종석 위원 저는 이 부분들에 대해서 큰 문제라고 생각합니다. 아까 말씀하셨던 대로 우리가 물류단지를 조성하는 이유는 잘 아시다시피 수도권 그린벨트에 수없이 많은 공장이 들어서고, 그 공장들로 인해서 교통체증이 유발되고, 도로 뚫어달라고 민원 들어오고, 악순환의 반복이거든요. 그래서 그런 문제점들을 해결하기 위해 공공부문에서 예산을 들여 물류단지를 만드는 것이고, 그 물류단지에 그린벨트 내에 산재한 업체들을 입주하게 만들어야 정책 효율성도 높아지고, 난개발도 막고, 또 그로 인한 불필요한 사회적인 추가비용 지출을 막기 위해서 물류단지 건설사업을 하고 있다고 생각을 합니다. 그것

에 대해선 동의하시죠?

철도국장 서상교 네.

김종석 위원 그럼에도 불구하고 단지 시행조항에 근거해서, 입점업체가 없다고 해서, 코스트코가 들어온다는 것은 매우 잘못되었다고 봅니다. 공공의 목적에 맞게 만들어 놓은 물류단지에 돈 130억 원 더 준다고 물류산업과는 무관한, 단지 장사하는 업체에 큰 땅을 팔기로 했다는 것은 심각한 문제가 있습니다. 국가에서 추진한 사업을 LH의 규약에 따라 완전히 방향을 바꿔버리고, 이것을 경기도가 용인하고 있다는 것을 도대체 이해할 수가 없어요, 어떻게 생각하십니까?

철도국장 서상교 그런 상류시설을 제도를 절묘하게 활용한 부분에 대해서는 저희도 조금 우려되고 의문스럽습니다만 그렇다고 불법을 했다든지……

기윤환
인천발전연구원
연구위원

▲

사계절 수심 유지되는 아라뱃길
수심 얕아 반복된 과도 예산투입

26일 김포시 아라마리나컨벤션 아라홀에서 '경인아라뱃길을 활용한 지역경제 활성화 방안'이라는 주제로 열린 토론회에서 참석자들이 경청하고 있다.

김종석
경기도의원

독선적 사업추진 결과 실패 당연
부천시 등 주변 지자체 연대해
관광객 유치 고심할 필요 있어

안길회
고촌물류단지
인계인수위원장

▲

수자원공사, 땅 장사 하지 말고
김포시에 시설 모두 인계해야
市가 관리하도록 道 중재 필요

'실패 뱃길' 오명 씻기… "道 관심 절실"

▶사회자 = 지구의 발전, 인류 발전의 큰 추진에 두개 있는데 학자들은 자유와 제어라고 한다. 사람들이 날아가고 싶어하는 욕망은 자유고, 현실적으로 어렵기에 때와 방향을 조정하며 인류의 역사가 발전해왔다. 경인아라뱃길이 그런 것이라 생각한다. 과거 서로들이 화려한 꿈들이 현실적으로 맞지 않아 조정해 다시 한번 때와 방향을 잡기위한 논의를 하고 있는 순간이라고 생각한다.

▶조승현 = 과거 논란을 종지부 찍고 활성화에 대해 논해야 한다. 그에 대한 경기도의 책임, 의회의 역할을 보는 게 도의원으로서 역할이라 본다. 사업 준공 시점을 경기도가 김포와 협의 없이 한 부분은 아쉽다. 김포시에 필요한 48번 국도의 진입로로, 편의시설 보충이 무력해왔다. 인천은 수자원공사를 상대로 작극 협의했지만 경기도는 거의 방임했다. 경기도의 역할이 사라지고 김포시가 거대한 중앙정부의 토목부의 수자 공사와 대응해야하는 상황이다. 경기도가 일부에 대한 책임을 가져야 한다. 현재 물류기능은 제로베이스다. 활성화를 위해서는 의료복합 관광, 산업단지가 함께 매출 해야 한다고 본다. 경기도는 매년 의료산업 관광 활성화, 외국인 환자 유치를 위해 16-20억원의 예산을 확보하고 있다. 거대 공항을 두곳과 인접한 고촌단지촉에 첨단의료산업단지가 필요하다. 또 600만의 김포가 도농복합단지로서 친환경도시를 개발한다면 그린벨트 해제가 필요하다. 경기도뿐 아니라 국토부의 그린벨트 해 받아야 한다. 그를 위해 경기도와 국토부가 만나야 필요하다. 이 토론회를 중심으로 경기도의회의 역할이 필요하다. 나도 중심에 있겠다.

▶사회자 = 중앙정부와 지방정부의 협의 위해 경기도가 법과 제도를 고쳐서 앞장서야 한다는 말씀이다.

▶김진일 = 물류업을 40년간 하고 있다. 2008년도 우리나라 한국통합물류 협의장이었을 때 아라뱃길 타당성 조사가 이뤄졌다. 당시 제로였던 물류를 민간 수요로 돌려 타당성 조사 실시했다. 수자원 공사도 국제항 만들려 했다. 꼭 항구를 하고 싶다면 제주도와 수 가는 물류를 아라뱃길을 통해서 하자. 목포나 해남을 가는 물류를 아라뱃길을 통해서 하자. 4년 전 최근에는 어떻게 물류 기능을 살릴것인가 중국 청도에 있는 공산청년단 사업이 답인 과 협동조합이 3개월전에 협약을 했다. 한국과 중국의 직거래 장을 만들기 위해, 청도에 한국상품을 직접판매와 중국상품은 아라뱃길에 판매하자. 그렇게 되면 중국 청도에는 한류 문화 갖고 나가고 아라뱃길에 중국 문화 가져오자. 잘되면 일본과도 연결해서 한중일 삼국이 물류 재공하는 것이다. 물류를 40년간 한 사람으로서 어떻게 살려내느냐가 아라뱃길 살리는 큰 방법일것이라 생각한다.

▶사회자 = 중국을 상대로 한 물류 기능을 강화할 기회가 있다고 말했다.

▶기윤환 = 연구자 관점에서 현실적인 문제

김진일
물류협동조합 회장

물류업 살려야 아라뱃길도 상생
제주도-수도권 오가는 항만 조성
한-중-일 직거래 장터 구축도

송유면
道 농정해양국장

관광·레저 부문 여러부서와 연관
경기도 차원 지원방안 있을 것
토론회 의견 수렴해 道에 전달

를 극복해야 한다고 본다. 물은 기후적으로 재해라는 문제에 접근할 수밖에 없다. 그러나 아라뱃길은 굉장히 좋은 자원이다. 항상 수심이 유지되고 물이 4계절 내내 차있기 때문이다. 물이라는 수상 레저의 발전은 우리나라 소득이 3만 5천-4만불은 돼야 한다. 20년 후에나 선진국처럼 바뀔거라고 본다. 개발제한, 국가하천이라는 개념이나 활용 한계를 해결 위해 초기에는 서울·경기·인천이 같이 했는데 최근에는 안하고 있다. 이런 부분은 중앙정부에 맡길수 있는 협의체 구성을 해서 같이 대응해야 힘을 얻을 수 있다. 자연거 도로를 접목하고 있는 것은 긍정적이다. 어떻게 보면 현금 이익을 보고 있는거라 본다. 우리나라 소득 수준에도 맞다. 선진국은 현금적 이익이 아니라 주민의 편익을 중요시 여긴다. 주변이 활성화 되면 주민의 편익은 더 활성화 될거라 본다. 이를 위해서는 공동 대응하는 체제를 가져야 한다.

▶사회자 = 우리나라의 자연환경이나 현지의 국민소득으로는 친수환경에 한계가 있다고 지적했다.

▶김종석 = 사업은 원칙과 기준에 맞게 일이 실천돼야 한다. 경인아라뱃길은 처절하게 실패할 수밖에 없다는 게 교훈이다. 사업을 시작한 뒤에 소통하고 의견을 교류하면 실패하지 않는다. 그런데 독선적인 사업은 반드시 실패한다. 그 결과가 아라뱃길이다. 경기도도 돈이 없고 정부도 돈이 없다. 그러면 그린벨트를 풀거나 법적, 제도적으로 해야한다. 김포시는 주변 지자체랑 연대해야 한다. 예를 들어 부천에 세종병원이 있다. 그곳에 동남아시아인, 러시아인 관광객이 많이 오지만 호텔이 없다. 그들이 찾아 와서 소비하게 파주는 관광객이 엄청 온다고 한다. 중국인들이 북한이 파놓은 제3땅굴보고 돌아간다. 관광문제는 어떻게 유치 할 것인가다. 도에서 할수 있을 때 시민들에게 도움이 되는 제도적 노력 도의회로 하겠다.

윤보훈
K-water
아라뱃길본부장

당초 홍수예방 차원 계획한 것
수자원공사도 하나의 기업-
10조 투자한 입장 고려해달라

▶윤보훈 = 오늘 부족함과 두려움을 느꼈다. 어떤 분은 발전하자, 어떤 분은 관광하자, 어떤 분은 물류로 하자, 자신의 입장만 말한다. 처음 굴포천에서 14.2km 서해까지 연결해 홍수 예방을 목적으로 했다. 87년 태풍 때 수천명이 이재민이 생겼다. 김포는 3.8km만 연결해야 한강과 서해가 연결된다. 도로 호호선과 관련해 진출입로 문제를 78호선으로 변경해서나 실시계획을 마쳤다. 수자원 공사도 기업의 성격이다. 4조랑 아라뱃길에 10조 가량을 투자했다. 우리 입장도 고려해달라. 준공을 앞둔 시점에서 되돌아 가자는 말보다는 대승적으로 고려해야 한다. 앞으로 이런자리가 좀 더 많아지고 수자원 공사로서 할 수 있는 일은 사명감을 갖고 하겠다.

▶사회자 = 시설인계에 대해서 정확한 정의, 원칙을 제시해줬다.

대단히 어려운 심정을 토로 했다. 회사의 제안을 심사숙고 해서 감하 져야 하지 않을까 생각한다.

방수로만 하다가 운하로 바뀌며 관료의 논리에 여기까지 왔다. 물은 방수로와 유사하다. 방수로만 했으면 활성화하기는 안될다. 김포가 인계하고 받고, 난 여하도 인계해야 맞다고 본다. 그 안에 자연파괴, 지역파괴라는 의미가 있다. 현실적으로 고촌 아파트, 강을 통해 지역과 지역이 아니라 함께 어우러져야 한다. 김포에 관광자원을 갖춰야 한다. 토론회를 경기도의회에 맡기고 포기했었다. 인천과 경기도가 하는 한강하구 전략이 필요하다. 경기도가 입장각에 관련을 두지 말고 눈을 돌려라. 김포에서 거대 담론 말고 아기자기하게 해야 한다. 이 자리에서 나온 의견을 도 내부적으로 전달 하겠다. 물류랑 관광이 상충하는 것이 생점인데, 앞으로 경기도와 도의회 차원에서 지원할 수 있는 방안이 있다.

정왕룡
김포시의회
운영위원장

자연·지역 파괴한 '경인운하'
관료 논리 탓에 인공섬 전락
포구복원·한강하구 전략 절실

▶김포시민의 눈으로 보는 아라뱃길쯤 말씀하고, 경기도는 한강 하구에 대한 전략이 없다고 지적했다.

▶송유면 = 경기의 역할이 미비한 부분이 있다. 아라뱃길에 대한 관광과 레저도 여러부서와 연관이 있다. 그래서 간략 얘기하기가 조심스럽다. 오늘 토론은 시작에 불과하다. 오늘 나온 의견을 도 내부적으로 전달 하겠다.

▶사회자 = 경기도와 도의원들의 많은 도움이 필요하다는 의견이었다.

조승현
경기도의원

과거 논란 잊고 활성화 논해야
도농복합 개발위해 GB해제 우선
道-국토부 협의 이끌도록 노력

▶사회자 = 경기도와 도의원들의 많은 도움이 필요하다는 의견이었다.

정리·영진영·곽성민기자
사진·노민규기자

패널 순서는 가나다順

김종석 위원　그렇죠. 당연히 불법은……

철도국장 서상교　그게 아니기 때문에 또 도에서 일방적으로 승인하고 일방적으로 리젝트 (reject)하고 하는 사항이 아니고 심의위원회에서 다 전문가들하고 심의를 하기 때문에 저희들이 단적으로 이게 잘못됐다, 잘됐다….

김종석 위원　그러니까 말씀하신 대로 전문가들이 정말로 제대로 심의를 했는지 심의내용을 들여다보자는 것인데 자료를 안 준다고 하잖아요. 그게 법 위반이 아니라면 그 주요내용에 대해 구두보고라도 하게 조치를 해주세요. 제가 따져봐야겠습니다. 조치해 주세요?

철도국장 서상교　알겠습니다.

김종석 위원　앞으로도 마찬가지입니다. 아까 말씀드렸다시피 산업단지가 없는 지역에 물류단지가 들어온다면 고용유발 효과도 상당 부분 있는 것 아니겠습니까?

철도국장 서상교　작년부터 그런 표면적인 이유들로 인해 물류단지 문제에 소극적으로 대처하면 일다리 창출에 적극적이지 않다는 지적도 받고 있어서 양면성이 있다고 봅니다.

김종석 위원　그런 측면에서 보면 이 물류단지 문제에 대해서는 아까 증인께서 말씀하신 대로 우리 공무원들도 마찬가지고 공공기관인 LH도 마찬가지로, 누가 불법을 저지르겠습니까? 불법을 저지르고는 사업 자체를 할 수가 없죠. 그래서 저는 그것을 편법이라고 보는 거고요. 오정물류단지에 코스트코가 들어오는 것에 대해서 잘잘못을 따지자면 부천시와 LH에 있지요. 다만, 경기도가 당초에 계획승인을 해줬던 대로 사업이 돼가고 있는가를 주도면밀하게 따져보고, 당초 사업목적에 맞게 진행되고 있는지 관리감독 역할을 제대로 해달

라는 것이지요. 그건 동의하시죠?

철도국장 서상교　그렇지 않아도 지난 국정감사 때도 문제제기가 되고 해서 국토부에서 그런 부분을 종합적으로 검토하고 있으니 저희들도 적극적인 의견 개진을 하도록 하겠습니다.

■ 건설교통위원회 예산심의(2014.11.25)

송내역 환승센터 도비 12억 원 전액 지원하라

김종석 위원　우리 철도국에서 자체사업으로 하는 예산들이 그렇게 많진 않기 때문에 환승센터 관련해서 말씀드릴게요. 제가 아무리 이쪽저쪽 살펴도 예산이 적절하게 편성돼 있지 않아요. 먼저 수원역, 송내역, 오산역에 환승센터 건립이 되고 있는데, 각각 사업의 시작 시기와 현재까지 예산투입 상황들 자체가 다릅니다. 이 말씀의 의미는 수원역은 올해 7월에야 공사 착공을 했고요. 7월 25일 날 하셨네요. 오산은 11월에 착공할 예정입니다. 부천은 2013년 5월에 착공을 해서 실제로 내년 10월 완공을 목표로 하고 있단 말이에요? 여기서 궁금한 거 한 가지 먼저 여쭙겠습니다. 국비 30%, 도비 21%, 시비 49%로 되어 있는데요. 이 나눠진 비율들은 어디에서 근거한 겁니까?

철도국장 서상교　편의상 보통 환승센터는 국비가 30%, 70%는 지자체 비용인데 그 지자체 70% 중에 또 30%는 도, 나머지 시 이렇게……

김종석 위원　그래서 전체……

철도국장 서상교   70%에 30% 하다 보니까…….

김종석 위원   여기 지금 비율로 나눠져 있는 게 그렇다 그 말이죠? 제가 드리는 말씀은 통상적으로 총 사업비의 70%를 지방비로 부담할 경우 우리 조례 보조금 기준에 따라서, 잘 살고 못 사는 지역에 따라서 편차를 두게 되어 있어요. 그 다음으로는 보편적으로 주요 국가시설들에 대해선 지방비 분담비율을 50 대 50, 시 50, 도 50 이런 기준으로 되어있는 경우들이 많은데, 이 사업 같은 경우는 누가 보더라도 기형적으로 시비 49%, 도비 21%로 이상하단 말에요. 특별한 기준이 있어서 이런 것인가를 지금 여쭙는 겁니다.

철도국장 서상교   그 부분은 우리 도 전체적인 국비와 도비, 시비의 분담비율을 제가 일일이 기억하지는 못합니다만, 광역철도사업의 경우 보통 50 대 50, 지방비를 그렇게 합니다. 이런 일반적인 사업들은 제가 알기론 대체적으로 도비가 30%, 시비가 70% 이렇게 되어 있는 걸로 알고 있습니다.

김종석 위원   그러니까 제가 드리는 말씀은 국비 30% 포함한 70%를 그중에 30%를 전체 비용으로 하면 21%가 딱 떨어지게 규정을 지켜 놓은 거다 이 말씀이신 거잖아요?

철도국장 서상교   저희들이 계산할 때 그렇게 하고 있습니다.

수원역 환승센터 현장점검에 나선 건설교통위원회 위원들 모습.

송내역 환승센터 완공 위주 예산편성 필요

김종석 위원   제가 판단했을 때는 그 집행부에서 주장하신 대로 "내년에 필요하다면 추경편성을 하겠습니다." 라는 이 말을 믿을 수가 없습니다. 왜냐하면 올해 그랬고 작년에 그랬고 추경편성이 11월에 가서야 1차로 됐는데 공사는 10월 달에 완공을 하겠다는데 예산은 주지 않고 그걸 추경편성을 한다는 건 너무너무 무책임한 발언입니다.

완공일자가 내년 내지는, 내후년 2016년이나 17년인데 부천 송내역은 현재 다 돼 가지고 국비 100% 다 들어와 있어요. 시비 100%와 도비만 안 들어가 있잖아요. 내년 예산 사업종료되면 당연히 도비 예산 세워줘야 되는 게 맞지요. 어느 특정지역에 더 주고 덜 주고의 문제가 아니라, 사업의 진척 정도에 따라서 선택과 집중을 해야지요.

당장 내년에 사업을 완공하겠다는데 형평성 차원에서 수원, 송내, 오산역 세 군데를 다 비슷 비슷하게 예산을 쪼개 주겠다? 이것은 집행부에서 너무 안이하게 대응한 것이고, 면밀한 검토가 안 된 거죠. 국비, 시비는 다 대응을 해서 차질없이 완공이 가능한데, 우리 도비는 외상으로 하겠다? 얼마나 웃기는 일입니까? 사업은 끝났는데 향후 투자 도비만 11억 5,000만 원을 나중에 주겠다는 소리나 마찬가지인데요.

예를 들어서 2014년에 송내역 환승센터는 예산 지원을 안 해줬던 거예요. 그럼 내년도 예산에 사업비를 다 편성해 줘야 되는데, 4억 7,000만 원만 해놨어요. 비율만 보더라도 7억 정도를 편성 안 해준 거예요. 그래서 저는 도비를 전액 편성해야 한다고 주장을 하는 겁니다.

철도국장 서상교   저희들도 그리고 싶습니다만, 재정부서가 완강합니다.

김종석 위원   아까 존경하는 박용수 위원님 지적하셨는데, 지금 자료를 보면 부천 지하철 7호선 건설비용 이자 지원으로 99억 원 편성했네요? 제가 봤을 때 부천 7호선 연장은 어떻게 봐도 형평성이 안 맞습니다. 그전에 도시철도 건설할 때도 도가 어려워서 예산지원 안 해주고, 현재도 여전히 돈이 없어서 또 못주고, 이러면 누가 보더라도 경기도에서 부천시만 유독 차별한 것처럼 보일 수가 있다는 거예요. 저는 99억 원 지원도 감사한 일이라고 생각합니다. 하나도 안 준 것보다는 낫잖아요? 저는 앞으로 부천이 됐든 다른 지역이 됐든 일관된 기준을 마련해서 집행하라는 요청을 드리는 겁니다. 동의하십니까? 어쩌십니까?

철도국장 서상교   위원님, 이 부분은 제가 그래도 말씀을 좀 드려야 될 것 같습니다. 왜냐하면 부천시민들이 오해가 있을 것 같아서요. 왜 부천 7호선은, 물론 위원님은 99억이라도 도에서 지원했으니까 다행이다라고 하셨지만 추진방식과, 법 적용법이 달라서 그렇게 됐다는 말씀을 드리면서요. 좋은 표현은 아닙니다만, 사실 하남선, 별내선도 도시철도로 추진했으면 이렇게까지 지원이 안 될 수도 있는데 아까 말씀드린 대로 법을 고쳐서 이렇게 하도록 만들었다는 말씀을 드립니다.

단지 부천 7호선은 부천시장의 입장에서는 하루라도 부천시민들이 빨리 지하철 혜택을 받기 위해서 어떤 법 적용이 되든 빨리 하자는 취지에서 했기 때문에 부천시가 부담을 더 많이 했다는 말씀을 드립니다.

김종석 위원 무슨 말씀인지는 잘 알겠습니다.

철도국장 서상교 사실 송내역뿐만이 아니고 수원역, 오산역에 대해서는 저도 참 위원님들께 면목이 없습니다. 사업을 추진하는데 우리 재원 부서에서는 지방재정법에 이 사업에 대한 리스트가 없다고 핑계를 대다 보니까 저희들이 거기에서 막혀버렸습니다. 처음 시작할 때부터 차라리 이것 때문에 안 된다고 했으면, 좀더 빠른 대응이 됐을 건데, 처음에 예산을 좀 주다가 작년부터 안 주면서 이 법 때문에 못 준다, 이렇게 하니까 저희들도 난감합니다.

이 시행규칙을 바꾸기 위해서 안행부에 거의 2~3일 간격으로 쫓아다니고, 또 우리 힘만으로는 안 되어 각 시도와 국토부에도 협조요청을 하고 있습니다. 아까 위원님 지적하셨다시피 추경 때 하면 너무 늦는 거 아니냐 했는데 금년 내지 내년 초반까지 법에 맞는 규칙을 고치기만 하면 그 다음에 도 예산 투입은 문제가 없을 것 같아 이런 취지에서 내년에 하면 어떻겠느냐 이렇게 말씀을 드리는 겁니다. 이 예산이 조금이라도 반영된 부분에 대해서는 위원님께 여러 차례 배경을 말씀 드렸습니다만, 그럼에도 죄송하다는 말씀 드립니다.

김종석 위원 무슨 말씀인지는 잘 알겠습니다. 어찌됐든 시작해놓고 못 주겠다는 예산집행 부서의 논리는 너무나 무책임하고 궁색한 변명에 불과합니다. 도민에게 약속해놓고 규칙 안 지켜서 예산을 못 준다? 이런 경우가 어디 있습니까? 예산 편성을 하는 데 있어서 100% 규정과 절차에 근거해서 할 수는 없습니다. 행정과 정치에서 할 수 있는 정치라는 영역이 있는 이유가 뭐겠습니까? 국장님이 말씀해 주신 고충은 충분히

이해하겠습니다만, 저는 내년 송내역 환승센터 예산 전액 편성해야겠습니다.

소사~대곡선 공사 지연 ··· 반쪽 개통 국가 책임

바야흐로 부천시가 동서남북 격자형 철도망 완성을 눈앞에 두고 있다. 철도 신설과 도시철도 연장을 통해 철도망이 완성되면 시민들은 대중교통 이용이 편해져서 좋고, 전국 교통혼잡도 1~2위를 다투는 부천시는 교통난을 해소할 수 있어서 좋다. 다만, 투입 예산 규모가 커서 사업의 시작과 마무리가 늘 어렵다.

소사~원시는 일반철도, 소사~대곡은 광역철도라니!

김종석 위원 부천 출신 김종석 위원입니다. 국장님한테 몇 가지 여쭙고요, 세부적인 것은 위원장님 양해 하에 담당 과장님한테 여쭙도록 하겠습니다. 저는 경기도의원으로 있으면서 여러분들의 사기를 꺾기 위해서 드리는 말씀이 아니라 좀 자조감이 들 때가 있습니다. 지빠귀와 뻐꾸기라는 새가 있는데 참 특이한 관계입니다. 뻐꾸기는 둥지를 만들지 않습니다. 지빠귀 둥지 속에 알 하나 몰래 낳아놓으면, 그 알을 지빠귀가 부화를 시켜줍니다. 좀 얄밉죠?

얄미운 차원에서 드리는 말씀이 아니라, 저는 우리 경기도가 뻐꾸기 같다는 생각이 들 때가 있습니다. 철도, 도로, 임대주택, 주거복지 등 모든

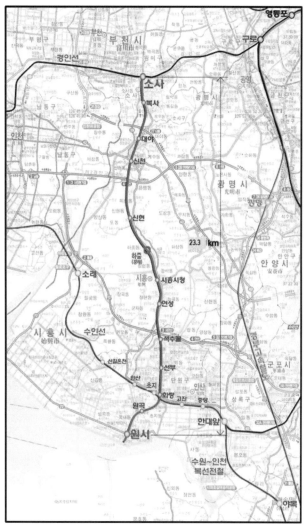

소사~원시선 노선도

부분에서 일들을 하는데 주도적으로 하지 못하고, 중앙정부에 한 다리 걸쳐서 가는 느낌이랄까요. 물론, 예산 자체가 부족해서 그럴 수밖에 없는 측면도 있지만, 한 다리 걸치기 식으로 하다 보니 일 자체가 제대로 추진되지 않아서 안타까운 마음마저 듭니다.

소사-대곡선 일반에서 광역으로, 지금 일반철도를 광역으로 바꾼 상황이 애매모호하게 되어 있단 말이에요.

철도국장 서상교 광역으로 된 게 아니고요.

김종석 위원 일반철도 사업대로 안 하고 있지 않습니까, 지금?

철도국장 서상교 조금 그런…….

김종석 위원 복잡하단 말이에요. 그건 둘째 치고 국가에서 하는 일에서 소사-원시선 2016년 완공으로 지금 당초 사업계획 잡혀 있잖아요?

철도국장 서상교 네.

김종석 위원 변경이 될지 어쩔지는 모르겠지만. 그리고 당초 소사-대곡선은 17년으로 잡혀 있었단 말이에요. 운영 주체는 소사-원시선이고요.

철도국장 서상교 네, 일반에서…….

김종석 위원 그럼 어쩔 거예요? 도대체 소사-대곡선 사업비 분담, 재원 분담비율 결정됐어요? 어땠습니까? 최종 결정됐나요?

철도국장 서상교 소사-대곡은 결정됐습니다.

김종석 위원 어떻게 하기로요? 총 사업비 10% 내인가요?

철도국장 서상교 10%를 지자체에서 서울시와 경기도가 구간 연장별로 해서 내기로 했고…….

김종석 위원 그럼 사업 에 탄력 이 붙습니까?

철도국장 서상교 지금 현재 협상 중에 있습니다.

김종석 위원 제가 봤을 때는 협상 서둘러서 빨리빨리 파야 돼요. 소사-원시는 개통되는데, 소사-대곡은 안 되면 어쩔 거예요? 국가가 제대로 안 해 가지고, 3년이나 완공이 늦어지면 시민들 불편이 너무 크잖아요? 경기도에서 벌어지고 있는 일이니까 서둘러서 추진할 수 있도록 모든 방안을 강구해 주세요. 그럴 의사 있으시죠?

철도국장 서상교 네. 그렇게 하겠습니다.

원종–홍대입구선 광역철도 사업 신속 추진 필요

김종석 위원 어제 원종-홍대입구선, 남경필 지사님하고 서울시장님하고 협약 하셨대요?

철도국장 서상교 네.

김종석 위원 이거 2014년도에 예타 신청해서 안 됐죠? 미 선정된 곳으로 되어 있는데, 앞으로 예타 신청 올해 들어갑니까? 내년에나 들어갑니까? 우리 경기도가 합니까? 서울이 합니까? 주체 결정 안 했나요?

철도국장 서상교 우선 국가철도망에 반영이 돼야지…….

김종석 위원 돼야 됩니까?

철도국장 서상교 네.

김종석 위원 그래야 예타가 가능한 겁니까?

철도국장 서상교 네. 아마 그때 당시에 예타 할 때는 도시철도로 하다 보니까 그랬는데 이제는 광역철도로 하기 위해서…….

김종석 위원 도시철도가 아닌 광역철도로 한다는 것은 제일 이익을 보는 쪽이 서울이라는 거예요. 경기도 우리 부천 쪽은 채 1.5km가 안 돼요. 그런데 서울시가 국비지원 받으려고 도시철도 연장이 아닌 광역철도로 가는 것 같거든요.

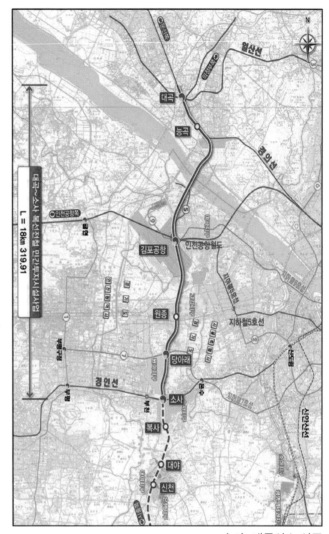

소사~대곡선 노선도

제가 뭘 말씀드리고 싶어서 이러느냐면, 서울시 의도가 그렇다면 버스 쪽하고 연계해 보라는 겁니다. 광역철도로 가면서 서울시가 국비지원을 받으면 비용이 그만큼 덜 소요될 거 아닙니까? 15km 정도가 서울구간이니까요. 그러면 우리 경기도에 버스 노선을 더 주라고 하든가 하는 방식으로 종합적으로 접근하라는 겁니다. 철도 하나만 놓고 하지 마시고, 부천을 끼워줌써 국가 지원 혜택을 서울시가 가장 많이 볼 수 있기 때문에 그 점을 지렛대 삼아 협상력을 높여서 경기도가 최대의 이익을, 이익이라고 하면 이상하네요. 유리하게 가져가도록 최대한 노력해 주십시오. 그럴 의사 있으시죠?

철도국장 서상교　위원님 좋은 말씀 주셨고요, 교통국장한테도 이런…… 내지 기조실에도 우리 도의 역할에 따라서 서울시가 상당히 혜택을 봤다는 점을 강조하도록 하겠습니다.

오정물류단지 상생방안 모색 필요

김종석 위원　오정물류단지 질의 할게요. 지금 물류단지 전체적인 문제인데 제가 안성 공도에도 갔다 왔습니다만 경기도가 이렇게 하시면 안 돼요. 공공부문에서 하는 일도 아니고 일반에서 하는데, 가만히 앉아서 허가해 주네 마네, 그게 도가 할 일입니까? 아니잖아요. 아까 말씀하셨던 대로 경기도 자체로 공공부문에서 물류단지를 어떻게 조성해 볼까 이 고민을 해야죠. 민간은 민간에 맡기세요. 거기 들여다봐서 제대로 하느냐 안 하느냐 쓸데없는 간섭을 할 것이 아니라, 경기도가 주도적으로 공공의 부분에서 물류단지를 대폭 확충할 수 있는 길을 연구하셔야 돼요. 안 하시면 안 돼요. 그거 손 놓고 있으면 안 됩니다. 어떻습니까, 의견은?

철도국장 서상교　위원님의 기본적인 취지에는 공감을 하고요. 단지 오정물류단지는 LH가 좀 민원이라든지 여러 가지 도에서 또 인허가 할 때 조건들을 너무 소홀히 하지 않았나…….

김종석 위원　제가 오정을 두고 드리는 말씀이 아니라 일반적인 물류단지 얘기하는 것입니다. 자, 오정물류단지는 이렇게 풀어야 됩니다. 계약했어요. 잘했든 못했든 했습니다. 현재 행정심판 중이지요? 오정물류단지요? 계약했으면 계

약대로 가야지 인·허가권을 가지고 기업을 괴롭히면 안 되죠. 대신 뭘 해야 되느냐? 상생 발전할 수 있는 방안을 찾아야지요. 공무원분들이 쫓아다니세요. 법원에 가서 2년, 3년 뒤에 아무도 책임지지 않고, 서로 손해 보는 짓 하지 마시고, 상생발전 방안들을 마련하기 위해서 총력을 기울이세요.

예컨대 부천지역에 전통시장 피해들을 최소화하기 위해서 가시적으로 어떤 도움들을 준다든지 하는 조처를 해야지요. 가만히 손 놓고 '너희들 어떻게 하는가 보자'고 하지 말고, 도가 적극적으로 해결 실마리를 푸세요. 서로 불필요한 시간 낭비하면 2, 3년 뒤로 사업 미뤄지고 그러면 누가 사업을 경기도에서 추진하겠습니까? 한 번 계약 맺었으면 그대로 해 주는 게 맞는 거죠. 대신 주민민원이나 법적인 부분들에서 나올 수 있는 문제들을 해소하기 위해 경기도가 적극 나서 달라는 겁니다. 그럴 용의 있으시죠?

철도국장 서상교　네, 그렇게 하겠습니다.

■ CJ헬로비전 '지성인' 2016. 10. 7

"뉴타운 법안로 신청사 문제해결 큰 보람"

Ⓠ 경기도의회 9대 후반기 의회운영위원장으로 선출됐습니다. 전국 광역의회 중 경기도의회 규모가 가장 큰 데 책임감이 클 것 같고, 선출 소감 및 앞으로의 계획이 궁금합니다.

Ⓐ 올해로 출범 60주년이 되는 경기도의회 의

회운영위원장으로 선출되어 매우 영광입니다. 의원 한분 한분의 빛나는 의정활동을 지원해야 할 막중한 임무가 주어져서 부담도 됩니다. 나아가 임기 동안 민주적 절차에 의거해서 여야가 함께 원만한 의사일정을 잘 진행하도록 해야 한다는 책임감도 느끼고 있습니다.

Q 연정 2기 시행 등 앞으로 할 일이 많을 것 같은데 의회 운영위원장으로 꼭 하고 싶은 일이 있다면 어떤 것들이 있나요?

A 여야가 서로 싸우지 않는 의회를 만들어보겠습니다. 국민들이 정치권에 바라는 것은 싸우지 말라는 것입니다. 그 뜻을 잘 받들어 치열하게 논쟁하고, 토론은 하되, 정치에서만큼은 민주주의 원칙이 다수결이 아니라 대화와 타협, 양보와 배려, 그리고 합의라는 점을 경기도민들에게 보여드릴 수 있도록 의회 운영을 잘 해보겠습니다.
아울러 상식과 원칙이 바로 서기 위해서는 모든 분야가 제도로 정착되어야 한다고 생각하기 때문에 여러 분야의 제도 정비를 통해 원활한 의회 운영이 될 수 있도록 최신을 다하겠습니다.

Q 지역구가 소사본동, 소사본3동, 범박동, 괴안동, 역곡3동이다. 소사 지역의 원도심과 아파트가 혼재된 지역인데, 주요 지역 현안 사항이 궁금합니다.

A 소사지역은 원도심과 아파트가 혼재된 지역입니다. 그동안 뉴타운 개발 문제로 많은 시간을 낭비했고, 그만큼 도시 전체가 낙후되어 있습니다. 소사본동과 소사본3동, 괴안동, 역곡3동 지역은 낙후된 주거환경 개선 노력이 필요하지만 뉴타운 방식의 대규모 개발은 이제 불가능합니다. 중앙정부도 지방정부도 돈이 없어서 기반

시설마저도 제대로 지원하지 못하고 있는 실정입니다. 공공부분에서 최소한의 사회기반시설 확충을 책임지고 지원하고, 주민들 집은 스스로 고치는 현실적인 도시재생을 추진해야 합니다.

Q 최근 소사 청소년수련관 건립 사업비를 확보했습니다. 지역 주요 숙원 사업이었는데 어떤 의미가 있나요?

A 청소년을 대상으로 하는 문화시설이 거의 없는 괴안동, 역곡3동, 범박동 지역에 반드시 필요한 시설이었습니다. 앞으로 국·도비로 약 23억 원을 추가로 가져와야 하는데, 이번에 도비 10억 원을 확보했습니다. 내년 6월 완공 전까지 추가로 13억 원을 더 확보해서 소사 청소년수련관이 차질없이 완공될 수 있도록 하겠습니다.

주민숙원 사업, 범안로 확장 곧 마무리

Q 범박동 지역 주민들의 대표적 숙원 사업이 바로 범안로 확장 공사입니다. 지난 해 추경예산 등을 통해 관련 예산 전액을 확보한 것으로 아는데 그 동안의 성과와 앞으로 추진 계획이 궁금합니다.

A 범안로 확장공사는 총 359억 원이 투입되어 2016년 12월 완공예정입니다. 현재까지 도비 119억 원을 확보했습니다. 2012년 보궐선거 당선 이후 김문수 지사를 끈질기게 압박해서, 시(市) 도로는 지원하지 않는다는 관행을 깨고 어렵게 확보한 것입니다. 예산은 다 확보되었지만 주민 보상 관련, 이의제기가 계속되어 늦어졌는데, 지난 8월 28일 경기도가 토지 강제수용을 결정했습니다. 공사에 탄력이 붙어 연말까지 사업이 완료될 것입니다.

Q 옥길지구가 본격적으로 입주를 시작해 도로 교통 상황 못지않게 대곡−소사−원시 철도공사 등 철도 인프라 구축도 관심입니다. 진행 사항이 궁금합니다.

A 소사−원시선의 경우 당초 올해까지 완공예정이었다가 2018년 2월 완공으로 사업 기간이 변경되었습니다. 소사−대곡선은 2021년으로 완공이 늦춰졌습니다. 일반철도로 건설되는 소사−원시선과 달리, 광역철도로 건설되는 소사−대곡선의 사업비 부담 문제 때문에 공사가 늦어졌습니다.

순차적으로 개통되면 바야흐로 서해안시대를 활짝 열 철도망이 구축됩니다. 통일 이후까지 겨냥한 국가 기간 철도망으로서 의미도 크지만, 부천시가 동과서, 남과북을 잇는 철도망을 갖게 돼, 시민들의 대중교통 이용환경이 대폭 개선되는 효과가 크기 때문에 지역경제 발전에도 큰 도움이 될 것입니다.

Q 재선의원으로 활발한 의정활동 중인데, 특히 뉴타운 출구전략 마련 및 매몰비용 지원에 대해 큰 역할을 했습니다. 경기도의회 뉴타운 특위위원장으로서 김문수 지사와 수차례 격돌했는데, 그 동안의 성과에 대한 소개 부탁 드립니다.

A 최근 경기도가 뉴타운 매몰비용으로 올해 152억 원을 지원한다는 발표가 있었습니다. 2012년 보궐선거 당선 직후 도정 질의, 뉴타운 특위 구성 등을 통해 1년 여 동안 끈질기게 싸워서 경기도가 매몰비용을 지원하도록 했고, 도지사와 시장이 사업성이 없는 뉴타운 지구를 직권 해제 할 수 있는 길을 열었습니다. 그에 따라 부

천시도 조례를 만들어 뉴타운지구 해제 결정을 내렸습니다. 오지도가지도 못하고 주민 피해만 가중시키는 뉴타운 문제를 완벽하게 해결하지는 못했지만, 해결의 단초를 제시한 것에 대해서는 큰 자부심을 가지고 있습니다.

Q 뉴타운 지구 해제 후 부천시 후속 도시재생 사업이 관심입니다. 슬럼화되고 있는 부천 지역에 대한 도시재생 구상이 있다면?

A 부천시에서 대책을 잘 세워서 시행하겠지만 경기도가 도시재생 사업을 지원할 수 있도록 대책을 마련했습니다. 남경필 지사와 연정협상 과정에서 주거복지예산을 일반회계 2%까지 단계별로 확대(16년 0.28% 수준)하도록 했고, 도시재생기금을 매년 120억 원 적립하도록 연정 과제에 포함시켜 관철시켰습니다.

광교신청사 복합개발 유도 1,600억 원 세금 아껴

Q 그 동안 도시환경위원회와 건설교통위원회를 거쳤습니다. 지역 현안 해결을 위해 왕성한 의정활동 펼쳤는데, 특별히 기억에 남는 활동이 있다면요?

A 2020년 12월을 목표로 경기도청 신청사를 수원 광교에 짓고 있습니다. 당초 남경필 지사는 4,273억 원 전액을 지방채를 발행하거나 경기도 소유 재산을 팔아서 도청과 도의회만 짓겠다는 계획을 세웠습니다.

이에 대한 문제점을 꾸준히 지적해 신청사 규모도 줄이고, 신청사 단독 건설이 아니라 행정종합타운으로 융복합개발을 하도록 권고했습니다. 또 무조건 빚을 내지 않고, 기금을 조성하도록 조례를 발의해 뒷받침했습니다. 결과적으로 약

1,600억 원 이상의 예산을 절감했다는 점에서 매우 큰 보람을 느낍니다.

〈참고자료〉 경기도 신청사 건립개요 및 일정

□ 사업개요

구 분	당 초	조 정(안)	비 고
위 치	광교신도시 공공청사 (4-1블럭)	광교신도시 공공청사 (복합)	
부지면적	59,000㎡ (18,000평)	20,000㎡ (10,000평)	△39,000 ㎡
건축규모	111,139㎡ (지하 2 지상 25층)	111,139㎡ (지하 3층 지상 21층)	
총사업비	4,273억 원	3,331억 원	△942억
사업기간	2008년~2018년	2008년~2020년	

□ 건물 배치도

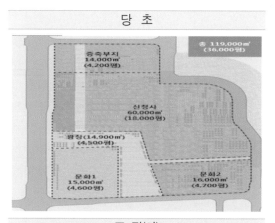

당 초

조 정(안)

□ 추진 일정

○ 설계 완료 : '16. 12월   ○ 공사 착공 : '17. 6월

○ 공사 준공 : '20. 12월

Q 경기도의회 의정활동을 살펴보면 남경필 도지사 취임 이후 연정이 진행되고 있습니다. 2기 연정이 출범했는데 지금까지의 성과와 향후 과제는 어떻게 보고 있나요?

A 경기도의회 운영위원장, 더불어민주당 수석부대표로서 2기 민생연합정치 더불어민주당 협상단장으로 참여했습니다. 경기도민의 실질적인 삶의 질 향상을 도모할 수 있는 약 288개 과제가 포함된 연정합의를 체결하는데, 나름대로 역할을 할 수 있어서 매우 기뻤고, 자부심을 느끼고 있습니다.

2기 연정 실행 과정에서 분권과 협치라는 연정정신을 큰 틀에서 존중하고, 서로 다른 가치를 지향하는 상대방의 요구를 수용해야겠다는 원칙을 지키기 위해 노력할 것입니다. 한편, 연정과 별개로 개별의원이나 상임위원회의 자율적인 의정활동이 확실하게 보장되어야 한다는 확고한 원칙을 지키겠습니다. 이 모든 것이 조화를 이루어 서로 상생하는 정치를 펼치겠습니다.

Q 지난 해 누리과정 예산 지원에 따른 경기도의회 여야 갈등이 컸습니다. 아직 해법 마련이 요원한 상황인데, 국고 지원 등 문제 해결은 어떻게 보고 있나요?

A 우리나라 출산율, 1.24명으로 OECD 국가 중 최저 수준입니다. 지금의 인구 절벽은 국가의 흥망을 좌우할 정도로 중차대한 사회문제가 되고 있습니다. 왜 이렇게 된 것일까요? 국가에서 보육과 교육을 책임져주지 않기 때문입니다. 그

런 측면에서 박근혜 대통령이 공약으로 제시했던 중앙정부의 누리과정 지원 약속이 제대로 지켜지지 않은 것은 매우 유감입니다.

국민들이 더 이상 혼란에 빠지지 않도록 중앙정부가 보육을 책임진다는 자세로 법령을 정비하고, 관련 예산을 편성해야 합니다. 국민들에게 낼 생색은 다 내고, 예산 지원의 책임을 지방정부와 교육청에 전가하는 것은 명백히 잘못된 것입니다.

예산 권한 대폭 이양 통한 지방분권과 강화 절대 필요

Q 본격적인 지방자치가 시작된 지 20년이 넘었지만, 풀뿌리 지방자치는 아직 걸음마 수준입니다. 예산 편성에 대한 형평성 등 바라는 점이 있다면?

A 지방자치와 지방분권은 거스를 수 없는 대세이고, 시대정신입니다. 그런데 우리나라의 경우 돈과 권한이 지나치게 중앙정부에 집중되어 있습니다. 예산의 경우 중앙정부와 지방정부가 약 8 : 2의 비율로 중앙정부에 치중되어 있습니다. 최소 6 : 4, 5 : 5 비율로 조정되어야 합니다. 세원의 경우도 지방세가 안정적이지 못하고 취약합니다. 경기도의 경우 약 50% 세원이 취득세입니다. 부동산 경기에 따라 매년 세입이 들쭉날쭉이라 안정적인 살림이 불가능한 실정으로 세원 재조정이 반드시 필요합니다.

국민들에게 제대로 된 행정서비스를 제공하기 위해서는 중앙정부 권한도 지방정부로 대폭 이양되어야 합니다. 예산과 권한이 주어지지 않고 모든 것을 중앙정부가 장악하다 보니 대부분의

지방정부가 천편일률적이고, 특색있는 지역발전을 이루지 못하고 있습니다.

Q 행정사무감사와 내년도 예산 심의를 앞두고 있습니다. 특히 주목하고 있는 부분이 있다면?

A 2기 연정 시작되었지만, 도의회 본래 임무인 집행부에 대한 감시와 견제 역할을 게을리 하지 않을 것입니다. 경기도민의 혈세가 지원된 사업들이 제대로 진행되고 있는지, 예산 낭비 요인은 없는지 꼼꼼하게 들여다 볼 것입니다. 특히 남경필 도지사의 대선 출마가 가시화되고 있는 만큼 전시행정, 선심행정 요인이 없는지 잘 살펴보겠습니다.

내년도 예산 심의는 재원이 늘 한정된 만큼, 선택과 집중을 통해서 실질적으로 도민의 삶의 질 향상을 도모할 수 있는 사업에 예산이 우선적으로 배분될 수 있도록 심의 방향을 잡고 있습니다. 특히 민생경제가 어려운 만큼 서민, 중소기업, 소상공인, 청년 일자리 창출 등 연정합의문에 포함된 민생 관련 예산이 제대로 편성되었는지 치밀하게 따져볼 것입니다.

Q 바지런한 의정활동으로 주민들에게 인기가 높습니다. 평소 민원청취 활동과 향후 소통계획도 궁금합니다.

A 정치인의 역할은 입법 활동, 예산확보 등을 통해 지역주민들의 삶의 질을 높이는 것입니다. 또 하나는 주민 의견을 경청하는 것이고요. 현실적으로 민원을 다 해결하는 것은 불가능하고, 정치인에게 오는 민원은 대부분 해결이 불가능한 경우가 많습니다. 그렇기 때문에 주민들의 말씀만 잘 경청해드려도 위무를 받고 돌아갑니다. 그

런데 제가 가장 취약한 부분이 바로 스킨십과 경청하는 자세입니다. 부족한 부분을 채우기 위해 앞으로 더욱 노력하겠습니다.

경기방송 〈박철쇼 '릴레이토크'〉 2017. 11.

"부천 옥길지구 초등학교부족 문제 해결에 최선"

박 철 1분 동안 자기소개 맘대로 해보세요.

김종석 경기도의회 128명 의원 중에서 김종석이 가장 잘하는 것! 첫째, 팔자걸음 걷기, 꽃게처럼 옆으로 걷지만 인생의 방향은 항상 똑바로 걷습니다. 둘째, 분노하기, 화내기, 단 상식과 원칙에 벗어났을 때만 그렇습니다. 셋째, 타협, 협상의 명수, 머리는 냉철하게, 가슴은 항상 뜨겁게! 넷째, 잘생긴 외모, 양근서 도의원 다음으로 잘생겼다고 스스로 생각하고 있는데, 청취자 여러분들에게 안 보여서 하는 말입니다! 다섯째, 글을 잘 씁니다. 광주매일 신춘문예 소설 부문 당선 작가입니다. 마지막으로 자타공인하는 정책통, 기획통, 예산통입니다!

박 철 남달랐던 대학생활, 학생운동을 하면서 보내셨다고?

김종석 광주 소재 전남대 출신입니다. 군부독재시절인 80년대에 데모로 좀 센 대학입니다. 전남대학교 총대의원회의장, 전대협, 6·10남북학생회담 남한 측 대표였고, 현상금 5백만 원에 1계급 특진이 걸린 수배자였고, 짧은 투옥 후에 양심수 석방 때 금세 나온 억세게 운좋은 사나이기도 합니다.

박 철 정치인의 길을 걷기 전, 기자로 활동하셨다고 하는데 어떤 계기로 정치를 해야겠다고 생각하셨는지?

진보적 잡지 월간 〈말〉지 기자를 했고, 조세희 선생님 모시고 〈당대비평〉 편집장, 아침이슬 출판사 경영 중, 강원도 폐교로 이사, 너무 배고프고 추워서 2004년 17대 국회 김동철 의원 보좌관으로 국회 입성, 18대 국회 김상희 의원 보좌관으로 재직 중인 2012년 보궐 선거로 경기도의원에 당선되어 현재 재선 도의원 하고 있습니다.

박 철 현재 경기도의회 운영위원장을 맡고 계십니다. 의원들의 생각을 한 데 모으는 것이 쉽지 않을 텐데?

김종석 128명 의원님의 삶이 달라 삶의 무늬도 다른데, 정치에서만큼은 민주주의 원칙이 다수결이 아니라 대화와 타협, 양보와 배려, 그리고 합의라는 점 잊지 않으려고 노력한 의원님들께서 잘 협조해 주고 계십니다.

박 철 지방분권의 필요성을 강조하시는데, 청취자들의 이해를 돕기 위해 지방분권을 설명해 주시면?

김종석 우리 사회의 가장 큰 특징 중 하나가 중앙집권적 요소가 강하다는 것입니다. 세금 비중 중앙 대 지방 8 : 2, 국가사무 비중 중앙 대 지방 7 : 3입니다. 중앙집권 국가, 국민 개개인의 삶의 질을 보장하기보다는 국가 중심의 통치 구조에 용이한 제도입니다. 지방분권 재정, 사무를 대폭적으로 지방에 이양해서 주민의 삶의 질을 높일 수 있도록 지방자치와 분권 강화가 필요합니다.

하나리 하나리의 팩트체크 순서입니다. 단답형으로 답해주세요. 신도시가 들어서거나 대규모 단지가 조성되면 늘 나오는 문제. 바로 학교 증축을 바라는 목소립니다. 현재 부천 옥길지구에 있는 지역 역시, 이 문제가 논란이 되고 있는데요. 그렇다면 김종석 의원님, 여기서 팩트체크 들어갑니다. 오늘 제가 다녀온 부천 옥길지구, 어떤 곳인가요?

김종석 부천 소사지역에 최근에 조성된 미니신도시입니다.

하나리 현장을 가보니 학교 신·증축을 바라는 목소리가 많던데 현재 부천 옥길지구는 몇

세대나 됩니까? 앞으로 얼마나 많은 세대수가 들어올까요?

김종석 옥길지구 총 10,376세대로 개발완료된 상태입니다. 현재 약 4,595세대 입주했고, 2018년 1월까지 약 5,781세대 입주 예정입니다. 총 인구수가 약 26,000명 정도 규모입니다.

하나리 부천 옥길지구의 '초·중·고등학교' 배치 현황은 어떻습니까? 수요를 얼마나 충족할 수 없는 겁니까?

김종석 초등학교의 경우 2020년까지 일반교실 40개 정도가 부족합니다.

하나리 학교 신·증축과 관련한 부분이니만큼 부천시와 교육청이 함께 나서야 할 것 같은데 관련해서 어떻게 진행되고 있나요?

김종석 내년도 부족분 교실은 겨울방학 중 특수교실을 일반교실로 전환하여 임시 사용하고, 내년도에 교실 증축해서 2019년에 부족분을 해결할 계획입니다.

하나리 기존 학교를 증축하는 것, 또 새로운 학교를 신축하는 것! 부천 옥길지구는 어떤 방법이 나을까요?

김종석 필요하다면 신축하는데 현재 상황은 추가로 신축할 상황은 아니고, 인근 학교 증축 및 인근 개발지역 신축 예정인 학교 규모를 키워서 교실 부족 문제점을 해소할 계획입니다.

하나리 자녀가 보다 안전하고 질 높은 교육을 받길 원하는 건 모든 학부모들의 마음일 것 같습니다. 도민들에게 한마디 하신다면?

김종석 이유 여하를 막론하고 주민들에게 걱정과 심려, 불편을 끼친 것에 대해 죄송하다는 말씀을 올립니다.

하나리 네, 지금까지 하나리의 팩트체크였습

니다.

박 철 부천 옥길지구에서 바라는 학교 신?증축 관련 민원, 교육부나 교육청에서는 어떤 입장을 밝히고 있습니까?

김종석 현재 옥길지구 내 LH 소유의 문화부지 일부(970㎡)를 옥길산들초 증축을 위한 학교용지로 사용할 수 있도록 지구단위계획 변경이 진행 중이고, 경기도교육청 2018년 본예산에 옥길산들초 증축(별동 16실 증축) 예산 총 53억 원을 편성할 예정입니다.
또한 옥길산들초와 옥길버들초 학생배치를 위한 특별교실 등의 일반교실 전환(옥길산들초 7~10실, 옥길버들초 8~9실)을 2017년 동계방학 중 실시하기 위해 설계가 진행 중입니다.

박 철 가장 중요한 것은 수요조사 아닐까 합니다. 하지만 이 부분이 늘 엇갈리면서 지역민원들이 피해를 보고 있는데, 보완할 수 있는 방법은 없을까요?

김종석 공동주택의 경우 지역별로 분양금액, 분양조건(신혼부부, 다자녀 특별공급 등)이 상이하기 때문에 정확한 학생수 산출이 어렵습니다. 부천시의 경우 기존 개발 지역인 중동, 상동은 학생발생률이 20~25% 내외였지만 옥길지구의 경우 학생발생률이 30%~35%였습니다. 따라서, 대규모 개발계획 수립 시 일률적인 학생 산출방식 적용에 한계가 있으므로 정확한 통계자료를 바탕으로 한 지역별 학생수 산출 방식 마련이 필요하다 봅니다.

박 철 이 문제는 비단 부천 옥길지구 만의 민원은 아닙니다. 경기도 31개 시군에서 벌어지고 있는 문제, 경기도의회 차원에서 해결할 수 있는 방법이 없나요?

김종석 2017년 11월 현재 13개 시도 41개교 학교 신축 요구가 있습니다('17년 41개교 신축 결정). 경기도의회는 문제의 심각성을 충분히 파악해서 교육위원회 산하에 [학교신설을 위한 대책소위원회]를 구성하여 2017년 3월부터 9월까지 교육부의 학교신설 정책 파악과 미 신설 지역의 애로사항을 청취하고, 그에 따른 대책을 마련해 일부 문제를 해결했습니다. 또한 지난 6월 교육부에 학교신설 정책 전환을 위한 건의안을 제출했고, 10월에는 소규모 학교설립을 위한 방안에 교육부와 국회의원?도의원?시의원 자치단체장이 함께 참여하여 논의하는 등 문제 해결을 위해 적극 노력하고 있습니다.

박 철 부천의 가장 큰 문제로 원도심 도시 재생(주차장·도로확장 등)이 야기되고 있는데요. 의원님만의 해결 방안이 있으시다면?

김종석 허황되고 거짓된 구호, 선전식 개발은 더 이상 없어야 합니다. 낙후된 주민들의 집은 자신의 비용으로 스스로 고치고, 주차장·공원 등 사회적 인프라는 국가와 지방정부가 지원하는 방식, 대규모 개발로 젠트리피케이션(원주민 이탈현상) 현상 없는 주민과 함께 소통하는 소규모 개발, 복합개발 등이 필요하다고 봅니다.

박 철 임기가 얼마 남지 않았습니다. 의원님, 내년 새로운 도전을 하신다고?
재선 도의원으로서 후회 없을 정도로 모든 것을 다 바쳐 의정활동을 했기 때문에 도의원 불출마를 선언했습니다. 시대가 요구하고 시대정신을 지킬 수 있는, 제가 잘 할 수 있는 일이 무엇인지 모색하고 있습니다.

박 철 박철쇼, 진행에 박철이었습니다.

■ 〈경기일보〉 인터뷰 2017. 11. 20

"민주당 제안 민생 직결 예산 확보에 총력"

경기일보   2017-11-23 (목) 005면

김종석 도의회 운영위원장(더불어민주당·부천6)

"사회적 약자에게 고통 주는 비상식·무원칙 바로잡을 것"

"경기도민 삶의 질 향상을 가로막고 사회적 약자에게 고통을 주는 비상식과 무원칙을 바로잡도록 마지막까지 최선을 다하겠습니다."

김종석 경기도의회 운영위원장(더불어민주당·부천6)은 22일 "도의회 본연의 임무인 집행부에 대한 감시와 견제 역할을 게을리하지 않을 것"이라며 "정치에서만큼은 민주주의 원칙이 다수결이 아니라 대화와 타협, 양보와 배려, 그리고 합의라는

'상임위 쟁점' 합리적 추진 최선
민생관련 예산 치밀하게 따질것

점을 도민께 보여드릴 수 있도록 마지막까지 의회 운영을 잘해보겠다"고 밝혔다.

김 위원장은 "이번 마지막 행감에서는 도민의 혈세가 지원된 사업들이 제대로 진행되고 있는지, 낭비 요인은 없는지 꼼꼼하게 들여다보겠다"면서 "특히 남경필 지사의 내년 선거 출마가 가시화되고 있는 만큼 전시행정, 선심행정 요인이 없는지도 살펴볼 것"이라고 말했다. 그는 상임위별 쟁점에 대해 "경기도 일하는 청년 시리즈와 광역버스준공영제 도입, 그리고 민주당이 민생경제 활성화를 차원에서 제안한 '민주당 9대 민생정책사업'이 쟁점이 될 것"이라며 "상호 제안한 정책이 사회적 약자인 청소년, 신생아, 청년, 사병, 자영업자, 경력단절 여성, 중소기업 등을 위한 정책들인 만큼 해당 상

임위에서 치열한 토론을 거쳐 합리적으로 추진되길 바라고 있다"고 설명했다.

그는 이어 "내년도 예산 심의는 늘 재원이 한정돼 있는 만큼 선택과 집중을 통해 실질적으로 도민의 삶의 질 향상을 도모할 수 있는 사업에 예산이 우선적으로 배분될 수 있도록 심의할 것"이라며 "특히 민생경제가 어려운 만큼 서민, 중소기업, 소상공인, 청년 일자리 창출 등 연정합의문에 포함된 민생 관련 예산이 제대로 편성됐는지 치밀하게 따져보겠다"고 강조했다. 김 위원장은 "상식과 원칙이 바로 서기 위해서는 모든 분야가 제도로 정착돼야 한다"며 "여러 분야에 대한 제도 정비를 통해 원활한 의회 운영이 될 수 있도록 최선을 다하겠다"고 말했다.
박준상기자

Q 9대 도의회 마지막 행정사무감사가 진행 중이다. 행감에 임하는 각오는?

A 2기 연정하고 있지만, 도의회 본래 임무인 집행부에 대한 감시와 견제 역할을 게을리 하지 않을 것이다. 경기도민의 혈세가 지원된 사업들

이 제대로 진행되고 있는지, 낭비 요인은 없는지 꼼꼼하게 들여다보고 있다. 특히 남경필 도지사의 내년 선거 출마가 가시화되고 있는 만큼 전시행정, 선심행정 요인이 없는지 꼼꼼하게 잘 살펴보겠다.

Q 이번 행감에서 이슈가 될 도정 주요 현안은 (위원장 및 위원 관심사항 등)

A 넓게는 288개 연정 과제가 다 의미가 있다고 본다. 특히, 경기도 청년시리즈 3종과 광역버스준공영제 도입, 민주당이 민생경제 활성화 차원에서 제안한 '민주당 9대 민생정책사업'이 쟁점이 되지 않을까 싶다. 상호 제안한 정책들이 사회적 약자인 청소년, 신생아, 청년, 사병, 자영업자, 경력단절 여성, 중소기업 등을 위한 정책들인 만큼, 해당 상임위에서 치열한 토론을 거쳐 시행 여부가 결정되기를 바라고 있다.

Q 행감 이후 진행되는 예산심사에 임하는 각오는?

A 내년도 예산 심의는 늘 재원이 한정된 만큼, 선택과 집중을 통해서 실질적으로 도민의 삶의 질 향상을 도모할 수 있는 사업에 예산이 우선적으로 배분될 수 있도록 심의하겠다. 특히 민생경제가 어려운 만큼 서민, 중소기업, 소상공인, 청년 일자리 창출 등 연정합의문에 포함된 민생 관련 예산이 제대로 편성되었는지 치밀하게 따져볼 것이다.

Q 정례회에서 중점 논의될 상임위 현안(예산)은?

A 경기도 광역버스준공영제 예산 반영, 연정합의문에 명시한 주거복지예산 일반회계 2%까지 단계별 확대 및 도시재생기금을 매년 120억

원씩 적립하도록 한 것은 물론, 우리 당이 제안한 신규 민생정책사업(엄마아빠 부담 없는 완전소중 교복지원, 출산축하 옹알이 선물 지원, 일어나라 4050 여성 카드, 청년 미생 카드, 영세상인과 청년알바를 위한 산재보험료 지원, 제대사병 사회복귀 정착을 위한 청년 나라사랑 통장 지원, 청년벤처 및 창업지원 펀드 조성 지원, 도시재생 및 광역교통기반 공공주차장 개설지원, 중소제조업 및 벤처기업 공유 승합차 렌트 지원)에 소요되는 예산이 총 1,792억 원으로 추산되고 있다. 이를 두고 상임위별로 면밀한 검토가 있을 것이다.

Q 내년 지방선거를 앞두고 의원들의 활발한 감사활동이 예상되는데 위원장으로서 상임위 운영 방향은?

A 정치에서만큼은 민주주의 원칙이 다수결이 아니라 대화와 타협, 양보와 배려, 그리고 합의라는 점을 경기도민들에게 보여드릴 수 있도록 마지막까지 의회 운영을 잘해보겠다. 아울러 상식과 원칙이 바로 서기 위해서는 모든 분야가 제도로 정착되어야 한다고 생각하기 때문에, 여러 분야에 대한 제도 정비를 통해 원활한 의회 운영이 될 수 있도록 최선을 다 하겠다.

Q 도의회 상임위원회 재편 용역 진행 상황. 제10대 의회를 위해 9대 의회서 방향이 정리돼야 한다는 입장인데, 상임위 재편의 기조와 원칙은?

A 용역 준공이 완료 단계다. 용역을 발주한 취지가 오직 경기도민의 삶의 질 향상을 위해서, 또 경기도의회의 원활한 상임위 활동을 뒷받침하기 위해서 준비했던 만큼, 상임위 소관부처별

예산규모, 단위사업 수, 인력 현황은 물론 상임위별 의안처리 현황, 순 회의 시간 등 최대한 객관화된 수치와 함께 상임위원장, 의원, 실국장, 집행부 직원들의 의견을 최대한 담으려고 노력했다. 경기도의원 정수 확대 및 선거구 확정에 발맞춰 용역 결과를 잘 활용하겠다.

Q 지방분권 강화에 대한 기대감이 높다. 지방의회 활동 경험을 바탕으로 새정부의 개헌 논의와 맞물려 지방분권 강화를 위해 실질적으로 이뤄져야 할 필수적 개선사항들을 꼽자면?

A 문재인 대통령께서 말씀하신 대로 "연방제에 버금가는 강력한 지방분권"이 이루어져야 한다. 이를 위해서 중앙정부 권한의 획기적인 지방이양과 자주적인 지방재정 확충방안이 마련되어야 한다. 현재 국가 총사무가 46,000건, 국가 대비 지방의 사무비중이 70 : 30 정도 되는 것으로 알려져 있다. 현재 국세 대비 지방세 비중은 8 : 2쯤 된다. 두 사안 다 비중이 6 : 4쯤 되어야 자치와 분권이라 할 수 있을 것이다. 아울러 지방정부와 지방의회의 자치역량 강화를 위한 제도 개선이 필요하다. 이 모든 것을 실형하기 위해 지방분권형 개헌이 반드시 이루어져야 한다.

Q 남은 9대 의회 임기 동안 최우선으로 검토할 도정 및 의정 현안과제는?

A 우리 사회가 상식과 원칙이 바로 선 사회가 되려면, 지도자 개인에게 의존하는 인치(人治)가 아니라, 제도화된 시스템이 작동되어야 한다고 생각한다. 도정 및 의정 곳곳에 자리 잡은 채, 도민의 삶의 질 향상을 가로막고, 서민과 사회적 약자들에게 고통을 주는 비상식과 무원칙을 바로잡도록 마지막까지 최선을 다하겠다.

의정활동 단상 2 : 오직, 경기도민을 위하여!

경인선 지하화, 오정물류단지, 송내역 환승센터, 소사–대곡선 일반철도 건설 추진, 굴포천 국가하천 지정 요구 등 사회기반시설 확충을 위한 노력은 물론 도시농업, 반려동물 관리 대책 등 시민들의 삶의 질 향상을 위한 세심한 배려까지! 오직 시민을 위해 치열하게 논쟁했던 열정의 기록들!

■ 도시환경위원회 행정사무감사(2012.11.16)

공직자는 오직
국민만 바라봐야

2012년 보궐선거 입성 후, 그해 경기도시공사 행정사무감사에서 이재영 경기도시공사 사장을 고발하려 했던 적이 있다. 건설교통부 국장 출신으로 지방공기업 사장으로 초빙(?)되다 보니 속된 표현으로 도의원들을 무시해도 좋을 줄 알았나 보다. 이 사장은 의원들이 보란듯이 업무보고 중에 발을 꼬거나 짝발로 서서 보고를 했다. 심지어 의원들의 질의에 대해 건성으로 답하거나 사실이 아닌 것을 사실인 것처럼 보고했다. 국회 국정감사나 도의회 행정사무감사에서 위

증을 하게 되면 증인으로 출석한 관계 공직자나, 산하 기관장은 처벌을 받는다. 그래서 사소한 답변 하나도 신중하게 해야 한다.

나는 동료의원 질의에 답하는 이재영 사장의 태도를 보면서 분노했다. 의회를 무시하는 정도가 너무 지나쳐 그 행태를 그냥 둘 수가 없었다. 위증의 죄로 고발하기로 마음을 먹고 유도 질문을 던졌고, 이 사장의 답변은 예상대로였다.

변호사 자문을 통해 고발을 준비할 때까지도 이 사장은 설마했던 모양이다. 우리당 대표를 찾아가 위증죄는 성립이 안 되고, 오히려 모욕죄가 될 수 있다는 여전히 오만방자한 말을 했다는 사실을 전해 들었다. 나의 주도로 이재영 사장 고발 건이 도시환경위원회 의결을 거쳐서 본회의로 넘어가려 하자, 그제야 이 사장은 물론 기조실장, 행정부지사가 함께 상임위로 찾아왔다. 그

오만했던 표정은 어디가고 비굴하기까지 한 모습에 나는 더 분노했다.

나는 고발을 철회할 수 없다며, 할 말이 있으면 법정에서 하라고 돌아갈 것을 권유했다. 권유는 받아들여지지 않았다. 그 다음에는 부적절하지만 행동이 필요했다. 나는 커피포트를 바닥에 집어던졌고, 그제야 그들은 돌아갔다.

하지만, 이재영 사장은 결국 고발되지 않았다. 그 해 연말 의장님과 미얀마 아웅산 수치 여사 방문 계획이 잡혀 있었고, 공교롭게도 의회 일정으로 두 세 차례 일정이 연기되었다. 더 이상 국제적으로 결례를 해서는 안 된다는 의장님의 떠밀림에 먼저 출국했다, 마지막 본회의 날 이재영 사장 고발 건이 마지막 안건으로 올라갔는데, 의결정족수 부족으로 처리가 무산되었던 것이다. 나는 미얀마에 나중에 도착한 의장님의 멋쩍은

웃음 속에서 스치듯 공작(?) 냄새를 맡았다.

경기도에서 간신히 살아난 이재영 사장은 박근혜 정부 출범 후 LH 사장이 되었다. 그가 주로 한 일은 서민을 위한 임대아파트를 짓는 것이 아니라, 공공기관 부채를 줄인다는 명목 하에 사업성이 없는, 속된 말로 돈 안 되는 일을 포기하는 것이었다.

사람을 잘 보지 못하는 박근혜 대통령의 안목도 문제였지만, 확실하게 고발해서 일을 제대로 처리했더라면 국민들의 고통이 덜 했을 것이란 생각에 지금도 이재영 사장 고발 건을 처리하지 못한 것이 회한으로 남아 있다. 자격이 갖춰지지 않는 공직자, 국민에게 줄서지 않고, 권력자에 줄 선 공직자는 무서운 무기일 뿐이다.

경기도시공사 사장 위증 … 행감 중단 후 고발

김종석 위원 부천시 출신 김종석 위원입니다. 의사진행발언 하겠습니다. 우리 위원회는 지난 11월 9일 도시주택실, 경기도시공사 소관 업무를 가지고 행정사무감사를 진행한 바 있습니다. 본 위원은 11월 9일 의원님들의 질의에 대한 경기도시공사 이재영 증인의 증언에 매우 심대한 문제가 있다고 판단하여 위원장님께 적절한 조치를 취해주실 것을 촉구하고자 합니다.

첫째, 이재영 도시주택공사 사장은 당일 양근서 위원 질의 중 동탄·김포 임대주택 관련해서 증인 재임 시 1개 지역에 임대주택을 분양 전환했다고 증언했습니다. 그렇다면 임대주택 수치가 다르다는 사실을 알고 있었음에도, 본 위원의 질의와 양근서 위원 질의 답변 시 계속해서 6,005호라고 증언해서 위증을 했습니다.

둘째, 자료제출과 관련된 오기와 관련하여, 경기도시공사는 공사와 무관하게 도시주택실에서 작성했다고 증언했습니다.그와 관련, 본 위원은 도시주택실장께 사실관계 여부를 파악해서 보고토록 했는데, 그 결과 해당 자료는 경기도시공사에서 제출한 것을 그대로 발표한 것이었습니다. 이 또한 실제로 경기도시공사에서 보내준 자료를 근거로 작성한 것을 도시주택실이 제출했기 때문에 잘 모른다는 증인의 말은 위증입니다.

셋째, 일반 건설업체의 임대주택 건설과 관련된 질의를 했는데, 이재영 증인은 일반 건설업체에서는 임대주택을 거의 짓지 않는다고 증언했습니다. 위증입니다. 부영건설은 전국에 임대주택을 2009년 현재 최소 20만 채 이상을 건설하고 있는 상황입니다.

넷째, 경기도시공사 주택 부분 비중과 관련하여 증인은 지금은 20% 비중도 안 된다고 증언한 바 있습니다. 경기도시공사에서 제출한 자료에 따르면 택지 분야가 사업비 기준으로 60.2%, 산단 10.2%, 주택 28%, 대행사업 1.4% 해서 28%로 20%를 넘고 있습니다. 그러나 증인은 단호하게 20%의 비중도 안 된다고 위증했습니다.

다음 본 의원의 질의와 관련해서, 사장으로 채용된 이유 중 하나가 경기도시공사 부채를 해결해 달라는 의미가 담기지 않았느냐는 질의에 증인은 아니라고 답변했고, 재차 부채 해결도 채용 이유로 작용하지 않았느냐고 물었음에도 증인은 본인이 원해서 왔다고 증언했습니다. 김문수 도지사와 이재영 경기도시공사 증인이 2011년 7월

기호일보

2012년 11월 19일 월요일 K 01면 종합

이재영 사장 위증죄로 고발키로

〈경기도시공사〉

도의회 "행감서 임대주택 공급실적 부풀려 보고"
"취임 전 민간硏 근무해 놓고 국토부 재직 거짓말"

경기도의회가 경기도시공사 이재영 사장을 위증죄로 고발하기로 했다.

도의회 도시환경위원회는 18일 "지난 9일 진행된 도 도시주택실에 대한 행정사무감사 속기록 초안을 검토한 결과 임대주택 사업 등과 관련한 이 사장의 증언이 상당 부분 허위로 밝혀졌다"며 이 사장에 대한 후속 조치로 이런 방침을 결정했다고 밝혔다.

도시위는 이 사장이 행정사무감사에 출석해 도시공사 출범 이후 임대주택 6천5가구를 공급했다고 보고했으나 화성과 김포에서 임대주택을 1천 가구 이상 일반분양으로 전환했다고 반박했다.

또 당시 이 사장이 도시공사 출범 후 현재까지 임대주택 사업 현황을 제출한 자료가 도 도시주택실에서 잘못 작성한 것이라고 답변했으나, 자료는 도시공사에서 제출한 것으로 확인됐다고 도시위는 설명했다.

주택사업 비중도 20%가 안 된다고 증언했지만, 공사가 낸 자료에는 사업비 기준으로 28%에 이르는 것으로 나타났다.

이 밖에 취임 전인 2010년 재직하고 있던 기관도 이 사장은 국토해양부라고 주장했으나 2009년 1월 이미 국토부에서 퇴직해 민간연구소 원장으로 근무했던 것으로 확인됐다고 도시위는 전했다.

도시위 김종석(민·부천6)의원은 "이 사장은 채용과 관련, 채용 사유로 부채 해결의 의미가 없다고 했으나 지난해 7월 25일 김문수 도지사와 체결한 경기도시공사 경영성과계약서 경영목표에 '재정건전성 강화 즉, 총부채의 관리 강화' 부분이 11% 차지하고 있는 것으로 확인됐다"며 "도민의 대의기관인 도의회가 실시하는 행정사무감사에서 이 사장은 계속 확인되지 않은 사실을 주장하는 등 불성실한 답변 태도로 행정사무감사에 임했다"고 말했다.

이에 따라 도시위는 이 사장의 속기록 최종본을 자세히 검토한 뒤 법적 절차를 진행할 방침이다.

도의회 행정사무감사 및 조사에 관한 조례(30조)는 선서한 증인 등이 허위 증언을 하면 고발할 수 있도록 규정하고 있다. 고발장은 사건 발생 후 60일 이내에 본회의 의결을 거쳐 의장 명의로 지방경찰청이나 지방검찰청에 내야 한다.

한편, 도시공사 이 사장은 지난 15일 도의회 기획위원회가 도 기획조정실에 대해 벌인 행정사무감사에서도 불성실한 답변 태도를 보여 의원들에게 지적을 받은 바 있다.

박광섭 기자 ksp@kihoilbo.co.kr

25일 자로 체결한 경영성과계약서에 따르면, 재정건전성 강화 11%, 즉 총부채의 관리강화를 경영성과로 평가하겠다는 부분이 있습니다. 따라서, 증인의 채용과 부채 해결 문제가 전혀 연관되지 않았다는 증언 또한 위증입니다.

둘째, 도시주택실과 주요업무에 대해 협의한 회의록 존치 여부에 대해서 물었더니 증인은 정례적으로 하는 회의록은 없다고 증언했습니다. 집행부가 제출한 내용에 따르면, 광교사업을 포함해서 회의록이 존재하는 회의가 있었던 것으로 파악되고 있습니다. 이 또한 위증입니다.

셋째, 진건·지금 보금자리 전환 당시에 증인은 국토부에 있었다고 증언했습니다. 경기도시공사가 제출한 자료에 따르면 진건은 2010년 4월, 지금은 2010년 10월에 LH에서 도시공사로 사업이 이관된 것으로 나와 있습니다. 그러나 증인은 2009년 1월 국토부를 퇴직해서 그 자리에 있지 않았습니다. 위증입니다.

이상 지적한 사항은 11월 9일 우리 위원회가 행정사무감사를 하는 과정에서 기록된 속기록 초안을 분석해서 찾은 위증 사례들입니다. 우리 위원회에서는 경기도민들에게 어떻게든 도움을 드리기 위해, 오랜 시간 동안 행정사무감사를 실시했는데, 결과적으로 증인의 위증에 놀라운 결과가 초래된 것입니다.

위원장님께 제안드립니다. 김문수 경기도지사께서는 경기도가 올해 살림을 잘했는지 체크하는 행정사무감사 기간임에도 불구하고, 해외에 나가 계신 것으로 알고 있습니다. 본 위원은 이렇게 위증으로 일관한 증인에 대해서 더 이상의 행정사무감사를 진행하는 것은 무의미하다고 판단합니다. 위원장님께서 증인을 위증의 죄로 고발조치 해주실 것을 촉구하면서, 감사중지를 요청하는 바입니다.

세상을 살아가는 가장 위력한 힘!, 사랑? 분노?

경기도의회 128명 의원 중에서 가장 분노 잘하는 의원 한 명을 꼽으라면, 의원들이나 집행부의 많은 이들이 나를 꼽을 것이다. 실제로 나는 잘 분노한다.

많은 분들은 사랑이 우리의 삶을 이끌어 가는 가장 위대한 힘이라고 말한다. 동의한다. 하지만 내게는 사랑 못지않게 분노도 중요하다. 내 삶을 밀고 나가는 위대한 힘 중의 하나가 바로 분노이기 때문이다.

분노하지 않으면 싸우지도 않는다. 싸우지 않으면 얻어지는 것도 없다. 그냥 안주하게 된다.

광주, 세월호에 대한 분노. 독재에 대한 분노, 비민주에 대한 분노, 부조리에 대한 분노, 반칙과 특권에 대한 분노, 몰상식과 비상식에 대한 분노, 뻔뻔함에 대한 분노, 크고 작은 그 분노가 없었다면, 오늘의 나는 없었을 것이다.

그래서 나는 과거에 그랬듯이 앞으로도 분노하면서 살 생각이다. 단, 누구에게 해를 끼치는 화가 아닌, 모두에게 도움이 되는 분노를 잘 다스려서 내 옆에 둘 생각이다.

경기도시공사 사장을 끝까지 고발하지는 못했지만, 이 일로 공직사회 분위기가 많이 바뀌었다는 소식을 전해 들었다. 1년 뒤 행감에서 나는 이렇게 말했다.

"제가 도시환경위원회에서 사실상 마지막 하는 행정사무감사인 것 같습니다. 행감 질의에 앞서서 소회를 잠깐 말씀드리자면, 작년에 제가 도시주택실 행정사무감사를 하면서 많이 분노하는 모습을 보였습니다.

여러 공직자 분들께서 업무를 잘못해서 질타하는 분노, 사적인 분노가 아니라 경기도민들을 위해서, 제대로 된 정책, 제대로 된 예산집행을 못하고 있다는 자괴감에서 나온 분노였습니다.

실제로 경기도민들이 좀더 제대로 된 주거환경과 생활여건 속에서 살아가기 위해서는 경기도가 분발해야 합니다. 그런데 경기도가 한 일이 너무 없어서 주무 실·국·과의 예산이나 정책 집행의 한계, 이런 부분들이 너무 답답해서 분노했습니다.

저는 이번 행정사무감사에서도 그렇고 앞으로도
의정활동을 하면서 계속해서 분노하겠습니다.
그 분노는 집행부 여러분에 대한 분노가 아니라,
오직 경기도민을 위한 분노일 것입니다.
집행부 공직자 여러분, 올해 행정사무감사 준비
하느라고 고생하셨습니다. 질의를 시작하겠습니
다."
- 2013년 도시주택실 행정사무감사 질의 중에서
(2013. 11. 14.)

■ 도시환경위 행정사무감사(2012.11.16)

LH 약속 미이행,
도민 불편 해소대책 마련하라

김종석 위원　　택지계획과 소관 업무에 대해
서 질의하겠습니다. LH하고 많이 연관된 문제이

긴 합니다만, 경기도에서 최근 3년 동안 준공 완
료된 택지가 13개 지구예요. 그중 신도시개발지
역에 입주하기로 한 공공시설이 139개소입니다.
이 중에서 56개소가 미입주해서 입주율이 60%
에 머물고 있는 것으로 나타났습니다.

도시주택실장 긴정렬　　네, 그렇습니다.

김종석 위원　　실장님, 파악하고 계시죠?

도시주택실장 김정렬　　네, 그렇습니다.

김종석 위원　　13개 지구 전체를 보니까 주민
센터 미입주가 총 5개소 중 3개소, 학교가 45개
소 중에서 8개소 그 다음에 유치원은 10개소 중
에 4개소 이런 식으로 소방서, 우체국, 운동시설
등 미입주 시설이 많습니다. LH에서도 사업 하
는 것이 있을 테고, 우리 경기도시공사에서 하는
것도 있을 텐데, 대부분 LH에서 하는 사업지구
일 거예요.

도시주택실장 김정렬　　네, 그렇습니다.

김종석 위원　　뉴타운 문제도 그렇지만 사회기

반시설 같은 경우 제대로 시설을 설치해 주지 않으면 우리 경기도민들의 불편이 너무 큽니다. 뿐만 아니라, 당초에 그 약속을 믿고 입주했던 분들한테는 본의 아니게 거짓말을 하는 결과를 초래하게 됩니다. 그래서 어떤 식으로든 이 문제를 해결하기 위한 특단의 조치가 마련되어야 한다고 보는데 동의하십니까? 어떤 대책이 있습니까? 말씀해 보시죠.

도시주택실장 김정렬 네, 동의합니다. 지금 공공시설 입주가 지적하신 대로 최근 3년간 택지개발지구 내 50.5% 해서 준공지구는 58.9% 정도에 머무르고 있기 때문에 주민들이 일부 불편을 겪고 있는 게 사실입니다. 그래서 저희가 주민간담회나 입주지원협의체 구성·운영을 통해서 주민불편을 최소화하도록 노력하고 있습니다. 앞으로도 위원님 지적하신 바에 따라 공공시설에 조기 입주할 수 있는 것은 조기 입주할 수 있도록 하고, 또 민간에 일부 매각해 민간이 입주해야 될 곳들은 수요자 판촉활동 같은 것들을 강구하고, 또 주민들의 생활불편사항들은 하나하나 짚어서 교통이라든가 파출소라든가 이런 데 문제가 없도록 최선을 다하겠습니다.

■ 농정해양위 행정사무감(2017.11.16)

여주 반려동물테마파크, 과연 도민을 위한 시설인가

현재, 경기도는 여주시에 반려동물테마파크를 짓는 사업을 추진하고 있다. 중앙정부 공모사업이긴 하지만, 이 사업이 남경필 도지사와 친분 때문에 추진된 것이 아닌가 하는 합리적인 의심을 할 수밖에 없는 이유는 여러 가지였다. 무엇보다 여주시 정병국 국회의원은 남 지사의 절친이었다.

실제로, 2014년부터 2016년까지 건설교통위원회에서 의정으로 활동하고 있을 때, 인구 10만 인 여주시 지방도 건설 공사가 본예산과 추경이 편성될 때마다 시도 때도 없이 올라온 적이 있었다. 그 때마다 원칙과 기준에 맞지 않는다는 이유로 삭감되었다.

그런데 2016년 농정해양위원회로 상임위를 옮겼는데, 여주시 사업이 또 올라왔다. 해당 상임위도 아닌 농정해양위원회에서 도로 건설을 주관한다는 것도 상식을 벗어나거니와 예산편성 절차도 지키지 않는 예산이었다. 기구하게도 건교위서 자꾸 잘려서 농정위에서 추진하는데, 필자가 떡 하니 지키고 있었던 셈이다.

총 500억 원이 넘는 사업비도 문제지만, 비싼 비용을 들여서 지은 테마파크를 과연 얼마나 많은 도민들이 이용할지 걱정이 컸다. 그래서 더욱 원칙과 기준을 지키지 않으면 관련 예산을 과감하게 삭감했다.

여주 반려동물테마파크 특혜 소지 많아

김종석 위원 여주시에 건설 중인 반려동물테마파크 조성 관련해서 질의하겠습니다. 사업이 두 가지잖아요? 테마파크 조성 사업비가 358억 원, 진입도로 건설비가 226억 원 맞지요?

축산산림국장 서상교 그중에 도비는……

김종석 위원 그러니까 여주시가 70억 원 부담하고 나머지는 도에서 부담하는 거잖아요?

축산산림국장 서상교   네.

김종석 위원   네이처브리지컨소시엄이 사업자로 선정되었네요?

축산산림국장 서상교   네, 그렇습니다.

김종석 위원   그분들은 거기다 얼마를 투자하는 거예요?

축산산림국장 서상교   그분들의 투자액은 기본적으로 140억 원 이상을 투자하게끔 되어 있습니다.

김종석 위원   건물 짓고, 땅도 사고 그렇습니까?

축산산림국장 서상교   네.

김종석 위원   그러면 진입도로 건설비용도 부담해야 되잖아요? 왜 특혜를 줘요?

축산산림국장 서상교   그 도로는 저희가 여주시하고 협의를 해서 저희가…….

김종석 위원   여주시하고 사업비 협의한 줄은 안다니까요. 여주에 좋은 일이니까 여주시도 부담하고, 경기도에서도 부담하는데, 장사하는 민간 사업자에게 기부채납을 받는다든가 이런 것도 없이 그 도로를 그냥 내주는 겁니까?

축산산림국장 서상교   네, 그렇습니다.

김종식 위원   문제 있잖아요. 문제없나요?

축산산림국장 서상교   반려동물테마파크 조성사업이 민간사업자 말고 저희들이 운영해야 되는 사업장이 있는데, 그 필요에 의해서 도로를 내는 겁니다.

김종석 위원   그러니까 그게 특혜죠. 당초부터 위치 선정에 문제가 있다는 지적을 여러 차례 했습니다. 주변 골프장만 이익을 보게 되어 있었고, 그럼에도 집행부는 예산 편성 절차까지 무시해 가면서 예산을 편성했어요. 그런데 이제 와서 반려동물테마파크를 공공에서 운영하는 게 아니라 전체 부지 45% 정도의 땅을 민간사업자가 차지하고 거기에서 수익활동을 하는데, 도로 개설

경인일보   2017-11-17 (금) 003면

행감 하이라이트

여론 뭇매 '道 개물림 예방책' 날카로운 비판··· 결국 '유보'

도의회 농정해양위 김종석 의원

'탁상행정' 비판을 받은 경기도의 개 물림 사고 예방책(11월 9일자 3면 보도) 추진이 유보된 것으로 나타났다. 16일 경기도 축산산림국에 대한 도의회 농정해양위원회 행정사무감사에서도 실효성에 대한 비판이 강하게 제기됐다.

농정해양위 김종석(민·부천6) 의원은 "전문가들은 개의 위협 요인은 중량 문제가 아니라 성향에 따른 것이라고 일제히 지적한다. 이번에 물림 사고를 일으킨 개도 작은 개다. 공격 성향을 띤 사냥개 중엔 15kg가 안 넘는 개도 있다"며 "치밀하게 분석해서 정책을 수립해야지 무조건 15kg가 넘는 개는 공격적이라고 접근해 정책을 세워선 안된다"고 꼬집었다.

앞서 도는 유명 연예인이 기르는 반려견이 사람을 물어 숨지게 하자, 지난 5일 15kg 이상 반려견에 입마개를 의무착용토록 하는 한편 목줄의 길이를 2m로 제한하도록 관련 조례를 개정하겠다고 발표했다. 그러나 "개의 몸무게와 공격성은 아무런 연관이 없다"며 "책상머리에서 나온 설익은 정책"이라는 여론의 뭇매를 맞았다.

김 의원이 도로부터 제출받은 관련 여론조사 자료에 따르면 '최근 1년 이내에

위협적으로 느껴졌던 개의 크기'에 대한 질문에 오히려 '약 5kg 미만 소형견'이라고 답한 도민이 39.8%로 가장 높은 비중을 차지했다. '15kg 이상의 대형견'이라고 답한 경우는 11.6%로 가장 낮은 비중을 차지했다. 맹견의 법적 정의가 어때야하는지에 대한 질문에도 '크기와 관계없이 공격성이 높거나 물림 사고가 높은 품종'이라고 답한 응답자가 84.4%였다. 목줄 2m 이내 제한에 대해서도 '개의 크기 및 공격성, 보행로 여건 등에 따라 목줄의 길이를 상황에 맞게 조정해야 한다'는 의견이 58.6%로, '무조건 2m이내로 제한해야 한다'(40.1%) 보다 많았다. 도는 해당 여론조사를 예방책을 발표하기 전인 10월 31일부터 11월 1일까지 실시했는데, 정책 내용은 오히려 여론조사 결과와 사뭇 다르게 발표된 것이다.

도는 해당 정책에 대해 "전문가들의 의견을 수렴했고 내부 검토를 거쳐 마련했다"고 설명했지만, 김 의원은 "주먹구구식 탁상행정"이라고 비판했다. 그러면서 "더 많은 전문가들의 의견을 토대로 제대로 된 정책을 마련하라"고 주문했다. 한편 조례 개정안은 아직 정식 입법예고가 이뤄지지 않은 상태다.

/강기정기자 kanggj@kyeongin.com

에 200억 원을 투입한다? 이게 특혜지 뭐예요. 말씀해 보세요.

축산산림국장 서상교 민간사업자가 참여했지만 저희가 볼 때는 수익사업은 아닙니다. 그게 수익을 많이 창출하는 그런 사업은 분명히 아니고요.

김종석 위원 수익창출도 없는데 민간사업자가 들어온다고요? 사업내용이 뭔데요? 수익도 없는데 민간 회사들이 왜 들어와요? 자선봉사하려고 SM엔터테인먼트, 코오롱, KT스카이라이프, 하나금융투자 등이 입주하나요? 사회사업하려고 들어옵니까?

축산산림국장 서상교 　그분들은 약간의 사회사업성이 있습니다.

김종석 위원 　다 사회사업성이다?

축산산림국장 서상교 　네.

김종석 위원 　그럼 이분들이 돈을 많이 벌어가는 안 되어 있다?

축산산림국장 서상교 　네, 거기에서 많은 수익구조…….

김종석 위원 　네이처브리지컨소시엄을 구성해서 어떻게 할 것인지에 대한 세부자료는 별도로 제출해 주세요.

축산산림국장 서상교 　네.

김종석 위원 　내년 말까지 다 완공되나요?

축산산림국장 서상교 　내년 말 내지 아마 후년 초까지 갈 수 있습니다. 가능하면 내년 말에….

김종석 위원 　지금 절차를 제대로 안 밟아 도로 설계도 아직 안 끝났죠? 여러분들이 중기투융자심사도 안 받고 도지사가 서둘러서 작년에도 예산 삭감당하고, 지금 다시 올린 거잖아요.

축산산림국장 서상교 　현재 중투심사는 통과가 됐고요. 그에 따라서 설계 발주가 됐습니다.

김종석 위원 　이 부분을 누차 지적했지만 과연 여주 소재 반려동물테마파크를 이용할 도민이 얼마나 될지 걱정입니다. 여주까지 가서 반려동물과 놀아주려면 경제적으로 많은 비용이 발생합니다. 경기도 다른 지역에서 차 가지고 고속도로 타고 가서, 반려동물하고 놀아주는 도민들이 얼마나 많을지, 저는 여전히 의문입니다. 작년에 제가 반려동물테마파크와 다르게, 31개 시군에도 주민들이 반려동물과 함께 놀 수 있는 소규모 반려동물테마파크, 공원, 애견샵 등을 주민들이 거주하는 가까운 곳에 복합적으로 설치

해, 도민들의 이용 편의를 도모할 시범사업을 추진해 보라고 했는데 어떻게 되었습니까? 2018년도 예산에 담긴 내용이 있습니까?

축산산림국장 서상교 　2018년도 예산에 담겨 있고요. 금년에도 추진을 했습니다. 반려동물들이 이용할 수 있도록 공원 내에 놀이 공원식으로 테두리를 만드는 사업 지원을 하고 있습니다.

김종석 위원 　금년에 추진했던 상황들하고 세부적으로 사진자료까지 해서 주시고요. 내년에 어떻게 추진할 것인지 그것도 같이 제출해 주세요.

축산산림국장 서상교 　네, 알겠습니다.

시군별 소규모 반려동물테마파크 조성해야

김종석 위원 　최근 반려동물로 인해 사회적으로 많은 문제들이 발생하고 있지요? 반려동물이 사람을 무는 사고가 빈번하게 발생하고 있어요. 최근 경기도가 15kg 이상 반려동물에 입마개를 하고, 2m 목줄 착용을 의무화하는 조례를 추진하려는 것 같은데 사실입니까? 남경필 도지사와 집행부 여러분은 이렇게 보여주기식 행정만 합니까?

축산산림국장 서상교 　지금 일단 원칙은 그렇게 세웠고요. 그 다음에 여론을 듣고 있고…….

김종석 위원 　이게 얼마만큼 허황된 탁상행정인지, 지적하는 도민들의 목소리 들어보셨어요? 안 들어보셨어요?

축산산림국장 서상교 　그것은 저희가 전문가들과 내부 검토를 거쳐서 나온 거고요.

김종석 위원 　전문가들이 검토를 해서 2m 목줄하고, 15kg 이상은 입마개를 하라고 했다고요?

축산산림국장 서상교 　네.

경인종합일보

2017-11-17 (금) 001면

반려동물 조례 개정 추진 비판

김종석 도의원 "남경필 지사, 늘 보여주기식 정책 펼쳐"

김형천 기자/jonghapnews.com

"남경필 지사는 늘 보여주기식 정책을 펼치고 있다"

경기도의회 농정해양위원회 김종석 의원 <사진>(민주당·부천6은 16일 열린 축산산림국 행정사무감사에서 반려동물 관련조례 개정 추진과 관련해 "면밀한 검토 없이 개정안에 15㎏ 이상일 경우 입마개를 하는 등의 내용을 담으려는 것이 전형적인 보여주기식 탁상행정이라"고 주장했다.

김 의원은 "반려동물 관련조례 제정을 추진 중인데 남지사는 늘 보여주기식 정책을 펼

친다"며 "15㎏ 이상이라는 무게와 목줄 길이 등을 규정하기로 했는데 얼마나 허황된 정책인지 들어봤냐"라고 비판했다.

도는 최근 반려견에 의한 물림사건이 잇따르자 남지사의 지시로 지난 5일 몸무게 15㎏ 이상의 반려견과 외출 시 △입마개 착용 의무화 △목줄 길이 2m 이내로 제한하는 등의 내용을 '동물보호 및 관리에 관한

조례'에 반영해 개정하겠다는 계획을 밝힌 바 있다. 하지만 이 같은 조례 개정 추진에 대해 전문가들의 비판과 함께 일반국민들은 청와대에 민원까지 제기하면서 황당한 정책이라고 성토하는 상황이다.

김 의원은 "도에서는 전문가 의견 등을 반영했다고 하는데 다른 전문가들은 무게가 아니라 공격성향이 문제라고 한다. 종류별로 치밀하게 준비해야 한다"고 강조했다.

답변에 나선 서상교 축산산림국장은 "공격성향에 따라 해야 하는 것 더 정확하기는 한데 파악이 안 된다"고 답하자 김 의원은 "그렇다면 정확하게 파악을 해야지 이런 답변은 무책임한 것이고, 이게 바로 주먹구구식 탁상행정"이라고 목소리를 높였다.

김 의원은 질의를 마치며 "앞으로 더욱 다양한 전문가 의견을 들어서 제대로 된 정책을 펼칠 것"을 주문했다.

김종석 위원 그 말 책임질 수 있으세요?

축산산림국장 서상교 네, 그렇습니다.

김종석 위원 많은 전문가들은 개의 중량이 문제가 아니라, 품종 특성에 따른 공격성향이 문제라고 지적하고 있어요. 실제로 이번에 사회적 물의를 일으킨 개도 몸집이 조그마한 개였어요. 어떤 사냥개는 몸매가 날렵해서 15㎏가 안 넘어가는 경우가 더 많지만, 성격은 매우 난폭해요. 그렇다면 공격성향에 따라 종류별로 치밀하게 대책을 세워야지. 여러분은 지금 사람으로 치면 덩치 큰 사람은 다 공격성이 있다는 소리나 마찬가지인 주장을 하고, 거기에 맞춰 일을 하고 있는 거예요.

축산산림국장 서상교 그게 이렇습니다. 관점을……

김종석 위원 물론 여러 관점이 있겠지만, 그럼 제 말에 대해서 어떤 근거로 반박을 하실 건

데요? 공격성향에 따라서 대책을 마련해야 한다는 제 주장, 체중에 따라 대책을 세워야 한다는 집행부 주장, 누구 말이 더 타당할 것 같습니까?

축산산림국장 서상교 공격성에 따른 대책 마련이 더 정확한데요. 그런데 공격성이 있는지 없는지는 파악이 안 되고요.

김종석 위원 그런 무책임한 소리가 어디 있어요? 파악이 안 되면 전문가들에게 의뢰하고 연구를 통해서 개의 특성을 파악하셔야지요. 파악이 안 됐으니까 그냥 세운다? 결국 그 대책은 실효성 없는 대책이잖아요.

축산산림국장 서상교 그 개가 공격성을 갖고 있는지 없는지는 물론 품종에 따라서 조금은 판단할 수 있지만, 그렇다고 해서 꼭 그렇게 정확하다고 할 수는 없습니다. 물론 맹견은 일부 규정을 해 놨지만요. 예를 들어 일반적인 진돗개를 볼 때 훈련이 잘 된 진돗개는 순한 것도 있지

만, 훈련이 안 된 개는 공격성이 있어 그 품종만으로 결정할 수가 없습니다.

김종석 위원 그게 얼마나 무책임한 소리에요. 식물이 됐든 동물이 됐든 돌연변이가 있을 수는 있지만, 그것은 예외로 치더라도 전체 품종에 대한······.

축산산림국장 서상교 그래서 어려운······.

김종석 위원 그것까지 집행부가 책임지라는 소리가 아니라니까요. 그것이 안 되니까 체중 15kg 기준으로 했다, 이것은 말이 안 되잖아요. 15kg의 기준이 왜 몸무게 기준이냐고 저는 묻는 거예요. 그게 잘못됐다는 것이고요.

축산산림국장 서상교 15kg 기준을 저희가 책정했을 때는 초등학생 기준으로 위협을 느낄 만한 그러한······.

김종석 위원 체중이 15kg가 아니라 20kg가 넘어도 개가 순해서 문 적도 거의 없는데, 단지 덩치가 크니까 입마개를 한다는 것이야말로 주먹구구식 탁상행정이라는 거예요. 세부적으로 전문가들 의견을 좀더 듣고 대책을 마련해야지요. 그러면 2m 줄은 그 기준이 뭡니까?

축산산림국장 서상교 2m 줄은 사람이 핸들링을 할 수 있는, 개를 핸들링을 할 수 있는 거리가 2m가 맥시멈이라고 서로 의견을 모았습니다. 그래서 외국 같은 경우는 1.8m도 있고 그런데 저희가 1.8m는 너무 짧은 것 같고······.

김종석 위원 네, 알았습니다. 제가 여기에서 지적하고자 하는 것은 저도 전문가가 아니에요. 집행부도 전문가가 아니고요. 그러니까 보다 다양한 전문가들의 의견을 들으서 전혀 동떨어진 대책이다, 이런 느낌이 들지 않게 처리해 주시기를 바랍니다.

축산산림국장 서상교 네, 좀더 심도 있게 연구하겠습니다.

김종석 위원 반려동물들을 제대로 관리하려면, 반려동물 등록제 도입이 필요하다고 봅니다. 아울러 31개 시군에 반려동물들을 위한 소규모 놀이시설들 설치에 집행부에서 각별히 신경을 써주시기 바랍니다. 사업을 확대한 만큼 도민들에게 공평하게 기회가 제공될 수 있도록 대책을 마련하시기 바랍니다.

■ 경기도의회 소식지 〈의정마당 인터뷰〉 2012. 5. 10

"함께 살자! 행복한 변화!"

Q 보궐선거로 도의회 입성하셨는데, 감회를 말씀하신다면?

A 금번 4·11 총선 및 경기도의원 보궐선거에서 부천시의 경우 민주통합당 소속 국회의원 4명, 도의원 2명이 모두 당선되었습니다.

특히, 소사구는 지난 16년 동안 김문수 도지사의 아성으로 자리잡아 진보개혁세력의 국회의원을 배출하지 못했는데, 국회의원과 도의원 선거에서 모두 승리했습니다.

이 같은 결과는 말 그대로 이명박 대통령과 김문수 도지사의 실정에 대한 준엄한 심판이 내려졌기 때문입니다. 그래서 그만큼, 변화와 개혁을 선택하신 소사구민들의 여망에 부응해야겠다는 무거운 책임감을 느끼고 있습니다.

이 자리를 빌어서 큰 변화를 이끌어 내신 소사구민들께 감사드리며, 소사구민들의 뜻을 제대로 받들어 도의원으로서 역할을 충실히 수행하겠다는 약속을 드립니다.

저의 선거 슬로건이 "함께 살자! 행복한 변화!"였습니다. 모두가 더불어 잘 사는 소사구를 만들기 위해서 최선을 다 하겠습니다.

Q 주민과 약속한 사항은 무엇이고, 실천은 어떻게 하실 것인지요?

A 실패한 경기도 뉴타운 대책 마련, 성주산 생태복원 및 연계시설 확충, 범안로(현대홈타운~계수동 구간) 도로 확장, 동남골 청소년복합문화센터 신축, 경기도교육청 혁신학교 유치, 안전한 등하굣길 및 학교폭력 근절 대책 마련, 중·소상인·자영업자·전통시장 및 골목상권 보호 대책 마련, 사회적 기업 지원 대책 마련 등 소사구민들께 10대 공약을 제시했습니다.

무엇보다도 실현 가능성 여부를 꼼꼼하게 따져서 공약으로 제시한 만큼 지역구 국회의원, 경기도, 부천시 등과 긴밀하게 협의하여, 차근차근 하나씩 해결해 나가겠습니다.

Q 지역 현안은 무엇이고, 해결 방안과 각오는?

A 가장 시급한 현안은 뉴타운 문제입니다. 저의 지역구 2/3에 해당하는 지역, 총 5만여 세대 중 3만 5,000여 세대가 뉴타운 지구로 지정되어 있습니다. 이로 인한 주민 간의 갈등이 폭발 직전에 이르렀습니다. 이명박 대통령과 김문수 도지사에게 가장 큰 책임이 있지만, 이분들은 제대로 된 대책을 내놓지 못하고 있습니다.

뉴타운 문제를 해결하기 위해서는 무엇보다도 공공의 역할이 강화되어야 합니다. 모든 것을 주민들에게 떠넘기고 방치할 것이 아니라, 국민의 주거권 보장을 위해 국가와 지자체가 적극 나서야 합니다.

뉴타운 대책의 핵심은 사업성이 있는 곳은 신속하게 사업이 마무리 되도록 지원을 강화하고, 사업성이 없는 곳은 신속하게 사업을 중단할 수 있도록 제도를 개선하는 것입니다.

앞으로 도의회 의정활동을 통해서, 뉴타운 정책 실패에 대한 책임자 사과, 뉴타운 문제 해결을 위한 조례 개정, 실패한 뉴타운 정책 전면 재검토 및 대안 마련에 최선을 다하겠습니다.

Q 도의회 입성 전 활동사항과 이를 의정활동에 어떻게 접목하실 것인지요.

A 지난 17대 국회부터 4·11 보궐선거 직전까지 7년여 동안 국회의원 정책보좌관으로 근무했습니다. 그 기간 동안 국회 건교위, 교과위, 법사위, 환노위, 여성가족위, 예결위 등을 두루 섭렵했습니다. 또한 지역위원회 사무국장을 겸임하면서 지역에서 현장의 목소리도 생생하게 들었습니다.

국회에서 다진 입법 및 정책 대안 제시 경험, 지역구 현장에서 활동한 경험 등을 충분히 살린다면, 도의회 의정활동에서도 소기의 성과를 거둘 수 있을 것으로 믿고 있습니다.

■ 경기도의회 소식지 〈의정마당 인터뷰〉 2013. 3. 14

"뉴타운 문제 해결에 앞장 서는 '견인차'"

Q 현재 가장 중요하게 생각하는 지역 현안은 무엇입니까?

A 뉴타운 문제 해결과 경인선 지하화 추진이 가장 중요한 지역 현안입니다.

경기도 뉴타운 사업의 경우 주택경기 침체와 부실한 정책으로 인해 사업추진이 불투명해져 사실상 좌초 상태에 직면했습니다. 특히 부천시의 경우, 뉴타운 사업 도입 초기에 무차별적으로 뉴타운 지구 지정을 남발, 현재 심각한 사회문제가 야기되고 있습니다. 따라서 뉴타운 문제 해결과 후속 대책 마련을 위해 의정 활동의 초점을 맞춰 전력을 다해 왔고 앞으로도 그렇게 할 것입니다. 지난해 연말 뉴타운 문제 해결을 위해서 관련 조례와 결의안 등 총 세 건을 대표발의했습니다. 또 경기도가 당초 예산안에 반영하지 않은 뉴타운 매몰비용 관련 예산 23억 원을 반영토록 하는 등 경기도 집행부의 '뉴타운?재개발 출구지원 방침'을 견인해 냈습니다. 또한 '경기도 뉴타운 대책 특별위원회'를 구성, 향후 근본적인 뉴타운 후속 대책을 마련할 전기를 만들었습니다.

중장기적으로는 '경인선 지하화' 실현을 위한 정책 대안을 제시하기 위해 노력하고 있습니다. 서울에서 인천까지 도시가 연담화되어 있는 경인선의 경우 지하화를 하게 되면, 수도권의 부족한 녹지 공간 확보는 물론 남북으로 단절된 도시공간의 효율적인 활용이 가능해져 지역 간 균형발전에도 큰 도움이 되기 때문입니다.

그동안 도정질의와 상임위 활동 등을 통해 지속적으로 문제 제기를 했고, 현재 경기도 집행부에서 경기개발연구원에 용역과제를 지시해 올해 연말까지 결과를 내놓기로 했습니다. 그 결과에 따라 후속 정책대안을 제시할 예정입니다.

Q 의정 활동 과정에서 특별히 조례를 제·개정하려고 하는 사항은 있는지요?

A 이른바 수도권으로 불리는 경기도 대도시들의 생활환경문제 개선을 위한 정책 대안을 마련하기 위해 노력하고자 합니다. 부족한 녹지 공간을 효율적으로 활용하기 위한 방안 마련, 대기오염, 하천 오염 문제 해결을 위한 제도 개선책 마련 등에 초점을 맞춰서 관련 조례를 제?개정하고자 자료를 수집하고 있습니다.

Q 향후 중점적으로 추진하고 싶은 의정활동은 무엇입니까?

A 내년 초까지 활동하게 될 '뉴타운 대책 특위' 활동에 매진할 계획입니다.

뉴타운 문제 해결 기본 원칙은 사업성이 있는 곳은 빠르게 사업을 완료토록 하고, 사업성이 없는 곳은 서둘러 사업을 정리하는 것입니다. 이를 위해서 현장 방문을 통한 주민 의견 수렴, 관련 법 개정 및 정부와 경기도의 예산 지원이 필수적으로 동반되어야 합니다. 중앙 부처, 국회 방문 등을 통해 정책 대안을 지속적으로 건의하고, 경기도 차원의 도시재생정책이 수립될 수 있도록 노력하겠습니다. 한편 지방분권 강화 방안 마련을 위해서도 노력하려고 합니다.

우리나라에 지방자치제가 도입된 지 20년이 지났지만 아직도 제대로 뿌리내리지 못하고 있습니다. 여러 가지 이유가 있지만 무엇보다도 예산과 권한이 중앙정부에 집중되어 있기 때문입니다. 주민 밀착형 생활정치 구현은 지방자치제가 제대로 정착되었을 때 비로소 가능하다고 보기 때문에, 지방분권 강화 방안 마련을 위해 선배, 동료 의원들과 지혜를 모으도록 노력하겠습니다.

Q 지역구민들에게 혹은 기타 하고 싶은 말씀이 있으십니까?

A 광역의회의 역할은 광역자치단체가 중앙정부와 기초자치단체 사이에서 허리 역할을 제대로 수행하는지를 살피는 것이다. 특히 경기도의 경우 대도시와 농촌, 신도시와 구도시가 공존하고 있는 만큼 지역 간 균형발전을 이루는 것이 매우 중요합니다. 도민 모두가 행복한 경기도를 만들기 위해서는 소사를 넘어 부천을 넘어 경기도를 넘어 대한민국의 미래를 바라보고 의정활동에 임해야 된다고 봅니다. 경기도민, 소사구민들의 격려와 성원을 부탁드립니다.

■ 경인방송 〈문현아의 시사오락관〉 2017. 4. 20.

"도립 뮤지엄 무료화, 문화향유 기회 확대 차원"

문현아 2008년 정부가 국립박물관·미술관의 무료입장을 결정했을 당시 찬반논란이 제기됐는데, 이후 무료에서 유료로 다시 정책이 전환된 이후 반발이 거세졌다가 이제 겨우 정착됐습니다. 지금 무료 입장을 실시하면 다시 혼란스럽지 않을까요?

김종석 무료관람정책은 단순히 '무료관람'에 초점을 맞추고 있는 것이 아니라, 도민들의 문화향유 기회를 확대해 문화인으로서 소양과 자질을 갖출 수 있는 기회를 제공하고, 관람객 증대를 통한 지역 경제 활성화까지 도모하려는 정책

입니다. 수요자 중심 패러다임을 실천하기 위한 방안인 것입니다.

문현아 개정안이 도내 공립박물관과 미술관의 '전면 무료개방'의 시작점이 될 것이라는 게 반대 측의 주된 이유인데, 부분 무료입장이 전면 무료개방으로 전환될 가능성이 얼마나 있습니까.

김종석 제가 발의한 조례는 도내 모든 공립박물관과 미술관을 대상으로 하는 것이 아니고, 경기도립 박물관과 미술관만 해당됩니다. 기본적으로 전면 무료화가 필요하다고 생각하지만, 해당 상임위원회 위원님들의 의견도 중요하기 때문에 상임위 논의 과정에서 발의 취지를 잘 말씀드리겠습니다.

금번 도립박물관과 미술관 무료화가 문화계 전체를 대상으로 무료 관행을 확산시키는 단초가 될까 봐 무조건 반대하는 것은 비합리적입니다. 전체 기관이 어려우면 몇 개 기관이라도 무료 횟수를 줄이더라도, 일단 도민의 문화향유 확대를 위해 시도해 보는 것이 중요하다고 봅니다.

문현아 현재 도내엔 국공립박물관, 미술관 61곳, 사립박물관, 미술관 121곳이 있는데 무료개방이 시행되면 사립박물관이나 미술관 이용객들은 줄어들 가능성이 큽니다. 이에 대해 사립박물관이나 미술관의 입장도 생각해야 하지 않을까요?

김종석 경기문화재단 산하 6개 기관의 유치원이나 초중고생 등 단체관람객 관람료 수입비중은 12~13% 내외로 이들은 주로 평일을 이용하는 만큼 주변의 사립박물관이나 미술관의 피해는 적을 것으로 예상됩니다. 다만, 본 조례안의 시행으로 사립박물관·미술관의 관람객이 일

시적으로 감소할 수 있기 때문에 이에 대한 보완책 마련의 필요성에는 공감합니다. 사립박물관의 서비스 개선, 문화상품 개발, 다양한 연계프로그램 개발 등을 통한 자생력과 경쟁력을 확보하고, 세제혜택 지원책 마련과 기부문화 활성화 측면 지원을 통해 차별화되고 특성 있는 박물관 육상 방안 논의가 필요할 것입니다.

문현아　무료개방화의 찬성 측 입장으로는 관람객들의 재방문 효과를 이유로 들고 있는데, 이에 대한 가능성은 얼마나 보시는지. 또한 무료개방화로 인한 또 다른 긍정적인 효과는 무엇이라고 보십니까?

김종석　무료입장은 문화예술에 대하여 도민들이 갖는 높은 심리적 진입장벽을 해소하는 데 도움이 될 것입니다. 이는 지금까지 박물관·미술관에 관여도가 낮았던 문화계층의 물리적·심리적 접근성을 증대시키는 관람객 다양화에 기여할 것입니다.

참고로 국립박물관·미술관에 대한 무료정책 도입 후 관람객을 대상으로 실시한 설문조사 결과, 86.4%의 관람객이 더 자주 관람하기를 희망한다고 응답했습니다. 한편으로 무료입장은 문화예술에 대한 도민의 관심을 유도함으로써 실질적인 관람객 증가 및 지역 내 소비를 유도함으로써 지역경제 활성화에 기여할 수 있을 것입니다.

2008년 5월 국립중앙박물관을 비롯한 국립박물관·미술관 14곳의 관람료 무료정책 도입 이후 관람객이 전년 동기대비 28.8% 증가하는 성과가 나타났습니다. 또한 문화예술시설에 대한 무료화 정책은 장기적으로 도민의 문화복지 향상에 기여할 것으로 기대하고 있습니다.

3만 달러 시대에 걸맞은 문화 분야 투자 필요

문현아　현재 도립 뮤지엄들이 입장료 수익으로 기획전을 하는 열악한 재정 상황에서 무료화하면 전시 질은 낮아지고 관람객 수가 하락하는 악순환을 초래할 것이라는 우려가 큰데, 무료화로 인한 기대효과보다 부정적인 파장이 더 클 것으로 우려되는 입장에 대해서는 어떻게 생각하나요?

김종석　국립박물관·미술관 무료입장정책 도입 이후 사립박물관의 관람객 변동을 보면, 관람객이 증가한 사립박물관은 94개관(41.2%)이며, 감소한 박물관은 68개관(29.8%)으로 증가한 곳이 다수를 차지했습니다. 반면 관람객이 증가한 사립미술관은 32개관(34.8%)이며, 감소한 미술관은 36개관(39.1%)로 감소한 곳이 조금 더 많았습니다. 이러한 결과는 입장료 무료정책 도입이 사립박물관·미술관이 우려하는 정도의 관람객 이동 및 집중이 이루어지지 않을 것임을 시사합니다. 그럼에도 불구하고 관람객이 감소한 기관이 존재하기 때문에 관람객 감소의 직·간접적인 원인을 규명하여 이에 대한 적절한 대응방안을 모색할 필요가 있다고 봅니다.

문현아　무료화가 실현되면, 관람객의 관람문화 수준이 저하될 수 있다는 우려에 대해서는 어떻게 보시는지요?

김종석　관람객의 관람문화 수준에 대한 인식은 운영자와 관람객 간의 차이가 존재하기 때문에 모두의 인식을 종합적으로 검토할 필요가 있습니다.

국립박물관·미술관 관람객의 경우 무료입장정책 도입 이전과 비교하여 47.5%의 관람객이 보다 진지하게 관람하였다고 응답한 반면, 직원은

8.2%만이 관람객이 진지하게 관람했다고 응답하고 있다. 하지만 전체적으로 관람객과 직원의 약 42%는 큰 변화가 없다고 답했습니다. 관람문화의 질적 수준은 입장료 유무가 좌우하지 않는다고 봅니다. 관람객의 관람문화 수준을 높이기 위한 홍보, 교육 등의 근본적인 대책이 필요합니다.

문현아 일부에선 공원이나 강변길 같은 공공시설이나 레저 활동과 달리 박물관과 미술관은 전시 관람기능 외의 교육적인 목적이 있기 때문에 이러한 문화기반시설에서의 활동은, 일정한 관리와 값이 지불돼야 한다는 의견입니다. 전시를 위해 투자된 작가들의 노고와 상품성으로서의 가치에 대해서 대가없이 관람이 이루어진다는 시각에 대해서는 어떻게 생각하나요?

김종석 서두에서 말했지만 관람료 무료화 정책은 공급자와 수익자가 주고받는 경제논리나, '무료관람'으로 인한 손익계산에 초점을 맞추는 것이 아닙니다. 도민 문화향유 기회 확대와 지역

경제 활성화를 위한 정책적 차원에서 접근한 것입니다. 물론 비록 본 의원이 발의한 의안이 첫째·셋째 주말에 한정적으로 입장료를 면제하겠다는 내용이기는 하지만, 이로 인해 사립 박물관이나 미술관의 경영운영상의 애로가 발생할 수 있다는 주장에 대해서는 충분히 공감하고 있습니다.

따라서 관람료 무료화에 따른 사립 박물관과 미술관에 대한 재정보존이나 지원책에 관해서는 본 의원이 발의한 의안과는 별개로 도 집행부와 진지하게 검토해야 할 것입니다. 단순히 도민 세금으로 만든 문화시설이기 때문에 관람료를 받지 않아도 된다는 논리가 아니라, 1인당 GNP(국민총생산)가 2만5천 달러를 넘어 3만 달러를 바라보고 있는 시점에서 이에 걸맞은 수준의 문화예술을 향유하고 공유할 수 있는 기회를 도민들에게 부여해야 할 임무가 지방정부에 있다고 생각합니다.

경기도 주택정책에
서민은 없었다?

임대주택 세입자들의 경우 대부분 대도시 지역의 일터에서 저임금과 열악한 환경에서 일하는 경우가 많다. 때문에 생활비용이 저렴하게 들도록 대중교통 이용이 용이한 도심 지역에 많은 임대주택이 공급되어야 한다. 그런데 우리나라 임대주택은 대도시권에 벗어난, 대중교통 이용이 쉽지 않은 외곽지역에 배치하는 도시에서 숨기고, 밀어내는 정책만 펼쳐왔다. 지금껏 그랬으니 이제 바꿀 때가 되었다.

> ■ 도시환경위 행정사무감사(2012. 11. 6.)
>
> ## 우리나라 임대주택
> ## 정책은 실패작!

8대 의회 보궐선거에서 경기도의원으로 당선된 후 뉴타운문제 해결을 위해 도시환경위원회를 지원했다. 뉴타운 문제제와 함께 2년 동안 끈질기게 물고 늘어졌던 분야가 임대주택 문제였다. 임대주택은 우리사회에서 가장 취약한 계층의 최후의 근거지이기에 어떤 이유에서든 사업을 확대하는 것이 필요하다.

2004년 국회보좌관으로 재직 시, 2년 동안 건설교통위원회 소관 업무를 담당했기에 경기도에서 제대로 된 임대주택정책을 세우겠다는 포부도 있었다. 2012년 당시 경기도 전체 주택 중 공공임대주택이 차지하는 비중이 5%에 불과했었다. 5년 이상 세월이 흘렀지만 그 비율은 같은 수준일 것이다. 왜냐하면 당시에 살펴본 자료에 따르면 향후에도 임대주택 건설을 많이 준비하고 있지 않았으니까.

우리사회 임대주택 세입자 대부분은 저임금, 열악한 환경에서 일을 해야 하는 경우가 대부분이다. 때문에 대중교통 이용이 용이한 도심 내에 저렴한 임대주택을 공급해주어야 한다. 우리나라 임대주택은 이에 부응하지 못하고, 사회기반시설, 대중교통 수단 등이 열악한 지역에 임대주택을 배치하면서 이들을 도시에서 숨기는 정책, 밀어내는 정책만 펼쳐왔다. 이제 바꿀 때가 되었다.

임대주택과 관련하여 네 가지 정도 원칙을 지킬 필요가 있다고 본다. 첫째, 택지개발 시, 분양주택과 임대주택을 동시에 건설하고, 둘째, 도심 중심부 내에 소규모 임대주택을 건설하고, 셋째, 이미 계획 중이거나 추진 중인 임대주택 건설 사업을 조기에 완공할 수 있도록 대책을 마련하고, 넷째, 매입/전세 임대주택 사업을 더욱 강화해야 한다.

김종석 위원 부천 출신 김종석 위원입니다. 행정감사 준비에 노고가 많은 집행부에 감사드리고요. 바로 질의 들어가겠습니다. 주택정책과 소관인데요. 저는 경기도 주택정책에는 서민과 사회적 약자에 대한 배려가 없다고 생각합니다. 또한 중앙정부와 경기도 임대주택 정책이 완전 실패작이라는 말씀을 드립니다. 올해 10월 현재 경기도 전체 주택 호수는 약 395만 호입니다. 이중 임대주택이 19만 호이고, 임대주택 비율은 5%입니다. 맞죠?

도시주택실장 김정렬 네, 맞습니다.

김종석 위원 대부분의 임대주택은 경제적인 어려움을 겪고 있는 우리 사회 저소득층 분들이 살고 있는 경우가 많습니다. 맞죠?

도시주택실장 김정렬 네, 그렇습니다.

김종석 위원 이분들의 경우 경제적 여유가 없기 때문에 저렴한 비용으로 기본적인 생활이 가능하도록 해주어야 합니다. 대중교통을 이용해 출퇴근이 가능한 도심지에 저렴한 임대주택을 공급해 줘야 합니다. 동의하십니까?

도시주택실장 김정렬 네, 맞습니다.

김종석 위원 그런데 우리나라 임대주택 정책은 그러지 못했죠. 도심에 위치시키지 않고, 도시에서 안보이게 숨기거나, 아예 도시에서 밖으로 밀어냈습니다. 지금의 성남 즉, 광주대단지사건들이 여기에 해당됩니다.

현재 중앙정부 주도의 임대주택은 대부분 서울과 경기도의 주요 큰 도시에서 많이 벗어난 외곽 지역에 건설되고 있습니다. 우리 경기도의 임대주택 중에서 지역별로 임대주택 수가 제일 많은 곳이 어디인 줄 아십니까?

도시주택실장 김정렬 시군별로요?

김종석 위원 네. 제가 말씀드릴게요. 지역별로 임대주택 수가 많은 지역은 성남·파주·화성·용인·수원 순서입니다. 성남과 수원은 과거부터 서울에서 밀어냈던 물량이 있어서 그런 것이고요. 파주·화성·용인의 경우는 최근 신도시를 개발하면서 물량을 밀어내서 그렇습니다. 전체 주택 중에서 임대주택 비율이 높은 지역이 어디인지는 알고 계십니까? 상위 4개 지역을 보면 김포·오산·파주·화성입니다. 상위 순위에 있는 지역들이 공교롭게도 서울에서 멀리 떨어져 있는 곳일수록 임대주택이 많이 배치되어 있습니다. 그러다 보니 2012년 9월 말, 현재 경기도에 사람이 거주하지 않는 임대주택이 1,046호에 이르고 있습니다. 지역별로 보면 고양·남양주·평택·김포 순으로 미입주 임대주택이 많습니다. 자가용이 없으면 생활이 불가능할 정도로 멀리 떨어진 지역에 임대주택을 건설하니까, 불편해서 안 들어가서 살려고 하는 거죠. 이거 임대주택 정책 잘못 된 거 아닙니까?

도시주택실장 김정렬 위원님의 지적에 대해서는 전적으로 동감을 합니다. 다만 임대주택이 지금 꼭 원하는 지역에 딱딱 공급이 돼야 되는데요. 도시 내 가용지가 워낙 적고 또 임대주택 건

경인일보

2013년 11월 15일 금요일 002면 종합

경기도, 돈 되는 아파트만 짓나

4년간 7천가구 건설 불구 서민 '임대' 한채도 없어

경기도가 지난 4년간 무주택 서민을 위한 임대 아파트를 단 한 채도 짓지 않은 반면, 돈이 되는 분양 아파트는 7천 가구 가까이 건설한 것으로 나타났다.

14일 경기도의회 김종석(민·부천6) 도의원이 경기도로부터 제출받은 '공동주택 준공현황자료'에 따르면 2010년부터 올해 9월 현재까지 건설된 임대아파트는 전무한 반면 같은 기간 분양 아파트는 6천960가구가 준공됐다.

경기도내 409만 가구중 최저주거기준 미달가구수가 전체의 9%인 36만8천여 가구에 달하는데다 비닐하우스와 판잣집 등에 거주하고 있는 가구도 3만 가구나 돼 임대아파트 건설이 시급한 데도 돈 되는 분양아파트 건설에만 몰두한 것이다.

최저주거기준은 가족수별로 가구당 필요한 최소 주거면적(14~55㎡)과 방의 개수, 식사공간 겸 부엌공간 등을 정한 기준으로, 6인 가구(노부모·부부·자녀2)의 경우 최소 55㎡의 주거면적에 방 4개, 전용부엌 등을 갖춰야 한다.

김 의원은 "도민들이 열악한 주거환경으로 인해 고통을 받고 있는데도 도가 자체 건설한 임대아파트는 단 한 채도 없다"며 "말로만 서민을 위할 것이 아니라 취약계층의 주거환경 개선을 위해 임대아파트 건설에 적극 나서야 한다"고 주장했다.

/김민욱기자 kmw@kyeongin.com

설비용이 많이 들어서 될 수 있으면 토지 지가가 좀 낮고 가용지가 쉽게 파악할 수 있는 곳을 찾다 보니까 지역별로 수요가 많은 지역하고 공급지역이 약간의 미스매칭이 있는 게 사실입니다.

임대주택, 땅값 싼 지역에만 건설

김종석 위원 방금 실장님께서 하신 말씀에 그대로 답이 나옵니다. 그것이 정말 문제라는 거죠. 임대주택 건설을 수요자 중심으로 생각해서 비용이 다소 들어가더라도, 이분들이 살기 편하게 해주어야 하는데 정책수요자 입장에서 생각하지 않고, 공급자 입장에서 결정하는 것이 큰 문제이지요. 나라가 돈이 이거 밖에 없으니 그 돈 수준에 맞춰서 '니들은 저기 멀리 싼 데다 지어줄 테니까 거기 가서 살아라' 하는 거잖아요. 지금 실장님이 종전에 하신 말하고 똑같은 말씀이지 않습니까? 저는 임대주택 정책이 실패한 이유가 바로 중앙정부와 또 우리 경기도 임대주택 정책을 설계하고 정책을 수립하는 담당자분들에게도 상당 부분 책임이 있다고 생각합니다. 어떻게 생각하세요?

도시주택실장 김정렬 인정합니다.

김종석 위원 설령 중앙정부가 잘못하더라도, 우리 경기도가 잘못된 부분을 바로잡거나 보완해야 하는데 그러지도 못하고 있습니다. 중앙부처와 좀 다르게 사업을 하려면 조직 편제, 예산 편성 권한이 주어져야 하는데 그렇지 못하고 있습니다.

도시주택실장 김정렬 그렇습니다.

김종석 위원 지금 우리 도시주택실이 경기도시공사에 대한 명백한 관리 감독 권한을 가지고 계십니까, 아니면 서로 간에 논의하는 협의체 수준입니까?

도시주택실장 김정렬 경기도시공사는 지도감독권이 기획조정실에 있어 저희가 업무를 협조 요청하는 그런 단계에 있습니다.

김종석 위원 네, 알겠습니다. 그래서 지금 조례 개정안도 발의해 놓은 건데요. 실제로 경기도의 주택건설에 대한 정책기관이 도시주택실이고, 실행기관은 경기도시공사라고 보는 것이 맞지요? 택지개발이라든가 주택건설의 측면에서 보자면요.

도시주택실장 김정렬 네, 그렇습니다.

김종석 위원 우리 도시주택실에서 정책적으로 연구를 해서 이런 좋은 방향으로 이렇게 임대주택을 지어라 하려면, 관리 감독권을 도시주택실이 가지고 있어야 합니다. 그러지 못하니까 도지사 또는 기획조정실장이 주택정책에 대해서 단순 협의수준으로 추진하고, 안 짓거나, 마음대로 지으니까 중앙정부 임대주택 정책의 문제점을 보완할 수가 없는 겁니다. 그 실태를 제가 말씀드릴게요. 1989년 공영개발사업단이 해체된 이후 1997년 경기도시공사가 창립됐습니다. 1997년부터 지금까지 임대주택 몇 채나 지었을 것 같습니까?

도시주택실장 김정렬 …….

김종석 위원 6,004호 지었습니다. 그나마도 최근에 와서 진행하는 매입임대사업, 전세임대사업 물량을 빼면 훨씬 줄어듭니다. 지난 15년 동안 경기도가 자체적으로 임대주택을 새로 건축한 물량은 연간 270호 수준에 불과합니다. 매입임대주택, 전세임대주택을 포함해도 연간 400호 정도입니다. 중앙정부와 LH 물량을 제외해서 그렇다고 하지만, 백 번 양보하더라도 연간 400호라면 너무 적지 않습니까? 경기도 임대주택 정책 잘못된 거잖아요?

도시주택실장 김정렬 그건 위원님 지적이 맞습니다만 지금까지 임대주택이나 주거취약계층에 대한 주택 공급 재원이 워낙 많이 들어가기 때문에 불가피한 점이 있었습니다. 저희들이 중앙정부 차원에서 국가 전체의 문제로 보고 추진해 왔던 것이기 때문에 부득이 경기도의 역할이 상당히 적었습니다. 그런 시대적 특성과 여러 가지 여건 때문에 그랬다고 이해해 주시면 고맙겠습니다.

경기도시공사 임대주택 건설 '매우부진'

김종석 위원 알겠습니다. 그런데 문제는 경기도시공사가 과거에도 그랬지만 지금도 그렇고 미래에도 임대주택 확보사업 추진과정이 전혀 변화가 없을 것 같다는 거에요. 지금 경기도시공사 6개 사업지구에서 3만 세대의 주택을 짓고 있습니다. 그런데 임대주택이 안보입니다. 2012년도에 경기도시공사가 완공해서 나온 임대주택 물량이 있습니까? 아니면 임대주택건설을 시작했다는 소식을 들은 적 있습니까? 전혀 추진하지 않고 있다는 사실을 알고 계십니까? 잘 모르시나요?

도시주택실장 김정렬 지금 실적이 거의 없는 것으로, 지지부진한 실적으로 알고 있습니다.

김종석 위원 2012년 경기도시공사가 공급하는 임대주택이 전무한 실정입니다. 수원 광교지구에서 임대주택 446세대 건설하는데, 내년 2013년 상반기에 사업계획이 승인 날 예정입니다. 지금 광교에듀타운 분양주택은 올해 12월까지 입주를 앞두고 있습니다. 그럼 비교해 보십시오. 분양은 입주가 시작되었는데, 임대는 착공을 시작도 안했습니다. 임대주택 짓는데 국민주택기금을 활용할 수 있습니까, 없습니까?

도시주택실장 김정렬 활용할 수 있습니다.

김종석 위원 활용할 수 있죠? 그런데 에듀타운 분양주택은 올 12월까지 입주하게 해놓고, 임대주택 부지에는 지금 쓰레기가 방치돼 있어서 언론에 보도되고, 2013년에나 사업 시작하게 되어 있는데 이거 잘못된 거잖아요. 같이 해야죠. 돈 되는 일은 먼저 하고 돈 안 되는 일은 뒤로 미루고 그러면 안 되지요. 국민주택기금을 활용할 수 있는데도, 임대주택 건설을 안 하는 것은 매

우 잘못된 것입니다.

도시주택실장 김정렬 임대주택정책에 대한 위원님 지적에 저희도 동감합니다. 다만 임대주택 건설비가 국고·재정·기금 세 가지에 주민부담이 일부인데, 실제로 국고지원이 당초 지원하는 것보다 상당히 적게, 또 금년도에 돈이 들어갔으면 내년이나 내후년 이렇게 주는 형태로 후순위로 지원이 되고 있습니다. 기금도 마찬가지로 상당히 제약이 많다 보니까 사실 도시공사에서 선투자로 임대주택을 지어야 되는 부분이 많습니다.

김종석 위원 네, 알겠습니다. 그러니까 이명박 정부 임대주택정책이 잘못 되었다는 겁니다.

도시주택실장 김정렬 그런 부분도 좀 이해해 주십시오.

김종석 위원 경기도시공사가 광교에 건설하는 임대주택 물량은 겨우 446세대인데 중앙정부가 추진하는 보금자리사업을 인수했습니다. 남양주 진건·지금지구에 임대주택이 몇 채나 들어선 줄 아십니까? 임대주택이 1만 세대 들어섭니다. 이렇게 임대주택을 또 외곽으로 밀어내고 있습니다. 수원 광교 도심지에 빨리 서둘러 지어야 하는데 그렇게 하지 않고 있습니다.

제가 대안을 제시해 보겠습니다. 첫째, 택지개발 시에 분양주택과 임대주택을 동시에 건설해야 됩니다.

둘째, 도시 중심부 내에 소규모 임대주택을 건설해야 합니다. 도시 외곽에 대단지 임대주택을 짓는 것이 아니라, 도심 내부의 가까운 곳에 소규모 임대주택을 지어야 합니다.

셋째, 기 계획 중이거나 추진하려고 하는 임대주택을 서둘러서 해야 되고요. 도시주택실에서

LH, 경기도시공사가 추진하는 사업에 대해서 관리 감독을 강화해야 합니다.

마지막으로 임대아파트는 짓기가 어렵습니다. 사업 계획에서 마칠 때까지 최소 5년 이상 걸리지 않습니까? 그렇기 때문에 매입·전세임대주택사업을 대폭 확대해 사업을 활성화시킬 필요가 있습니다. 제가 제시한 사항들 참고해서 정책에 반영할 의사 있으십니까?

도시주택실장 김정렬　네, 지적 참고해서 반영하겠습니다.

김종석 위원　이상 마치겠습니다.

도시주택실장 김정렬　다만 제가 보충설명 한마디만 드리겠습니다. 지금 임대주택은 크게 영구임대주택으로 공공에서 건설하는 임대주택이 있고, 재개발이라든가 재건축 시 민간 건설사업자가 소형주택을 의무적으로 짓는 임대주택이 있습니다. 지금 매입임대주택 사업은 공공에서 직접 건설하지 않고 기존에 있는 주택을 매입해 리모델링해서 전세를 주는 이런 형태입니다. 비용도 제일 적게 들고 빠른 시일 내에 임대주택을 조달할 수 있습니다. 그런데 기존주택으로 팔겠다는 사람이 너무 없습니다.

김종석 위원　오전에 이어 사회취약계층 주거 안정 지원사업에 대해 좀더 여쭙겠습니다. 매입·전세임대주택 지원사업의 경우 사업규모가 3년째 현상유지에 머물고 있는데, 이거 알고 계시죠?

도시주택실장 김정렬　네.

김종석 위원　작년 행정감사 답변자료 보시면 경기도에서 전세임대주택 500호를 늘렸지 않습니까? 본 의원을 포함해서 지속적으로 사업량 확대를 주장했고, 그래서인지 500호를 늘린 것처

럼 해놨는데, 실제 내용은 매입임대 물량을 줄여서 전세임대 물량으로 500호를 돌린 것입니다. 그래놓고 마치 사업을 확대한 것처럼 하는 것은 문제가 있다고 생각하는데, 어떻게 생각하세요?

도시주택실장 김정렬　전체적으로 보면 위원님 지적이 맞습니다.

용인·하남·안산 도시공사보다 실적부진

김종석 위원　다음, 경기도시공사 현재 매입임대주택사업 물량이 18호로 목표 달성률이 9%입니다. 같은 매입임대주택사업을 하고 있는 LH는 41%를 달성했습니다. 또 경기도시공사의 전세임대주택사업 목표 달성률은 60%입니다. 용인·하남·안산도시공사의 전세·매입 임대주택사업 목표 달성률은 76%입니다. 경기도시공사 실적은 3개 시의 지방공사보다 실적이 더 낮고, LH와 비교해도 1/4 수준입니다. 중앙정부와 지자체가 매입임대주택사업을 하는데, LH가 매입하려고 하면 국민들이 집을 팔고, 경기도시공사가 매입하려고 하면 집을 안 팔고, 그래서 이런 결과가 나왔다고 생각하십니까?

도시주택실장 김정렬　경기도시공사의 경우에는 추경에 도비 45억을 확보했는데 그게 사실 8월부터 매입공고가 있었습니다. 그래서 너무 늦게 출발한 관계로 이렇게 됐습니다만 지금 매입임대주택의 대상지역을 종전에 4개 지역에서 11개 구역인가로 확대했습니다. 그래서…….

김종석 위원　21개 구역으로 확대했고요.

도시주택실장 김정렬　21개 구역으로 확대해서 지금 현재 신청이 많이 들어온 것으로, 상당히 많이 들어온 걸로…….

김종석 위원　그러니까 21개소로 늘려서 좋아

할 일이 아니라는 겁니다. 21개 지역으로 확대한 다는 말은 12월 다 돼가니까 사업물량 밀어낸다는 의미밖에 더 되냐고요? 앞서 말씀드렸던 대로 물량만 만들면, 취약계층만 지원하면 되는 것이냐, 이게 중요한 게 아니라는 거예요. 대중교통 이용이 용이한 도심 내에서 살 수 있도록 해주라는 거예요. '21개 시로 늘려서 물량 채웠습니다'가 아니라 '몇 개 시 도심 중심지에 물량 채웠습니다' 하고 보고해 달라는 겁니다.

도시주택실장 김정렬　네, 당초에 판단을 도시공사에서 수원, 오산, 화성, 용인 정도만 해도, 200호니까 많지 않기 때문에 충분할 걸로 판단했습니다만 실제로는 그렇지 못했기 때문에 이것을 반경 50㎞로 해서 지금 서울 주변의 대부분을 포함시켜서 추진하도록 진행하고 있습니다. 당초 계획에 조금 미흡함이 있었다는 점을 인정하겠습니다.

김종석 위원　국토부에서 매입임대주택 구입 호당 기준사업비가 8,900만 원이죠?

도시주택실장 김정렬　네.

김종석 위원　저는 이 기준을 바꿔야 된다고 봅니다. 8,900만 원 가지고 수도권에서 집을 어떻게 삽니까? 오막살이 할 집 삽니까? 국토부에 폐지 건의할 용의 없으십니까?

도시주택실장 김정렬　매입임대는 한 9,000만 원 정도 되고.

김종석 위원　아, 그러니까요. 8,900만 원이니까요.

도시주택실장 김정렬　기준사업비가 너무 적다 보니까.

김종석 위원　적죠.

도시주택실장 김정렬　실제로 도심 내에서…….

김종석 위원　그러니까 무슨 말씀인가 하면 200호를 각각 8,900만 원으로 나눠서 하려고 그러지 말고, 100호를 하더라도 입지 좋은 곳에 제대로 된 집을 사라는 말입니다. 물량 위주가 아니라 사업 자체가 실효성이 있게 추진할 필요가 있다고 생각하는데 국토부에 건의할 의향 있으십니까?

매입임대주택 기준사업비 상향필요

도시주택실장 김정렬　기준사업비를 상향조정할 필요가 있다고 생각합니다.

김종석 위원　대안제시하겠습니다. 그래서 저는 앞서도 말씀드렸다시피 임대주택을 단기간에 지을 수 없다면 매입·전세 임대주택사업을 더 확대해야 한다고 봅니다. 최대한 확장을 시키고 그 다음에 한 가지 더, 지금 경기도 미분양주택이 2만 1,000세대쯤 되죠?

도시주택실장 김정렬　네.

김종석 위원　거기에 또 공공부분의 미분양주택만 4,600호 정도가 됩니다. 법령을 좀 따져봐야 될 문제입니다만, 이런 미분양주택을 구입해서 활용하는 방안을 찾아보세요. 기존의 다세대, 연립 위주의 개인주택 구입 시 밟아야 하는 복잡한 절차없이 미분양아파트를 구입하면 좀더 신속한 사업추진이 가능하잖아요?

도시주택실장 김정렬　네.

김종석 위원　그리고 다가구 승인기준 완화제도가 올해 7월 1일 바뀌었어요. 주택법 시행령 개정된 거 알고 계시지요? 이 제도와 딱 맞아떨어지지는 않지만, 예를 들어 후분양 아파트의 경우 40~50평대가 미분양된 것 있잖아요?

도시주택실장 김정렬　네.

김종석 위원 부분임대형 제도도 올해 5월 31일 날 도입되었죠? 집을 나눠서 단독생활을 할 수 있게 제도가 마련되었어요. 이런 개선된 제도와 전세매입 또는 임대 제도를 결합시키면, 임대주택 정책이 좀더 효과가 있지 않을까 생각하는데 참고해 보실 의향이 있으십니까?

도시주택실장 김정렬 위원님 지적을 참고하겠습니다. 다만 지금 두 가지인데 결국은 대형 평형에서 미분양이 많이 발생하기 때문에 실제로 기준사업비가 1억 원이 안 되는 상황에서 미분양주택이 2억 원, 3억 원 하기 때문에 기준사업비 문제하고 연결됩니다.

김종석 위원 네. 그래서 법령이라든가 제도개선이 선행되어야 된다는 말씀이고요.

도시주택실장 김정렬 대형을 사서 부분임대 같은 걸로 리모델링해야 되는데.

김종석 위원 그런데 그 관련 법령에 대한 근거는 제가 잘 몰라서 연구하고 전향적으로 생각해서 대책을 세워야 되지 않을까 하는 차원에서 드리는 말씀드립니다.

도시주택실장 김정렬 네, 잘 알겠습니다.

김종석 위원 다음 사회취약계층 주택개보수사업에 대해서 질의하겠습니다. 2011년에 총사업량이 439동이었습니다. 총사업비는 33억 원이었고 도비가 2억 원 지원되었습니다. 올해 총사업량은 226동으로 딱 절반 줄었습니다. 도비가 얼마 들어간 줄 아세요? 총 지원금이 8,000만 원 들어갔습니다. 그러니까 국비가 줄어들고 매칭으로 하다 보니 그러는 것 같은데, 사회취약계층 주택개보수사업에 도비 8,000만 원 내놓고 서민을 위한 사업한다고 홍보하고 있으면 되겠습니까? 국비 매칭분만 한다는 수동적인 자세가 아니라, 사회취약계층에 대한 지원이 필요하다고 판단되면 경기도가 직접 사업으로 추진할 필요가 있다는 겁니다. 검토해 볼 용의 있으십니까?

도시주택실장 김정렬 사회취약계층 개보수사업이 사실상 국비사업인데요. 국비가 80%이고 도비가 6% 매칭입니다. 매칭으로 들어가다 보니 국비사업이 작년의 경우 33억에서 지금 13억으로 줄다 보니까……

김종석 위원　그건 제가 여지껏 설명을 드렸지 않습니까? 줄여서 이렇게 하는 것 같은데 이게 8,000만 원 도비 내놓고 사회취약계층 주택개보수사업이라고 말할 만한 것이냐 그 말이죠. 이에 대해서 경기도에서 더 필요하다면 우리가 신규사업으로 해서라도 전년도와 비슷하게 사업추진을 해야 한다는 말씀을 드리는 겁니다.

도시주택실장 김정렬　위원님 지적대로 개선방안으로 한번 추진해 나가겠습니다.

도시주거환경정비기금 100억 이상 적립해야

김종석 위원　네. 다음 또 도시주거환경정비기금 있죠?

도시주택실장 김정렬　네.

김종석 위원　올해까지 13개 시에서 8,096억 원 해놨습니다. 경기도는 올해 처음으로 35억 원을 조성했는데 이렇게 늦어진 이유가 뭡니까?

도시주택실장 김정렬　지금 도시환경주거정비……

김종석 위원　도시주거환경정비기금을 2001년에 만들었어요. 그동안 경기도 본청에서는 단 한 푼도 기금 적립을 하지 않다가 올해 처음으로 35억 원 적립했다고요.

도시주택실장 김정렬　네, 그렇습니다.

김종석 위원　그러면 자, 이것은 조례에 근거해서 기금 적립하게 되어 있죠? 조례 또는 법령에 의해서요?

도시주택실장 김정렬　신도시정책관으로 하여금 양해해 주시면 답변토록 하겠습니다.

신도시정책관직무대리 이기택　네, 신도시정책관입니다.

김종석 위원　말씀하세요.

신도시정책관직무대리 이기택　맞습니다. 이 조례를 저희가 제정을 좀 늦게 하는 바람에 금년에 처음 35억 원 예산을 세웠습니다.

김종석 위원　조례가 그러면 올해 됐습니까? 정확하게 답변해 주세요.

신도시정책관직무대리 이기택　작년에 조례가 제정되어 금년도 예산에 35억 원을 세운 겁니다.

김종석 위원　어쨌든 잘못된 거잖습니까?

신도시정책관직무대리 이기택　네.

김종석 위원　경기도는 적립 안 하면서, 돈 없는 31개 시군에서는 기금을 적립해라? 관리감독권을 가지고 있는 경기도가 모범을 보여도 모자랄 판인데, 경기도는 전혀 적립하지 않고 있다가 10년 지난 뒤에 하면, 31개 시군의 입장에서 보자면 억울하잖아요? 그러니까 31개 시군도 지금 제대로 기금 적립 안 하고 있죠?

신도시정책관직무대리 이기택　지금 전 시군에서도 적립 안 되고 있습니다. 아마 일부 시군에서는 계속 적립하고 있습니다.

김종석 위원　기금의 목적이 정해져 있겠지만, 도시주거환경정비사업으로만 쓸 수 있는 게 아니라, 임대주택 짓는 데도 쓸 수가 있는지 검토가 필요하다고 봅니다. 한번 검토해 보실 의향 있으십니까?

신도시정책관직무대리 이기택　네, 그렇게 검토하겠습니다.

김종석 위원　마지막 보충질의 하겠습니다. 전세대란 원인과 대책을 찾는데 참고했으면 해서요. 올해 집값 상승률 공동 1위, 2010년, 2011년 단독 1위, 우리 경기도가 집값 상승률 1위라는 불명예를 계속 안고 있잖아요?

도시주택실장 김정렬　네, 그렇습니다.

김종석 위원   중앙정부가 주택정책을 주도하고 있다는 점을 감안하더라도 주택수급과 관련된 정책들에 문제가 있기 때문에 이런 결과가 나타난 것 아니겠습니까? 2009년부터 2012년 9월까지 주택건설 인허가 기준으로 보면 연평균 13만호 정도 됩니다. 준공기준으로 보면 약 7만 호 되고요. 그러니까 좀 전에 실장님 보고할 때 9만 호 된다는 보고는 허수가 들어가 있습니다. 특히 2011년에 경기도에서 실제 준공된 주택은 6만 호밖에 안 됩니다. 이렇게 11년, 12년 공급량이 확 줄어든 것은 사실은 이명박 정부 출범 초기인 2008년에 주택정책들이 잘못됐기 때문에 5년 지난 지금 이 여파를 고스란히 맞고 있는 겁니다. 그래서 저는 우리 도시주택실에서 조금 더 신경을 쓰면 좋겠어요. 주택정책만큼은 적어도 5년 뒤를 예측하면서 모든 업무에 임해야 되지 않겠느냐 하는 말씀을 드립니다. 참고해 주십시오.

도시주택실장 김정렬   네, 동의합니다.

고시원 대형화재 최약 대책 필요

김종석 위원   조그마한 몇 가지만 지적해 보겠습니다. 공공 및 민간 건축물의 친환경건축물 인증현황을 보니까 2009년, 2010년, 2009년·2010년 쫙 올라가다가 2011년부터 다시 내려오고 있습니다. 2009년, 10년이면 4대강사업 포장하려고 녹색성장 주창하면서 정부 각 부처에 관련 예산 확 내려 보냈던 시기입니다. 그리고 이렇게 일회성으로 끝나고 있는데 이래서는 안 되죠. 이런 부분들에 대해서도 기왕에 추진을 했으면, 사업이 잘 추진될 수 있도록 했으면 좋겠고요.

그 다음에 고시원 현황입니다. 2008년에 780개였던 게 2012년에 2,248개입니다. 이건 사실 대형화재 위험 크지 않습니까? 그래서 사후약방문이 되지 않도록 관리감독을 좀 강화해 주셨으면 하는 말씀을 드립니다. 체크 좀 해 주시고요.

도시주택실장 김정렬   존경하는 김종석 위원님께서 지적하신 사항에 대해서 주택정책, 친환경주택, 고시원 부분 모두 매우 명심해야 될 사항으로 정책 수립 시 만전을 기하겠습니다.

■ 도시환경위 행정사무감사(2013. 11. 15)

"부천 약대주공 임대아파트 매입 … 사실상 약탈경영"

김종석 위원   오전에 제가 약탈경영이라는 표현을 쓴 적이 있습니다. 부천 약대주공아파트 단지 임대주택 150호를 경기도시공사가 구입하게 되어 있습니다. 본 의원의 제안으로 우리 위원회에서 현장에 갔다 온 곳이에요. 표준건축비만 지불하고 거기 임대아파트 산 거 맞죠?

경기도시공사장 최승대   네.

김종석 위원   한 채당 한 1억 정도 들여서 160억 정도 소요되는 거예요?

경기도시공사장 최승대   네.

김종석 위원   기도시공사 입장에서 보면 토지비용이 안 들어갔기 때문에 주변 시장 평가로 자산등록하면 자산이 거의 두 배로 뛰다시피 한 거죠?

경기도시공사장 최승대   두 배까지는 아닙니다. 그것은 그렇지 않습니다.

김종석 위원   그러니까 토지비용을 지불하지 않고 사잖아요? 그걸 어떻게 평가해서 구입합니

까? 관련자 답해 보세요.

경기도시공사주거복지처장 김동석   주거복지처장 김동석입니다. 토지비를 주고 매입하지 않기 때문에 토지비만큼 저희 자산이 증가하는 것은 사실입니다.

김종석 위원   늘어나잖아요. 사장님은 뭐가 또 아니에요. 20년 후에 공공임대사업 기간이 끝나 그걸 매가해서 자산 처리를 할 때, 토지 지분까지 포함된 금액인 시장가격으로 팔 것 아닙니까?

경기도시공사주거복지처장 김동석   네, 맞습니다.

김종석 위원   사장님, 다시 증인석으로 오세요. 쉽게 말씀드리면 재건축 후 개발이익을 환수하는 측면에서 임대주택을 짓게 하고 그것을 경기도시공사가 인수했어요. 물론 경기도시공사가 자발적으로 사지 않고 부천시의 요청으로 샀지만 이게 속된 말로 거저 먹는 거예요. 땅값을 지불하지 않으니까, 자산으로 잡아놨다가 나중에 팔면 그만큼 이익이 나기 때문에 경기도시공

사 입장에서는 너무 좋은 거예요.

경기도시공사장 최승대   …….

김종석 위원   제가 여기서 지적하고 싶은 건 두 가지입니다. 하나는 지금 아파트가 거의 완공이 되었는데도 사업이 중단되었어요. 현재 주민들이 왜 못 들어가고 계신지 아세요, 사장님? 잘 모르시죠? 처음 추정분담금이 3,000만 원 정도에서 사업 완료 후 1억 3,000만 원으로 늘어나니 주민들께서 뒤로 자빠지신 겁니다.

경기도시공사장 최승대   …….

개발이익 환수 명분삼아 약탈경영

김종석 위원   결과적으로 약대주공 주민들은 사업비가 늘어나 추정분담금이 그만큼 늘어났어요. 그런데 공공기관인 경기도시공사는 의도했건 안했건 제도적 맹점 때문에 큰 이익을 봤어요. 개발이익환수라는 명목으로 부담은 주민들에게 전가시키고 공공기관은 자산을 불려놨어요. 이게 약탈경영이라는 겁니다. 무슨 말씀인지 이해가시죠? 속된 말로 주민들 주머니 털어서 경

기도시공사 자산을 불려놓은 거잖아요.

경기도시공사장 최승대   …….

김종석 위원   경기도시공사는 늘 안전한 투자를 하느라 재건축 아파트 공정률이 80% 됐을 때 계약 들어갑니다. 맞죠? 그렇지 않습니까? 약대주공 재건축은 지금 공정률 90%쯤 되는데 멈춰 있어요. 만약 작년 12월에 현장에 나가보셨다면 공사가 중단될 수 있다고 판단이 되었을 것이고, 예산 편성해서 불용하는 이런 상황이 발생하지 않았을 겁니다. 현재 불용 처리된 예산은 약대주공 소송 완료 후에 임대주택 구입하면 경기도시공사는 아무 피해도 없어요. 맞죠?

경기도시공사장 최승대   네, 그렇습니다.

김종석 위원   저는 기회비용을 지적하는 겁니다. 경기도시공사가 공공의 목적에 맞게 다른 곳에 160억 원을 쓸 수 있었다는 거예요. 도민들 돈이 허투루 쓰이지 않도록 업무추진과정에서 확인과 절차를 제대로 해야 했는데 못했다는 지적을 하는 겁니다. 동의하십니까, 그 부분들에 대해서?

경기도시공사주거복지처장 김동석   주거복지처장 김동석입니다. 제가 답변드리겠습니다. 아까 저희가 토지를 기부채납 받으면서 주민들…….

김종석 위원   그 상황은 다 안다니까요. 그러니까 제가 말씀드린 부분들에 대해서 일부 동의를 하고 관리감독을 잘못한 일부에 그런 부분이 있는지 없는지 여부만 답변하시라니까요. 제가 지금 변명을 듣자고 하는 게 아니니까.

경기도시공사장 최승대   위원님, 종합적으로 정황을 살펴보면 우리 도시공사가 잘못을 해서 그렇게 된 내용이 아니고, 시공사와 조합과 시행자 간의 문제로서 소송이 걸려서 발생한 문제입

니다.

김종석 위원   사장님, 지금 소송이 발생한 것을 제가 문제 삼았습니까? 이 돈을 적기에 다른 곳에 투입하지 못한 것에 대해서 여쭌 것이라니까요.

경기도시공사장 최승대   그 부분 때문에 소송이 발생했기 때문에 우리 도시공사가 적기에 돈이 못 들어간 거지 우리가…….

김종석 위원   그 상황을 파악할 의무가 도시공사한테 있다니까요. 그러면 현장을 왜 안 가보셨어요?

경기도시공사장 최승대   아니, 그러니까 현장에서 소송이 발생했는데 우리가 우리 돈을 함부로 투입할 수 없지 않습니까?

김종석 위원   네, 그럼 조성을 안 했어야죠.

경기도시공사장 최승대   아니, 그런 사안이니까 지금 대기하고 있는 상태입니다. 소송이 끝나면…….

김종석 위원   그러니까 그것이 오늘날 경기도시공사의 문제라니까요. 지금 제가 지적하고자 하는 문제의 핵심을 모르시겠습니까? 2012년 이사회 회의록을 보면, 현장에 가서 보니까 이미 주민들과 시공사, 시행사 간에 마찰에 생겨서 사업이 중단될 상황이라는 보고가 올라와요. 그런데도 관련 사업비를 편성해요. 현장 상황 꼼꼼히 살피지 않았다가, '아이고 조성 해놨는데 소송이 들어가 버려서 그 돈 못 썼습니다' 이건 누구나 할 수 있는 말이지요. 제가 지금 질문하고자 하는 의도 아직도 파악 못하시겠어요? 현재 진행되고 있는 소송, 경기도시공사 아무 책임 없다니까요. 다만, 그 돈을 적재적소에 안 쓰는 경기도시공사의 잘못을 저는 지적하고 있다니까요. 그걸

인정 못하시겠습니까?

경기도시공사장 최승대 지금 그 돈이 예산상 숫자로만 잡혀 있지 우리가 그 돈을 차입을 해서 가지고 있다고 하면 그 돈을 적재적소에…….

김종석 위원 당연하죠. 그럼 왜 경기도에 결산보고 할 때 불용액으로 처리된 것으로 잡아놨어요?

경기도시공사장 최승대 그건 올해 예산이니까 아직 올해 예산 결산이 안 됐지 않습니까?

김종석 위원 작년에 그랬다니까요. 답변을 똑바로 하셔야지 왜 안 하셨다고 그러세요, 작년 일인데. 저는 지금 그 돈을 알뜰하게 딴 사업에 쓸 수도 있었는데 왜 불용을 했느냐고 묻는데 자꾸 엉뚱한 답변을 하세요. 예산 안 썼잖아요. 불용이에요, 아니에요? 말씀해 보세요, 뒤에 전달해서. 불용입니까, 아닙니까?

경기도시공사장 최승대 네, 불용입니다. 2012년…….

김종석 위원 그 사장님 말씀은 은행에서 돈을 빼온 것이 아니고, 서류상이니까 아무 문제없다 이 말 아닙니까. 쉽게 얘기하면?

경기도시공사장 최승대 그렇습니다.

도민 혈세 허투루 쓰지 말아야!

김종석 위원 저는 그거 자체가 문제라는 거예요. 은행에서 돈을 뺏느냐 안 뺏느냐가 중요한 걸 저는 묻는 게 아니라니까요. 도시공사가 업무를 하는 데 있어서 도민 혈세를 한 푼이라도 허투루 쓰지 않도록 하라는 거예요. 무슨 말씀인지 이해가 가십니까?

경기도시공사장 최승대 네, 알겠습니다.

김종석 위원 다음으로 갈게요. 가평 달전지구에 전원주택 짓는 사업이 공익성에 맞는 일입니까, 아닙니까?

경기도시공사장 최승대 공익성에 맞습니다. 새로운 주거문화를 창달하기 위해서 한…….

김종석 위원 5억 원을 주고 사야 하는 전원주택 사업이 공익성에 맞습니까?

경기도시공사장 최승대 예를 들어서 새로운 주거문화 창출을 위한 모델을 개발하기 위해서 한 것이기 때문에 그렇게…….

김종석 위원 공익성에 맞아요?

경기도시공사장 최승대 그렇게 넓게 좀 이해를 해주시면 좋겠습니다.

김종석 위원 결국에는 사업도 잘 안 됐어요. 사장님, 이런 전원주택단지 조성사업은 민간에서 일반사업자들이 다 하는 일이니까 굳이 경기도시공사가 나서서 안 해도 될 사업이라는 거예요. 앞으로도 이런 사업 계속하시렵니까?

경기도시공사장 최승대 신중히 검토해서 하겠습니다.

김종석 위원 5억 원을 투자해야 집 한 채 살 수 있는 호화 전원주택단지를 왜 경기도시공사가 도민의 돈으로 하냐고요. 그게 무슨 새로운 주거문화 창출 모형입니까? 아까 말씀하셨는데, 누가 서민이에요? 거기서 평수만 줄이면 말만 갖다 붙이면 서민용입니까? 예컨대, 거기다 2억 원짜리 전원주택을 만들었다고 합시다. 경기도 서민 중에 누가 별장처럼 사놓고 쓸 사람이 있겠어요? 그걸 지금 계속해서 공익성에 맞다고 주장하면 됩니까? 신중하게 검토해서 마무리하세요?

경기도시공사장 최승대 네, 알겠습니다.

경기도 신청사 건립, 마침표를 찍다!

우여곡절을 겪으며, 20년 가까이 표류했던 신청사 건립사업이 마침내 마침표를 찍게 되었다. 신청사 단독 건설이 아니라, 행정종합타운으로 융복합개발 하도록 권고했고, 또 무조건 빚을 내지 않고, 기금을 조성하도록 조례를 발의해 뒷받침했다. 1,000억 원 이상의 예산 절감, 인생에서 잘 한 다섯 가지 일 중의 하나라고 할 수 있을 것 같다.

경기도 신청사는 1995년 최초로 기본계획이 수립되었다. 2004년 광교신도시에 신축하기로 결정하고, 2009년 국제현상공모까지 마쳤지만, 설계가 중단 되었다. 이후 계획 추진과 중단이 반복되면서 사업이 표류했고, 이로 인해 지역 주민들의 반발이 이어졌다. 광교 신청사 신축을 둘러싼 논란은 우리나라 행정의 후진성을 극명하게 보여주는 아주 좋지 못한 사례 중 하나였다.

2012년 지방선거에서 광교 신청사 신축을 공약으로 제시했던 남경필 도지사 당선 후, 광교 신청사 건설이 재추진 되었다. 당초 남경필 지사는 4,273억원 전액을 지방채를 발행하거나 경기도 소유 재산을 팔아서 도청과 도의회만 짓겠다는 전혀 준비되지 않은 무책임한 계획을 세웠다. 도저히 용납할 수가 없었다. 우여곡절 끝에 2020년

12월을 목표로 경기도청 신청사를 수원 광교에 짓고 있다.

집행부가 준비한 사업의 문제점을 지적하며, 그동안 2년 가까이 논쟁을 벌였다. 그 과정에서 광교주민들에게 '역적'으로 몰리기도 했고, 도의회 상임위 사무실을 점거하다시피 한 광교주민들에게 온갖 폭언을 듣기도 했다. 그럼에도 소신을 굽히지 않고, 물러서지 않았던 이유는 집행부의 계획이 상식과 원칙에서 크게 벗어났기 때문이다. 그리고 제대로 된 계획이 아니면 또다시 사업이 좌초되어 결과적으로 주민들만 피해를 보게 될 것이기 때문이었다.

건설교통위원회 상임위에서 치열한 논의 끝에, 신청사 규모도 줄이고, 신청사 단독 건설이 아니라, 행정종합타운으로 융복합개발 하도록 권고

했고, 집행부가 받아들였다. 또 무조건 빚을 내지 않고, 기금을 조성하도록 조례를 발의해 뒷받침했다. 정치적 이득 유무에 따라 20년 가까이 표류했던 사업이 마침내 마침표를 찍게 된 것이다.

결과적으로 약 1,600억 원 이상의 예산을 절감하도록 했다는 점에서, 신청사 건립 계획 변경을 이끌어낸 의정활동도 개인의 인생에서 다섯 손가락 안에 들어가는 매우 의미있는 '사건'이라 할 수 있을 것 같다.

■ 건설교통위 행정사무감사(2014. 11. 20)

"4,000억 원 빚내서 단독 호화청사? 절대 안돼!"

건설본부장 김준태   다음은 25쪽 신청사 건립 관련 재정부담 최소화 추진이 되겠습니다. 도민의 세금부담을 최소화하고자 기본적으로 건축비는 공공청사 매각대금으로, 토지매입비는 도시공사의 이익배당금 등으로 충당할 계획입니다.

공사비 2,235억 원은 지방채를 발행하여 선투자하고 현 청사에 입주계획인 사업소와 산하 공공기관의 매각대금으로 상환할 계획입니다. 토지비 1,427억 원은 공사비와 중복을 피해 2019년부터 2022년까지 4년간 약 350억 원씩 경기도시공사의 이익배당금 등으로 충당할 계획을 수립하고 있습니다. 아울러 투명하고 원활한 예산집행을 위하여 신청사 건립에는 특별회계를 조성하여 운영할 계획입니다.

김종석 위원   부천 출신 김종석 위원입니다. 신청사 관련 질의하겠습니다. 저는 일반적인 상식과 원칙, 명분과 실리 모든 점들을 고려했을 때, 신청사 이전계획을 전면 연기하거나 부분 이전 하는 것으로 서둘러 방향을 선회할 필요가 있다는 말씀을 드립니다.

남 지사가 신청사를 짓겠다는 명분은 두 가지입니다. 손학규, 김문수 도지사가 약속했고, 현재는 자신의 공약사업이기 때문입니다. 하지만 돈 없어서 지키지 못하고, 축소시킨 공약들이 얼마나 많습니까? 유독 신청사만 4,000억 원이나 들여서 반드시 약속을 지켜야 되는 이유가 있습니까?

백 번 양보해도 재원마련대책이 너무 부실합니다. 신청사 이전 재원확보 방안을 보고하셨는데, 하나는 경기도 자산을 매각하기 전까지 지방채를 발행해서 쓰고, 또 하나는 경기도시공사 이익배당금을 받아서 쓰겠다는 것이지요?

건설본부장 김준태   네, 그렇습니다.

김종석 위원   그동안 수부도시인 수원은 도청사가 존재함에 따라 수많은 혜택을 다 누렸습니다. 수원시에서 광교로 신청사를 이전하는 것이지요? 경기도민 중 누가 수혜자이고 피해자인지 따져볼까요? 유일한 수혜자는 광교 입주민입니다. 광교 입주민이 몇 만입니까?

건설본부장 김준태   8만 명쯤 됩니다.

김종석 위원   광교주민 8만 명이 유일한 수혜자입니다. 도청 이전하면 집값 올라서 자산가치가 오를 것이기 때문입니다. 8만 명을 제외한 1,242만 명의 경기도민은 사실상 피해자입니다. 경기도는 돈이 없다고 지난해 감액 추경을 했고, 돈이 없다고 SOC에 투자도 적게 했고, 돈이 없

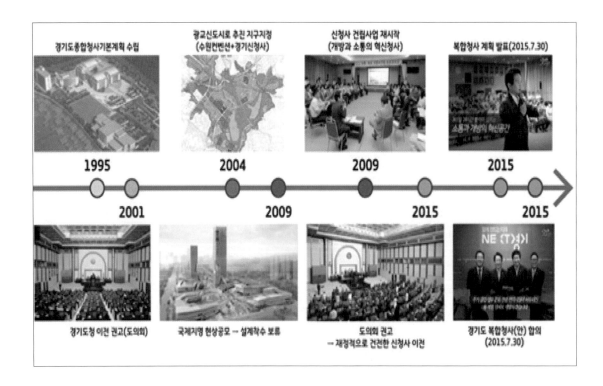

경기도종합청사기본계획 수립 · 1995
광교신도시로 추진 지구지정
(수원컨벤션+경기신청사) · 2004
신청사 건립사업 재시작
(개방과 소통의 혁신청사) · 2009
복합청사 계획 발표(2015.7.30) · 2015

2001 · 경기도청 이전 권고(도의회)
2009 · 국제지명 현상공모 – 설계착수 보류
2015 · 도의회 권고 → 재정적으로 건전한 신청사 이전
2015 · 경기도 복합청사(안) 합의 (2015.7.30)

다고 무상급식을 지원하지도 않았습니다. 김문수 지사가 돈이 없다고 하지 못한 일이, 공약을 철회한 일이 한두 가지가 아닙니다. 그 피해를 1,242만 명의 도민들이 보고 있는데, 8만 명을 위해 빚까지 내가면서 4,000억 원을 들여서 호화청사를 지어요? 그것이 타당하다고 봅니까?

건설본부장 김준태 청사이전은 2001년 이전부터 검토를 했는데요. 2001년 당시 수원시 이의동, 금곡동, 학의동, 갈현동 여러 곳을 놓고 후보지에 대한 용역을 했습니다. 그래서 후보지가 최종적으로 이의동 광교신도시로 확정이 되고……

김종석 위원 다 알고 있습니다. 제가 질의를 하는 이유는 시기가 좋지 않다는 겁니다. 경제가 어려워서 도민들이 모두 허리띠를 졸라매고 있습니다. 이런 상황을 극복하기 위해 다수의 도민들을 위해서 투자할 생각을 해야지요. 우리가 앞장서서 허리띠를 졸라매야 하지 않나요? 도(道)

와 도의회가 좁으면 좁은 대로, 집행부 공무원들이 힘들더라도 돈을 적립했을 때, 그때 가서 하라는 말씀이에요. 제대로 된 재원마련대책을 제시하고 이전하라는 겁니다. 지금 대책 가지고는 결코 이전해서는 안 됩니다.

경기도시공사 이익배당금 사용도 문제가 있습니다. 경기도시공사 공공의 목적을 위해서 설립을 했음에도 그 역할들 제대로 해내지 못했습니다. 도민을 위한 임대주택을 거의 짓지 않았습니다. 사회공헌사업도 시늉만 하고 있습니다. 진짜로 해야 할 일을 거의 안하고 있는데, 광교에서 이익금 좀 남겼다고 350억 원씩 4년간 이익배당금을 가져오겠다고요? 경기도시공사 설립 이후 10년 가까이 되었지만 이익배당금을 가져온 적이 없습니다. 그런데 경기도시공사의 이익금을 가져다가 전체 도민들을 위해서 쓰는 게 아니라, 8만 광교 주민과 일부 공직자들이 사용하는 호화청사를 만드는 데 사용하겠다는 발상, 있을 수 있는 일이라고 생각하십니까?

건설본부장 김준태 아무래도 청사를 건립하는 데 천문학적인 비용을 사용한다는 거 자체가 무리수는 있습니다. 하지만 현재의 청사를 계속 유지하기에는 너무 노후화되었고 일부 증축이나 보완도 필요하기 때문에, 청사 이전을 신중하게 재고해야 한다는 생각이 듭니다. 지금 입장에서는 돈이 들어가기 때문에 그 부분이 도민한테는 죄송스럽습니다. 하지만 10년 후에 짓는다면 지금의 비용으로 할 수 있을지가 의문이고 물가상승 등 여러 가지 측면, 지금까지 청사를 이전한다고 들어간 비용 등을 감안했을 때 그대로 진행하는 것이 맞지 않을까 생각합니다.

"일반 가정 집 구입 전에 저축부터 해"

김종석 위원 상식과 원칙에 근거해야 합니다. 일반적으로, 우리 가정에서 평수를 늘려서 집을 옮겨갈 때, 투기꾼이 아닌 이상 빚을 엄청나게 내서 그 돈으로 집을 사서 이사를 간 사람들이 많습니까? 거의 없습니다.

공직자 분들 근무환경이 안 좋다고 그러셨죠? 경기도민 중 최저 주거환경에 미달하는 곳에서 살고 있는 분들이 얼마나 되는지 아십니까? 무려 40만 가구입니다. 그분들을 위해서는 예산 투입을 하지 않으면서 신청사에 4,000억 원 쓰겠다고요? 지금 도청에 물이 줄줄 샙니까? 그렇지 않잖습니까? 신청사 지을 때 짓더라도 지금은 때가 아닙니다. 빚내겠다는 2,000억 원을 경기도 SOC건설에 투자하면, 경기도 모든 SOC사업을 완벽하게 진행할 수 있습니다.

경제가 어렵다고 도민 모두가 허리띠를 졸라 매고 있는 이 마당에 신청사를 꼭 내년부터 지어야 하는지 정말 의문입니다. 제대로 된 재원대책을 가져오기 전에는 안 됩니다. 신청사 짓지 말자는 소리가 아닙니다. 연기 내지는 부분이전 등 다각적인 검토가 필요하다는 말입니다.

의회 안 가면 어떻습니까. 의회 여기서 좁게 쓰고 있을 테니까 집행부만 가시든지 해서, 최대한 비용을 아낄 방안을 찾으세요. 신청사 건설을 뒤로 미룬다고 돈이 하늘에서 떨어지는 것은 아니지만 그래도 효율적인 재원배분이 가능한 방안을, 연기를 하든 아니면 부분 이전을 하든, 진지하게 고민해서 제대로 된 재원마련대책을 가져와 주시기 바랍니다. 그렇게 하실 용의 있으십니까?

건설본부장 김준태 위원님께서 지적해 주신 사항에 대해서는 저희가 고민해서 윗분들한테 보고를 드리겠습니다. 여러 공감대가 최종적으로 형성이 돼야 하는 부분이기 때문에 신중히 검토하겠습니다. 하여간 위원님 지적해 주신 사항은 저희가 예산 심사받기 전에 위원님과 다시 한 번 협의를 하도록 하겠습니다.

김종석 위원 본 의원은 신청사 신축 예산은 대다수 도민들을 위해서, 경제 활성화를 위해서, 쓰여야 한다고 봅니다. 끝으로 한 말씀 드리겠습니다. 대통령은 모르겠습니다. 그런데 도지사와 시장 중에서 '최고'는 자치단체 재산 사용을 최대한 자제하고 아껴 재산을 늘려놓은 사람이랍니다. '보통'은 지금의 재산을 팔지도 않고, 사지도 않고, 현상유지를 해놓는 사람이랍니다. '최악'은 현재 있는 재산 다 팔아 자기가 하고 싶은 일을 다 하는 사람이랍니다. 어떤 도지사가 될 것인지,

선택은 남경필 도지사의 몫입니다.

건설본부장 김준태　신청사건립추진단 소관 세출예산입니다. 2014년 10월 2일 자 조직개편으로 신설된 신청사건립추진단 세출예산은 210억 7,800만 원을 신규 편성하였습니다. 도민 중심의 개방·소통 청사 건립을 위한 기본 및 실시설계가 2015년 완공됨에 따라 신청사 건립공사 발주 및 착공에 필요한 예산 210억 400만 원과 일반운영비, 여비 등 행정운영경비 4,800만 원, 신청사건립추진단 신규 설치에 따른 자산취득비 2,500만 원을 계상하였습니다.

김종석 위원　김종석 위원입니다. 신청사 관련돼서 다른 여러 위원님들이 질의하셔서 연장선상에서 좀 질의하겠습니다. 지금 경기도시공사 이익배당금을 2019년부터 22년까지 4년 거치한 후에 4년 동안 350억 원씩 가져온다고 되어 있죠. 19년부터 350억 원씩 2022년까지 4년 동안 이익배당금을 받아 지방채 쓴 것 갚도록 계획 짜여있지 않습니까?

건설본부장 김준태　도시공사의 이익배당금은 저희가 도청사를 건립하게 되면 부지를 매입해야 됩니다. 그 부지매입대금으로 활용할 계획입니다.

김종석 위원　그러니까요. 경기도시공사에서

이익배당금을 2019년부터 22년까지 350억 원씩 4년을 가져오게 지금 계획을 세우셨다니까요?

건설본부장 김준태　네, 맞습니다. 그래서 그것은 기채로 우선 사용하는 것이 아니고요. 도시공사에서 도청사 부지 매각을 하는 조건이 거치기간을 둬서 청사를 건립하는 동안은 비용이 들어가지 않도록 하고, 청사가 준공된 이후부터 매각대금을 분할납부하도록 검토하고 있는 상황입니다.

김종석 위원　그러니까요. 그게 결과적으로는 경기도시공사에서 경기도 봐주는 것 아니에요? 2013년도에 423억 원 배당받아서 제3경인고속도로에 재원 투입한 거 외에는 이익배당금을 가져온 적이 없다고요.

건설본부장 김준태　그렇습니다. 저희가 도시공사로부터 받은 내역을 보면 2013년도에 423억, 2014년도에 1,000억 원 해서 쭉 배당하겠다는 공문을 제출했는데요.

김종석 위원　안 했다니까요. 그러니까 부채율 때문에 부채문제 300%, 200%까지 줄여야 되는데 쉽게 말을 하면 경기도시공사가 이익배당금을 몇 %까지 줄 수 있는지는 알고 계십니까? 현재 45%를 줍니다. 45%를 주고 그것을 주기 위해서 매년 경기도시공사가 800억 원에 가까운 당기순이익을 내야만 350억 원을, 45%에 해당된 금액들을 이익배당금으로 줄 수 있어요. 그런데 경기도시공사가 하는 사업은 상당히 오래 걸리지요. 예를 들어서 산업단지는 돈을 한 푼도 못 벌게 되어 있습니다. 산업단지는 원가로 하게 되어 있다 보니 실제적으로 돈을 벌기가 어려운 구조입니다. 광교처럼 아파트 지어서 돈을 벌어야 되는데, 경기

도시공사의 주요 재원이 거기에 있습니다.

지금 경기도시공사가 그나마 자금사정이 좋아진 이유는 광교에서 분양이 잘 되어 그런 거예요. 그런데 지금 경기도시공사 자체로 예측한 것을 보면 2014년도 한 990억 정도 당기순이익이 날 것으로 예측하고 있습니다. 올해 2015년도 753억 원, 2016년도 1,221억 원, 2017년도 1,400억 원, 2018년도 969억 원으로 지금 보시면 2018년부터 내려갑니다. 이렇게 됐을 때 그 전년도 당기순이익의 45% 금액을 대입해 추산해 보면 2015년에 446억 원, 2016년에 339억 원, 17년에 550억 원, 18년에 585억 원을 가져올 수 있습니다.

문제는 경기도시공사가 수익이 꾸준히 발생하려면 아파트 단지를 매년 지어야 하는데 상황이 여의치가 않아요. 경기도시공사의 남은 유일한 아파트 사업은 다산신도시입니다. 1만 호 정도 짓는데 보금자리주택을 인수한 사업이라 50%가 임대주택입니다. 광교와 달리 큰돈이 되는 사업이 아닙니다. 또 하나 문제는 정부정책이 이제 더 이상 신도시건설, 안 하겠다는 거예요. 그래서 경기도시공사가 앞으로 쉽게 당기순이익을 낼 수 없는 상황입니다. 갈수록 수익성이 저하될 가능성이 매우 높아지고 있어요. 돈 벌 데가 없다니까요. 그럼에도 불구하고, 이번에 공모를 통해서 부임한 경기도시공사 사장은 자기 임기 때도 아닌데, 350억 원씩 매년 갚겠다는 무책임한 발언을 하고 있어요.

"도시공사 이익금 광교 아닌 도민 전체 위해 써야"

저번에 행정사무감사에서 지적했듯이, 그 비용은 도민들을 위해서 임대주택 건설이나 산업단지 조성하는데 써야 경기도시공사 설립목적에 맞아요. 경기도시공사는 2008년 김문수 도지사 임기부터, 2012년까지 임대아파트 단 1채도 안 지었습니다.

하라는 일, 해야 할 일은 하지 않고, 신청사 건설에 그 돈을 쓰겠다고요? 이런 무책임한 경우가 어디에 있습니까?

남경필 지사는 재선에 도전해서 도지사를 할지 안 할지 모를 사람이고, 경기도시공사 사장은 2년 뒤면 떠나야 될 사람입니다. 도대체 어떤 예측과 근거를 가지고 350억 원씩 4년을 배당하겠다는 것인지 이것에 대해서 누가 설득력이 있다고 하겠습니까? 본부장님께서는 이게 제대로 된 재원마련대책이라고 상식적인 선에서 생각이 되십니까? 어떻게 생각하세요?

건설본부장 김준태　위원님 지적해 주신 사항과 관련해서 말씀을 좀 드리도록 하겠습니다. 저희가 당초 신청사 건립에 따른 재원마련이 이번에 처음 나온 것이 아니고 종전에 마련되어 있던 것을 가지고 지금 저희 건설본부가 다시 검증을 하고 있는 단계입니다. 재원마련팀에서 지금 공유재산 중에서 알짜 자산 같은 경우에는 좀더 가치를 올릴 수 있는 방안을 마련하고 있고요. 또 자산을 그냥 보전하는 것이 좋을 재산에 대해서는 좀더 보전하는 방안을 강구하는 등 전체적인 재원마련 계획을 지금 정비하고 있습니다.

김종석 위원　그 점을 지적하고 싶은 겁니다. 김문수 도지사께서 짓기로 하셨다고 그러면 도 집행부가 설령 연기했다 하더라도, 이게 2008년부터 준비된 사업이었습니까? 언제입니까? 2008년부터입니까?

건설본부장 김준태　2008년 맞습니다.

김종석 위원　2008년부터 했으면 제일 먼저 해야 될 일이 지금 의회에 특별회계 설치해달라고 할 것이 아니라, 내용을 어찌 채우든 간에 진즉 준비했어야 한다는 거죠. 그리고 나서 단 돈 100만 원이라도 적립해 놓아야지요? 2008년부터 준비했다면 최소한의 계획성이 있어야 그 계획을 믿어줄 것 아닙니까? 무슨 말씀인지 이해하셨고, 지적에 동의하십니까?

건설본부장 김준태　네.

김종석 위원　2008년 그때는 안 어려웠습니까? 세계경제 금융위기 왔던 때 아닙니까? 그럼에도 특별회계 재원을 위해 세수 들어온 것 중 단 돈 1,000만 원씩이라도 적립했으면 도민들도 "아, 도청 신축하기는 하는 모양이구나." 인정했을 것 아닙니까? 또한 그 상황에서도 경기도시공사 이익금 일부도 적립하는 등의 노력을 안 하셨다는 거예요. 도지사가 양심이 있으면 1~2년이라도 이런 노력을 해보고 나서 사업을 시작해야지 아무 준비도 안 해놓고 일반회계 사업에 영향을 줄까 봐 특별회계를 만든다? 말만 그럴듯하지 이거야말로 졸속이고 편법 아닙니까?

지금 광교에 도청 신축을 하라마라 이것을 지적하는 게 아니라니까요. 지난 6년 동안 뭐 했습니까? 도지사 눈치 봐가지고 재정 상황 안 좋으니까 그만 멈췄다가, 또 도지사가 새로 와서 하겠다니까 다 달라붙어서 하자? 이런 행정이 어디에 있습니까? 더욱이 4,000억 원에 가까운 빚을 내서 사업을 한다는 것을 경기도민 누가 이해를 하겠느냐고요? 그래서 저는 행정사무감사 때부터 지금까지 현재 상황에서, 하늘에서 돈 떨어지는 것 아니지 않습니까? 현재 마련된 계획에 대해 재정마련팀에서 좀더 한 가지 한 가지 따져보고 이 부분들에 대해서 안정적으로 갈 수 있겠는가를 따져보는 역할을 지금 하라는 것입니다.

건설본부장 김준태 지금 하고 있습니다.

김종석 위원 그렇죠. 그러면 집행부가 어떤 일을 하거나 사업을 할 때 점검하면서 하는 경우가 있습니까? 도로 하나를 놓더라도 사전에 점검하고, 설계하고, 실시설계하고 나서 본격적인 예산 가지고 사업 들어가지 않습니까? 그런데 신청사는 왜 이렇게 급하게 추진합니까? 누차 말했듯이 혜택을 보는 도민들은 한정되어 있고, 경제상황은 안 좋은데 왜 무리하게 이렇게 하느냐 이 말이에요? 본부장님이 직위를 맡지도 않고, 지금 도의원들도 없고, 도지사와 경기도시공사 사장, 이 모든 사람들이 없는 2019년 이후에 비용을 전가시켜 놓는다? 법과 제도가 제대로 만들어 놓지 않고, 꼼꼼하게 점검해 놓지 않으면 누가 책임질 겁니까? 그 피해는 고스란히 도민들이 보는 것 아닙니까?

그래서 확실한 재원마련대책이 서기 전까지는 내년도 예산을 편성해서는 안 된다고 봅니다. 2월이 됐건 1월이 됐건 3월이 됐건 도민들을 설득할 방법을 찾으세요. 제가 주변 도민들에게 "빚을 내 도청지어서 광교로 간답니다. 어떻게 생각하십니까?" 하고 여쭈면, 육두문자가 나올 정도로 욕하시는 분들도 많습니다. 도민 전체에 대해서 도청 이전하는 것에 대해서 의견수렴하신 적 있습니까? 예를 들어서 여론조사나 뭐나 해서 의견 수렴한 적이 별도로 있습니까?

건설본부장 김준태 기채 관련해서는 의견수렴을 한 것은 없습니다.

김종석 위원 그렇죠. 재원을 이런 방식으로 하겠다고 물은 적은 없을 것 아닙니까?

건설본부장 김준태 다만 이 재원마련 방안에 대해서는 저희가 공공용지를 매각해서 한다는 것은 수많은 설명회 등에서 이야기가 됐던 사항들이고요. 저희가 이전계획과 매각계획이 후순위로 몰려 있는 것은 지금 각 공공기관이 활용하고 있기 때문에 이 신청사, 지금 현재 청사를 비워줘야 이전을 시키고 매각할 수 있기 때문에 그 매각시기가 좀 늦어지고 있는 거고요. 저희가 매각을 하기로 한 재산들은 일반 상업지역이나 주거지역에 위치하고 있는 시설들이기 때문에 매각에는 어려움이 없다고 판단을 합니다. 다만 그에 대한 가치를 얼마만큼 더 올려줄 것이냐를 저희는 고민하고 있는 것입니다. 그러나 위원님이 생각하시는 내용에 충족하지는 않을 거라고 생각합니다.

또 위원님 말씀도 일부 공감하고 있습니다. 저희가 그동안 노력한 것은 우선 공공기관을 이전해서 매각하는 재산 외에, 일반 부분인 화성시 제부도에 있는 재산 같은 경우에는 계속 협의를 했습니다. 우선 금년도 상반기 중에는 공유재산관리계획 처분계획을 수립하여 세출하면 바로 화성시하고 매각절차를 밟기로 하였습니다. 그래서 여하튼 위원께서 걱정하는 도민에게 부담을 주는 행위(신청사를 지으면서 부담을 안 줄 수 있는 것은 아니라고 생각합니다만)는 '최소화하는 데 최선을 다하겠다'는 약속을 드리겠습니다.

김종석 위원 알겠습니다. 이상 마치겠습니다.

빚내서 신청사 이전, 도민에게 죄짓는 일

- 경기도의 졸속 부실 신청사 이전 재원마련대책 "수긍할 수 없어"
- 2015년 신청사 이전 공사비 지방채 210억 원 "서막에 불과"
- 도의회 이전하지 않는 문제 "전체 의회 차원 검토 필요"
- 확실한 재원마련대책 수립될 때까지 "예산 편성 절대 안 돼"

존경하는 경기도민 여러분!

경기도의회 건설교통위원회 새정치민주연합 소속 6명 의원은 2015년 경기도 예산안 심의를 하면서, 광교 신청사 이전 예산안의 중대한 문제점을 지적하고자 이 자리에 섰습니다. 현재, 경기도는 안팎으로 큰 어려움을 겪고 있습니다. 우리 도민들께서도 어려운 경제 상황 때문에 허리띠를 졸라매고 하루하루를 어렵게 견뎌내고 있습니다.

남경필 도지사는 출범 후 6개월이 다 되어가는데도 향후 추진할 공약마저 확정하지 못하고 있습니다. 그 주된 이유는 재원마련이 어려워 공약 축소가 불가피한 상황이기 때문입니다.

경기도는 재정 상황이 어렵다는 이유로 도로 및 하천 등 SOC사업 투자를 중단하거나 축소하고 있습니다. 2014년 16개 광역시·도 중에서 유일하게 무상급식 예산도 지원하지 않았습니다. 2010년부터 4년 동안 경기도는 임대주택을 단 한 채도 짓지 않았습니다. 지난해에는 사상 초유로 3,875억 원 감액 추경예산을 편성하기도 했습니다.

이렇게 경기도 안팎의 상황이 엄중함에도 불구하고 남경필 도지사는 총 사업비 4,270억 원 중 향후 '3,780억 원을 빚내서' 신청사를 지어 이전하겠다고 합니다. 그러면서 내년도 신청사 건설 공사비로 210억원 책정하여 경기도의회에 예산 심의를 요청하였습니다.

우리 건설교통위원회는 지난 행정사무 감사에서 상식과 원칙에 벗어난 지금의 신청사 이전 계획의 문제점을 지적하면서, 예산 심의 전까지 제대로 된 재원마련대책을 모색할 것을 촉구했습니다. 하지만, 어제(27일) 진행된 예산심사에서 경기도 집행부는 똑같은 주장만 되풀이 했습니다.

경기도가 제출한 재원마련대책은 다음과 같은 문제점을 안고 있습니다.

1. 신청사 건립 재원에 심각한 문제 … 사실상 사업비 전액이 지방채

첫째, 총사업비 4,270억 원이 넘는 예산확보 방안에 심각한 문제가 있습니다. 이중 공사비 2,235억원을 지방채 발행 투자 후 현 청사 이전 산하기관을 매각한 대금으로 상환하겠다는 것입니다. 현재의 국내건설 경기를 감안할 때 계획된 시기에 대상 산하기관을 매각할 수 있다고 장담할 수 없습니다. 결국엔 지방채 발행에 따른 이자도, 매각하지 못한 공유재산 대금도 모두 도민의 혈세로 메꾸어야 하는 상황이 발생할 수 있습니다.

둘째, 토지비 1,427억 원의 조달 계획도 너무나 불확실합니다. 매년 350여 억 원씩 4년간('19~'22년) 경기도시공사 이익배당금으로 충당한다는 것은 온당치가 않습니다. 지금도 경기도시공사는 높은 부채비율 때문에 사업 추진이 원활하지 않는 상황입니다. 더욱이 경기도시공사는 사회적 약자를 위한 임대주택 건설 등 공사 설립 이념인 공공의 목적에 충실하지도 못했습니다. 2018년 경기도시공사가 적자일지 흑자일지도 모르는 상황인데 이익배당금을 재원으로 하고, 도민을 위해 쓰는 것이 아니라 신청사를 짓는데 쓰겠다는 것은 그 발상 자체가 도민의 지탄을 면키 어려울 일입니다.

2. 제대로 된 신청사 건립 재원대책 마련 촉구 … 도의회 이전 않는 방안 논의 해야

이에 우리 경기도의회 건설교통위원회는 남경필 도지사에게 신청사 이전 추진 계획을 면밀하게 검토할 것을 거듭 요구합니다. 아울러 신청사의 규모 축소를 검토해 줄 것도 요구합니다.

우리 의원들은 경기도민들의 어려운 경제적 여건을 감안하고, 경기도가 조금이나마 빚을 줄여야 한다면 "경기도의회가 현 청사에 그대로 남아야 한다."는데 뜻을 함께 하였습니다. 이 자리를 빌어서 경기도의회 강득구 의장님과 교섭단체 양당

대표께 다른 의원님들의 뜻을 물어주실 것을 정식으로 요청합니다.

불확실한 공유재산 매각, 경기도시공사의 이익배당금만을 바라보고 신청사 이전을 추진하는 것을 소관 상임위원회 의원으로서 도저히 용납할 수가 없습니다. 단 한 푼의 도민 혈세도 허투루 쓸 수가 없기 때문입니다.

우리 경기도의회 건설교통위원회 새정치민주연합 6명 의원은 확실한 재원 대책이 마련되기 전까지 신청사 이전 관련 예산을 내년도 예산에 반영할 수 없다는 입장을 확고하게 밝히고자 합니다. 따라서 2015년 본예산에 반영된 신청사 이전 관련 지방채 '210억 원'은 전액 삭감할 것입니다.

남경필 도지사께는 상식과 원칙이 지켜지고, 경기도민 모두가 충분하고 타당하다고 여기는 신청사 이전 재원 대책을 마련할 것과 100년을 내다보는 신청사 건립 계획을 제시할 것을 거듭 촉구합니다.

2014. 11. 26.
경기도의회 건설교통위원회 새정치민주연합 의원 일동
(김상돈, 김종석, 김지환, 민경선, 박용수, 최재백)

'경기도 신청사 건립 특별회계 조례안' 심의 보류

건설본부장 김준태 신청사 건립에 따른 사업비의 투명성 제고를 위하여 특별회계를 운용하고자 하는 사항으로 원안대로 심사 의결하여 주신다면 도민의 세금이 헛되이 사용되는 일이 없도록 내실을 기하겠다는 약속을 드리며 이상으로 경기도 신청사 건립 특별회계 설치 및 운용에 관한 조례안에 대한 제안설명을 모두 마치겠습니다.

김종석 위원 부천 출신 김종석 위원입니다. 우리 저번에 예산 과정에서 여러 얘기들이 나왔던 사항이고요. 경기도시공사가 2013년도에 423억 원 배당했다고 하는데 어떤 명목으로 어떻게 가져왔던 내용입니까?

건설본부장 김준태 당초에 배당금 423억은 도시공사에서 저희 경기도로 배당금을 납부해줘서 한 것이고요. 2014년부터는 부채율 감소를 위해서 배당액이 지금 현재 없습니다. 당초에는 2014년부터 1,000억씩 3,000억을 보내주겠다고 했는데 도시공사에서 부채율 감소를 위해 지금 배당금은 납부하지 않고, 2019년부터 4년 동안 균등하게 납부해 주겠다고 통보가 왔습니다.

김종석 위원 잘 아시다시피 도시공사에서 이렇게 이익금을 배당한 경우가 거의 없었고, 오히려 지금까지 수없이 많은 현금출자, 현물출자를 통해 도로부터 지원을 받았습니다. 지금 예결위에서 내년도 예산 심의하고 있는데, 우리 경기도

가 부동산 취득세가 주 재원이어서 세수 추계가 부정적으로 나와 내년도 예산 짜는 데 있어서도 보수적으로 임하고 있는 상황입니다. 알고 계시죠?

건설본부장 김준태 네, 알고 있습니다.

김종석 위원 현재 우리 경기도 자체 재원구조가 안정적이지 못합니다. 취득세에 지나치게 의존하다보니 세수가 안정적이지 못하고 늘 출렁입니다. 9·4조치인가요? 이것 때문에 한 두어 달 세입이 괜찮다가 또 안 좋아지는 상황입니다. 이런 상황에서 경기도시공사가 실제로 이익을 남긴다는 것도 매우 불확실합니다.

공유재산 매각도 마찬가지입니다. 부동산 경기가 활성화되어 있을 때 팔아야지요. 그러지 않습니까? 우리 공유재산을 사가는 사람들도 부동산 경기가 활성화되어 있어야 투자를 해서 개발을 하던 무엇을 하던 할 텐데, 공공기관 지방이전 사례에서 보듯이, 공유재산 덩치가 커서 잘 안 팔릴 가능성이 높습니다. 규모만 그런 것이 아니라, 부동산 경기 자체도 위축된 상황이기 때문에 매각 대상 공유재산이 단기간에 잘 팔리리라는 보장이 없다고 봅니다. 그 부분들에 대해서는 아무도 책임질 수 없는 상황이고요. 또 하나 아까 말씀드렸다시피 최근 경기도시공사가 다산신도시에 약 9,000억 원 가까이 되는 땅을 매입하신 거 알고 계십니까?

건설본부장 김준태 네, 그렇습니다. 알고 있습니다.

김종석 위원 그럼 무슨 말씀인가 하면 이제 경기도시공사가 돈을 만들어낼 수 있는 곳이 단 한 곳도 없다고 해도 과언이 아닙니다. 현재 상황

인천일보

2015년 11월 20일 (금)
03(경기판)면 종합

전임부지사 광교신청사 추진…속내는

〈박수영 전 행정1부지사〉

내년 총선 광교 신도시 지역구로 출마 ~ 야당의원 비난 빗발

김종석 도의원 "정치적 행보에 이용돼선 안돼"

경기도의회 건설교통위원회는 19일 경기도건설본부를 대상으로 실시한 행정사무감사에서 광교 신청사 건립사업을 주도해 온 박수영 전 행정1부지사가 내년 총선에서 광교 신도시 지역구로 출마하는 것을 두고 야당 도의원의 질타가 이어졌다.

새정치민주연합 김종석(부천6) 의원은 "광교 신청사는 1280만 도민을 위한 것이지, 광교 신도시 지역의 이해관계나 박수영 전 부지사의 정치적 행보에 이용돼서는 안된다"며 그동안 진행돼 온 광교신청사 추진과정에 대한 문제를 지적했다.

특히, 지난 9월 광교 신도시 공동시행자인 도와 수원시, 용인시, 경기도시공사 등이 신청사 개발방향과 이익금 배분 등에 합의한 것을 두고 몰염치한 행위라고 비난했다.

김 의원은 "1280만 도민의 재산을 매각한 돈으로 신청사를 건립하면서, 여기서 발생하는 이익금을 일부 지역에서 이익금을 나눠가지는 것이 말이 되느냐"며 "박수영 전 부지사가 출마를 결심한 광교 신청사 건립사업을 주도한 것도 문제"라고 꼬집었다.

같은 당 민경선(고양3) 의원도 "광교 신청사 건립으로 이득을 보는 사람이 누구냐"며 사실상 박 전 부지사의 행보를 비판하고 "신도시로 전입한 공무원 명단 공개하라"고 요구했다.

여당 의원도 광교 신청사에 대한 불만이 쏟아냈다.

새누리당 한길룡(파주4) 의원은 "경기도 전체를 위해 일해 할 건설본부장이 광교신청사 외에는 아무런 일도 안하고 있는 같다"며 건설본부 소관 북부지역 사업에 대해 조목조목 따졌다.

이처럼 여·야를 불문하고 광교신청사에 대한 불만이 터져나오자 이계삼 건설본부장은 "도민 위한 신청사 건립이 되도록 최선을 다하겠다"며 자세를 낮췄다.

/이상우기자 jesuslee@incheonilbo.com

에서는 경기도시공사가 직접 지어서 거기에 대해서 광교 일부 가지고 아파트 지어서 받고 이런 상황이 아니고, 단지 조성해서 일반 업체에 다 팔아버렸단 말이에요. 그래서 9,000억 원 가까이 들어오니까 자금사정이 좋아져 개선되었다고 말하고 있습니다. 제가 알기로는 현재 경기도시공사가 돈 벌 수 있는 사업장들이 있느냐인데 전혀 없습니다. 그런데 어떤 근거를 가지고 앞으로 350억 원씩을 가져오겠다는 것인지 근거는 뭡니까?

건설본부장 김준태 저희가 가져오겠다는 것이 아니고요. 도시공사가 2019년부터 2022년까지 350억씩 충분히 배당을 해줄 수 있다고 자신하고 있어요. 지금 사업재산이 다산신도시나 광교신도시뿐만이 아니고 제가 알기로는 경기도에서 투자해 준 것, 예를 들어 한류월드 같은 부지나 사업장도 있습니다. 그래서 그러한 것을 복합

적으로 사업을 하면 충분히 수익이 난다고 본부장으로부터 얘기를 들었습니다.

김종석 위원 그 한류월드 사업도 이야기 나온 지가 언제입니까? 사업성이 있었다고 하면 진즉 털고 갈 수 있는 사업들인데, 사실상 부실사업 떠넘기기 하고 있는 것 아닙니까? 그 좋은 조건에서 한류월드 사업부지에 사업 추진 안 되고 결국 민간에 매각해 아파트 신축사업하고 있습니다. 뿐만이 아니고 과천에서 경기문화재단에게서 위임받은 사업을 경기도시공사가 또 떠안았어요. 사업 전망이 없어서 지금 수년 동안 대책을 못 찾고 있어요. 과천시 인구 7만 도시에서 사업을 3개나 하고 있어요. 도대체 어디서 돈을 벌어서 주겠다는 것인지 알 수가 없어요.

실제로 도시공사 현재 사장이나 임원분들이 2019년 이후 상황을 누구도 책임지지 않습니다. 그러

니까 그 자신감이라는 것도 연차사업계획이라든가 중장기사업계획이라든가 이런 계획들에 근거해서 어디를 매각하고, 어디에 투자해서, 그 결과 이익이 얼마 나오니까 매년 350억 원씩 이익 배당이 가능하다는 근거요인을 받아보고 하셔야지요. 아니, 경기도시공사의 일개 본부장이 책임자도 아닌데 "그거 자신 있습니다." 이런다고 해서 재원근거가 될 수 있는 겁니까?

또 하나 저번에 예산과정에서 지적이 나왔지만 절차상의 과정들에 있어서 조례 개정문제, 공유재산 매각하는 데 있어 부지 자체에 대해 정확하지 않는 문제, 또한 도의회 이전 유보 내지는 순차적 이전 등 여러 가지 제안이 나와 있기 때문에 현재 상황에서 신청사 특별회계 설치·운용에 관한 조례안 제정에 대한 여건과 연구결과가 상당 부분 부실하다고 생각이 되는데, 의견은 어떻습니까?

건설본부장 김준태　네, 말씀드리겠습니다. 지난 예산심의 시에 위원님들께서 많은 우려를 해주셨습니다. 우선 첫째, 저희가 공유재산관리계획을 받고 나서 변경된 내용들이 과연 관계법령에 맞느냐 하는 부분에 대해서는 그 이후에 안행부의 유권해석을 받았습니다만 상관이 없는 걸로 변경 대상이 아니라는 회신을 받았고요. 그다음에 사업토지대금은 우선 건축비에 대한 것은 물가상승률이나 여러 가지 유동적인 부분이 발생할 수 있습니다만, 택지개발 사업에 의해 발생된 토지에 대해서는 조성원가로 공급하도록 되어 있습니다. 그러니까 그 토지대금에 대해서는 추가로 더 증액이 되는 것은 없다고 저희는 생각을 하고 있습니다. 위원님께서 염려해 주시는 부분에 대해서 저희가 좀더 고심을 하겠습니다.

김종석 위원　의견은 잘 들었고요. 그럼에도 불구하고 전반적인 부분들에 대한 객관적인 근거와 확신들이 저는 여전히 부족하다고 생각합니다. 그래서 개인적으로 본 조례가 원안대로 추진되는 것에 반대의견을 가지고 있습니다.

이상 질의 마치겠습니다.

■ 건설교통위 업무보고(2015. 2. 5)

"재정적으로 건전한 신청사 재원 마련 촉구"

건설본부장 이계삼　신청사 건립 재원조달에 관한 사항입니다. 신청사 건립 재원은 도민 세금 부담을 최소화하는 방안으로 모색하려고 합니다. 토지비는 아시는 바와 같이 도시공사 이익배당금으로 충당하고 건축비는 지방채 등 합리적인 재원조달 방안을 검토해 나갈 계획입니다. 투명한 예산집행을 위해 당초와 같이 신청사건립특별회계 설치는 필요하지 않겠나 생각하고 있습니다. 다만 설치시기는 충분히 어느 정도 정리가 된 다음에 제정을 요청할까 합니다.

2014년도 추진실적을 간단히 말씀드리면 행자부로부터 중앙 투융자심사를 받았습니다. 참고로 그때 총 사업비는 4,273억이고 재원조달 방안을 보면 지방채를 2,247억 이상은 안 된다는 조건부로 승인을 하였습니다. 그리고 지난 1월 달에는 신청사특별회계 조례 관련해서 우리 상임위에서 요청하신 사항을 검토하기 위해서 관련 실과에 문서를 뿌렸습니다. 문서를 뿌려서 의견을 받아 1차 결과를 정리하였습니다. 별도로 배부해 드릴 준비가 되어 있습니다.

그다음에 향후 계획으로 2월 달에는 신청사특별회계안 관련 도의회 요구자료를 지속적으로 추가로 검토해 나갈 계획입니다. 이것을 하기 위해서 경기연구원과 GRI와 같이 할 계획인데 단기 정책과제로 진행할까 합니다. 연구대상은 공유재산 매각에 관한 사항과 현 청사 활용에 관한 사항입니다. 여기다가 떠넘기자는 것은 아니고 그쪽과 우리가 협조해서 일을 진행해 나가려고 합니다. 저희들도 나름 열심히 하고 있습니다.

그리고 또 2월부터는 신청사건립특별회계 조례안의 제정 재심의 협의를 지속적으로 해나갈까 합니다. 조례 관련해서 안행위나 자치행정국과 협의해서 방안을 모색해 나가겠습니다. 공유재산 매각 절차도 단계별로 진행해 나갈까 합니다. 행정재산 및 일반재산을 매각하기 위해서 15년부터는 단계별로 가는데 현 청사 입주 산하기관 재산을 매각하는 것도 협의하고 구체적으로 검토해 나갈 예정입니다.

김종석 위원 부천 출신 김종식 위원입니다. 새해 복 많이 받으시고요. 우리 경기도 건설본부 전체 공공 공사하시는데 올 한 해 사고 없이 모두 잘됐으면 하는 바람입니다.

24페이지 신청사 관련해서 여쭐게요. 지난 연말에 본부장님께서 새로 오셔서 전언으로 들으셨는지 모르겠지만 예산편성 과정 중 도의회 내부, 해당 지역주민들과 극심한 진통을 겪은 사실은 알고 계시죠?

건설본부장 이계삼 네, 그렇습니다.

김종석 위원 알고 계시고 그와 관련되어 이 문제들을 어떻게 할 것이냐에 대해서 위원장님께서 다 제시를 하시고 요구한 내용들이 있음에도 불구하고 이번 업무보고에는 어떻게 추진되고 있는지 전혀 아무것도 안 나와 있네요?

건설본부장 이계삼 1차 검토결과는 있는데요. 지금 배부해 드리도록 하겠습니다.

김종석 위원 그래서 이와 관련되어 제 기억으로는 최소한의 경기도시공사가 이사회를 통해서 신청사 건립에 대한 이익금을 내도록 하겠다는 내용이라든가, 공유재산특별회계의 조례를 개정하겠다는 부분이라든가, 또 저희가 요구했던 대로 신청사로 도청만 부분이전 검토 부분 등 여섯 가지로 정리하여 답변을 요구했는데 어떻게 되어 있는지가 업무보고서에 안 나와 있어요.

건설본부장 이계삼 그건 보고서에 담기는 그래서 별도 자료제출로 하고자 합니다. 업무보고에는 저희들이…….

김종석 위원 네, 무슨 말씀인지 알았고요. 자료를 지금 주시면 어떻게 질의를 하겠어요? 그래서 이 자료는 일단 살펴보도록 하겠고요. 지금 현재 내용으로 봤을 때 특히 제일 중요한 저희들과 위원님들이 지적하셨던 내용들을 어떻게 반영할 것인지에 대해서 어느 정도 좀 나온 게 있습니까? 설명해 주세요.

건설본부장 이계삼 1페이지 맨 아래쪽에 요약을 해놓은 게 저의 답변인데요. 이 문제제기 여섯 가지를 하신 것이지 않습니까? 그래서 이 여섯 가지 문제지적은 타당하고 바람직하다고 생각합니다. 그래서 거기 종합 검토의견을 다시 한 번 살펴보시면 공유재산 매각 사항은 건본 자체검토

1) 사업개요

위 치	경기도 수원시 영통구 이의동 186일원 (광교지구단위계획 구역 내 신청사부지)
대 지 면 적	26,227㎡ (청사부지 20,000㎡, 유보지 6,227㎡)
건 축 면 적	8,358.27㎡
건축규모 / 연면적	지하 4층 ~ 지상 22층 / 150,793.50㎡ - 도청사 22층, 도의회 12층
용 도	업무시설(공공청사, 의회, 통합주차장, 소산시설)
주 차	1,149대(통합주차대수 : 4,011대)
사 업 기 간	2017.7 ~ 2020.12(준공예정)

❋ 경기도 신청사 조감도 | '17.2.3. 수원시 건축허가 기준

| 현상설계안
(2009) | 현상설계 조정안
(2011) | 복합개발 계획안
(2015.7) | 경기융합타운 마스터플랜
(2016.4) | 도신청사
(2017.4) |

와 GRI 연구를 연계하여 현실성을 규명하여 매각 일정과 매각대상을 재조정해 나가겠다는 저희들의 뜻을 밝히고요. 작년 행감 때부터 지금까지는 그걸 다 규명하기 어려웠습니다. 그리고 신청사 건립 관련해서 종합계획, 그러니까 추가부지 확보하는 방안이라든가 도의회 청사를 이전하느냐 마느냐 하는 이슈 등 여러 가지 종합계획이 있고 그것은 곧 소요재원 규모하고도 관련되는데 현재 미확정된 상태입니다. 그러니 추가 협의를 통해서 해 나가겠습니다. 또한 위원님의 지적을 받아들여서 신청사특별회계 조례 제정은 무리하게 신뢰를 확보하지 못한 상태에서 서두르기보다는 소요재원 규모, 재원조달 방안 등이 어느 정도 정리된 후에 차근차근 진행해 나가겠다는 말씀을 드립니다.

김종석 위원　네, 알겠고요. 지금 얼핏 내용 보니까 경기도시공사 이익배당금에 대한 이사회 의결서 제출하라고 그랬는데 이 부분들은 지금 사장 명의의 공문만 되어 있다고 되어 있는데요. 이것은 의미 없어요. 저희가 필요하다고 생각하는 것은 사장이 모든 걸 책임지는 거 아니잖아요? 그거에 대한 기속력을 가지려면 그 부분들에 대한 경기도시공사 이사회 의결들이 반드시 있어야 된다고 봅니다. 제가 알기로는 경기도시공사가 매달 한 번씩은 이사회를 개최하고 있거든요. 그러니까 당장에, 2월 초니까 1월 달에 바로 반영하기가 어렵다고 한다면 사장 공문 말고, 반드시 차후에 이사회 의결, 결의를 특별회계 조례 심의를 다시 하기 전까지 완료할 수 있도록 조치해 주세요. 그럴 의향 있으시죠?

건설본부장 이계삼　네, 이미 요청을 구두와 서류로도 했는데 이사회 의결사항이냐는 이견이 있었습니다. 그 건에 대해서는 아무튼 다시 추진하겠습니다.

김종석 위원　이견은 있을 수가 있고 그럴 텐데, 그러면 경기도시공사 누구의 약속을 믿고, 어떤 근거로 그걸 약속이라고 믿을 수가 있냐는 거거든요. 그래서 이견은 있다 할지라도 그 부분들은 주무부서인 우리 본부장님을 필두로 해서 반드시 받아내는 것이 도민에 대한 도리인 거고, 공직자로서 임무를 다 한 거라고 봅니다. 꼭 그렇게 해주시도록 하고요. 신청사 관련 실제로 점검해 보시니까, 많은 문제점들이 나타나는 거 느끼시죠?

건설본부장 이계삼　네, 문제들이 많습니다.

김종석 위원　실제로 신청사 건립 추진 자체를 워낙 급하게 하다 보니까 여기저기서 많은 문제점들이 나타나고 있어요. 업무상 누구를 질타하고 하기 이전에 꼼꼼히 짚고 넘어가야 될 의무가 저희들한테 있는 거예요. 그래서 향후에도 이런 부분들 하나하나 모든 수단과 방법을 다 동원해서 꼼꼼하게 점검하세요.

건설본부장 이계삼　네, 적극 검토하도록 하겠습니다.

김종석 위원　공유재산 매가과 관련해서 지금부터 집행부가 해줘야 될 일들은 팔아야 될 재산을 어떻게 더 가치를 높일 것이냐, 또 현재 확보하려고 하는 도청부지 자체가 너무 크면 좀 쪼개서 팔아서라도 비용을 줄이는 문제 등, 이 모든 부분들을 열어놓고 검토하라는 거예요. 그후에 가장 효율적인 방법을 선택해야 한다고 보는데 그에 대해서는 어떻게 생각하십니까?

건설본부장 이계삼　네, 적극 검토해 보도록 하겠습니다.

김종석 위원　예를 들어서 그런 거예요. 우리가 가지고 있는 재산을 팔 때 있는 그대로 파는

것하고, 우리 도가 가지고 있고, 도와 수원시가 연계해서 팔 수 있는 방법이 있는 거잖아요. 예를 들어 무슨 개발사업을 하면 우리가 가지고 있는 자산을 가치를 더 높여서 팔 수 있는 방법도 있잖아요. 이런 모든 방법을 포함해서 우리의 재산을 최대한 잘 팔 수 있는 방법을 연구하라는 것이고, 그것에 대해서 시간 끌지 마시고, GRI에서도 연구를 해 보시되, 우리 공직자분들이 벤치마킹을 하시든 뭣을 하시든 수단, 방법을 가리지 말고 그 비용들을 최대한 아낄 수 있는 방법을 찾으라는 거예요.

건설본부장 이계삼　네, 그 GRI 용역이 끝난 후에 보고하는 것보다도 연구하는 경과를 중간에 보고를 드리고 상의하면서 길을 열어 나가겠습니다. 그리고 또 이게 사실 하다 보면 확실한 것이 없어요. 언제 팔릴지 누가 알겠습니까? 그런데 이러이러한 어느 정도의 불확실성은 끌고 가면서 또 필요하다면 다른 재원도 쓰는 방안을 같이 한 번 협의해서 모색했으면 좋겠습니다.

김종석 위원　지금 위원님들이 우려하시는 부분들은 궁극적으로 신청사 관련해서는 신축 이전 약속이 지켜져야 된다는 사실에 대해서는 다 동의하십니다. 이와 관련된 재원마련대책들이 지방채를 발행하지 않고, 일반회계에서 할 수 있을지 상당 부분 어렵다는 것에 대해서도 집행부와 우리 위원님들 모두 공감하고 있는 상황이에요. 일반회계 가용자원을 신청사 쪽에 많이 써서 다른 사업이 지장을 받는 일이 없도록 해야 한다는 것에 대해서 유념을 하시고, 전체적인 준비를 해주실 것을 부탁드립니다.

건설본부장 이계삼　네, 그러겠습니다.

"경기도의회 신청사 이전 권고 결의안 채택"

김종석 위원　존경하는 송영만 위원장님, 건설교통위원회 선배 · 동료 위원 여러분! 안녕하십니까? 새정치민주연합 부천 출신 김종석 의원입니다.

지금부터 재정적으로 건전한 재원 대책 마련을 통한 경기도 신청사 이전 추진 권고 결의안에 대해 제안설명을 드리겠습니다.

본 결의안의 제안이유에 대해 말씀드리면 경기도 신청사 건립과 관련하여 최근 민선 6기에 들어서서 빠르게 추진되고 있지만 지금까지 신청사 건립을 위한 불확실한 재원마련 방안이나 사업추진 방식이 부실하다는 지적이 잇따르고 이에 따라 다각적이고 안정적인 재원 대책을 마련할 것과 건설본부를 조직재편할 것을 강력히 권고하고자 본 의원이 대표발의하고 뜻을 함께해 주신 34명 의원님의 공동발의 서명을 받아 제출하게 되었습니다. 그 밖에 보다 상세한 사항에 대해서는 미리 배부해 드린 결의안을 참조해 주시기 바라며, 지금까지 말씀드린 본 결의안에 대해 원안대로 가결해 주실 것을 제안드립니다.

이상 제안설명을 마치겠습니다. 감사합니다.

1. 재정적으로 건전한 재원 대책 마련을 통한 경기도 신청사 이전 추진 권고 결의안(김종석 의원 대표발의)

경기도는 2008년 1월 '도 신청사 건립 기본계획 수립' 후 신청사 건립사업을 추진하면서 호화청사 건립 논란과 재정난 등으로 사업 중단과 재개를 반복하다가 민선 6기 시작과 함께 빠르게 사업을 추진하고 있다. 그러나 경기도가 수립한 신청사 이전을 위한 재원마련 방안과 사업추진 방식 등을 살펴보면, 여러 가지 중대한 문제점이 발견되고 있고, 사업계획 또한 매우 부실한 상태에서 추진되고 있음을 알 수 있다.

경기도는 신청사 건축비 2,716억 원을 지방채를 발행해서 조달한 후, 향후 공유재산 매각을 통해 지방채를 상환하고, 신청사 토지구입비 1,427억 원은 경기도시공사 이익배당금으로 상계 처리하는 재원 조달 방안을 제시하고 있다. 하지만 공유재산의 매각 시기와 매각 가능성 등이 매우 불확실하여, 향후 전액 지방채로 충당하려는 신청사 건축비를 도민의 혈세로 전액 메꾸어야 하는 결과가 초래될 수 있다.

더욱이 경기도시공사 이익배당금의 상계 처리 방식은 경기도시공사의 이익 실적에 따라 배당이 이루어지게 되는데, 공사 설립 목적상 경기도시공사가 이익을 극대화할 수도 없기 때문에, 확실한 재원 대책이라고 보기 어렵다. 따라서 경기도는 부실한 재원 대책에 근거해 신청사 건립을 서두를 것이 아니라 사업 시기를 조정하더라도, 지금까지 마련된 신청사 이전 방안을 더욱 신중하고 다각적으로 검토하여, 신청사 부지 일부 매각, 경기도의회 및 재난안전본부 이전 제외 또는 지연, 복합행정타운 조성, 민관복합청사 건립, 일반회계를 통한 신청사 건립기금 적립 등 재정적으로 건전하고 안정적인 신청사 건립 재원 대책을 마련해야 할 것이다. 아울러 공유재산을 매각하더라도 수익형 민간투자사업(BTO), 임대형 민간투자사업(BTL), 공영개발 등 다양한 사업방식을 심도 깊게 검토 활용하여 헐값 매각 논란에 휘말리지 않고, 최대 수익을 얻을 수 있는 대책을 마련해야 할 것이다.

현재 신청사 이전 사업을 추진하고 있는 경기도 건설본부는 예산확보, 공유재산 매각 등의 업무를 책임지고 수행하기에는 조직 구조상 많은 어려움을 안고 있다. 따라서 효율적이고 합리적인 신청사 건립사업 업무추진을 위해 조직 체계를 재편하여, 새로운 방식 도입에 따른 부족한 기능을 강화하여야 할 것이다.

이에 경기도의회는 재정적으로 건전한 신청사 건립 추진을 위해 경기도지사에게 다음과 같이 권고?결의한다.

1. 경기도지사는 신청사 이전 건립사업을 조급하게 추진하기보다는 지금까지 마련된 신청사 재원조달계획과 건립방안을 충분한 시간을 갖고 면밀하게 재검토하여 제대로 된 대책을 마련하라.

2. 경기도지사는 신청사 건립 재원의 다각화, 사업비 절감을 위하여 신청사 부지 일부 매각, 경기도의회 및 재난안전본부 이전 제외 또는 지연, 민간자본투자유치, 복합행정타운건립, 복합개발수익사업, 매각대상 공유재산 공영개발, 일반회계를 통한 신청사 건립기금 적립 등 다양한 방안을 검토하여, 신청사 건립사업이 재무적으로 안정적이고 건전하게 추진될 수 있는 대책을 강구하라.

3. 경기도지사는 신청사 건립사업이 효율적으로 진행될 수 있도록 재원조달과 건립사업을 구분하여 조직을 재편성하고, 새로운 사업방식 도입에 따른 필요한 기능은 보강하여 혁신적이고 성공적인 신청사 건립사업이 이루어질 수 있는 방안을 마련하라.

2015. 4.
경기도의회 의원 일동

김종석 위원 존경하는 송영만 위원장님, 건설교통위원회 선배 · 동료 의원 여러분! 안녕하십니까? 새정치민주연합 부천 출신 김종석 의원입니다. 지금부터 경기도 신청사 건립 기금 설치에 관한 조례안에 대한 제안설명을 드리겠습니다.

본 조례안의 제정이유에 대해 말씀드리면 지방자치법 제142조에 따라 경기도 신청사 건립 기금을 설치하고 운용 · 관리에 필요한 사항을 규정하여 경기도 신청사 건립에 필요한 재원을 연차적으로 적립 · 조성하기 위하여 본 의원이 대표발의하고 뜻을 함께해 주신 39명 의원님의 공동발의 서명을 받아 제출하게 되었습니다.

다음으로 본 조례안의 주요 제정내용에 대해서 말씀드리겠습니다. 안 제3조와 제4조에 기금의 조성 재원 및 용도를 규정하고 안 제5조부터 제12조까지는 기금의 효율적인 운용 · 관리에 관한 사항을 심의하기 위한 경기도 신청사 건립 기금 심의위원회 설치 · 운영에 필요한 사항을 규정하였습니다.

또한 안 제13조부터 안 16조까지 기금운용계획

안, 기금결산보고서와 운용성과분석 작성, 도의회 심의 · 의결 등에 관한 사항을 규정하고 기금의 효율적 운용 · 관리를 위하여 기금관리공무원 지정에 관한 내용을 안 제17조에 포함하였습니다.

아울러 기금의 시행일, 존속기한, 신청사 건립 집행잔액 처리에 관한 사항 등은 부칙에서 규정하였습니다. 그 밖에 보다 상세한 제정 사항에 대해서는 미리 배부해 드린 조례안을 참조해 주시기 바라며 원안대로 가결해 주실 것을 제안드립니다.

이상 제안설명을 마치겠습니다. 감사합니다.

2. 경기도 신청사 건립 금 설치 및 운용에 관한조례안(김종석 의원 대표발의)

제1조(목적) 이 조례는 경기도 신청사 건립에 필요한 재원을 연차적으로 적립 조성하기 위하여 「지방자치법」제142조에 따라 경기도 신청사 건립기금을 설치하고 그 운용 · 관리에 필요한 사항을 규정함을 목적으로 한다.

제2조(기금의 설치) 경기도지사(이하 "도지사"라 한다)는 신청사 건립에 필요한 자금을 확보 · 지원하기 위하여 경기도 신청사 건립기금(이하 "기금"이라 한다)을 설치한다.

제3조(기금의 조성) 기금은 재정여건을 감안하여 매년 다음 각 호의 재원으로 조성한다.

1. 일반회계 및 특별회계 출연금
2. 지방채 발행
3. 경기도 공유재산의 매각대금
4. 경기도시공사의 이익배당금
5. 기금의 운용수익금
6. 그 밖의 수익금
(이하 생략)

"빚내서 기금적립 안 될 말"

건설본부장 이계삼 706쪽입니다. 신청사건립추진단 소관입니다. 세출예산은 약 350억 원으로 본예산 대비 300억 원을 증액 편성하였습니다. 이는 평소 존경하는 김종석 위원님께서 대표 발의하신 경기도 신청사 건립기금 설치 및 운용에 관한 조례 시행에 따른 기금전출금 300억 원을 편성한 것입니다.

이상으로 일반회계에 대한 제안설명을 마치고 2015년도 신청사 건립기금 운용계획안에 대해 제안설명을 드리겠습니다.

2015년도 제2회 추가경정 기금운용계획안 책자 42쪽입니다. 신청사 건립기금은 경기도 신청사 건립 조례 제13조에 근거하여 15년 6월 17일 설치되었습니다. 기금조례는 15년도 기금은 일반회계의 전출을 통해 적립을 추진할 예정입니다. 43쪽입니다. 신청사 건립기금은 현재까지 적립된 금액은 당연히 없으며 15년도에 처음으로 300억 원을 조성하여 연도 말 기금잔액은 300억 원이 될 예정입니다.

김종석 위원 신청사요. 이거 빚내 가지고 이를테면 지금 좀 모양이 이상한데, 일반회계에서는 돈이 없어서 못 넣는 겁니까? 관리기금에서 이자주고 빌려와서 일반회계에 넣었다가 일반회계에서 다시 기금으로 넣는 구조를 취하고 있잖아요?

건설본부장 이계삼 그렇습니다.

김종석 위원   그런데 군이 그렇게 해야 될 이유가 있나요?

건설본부장 이계삼   대답하기가…….

김종석 위원   그러면 그긴 둘째 치고 지금 300억 원을 주면 올해 다 쓰나요, 못 쓰나요? 올해 다 쓰지는 못하죠?

건설본부장 이계삼   당연히 기금에 적립만 하는 거죠.

김종석 위원   적립만 하는 거죠?

건설본부장 이계삼   네.

김종석 위원   그런데 주민들한테 사업을 진행한다고 안심하라는 신호의 의미가 강하다고 보는데, 6억 원의 이자까지 물어가면서 여기에 300억 원이라는 돈을 집어넣을 필요가 있습니까? 그

리고 기금운용 조례가 만들어졌다 하더라도 이게 본예산에 반영되지 않고 이렇게 추경에 치고 들어온 사례들이 있는지, 시기상 왜 이렇게 서둘러야 되는지 그 이유를 제가 지금 잘 모르겠어요? 답변 한번 해보세요.

건설본부장 이계삼   군이 말씀드린다면 지난 작년 말부터 도청사 이전사업을 추진하려고 하는데 이렇게 저렇게 권고를 받고 방향을 모색해 가는 와중에 사업계획이 변경되니까 올 연말에 착공했던 계획이 내년으로 지연되는 와중에 주민들의 반발도 많고, 최근에 주민간담회를 열었더니 1,000억까지 배정…….

김종석 위원   일반회계에서 300억 원을 가져오지 않고, 빚을 내서 가져오는 이유가 일반회계에서 하는 사업에 영향을 주지 않으려는 방법일 수도 있겠지만 또 그 소리가 그 소리입니다. 저

기서 빚내면 다른 데서 그만큼 못한다는 소리이기 때문에요. 더욱이 사업계획 자체가 복합개발로 방향이 바뀌었단 말이에요. 그러면 불가피하게 사업계획을 검토하느라고 1~2년이 늦어질 수도 있는 것이고, 방향이 바로 섰으면 최종 사업계획이 서기 전까지는 어느 정도 정리만 하면 되지, 편성된 돈을 당장 쓰지 않는데 단지 주민들 요구가 있어서, 안심시키기 위해서 300억 원이라는 큰 돈을 무조건 집어넣어 놓고 보자? 이건 좀 문제가 있다고 보는데, 어떻게 생각하십니까?

건설본부장 이계삼　그것은 위원님의 말씀도 일리가 있다고 생각합니다. 그거에 대해서는 선택에 판단의 여지가 있고, 당장 이 사업을 착공하는 건 아니기 때문에 단계적으로 하는 것도 문제가 되지 않습니다. 최종 판단을 상의해서 했으면 좋겠습니다.

김종석 위원　그다음에 객관적으로 여쭐게요. 우리 건설교통위원회 소관 업무 하는 데 있어 신청사 300억 원이 기금으로 들어오면서 전체적으로 사업에 영향 받는 게 있습니까, 없습니까? 그건 파악 못하시고 있습니까, 별도로는?

건설본부장 이계삼　영향 받는다는 것은……

김종석 위원　그러니까 건교위 소관 전체 업무가 실링 배분에 있어서 신청사 기금 300억 원 때문에 영향을 받는지 어떤지 그걸 여쭙는 겁니다.

건설본부장 이계삼　다른 어려움을 당하고 있느냐? 그것은 없습니다. 실링에서 별도로 이것은 편성하고 있습니다.

김종석 위원　네, 알겠습니다. 이상 마치겠습니다.

■ 건설교통위 업무보고(2015. 10. 7)

경기도 신청사 및 광교개발 관련 협약 체결

김종석 위원　부천 출신 김종석 위원입니다. 경기도 신청사 관련해서 협약서를 맺으셨는데 지금 이 협약서가 모든 사업계획의 정점을 찍은 것으로 봐야 되는 겁니까, 시작으로 봐야 되는 겁니까?

건설본부장 이계삼　한 7부 능선 넘은 것으로……

김종석 위원　경기도 집행부가 착각해서는 안 될 사안이 있습니다. 경기도 신청사에 대해서 그간 의회에서 논란이 있었고, 또 조례를 바꾸고 했던 이유는 집행부가 준비 없이 지나치게 빨리 가려고 한다는 생각이 들었기 때문입니다. 그래서 충분한 검토 기회를 드려서 30년, 50년, 100년 뒤에도 부끄럽지 않은 사업을 만들어 보라는 의미에서 의회가 방향전환을 해 드린 것입니다. 거기에 내용을 어떻게 담을 것인가 하나하나 치밀하게 연구해야 하는데 마치 무슨 번갯불에 콩 볶아 먹듯이 도지사, 시장들이 모여서 이익금을 분배한다? 진짜 핵심은 경기도민들의 불필요한 비용이 거기에 들어가지 않도록 하는 것에 최선을 다해야 됨에도 당사자들이 모여서 수원시 이익, 용인시 이익, 이걸 조정한다는 겁니까? 착각하지 마세요. 그냥 쭉 금 긋고 몇 천 평은 이렇게 하고, 몇 천 평은 또 이렇게 하고 이러라고 그렇게 방향전환한 거 아니에요.

복합개발에 대해 정말로 심도 깊게 검토해서 부

수적인 시너지효과를 극대화할 방법을 찾아야지요. 하여간, 복합개발과 자체 개발비용으로 신청사 비용을 마련한다는 각오로 노력해 주실 것을 각별히 부탁드립니다. 그렇게 할 용의 있으시죠?

건설본부장 이계삼 　네, 그러겠습니다.

경기도 신청사 및 광교 개발 관련 협약서

경기도와 수원시, 용인시, 경기도시공사는 경기 신청사의 조속한 건립 및 광교 신도시의 발전을 위하여 다음과 같이 협약하고 상호 지원한다.

1. 경기도청사 예정부지 118,218㎡ 중 약17,000㎡를 주거·상업·업무·문화·관광·편익시설 등 융·복합 단지로 추진하되, 주거기능은 최소화하고 업무기능은 최대화 하며 약10,000㎡는 공공업무단지로 한다. 정확한 면적은 실시계획 변경 승인 등 과정에서 조정될 수 있다.

2. 경기도는 공용의 청사부지 118,218㎡에 대하여 개발계획을 수립함에 있어 당초 계획한 중심업무지구(CBD구간)에 대한 개발 컨셉(다기능 복합청사, 공공보행 통로, 오픈스페이스, 스카이라인 등)이 최대한 존중되도록 한다.

3. 경기도는 청사부지에 잔디광장, 공공도서관 등을, 수원시는 체육시설, 편의시설, 전시·집회시설 등을, 용인시는 다목적 복지센터 등의 공공시설을 확충함으로써 삶의 질을 향상시키고 광교지구의 가치를 높이는 데 힘을 모은다.

4. 위 공공도서관과 전시·집회시설 등은 국내 최고 수준을 지향하고, 광교신도시 내 국제회의복합지구(관광특구 포함)가 지정될 수 있도록 공동의 노력을 기울임으로써 명실상부한 명품 신도시를 실현한다.

5. 이상의 내용은 신의성실의 원칙에 따라 이행하고, 이 협약서에 명시되지 않은 사항과 불가피한 변경은 공동사업 시행자 회의에서 결정한다.

본 협약의 성립을 증명하기 위하여 협약서 4부를 작성하여 서명한 후 각각 1부씩 보관한다.

2015. 09. .

경기도지사　　수원시장　　용인시장　　경기도시공사 사장
남경필　　　　염태영　　　정찬민　　　최금식

■ 건설교통위 행정사무감사(2015. 11. 19)

경기도 신청사 융복합개발로 최종결정

건설본부장 이계삼 　경기도 신청사는 민선 1기 때부터 시작된 사항이 20년 동안 이러저러한 사유로 표류하여 왔습니다. 이에 따라 주민들도 혼란과 불편이 가중되었습니다. 금년부터 토론회 등을 통해 신청사 건립방안과 지방채를 통하여 조속하게 추진하는 방안을 모색하였는데, 더 건전하고 안정적인 재원을 마련할 것을 도의회에서 5월 28일 날 권고하여 주셨습니다.

또한 기금조례안도 제정해 주셨습니다. 이에 따라 도 집행부에서는 신청사 건립방안을 마련하고, 로드맵을 지난 7월 30일에 발표하였습니다. 이에 따라 수원과 용인에서는 다소 이견이 있었으며 갈등도 있었습니다. 또한 주민들도 불만이 있었는데, 이러한 사항을 잘 슬기롭게 화합하여 새로운 대안을 마련하고 지난 9월 21일에 합의안을 도·수원·용인·도시공사가 발표하였습니다.

현재는 수원시, 용인 등 광교주민들에게 단지별로 설명을 해 나가고 있습니다. 불만을 가지고 있다가 설명을 듣고 나면 많이 공감하는 방향으로 바뀌는 것을 볼 수 있습니다. 그리고 지난 10월에는 융합기획팀을 신설하여 구체적으로 융·복합 방안을 모색 중이라는 말씀을 드립니다.

건립방향의 변경된 사항을 좀 더 살펴보면 부지면적이 1만 8,000평에서 1만 평 정도로 부지면적을 축소하고 축소된 8,000평 중에서 5,000평은 재원조달을 위한 복합개발 등의 용도로 활용하고, 3,000평은 종합행정타운 기능으로 추진하고 있습니다. 그리고 나머지 전체 신청사 부지 3만 6,000평 중 50%에 해당되는 면적은 오픈스페이스로 확보하는 방향으로 추진하고 있습니다. 재원조달도 살펴보면 당초에 세금을 쓰지 않는다는 기조 하에서 건축비는 공유재산 매각대금으로 조달하고, 토지비는 도시공사 이익배당으로 조달하되 공유재산 매각이 지연되는 것을 감안하여 지방채로 우선 조달하는 방안이 당초의 계획이었습니다. 하지만 공유재산 매각이 원활하지 않을 수 있다는 우려 등이 있어서 더 안정적인 방안을 찾아보게 된 것입니다.

그래서 현실적으로 매각이 가능한 공유재산 매각대금 2,000억 이상, 손실보상금 2020년까지 들어올 돈은 대략 800억 원, 현 청사 매각대금 1,300억 원 그리고 이번에 5,000평에 달하는 개발수익금 추정 1,500억 원, 합하면 5,600억 원인데 우리가 추가로 필요한 돈은 3,500억 원가량이기 때문에 2,100억 원 정도의 안전금액이 있다는 말씀을 드립니다. 향후 16년 말에 신청사 공사를 착공하여 20년 말경에는 준공토록 하겠습니다.

김종석 위원 늘 말씀드리지만, 평생 동안 도청을 한 번도 이용하지 않는 도민들이 몇 분이나 될까요? 1,270만 전체 도민들이 다 그렇습니다. 도청을 이용하는 분들은 경기도청 공무원, 일부 소수 지방에서 출장오는 공무원, 그다음에 민원인들 정도일 겁니다. 그렇기 때문에 늘 사업을 하실 때 유념하셔야 될 것은 1,270만 갖다 붙이지 마시고, 다수의 도민들에게 피해 안 가게 하는 방법을 마련하는 게 건설본부장님이 하셔야 될 일입니다. 관련해서 질의하겠습니다. 신청사 작년 예산 때부터 해서 우여곡절 끝에 이제 방향성 잡고 지금 가고 있지요?

건설본부장 이계삼 네, 그렇습니다.

김종석 위원 그 과정에서도 저는 문제가 있다고 생각합니다. 지난 9월 21일 도지사, 수원시장, 용인시장, 도시공사 사장 모여서 협약한 적 있지요?

건설본부장 이계삼 네, 그렇습니다.

김종석 위원 이게 뭐하는 짓입니까? 짓지도 않고 아직 어떻게 될지도 모르는데 자기들끼리 잠정적으로 추정해서 이익금이 1,800억 나오니까 누가 얼마 가져가고 누가 얼마 가져가고, 누가 얼마 가져가고? 이게 지금 뭣 하자는 겁니까? 도민 세금을 한 푼도 안 들어가게 만들기 위해서 노력을 해도 부족할 판에, 내놓으라고 그러세요! 자기들이 이익은 다 보면서 수원하고 용인시장이 왜 돈을 가져갑니까?

다음 어떻게 해서든지 간에 현재 도청사 부지를 판 금액, 그리고 복합개발로 발생하는 수입 이 금액만으로 사업비를 다 충당하는 것이 맞는 거예요. 그런데 모여 가지고 자기들끼리 몇 백억씩 나눠 갖고말고 이러고 있는데, 이해를 못하겠습니다. 관련해서 자, 경기도 신청사 당초 5만 9,000㎡에서 3만 3,000㎡, 한 1만 평으로 줄여서 가겠다는 것 아닙니까?

건설본부장 이계삼 네.

김종석 위원 여기에서 용적률도 엄청 남을 거 아닙니까. 더 하세요. 예를 들어서 주민들이 불만이 있으면 뭐가 불만이고, 주민들의 불만은 하나라도 놓치지 않도록 노력해야 되지만, 거기에 이해관계가 걸려있는 투기업자들이 앞장서서 하는 말까지 어떻게 다 들어가면서 도가 일을 합니까! 설득해야죠. 도청에 사람이 많이 몰려들게 하겠다는데 그걸 반대하는 주민들이 누가 있습니까! 그럼 거기 뭐 귀신 나올 것처럼 조용하게, 여러분들만 모여서 한적하게 공원 같은 데서 근무하시렵니까? 도민들이 그 공간에, 비싼 땅에서 최대한

감사 인사 표하려 경기도의회 건설교통위원회를 찾아온 광교주민들

활용을 해도 부족할 판에 그걸 가지고 이제 와서는 "이런다, 저런다", "돈을 더 줘야 안심을 한다." 도대체 이런 이기주의적인 욕심이 어디에 있습니까!

공직자 여러분들도 "이 현 청사부지 파는 금액 외에 나머지 금액을 광교에서 다 만들어 내겠습니다" 할 때, 여러분들 마음대로 하세요. 그렇지 않고, 나머지 도민재산 손대는 것에 대해서는 여러분들 재산 손실 이상으로 가슴 아프게 생각하면서 하나하나 사업 추진하란 말입니다. 그렇게 할 용의 있으세요? 점검하실 용의 있으십니까?

건설본부장 이계삼　　네. 미처 생각하지 못한 내용이었는데, 그것이 근본적으로 맞는 말씀인

것 같습니다.

김종석 위원　　진행과정도 마찬가지입니다. 박수영 전 부지사가 아주 부적절하게, 새누리당 그쪽 지역위원장으로 간 줄은 아십니까?

건설본부장 이계삼　　네.

김종석 위원　　불과 1년 전에 경기도부지사로 있으면서 경기도 재산 팔아, 빚 4,000억 원 내 가지고 광교에다 도청을 옮기겠다고 했던 업무를 총괄했던 수장이 박수영 전 부지사입니다. 전언에 따르면, 그분은 광교 주민들 만나서 "경기도는 돈이 넘쳐나는데 의회가 돈을 안 줘서 못 옮기고 있다."고 다닌답니다. 공직자가 그 경험을 가지고

국가를 위해 봉사하는 것은 필요하죠. 다만, 떳떳하게 하세요, 떳떳하게!

4급 이상 공직자들을 관련 업무와 연관된 곳에 3년 이상 취업 못하게 하는 이유가 뭡니까? 이권개입 못하게 하려고 그런 거 아닙니까? 그런데 자기 마음대로 경기도 재산 다 팔아가지고 광교로 가겠다는 계획을 버젓이 세워놓고, 채 1년도 되기 전에 옷 벗고 거기 가서 출마한다고 하는 이런 경우 없는 일이 세상 어디에 있습니까! 신청사, 오직 도민만을 위해서, 도민만 바라보고, 거기에 맞춰서 사업을 추진하세요. 어떤 정치적인 의도가 개입되어서는 안 됩니다. 무슨 말인지 이해 가십니까?

건설본부장 이계삼 네, 알겠습니다.

김종석 위원 박수영 전 부지사가 신청사건립기금심의위원회 1차 회의에 들어온 것은 아니었죠?

건설본부장 이계삼 1회 때는 들어왔습니다.

김종석 위원 이게 말이나 됩니까? 그래놓고 나가서 그 지역에 가서 국회의원 출마하겠다는 게 말이나 되냐고요. 거기에서 불편부당하게 잘 편들지 않고 중립적으로 모든 일들이 이루어졌다고 생각하십니까? 어찌됐든 앞으로 이 신청사하고 관련되어서는 두 눈 부릅뜨고 지켜볼 것입니다. 하지 말자는 소리가 아닙니다. 오직 주민들을 위해서 하겠다는 겁니다. 더 잘하라는 겁니다. 그 부분들에 대해서는 이미 논의를 했기 때문에 흔들 의도도 없고 생각도 없습니다. 집행부가 해야 될 일은 모든 일에 대해서 완벽하게 해내기 위해 노력해야 합니다. 그렇게 할 용의 있으십니까?

건설본부장 이계삼 네.

김종석 위원 광교 신청사 이제 다시 계획이 섰단 말이에요. 그러면 이제부터 계획을 세우시는 것도 좀더 치밀하게 하세요. 왜냐하면 한 번 대외적으로 발표되면 주워 담기가 어렵지 않습니까? 그렇지 않습니까? 즉 용적률이 어떻고, 규모를 1만 평 정도로 줄여서 한다는 등 계획을 번복하고 그걸 흔들면 또 도민들은 불신하게 되고, 분란의 소지가 나오게 됩니다. 그래서 신중해야 된다는 소리고 좀더 검토를 깊게 해주라는 겁니다.

행정공무원들이 가서 제대로 일할 수 있게 만드는 것은 당연히 기본이고, 자금 자체 조달방안 강구, 한시라도 잊어서는 안 됩니다. 그렇게 할 의향 있으시지요?

건설본부장 이계삼　네. 존경하는 김종석 위원님의 뜻을 이해했습니다. 그 방향으로 일하도록 하겠습니다.

■ 건설교통위 결산심사(2016. 6. 17)

"신청사 융복합개발로 시너지 효과 높여야"

김종석 위원　부천 출신 김종석 위원입니다. 9대 의회 전반기 2년 상임위 공식회의 자리에서는 오늘이 마지막인 것 같습니다. 2년 동안 고생 많이 하셨고요. 신청사와 관련하여 구체적으로 몇 가지 여쭙겠습니다. 고생하셨지만, 지금 계속비로 이월되어 있는 게 한 100억쯤 되지 않습니까? 언제부터 계속 이월되고 있는 겁니까?

건설본부장 이계삼　그게 설계비가 130억인데 그중 현상공모한 30억 원은 소진했고, 기본설계비도 50억 원 정도가 소진됐으며, 14년도에 50

억 원 정도 사업비를 지원해 주서서 그 돈이 2008년부터 일부, 또 2014년부터 일부가 이렇게 이월되고 있는 상황입니다.

김종석 위원　그러면 지금 이것을 기금으로 300억 넣었지 않습니까? 같이 넣어버리시지 뭐하려고 나누세요?

건설본부장 이계삼　내년에 곧 집행을 하게 되니까요. 지금 설계비도 바로 집행을 하고 있습니다. 그다음에 50억도 설계비로 변경해서 활용될 것 같습니다.

김종석 위원　알겠습니다. 다시 또 신청사, 융복합타운으로 여러분과 이야기할 기회가 있을지 모르겠습니다만, 신청사가 당초 집행부가 계획했던 것과 비교했을 때 존경하는 건설교통위원님들의 의견을 잘 반영했고(최선의 대안일지 아닐지는 훗날 평가하겠지만) 나름대로의 변동과정들을 거치면서 도민부담을 줄일 수 있는 방안이 나왔습니다. 여타 변화를 가져온 것에 대해 매우 의미 있었다고 판단합니다. 특히 이계삼 건설본부장님께서 의회와 잘 소통해서 상당한 진전들을 이룬 것이 아닌가 해서 감사의 말씀을 드립니다.

더불어 여전히 융복합 개발을 통한 신청사 재원 자체 조달 방안 마련에 총력을 기울여 주시고, 정치논리로 따지지 말고 교육청을 포함한 여러 공공기관들이 입주해 실질적인 융복합타운이 될 수 있도록 최후까지 노력을 경주해 주실 것을 당부드립니다. 그렇게 할 용의 있으시죠?

건설본부장 이계삼　네, 물론입니다. 열심히 하겠습니다.

김종석 위원　이상 마치겠습니다.

"미안해요, 사랑해요, 베트남!"

– 한국 전통춤과 풍물놀이로 전쟁 상처 치유 –

이 글은 부천문화원 베트남 평화기행단 취재기자였던 『부천타임즈』양주승 대표기자의 기사와 사진자료를 기본으로 윤문, 사용, 게재 허락을 받아서 작성한 글입니다. 한국과 베트남의 불행했던 과거를 청산하고 문화예술 공연활동을 통한 민간교류 확대차원에서 진행된 금번 행사는 감동 그 자체였습니다. 좋은 글과 사진을 공유하게 해주신 양주승 대표기자께 감사드립니다.

부천문화원 평화기행단이 6월 25일부터 28일까지 베트남 꽝남성(Quang Nam) 땀끼시(Tam Ky City)와 유이탄 마을을 방문했다. 이 지역은 베트남 전쟁 당시 한국군에 의해 민간인 학살 피해가 발생한 지역으로, 한국의 전통문화를 매개로 한 평화공연을 통해, 양국 간의 화해와 소통을 도모하기 위해 평화기행단이 꾸려졌다.

평화기행에는 부천문화원 박형재 원장을 비롯해, 김종석 경기도의회 운영위원장, 부천시 문화예술과 이장섭 팀장, 오은령무용단, 손영철과 나눔소리예술단, 송내동청소년문화의집 조윤령 관장 등 22명이 함께했다. 경기도와 부천시가 예산을 지원했다.

부천문화원 박형재 원장은 "이번 평화기행은 우리나라가 60,70년대 베트남 전쟁에 참전하면서 우리군 주둔지역에서 발생했던 가슴아픈 일이 발생한 것에 대해, 우리의 전통문화를 가지고 그들을 위로하기 위해 마련된 행사다"면서 "전쟁 당시 생존자도 만날 예정이기 때문에 진심을 담아서 사과하고 위로 드리려한다"고 방문 소감을 전했다.

김종석 경기도의회 운영위원장은 "역사적으로 베트남은 우리에게 가깝고도 먼 나라이다. 베트남 전쟁 참전으로 인해 두 나라는 아직도 아픈 상처를 안고 있다"면서 "양국간 민간 문화교류를 통해 과거의 상처는 치유하고, 두 나라가 상호친선, 호혜평등 관계를 유지하며, 발전된 미래로 함께 나아가기를 희망한다"고 방문 목적을 밝혔다.

"미라이 학살로 숨진 영혼 위로"

　부천문화원 평화기행단이 25일 베트남 꽝남성 선미박물관 위령탑에서 월남전 당시 미군들에 의해 무참하게 학살당한 베트남인들의 영혼을 위로하고 분향했다. 선미박물관은 1968년 3월 16일 미군에 의해 벌어진 민간인 학살사건에 관한 사진과 유물 등을 전시해 놓은 곳이다.

　'미라이 학살'은 베트남 전쟁 중인 1968년 3월 16일 남베트남 미라이에서 발생한 미군 찰리중대에 의해 벌어진 민간인 대량 학살사건으로 선미마을 주민 504명이 무참하게 학살됐다. 학살된 민간인 중 여성이 182명, 어린이가 173명, 60세 이상 노인이 60명, 중장년이 89명으로 밝혀져, 전 세계인들로부터 가장 야만적이고 비인도적인 행위였다는 비판을 받았다.

　미라이 진입 전날 밤, 찰리중대 작전회의에서 중대장 어니스트 메디나 대위는 "과감, 과감, 과감하게 공격하라. 이 잡듯 철저히 수색하고 완벽하게 섬멸하라"고 지시했다.

　최선봉에 나선 1소대장 윌리엄 캘리(William Calley) 중위는 "겉보기엔 민간마을이지만 주민은 모두 적의 동조자, 내통자다. 남자는 무기를 지녔고, 여자는 배낭을 나르고, 아이들은 미래의 베트콩이다. 움직이는 것은 모두 처단하라"고 소대원을 다그쳤다고 한다.

　훗날 조사결과 베트콩은 단 한사람도 없었던 것으로 밝혀졌고, 마을 민간인들이 전혀 항거하

거나 적대행위를 하지 않았는데도 모두 사살한 것으로 밝혀졌다.

당초 미군 당국은 미라이 학살 사건을 은폐하려 했으나 종군 사진기자 로널드 해벌(Ronald Haeberle)이 찍은 학살 사진이 1년 후인 1969년 『「라이프(Life)』 지를 통해 세상에 공개되고, 프리랜서 기자인 시모어 허시(Seymore Hersh)에 의해 학살이 폭로되자 미국사회가 발칵 뒤집혔다. 영국의 BBC 방송은 전쟁이라는 이름 아래 행해진 살인이라며 미군 당국을 강력하게 비판했다.

미라이 학살과 관련하여 캘리가 군사재판에 회부되자 그를 옹호한 국가주의자들에 의해, 「캘리 중위의 전송가」 음반이 출시되어, 1971년 4월 1일 하루에 20만장이 팔리기도 했다. 미국사회에서 미라이 양민 학살이 왜곡된 사회적 현상으로 나타나기도 했지만, 결국 베트남 전쟁의 부당성을 알리는 상징적인 사건으로 자리매김했다.

윌리엄 캘리 소위는 민간인 학살 혐의로 종신형을 선고받았다. 하지만, 1971년 리처드 닉슨 대통령이 가택연금으로 감형시켰고, 이마저도 3년 뒤에 해제됐다. 미라이 학살로부터 40년이 지난 후 윌리엄 캘리는 뒤늦게 참회하면서 자신이 저지른 죄를 고백했다.

"한–베트남 아픈 과거 딛고 미래로 나아가야"

청소년문화센터 공연에 앞서, 황쩌우신(Hoang chau sinh) 꽝남성 우정연합회 부회장 및 땀끼시 관계자들과 부천시 평화기행단은 간담회를 가졌다. 이 자리에서 황쩌우신 부회장은 "꽝남성 방문을 진심으로 환영한다. 꽝남성은 베트남 국토 중간에 위치해 전쟁당시 가장 큰 피해를 입었던 지역이다. 이제 아픈 과거를 잊고 미래를 설계하고 있다"고 말했다.

아울러, 황쩌우신 부회장은 "오늘 이 자리가 양국 간 우정을 다지기 위한 인사의 자리지만 향후 문화예술 교류만이 아닌 경제 분야의 구체적인 사업이 있다면 적극 돕고 싶다"면서 "우정은 머물러서는 안된다. 우정은 계속 발전해 나가야 한다"고 강조했다.

김종석 경기도의회 운영위원장은 "한국 국민들

은 과거 베트남 전쟁의 슬픈 과거를 잊고 평화친선의 미래로 나가길 바라고 있다"면서 "저도 양국 간 우호친선을 위해 경기도 의원으로서 최선을 다 하겠다"며 화답한 후 황쩌우신 부회장에게 경기도 도자기 찻잔세트를 선물했다.

한국 전통춤과 풍물이 베트남 청소년들을 열광시킨 감동의 공연이 6월 26일 오후 베트남 꽝남성 땀끼시 청소년문화센터에서 열렸다. 이날의 공연 열기는 한류열풍이 케이팝스 걸그룹과 인기 연예인만의 전유물이 아님을 보여주었다.

화제의 공연 주인공은 경기도 부천을 중심으로 활동하고 있는 오은령무용단과 손영철과 나눔소리 풍물패였다. 오은령무용단은 부채춤을 비롯하여 진도북춤, 그리고 월남전 당시 한국군과 미군에 의해 숨진 군인과 민간인의 영혼을 위로하는 창작무용을 선보였다. 민속예술단 나눔소리는 '피리'연주를 비롯하여 꽹과리, 장구, 북, 징, 태평소 등 우리나라 전통악기 연주를 통해 신명나는 사물굿판, 소고놀이, 상모놀이 등으로 객석을 뜨겁게 달궜다.

베트남 꽝남성 땀끼시 청소년 열광시킨 평화공연

공연이 끝나기가 무섭게 땀끼시 어린이와 청소년들이 무대 위로 뛰어 올라왔다. 황쩌우신 꽝남성 우정연합회 부회장을 비롯해, 브이응옥안(Bui Ngoc Anh) 땀끼시 부시장, 인민위원회 사무국장, 꽝남성 외교청 직원, 문화예술협회 부회장도 수준 높은 공연에 아낌없는 환호와 박수를 보냈다.

브이응옥안 땀끼시 부시장은 환영사를 통해 "1992년 한국-베트남이 수교를 맺은 이래 올해로 25주년을 맞는다"면서 "오늘 공연이 부천-꽝남성 문화교류의 첫걸음을 내딛는 대단히 의미 있는 날이다. 오늘을 계기로 부천문화원과 꽝남성의 문화교류가 확대 발전하기를 기대한다"고 말했다.

부천문화원 박형재 원장은 무대인사를 통해 "역사적으로 보면 대한민국과 베트남은 외세침략에 의한 식민지, 동족간 남북전쟁 등 비슷한 부분이 많다. 한국이 베트남 전쟁에 참전해 불행한 과거로 상처를 주었지만 이제는 양국이 희

망찬 미래를 함께 설계하고 발전해야 한다"면서 "특히 어른세대에 있었던 불행한 역사가 현재의 청소년들에게 이어져서는 안 된다는 생각으로 평화공연을 기획하게 됐다"고 말했다.

이어 박 원장은 "오늘 평화공연을 통해 베트남 청소년들이 문화예술은 물론 각 분야에서 미래의 꿈과 희망을 갖기를 바라며, 꽝남성과 부천시가 다양한 교류를 통해 친밀해 지기를 기대한다"고 말했다.

한편 이날 공연이 끝난 후 이곳 청소년들은 "재미있고, 흥겨웠고, 특히 무용은 신비스러웠다", "내년에 또 왔으면 좋겠다", "한국의 오빠, 언니들이 너무 예쁘고 잘생겼다" 등 다양한 반응을 보였다.

땀끼시 청소년문화센터 관계자는 "이곳에서 공연을 하면 대부분 정치인들이 의례적인 이야기를 많이 하는데 오늘은 진심어린 환영사였다"면서 "고위 VIP들은 공연 후반부에는 자리를 뜨는게 일반적인데 끝까지 자리를 지키면서 스마트폰으로 공연 장면을 녹화하는 등 깊은 관심을 보이는 것으로 봐서 매우 성공적인 공연이었다"고 평했다.

유이탄 마을 평화어울림한마당 감동의 도가니

전쟁의 상처로 인한 아픔과 원망 그리고 증오는 이제 그만! 우리에겐 더 나은 미래와 행복이 기다리고 있다. 대한민국 부천문화원 문화예술단과 베트남 유이탄 마을 주민들이 함께 어울려

춤과 노래로 전쟁으로 가슴 깊이 남아있는 증오심을 한방에 지워버렸다.

6월 27일 베트남 쌍남성 유이 쑤엔 (Duy Xuyen)현 유이탄 마을에서 열린 마을축제는 전례가 없는 아름다운 축제였다.

유이탄 마을은 지금으로부터 49년 전, 1968년 1월 19일 월남전에 참전한 한국군에 의해 민간인 28명이 무참하게 학살된 비극의 마을이다. 당시 41살이었던 '쯔엉 티 쑤엔(truong thi xuyen)' 할머니는 생후 3일된 딸을 안고 도망쳐 목숨을 건졌으나, 그 과정에서 세 자녀를 잃었다. 현재 90살의 '쯔엉 티 쑤엔' 할머니는 과거 학살현장을 목격한 죽음과 공포의 트라우마에서 완전히 벗어나지는 못했지만, 안정된 노후를 보내고 있다.

처음에 한국인을 완강하게 거부했던 할머니를 비롯한 유이탄 마을 분들은 뜻있는 한국 분들이 꾸준히 방문해 수차례 사죄를 드리면서, 점차 마음을 열었다. 유이탄 마을 분들의 마음을 열기까지는 한국인들의 오랜 기간 동안 이어진 자원봉사가 큰 역할을 했다. 마을 진입로를 새로 건설해주고, 할머니 집도 새로 지어주는 등 물심양면으로 많은 노력이 있었던 것이다. 그래서였을까? 처음부터 마을 분들이 더없이 친절했다.

유이탄 마을 화합과 평화의 문화축제공연에는 부천평화기행단 22명, 마을 주민과 의사 소통을 돕기 위해, 다낭외국어대학 한국어과 여학생 11명이 자원봉사자로 참여했다. 유이탄 마을에서는 마을대표 까(CA)씨를 비롯한 홍(HUNG), 어르신, 청년, 어린이 등 100여명이 참석했다.

유이탄마을 입구의 탑에 "독립과 자유보다 소중한 것은 없다"는 호치민 주석의 어록이 새겨져 있었다. 유이탄 마을에 들어선 평화기행단은 먼저 억울하게 숨진 위령비에 헌화·분향했다. 이어서 나눔소리 풍물단이 위령비 주변을 돌면서 마을의 평화와 안녕을 기원하는 길놀이 풍물굿을 펼쳤다. 마을 사람들은 생소한 모습의 악기와 길놀이 모습을 신기해하면서도 구성진 가락에 숙연해지기도 했다.

길놀이 풍물굿에 이어 오은령 무용단은 창작무

용 '소녀의 눈물'을 통해 전쟁이라는 역사의 아픔 속에서 무고하게 희생된 민간인들의 영혼을 위로하고 살아남은 후손들의 안녕을 기원했다.

공연이 끝난 후, 마을 주민들이 직접 준비해서 푸짐하게 차린, 돼지고기 수육, 쌀국수, 어묵, 새우요리 등을 술과 노래로 함께 주고받으며 잔치 흥을 돋우었다.

마을주민 홍(hung)씨는 "1968년 1월 19일 유이탄 마을은 한국군의 무차별적 야만적인 학살로 민간인 28명이 죽음을 당하는 비극적인 사건이 발생했다"면서 "지금은 그 상처의 아픔에서 벗어나 회복하는 단계이며 더 나은 미래를 향해 노력

하고 있다"고 말했다.

이어 홍(hung)씨는 "우리는 한국군에 의해 억울하게 숨진 주민들의 영혼을 위로하고 기억하기 위해 위령비를 세웠다. 2003년부터 한국 친구들이 찾아와 평화의길 마을길 포장, 문화교류로 마을사람들에게 감동을 주었다"면서 "이제 과거의 상처에서 벗어나 부천문화원과의 교류가 지속적으로 이뤄지길 바란다"고 말했다.

마을대표 까(CA)씨는 환영사에서 "한국에서 많은 단체들이 이곳에서 교류활동을 폈지만 한국의 전통예술을 소개하는 공연은 처음 있는 일"이라면서 "오늘은 평일이라 젊은이들이 직장에 출근해 참석하지 못하고 어린이, 어르신들만 훌륭한 공연을 보게 된 것이 아쉽다"고 말했다.

박형재 부천문화원장은 인사말을 통해 "한국의 월남전 참전으로 베트남과의 관계가 불편하게 됐다. 유이탄 마을 입구에 들어서면서 이렇게 평화로운 마을에 불행한 과거의 역사가 있었음을 안타깝게 생각했다"면서 "이제는 아픈 과거에만 얽매이지 말고 희망찬 미래를 향해 함께 손잡고 나가자"고 말했다.

박형재 원장은 '부천문화원-유이탄마을, 함께하는 어울림 한마당'이 프린팅 된 기념티 200장을 선물했다. 또한 김종석 경기도의회 운영위원

장은 경기도 이천 도자마을에서 생산된 경기도 특산품 전통도자 찻잔세트를 선물했다.

4시간에 걸친 평화잔치가 모두 끝난 후 유이탄 마을 주민들은 아쉬움과 함께 내년에도 꼭 방문해달라고 요청하기도 했다.

행사가 끝난 후 송내청소년문화의집 조윤령 관장은 "2015년부터 시작한 베트남 평화기행이 한국과 베트남 청소년들의 건강한 성장, 변화에 큰 도움이 된다는 것을 알았다"면서 "이번에 사업의 저변확대를 위해서 부천문화원과 손잡고 행살르 마련했는데, 현지 주민들이 너무 좋아하시면서 매년 와달라고 부탁해서 마음이 뿌듯하다"고 평화기행의 성공적 마무리를 기뻐했다.

실제로 대부분의 평화기행단 단원들은 평가회에서 이구동성으로 문화예술의 힘이 전쟁 피해자들에게 큰 위로가 될 수 있다는 점에서 너무도 감동을 받았다는 소회를 피력했다. 아무런 사전 설명이 없었는데도 청소년 예술단(오은령 무용단, 손영철과 나눔소리 풍물패)의 공연에 피해자 분들이 눈물을 흘리고, 웃고, 함께 어울려져서 신명나게 놀면서 교감하는 모습은 말 그대로 감동의 도가니였다.

"용서 구하는 것이 우리가 할 도리"

조윤령 관장은 "베트남의 속담 중에 '총소리 폭탄소리를 누르기 위해서는 더 큰 노래를 불러야 한다'라는 말이 있다"고 소개하면서 "오늘 우리는 아주 크게 노래하고, 악기를 두드리고, 함께 어울려 춤을 추었다. 베트남-한국의 청소년들이 평화와 희망의 세상을 만들어 가고 있다. 그 길을 열고 만드는데 함께 할 수 있어서 영광이고 행복했다"고 밝혔다.

나눔소리 예술단 손영철 단장은 "제 아버님(계급 중사)은 백마부대 소속으로 월남전에 1971년 약 1년 동안 참가했다. 국가의 결정이었지만 지금 생각하면 유감스러운 일이다. 그동안 저는 베트남 민족에게 미안함이 있었던 차에 이번 평화기행을 통해 사과의 마음을 전하게 되어 마음의 짐을 조금이라도 벗게 됐다"고 말했다.

그러면서 손 단장은 "고인이 되신 아버님의 마음도 같으리라 생각한다. 이번 평화기행이 과거의 아픔을 치유하고 서로 상생할 수 있는 작은 희망의 씨앗이 되었으면 좋겠다"면서 "지구촌에 전쟁의 아픔이 다시는 없기를 기도한다"고 소감을 밝히며 눈시울을 붉혀 평화기행단 모두를 숙연하게 했다.

"아픈과거 치유해 마음 뿌듯"

오은령 무용단장은 "유이탄 마을은 참으로 평화로운 마을이었고 선한 눈동자를 가지고 계신 마을 어르신들과 아이들을 보니 유이탄 마을의 비극이 지구촌에서 다시는 생기지 말아야 한다는 생각이 들었다"고 말했다.

이어 오 단장은 "베트남인들의 우리나라에 대한 감정이 쉽게 사라질 수는 없겠지만 신세대와의 문화예술 교류를 통해 조금이나마 아픈 과거를 치유할 수 있는 공연이 되어서 마음이 뿌듯하다"면서 "과거의 아픈 상처를 어루만지고 치유하는 평화기행에 우리 무용단이 동참 하게 되어서 너무 보람되고 기쁘다"고 말했다.

김종석 경기도의원은 "공동묘지와 조그만 강, 그리고 연꽃이 함께 어우러져 있는 유이탄 마을을 보니 삶과 죽음이 공존하는 듯해서 가슴이 먹먹해졌다"면서 "죽은 자는 늘 말이 없고, 용서를 구하는 것이 살아남은 자들의 의무이고 도리일 것"이라고 말했다.

이어 김 의원은 "올해로 90세가 되신 쯔엉 티 쑤엔 할머니는 불과 3,4년 전까지 남자들을 무서워하는 트라우마가 있었지만, 앞서 다녀가신 한국 시민사회단체들의 노력으로 할머니께서 많이 좋아지셔서 다행스럽다. 40도의 뜨거운 날씨에 수고한 무용단과 풍물패 모두가 고맙다"라고 말했다.

문화예술과 이장섭 종무팀장은 "전쟁의 흔적을 찾아 과거의 상처를 극복하고 새로운 미래를 볼 수 있다면 그보다 더 훌륭한 일은 없을 것이다. 전쟁의 흔적을 돌아보면 죽음과 파괴로 인한 상처는 언제나 피해자의 몫이었다. 이번 평화기행단의 베트남 방문에서 희망을 보았다. 경기도와 부천시에서도 지속적이고 다양한 민간교류를 통해서 미래를 함께할 수 있도록 지원의폭과 범위를 넓힐 수 있도록 노력할 것"이라고 말했다.

이번 행사를 총괄 진행한 부천문화원 최의열 사무국장은 "4년 전 유이탄 마을을 방문했을 때 우리나라 전통과 함께 하고 싶었는데, 그 때 생각이 4년 만에 이루어져서 너무 기쁘다"면서 "오은령 무용단과 손영철 나눔소리는 정말 프로급 공연단이다. 38도의 폭염 속에서 혼이 실린 공연을 해 준 단원들 모두에게 감사의 말을 전한다"고 말했다.

해질 무렵 유이탄 마을을 빠져나오는 긴 행렬에서 재잘거리는 웃음꽃이 사방으로 퍼져나갔다.

페이스북 글모음 응답하라, 2012~2017!

2012년 4월 10일 **총알보다 무서운 투표해 주세요!**

월간 『말』지 기자 시절인 95년경 '인혁당' 사건 취재차 대구에 가서 목구멍까지 차오르는 분노와 슬픔, 눈물을 삼키며 유족들을 취재한 적이 있습니다. 희대의 사법 살인, 그 독재자의 딸이 여전히 정치를 좌지우지하고 있는 현실. 당시 차를 가로막고 누워 온몸으로 항거하신 문정현 신부님을 차가 그대로 돌진해 큰 부상을 당하셨지요. 세월은 참 잔인한 것 같습니다.

국회의원 총선거가 하루가 채 남지 않았습니다. 총알보다 무서운 투표로 모질었던 지난 세월을 단칼에 잘라냈으면 좋겠습니다. 역사의 썩은 가지들을 다 잘라냈으면 좋겠습니다.

굳이 저를 선택하지 않으시더라도 새누리당 찍지 않고, 투표하기로 마음먹은 모든 분들을 사랑하고 존경합니다.

좋은 밤, 좋은 꿈꾸세요‥*

2012년 4월 12일 **제8대 경기도의원 보궐선거 당선!**

많은 분들의 사랑으로 제가 어렵게 경기도 의원에 당선되었습니다.

저를 지지해 주신 소사구민께 진심으로 감사드립니다.

끝까지 선전하신 강일원 후보님, 이은경 후보님께도 감사와 존경의 인사 올립니다.

두 분을 지지하신 소사구민께도 제가 많이 부족하지만 두 후보님 몫까지 열심히 하겠다는 말씀 올립니다.

제게 과분한 사랑을 베풀어 주신 모든 분들께 사랑한다는 말씀 올립니다.

소사대공원 미래를 심다

2012년 4월 21일

어제까지 경기도의회 임시회가 끝났습니다. 본회의에서 40여 건의 조례를 처리했습니다. 도의회 개의로 당선사례도 다 하지 못했지만 열심히 임하겠습니다.

오늘은 소사대공원에서 '나무 숲가꾸기', '내 나무 심기' 행사를 가졌습니다. 400여 명이 넘는 주민들과 함께 나무를 심었습니다.

때마침 봄비가 내려 나무가 잘 자랄 것 같네요. 10년, 20년 뒤에 정글 숲처럼 되면 좋겠는데 가능할까요.

저도 제 나무 한 그루 심으면서 사랑하는 가족과 소사구민들의 안녕을 빌었습니다.

비가 오니 가족과 김치전 부쳐 먹으면 좋겠네요.

금의환향, 성자마을 경사났네!

2012년 4월 24일

선관위 비용보전 신청을 마쳤으니 선거 마무리는 거의 다 된 듯합니다.

지역구민들에게 아직 인사를 다 못 드렸는데, 내일 아니 오늘은 고향에 하루 다녀와야겠습니다.

민주통합당이 과반수 의석을 얻지 못해 기뻐할 수도 없지만, 고향 마을 어르신들께서 쑥스럽게 현수막까지 내걸고 기뻐해 주시니 인사는 드리고 오는 게 도리인 거 같습니다.

선거기간 아이들을 돌보느라 또 복잡한 아파트 시건 장치 때문에 보름이 넘도록 감옥살이를 하신 노모의 어깨를 하루쯤 펴느리게 해드리는 것도 자식의 도리인 거 같아 다녀오려는 것이니 제

허물을 너무 나무라지 말아주십시오.

고향에서 응원기충전해서 더 열심히 하겠습니다. ^^*

전남 강진군 도암면 석문리 성자 부락 입구에 내걸린 현수막을 동생이 찍어서 보내주었습니다. 몹시 쑥스럽네요.

연극이 끝나고, 실전 시작되다

2012년 4월 28일

오늘 역곡역 앞에 설치되었던 선거사무소를 정리하였습니다. 음습한(?) 지하 벙커를 스스로 '드림캠프'라 불렀고, 많은 분들이 땀을 흘려주셨습니다.

모두 고맙습니다.

거리에 내걸린 당선사례 현수막도 조만간 철거될 것입니다.

소사구민들께서도 일상으로 돌아가시겠지요.

아니, 그 분들은 늘 일상이었는데 정치인들이 시끄럽게 굴었는지 모르겠습니다.

스스로 잊지 않기 위해서, 다짐하기 위해서, 거리 현수막을 증거로 올립니다.

늘 겸손하게, 함께 하겠습니다.

2012년 5월 23일　동지는 간데 없고, 깃발만 나부껴

노무현 대통령님, 3주기 마음속으로만 추모했습니다.
노 대통령님이, 그리고 제가 꿈꾸던 나라가 이리 무너지는 데는 채 5년이 걸리지 않았습니다.

솔직하게 말씀드리면, 날이 시퍼렇게 설 때까지 내리쳐 달라고 자신있게 말하지도 못하겠습니다. 그럼에도 불구하고 다시 가야 한다는, '동지는 간데 없고 깃발만 나부끼는 벌판'에서 다시 일어나야 한다는 각오를 다져봅니다.

손가락 사이로 모래가 빠져나가는 이 상황을 더 이상 지속되지 않도록 해야 할 의무가 민주진영 모두에게 있음을 잊지 않았으면 합니다.

노 대통령을 넘어 더 나은 세계로 나아가야 할 의무가 우리에게 있음을 확인하는 하루였으면 좋겠습니다.

제가 7년 동안 몸담았던 국회의원회관 짐을 정리했습니다. 감사합니다.

2012년 6월 10일　대한민국 민주주의가 무너지다

어떤 이유에서도 있을 수 없고 있어서도 안 될 일입니다.
87년 6월, 시민·학생·노동자들의 피와 땀으로 이루어 낸 이 땅의 민주주의가 25년 만에 이렇게 무너지는 현실이 참담할 뿐입니다.

대통령 사저 구입 불기소, 횡행하는 사찰 악령, 사상검증, 우리가 가야 할 대한민국의 미래가 이래서야 되겠습니까?
참담한 마음으로 6월 항쟁 25주년을 맞이하면서 스스로를 벼려봅니다.

2012년 7월 4일　경인선 지하화 용역 촉구

경기도의회 2011년도 결산심사를 하고 있습니다. 소사~대곡선 광역철도사업으로 추진해 부천시 부담을 줄여야 한다는 점, 경인전철 지하화 관련 경기도 차원의 용역검토의 필요성을 제기했습니다.

원칙과 상식이 지켜지는 의회

2012년 7월 12일

오늘 경기도의회 본회의가 열립니다. 의장단 선출을 통해 후반기 의회활동을 본격적으로 시작하게 됩니다.

늘 그렇듯이 원구성 과정에서 교섭단체 간에 힘겨루기 하는 모습도 보이지만 중요한 것은 원칙과 상식을 지키는 것이라고 생각합니다.

원칙과 상식을 벗어나면 반드시 후과(後果)를 치르게 됩니다.

정두언 의원 체포동의안 부결이 이를 증명하고 있습니다. 그렇지요?

경기도의회 후반기 원구성도 원칙과 상식이 지켜지는 과정이었으면 좋겠습니다.

김문수 지사 도정공백 사과하라!

2012년 8월 16일

김문수 도지사 도정공백 방지를 위한 특별위원회 3차 회의가 열리고 있습니다.

언론홍보비와 관련해서 경기도와 산하기관은 2010년 7월 101건, 2011년 7월 93건의 광고를 했습니다.

그런데 2012년 7월에는 163건 광고를 했습니다. 올해 7월 광고가 급증한 이유는 무엇 때문일까요?

부채급증으로 부실 논란을 빚고 있는 경기도시공사의 최근 3년 7월 광고집행비는 더 심합니다.

2010년 23건 11,905만 원, 2011년 21건 12,745만 원이 집행되었는데, 2012년에는 42건, 21,322만 원으로 급증합니다.

공교롭게도 7월은 새누리당 대선후보 경선이 열렸습니다. 경기도민의 혈세가 지사 개인의 홍보비로 사용되었을 여지가 있는데도 경기도는 매체별 광고비 집행내역을 제출하지 않고 있습니다.

폭염, 녹조, 폭우로 민생현장은 비상인데 김문수 지사는 연가를 내고 새누리당 경선에 나서고 있습니다.

경기도에 몸담고 있던 측근들은 사퇴하고 캠프에 가 있습니다.

경선이 끝나면 다시 돌아올 것입니다.

여섯 번을 임용과 퇴직을 반복한 측근도 있었기 때문입니다.

경기도는 김문수 지사의 측근 일자리를 만드는 곳이 아닙니다.

경기도 도지사 자리는 대권으로 가는 디딤돌이 아닙니다.

그래서, 김문수 지사 도정공백은 꼭 사과해야 합니다.

2012년 10월 12일 **경축, 소안초 꿈누리관 개관!**

소안초등학교에서 다목적체육관 꿈누리관 개관

식 및 소안가족 작품발표회가 열렸습니다.

2010년 소사에 김상희 의원님과 내려와서, 첫 예산 확보 사업이 바로 소안초체육관 신축이었습니다.

이후 양지초, 도원초, 소사고까지 줄줄이 체육관이 지어지고 있습니다.

학교 체육관이 학생들뿐만 아니라, 지역주민들의 체육활동 공간으로 활용될 수 있기 때문에 일석이조인 것 같습니다.

소안초 학생, 학부모님들 모두 축하드려요.

2012년 10월 20일 **덕이 있어야 동지가 있다!**

꿈나무어린이상담소 바자회, 부천시평생학습대축제, 부천시민어울림한마당에 참석해 축하드렸습니다.

저도 축하를 받을 일이 있는데 오늘이 제 생일이랍니다.

저의 시골집 사랑방에 있는 선대 때부터 내려온 족자입니다.

"덕불고린" 덕이 있는 자는 외롭지 않고, 이웃(동지, 친구)이 있다.

이 정도로 해석할 수 있을 것 같습니다.

생일을 맞아, 스스로 이렇게 되도록 노력하겠다는 다짐을 해 봅니다.

※ 족자 원문은 논어의 '덕불고필유린'을 줄여서 쓴 것 같습니다.

2012년 11월 3일 **마침내, 첫 행정사무감사 시작!**

일주일 째 틀어 박혀서 주잠야독(?), 경기도 행정사무감사 준비를 하고 있습니다.

경기도 행정사무감사 기본 자료입니다.

제가 읽고, 파고, 정리해서, 대안을 제시하는데 필요한 자료들입니다.

경기도 집행부에 대한 무조건적인 비판이나 비난이 아닌, 대안 제시에 주력할 생각입니다.

자료를 보면서 이런 생각이 들었습니다.

경기도 집행부에 대한 견제와 감시도 중요하지만, 무엇보다도 대통령을 제대로 뽑는 것이 중요하다는 점을 절감했습니다.

중앙정부, 특히 대통령에게 너무 권력과 권한이

많이 주어졌기 때문입니다.

도지사가 소신과 신념을 가지고 제대로 된 정책을 펼치기에는 예산이 너무 적습니다.

뒤집어 말하면, 올해 대선에서는 제대로 된 대통령을 뽑았으면 좋겠습니다. 그렇지 못하면 국민들이 너무 불행해지기 때문입니다.

요모조모 경기도 살림살이를 보면서 역설적이게도 이명박 정권에 대한 분노가 치밀어 오릅니다.

기회를 주었는데도 제대로 못했다면 그 정권을 떠받친 세력도 교체해야 합니다.

우리 사회가 그런 상식이 통하는 사회였으면 좋겠습니다.

부럽다! 갯골생태 공원

경기도의회 도시환경위원회 행정사무감사 첫째 날 안산 반월공단, 시흥 시화공단 완충녹지조성 사업현장을 방문했습니다.

공단에서 발생하는 악취를 방지하기 위해 숲을 조성하는 사업인데, 비슷한 규모의 예산으로 2006년부터 진행된 사업의 결과가 한눈에도 달라 보였습니다.

수종 선택에서 관리까지 지자체장과 공무원의 열정이 참 중요하다는 생각이 들었습니다.

시흥시 관계 공무원 분들의 노고에 대해 존경의 마음을 보냅니다.

오후에는 시흥시 '갯골생태공원' 사업장을 방문했습니다.

한 마디로 시흥시가 너무나 부러웠습니다.

순천만 갈대공원과 견주어 결코 손색이 없는 갈대밭, 염전, 갯벌, 해수 체험장이 있고, 총 연장 14km(4시간 소요)에 달하는 탐방로가 참으로 잘 조성되어 있었습니다.

90년 된 소금창고, 철새 탐망시설 등도 좋았습니다.

우리 부천 입장에서 보면 근거리여서 천혜의 자연을 소유하지는 못했지만, 유용하게 이용할 수 있어서 참으로 다행이라는 생각을 했습니다.

내년 6월 완공인데, 지금도 출입이 가능하고, 자전거 타는 것도 가능하니 많이 이용하세요.

위치는 월곶포구 가는 길에 있습니다.

현장 확인 중에 눈살을 찌푸리게 하는 장면도 있었습니다. 생태공원에 면한 광활한 갯벌의 실제 소유주가 삼성 중앙일보 홍석현 일가인데, 갈대밭을 파헤쳐 임시건물을 지어놓고, 사설 무선 경비행기 조종 훈련장으로 사용해 풍광을 크게 해치고 있었기 때문입니다.

원래 국유지였다는데 헐값에 재벌에 소유권을 넘긴 과거 독재정권의 행태에 분노를 금치 못했습니다.

국민 모두가 향유해야 할 이런 위대한 자연유산은 매각 과정이 문제가 있었다면, 친일파 재산 환수하듯이 되찾을 수 있었으면 하는 바램이었습니다.

너무 과격한가요.

그만큼 갈대밭이 좋았습니다.

제 기억에는 3저 호황을 누릴 때도 재벌들은 기업하기 힘들다고 했던 거 같습니다.

특혜를 통해 축적한 부를 부동산에 투자하지 않고, 사업에 재투자했다면, 사회에 환원했다면, 우리 경제도 사회도 더 나아졌지 않았을까요.

휴대폰으로 사상 최대 흑자를 기록한 삼성은 또 위기경영에 나선다지요.

수십조 원 대 유보금을 은행금고에 쌓아두고서도 늘 위기라는 기업, 늘 위기라는 정권, 좀 지긋지긋하네요.

사실을 사실대로 말하고 국민과 소통하며, 방책을 찾는 상식적인 기업, 상식적인 정부를 보고 싶네요.

뉴타운문제 해결위원 김문사 지사 간담회 개최!

대선 후보 토론이 무난히 끝난 거 같네요.

현재 시각 밤 11시 10분, 경기도 의회 예결위 예산 심의 중입니다.

오전 8시 30분, 뉴타운 관련해서 김문수 도지사와 정책간담회를 가졌는데, 제가 발의한 조례 등 대책을 수용하겠다는 약속 받아냈습니다(브이~~).

뉴타운 매몰비용의 경기도 부담 비율을 늘려야 한다는 제 주장 때문에 한 번 더 의견을 조정하기로 했습니다. 그리고 오전부터 지금까지 예결위 하고 있습니다.

서민과 사회취약계층을 지원하는 예산, 합리적인 지역예산 확보에 눈 부릅뜨고 노력하고 있습니다.

집에는 못갑니다.

거리 홍보에 어제 오늘도 못나갔습니다.

미안하고 죄송합니다.

추운 거리에서 목놓아 문재인을 외친 동지 여러분, 사랑합니다.

으랏차차! 뉴타운문제 해결하다!

오늘 경기도의회 본회의에서 제가 대표 발의하고 민주당 소속 동료 의원들이 함께 힘을 보탠 뉴타운 대책 관련 조례개정안과 결의안 등 3종 세트가 여야 의원 모두의 지지로 본회의를 통과했습니다.

이에 따라 뉴타운 재개발 등 추진위원회 해산 시 사용비용, 즉 매몰 비용의 70%를 경기도와 시군이 지원할 수 있게 되었습니다.

더불어 내년도 경기도 예산에 필요예산 23억 원을 편성할 수 있는 근거가 마련되었습니다.

아울러, 최근 발표된 경기도 뉴타운 대책도 조례개정과 김문수 도지사와 간담회를 추진하여 결론을 냈다는 말씀 올립니다.

또한 경기도의회에 뉴타운 대책특위를 만드는 결의안도 통과되었습니다.

뉴타운 사업성이 있는 곳은 더 많은 지원을 하고, 사업성이 없는 곳은 매몰 비용 지원 및 뉴타운 후속 대책 마련을 통해 근본적인 대책을 마련하고자 경기도 의회가 나서려는 것입니다.

앞으로 뉴타운 특위 활동을 통해 김문수 지사와 경기도의 미온적인 대응에 적극 대처하겠습니다.

끝으로 정부의 뉴타운 매몰 비용 부담을 촉구하는 결의안도 통과되었다는 소식을 전합니다.

열악한 지방재정을 감안해 국비지원과 해산된 조합이 사용한 매몰 비용에 대해서도 국비 지원을 하고, 계속 추진하는 뉴타운사업 기반시설 등에 대해 정부 지원을 촉구하는 내용입니다.

뉴타운 문제 해결 이제 시작입니다.

오늘의 성과에 만족하지 않고 뉴타운 문제가 해결되는 그날까지 앞으로도 주욱 더 열심히 노력하겠습니다.

조금은 잘 한 저에게도, 민주당 소속 도의원들에게도 칭찬해 주세요.

힘내서 더 달리겠습니다!

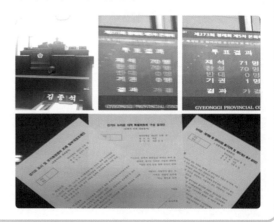

2012년 12월 15일 **반드시 투표 합시다!**

오전 역곡역에서 인사 마치고, 아이들과 함께 광화문에 다녀왔습니다.

아이들이 어리지만 살아 숨쉬는 역사의 현장을 스스로 느껴보기를 바라는 마음에서였습니다.

지금은 이해하지 못하겠지만, 언젠가 그 많은 사람들이 왜 모였는지 깨달을 때가 있겠지요.

추위를 피해 거실에 들여놓은 화분에서 새싹이 돋아나네요.

참 예쁩니다.

정치적 판단이 불가능한 아이들에게 아빠의 신념을 강요할 수는 없는 일, 그래서 한 마디 해주었습니다.

앞으로 커서 반드시 투표는 해야 한다고.

2012년 12월 19일 **시일야 방성대곡 – 18대 대선 패배!**

대선에서 졌습니다.

지지자분들께는 송구하고 죄송합니다.

승리하신 분께는 축하드립니다.

소사구민들께서는 문재인 후보에게 1만 표 가까이 표를 더 주셨네요.

부족했던 것 같습니다.

솔직히 멘붕 상태입니다.

제가 다시 힘을 낼 수 있을지 장담 못하겠습니다.

선거에서 이기고 질 수는 있지만 제 아이들에게 인간답게 살 수 있는 세상을 만들어 줄 수 없다는 생각이 저를 더 절망하게 합니다.

이 말도 교만일지 모르겠습니다.

갈 때까지 좌절해 보고 다시 일어설지 제가 쥐고 있는 끈을 다 놓을지 심사숙고하겠습니다.

엎드려 용서를 빕니다.

2012년 12월 28일 **잠시 한국을 떠납니다!**

25일 소사본3동 성당에서 토마스 모어 세례명으로 영세 받았습니다.

새 이름을 얻은 만큼 부끄럽지 않게 살도록 노력하겠습니다.

경기도의회 미얀마 공식방문단 일원으로 불가피하게 떠났습니다.

양곤에서 첫째 날입니다.

2시간 연착해서 새벽에 공항 도착, 아침까지 공기가 다릅니다.

뭐랄까요. 나무숲이 뿜는 특유의 냄새가 있네요.

호텔 앞 거리에서 바라본 출근길 풍경, 거리에 횡단보도가 없어요.

버스에 차장이 두 명씩 타서 요금을 받고, 트럭 뒤에 타거나 매달린 사람들도 있네요.

사람들의 표정이 참 선합니다.

호텔 방에서 황금빛 파고다 모습도 보이구요.

아웅산 수치 여사 자택 앞에서 만난 산족 분들입니다.

미얀마 민주화를 위해 의기투합했습니다.

현재 수치 여사는 양곤에서 떨어진 행정수도 네피도에서 국정감사 중인데 중국인들이 군부세력과 결탁해서 미얀마에서 생산되는 희토류를 저가에 가져간 문제로 싸우고 있어서 만나 뵙지 못했습니다.

미얀마 독립영웅인 아버지의 뒤를 이어 조국의 민주화와 국민들을 위해 힘쓰고 있는 그분이 안쓰럽기도 하고, 우리나라를 생각하면 부럽기도 했습니다.

현재 미얀마는 군부가 정치 경제를 장악하고, 60~70년대 우리나라가 그랬듯이 정경유착으로 인해 양극화가 심각한 상태였습니다.

하지만, 천혜의 자원을 가지고 있기에 민주화만 제대로 진행된다면 엄청난 발전을 이룰 것이라는 생각이 들었습니다.

내일 수치 여사가 당수로 있는 NLD 당사를 방문합니다.

창밖으로 펼쳐지는 풍경에 벽돌을 져서 날리고, 집터를 닦는데 삽질을 하는 모습을 보면서, 수고로운 노동의 대가가 대기업이 아닌 국민들에게 돌아가는 것이 차라리 아름답게 보였습니다.

미얀마의 민주화가 제대로 이루어지기를 기원해 봅니다.

2014년 1월 1일

1년 만의 귀환

2012년 대선 패배 후에 2013년 한 해 동안 페이스북에서 스스로 유배를 떠났습니다.

딱 1년이 지난 오늘 여전히 세월은 하 수상합니다.

여러 갈래 생각 속에서 여전히 확실하게 잡히는 것은 없지만, 좀 독하게 살아야겠다는 결론을 내렸습니다.

2014년 갑오년 새해, 벼락 같은 축복이 여러분과 함께 하기를 기원합니다.

새해 첫날 해도 다르지 않을 겁니다.

무겁지만, 단단하게, 치열하게 함께 걷기를 소원합니다.

새해 복 많이 받으세요!

2014년 1월 9일

분열의 정치는 이제 그만!

변희재 주도로 보수대연합 행사를 하면서 자신들이 먹은 식대를 깎아주지 않아 '종북식당'이라고, 서비스가 안 좋아서 고소를 하겠다는 뉴스를 접하고 말문이, 숨이 막혔습니다.

그러면서 도열병, 탄저병 두 단어가 떠올랐습니다.

어린 시절, 농사를 짓던 부모님을 탄식하게 한 도열병은 벼농사를, 탄저병은 고추농사를 통째로 망치게 하는 무서운 병이었습니다.

이들의 도를 넘어선 발호를 더 이상 놔두면 어쩌면 도열병과 탄저병보다도 더 무서운 병균이 되어 우리 사회를 통째로 망칠 수도 있다는 생각을 해봅니다.

농사를 짓는 마을 어른들께서는 3~4일 동안 동시에 농약을 칩니다.

벌레와 병균이 다른 논과 밭으로 옮겨가지 못하도록 하기 위해 모두 함께 박멸을 시키는 것이지요.

어제(8일) 부천시 소사구청에서 주거환경 개선을 위한 구민 토론회가 열렸습니다.

뉴타운 정책실패로 지난 7~8년 동안 고통을 받아온 주민들께서는 어려운 경제 상황이지만 머리를 맞대고 다시 시작하자고 눈을 반짝이셨습니다.

가슴이 아프고 너무 죄송했습니다.

국민들의 삶의 현장과 무관한 곳에서 남북 분단이라는 아픈 상처에 왕소금을 뿌려대면서 이념 갈등을 부추기는 찌질한 가짜보수들의 종북몰이, 이제 공동대응이 필요한 것 같습니다.

퇴치의 지혜는 농부들에게서 빌리면 될 것 같습니다.

뉴타운 마침내 역사 속으로 사라지다!

국회, 경기도의회에서 뉴타운 관련 후속 대책이 사실상 마무리되었습니다. 실패한 뉴타운 정책에 대해서는 반드시 응분의 책임을 물어야 할 것입니다. 감정적인 대응이 아니라 표로 심판해야 할 것입니다.

아직까지도 고통받고 있는 뉴타운 지역에 거주하고 있는 주민들과 함께 정보를 공유하고자 다소 긴 글을 올립니다. 뉴타운 지역 주민들께서 최종 결정을 내리는데 참고하시길 바랍니다.

먼저, 지난 1월 1일 새벽 국회 제321회 임시회 본회의에서 의결된 뉴타운 관련 법안을 정리했습니다.

① 도시 및 주거환경정비법
○ 조합 등 해산신청 및 사용비용 청구 허용 관련 한시규정 연장(민주당 김관영 의원)
☞ '14.1.31.까지 유효한 추진위 · 조합 해산 유효기간 1년 연장('15.1.31.까지)
☞ '14.8.1.까지 유효한 추진위 해산에 따른 사용비용 지원기간 1년 연장('15.8.1.까지)
○ 조합 등 사용비용 손금처리(조특법)를 위한 채권확인 절차 마련(민주당 이미경 의원)
☞ 조특법에 따라 채권을 포기하고 손금으로 인정받으려는 경우 조합 등과 합의하여 시장 · 군수에게 채권확인서를 제출하도록 함
○ 정비사업 시 법률에 정한 용적률 상한까지 허용(새누리당 이노근 의원)
☞ 지자체가 기본계획, 정비계획을 수립하거나 변경 시 정비사업의 원활한 수행을 위해 국토계획법에 따른 법적 상한까지 용적률 허용

② 조세특례제한법
○ 조합 등 사용비용 손금처리 근거 마련(민주당 김경협 의원)
☞ '15.12.31.까지 시공사 등이 조합(추진위)에 대한 채권을 포기하는 경우 손금 처리 시 법인세 감면
- 시공사 등이 채권확인서를 시장 · 군수에게 제출한 경우(도정법 채권확인 절차와 연계)
- 시공사 등이 조합 등에 대한 채권을 전부 포기하는 경우
지금까지 국회 입법 사항을 정리했습니다.

다음은 경기도의회와 관련된 사항입니다.
그동안 경기도의회에서는 경기도뉴타운대책특별위원회를 구성, 해산된 추진위는 물론 조합까지 매몰비용을 지원하는 조례를 만들었습니다.
국회 소관사항인 법률개정에 대해서는 의회 차원에서 총 네 차례에 거쳐서 건의안과 결의안을 채택했습니다.
지난해 12월 9일에는 국회와 경기도의회에서 입법촉구 기자회견을 갖기도 했습니다. 그 주요 내용이 바로 위에서 설명한 내용입니다.
옛 어른들께서는 먹는 것 가지고 장난치면 천벌을 받는다고 하셨습니다. 집을 가지고 장난치는 것도 마찬가지라고 생각합니다. 국민을 기만하고, 사실상 주민을 약탈하는 뉴타운 사업은 결코 태어나서는 안 되는 정책이었습니다. 의식주 가지고 '장난'치면 '죽는다'는 교훈을 6.4 지방선거에서 표로 보여주세요!

어느 집배원의 '우렁각시' 이야기

어제 오늘 새벽 2시, 제가 살고 있는 아파트 우편함 모습입니다.

자정 무렵까지 텅 비어있던 우편함이 이 시간이 되면 늘 채워져 있습니다.

1년 가까이 지났지만, 누가 우편물을 넣는 모습을 한 번도 직접 목격하지는 못했습니다.

그저 우편함을 볼 때마다 우렁각시 이야기를 떠올렸을 뿐입니다.

노총각이 논에서 일을 하고 집에 돌아오면 김이 모락모락 나는 밥상이 차려져 있던……

저는 우리 아파트 단지에 고단한 노동에 지친 남편을 대신하여 우편물을 배달하는 우렁각시가 있다고 믿고 있습니다.

새해 들어 집배원 두 분이 업무상 재해를 당하셨다고 합니다.

지난 1월 20일 〈프레시안〉에 이진우 씨가 기고한 '집배원의 죽음의 행렬, 언제까지 방치할 건가? 중 일부입니다.

"최근 노동자운동연구소가 발간한 '집배원노동자의 노동 재해‧직업병 실태 및 건강권 확보 방안'에 따르면 집배원 노동자의 주당 평균 노동시간은 64.6시간이다.

이는 정규직 평균 노동시간인 42.7시간(2013년 3월 경제활동부가조사)보다 20시간 이상 긴 것으로 집배원의 초장시간 노동 실태를 적나라하게 보여준다.

게다가 집배원은 그날의 물량에 따라, 소통 시기에 따라 노동 시간이 고무줄처럼 늘어나는 불규칙 노동을 하고 있다.

우체국 집배 노동은 소통 시기별로 비수기, 폭주기, 특별기 3기간으로 나눌 수 있다.

비수기는 평상시로 1년 중 약 7개월가량, 폭주기는 매달 9일 정도 우편물량이 주기적으로 늘어나는 시기, 특별기는 구정, 추석, 선거기간, 김장철이나 수확 시기 등이다.

주당 노동 시간은 가장 한가한 비수기에도 58시간이었으며 폭주기에는 70시간, 특별기에는 86시간에 달했다.

집배원 노동자들은 1년 중 5개월(폭주기와 특별기) 동안은 매일 13~15시간 노동하고 있었다."

고이즈미 총리 시절이었던가요. 일본에서 우정국을 민영화 한다면서 시끄러웠던 기억이 납니다.

시절이 하 수상하니 민영화가 대세인 이 나라에서 우정본부를 민영화한다고 나서지 않을지 걱정입니다.

누가 뭐라 해도 저는 박근혜 정부가 쓰는 민영화라는 말을 '재벌 혹은 대기업 배불리기', '노동자 약탈하기'로 읽습니다.

저녁이 있는 삶은 고사하고, 1년 중 5개월을 매일 13~15시간 동안 노동을 하는 이 땅의 집배원들에게 최소한의 인간다운 삶이 보장되는 휴식이 주어지기를 소망해봅니다.

설날을 앞두고 고생하고 계신 집배원과 택배원 분들께 지금 우리가 할 수 있는 일은 따뜻한 말 한마디밖에 건넬 게 없습니다.

하지만, 박근혜 대통령이 할 수 있는 일은 너무 많습니다.

집배원 수를 늘리면, 처우 개선은 물론이고, 공공부분 일자리까지 늘릴 수 있습니다.

마음을 훈훈하게 해주는 우렁각시가 사라지는 것은 아쉽지만, 그래도 우리 아파트 단지에서 우렁각시가 사라지는 그런 날이 하루 빨리 왔으면 좋겠습니다.

그 날이 올 때까지 우렁각시님 파이팅!!

부천시 뉴타운 지구 전체 직권해제!

앞으로 해야 할 일이 더 많이 남았지만, 지난 8년 여 동안 시민들을 고통스럽게 했던, 실패한 정책 이 이렇게 막을 내리는군요.

시민들을 기망하는 무책임한 정책이 다시는 태어 나지 않았으면 하는 바람입니다.

그런데 왜 이렇게 화가 나는 걸까요?

뉴타운을 들고 나와 대통령이 되고, 도지사가 되고, 그들은 세속적인 성공의 길을 걸었거나, 아직 걷고 있는데 모든 고통은 시민들이 받고 있으니…….

더불어, 김용판 무죄 판결을 접하면서 상식과 원칙이 사라진 우리 사회가 이래도 되는 것인

지…….

날이 시퍼렇게 설 때까지 더 모질고, 더 독해져야 될 것 같습니다.

서민의 발, 경인선 지하화 필요 이유

부천 남부역 광장에서 '경인선 지하화 100만 시민 서명운동 선포식'이 열렸습니다.

우리나라 경제발전의 기간 철도로서 경인선은 참으로 큰 역할을 했습니다.

구로~부천~부평~인천까지, 지금도 그렇지만 경인선 늘 콩나물시루처럼 혼잡합니다.

바윗덩이보다 더 무거운 졸린 눈꺼풀을 밀어올리는 아침 출근길, 고단한 일상과 삶의 무게가 또 바위처럼 누르는 저녁 퇴근길, 경인선에는 아픈 삶의 모습들이 많습니다.

주변을 살펴봐도 마찬가지입니다.

수십 년 동안 소음과 진동으로 고생하고, 남북 간 단절로 기형적인 도시발전이 이루어지고, 엄청난 교통혼잡을 유발하는 요인으로 작용하고 있는 것이 경인선입니다.

경인선 지하화가 이루어지면 엄청난 녹지축이 마련됩니다.

교통혼잡 문제, 남북 간 불균형 발전 문제도 해소

됩니다.

대표적인 서민 주거지역이 획기적으로 개선됩니다.

대기업 배만 불리는 토목사업이 아닌, 이런 토목사업은 필요하지 않을까요?

공사비도 4대강 사업비 22조 원의 1/4 수준인 5조 원이면 된답니다.

경인권 500만 명의 삶의 질을 획기적으로 개선할 수 있는 경인선 지하화에 많은 관심과 참여를 부탁드리고, 함께 하실 것을 제안합니다.

서민의 발, 경인선 지하화가 이루어지는 그날까지 파이팅!

동부천 IC 설치 반대, 민자사업 최소화해야

경인선 지하화만이 아니라, 서울~광명민자고속도로 동부천 IC 설치 저지 서명에도 동참해주세요!

부천시청 앞에 가면 시민단체와 뜻있는 시민들께서 동부천 IC 설치 반대 서명을 받는 부스가 마련되어 있습니다.

부천시의 미래, 시민의 온전한 삶을 보호하기 위해 철야노숙을 마다하지 않으시는 고마운 분들입니다. 제때 위로 한 번 못 드리고, 더불어 함께하지 못해서 늘 미안한 마음입니다.

겨우 서명에 동참하는 것으로 마음의 짐을 내려놓을 수는 없을 것 같고, 현재 경기도에서 추진 중인 7개 민자사업에 대해 꼼꼼히 문제점을 따져보겠습니다. 틈나는 대로 함께 공유하겠습니다.

민자고속도로는 내년이면 실시설계가 확정된다 하니 우선은 시민의 힘을 모아 저지시키는 것이 필요할 것 같습니다.

부천시청에 가시면 민원실 앞 부스에서 꼭 서명해주세요.

국가기간시설인 SOC 건설사업을 민영화 또는 민자사업으로 추진했거나 추진하거나 추진하려는 정치인(대통령, 자치단체장)과 관료는 그분들이 뭐라 치장을 하던 본질은 '매국'이거나 '도둑' 중 하나일 것입니다.

사례 하나 볼까요.

광주광역시 제2순환도로 1구간(총 연장 5.67km)은 민자사업으로 대우컨소시엄이 2001년 1,816억 원을 투입하여 완공 후, 2003년 맥쿼리에 운영권을 팔았습니다.

그동안 광주시는 예상 통행량의 85% 까지를 보장하기로 한 최소운영수입보장(MRG) 협약으로 개통 이후부터 2012년까지 1,393억 원(연평균 129억 원)의 시민 혈세를 민자도로에 갖다 바쳤고, 2028년까지 5,249억 원을 더 갖다 바치게 되어 있었습니다.

이런 사례는 전국적으로 차고 넘칠 정도입니다.

도대체 왜 민자사업을 할까요?

주민들을 위해 반드시 필요한 사업이라면 지방채(이자가 쌉니다)를 발행해서라도 추진하면 될 것이고, 책임을 못 지거나 책임지는 것이 두려우면, 일을 벌이지 않으면 됩니다.

그런데도 재임기간에 일만 벌여놓고 뒷설거지는 국민들에게 떠넘기고 도망치듯 사라집니다.

민자회사를 살펴보면, 십중팔구는 퇴직 관료들, 수장의 측근 인사들이 민자회사 사장으로 혹은 임원으로 똬리를 틀고 앉아 거머리처럼 달라붙어서 국민의 세금을 빨아먹거나 축내고 있습니다. 그것도 아주 합법적으로.

저는 다소 극단적으로 SOC건설 사업을 민자사업으로 추진하려는 정치인, 추진했던 정치인은 진정으로 사업의 필요성이 있었는지 따져서 선거에서 표를 안주어야 한다고 생각합니다.

너무 과격한가요?

광주의 예처럼 1,800억 원 투자해서 30년 동안 국민 세금 6,600억 원 빼앗아가게 한 이런 정치인 당연히 심판해야 하는데, 이미 버스는 떠났으니 할 수 있는 일은 욕밖에 없지요.

어쨌든 여러분이 살고 계신 이 나라와 지자체에서 민자사업을 몇 가지나 하고 있는지 꼼꼼히 따져서, 국민의 배가 아닌 민간자본의 배만 불리는 정치인은 꼭 퇴출시켜 주세요. 그 소속 정당까지도!

안철수 대표, 진짜 작은 차이?

역치, 사람에게는 누구에게나 절대로 건들어서는 안 되는 부분, 역지사지하면 최후까지 지키고 싶은 그 무언가가 있습니다.

4.19, 5.18, 6.15, 10.4 정신을 가리는 '짓'은 누구에게는 지난 날의 삶을 부정하라는 굴욕으로 느껴질 수도 있습니다.

작은 차이, 그 이상으로 다가오는 '공격'에 대해 분노하지 않을 수 없습니다.

설령 그렇게 해서 권력을 얻는다 하여도, 그 권력은 계속해서 자기부정을 반복하게 될 것입니다. 정치의 변방에서 비록 힘없는 지방의원으로 살아가고 있지만, 역치를 건드리는 '짓'이 계속된다면, 제 스스로 줄을 놓아버릴 것입니다.

부디, 극복할 수 있는 '작은 차이'이기를 소원합니다.

징기스칸의 매

한쪽 가슴에 "분개하여 판단하면 반드시 패하리라." 다른 한쪽 가슴에 "좀 잘못한 일이 있더라도 벗은 벗이다."를 새깁니다.

1. 신혼 초, 시골 아버지들이 그러하셨듯이 "어이." 하고 불렀다가 낭패를 봤던 여자. 젊어서는 각시였고, 아내이기도 하고, 여보이기도 하고, 집사람이기도 한 마눌님의 생일인데, 저녁 약속이 있어서 밤늦게 아이들과 케이크 하나로 생일 축하 ~. 같이 살아줘서 고맙습니다.

2. 1주일에 한 번, 빠지지 않고 물만 주는데, 고맙게도 꽃을 피워냅니다. 봄이 왔네요.

3. 제가 소속한 정당일로 마음이 심란했는데, 엊그제 카친님이 올려놓은 글이 큰 위안이 됩니다. 펌글 허락도 받지 않고 페이스북에 올려봅니다.

〈징기즈칸의 매〉

징기즈칸은 항상 자신의 어깨에 앉아 있는 매를 친구로 생각하였다고 한다.

어느 날 사막에서 조그만 종재기로 물을 먹으려고 하는데 매가 물을 엎질렀다.

목말라 죽겠는데 물을 마시려고 하면 매가 계속 엎지르는 것이었다.

일국의 칸이며, 부하들도 보고 있는데 물을 먹으려 하면 매가 계속해서 엎질러 버리니 매우 화가 났다.

한번만 더 그러면 죽여 버리리라 마음을 먹었는데 또 엎지르자 결국 칼로 베어 죽여 버렸다.

그리고 일어나서 물속을 보니 물속에 맹독사가 내장이 터져 죽어 있는 것이 아닌가.

물을 먹었더라면 즉사할 수도 있었을 텐데, 매는 그것을 알고 물을 엎었던 것이다.

그는 친구(매)의 죽음을 크게 슬퍼하고 매를 가지고 돌아와 금으로 동상을 만들었다.

그리고 한쪽 날개에 "분개하여 판단하면 반드시 패하리라."

다른 날개에 "좀 잘못한 일이 있더라도 벗은 벗이다."라고 새겨 넣었다고 한다.

친구와 사소한 오해로 우정을 져버리는 일이 없어야 합니다.

모든 일에는 사정이 있습니다.

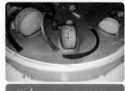

대한 늬우스 입니다!

차라리 대한 뉘우스를 해라
KBS, 확실히 제 정신이 아닙니다.
완전히 이성을 잃었습니다.
박근혜 대통령 외국 가는데, 웬 외자 유치하는 70

년대 박정희 대통령 외국순방 흑백뉴스?
뉴스 9, 차라리 대한 뉘우스로 제목을 바꾸라.
정말 맨 정신으로 살기 힘드네!

독설만 해서 죄송해서~!

독설만 해서 죄송해서~
요즘 독설만해서 다소 실없는 펌글 하나 올립니다.
읽으시고 건강을 위해서라도 억지로라도 웃어주
세요.
다 알고 계신 글이라고 저를 비웃으시면 기꺼이
그 비난 받겠습니다.

〈동사무소 첫 출근 이야기〉

친구가 공무원 시험에 합격해 동사무소에 첫 출
근을 했다.

점심시간에 혼자 자리 지키고 있는데 한 아주머
니가 오셔서 물었다.
"사망신고 하러 왔는데요."
처음 대하는 민원인이라 당황한 친구 왈,
"본인이신가요?"
아주머니도 많이 당황해 하시며……
"꼭 본인이 와야 하나요?"

좀 즐거워지셨나요?
엄중한 시국이라 웃음도 안 나오시나요? 에휴.

두 놈만 팼다! 뉴타운과 범안로!

2012.4.11 보궐선거로 당선된 지 딱 2년이 되었
습니다.
선택과 집중하자며, 저는 지난 2년 동안 줄기차
게 '두 놈'만 팼습니다.
뉴타운과 범안로!
두 가지 문제가 저의 지역구에서 최대 현안이기
도 하거니와 난제였기 때문입니다.
여러분들의 도움을 받아 짧은 기간 동안 모든 문
제를 완벽하게 해결해 내지는 못했지만, 두 가지
문제 다 가닥을 잡고, 실마리를 풀었습니다.
지난 8일 경기도의회 본회의 5분 발언 내용입니다.
부천이 아니더라도 대도시 지역이라면 어느 곳에
서나 발생할 수 있는 일이기에 장황한 글이지만
공유하고자 합니다.

2014년 4월 16일 — 엎드려 용서를 구합니다.

엎드려 용서를 구합니다
국가이기를 포기한
대한민국의 모습을 보면서,
이런 나라밖에 못 만든
저의 죄도 작지 않습니다.

정치인의 한 사람으로서

너무 부끄럽고 죄송합니다.

세월호 승객과 유가족들께
국민들께, 소사구 지역구민들께
엎드려 용서를 빕니다.

김종석 경기도의원 복배

2014년 4월 23일 — 어느 집배원의 우렁 각시 이야기2

언제 끝날지 모를 비극으로 인해 모두들 견디기 힘든 나날을 보내고 계실 겁니다.
저 또한 기꺼이 '미개한 국민'의 한 사람이 되기를 자처하며, 불면의 밤을 보내고 있습니다.
제 페북스토리 2014년 1월 22일 자에 '우렁각시 이야기'를 쓴 적이 있습니다(※ 번거로우시더라도 방금 제가 올린 사진과 비슷한 아래 제 스토리 참조).
좀 전에 뉴스 속보를 보다 답답한 마음에 담배를 피우러 나갔다가 우렁각시를 숨어서 뵈었습니다.
저의 예측이 맞았습니다. 진짜 우렁각시였습니다.
희미한 불빛 아래서 혹여라도 존재가 들키면 사라질까 봐 몰래 숨죽여 살폈는데, 중년 여인이었습니다.
고단한 남편을 대신해 우편물을 나르는 우렁각시의 양손에는 커다란 쇼핑자루 두 개가 들려있었습니다.
모르긴 해도 저희 아파트 단지만 다 돌리더라도 두 시간 가까이 소요될 것입니다.
가슴이 먹먹해졌습니다.
우편물 무게 때문에 휘어진 어깨, 옆 동을 향해 어둠 속으로 사라져가는 우렁각시를 보면서, 슬픔과 기쁨이 기묘하게 공존하는 것을 느꼈습니다.

진도뿐만 아니라 전국에서 수많은 '미개한 국민들'께서 아파하고 계십니다.
비록 가난하지만 그래도 우리에게는 '미개하지 않은 소수'가 가지지 못한 그들보다 천 배는 더 예쁜, 땀에 절은, 서로를 위로하고 버티게 해주는 마음이 있습니다.

어느 우체부의 우렁각시 님, 앞으로도 건강하세요.
숨어서 응원할게요.
세월호 유가족, 실종자 가족 여러분 힘내세요.

- 앞으로도 기꺼이 '미개한 국민'으로 살아갈 국민의 한 사람 올림 -

이제 정쟁을 시작하자!

2014년 5월 1일

정쟁이라고 욕을 해도, 먹어도 좋습니다.
난파한 대한민국호를 재건하기 위해서는 어차피
치열한 정쟁이 필요합니다. 일회성 정쟁이 아니
라 개선될 때까지 독하게 정쟁합시다.
추모 분위기를 빙자해 도망가거나 면피하려 하지
말라!
오십 보, 백 보라고 해도 좋습니다.
백 보 나쁜 짓 한 놈보다, 오십 보 나쁜 짓 한 놈이
그나마 이 나라를 덜 썩게 할 테니까 말입니다.
먼저, 정치권부터 도려내야 합니다.
해운조합 잘 한다는 나리, 그놈들 돈 받아서 외유
갔다온 나리, 당신들도 이번 세월호 살인사건의
공범이 아닌 명백한 주범입니다.

김무성 나리, 있는 놈이 더 한다고 대선과정에서
국기를 흔들더니 역사 왜곡도 모자라 쪼잔하게
협찬받아 외유가나요? 그러고도 대통령이 되겠
다고 나선 이 나라가 제대로 된 나라인가요.
여야 가리지 말고, 입법로비 받은 나리들 철저히
골라내 정치 생명줄 끊어놔야 합니다.
관피아, 퇴직 후 5년 동안 관련 업무 분야 취업 못
하게 해야 합니다.
헌법에 보장된 직업선택의 자유? 웃기지 말라.
그로 인한 적폐가 더 큽니다.
일단 이 두 가지만 바로 세워도 평형수 빠진 대한
민국, 엄청 중심 잡게 될 것입니다.

출발점에 섭니다!

2014년 5월 21일

공식 선거운동 개시 전, 생각의 갈래가 여러 가
닥으로 나뉩니다.
제 선거벽보와 공보표지입니다.
여러 고민 끝에 이렇게 만들었습니다.
4월 16일 이전과 이후가 달라지지 않는다면 대한
민국에 희망이 없다고 생각하기에 이렇게 할 수
밖에 없었습니다.
지금까지 80년 광주가 제 삶을 버티게 해준 근거
였다면, 앞으로 제 삶을 버티게 해줄 또 하나의
근거는 4월 16일이 될 것 같습니다.
그 기준점을 명확히 하고자 혹여 앞으로 제가 흔
들리지 않도록 스스로에게 화인을 찍는 마음으로
만들었습니다.
여전히 미안하고, 또 미안합니다.
결코 잊지 않을 것입니다.
열심히 싸우겠습니다.

경기도의원선거 부천시제6선거구
소사본동, 소사본3동, 범박동, 괴안동, 역곡3동
새정치민주연합

**4월 16일, 이전과 이후
대한민국은 달라져야 합니다!**

미안합니다.
또, 미안합니다.
함께 슬퍼하고, 경노합니다.
결코, 잊지 않겠습니다.
제대로 된 나라를 위해
더욱 열심히 뛰겠습니다!

△ 김종석이 걸어온 길
• 전남 강진 출생(만 47세)
• 조대부고/전남대 졸업
• 전남대 총대의원회 의장
• 월간 「말」 기자출신
• 당대변인, 편집장外
• 김상희 국회의원 보좌관外

△ 경기도의회 경력
• 뉴타운대책특별위원장外
• 새정치민주연합 대변인外
• 도시환경위원회 위원外
• 제7기 예산결산특별위원外
• 건설교통위원회 위원外
• 경기도 주택정책심의위원外

경기도의원 ('12.4.11 보궐선거 당선)
2 김종석

선거운동이 이제 막바지로 치닫고 있습니다.

역곡역에서 선거운동을 하면서 2년 전 보궐선거 치를 때와 너무나 달라진 상황 때문에 깜짝 놀랐습니다. 아침에 출근하는 시민들이 1/3은 줄어 든 것 같습니다. 그렇게 민생은, 대한민국은 무너지고 있었습니다. 고단한 삶에 지친 시민들의 얼굴을 보면서, 어쩌면 정치에 대한 불신이 너무도 당연하다고 생각했습니다. 미안하고, 죄송했습니다.

여섯 시 조금 지나서 설레는 마음으로 사전투표를 하고, 역곡역에서 사전투표 홍보 아침인사를 했습니다. 염치없지만, 오늘과 내일 사전투표 해주십사 부탁 말씀 올립니다.

누구에게는 희망의 씨앗을 뿌리는 행위이고, 누구에게는 벽을 향해 소리를 질러대는 행위일 수도 있습니다.

꼭 저와 제가 속한 정당에 투표하지 않으셔도 좋습니다.

투표용지에 찍힌 표기가 변화의 시작일 테니까요. 4월 16일 이전과 이후가 다른 대한민국, 그 출발점에 동참해 주시기를 소원합니다.

투표 행렬이 태풍이 되어 이 땅을 흔들었으면 좋겠습니다.

그렇지 않으면, 대한민국은 희망이 없기 때문입니다.

늘 많이 부족한 저에게 소사구민들께서 다시 기회를 주셨습니다. 고맙습니다.

저보다 더 열심히 선거운동을 해주신 수많은 지지자분들의 얼굴을 가슴에 새깁니다. 소사댁 김상희 의원님, 당원동지 여러분께도 감사드립니다.

언제나 저의 든든한 지원군이 되어준 가족 모두에게, 특히 묵묵히 도와준 아내 홍지은에게 고마운 마음을 전합니다.

4월 16일 이전과 이후가 다른 대한민국을 위하여, 더불어 행복한 소사를 위하여, 더 열심히 의정활동에 임하겠습니다.

오직, 소사구민 편에 서겠습니다.

여야를 떠나서, 지역에서 어렵게 크고 있는 소하고, 소 키우는 사람 좀 잡지 않으면 좋겠습니다.

부천지역에서 이주민지원센터장으로 활동하고 계신 손인환 원장님의 카스에서 허락없이 퍼온 글입니다. 재미있는 글이지만 아픈 글이기도 하네요. 문제는 시스템인데 엉뚱한 사람 중심이라, 일독해 보세요.

〈중국 광저우 두 형제 강도사건 이야기〉 (이하 펌글)

두 형제 은행 강도가 당당하게 은행에 들어가서 이렇게 소리쳤다.

"움직이지 마시오! 이 돈은 정부의 돈일 뿐이고, 목숨은 여러분의 것이니 시키는 대로 가만히 있으면 아무 문제가 없을 것이오!"

모든 사람들은 강도의 말에 예상 외로 마음이 편해져서 조용히 엎드려 있었다.

이건 바로 '일반적인 생각을 바꾸는 반전 콘셉트 형성 전략!'

강도라면 큰 패닉에 빠지는 일반적인 사람들의 생각을 바꾸는데 성공한 것이다.

그 와중에 한 늙은 여성이 갑자기 도발적인 행동을 하려고 하자, 강도는 그녀에게 차분하게 말한다.

"어머님! 교양있게 행동 하십시오! 말씀드렸듯이 당신을 해칠 이유도, 생각도 없습니다!"

이건 바로 '프로다운 냉정함 유지하기 전략!'

그들은 평소 연습하고 훈련한 대로, 어떤 상황에서도 돈을 가져오는 목적에만 집중하며 냉정함을 유지한다.

그 결과 두 강도는 무사히 돈을 갖고 나올 수 있었다.

돈다발을 들고 무사히 집에 돌아와 동생 강도(MBA 출신)가 형 강도(중학교 졸업)에게 말한다.

"형님 우리 얼마 가져왔는지 세어 봅시다!"

형님이 답한다.

"이런 바보 같은 놈! 이 돈을 세려면 얼마나 힘들겠냐. 오늘 밤 뉴스에서 알려줄 테니 기다려 봐라!"

이건 바로 '경험의 중요성!'

경험이 학벌보다 더 중요한 이유를 알게 해준다.

강도들이 은행을 떠나고 은행은 정신없이 요란하다.

은행 매니저는 상관에게 경찰을 부르자고 채근한다.

그러나 상관은 침착하게 말한다.

"잠깐! 경찰을 부르기 전에 일단 10억 원은 우리 몫으로 빼놓고, 70억은 지금까지 우리가 횡령했던 것을 메꾸도록 하지!"

이건 바로 '파도타며 헤엄치기 전략!'

'하늘이 무너져도 정신만 차리면 산다'는 속담을 기억하며, 위기의 상황에서도 냉정함을 잃지 않는 기지와 용기를 배운다.

상관은 행복한 미소를 지으며 말한다.

"강도가 매달 들려주면 좋겠구만!"

다음날 뉴스에 100억 원이 강탈되었다고 보도된다.

강도 형제는 하도 이상해서 결국 돈을 세어 본다.

아무리 세어 봐도 20억 원이다. 강도 형제는 땅을 치며 말한다.

"우린 목숨 걸고 고작 20억 원 벌었는데, 저놈들은 손가락 하나로 80억을 버는구나!"

이건 바로 '시스템의 중요성!'

각 분야에서 그 시스템을 가장 많이 아는 사람이 가장 위험한 존재임을 깨닫게 해준다.

2014년 7월 4일 진도 팽목항입니다

다녀와야지, 다녀와야지 하다가
이제야 왔네요.
바다는 너무 고요합니다.
인적도 드뭅니다.
우리가 해야 할 일이 그저 눈물 흘리는 것이어서
는 안 될 터인데, 그저 먹먹해지네요.
사는 날까지, 제 삶의 결기가 무뎌지지 않기를 진
심으로 바랍니다.
가족들의 염원처럼 실종자분들이 바람으로라도
모두가 돌아오기를 소원합니다.
지금 제가 보탤 수 있는 것이 눈물뿐이라는 사실
이 분합니다.
그럼에도 분해야 사랑할 것이고, 사랑해야 싸울
것이고, 싸워야 얻을 수 있음을 거듭거듭 확인하
고자 합니다.
연등에 하나 둘, 불이 들어오네요.
젊은 추모객들이 한 무리 오시고요.

팽목항에서 이 나라 바꿀 수 있다는 희망을 꼭 건
져가고 싶습니다.

2014년 7월 7일 눈물단상 – 아, 조세희 선생!

우리 나이로 올해 쉰 살인 제가 오늘 엉엉 목놓아
울어버렸습니다.
《난장이가 쏘아올린 작은공》작가이신 조세희
선생님께서 전화를 주셨기 때문입니다.
몇 년 동안 제대로 안부 전화도 못 드려 아랫사람
도리를 다 못해 죄송해서 그랬고, 올해 벌써 75세
가 되셨음에도 불의한 세상에 제대로 저항하지
못해 미안하다는 말씀 때문에, 또 죄송해서 울었
습니다.
카메라 하나 들고 노동자들의 투쟁현장을 빠지지
않고 찾으시던 선생님께서 건강이 여의치 않으시
다는 소식을 전해 듣고도 찾아뵙지 못하고, 사람
사는 세상 만들겠다는 약속도 제대로 지키지 못

하고 있으니 그저 목 놓아 울 수밖에요.
선생님께서는 그런 저를 오히려 위로해 주시고
격려해 주시니 목 놓아 울 수밖에요.
20년이 넘도록 마지막 원고 몇 장을 쓰시지 못해
여전히 탈고를 미루고 계실 장편소설《하얀저고
리》(가제, 미출간)가 출간될 때까지 선생님이 건
강하셨으면 좋겠습니다.
우리 시대의 스승님들에게 '사람 사는 세상', '살맛
나는 세상'을 보여드릴 수 있었으면 좋겠습니다.
그러고 보니, 요즘 눈물바람이 잦네요.
죄송함이 쌓여서 한이 되지 않도록 조만간 찾아
뵙고 맛난 거 사주시라고 떼를 써야겠습니다.
선생님, 무조건 건강하셔야 합니다.

2014년 7월 9일

공직단상

이 분들은 누구실까요?
부천시청 간부 공무원들입니다.
늘 무대 아래에 계시는 분들이지요.
모처럼 무대 위에 서시는 것 같네요.

오늘 소사구청 소향관에서 '민선 6기 김만수 시장과의 대화'가 있었습니다.
부천 발전을 위해서 시민들께서 많은 의견을 주셨습니다.
시민들께서 주신 귀한 의견 꼼꼼하게 메모하시는 모습을 보았습니다.
여야를 떠나 시장, 국회의원, 도의원, 시의원, 시 집행부가 한마음으로 달려들어 문제를 풀려고 노력하면 못 할 일이 없을 겁니다.

개인이든 조직이든 머리하고, 허리가 튼튼해야 한다고 생각합니다.
더 일 잘하시라고, 부천시 집행부 머리인 간부들과 여전히 무대 아래서 묵묵히 일하고 계신 '부천시 집행부 허리' 분들께 박수 한 번 쳐드립니다.

2014년 7월 12일

세월호 단상

잊지 않겠습니다!
마지막 한사람까지 가족의 품으로!

안산 단원고 2학년 5반 유가족, 학부모님들께서 부천 석왕사에 오셨습니다.
우리가 잊지 않겠다고, 진상을 규명하겠다고, 행동하겠다고 다짐하지만, 상황은 여의치가 않습니다.
생떼 같은 자식들의 목숨을 빼앗기고도 고개를 숙여야하는 유가족분들, 너무 가슴이 아픕니다.
잊히는 것이 아니라, 가라앉는 것 같다는 세월호 유족들의 절규를 다시 가슴에 새깁니다.
4월 16일 이전과 이후가 달라져야 하는데, 저는 제자리에 제대로 서서 역할을 하고 있는지, 마음이 천근만근 무겁습니다.
단원고 유가족분들 힘내세요.
끝까지 함께 하겠습니다.

똑똑똑, 다시 세상을 향해 신호음을 보냅니다!

2014년 7월 카톡을 제외한 모든 SNS 활동을 중단한 지 3년 5개월 만에 궁색한 변명과 함께 다시 세상을 향해 신호음을 보냅니다.

#궁색한 변명 1

50년이 좀 넘은 제 인생에서 두 번의 변곡점이 있었습니다.

80년 오월 광주와 14년 사월 세월호입니다.

오월 광주는 흉흉한 소문과 두려움으로 제게 다가왔는데, 당시 고 2였던 저는 82년 광주교도소에서 박관현 열사가 돌아가셨다는 소식에 주체할 수 없는 분노로 가슴이 마구 쿵쾅쿵쾅 뛰었습니다.

이후 제 삶의 한켠에 오월 광주는 화인으로 남아 저를 지배했습니다.

그리고 세월호! 세상 물정을 조금 깨달은 후라서 그랬을까요?

저와 동시대를 관통해 온 모든 분들이 그랬듯이, 저 또한 국가도 사회도 제 삶도 송두리째 무너져 내리는 것 같았습니다.

손가락 사이로 빠져나가는 그 허망함이라니.

야수들의 시대. 숨통을 조이는 이명박근혜 시대의 답답함. 끼리끼리 모여서 분노와 증오만을 쏟아내는 말의 성찬 내지는 배설 수준의 언어들. 날선 칼들이 난무하며 가슴을 후벼팠습니다.

숨을 쉬기가 어려웠습니다.

그래서 절이 싫은 중은 약간의 아쉬움과 미련이 남았지만 SNS를 떠났습니다.

세월호 진상규명이 안되면 다시 돌아오지 않으리라 다짐하면서.

#궁색한 변명 2

야수들의 시대가 종말을 고했고, 정권교체가 되었습니다.

세월호 진상규명이 다 된 것은 아니지만 2기 특조위가 꾸려졌기에 돌아와도 되지 않을까 하는 생각도 했고, '사심'도 있기에 며칠 전 페이스북을 새로 깔았습니다.

제 일감(一感)은 페북은 여전히 정글입니다.

정치인의 중요한 덕목 중 하나가 경청과 대면입니다.

제게는 가장 취약한 부분입니다.

정치인으로 삶을 살아가는 한, 그것이 간접적일지라도 최소한의 경청과 대면을 하는 게 도리라는 생각을 했습니다. 흐르는 세월만큼 여전히 낯설고 두렵기까지 해서 다시 앱을 지울까 하다가 용기를 내 세상을 향해 신호음을 보냅니다.

많은 죄를 지은 자들을 용서하시는 예수님께서 탄생하신 성탄절을 맞아 슬쩍 제 사면을 청하오니, 아무쪼록 페친 님들께서도 저를 받아주셔요.

기억의 저편에서 두둥실 떠오르는 얼굴들, 참 반갑습니다!

호남고속철도 건설 …
21세기 대한민국 대도약의 발판

경부고속도로가 한강의 기적을 이루는 근간이 되었다는 것에 대해서 누구도 부인하지 못할 것이다. 오랜 세월 동안 우리사회는 지역 간 불균형 발전으로 인해서 값비싼 사회적 대가를 치렀다. 그래서 호남고속철도가 조기에 착공되어야 한다고 판단해서 정책을 입안했고, 김동철 의원께서 중심적인 역할을 수행, 1년 6개월의 노력 끝에, 마침내 노무현 대통령께서 조기 착공 결단을 내렸다.

17대 국회 열린우리당 김동철 의원실 보좌관으로 채용되었다. 청와대에서 김대중 대통령을 모시고 오래 근무한 김동철 의원은 "정치는 워딩이다"는 신념이 있었다. 그래서 글을 잘 쓴다는 이유로 국회 경험이 전무한 사람을 보좌관으로 채용하는 무리수(?)를 둔 것이다.

남북통일 문제도 그렇지만 지역불균형 발전 문제를 넘어서지 않으면, 우리사회가 더 이상 앞으로 나아가지 못한다는 문제의식을 가지고 있었기에 2004년 7월 결산국회 때, 호남고속철 관련 질의서를 써드렸다. 처음에는 시큰둥하셨다. 굴하지 않고 국정감사에서 또 써드렸다. 의원님 성함을 거론하며 '김동철 = 호남철'하면 4선 하실 거라는 말씀도 드렸다.

보좌관의 숙명은 그림자다. 모시는 의원님을 통해서 자신의 정치적 신념을 공동으로 실현하지만 여전히 의원님을 통해서기 때문이다. 사람은 태어난 고향을 떠나 출사한다. 호남고속철도 조기착공 과정의 역사 그 어디에도 김종석이라는 이름은 새겨져있지 않지만, 지금까지도 스스로의 마음속에는 '잘했다! 김종석!'이라는 큰 뿌듯함이 거대한 비석으로 서있다. 호남고속철도 조기 착공 확정까지의 기록을 여기에 정리한다.

■ 건설교통부 정책질의 (2004. 7. 4)

호남고속철도 기본계획안 조기 확정 및 착공 필요

21세기 대한민국 대도약으

2015년, 광주에서 서울까지 1시간 30분이면 충분합니다

호남권의 수도권 편입 효과
- 반나절 생활권('04년 4월 KTX 개통 이전) → 2시간대 생활권('04년 4월 KTX 개통 후) → 1시간대 생활권 ('17년 완공시)

지역경제 활성화에도 큰 몫
- 호남고속철 중심의 산업 · 기업 활동, 지역개발 등 새롭게 창출되는 부가가치가 24조원에 달할 것으로 예측

호남고속철도 조기착공 촉구 기자회견 여 · 야와 지역을 떠나 호남고속철 조기착공을 촉구하고 있는 의원들. 좌로부터 정의화(한나라당), 양형일, 천영세(민주노동당), 김동철, 김춘진, 이종구(한나라당) 의원.

※ 호남고속철 건설 효과('05년, 국토개발연구원) : 생산유발효과(19조8천억원) 임금유발효과(4조원) 고용유발효과(16만4천명)
- '04년 KTX 개통 후 대구 소재 관광호텔 투숙객 수 전년대비 34.2% 증가, EXCO(컨벤션센터) 내방자 '03년 대비 11만(21.6%) 명 증가

SOC, 공급이 수요 창출
- 일본 신칸센
  - '64년 개통 이후 10년간 발생된 시간절약 가치 돈으로 환산한 금액 1조 3,000억엔
  - 도쿄 중심의 경제활동 오사카 중심의 간사이 지방으로 확대, 지역 경제 활성화에 크게 기여
- 미국 대륙횡단철도
  - 1869년 개통, 대륙개발 첨병역할
  - 미국 역사학자 스티븐 엠브로스, "미국의 건국과 발전 과정에서 남북전쟁보다 대륙횡단철도가 더 큰 역할을 했다"
- 러시아 시베리아횡단철도(TSR)
  - 1916년 개통, 러시아 경제발전 근간

발판 … 호남고속철도 건설입니다

- TSR 경유지역, 러시아 수출 40%, 수입 50% 이상을
차지, 러시아 경제의 70% 이상이 TSR에 의존

노 대통령 호남고속철 건설 '정면돌파'

• 역대 대통령 선거에 단골 공약이었던 호남고속철 건설,
노태우·김영삼 정부 약속 못지켜
- 김대중 대통령, '99~'03년 호남선 전철화 사업 완료,
기존선 통한 호남선 KTX 운행방안 마련
- 노 대통령, 호남고속철 경제성 없다는 점 인정하면서
도 "호남고속철도 건설은 인구나 경제성 같은 기존의
잣대로만 평가해서는 안된다"는 확고한 원칙 고수, 조
기완공 결단

"김동철 = 호남철(?)" 된 사연

• 호남고속철 조기완공을 위해 남다른 열정을 가지고 노
력해 온 김 의원을 옆에서 지켜본 열린우리당 동료의원
이 "김동철이 아니라 호남철이네!"라며 즉석에서 별명
부여

김동철 의원 호남고속철 조기완공 '활동일지'

'04. 11. 15 정기국회 대정부 질문 통해 호남고속철 조기착공 촉구

　　　김동철 의원 "호남고속철은 경제적 타당성만이 아닌 국가균형발전 및 새로운
　　　성장축 마련차원에서 조기에 건설되어야 함"

11. 17 열린우리당 호남권 의원 호남고속철도 조기착공 촉구 공동기자회견 및 '호남고
　　　속철도 조기 완공을 위한 소위원회' 구성(김동철 의원 간사 선임)

'05. 1. 14 **이해찬 총리** "경부 고속철(KTX)의 공사비가 당초 5조원에서 18조원까지 늘어났
　　　음. 15조원 정도 들여서 호남고속철을 만들면 또 수 천억원씩 적자 날 게 분명
　　　함. (호남고속철은) 장기적으로 결정할 문제임"

2. 1 김동철 의원 대표발의로 여·야 국회의원 206명이 서명한 '호남고속철 조기착
　　　공촉구 대정부 건의안' 국회 제출

2. 16 **이해찬 총리** "(호남고속철) 경제적 타당성 효과를 따져봐야 한다"

2. 18 청와대 김우식 대통령 비서실장에 조기착공 필요성 문건 및 지역민심 전달(1차)

2. 25 호남고속철 조기착공촉구 대정부 건의안 국회 본회의 통과, 정부이송

4. 27 **김동철 의원**, "총리 바뀌서라도 호남고속철 조기완공 하겠다"는 의지 표명

5. 17 청와대에 호남고속철 조기 착공의 필요성 문건 및 지역민심 전달(2차)

5. 18 노무현 대통령 광주방문시, 호남고속철 조기완공 필요성 직접 건의

　　　김동철 의원 "국가균형발전을 위해서 공공기관 지방이전도 중요하지만, 기간
　　　SOC 건설, 그중에서도 호남고속철 조기착공이 필요하다"

　　　노무현 대통령 "단순히 경제성만 강조된 타당성 조사방법 개선 지시했다"

9. 20 호남고속철 조기착공을 위한 정책자료집 '호남고속철도 21세기 대도약의 발판'
　　　발간

11. 11 **노무현 대통령** "호남고속철도 건설은 인구나 경제성 같은 기존의 잣대로만 평
　　　가해서는 안돼"

　　　이해찬 총리 "새로운 수요를 종합적으로 판단하면 호남고속철도를 조기 착공하
　　　는 것이 바람직 할 것"

- 건교부를 비롯한 산하 기관의 노력으로 호남선 전 철화 사업을 조기에 추진하여 호남고속철도가 경부 고속철도와 동시에 개통하게 된 것은 높이 평가받 아야 할 일임

- 그러나, 고속철도 신선(전용선로) 건설을 통한 호 남고속철도 건설은 기본계획마저 확정되지 못하고 있는 실정임

1. 호남고속철도 기본계획 더 이상 미룰 수 없어

- 현재, 건교부에서 「호남고속철도 기본계획조사연 구용역」(2003. 12월 국토개발연구원) 최종보고서 를 토대로 기본계획(안)을 검토·작성 중인 것으로 알고 있음

※ 추진경과

- 호남선 고속전철화 타당성 조사('90년)
- 호남고속철도 기본계획 수립('97년)
- 호남고속철도 건설 기본계획 조사연구 용역('01년)
- 호남고속철도 기본계획수립 용역 최종('03.12)

- 잠정안에 따르면 1단계 계획은 서울(수서)~향남(경 기 화성)~분기역(미정)~익산 구간을 완공하고 광주 차량기지 신설을 2015년까지 마치는 것임

※ 「2004년 국가주요사업 현황」(국회예산정책처 발 간)에 따르면 1단계 기준으로 총사업비 6조7천억 원~7조2천억원 추정

- 예산현황을 살펴보면 설계비 명목으로 '04년 예산 30억원, '05년 예산요구액 30억원이 잡혀있는 상태 임

2. 신행정수도 사실상 선정마련 걸림돌 사라져

- 그 동안 서울(수서)~향남(경기 화성) 구간 신선 건

설을 우선적으로 검토하되, 나머지 구간은 신행정 수도 입지 선정 후에 검토 추진(대통령 업무계획 보 고 내용, '04. 2. 12) 하기로 하고, 구체적인 추진 일 정을 잡지 못했음

- '04. 7. 5 신행정수도 선정지가 사실상 충남 연기·공주(장기) 지구로 결정되어 분기역 선정 등이 용 이해졌으므로 기본계획안 마련에 박차를 가해야 할 것으로 보임

- 현재까지 호남고속철도 건설을 둘러싸고, ① 분기 역 선정을 둘러싸고 천안 아산, 오송, 대전간 유치 경쟁 치열 ② 의왕시 고속철도 노선 통과반대 ③ 익 산~목포 구간 고속철도 조기건설 요구 ④ 전북권 역사 위치에 대한 전주시 반발 등 해결해야할 문제 점들이 있는 것으로 파악되고 있음

- 하지만 호남고속철도는 ① 지역간 철도에 대한 투 자부족으로 인한 국가 기간 교통망체계의 문제점 해결 및 국가경쟁력 확보 차원 ② 국토의 효율적 이 용과 권역간 균형발전 도모 차원 ③ 2004년 경부고 속철도 1단계 개통에 따른 각종 교통수단의 상호 보 완성 극대화를 위한 연계수송체계 구축 차원 ④ 한 반도 내외적 변화에 따른 대륙철도(TSR, TCR)와 연 계에 대비할 한반도내 교통망 구축 차원에서 접근 해야 함

3. 10년 이내에 호남고속철도 전 구간 개통돼야

- 서울 ↔ 광주 고속버스 이용객이 대구, 부산보다 2~3배 많아, 고속철도로 전환될 교통수요도가 어느 지역보다 높아 늘어나는 교통수요를 능동적으로 대 처할 필요가 있음.

※ 고속버스이용객('00,천명) : (광주) 2,510 (대구) 845 (부산) 1,076

- 호남고속철도 90년 타당성 조사 이후 14년이 훨씬 지나도록 기본계획조차 확정하지 못하고 있는 실정. 경부고속철도 기본조사에서 노선 확정까지 7년, 착공시작까지 9년이 소요된데 비해 호남고속철도는 전체 건설 계획이 지지부진한 상태임.

  ※ 경부고속철도 타당성 조사(1983년), 기본계획 및 노선확정(1990년), 천안~대전 구간 착공(1992년)

- 이로 인해 지역간 불균형 발전 심화로 취약한 산업기반 개선에 어려움이 따르고 있고, 지역민의 불만이 고조되고 있음에도 '05년 예산 요구액이 30억원(설계비)에 머물고 있는 것은 납득할 수 없음.

- 호남고속철도 기본계획 조기 마련 및 조기 착공, 익산~목포 구간을 포함한 전구간이 향후 10년 이내에 개통될 수 있도록 대책 마련해야 할 것임.

  ※ 경부고속철도 2010년 2단계 사업 완료로 전 구간 신선으로 개통될 예정

■ 건설교통부 국정감사 정책질의 (2004. 10. 4)

호남고속철도,
언제까지 미룰 것인가?

- 참여정부가 가장 역점을 두고 있는 국정지표가 무엇이라고 보는가?

  - 국가균형발전(신행정수도건설, 공공기관지방이전)

1. 국가균형발전을 위해서는 SOC가 선행돼야 한다.

- 국가균형발전의 가장 핵심적인 요소는 무엇이라고

보는가?

  - SOC 투자가 선행돼야 한다고 봄

  - SOC가 제대로 갖추어져있지 않은데 산업이 발전하고 기업이 들어올 수 있겠는가? 공공기관 지방이전, 기업도시건설 등도 SOC가 없으면 제대로 되겠는가?

  - 국가균형발전을 위해서 정부가 해야 할 첫 번째 과제는 바로 SOC 건설이라고 봄.

2. SOC를 경제논리로 풀어서는 안 된다.

- 경부고속도로를 건설할 당시, 그것이 재무적타당성이나 무슨 경제성이 있었다고 보는가?

  - 없었음. 그렇다면 무엇 때문에 경부고속도로를 건설했다고 보나?

  - 일본과 미국을 바라본 산업화 - 이 정책목표를 보고 건설하고 또 성공을 거두지 않았는가?

  - 지금 우리나라의 최대교역국이 어디인지 알고 있는가? - 중국(9월에 미국과 역전)

  - 이에 따라 "서해안시대 준비", "남서해안관광벨트 조성" 등이 정부의 정책방향이 옮겨가고 있는 것으로 아는데 맞는가?

  - 그렇다면 여기에 SOC를 건설해야 하는데, 아직도 서해안축은 경부축에 비해서 SOC 건설의 경제성은 떨어지고 있음.

  - 그래서, 오로지 재무적타당성과 비용편익분석만 해가지고는 서해안축에 SOC를 건설할 타당성이 떨어지는 것 너무나 단호함.

3. 호남고속철도, 언제까지 미룰 것인가?

- 호남고속철도 건설과 관련해서 지금까지 몇 번이나 용역을 줬는가?

  - 보완용역을 포함해서 5번 - 무슨 용역을 뭣 때문에 그렇게 많이 했는가?

- 그리고, 또다시 용역을 준다고 하는 것 같은데 무엇 때문에 하나?

- 도대체 한 가지 사업가지고 6번이나 용역을 하고 15년이나 질질끄는 경우가 어디 있는가? - 너무하다고 생각하지 않나?

- 앞서 경제성 이야기를 했지만, 지금 운행하고 있는 것도 그렇고, 새로 놓아도 경제성이 잘 안나오는 것은 사실 아닌가?

  - 이 문제도 마찬가지임. 지금 호남기존선 곡선구간 비율이 37.9%에 달함. 속도를 낼 수가 없고, 거리상 더 짧은 대구보다 시간도 많이 걸리고 요금도 비쌈 - 이렇게 해놓고 탑승율이 적다느니, 경제성이 없다느니 하는 것이 옳다고 보는가?

  - 교통개발연구원 용역결과를 보면, 순전히 경제성 측면에서 익산~목포구간은 기존선을 활용하는 것이 낫다, 이렇게 나왔는데, 그렇게 하면 약 40분이 더 소요됨 - 당연히 탑승율이 떨어지고 경제성도 낮게 나올 것임 - 이런 분석이 옳다고 보는가?

  - 또, 이렇게 호남고속철도를 경제성측면에서만 접근하면 국가균형발전이라는 정책목표는 요원해지는 것 아닌가 - 견해는?

4. 분기역과 기본계획을 금년 중에 확정하라!

- 이제 모든 측면에서 호남고속철도 건설은 더 이상 미룰 수 없음

- 금년중에 조건 없이 분기역과 기본계획을 확정해야 함

  - 보완용역 중이라도 분기역은 금년중에 결정한다고 하는데 맞는가?

  - 분기역만 결정되면 노선이 확정되는 것이고 곧바로 기본계획을 만들 수 있는 것 아닌가?

  - 신행정수도와 관련해서 보완용역이 필요할 수는 있지만, 이미 노선이 결정된 상태에서 그것은 수요 및 경제성 분석 정도에 그칠 것임 - 따라서, 기본계획에 큰 영향을 미친다고 보지 않음 - 견해는?

- 이제, 어떤 변명도 설득력이 없음. - 금년중에 무조건 분기역과 기본계획을 발표해야 함 - 지금 다짐해 줄 것!

■ **호남고속철 조기착공 청와대 건의자료**
(2005. 1. 19.)

호남고속철도 조기 완공해야 한다!

- 최근 정부 일각에서 호남고속철도 건설자체에 부정적인 견해가 표출된 바 있음

  - 주된 논리는 예산이 한정되어 "투자재원 확보가 어렵다"는 것과 경부고속철도 운영적자를 감안했을 때 "경제성이 없다"는 것임

- 호남고속철도 건설과 관련 정부의 입장은 '05년 3~4월까지 분기역 결정, 연말까지 기본계획 수립 완료임

1. 최고정책결정권자의 의지 반영 미흡

- 참여정부는 대선핵심공약으로 호남고속철도 건설을 제시한 바 있고, 국토기본계획과 국가재정운용

계획에도 이를 명시하고 있음

- 호남고속철도 건설이 최고정책결정권자의 대국민 약속이고, 추진의지 또한 확고함에도, 정부 내에서 종종 다른 목소리가 나오는 것은 정부 정책의 일관성을 해치는 것임은 물론 정책 혼선으로 비춰질 수 있기에 우려하지 않을 수 없음

- 특히, 호남고속철도 건설 주무 부처인 건교부와 국가균형발전위원회가 참여정부 출범 이후 최근까지 어떠한 논의도 하지 않았고, 최고정책결정권자에게 단 한 번도 보고를 한 적이 없었다는 것은 매우 심각한 문제임

  ※ 국가균형발전위원회 주요업무 - 지방분권·공공기관 지방이전·혁신도시 건설 등 중장기 국가균형발전 시책을 마련 관계 부처와 함께 추진하고 있는 대통령직속기구

- 이는 곧 주요 국가정책을 수립하는 과정, 행정각부의 실무선에서 정부·여당의 핵심적인 정책의지가 제대로 반영되지 못하고 있음을 반증 - 이 같은 상황은 공직기강 차원에서라도 반드시 시정돼야 할 것임

2. 투자재원 확보 충분히 가능한 국가 경제규모

• 현재 서해안축은 서해안 중심의 LCD벨트(탕정·파주), 서남해안 중심의 문화관광벨트 조성으로 지식기반·소프트산업이 급속하게 성장하고 있고, 중국과의 교역 또한 급증하고 있음

  ※ 2004년 대중국교역 764억\$, 대미국교역 689억\$로 역전

• 호남고속철도는 국가균형발전과 서해안 중심의 새로운 성장축 형성을 뒷받침하는 대단히 중요한 국가 기간SOC임

- 호남고속철도를 중심으로 이루어질 산업·기업활동, 고용창출, 지역개발 등으로 창출되는 부가가치는 산정이 불가능할 정도로 막대한 규모임

  ※ 호남고속철도 건설시 : 차량운행비 절감(1,600억원/연) ('03 교통개발연구원 용역결과) 생산유발효과(30조원 이상) 고용유발효과(45조원 이상)

• 국가의 장래를 좌우할 국가 기간SOC 건설을 재원확보를 이유로 미루는 것은 미래를 포기하는 것과 같음

- 각국의 국가 기간SOC 건설 당시 경제규모 등을 고려했을 때 지금의 우리나라 경제규모에서 투자재원 확보가 어렵다는 것은 전혀 설득력이 없음〈도표1 참조-P8〉

  ※ 주요국가 국가 기간SOC 시공/완공 당시 1인당 GDP 규모

  - 경부고속도로 : ('68)   ('70) 254\$
    경부고속철도 : ('92) 7,539\$ ('10) 20,000\$
  - 일본 신칸센 : ('59) 393\$ ('64) 548\$
  - 프랑스 TGV : ('76) 6,683   ('81) 11,000\$
  - 대만고속철도 : ('00) 13,893\$ ('05) 13,157\$

- 역대 정부가 불요불급한 사업에 예산을 낭비해 재원 확보에 다소 어려움이 따르더라도 호남고속철도 건설 순기능을 감안, 투자우선 순위를 조정해서라도 조기에 완공을 해야함

3. SOC 투자 경제성 아닌 정책적 판단으로 결정해야

• 동서고금을 불문하고 국가 기간SOC에 투자하면서 당장의 수익성, 경제성을 가지고 사업추진 여부를 결정한 사례가 없음

  ※ 경부고속도로 : 건설 당시는 수요와 경제성 전혀

없었으나, 시간이 지나면서 기업·산업 활동이 활발해지면서 주변지역개발, 물동량·왕래인구 증가로 수익성 발생

※ 시베리아철도, 미국 대륙횡단철도 : 10년, 100년 앞을 바라본 전략적 투자 - 국가발전 견인

※ 일본 신칸센과 프랑스 TGV : 건설초기 3~4년간 적자, 투자비 회수에 10년 소요

● 국가 기간SOC의 경제성과 운영수지는 단편적으로 계산해서는 안 되고 국가적 차원에서 얻어지는 시너지효과까지 감안해야 함

※ 일본 신칸센 : 3,300억엔 투입, 10년간 물류비용 절감효과 1조 3,000억엔

● 국가 기간SOC 건설사업 추진여부를 결정하면서 '경제성' '운영수지'만 따지는 것은 국가발전을 포기하겠다는 것임

- 국가 기간SOC 중 흑자를 내는 곳은 극히 일부분에 불과

※ 국도 : 매년 5조원 투입('92~'04년간 38조원) - 수익 한푼도 없음

※ 고속도로 : 경부, 경인을 제외하고 모든 노선이 적자

- '96~'11년간 19개 노선 신설 26조원 투자계획

※ 6대도시 도시철도 : 총 건설비 34조원, 매년 1조원 적자, 부채 11조원

※ 농촌구조조정 : 지난 10년간 62조 투입, 향후 10년간 119조원 투입 예정

● 경제성만 따질 경우 대부분의 SOC 투자는 실패한 것이기 때문에 앞으로 SOC 투자를 전면 중단해야 함

- 특히, 경제성, 운영수지만을 기준으로 SOC를 건설

할 경우 수도권만 이 기준을 충족, 수도권만 비대해지는 결과 초래

- 이들 지역에만 SOC 투자가 집중된다면 국가 불균형 발전 가속화 - 국가균형발전에 정면 역행하는 것

● 1970년 경부고속도로 개통이전에는 부산·경남권, 광주·전남권 인구가 다같이 증가해 오다가, 경부고속도로 개통이후 부산·경남권은 급격히 증가하고, 광주·전남권은 급격히 감소 - SOC는 공급이 수요를 창출한다는 것을 증명

- 1966년 광주·전남권 인구는 부산·경남권 인구의 87.8% 수준이었으나, 경부고속도로 개통이후 인구격차가 급격히 확대되어 '04년에는 43.7%로 떨어짐

※ 부산경남 : 광주전남 ('66년) 460만명 : 404만명 (87.8%)

('70년) 499만명 : 400만명 (80%)
('75년) 572만명 : 398만명 (69.6%)
('80년) 647만명 : 377만명 (58%)
('90년) 746만명 : 364만명 (48.8%)
('04년) 783만명 : 342만명 (43.7%)

● 2010년 경부선은 전 구간 신선운행, 호남선은 기존선 운행시 지역간 불균형은 급속히 확대될 것임

- 부산까지 2시간, 목포까지 3시간 10분이 소요되면 호남축의 접근성이 떨어져 산업과 인구유출 가속화

- SOC가 부족한 상태에서는 사람과 기업이 빠져나가기 때문에 시간이 지날수록 수요창출 더 어려워짐 - 빈곤과 낙후의 확대 재생산

● SOC는 공급이 수요를 창출하기 때문에 '선(先) 수요창출, 후(後) 공급' 논리는 완전히 잘못된 것임

● 따라서, SOC는 당장의 수요나 경제성보다는 장래

의 국가발전 정책목표에 따라 건설해야 함

4. SOC 투자 '원칙과 기준' 세워 추진해야

• 경부고속철도 천성산 터널공사를 두고 빚어진 갈등을 처리하는 과정에서 정부는 막대한 타격을 입었음 - 향후 특단의 재발 방지책이 마련되어야 할 것임

  - 법을 집행하는 정부가 초법행위자 개인에게 굴복한 것은 아무리 '선의의 굴복'이라 하더라도, 무원칙 무통제의 사회 분위기를 조성하는 결과 초래

  - 갈수록 환경문제에 대한 관심이 높아지고 있는 점을 감안 했을 때, 향후 대형 국책사업추진에 막대한 차질을 빚을 수 있는 나쁜 선례를 남겼음

• 호남고속철도 건설사업에서도 비슷한 상황이 전개되고 있는데 대해 우려를 금할 수가 없음

  - 10년이 넘도록 계속되어 온 분기역 선정 논란, 새롭게 제기되고 있는 수도권 남부 정차역 신설 논란, 의왕시 통과 반대 논란

  - 현재 제기되고 있는 논란은 당초 호남고속철도 건설 목적을 면밀하게 따져보면 그 해답이 저절로 나올 것임

    ※ 고속철은 장거리 구간의 승객과 화물을 최단시간에 이동시키기 위해 건설됨

  ※ 천안-오송-대전은 상호 근접한 거리에 위치해 있고, 직간접적으로 경부고속철도 신선 이용 가능

    ※ 지역간 이해가 엇갈린 문제는 설득과 타협만으로 해결이 불가능하기 때문에 사업추진시 명확한 원칙과 기준을 적용해야 함

• 호남고속철도 분기역, 정차역은 국가기간교통망 사업으로 정치적 타협이나 소지역이기주의의 대상이 될 수 없고, '수요자 중심으로 결정'되어야 할 사안임

5. 국가 기간SOC 건설사업 혁신만이 살길

• 현재 정부 일각에서는 KTX 경부선 운영수지가 맞지 않는다는 이유로 경부고속철도 건설사업을 '실패한 국책사업'으로 규정, 호남고속철도 조기건설 반대 논리로 활용하고 있음

  - 부분개통, 시설미비, 짧은 운행기간 등 객관적인 판단조건이 갖추어지지 않은 상태에서 내린 매우 성급한 판단임

• 경부고속철도는 사업자체가 실패한 것이 아니라, 사업추진 과정이 잘못된 것임

  - 치밀한 사전계획 부재, 잦은 설계변경 등 후진적인 건설방식과 비효율적인 분산투자 등

(1) 기간SOC 건설 치밀한 사전계획 세워 시행해야

• 선진국은 국가 기간SOC 건설사업을 수행할 때, 계획수립에 60%, 실제 공사에 40% 정도의 기간을 할애하고 있는데, 우리나라의 경우는 오히려 반대임

  - 이로 인해 사업기간이 늘어나 사업비 증가 〈도표2 참조-P8〉

  - 프랑스, 일본 고속철도 건설사업의 경우 각각 계획기간 20년, 공사기간 5년 소요, 경부고속철도의 경우 계획기간 11년, 공사기간 18년 소요, km당 건설기간 외국보다 3~5배 더 걸려

    ※ 각국 고속철도 공사기간(km당)

      - 경부고속철도(1단계) : 142개월(km당 0.63개월)
      - 일본고속철도(동해선) : 66개월(km당 0.12개월)
      - 프랑스고속철도(동남선) : 66개월(km당 0.15개월)
      - 대만고속철도 : 70개월(km당 0.2개월)

(2) 국가 기간SOC 건설 설계변경 줄여야

• 장기간 계속되는 공사에서 설계변경은 사업기간이

늘어나는 주된 요인이 되고, 효율적인 집중투자가 이루어지지 못하게 함 - 결과적으로 사업비 증가로 이어짐

- 경부고속철도 건설사업 3차례 계획 수정으로 당초 계획보다 건설기간은 2배 증가한 11년, 사업비는 3.2배 증가한 12조원이 더 늘어남 〈도표3 참조-P8〉

  ※ 주요 국가 기간SOC 건설사업 계획 수정 현황 : 경부고속철도 3회, 인천국제공항 4회, 서해안고속도로 3회

  ※ 주먹구구식 계획으로 주요 시설물에 과다한 투자를 하는 것도 문제

- 광명역사 4,000억원 투입 하루 이용객이 3,000명 (당초예상 23,500명)에 불과 - 전형적인 예산낭비 사례

(3) 사례연구 : 경부고속도로 건설 배울 점 많아

• 경부고속도로는 정책적 판단에 따른 투자, 사업비 집중 투자로 단기간에 효율적으로 국가 기간SOC 건설을 완료했다는 점에서 대표적인 투자성공 사례임 - 경제성만 따졌다면 시작도 못했을 것

- 완공 후 7년만인 '77년(통행료 수익 520억원) 건설비용 430억원 회수, 물가 인상분, 화폐가치 변화 요인 등을 감안해도 10년 이내에 투자비 회수한 것 - 경부고속철도 실패론자 교훈 삼아야 할 것

  ※ 경부고속도로 개통 당시 주요현황

    - 총건설비 : 430억원
    - 연   장 : 428km
    - 차 로 수 : 4차로(22.4m)
    - 공사기간 : '68. 2~'70. 7(2년 5개월)
    - '03년 말 기준으로 경부고속도로 총이익 1조 7208억원으로 회수율 149.6%임

※ 투자비 회수내역 ('68~'03년)

  - 총이익〔A-(B+C)〕: 1조 7208억원 (회수율 149.6%)

  - 총 수 익(A) : 7조 9,064억원

  - 건 설 비(B) : 3조 4,670억원

  - 운영비용(C) : 2조 7,186억원

• 따라서, 경부고속철도 운영수지 적자를 이유로 내세워 호남고속철도 조기완공을 미룰 것이 아니라, 사업추진 과정을 면밀하게 검토해서 개선대책을 마련, 다른 국책사업에서 동일한 실수를 반복하지 않는 것이 중요함

〈참고자료〉

도표1. 각국 고속철도 건설 시공/완공당시 GDP 비교

구 분	건설 기간	총 연장	시공당시 1인당 GDP	완공당시 1인당 GDP	비고
경부 고속 도로	'68~'70 (2년)	417Km (서울 ~부산)		254$	산지 75%
경부 고속 철도	'92~'10 (18년)	410Km (서울 ~부산)	7,539$	('03) 12,000$ ('10) 20,000$	
신칸센	'59~'64 (5년)	512Km (토쿄 ~오사카)	393$	548$	
TGV	'76~'81 (5년)	430Km (파리 ~리용)	6,683$	11,000$	
대 만	'00~'05 (5년)	345Km (대북 ~고웅)	13,893$	('03) 13,157$	산지 68%

도표2. 각국의 고속철도 건설사업 비교

구 분	일본(동해선)	프랑스(동남선)	경부고속철도
착 공	1959년 4월	1976년 3월	1992년 6월
준 공	1964년 10월	1981년 9월	2010년 12월
계획기간	약 20년	약 21년	약 11년
공사기간	약 5년 5개월	약 5년 5개월	약 18년 6개월

도표3. 국가 기간SOC 건설사업 계획수정 현황

구 분	변경 횟수	최초 사업비 및 준공계획	현재 사업비 및 준공계획	비용증액 기간연장
경부고속철도	3회	5조 8,462억원 '98.12완공	18조 4,358억원 2004.4완공 (1단계)	12조 5,896억원 (3.2배) 5년5개월 연장
인천국제공항	4회	3조 4,165억원 '97년 완공	7조 4,862억원 2000년완공	4조 6,97억원 (2.2배) 3년 연장
서해안고속도로	3회	3조 1805억원 '97년 완공	4조 8079억원 2002년완공	1조 6,274억원 (1.5배) 5년 연장

도표4. 경부고속도로 이용차량 및 통행료 수익현황
(단위: 대, 천원)

년도	이용차량	통행료 수입	년도	이용차량	통행료 수입
'69	984,963	217,762	'88	55,466,101	118,171,034
'70	3,689,450	1,564,387	'89	69,612,156	140,757,344
'71	5,152,366	2,941,296	'90	84,765,560	161,287,068
'72	6,302,168	3,981,652	'91	96,577,195	198,276,694
'73	7,914,004	5,070,622	'92	121,349,369	270,580,642
'74	7,483,140	5,477,046	'93	157,432,729	352,550,314
'75	8,649,333	8,138,798	'94	194,049,642	420,615,517
'76	10,275,802	11,274,681	'95	194,478,545	465,972,017
'77	12,681,454	13,226,217	'96	219,284,356	500,226,953
'78	17,201,212	17,147,702	'97	220,720,103	540,318,527
'79	20,099,783	24,176,348	'98	192,715,473	501,204,674
'80	19,522,388	28,124,378	'99	204,429,502	558,090,720
'81	20,567,939	36,511,598	'00	217,908,867	612,040,692
'82	22,516,785	46,835,618	'01	216,904,656	590,311,777
'83	26,578,003	62,373,717	'02	220,858,794	606,842,174
'84	30,650,871	70,127,911	'03	224,077,527	607,652,482
'85	34,261,335	75,707,146	'04	228,389,544	655,475,035
'86	38,909,020	90,005,715	합계	3,258,541,360	7,912,375,512
'87	46,081,225	109,099,254			

■ 호남고속철 조기착공 촉구 기자회견(2005. 2. 1)

'호남고속철도'의 조기 착공 및 완공을 강력히 촉구한다!

– 여·야 의원 206명 서명, '호남고속철도 조기착공촉구대정부건의안' 제출

제 252회 국회 임시회를 시작하면서 우리 여·야 의원 206명은 「호남고속철도조기착공촉구대정부건의안」을 제출, 정부에 호남고속철도의 조기 착공 및 완공을 위한 가시적인 조처를 취할 것을 거듭 촉구하는 바이다.

지난 1987년 제13대 대통령선거공약으로 발표된 호남고속철도 건설사업은 그동안 6차례의 용역을 실시했지만 현재까지 기본계획조차 수립되지 못한 채 18년째 표류하고 있다.

최근에는 이 사업을 책임지고 추진해야 할 정부마저 경부고속철도의 운영적자, 이용저조 등 '경제성 논리'를 내세워 호남고속철도 건설 사업 자체를 미루겠다는 입장을 표명한 바 있다. 우리는 정부 일각의 이런 인식과 움직임에 대해 심히 우려를 표명하지 않을 수 없다.

국가 기간SOC는 국가 차원에서 먼 미래를 내다보고 장기적인 정책목표에 따라 투자가 이루어져야 한다. 당장의 운영수지나 경제성 논리에 따라 국가 기간SOC 건설 여부를 결정한다면 미래의 국가 발전은 결코 기대할 수 없다. 특히 고속철도가 부분적으로 개통되고, 운행기간이 채 1년이 안 된 상황에서 운영수지를 따진다는 것은 너무나 단견이 아닐 수 없다.

우리 여·야 의원 206명은 경부축과 함께 국가균형발전 및 새로운 성장축 마련 차원에서 호남고속철도 조기 건설이 반드시 필요하다는데 전적으로 인식을 같이 했다.

무엇보다 우리 의원들은 호남고속철도 조기 건설이 단순히 수도권과 영남권에 집중된 불균형 정책에 대한 보상 차원이 아니라는 점을 명확히 하고자 한다.

사실, 미국과 일본을 바라본 경부축 중심의 발전전략은 우리나라가 국민소득 1만불 시대로 진입하는데 큰 역할을 수행했다. 하지만 이제 경부축 중심의 국가 기간SOC 투자는 효율성 측면에서 한계에 달했다. 우리나라가 2만불 시대로 나아가기 위해서는 새로운 성장축 발굴이 필요하다.

지난해 중국과의 교역량은 미국과의 교역량을 앞질러 이제 중국이 우리나라의 최대 교역국으로 부상했다. 대 중국 교역의 전진기지로서 호남·충청권 개발의 필요성이 크게 대두되고 있는 점을 감안하면, 호남고속철도 건설은 지역적 문제가 아니라 국가의 장래 번영과 직결된 중차대한 사업이다.

따라서 우리 의원들은 여·야를 떠나, 지역을 떠나, 오직 국가균형발전 및 새로운 성장축을 마련한다는 차원에서 호남고속철도 조기 착공 및 완공에 정부가 즉각 나설 것을 촉구하면서 다음과 같이 정부에 건의한다.

1. 정부는 호남고속철도 건설사업을 국가균형발전 전략으로 설정하고 구체적 추진 로드맵을 조속히 확정하라.

2. 정부는 2005년까지 제반 조사 및 설계 완료, 2006년 착공, 2010년 완공을 핵심내용으로 하는 기본계획을 마련하라.

3. 이를 위해 정부는 호남고속철도 건설 추진기획단을 즉각 구성하여 운영하라.

2005년 2월 1일

「호남고속철도 조기착공 대정부 건의안」 발의자 일동

대표발의자 : 김동철·김춘진(열린우리당) 정의화·이종구(한나라당) 천영세(민노당) 이낙연(민주당)

노 대통령 "경제성만 강조되는 타당성조사 개선 필요"

18일 광주에서 노무현 대통령과 광주지역 의원 및 광주시장, 전남도지사 등이 참여한 간담회가 열렸다.

1. 호남지역에 각별한 애정과 관심 가지고 있다.

이 자리에서는 한전의 전남 이전을 포함한 공공기관 지방이전 문제, 호남고속철 조기착공 문제 등 지역의 주요 현안에 대한 이야기가 오고갔다.

노 대통령은 구체적 사안에 대해서 확답을 하지 않고, 원칙적 수준에서 견해를 밝혔지만 "호남지역에 대해서 각별한 애정과 관심을 가지고 있다"고 거듭 애정을 표시했다.

이날 간담회에서 노 대통령은 모두 발언을 통해 "광주문화중심도시건설 사업, 서남권 관광복합레저타운 건설(기업도시) 사업, 광산업 등에 정부가 모든 지원을 아끼지 않고 있음에도 호남민심이 극도로 악화되고 있다는 보고를 받고 있다"고 언급, 지역에서 추진되고 있는 사업들이 제대로 평가받지 못하고 있는 것에 대해 아쉬움을 피력했다.

또 삼성전자, 기아자동차 등 대기업의 투자확대가 고용창출 등 지역경제 발전에 큰 도움이 되고 있다는 사실에 큰 관심을 표명했다.

2. 국가 기간SOC 타당성 조사 개선방안 마련하고 있다.

이에 김동철 의원이 "대기업 유치, 문화중심도시, 서

남권 관광복합레저타운 건설 사업이 성공적으로 추진되기 위해서는 무엇보다도 접근성이 용이해야 한다"며 "호남고속철이 신선으로 건설되어 서울-광주 간 소요시간이 1시간대로 줄어들게 되면 정부가 투자를 하지마라고 해도 대기업들이 앞다투어 투자를 할 것이다. 비싼 땅값, 고임금을 지불하면서 수도권에 머물 이유가 없기 때문이다. 국가균형발전을 위해서 공공기관 지방이전도 중요하지만, 기간 SOC 건설, 그중에서도 호남고속철 조기착공이 필요하다"는 의견을 피력했다.

이에 노 대통령은 "그런데 경부고속철이 적자라고 하니 진퇴양난이다"라고 답했다.

김 의원이 "매년 국도 건설에 3~4조원이 투입되는데, 거기서 수익이 안 난다고 따지는 사람은 없다. 철도도 도로처럼 접근해서 국가 예산으로 건설을 해주고, 철도 운영에서만 흑자를 내면 된다"고 거듭 주장하자, 노 대통령은 "사업 타당성 조사를 맡기면 통상 경제성이 낮게 나오니 문제다. 단순히 경제성만 강조되는 타당성 조사 방법을 개선할 필요가 있다"고 답했다. 이에 정동채 장관이 지난 경제정책조정회의에서 대통령께서 이미 개선방안을 지시해서 방안을 마련 중이라고 부연 설명을 했다.

3. 국가균형발전 정책 지속적으로 추진한다.

한편, 한전의 전남 이전을 포함한 공공기관 지방이전과 관련해서는 참석자들이 이구동성으로 낙후도에 따라서 공공기관이 배분되어야 한다고 주장했다.

이에 노 대통령은 "국가균형발전 차원에서 행정중심복합도시, 공공기관 지방이전을 추진하고 있다. 명절이면 수도권의 2천만 인구 대부분이 고향을 찾아 대이동을 한다. 그런데도 지방발전에 대해서 반대여론이 높고, 특히 수도권 단체장들이 강력하게 반대하는

것을 보면 참으로 야속하다. 13개 광역단체장들이 수도권 3개 단체장들에게 지방의 고른 발전을 위해 강력한 의지를 천명했으면 한다."는 소회를 밝혔다.

이 밖에도 김태홍 의원이 재정자립도가 취약한 지역에 대한 배려없이 일괄적으로 매칭펀드(국고보조금 지방비의무부담제도)를 적용할 경우 지역간 부익부 빈익빈 현상이 더욱 가중될 것이라고 지적한 것에 대해 노 대통령은 이정우 정책기획위원장에게 개선 방안 마련을 지시했다.

또 광주문화중심도시 사업과 관련, 문광부 실링(총액예산)의 한계로 다른 문화사업 추진이 어려움을 겪게 된 것에 대해 문광부 실링을 늘려주거나, 광주문화중심도시 건설예산을 별도 국가 예산으로 추진하는 방안을 마련하겠다고 약속했다.

■ 호남고속철 조기착공 위한 정책자료집 발간
(2005. 9. 20)

호남고속철도, 21세기 대도약의 발판

- 전 구간 신선건설 방안 제시
- "2012년까지 오송분기역 이남 구간 우선 건설 필요하다"
- 집중투자 통해 단기간 완성해야 … "건설비 국고 지원 60% 이상 돼야"
- 청와대 · 국무총리실 등 정부 각 부처 국장급 이상 1,200여 명에 배포

호남고속철도 조기착공 및 완공이 과연 필요한 것인지를 조목조목 따져 그 필요성을 역설하는 정책자료집이 발간됐다.

호남고속철도
21세기 대도약의 발판

열린우리당 국회의원(광주 · 광산구) 김동철

2005. 9

20일 국회 건설교통위원회 소속 열린우리당 김동철 의원(광주 · 광산구)이 국정감사를 앞두고 정책자료집 『호남고속철도 21세기 대도약의 발판』을 발간 배포했다.

**외국의 고속철도 건설 및 운영사례 제시 …
호남고속철 건설 필요성 주장**

김 의원은 정책자료집 발간사를 통해, 그동안 우리사

회 일각에서 '투자재원 확보가 어렵다' '경제성이 없다' '고속철도정책이 잘못됐다' 등을 이유로 호남고속철도 건설이 불필요하다는 주장이 제기돼 왔다며, 호남고속철도 건설을 둘러싸고 벌어지는 각종 논란과 주장들이 과연 타당한 것인지, 진정 호남고속철도 건설은 불필요한 것인지 면밀하게 따져보고자 정책자료집을 발간하게 됐다고 발간 배경을 밝혔다.

총 50페이지에 이르는 정책자료집에서 김 의원은 미

완의 개통으로 인해 고속철도 건설 효과가 반감되었고 이로 인해 고속철도가 적자를 면치 못하고 있다고 주장하면서 경부고속철도 2단계 건설이 완료되고 호남고속철도가 조기에 완공되어야만 고속철도가 제 구실을 할 수 있을 것이라는 견해를 피력하고 있다.

또, 세계 각국의 고속철도 건설 및 운영 사례를 소개하면서 호남고속철도 건설이 과연 시기상조인지를 따진 후, 결국 21세기 대한민국의 대도약을 위해서 호남고속철도가 조기에 건설돼야 한다고 결론을 내리고 있다.

호남고속철도 해법 제시 … 전 구간 신설, 오송분기역 이남 구간 우선 건설, 건설비 60% 국고지원

정책자료집을 통해 김 의원은 호남고속철도 건설과 관련해서 다음 같이 세 가지를 제안하고 있다.

① 전 구간 신선으로 건설해야 한다 : 국가균형발전과 새로운 성장동력 및 성창축 마련, 광주문화중심도시 및 서남해안 관광레저복합 도시와 연계성, 호남고속철도 건설 시너지 효과 극대화 등을 고려했을 때, 호남고속철도는 전 구간 신선건설이 필요하다.

② 2012년까지 오송분기역 이남 구간을 우선 건설해야 한다 : 공공기관 지방이전 및 행정중심복합도시(이하 행복도시) 건설 완료 시점이 2012년인 점을 감안했을 때, 호남지역민과 호남지역으로 이전하게 될 공공기관 및 기업들의 행복도시 접근성 제고와 이용편의를 위해 2012년까지 오송분기역~목포

구간을 우선적으로 완공해야 한다.

서울~오송분기역 구간의 경우 지금의 경부고속철도를 공유해도 2045년까지 선로용량 여유가 충분하기 때문에 1단계로 오송분기역~목포 구간을 우선적으로 완공하고, 2단계로 서울~오송분기역 구간을 완공하는 방식으로 사업을 추진해야 한다.

③ 집중투자 통해 단기간에 완성해야 한다 : 치밀한 검토 및 계획을 거쳐 집중적인 투자를 통해 단기간에 사업을 완료하는 것이 전체 사업비를 절감할 수 있을 뿐만 아니라 건설부채를 최소화 하는 것이 완공 이후 수익성 확보에도 용이하다는 점을 감안, 정부의 고속철도 건설 지원비율을 60% 이상으로 확대해 최단기간에 사업을 완료해야 한다.

정부 전 부처 및 언론사 등에 자료집 배포 … 호남고속철도 조기건설 역설

한편, 김 의원은 금번 발간한 『호남고속철도 21세기 대도약의 발판』 정책자료집을 청와대와 국무총리실 등 정부 각 부처 국장급 이상, 전국 시도지사 및 의회 의장단, 중앙 및 지방언론사 데스크 등 2,500여 명에게 배포해 호남고속철도 조기 착공 및 완공에 관심과 협조를 당부한 것으로 알려졌다.

■ 호남고속철 관련 고위당정회의
(2005. 12. 6.)

호남고속철, 오송~광주 구간 2015년까지 준공될 듯

호남고속철 오송분기역~광주 구간이 이르면 2015년까지 건설될 것으로 보인다. 이렇게 되면 현재 KTX

이용시 2시간 40분이 소요되는 서울~광주 구간 소요시간이 약 1시간 20분 이상 단축될 것으로 보인다.

오늘(6일) 아침 국회에서 열린 호남고속철도 건설 관련 고위당정회의에서 이해찬 국무총리와 추병직 건설교통부장관은 열린우리당 광주·전남·전북 의원들에게 '호남고속철도 기본계획안'을 보고하고 의견을 청취했다.

당초 정부의 기본계획안에 따르면, 호남고속철도 건설은 내년부터 2008년까지 3년간 기본 및 실시설계를 한 후, 2009년 정도에 착공해서 2015년까지 오송분기역~익산구간을 먼저 준공한 다음, 익산~목포구간은 2020년까지 준공하는 것으로 되어있었고, 소요예산은 약 10조 1천억원이 필요한 것으로 나타났다.

※ 호남고속철 기본계획(안) 개요

- 총연장 : 231km(오송분기역~목포)(오송분기역~광주 178km)

- 총사업비 : 10조 1천억원(차량구입비 7,326억원 포함)

- 총사입기간 : 1단계(2015년 완료) 오송분기역~익산 구간, 2단계(2020년 완료) 익산~목포 구간

- 소요시간 : 서울~광주(약 1시간 20분, 현재보다 1시간 20분 단축)

서울~목포(약 1시간 40분, 현재보다 1시간 40분 단축)

서울~여수(약 2시간 25분, 현재보다 1시간 45분 단축)

- 재원조달 방법 : 국고지원 85%, 한국철도시설공단 15%

- 사회·경제적 효과 : 약 23조8천억원

이에 대해 광주지역 의원들은 이구동성으로 "이 같은

정부안은 호남인의 기대에 크게 못 미치는 것으로 적어도 광주까지만이라도 2015년까지 준공되어야 한다"고 주장했다.

김동철 의원은 "오늘 정부가 제시한 안은 지난 2003년 정부가 제시했던 서울~익산 구간을 2015년까지 건설하고, 익산 이후 구간 건설은 계획조차 없었던 것과 비교했을 때, 훨씬 진전된 안이기는 하지만, 부분개통 만으로는 저속철을 면할 수 없고, 기대한 만큼의 수요가 일지 않아 효과가 반감될 것이기 때문에, 전구간을 동시에 개통해야 한다"고 강력하게 주장했다.

김 의원은 "다만, 광주~목포구간은 기존선의 선형이 양호해서 고속철과 큰 차이가 없기 때문에 우선 광주까지 고속철을 신선으로 건설한다면 전구간 개통에 가까운 효과를 볼 수 있을 것"이라면서 "오송분기역~광주 구간 신선건설이 2015년까지 반드시 완료되어야 한다"고 거듭 주장했다.

이러한 요구에 대해 추병직 건교부장관은 예산확보 어려움과 낮은 경제성(BC 0.34) 등을 이유로 난색을 표했지만, 이해찬 국무총리가 "연간 5,000억원의 추가 재원확보 대책만 마련된다면 오송분기역~광주구간은 2015년까지 충분히 준공이 가능하다"며 "그러기 위해서는 우리당이 야당의 감세주장 등에 대해 적극 대처해 줄 것"을 당부했다.

이에 광주 · 전남 · 전북 의원들이 적극적인 협조를 약속하자, 이 총리는 "7일 광주아시아문화전당 착공식에 참석하는 노무현 대통령께 호남고속철도 오송분기역~광주구간을 2015년까지 준공할 수 있도록 건의 하겠다"고 약속했다.

이에 따라, 당초 2015년까지 오송분기역~익산구간을 우선 준공하고, 2020년까지 익산~목포구간을 완공하기로 한 정부안은 오늘 열린 당정협의와 앞으로 지역 공청회 등 여론수렴 과정을 거쳐, 2015년까지 오송분기역~광주 구간을 건설하는 것으로 최종적으로 확정될 것으로 보인다.

한편, 이날 회의에는 이해찬 국무총리, 한덕수 경제부총리, 추병직 건교부장관, 김영주 청와대 경제정책수석, 원혜영 열린우리당 정책의장, 강봉균 예산결산특별위원회 위원장 김한길 건설교통위원회 위원장 및 광주전남지역의원 등 30여명이 참석했다.

가자!
흙바람 부는 녹두벌판으로!

우리 농꾼들도 언제 한번 잘 살아볼까

한해 농사 영농비 걱정않고

본전에다 이문남겨 팔 수 있고

해마다 느는 빚 걱정않고

내땅에다 마음놓고 농사지을 수 있으면……

자식들 남부럽잖게 먹이고 입혀

수월하게 공부시킬 수 있으면……

내일 모레 일흔을 바라보시는 늙으신 어머님

편안하게 모실 수 있으면……

사십줄에 벌써 늙어버린 애어멈

이젠 일 덜하게 하고

어디 구경이라도 자주 시켜주었으면……

고된 일에 좋은 세월 다 보내는 이웃들

언제나 함께 어울려 마을 일도 같이 의논하고

농사도 서로 도와 하고

잔치 땐 한데 모여 깽쇠치고 장구치며

함께 어우러지기도 했으면…….

우리 국어국문학과에서는 지난 86년 여름방학 중인 7월 10일부터 17일까지 7박 8일 동안 18명의 학생들이 참가한 가운데 전남 무안군 몽탄면 학산 2구에서 농촌활동을 실시했습니다. 시기상으로 늦은감이 없지 않으나 두레를 통하여 많은 학우들과 농촌문제의 심각성을 다시 한번 살펴보고자 자리를 마련해 보았습니다.

I. 농촌활동의 의의

농활은 학생들이 농촌현장에 들어가서 농민과의 만남을 통해 모순의 해결을 지향하는, 집단적이고 지속적이며 의식적인 활동이다. 그러므로 한국 현대사 및 학생운동과 그 궤를 같이하는 역사적인 형태이다. 현장경험을 통한 학생들의 농촌현안 문제에 대한 실제적 인식과 학생, 농민과의 상호 의식교류를 통하여, 농민들의 의식계몽, 농민 스스로의 주체적 문제해결능력 지원에 주안점을 둔다는 데 의의가 있다.

일제 식민치하에서는 국가의 독립과 민족의 해방을 쟁취한다는 차원 아래, 농촌운동은 지식인이나 선각자들이 주체가 되어 농민계몽활동

을 편 것이 주된 내용이다. 해방 후의 농활은 50년대 계몽활동, 60 · 70년대 봉사개척활동에서 특징을 찾을 수 있으며, 80년대 이전까지만 해도 노력 · 기술 · 의료봉사가 주축을 이루었다.

80년대에 들어와 60년대 이후의 공업 위주 성장정책을 기초로 한 경제정책과 그동안 계속된 저곡가 정책, 대량농산물 수입정책 등은 농촌경제의 악순환을 초래하게 되었다. 급기야 농가부채를 누적시키는 등 농촌의 상대적 빈곤과 피폐를 가속화시켜 농촌문제는 사회문제로 대두되어 사회정의를 부르짖는 중요한 쟁점의 하나로 등장하게 되었던 것이다.

특히 외국 농축산물수입에 위한 저농산물가격, 소값폭락 등에 의한 농가부채 급증의 현안문제는 사회개혁을 요구하는 학생들에게 우리 사회의 구조적 모순에서 파생된 것으로 인식되었다. 이는 종래 봉사 위주로 진행된 농활의 의의에 변화를 가져와 농촌 현안문제의 농민에 의한

주체적 극복을 위해 농민운동의 측면지원에 의의를 두었으며, 학생 · 농민간의 상호의식화, 학생들의 농촌문제의 실제적 인식에 커다란 의의가 있다.

Ⅱ. 농촌활동 준비 및 본 활동

나뭇잎 끝에 매달린 물방울이 쏟아지는 햇살에 반짝거리고, 방학을 맞은 캠퍼스 여기저기에서는 농촌활동대가 상기된 모습으로 본 활동 준비에 부산하게 움직이며 여름은 더 깊이 성숙해 가고 있었다.

6월 16일부터 30일까지 농활에 참가할 수 있는 학생을 파악하고, 접수하는 홍보기간으로 설정했는데 준비활동 자체의 시기적 문제 - 학기말 고사기간 - 와 준비성의 불철저성으로 인해 많은 애로사항이 있었다. 그리하여 농촌활동 준비수련회를 갈 예정이었으나 전체 모임과 4일, 6일의

농촌문제 인식을 위한 학습 그리고 준비물 점검 등으로 대신하고 농촌활동 준비수련회는 취소하게 되었다.

그동안 7월 1일과 6일 두 차례에 걸쳐 사전답사가 있었고, 9일 세 명의 선발대가 출발하였다. 선발대가 출발 직전에 농촌활동 발대식을 가질 예정이었으나, 학생들의 인식부족과 준비미비로 참가자 수가 예상에 미치지 못하여 무산되었다.

7월 10일 몇몇 학과생들과 조교 선생님께서 나와 주셨고 활동대는 기차를 타고 농활지역으로 출발하였다. 몽탄면에 도착했을 때 경운기에 마을 기독교 농민 회원과 마을 청년 그리고, 선발대가 농약을 하다가 나와 흙묻은 손으로 반갑게 맞아 주었다.

도착 첫날에는 숙소를 정하고 짐을 정리하였으며 작업이 없었기 때문에 회의를 열어 생활수칙을 정하고 식사조 분반조를 편성하였고, 오후에는 마을 골목과 큰길의 잡초를 제거하면서 대청소를 실시하였다. 저녁에는 조를 편성하여 호별 방문을 통해 마을 어른들께 도착 인사를 드리고 분반활동을 위해 학생과 아동 숫자를 파악하고 작업량을 조사하였다.

학산 2구는 42가구에 인구 150여 명 정도가 살고 있었으며 차도에서 400미터 정도 들어간 곳부터 첫째 마을 20가구, 둘째 마을 12가구, 셋째 마을 10가구가 나뉘어 살고 있었다. 첫째 마을이 부락의 중심부 역할을 하여 마을 공동 전화가 한 대 있었으며 초가집이 두 가구가 있었다. 셋째 마을에는 초가집이 3가구가 있었는데 전깃불이 들어오지 않는 집이 있었으며 자식은 도회지에 나가 살고 할머님 혼자 사시는 집, 아주머니와 딸만 사는 집 등으로 세 마을 중 가장 사정이

어려웠다.

주민들의 의식 상태는 기독교 농민 회원들이 열심히 활동하여서인지 상당한 지식을 가지고 있었고 선발대와 만난 마을 청년들은 남북 분단의 심각성과 통일의 필요성, 이데올로기 선전의 문제점 등을 이야기 하여, 피상적으로 농민의 정치적 미성숙도를 우려한 학생들의 관념성을 여지없이 깨주기도 하였다. 또 농활대에 대한 인식은 작년 연세대생들의 활동으로 이미지가 좋아 별다른 무리는 없었으나, 워낙 빈농이 많아서인지 마을 분위기도 조용하기만 하였다.

첫날 평가회에서 생활수칙을 정하였는데 내용은 다음과 같다.

○ 복장은 활동하기 편하고 세탁하기 쉬울 것.
○ 머리는 항상 단정히 하고 화려한 옷은 피할 것.
○ 화장품, 샴푸는 사용을 금할 것.
○ 주민들에게 먼저 인사하기.
○ 아무곳에서나 함부로 눕지 말 것.
○ 길거리에서 껌 · 담배 · 음식을 먹거나 태우지 말 것.
○ 세면장 이외의 장소에서 수건을 걸치거나 칫솔을 입에 물지 말 것.
○ 작업 시 피로한 기색을 보이거나 게으름을 피우지 말 것.

만약 활동대원이 위의 사항을 어길 때에는 평가회를 통하여 자아비판과 상호비판을 통하여 반성하고 철저한 규율속에서 자율적 자세를 보이기로 결의하였다. 이러한 생활태도를 토대로 일과표가 짜여졌는데 내용은 다음과 같다.

○ 아침 5시 10분 – 식사조 기상
○ 6시 – 전체 기상

○ 7시 20분 – 아침식사 완료와 작업분

○ 7시 30분 – 오전 작업 시작

○ 오후 12시 30분 – 오전 작업 완료

○ 1시 – 점심식사 완료

○ 2시 – 오후 작업 시작

○ 4시 30분 – 아동반 작업 완료 분반활동준비

○ 7시 – 전체 오후 작업 완료

○ 8시 – 저녁식사 완료, 분반활동 시작

○ 10시 30분 – 분반활동 완료 평가회 시작

○ 새벽 1시 30분 – 평가회 완료

○ 2시 – 취침

위의 생활일과표는 다소 시간 차이는 있었으나 농활이 끝날 때까지 지켜졌다. 또 이외에 새참 문제가 거론되었는데 새참은 원칙적으로 주민들이 주는 것은 받지 않기로 하였다. 주민이 끝내 고집했을 때는 감자 등 농가에서 재배하여 수확한 것만을 받기로 하고, 술이나 과자류는 농활대의 의미를 설명하여 사양하였다. 물론 식사는 활동대원의 참가비로 충당하였고, 학생회 보조비는 분반활동 자료비와 마을 잔치 준비에 사용하도록 하여 절대로 민폐를 끼치는 일이 없도록 하였다.

구체적인 일정 속에서 작업한 것을 제시하는 것은 생략하기로 하였다. 기간 중 작업 내용을 살펴보면 맑은 날은 담뱃잎 따기와 엮기, 농약, 피뽑기 등을 했으며 비가 오는 날은 피뽑기, 하우스 안에서 담배 작업, 그 외 밭에서 풀뽑기, 야산 개간하는 곳 돌 줍기, 비닐하우스 세우기, 논둑 방천 난 곳 수리 등 많은 작업을 하였다. 대원들은 농촌 출신, 도시 출신할 것 없이 모두 도시생활에 익숙해져 있었으므로 하루 이틀이 지나는 동안 손가락 끝이 갈라져 피가 맺히고 농기구를 다루는 솜씨가 서툴러 부상을 당하기도 하였다.

또 힘만 믿고 호기를 부려 지게를 짊어지다가 요령이 없어 논두렁에 엎어지기도 하여 모두를 웃게 하기도 하였다. 농활기간 중 가장 불편한 것은 날씨가 고르지 못하였던 점인데 옷이 마르지 않아 작업할 때나 식사 시 어려움이 따랐다. 비가 오더라도 작업을 강행하겠다는 대원들의 주장과 "내 자식도 안 시키는 일을 남의 자식에게 비오는 데도 시킬 수가 있느냐?"고 안쓰러워하시며 "작업할 것이 없다."고 주민들이 거짓말을 하여 서로 실랑이를 벌이다가 같이 비를 맞으며 작업을 하기도 하였다.

비록 장마 기간이었지만 폭우로 한나절 쉬는 것을 제외하고 마을길 보수, 잡초제거, 골목길 보수 등을 통하여 되도록 농활 온 목적에 충실하고자 쉬는 모습을 보이지 않으려고 노력하였다. 또 비가 와서 쉬는 동안 가지고 간 사물로 아주머니들께 장고·북 등을 가르쳐 주기도 하였다. 꽉 짜인 일과표 속에서 시일이 지나자 탈진, 소화불량 등의 대원들이 나오기도 했다. 하지만 직업 시에는 '진도아리랑, 농부가'를 비롯한 민요를 부르며 피곤을 잊기도 하였으며, 광활한 논의 피뽑기 작업을 끝냈을 때는 스스로 대견해 하기도 하였다. 또 작업 중 이동이나 귀가 시에는 축 처진 모습을 안보이고자 많은 학우들이 솔선수범하여 움직이기도 하였다.

각 분반활동을 살펴보면 아동반에서는 그림 그리기, 노래, 율동, 동화책 읽기를 실시했고, 학생반에서는 노래와 4박자 춤, 해방춤 등과, 농촌에서 살아가시는 부모님 이야기, 학교교육에 관하여 토론을 하였다. 청년반에서는 제반 농촌문제와 그 해결방안, TV 시청료 문제, 수로세 문제 등에 대해 의견을 교환하였다. 그리고 부녀반과 장년반의 활동은 대개 호별 방문을 통하여 이루어졌는데 어른들께서는 농촌의 어려움을 이야기하시며 조합의 비민주성, 농작물 수매 문제의 부당성 등을 지적하시면서 오히려 학생들을 격려해 주시기도 했다.

학생들은 청년·장년·부녀반에서 주로 이야기를 듣는 편이었고 공감하는 부분에서는 진지한 의견을 나누기도 하였다. 농활기간 중 가장 친하게 지낸 사람들은 아동반과 학생반이었는데 아동반 아이들이 고사리 같은 손으로 감자를 가지고 와서 부끄러운 듯이 내밀고 갈 때는 하루의 피곤을 치유하고도 남을 기쁨을 맛보기도 했다. 또 소비풍조 일색인 TV를 멀리한 채 사물 전수에 열의를 보이는 어른들을 보았을 때는 전통문화의 정착이 아쉽기도 하였다. 농활기간 중 예비역 형님과 휴학생 동료들이 찾아와 또 다른 힘을 주기도 하였다.

농활기간이 끝나가면서 아동반과 학생반 아이들은 농활대가 떠나기 며칠 전부터 울먹거리며 서운해 하였고 주민들도 몹시 서운해 하셨다.

7월 18일 마지막 작업을 오전 중으로 마치고 술, 파전, 두부, 과자 등을 준비하여 마을잔치를 벌이기로 하였다. 오후 7시 30분부터 길놀이를 시작하여 세 개 마을을 돌면서 주민들을 초청하였고 당굿, 우물굿 등을 해주기도 하였다. 마을잔치에서 활동대장이 그동안 보살핌에 대한 감사의 말씀을 올렸고 주민 대표께서 대원의 노고에 대한 치하의 말씀이 있었다. 또 아동반과 학생반의 장기자랑이 열려 그동안 배웠던 노래와 춤을 선보였고 주민들은 아이들의 그림솜씨 노래솜씨에 마음껏 웃으시기도 하셨다. 이어 주민들의 노래자랑이 열리고 술과 함께 여흥 시간에는 민요를 부르며 춤을 추시기도 하고 '농민가', '투사의 노래' 등을 부르기도 하였다. 틈틈이 대원들이 선보인 장구 가락이나 민요를 들으시고는 겨울방학 때 꼭 사물전수하러 와달라는 부탁도 하셨다. 마을잔치는 현장에서 활동의 총정리와 농민들과의 일체감 형성에 큰 도움을 주었고 마을주민 서로를 단합시켜 주는 계기가 되었다는 점에서 매우 성공적이었다.

7월 19일 오전에는 농촌활동대의 총평가회를 가졌다. 농활이 농촌현장경험을 통한 학생들의 농촌현안문제에 대한 실제적 인식과 학생·농민 간의 상호 의식교류로 농민들의 의식계몽, 농민 스스로의 주체적 문제해결능력 지원에 주안점을 두고 진행되었다. 그러나 준비과정의 미흡, 본 활동에서 관념적이고 피상적 접근의 봉사활동 성격을 벗어나지 못했다는 점 등 많은 문제를 노정시켰다.

준비과정에서 특히 총학생회·단대학생회·각과 학생회가 손발이 맞지 않아 홍보부족으로 많은 학우들이 참가하지 못한 아쉬움이 있었다. 또한 준비과정에서 농활추진위원회가 발행한 자료집이 작년과 거의 유사했고, 선발대의 사전답사도 마을에 대한 실질적 정보가 부족, 형식에 치우쳤다는 평가를 받았다. 자체학습과 활동프로그램도 책자에만 의존했고, 학생들 입장에서만 고려되었기 때문에 제대로의 정보교환이 되지 못하였다.

농활대상지역 선정도 기농회원들이 있는 곳을 설정, 활동에는 무리가 없었지만 본래의 농활대상 지역으로 적합지 않았다는 것이다. 즉 기농회

원이 있는 마을이라서 주민의 의식수준은 높은 편이었으므로 저학년층이 다수를 이룬 대원들의 자아수련의 장으로서 인식되어 그 한계성이 나타나 본래의 취지와는 거리가 있음을 알 수 있었다.

평가회를 간단하게 마치고 모든 짐들을 정리하고, 마을 앞에서 어른들께 작별인사를 올렸다. 아동반 아이들과 학생반 아이들이 눈물을 보이며 서운해 하였다. 활동 대원들은 7박 8일 동안 정든 곳을 떠난다는 것을 아쉬워했고, 짧은 기간 동안 너무나도 많이 느낀 농촌문제의 어려움에 표정들이 모두 어두워져 있었다. 기차역까지 마을주민 두 분께서 배웅을 나와 주셨는데 역에서 손을 흔들며 대원들과 같이 '농민가'를 목이 터져라 불렀다.

"…… 찬란한 승리의 그날을 위해 춤추며 싸우는 형제들……."

아버님
지천으로 널린 파아란 벼포기에서
하늘을 보려고 꿈틀거리는 이삭들의 숨소리를 듣습니다.
아침저녁으로 논둑길을 달리는 스산한 바람이
가을을 맞으라고 면직원처럼 유난히 독촉을 합니다.
아버님
땅은 거짓말을 하지 않는다는 말씀이
정말로 참말이 되어 신문지를 살피시며
매상값을 걱정하시는 모습을 다시는 안 뵈었으면 합니다.
해년마다 이맘때쯤 늘어나시는 주름살 대신
욕심내시는 도래까끔 옥토가 한 뼘이라도 우리 것이 된다면
우리 가족은 얼마나 기쁠까요.
내 아들만은 공부시켜 농사짓는 고생은 안 시키겠다던,
입학식 날 아버님의 야무진 다짐은
오늘도 풍요롭게 들판을 보시는데
없는 살림에 삼수까지 하여 들어간 대학문 앞에서
아들은 걱정스럽기만 합니다.
하지만 아버님
최루탄 범벅의 캠퍼스에서
친구들이 흘리는 눈물의 의미를 알았을 때
삽 한 자루에 가족의 생계가 달린 우리집같이
리어카 한 대에 망치 한 자루에
몇 사람이 매달려 있는 친구들을 보았습니다.
농사와는 무관한 것 같았던 계엄령이
우리집을 마련해 준 농협이
도열병보다도, 벼멸구보다도 들판의 벼들에게는
더 치명적이라는 사실을 알았을 때
아버님
9급 공무원 한 자리도 쉬운 일이 아니라며
농촌에서 땅 파는 일보다는 쉬울 테니
학업에 전념하라는 말씀은 정말로
정말로 지키기 힘들었습니다.
아버님과 함께 농약을 뿌릴 때
아버님이 벼포기 사이에 떨어진
수만 벼멸구의 시체를 확인하시며
살충제의 효력을 확인하실 때
이 아들은 계엄령, 미국, 일본은
친구들과, 아버님과, 공장 다니시는 작은 아버님만이

살충제가 될 수 있다는 신념을 다졌습니다.
아버님
선진국만 된다고 농촌이 잘살게 되는 것이 아니고
국회의원만이 농지세를 감면하는 게 아니고
테레비가 전부 옳은 것이 아니라고
몇 번이고 말씀드려보고자 했지만
그을리신 아버님의 얼굴은
저의 용기를 항상 빼앗아 가셨습니다.
세상은 연관되어 있고 모순은 반드시 해결된다는 말씀을
아무리 아무리 올리려고 했지만 그때마다 저는
항상 대밭으로 달려가 임금님 귀는 당나귀 귀라고만
밤새 소리쳐 불렀답니다.
아버님
컴퓨터로 찍어진 낯선 봉투를 받으시고
대학 보낸 아들 덕에 이런 대접도 받으신다며
기쁘셔서 뜯으신 봉투 속에서
1.78이라는 아들의 성적을 만지시고
A는 무엇이고 F는 무엇인지
등수가 없는 성적표가 공부 잘한 거냐고 물으셨던 아버님.
아버님
오늘밤 달은 무척이나 둥근 보름달인데
뿌옇게 달무리하는 모양이 내일은
서러운 아버님의 눈물이라도
쏟아지려나 봅니다.
아버님
가을을 재촉하는 바람이 귓전을 스치며
저는 할 수 있다고 힘을 줍니다.
서울 산다는 얼굴도 모르는
도래까끔 서마지기 주인의 논둑을
시퍼런 낫으로 잡초 한포기 없이
깎을 날이 오도록, 이 아들
내일 첫차로 우리들의 땅
광주로 올라가렵니다.

– 아들 올림 –

Ⅲ. 농촌활동을 마치고

여태껏 우리는 농활의 의의와 변화과정, 그리고 활동과정을 살펴보았다. 짧은 기간 동안 관념적 지식인의 모습을 탈피하고 현장 속에서 구체성을 피면서 농촌의 어려움을 다 알기는 불가능할 수밖에 없다. 하지만 한 가지 확실한 것은 농촌의 현실이 우리들이 알고 있는 것처럼 농부가 결코 전원에서 한가롭게 지는 해를 바라보며 풍요로운 낭만을 즐기지 않는다는 것, 무심코 먹는 쌀 한 톨에도 농부의 손이 수십 번 거쳐야 한다는 것이었다. 또한 한국 농업문제가 하루 이틀 사이에 만들어진 것이 아니라고 했을 때, 아직도 국민의 절대다수를 구성하고 있는 농촌문제는 해결을 위한 보다 진지한 노력과 과감한 개혁이 필요하다는 것이다.

땅은 농민에게 있어 제2의 생명과도 같은 것이다. 왜냐하면 땅이 있어야 농사를 지을 수 있고 그러므로 농민이 되기 때문이다. 그런데 우리 농민은 대부분 충분한 땅을 가지지 못한 채 소작

농만 늘어만 가고 있다.

그렇다면 농민이 농토로부터 밀려나고 있는 원인은 무엇인가?

그 근본적인 원인을 찾기 위해서는 해방 이후 농지개혁 부분을 살펴보아야 할 필요가 있다. 1950년 농사짓는 농민이 토지를 가져야 한다는 경자유전의 원칙에 따라 실시한 농지개혁이 철저하지 못한 데 있다. 해방 후 남한에서는 "무상몰수 무상분배" "유상몰수 유상분배" "유상몰수 무상분배"의 주장으로 혼란을 일으키다가 1950년 3월에 가서야 "유상몰수 유상분배"의 방식으로 농지개혁을 하기로 결정되었다.

이처럼 농지개혁이 지연되는 사이 지주들은 농지를 소작농에게 억지로 사게 하거나 친척에게 형식적으로 명의를 변경하여 소작관계를 위장하기도 하고 중소 지주들은 농지를 소작농 토지를 거두어들여 직접 농사를 지었다. 이렇게 되다보니 농지개혁 당시 분배된 농지면적은 53만 5천 정보(한국인 소유 31만 정보, 일인 소유 22만 5천 정보)로서 1945년 말의 소작면적 145만

정보의 36.9%에 해당하는 면적에 불과하여 한국인 소유 소작지 면적의 25.4%에 해당하는 면적만이 분배되었을 뿐이다.

뿐만 아니라 분배받은 농토 상환료가 평년작 생산량의 150%를 5년간 나누어 상환하도록 되어 있어 그 부담이 매우 과중한 데다 6.25로 재정이 어려운 정부가 임시 토지 소득세를 부과하여 농민은 이 부담들을 견디지 못하고 다시 소작농으로 전락하기 시작했다. 이에 겹쳐 1950년대부터 들어온 미국 잉여농산물 도입으로 농산물이 제값을 못 받아 농가에서는 빚이 늘어나고 영농의욕도 없어져 농민은 분배받은 농지를 유지하기가 어려워졌다.

60 · 70년대에 들어서면서 값싼 노동력과 이를 뒷받침하기 위한 낮은 농산물 가격 정책을 바탕으로 한 이른바 수출 위주의 공업화정책을 추진하면서 농업은 더욱 망하기 시작했다. 따라서 농민은 빚더미에 올라앉자 땅을 팔고 소작농이 되거나 소작을 주고 이농을 하지 않을 수 없게 되었다. 또한 영세소농구조는 독점자본이 최대이윤을 실현하는 데 가장 좋은 체제이기 때문에 재벌 등 독점자본의 요구에 계속 유지되고 있는 것이다.

왜냐하면 영세소농은 농산물값이나 생산비가 안 나와도 최소한의 품값만 나와도 계속 농사를 짓기 때문에 재벌들의 이윤을 키워주는 저노임에 필요한 낮은 농산물 가격정책을 쓰기가 가장 좋은 농업 형태다. 이러한 저곡가-저노임으로 피해를 본 농민에게 불로소득을 노린 재벌 등 도시자본가들의 토지 투기가 성행되고 무계획적인 공업화 등으로 경지면적이 매년 8천 7백 정보씩이나 줄어들어 농민은 농토로부터 자꾸 밀려나고 있다.

이제 재외국민의 토지 소유까지 허용하고 있으니 농민이 땅을 잃은 속도는 더욱 빠르게 될 것이다. 이렇게 농민의 땅이 이리 뜯기고 저리 뜯기고 하는 마당에 소작농을 임대차란 이름으로 합법화 하려는 움직임을 보이는데, 소작을 합법화 하면 재벌 등 비농민은 안심하고 소작을 주거나 토지를 소유할 수 있지만 소작 농민은 갖고 싶은 자기 땅을 평생 가져보지 못하게 될지도 모른다. 그리고 재벌 등 도시자본의 토지 잠식은 더욱 왕성해질 수밖에 없다.

따라서 재벌 등 비농민의 농지 임야 소유는 엄격히 규제되어야 하며 이를 소유하고 있는 토지는 모두 환수하여 농사짓는 농민이 이용할 수 있도록 해야 한다. 그리고 소작제도를 근본적으로 금지하고 농업구조의 개혁에 의한 소농 경영을 극복하는 협업 등 농업 경영의 합리화 농지 · 임야 하천의 효율적 이용을 위한 획기적인 토지 기본법을 만들고 이 기본법에 따라 일대 개혁을 실시해야 한다.

또 소작농을 증가시킨 원인인 저곡가 정책을 골자로 하는 농업회생정책을 청산하고 국민경제의 자립이라는 차원에서 근본적인 농업정책의 변화없는 그 어떠한 미봉책은 모두가 쓸데없는 낭비만 될 것이다. 농촌에서 외국농축산물 수입으로 인해 소값이 폭락하고 농작물값이 폭락하여 농민들이 농약을 먹고 자살하는 것은 결코 남의 일이 아니고 한 사건으로만 넘길 수는 없는 것이다.

이러한 제반의 농촌문제를 해결하기 위해서는 농협은 진정한 농민의 대변자가 되어야 하고 농민의 영농의욕을 저하시키는 외국 농축산물의 수입은 즉각 중단해야 할 것이다. 또한 한국경제의 구조적 문제에서 기인한 농가부채는 농민의 책임만이 아니므로 하루빨리 농가부채 전액을 탕감하여야만 할 것이다.

또한 문화혜택은커녕 농약공해에 시달리는 농민들에게 의료보험의 혜택이 빠른 시일 내에 적용되어야 한다. 어지간한 병에 걸려도 집안이 송두리째 거덜나는 농촌의 현실은 너무나도 막다

른 곳에 와 있는 것이다. 외형적으로 기와를 올리고 덜컹거리는 황톳길이 아무리 아스팔트로 덮인다 하여도 민족경제의 뿌리가 곪아가고 있다면 한국에 있어서 경제적 기반인 농업경제의 안정만이 민족갱생의 길이 될 것이다. 내 나라에서 내 나라 사람들이 잘 살 수 있는 날, 그날은 반드시 오리라고 다짐하여 본다.

동생아!
동생 너의 편지를 두 차례 잘 받고 마음의 위안을 느꼈음에도 이렇게 답장이 늦었구나.
들판은 황금빛으로 변하기 시작하고 있다. 가진 자들은 풍요로운 계절이라 말하지만 농민의 마음은 항상 조바심과 걱정 속으로 흐르는 계절이 되고 마는구나.
추곡을 전량 사드릴지, 내 곡식을 내 마음대로 가격도 못 정하고 저들의 마음만 보고 조바심 속에서 사는 농민. 이것을 알고도 말 못하는 나의 심정은 분노를 느끼지 않을 수 없구나.
두서없이 인사가 늦었구나.
농활을 다녀간 동생들 모두 몸 건강히 투철한 정신력으로 등교들 다 했겠지.
지난 9월 1일 날, 무안 천주교회에서 이 땅의 민

주화와 민중의 날을 위해 시위를 가졌다. 그날 목포대에서 청계지서에 화염병을 투척해 경찰들은 도망가고 급사만 불을 끄다 소화기 폭발로 숨졌다. 그리고 9월 4일 강진 도암교회 내 사회복지관에서 2박 3일 학습회를 갖고 와보니 너의 편지가 와 있더군.
동생아, 편지 쓰는 순간에도 감정이 살아나 밖으로 뛰어나가고 싶은 생각이다. 그렇지만 참고 조금씩 풀어 나가자.
동생이나 여러 동지들이 너무 성급히 뛰지말고 신변을 생각하면서 싸워나가기를 바란다. 그럼 민중의 힘으로 민중이 민중을 위해 사는 세상이 올 것이다. 희망을 갖고 싸워나가자!
농민운동가 형, 우조 보냄.

※ 이 글은 학산2구 마을 주민께서 대원이 보낸 편지에 답장으로 보내 주신 것을 옮긴 것입니다.

새로운 세기요?
몸으로 때우면 되는 그런 세상이요!

※ 이글은 『다시 희망을 묻는다』(도서출판 아침이슬, 1999)에 게재되었던 글입니다.

도회지에서 낯선 시골을 찾아갈 때는 반드시 해가 떨어지기 전에 도착해야 낭패를 면하는 법이다. 서해 낙조를 구경하면서 여유있게 변산공동체에 도착하려던 계획은 처음부터 빗나가고 말았다. 어떤 '요령'도 동하지 않는, 묵묵히 일하는 소처럼 오로지 수고로운 '땀'을 흘려야 하는 농사일을 하러 가면서 시작부터 요령을 피운 것이 화근이었다. 고속도로에 빨리 진입하기 위해 혼잡한 도심을 피한답시고, 이면도로를 찾아 이리저리 잔꾀를 부리다가, 내 꾀에 넘어가 두어 시간을 그냥 길바닥에 버린것이다.

30번 국도를 따라가면서 하루 일과를 마치고 느긋하게 귀가하는 농가의 트럭들을 위협하고, 추월해서 변산면에 도착했을 때는 오후 여섯 시가 채 안 된 시각이었다. 그런데도 사위는 벌써 어둠이 짙게 깔려 있었다. 도시에서 이 시각이면 휘황찬란한 네온사인 때문에 길거리가 대낮같이

밝아서 밤이 깊어가는 줄도 모르는데, 조그마한 면소재지는 완전히 적막에 휩싸여 있었다. 우선 주변 식당에서 간단히 저녁을 해결하고 변산공동체로 가는 길 안내를 받았다.

식당 주인이 가르쳐준 내로 담을 끼고 한참 달리자 교회가 나왔고, 왼쪽으로 핸들을 꺾자 비포장길이 이어졌다. 갈림길에서 우왕좌왕하기를 몇 차례, 풀벌레 소리 하나 없는 칠흑 같은 어둠 속에서 금방이라도 뭐가 튀어나올 것 같았다. 미로 찾기를 하듯이 여기저기를 헤매다가 무작정 가파른 산길을 오르는데, 희미하게 재실(제사를 지내기 위해 지은 집)이 모습을 드러냈다. 그런데 재실에서는 불빛 한점 새어나오지 않고, 인기척마저도 없었다. 귀기가 서린 듯한 재실분위기 때문인지 등골이 오싹해졌다.

다시 오던 길을 내려가서 민가의 불빛을 찾다가 어느 외딴집에 들어섰다. 창호지를 바른 방문

안에서 경전을 읽는 촌로의 음성이 흘러나왔다.
몇 차례 인기척을 하자 그제야 방문이 열렸다.
긴 턱수염을 가지런하게 다듬은 노인이었다. 노
인에게서 자세히 길 안내를 받고 나오는데 마치
무엇에 홀린 기분이었다. 전봉준 장군의 초상이
떠오르면서 어쩌면 노인이 동학군의 후예일지도
모른다는 생각이 느닷없이 뇌리를 스치고 지나
갔다.

마침내 윤구병 선생이 기거하는 집을 찾았지
만, 그곳에도 아무런 인기척이 없었다. 낭패였
다. 그렇게 집 앞 공터에서 30분쯤 기다렸을까.
어둠은 참으로 요사스러워서 짧은 시간 동안 수
많은 생각을 떠오르게 하고, 마음이 갈피를 잃게
만들었다. 불안한 마음을 달래느라고 별 짓을 다
했지만 쉬이 진정되지가 않았다. 그러다가 하늘
을 쳐다보았다. 불빛을 잘게 쪼개놓은 듯한 별이
금세 쏟아질 기세로 하늘을 뒤덮고 있었다. 아,
하고 나도 모르게 입에서 탄성이 터져나왔다. 동
시에 불안한 마음이 씻은 듯이 사라졌다.

멀리서 플래시 불빛이 반짝였다. 그러나 반가
운 마음도 잠시였다. 불빛의 주인은 변산공동체
식구들이 아니었다. 한 달 일정으로 변산공동체
에 머물려고 멀리 서울에서 내려오는 부부 한 쌍
이었다. 주인은 없고 객들만 모여 있는데도 한결
마음에 여유가 생겼다. 윤구병 선생을 아직 만난
것도 아니고 단지 가까이 왔을 뿐인데, 혼자보다
는 여럿이 함께 하는 것이 세상살이에 이롭다는
깨달음(?)을 단박에 얻은 것이다.

잠시 후에 와자한 소리와 함께 트럭 한 대가
들어섰다. 화물칸에서 십여 명이 넘는 변산공동
체 식구들이 뛰어내리는데 흡사 도둑떼 같은 모
습이었다. 어둠 때문에 윤구병 선생의 낯빛을 살

필 수 없었지만, 반갑게 내민 그의 거친 손에는
온기가 묻어 있었다. 가는 날이 장날이라고 며칠
전에 내려온 외지 손님이 공동체 식구들에게 생
선회를 대접한다고 모두 채석강에 나가느라 집
을 비웠다는 설명이었다.

풍선처럼 터진 손가락을 자연 치료한 '지독한 농부'

주인과 객들이 공동체 식당에 모여 앉았는데,
공동체 식구들의 모습이 가관이었다. 남녀를 불
문하고 하나같이 후줄근한(?) 옷차림에 검게 그
을린 얼굴이었다. 1960년대 어느 농촌의 안방을
옮겨놓은 듯한 느낌이었다. 특히 윤구병 선생이
심했다. 단정하긴 했지만 후줄근한 옷차림, 일
을 하느라고 군살이 없어져서 더욱 튀어나와 보
이는 광대뼈, 새까만 피부, 대충 쓸어넘긴 머리카

락, 외모만으로는 그가 한때 철학자였다는 사실이 도무지 믿어지지 않을 정도였다.

"언젠가 서울에 일을 보러 갔다가 버스에서 내리자마자 경찰관에게 붙들려 파출소로 끌려갔어요. 오랜만에 나들이한다고 제법 옷을 갖춰입고 길을 떠났는데도 몸과 옷이 따로 놀아서 수상하게 보였던 모양이에요. 옛날 같으면 그 자리에서 따지고 삿대질을 했을 텐데, 황소처럼 눈만 껌벅이면서 고분고분 따라가 ane는 대로 답하고 언짢은 기색도 없이 파출소를 나왔지요"

윤구병 선생이 변산에 정착한 지 4년. 그렇게 그는 몸뿐만이 아니라 마음까지도 완전히 순박한 농부가 다 되어 있었다. 그런데 공동체 식구들과 인사를 나눈 후에 둘러본 식당 모습이 더욱 가관이었다. 각각 다른 모양을 하고 있는 문짝과 창문들, 못난이 삼형제 인형처럼 놓여있는 장식장, 잘못을 저질러 벌을 서고 있는 아이처럼 방한구석에 어색하게 놓여 있는 키 작은 장롱, 한마디로 모든 생활집기들은 붉은 벽돌로 지어진 깨끗한 현대식 식당과 전혀 어울리지가 않았다.

"우리 손으로 벽돌도 찍어서 지어야 했는데 그렇게 하지는 못했어요. IMF로 파산한 벽돌공장에서 헐값에 벽돌을 구입할 기회가 생겨서 외부 손님 도움을 받아 작년에 지었습니다. 보일러도 장작과 기름을 함께 쓸 수 있는 절약형 보일러입니다. 여기 있는 집기들은 다 도시 사람들이 버린 것을 주워온 것인데 모양이 우습긴 하지만 저렇게 다 제구실들을 하잖아요. 멀쩡한 것을 왜 버리는지 모르겠어요."

사실 변산공동체는 '쓰레기 공동체'라 해도 과언이 아닐 만큼 모든 것을 재활용하고 있었다. 공동식당만 하더라도 열 손실을 줄이기 위해 빈 페트병을 벽돌 사이에 넣어서 훌륭한 방열? 방음장치로 활용하고 있었다. 생활쓰레기도 마찬가지였다. 분리수거통을 만들어서 음식물 찌꺼기는 퇴비로, 종이류는 불쏘시개로, 고철은 모아서 파는 식으로 모든 쓰레기를 재활용하고 있었다. 공동체 식구들은 하다 못해 마을에 굴러다니는 나무토막까지 주워와서 재활용을 했는데, 아이들이 교실로 쓰는 재실 방을 제외하고는 모든 난방을 아궁이에 불을 지펴서 해결하기 때문이었다. 그래서인지 변산공동체 여기저기에는 굵은 나무토막들이 굴러다니다시피 했다.

"이곳에서는 자기 빨래는 자기가 하는데 빨래할 때도 비누나 수돗물을 안 써요. 개울에 가서 빨지요. 저는 비누를 일체 쓰지 않습니다. 그래서 내복 같은 경우에는 때가 잘 빠지지않아서 누렇긴 해도 입는 데는 지장 없어요. 하하하."

그가 하얀 이를 드러내며 호탕하게 웃었다. 그가 수돗물을 안 쓰는 이유는 환경파괴를 막기 위해서다. 수돗물을 쓰면 전기 모터가 돌고, 모터를 돌리기 위해서는 전기를 써야 하는데, 전기는 환경을 파괴하는 원자력발전소에서 만들기 때문에 환경보호를 위해서 최소한의 전기만 사용하는 것이다. 그의 말로써 두 가지 사실을 미루어 짐작할 수 있다. 하나는 그가 '지독한 사람'이라는 것, 다른 하나는 그가 유난히 후줄근한(?) 이유가 무엇 때문이었는지 밝혀진 것이다. 그러나 그가 '정말로' 지독한 사람인지 아닌지는 다음 이야기를 듣고 판단하는게 좋겠다.

"내가 돌담을 쌓다가 돌 틈에 손을 부딪쳐 가운뎃손가락이 풍선처럼 터져버렸어요. 뼈가 드러날 정도로 심하게 다친 손가락을 보고 식구 가운데 한 분이 잘못하면 손가락을 못쓰게 되겠다면서 작업나간 차를 불러왔어요. 우선 상처에 설탕을 뿌려서 지혈을 한 뒤 차를 타고서 부안 읍내로 나가는데, 가다가 생각하니까 우스워요. 내가 모든 생명체에는 자연치유력이 있다고 늘 말해왔는데, 그래 놓고 병원엘 가면 정말 사기꾼이 되겠구나 싶어요. 그래서 가다가 차를 돌리라고 했어요. 그리고 집에 돌아와서 책을 뒤적여서 항균효과가 있는 약초를 찾았지요. 여러 약초중에 조뱅이가 상처에 제일 효과가 있다는 걸 확인하고 그것을 입 안에 넣고 으깨어 상처에 둘렀어요. 그리고 짐승들이 아프면 우선 단식을 한다는 데 착안해 술, 담배는 물론, 밥도 이틀을 굶었어요. 그랬더니 정말로 효과가 있더라고요. 사흘째 되던 날 담배를 피우면 상처 부위로 연기가 나올까, 술을 먹으면 술이 샐까 하고 시험 삼아 담배를 피우고 술을 마셨는데 아무 이상이 없었어요."

그가 눈물이 질금거릴 정도로 크게 웃었다.

"그렇게 한 달 정도 되니까 상처 부위가 감쪽같이 원래대로 복원되었어요. 그때 두 가지 사실을 새로 알게 되었지요. 하나는 피가 응고되는 이유가 응고제 때문에 그런 것만이 아니라, 온도차 때문에 그렇다는 것이고, 또 하나는 우리가 상처가 나면 상처를 문지르거나 빨간약을 바르는데 그러지 말고 피가 흘러 피막이 형성되도록 가만히 놔두는 것이 가장 좋은 지혈방법이라는 거예요. 어쨌든 나중에 자연적으로 복원된 내 손가락을 보고 식구들 모두가 깜짝 놀랐어요. 새로 난 손톱 모양이 약간 달라졌을 뿐, 이렇게 아무 이상이 없잖아요. 어쨌든 그 일로 내 생각이 더 원시적으로 바뀌었어요."

그가 내민 손가락을 들여다보기도 하고 만져도 보았다. 애써 확인하지 않으면 큰 상처가 났던 손가락인 줄 모를 정도였다.

변산 민초들의 '최후 근거지'

현재 변산공동체에는 결혼해서 분가한 두 가구를 제외하고, 윤 선생을 포함해 모두 네 명의 식구가 살고 있다. 여기에 정식 식구는 아니지만 몇 개월째 머물고 있는 장기 손님, 잠깐 머무는 단기 손님까지, 공동체에는 늘 여남은 명의 사람들로 북적거린다. 농사철에는 일손을 거들려고 오는 사람들이 많아서 수십 명이 머물기도 한다. 그가 굳이 변산 땅에 정착한 것은 무엇 때문이었을까.

"10여 년 전에 후배에게 변산반도 지역을 탐사해보라고 했는데, 후배가 저 너머 운호리를 추천했어요. 원래 변산 땅은 물이 귀한 곳입니다. 그런데 그곳은 물이 더 귀해요. 거기는 안 되겠다 싶어서 산꼭대기에 올라가 두루 살펴보니까 이 마을이 아주 편안해 보였어요. 강화도에 정착하는 게 어떠냐고 권유한 분도 계셨지만, 여길 보고 바로 마음의 결정을 내렸어요. 인류의 기초 살림은 산살림, 들살림, 갯살림 중 하나입니다. 여기는 주변에 산도 적당히 있고, 가까운 곳에 바다도 있어서 기초 살림을 두루 익힐 수가 있겠더라구요. 그래서 여기로 왔습니다. 살아보니까 이곳 변산 땅은 몸만 부지런하면 누구나 먹고 살 수 있는 곳입니다."

실제로 변산은 먹을거리가 풍부했다. 동학혁명이 실패한 뒤의 이야기다. 정부군에 패퇴한 동학군이 뿔뿔이 흩어져 일부는 지리산으로, 일부는 변산으로 몸을 피했다. 나중에 그들이 고향으로 다시 만났는데 서로 몰라볼 지경이었다. 지리산으로 피했던 사람들은 피골이 상접해져서, 변산으로 피했던 사람들은 몹시 살이 쪄서 서로 몰라보았던 것이다.

행정구역으로 볼 때 변산은 전북 부안군에 속한다. 부안군은 동쪽이 낮고 서쪽이 높은 지형인데, 그 중에서도 변산은 황해 쪽으로 불쑥 솟아 나온 반도이다. 전체적으로 보면 부안의 남서부는 변산이라는 산으로 겹겹이 싸여있고, 북동부는 넓고 비옥한 평야를 이루고 있다. 해안선은 동진강 하구에서부터 줄포면 우포리까지 99킬로미터이고, 바닷바람의 영향을 받아 겨울철엔 눈이 많이 내리는 기후적 특성이 있다.

역사적으로 변산은 민초들의 '최후 근거지'이기도 했다. 나당연합군에게 멸망한 백제의 유민들이 후백제 재건의 꿈을 간직한 채 최후까지 투쟁했던 곳이 바로 변산이었다. 조선 말기에는 인근에 있는 고부에서 발의한 동학군이 정부군에 패한 뒤 참수를 피해 숨어들기도 했다. 또 변산은 고려 때부터 도둑이 많기로 유명했다. 이곳 도적들은 스스로를 늘 의적이라고 불렀는데, 그들이 김제 만경평야에서 경강으로 가는 세곡선(稅穀船)을 털어서 주변 주민들과 나눠먹고 살았기 때문이다. 예로부터 호남평야는 곡창지대 중에서도 손꼽혔던 지역이라 농민에 대한 관리들의 수탈이 극에 달했다는 점을 감안하면, 주변 주민들에게 그들은 도적이 아니라 의적이었던 것이다. 그렇게 보면 박지원이 쓴 《허생전》의 무대가 변산이었던 점도 우연이 아닌 셈이다.

불한당은 없다! 울며 겨자 먹기로 머문 3박 4일

변산공동체에는 며칠 동안 농사일을 체험하려고 오는 손님, 몇 달 혹은 1년 동안 농사를 배우겠다고 오는 손님이 많다. 아예 변산공동체에서 살겠다고 오는 사람도 있다(하루도 못 버티고 식구들 몰래 새벽에 줄행랑을 친 사람도 있었다).

"우리 식구들은 외부에서 새로운 손님이 오면 안정이 안되는 어려움이 있습니다. 그런데도 손님을 받는 이유는 그분들에게 도움이 되기 때문입니다. 손님 중에는 일에 전혀 도움이 안되는 분도 있습니다. 예전에 어떤 분한테 깨밭에서 잡초를 뽑으라고 했더니 한 시간동안 땀을 뻘뻘 흘리면서 겨우 사방 30센티 정도 되게 밭을 맸어요. 그런데 가까이 가서 보니까 명아주만 남기고 깨를 다 뽑아버렸지 뭡니까. 이런 사람은 아무 도움도 안 될뿐더러 밥값도 제대로 못하는 꼴이거든요. 하지만 그렇게 시행착오를 거쳐서 배우고 나면 일을 잘해요. 요즘에 그분은 아이들, 아내하고 같이 틈나는 대로 내려와서 일을 하고 갑니다. 그러면서 늘 많이 배우고 간다고 그래요. 무언가를 배우러 오는 사람들을 그냥 내칠 수는 없지 않겠어요."

변산공동체에는 '3박 4일 원칙'이라는 게 있다. 이곳을 방문하려는 사람은, 취재를 하러 온 사람이건 농사일을 체험하려고 온 사람이건 누구를 막론하고, 최소 3박 4일은 공동체 식구들과 함께 일을 해야 한다는 것이다.

"내가 한때 예술을 한답시고 어울렸던 불한당 친구들이 많아요. 그래서 여기로 들어오면서 친구, 선배, 후배 누구나 할 것 없이 3박 4일 동안 일할 사람만 오라고 했어요. 그렇지 않으면 놀자판이 될 가능성이 많거든요. 하지만 이곳은 완전히 닫혀 있을 수가 없어요. 닫힌 듯 열려 있고 열린 듯 닫혀 있어야 합니다. 그래서 공동체에서 규율을 정했어요. 취재 요청이 오면 3박 4일 동안 낮에는 일을 하고 밤에는 이야기를 나누자고

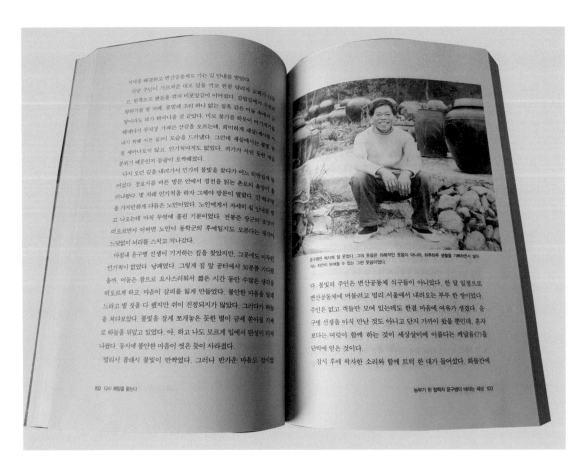

저녁을 해결하고 변산공동체로 가는 길 안내를 받았다.
식당 주인이 가르쳐준 대로 담을 끼고 한참 달리자 교회가 나오
고 왼쪽으로 팬션을 끼자 비포장길이 이어졌다. 갈림길에서 무작정
왼쪽으로 몇 차례, 콜밭에 소리 하나 없는 칠흑 같은 어둠 속에서 금
방이라도 뭐가 뛰어나올 것 같았다. 미로 찾듯이 하듯이 여기저기를
헤매다가 무척창 가파른 산길을 오르는데, 희미하게 제실(제사를 모
내기 위해 지은 집)이 모습을 드러냈다. 그런데 제실에서는 불빛 한
점 새어나오지 않고, 인기척마저도 없었다. 귀기가 서린 듯한 제실
분위기 때문인지 등골이 오싹해졌다.
다시 오던 길을 내려와서 민가의 불빛을 찾다가 어느 외딴집에 들
어섰다. 정호지를 바른 방문 안에서 경전을 읽는 촌로의 음성이 흘
러나왔다. 몇 차례 인기척을 하자 그제야 방문이 열렸다. 긴 턱수염
을 가지런하게 다듬은 노인이었다. 노인에게서 자세히 길 안내를 듣
고 나오는데 마치 무엇에 홀린 기분이었다. 전봉준 장군의 초상이
떠오르면서 어쩌면 저 노인이 동학군의 후예일지도 모른다는 생각이
느닷없이 뇌리를 스치고 지나갔다.
마침내 윤구병 선생이 기거하는 집을 찾았지만, 그곳에도 아무런
인기척이 없었다. 낭패였다. 그렇게 집 앞 공터에서 30분을 기다린
을까. 어둠은 참으로 요사스러워서 짧은 시간 동안 수많은 생각을
떠오르게 하고, 마음을 갈피를 잃게 만들었다. 불안한 마음을 달래
느라고 별 짓을 다 했지만 쉬이 진정되지가 않았다. 그러다가 하늘
을 쳐다보았다. 불빛을 잘게 쪼개놓은 듯한 별이 금세 쏟아질 기세
로 하늘을 뒤덮고 있었다. 아, 하고 나도 모르게 입에서 탄성이 터져
나왔다. 동시에 불안한 마음이 씻은 듯이 사라졌다.
멀리서 플래시 불빛이 반짝였다. 그러나 반가운 마음도 잠시였

윤구병은 매사에 잘 웃었다. 그의 웃음은 의례적인 웃음이 아니라, 하루하루 생활을 기뻐하면서 살아가는 자만이 보여줄 수 있는 그런 웃음이었다.

다. 불빛의 주인은 변산공동체 식구들이 아니었다. 한 달 일정으로
변산공동체에 머물려고 멀리 서울에서 내려오는 부부 한 쌍이었다.
주인은 없고 객들만 모여 있는데도 한결 마음에 여유가 생겼다. 윤
구병 선생을 아직 만난 것도 아니고 단지 가까이 왔을 뿐인데, 혼자
보다는 여럿이 함께 하는 것이 세상살이에 이롭다는 깨달음(?)을
단박에 얻은 것이다.
잠시 후에 왁자한 소리와 함께 트럭 한 대가 들어섰다. 화물칸에

요. 단 방송촬영은 연출을 하느라고 그만큼 일을 못하니까 8박 9일 일하면서 찍어가라고 합니다. 그래서인지 방송촬영은 환영을 하는데도 아직 온 적이 없어요. 하하하."

그는 매사에 잘 웃었다. 그의 웃음을 의례적인 웃음이 아니라, 하루하루 생활을 기뻐하면서 살아가는 자만이 보여줄 수 있는 그런 웃음이었다.

사실 '3박 4일 원칙'은 변산공동체의 피해를 최소화하기 위해서 마련한 고육지책의 성격이 짙었다. 우리사회에서 환경에 대한 관심이 증폭되고, 귀농바람이 불면서 마치 관광지에 들르듯이 그저 한번 둘러보려는 사람들이 많아졌기 때문이다. 만약 이런 원칙이 없다면, 공동체 식구들에게는 매번 손님들 뒤치다꺼리하기가 여간 고역이 아닐 것이다.

변산공동체 식구들이 사는 법

변산공동체 식구로 들어오려는 사람은 우선 한 달 동안 공동체에서 식구들과 함께 생활한 후에 첫 번째 평가를 받는다. 그 다음에는 3개월, 6개월, 1년 단위로 평가를 받는다. 그렇게 1년 동안 머물게 되면 그때까지 모아진 식구들의 의견을 종합해서 식구로 받아들일지를 최종 결정한다. 그때까지 방문자는 손님의 위치에서 생활을 한다. 과거에는 손님으로 있는 동안이면 외출은 물론이고 금전적인 지원도 없었다. 또 담뱃값을 비롯해 개인 생활용품도 자비로 해결해야 했다. 그런데 요즈음은 공동체 사정이 조금 풀려서(?) 담배와 생활용품을 지급해준다. 필요하다면 외출도 허락되고, 외출할 때에는 5만 원을 용돈 명목

으로 준다. 단, 쓰고 남은 돈은 반납을 원칙으로 한다.

현재의 공동체 생활은 시쳇말로 '세월이 많이 좋아졌다'고 할 만큼 모든 것이 초기에 비해서 좋아졌다. 우선 생활부터가 좋아졌다. 1998년 공동식당을 짓기 전까지만 해도 공동체 식구들은 비닐하우스를 식당으로 사용했다. 한겨울에는 덜덜 떨면서 밥을 먹어야 할 정도로 열악한 환경에서 살았던 것이다. 공동체 규율도 과거와 비교하면 많이 완화되었다. 예컨대 공동체 생활 초기에는 군대식으로 징을 울려서 모두가 함께 모여 자기 의사와 무관하게 강제로(?) 식사를 해야 했는데, 요즘에는 밥 먹기 싫은 사람은 안 먹어도 될 만큼 융통성이 생겼다. 일하는 방식도 많이 개선되고 있다. 공동체 생활이라고 해서 모든 일을 공동 울력으로 하는 것이 아니라, 자신의 일은 자신이 찾아서 하는 방식으로 바뀌고 있는 것이다. 앞으로는 일을 더욱 합리적으로 하기 위해 공동 울력은 하루 네 시간만 하고 나머지 시간은 개인이 자율적으로 일을 찾아서 하는 방향으로 바꾸려고 한다.

하지만 세월이 가도 변하지 않은 생활원칙도 있다. 우선 식사를 비롯한 먹는 문제가 그렇다. 변산공동체에서는 매끼니 식사 준비를 공동체 식구들이 순서를 정해놓고 돌아가면서 한다. 하지만 설거지는 손님들의 몫이다. 아침과 저녁 설거지는 가장 최근에 도착한 손님이 하고, 점심 설거지는 아이들이 한다. 술은 공동식당에서만 마시고 술자리는 여름에는 10시, 겨울에는 9시까지로 정해져 있다(음주시간을 가장 많이 어긴 사람은 누구일까? 바로 윤구병선생이다. 식구들의 개인적인 고민을 들어주고, 인터뷰하려고 찾아오는 사람도 많기 때문이다).

변하지 않은 생활원칙 가운데 또 하나는 작업회의다. 변산공동체 식구들은 매일 저녁식사 후에 작업회의 시간을 갖는다. 이 자리에서는 하루 동안의 작업성과를 점검하고, 다음날 작업계획, 기타 공동체 생활을 하는 데 필요한 사항들을 논의한다. 변산에 도착한 다음날 저녁에 있었던 작업회의를 들여다보자.

그날 작업회의에서는 작업평가 뒤에 몇 가지 안건이 올라왔다. 먼저 서울에서 온 부부에게 방을 함께 쓰게 할 것인지가 토론 안건이었다. 윤구병 선생은 "불편함을 겪는 것도 공부니 방을 따로 쓰게 해야 한다"고 주장했다. 그러나 식구 가운데 일부는 "부부에게 그런 처사는 가혹하다"고 주장했다. 서로가 갑론을박한 이유는 변산공동체의 경우 남자 손님은 남자 식구들과, 여자 손님은 여자 식구들과 함께 숙소를 사용하는데, 부부가 동시에 오다 보니 새로운 경우가 생긴 것이다. 결국 '원칙'과 '예외' 사이에서 팽팽하게 갈렸던 의견은 부부가 "공동체에 왔으니 공동체 규칙을 따르겠다"고 해서 따로 자는 것으로 결론이 났다.

다음 안건은 연장을 내몸처럼 아끼자는 것이었다. 이 안건에 대해서는 별다른 이견이 없었다. "진짜 농부는 삽 한 자루를 평생 동안 쓸정도로 자기 물건을 아낀다"는 윤 선생의 말에 이의를 제기할 사람은 한 사람도 없었기 때문이다. 그날 회의는 그것으로 끝이었다.

이렇게 변산공동체에서는 매사를 토론에 부친다. 그리고 거기서 나온 결론을 모두가 따른다. 하지만 사람은 개인적인 동물이기도 하다. 그렇기 때문에 여럿이 모이다 보면 다툴 법도 하고 서로간에 불만이 생길 것 같기도 했다.

"우리가 게으른 사람을 나무랄 때 개미나 벌처럼 부지런하게 살라는 말을 하잖아요. 개미나 벌은 공동체 생활을 하는데, 가만 지켜보면 모두가 열심히 일을 하는 것처럼 보여요. 그런데 사실은 열심히 일하는 놈들은 20%뿐이래요. 나머지 80%는 놀고 있는 거지요. 빈둥빈둥 노는 80%의 개미가 보기 싫다고 그놈들을 옮기잖아요. 그러면 20% 개미 중에서 또 80%의 개미가 빈둥대며 논대요. 하하하. 그런데 한 가지 더 재미있는 것은 보기 싫다고 옮긴 개미 중 20%의 개미가 열심히 일을 한대요. 그놈들도 먹고살아야 하니까 어쩔 수 없이 일을 하는 것이죠. 공동체 생활이란 게 그렇죠. 때로는 20%에도 속하고 때로는 80%에도 속하면서 서로 의지하며 사는 것 아니겠어요?"

잘 나가던 철학 교수가 재지기가 된 이유

윤구병 선생은 의식주와 같은 사람의 생존에 꼭 필요한 일을 자기 손으로 해결할 수 있는 능력을 가르치고, 터득하는 공동체를 구상하고 있다. 스스로 살아갈 방법을 찾는다는 점에서 그의 꿈은 작다. 하지만 그 꿈에 담긴 의미는 매우 크다. 그는 이 공동체 안에서 사람은 혼자 살 수 없으며, 힘을 합쳐 서로 도와야만 진정 사람답게 살 수 있다는 것을 증명할 셈이다. 이를 위해서 그는 일신의 안위를 버리고 궂은 일도 마다하지 않았다.

그가 처음 변산에 내려왔을 때, 부안 김씨 가문의 재지기(관리인)자리가 비어 있었다. 재지기 일이란 것이 유교적인 시각에서 보면 '쌍놈 가운데서도 상쌍놈'이 하는 일이었지만, 그는 서슴없이 재지기 일을 자청하고 나섰다. 그 덕분에

조선 후기 양반 가옥의 풍채를 그대로 간직하고 있는 고풍스런 재실을 공동체 식구들의 숙소와 실험학교 교실로 사용할 수 있게 되었고, 재실에 딸린 밭 5천 평까지 임대할 수 있었다.

그의 하루 일과는 오전엔 아이들을 가르치고, 오후엔 공동체 식구들과 밭일, 들일을 하는 것으로 이루어져 있다. 밤엔 책을 읽거나 글을 쓰고, 가부좌를 틀고 앉아 명상에 잠기기도 한다. 농사꾼치고는 참으로 유별난 농사꾼이다. 그로 하여금 익숙한 도시생활과 안정된 교수직을 스스로 버리게 하고, 척박한 땅에서 뒹굴도록 이끈 힘은 과연 무엇이었을까.

"나는 서양철학, 그 중에서 플라톤과 아리스토텔레스, 그리스 자연철학을 전공했어요. 그것을 하면서도 언젠가는 많이 공부해서 동양철학으로 돌아오겠다고 생각했어요. 말하자면 동양철학을 하기 위한 방편으로 생각했던 것이지요. 그렇게 해서 나도 교육을 빙자해서 밥을 먹고 사는 사람이 되었는데, 내가 15년 동안 해온 것이 교육하고는 거리가 멀다는 생각을 하게 되었어요. 교육이라는 것은 인류의 생존에 불가피한 것이라고 봅니다. 나는 교육이 없으면 사람도 없다고 생각합니다. 왜냐하면 사람은 본능으로써 과거 삶의 체험을 부모에게서 몸으로 물려받는 생명체가 아니거든요. 거미나 벌은 태어나면서 집 짓는 법을 알지만, 사람은 집을 지으려면 목수 일을 따로 배워야 합니다. 그렇기 때문에 사람으로 살아 남으려면 교육이 꼭 필요합니다. 그런 의미에서 교육은 인류가 생존하기 위해 가장 필요한 기본적인 것인데, 내가 그런 교육을 하지 못하고 있다는 생각이 들었거든요."

그가 잠시 말을 멈추고 막걸리 한 사발을 들이

컸다. 안주 삼아 집어든 생고구마를 천천히 씹던 그가 다시 담배 한 대를 피워물고 이야기를 이어나갔다.

"한 개체의 생명은 유한하지만, 교육은 종(種)으로서 부모에서 자식으로 생명이 이어지게 하는 매개체 역할을 합니다. 그러면 교육의 궁극적인 목표는 뭐냐? 나는 교육의 보편적이고 일반적인 목적, 인류가 이 땅에 태어난 때부터 인류가 없어질 때까지 변하지 않는 교육목표가 있을 것으로 생각했어요. 그 하나는 자라나는 아이들에게 스스로 제 앞가림을 할 수 있는 힘을 길러주는 것이고, 또 하나는 이웃과 더불어 사이좋게 살아가는 힘을 길러주는 것이에요. 나는 이 두가지 중에서도 특히 후자가 중요하다고 봐요. 왜냐하면 사람은 독수리, 범과 같은 맹수 종류와 달리 어울려서 살지 않으면 못 사는 생명체거든요.

또 스스로 앞가림을 하는 힘은 혼자서 길러지는 것이 아니라 이웃과 더불어 살면서 길러집니다. 그렇기 때문에 교육과 공동체는 떼려야 뗄 수가 없는 것이지요."

그는 공동체 생활과 교육은 '떼려야 뗄 수 없는 관계'라고 했다. 오늘날의 파행적인 교육도 따지고 보면 그 원인이 공동체가 파괴되면서 변질되었다는 것이다. 그의 주장에 따르면 옛날에는 자연이라는 큰 스승을 제외하더라도, 마을공동체 어른들 모두가 아이들의 선생이었다. 그렇게 아이 하나가 자라나는 데 선생님이 수십 명 달라 붙어도 개중에는 엇나가는 아이가 많았다. 그런데 요즘에는 작게는 30~40명, 많게는 50~60명이나 되는 아이들을 선생 한 사람에게 맡기고 있다. 이런 교육풍토에서는 아이들에게 제대로 된 교육을 할 수가 없다는 것이 그의 주장이었다.

"지난 200년간 상품경제사회가 세계적으로 보편화되고, 산업사회에 필요한 나사못을 단기간에 길러내겠다는 교육목표가 세워지면서 이른바 교육 전문가라는 사람들이 생겨났어요. 그런데 나를 비롯한 교육 전문가들은 아이들에게 스스로 제 앞가림을 할 수 있게 교육할 능력, 이웃과 사이좋게 살게 하는 방법을 가르칠 능력이 없어요. 그런데도 나는 교육 전문가 행세를 해왔어요. 고백하건대 나는 학생들이 마음속으로 소망하는 것이 무엇인지 전혀 상관하지 않았어요. 아이들이 정말 알고 싶어하는 것을 귀담아들을 생각도 하지 않았어요. 왜냐하면 내가 전공한 학문에서는 아이들에게 일러주어야 할 중요한 내용이 어떤 것인지 지침으로 나와 있었기 때문에 나는 그것을 가르치는 데만 급급했어요.

아이들이 마음속에서 절실하게 우러나는 질문을 해도 그것이 교과서에 답이 나오지 않는 질문이라는 이유로 어리석은 질문이라고 면박을 주는 경우가 비일비재했어요. 플라톤 하면 무엇, 아리스토텔레스 하면 무엇이라는 교과서적인 해답만을 가지고 있었어요. 아이들로서는 중요하게 여기지 않는 대답만 가지고 있었던 겁니다. 그렇기 때문에 아이들은 마음속에 절실하게 ANE고 배우고 싶은 것이 있는데도 질문을 못해요. 그것을 하면 아주 개인적이고 사소하게 여겨질까 봐 그랬던 것이죠. 그래서 아이들은 대답없는 질문만 마음에 가득 안은 채 책상에 앉아 있고, 저는 질문 없는 대답만 칠판 머리에서 독백하듯이 15년 동안 뇌까렸어요. 그런 교육을 하는 것이 전혀,전혀 행복하지 않았어요. 그래서 이건 아니다, 농사를 짓자, 나부터 제 앞가림을 할 힘, 이웃과 함께 할 힘을 기르자고 마음을 먹고 변산

에 들어왔는데……."

그가 다시 말문을 닫았다. 긴 침묵이 이어졌다. 면벽을 하듯이 물끄러미 벽을 쳐다보고 있던 그가 다시 힘겹게 입을 열었다.

"농사를 제대로 지을 줄 알아야 제 앞가림을 하는데, 내가 공동체생활 경험이 없잖아요. 농사일이라는 게 하루아침에 배울 수 있는 것도 아니기 때문에 사람으로 치자면 나는 이제 네 살배기 어린애인 셈이지요. 앞으로 20년은 돼야 제대로 제 앞가림을 할 것 같아요. 이웃과 함께 하는 길을 찾는 일은 어쩌면 내 일생에서는 불가능할지도 모릅니다. 나는 사람이 제 앞가림도 못하고, 이웃과 어울리지도 못하면 인류의 지속 가능한 미래는 없다고 봐요. 결국 공동체가 복원되지 않으면 인류의 존속 자체가 불가능하다는 거죠. 그렇기 때문에 공동체를 복원하고 그안에서 아이들을 제대로 길러낼 때에만 인류의 지속 가능한 미래가 열릴 것이라고 생각해요."

"그라목손 2천 원이면 되는디 뭐할라고 풀 뽑아?"

현재 변산공동체에서는 철저하게 계절에 맞는 농사, 자연농사만을 고집하고 있다. 농가의 고소득을 보장하는(?) 환금작물재배나 비닐하우스를 이용한 농사는 전혀 하지 않는다. 특히 쌀, 보리를 비롯한 주곡농사에 심혈을 기울이고 있는데, 농약? 화학비료? 제초제 등을 사용하는 관행농법이 아닌 유기농법으로 농사를 짓는다.

"우리가 주곡 중심의 유기농법을 고집하는 이유는 첫째로 땅을 되살려내자는 것이고, 둘째로 우리만 살고 후손들을 생각하지 않으면 안 된다는 이유에서입니다. 일반 관행농을 하시는 분들, 연세가 많은 분들은 농약, 제초제 아니면 농사를

못 짓습니다. 이분들에게 유기농하라고 하는 것은 일손을 놓으라는 얘기나 마찬가지예요. 그렇기 때문에 그분들에게 유기농을 하라고 말을 할 수가 없어요. 강요할 수도 없고, 강요해서도 안 된다고 생각합니다. 하지만 지금 단계에서 전체적으로 바꿀 수는 없다 해도 누군가 대비는 해야지요. 씨앗은 남겨야 합니다. 상품경제체제가 무너질 수도 있다는 전제하에 다음을 대비하고 준비해야 합니다. 그 이유가 자연재해 때문이든 전쟁 때문이든, 그로 인해 발생할 재앙이나 상황에 대비를 해야지요. 지금 우리나라의 곡물 자급률은 25% 정도입니다. 만약 외국에서 곡물이 안 들어오고, 기름이 안 들어와서 비료나 농약을 못 만들게 되면, 누군가는 비료나 농약을 안 쓰고도 짓는 농사법을 알고 있다가 농사를 지어서 먹고 살아야 하지 않겠어요?"

우리 농촌의 현실을 고려했을 때, 사실 유기농법으로 농사를 짓는다는 것은 말처럼 간단한 일이 아니다. 인류의 미래까지 생각하는 농사철학, 내몸을 아끼지 않고 열심히 일을 하겠다는 확실한 각오가 없으면 시작도 할 수 없다. 그만큼 유기농법은 관행농법보다 몇배나 많은 일손이 필요하고 일을 하면서 맞닥뜨리는 어려움도 많다. 특히 변산공동체처럼 따로 독립된 곳에서 농사를 짓지 않고 관행농을 하는 마을 주민들과 함께 농사를 지을 경우 어려움이 더 많다.

"실제로 마을 어르신들하고 관계는 농사법이 다르기 때문에 원활치 못한 편입니다. 그분들과 같이 일을 하려면 예컨대 콩 타작이나 풀 뽑기 울력을 해야 하는데, 마을 어른들은 '그라목손'(제초제의 일종) 2천 원어치면 돼. 풀을 뽑고 있으면 바로 뒤에서 풀 자라는 소리가 들리는데 뭐 땜에 손으로 풀을 뽑아?" 이러십니다. 콩 타작만 하더라도 '경운기로 몇 번 왔다갔다하면 되는데 뭣하러 힘들게 타작을 해?' 하면서 '하루종일 콩을 주워봐야 몇천 원어치도 안 되는데 왜 일일이 콩을 줍느냐'고 오히려 나무라십니다. 또 '옛날에 우리도 그렇게 해봤어. 그렇게 해서는 먹고 살 수가 없어' 하십니다. 사실 따지고 보면 마을 어른들의 말씀이 맞고, 훨씬 합리적입니다. 그래서 마을 어른들 뜻에 따르려면 약통을 짊어져야 하는데, 명색이 땅을 살리겠다고 유기농을 하고, 공동체를 시작했는데 그럴 수는 없잖아요. 그래서 아직은 마을분들과 함께 할 수 있는 접점이 없어요."

그로서도 참으로 진퇴양난이다. 그에게는 또 다른 고민도 있다. 애초부터 그는 변산공동체를 꾸리면서 공동체 식구들만 잘 먹고 잘 살기 위해서 이일을 벌인 것이 아니다. 자연을 해치지 않고 다른 사람과 더불어 잘살기 위해서 공동체를 시작했던 것이다. 어쩌면 그가 '사서 하는 고민'인지도 모를 그만의 '행복한 고민'을 들어보자.

"유기농법으로 생산하는 농산물은 일품이 많이 들기 때문에 관행농법으로 생산하는 작물보다 가격이 높을 수밖에 없어요. 우리의 경우 작년부터 벼, 밀, 보리 등을 팔았는데 높은 가격으로 팔다 보니 마음이 무겁고 편치 않아요. 높은 가격으로 팔면 일반 서민들에게까지는 안 가거든요. 중산층 이상에게만 갑니다. 그런데 사실 몸에 좋은 음식은 일하는 사람들이 먹어야 하잖아요? 그래서 고민 끝에 올해는 우리에게 직·간접적으로 도움을 주시는 분들에게는 일반미값으로 드리자고 식구들끼리 결정을 했는데, 다른 한편으로 또 고민이 생겨요. 유기농을 우리만 하는 게 아니잖아요. 주변에서 오랫동안 유기농을 해온 분들이 있는데 그분들은 고생한 만큼 높은 값을 받아야 하거든요. 그런데 우리가 싸게 내놓으면 그분들은 '너희는 뭔데 비싸게 받느냐'는 소리를 듣게 되거든요. 그래서 그분들에게 사전에 양해를 구하긴 했지만, 그래도 마음은 편치가 않아요. 아무튼 매사가 모순이에요. 중노동을 하고, 건강을 해치는 환경에서 사는 분들에게 우리가 무공해로 지은 농산물을 싸게 공급할 수 있도록 영농방법을 개선해야 하는데 아직은 그 길을 못 찾았어요. 하지만 언젠가는 찾아낼 수 있으리라 믿습니다."

국가화폐에 의존하지 않는 지역공동체를 꿈꾸며

그의 이야기를 들으면서 문득 그런 생각이 들었다. 어쩌면 그는 단순히 농사만 짓는 농사꾼이 아니라 세상을 바꾸어 보려는 '엄청난 야심가'라는. 그러나 따지고 보면 그 또한 이치에 맞지 않다. 그가 자기 자신의 영달이나 입신을 위해서 야심을 품은 것이 아니기 때문이다. 자기 자신도 먹고살기가 바쁜 터에 모두가 더불어 함께 사는 세상을 위해 사서 고민을 하면서 주곡농사만으로 자급자족을 하는 것이 가능한 일일까. 1996년부터 시작된 변산공동체가 어떤 성과을 이루었는지 궁금했다.

"네 살배기에게 성과가 어떠냐, 자급자족을 하느냐고 묻는 것 자체가 어리석은 질문이지요. 아무튼 그 동안 우리가 쌀·보리·밀·고구마 등 주곡 중심의 농사를 지어왔는데, 사실 돈은 안 되는 농사예요. 우리끼리는 올해를 자급자족을 이룬 원년이라고 말하는데, 엄밀하게 말하면 그것도 이중기준으로 봤을 때 그렇습니다. 이 집,

우리 힘으로 지은 게 아닙니다. 외부에서 일손을 도와줘서 이룬 것이지요. 벽돌도 우리가 찍은 것이 아닙니다. 문틀이나 가구도 도시에서 버린 것을 가져왔어요. 말하자면 도시와의 연계 속에서 자급자족을 이룬 것이죠. 나는 공동체 안에서 자급자족을 하지 못하면 공동체 생활 자체가 의미가 없다고 생각해요. 그렇기 때문에 하루빨리 스스로 모든 것을 해결하는 자급공동체를 이루어야 하는데, 현재와 같은 상품경제사회에서는 모든 것이 도시와의 연계 속에서 이루어지기 때문에 그런 관계를 외면하는 것이 수월치가 않아요."

앞서 '손가락 사건'에서도 보았듯이 그는 매사를 철저하게 따지는 사람이다. 사실 변산공동체는 일반적인 기준으로 보면 자급자족 공동체를 이루었다고 말 할 만도 하다. 그런데도 그는 단지 공동체 내에서 모든 것을 해결하지 못했다는 이유만으로, 사람이 살기 위해 필요한 먹을거리만을 팔아서 이룬 자급이 아니라는 이유만으로 아직은 자급자족을 이루지 못했다고 말한다.

"어쨌든 우리가 자급자족을 흉내를 내는 것은 상품경제사회와의 연관속에서 그렇습니다. 우리가 자급을 하는 데는 우리가 기른 콩으로 만든 간장, 된장을 만들어서 파는 것도 도움이 되지만, 실제로는 약초로 효소를 만들고, 술을 담가서 파는 것이 생계에 훨씬 큰 도움을 주고 있습니다. 하지만 효소나 술은 건강을 지켜준다거나 사람을 즐겁게 한다는 측면에서 나름대로 효용이 있긴 하지만 꼭 먹어야만 하는 것은 아니거든요. 그래서 사람들이 먹지 않아도 되는 것을 팔아서 자급자족을 하는 것은 엄격한 의미에서 자급자족을 이룬 것이 아니라고 봅니다. 그래서 내가 이중기준이라고 얘기하는 것인데, 사람이 먹

지 않으면 살 수 없는 것을 생산해서 그것을 팔아 자급자족을 해야 완전한 자급자족이라고 할 수 있습니다.

물론 효소나 술의 경우 그럴듯하게 내세울 명분은 있어요. 살아있는 땅에서 나는 풀은 80%가 약초입니다. 우리처럼 풀을 거두어서 효소를 만들면 이렇게 땅도 살리고 돈도 벌 수 있습니다. 여러분, 농약이나 제초제를 쓰지 마십시오. 풀농사도 농사입니다. 이렇게 땅을 살리는 효과가 있다는 명분을 내세울 수도 있고, 온갖 외국산 이온음료가 들어와서 판을 치는 세상에 농가에서 효소를 담가 팔게 되면 사람들의 건강도 지키고, 외국 음료를 몰아낼 수 있다는 명분을 내세울 수도 있습니다. 하지만 그것은 어디까지나 명분일 뿐 원칙적으로는 자급자족이라고 말할 수 없어요."

그는 우리 사회의 구조가 바뀌지 않는 한, 정치인의 의식이 바뀌지 않는 한, 농촌에서 주곡 중심의 농사를 지어서 자급자족을 하고, 아이들을 길러내는 일이 불가능하다고 말했다. 그렇다고 그가 그 길을 포기한 것은 아니다.

"현재 80 대 20인 도농간 인구비례로는 농촌 땅을 살릴 길이 없어요. 사실 인구의 50% 정도는 농촌으로 돌아와야 하는데 열악한 교육환경, 문화시설 때문에 못 들어오고 있습니다. 그래서 제대로 된 교육, 자급경제, 자율적인 문화공동체가 운영될 수 있는 길이 열려야 한다고 봅니다. 현실적인 조건이 어렵기는 하지만 나눔의 울타리가 커지고 전통적인 생활양식과 현대적 기술이 접목된다면 그 길은 있다고 생각합니다. 그러기 위해선 무엇보다도 공동체가 경제·교육·문화생활을 스스로 해결할 수 있어야 해요. 적어도 5천가구 2만 명 규모는 돼야 가능하죠. 나는

앞으로 변산공동체가 제꼴을 갖출 때까지 30년은 걸릴 거라고 봅니다. 그렇게 되면 사회전체를 바꾸지는 못하더라도 대안적인 삶의 본보기는 보여줄 수 있을 겁니다."

그는 변산공동체가 사람과 자연을 해치지 않으면서도 얼마든지 넉넉한 살림을 함께 꾸릴 수 있다는 가능성을 보여주면 머잖아 지역농민들도 함께 참여하는 공동체로 커갈 수 있다고 믿고 있다.

"현재 변산공동체의 경우 효소나 술을 팔아서 먹고살다시피 합니다. 모두가 더불어 살려면 앞으로 다른 농가에도 효소 담그는 법을 보급해야 돼요. 그래서 우리는 다음 단계로 천연염색을 준비하고 있습니다. 밤송이, 쑥, 감, 결명자, 소나무뿌리, 참나무뿌리, 양파껍질 등 자연에서 나는 식물에서 천연물감을 추출해 그 동안 100여 가지의 샘플을 만들어놓았습니다. 아직 최종적으로 검증이 안 되었고, 옷을 지을 줄 아는 분이 공동체 식구로 안 들어와서 본격적으로는 나서지 못하고 있어요. 커다란 가마솥 하나만 있으면 천연물감을 사용해 얼마든지 좋은 옷을 만들 수 있어요. 건강에 좋은 옷감을 만들면 그게 앞으로 몇 해 동안 또 우리를 먹여 살릴 겁니다.

이 일을 전문적으로 하기 위해서 공장도 지을 수 있고, 그러면 돈이 된다는 것을 모르지는 않습니다. 인사동에서 대량으로 공급해주기를 요구하기도 합니다. 하지만 우리가 공장을 세워 대량으로 천연염색을 하게 되면 농촌에 공장이 들어서고, 그렇게 되면 다른 분들과 경쟁하게 되고 골고루 잘살게 되지 못합니다. 수공업으로 해야만 이 마을 저 마을이 특성을 살릴 수 있고, 그래야 두루 잘살 수 있지요. 한 군데서 대량생산을 하게 되면 독점을 하게 되고 그렇게 되면 여

러 가지 문제가 발생합니다. 그래서 앞으로 책자를 통해서 천연물감 만드는 방법을 다른 분들에게도 보급할 생각입니다. 이런 일을 통해 궁극적으로는 지역공동체가 국가화폐에 의존하지 않고 살 수 있는 길을 찾으려고 해요. 국가화폐는 늘 소수에게 집중될 수밖에 없잖아요? 국제화폐는 더 그렇구요."

두 발이 달린 이유? 두 발로 해결하란 뜻!

변산공동체에 도착한 다음날 공동체 식구들과 손님들에게 주어진 작업은 콩 타작이었다. 그런데 일을 하는 방식이 일반적인 기준으로는 도저히 이해하기가 어려웠다. 탈곡기나 경운기를 사용하면 힘들이지 않고 금세 할 수 있는 일을 도리깨도 아니고 쇠몽둥이를 들고 콩타작에 나선 것이다.

반나절 가까이 여섯 사람이 함께 매달렸지만 일에 진척이 없었다. 더구나 자기 키만큼이나 길다란 쇠몽둥이를 들고서 콩 타작을 한다는 것은 어느 모로 봐도 무모한 일이었다. 공동체 식구 가운데 한 사람에게 왜 이렇게 원시적인 방법으로 하느냐고 넌지시 물었더니 "선생님의 뜻"이라고 간단히 답했다. 일을 편히 할 수 있는 길을 두고 굳이 어렵게 일을 하는 이유를 듣지 못한 상태에서 무작정 일을 한다는 것은 참으로 고역이었다. 속내에 쌓인 불만을 꾹꾹 눌러가며 몽둥이질을 하고 있는데 수업을 마친 윤 선생이 새참을 들고 와서 콩 타작에 가담했다.

그는 우선 뿔뿔이 흩어져서 콩을 털고 있는 사람들을 불러모았다. 그리고 나서 콩깍지를 한 곳에 수북이 쌓게 했다. 그 다음에는 콩깍지 더미를 빙 둘러서 사람들을 서게 했다. 그리고 한쪽 방향으로 돌면서 한 사람씩 몽둥이질을 하게 했다.

그런데 참으로 놀라운 일이 벌어졌다. 우선 여러 사람이 장단에 맞춰서 빙 돌아가면서 몽둥이질을 하니까 일이 지루하지도, 힘들지도 않을 뿐만 아니라 오히려 흥겹기까지 했다. 또 다른 사람들이 그렇게 고맙게 느껴질 수가 없었다. 혼자서 열 번을 내리쳐야 할 것을 여섯 사람이 두 번씩만 내리쳐도 콩이 다 털어졌기 때문이다. 그제야 퍼뜩 뇌리를 스치는게 있었다. 나도 모르게 아, 하는 탄성이 나왔다. 그가 '쉬운 길'을 두고 왜 굳이 '돌아가는 길'을 고집하는지 그 이유를 알 것 같았기 때문이다. 눈을 들어 윤 선생을 쳐다봤더니 그는 아무 말 없이 빙그레 웃고만 있었다.

"기계로 편하게 할 수 있는 일을 사람의 힘으로 하려니까 누구나 힘든 것이 당연합니다. 사실은 나도 매우 힘들어요. 오늘 콩 타작한 것을 돈으로 따지면 5천 원어치 일도 안 될 것입니다. 그래도 그렇게 해야 한다고 생각해요. 사람이 넓은 공간을 움직여서 삶의 문제를 해결해야 했다면 사람의 육체구조는 아마도 두 발로 걷는 방식이 아닌 새처럼 날개를 다는 방식으로 진화했을 것이고, 살아가는 데 빨리 달리는 것이 필요했다면 네발이 달린 노루나 사슴처럼 진화했을 것입니다. 생물학적으로 지금처럼 인간의 조건이 규정된 데는 인간이 두발로 걸어다니며 포괄할 수 있는 영역 속에서 삶의 문제를 모두 해결할 수 있기 때문에 그렇게 진화했을 것입니다. 그렇다면 그 조건에 맞게 살아가는 생활방식이 가장 바른 삶의 길이 아닐까요? 모든 일에 생산성,편리성이라는 잣대를 들이대면, 아이고! 어떻게 여기서 삽니까? 못 살아요!"

대부분의 사람들은 21세기가 첨단 과학문명사회가 될 것이라는 예측에 주저하지 않고 동의한다. 특히 기술의 발달로 인간의 삶이 훨씬 윤택해질 것으로 믿고 있다. 그런데 변산공동체 식구들은 특별한 경우를 제외하고는 기술 발달의 산물인 기계를 이용하지 않는다. 사람 몸으로 때우는 1960년대식 작업방식을 고수하고 있다. 그들은 과학문명의 발달, 기술의 발달이 우리 삶을 윤택하게 한다는 데 동의하지 않는걸까.

"과학기술문명의 발달 자체가 잘못되었다고 할 수는 없습니다. 다만 그 방향이 어느 순간부터 잘못됐다는 거지요. 예컨대 우리는 짐을 나를 때 리어카나 외바퀴가 달린 밀차를 씁니다. 축력(畜力)이나 경운기를 쓰지 않고도 인력만으로 얼마든지 많은 일을 할 수 있습니다. 농기구를 인간의 몸에 맞게 개량하면 얼마든지 합리화할 길이 있는데 현대문명이라는 경운기가 그 길을 닫아버렸습니다. 나는 누가 주체가 되어 과학기술을 발달시키느냐에 따라 문명의 얼굴도 다르게 나타나리라 생각합니다. 만약 땀 흘려 일하는 자들이 과학기술을 발달시켜왔다면 그 모습이 지금과는 많이 다르지 않을까요?"

과학기술의 발달은 노동자들이 장시간 노동에서 해방되어 자유로운 여가시간을 갖게 된 데 기여한 바 크다. 그러나 바로 이 기술의 발달이 전 세계적인 경기침체와 실업증대를 야기할 수도 있다. 아니 그것은 벌써 현실에서 현재진행형으로 나타나고 있다. 그런 측면에서 '과학기술을 발달시키는 주체가 문제'라는 그의 지적은 의미심장하다. 과학기술혁명으로 발생한 생산성의 향상이 고루 공유되지 않을 경우 부의 편중은 더욱 심화되어 심각한 사회문제로 대두할 것이기 때문이다.

"현재의 상품경제사회에서는 개인이건 기업체건 돈벌이가 된다고 하면 무기나 독극물 생산도 마다하지 않습니다. 인간의 생체조직에 미칠 영향을 고려하지 않고 다이옥신이나 유전자 조작도 서슴치 않습니다. 이렇게 현대문명이 발전시킨 과학기술은 대부분 활인(活人)의 도구가 아니라 살생의 도구로 사용되고 있습니다. 앞으로도 우리는 다른 생명체와 어울려 살 수 있는 쪽으로 과학문명을 발전시킬 것인지, 그렇지 않고 혼자만 잘살기 위해서 이웃에 대한 고려 없이 과학기술을 발전시킬 것인지 둘 중 하나를 선택해야 할 것입니다. 나는 더디더라도 모두가 공생하는 쪽으로 과학기술이 발전해야 한다고 생각합니다."

있어야 할 것만 있는 세상이면 극단의 보수 필요

변산공동체에 머물고 있으면 누구나 시간이 정지된 듯한 느낌을 받는다. 삶의 변화 폭이 작은 농촌사회의 특징 때문이기도 하겠지만, 그보다는 문명의 이기와 철저하게 단절된 데서 오는 느낌 때문일 것이다. 세상 어딜 가나 흔하게 볼 수 있는 텔레비전이 변산공동체에는 단 한 대도 없다. 사정이 이러니 컴퓨터가 있을 리는 만무하다. 작년까지는 신문도 구독하지 않았다고 한다. 스스로 세상의 '바깥'임을 자처하고 있는 것이다.

텔레비전과 함께 하지 않는 세상, 단 며칠 동안이었지만 그 맛은 참으로 유별났다. 우선은 대부분이 나쁜소식인 뉴스를 보지 않으니까 '성깔을 드러낼 일'이 없어서 마음이 편했다. 다음으로는 자연스럽게 사람들과 대화하는 시간이 많아져 드라마보다 재미있는 '사람 이야기'를 들을 수 있어서 즐거웠다. 마지막으로 이제는 농촌에서도 완전히 사라진 '담배 냄새에 찌든 사랑방'을 흠향할 기회를 가진 것도 덤으로 얻은 기쁨치고는 큰 것이었다. 세상의 바깥에서 날마다 재미난 삶(?)을 살아가는 그들에게 과연 '바깥세상'의 모습은 어떻게 비칠까.

"돈이 전부인 세상 아닙니까? 그런 세상은 끔찍하지요. 얼마 전 서울에 간 김에 디카프리오가 나오는 영화 〈로미오와 줄리엣〉을 봤는데요. 셰익스피어 원작에 나오는 '돈은 독인데 이 독은 네가 가지고 나한테는 약을 달라'는 말이 나오더군요. 사실 돈이 독입니다. 인간과 인간 사이에 돈이 매개가 되면 베풀면서도 즐거움을 모르고 받으면서도 고마운 줄 몰라요. 나는 어려서 비렁뱅이로 떠돌아다녀서 압니다. 춥고 배고플 때 누가 준 밥 한 끼가 얼마나 고마운지. 그 경험을 했거든요. 그런데 호주머니에 돈이 있으니까 고마운 줄 모르겠어요. 대학에 있을 때, 학교에서 연수를 보내줘서 석 달 동안 유럽여행을 한 적이 있는데 낯선 땅에서 재워주고 입혀주면 고마워해야 하는데 돈 주고 하는 일이라 도무지 고마운 줄 모르겠어요. 그렇게 돈이 사람 사이에서 매개되면 고마움이 없어져버려요. 그래서 돈이 마물이구나 하는 생각을 하지요.

돈이 매개가 되면 인간관계는 깨집니다. 매개되지 않으면 거기에 비례해서 인간관계도 돈독해져요. 그래서 돈 없이 서로가 주고 받는 세상, 그 세상이 참 좋겠다는 생각을 하지요. 옛날에는 그런 세상을 두레품, 품앗이로 이루었잖아요. 상품경제사회가 지난 200년동안 인류를 위기로 몰아넣는 주범 노릇을 했는데, 앞으로 우리가 이것을 어떻게 극복해야 할지 참 고민스러운 과제입니다."

모든 사물에는 앞과 뒤 혹은 겉과 밖이 있다. 마찬가지로 그가 상품경제사회라 칭하는 자본주의에도 빛과 그림자가 존재한다. 그는 자본주의의 어두운 그림자를 서슴없이 돈이라고 말했다. 흔히들 돈이면 안 되는 일이 없다고들 하는데, 그는 '마물' 자본주의와 싸움에서 장기전을 택한 사람이다.

"설득만 가지고 이 세상을 바꿀 수 있었다면 예수?석가모니·마호메트·소크라테스가 이 세상을 바꾸었을 것입니다. 하지만 아니거든요. 좋고 나쁜 것에 대해서 말하자면 간단하지요. 보수나 진보 중 어느 것이 더 낫다고 말할 수는 없습니다. 상황에 따라 다르지요. 극단의 보수, 극단의 진보가 상황에 따라 달리 필요합니다. 좋은 것이라는 게 뭡니까? 있을 것이 있고, 없을 것이 없는 게 좋은 것입니다. 배고플 때 먹을 것이 있으면 좋지요? 몸의 병은 없어야 할 것이기 때문에 있으면 나쁘지요. 억압·착취·전쟁·공포 이런 것은 사람이 사람답게 살기 위해서 없어야 할 것입니다. 사랑·관용·평화·협동은 사람답게 살기 위해서 꼭 필요한 것이지요. 이것이 없으면 나쁜 세상이지요.

내가 상황에 따라서 극단의 보수주의가 옳을 때도 있고, 극단의 진보주의가 옳을 때가 있다는 말씀을 드렸는데요. 극단의 보수주의가 가장 옳은 노선일 때는 이런 경우겠지요. 이 세상에 있어야 할 것만 있고, 없어야 할 것이 하나도 없는 세상은 좋은 세상이지요. 그 세상은 우리가 끝까지 지켜야 합니다. 거기서 변화를 가져오자는 생

각은 실제로는 나쁜 세상으로 가자는 것이기 때문에 그때는 그 세상을 지키기 위해서 극단의 보수가 필요하고, 극단의 보수주의가 가장 옳은 사상인 것이지요. 하지만 있어야 할 것은 하나도 없고, 없어야 할 것만 있는 세상에서는 당장 뒤집어엎자는 극단의 진보, 극단의 혁명주의가 가장 옳은 길입니다."

후천개벽, 전봉준이 도사공이어야 하는 이유

우리 사회에서 공동체의 의미는 다양하게 쓰인다. 작게는 가정, 넓게는 지역·국가·세계가 공동체의 범주에 속한다. 오늘날 우리는 그런 공동체들이 처참하게 붕괴되는 모습을 목도하

고 있다. 나라와 나라, 민족과 민족 간의 갈등은 물론 지역과 지역 간의 갈등, 가족구성원간의 갈등 수위가 위험한 상황에까지 이르렀다. 자식이 부모를 죽이고, 부모가 자식을 죽이고, 날이 갈수록 이혼율은 증가하고 있다. 도대체 이런 현상들은 왜 날이 갈수록 기승을 부리는 걸까.

"옛날에는 얼굴도 못 보고 부모님이 정해준 사람과 결혼해서 일생을 해로한 경우가 많습니다. 그런데 요즘에는 사랑이라는 고귀한 감정을 매개로 결혼을 해요. 그런데도 서구사회에서는 벌써 이혼율이 50%가 넘었습니다. 가장 단순한 공동체, 가장 고귀한 감정을 매개로 맺어진 공동체가 왜 이렇게 풍비박산이 나느냐? 이것을 개인 탓으로만 돌릴 수는 없습니다. 사회구조 탓이지

요. 요즘에는 전체 사회구조가 '너 없으면 못살아가 아니라 너 없어도 잘살아' 쪽으로 바뀌었기 때문에 그렇습니다. 그런데 사람이 정말로 너 없어도 잘살수 있나요? 아니거든요. 잘난 사람들은 자기 혼자서 잘살 수 있다고 착각합니다. 못난 사람들은 사람이 함께 어울리지 않으면 살 수 없다는 것을 알고 있습니다. 못난 사람들만이 아직도 진리를 간직하고 있어요. 실제로 상품경제 사회에서 혼자서 문제를 해결하기 힘든 사람들이 공동체를 만들려고 합니다."

그가 잠시 말을 멈추고 호흡을 골랐다. 그리고 자리에서 일어나 식당 한쪽에서 말리고 있던 호박고지를 한손 가득 들고 왔다. 그가 내민 호박고지는 흙먼지가 묻어 입 안에서 흙이 씹혔지만 맛은 달콤했다. 빈 사발에 막걸리를 가득 채워놓고 나서 그가 다시 말문을 열었다.

"강증산 선생은 그 사람들을 '나머지 사람들'이라고 표현했습니다. 그렇다면 후천개벽이라는 큰 배를 떠우는데, 말하자면 공동체를 이루는데, 그 근간은 누구여야 하는가? 강증산 선생은 전봉준이 도사공이 되어야 한다고 해요. 참 놀라워요. 해월이나 다른 사람, 더 포괄적이고 타협할 만한 사람을 얼마든지 내세울 만한데, 강증산 선생은 전봉준이 도사공이 되어서 새 세상을 열어야 한다고 하거든요. 왜 해월이 아닌 전봉준일까요? 왜 그래야 하는지 합리적으로 설명을 못하겠지만 실제로 마음에 와 닿는 것이 있습니다.

도사공은 우선 세계 전체의 상황, 더 크게는 생명 전체의 상황을 살펴서 지금이 어떤 단계인지, 무엇이 있고 무엇이 없는지를 살펴야 할 것입니다. 그 다음에 보수·진보·개혁·혁명 중에서 지금은 무엇이 필요한 단계인지 정확하게 인식해야겠지요. 그리고 그 모든 것을 아울러 전체를 조망하면서 싸움의 우선순위를 정하고, 싸움의 길과 아우름의 길을 택해야 할 것입니다. 강증산 선생은 우리 역사에서 그것을 겸비한 사람을 자기 이전에 죽은 전봉준의 영혼 속에서 본 것이지요."

우리가 살고 있는 세상의 모순을 비판하고 파괴하는 일은 아주 쉽다. 문제는 그 다음이다. 새로운 세상을 어떻게 건설하고, 누가 땀흘리며 쌓아올릴 것인지가 중요한 것이다. 그는 후천개벽, 새로운 세상을 여는 사람들이 누구라고 생각하고 있는 걸까.

"새 세상을 여는 데 필요한 '나머지 사람들'이라는 것은, 사실은 일하는 사람들 아니겠습니까? 도시의 노동자, 빈민, 농촌의 농민들이지요. 차르 시대 러시아는 이 세상에서 가장 모순이 격화된, 잘사는 사람과 못사는 사람의 격차가 가장 큰 세상이었어요. 거기서 러시아 혁명이 일어났습니다. 무엇을 통해 혁명이 성공했습니까? 바로 병사·농민·노동자가 주축이 된 소비에트라는 공동체를 통해서였어요.

지금 일하는 사람들이 나쁜 세상과 싸워서 두루 잘사는 세상을 만들자고 하면서 노동자들이 왜 제대로 싸우지 못하고 있습니까. 직장에서 쫓겨나면 먹고살 길이 없기 때문이에요. 그래서 나쁜 세상인데도 못 싸우고 있어요. 그런데 이렇게 하면 상황은 달라집니다. 좋아, 일하는 사람이 다 함께 잘살아 보자. 농촌에 사는 우리가 양식을 대줄 테니까 너희들 한번 마음껏 싸워봐. 이러면 노동자들이 안심하고 싸울 수가 있어요.

그런데 지금은 그런 나머지 사람들, 일하는 사람들이 연대할 수 있다는 전망이 어디에도 없고,

아무도 세우려 하지 않고 있어요. 같이 어깨를 겯고 걸어야 할 사람들이 같이 안 걸어요. 전부가 절름발이로 살아요. 그래서 혼자서 서면 절름발이일 뿐인 사람들이 서로 함께 하는 터전을 만들려고 하다 보니까 힘이 몇 곱절로 드는데…… 앞으로는 일하는 분들과 충분히 연대가 가능하다고 생각해요. 서로 좋은 쪽으로 작용할 수 있습니다. 나는 그 희망을 봅니다."

현재 변산공동체에 도움을 주고 있는 사람들은 하나같이 일하는 사람들이다. 철도 노동자, 현대중공업 노동자들이 변산공동체에서 생산하는 백초술, 백초효소를 매년 사줘서 변산공동체를 운영하는 재원으로 사용하고 있다. 뿐만 아니라 그들은 농번기에는 짬을 내서 먼길을 달려와 농사일을 돕기도 하고 그들의 수고로운 땀이 밴 작업복을 보내주기도 한다. 그래서인지 그가 일하는 사람들에게 보내는 애정은 아주 각별했다.

"옛날에도 농촌 사람들은 도시에 사는 사람들이 중요하다는 사실을 인식하고 있었습니다. 유대교에서도 십일조라고 해서, 아홉 사람이 육체노동을 해서 십시일반으로 한 숟갈씩 아껴 한 사람의 랍비를 먹여 살렸어요. 동양에서도 과거에 정전법(井田法)이라고 해서, 우물정자의 가운데 부분을 공동으로 경작해서 정신노동을 하는 사람을 위해 내놓았습니다. 지금도 그런 방식이 필요합니다. 더구나 근대사회 이후에는 일하는 사람들 중에 많은 사람이 우리가 입을 옷, 농기구 등을 생산하는 일을 도시에서 하고 있기 때문에 도시에서 일하는 분들과 같이 살 길을 찾는 것은 당연한 일이지요."

오랑우탄만도 못한 이 나라의 교육현실

그는 오랫동안 교직에 몸담아온 교육 전문가다. 그가 변산에 내려온 이유 가운데 하나도 아이들에게 제대로 된 교육을 하기 위함이었다. 현재 전국에는 많은 대안학교들이 있다. 대한학교들의 공통된 목적 가운데 하나는 '자연과 노동 속에서 어우러지는 인간'을 길러내는 것이다. 그래서 대부분의 대안학교는 도심을 벗어나 자연 속에 자리잡고 있다. 변산공동체 실험학교도 예외는 아니다.

대안학교운동은 입시로 상징되는 경쟁 이데올로기의 제도권 교육을 부정하고 인간을 가장 인간답게 교육하고자 실천하는 다양한 형태의 모든 교육운동을 말한다. 인터뷰 화두를 교육문제로 돌리기 위해서 그에게 우리나라의 교육현실에 대해 물었다. 질문과 동시에 그는 "오랑우탄만도 못한 교육"이라고 잘라 말했다.

"내 별명이 오랑우탄인데요. 그래서 나랑 닮은 유인원에 관심이 많아요. 특히 오랑우탄에 대해서는 집중적인 연구를 했어요. 오랑우탄 암컷이 일생 동안 새끼를 몇 마리나 낳을까요? 많이 낳는 오랑우탄이 평생 세 마리를 낳아요. 오랑우탄의 지능은 두 살 난 아이와 같습니다. 그런데 수컷 오랑우탄은 무책임하기 그지없습니다. 수컷은 암컷에게 새끼만 갖게 해놓고 도망가버리는데 반해 암컷은 7년 동안 새끼를 데리고 다니면서 400여 가지 이상의 먹을 것에 대해 가르칩니다. 그렇게 교육을 하느라고 새끼를 세 마리만 낳는 것입니다. 사람은 오랑우탄보다 훨씬 진화한 생물체입니다. 그런데도 후손을 교육하는 모습이 오랑우탄만도 못합니다."

변산공동체의 실험학교는 따로 학교 건물이나 운동장이 있는 것은 아니다. 재실이 교실이고 주변에 펼쳐진 자연이 운동장인 셈이다. 그는 작년부터 중학교에 진학하지 않은 다섯 아이를 이곳에서 가르치고 있다. 도대체 실험학교는 어떤 학교일까. 다음은 학생들이 만든 회보《작디 작은 이야기》에 이정현 학생이 쓴 〈실험학교가 다른 학교와 다른 점〉이라는 글이다.

1. 공동체 학교는 다른 학교에 비해서 학생수가 쪼들린다. 다른 학교는 100명이 넘는 반면 공동체 학교는 5명이다. 그래서 서로 친하다. 남자는 2명이고 여자는 3명이다.

2. 공동체 학교는 오후에 노작 교육을 한다. 월요일은 효소 담그기와 염색, 화요일은 요리·풍물·갯벌 탐사, 수요일은 목공과 그릇 빚기, 목요일은 농사일, 금요일은 가축 돌보기이다. 이 중 요리시간이 젤 좋다.

3. 학비가 공짜다. 이 학교는 학비가 공짜다. 그 대신 점심 먹고 설거지가 기다리고 있다. 설거지는 점심 설거지만 학생이 하고, 아침과 저녁은 공동체 식구들이 한다.

4. 이 학교는 선생님들과 친분이 깊고 자유롭다. 선생님들과 허물없이 지내고 자유분방하게 수업을 한다.

5. 우리 학교는 교장선생님 수업이 3일이고 시간표가 자주 바뀐다. 특히, 교장선생님 시간 중 월, 화요일 오전 수업은 모두가 교장선생님 시간이다. 그리고 시간표는 선생님 사정에 의해 바뀌지만 너무 많이 바뀌어서 별로 안 좋다.

6. 공동체 학교는 일주일에 2일 학교에서 잔다. 공부 보충과 자치회의 등 토론도 하면서 친분을 쌓기 위함이다. 자는 것은 엄청나게 좋은 방이다.

실험학교의 수업시간표는 제도교육을 하는 일반 학교의 수업시간표와 크게 다르다. 오전은 일반 학교의 교과과정과 비슷한 정보학습 교육시간이고, 오후는 사람이 살아가는 데 꼭 필요한 기초 살림 교육시간이다. 정보학습 교육시간은 주당 15시간인데 국어(듣기,읽기,쓰기 각 1시간), 영어, 수학에 각각 3시간, 자연학에 2시간, 철학·한문·사회학·인문학에 각각 1시간의 수업시간이 주어진다. 국어·영어·철학·한문수업은 교장이자 담임인 윤구병 선생이 맡고, 그 밖의 정보학습 과목은 다른 공동체 식구들이 전공에 따라 맡는다. 공동체 식구들 모두가 아이들의 선생인 것이다.

"작년 1년 동안 아이들이 어쩌나 떠드는지 고민이 많았어요. 공동체 식구들하고 아이들에게 절대로 화내지 말자고 약속을 했어요. 그런데 담임인 내가 너무 화가 나서 밖에 나와서 화를 삭이고 들어가야 할 정도로 떠들어요. 그래도 정보학습 교육시간에는 화를 안 낸다는 약속을 지켰어요. 그런데 기초 살림 교육시간에는 그 약속을 처음부터 안 했어요. 제 앞가림을 하는 교육에서는 그래서는 안 된다고 생각했거든요. 그래도 일을 잘 못하면 사정없이 혼을 내지요. 작년 1년 동안 걔네들도 자치회의에 수업시간에 떠들지 말자는 과제를 여남은 번은 올렸을 것입니다.

그런데 지금은 맘껏 떠들라고 내버려둡니다. 왜냐하면 떠든다는 것은 서로 주고받는다는 것 아닙니까? 사람이 사회화되고 공동생활에서 함께 문제를 해결하려면 필요한 것이 말이잖아요. 그래서 걸음마 다음으로 시키는 것이 말하기이고요. 그런데 아이들은 유치원 때부터 떠들지 말라, 말하지 말라는 교육만 받았어요. 수업시간

에는 선생님 말만 듣고 절대 말해서는 안 된다는 그런 교육을 받았어요. 말을 주고받아야 공동체 생활이 기능한데, 계속 그것을 억눌렀으니 좀 답답했겠어요? 아이들이 여기 와서는 그런 억압이 없으니까 수업시간뿐만 아니라 쉬는 시간에도 보상을 받으려고 하는 거예요. 시도 때도 없이 줄기차게 떠드는 거지요. 공동생활을 하는 준비를 뒤늦게라도 갖추려고 그러는 것이거든요. 그래서 함께 할 수 있는 기회가 주어졌을 때 마음껏 떠들라고 지금은 지켜보고 있어요."

수업시간에 떠드는 아이들을 그냥 '방치'하는 이런 실험학교의 수업방식은 제도교육에서는 상상할 수도 없다. 이런 교육이 실험학교에서 가능한 것은 학생수가 작기 때문이다. 학생들은 30~40명씩 교실에 가둬놓고 선생님 한 사람이 교

육을 하는 제도교육에서는 시도할 수도 없고 가능하지도 않은 것이다.

"교육과 관련해서 한 가지 더 얘기하지면 모든 생명체는 자기 시간을 자기가 통제할 수 있어야 생명체로서 기능을 합니다. 식물이고, 동물이고 살아 있는 동안에 자기 시간을 스스로 통제할 수 있어야 해요. 그런데 지금 교육은 그 길을 완전히 차단하고 있어요. 어른들이 모든 것을 판단해서 시간표를 작성해서, 아이들이 스스로 판단하고 결정할 길을 원천적으로 막아놓고 있어요. 어떤 놈은 5분 만에, 어떤 놈은 한 시간 만에 공부할 생각을 다시 갖게 되는데, 쉬는 시간 10분 됐으니까 땡, 이제 공부 시작, 이런 식이에요. 국어시간은 지겨워서 몸을 비비 꼬고 있는데 무조건 한 시간을 채워야 하고, 재미있는 미술시간은 두

세 시간을 하고 싶은데 한 시간 만에 그만두어야 하는 그런 교육을 받아왔어요. 아이들이 타인이 통제하는 시간에서 벗어나 스스로 자기 삶의 시간을 통제하는 쪽으로 가야 하는데 그렇게 교육하는 것이 참 어렵거든요. 사실 내 스스로가 통제하는 것에 아주 익숙해져 있기 때문에 지금 내가 애들 교육을 제대로 하고 있는지 잘 모르겠어요."

현재 실험학교 아이들은 1999년 2학기부터 매주 화요일과 금요일에 학교에서 합숙을 한다. 그 이유가 궁금했다.

"공동생활에 조금 더 익숙해지길 바랐어요. 가정생활도 훌륭한 공동생활이지만 부모님들이 가정에서 아이들을 공동생활로 이끄는 데는 방해 요소가 많아요. 아이들이 텔레비전이나 컴퓨터에 매달리는 것을 막을 수가 없거든요. 그런데 여기는 텔레비전도 컴퓨터도 없어요. 죽으나 사나 저희들끼리 서로 얼굴을 마주 보고 떠들어야 해요. 그 기회를 만들어주고 싶었어요. 또 자기 시간을 통제하는 방법을 아침부터 익힐 수 있게 해주고 싶었고요. 막상 해보니까 아이들이 느슨해지는 부분도 있어서 교육효과에 대해서는 좀 더 지나봐야 알 것 같아요."

'사랑의 전사'는 50년 후에 나타날 수도 있다!

대안학교 아이들의 경우 아이들 스스로 판단해서 대안학교에 다니기도 하지만 대부분은 부모의 뜻에 따라 학교에 다니고 있다. 그렇기 때문에 나중에 아이들이 자라서 대학에 진학하고 싶어할 때, 아이들을 다시 제도교육권으로 돌려보내야 한다. 그러려면 아이들을 검정고시에 응시하게 해야한다. 변산공동체 실험학교도 예외는 아니다.

"우리 학교는 엉터리 학교입니다. 그런데도 부모 입장에서는 뭔가 제대로 된 교육을 시키고 싶어서 애들을 맡깁니다. 그런데 가만 보니까 오전 3시간만 정보교육이랍시고 국어, 영어, 수학 등을 가르치고, 오후에는 살림교육이랍시고 일만 시키고 있거든요. 과연 이렇게 해서 애들이 고등교육을 받고 싶어할 때 제대로 적응할 수 있을지 부모로서는 걱정이 되겠지요. 여기서도 그런 논의가 있었습니다. 그래서 부모님들 뜻을 받아들여 1년 이상 가르친 애들을 검정고시에 응시하게 했어요. 그 결과 한 아이는 전북지역에서 성적이 제일 잘 나왔고, 한 아이는 턱걸이로 합격을 해서 모두 고등학교에 진학할 자격이 생겼어요.

그런데 후유증이 있었어요. 우리는 아이들을 합격시켜놓았으니까 이제 우리 맘대로 제대로 된 교육을 하려고 하고, 부모님들은 성과가 나타나니까 바짝 조이면 아이들을 더 잘 가르칠 수 있으리라는 욕심이 생긴 것이죠. 그래서 지금은 내가 잘못했다는 생각을 합니다. 부모님들의 압력이 있더라도 애들이 검정고시를 안 치르게 했어야 했는데……."

1년동안 가르친 아이들이 검정고시에 모두 합격했는데도 그는 결코 기뻐하는 얼굴이 아니었다. 그렇다면 그가 진짜로 하고 싶은 교육은 어떤 교육일까.

"이제까지 모든 도시가 멸망하지 않은 적이 없는데, 현대 도시사회라고 해서 망하지 않으리란 보장은 없어요. 제 앞가림을 할 수도 없고, 더불어 살 수 있는 사회도 만들지 못했기 때문에 모든 도시가 멸망한 것인데, 어떻게 보면 현재의 도시는 옛날 도시보다 훨씬 취약합니다. 일주일만 단전이 되고 단수가 된다면 도시에서 어떤 일이 일어날지 상상해보세요. 그렇게 되면 전부 흩어지게 됩니다. 어디로 흩어질까요? 다 자연으로 돌아가게 됩니다. 예전에 실종된 개구리 소년들이 있었는데 그 소년들이 농촌에서 살았다면 그런 일은 없었을 겁니다. 단전단수가 되면 도시 사람들은 개구리 소년이 될 텐데 도시에서 살길을 배우지 못했는데 어떻게 살아 남겠어요.

모두가 살 길을 알지 못할 그때, 누군가 이렇게 퇴비를 하고 이렇게 농사를 지으면 사람의 힘으로 먹고살 수 있다는 것을 알려줄 사람이 필요해요. 그런 의미에서 여기 와서 농사 짓는 사람들은 징검다리를 놓는 사람들이에요. 씨앗인 거지요. 그렇기 때문에 사실 우리 공동체에서 자란 아이들 하나하나는 이 세상에서 전사가 되어야 합니다. 마음에 사랑을 가득 품은 사랑의 전사 말입니다."

'사랑의 전사.' 그냥 듣고만 있어도 기분이 좋아지는 말이었다. 그에게 어리석은 질문이라고 핀잔을 들을 것을 각오하고 실험학교의 성과와 한계에 대해 물었다.

"교육의 성과는 아이들이 나중에 삶으로 보여줘야지 지금은 뭐라 말할 수가 없어요. 나는 교육의 효과라는 것이 대단히 늦게 나타날 수 있다고 생각해요. 우리 형제가 아홉인데 내가 막내여서 이름이 구병입니다. 형제 중에서 여섯이 6.25 전란 통에 목숨을 잃었어요. 그래서 아버지께서는 나머지 세 아들을 농사꾼으로 만들겠다면서 낙향해 시골에서 살았습니다. 그런데 아버지 생전에 자식 셋 중에서 농사꾼이 된 사람이 하나도 없었어요. 하지만 50년 만에 내가 농사꾼이 되었잖아요? 이렇게 교육의 효과는 50년이 지난 후에 나타날 수도 있어요.

생전에 아버지께서는 일을 앞에 두고 게으름을 피우는 나에게 '눈은 게으르고 손은 부지런하다. 게으른 눈을 믿지말고, 부지런한 손을 믿어라'는 말씀을 자주 하셨습니다. 이제야, 지금에 와서야, 아버지께서 하신 말씀이 절절이 옳다는 것을 몸으로 체험하고 있습니다. 그래서 교육의 효과라는 것은 1~2년, 10~20년 만에 나타나는 것이 아니라고 봐요. 아이들의 평생 삶 속에서 나타날 것이라고 보기 때문에 지금은 교육의 효과가 어떻다는 말을 할 수가 없네요. 내가 성심은 다하고 있지만 아직도 많이 부족한 것 같고……. 결과는 아이들의 삶에서 드러나겠지요."

그의 겸손한 말과는 달리 실험학교의 교육성과는 벌써 나타나고 있었다. 어린이 회보인《작디 작은 이야기》에서 박꽃님 학생은 "기회가 있으면 이렇게 농사를 지으면 좋을 것 같다."고 또렷한 목소리로 말하고 있지 않은가.

변산공동체에서는 농약·풀약·화학비료 등은 절대로 쓰지 않는다. 심지어는 항생제를 넣은 사료로 기른 농불의 똥, 오줌도 쓰지 않고 비닐도 쓰지 않는다. 부엽토, 퇴비, 사람이 먹어도 되는 자연발효 효소로 농사를 짓고 있다. 그리고 우리가 먹고사는 데 필요한 쌀·보리·밀·수수·콩 같은 곡식에서부터 감자,고구마를 비롯해서 온갖 채소들을 일일이 김을 매서(여름엔 정말 지옥이다) 정성껏 길러낸다. 변산공동체 식구들은 이렇게 길러낸 농산물로 만든 음식을 먹고 지낸다. 그래서 그런지 변산공동체 식구들은 모두 튼튼하다. 기회가 있으면 이렇게 농사를 지으면 좋을 것 같다. 바로 땅도 살리고 사람도 살리는 농사를 말이다.

— 박꽃님, 〈땅도 살리고 사람도 살리는 농사〉

"농민은 인류 생명창고를 그 손에 잡고 있습니다."

그는 아이들을 가르치는 교사이다. 그런데도 그는 농촌생활을 하면서 자기가 아이들보다 더 많은 것을 배운다고 말한다. 그는 "농사꾼으로 산 몇 해 동안 배운 것이 교수로 15년 동안 있으면서 책에서 배운 것보다 훨씬 많다"고 했다. 모르긴 해도 그가 농사를 지으면서 가장 크게 깨달은 것은 그의 책 제목이기도 한 '잡초는 없다'는 명제인 듯하다.

그가 농사일을 배운 지 얼마 되지 않았을 때의 일이다. 밭에 잡초가 수북이 자라나 '이러다 잡초 농사 짓겠다' 싶어 온 식구와 함께 잡초 뽑기에 나섰다. 그런데 나중에 알고 보니 '잡초'라고 부르며 뽑아서 버렸던 풀들이 다 제 이름을 가지고 있었다. 별꽃나무, 광대나물, 망초, 마디풀 등등. 더욱 놀라운 것은 그 풀들이 나물로 무쳐 먹을 수도 있고, 발효시키면 효소식품의 재료로 쓸 수 있는 '약초'였다는 사실이다. '오월단오 이전에 염소가 먹는 풀은 사람도 다 먹을 수 있다'는 옛사람들의 말이 바로 '진리'였던 것이다.

"우리가 올해는 호박농사를 아주 잘 지었습니다. 작년까지는 여기저기에 호박구덩이를 파고 거기에 똥을 넣고 호박씨를 심었는데 잘 자라지 않았어요. 그런데 유독 한 곳에서만 호박이 잘 자랐는데 이유를 따져보니까 그곳이 두엄자리였어요. 결국 우리가 지은 농사는 실패하고, 하늘이 지은 농사, 두엄자리에서 저절로 난 호박농사만 성공했지요. 그래서 올해는 호박 구덩이를 크게 파고 거기에 똥을 잔뜩 집어넣은 다음 호박씨 두세 개를 심었더니 엄청나게 열렸어요. 결국 농사일이라는게 그런 것 같아요. 죽도록 고생하면서 땀을 흘리고, 실패하게 되면 허송세월을 보낸

것 같지만, 그래도 그렇게 긴 시간 동안 시행착오를 거치면서 몸으로 체득할 수밖에 없는 것이 바로 농사예요. 호박씨 심는 것 하나 배운 것이 뭐가 그리 대수냐 싶지요? 하지만 어떡합니까. 그 일이 그렇게 신나고 재미있는걸요. 하하하"

한바탕 웃고 난 후에 그가 다시 말문을 열었다.

"왜식 정원과 조선식 정원의 차이를 아세요? 왜식 정원은 자연을 뜰에다 가져다 놓으려고 하기 때문에 상록수나 관상수를 많이 심어요. 그에 비해 조선식 정원은 식량으로 쓸 수 있는 유실수, 특히 감나무가 많아요. 그 밖에 앵두나무, 자두나무 등 과실이 오랫동안 보존되지 않는 나무가 심어져 있어요. 풀을 심어도 작약, 모란, 창포 등 약초로 이용할 수 있는 풀을 심어요. 한번 잘 살펴보세요. 내 말이 맞는지 틀린지. 조선식 정원은 일하는 사람들에 의해 농가에서 출발했기 때문에 그렇게 실용적인 것과 미적인 것이 잘 결합된 형태로 발전했고 왜식 정원은 지배자들이 집을 꾸미는 데서부터 출발했기 때문에 미적인 부분만 강조하는 쪽으로 발전했지요. 우리 조상들, 아니 농부들의 지혜가 놀랍지 않습니까?"

'몰입의 즐거움'이라는 말이 있다. 그것이 학문이든 명상이든 돈벌이든 농사일이든 어느분야에서 몰입의 즐거움을 느낀다는 것은 쉬운 일도, 아무나 느낄 수 있는 것도 아닐 터이다. 갑자기 그의 꿈이 무엇인지 궁금해졌다.

"꿈 없는 세상이 내 꿈입니다. 불교에 제법공상(諸法空相), 제법무아(諸法無我)라는 말이 있어요. 가끔씩 내가 뭣 때문에 이 짓을 하고있나 하는 생각이 들때가 있어요. 그런데 나중에 깨우치고 보니 그 질문 자체가 잘못되었어요. 다른 것도 할 수 있는데 내가 이 일을 하고 있다는 전

"책 만들지 마세요. 나무 한 그루를 베어낸 가치보다 못한 책들이 많아요."

"새로운 세기가 어떤 세기여야 한다고 생각"까지 말했을 때, 그가 마치 기다리기라도 했다는 듯이 정색을 하면서 노기 어린 목소리를 내질렀다. 인터뷰 내내 질문을 할 때마다 한참 동안을 생각해서 조심스럽게 답을 내놓던 때와는 전혀 다른 모습이었다.

묻는 자에게도 대답하는 자에게도 견디기 힘든 어색함이 계속되었다. 얼마나 지났을까. 마침내 그의 입에서 마지막 대답이 나왔다.

"새로운 세기요? 쉬운 세상이었으면 좋겠어요. 아무것도 몰라도 몸으로 때우면 행복하게 살 수 있는 그런 세상이었으면 좋겠어요."

하긴 그렇다. 건강한 몸 하나만 있으면 두려울 게 없는 농사꾼에게 새로운 세기는 그저 새로운 한 해가 오는 것일 뿐.

변산을 떠나올 때에 '농부 윤구병'은 차 트렁크 가득 총각무를 실어주었다. 그러면서 "가는 길에 변산농협엘 꼭 들러가라"고 일렀다.

변산농협 벽에 걸린 액자에서 우리에게 '테러리스트'로만 알려진 윤봉길 의사는 이렇게 말하고 있었다.

"농민은 인류의 생명창고를 그 손에 잡고 있습니다. 우리 조선이 돌연히 상공업 나라로 변하여 하루아침에 농업이 그 자취를 잃어버렸다 하더라도 이 변치 못할 생명창고의 열쇠는 의연히 지구상 어느 나라의 농민이 잡고 있을 것입니다."

제가 있기 때문에 그런 생각을 하더라고요. 그래서 업(業)이라고 생각하기로 했어요. 무언가 이렇게 될 수밖에 없는 필연이 있겠지, 그렇게 생각하기로요. 건방진 말을 하자면 나도 나라는 게 있다고 생각했어요. 나라는 게 있으니까 체면도, 명예도, 존경도 받아야 한다고 생각했어요. 그런데 그게 없더라고요. 아무것도 없어요. 믿음도, 소망도, 기대도 없는 모습이 나한테서 보이니까 처음에는 굉장히 삭막했어요. 하지만 업이라고 생각하고 나니까 그렇게 마음이 편해요."

이제 인터뷰를 마쳐야 할 시간이었다. 변산에 내려가기 전부터 그에게 꼭 듣고 와야겠다고 생각했던 질문을 마지막으로 내어 놓는데 일이 터졌다.

새로운 시대를

남한 국민들 가슴속의 연방제
월북 무용가 최승희의 비극적 최후
"민족주의는 철 지난 유행가 아니다"
국민적 진보정당 대망론
김대중이 가야할 길

10 1995
서경식 특사,
정치참여 본격 모색
김상현 · 조양은 · 삼성그룹 조직력 연구
주석 유리관 안치실까지
통계단 82 + 50개
나와 양김 암살 계획, 그리고 암탁권과의 관계
세계 최장기수 김선명 증언

12 1995
SBS 설립 내막과
노태우 비자금 유입 의혹
**노태우 사망
김대중 중상
김종필 경병
김영삼 골병**
'북한 공작원'
김동식사건의 진실
모래시계세대 인물열전 80, 81, 82, 83학번

열기 위한
치열했던 현장기록

이양우 인터뷰
'만들기'와 김동식 사건의 진실
**'역사 바로잡기' 불구
신한국당 인기 바닥권**
15대총선 전망
신한국당 쎌렁, 국민회의 초조
민주당 · 자민련 한숨
"이부영 박계동 김정남 한완상이 다 떨어진다"
수도권 여론조사

4 1996
최종분석
96년 북한, 붕괴는 없다
지역구 출마
통일주의자 김희선의 새로운 도전
이한영과 안승운, 두 '납치인생'과 안기부
전두환 아들운, 고 강경대군 아버지의 전 노 재판 방청기
보수논쟁에 대한 도전적 문제제기
보수주의는 없다
"보안법으로 제약받는 사람은
한 주먹밖에 안된다"

5 1996
조선일보의 광주 폭력기와 경실련 길들이기
조선일보는 답해야 한다
김문수 당선기 서경석 낙선기
김영삼은 정주영의 돈을 기대했다
최형우 인터뷰
"2002년 월드컵은 평양 능리도 경기장에서"
권영길 민주노총 위원장의 한국형 진보정당 만들기
민심이 김대중 총재에게 바라는 것

월간 말

99·2

₩ 529오실,
ㅁ 국회 밖 광장으로

대중
야
권운동이
같이 사는 법

적 21세기다운 반미자주 찾기
지 1년지 판문점 감상법

또의 읽는 풍경 코미디 황제 배삼룡
장 삽자하는 『김우중·이건희가 우리 한통일관계』
윤철호 인물발언 사진작가 최민식

박원순
참여연대 사무처장의
시민운동역발론

`감제 『월간조선』 편집장과 『말』의 법정공방`

련 사무총장의 표절과 대필문화의 부도덕성

월산 말

1999·3

99학번 새내기를 위한 한마당

포꼬막 틀레토비 연기비결
디케이노맥스 1년, 위기는 남겼나
소로스외 교황의 세계의 박판

김대통령에게 보내
영남민심 보고

노무현
지역감정 정면돌파 선언

회초 심민동공개 연세 인터뷰

검사 1106명 인맥과 의식

옷벗은 심재륜 전 고검장의 육성토로 120분

일간 말

99·10

제이 신당과 정치개혁

대우이사장의 야망과 분란
사재단 25년 산 증인 함세웅 신부
이 1900년대 마지막 가을을 보내며
새 위원장 단병호의 진짜노동자론

21세기 희망 지역에서 찾는다 5
산·경남을 바꾸는 사람들 500명

연합이 4억 5천만원 물게 된 까닭

진·보·적·시·사·종·합·지

일간 말

10
1994

인터뷰 김대중의
통일철학을 듣는다

『말』100호, 그 야사와 정사
환상의 실크로드 맨발여행기
영광원전 3·4호기 부실공사,
"서울도 안전하지 않다"

100호 기념 특별기획
한국의 진보진영을
움직이는 1백인

환 간첩단 사건의 전말과 교훈

르포

현주소 없는 강남구룡마을 특별시민들

서울 강남구 개포동 구룡마을은 우리 사회 모순의 축소판이다. 일상적인 사회생활에서 밀려나 온몸을 무기삼아 '생존을 위한 전투'를 치루고 있는 사람들이 있는가 하면, 고급 승용차를 몰고 다니면서 투기를 목적으로 들어와 사는 사람들도 있다. 삶의 최후 전선까지 밀려나 더이상 물러설 곳이 없는 '구룡마을 특별시민들'의 삶을 들여다 보았다.

글/김종석 기자
사진/박진희 기자

구룡산에서 바라본 구룡마을 전경.

구룡마을 입구.

불법 거주자이기 때문에 정식 주소지가 없는 관계로 6지구 1천여 가구는 우편함을 공동으로 사용한다.

개천 바로 옆에 자리잡은 판자집.

마을 공동으로 사용하고 있는 재래식 화장실.

맞벌이를 해야 겨우 먹고 사는 구룡마을 주민들에게 아이를 맡길 곳이 없는 것도 큰 문제이다.

우리 사회에서 사회적으로 성공한 경우를 측정하는 가늠자로 통하는 사람들이 있다. 이른바 '강남특별시민'이 그들이다. 지역적으로도 강남은 '한강의 기적'을 유감없이 보여주는 수도 서울의 자랑거리다. 하늘을 찌를 듯한 빌딩숲의 기세. 현대식 아파트의 질서정연한 도열. 바쁘게 살아가는 자신에 찬 사람들의 발걸음. 이 '자부심의 땅'에 또 다른 별천지가 있다. 강남구 개포동 '구룡특별시민'이 그들이다.

양재대로 개포 1단지 사거리에서 구룡산 방향을 보면

좌측에는 삼영운수 12번 좌석버스 종점이 있고 우측에는 대진운수 710번 일반버스 종점이 있다. 대진운수 주차장 마당을 가로질러 가면 한쪽에 '대책반 상황실'이 있고, 그 앞의 샛길을 따라 10미터쯤 걷다보면 얕은 분지에 자리한 천수답과 부챗살처럼 퍼진 판자촌이 한눈에 들어온다. 행정구역상으로는 서울특별시 강남구 개포동 586~620번지.

구룡마을로 가는 길목에는 3개의 초소가 있고, 곳곳에 있는 안내판은 마치 장승처럼 지켜 서서 마을로 가는 행인들을 내려다보고 있다. 스산한 주변풍경과는 달리 깨끗하게 단장해서 쉽게 눈에 띄는 안내판을 보면 '구룡특별시'가 어떤 곳인지 쉽게 알 수 있다.

안내문이라기보다는 경고문에 가까운 이 안내판은 "무허가 건물을 축조하거나 알선하는 브로커 및 투기목적으로 매입한 자는 형사처벌하겠다"는 강남경찰서장의 경고와 "시민들의 신고를 부탁드립니다"라는 강남구청장의 협조요청으로 끝맺고 있다.

'구룡특별시'로 가는 길

9월 11일 오후. 구룡마을 앞 무논의 벼들은 쨍쨍하게 내리쬐는 햇볕을 탱글탱글한 얼굴로 맞받아치고 있었다. 논두렁을 따라서 국민학생들이 삼삼오오 짝을 지어 집으로 돌아가는 모습은 평화로웠다. 여기가 서울특별시 강남구라는 사실을 염두에 두지 않으면 어느 시골마을 아이들이 하교하는 것으로 착각할 수도 있는 풍경이다. 경중거리는 아이들 뒤를 따라서 마을로 들어갔다.

회관 앞 공터에는 십여 대가 넘는 차량들이 세워져 있고, 차가 주차되지 않은 바닥에는 노란 페인트로 차량번호가 적혀 있다. 이렇게 주차할 자리까지 지정해놓은 것을 보면 주차문제가 이 마을 사람들의 고민이라는 의미이기도 했다.

마을에는 비록 규모가 작고 허름한 판자로 지었지만 여느 곳과 다름없는 상가가 있었다. 건강원, 옷가게, 전통찻집, 술집, 싸전, 미용실, 포장마차, 식당, 슈퍼, 세탁소 등 기본적인 생활에 필요한 가게는 다 있는 셈이다.

마을의 집들은 모두 판자로 지어졌는데 지붕이 유난히 낮았다. 지붕은 비닐하우스에서 사용하는 차양막을 덮어서 바람에 날리지 않도록 돌이나 각목으로 고정되어 있었다. 그래서인지 흡사 난민촌이나 수용소 같다는 느낌도 들었다.

강남구청은 '구룡특별시민'을 2천 세대 1만명으로 추산하고 있다. 물론 정확하게 파악한 것은 아니다. 다만 무허가 건물이 2천2백89세대이므로 서울시 한 세대 기준인 4.5명을 꼽아서 1만3백명으로 추정하고 있는 것이다.

강남구청이 정확한 인구 파악을 못하고 있는 이유는 두 가지다. 첫째는 이곳에 살고 있는 사람들 대부분이 주민등록상의 주소지와 실제 거주지가 다르거나, 주민등록이 말소된 사람들이기 때문이다. 둘째는 사람들이 무허가로 살다가 떠나고 싶을 때 언제든지 자유롭게 떠나기 때문이다.

구룡마을 주민들은 크게 세 부류로 나눌 수 있다. 첫째 부류는 "더 이상 물러설 데가 없다"는 하루 벌어서 하루 먹는 도시빈민들이다. 둘째 부류는 "아파트 분양권이 나와도 좋고 안 나와도 좋다, 돈벌면 미련 없이 이곳을 떠나겠다"는 일정한 직업이 있는 사람들이다. 셋째는 "사람들을 위해서 개발이 빨리 되어야 한다"는, 거주는 않지만 몇 채씩 건물을 갖고 있는 투기꾼들이다.

마을이 형성된 초기부터 주민들과 함께 살아오며 초대 자치회장을 지낸 은진교회 김문배 목사(47)는 이 마을의 내력을 잘 알고 있는 사람 중의 한 사람이다.

— 집단 무허가촌이 생긴 것은 언제부터였습니까.

"구룡마을은 지금부터 8년 전에 생겼습니다. 우리 사회에서 적응을 못하고 밀려난 도시빈민들이 처음으로 정착했습니다. 초기에는 1백20세대에 불과했는데 지금은 2천 세대가 넘습니다. 87년 대통령 선거를 틈타서 브로커들이 폭력배들과 손잡고 대량으로 판잣집을 지어서 파는 바람에 이렇게 많아진 것입니다."

— 마을에 자가용이 많던데요

"예. 그렇지만 모두가 다 그렇게 사는 것은 아닙니다. 주민의 70%는 그날그날 근근이 벌어서 살아가는 정말로 어려운 사람들입니다. 20%는 어떻게 딱지라도 얻어볼까 하는 사람들이고, 10%는 정말 마을을 떠나야 할 사람들로 투기를 목적으로 온 사람들입니다."

구룡마을은 법적으로는 행정공백상태다. 그러므로 주민들이 생활하는 데 주민자치회는 중요한 역할을 한다. 주민들의 경조사나 공동생활을 하는 데 필요한 주민들의 입장을 조율하고 대외적으로는 주민을 대표한다. 현재 구룡마을은 행정기관으로부터 각 세대가 번지수를 부여받지 못해서 자치회에서 임의로 마을을 8지구로 나누어서 관할하고 있다.

"월세 15만원이 너무나 부담스러워서"

구청에서 보내준 이동식 화장실 20여개가 빗물에 때를 벗고 여기저기서 파란빛을 발한다. 갈색 판자촌에 꽃을 따다가 흩뿌린 듯 생기 있게 보이는 화장실이라니. 회관 앞 공터에 유치원을 가려는 아이들이 나란히 줄지어서 재잘거린다. 그 옆에 세워진 입간판이 기자의 눈길을 끈다.

구룡마을 주민 5대 실천운동
1. 한 세대 한 통장 갖기(내집마련 청약부금)
2. 열심히 일나가기(이웃과 함께 나가기)
3. 도박 안하기(화토 안 치기)
4. 술 안 마시기(절제하여 조금 마시기)
5. 이웃 사랑하기(서로 아끼고 도와주기)

구룡마을에서 처음으로 만난 '특별시민'은 4지구에서 싸전을 하고 있는 노영자씨(가명, 50)와 그녀의 이웃인 최숙례 할머니(70)였다.

강원도 화천에서 농사를 짓다가 "막일을 하더라도 둘이서 벌면 농사짓는 것보다는 낫겠지" 싶어서 8년 전에 서울로 올라왔다는 노씨는 개봉동·신설동·가리봉동·봉천동 지하 사글세를 전전하다가 보험아줌마의 '아파트 '딱지'를 얻을 수 있다'는 말만 믿고 "순전히 월세 15만원이 너무나 부담스러워" 여기저기서 빚낸 5백만원을 주고 88년에 이곳에 들어온 경우였다.

"하루 빨리 여기서 나갔으면 좋겠어요. 이제 딱지고 뭐고 다 싫어요. 꼭 여기가 아니라도 좋고, 여덟 평만 되어도 좋으니까 정부에서 영구임대아파트나 하나 주었으면 좋겠어요. 아파트 분양 받는다고 해도 불입할 돈이 없는 우리한테는 그림의 떡이지요."

구룡마을이 개발되더라도 아파트 입주권은 바라지도 않는다는 노씨는 "다달이 벌어서 매달 임대료만 내고 살수 있는 영구임대주택이 우리들에게는 제격이다"라고 말했다.

영구임대주택을 마련하는 것 말고도 노씨에게는 소박한 꿈이 하나 더 있다. 막내딸에게 책상을 사주는 것이다. 국민학교 2학년에 다니고 있는 딸은 노씨가 마흔둘에 낳은 늦둥이다. 그래서인지 "유난히 정이 간다"고 했다. 노씨는 "2년 전부터 책상 하나 사주어야겠다고 마음을 먹었는데 아직도 못 사주고 있다"고 한숨을 내쉬었다. 노씨가 책상을 못 사준 것은 돈이 없어서가 아니다. 책상을 사더라도 들여놓을 자리가 없기 때문이다. 얼마나 방이 작길래 책상 하나 놓을 자리가 없을까.

"기자양반이 쓴 글 대통령이 봐요?"

싸전 터가 포함되서 다른 집보다 비교적 큰 편에 속한다는 노씨 집은 방 하나에 부엌 하나다. 방안으로 들어가자 눅눅한 습기와 함께 곰팡내가 일시에 달려들었다. 방에는 창문도 없다. 조그만 옷장과 텔레비전이 가구의 전부인데도 실제 사용할 수 있는 방 크기는 어른 세 사람이 간신히 누울 수 있는 정도였다.

—이 방에서 가족들이 함께 생활합니까.

"남편하고 딸하고 살아요. 아들은 공장기숙사에서 살고요."

집이 작은 관계로 아들과 본의 아니게 이산가족이 된 것이다. 노씨는 "그래도 우리 집은 다행인 편이다"고 했다. 머리 굵은 아들과 딸, 부모가 한 방에서 사는 집이 부지기수라는 것이다.

좁은 방을 조금이라도 넓게 사용하려는 노력은 텔레비전을 방바닥보다는 천장 쪽으로 더 가까운 벽 상단에 매달려 있게 했다. 맞은편 벽에 기대 앉아 화면을 보자 금새 목이 아파왔다.

주먹으로 가만히 벽을 두드리자 온 방안이 쿵쿵 울렸다. 판잣집이라서 겨울에는 보온이 안돼 춥고 여름에는 열이 그대로 전달되어 덥다. 유난히 더웠던 올 여름은 아예 길바닥에서 자다시피 했다고 한다. 겨울에 난방은 연탄보일러를 사용하는데 집들이 밀집되어 있고, 창문이 없어서 연탄가스중독 사고도 심심찮게 발생한다.

부엌으로 내려가서 수도꼭지를 틀었다. "세 살배기 오줌줄기보다도 더 못하다"는 노씨의 말대로 물은 끊어질 듯하다가 간신히 이어졌다. "이나마도 낮이니까 그렇지 밤에는 아예 안 나온다"고 했다. 노씨는 이런 저런 말을 하면서도 연신 어색한 미소를 지었다. "쪼그리고 앉으면 쌀도 마음대로 못 씻는다"는 부엌을 외간 남자에게 보여주는 것이 못내 부끄러운 모양이다.

"기자양반이 쓴 글이 청와대에도 들어갑니까."

부엌에서 밖으로 나오는데 최 할머니가 느닷없는 질문을 던졌다. 기자가 머뭇거리자 재차 물어왔다.

"대통령이 봐요?"

"그럼요"

그제서야 최 할머니의 얼굴이 환해졌다.

"그러면 잘 좀 써줘요. 수도도 좀 놔주고, 가족 없이 혼자 사는 사람들은 임대주택도 안 준다는데 노인들이 갈 곳이 없다고 써주고…… 쌀밥에 고깃국만 날마다 먹고 싶다고 써줘요."

'북청 물장수'로는 해결이 안된다

구룡마을 사람들에게 의식주는 날마다 고민해야 할 문제다. 열악한 주거환경은 이미 각오하고 들어온 사람들이지만 관청의 지원 없이 꾸려 나가는 생활이 보통 힘든 게 아니다. 그중에서도 가장 심각한 것은 물문제다. 수돗물이 공급되지 않아 자체로 개발한 지하수를 사용하는데 2천 세대가 쓰기에는 턱없이 부족하다. 보통 하나의 모터에 20가구 이상이 호스를 연결해 쓰는데 서로 물을 끌어

불법 거주자의 유입을 막기 위해 설치된 주민감시 초소의 모습. 구룡마을로 들어가는 길목마다 3개의 초소가 있다.

오려고 남의 호스를 자르기도 한다. 주민들은 지하수 개발에 한계가 있기 때문에 수돗물 공급을 바라지만 구청의 태도는 완강하다. "불법 거주지역이므로 시설을 할 수 없다"는 것이다.

기자가 만난 구청직원도 "수도를 놔 달라는 요구를 들어주면 그 사람들은 이제 목욕탕을 만들어 달라고 할 겁니다. 그리고 물이 없다고 난리지만 조금만 부지런하면 주변에 약수터 많으니까 길어다 먹으면 될텐데 다 게으른 탓이지요."라며 주민들의 게으름을 탓했다. 그러나 마을에서 5백여 미터쯤 떨어진 약수터는 식수를 해결할 정도지 생활용수까지 해결하기에는 무리라는 생각이 들었다. 집안일을 하는 여자들에게는 더더욱 다니기에 힘든 길이었다.

구룡마을 주민들에게는 물뿐만 아니라 불도 두려운 존재다. 화재가 나면 마을 전체가 피해를 보기 때문이다. 판자로 지은 집인 데다 닥지닥지 붙어 있어서 불이 났다 하면 큰 사고가 난다. 지난 8월에도 전기누전으로 화재가 나서 서른세 채의 집이 불탔다. 다행히 낮에 불이 나서 인명 피해는 없었지만 사고의 위험은 상존한다.

특히 아이들이 있는 집에서는 부모들이 한시도 마음을 놓을 수가 없다. 혹시라도 아이들이 불장난을 하다가 화재를 낼 위험성이 있기 때문이다. 아이들은 부모들이 단속을 하면 되지만 과부하로 인한 전기누전은 화재 가능성이 높은데도 예방대책마저 마련하기가 힘들다. 화재가 발

생하면 진화할 여건도 열악하기 그지없다. 마을 도로는 큰 도로라고 해봐야 차 한 대가 다닐 수 있는 정도고, 여러 세대가 이용하는 골목길은 맞은편에서 사람이 오면 한쪽으로 비켜주어야 통행이 가능할 정도로 협소하다. 더욱이 골목길에다 장독대, 엘피지 가스통까지 내놓아서 소방도로는커녕 대피도로의 역할도 할 수 없게 되어 있다.

"여기가 포로수용소입니까"

구룡마을 주민들은 가전제품 사용이 엄격히 통제된다. 그래서 생활하기가 너무 불편하다. 6지구에 사는 김숙자씨(25)가 구룡마을에 들어온 것을 후회한 이유를 들어보자.

김씨는 열일곱 살에 동거를 시작해 벌써 두 아이의 엄마다. 남편은 동갑내기로 공장에서 만났고 지금은 회사 택시를 운전하고 있다. 예전에는 신림동에서 살았는데 아이들 때문에 사글세방 주인과 싸우고 너무 화가 나서 "속이나 편하게 살자"는 생각에서 '딱지'가 나오지 않는다는 것을 알면서도 2년 전에 2백만원을 주고 이곳에 들어왔다.

지금은 이곳에 들어온 것을 후회하고 있다. 무엇보다 생활하기가 너무 불편하기 때문이다. 김씨는 냉장고가 고장나서 새로 구입했으면 하는데 살 수가 없다. 감시초소에서 막기 때문이다. 그래서 할 수 없이 고쳐 써야 하는데 절차가 너무 복잡하다. 김씨가 냉장고를 고치는 과정을

1994년 10월 월간 말 157

국민학생 중에서도 신설동에 있는 학교에 가는 아이들이 있다.

화재의 위험이 높은 데도 제대로 된 소방도로가 없다.

살펴보자.

김씨는 먼저 마을회관에 냉장고가 고장났음을 알리고 수리할 날짜와 시간을 정한다. 그러면 마을회관에서는 몇 월 며칠에 수리차량이 오니까 차량을 통과하게 해 달라고 초소에 연락을 한다. 초소의 허락이 떨어져야 비로소 냉장고 수리가 가능하다. "아니 우리가 무슨 포로수용소에서 사는 겁니까. 아무리 불법으로 산다고 하지만 너무한 거 아니에요." 김씨의 항변이다.

기자가 구청의 담당 직원에게 "왜 이렇게 번거로워야 하느냐"고 묻자 직원은 다음과 같이 대답했다.

"화재 위험도 있고, 또 가전제품 들여오면 살기가 편해지는데 그러면 그 사람들이 떠나려고 하겠습니까."

공가판정도 주민들의 생존권을 위협하는 요인 중의 하나다. 공가란 주민들이 살고 있지 않은 집을 말한다. 공가판정은 감시초소가 한다. 초소의 감시원들은 수시로 마을을 순찰하여 한 달 이상 사람이 살지 않는다고 판단되면 공가로 보고하고 구청은 즉시 철거작업에 들어간다. 이렇게 공가판정을 받으면 즉시 철거되기 때문에 주민들은 생활하는 데 어려움이 많다.

2지구에서 혼자 살고 있는 김순이씨(43)의 하소연이다. "식모살이를 하고 싶어도 못하고 있지요. 집을 비우면 언제 공가판정을 받을지 모르고 여기서 쫓겨나면 어디

가서 살 데도 없는데. 그렇다고 여기서 벌어 먹고 살 수 있는 것도 아니고, 부수려면 다 부수든지 아니면 사는 동안만큼은 자유롭게 놔줘야 돈을 벌어서 다른 데로 나가든지 말든지 할 것 아니에요."

'거지마을 아이들'

구룡마을 주민들의 또 다른 숙원사업은 철거 전까지라도 현재 살고 있는 주소로 주민등록증을 발급받는 것이다. 이유는 아이들 교육 때문이다. 다행히 주변에 친척이라도 있으면 주민등록을 옮겨서 주변에 있는 학교에 보낼 수 있지만 그렇지 못한 사람들은 멀리 떨어진 곳으로 학교를 보내야 한다. 새벽 다섯시에 집을 출발해서 안양이나 부천, 가리봉동으로 등교하는 학생들도 많다.

주변에 있는 학교에 다닌다고 교육문제가 해결되는 것은 아니다. 구룡마을 아이들은 국민학교 1학년에 입학하면 학교에 가지 않겠다고 난리를 피운다. 왜냐하면 학교에서 다른 아이들이 '거지마을 아이들'이라고 놀리기 때문이다.

"전세값 걱정 안하니까 참 편하지만 자식에게는 늘 죄 짓는 것 같아 미안하고 그래요. 그래서 티 안 나게 하려고 옷도 좋은 걸로 사주고 그러지만 그런다고 애 마음속의 상처가 지워지겠어요." 4지구에서 6년째 거주하고 있는 장씨 아주머니의 말이다.

중·고등학생들도 학교 다니기가 어렵기는 마찬가지다. 8학군에서 공부를 한다는 것이 쉽지 않기 때문이다. 강남지역 아이들은 대부분 과외를 하는데 이곳 아이들은 과외는커녕 학원도 제대로 다닐 수 없다. 결국 성적차이가 날 수밖에 없고, 이런 환경을 비관한 청소년의 가출이 빈번하게 일어난다.

부모들은 부모들대로 고생이다. 학교에 안 가려는 아이들을 달래느라고 비싼 옷, 비싼 운동화 사대기가 버겁기 때문이다. "운동화 하나가 10만원씩이나 하는지 정말

열악한 조건 속에서도 아이들은 밝게 자라고 있다. 온진선교원 아이들.

몰랐어. 미국에서 무슨 배군가 농군가 하는 쪼단가 쪼다인가 하는 검둥이가 신는다는 꼭 그놈의 신을 신어야겠다는데 어떡하겠어? 학교는 보내야지…… 파출부로 나가서 하루 종일 일해도 일당이 3만원인데…….` 중학교 1학년에 다니는 아들을 둔 아주머니는 끝내 말끝을 맺지 못했다.

온진선교원 유아교사 주혜영씨(29)는 처음 이곳에 와서 아이들 교육환경을 보고 깜짝 놀랐다고 한다.

— 다른 지역 아이들하고 차이가 납니까.

"개포동에 이런 곳이 있는 줄은 상상도 못했어요. 주변 환경이 안 좋아서 그런지 다른 아이들과 차이가 많아요. 국민학교 입학을 앞둔 아이들이 자기 이름도 못 쓰더라고요."

— 부모들은 무슨 일을 합니까.

"자모들이 대부분 일찍 결혼하신 분들이고, 맞벌이 부부가 많아요. 그래서 아이들 교육에 신경을 못 쓰시는 것 같아요."

— 어려운 조건에서 자라는 아이들을 보면서 느낀 점이 있습니까.

"보편적으로 아이들이 거칠어요. 열악한 환경에서 자라난 아이들이 크면서 잘못되면 결국 이 사회를 원망하기 때문에 어릴 때 교육만큼은 제대로 시켜야죠. 불법이라는 이유만으로 아무런 지원도 하지 않는 정부가 무책임하다고 생각해요."

버림받은 노인들

논 가운데 지어놓은 원두막(노인정 역할을 하고 있다)에 앉아서 무심한 눈길로 천수답 벼포기를 바라보고 있는 할머니 두 분에게 우유를 사들고 다가갔다.

"으째 눈깔이 이라고 간지러우까?" 하며 연신 눈을 비벼대서 눈자위가 빨개진 분은 최 할머니(76)였고, "누가 아침밥 대신 날마다 막걸리 두병만 주면 쓰겄다"는 사설

방 하나의 크기는 두 평이 채 못 된다. 구룡마을에는 혼자 사는 노인들이 많았다.

을 늘어놓는 분은 유점순 할머니(가명, 73)였다.

목포에서 혼자서 농사를 짓다가 아들들의 성화에 못 이겨 상경한 최 할머니는 큰아들 아파트에서 지내다가 2년 전에 이곳 막내아들 집으로 옮겨왔다.

— 큰아드님 댁에서 지내시지 왜 여기서 사십니까.

"죽으믄 죽었제 달구장태(닭장)에서는 못살겄습디다."

— 여기서는 지낼 만하십니까.

"말도 마쑈. 처음에 여그를 들어선디 기가 콱 막힙디다. 마구청(외양간)보다 못한디서 어치케 사람이 사냐고 막둥이보고 차라리 목포 가서 농사나 짓자고 그랬지라우. 그란디 정들믄 다 고향이라고 여그서도 살다본게 또 살 만하드랑게. 일하고 싶어서 몸이 근질근질하믄 밭도 매고 맏동무도 있고." 최 할머니가 누런 이빨을 드러내며 환하게 웃었다.

유 할머니는 오전인데도 술기운이 거나해 보였다. "밥알이 모래알같이 깔깔해서 당최 넘어가들 안은디 어쩔께시여. 술이야 달착지근하니 언제 묵어도 마시쪼……." 유 할머니의 말에 최 할머니가 "식전 아침부터 술만 퍼묵으믄 죽을 때 고생한다고 그르케 말을 해도 말귀를 못알어 듣네. 잉" 하고 면박을 주지만 '술을 먹기 위해서 억지로 밥을 먹는다'는 유 할머니의 생활은 좀처럼 바뀔 것

1994년 10월 월간 말 159

같지 않았다.

유 할머니의 고향은 전북 고창이었다. 천석꾼 남편과 일찍이 이혼을 하고 혼자서 두 아들을 키우고 살았다는 이력이 심상치 않았다. "지집질하면서 재산 다 날리고 그나마 남은 재산 차지할라고 첩이 이혼을 부치긴 거시여." 최 할머니가 귓속말로 넌지시 일렀다.

―왜 아드님과 같이 살지 않으세요

"기냥 저냥 뭐……."

유 할머니가 말꼬리를 흐리자 최 할머니가 손사래를 치며 말을 이었다.

"말도 말어, 이르케 산다는 것이 어디 사람 사는 꼴이라고 할 수나 있간디. 못 죽은께 산 거시제. 자석이 있어봐야 뭐하껴시여 다들 웬수여."

유 할머니가 조용히 자리에서 일어나 논둑을 따라서 마을로 갔다.

"자식들이 아파트 딱지 얻을라고 판자촌에다 내팽개쳐 놓고는 찾아오들 않고 있는디, 저러다 죽으믄 송장은 누가 치울란가 몰라, 에이구."

최 할머니가 한숨을 내쉬며 유 할머니를 바라보면서 중얼거렸다.

―이 마을에 노인들이 많습니까.

"많지, 겁나게 많어. 방에들 쳐 박혀 있으니까 그러제 백명도 더 될 꺼시여."

"한 달에 5일 이상 일하지 않는다"

3지구 슈퍼 앞 평상에서 김영필씨(가명, 49)와 박충석씨(가명, 45)는 장기를 두고 있었다. 장기판의 병졸들은 그동안 내기장기에서 모두 다 전사했는지 바둑알이 대신 싸우고 있다. 어제 기자가 김씨와 박씨를 만났을 때는 막걸리 한 병 내기바둑을 두고 있었는데 오늘은 맥주 한 병 내기였다.

김씨는 몸집이 좋고 술을 잘 마시는 사람이다. 작년에 부인이 애들을 데리고 도망가서 지금은 혼자 살고 있다. 박씨는 '부인이 하도 때려서' 5년 전에 집을 뛰쳐나와 이곳 저곳을 전전하다가 3년 전에 이곳에 자리를 잡았다.

두 사람은 공통점이 있다. "한 달에 5일 이상 일을 하지 않는다"는 철칙이다. 두 사람이 일을 나갈 때는 슈퍼에서 더 이상 외상을 안 줄 때다.

박씨의 가계부(?)를 들여다보자. 잡부로 4일 일을 나가면 20만원. 이중에서 식비가 5만원, 술값이 10만원 안팎, 전기세를 비롯한 자치회 공과금이 2만원이고 나머지가 용돈이다. 용돈으로는 주로 복권을 사는데 지금까지 최대 수확은 5만원짜리가 당첨된 것이었다.

배추장사 트럭이 지나가며 방송을 하자 박씨가 "김치를 담가야 한다"며 자리에서 일어나려고 했다. 그러자 김씨가 벌컥 화를 냈다. "김치가 아직 남아 있는 거 다 알고 있는데 무슨 말이냐. 괜히 질 것 같으니까 도망가는 것 아니냐"며 맥주 한 병을 내놓으라고 했다. "조금 있다가 와서 두면 될 것 아니냐"며 박씨가 대꾸했지만 끝내 싸움이 붙었다. 사람들은 아무도 말리려 하지 않았다. "하루에도 열두 번씩 저 지랄을 하니까 신경쓰지 말라"는 아주머니의 말이었다.

어둠 속에서 돌아오는 사람들

마을 회관 처마 밑에서 비를 긋다가 만난 김창수씨(가명, 35)는 천호동에서 비누도매상을 하다가 1억8천만원의 부도를 내고, 2년 전에 3백만원을 주고 이 동네로 이사를 왔다고 했다. 식당으로 자리를 옮겨 김씨와 자리했다.

―직업이 있습니까.

"건설현장에 목수로 나갑니다."

―일당은 얼마나 됩니까.

"7만5천원입니다."

김씨는 비가 와서 공치거나 몸이 아파서 쉬는 것을 빼면 한 달에 20일 정도 일을 나간다. 월평균 수입은 1백50만원 정도다.

―그 정도 수입이면 다른 곳에서 살아도 되잖습니까.

"노가다라는 게 몸파는 것인데 1년 내내 몸이 성한 것도 아니고 또 항상 일이 있는 것도 아니라서 남들 말처럼 그렇게 떼돈 버는 것도 아니에요. 그리고 세상 살면서 나가는 돈이 한두 푼인가요."

김씨의 어머니는 현재 심장판막증으로 고생하고 있다. 삼형제가 돌아가면서 한 달씩 병원비를 책임지는데 3개월마다 30만원이 들어간다. 그리고 딸 유치원 비용이 15만원 정도, 아이만은 제대로 키우고 싶어서 아파트 단지로 통학을 시킨다. 그리고 빚을 갚기 위해 적금 들고 생활비 제하고 나면 한 달 내내 일을 해도 살림이 빠듯하다. 결국 이곳을 나가고 싶어도 방법이 없다.

어둠이 내린 마을로 사람들이 돌아오고 있다. 옷깃을 스쳐 지나는 사람들로부터 눅진한 땀냄새가 묻어난다. 눈앞의 양재대로 건너편 아파트 단지에서 불빛이 쏟아져 내린다. 그 불빛을 등지고 걸어오는 사람들. 일상의 노동에서 지친 일손을 거두고 굽은 어깨로 돌아오는 사람들에게 분명한 꿈이 있게 하는 일은 그들만의 책임이 아니다. 분명 우리 사회의 책임이다. ■

지존파의 예비후예
어둠의 10대들을 찾아서

지존파 사건은 우리사회의 계급적 갈등을 적나라하게 보여준 사건이었다.
가진자들을 향한 지존파의 광기어린 증오는 기형적으로 성장한 한국적 자본주의의
그림자다. 대한민국은 정의로운 나라인가. 이 물음에 충분히 답하지 못할 때
제2의 지존파는 나타날 것이다. 우리사회 음지에 도사리고 있는
'계급범죄의 뇌관들'을 찾아 나섰다.

김종석 (본지 기자)

지존파 사건은 '엽기적 계급범죄'

지존파 사건은 우리 사회 음지에 잠복하고 있던 사회적
모순이 일시에 터지는 폭발음이었다. 사건의 진동은 강했
고, 파장의 여운은 아직까지 남아 있다.

사건 초기에 국민들은 '지존파가 너무 잔인하다'는 데
에 쉽게 동의했다. 그러나 시간이 흐르면서 국민들의 반
응이 엇갈리기 시작했다. "짐승들을 사회에서 영원히 격
리시켜야 한다"는 분노가 있었는가 하면 "지존파가 무고
한 사람들을 해치지만 않고 계획대로만 했더라면……"
하고 뼈 있는 농담을 한 사람들도 있었다.

지존파의 뒤를 이어 비슷한 사건들이 연발탄처럼 터지
자 비로소 사람들은 당황하기 시작했다. 마침내 당혹감은
두려움으로 바뀌고, 연쇄폭발을 막기 위한 움직임이 분주
하게 이어졌다.

그리고 지금, 우리 사회는 어둡고 침침한 안개 속에
휩싸인 채 어떤 답답증에 빠져 있다. 이 증세는 기득권
세력뿐만 아니라, 자신이 평범한 국민의 한 사람이라고
생각하는 사람들에게도 나타나고 있다. 이 답답증은 어디
에서 오는가.

중앙일보가 창간기념으로 실시한 여론조사에서 "우리
나라 국민의 70%가 자신이 중산층이라고 믿고 있으며,
90%가 부의 불평등이 심각하다"고 답했다. 이 여론조사
의 결과는 국민들의 답답증이 어디에서 연유한 것이며,

지존파 사건에 대한 국민정서가 왜 엇갈렸는지를 압축적
으로 보여준다.

중산층의 삶을 누린다고 생각하면서도 동시에 부의 불
평등이 심각하다고 생각하는 우리나라 국민의식의 부조
화. '기회의 땅'으로서 자본주의는 좋지만, 부의 창출과
분배에 대해서는 '소외의 땅'이라고 단정하는 대다수 국
민들의 이중적인 의식은 무엇을 말하고 있는가. 그 부조
화 속에는 기형적으로 성장해온 한국적 자본주의의 빛과
그림자가 도사리고 있음을 알 수 있다.

지존파가 던진 충격 중에서 사람들의 뇌리에 가장 강하
게 박힌 것은 텔레비전에 비친 그들의 냉소적인 비웃음이
었다. 그러나 그것은 표면적인 모습에 불과하다. 우리가
진정 주목해야 하는 것은 가진 자들에 대한 범인들의 증
오다. 그들의 의식과 행동은 우리 사회의 계급적 갈등이
위험수위에 이르렀음을 충분히 보여주었다. 그러므로 지
존파 사건의 본명은 '엽기적인 계급범죄'라고 할 수 있
다.

계급범죄의 뇌관을 찾아서

우리는 지존파를 통하여 이성적 판단이 결여된 맹목성
이 얼마나 무서운가를 경험했고, 경악했다. 부의 분배를
둘러싼 갈등이 하루아침에 해결될 문제가 아니라고 한다
면 앞으로 언제 또 이러한 사건이 터져 나올지 모른다.
그러므로 지존파 사건에 대한 분석은 더 예각화되어야 하
고, 전사회적인 대응책이 시급히 마련되어야 한다. 물론
치료의 방법은 응급과 예방이 병행되어야 한다. 고민 끝

지존파 사건은 '뚜렷한 목표를 가진 범죄'라는 점에서 여타 폭력사건과 달랐다.

에 후자의 방법을 택하기로 했다. 그리고 예방 백신을 위해 병균이 도사리고 있는 현장을 철저히 더듬기로 마음을 다잡았다.

우리 사회 곳곳에 잠복해 있는 '계급범죄의 뇌관들'을 찾기 위해서, 먼저 지존파 사건이 여타 강력범죄와 행로가 다른 점에 유의했다. 그리고 "돈 많은 자들을 저주한다"는 뚜렷한 목표가 있는 범죄에 초점을 맞추고 '지존파의 예비 후계자들'을 찾아 나섰다.

강남 지역에서 이른바 '조직생활'을 하고 있는 윤아무씨(26)를 신촌의 한 술집에서 만났다. 윤씨는 자신의 수하에 20여명의 행동대원을 데리고 있는 조직의 중간보스다. 지방의 한 고등학교를 중퇴하고 폭력세계에 몸담은지 벌써 8년째인 그는 그동안 다섯 차례 감옥을 다녀왔다.

─지존파에 대한 생각은.

"멋모르고 날뛴 어린애들이다. 저희들만 불쌍하지, 누가 알아주기나 하는가?"

─그쪽 조직(윤씨가 몸담고 있는)에서도 지존파 같은 사건을 일으킬 수도 있지 않은가.

"약 먹었는가. 절대 그럴 일 없다. 우리는 생각 없이 힘을 쓰지는 않는다."

─생각이라니.

"……."

윤씨는 대답 대신 엄지와 검지로 동그라미를 그려 보였다.

─조직원들이 10대 후반이나 20대 초반일텐데 그들의 앞날을 끝까지 보호해줄 수 있는가.

"대답할 성질이 아닌 것 같다. 사회 분위기도 그렇고. 하지만 굶고 충성할 조직은 아니지 않은가? 옷 사 입으라고 용돈이나 준다."

─후배들의 앞날을 책임져주는가.

"노코멘트."

질문이 우문이었는지도 모른다. 윤씨는 자리가 끝날 때까지 후배들의 앞날에 대해서는 대답을 하지 않았다.

윤씨와의 대화를 통해서 확인할 수 있었던 것은 사회적 통념으로 알고 있는 폭력조직은 결코 지존파와 같은 범죄는 저지르지 않을 것이라는 확신이었다. 그들은 단지 세상을 살아가는 한 방편으로서 폭력을 사용할 뿐이었다. 또 천박한 자본주의가 자신들에게 얼마나 필요한지를 너무나 잘 알고 있었다. 그러므로 그들은 이권을 위해서 섬뜩한 폭력(다분히 계산된 폭력)을 저지를 수는 있어도, 가진 자들의 간담을 서늘케 하는 '계급범죄의 뇌관'

은 결코 아니었다.

"단지 못 가지고 못 배웠다는 이유로……"

지존파 조직원들의 특징은 먼저 한결같이 불우한 가정
환경과 비정상적인 교육을 받고 자란 20대 초반이란 점이
었다. 또 하나 이들은 뚜렷이 폭력조직과 연관이 있다거
나 겉으로 드러난 '폭력배'가 아니었다. 마지막으로 이들
은 범죄 전까지는 지극히 평범한 사회구성원이었다. 그렇
다면 이들과 유사한 가정·생활환경 속에서 부에 대한 상
대적 박탈감을 느끼며 살고 있는 '평범한 사람들'도 언제
든지 이름을 달리한 '무슨 파'로 나타날 가능성은 항상
열려 있는 것이다. 그런 점에서 강동은의 애인 이경숙의
절규는 우리에게 많은 것을 시사해준다.

"아래위 가릴 것 없이 부패로 찌든 우리 사회가 '못
배우고 못 가졌다'는 이유로 그들에게 주었던 차가운 냉
대와 무관심이 그들의 비뚤어진 범행동기를 부추기지는
않았는가?"

이 말은 지존파 조직원들이 10대의 생활을 어렵게 보내
면서 범죄의 씨앗을 서서히 키웠음을 확인해주는 말이다.

경찰청 통계에 따르면 지난해 소년 범죄자는 10만3천6
백55명으로 전체 범죄 1백50만7천7백명의 6.9%였다. 범죄
별로는 전체 살인범의 10.4%, 강도범의 47.9%, 강간범
의 29.0%, 절도범의 49.8%, 폭력범의 11.4%를 차지하
고 있다. 소년 범죄자수는 92년 8만6천9백41명에서 93년
10만3천여명으로 2만여명이 증가했음을 알 수 있다(〈표
1〉참조).

지존파의 대부분이 극빈한 가정에서 출생했던 것과 같
이 소년 범죄자들의 가정도 대부분 가난했다. 전체 소년
범죄자의 78%에 해당하는 8만8천36명이 하류생활을 했
던 것으로 나타난다(〈표 2〉참조). 생활 정도가 상류인
소년 범죄자는 3백42명으로 전체 소년 범죄자의 0.3%에
불과하다.

지존파 사건이 일어난 후 우리 사회 여기저기서는 다양
한 처방들이 나왔다. 그리고 많은 책임들이 가정으로 넘
겨졌다. 한편에서는 "사회의 책임이 크다"는 의견이 나
왔다. 이에 대해서 일부 언론은 "왜 툭하면 자본주의 탓
이냐"며 매우 불쾌한 반응을 보이기도 했다. 대부분의
전문가들도 부권부재, 모친사랑의 부족을 탓하며 결손가
정의 각성을 촉구했다.

88년부터 93년까지 소년 범죄자 보호자별 현황을 살펴
보면 실제 범죄자의 대부분은 부모가 생존해 있는 것으로

〈표 1〉 주요 소년범죄 구성비율

단위 : 인원

연도별 죄종별	구분	1993			1992		
		소년	전체범죄	구성비(%)	소년	전체범죄	구성비(%)
총범죄자		103,655	1,500,707	6.9	86,941	1,302,228	6.7
소계		77,112	871,755	8.8	68,171	744,853	9.2
형법범	살인범	106	1,020	10.4	77	713	10.8
	강도범	2,913	6,083	47.9	2,026	4,246	47.7
	강간범	1,938	6,684	29.0	1,056	4,428	23.8
	방화범	51	740	6.9	76	778	9.8
	절도범	25,685	51,598	49.8	22,829	43,431	52.6
	폭력범	36,120	317,343	11.4	31,439	271,957	11.6
	사기범	1,061	93,127	1.1	751	65,351	1.1
	횡령범	657	20,547	3.2	559	17,005	3.3
	장물범	760	2,751	27.6	778	2,538	30.7
	교통사고처리특례법	6,501	253,450	2.6	7,392	251,117	2.9
	기타형법범	1,320	118,412	1.1	1,188	83,289	1.4
특별법범		26,543	628,952	4.2	18,770	557,375	3.4

〈표 2〉 소년범죄자 생활 정도(93년)

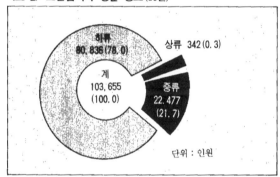

하류 80,836(78.0)
상류 342(0.3)
계 103,655(100.0)
중류 22,477(21.7)

단위 : 인원

〈표 3〉 소년범죄자 보호자별 현황(88~93년)

보호자 연도	계	실부모	편부	편모	무부모
1988	84,436 (100)	67,042 (79.4)	3,732 (4.4)	10,580 (12.5)	3,082 (3.7)
1989	99,189 (100)	80,330 (80.9)	3,982 (4.0)	10,685 (10.8)	4,192 (4.3)
1990	98,636 (100)	77,989 (79.1)	4,241 (4.3)	11,331 (11.5)	5,075 (5.1)
1991	95,231 (100)	79,548 (83.5)	4,065 (4.3)	8,907 (9.4)	2,711 (2.8)
1992	94,032 (100)	78,185 (83.1)	4,291 (4.6)	8,827 (9.4)	2,729 (2.9)
1993	103,655 (100)	80,229 (77.4)	4,664 (4.5)	7,981 (7.7)	2,798 (2.7)

주 : 1. 편부는 실부계모, 실부무모. 편모는 실모계부, 실모무부. 무부
모는 계부모, 계부무모, 계모부부, 무부모.
2. ( )안은 %

〈표 4〉 93년도 제적·중퇴 및 휴학자와 제적·중퇴 소년범죄자

구분	총계	국민학교	중학교	고등학교
제적·중퇴 및 휴학자	62,585	1,253	18,078	43,254
제적·중퇴 소년범죄자	23,320	621	10,883	11,816

단위 : 인원

나타난다(〈표 3〉 참조). 93년 홀어머니(실모계부, 실모무부) 밑에서 살다가 범죄를 저지른 소년범은 7.7%이고, 부모가 생존해 있는 소년 범죄자는 77.4%였다. 반드시 결손가정이 아이들 범죄의 온상은 아니라는 결론이다. 그렇다면 이 점은 명확히 짚고 넘어가야 한다. 왜냐하면 수많은 결손가정의 아이들이 실부모가 아니라는 이유로 무시당하는 풍조가 사회에 남아 있기 때문이다. 또 다른 범죄의 씨앗을 뿌리지 않는다는 의미에서도 결손가정에 대한 보살핌은 사회가 앞장서야 한다.

다음으로 우리가 주시해야 할 내용은 교육문제다. 93년 『교육연감』에 의하면 초·중·고를 다니다가 제적당하거나 중퇴한 학생은 6만2천5백85명으로 나타나고 있다. 93년 『범죄백서』에 의하면 소년 범죄자 중에서 초·중·고 제적·중퇴자는 2만3천3백20명이다. 두 결과를 단순 비교하는 것은 위험한 발상이지만 매년 비슷한 수의 학생이 중퇴하고, 제적·중퇴자의 범죄 수도 비슷하다고 했을 때, 제적·중퇴자가 소년 범죄자가 되는 비율을 추정해보면 제적·중퇴자 문제가 결코 가벼운 일이 아님을 알 수 있다(〈표 4〉 참조).

'화양리는 내부수리중'

성동구 화양동. 능동로(건대입구역에서 어린이대공원 방향으로 놓인 길)가 광나룻길과 교차하기 전에 왼쪽으로 빠지는 길이 있다. 다양한 간판의 현란한 네온사인이 불야성을 이루고 있는 이곳이 이른바 '화양리'로 불리는 지역이다. 토요일 밤 8시를 조금 넘긴 시간, 취재 협조를 받기 위해서 대동한 김아무씨(20), 이아무씨(20)와 함께 화양리에 들어섰다. 처음 눈에 들어오는 풍경은 여자아이(아무리 나이를 높게 잡아도 열다섯은 안돼 보였다) 두 명. 두 사람은 건물 외벽에 기대어 앉아 손거울을 보며 화장을 하고 있었다.

"쟤들 중2나 될 것 같은데요. 술 한잔 사주고 잠재워 준다고 하면 금방 따라올 거예요." 이씨의 말이었다.

거리에 발걸음을 몇 발짝 옮기기도 전에 10대 중반으로 보이는 남자아이들이 여기저기서 다가선다. 이른바 '삐끼'(유흥업소를 안내하며 호객하는 사람)들이다. 이들은 대개 모자를 썼거나 머리에 무스를 바른 모습이었는데 머리를 짧게 자른 여자아이도 보였다. 강상록군(가명, 16)의 안내로 O록카페를 찾았다. 건물 입구에 서 있던 30대가 무전기를 입으로 가져갔다.

'내부수리중.' '미성년자는 출입을 해서도 안되고 출

평범한 사회구성원이었던 이들에게 범죄의 광기를 불어넣은 사람은 누구인가.

입을 할 수도 없습니다.'

붉은 글씨로 '미성년자'라는 말이 유난히 크게 강조된 안내문이 붙은 철문이 열리고 이어서 또 하나의 문이 열렸다. 실내로 들어서자 현란한 사이키 조명이 눈을 찔러오고, 고막을 찢을 듯한 록음악이 귓전을 파고들었다. 그리고 군무를 연상케 하는 흐느적거리는 몸짓들.

"우·린·늙·은·이·잖·아·요."

모두 여섯개의 스피커에서 쏟아져 나오는 음악소리를 뚫고 이씨의 목소리가 간신히 귓가에 와 닿았다. 이곳에서는 대화 자체가 거의 불가능했다. 아무런 대화 없이 괴성과 격한 몸놀림으로 춤을 추고 있는 남녀는 30여명쯤으로 10대 초·중반이 대부분이었다. 철문에 붙은 안내문은 '성인 출입금지'로 바꿔 다는 것이 타당할 것 같다.

어느 순간 블루스 음악으로 곡조가 바뀌었다. 격렬한 춤을 추다가 자리로 돌아온 남녀들은 대부분 담배를 뽑아 물었다. 다섯 쌍의 남녀가 블루스를 춘다. 서투른 발걸음이지만 그들은 아랑곳하지 않고 몸을 밀착시킨 채 즐거워한다. 어른들이 하는 행위를 이곳에서 그대로 재현하고 있는 것이다. 대부분의 아이들은 이곳에서 지칠 때까지 놀다가 주변의 단란주점이나 소주방으로 옮겨간다. 그리고 '부킹'(남녀가 서로 마음에 들어서 짝을 이루는 것)이 되면 여관으로 자리를 옮긴다.

"1백50만원 쓸 게 없어요"

한 시간도 있지 못하고 밖으로 나왔지만 머릿골은 한참 동안 울렸다. 길에서 손님을 끌고 있는 강군을 만나서 그의 생활을 들어보았다.

― 학교는.

"작년에 (중3) 그만뒀다."

― 한 달에 얼마나 버는가.

"1백50만원쯤 되지만 가불해서 쓰고 나면 월급날에는 50만원 정도 받는다."

― 돈은 어디에 쓰는가.

"옷 사 입고 술마시고…… 쓸 게 없다."

― 저금은 하는가.

"몇 푼이나 된다고…… 저금할 돈 같은 것은 없다."

― 지금 사는 것에 만족하는가.

"만족한다."

― 장래의 꿈은 있는가.

"그냥……."

― 지존파에 대해 어떻게 생각하는가.

"멋있었다. 남자로 태어났으면 그 정도는 되어야 한다."

― 그들의 행동이 너무 잔인하다거나 잘못됐다고 생각하지는 않는가.

"나쁜 짓이지만 어쨌든 화끈했다."

강군은 손님을 데려가야 한다며 자리에서 일어섰다. 짧은 이야기 중에 강군이 진지하게 대답하며 눈빛을 빛낸 것은 지존파 이야기를 물었을 때였다.

강군의 수입은 데리고 간 손님들이 계산한 금액의 30% (강군의 말) 다. 한 테이블(4명이 앉는다) 의 최저가는 3만원선(차림표를 보면 1천8백cc 피처 하나가 1만2천원, 안주가 1만5천원에서 2만원 사이) 이다. 하루 저녁에 4~5팀만 데리고 가면 된다는 결론이다. 록카페에는 강군과 같은 삐끼가 아닌 이른바 '판돌이'(음악을 틀어주는 사람) 가 있다. 판돌이의 월급이 1백20만원. 가게를 지켜주는 '어깨'들 중 강군 또래의 행동대원의 한 달 수입은 2백만원 내외다.

이들에게 돈을 번다는 것은 너무나 쉬운 일이었다. 가게를 가득 메운 아이들의 탈선을 위해 무전기를 든 사장은 어린 나이에 큰돈(?) 을 쉽게 만졌던 아이들이 나중에 정상적으로 사회에 복귀했을 때 땀흘려 손에 쥐게 되는 돈이 턱없음을 알고 범죄의 화살을 우리 사회로 쏘아댈

수도 있다는 가정을 단 한 번이라도 해본 적이 있었을까. 아니 10대들이 꿈이 없다는 사실을 알고나 있을까.

김씨의 도움으로 만나기로 약속했던 지숙(가명, 17) 이는 친구들과 신촌에 좋은 일(?) 이 있어서 나가고 없었다. 대신 무선호출기를 통해서 주변 록카페에 있던 지숙의 큰언니를 만날 수 있었다. 화양리가 집으로 세 자매 중 맏이인 미숙씨(22) 는 지숙이와 유난히 친해서 "막내와 그 친구들의 생활은 훤하다"고 했다.

ㅎ여중에 다녔던 지숙이의 학교 친구는 12명. 전원이 중학교를 중퇴했다. 현재 한명이 죽었고, 한명만이 고등학교에 재학중이다. 11명 중 두명이 동거를 하고 있고, 연락을 자주 하며 사는 친구는 네명이다. 지숙이와 친구들은 중학교 때 '장미'(가명) 라는 조직에서 만난 사이다.

장미는 '1군'과 '2군'으로 나뉜다. 1군은 주로 3학년으로 구성되고, 2군은 1군이 개인적으로 신임하는 후배들을 추천하여 구성한다. 일종의 신원보증을 통해야만 가입하게 되는 것이다. 조직의 1군 중에서 가장 잘 나가는 아이(돈, 외모, 싸움실력, 남자친구, 많은 은어 사용 등이 기준) 가 '장'(조직의 우두머리) 을 맡는다. 장에 대해서 조직원들은 무조건적인 복종을 하는 것이 이들의 철칙이다.

조직의 2군에서 1군으로 올라갈 때면 여러 가지 시험을 하게 되는데 조직에 대한 복종심, 자금조달 능력, 싸움 능력이 가장 중요한 기준이다. 실제로 1군으로 올라가기 위해 후배들은 선배로부터 엄청나게 맞는다. 일종의 통과의례인 셈이다. 지숙이도 1군이 되는 과정에서 수없이 맞고 들어왔다.

조직의 1군이 되면 모든 면에서 생활이 달라진다. 가장 큰 혜택은 이들이 사용하는 유흥비를 전적으로 후배들이 책임진다는 것이다. 1군은 놀고 싶을 때 놀면 된다. 후배들은 선배가 지시한 사항에 대해 불복종한 적이 없다. 수단 방법을 가리지 않고 돈을 모아 온다. 그 돈으로 1군은 록카페, 나이트클럽을 주로 다닌다. 이들의 주무대는 화양리 일대였지만 동대문의 ㅂ나이트, 이태원의 ㅁ나이트도 자주 가는 곳 중 하나다. 특히 이태원은 춤을 배우기 위해서 간다. 그리고 목돈이 모이면 원정에 나선다. 방배동 카페 골목이 이들이 가장 선망하는 곳이다.

조직원들은 폭력도 서슴없이 사용한다. 언젠가 지숙이를 비롯한 두명의 조직원이 알고 지내는 여자아이의 남자친구로부터 거리에서 뭇매를 맞은 적이 있었다. 이들은 보복을 결심하고 조직원들을 모아 즉각 실행에 들어갔다.

먼저 여자아이를 공사장으로 끌고 가서 시멘트 바닥에 그 아이의 얼굴을 문질러버렸다. 비명소리에 놀란 주민들이 달려오자 이들은 여자아이를 숙소로 데리고 가서 밤새 폭행했다. 결국 그 아이의 부모가 고발을 해서 네명의 조직원이 검찰까지 끌려갔지만 이들은 태연했다.

'장미' 조직원들이 학교를 중퇴하고 어떤 모습으로 있는지 그들의 신상을 간략히 정리해본다(이름은 모두 가명이고, '확인불가'는 미숙씨의 증언으로는 알 수 없는 내용이다).

이지숙 : 부모님 생존(부모 : 식당업). 3녀 중 막내. 다섯 번 가출. 중퇴 후에 주소지를 변경하여 ㅈ중학교 졸업. 현재 조직 출신 중에서 유일하게 고등학교에 재학중.

김 란 : 부모님 생존(부 : 일용직, 모 : 공장). 1남1녀 중 막내. 수없이 가출과 귀가를 반복. 중2 중퇴. 천호동, 삼성동, 장안평, 방배동 일대 룸살롱 종업원으로 있던 중 약물 과다복용으로 인한 심장마비로 94년 7월 사망.

오미정 : 부 확인불가, 모 생존(유흥업소 마담). 중2 중퇴. 김양과 함께 살면서 룸살롱 종업원으로 있었음. 김양의 약물 복용을 말리던 중에 의견충돌로 김양 사망 직전에 귀가. 최근 지숙양에게 학교에 다니고 싶다는 심경 피력. 미용기술을 배우기 위해 준비중.

강수영 : 부모 확인불가, 조모와 생활. 중3 중퇴. 유흥업소에서 만난 웨이터와 동거. 현재 지방에서 방위를 받고 있는 남편과의 사이에 아이 하나 있음. 시아버지 병간호, 고3 시동생 새벽밥을 해주면서 행복하게 살고 있음.

박정아 : 홀어머니로 추정. 중3 중퇴. 유흥업소에서 만난 주방장(27~28세)과 동거. 큰애가 세 살, 둘째가 한 살 된 두 아이의 엄마.

기타 : 가출 후 자퇴 혹은 퇴학. 룸카페 등을 전전하는 중에 흩어져서 연락이 원활치 않다. 부모는 대개 홀어머니로 추정(지숙의 아버지가 지숙이 친구들 가출까지 뒤쫓고 그 아이들 어머니 대신 아이들을 때린 것으로 보아서, 또 아이들이 가출하면 어머니들이 모여서 어디 가면 찾을 수 있는지 점을 보러 다녔다).

미숙씨의 증언을 통해서 들은 내용들은 놀라운 것이었다. 특히 김 란양의 삶은 가히 충격적이었다. 짧은 생애를 마감한 그의 삶을 따라가보자.

'잘 나간다'는 김양은 누가 죽였나

그의 나이 14세. 김양은 록카페에서 알게 된 웨이터를 통해 룸살롱을 소개받았다. 그는 먼저 일수돈을 빌려서

방을 얻었다. 보통 일수방을 얻는 데 필요한 보증금은 2백만원 안팎. 1백일 동안 본금 2만원에 이자 8천원을 합친 돈을 매일 일수로 찍는다. 김양이 방을 얻는 것은 어려운 일이 아니었다. 유흥업소에 다니는 종업원들을 상대로 일수돈을 빌려주고, 생활용품을 살 수 있도록 도와주는 '일수 언니'가 있기 때문이다.

이렇게 얻어진 방은 하나의 해방구가 된다. 김양의 친구들은 가출을 하면 김양에게 와서 함께 살았다. 그리고 남자친구들과 같이 살면서 약을 먹는 것도 이때 배웠다. 이른바 '돼지 감기약'(지×탄, 노×랄)이라 불리는 약을 김양은 한 번에 스무 알을 먹었다. 미숙씨는 아이들이 집단으로 약을 먹은 광경을 본 적이 있다고 했다.

— 어떻게 하고 있었는가.

오렌지족들도 지존파가 노리는 범행 대상이었다.

"애들이 다 멍하다. 오빠 때리지 말라고 외치기도 하고, 침만 흘리기도 하고, 희죽희죽 웃기도 한다."

— 약은 어디서 구입하는가.

"잘 알고 지내는 집에서만 사는 모양이다."

김양은 중학교 2학년 때 키가 1백70cm에 가까웠다. 그래서 모델이 되는 것이 꿈이기도 했다. 미모가 뛰어났

던 김양은 룸살롱에서도 '잘 나갔다'(단골 손님이 많았다). 보통 저녁 8시부터 다음날 새벽 3~4시까지 김양이 갖는 술자리는 평균 서너 테이블. 다섯 테이블이 넘게 나간 경우도 많았다. 한 테이블에 5만원이 기준이므로 하루 저녁 김양이 벌어들이는 돈은 20여만원. 여기에 '2차'(손님과 잠자리를 함께하는 것)를 가면 (최하가 15만원) 한 달 평균 수입이 4백만원이 훨씬 넘었다. 물론 이런 경우는 특수한 것이기도 하다. 김양의 친구인 오양은 손님들이 자주 '빼찌'(외모가 떨어지는 아가씨를 내보내는 것)를 놓아서 하루 저녁에 한 테이블 나가는 것이 어려운 적도 있기 때문이다.

룸살롱에서 영계를 찾는 사람들

김양이 룸살롱에서 만났던 사람들은 어떤 사람들이었을까.

―룸에 온 사람들에 대해서 들은 적이 있는가.

"사장, 의사, 변호사, 회사 과장들이라고 했다. 란이가 전화를 하면 용돈을 주고 삐삐도 사주고 홀복(룸에서 손님 접대를 위해 입는 옷)을 사주는 회사 과장이 있다고 자랑한 적도 있고, 또 어떤 의사가 란이 업소에 와서 종업원 50명에게 인사만 하면 한 사람에게 10만원씩 주었다는 얘기도 한 적이 있다."

―단속에 걸린 적은.

"란이가 10대인 줄은 형사들도 다 안다고 했다. 또 형사가 여자를 더 밝혀서 귀찮아 죽겠다고 했고, 신분이 거창할수록 여자라면 사족을 못 쓰더라는 말도 했다."

지숙이의 생활에 대해서 취재가 끝날 즈음 둘째 희숙씨(가명, 21)가 친구와 함께 언니를 찾아왔다. 록카페에서 돌아온 그들은 목이 마른 듯 물 먹듯이 맥주를 비웠다.

그들이 재미있는 얘기라고 한 것들은 희숙씨의 친구 중에 고등학교에 다니는 연하의 남자아이를 사귀는 아이가 있었는데 "이상하게 배가 나온다"고 해서 병원에 갔더니 임신 5개월이라고 했다는 이야기, 무엇을 그렇게 많이 먹느냐고 타박을 놓았는데 입덧인 줄도 모르고 그랬다는 이야기, 첫 미팅에서 여관까지 간 친구 이야기 등이었다.

새벽 3시가 넘어서 무전기를 든 소주방 사장의 명령대로 밖으로 나왔다. 단속을 나온 경찰의 모습이 보였고, 그 옆을 당당하게 지나는 젊은이들. 광나룻길로 나오자 폭주족 30여명이 거리를 달렸다. 경찰차는 우두커니 서 있고 다시 돌아온 오토바이가 비웃듯이 그 옆을 스쳐 갔다. 술 한잔 먹지 않았는데 머리가 어지러웠다. 머리를

흔들고 확인한 이곳, 새벽 4시 화양리였다.

구로구 가리봉동 공단 오거리. 귀가하는 차량들이 신호 대기를 하느라 도로는 주차장을 방불케 했다. 밤 10시를 넘긴 시간인데도 젊은이들의 발걸음이 끊이지 않는다. 어깨를 스치며 지나가는 젊은이들은 대개가 20대 초반으로 보였다.

어둠 속에서 동트는 새벽을 기다리고 있는 남녀의 그림자가 흐릿하게 윤곽을 드러내고 있는 배경 위로 '험한 세상에 놓인 다리' 가사가 적힌 액자가 유난히 눈길을 끄는 호프집에서 노동자 두 사람과 연쇄인터뷰를 가졌다. 먼저 "살인만 빼고 세상일을 다 해봤다"는 김승옥씨(가명, 20)를 만났다.

"직빵으로 합시다. 우리는 말 돌리는 것 싫어하니까 돌려서 말하지 말고요." 어눌하게 취재동기를 설명하는 기자의 말을 자르고, 김씨가 호기롭게 나왔다.

김씨는 명문 ㄱ상고 출신이다. 고1 때 가출해 신문보급소에서 배달하면서 독학을 했다. 고등학교 졸업 후 대학 부설 전문학교를 다니다가 휴학하고, 공단직업훈련원을 거쳐서 두 달째 ㄷ정밀에 근무하고 있다.

―상고 출신인데 은행 같은 곳에 근무하지 않고 왜 공장에 다니는가.

"군대 때문이다. 3년을 그냥 썩는 것보다 돈버는 것이 나을 것 같아서 공장을 선택했다."

―가출한 이유는.

"어머니가 새엄마다. 나이도 몇 살 차이 나지도 않았고 …… 그냥 그래서 나왔다. 아버지가 사우디 갔는데 친어머니가 바람을 피웠다. 그래서 이혼했고, 집에 있기가 싫었다. 지금은 새어머니하고 사이가 좋다. 처녀가 애 딸린 집에 와서 무슨 고생인가 싶어서 배다른 동생하고도 잘 지낸다. 집에 방도 없고 혼자 사는 것이 편해서 안 들어갈 뿐이다."

―어린 나이에 가출을 하면 나쁜 길로 빠질 수도 있을텐데.

"살인만 빼고 다 해봤다. 어렸을 때 얘기고…… 험한 꼴 당하는 선배를 보고 일생 동안 더럽게 살고 싶지는 않아서 손털었다."

―지존파 사건이 일어난 우리 사회에 대해서 어떻게 생각하는가.

"충분히 있을 수 있는 일이다. 크게 해 처먹은 놈들은 봐주고 똘마니들만 당하는 세상이다. 김우중이는 봐주고 힘없는 놈들만 당하는 세상인데 칼 들 만하지 않은가?

54

하지만 너무 잔인했다. 또 아직은 자수성가할 수 있는 세상이라고 생각하기 때문에 그 사람들 말을 전적으로 찬성하지도 않는다. 개처럼 벌어서 정승처럼 쓰면 되는 것 아닌가?"

— 여자친구는 있는가.

"있다. 나는 여자를 믿지 않는다. 어머니 일도 있고…… 지금 고3인데 좋은 애다."

— 꿈이 있는가.

"행복한 가정에서 오순도순 사는 것이다. 내 힘으로 가능하다고 생각한다. 주택부금 5만원짜리를 넣고 있다."

김씨는 새벽 3시에 일어나 신문 5백 부를 돌린다. 그런데 이번 달을 끝으로 신문배달은 못하게 될지도 모른다. 공장이 병역특례업체여서 3년 동안 근무를 해야 하는데 아무래도 군미필자는 잔업과 야근이 많아 규칙적으로 해야 하는 신문배달이 불가능하기 때문이다. 구로공단 지역의 초임은 30만~40만원 내외, 잔업수당을 포함하면 40만~50만원이 평균임금이고, 보너스가 3백~4백% 정도 된다.

— 회사생활에 불만은 없는가.

"불만이 있어도 어쩔 수 없다. 공장 그만두면 일주일만에 군대로 끌려가니까. 참는 데까지 참아야지 별수 없다."

— 사회에 하고 싶은 말이 있는가.

"겉모습으로 사람을 평가해서는 안된다고 생각한다. 수금을 하러 가면 돈이 있어도 주기 싫어한다. 단지 옷이 남루하고 땀을 흘리고 있다는 이유 때문이다. 어쩌다 배달 확인을 나온 본사 직원과 같이 나가면 사람들이 훨씬 친절하다. 그 사람과 나의 차이는 양복을 입었느냐 안 입었느냐 차이이다. 외양이 그렇게 중요한가? 대학엘 안 가서 그로 인한 모든 불이익을 감수하겠다고 생각하지만 열받을 때가 많다."

월급 45만원으로 3년 안에 집을 사야 하는 이유

"3년 안에 집 한 채 사고 말겠다"는 최영남씨(가명, 22)의 고향은 전남 보성이다. 지금은 방화동에서 사글세로 부모님과 함께 살고 있다. 2남4녀 중 막내인 최씨는 "부모님은 내가 모셔야 한다"는 생각을 확고히 갖고 있다. 어머니가 막노동을 해서 최씨를 고등학교까지 가르쳐주었기 때문이다. 국민학교 때 가출을 해서 지금은 포항에서 주방장으로 일하고 있는 형이 있긴 하지만 어려서부터 고생한 형에게 가사를 맡길 수 없다는 것이 최씨의 생각이다.

최씨의 어머니는 막일을 너무 많이 해서 지금은 신경성 스트레스로 실명한 상태다. 요즈음은 환청까지 들린다고 해서 최씨의 걱정이 태산이다. 자신의 눈이라도 이식시켜 드리고 싶지만 안된다는 것이 안타깝다. 아버지는 알코올 중독으로 정상적인 사회생활을 못한다. 부모님이 언제 돌아가실지 모를 정도로 건강이 안 좋기 때문에 3년 안에 아버지 명의로 집 한 채 사드리는 것이 최씨의 유일한 소원이자 꿈이다.

— 사회에 바라고 싶은 것은.

"교육의 문을 넓혀주었으면 좋겠다. 기름밥을 먹으면서라도 공부하고 싶다. 영어공부가 그렇게 하고 싶다. 정부에서 산업근로자를 위한 배려를 해주었으면 좋겠다."

술잔을 기울이며 한담을 나누다가 김씨에게 질문을 하는데 가슴에 박히는 장면이 있었다. 커다란 액자에 씌어 있는 노래가사를 최씨가 수첩에 적었다.

지치고 위축될 때
당신 눈에 눈물이 고일 때
내가 네게 위안이 되어주고 눈물을 닦아줄게
세월이 험한 모습으로 다가올 때나
당신 곁에 친구가 보이지 않을 때 내가 당신 편에서 지켜줄게

최씨는 이 가사를 수첩에 적으면서 '당신'이 되고 싶은지 모른다. 최씨에게 험한 세상의 다리는 누구일까.

공단의 밤은 깊어가고 있었다. 누가 이들에게 쉽게 번 2백만원보다 땀 흘려 얻은 45만원이 낫다고 쉽게 말할 수 있을 것인가.

취재 기간 동안 지존파와 똑같이 사회에 대해 무분별한 복수심을 가진 지존파의 후예들은 다행히도 찾을 수가 없었다. 그러나 언제든지 수면 위로 떠오를 수 있는 잠수함이 물 속에 웅크리고 있는 것처럼 계급범죄의 뇌관이 팽팽하게 부풀어 있음을 몸으로 느낄 수가 있었다. 소외계층에 대한 사회경제적 배려가 없을 때 솟구쳐 올라올 그 거대한 덩어리.

대한민국은 과연 살 만한 나라인가. 이 질문에 자신 있게 대답할 수 있기 전까지 우리는 지존파의 후예들을 또다시 우리 곁에서 목격하게 될 것이다. ■

전국순회 취재 환경 보존과 개발의 고차방정식을 어떻게 풀 것인가

'아름다운 대한민국'의 마지막 보루,
국립공원이 무너져 내린다

자손들에게 자랑스럽게 물려줄 수 있는 국립공원, 나무와 들풀과 산짐승들이 자유롭게
어울리는 국립공원, 살아 있는 자연박물관인 국립공원을 대한민국은 가지고 있는가.
전국의 20개 국립공원 중 한반도의 허리를 이루고 있는
덕유산·태안해안·속리산·월악산·치악산·설악산 국립공원을 다녀왔다.

김종석 (본지 기자)

후손에게 저지른 씻을 수 없는 죄악, 덕유산 스키장은 누구를 위한, 무엇을 위한 개발인가.

'덕유산이 무너지고 있다'는 무성한 소문은 사실이었다. 덕유산 정상 향적봉에서 칠봉쪽으로 6백 미터를 내려온 해발 1천5백20미터 지점은 흉측하게 파헤쳐져 있었다. "본 안내도는 1사 1산 운동의 일환으로 덕유산을 가꾸는 (주)쌍방울에서 제공합니다"라고 쓰인 덕유산국립공원 안내지도에도 기자가 선 능선은 붉은 줄로 자연보존지구로 표시돼 있었다.

지도의 표시대로라면 이곳은 울창한 수풀이어야 했다. 그런데 나무들과 들풀들이 있어야 할 자리에는 넘어진 동산 안내판, 파헤쳐진 흙, 뿌리 뽑힌 나무들의 잔해만이 널려 있었다. 달리 눈에 띄는 것은 붉은 깃발이 매달린 측량지점을 표시할 때 쓰는 깃대 정도. 그제서야 이곳이 무주리조트 국제스키장 슬로프의 출발점임을 알 수 있었다.

자연공원법 16조는 자연보존지구의 지정대상을 "자연보존 상태가 원시성을 가지고 있거나 보존할 동·식물 또는 천연기념물 등이 있거나 자연풍경이 특히 우수하여 특별히 보호할 필요가 있는 곳"이라고 적고 있다. 또 이곳에서 허용하는 행위는 "학술연구 또는 자연보호상 필요하다고 인정되는 행위, 최소한의 공원지역의 설치 및 사무" 등 몇 가지로 엄격히 제한된다.

덕유산 취재에 나서기 전에 만났던 환경전문가는 "자연보존지구는 무슨 일이 있어도 보호되어야 한다"고 했었다. 그런데 어떻게 자연보존지구에서 처참한 자연학살이 자행되고 있는 것일까. 이유는 국제스키장 건설을 위해서였다.

'덕유산이 무너져야 하는 이유'

무주리조트 개발계획 대상지는 총 2백20만 평으로 집단시설지구 64만 평, 스키장 1백30만 평, 골프장 26만 평이다. 이중 국내슬로프, 스키하우스, 가족호텔 등 25% 정도의 공사가 완료되었다. 가장 문제가 되는 것은 스키장 개발이다.

동계 유니버시아드에서 활강, 슈퍼대회전 경기를 치르기 위해서 필요한 코스 규격은 출발점과 결승점의 표고차가 8백~1천1백 미터 사이에 해당해야 한다. 현재 무주리조트 스키장 결승점이 7백60미터이니까 해발 1천5백60미터가 출발점이 되어야 8백 미터 이상의 표고차를 확보하게 된다.

다양한 생물종을 보유하고 있는 국립공원내의 스키장 개발은 불법이다.

이 출발점의 확보가 지금 덕유산이 '무너져야 하는 이유'였다.

능선 아래쪽으로 열 발자국이나 떼었을까. 더욱 놀라운 광경이 펼쳐졌다. 칠봉쪽으로 4차선 도로의 폭보다도 더 넓은 길이 횅하니 뚫려 있었던 것이다. 쭉 뻗은 길은 2킬로미터는 좋이 넘어 보였는데 칠봉으로 향하던 길은 무주리조트쪽으로 방향을 꺾고 있었다. 큰길 양편으로는 여러 갈래의 길이 뚫렸는데 주변에는 수없이 많은 크고 작은 나무들이 쇠톱에 잘린 채 뒹굴고 있었다. 모습을 약간 달리하고는 있었지만 온전한 나무들도 있었다.

생태계 파괴를 중지하라는 환경단체들의 거센 반발을 의식해서인지 공사현장에는 구상나무를 포함한 40~50그루의 나무들이 이식을 위해 파헤쳐져 있었다. 특히 구상나무는 사람의 몸통보다도 굵은 오래된 나무들이었다. 새끼로 뿌리를 감싼 흙덩이의 직경 2~3미터는 보통 크기였다. 흙에 묻은 물기가 얼어서인지 흙덩이는 손가락으로 떼어도 잘 떨어지지가 않았다. 흙 사이를 비집고 나온 뿌리 끝은 다 얼어 있었다. 추운 겨울에 옮겨지는 나무들이 과연 살아날 수 있을지 의문이었다. 그래도 이런 나무는 행복한 편이었다. 크기가 작은 나무들은 뿌리째 뽑혀서 널려 있었고, 참나무·단풍나무 등 희소성이 떨어지는 나무들은 무참하게 잘려 있었다.

도대체 이 나라의 법과 제도는 무엇을 하고 있는지,

이 나라는 정말 국립공원을 보존할 생각이 있는지 회의가 들었다. 본격적으로 스키장을 만들기 전에 공사를 위해 뚫은 도로가 4차선 도로보다도 넓은데, 10개가 넘는 슬로프를 건설하게 되면 얼마나 많은 나무들이 더 베어지고 죽어갈 것인가.

'법'대로 한다면 이미 개최가 확정된 97년 동계 유니버시아드는 자연보호를 위한 특단의 조처가 취해지기 전에는 개최될 것이다. 그렇다면 97년 이후의 덕유산 모습은 불을 보듯이 뻔한 결과로 올 것이다. 많은 사람들이 지리산 성삼재를 차를 타고 오르듯이 덕유산에 온 사람들은 리프트를 타고 이곳에 올라 땀 흘리지 않고 향적봉을 향하여 산보하듯이 걷게 될 것이다. 그리고 주목나무에 편빙화나 설화를 보면서 탄성을 자아낼 것이다.

그러나 바로 그때 사람들의 발자국 밑에서 한국에서만 자라는 구상나무, 희귀식물로 천연보호림으로 지정된 주목들이 죽어갈 것이라고 가정한다면. 국위선양, 지역개발, 국민들의 여가선용을 위해서 개발된 스키장 때문에 우리 후손은 백과사전에서 주목이나 구상나무를 찾게 될 것이라고 단정한다면. 그것은 지나친 억측이거나 기우일까. 덕유산을 내려오는 발걸음은 무거웠다.

산 아래로 내려와서 무주군청의 무주리조트 담당 관계자를 만났다.

―덕유산 스키장 개발에 대해 반대하는 사람들이 많은

데.

"환경보존을 볼모로 덕유산 지역을 개발하지도 말고 자연보호에만 힘쓰라고 하는 일방적 주장은 재고되어야 한다. 자연이란 인간과 결코 분리될 수 없는 것이며 애정 어린 손길이 미치는 합리적인 개발이라면 오히려 자연의 완성으로 이끌 수 있다."

—97년 동계 유니버시아드 개최 반대 주장에 대해서는.

"동계 유니버시아드대회 유치는 우리 무주가 오랜 낙후지역에서 벗어나 2000년대를 향한 거점 관광도시로 발전할 수 있는 호기다. 94년 10월 22일의 스키장 시설 기공식을 범도민의 성원 속에 성황리에 마쳤다. 일부 환경단체와 환경보호 명분론만을 고집하는 사람들이 격려는 못할망정 개최지 변경, 개발불가, 유니버시아드 반대 등의 모습을 보면서 참으로 답답하고 허탈감마저 느꼈다."

서울로 돌아오는데 머리가 무거웠다.

보존과 개발의 고차방정식을 어떻게 풀 것인가. 한 가지 분명한 것은 대한민국의 국립공원이 덕유산의 전철을 되밟아서는 안된다는 것이다. 국립공원에 대한 총체적인 점검이 필요했다.

지역개발을 위해 계획된 국립공원

67년 공원법이 만들어지고 국립공원이라는 제도가 처음으로 우리나라에 도입되면서 지리산이 국립공원 1호로 지정되었다. 주된 지정 이유는 '지역경제의 활성화를 도모한다'는 것. 이러한 국립공원에 대한 개념은 "경관, 자연 및 역사적 대상물과 그 안의 야생동물을 보전하고, 현국민들에게 즐거움을 제공할 뿐만 아니라 다음 세대들의 즐거움을 위하여 훼손됨이 없이 남겨두기 위한 곳"이라는, 1916년 제정된 미국 국립공원법에 나타난 국립공원의 개념과는 큰 차이를 보인다.

국립공원이 출발부터 숭고한 국립공원 정신이나 이념을 도외시한 채 지역개발의 일환이라는 '비극의 씨앗'을 품은 것이다. 이 비극의 씨앗은 박정희 시대의 개발독재와 맞물리며 전국적으로 확산되어 80년 자연공원법 제정 전까지 경주, 한라산, 설악산 등 13개 국립공원으로 나타난다. 그리고 국립공원 지정 과정에서 나타난 국토개발 위주의 개발중심정책은 '씨앗'의 의미를 넘어서서 국토를 병들게 하는 병균으로 자리잡게 된다.

정부의 국립공원 투자는 자연보존을 위한 투자가 아니라 지정된 국립공원에 보다 빨리 접근할 수 있는 도로나, 편리하게 쉴 수 있는 집단위락시설을 건설하는 데 중점이 두어진 것이다. 정부정책이 국립공원의 훼손을 더욱 앞당

기고 국립공원의 지정 의미를 왜곡되게 한 것이다.

대부분의 사람들이 국립공원을 자연학습장이 아니라 유희를 위한 관광지로 인식하게 된 것도 여기에 기인한다. 결국 돈벌이가 되는 일이라고 판단한 기업들은 앞다투어 국립공원에 위락시설을 짓고 보다 많은 관광객을 끌어들이기 위한 온갖 방안들을 만들어낸다. 통치자의 잘못된 철학과 제대로 서지 못한 입법의 결과가 국민들의 의식을 병들게 하고 자손만대에 물려줘야 할 자연을 관광상품으로 전락시킨 것이다.

80년에 제정돼 현재까지 이어지고 있는 자연공원법 또한 별 다르지 않다. "자연풍경지를 보호하고 적정한 이용을 도모하여 국민의 보건 휴양 및 정서생활의 향상에 기여한다."(자연공원법 1조)는 국립공원 지정 목적에도 여전히 개발논리는 숨어 있다. '적정한 이용을 도모'라는 구절이 그것이다. 이 애매한 구절은 코에 걸면 코걸이 귀에 걸면 귀걸이라는 '고무줄 행정'의 근거가 되어 국립공원내에 골프장, 스키장, 콘도 등이 대규모 개발되는 사태로 나타난다.

또 '자연풍경지 보호'라는 구절도 국립공원 지정을 남발하는 계기가 된다. 그러나 이것은 단지 명분일 뿐 월출산과 같이 대통령선거시 지역개발공약(13대 대선 노태우 후보) 때문에 국립공원이 되는 경우도 있다. 이렇게 무원칙한 과정을 통해 지정된 국립공원은 80년 이후 8개소가 추가 지정되어 지금 우리나라는 국토 면적에 비해 과분한 20개소의 국립공원을 갖고 있다(미국 48개소, 일본 28개소, 프랑스 7개소, 독일 2개소).

대한민국의 20개소나 되는 국립공원은 과연 자랑할 만한가.

유엔이 분류한 국립공원과 보호지역 구분에 따르면 우리나라의 국립공원은 제5항 자연(해안)경관보호지역에 분류되고 있다(1항—학술적 엄정 보호구역, 2항—국립공원, 3항—자연기념물·표식물, 4항—자연보전지역, 자연관리지역. 야생·동식물 항목에는 단 한 곳의 국립공원도 들어 있지 않음). 이 결과는 우리나라의 국립공원이 얼마큼 졸속으로 지정됐고 자연보존 상태 또한 얼마나 엉망인가를 보여주고 있다.

백두대간의 허리가 튼튼한가를 살피기로 했다. '아름다운 대한민국'의 마지막 보루를 찾아 나서면서 들고 나선 잣대는 '개발과 보존'이었다. 덧붙여서 국립공원의 문제를 좀더 세분화했다. 취재수첩에다 ① 자연생태계 ② 지역 주민들 ③ 지방자치정부 ④ 국립공원의 법과 제도라고 굵은 펜으로 적었다.

"환경을 고려한 계획·시공·감리가 되도록 하겠다"

ㅡ무주리조트 개발 효과는.

"첫째로 97년 동계유니버시아드 등 국제대회 기반을 조성하여 스키인구 저변확대 및 국제수준의 훈련장을 확보하였다는 점이다. 둘째로 낙후된 전북지역의 개발을 촉진하게 되며 지역주민의 고용확대 및 소득증대에 기여하게 된다. 셋째로 평생교육 수단으로서 국민건강교육육장 및 국가사회체육시설로서 범국민적인 활용이 가능하며 스포츠에 대한 국민적 수요증대에 기여할 수 있다. 넷째로 대표선수의 국제경기 적응훈련장으로 제공되며 중부권 이남지역 스키장 개발로 우수선수를 개발 양성할 수 있다."

ㅡ무주리조트가 지역 경제에 미치는 영향은.

"전북지방의 세수증대에 기여하고 있다. 무주리조트가 91~94년도에 무주군에 납세한 세금은 총 83억3천9백9만3천2천80원으로서 이는 무주군 전체 세수액의 약 60%에 해당된다. 다음으로는 지역사회 지원효과다. 91~94년도에 무주군의 공공기관, 사단·재단법인, 사회단체 및 지역유지, 학교, 무주군내 건설공사 지원 등에 총 29억9천5백82만1천6백원을 지원했다. 주민들의 고용증대 효과도 무시할 수가 없다. 현재 무주리조트에 근무하는 현지주민은 3백61명으로 이들의 봉급은 연간 27억7천만원에 이르고 있다. 그 밖에도 삼공리 여관단지는 무주리조트 개발 이후 식당, 숙박업이 성시를 이루고 있으며 토산품 구매율도 급증하고 있다."

ㅡ무주리조트의 덕유산 파괴 정도는.

"덕유산국립공원 총면적 2백19Km²중 무주리조트 사업면적은 7Km²로 3%에 해당된다. 그러나 3%에 해당되는 지역이 모두 환경파괴의 대상은 아니다. 왜냐하면 슬로프가 아닌 지역은 자연 그대로 보존하게 되며 슬로프라 할지라도 개발 후 잔디 이식이나 인공조림을 통해 등급수를 상향시키기 때문이다."

ㅡ덕유산 환경보존에 대한 구체적 방안은 있는가.

"주목과 구상나무의 보호를 위해 슬로프의 선형을 변경하게 되며 이식이 불가피한 수목은 전문가와 협조하여 슬로프 주변에 이식할 예정이다. 또한 이식에 필요한 비용은 별도로 책정하여 보호할 계획이며 이식이 불가능한 수목은 현재 상태로 보존하기로 했다. 아울러 대회 시설에 따른 건축 및 조경부문에서도 환경적 측면을 고려해서 계획 및 시공, 감리에 이르기까지 자연친화적인 자재를 사용하여 주변경관과 조화로운 시설이 되도록 최선을 다하고 있다."■

*덕유산 국립공원을 취재한 후 무주리조트를 건설하고 있는 쌍방울개발에 서면질의서를 보냈다. (주)쌍방울개발이 보낸 답변서를 싣는다. ㅡ편집자 주.

태안반도의 핵비람에 분노한 안면도가 일어서고 있다

우리나라 섬 중에서 여섯번째로 큰 안면도는 태안에서 버스를 타고 30분쯤 가다가 만나게 되는 '위험교량'이라는 붉은 안내판 바로 앞에 있는 안면교를 건너서 바로였다. 위험교량이라는 데도 아랑곳없이 야간 완행버스는 무엇이 그리 흥겨운지 신나게 달렸다.

안면도는 서해안 유일의 청정해역으로 고운 모래와 늘씬한 송림으로 유명한 곳이었는데 90년 반핵투쟁으로 지금은 핵폐기장시설 후보지로 더 잘 알려져 있다. 안면도 서쪽 해안은 전지역이 태안국립공원에 속해서 국립공원의 중심을 이루고 있다.

안면도에도 개발 바람은 불고 있었다. 일명 꽃지해수욕장으로 불리는 지역이 대표적인 곳으로 충청남도가 주체가 되어 해안도로를 개설중이었다. 이런 개발을 주민들은 어떻게 바라보고 있을까.

90년 반핵투쟁을 겪고 지역 주민들이 자발적으로 만들었다는 환경보존연구회. 그 단체의 회원인 최기성씨를 찾아갔다. 안면철물점 주인인 최씨의 집은 가게를 통해 들어가게 되어 있었는데 도시의 원룸처럼 큰방에 입식 부엌, 식탁, 장롱 등이 놓여 있었다. 마침 아침을 먹던 최씨가 허물없이 식사를 권했지만 사양하고 인터뷰에 들어갔다.

ㅡ꽃지해수욕장 개발에 대해 아는가.

"충청남도가 주체가 되어서 개발에 앞장서고 있다. 교포자본을 끌어들인다는 소리도 들렸는데 하청업체에서 지금 해안을 따라 도로를 내고 있다 그런데 문제가 많다."

ㅡ문제라는 게.

"해안 바로 옆으로 놓인 도로는 외국 유명관광지에도 없다. 육지로부터 토사가 흘러가야 모래도 만들어지고,

중앙일보사는 연포지구에 3만평의 땅을 가지고 있다.

바위나 흙에 파도가 쳐야 모래를 만들 수 있다. 그래서 해안에서 최소한 30미터는 떨어진 곳에 도로를 만들어야 하는데 지금 놓고 있는 도로는 바다에 바로 인접해 있다. 먼 훗날 해수욕장의 기능을 상실할 수도 있다."

ー전문적인 설명 같은데.

"그냥 주워들은 말이다. 도에서도 잘못됐다는 것을 알고 있다."

ー다른 문제는 없는가.

"현재 안면도는 지하수를 개발해서 식수로 사용하고 있다. 한정된 지하수 때문에 더 이상의 샘을 팔 수도 없다. 그런데 꽃지해수욕장에 이만큼 큰(최씨가 양손으로 만든 크기는 직경 15센티 정도 크기) 배수관을 묻었는데 어떻게 식수를 해결하려는지 모르겠다."

최씨가 물문제에 대해 이야기하자 설거지를 하다 말고 부인이 말을 거들었다.

"급수제한 때문에 하루에 두 번밖에 물을 못 써요. 아침 6~7시, 오후 5~6시 두 차례. 여기는 그나마 저지대라서 그 물이라도 쓰지만 고지대 사는 사람들은 물을 길어다 먹어요. 지하수를 더 파고 싶어도 팔 수도 없는 것이, 농사 지을 지하수도 있어야 하니까 아끼는 것이에요. 그런데 꽃지에다 호텔 짓고, 골프장을 만든다니……."

ー안면도 개발에 대한 주민들의 여론은.

"지금 연포해수욕장에 자리잡은 삼성이 처음에는 안면도를 개발하겠다고 왔었다. 그때 지역유지들이 개발을 반대했다. 당시 주민들로부터 원망을 많이 샀지만 지금은 아주 잘한 일이었다고들 한다. 지금 꽃지 개발도 주민들은 의심의 눈초리로 바라보고 있다. 예전에도 서해안 국제관광단지를 만든다고 하면서, 서해과학연구소를 운운하면서 핵폐기장을 들여오려고 했기 때문이다."

ー지역 경제는 어떤가, 개발이 되면 이점도 많을텐데.

"민자유치로 대규모 개발을 한다고 해도 그 이익이 주민에게 얼마나 돌아오겠는가. 작업장 막일이나 청소원일 할 것이다. 차라리 개발하지 않으면 사람들이 와서 민박하고 그러다보면 주민들에게는 훨씬 이익이 된다."

ー무분별한 개발의 원인은.

"정부가 일관된 국정운영을 못하고 있다. 주민들의 집은 허가가 있어야 고치는데 국가는 마음대로 개발을 한다. 환경보존에 대한 철학이 없다."

현재 안면도의 인구는 1만8천여명. 읍 승격 당시 3만명에 달했던 인구가 핵폐기장 설치를 둘러싸고 반이 떠났다. 그런데 "지금 다시 하나 둘 돌아오고 있다"는 최씨의 말이었다.

"또다시 주민들을 기만하면 가만 있지 않을 터"

텔레비전의 핵폐기장 광고를 보는 안면도 주민들은 불안하다. 정부에서 곧 핵폐기장 문제를 타결하겠다는 뜻을 내비치고 있기 때문이다. 90년 11월 농민 봉기를 연상케 하는 격렬한 반핵투쟁으로 핵폐기장 설치 계획을 무산시켰던 안면도 반핵투쟁의 정점에 서 있는 최규만 위원장(41)을 찾았다.

―핵폐기장 설치 문제가 다시 거론되고 있는데.

"'94년 11월 18일자 「중앙일보」에서 폐기처 차관이 안면도를 비롯한 6개 지역을 후보지로 거론한 것으로 알고 있다. 그 이후 주민들이 술렁이고 있다. 그러나 우리는 세 차례에 거쳐서 '안면도에는 핵폐기장을 설치하지 않겠다'라고 발표한 정부의 약속을 믿고 싶다."

―안면도로 결정이 난다면.

"그럴 리는 없겠지만 만약에……, 만약에 ……그런 일이 있다면 엄청난 일이 일어날 것이다. 벌써부터 주민들은 대책위를 가동해야 한다고 하지만 주민들의 안정된 생업을 위해서 집행부는 자제하고 있다. 대책위 사무실이 열리면 주민들은 곧바로 비상인 줄 알고 모두 생업을 포기하고 나선다. 외지에 나가 있는 후배들이 들어오겠다고 해서 필요하면 부를 테니까 기다리라고 했다. 우리는 우리의 결속력을, 힘을 믿기 때문에 최대로 자제하고 있다. 불행한 일이 일어나지 않기를 바랄 뿐이다."

―엄청난 일이라니.

"몰라서 묻는가? 90년 사태보다 훨씬 심각한 격렬한 주민들의 저항이 있을 것이다."

―핵폐기장 설치가 꼭 안면도가 되서는 안되는 이유는.

"다 같은 한 동포인데 우리만 살자는 것은 아니다. 우리가 분개하는 것은 정부의 밀실행정이다. 90년에도 전체 주민 의사와는 무관하게 몇몇 사람들의 의견만을 몰래 묻고는 마치 전체 주민이 다 바라서 결정한 것처럼 발표했다. 그러나 발표가 나고 어땠는가? 우리는 90년 반핵항쟁으로 주민의 의사를 충분히 보여줬다. 또 정부도 '안면도 주민이 바라지 않으면 설치하지 않겠다'고 발표했는데 그 말을 뒤집는다면 국민이 어떻게 정부를 믿겠는가. 그래서 약속을 어기지 말라는 것이고 약속을 어기면 우리를 사람취급도 하지 않은 것이니까 일어서겠다는 것이

다. 핵폐기장 설치 자체도 반대지만 국민을 기만해서는 안된다. 문민정부이지 않은가?"

―지역이기주의로 보는 사람들도 있는데. 아닌가.

"핵폐기장을 다른 지역으로 떠넘기는 것은 결코 아니다. 정말로 꼭 필요하다면 지역 선정은 정부가 국민들에게 최대의 피해를 안 주는 지역을 고려할 수도 있다고 생각한다. 전문적인 것은 정부가 할 일이고 그동안 수많은 대형사고가 일어났는데 텔레비전으로 안전하다고 광고 때린다고 해결되는가. 안된다. 행정편의주의로 적당히 하려고 하지 말고 예산이 많이 들더라도 바다 밑이든, 두메산골이든 정말 안전한 곳으로 하라는 것이다. 굳이 국립공원 안면도 주변에 핵폐기장을 설치하려고 하는 발상자체가 문제다."

―국립공원 주변인 안면도의 개발에 대해서는.

"제발 가만히 놔두었으면 좋겠다. 앞으로는 개발 않으면 않을수록 발전하는 시대가 올 것이다. 사람들이 갈수록 오염되지 않은 곳을 찾지 않는가. 지금 이대로만 보존하면 안면도에는 더 많은 관광객이 올 것이다."

―그동안 회유나 협박 등은 없었는가.

"한평생 떵떵거리고 살 돈을 준다고 한 적도 있었고, 빨갱이라는 소리도 들었다. 내 고향 지키겠다는 것이 빨갱이면 주변에 널린 것이 빨갱이다. 돈이 욕심났다면 사재 털어가면서 반대투쟁하지 않았다. 떵떵거리지는 않더라도 아쉬운 소리는 안하고 살 정도는 됐다."

―앞으로 계획이나 바람은.

"계획이랄 것도 없고 핵소리만 안하면 바다에 나가 고기잡으며 고향 지키며 살겠다. 그러나 만약에 일이 생긴다면…… 두렵지도 않고 모든 걸 각오하고 있다. 그리고 바람이 있다면 안면도를 지금 이대로 두고 필요할 때 찾아와서 쉬었다 가라는 것이다. 지금 생존권이 걸려 있어서 그렇지 골프장이 오네 뭐가 오네 손볼 일이 한두 가지가 아니다."

기자가 최 위원장하고 인터뷰를 하는 중에도 외지에 있는 고향 사람으로부터 전화가 왔다. 전화를 걸어온 사람에게 "걱정하지 말라"고 잘라 말하는 최씨의 너털웃음에는 자신감이 있어 보였다. ■

주민화합잔치를 벌이고 새로운 삶을 살아가려는 주민들에게 핵폐기장 설치지역을 곧 발표하겠다는 말은 안면도 주민들을 다시 술렁이게 하고 있었다.

"중앙일보사의 골프장 건설계획 폐지해야"

태안해안의 연포해수욕장은 모래사장의 길이가 2.5km, 폭 60m, 평균 해수온도 23°C로 국내 해수욕장 중에서 개장기간이 가장 길다. 겨울 바다는 한적했다. 비수기라서 대부분의 상가는 철시하고 식당 몇개만이 겨울 바

다를 찾은 사람들을 맞고 있었다. 이 골목 저 골목을 기웃거리다가 빨래를 널려고 나오는 아주머니를 만났다.

―중앙일보사 땅이 어디입니까.

"여기 땅은 다 중앙일보사 땅이지유."

송 아주머니의 손은 집단시설지구를 휘저은 후 내려갔다.

"좋지유. 다들 바라지유. 채석포는 여기보다 훨씬 적은데도 곧 개발한대유."

지난 90년에 중앙일보사가 골프장 허가를 받아놓았는

데 골프장 개발을 어떻게 생각하느냐고 묻는 말에 기다렸다는 듯이 나온 대답이었다.

"여름에 놀러온 사람들이 놀 데가 없다고 난리여유. 골프장 생기면 좋지유."

—농약 때문에 바다를 망칠 수도 있는데요

"그래봐야 얼마나 그러거슈. 만들면 좋지유."

—승용차 사업 때문에 연포 땅을 판다던데요

"…… 누군가 샀것지유."

연포해수욕장은 중앙일보사 것이라고 해도 좋을 만큼 해수욕장 일대의 3만평에 달하는 땅을 소유하고 있었다. 바닷가에 세워진 연포레저 개발계획도는 페인트 색이 바래 있었다.

발길을 돌려 바닷가로 나갔다. 겨울 바다의 낭만을 즐기는 한 쌍의 연인의 모습이 보였다. "가보면 연포가 왜 연포인가를 알거다. 태안해안국립공원으로 농약물을 쏟아 부을 중앙일보사의 19만9천2백 평, 18홀 규모의 골프장 건설 계획은 당장에 폐기되어야 한다"라고 힘주어 말하던 맹정호 간사(태안·서산 환경운동연합)의 말을 공감할 수 있었다. 정말 연포는 이름만큼 아름다웠다.

속리산·월악산 온천 개발, "결국 지들이 똥물 먹는 거지유"

태안을 출발해서 충주까지 오는 길은 멀었다. 차창을 스치는 풍물구경에 지쳐서 졸기를 몇 차례, 천안에 도착해서 영주행 통일호에 몸을 싣고 충주로 향했다. "부산은 대통령 냈으니까 자동차 공장 차려주고, 광주하고 목포는 선생님 있으니까 가스레인지 공장에, 병원 차려주는데 우리는 뭐여?"

"우리는 서울시민의 밥, 아니 물이지유."

청주역에서 탄 40대의 자못 격양된 말을 30대 젊은이가 받았다. 두 사람 모두 술기운이 거나했지만 그냥 흘릴 말은 아니었다. 30대가 했던 말에 대한 답은 어느 복사집 아주머니가 해주었다.

'충주시민의 모임'에서 속리산·월악산 온천 개발 자료를 받아서 복사집에 갔을 때, "뭐 하는 사람이냐"는 아주머니의 물음에 "온천 개발 실태를 취재하러 왔다"고 대답하자 아주머니가 대뜸 한 말.

"결국 지들이 똥물 먹는 거지 안 그래유?"

"예?"

"온천 개발해서 그 물에 목욕하고 가면 지들이 그 물을 먹게 된다 이 말이유."

50이 넘어 보이는 아주머니의 해학이었다. 그제서야 남에서 북으로 흐르는 강, 남한강이 떠올랐다. '양반'으로 소문난 충청도 사람들이 지역차별에 대해 불만을 가지고 있음을 느낄 수 있었다.

월악산 송계계곡으로 가는 길은 충주호를 옆에 낀 환상의 길이었다. 충주호에서 불과 5백 미터 정도 떨어진 곳이 제천군 한수면 송계리 176번지였다.

월악리조트(대표이사 홍일표)가 개발주체인 월악온천의 현재 모습은 길 가장자리에서 물을 뿜고 있는 시추공, 논 가운데에서 솟아오르고 있는 시추공 등 4개의 시추공이 전부였다.

월악온천은 전체 온천지구 54만 평 중에서 12만1천 평을 개발할 예정인데 여기에 관광호텔, 일반호텔, 콘도, 여관 등이 들어설 예정이다. 온천수 가채수량이 1일 3천6백 톤으로 7천2백명이 사용할 수 있는 월악온천의 개발과정을 간단히 정리해보자.

—91.3.21. 온천발견신고
—92.7.6. 성분검사 및 수질검사.
—93.12.7. 온천지구지점 신청.
—93.12.23. 온천지구 지정 및 고시.
—94. 토지용도 변경(공원구역에서 집단시설지구).
—94. 개발계획 수립·승인 등 행정절차 이행.
—1단계(93~94년) : 행정절차 이행.
—2단계(95~97년) : 기반시설 조성.
—3단계(98~2001년) : 온천시설 완비.

개발과정에 나타난 첫번째 문제는 온천 개발을 위해서 국립공원의 공원구역을 집단시설지구로 임의로 용도변경을 한 행위이다. 특히 현정부가 온천지구를 지정하고 허가해서 개발을 진행중에 있다는 점에 문제의 심각성이 있다. 이것은 정부가 아직도 국립공원을 지역개발의 일환이라고 생각하고 개발논리에 근거한 정책을 수행하고 있다는 증거이기 때문이다.

월악온천의 가장 큰 문제는 충주호와의 거리문제다. 온천 개발 위치가 한강물의 60%를 공급하고 있는 충주호와 불과 5백 미터밖에 떨어져 있지 않다. 그러다보니 하천 스스로 오염을 정화할 수 있는 구간이 확보 안돼 온천에서 발생한 오·폐수가 충주호로 직접 흘러갈 위험성이 있다.

"서울 사람들이 좋은 물 먹으라면 우리를 먹여 살리면 되잖유. 그러면 온천 개발도 안하고, 온천 개발이 뭐여

똥도 안 누고 살지유. 서울 사람들이 그럴 자신 없으면 가만 있어유 나도 비싸게 땅 좀 팔게유."

온천이 생기면 충주호가 오염되지 않겠느냐는 기자의 질문에 대답한 안창희씨(58)의 말에는 더 이상 서울의 볼모가 되지 않겠다는 뜻이 분명이 드러났다. 송계리 원주민인 안씨의 말에 제대로 된 해답을 내놓지 못할 경우 우리 사회에서 지역개발 논리는 좀체로 수그러들지 않을 것이다.

"상수원 보호위해 수도권 시민이 분담금 내야"

속리산국립공원내의 문장대온천관광휴양지 개발사업 (문장대)과 용화집단시설지구개발사업은 지역간의 갈등이 위험수위에 이르렀음을 보여주고 있다. 이 지역들은 행정구역상으로 경북 상주군 화북면 중흥리 산 23일원 (용화), 화북면 중벌리·운흥리 일대. 두 지역 모두 상주군인 관계로 개발사업도 상주군의 주도로 이루어지고 있다.

문제는 개발로 인한 후유증들을 충북 괴산군이 고스란히 떠안게 된다는 점이다. 충청북도의 입장에서 보면 지역경제에 전혀 도움을 주지 못하고, 지역의 상수원 및 농경지를 오염하는 상주군의 개발이 탐탁할 리가 없다. 결국 용화·문장대 개발을 둘러싼 갈등은 주민들의 진정

서, 호소문, 청원서 제출과 행정기관의 건의문, 관계기관 협조요청 등 다양한 방법으로 표출되고 있다.

"온천 개발 반대는 단순한 지역이기주의가 아니라 26만 충주·중원·괴산 지역 주민들과 남한강을 식수원으로 하는 수도권 1천만 시민들의 생존권 보호를 위해서다"라는 충북지역의 입장과 "개발을 반대하면서 용화·문장대 지역의 충청북도 편입을 주장하는 저의가 무엇이겠는가? 지역이기주의다"라고 주장하는 경북지역의 입장은 서로 양보할 기미를 보이지 않고 있다.

이러한 분쟁의 씨앗은 95년 지자체 선거 후에 심각한 갈등으로 표출될 가능성이 많다. 더욱이 지자체간의 입장을 조율해줄 중앙정부의 통제력이 줄어들면 지역간의 갈등은 훨씬 증폭될 것으로 보인다.

충주호와 불과 5백m 거리에 있는 월악온천외 시추공.

꽃지 해수욕장 개발을 위해 해안 도로가 건설되고 있다.

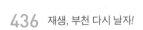

세계 잼버리 대회가 열렸던 청소년 수련장은 아무런 보존시설이 없었다.

개발로 몸살을 앓고 있는 강원도.

국립공원과 관련되어 또 하나 우려되는 점은 세수수입을 노린 지자체들의 해당지역 국립공원과 자연자원의 무기화 가능성이다. 충청북도의 경우 대규모 공업단지를 비롯한 다른 소득원이 없는 상태에서 관광자원 개발로 눈을 돌릴 가능성이 어느 지역보다 높다. 그렇다면 무조건적인 개발제한은 설득력을 잃는다.

시민 모임의 허범규씨(30)가 풀어놓았던 '충북 보존론'의 한 구절이 떠올랐다.

"국립공원을 보호하고 수도권 상수원을 보호할 수 있는 방법은 수도권 지자체와 시민들에게 자연보호 부담금을 분담하게 하는 길이다. 그것 외에는 달리 충청북도의 개발을 막을 방법이 없다."

강원개발론자들의 고민, '울산바위에 콘도를 세울 수는 없을까?'

4박 5일의 취재를 마치고 속초 비행장으로 갔다. 하늘에서 다시 한 번 이 나라 국토를 보고 싶었기

때문이다. 끝없이 뻗어가는 산줄기는 힘이 있어 보였다. 그러나 기계충처럼 산을 깎아 먹고 있는 개발의 상처들. 한반도 허리를 이루고 있던 국립공원들이 뇌리를 스치고 지나갔다.

마지막으로 설악산을 택했던 것은 세계잼버리대회가 열렸던 청소년수련장을 꼭 눈으로 확인하고 싶었기 때문이다. 수많은 사람들이 생태계 파괴를 이유로 반대했던 수련원 건설. 그러나 강행했던 정부. 그 뒤가 너무나 궁금했다.

수련원을 들어선 기자는 그 황량함에 허탈감을 주체할 수가 없었다. 택시 기사가 "아무 것도 볼 것 없는 벌판에 무엇 하러 왔느냐고" 물었지만 차마 대답을 하지 못했다.

가건물 몇 동이 보이고 수영장을 짓고 있는 인부들을 빼고는 사람은 없었다. 관리인 한명 없이 버려져다시피한 땅에는 사람 키보다 더 큰 잡풀만이 바람에 하늘거리고 빗물이 흘러내린 여기저기는 도랑이 파헤쳐진 채 누런 흙

"나는 이렇게 생각한다"

산이 많은 만큼 수려한 경관도 많은 자연의 축복 강원도. 개발이냐 보존이냐를 놓고 강원도가 고민하고 있다. 치악산·설악산 국립공원 주변의 사람들에게 강원도의 갈 길을 물었다. 그들의 선택은 무엇일까.

— 요즘 살 만하십니까.

"사람 나고 돈 나지, 돈나고 사람 나나? 마음 편하게 먹고살면 돼."(속초 제일식당 아주머니)

— 치악산 국립공원에 골프장을 만들어도 되는가.

"경기도에 있는 골프장은 1백1개이고 강원도에 있는 골프장은 11개인데 왜 우리만 못 만듭니까."(골프장 사업을 추진하고 있는 박아무씨(56))

— 강원도가 파괴되고 있는데.

"한강수계의 폐수배출업소는 경기도가 4천7백20개소고 강원도가 1천66개소인데 왜 강원도만 환경보존을 해야 하는가? 국가재정지원도 93년 경기도가 5백82억원, 강원도가 1백82억원이었다. 환경보존 업무추진이 지역간 형평성을 잃고 있어 지역의 균형발전을 저해하고 있다."(원주시청 공무원의 말)

— 지역발전 방안은.

"우리 강원도는 환경보존과 관련된 산림보존지역, 자연환경보존지역 등 관광개발제한구역이 도 전체면적의 93.3%나 차지하고 있어 관광개발에 많은 어려움이 있다. 예컨대 어떤 사업을 계획해도 산림법, 자연공원법, 문화재보호법, 환경보전법 등을 지키다보면 젓가락 하나 마음대로 꽂을 데가 없다. 그렇다고 특별히 돈이 되는 사업이 있는 것도 아니고, 어차피 관광으로 살길을 찾아야 한다."(속초시 공무원 김아무씨(43))

— 왜 보존돼야 한다고 생각하는가.

"강원도는 산이 많은 만큼 생물학적으로 보존가치가 매우 높다. 지역주민을 위해서는 개발이 나을 수도 있지만 크게 봐야 한다. 난 강원도에 태어나서 이렇게 살고 있는 것에 대해 감사하고 있다."(대학생 이지영씨(21))

— 개발과 보존 중에 하나를 택하라면.

"눈앞의 이익을 택할 것인가, 미래의 풍요를 기약할 것인가. 참 어려운 문제다. 그렇지만 보존에 비교우위를 두고 싶다. 사람들은 자기와 관련된 환경문제는 적극적인데 공동의 이익을 추구하는 환경문제에는 매우 수동적이다. 멀리 보고 사는 자세가 아쉽다. 보존해야 한다."(교사 정호익(35))

— 올바른 개발 방안은.

"다수를 위한 개발인가, 소수를 위한 개발인가가 관건이라고 생각한다. 우리 사회에 빈부의 격차가 원인이 돼 일어나는 일들이 얼마나 많은가? 개발이라는 것도 격차가 있는 것 같다. 골프장이 국민 모두에게 유익하다고 아무리 주장해도 골프 치는 사람은 정해져 있다. 이런 개발은 막아야 한다."(대학원생 김영석(30))▣

을 드러내고 있었다. 운전기사에게 물었다.

— 사람들이 많이 찾아오는가.

"여름 한철 바글바글하고 그 외에는 사람이 없다."

다시 속초 시내로 돌아오는 길에 콘도타운으로 갔다. 그런데 이미 저질러진 '범죄' 옆에 또 다른 범죄가 자행되고 있었다. 자연공원법 어디에도 근거가 없는 불법 건물이 지어지고 있는 것이다. "이것이 우성 콘도고 저것이 김일성 콘도다"라는 택시 기사의 말에 어리둥절해 하자 "일성건설에서 지어서 사람들이 그렇게 부른다"는 설명이었다.

자연공원법 어디에도 국립공원내에 골프장이나 콘도를 지을 수 있는 조항은 없다. 그런데 옛날에 저질러졌던 '범죄'는 교훈이 되지 않고 오히려 모범이 되어 또 다른 범죄가 저질러지고 있었다.

"이렇게 짓다가 울산바위에다 콘도를 세울지도 몰라."

혼자말로 중얼거리며 차를 출발시키는 기사의 말은 결코 농담으로 들리지 않았다.

한반도의 허리를 휘감아 돈 취재 결과는 비참했다. 국토의 효율적 이용을 하고 있는 공원은 없었고 장기적인 계획에 의거하여 개발되는 공원도 없었다.

경실련 환경개발센터 연구원으로 있는 김종익씨는 "국립공원의 단기적 이용에만 치중한 결과다. 국립공원을 보존하는 올바른 정책과 제도적 정비가 우선적으로 이루어져야 한다. 그 다음에 국토의 효율적 이용이라는 측면에서 국민 대다수를 위한 개발, 자연 훼손을 최소화하는 지속가능한 개발이 필요하다."라며 정책과 제도의 정비, 보존을 우선으로 한 최소한의 개발을 주장했다.

국립공원을 지키는 시민의모임 이경재 교수는 "국립공원은 살아있는 자연박물관이어야 한다. 국립공원의 주인은 동·식물들이고 인간은 잠시 들러가는 방문자에 불과하다. 지금의 국립공원은 어떤 일이 있어도 지켜야 한다."라며 국립공원의 개발자체를 반대했다.

우리는 지금 후손에게 물려줄 '자랑스러운 국립공원'을 가지고 있지 못하다. 자손만대까지 물려줄 살아 있는 자연박물관을 위하여 더 늦기 전에 전국민이 떨쳐 일어나야 하지 않을까.▣

밀착동행취재

종로소방서 25시

● "제발 장난 전화를 걸지 말아주세요"
● '후-후-' 스피커 소리에 기계처럼 일어나는 사람들
● "분초를 쪼개지 않으면 화재진압이 불가능하다"
● 한번 출동에 마신 연기는 담배 1백 개비에 해당
● "집들이 때 소화기를 선물하자!"

김종석 (본지기자)

화재, 구급, 안전사고 신고는 119

세종로 미대사관 뒤편에 있는 종로소방서. 1박 2일 동안의 동행취재를 위해 기자가 머문 19시간은 긴장의 연속이었다. 끊임없이 울려대는 전화벨 소리. 조용하지만 분주하게 움직이는 대원들의 발걸음. 언제 출동 명령이 떨어질지 모르는 사람들의 얼굴에는 긴장감이 감돌았고, 소방서 내의 분위기는 조용하기 그지없었다.

95. 1. 4. 17 : 00 종로소방서. 긴급한 상황에 신속하게 출동해서 초기진화를 해야 하는 대원들은 짧은 시간에 먹이를 낚아채는 독수리가 오랜 시간 발톱을 가다듬는 것처럼 긴장의 끈을 풀지 않은 채 출동 준비를 하고 있었다. "막상 출동을 하게 되면 정신이 없으니까 마음을 단단히 먹고 있어야 한다"는 홍보실 차명훈씨

(46)의 안내를 받아 소방서 내의 구조를 익히고 봉(신속한 출동을 위하여 건물 한켠 바닥에 구멍을 뚫어 2층과 1층 사이에 지름 15cm 정도의 쇠막대를 세워 놓음)을 타는 연습을 마쳤다.

17 : 30∼19 : 30 종합상황실에서 종로소방서의 규모와 소방력을 파악했다.

전체근무자는 3백5명으로 소방직 2백85명 기능직 20명이고 본서 근무자가 64명, 파출소 근무자가 2백41명이었다. 1월 4일 종로소방서 근무자는 총원 1백18명-당직 6명, 출동대기 1백12명(소방 55, 운송 29, 구급 12, 구조8, 기타 8)으로 아침 9시에 근무교대를 해서 24시간을 근무하고 하루를 쉬는 근무방식이었다. 대원들에게 휴일이나 연휴라는 개념은 아예 없었다.

종로소방서의 업무는 화재 예방·진압활동, 사건·사고 긴급구조활동, 119 구급활동이다. 이러한 임무

를 신속하게 수행하기 위해 산하에 6개의 관할 파출소를 두고 있다(세종로, 서대문, 종로, 신영, 연건, 신교파출소). 이외에도 화재 발생 가능성이 높고 대량 인명피해를 낼 수 있는 남대문 시장과 화교사옥에 상주 파견대를 두고 있다.

종로소방서의 소방력은 소방차량 45대(소방차 23, 행정차 5, 구급차 5, 기타 12), 소방용수 1천9백73개소, 소화전 1천8백19개소, 급수탑 17개소, 저수조 1백1개소, 비상소방장치 1백48개소를 갖추고 있다.

19 : 30∼20 : 10 저녁식사. 기자가 자리를 비운 40분 동안 119 구급대는 벌써 한차례 출동을 다녀온 뒤였다. "스피커의 동선을 떠나면 상황을 놓치기 때문에 긴장을 풀어서는 안된다"는 당직자의 말이 실감 났다.

20 : 10∼21 : 00 119 구급대 사무실. 종로소방서 구급대 차량은 모두 5대. 이중 3대는 파출소에 나가있고

228

두 대는 세종로파출소에 있다(세종로 파출소는 종로소방서 1층에 위치). 차량 1대에는 6명의 인원이 배치되고 3인 1조로 하루씩 근무한다. 119 구급대 사무실에서 조기태씨를 만났다.

─하루에 몇 번이나 출동하는가.

"모두 20번 정도 출동한다."

─일에 대한 보람은.

"응급환자가 나중에 고맙다는 전화를 해오면 더없이 기쁘다."

─가장 어려운 점은.

"시민들이 아직도 119 구급대에 대해서 잘모르고 있다. 구급차 이용이 유료라고 알고 있는 시민들이 많다. 또 사례비를 줄테니 빨리 와달라는 부탁을 하기도 한다. 그러나 119 구급대는 모든 것이 무료다. 일체의 금품수수가 없음도 물론이다. 일부에서 병원측으로부터 금품을 제공 받는 것 아니냐고 하지만 절대 그런 경우는 없다. 응급환자는 주변 병원으로 옮기지만 환자가 원하는 병원이 있으면 그곳까지 데려다 준다."

─시민들에게 당부하고 싶은 말은.

"응급환자가 발생하면 당황하지 말고 구조신고를 하면 된다. 정확한 주소만 불러주면 구급대가 금방 달려간다. 마음이 급하다고 환자가 있다는 말만 하고 전화를 끊어버리고 나서 30초도 안 지나 왜 안 오느냐고 화를 내는 시민도 있다. 또 출동과정에서 환자가 정상상태로 돌아오면 구급차 출동을 취소한다고 연락을 해주면 좋은데 아무 연락도 않고 있다가 어렵게 찾아가면 환자가 괜찮아졌다고 돌아가라고 하는 경우도 있다."

소방차 사이로 뛰어드는 압체족

21:00~22:00 종합상황실. 지령실 계기관의 전화가 쉴 새 없이 울렸다. 파출소와의 연락 전화, 순찰차량과의 교신 등이 주요 내용이었다. 지령실은 소방서의 눈과 귀 역할을 한다. 시민들의 화재 신고(수보)가 지령실로 바로 들어오고 출동 명령을 여기서 내린다. 화재 신고에서 출동까지의 과정을 살펴보자.

시민의 신고 전화는 해당지역에서 가장 가까운 소방서로 연결되어 있다. 종로소방서로 신고가 들어오는 전화는 광화문, 중앙, 을지, 혜화 전화국의 전화 회선이다. 신고 전화는 동시에 60회선을 받을 수 있다. 전화를 통하여 수보가 접수되면 지령실에서는 명령을 내린다. 1차 출동은 화재 현장 인접지역에 있는 3개 파출소가 투입된다. 2차로는 종로소방서

종로소방서 지령실. 화재신고 접수에서 출동명령까지 소방업무의 핵심사항이 이곳에서 이루어

관할 전소방력이 투입된다. 대형 화재의 경우 인접 소방서가 우선 출동하고, 화재 정도에 따라 서울 시내 소방력이 추가로 투입되기도 한다. 지령실에는 신속한 상황 대처를 위해 스위치 하나로 전소방서와 관할 지역 경찰서에 연락할 수 있도록 준비가 되어 있었다.

22:00~22:48 세종로파출소 당직 근무를 하고 있는 유정헌씨 (25)를 만났다.

─소방관이라는 직업으로 인한 어려움은 없는가.

"일상 생활을 하면서도 어디서 마이크 소리가 들리면 깜짝깜짝 놀라곤 한다. 마이크 소리에 노이로제가 걸렸다. 또 24시간을 스피커 주변에서 머물기 때문에 어려움이 많다. 특히 이곳은 땅값이 비싸서 복지 시설을 늘리기도 어렵다. 탁구장 하나가 유일한 오락장이자 체력단련장이다. 창살 없는 감옥에 갇혀있는 기분이 들 때도 있다."

─근무중에 특별한 것은.

"있다. 어디에서나 일을 하다보면 징크스라는 것이 있듯이 여기도 예외는 아니다. 화재 발생도 일정한 주기가 있다. 또 이상하게도 근무를 하다보면 화재가 홀수로 일어난 경우가 많다. 그러다보니 근무하는 날 화재 발생 상황이 짝수인 경우 또 언제 일어날지 모른다는 예감 때문에 근무가 끝날 때까지 더 긴장이 되곤 한다. 근무하는 조에도 징크스가 있다. 작년에 있었던 대형 사고 중에서 성수대교 붕괴사고, 아현동 도시가스 폭발사고 때 공교롭게도 모두 을조가 근무중이었다."

1995년 2월 월간 말 229

—미혼인가.

"그렇다."

—특별히 장가를 안 간 이유라도 있는가.

"아직 장가가기에 젊고……. 그러나 장가를 간다는 것도 쉬운 일은 아니다. 직업의 성격상 위험하기도 하고 근무조건도 열악하기 때문이다. 그렇지만 이해해주는 여자를 만날 수 있을 것이다."

—대원들의 사고는.

"화재 현장에서도 발생하지만 급박한 상황에 무겁고 위험한 장비를 다루기 때문에 사고의 위험은 상존한다. 전국적으로 1년에 5~6명이 목숨을 잃는다."

—화재 진압시 어려운 점은.

"차량 문제다. 요즘 차들이 너무 많아졌다. 출동을 하더라도 주차된 차 때문에 현장으로 진입하기가 어렵다. 또 시민들이 화재가 난 자기집부터 꺼달라고 막무가내로 억지를 쓰는 것도 신속한 진압에 방해가 된다. 그리고 출동을 하다보면 빨리 가려고 소방차 틈을 비집고 들어오는 얌체족도 있다."

22:49 119 구급대 출동요청. 환자 발생 신고전화를 받고 119 구급대가 출동했다. 중구 저동 1가 48번지에 있는 포커스 당구장에 도착한 시각은 53분.

4분만에 신고한 당구장에 들어서자 젊은 남자가 바닥에서 뒹굴고 있었다. 환자 친구들의 말에 의하면 술을 마시고 당구를 치다가 갑자기 쓰러졌다는 것이다. 병원으로 이송하기 위해 들것에 환자를 싣자 환자가 완강히 거부하며 몸부림을 쳤다. 실랑이 벌어지를 몇차례. 환자가 갑자기 밖으로 뛰쳐 나갔다. 환자의 친구들과 함께 뒤쫓아 나가자 환자는 구급차 옆에 주저앉아 다시 복통을 호소했다. 친구들의 설득으로 간신히 환자를 구급차에 태우고 환자의 동료들이 원하는 백병원으로 갔다. 백병원 응급실에 환자를 내려 놓고 병원 측의 확인을 받고 다시 소방서로 귀대했다.

3백65일 내내 깨어 있는 지령실

23:20 종합상황실. 지령실의 전화는 쉬지 않고 울렸다.

23:57 지하철이 왜 안 오느냐는 시민의 전화.

95.1.5. 00:10 술 먹고 시비를 거는 전화.

교통사고 현장에 출동한 소방관이 경찰과 이야기를 나누고 있다.

00:27 술 취한 시민이 쓰러져 있다는 전화.

01:00 신촌 이화예술극장 앞에 사람이 쓰러져 있다는 전화. 당직자는 공손한 어조로 112로 신고할 것을 알려 주었다.

당직 근무자를 지치게 하는 전화는 끊임없이 계속되었다. 신고 전화 외에도 서로 졸지 않고 근무하기 위해서 파출소와 한 시간 간격으로 하는 확인 전화. 시내 대형건물에서 당직을 서고있는 사람들과도 두 시간 간격으로 나누는 전화. 이렇게 지령실로 들어오는 전화는 근무에 필요한 전화를 제외하고 하루 4백50~5백여통. 이중에서 20통 정도가 업무와 관련된 전화이고 나머지는 잘못 걸거나 장난 전화라는 당직 근무자의 말이었다.

—어려운 점이 많을 것 같은데.

"지켜보았다시피 별 전화가 다 온다. 술 먹고 행패를 부리는 전화에서 아이들의 장난 전화까지 짜증날 때가 많다."

—장난 전화는 쉽게 알 수 있는가.

"화재가 발생하면 수보가 여러 건 들어오기 때문에 금방 알 수 있다. 예를 들어 강남에 불이 났다고 우리 서로 신고가 들어오면 그것은 장난 전화다. 전화국 별로 연결되어 있으니까 종로에서 강남에 붙났다는 신고가 들어오면 금방 거짓말인줄 알 수 있다. 또 국민학생들의 하교 시간에 걸려오는 어린 아이들의 전화도 대부분 가짜 신고다."

02:01 119 구급대 출동 요청. 아현동 1번지 다방 앞. 관할지역 마포 소방서로 연락 취하여 구급차 출동 요청.

02:03 구급차 독촉 전화.

"방금과 같이 시민들은 금방 독촉 전화를 해 온다. 다급하다보니 1분

230

굴절 사다리에서 관창수가 물을 뿌려대고 있다. 출동에서 큰 불길을 잡는 데까지 10분 정도가 소요됐다.

"화재가 발생하면 즉각 신고를 해야한다.
우물쭈물하다가 대형 화재로 번지는 수가 많다. 아무리 당황스러운 일이 벌어지더라도
정확한 위치, 주소, 전화번호만 알려주면 즉각 119가 달려간다."

이 30분 같을 것이라는 생각은 들지만 실제로 3~4분 만에 출동해도 늦게 왔다고 타박하는 경우가 많다."

—시민들에게 할 말이 많을텐데.

"정확한 위치, 주소, 전호번호만 불러주면 금방 갈 수 있다. 아무리 응급 상황이라 하더라도 차분하게 설명하는 것이 빠른 출동에 도움이 된다는 사실을 알아주면 좋겠다. 또 화재가 발생하면 즉각 신고를 해야 한다. 우물쭈물하다가 대형 화재로 번지는 수가 많다. 소방차가 출동하면 나중에 벌금을 물어야 한다고 지레 짐작하여 신고를 미루다가 더 큰 화를 당한 사람도 많이 보았다. 화재 진압은 무엇보다도 신속한 신고가 중

요하다. 다음으로 정확한 발화 진원지, 즉 화점에다가 타격을 가해야 한다. 그렇지 않으면 물이 오히려 불길에 산소를 공급하게 되어 걷잡을 수 없게 된다. 초기 진화가 중요한 이유가 여기에 있다."

02 : 07 화재 발생 위험 신고. 흥은 3동 미미예식장 건너편 한양간판에 화재 발생 가능성이 있다는 전화. 해당 소방파출소로 연락 취함.

02 : 15 피카디리극장 근무자 안전 확인 전화.

02 : 25 행려병자 신고 전화. 112로 전화해 줄 것을 당부.

—행려병자 신고 전화가 많은데.

"행려병자 취급은 경찰에서 한다.

소방서에는 아직 권한이 없다. 장기적으로는 안전사고에 관한 모든 것은 소방서가 책임져서 국민에게 보다 양질의 서비스를 할 수 있도록 인력과 예산이 확보되어야 한다고 생각한다. 소방, 경찰, 병원 등 민·관이 체계적으로 연결되는 대책이 나와야 할 것 같다."

—소방관이 된 것을 후회한 적은 없는가.

"일하는 것을 좋아한다. 솔직히 후회를 한 적은 없다. 아쉬운 점은 많지만 소방이라는 것이 쓰기만 하는 사업이라 풍족할 수가 없다. 조건이 다소 열악해도 봉사한다는 보람으로 산다."

1995년 2월 월간 말 231

"연기가 가득한 칠흑 같은 어둠 속으로 들어갈 때면 솔직히 겁이 난다. 연기가 가득 차서 시계가 거의 제로에 가까운 화재 현장을 손으로 더듬으면서 들어가는데 험한 꼴도 많이 본다."

02 : 25~04 : 30 지령실의 전화는 끊임없이 이어졌다. 출동 명령은 없었고 밤은 깊어갔다.

04 : 30~07 : 30 종합상황실내 홍보실. 출동할 때 연락을 줄 것을 부탁하며 새우잠을 자면서 깜짝깜짝 놀라기를 몇차례. 어느새 날이 밝아오고 있었다.

"후-후-, 긴급 출동하라!"

08 : 00 안전사고 발생 신고 접수. 세수를 마치고 상황실로 들어오는데 천연동 금화국민학교 앞 육교에 버스가 충돌하여 화재가 발생했다는 수보가 접수됐다. 서둘러 카메라를 챙겨들고 대원들의 뒤를 따라서 급히 뛰었다. 이미 한 차례 연습을 해두었던 터라 쉽게 봉을 타고 1층으로 내려갔다. 서툰 몸짓으로 지휘차량 한 켠에 앉자마자 차가 출발했다. 무전 교신 소리가 요란하게 들렸다.

08 : 05 현장 도착. 남가좌동에서 개포동까지 운행하는 신진운수 74-1번 시내버스가 인도로 올라와 한전에서 설치해 놓은 지하케이블 단자함을 들이받은 채 서 있었다. 인접 서대문소방파출소 소방차가 출동해 상황은 이미 종료되어 있었다. 단자함이 불에 탔지만 큰 사고는 아니었다.

08 : 10 경찰과 한전 직원들이 출동하자 소방대원들은 철수했다.

08 : 20 새우잠을 자기는 했지만 밤을 거의 새운 터라 입안이 깔깔했다. 대원들을 따라가 식당에서 아침밥을 먹고 취재 내용을 정리했다. 4일 09 : 00~5일 09 : 00까지 종로소방서 관내에서 일어난 사건·사고는 화재출동 1건, 구급출동 16건, 안전

사고 1건이었다. 취재를 마무리 하려는데 스피커에서 "후-후-" 소리가 터져 나왔다.

09 : 22 명동 성당 앞 목재소에 상황 발생. 화재의 규모가 큰 듯 모든 대원들이 서둘러 복도를 달리고 있다. 정신 없이 봉을 타고 내려가자 벌써 지휘차량을 비롯한 소방차들이 순서에 따라 출동하고 있었다. 사전에 약속된 대로 기자는 구조대 차에 올라 탔다. 사이렌 소리가 긴장감과 불안감을 더욱 부추겼다. 차 안에서 장비를 챙기는 구조대원들의 얼굴이 굳어졌다. 산소통을 짊어지고, 방독면을 쓰고, 안전모를 쓰고, 손에는 쇠망치와 도끼를 들고 출동 준비를 마쳤다.

09 : 30 현장에 도착하자 구조대원들이 재빠른 동작으로 뛰어내렸다. 화재가 난 건물에서 자욱한 연기와 함께 불길이 솟아오르고 있었다. 뒤따라 도착한 소방차와 대원들이 임무에 따라 분주하게 움직이기 시작했다. 소화전을 열고 급수차가 물을 담았다. 굴절 사다리를 타고 올라간 관창수가 공중에서 화점을 향해 물을 쏘았다. 화재지점으로 통하는 모든 골목에 호스가 놓였고, 물이 꿈틀거리며 달려가기 시작했다. 파괴수(장애물을 제거하는 사람)는 관창수(호스를 잡고 불을 끄는 사람)가 물을 퍼부을 수 있도록 장애물을 제거하고, 화재가 난 건물에 물을 퍼붓기 좋은 장소로 소방수들이 오르기 시작했다. 먼저 현장으로 올라간 구조대원들이 연기가 빠져 나오는 창문 한 켠에서 마스크를 벗고 가쁘게 숨을 쉬는 모습도 보였다. 어느새 왔는지

중부소방서 대원들 모습도 보였다.

09 : 35 화재 현장의 큰 불길을 잡는 데 성공했다. 완전 진화를 위해 소방관들이 건물의 유리창을 깼다. 연기가 빨리 밖으로 빠져 나와야 현장으로 들어간 구조대원들의 시계가 보다 많이 확보되기 때문이다.

10 : 05 상황 끝. 다행히 인명 피해는 없었다. 감식반은 누전으로 인한 화재로 결론을 내렸다. 최소한의 장비와 인원을 남겨둔 채 소방차와 대원들이 귀대하기 시작했다. 언제 어디서 상황이 발생할지 모르기 때문에 철수 또한 신속하게 이루어졌다.

10 : 25 소방서 귀대. 소방서로 돌아오는 차 안에는 눅진한 땀냄새가 진동했다. 비오듯 흐르는 땀을 닦아내며 대원들은 "무엇보다도 인명 피해가 없어서 다행이었다"며 안도의 숨을 내쉬었다. 얼굴에 묻은 그을음 때문인지 유난히도 대원들의 이가 하얗게 빛을 발했다.

비누칠 한 체로 출동하는 사람들

11 : 00 구조대 사무실. 구조대원들이 주로 하는 일은 화재 현장이나 사고 지역에서 인명을 구하는 것이다. 종로소방서의 경우 모두 16명의 대원이 2교대로 8명씩 근무한다. 이들은 화재 현장이나 사건·사고 현장에 즉각 투입된다. 그래서 위험한 구조활동을 펼 때가 많다. 말 그대로 목숨을 걸고 들어가는 경우가 허다하다. 막 목욕을 마치고 올라온 구조대장 안장기씨(38)와 대원들을 만났다. 올해로 7년째 구조대 활동을 하고 있다는 안 대장에게 물었다.

─구조활동 중에서 가장 기억에

232

남는 것은.

"의정부 소방서에서 근무할 때 우물에 매몰된 인부들을 구조한 것이 가장 기억에 남는다. 8시간 동안 흙을 파내고 매몰된 인부들을 구출했다. 사람의 목숨이라는 것이 참으로 질기구나 하는 생각이 들었다. 주변에서 지켜보던 시민들이 박수를 치면서 우리보다 더 기뻐했다."

— 대원들간의 유대관계는.

"어떤 위험이 닥칠지 모르는 현장으로 투입될 때 믿을 수 있는 사람은 뒤따라 오는 대원뿐이다. 그러다보니 대원간의 유대 관계가 돈독할 수밖에 없다. 더욱이 신속한 구조를 위해서도 대원간의 손발이 잘 맞아야 한다."

— 하루에 가장 많이 출동한 경우는.

"아홉 번쯤 된다. 목욕하다가 비누칠을 한 채로도 나가고 화장실에 있다가 출동한 적도 있다."

김성용 반장(35)과 인터뷰를 하는데 다른 대원들도 수시로 고개를 끄덕이며 김 반장의 말에 동의하는 신호를 보내왔다.

— 두렵지 않은가.

"연기가 가득한 칠흑 같은 어둠 속으로 들어갈 때면 솔직히 겁이 난다. 특히 화재 현장은 연기가 가득 차서 시계가 거의 제로에 가깝기 때문에 손으로 더듬으면서 들어가는데 험한 꼴도 많이 본다."

— 가정 생활은.

"가족 친지들에게 항상 죄인이 되는 기분이다. 연휴나 명절 때면 우리는 비상근무기간이라 가족과 함께 지낼 수가 없다. 집사람도 일상적인 출퇴근을 하면 좋겠다고 말하지만 마음대로 되는 것도 아니고……, 아무래도 결혼 초에는 무섭고 외롭고 그렇지 않겠는가? 지금은 이해하고 거의 포기한 것 같다."

완전 진압을 위해 소방관과 구조대원이 현장으로 진입하고 있다.

— 대원들의 구조 능력 외에 다른 문제는 없는지, 예를 들어 장비라든가.

"장비도 과거에 비해서 많이 좋아졌다. 이 지역은 청와대가 있다. 과거에는 비행금지구역이이라서 헬기 구조활동이 불가능했다. 지금도 완전히 금지구역이 풀린 것은 아니지만 과거에 비해서 훨씬 나아졌다. 저번에는 북한산에서 조난당한 사람을 헬기를 통해 구조했다. 구조를 끝내고 내려오는데 우리나라도 헬기로 사람을 구조하느냐고 시민들이 놀라워 했다. 앞으로는 그런 구조가 놀랄 일이 아닌 당연히 해야 하는 일이 되었으면 좋겠다."

— 시민들에게 부탁하고 싶은 말은.

"소방서에서 불 끄는 일만 하는 것은 아니다. 우리 구조대는 화재 현장뿐만 아니라 위험한 사건·사고 현장에는 다 출동한다. 한 번은 인왕산에서 발목이 부러진 아가씨를 구조한 적이 있었다. 일행이 모두 다섯이었는데 그중에서 소방서에서 구조활동을 하고 있다는 사실을 알고 있는 사람은 아무도 없었다. 산행을 하면 아저씨가 소방서에 신고를 하라고 해서 그때서야 소방서가 구조활동을 하는지 알았다는 것이다. 출동을 해서 가보니까 발목이 삔 것이 아니라 부러져 있었다. 어려울 때 도움을 얻을 수 있는 전화번호를 반드시 기억하고 생활하는 것이 얼마나 중요한가를 보여주는 한 단면이다."

"게을음엔 질타, 노력엔 격려를"

12 : 00 홍보실. 취재를 마치고 돌아가려는 기자에게 박일환씨(40)가 한 가지를 부탁했다. 집들이 갈 때 가정용 소화기를 하나씩 선물하자는 자신의 주문을 기사에 꼭 써 달라고 협박(?) 했다. 평생 동안 모은 재산을 소화기 하나로 지킬 수 있다면 그보다 더 알뜰한 투자는 없을 것이라는 생각에서 기자는 흔쾌히 동의했다.

12 : 15 종로소방서 정문. 우리 사회에서 공무원들의 복지부동을 질타하는 소리는 아직도 사그라들지 않고 있다. 그러나 종로소방서 취재를 하면서 자기 분야에서 묵묵히 일을 하고 있는 많은 공무원들을 만날 수 있었다.

"공무원이 맡은 바 임무를 게을리 할 때 가차없는 질타가 필요하다. 그러나 열심히 노력하면 그만큼의 따뜻한 격려가 있으면 좋겠다"라는 더 없이 믿음직한 한 소방관의 말이 기자의 귓전에서 맴돌았다. ◼

"해가 중천에 뜨기 전에 파장
그나마 없어진 장이 많고…"

지난날의 장날은 사람들에게 기름을 주는 날이었다. 특히 아이들에게 5일장은 어머니로부터 고무신 한 켤레가 손에 쥐어져서 기쁘기도 했고, 장에서 사람들을 만나 기분 좋게 술을 마시고 돌아온 아버지가 손에서 내려놓은 고등어 자반이 밥상에 올라와 기쁘기도 했다. 지금은 고등어 자반이 '걸인의 찬'이지만 한때 '왕의 찬'이었던 적이 있었다. 더욱이 명절을 앞둔 대목장에서 어머니가 돌아오시면 새 옷가지를 받아든 아이들의 입은 마냥 째졌다. 장날이 기쁜 것은 물건을 얻어서만도 아니었다. 장에서 돌아온 아버지나 어머니의 옷자락에 묻어온 지역사회의 온갖 소문들도 더없이 재미있는 얘기들이었다.

동구 밖에서 설레는 가슴으로 장에서 돌아오는 어머니의 시장바구니를 기다렸던 장성한 사람들의 유년시절 기억들. 오래된 앨범 속의 사진처럼 자리 한 장날의 추억을 찾아 아득한 향수를 불러일으키는 5일장을 찾아 나섰다.

남으로 남으로 8백 리 길을 달린 전라도 순창땅. 매월 1일과 6일에 장이 서는 순창장을 기자가 찾은 때는 이른바 대목장으로 불리는 설을 앞둔 26일이었다.

순창의 특산물은 뭐니 뭐니 해도 고추장이다. 고추장 하면 순창을 연상하게 되고, 순창 하면 고추장의 풍미를 연상할 정도로 순창 고추장은 인구에 회자되고 있다. 그래서인지 고추장에 대한 이곳 사람들의 애정은 각별했다. 순창 고추장이 임금에게 진상된 유래는 아직까지 사람들의 입으로 전해지고 있다.

조선을 개국한 태조 이성계가 어린 시절의 스승인 무학대사가 기거하고 있던 순창군 구림면 만일사를 찾아가는 도중이었다. 점심때가 되어

노인이 일찍 죽고 싶다는 말, 노처녀가 시집 가기 싫다는 말, 장사꾼이 손해보고 물건 판다는 말을 누가 믿겠느냐 싶지만 이런 말들이 통하는 곳이 있다. 오가는 사람과 어깨를 부딪쳐도 기분 나쁘지 않고, 목청껏 소리치며 떠들어도 흉이 되지 않는 곳이 바로 5일 장터다.

순창을 경천 고수부지. 장을 보고 돌아가는 아버지와 아들의 발걸음은 마냥 쓸쓸해 보였다.

1995년 3월 월간 말 **19**

서 어느 농가에 들려 식사를 하게 되었는데 고추장과 함께 점심을 먹었다. 환궁을 한 이 태조는 천하일미의 순창 고추장을 잊지 못하여 고추장을 진상하게 했다는 것이다.

고추장을 만드는 곳은 시장 주변 뿐만 아니라 읍내 곳곳에 자리 하고 있었다.

"순창 고추장 맛은 좋은 재료와 정성에 있다"고 말하는 순창 전통고추장 기능인 김정순 할머니(이조 고추장 대표)의 집을 찾았다. 마당 가득히 놓인 항아리마다 제조한 날짜가 적혀 있었다. 어른이 충분히 들어갈 수 있을 만큼 큰 항아리 1백여개에 담긴 고추장들은 다 재래식으로 손으로 직접 담았다는 할머니의 말이었다. 항아리 하나를 열고 고추장 맛을 보기로 했다.

손가락 끝에 묻어 나는 고추장은 그 빛깔이 붉다 못해 차라리 빛나기 까지 한다. 혀끝을 파고드는 맵싸한 자극, 담백한 맛은 금새 입 안에 침을 고이게 하고, 금방 삶은 보리밥에 고추장을 비빈다면 열 그릇은 게눈 감추듯 먹을 것 같은 시장기가 일시에 발동한다.

장터에서의 참맛은 무질서함에 있다. 오가는 사람과 어깨를 부딪쳐도 기분 나빠하지 않는 곳이 장터고, 목청껏 소리치고 떠들어도 흉보지 않는 곳이 장터다.

5일장의 유래를 살펴보면 장날이 얼마나 민중성을 띠고 있는가를 알 수 있다.

관가에서 허가한 시전과 달리 시장은 질서 있는 점포나 별다른 시설 없이 일정한 장소에 상인들이나 주변의 주민들이 모여 자기가 팔고자 하는 물건을 도로변에 무질서하게 벌여놓고 교역하는 곳이다. 이러한 시장은 고대사회에서도 엿볼 수 있고 고

손자 옷을 고르려고 했을까? 할머니는 몇 번을 망설이다가 그냥 갔다. (위)
임금님께 진상했다는 먹음직스럽게 보이는 순창 고추장. (가운데)
하루의 고달픈 노동의 대가를 셈하고 있는 아주머니. (아래)

려 때부터 시작되었다고도 하지만 지금의 시장과 같은 모습은 조선 태종 때 운종가를 중심으로 나타나서 장시로 불렸다.

서울의 장시와 달리 지방에서는 성종조(1469~1494)에 이르러서야 전라도의 기근을 계기로 처음으로 자연발생적인 장시 형태가 출현하게 된다. 서울의 장시와 지방의 장시를 구별하기 위해 지방의 장시는 장문 또는 향시라 칭하고 처음에는 관가에서 이를 금지시켰으나 명종조에 이르러 충청, 전라, 경상도 등 삼남지방으로 점차 퍼졌다.

우리나라의 시장은 산업이나 화폐경제의 발달에 따른 형성이 아니라 농민들이 흉년이나 재해를 당하거나 가혹한 민역을 피하기 위하여 장문에 집중되는 것이었다. 따라서 시장의 발생은 국가 기강이 해이해진 시기와 때를 같이하고 있다. 시장이 물건 매매의 장소였을 뿐만 아니라 새로운 소식을 나누고, 민심의 흐름을 형성하고, 모으기도 하는 장소였던 것이다. 갑오년 동학 농민군의 봉기가 그렇고 아우내 장터에서 3·1운동의 봉화가 일어난 것도 이러한 시장의 기능 위에서 출발한 것이다.

겉으로 드러난 순창장은 예전의 5일장과 같은 모습을 가지고 있기도 했다. 사람들은 많았고 좁은 길을 지나느라 고함 소리가 여기저기서 터져 나오기도 했다. 북적거리기는 했지만 무엇인가 허전함이 있었다. 시장을 몇 바퀴 둘러본 뒤에야 마침내 그 이유를 알 수 있었다.

가장 큰 이유 중의 하나는 시장에 나온 사람들의 대다수가 노인들이었기 때문이다. 값을 흥정하기 위해 악을 쓰는 사람은 어쩌다 눈에 띄었을 뿐 가만히 가격을 묻고 필요한 물건을 사거나 그냥 돌아서는 경우가 대부분이었다. 그렇다보니 시장의 활

20

담양장에서 만난 톱장수 아저씨.
줄을 이용해 톱날을 세우고 있다.

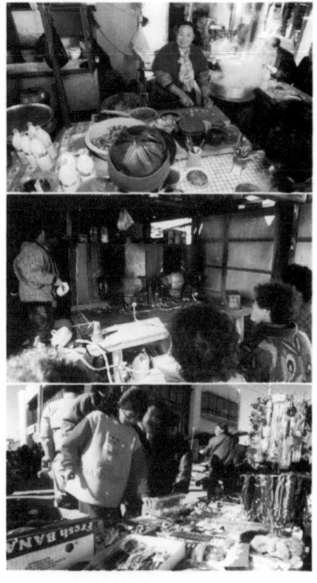

순창 5일장에서 25년 넘도록 손님을 맞이하고 있는 국밥집. (위)
설을 앞둔 대목이라서인지 튀밥집이 매우 붐볐다. (가운데)
장터에서 아이들을 만나 보기 쉬운 일이 아니었다. (아래)

잉깨 이 정도나 되제. 면에 슨 장은 해가 중천에 뜨기도 전에 끝나부러. 그나마도 없어져분 장이 많고……."
장이 예전만 하냐는 질문에 대한 정구경 나온 촌로의 말이었다.

시장은 상인들뿐만 아니라 민간인들이 집에서 지은 농산물을 들고 나와서 팔아 가용으로 쓰곤 했다. 부엌 한 귀퉁이에 마련된 절미통에다 한줌씩 쌀을 넣어 아껴서 어머니들은 객지에서 돌아온 자식들의 용돈을 꾸깃꾸깃한 지전으로 내놓으셨던 것이다.

시장 한 켠에 있는 미곡상에 앉아서 한참을 지켜보았지만 집에 쌀을 퍼 오거나 밭작물을 가지고 온 사람들은 없었다. 오히려 광주리에는 원산지가 순창지방보다는 중국인 곡물들이 많았다. 집에서 말린 산나물이나, 곶감을 가지고 나온 할머니도 있었지만 트럭에서 물건을 파는 상인들이 훨씬 많았다.

예전에는 봄볕을 농가의 생활용품을 파는 곳에는 키와 대로 만든 광주리, 도리깨 등이 처량하게 누웠거나 서 있을 뿐 시장을 몇 바퀴 돌다 와도 그것들은 똑같은 자세로 있었다.

시장 옆에 위치한 다방에 들어가자 자욱한 연기와 함께 여기저기서 이야기를 나누는 '촌사람들'이 보인다. 자리를 잡고 가만 귀를 귀울여보자 이런 저런 잡담이 들린다. 농사 짓기 글렀다는 얘기, 누구네 혼사 얘기, 누가 아프다는 얘기 등 고달픈 삶들의 근황이 다방 안에 가득하다. "날마다 이라믄 금방 부자 되거신다" 하며 자기 욕심을 드러내는 다방 마담의 큰소리가 밉지 않은 복적거림이었다.

새참으로 커피를 시켜 먹는다는 농촌의 변화를 보여주느라고 그러는

기가 있을 리 만무했다.

도시로 자식들을 떠나 보내고 남아 있는 노인들이 사 가지고 가는 물건들은 제상에 올릴 음식들이 고작이었다. 간혹 옷가게 앞에서 잠시 발길을 멈추는 할머니도 있었지만 그냥 돌아서기가 예사였다. 기자의 눈이 힘없이 발길을 돌리는 할머니의 모습

에서 서울에서 내려온 손자들은 유명 메이커가 아닌 싸구려(?)시장에서 산 옷은 결코 입지 않는다는 사실을 잘 알고 있는 '할머니의 슬픈 표정'을 발견했다면 그것은 지나친 억측일까.

대목장임에도 불구하고 장에는 문을 열지 않는 점포도 많았다. "읍장

담양죽물 시장은 전국에서 상인들이 몰려오기 때문에 새벽 일찍 장이 서고 오전중에 파장 한다.

지 기자 일행이 앉아 있는 동안 다방 아가씨들은 멀리까지 차를 타고 배달을 나가기도 했다.

서울에 있는 시장과 거의 흡사한 이곳에 그래도 옛모습이 남아 있는 곳이 있었다. 25년을 넘게 장날에는 꼭 문을 열었다는 국밥집이 그곳이다. 수많은 사람들의 숟가락이 훑고 지나간 질그릇이 세월의 풍상을 그대로 간직한 채 낯선 방문객을 반갑게 맞아주었다. 술이 거나하게 취한 아저씨들의 반가운 인사도 남아 있었고 주인 할머니의 푸짐한 인심도 남아 있었다. 무엇인가 잃어버린 것 같은 허전한 가슴에 뜨거운 국물을 들이키고 마지막으로 시장을 돌았다.

남도 지방의 시장들이 그렇듯이 사람들의 발길이 가장 많이 머무르는 곳은 어물전 중에서도 홍어와 꼬막(피조개)을 파는 곳이었다. 홍어 역시도 최고로 값을 쳐주는 흑산도 홍

어는 눈에 띄지 않았고 거의 다 중국산 홍어들이었다.

오후 3~4시가 되자 시장이 변하기 시작했다. 파장을 앞둔 탓인지 손님들의 발길이 뜸할 즈음, 한 장사꾼이 돌아서는 손님들을 붙잡아야겠다고 생각했는지 마음씨 좋은 아저씨 얼굴을 하면서 그동안 한 마리에 5천원 하던 상어를 두 마리에 5천원으로 가격을 낮춘다. 그러자 여기저기서 가격파괴(?)의 고함 소리가 터지고 바지춤을 들추고, 지갑을 꺼낸 사람들이 기다렸다는 듯이 몰려든다.

노인이 일찍 죽고 싶다는 말, 노처녀가 시집 가기 싫다는 말, 장사꾼이 손해 보고 물건 판다는 말을 믿을 사람이 세상에 어디 있겠느냐 싶지만 적어도 장터에서는 믿게 된다. 손해 보고 판다는 장사의 말에 몇 마리 남은 상어가 일시에 동났다. 사고 돌아서는 사람의 얼굴도 만족한 얼굴이고

손해를 보았다고 소리친 장사도 싫은 표정은 아니다. 이럴 때 올바른 상거래 질서를 위해 정찰제로 해야 한다는 말은 아무런 의미가 없다. 설령 상인의 장삿속에 속았다고 나중에 후회하더라도 당장에 이익을 봤다는 생각으로 마음이 풍요로워진다면 그뿐. 사람들은 다음 장날에도 목청을 높여 또 흥정을 하고 싼 맛에 물건을 살 것이다.

바로 5일장만이 가지고 있는, 현대인의 현실적인 계산으로는 도저히 이해할 수 없는 그 무엇이 한국인들이 지닌 또 다른 서정인 것이다. 우리는 '그 무엇'을 더 찾아보고자 2, 7일장인 27일의 담양 5일장으로 떠났다.

사진/이용호 기자
글/김종석 기자

비운의 변혁운동가 그 가족들

분단된 조국이 아니었더라면, 엄혹한 군사정권 시대가 아니었더라면 소중한 목숨을 빼앗기지 않았을 사람들이 있다. 어느 날 문득 포승줄에 묶여 간 아빠가, 남편이, 자식이 차디찬 시신이 되어 돌아온 사람들도 있다. 그리고 여기 서러운 세월을 살아온 피눈물로 얼룩진 살아 남은 자들의 삶이 있다.

김종석(본지 기자)

조국통일의 제단에 목숨 바친 조용수

61년 12월 21일 현저동 서울형무소 사형장. 오후 2시 1분부터 부정선거 관련자 곽영주·최인규, 단체폭력행위자 임화수, 특수반국가행위자 최백근의 사형집행이 있었다. 마지막으로 「민족일보」 조용수 사장의 사형이 집행됐다.

4시 6분 그의 얼굴에 두건이 씌워진 후 둔탁한 소리와 함께 조용수 사장은 교수대 아래로 떨어졌다. 4시 24분 사형집행 완료. 다른 사형수들은 보통 십분 남짓 걸렸지만 그는 18분이라는 긴 시간이 지난 후에야 숨이 끊어졌다. 조 사장은 자신의 죽음이 그만큼 원통하다고 항변이라도 하듯이처음 시도한 교수에서 숨이 끊어지지 않고 한참 만에야 죽었다.

조용수 사장의 사형집행 시간이 다른 사람보다 훨씬 많이 걸렸다는 사실은 교도관들의 입에서 입으로 전해졌다. 그리고 그 소문은 죽지 않아야 할 사람이 억울하게 죽었다는 한탄과 함께 그 해 겨울을 유령처럼 떠돌아 다녔다.

"민족을 위해서 할 일을 못하고 가는 게 억울하다. 정규근(친구이며 「민족일보」 상무) 동지에게 돈을 꾸어다 신문을 만드는 데 썼는데, 갚아주지 못하고 가게 돼 미안하다."

조용수 사장의 마지막 유언이다.

조국의 자주·평화통일을 위해 자신의 모든 것을 다 바쳐서 「민족일보」를 창간하고 운영했던 조용수. '조국의 통일을 절규하는 신문'을 만들고자 그 자신이 혼신의 힘을 기울였던 「민족일보」가 92호라는 짧은 지령으로 끝난 것처럼 꽃다운 32세의 나이로 군사정권에 의해 처형당한 그는 죽어서도 한 서린 서울형무소 사형장에서 싸늘한 겨

올바람을 맞으며 하루를 더 누워 있어야 했다.

그날의 사형집행은 가족들도 몰랐다. 조 사장 가족들은 장례식마저 변변히 할 수 없었다. 군사정권이 '사형자의 분묘 및 장례, 초상 등을 금지하는 법률'을 만들어 장례식을 금지했기 때문이다. 그것도 부족하여 박 정권은 「민족일보」의 자산뿐만 아니라 조 사장 가족들의 전재산을 몰수했다. 군사정부의 광기에 억눌린 국내에서는 「민족일보」 사건과 관련해서 모두들 침묵으로 일관했다. 오히려 해외에서는 외국인들이 앞장 서서 그의 구명운동을 벌이고, 대대적인 추모식을 열었다.

62년 1월 쿠바의 아바나에서 열린 국제저널리스트협회 회의 참석자들은 박정희 쿠데타정권을 규탄하면서 "그는 조국의 평화통일을 위해 노력했다. 이를 칭송하기 위하여 상을 준다"며 만장일치로 「민족일보」 조용수 사장에게 '국제기자상'을 추서했다. 살아서 받았으면 더없이 영광이었을 이 상을 조 사장은 망우리의 차가운 땅속에서 받았다.

「민족일보」 조용수 사장의 죽음은 박정희 군사정권의 앞날이 어떻게 전개될 것인가를 충분히 예측하게 해준 사건이었다. 성공회 신학대 조희연 교수의 당시 사회 진단이다.

"61년 군부파시즘의 성립은 4·19 이후의 사회운동 성장 및 대중화 시도에 대응하는 미국과 군부 및 지배세력의 재반격이자 지배체제의 재편시도라고 할 수 있다. 군부파시즘은 변혁적 제 세력을 타격함으로써 사회운동의 지도적 그룹을 합법공간으로부터 배제하고 다른 한편으로는 종속적 자본주의화의 진전을 통하여 한국 사회 지배체제를 자본주의적인 기초에서 경제적으로 안정화시키려고 하는 시도를 행하게 된다. 이러한 군부파시즘의 공세 속에서 운동의 합법적 공간은 지극히 협애화되었을 뿐만 아니라 변혁적 사회운동이 대중적으로 전개될 수 있는 기초 또한 지극히 협소화된다. 이러한 조건 때문에 지배체제와 대결하여 변혁적 성격의 운동을 전개하고 기층 민중운동의 성장 및 변혁운동을 추동하고자 하는 전위적인 제 세력의 활동 시도는 비공개, 비합법적인 형태로 전개될 수밖에 없었고, 그것이 이른바 60, 70년대의 조직 사건들로 표출된 것이다. 60년대 인민혁명당(인혁당) 사건, 통일혁명당(통혁당) 사건, 70년대 2차 인민혁명당(인혁당 재건위) 사건, 남조선민족해방전선(남민전) 사건 등이다."

사라진 「민족일보」 재판 기록

5월 5일 종로에 있는 탑골공원에서 전 「민족일보」 기

조봉암

1898년 경기도 강화군 출생. 1919년 3·1운동에 가담해 1년간 투옥됨. 20년 동경 중앙대학 정경학부 1년 수료. 23년 모스크바공산대학 수료. 25년 조선공산당 창당, 중앙검사위원. 31년 상해 한인 반제동맹 조직. 32년 일본 경찰에 체포, 신의주로 압송, 7년간 복역. 41년 신의주 형무소 출감. 45년 해외와 연락혐의로 체포, 8·15해방으로 출감. 46년 좌우합작 지지성명 발표. 48년 제헌의회 의원, 초대 농림부 장관. 50년 국회부의장에 당선. 52년 2대 대통령 선거 출마. 54년 3대 국회의원 선거 입후보 과정에서 등록방해로 출마포기. 55년 진보당 발기. 56년 3대 대통령 선거 출마, 전유권자의 24%인 2백10만 표 획득. 진보당 창당. 58년 국가보안법 위반혐의로 구속, 진보당 등록취소. 59년 2월 국가보안법 위반, 간첩죄로 사형선고. 7월 30일 재심청구 기각. 7월 31일 사형 집행.

통일운동 관련 국가보안법 위반 사형집행자 (48년~현재)

이름	사건	연도	이름	사건	연도
조봉암	진보당	58	도예종	인혁당 재건위	75
조용수	민족일보	61	서도원	"	"
최백근	중앙사회당	61	하재완	"	"
김종태	통일혁명당	69	송상진	"	"
김질락	"		여정남	"	"
이문규	"		김용원	"	"
정태묵	"		우홍선	"	"
권재혁	전략당	"	전향식	남민전	82
이수병	인혁당 재건위	75			

회실장이었던 조용준씨(조용수의 동생)를 만났다.

-혁명검찰부의 공소장에 따르면 "대남간첩인 이영근이가 재일한국인 혁신계 조소수를 통하여 송금해온 공작금으로 조용수가 「민족일보」를 만들고 남북평화통일을 주장하면서 북한괴뢰집단의 목적수행에 적극협조했다"고 되어 있는데.

"자금은 대부분 형님의 민단 선후배, 장인, 친구들이 지원한 것이다. 또 아버지의 집을 저당 잡히고 만든 돈, 국내에 있는 친·인척, 친구들에게 빌린 돈이었다. 내가 형님 곁에서 일거수 일투족을 지켜봤는데 간첩 운운한다는 것은 가당치도 않은 말이다. 전혀 확인도 안 된 사실을 가지고 사형을 선고하여 목숨을 뺏은 것은 정치적 학살이다."

조 사장의 죽음에 결정적인 역할을 한 이영근은 70년대 초부터 이후락의 도움을 받아 일본에서 반북한 친정부지인 「통일일보」를 발간하고, 박정희와 긴밀한 연관을 가

1995년 6월 월간 말 181

영남대
교정에세워진
인혁당 재건위
관계자들의
추모비에 유족들이
분향하고 있다.
이 비는 5월 11일
경찰에 의해
강제철거 되었다.

지며 서울에 오기도 했다. 90년 5월 이영근이 일본에서 사망하자 정부는 그에게 국민훈장 무궁화장을 추서했다. 혁명재판소의 기록대로 이영근이 대남간첩이라면 정부는 간첩 출신에게 신성한 훈장을 준 것이다.

─그렇다면 명예회복을 해야 하지 않는가.

"재심을 청구하기 위해 재판기록을 찾았는데 「민족일보」 재판 기록은 없다는 것이다. 원래 규정대로라면 영구 보관문서로 보관되어 있어야 하는데 누군가 없애버렸다."

─몰수된 재산은 찾았는가.

"소송을 벌이다가 나중에 알았는데 재산 몰수는 중앙정보부(이하 중정)가 정식으로 압수한 것이 아니라 중정 요원 개인이 중간에서 착복해버린 것이었다. 당시 중정요원을 상대로 소송을 냈는데, 중정의 회유와 협박이 심했다. 재미없을 것이라고 압력을 넣기도 했고, 사업을 하면 후견인이 돼주겠다고 회유하기도 했다. 결국 1심에서는 이겼는데 2심 과정에서 일부만 돌려 받고 재판은 유야무야되고 말았다."

─조 사장의 부인과 자녀는.

"형님은 58년 재일교포의 딸과 결혼해서 세 살 된 딸을 두었는데 딸은 61년에 병사하고 형수 강씨는 그 뒤로 개가했다. 형수는 국내에는 오지 않았기 때문에 얼굴도 모르고 연락처도 없다. 그래서 족보에 형님 앞으로 내 자식 하나를 올려놓았다."

문민정부가 들어선 후 조용준씨는 93년 10월 김영삼 대통령에게 진정서를 보냈다. 다음은 그 내용의 일부다.

"이미 30여년이 지난 지금, 저의 형에 대하여 새로운 주장을 한다고 해도 죽은 형이 살아 올 수는 없습니다. 그러나 저희 가문은 30여년간 죄인 아닌 죄인으로 살아왔고, 연로하신 아버님은 가장 기대했던 아들을 잃은 충격으로 아직까지 고생하고 계십니다. 저희 집안은 경남 함안에서 독립운동을 했던 자부심을 가지고 있고, 저희 외삼촌이 2, 3, 4대 민의원을 지냈던 하만복입니다. 따라서 새로운 문민시대를 맞아 동생인 저를 비롯한 집안에서는 형 조용수의 삶을 정리해 우리 가문의 명예를 제 자식들에게 물려주려고 합니다."

조용준씨는 반통일·반민족 세력에 의해 형이 희생됐지만 언젠가는 그 진실이 밝혀지고 올바른 역사적 평가가 있을 것이라는 희망을 잃지 않고 있었다.

"인혁당 재건위 사건은 조작이다"

임구호씨는 인혁당 재건위 관련으로 15년 형을 선고받고 복역하다가 82년에 출소하여 서도원씨의 딸과 결혼했다. 그가 구속되자 동생들이 구명운동에 나섰는데 두 동생까지 감옥에 가서 삼형제가 같이 교도소에 수감된 적도 있었다. 그의 장인인 서도원씨는 인혁당과 관련하여 목숨을 잃었고, 장모인 배수자씨는 남민전 깃발 사건으로 혹독한 시련을 겪었다. 박정희 유신체제를 앞장 서서 반대하고 여생을 민족민주운동에 헌신적으로 바친 서씨를 존경한 남민전 전사들이 유족들에게 서씨의 내의를 달라고 해서 주었는데 그것 때문에 엄청나게 고생을 한 것이다. 배씨는 그때 한 달 동안이나 정보부에 끌려가 온몸이 멍투성이가 되도록 맞았다.

― 이른바 인혁당 재건위로 관련된 사람들은 어떤 사람들인가.

"유신 반대, 반독재 민주화운동을 일관되게 주장했던 사람들이다. 당시의 시대 상황에서 그들이 붉은 칠을 했을 뿐 사회주의운동을 한 것은 아니었다. 오로지 조국의 자주와 통일을 촉구하고, 박정희 군사독재에 반대해서 싸운 분들이다."

― 대구지역 희생자가 유난히 많은 이유는.

"한국전쟁의 과정에서 다른 점령지역은 수복 이후에 민족주의 인사까지 숙청을 당했다. 그러나 미점령지역이었던 대구·영남 지역의 남로당 계열은 숙청당했지만 민족주의자들은 차별성을 인정받아 그 역량이 보존됐다. 안중근 선생 친·인척을 비롯해서 김성숙 선생 등 민족주의자들이 남아 있었다. 이런 지역적인 특수성으로 대구가 60년대 운동의 중심지가 되었다."

― 조작의 근거가 있는가.

"64년 1차 인혁당 사건 때부터 살펴야 한다. 당시 국가보안법은 조직 사건, 찬양고무 등 단순 사건은 반공법으로 처리했다. 1차 인혁당 사건 때 중정에서 조직 사건으로 국가보안법을 적용하라고 하자 공안검사들이 기소를 못하겠다고 사표를 내기까지 했다. 그래서 국가보안법으로 기소하지 않고 반공법으로 기소했다. 2차 인혁당 사건 때는 김대중씨의 『대중경제론』, 라디오 등이 증거물이었다. 그런 것들은 억지로 짜 맞춘 증거이고, 재판에 필요했던 유일한 증거는 피의자 심문조서인데 그 유일한 증거가 고문으로 만들어진 것이다. 또 대법원 판결에서 근거가 된 공판조서도 조작된 것이었다."

공안당국이 전국민주청년학생총연합(민청학련) 배후 조종 혐의로 인혁당 재건위 관련자들을 수사하기 위해 무리하게 북과 연결시키려 했던 시도는 여기저기서 나타난다. 당시 무기징역을 선고받았던 강창덕씨의 말이다.

"그들은 이미 각본을 짜놓고 수사를 하고 있었다. 재판 과정에서 검사는 라디오 주파수 다이얼을 돌리다가 우연히 북한 방송을 들은 일이 없느냐고 몰아칠 정도였다. 인혁당 재건위라는 이름도 21명을 모아놓고 이름을 하나 붙여야 되겠는데 혁신정당, 무슨무슨 하다가 '인'자를 붙이기로 합의를 본 것이다. 21명 중에 도예종 선생을 비롯한 4~5명이 1차 인혁당에 관련되어 있었기 때문이다.

그래서 인혁당 재건위라는 이름이 붙었다. 내가 알고 있는 경북도경 수사관은 청와대에서 50명을 만들라고 하는데 없는 놈들을 어떻게 만드냐며 불만을 토로하기도 했다. 만약 50명을 모았으면 여러명이 더 죽었을 것이다."

죽은 자와 살아 남은 자의 '슬픔'

저 풍선을 타고 도망칠 수 있다면 얼마나 좋을까 하고 찬이는 생각했다. 이쪽은 혼잔데, 저쪽은 다섯명이었다. 다섯명 가운데 한 아이만은 그를 동정하고 있었다. 저 아이는 내 편이 되어주지 않을까.
"뭐라고 말 좀 해."
3학년짜리가 찬이의 이마를 쿡 찔렀다.
"니네 아빠는 간첩이지. 그래서 잡혀간거야. 그렇지?"
"아니야. 간첩이 아니야."
"우리 아빠는 옳은 말을 했어."
"뭐? 간첩이 옳다고? 얘들아, 이 자식은 역시 간첩의 자식이라서 말하는 게 달라."
"난 간첩 자식이 아니라니까."
찬이는 끈기 있게 대꾸했다. 다른 아이가 입술을 삐죽 내밀면서 얼굴을 가까이 댔다.

재일교포 작가 이회성씨의 장편소설 『금단의 땅』의 일부분이다. 소설 속의 찬이는 4·19세대인 젊은 혁명가의 아들이다. 이 부분은 중정에 아버지가 끌려가고 난 뒤에 찬이가 고통을 당하는 장면이다. 이 장면을 이어갈 수 있는 현실 속의 사건이 있다. 바로 하재완씨 자녀들 이야기다.

소설이 아닌 현실에서 하씨의 아들은 동네 꼬마들로부터 '간첩놀이'에 시달렸다. 아이들이 하씨 아들을 빨갱이의 자식이니까 총살해야 한다며 목에 새끼줄을 걸고 나무에 몸을 묶은 것이다. 하씨의 딸 또한 소풍을 가서 점심을 먹는데 다른 급우들이 간첩의 자식이라고 돌을 던지는 바람에 급우들과 같이 밥을 먹지 못하고, 한쪽 가장자리의 나무 뒤에 숨어서 밥을 먹었다고 한다. 그 아이들이 지금은 스물다섯, 서른 살이 되어 사회생활을 하고 있다.

하재완씨의 미망인 이영교씨는 그때의 기억을 되살리면 가위가 눌려서 말을 못하겠다며 말문을 닫았다. 이씨의 자식은 모두 5남매. 그중에 두 사람이 결혼을 하고 세명은 아직 미혼이다. 물론 '간첩놀이' '소풍사건'의 당사자들은 아직도 미혼이다. 이씨는 "말을 하면 떨려서 과거의 기록을 글로 써놓았는데 여기저기 이사를 다니다 보니까 어디에 두었는지를 모르겠다"며 떨리는 목소리로 아픈 기억을 더듬어 나갔다.

"하 선생은 모든 면에서 정직했고, 의혐심이 강했다.

남편이 하는 일은 다 좋은 일이었다. 그래서 인혁당 사건을 발표했을 때 믿어지지가 않았다. 재판정에서도 그 분은 너무나 의연했다. 재판관이 32개 항목에 걸쳐서 심문을 하면서 위법을 지적하자, 남편은 그중에서 여섯 가지 항목만을 인정했다. '3선 개헌, 한·일 수교, 유신헌법, 장기집권을 반대하고 평화통일을 촉구한다. 그리고 여정남씨와 관련한 불고지죄는 아이들 가정교사를 어떻게 신고할 수 있느냐' 하는 내용이었다. 그러면서 정강정책이 없는 당이 어떻게 있을 수 있고 또 정부를 전복하려는 당을 다방에서 만들었다는 것은 삼척동자도 웃을 일이라며 인혁당 재건위 사건은 중정의 과잉 충성으로 만들어진 것이라고 주장했다."

이씨가 지켜본 재판은 거의 억지나 다름없었다. 너무나 억울해서 발이 부르트도록 구명운동을 하고 다녔다. 그러나 사건 관련자 가족들의 눈물겨운 구명운동에도 불구하고 75년 4월 9일 이른바 인혁당 재건위 관계자 여덟 명은 사형에 처해진다.

하씨의 죽음을 접하고 이씨의 친정 어머니는 "내 딸만은 이런 일이 없기를 바랐는데 이게 어찌된 일이냐. 나는 여태껏 남의 하늘 밑에서 살았다. 일제 시대에도 이렇게 가혹하지는 않았다."라며 목놓아 울었다. 이씨의 아버지도 일제치하에서 독립운동을 해서 집안이 어려웠다. 이씨의 어머니는 평소에도 늘 "여자의 행복은 남편과 밥상머리에 마주 앉아 밥 먹는 것이다"고 말했다. 그래서인지 그는 누구보다 사위의 죽음을 슬퍼했다.

인혁당 관계자들이 구속되고 난 뒤 가족에 대한 정부의 탄압은 극심했다. 중정에 끌려가서 출생 이후의 모든 것을 썼는데 심지어 부부싸움을 몇 번 했는지도 써야 했다. 요원들은 "당신들의 남편이 공산주의자라고 쓰고 이 사회에 미안하다고 쓰면 남편을 살려주겠다"고 회유했다. 그러나 가족들은 남편이 잘못했다고 생각하지 않았기 때문에 그들이 요구한 신문의 사과광고를 끝까지 거부했다. 사건 자체를 조작하느라 증거가 불충분했던 중정은 더욱 악랄한 방법을 동원했다. 가족들의 진술을 받아내기 위해 약물까지 사용한 것이다.

김용원씨 부인은 중정에서 준 음식을 먹고 기분이 이상하게 좋아져서 그 사람들이 부르는 대로 막 썼다. 남편이 공산주의자라고도 쓰고 국민들에게 잘못했다고도 썼다. 집에 와서 약기운이 떨어져서 생각하니까 남편에게 못할 짓을 했다고 생각한 그녀는 아이들을 데리고 쥐약을 먹고 자살을 기도했다. 다행히 마침 친정 어머니가 와서 목숨은 건졌지만 그 일로 충격을 받은 어머니는 한 달도 못되어 돌아가셨다.

여정남씨의 누나 여군자씨는 라디오를 듣고 동생이 사형당한 줄을 알았다. 여정남씨의 시신을 확인한 동생에 따르면 여씨의 손가락 끝은 다 분질러져 있었다고 한다. 무슨 이유에서인지 성기도 거의 짓물러져 있었다. 여씨가 화장되어 집에 돌아오자 "박정희 개새끼"라고 욕을 하면서 온 집안을 뒹굴었던 부모님은 결국 화병으로 돌아가셨다.

"중정에 근무하던 친척이 있어서 정남이를 찾아가 중정을 도와주면 너는 살려주겠다고 했는데 정남이는 '나는 앞잡이 노릇을 할 수 없다'고 거절하고 미국, 일본으로 유학 보내줄 테니 협조하라고 해도 '나 하나 살기 위해서 없는 일을 있다고 할 수 없다'고 거부해서 고문을 더 많이 당했다."

여정남씨는 인혁당 관련자 중에 유일하게 미혼인 상태로 죽음을 당했다. 그는 어머니가 "처녀 하나 건드려서 애나 하나 데리고 오라"는 농담을 할 때마다 "힘든 삶을 살텐데 남의 집 귀한 딸을 데려다가 고생시킬 수는 없다. 결혼은 마흔 살이나 돼서 하겠다"고 말하곤 했다.

여씨의 가족도 다른 유족들처럼 동생으로 인하여 많은 고통을 받았다.

"두 딸이 국민학교에 다니면서 빨갱이 조카라고 놀림을 받고, 큰오빠는 공립학교에 있다가 사립학교로 옮겼다. 출가외인인 우리 집까지 미행을 했다."

박정희의 고백 "인혁당은 내 정치사의 오점이다"

도예종씨의 미망인 신동숙씨는 20년 전의 고생으로 인하여 정신병원 신세를 지기도 했다. 아직도 고문당한 자리가 안 좋아서 잘 움직이지 못한다. 날이 안 좋으면 몸이 굳어져서 이불 속에서 한참을 뒤척이다 일어나야 한다.

"그 분의 뜻이 옳다고 해도 너무 고생을 하셔서 안쓰럽기 그지없다. 그러나 마음은 항상 떳떳하다. 그 분이 그렇게 원했던 통일을 나는 보고 죽어야 할텐데 건강이 안 좋다. 미래에 대한 희망이 없었으면 진작 죽었을 것이다. 아무리 슬픈 일이 있어도 통일이 되기 전에는 눈물을 안 흘리겠다."

신씨의 말에서는 비장감마저 느껴졌다. 그만큼 지난 세월이 힘들었다는 반증이다. 그녀는 20년을 한 집에서 살았는데도 이웃과 교류가 거의 없다. 반상회도 나가지 않는다. 빨갱이 집이라고 엉뚱한 트집을 잡아서 당한 일들은 말로 표현을 못한다. 유족들의 피해의식은 가슴속 깊이 새겨져 있다. 이들의 인혁당 재건위 사건에 대한 명예회복 의지는 너무도 애절하다.

윤보선 전 대통령이 박정희 대통령을 청와대에서 만난

적이 있는데 그 자리에서 박 대통령은 "집권 기간 동안에 인혁당 8명을 죽인 것이 내 정치사에서 가장 큰 오점이다"라고 말했다. 그 이야기를 들은 윤보선씨가 유족들에게 박 대통령의 말을 전했다. 그러자 유족들은 윤보선씨에게 기자회견이라도 해서 그 사실을 밝혀 달라고 간청했다. 그 신문기사를 액자로 만들어서 집에 붙여놓고 사람들에게 보이고 가족도 누명을 벗고 자식들도 떳떳하게 살게 하려는 뜻이었다.

유족들이 가장 우려하면서도 한편으로는 가장 기뻐하는 것도 자녀문제였다. 어릴 때의 정신적 충격과 군사정권의 혹심한 탄압 속에서도 잘못되지 않고 정상적으로 자라준 것 자체가 기적이라는 것이다. 임구호씨는 유족들을 빨갱이 취급한 군사정권을 강하게 비판했다.

"시민이나 국민들이 유족들을 빨갱이 취급한 것은 레드 콤플렉스를 강화하여 민족민주세력과 국민 사이를 이간시키려는 정권의 의도 때문이었다. 유족들에 대한 주변 사람들의 왜곡된 시선은 바로 군사정권에게 책임이 있다. 그들은 이렇게 국민들로부터 유족들이 소외되는 모습을 보면서 자신들의 의도가 성공했다고 생각하겠지만 훗날의 역사는 반드시 바르게 평가를 내릴 것이다."

유족들의 증언과 관련 자료들에 따르면 여덟명 모두 사형당하는 사람답지 않게 취조, 재판, 처형과정에서 생명을 구걸하지 않고 진실이 유린당한 재판임에도 불구하고 당당하게 임했다고 한다. 어떻게 살고, 어떻게 살아왔느냐도 중요하지만, 어떻게 죽는가도 중요한 것임을 보여준 것이다. 이들은 죽음이 삶의 끝이 아니라 삶을 완성하는 과정임을 모두에게 보여주었다.

대구를 떠나오면서 기자의 귓전에 내내 머무른 것은 그들이 살아 생전에 4·19 때 희생당한 넋에게 바쳤다는 헌시의 한 구절이었다.

"무덤도 없는 원혼이여! 천년을 두고 울어주리라! 산천도 고발하고 푸른 별도 증언한다."

연극 「4월 9일」에서 찾은 아버지 이수병

이수병씨의 사형이 집행되던 날 부인 이정숙씨는 남편이 사형을 당한지도 모른 채 지물포 가게에서 탄원서를 쓰고 있었다. 그때 전화 한 통이 걸려왔다.

"거기 이수병씨 댁이죠. 인혁당 관련자들을 사형집행했다는데…… 아침 뉴스 못 들으셨습니까?"

시누이인 이금자씨로부터도 전화가 왔다.

"오빠, 오빠가……."

시누이도 차마 말을 잇지 못했다. 이씨는 도저히 믿기지가 않았다. 바로 전날 대법원 관결이 났는데 벌써 사형

조용수
1930년 4월 24일 경남 함안군 출생. 연희전문 정경학부 입학, 명치대학 정경학부편입. 54년 한국 거류민단 중앙총본부 차장. 59년 죽산 조봉암 구명운동. 민단 도치키현 부단장. 재일 한국인 북송반대 도치키현 위원장. 60년 귀국, 사회대중당 후보로 청송군에서 출마, 낙선. 61년 「민족일보」 창간. 특수반국가행위죄로 사형 선고. 12월 21일 사형집행(당32세). 62년 국제저널리스트협회 국제기자상 추서.

전재권
1927년 10월 12일 경북 상주 출생. 대구 부림명덕학원 졸업. 49년 남로당 입당. 50년 국가보안법 위반으로 징역 3년 선고. 「동아일보」, 대구주재 기자. 사회당 참여. 75년 '인혁재건위 사건'으로 징역 15년 선고. 82년 12월 형집행 정지로 출소. 86년 5월 복역후유증으로 사망(당 58세).

유진곤
1937년 4월 4일 경남 진해군 진례면 청천리 출생. 부산사범 졸업. 이후 교직생활. 72년 대산목재 사장. 74년 민청학련 관련으로 구속. 75년 '인혁재건위 사건'으로 무기징역 선고. 82년 3월 형집행 정지로 출소. 87년 고문후유증으로 사망(당49세).

여정남
1945년 5월 대구시 남일동 출생. 경북고, 경북대 정치외교학과 중퇴. 64년 한일회담 반대투쟁 주도로 제적. 군입대. 69년 복학. 71년 정진회 필화사건으로 구속. 72년 유신반대포고령 위반으로 구속. 74년 민청학련 관련으로 구속. 75년 4월 9일 '인혁재건위 사건'으로 사형(당29세).

이수병
1936년 12월 3일 경남 의령군 부림면 손오리 출생. 부산사범, 경희대 졸업. 60년 경희대 민통련 위원장. 61년 「민족일보」 공채 수습기자 모집에 수석 합격. 5·16혁명재판소로부터 '특수범죄 처벌에 관한 특별법' 위반으로 징역 15년 선고. 68년 4월 17일 7년으로 감형된 후 만기 출소. 72년 삼락일어연구소 강사. 74년 민청학련 관련으로 구속. 75년 4월 9일 '인혁재건위 사건'으로 사형(당38세).

신향식씨 가족의 단란한 한 때.
1973년에 찍은 사진이다.

이라니. 그것으로 끝이었다.

어린 자식들을 데리고 살아갈 길이 막막했던 이씨는 지물포를 정리하고 현재 제기동 미도파백화점 자리인 가고파백화점에서 액세서리 점포를 내고 장사를 시작했다. 2년 뒤에는 청량리 맘모스백화점으로 자리를 옮겨 일을 계속했지만 넋놓고 앉아 있기 일쑤여서 매상마저 신통치 않았다. 빚은 자꾸 늘어가기만 했다. 이씨는 86년부터 강남의 무역회사에 나가기 시작해서 지금까지 10년째 직장생활을 하고 있다.

그동안 박중기 선생, 외대 김정희 교수, 경희대 전기호 교수 등 선생의 동지이자 친구였던 분들이 많이 도와주었다. 아직까지도 이분들은 동우, 동주, 은아의 대학 등록금을 마련해주고 있다.

이씨에게는 생활도 힘들었지만 경찰의 감시와 사찰도 견디기 힘든 고통이었다. 그래서 남편의 제삿날 찾아온 형사들과 큰 싸움을 하기도 했다. 80년대 말 사찰카드를 소각하고 사찰을 중지할 때까지 이씨는 감시의 고통 속에서 살아야 했다. 그러다보니 자연히 사람을 피하게 되고 여태껏 반상회 한 번 나가지 않았다. 사람이 싫어진 것이다. 그녀의 유일한 낙은 자식들이 크는 재미다.

90년 서울에서 '이수병 선생 추모제'가 15년 만에 처음으로 열렸다. 그런데 그 자리에 참석한 장남 동우씨가 사라져 주최측을 당혹스럽게 했다.

"좀 이상했어요. 아버지 이름이 실린 현수막이 나붙고 아버지 이름을 따서 팡장이름을 만든다고 하고……."

동우씨는 재수를 한 경희대 수원교정 90학번으로 군복무를 마치고 복학해서 현재 불문과 부학생회장을 맡고 있다. 그 당시에 그는 당혹스러움 때문에 사라지기는 했지만 아버지가 잘못해서 돌아가신 게 아니라 나쁜 사람들 때문에 돌아가셨다는 생각은 했었다고 한다. 그 계기는 89년 인혁당 사건을 다룬 연극 「4월 9일」을 가족과 함께 보고 나서였다. 동우씨가 확실히 아버지를 이해하게 된 것은 「암장」을 읽고 나서였다. 차남 동주씨도 연극을 보고 아버지를 많이 이해하게 되었다고 한다. 고려대 경영학과 90학번인 그는 93년에 총학생회장에 출마했다가 낙선한 경험이 있기도 하다. 또 학생의 신분으로 재작년 형보다 먼저 결혼해서 딸 솔이를 두고 있다. 동주씨는 현재 사랑하는 딸, 아내와 떨어져 뒤늦게 군복무중이다.

세상에 나온 지 5개월 만에 아버지가 잡혀가고 그 후 1년 동안 구명운동을 하는 어머니의 등에 매달리다시피 하며 자란 막내 은아씨는 한양여전 2학년으로 의상학과 부학생회장을 맡고 있다. 자식들이 모두 '운동'에 관여하고 있는 것에 대해 이씨는 이제 별로 개의치 않는 듯하다.

"처음에는 쟤들 아빠처럼 될까봐 가슴이 덜컥 내려 앉기도 했지만 이제는 안 그래요. 지금이 옛날같이 험한 세상도 아니고 해서 한 사람은 벌고 한 사람은 아버지의 뜻을 이어도 좋지 않을까 하는 생각이 들어요."

아침 6시에 일어나 아이들 도시락 챙기고 출근길에 나서 저녁 9시가 되어야 집에 들어오는 이정숙씨는 주변에서 도와주는 고마운 분들에게 어떻게 보답해야 할지 항상 감사한 마음으로 살고 있다.

수의도 못 입고 북망산으로 간 신향식

5월 4일 경기도 성남시 분당신도시 한 아파트로 신향식씨의 부인 이계영씨를 찾았다. 그녀는 "작년에 두 차례 쓰러진 뒤로 건강에 자신이 없어서 올해 들어 지난날의 기억을 되살려 그동안 살아온 세월을 기록했다"며 노트 한 권을 내놓았다. 거기에는 59년 결혼해서부터 지금까지 이씨가 걸어온 삶의 족적이 촘촘히 들어 있었다.

신향식씨는 전형적인 빈농 출신으로 고학을 하면서 학교(서울대 철학과)에 다녔다. 그래서 이씨는 64년까지 전남 고흥의 친정에서 살았다. 그리고 서울로 올라왔는데 68년 신향식씨가 통혁당 사건으로 구속되어 3년 6개월을 복역하는 바람에 그때부터 이씨는 혼자 힘으로 생계를 꾸려야 했다.

…… 장위동 벽돌공장에 다닐 때 장갑 살 돈이 없어서 맨손으로 손에 피가 나도록 일을 했는데 원호가 장갑을 주워다 줘서 너무나 고마웠다. 그때는 겨울에는 스웨터 손질을 하고 여름에는 먹골 배밭에서 배를 사다가 경동시장에서 행상을 했다. 그래도 살 도리가 없어서 원호를 작은댁에 맡겨놓고 시골로 내려갔다. 72년 너희 아버지가 출감을 해서 월부책 장사, 복덕방 직원 등을 하면서 살았는데 사회안전법이 만들어져 아버지는 또 집을 나갔다……

75년 사회안전법이 제정되고 비전향자들을 수감하려고 하자 신향식씨는 다시 지하로 잠적했다. 그때부터 이씨는 파출부 일을 7년 동안 나갔다. 그렇게 벌어 들이는 한 달 수입이 5만원. 단칸 셋방은 네 사람이 다 잘 수가 없어서 한 사람은 쭈그리고 앉아서 밤을 새워야 했다. 이것을 보다 못한 신 선생의 친구가 자기 집 방 몇 칸을 내주어 하숙을 시작했는데 형사들이 수시로 드나들어 그만둘 수밖에 없었다.

79년 남민전 사건이 터지자 형사들은 이씨를 앞세워 한 달 동안이나 신 선생의 친구집을 일일이 찾아 다녔다. 그러다가 신향식씨는 안재구, 이해경씨와 함께 양평동에서 검거된다. 이씨는 남민전 가족들을 심문하는 과정에서 과거에 형사들에게 거짓말한 것이 들통 나서 남영동 서빙고 분실에서 죽지 않을 정도로 맞았다.

"한번은 면회를 갔는데 신 선생이 생활이 어려우면 양평동 집세를 빼 쓰라고 그랬다. 그때 그 집세는 이해경씨가 마련하고 명의는 신 선생으로 되어 있었다. 하도 어려워서 집세를 빼 쓰면서도 이해경씨 사모님한테는 죄를 짓는 것 같아서 나중에 이해경씨에게 그때 돈을 썼다는 말을 했다. 그러자 오히려 잘했다고 그러시는데…… 그렇게 살았다."

신향식씨는 모진 고문으로 수감중에 정신이상증세를 보였다. 이씨는 "당시에는 돈을 쓰면 병사에 있을 수도 있었는데 그러지도 못했고 변호사를 제대로 못 써서 신 선생을 죽게 했다"고 눈물을 지었다. 1심 때는 어렵게 돈을 구해 변호사를 선임했는데 정작 중요한 2심부터는

우홍선
1930년 3월 6일 경남 울주군 언양면 동부리 출생. 50년 6·25 당시 고교생으로 학도의용군 지원. 58년 육군대위 예편. 60년 통일민주청년동맹 중앙위원장, 민자통 조직위 간사. 64년 1차 인혁당 사건으로 구속, 반공법 위반으로 징역 1년 집행유예 2년 선고. 74년 한국골드스탬프사 상무이사, 민청학련 관련으로 구속. 75년 4월 9일 '인혁재건위 사건'으로 사형(당43세).

신향식
1934년 3월 1일 전남 고흥군 두원면 출생. 경복고, 서울대 철학과 졸업. 64~66년 노동청 근무. 66~68년 동아출판사 편집부 근무. 68년 '통일혁명당 사건' 조국해방전선 구성원으로 구속. 징역 3년 6개월 선고. 72년 미전향 만기 출소. 75년 사회안전법 발효로 도피 잠적. 76~79년 남민전 중앙위원, 전위대 대장. 사형 선고. 82년 10월 8일 사형(당47세).

송상진
1928년 9월 18일 대구시 동구 백암동 출생. 대구사범, 대구대 경제학과 졸업. 57년 대구 덕화중 교사. 60년 민주민족청년동맹 경북도위원회 사무국장. 61년 5·16혁명재판소로부터 '특수범죄 처벌에 관한 특별법' 위반으로 피검. 64년 1차 인혁당 사건으로 구속, 무죄 석방. 74년 민청학련 관련으로 구속. 75년 4월 9일 '인혁재건위 사건'으로 사형(당47세).

김용원
1935년 경남 함양군 군북면 수곡리 출생. 부산고, 서울대 문리대 졸업. 60년 서울대 민통련 대의원. 64년 동양중고 교사, 1차 인혁당 사건으로 구속. 70년 경기여고 교사. 74년 민청학련 관련으로 구속. 75년 4월 9일 '인혁재건위 사건'으로 사형(당39세).

장석구
1927년 서울 동대문구 숭인동 출생. 49년 단국대 정치학과 졸업. 「평화신문」 기자. 55년 「한국일보」 대구지사장. 「대구일보」, 「민족일보」 기자. 62년 「대구매일신문」 기자. 63년 한일협정 및 3선개헌 반대운동. 74년 '인혁재건위 사건'으로 무기징역 선고. 75년 10월 서대문구치소에서 옥사(당47세).

1995년 6월 월간 말 187

돈이 없어 국선변호사가 변론을 맡은 것이다.

82년 10월 8일 신향식씨는 사형에 처해진다. 그때 이씨는 마침 이사를 해서 9일에야 연락을 받았다. 10일 교도소에서 벽제화장터로 가라고 해서 수의도 준비 못한 채 화장한 선생의 유해를 벽제 근방의 절에다 모셨다.

"그렇게 절에 모셨는데 하늘이 노랗고 아무것도 안 보였다. 그리고 며칠 뒤 꿈에 신 선생이 나타났는데 얼굴이 꺼멓게 되어 보이지가 않았다. 그래서 수의를 지어다가 살랐는데 (산소에 가서 불로 태우는 것) 그 뒤로는 얼굴이 맑게 제대로 보였다."

49세 때 비로소 이씨는 신 선생 대학 친구들의 도움을 받아 경기도 광주에 산소를 마련했다. 아이들의 학비도 친구분들이 보태주었다. 특히 신 선생과 서울대 철학과 동기인 고 김기팔씨(MBC 드라마 「땅」을 비롯한 사회고발성 드라마를 집필한 작가, 93년 작고)가 많은 도움을 주었다고 한다. 신 선생이 사형을 당하고 난 뒤 한남동 친구분이 다시 하숙을 해보라고 해서 그때부터 이씨는 12년 동안 하숙을 했다. 하숙을 하면서 이씨는 이제 굶을 일은 없겠다 싶어 살 것 같았다고 한다.

이씨는 스무 번의 도전 끝에 작년에 분당에 집을 마련했다. 그래서 자녀들이 함께 살자고 해도 너무나 어렵게 장만한 집이라 떠날 수가 없어서 내년까지 살고 막내와 함께 살기로 했다. 40년을 집 없이 떠돌고, 중도금을 내느라 하숙에 파출부 일까지 나가다가 과로로 쓰러진 이씨에게 지금의 집은 단순히 먹고 자는 집이 아니라 차라리 삶을 지켜주는 견고한 성인 것이다.

쌀이 없어서 굶어야 했던 아이들

이씨는 쌀이 없어서 아이들을 굶길 때가 가장 가슴 아팠다고 한다. 당시에 싸전에서 정부미는 외상도 안 주었기 때문에 아침도 못 먹이고 아이들을 학교에 보낼 때는 가슴이 미어지더라는 것이다.

3년 전에는 이런 일도 있었다. 막내 유호씨가 빵을 잔뜩 사와서 무슨 빵이냐고 영문을 묻자 "지금은 이렇게 마음대로 사서 먹을 수 있는데 국민학교 다닐 때 급식이 왜 그렇게 먹고 싶었는지……"라고 말해서 이씨는 또 한 번 울었다고 한다.

이씨는 어려운 조건에서도 '자식농사'를 잘 지었다. 큰 아들 원호씨는 어려서부터 신문배달을 하며 집안 형편상 공고를 다녔다. 그 후 적성에 맞는 일을 못 찾아 방황하다가 요리사로 전업을 하고 직장에 다니면서 경기대 경제학과 야간을 졸업했다. 둘째 선미씨 역시 집안 형편 때문에 여상을 나와서 은행에 다니면서 덕성여대 경영학과 야간

을 졸업하고 지금은 신랑을 따라 미국에 가 있다. 막내 유호씨는 고려대 사학과를 졸업하고 지금은 직장생활을 하고 있다. 유호씨는 대학 재학시 운동권으로 3~4차례 경찰서에 끌려가고 구속이 된 적도 있다. 그때마다 이씨는 "제발 졸업은 하라고 당부했다"고 한다.

이씨는 작년에 돌아가신 친정 어머니가 생존해 계실 때 형제들은 다 가르치고 큰딸은 '살림밑천'이라고 가르치지 않는 것에 대해 원망을 많이 했다고 한다. 그래도 어머니는 그저 늘 "신 서방이 최고다"고 했다. 신 선생의 성실한 모습이 마음에 들었기 때문이다. 이씨는 3년 동안 어머니에게 남편의 죽음을 알리지 못했다. 그냥 감옥에 갇혀 있는 것으로 해놓고 제사 음식을 가지고 가서 잔칫집에서 음식을 얻어왔다고 속였다. 박정희 대통령이 사망하자 "이제 우리 사위는 살았다"고 기뻐한 어머니를 실망시킬 수 없었기 때문이다.

취재를 마치고 가려는 기자에게 이씨는 기어이 차 한잔을 권했다. 신혼여행중인 막내 아들이 어제 중국천안문광장에서 전화를 했다며 마냥 행복한 웃음을 지어 보였다. 그리고 막내 며느리가 해온 신 선생 옷을 산소에 가서 사르겠다는 자랑(?)도 했다.

혁명가를 만나서 행복하다는 미망인

남민전 서기 이재문씨가 63년 「대구매일신문」 정치부 기자로 있을 때 박정희를 만났는데 박 대통령이 같이 일하자는 제의를 했다고 한다. 이에 이재문씨는 "총칼로 권력을 잡은 사람 밑에서 일할 생각은 없다"고 잘라 말했다. 그러자 박 대통령은 재떨이를 집어 던지며 "이재문이 너는 내 손에 죽을 것이다"라며 격분했다고 한다. 그로부터 17년이 지난 후에 이재문씨는 박정희 정권에 의해 사형선고를 받고 감옥에서 유문협착증으로 80년 사망했다.

미국 방문 계획으로 바쁜 이재문씨의 미망인 김재원씨를 명동에서 만났다.

─그동안 어려운 점이 많았을텐데 무엇을 하고 사는지.

"아이들의 교육문제와 생계문제가 가장 어려웠다. 지금은 건축업을 하고 있다."

─현재 자녀들은.

"원준(28), 경실(30) 두 남매를 두었다. 원준이는 연세대 경제학과를 나와서 현재 한국은행에 근무하고 있고, 딸은 서강대 영문과를 나와서 리스회사에 4년 동안 근무하다가 지금 뉴욕의 디자인 학교에서 유학중이다. 그 아이의 졸업식에 참석하려고 미국에 간다."

김씨는 두 남매와 함께 인천의 한 성당에서 13년 동안

을 살다가 지금은 서울 불광동에서 산다. 두 남매는 어려운 가계를 돕기 위해 아르바이트를 하며 대학을 다녔는데 꼬박꼬박 장학금까지 타서 가계를 꾸리는 그녀의 부담을 한결 덜어주었다. 김씨는 아들보다는 딸이 더 아버지를 닮았다고 말했다. 자신이 옳다고 생각하면 끝까지 실행하는 모습이 자기 아버지를 그대로 닮아서 '한번 투자해 보자' 하는 심정으로 유학을 보냈다고 한다.

—이재문씨의 뒷바라지를 한 형님이 있었던 것으로 알고 있는데.

"동생에게 많은 기대를 하고 수배기간 동안 정성껏 뒷바라지를 해왔던 시아주버니(이재훈씨)는 작년에 돌아가셨다."

—남편을 원망하지는 않는가.

"결코 그 영감을 원망한 적은 없다. 그 시대에는 그런 식으로 지하에서 운동할 수밖에 없었고, 목숨을 걸고 하는 수밖에 없었다. 다만 운동을 하는 사람이 조직원의 명단 같은 것을 왜 그렇게 허술하게 관리했는지 아직도 이해할 수가 없다. 그 영감을 만난 것을 다행으로 생각한다. 세상을 강하게 살아 갈 수 있게 해주었기 때문이다. 만약에 영감을 만나지 않았더라면 허영에 들뜨고 자기밖에 모르는 여자가 되었을지도 모른다. 세상을 똑바로 보고, 자기 자신만을 위해서 사는 것이 아니라 남을 위해 사는 것이 가치가 있다는 것을 남편을 통해 배웠다."

그래서일까. 그녀는 건축일을 하면서도 천주교여성공동체에 나가 정신대 할머니 돕는 일을 하고 있다. 그리고 아이들이 훌륭하게 커서 사회에 도움을 주는 사람이 되었으면 좋겠다는 의견도 피력했다. 김씨는 이재문씨가 시대를 잘못 타고났다는 말을 몇 차례나 했다. 남편의 시신을 보는데 '사회를 위해 그 머리를 더 써야 하는데 시대를 잘못 만나 너무 일찍 갔다'는 생각이 들더라는 것이다.

"내가 운동가는 아니지만 남편이 사회를 위해서 못다한 일을 내 나름대로 할 생각이다."

혁명가의 아내는 결코 좌절하지 않고 있었다. 그리고 씩씩한 발걸음으로 인파로 가득 찬 명동 거리를 헤치며 사라졌다.

취재를 마치면서 정말 아쉬웠던 것은 해방 이후 혁신운동을 주도했던 진보당과 통일혁명당 관련자 가족들의 사연이 빠진 점이다. 백방으로 수소문을 해봐도 그 가족들의 행방을 찾을 수가 없었다. 그들을 찾기 어려운 더 큰 이유는 우리가 그들을 애써 멀리한 탓이 아닐까. 이들은 어디서 어떻게 살아가고 있을까. 어두운 역사의 장막 뒤에서 숨죽이고 있을 그들을 우리 사회가 넉넉한 품으로 맞을 수 있는 날은 언제쯤일까. ▣

도예종.

서도원.

이재문.

하재완.

도예종
1924년 12월 25일 경북 경주시 서악동 출생. 대구대 경제학과 졸업. 경북 상주고 교사. 60년 영주교육감 당선. 민주민족청년동맹 간사장. 61년 민자통 중앙상무집행위원회 조직부책. 5·16쿠데타 이후 수배로 지하 잠복. 64년 1차 인민혁명당 사건으로 구속. 반공법 위반으로 징역 3년 선고. 67년 출소. 72년 삼화건설 회장. 74년 민청학련 관련으로 구속. 75년 4월 9일 '인혁재건위 사건'으로 사형(당50세).

서도원
1923년 3월 28일 경남 창녕군 대합면 신당리 출생. 진주고보 졸업. 청구대(현 영남대) 강사. 50년 「대구매일신문」 논설위원. 60년 민주민족청년동맹 위원장. 61년 5·16혁명재판소로부터 '특수범죄 처벌에 관한 특별법' 위반으로 징역 7년 선고. 63년 2년 7개월 복역 후 출소. 69년 국가보안법 위반 구속. 무죄판결. 74년 민청학련 관련으로 구속. 75년 4월 9일 '인혁재건위 사건'으로 사형(당51세).

이재문
1934년 7월 9일 경북 의성군 옥산면 전흥동 출생. 경북대 정치외교학과 졸업. 60년 통민청 맹원. 「대구일보」, 정치부 기자. 61년 「민족일보」 기자. 62년 「영남일보」, 「대구매일신문」 기자. 65년 1차 인혁당 사건으로 구속. 무죄 석방. 71년 민주수호국민협의회 운영위원 겸 대변인. 74년 '인혁재건위 사건'으로 도피 잠적. 76~79년 남민전 총서기. 사형 선고. 80년 옥사(당45세).

하재완
1931년 1월 10일 경남 창녕군 이방면 안리 출생. 단국대 졸업. 47년 민주애국청년동맹 맹원. 50년 7월 창녕경찰서로부터 1개월간 예비검속. 군입대. 중사제대. 60년 민자통 경북협의회 부위원장. 61년 5·16쿠데타로 도피. 64년 사면 이후 교사, 양조업, 건축업, 출판업 등에 종사. 74년 민청학련 관련으로 구속. 75년 4월 9일 '인혁재건위 사건'으로 사형(당43세).

대전·대구·광주 지역감정 보고서

지방자치인가, 지역할거인가

지자제 선거가 시작부터 탈선하고 있다. 주민자치라는 본래의 의의에서 벗어나 서로의 편가르기로 치닫고 있는 것이다. 호남당, PK당, 충청도당, TK정서가 판을 치고 지역등권 지역할거 지역패권이라는 해괴한 용어들이 유령처럼 떠돌고 있는 지자제 선거 쟁점지역의 진정한 민심은 무엇인가.

황금의 3김시대를 꿈꾸고 있는 자민련 김종필 총재. 지역주의에 편승한 그의 정치행보를 두고 비판의 목소리가 높다.

김종석 (본지 기자)

지자제 선거, 해와 달의 대리전

"자민련 김종필 총재는 달과 같은 존재입니다. 달은 해와 같이 공존공생합니다. 스스로 해의 자리를 넘보지는 않습니다. 양김은 해에 해당합니다. 해가 두개일 수 없듯이 양김의 경쟁의식은 상상을 초월합니다. 불행하게도 우리 국민들은 지자제 선거에서 해와 달의 싸움 때문에 또

고생해야 할 것 같습니다."

현지취재를 떠나기 전에 만난 한 일간지 기자의 '지자제 선거 대리전론'이다. 6·27 지자제선거의 의미는 주민자치를 실현한다는 표면적 의의 이외에 김영삼 대통령에게는 중간평가, 자민련 김종필 총재나 민주당 김대중 이사장에게는 정치생명이 걸린 한판 승부라는 점에서 갈수록 복잡한 양상을 띠고 있다. 더욱이 지자제 선거 결과가 내년 총선에서 정계개편의 돌풍으로 불어닥칠 것이라는 예측까지 겹쳐지면서 선거전은 말 그대로 혼전이다.

주민자치라는 본래의 의미가 퇴색된 채 정치적 이해가 엇갈린 '3김의 살바싸움'으로 치닫고 있는 지자제 선거. 망국병인 지역감정이 또다시 활개를 치는 원인은 어디에 있을까. ㅅ대 김아무 교수의 진단이다.

"역사의 모래시계는 3당합당 이전의 구조로 되돌아가고 있습니다. 가장 큰 책임은 국정운영자인 김영삼 대통령에게 있습니다."

김 대통령이 정치권 세대교체를 제대로 수행하지 못함으로써 양김을 지지하는 세력을 자기 편으로 끌어들이는 데 실패했다는 것이다. 김영삼 대통령이 자신의 정치적 경륜과 식견을 펼칠 수 있는 기회와 세대교체 기회를 놓쳤다는 데 대해서는 정가에서도 이견이 없다.

개혁 초기 범국민적인 지지에도 불구하고 김 대통령이 정국주도권을 휘어잡지 못한 이유는 어디에 있을까. 분석 결과는 다양하지만 대형 사건·사고의 빈발, 북한핵협상 과정에서의 난맥, 인재등용의 부산·경남 편중, 집권 여당내의 민주계 독주 등에서 찾을 수 있을 것 같다. 김 대통령의 이런 파행적인 정국운영은 그의 전체적인 국정 수행 능력을 의심케 하기에 충분했다.

대통령의 자질론이 거론되면서 한편에서는 정치적 경륜을 펼칠 기회를 잡지 못한 김대중 이사장에 대한 기대심리가 되살아나고, 여기에 김종필 총재까지 가세하면서 바야흐로 정국은 한치 앞도 예측할 수 없게 되었다. 가치판단의 기준에서 본다면 신3김시대의 등장은 결코 바람직스럽지 않다는 것이 뜻 있는 사람들의 의견이다. 그러나 현실정치에서 정치권의 세대교체가 실패함으로써 이번 지자제 선거는 또다시 3김체제 아래서 치러질 수밖에 없게 되었다.

이제 판은 짜여졌다. 국민들이 손에 쥐고 있는 표는 어떤 과녁을 향하여 날아갈 것인가.

김영삼·김종필도 다 싫은 대전의 딜레마

지금까지 나타난 것으로 보아 충청권의 선거판세는 충남을 제외한 지역에서 자민련의 승리는 불분명한 상황이다. 이번 선거로 자신의 입지를 공고히 하고 총선, 대선을 통해서 내각제 실현을 희망하는 김 총재로서는 안타까운(?) 상황이다. 그래서일까. 자민련 김종필 총재는 "다른 지역에서는 90%까지 몰표가 나오는데 우리는 뭐냐"며 지역감정을 한껏 부풀리고 있다.

대전백화점 앞에서 만난 충남대생 김정수씨(24)의 '인물 김종필'에 대한 평은 매우 비판적이었다.

"JP는 유신잔당입니다. 그 사람이 충청도 지역을 대표

하는 정치인이라는 것에 저는 동의하지 않습니다. 또 선거에 관심도 없고…….'

시청 앞 지하상가 한켠에 마련된 시민 휴식처에는 약속한 사람을 기다리며 멀티비전을 보면서 앉아 있는 사람이 많았다. 핸드폰 통화를 막 끝내고 자리에서 일어서려는 이석현씨(32)를 붙잡았다. "현실적으로 3김 아래서 선거가 치러질 수밖에 없는 우리 국민들이 불쌍하다는 생각이 들어요." 컴퓨터 회사 영업사원이라고 자신을 소개한 그는 언제까지 자신을 위해서가 아닌 그들을 위해서 표를 던져야 할지 그저 답답할 뿐이라며 손을 내저었다.

대전역 옆에 위치한 중앙시장 농협동대전 공판장에서 만난 이영숙씨(37)는 "대전시장은 어떤 사람이 되었으면 좋겠는가" 하는 질문에 "누가 되더라도 대전을 잘살게 해주는 사람이어야지유"라며 물가안정으로 서민생계를 보장해주는 시장이면 더 좋겠다고 했다. 그의 무거운 시장 보따리를 핑계삼아 버스정류장까지 보따리 하나를 들어주면서 몇 마디 말을 더 건넸다.

─지자제 선거가 끝나면 3김이 정치 전면에 등장할 것이라는 예측이 많은데요.

"이제 3김시대라는 말은 듣기만 해도 징글징글하네유. 매일 텔레비전에 나온 정치꾼들은 좀 안 봤으면 좋겠어유. 선거에서 누구를 찍어도 3김의 공적이 될 것 같아서 투표하기도 싫어유. 그런데 달리 생각하면 우리 살림꾼을 뽑는 일을 안할 수도 없구유."

지역정서를 앞세운 3김의 '고래싸움'에 등이 터진 민초의 모습은 차라리 안타까웠다.

참여자치 대전시민회의 운영위원장인 정지강 목사(빈들감리교회)의 말이다.

"대전시민은 3년 전 총선에서 중부권 역할론을 들고 나왔던 공화계 후보들을 표로써 심판하여 유신잔재를 정리했습니다. 그런데 민자당에 대한 실망과 좌절이 커지고 있는 시점에서 교묘하게 지역정서를 등에 업고 유신잔당들이 다시 부활하고 있습니다. 바로 여기에 대전의 딜레마가 있습니다. 반민자를 하자니 과거 행적이 더 나쁜 친자민련이 되고, 반자민련을 하자니 친민자가 되는 형국입니다. 그렇다고 민주당이 대안인가 하면 그렇지도 못합니다. 당 내분과 경기지사 경선 돈봉투 사건으로 시민들의 마음이 떠난 상태입니다."

'대전 딜레마'라는 정 목사의 지적은 여론조사에서도 그대로 드러난다. 6월 8일자 『경향신문』의 '대전시장 누가 좋은가'에 대한 여론조사 결과를 보면 민자 염홍철 후보 32.4%, 자민련 홍선기 후보 18.8%, 민주 변평섭 후

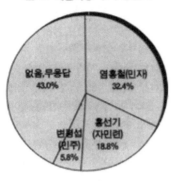

<표 1> 대전시장 누가 좋은가

없음,무응답 43.0%
염홍철(민자) 32.4%
홍선기(자민련) 18.8%
변평섭(민주) 5.8%

6월 8일 경향신문

<표 2> 대전에 자민련 바람이 불 것인가

잘 모름 36.7%
그런 편 29.7%
전혀 그렇지 않음 7.1%
매우 그럼 6.9%
그렇지않은 편 19.6%

6월 9일 한겨레신문

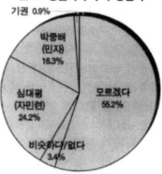

<표 3> 충남지사 누가 좋은가

기권 0.9%
박중배(민자) 16.3%
심대평(자민련) 24.2%
모르겠다 56.2%
비슷하다/없다 3.4%

5월 30일 조선일보

보 5.8%, 없음·무응답이 43.0%로 나타났다(표 1 참조). 이런 결과는 안중에도 없다는 듯이 민자당과 자민련은 서로 자신들의 승리를 장담하고 있다. 좀더 객관적인 시각을 확보하기 위해 제3자의 입장에 서 있는 민주당 변평섭 후보 사무실을 찾았다.

변 후보의 보좌관인 이진원씨는 먼저 중앙일간지 여론조사 결과에 대해서 의문을 표시했다. 그는 "표밭을 훑고 다니다보면 자민련 홍선기씨에 대한 여론도 만만치 않은데 민자당 염홍철씨에 대한 지지가 일방적으로 높게 나타나는 것이 이상하다"고 했다.

─그렇다면 자민련에 승산이 있다고 보십니까.

"자민련의 경우 의외로 조직이 탄탄하지 못합니다. 조직의 힘은 곧 돈의 힘입니다. 선거 관계자들에 따르면 민자당이 대전에만 70억원을 풀었다는 소문이 있습니다."

─염홍철 후보의 지지는 어떻게 해석해야 합니까.

"염홍철씨의 경우 전직 대전시장으로 엑스포를 개최했습니다. 민선시장을 겨냥하고 인기를 끌 수 있는 사업을 많이 했습니다. 또 시장 재직시에 아주머니에서 청년까지 자원봉사자 준비를 철저히 해놓았습니다. 인지도 면에서 앞서고 조직 면에서 탄탄합니다. 때문에 여론조사 결과가 좋게 나올 수밖에 없습니다."

이씨는 염 후보의 인지도가 곧 득표로 연결되지는 않을 것이라고 전망했다. 오히려 선거가 막판으로 갈수록 자민련 바람이 선거 변수라는 주장이었다.

대전충남연합의 윤종세씨는 "김종필씨 탈당 이후 상당한 반향이 일면서 반YS 정서가 표출됐습니다만 이것은 동정심에서였고, 지금 자민련 바람은 감지되지 않고 있습니다. 민심의 흐름도 잔잔합니다."라며 자민련 바람이

없을 것이라는 조심스러운 전망을 내놓았다.

하이브 시스템 이상근 과장의 전망은 또 달랐다. 유권자 관리, 여론조사, 분석, 정치광고 등을 대행하고 있는 그의 진단이다.

"금산에 갔더니 '명청도 핫바지 본때를 보여주자!'라는 현수막이 붙어 있었습니다. 자민련이 '전라도당, 경상도당만 당이냐, 충청도당도 당이다'고 충남도민의 정치적 소외의식을 자극한 결과, 자민련이 지역감정을 부추긴다는 비판은 주민들에게는 통하지 않습니다. 그러므로 충남에서 일어난 바람이 대전으로 진입할 가능성은 충분히 있습니다"

이 과장은 자민련 바람의 실체를 인정했다. 선거가 지역구도로 갈 때 대전의 부동층이 충남의 김종필 바람에 합류할 수 있다는 것이다.

「한겨레신문」 여론조사 결과에 따르면 대전시민은 "자민련 바람이 불 것인가"에 대한 물음에서 각각 29.7%, 6.9%가 "그런 편" "매우 그럼"이라고 대답했다(표 2 참조). 같은 충청지역인 대전에서 자민련 바람이 예상보다 불지 않은 이유는 대전시민의 70%가 이북 5도민이나 영·호남 출신으로 구성돼 있고, 출신지 영향을 적게 받는 20, 30대의 인구비율이 각각 30.2%, 30%로 높은 수치를 이루고 있기 때문이다.

결국 대전시장의 경우 정치생명을 걸고 달려드는 자민련 김종필 총재와 그의 정치적 기반을 무너뜨리려는 민자당의 총공세가 맞붙어 불꽃 튀는 접전지역이 될 것으로 보인다.

충남에 이는 자민련 바람 "쓰나 다나 JP지유"

32번 지방도를 타고 계룡산 자락을 따라 마티고개를

넘어서면서부터 김종필 총재에 대한 지지분위기는 사뭇 달랐다. 계룡산 휴게소에서 만난 ㄷ제과 배달사원인 한중일씨(36)의 말이다.

"국제적인 내 이름값에도 못 미치는 이런 말을 해서 미안하지만유. 경상도당, 전라도당이 다 자기 사람 챙기는데 어쩔거여유? 우리도 제이피를 밀어야지유."

대전-공주간 도로는 현재 구불구불한 2차선인데 4차선 도로를 새로 놓고 있었다. 새로 만드는 도로는 산길을 오르지 않고 대전-공주를 직접 연결시킬 수 있도록 터널 공사중이었다. '막힌 산을 뚫으면 민심의 갈라짐도 없을까'라는 생각을 하고 있는데 차가 공주시에 다다랐다. '백제의 왕도 공주'라는 커다란 이정표가 자못 인상적이었다.

공주 시외버스터미널 3층에 있는 자민련 지구당 정석모 전 의원 사무실에서 하재일 조직부장과 마주 앉았다.

— JP바람은 불고 있습니까. 당선 가능성은 어떻습니까.

"아직은 두드러지게 나타나고 있지 않지만 후보 등록을 하면 분위기가 일시에 우리 쪽으로 올 것으로 전망하고 있습니다. 40대 이후의 지지가 변함없기 때문에 우리 당의 심대평 후보가 압도적으로 당선될 것으로 보고 있습니다."

— 민자당에서는 자민련이 지역할거주의를 기반으로 해서 또 다른 지역감정을 부추기고 있다는 비판을 하고 있는데요.

"민자당은 그렇게 비판할 자격 없습니다. 지역패권주의로 국정을 운영한 것은 오히려 민자당입니다."

자민련 관계자는 충남지사를 따놓은 당상으로 보고 있었다. 이런 분위기는 주민 몇 사람을 만나도 쉽게 감지됐다. 터미널 앞에서 손님을 기다리고 있던 택시기사 이아무씨(44)에게 자민련의 지지 여부를 물었다.

"쓰나 다나 JP지유. JP가 대통령 하겠다고 3당합당 했는감유? 아니쥬? 그런데 영삼이는 아비하게 배신을 했단 말이유. 무조건 JP를 찍어야지유. 그것이 도리구유. 안그래유?"

터미널에서 강을 건너 시청 쪽으로 향하다가 아파트 단지에 들렀다. 대한주택공사 공주옥룡아파트 노인정에서 10여명이 넘는 노인들과 자리를 같이했지만 낯선 사람에 대한 경계심 때문인지 좀체로 경계를 늦추지 않았다. 신분증을 보이고 신상명세를 일체 안 묻겠다고 약속하고 나서야 비로소 그들의 입을 열 수 있었다.

— 이번 선거에서 후보자를 선택하셨습니까.

"지역 발전을 위해서 충남 사람을 찍어야지유."

머리가 백발인 노인이었다. 이 말이 끝나자마자 이어진 "이번 선거는 대통령 선거가 아녀 이 늙은이야. 출마한 후보는 다 충남 사람인겨" 새까만 얼굴 때문에 이가 유난히 하얗게 보이는 노인의 말에 모두들 한바탕 웃었다. 노인회 회장(주변 노인들이 그를 회장이라고 불렀다) 이 좌중의 분위기를 가라앉히고 자신의 의견을 피력했다.

"우리는 도가 작아서, 또 사람 수도 적어서 아무리 해도 안되유. 애초부터 이런 식으로 해서는 제대로 대통령 하나를 뽑을래야 뽑을 수가 없는 거유. 선후가 어떻게 되든 그렇게 나라를 위해서 합당을 해놓고 의사가 안 맞는다고 쫓아낸 것은 너무한 것이지유. 사람이 그래서는 안되지유. 아무리 대통령이래두. 김영삼이가 김종필씨를 밀어주고 끌어주는 것이 옳지유. 그렇게 인재라고 할만한 사람을 다 쓸어내면 어떻게 하자는 거유? 이 박사 때부터 인재다 싶으면 다 쓸어내니 원……. 나는 내가 지금 잡혀 갈 망정 이래서는 안된다고 생각하는 사람이유. 우리 같은 늙은이가 뭘 알겠느냐 하겠지만 우리로서는 다만 분할 따름이지유."

대부분의 노인들은 고개를 끄덕이면서 회장의 말에 동의를 표시했다.

— 김종필씨와 김대중씨가 힘을 합쳐서 합당하고 내각제를 해도 찬성하시겠습니까.

"서로 밀고 당기고 하겠지만 한 번 당했는디 그 양반(김종필씨)이 또 당하기야 하겠지유. 두고 봐야 알지유. 그런 얘기는 복잡하니까 그때 닥쳐서 생각해봐야지유."

"그런다고 될까유. 야당이 대통령 되기는 어려울텐디유."

"그것이 문제지유. 하지만 지역에서 야당이 당선된다고 발전 안 시키면 그런 사람은 정치해서는 안돼지유. 우리가 야당을 찍는다고 혀서 야당이 김일성이를 찍자는 것도 아니잖아유? 지역간의 차이를 두면 안돼지유. 암은유."

장기나 바둑을 두면서 간간이 말참견을 하던 노인들이 판을 접고 여기저기서 자기 의견을 개진했다. 취재를 마치고 일어서려는 기자에게 백발의 노인이 질문을 던졌다.

"김종필씨 쪽에 협력하자고 해도 누가 누구인지를 모르겠어유. 기자 양반이 그쪽 시의원, 도의원, 시장, 도지사 후보들을 좀 가르쳐주고 가유."

그들이 선거에서 누구를 선택할 것인가를 극명하게 보여준 질문이었다.

아파트 단지내에서 만난 이선자씨(55)는 "아무리 미운 새끼라도 밖에서 매맞고 오면 기분이야 안 좋지유"라며 쑥스러운 웃음을 지었다.

각종 여론조사 결과를 보더라도 충남지사 후보는 자민련의 '심대평씨가 유력함을 보여주고 있다(표 3 참조). 특히 40대 이후의 유권자들의 경우 지역에 강한 애착심을 갖고 있고, 충남지역이 농업·노령 인구가 많다는 점에서 자민련 김종필 총재에 대한 지지는 확고한 것으로 보였다.

그러나 충북은 사정이 좀 다르다. 「한겨레신문」 여론조사 결과에 따르면 "자민련 바람이 불 것이라고 생각하는가"라는 질문에 "매우 그럼"과 "그런 편이다"는 대답이 6.0%, 21.1%에 불과하다(표4 참조). 결국 부동표의 향방이 당락을 좌우할 것으로 보이는데 충남보다 충북에서 김종필씨의 영향력이 더 떨어진다는 점에서 자민련의 승리는 장담하기 어렵다.

"대구 상인동 가스폭발로 김영삼은 날 샌기라예"

대전에서 대구로 옮겨가는 시간은 채 두 시간이 걸리지가 않았다. 동대구 톨게이트를 통하여 대구 시내로 진입했다.

동대구에서 7시에 출발해 시내를 관통해서 서대구 두류공원 근방까지 걸린 시간은 두 시간. 인구에 비해 협소한 도로, 지하철 공사로 인한 차량체증, 지옥이 따로 없다는 대구의 교통난을 톡톡히 실감할 수 있었다. 마침

지역방송에서 대구시장 후보자 특별회견이 진행중이었다.

토론에서 주목을 끈 것은 TK정서와 관련된 후보자들의 답변이었다. 그들은 TK정서를 "새 정부에서 소외되고 무시당한 지역민의 정서"(자민련 이의익 후보), "초기 TK정권 인사에 대한 배신감, 최근 현정부 국정능력 상실에서비롯된 불신감"(무소속 문희갑 후보), "실체가 없다. 실재도 않는다. 민정계가 만든 말"(무소속 안유호 후보), "김영삼 대통령의 국정능력 상실에 대한 불신감"(무소속 이해봉 후보), "일시적으로 정치적 구심점을 잃고 자신감을 상실하면서 나타난 정서"(민자당 조해녕 후보) 등으로 주장하면서 이런 정서를 지지표로 연결시키기 위해 애를 썼다.

TK정서 실체에 대해서 진단을 내렸던 후보자들은 "TK정서가 선거에 영향을 끼칠 것으로 보는가"하는 질문에 이구동성으로 "막대한 영향을 끼칠 것이다"는 의견을 피력했다. 그렇다면 대구시민들은 이에 대해 어떤 생각을 가지고 있을까.

대구민심 취재차 들른 시청 앞에서 기자는 시위농성중인 시민들을 만날 수 있었다. "부실기업 방지 못한 대구시장 보상하라" "대구경제 다 죽는다"는 플래카드를 들고 "보상하라"는 머리띠를 두른 시민들은 도시계획국장의 "적절한 조치를 취하겠다"는 답변에도 불구하고 불만을 삭이지 못하고 있었다. 한신, 삼성아파트 하도급업체 부도문제를 해결해 달라는 민원인 중의 한 사람인 조아무

대구광역시청.
주인 없는 TK 묵장의
결투에서
무소속 후보가
당선될 것이라는
전망이
유력하다.

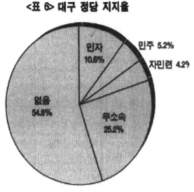

<표 4> 충북에 자민련 바람이 불 것인가

그런 편 21.1%
매우 그런 6.0%
전혀 그렇지 않음 7.5%
잘 모름 42.3%
그렇지않은 편 23.1%

6월 9일 한겨레신문

<표 5> TK정서가 지방선거에 영향을 줄 것인가

매우 많이 영향을 줄 것이다 32.1%
조금 영향을 줄 것이다 55.0%
거의 영향을 주지 않을 것이다 12.6%
전혀 영향을 주지 않을 것이다 0.2%

5월 31일 영남일보

<표 6> 대구 정당 지지율

민자 10.6%
민주 5.2%
자민련 4.2%
없음 54.8%
무소속 25.2%

6월 9일 경향신문

씨(46)에게 물었다.

─대구경제가 어렵다고 하는데요

"말이 아니라예. 변변한 공장 하나 없고 지역 주택건설업체들이 과잉투자로 부도가 속출하고 있고, 지역경제가 엉망인기라. 무슨 방법을 내오는 것이 대통령이 할 일 아이가?"

─민자당 대구시장 후보는 자신이 중앙정부의 도움을 받아서 많은 예산 확보를 통해 대구경제를 살릴 수 있다고 주장하는데요

"택도 없는 소리 마라카이. 영삼이는 완전히 끝난기라."

시청에서 대구역까지 택시를 타고 오면서 대구시장 후보들에 대한 승객들의 여론을 물었다. 택시기사 김영철씨(45세)의 대답이다.

"대구는 야당 도시라예. 그런데 후보가 많아서 누가 될지 모르겠다 카는 소리가 많아예. 박철언, 박준규 다 쫓겨나서 불쌍하다고 말도 하지만 다들 YS가 하는 짓이 못됐다고들 하지예. 모르긴 해도 상인동 가스폭발로 민자당은 날 샌기라예."

대구역 앞에서 만난 노영필씨(38)는 민자당 간판을 달고 있는 지역 국회의원들을 잔뜩 벼르고 있었다.

"TK TK하면서 권력을 독점했다고 욕하지만도 그 사람들이 대구에 해준 것이 뭐가 있노? 그리고 영삼이 밑에 들어가 있는 놈들도 쓸개가 다 빠진기라. 두고 보소 내년 총선에서 민자당 달고 나온 놈들은 뜨거운 맛을 볼기라예."

민자당과 김영삼 대통령에 대한 시민들의 분노는 일회성은 아닌 듯 싶었다. 5월 31일 『영남일보』가 한국갤럽과 공동으로 실시한 대구시장선거 여론조사 결과는 많은

것을 시사해 준다.

'반민자 비민주'로 대변되는 TK정서에 대해서 46.8%가 "존재한다"고 답한 반면 "존재하지 않는다"고 응답한 사람은 22.8%에 불과했다. TK정서를 수긍한 비율은 20대 60.8%, 30대 51.6%, 40대 42.5%, 50세이상 22.6%로 나타나 연령별로 큰 차이를 보였다. "존재한다"는 응답자의 직업분포는 학생이 80.8%로 가장 많았고, 다음으로 사무직종사자 60.7%, 자영업 54.6%, 가정주부 40.5% 등의 순서로 집계됐다.

TK정서가 이번 선거에 미치는 영향에 대해서는 "매우 많이 영향을 줄 것이다"와 "조금 영향을 줄 것이다"라고 답한 비율이 각각 32.1%와 55.0%로 나타난 반면, "거의 영향을 주지 않을 것이다"와 "전혀 영향을 주지 않을 것이다"라고 답한 비율은 12.6%와 0.2%에 머물렀다(표 5 참조). 민자당에는 표를 주지 않겠다는 대구민심의 증거였다.

TK정서의 작용으로 무소속 시장 나올듯

현재 대구지역을 제외한 지역에서는 "TK정서는 지역이기주의에 다름 아니다"고 주장한다.

대구지역 재야단체를 찾아 나섰다. 서구 내당동의 한 건물 5층에는 '연대와 전진을 위한 회관'이라는 간판을 달고 이 지역 민주·시민 단체가 함께 모여 있다. 이곳에서 대구·경북연합 함종오 의장을 만났다.

─TK정서가 건강한 정치의식이라고 생각하십니까.

"TK정서는 두 가지 의미를 가지고 있다고 생각합니다. 하나는 비생산적, 부정적인 측면으로 권력을 상실한 과거 군부세력으로부터 세뇌된, 즉 마법에 걸린 지역민들의 정치적 박탈감입니다. 지금 대구에는 엄밀하게 말해서

군부세력들의 박탈감이 아직 지역민을 사로잡고 있습니다. 다른 하나는 긍정적인 변화, 발전적인 측면입니다. 김영삼 정권의 국정수행 능력에 대한 비판적 시각에서 나온 반민자 정서가 그것입니다. 전자의 경우는 불건강한 관점이지만 후자의 경우 대구·경북지역에 새로운 변화를 가져올 수 있는 건강함이라고 생각합니다."

그는 김영삼 대통령이 개혁을 하면서 국민을 개혁의 주체로 세우지 않고 깜짝쇼 연출로 진행한 결과 대구시민들이 문민정부의 성과를 자기 것으로 느끼지 못하고 오히려 과거 군부잔재세력을 동정하게 됐다는 것이다.

실제로 대구의 경우 지난해 실시한 여론조사를 살펴보면 문민정부의 개혁 지지율이 76%에 이르고 있는데 지금은 그 지지율만큼 반김영삼 정서가 강하다. 6월 9일 『경향신문』이 조사한 대구시민 정당지지율은 "민자" 10. 6%, "무소속", "없음"이 각각 25. 2%, 54.8%에 이르고 있다(표6 참조). 물론 반민자 정서가 높다고 해서 건강한 정치의식이라고 단정하기는 어렵다. 그래서 영남대 이아무 교수(전국적인 지명도를 가지고 있는 이 교수는 기사에서 익명을 요구했다)에게 물었다.

—대구시민은 TK정서가 기득권을 지키려는 세력이 유포한 말이라고 주장합니다. 그렇다면 시민들이 말하는 'TK정서'는 다른 것입니까.

"그렇습니다. 제가 조사한 바로는 대구시민의 70%가 과거 기득권 세력이 그 말을 만들었다고 생각하고 있습니다. 그러나 시민들이 말하는 TK정서는 기득권의 박탈에서 온 반발의 의미가 아니라 순수하게 김영삼 정권의 국정수행능력에 반대하는 정서입니다. 5·6공 수구세력 못찍겠다, 민자당 못찍겠다는 것입니다. 각종 여론조사에서 지지하는 정당이 없다는 비율이 항상 70%를 넘고 있는 것, 새로운 정당이 나와야 한다는 비율이 50%를 넘는 것 등이 이 지역 정서가 건강함을 보여주는 증거입니다."

—누가 대구시장에 당선될 것으로 보십니까.

"무소속 문희갑 후보가 당선될 것으로 봅니다. 물론 문 후보가 시민정서에 완전히 합치하고 시민의 기대에 맞는 혁명적 변화를 가져올 사람은 아닙니다. 그러나 과도기적 인물로서 후보 중에 가장 적합한 사람입니다. 또 대구시민들은 그에게 정치적인 부채의식을 가지고 있습니다. 지난 14대 총선 때 정호용 후보를 당선시킨 것에 대한 부채의식에서 부동표가 몰릴 가능성이 높습니다."

이 교수는 행정관료와 경제관료는 차이가 있을 수밖에 없다는 전제하에서 문 후보가 행정가 출신인 타후보들보다 개혁적인 성향을 가지고 있기 때문에 대구시민의 선택

을 받을 것이라고 주장했다.

—정계개편이 필연적으로 뒤따를텐데요. 현재 정국은 김종필씨의 내각제, 김대중씨의 등권주의, TK정서를 내세운 정치권의 새로운 연합을 모색하고 있습니다. 이런 현상에 대해 어떻게 생각하십니까.

"과거 호남고립화가 우리 정치사에 많은 폐해를 남겼듯이 지금 모색하고 있는 부산·경남 고립화도 낡은 정치를 답습하는 것입니다. 지역할거주의에 근거해서 내각제로 갈 경우 지역간의 분열은 아예 고착되어서 쿠데타가 아니고는 해소하기 어렵게 됩니다. 우리 민족은 분단으로 전근성도 아직 벗어나지 못하고 있는데 이런 추세는 전근대성을 더욱 온존하게 할 것입니다."

대구지역의 재야·시민운동가들도 등권주의는 지역을 볼모로 하는 불건강한 지역패권주의에 불과하다고 잘라 말했다. 대구시민들의 견해가 궁금했다. 대구의 대표적인 시장 중의 하나인 서문시장을 찾았다.

서문시장은 포목점을 중심으로 한 종합시장으로 87년 6월항쟁 때 학생시위대를 보호해주고 음식을 나누어 주기도 했지만 그 해 말 대통령선거 무효투쟁을 나온 시위대에게는 빨갱이라며 온갖 비난을 퍼부었던 곳이다.

스이불집에서 20년이 넘도록 장사를 해왔다는 한영숙씨(54, 가명)는 "김대중씨가 다시 정치한다카더니 사실이라예? 나는 반대한다카이"라며 김 이사장의 정계복귀를 묻는 기자의 질문을 단칼에 잘랐다. 질문의 방향을 달리해서 한 번 더 물었다.

—예를 들어 김윤환씨나 박철언씨 등 대구지역 정치인과 김대중 이사장이 통합한다면 어떻게 하시겠습니까.

"……그 사람들이 김대중씨 상대나 되겠나? 택도 없을기라. 그냥 꼬붕되고 마는기제."

한참을 생각하던 한씨의 대답이다. 그는 앞의 질문에 대한 대답처럼 '반대한다'고 말하지 않았다. 다만 대구지역 정치인이 꼬붕이 될 수 있다고 우려했을 뿐이다.

달성동에서 시장을 보러 나왔다는 이미숙씨(27)는 다섯살쯤으로 보이는 사내 아이의 손을 잡고 있었다. "잘 모르겠어예. 하지만 호남 사람들이 그동안 푸대접받은 것은 사실 아닙니꺼. 대통령이 잘해야 되는긴데. 하지만 김대중씨가 대통령 선거에 또 나와도 나는 안 찍을거라예." 그는 아이의 손을 끌고 자리를 벗어나려고 했다. 기자가 이유가 뭐냐며 매달렸지만 그는 "그냥 뭐……" 하고 말끝을 얼버무렸다.

몇년 전에 대구에서 일부 관중들이 프로야구 해태선수단 차량을 불태운 적이 있었다. 유독 해태와의 경기 뒤에

전라남도청 전경. 민주당에 대한 지지도가 날로 떨어지고 있지만 민주당 후보의 당선이 무난할 것으로 보인다.

잦은 마찰이 있었던 것에 대한 지역감정 때문이라는 분석이 나오기도 했었다.

야구장에서 바라본 민심 "3김이 다 싫다카이"

6월 1일 대구시민운동장 야구장에서는 삼성과 해태의 프로야구 경기가 열리고 있었다. 1만5천여명의 대구시민이 빈틈 없이 자리한 운동장에서 관중들은 일방적으로 삼성을 응원했다. "봐라, 여기서 해태 응원하면 맞아 죽겠제?" 40대로 보이는 남자가 같이 온 일행에게 물었고 그 일행은 "말이라고 카나"라고 대꾸했다. 파도타기 응원을 하는데도 기자가 그냥 자리에 앉아 있자 옆자리의 관중이 이상하다는 눈초리를 던졌다. 게임은 일방적으로 삼성이 해태를 앞서 나갔다. 운동장은 환호의 도가니 그 자체였다.

경기의 승패가 갈라지자 여기저기서 술판이 벌어졌다. 둘이서 술잔을 주고받고 있는 일행 옆에 자리를 잡았다. 수성동에서 슈퍼마켓을 한다는 대구 토박이 도일환씨(41)와 이런 저런 얘기중에 "김대중 이사장이 정계에 복귀할 것으로 보느냐"는 질문을 던졌다. 그는 손가락으로 1루측 덕아웃을 가르키며(대구 야구장은 방문팀이 1루측 덕아웃을 사용한다) 자신에 찬 목소리로 답했다. "해태 힘 없는 것 좀 보소 그 사람도 저 모양 아니겠어요. 복귀하고픈 마음이야 굴뚝 같겠지만서도 다 끝난 거지에. 안 그라나?" 도씨가 다른 친구에게 반문했다.

그의 친구(서로 통성명을 하는데도 건성으로 눈인사만 했을 뿐 자신의 이름을 밝히지 않았다)가 벌컥 화를 냈다. "치아라 마. 술 맛 베린다 카이. 야구장 와서 더러분 정치판 야그는 왜 하노?" 그는 불청객 때문에 적잖이 기분이 상했는지 기자와 도씨가 나누는 대화에는 관심을 보이지 않고 야구에만 몰두했다.

1루측 해태 덕아웃에서 혼자 술병을 기울이고 있던 윤진수씨(40)는 삼성의 승리로 몹시 흥에 겨워 있었다. 윤씨는 현재 서대구 염색공단에서 식당을 경영하고 있다.

－대구시장 후보는 결정하셨습니까.

"준혁(양준혁)이가 시장 나오면 모를까 도토리 키재기 아닌교? 하지만도 민자당은 안 찍을 기라."

－영·호남 지역의 정치인들이 연합을 해서 내각제로 간다면 찬성하시겠습니까.

"지금 영샘이 하는 짓도 눈꼴시럽지만 대중이도 그러지 말란 법 없으니까⋯⋯. 생각키도 귀찮쿠마. 내는 양김이고 나발이고 다 싫다카이."

소주 한 모금을 들이켠 뒤에 그가 던진 대답이다.

10여명 정도의 시민들을 더 만났지만 그들의 반응은 한마디로 "택도 없는 소리"라는 반응이었다. 대부분의 시민은 "해태에 대한 감정은 없지만 김대중 이사장은 안 된다"는 한결같은 대답이었다. 대구시장에 대해서도 "모르겠다"로 일관했다. 중앙정치에 대한 환멸과 불신이 지자제 선거에까지 영향을 미치고 있는 것이다.

1995년 7월 월간 말 63

대구시민들이 정치에 무관심하게 된 이유는 무엇일까. 시민운동가 이아무씨의 '대구병' 진단이다.

"호남지역의 경우 시민들의 고통을 결집할 수 있는 구심점으로서 김대중씨가 있습니다. 그런 측면에서 대구는 구심점이 없습니다. 시민들을 대변할 정치세력이 없다는 말입니다. 나라와 고향을 생각하는 모임은 사실상 해체된 것이나 다름없습니다. 그 모임 또한 지역민심을 자기들 것으로 끌어보고자 했지만 지역정서에 기대려고 한 이상 아무 의미가 없습니다."

지금 대구는 새로운 정치문화 형성을 위한 몸부림을 치고 있다. 3김정치는 그들에게 더 이상 설득력을 갖지 못한다. 주인 없는 TK목장에서 정치적 입지를 확보하려는 정치세력들의 각축이 있기는 하지만 시민들의 반응은 냉담하다. 우리나라 정치사에서 30여년의 정치적 기득권을 누려왔던 대구·경북지역은 어떻게 거듭 태어날 것인가.

광주정서와 대구정서의 차이

광주지역에 있는 5개 지방지에서 후보별 여론조사 결과를 찾기란 하늘의 별따기다. 민주당 후보들이 당선될 것이라는 예측 때문이다. 그래서 광주·전남지역은 이번 지자제 선거에서 가장 '재미없는' 지역에 속한다. 그런데 광주·전남지역에 '돌멩이' 하나가 던져져서 파문이 일고 있다. 김대중 이사장의 지역등권론이 그 돌멩이다. 92년 대선 이후 김 이사장의 정계은퇴로 정치적 허탈감에서 헤매던 시민들은 '혹시나' 하는 심정으로 그의 행보를 주목하고 있다.

전라도 바깥 사람들은 87, 92년 대통령 선거에서 김대중 후보에게 보여준 경이적인 지지율이나 국회의원 선거에서 민주당 싹쓸이를 '광주정서'가 작용했기 때문이라고 생각한다. 김 이사장에 대한 이러한 변함없는 지지는 어디에서 나오는 것일까. 「전남일보」 이건상 기자는 "80년 광주정신이 현실 선거판 속에서 야당지지와 DJ지지의 형태로 발현된 것이다"라고 풀이했다. 그렇다면 광주정서와 다른 광주정신은 무엇일까. 전남대 정근식 교수의 설명이다.

"광주사람들은 역사로부터 참과 거짓을 구분하는 잣대를 배우고 또 지니고 있습니다. 그 잣대는 저절로 생긴 것이 아니라 신군부의 권력 찬탈음모에 맞서 피흘리며 죽어간 5·18을 통해 구체적으로 형상화됐죠. 5·18을 통해 잉태된 광주정신은 부도덕한 권력에 저항하면서 정치적 민주화와 부의 공정한 분배를 위해 투쟁하는 행위 그 자

체입니다. 그게 80년의 시대정신이 됐습니다."

광주정신의 연장이 광주정서라는 생각을 가지고 있는 시민들은 "불의를 보면 분연히 일어서서 정의를 세우려 한 광주정신과 중앙권력에서 밀려났다고 민자당을 반대하는 TK정서는 근본적으로 다르다"며 광주정서와 TK정서를 비교하는 것 자체를 불쾌하게 생각하고 있다.

그러나 현재 광주정신이 올바르게 구현되고 있는가는 논쟁거리다. 어제의 여당인사가 오늘의 야당이라고 해서 광주시장에 당선된다면 이상하지 않느냐는 것이다. 광주 재야단체 관계자의 말이다.

"DJ에 대한 절대적 지지는 김 대통령이 임기를 마칠 때까지 계속될 것입니다. 시민들은 현실정치의 승리자가 되지 못한 DJ에 대한 아쉬움을 여전히 가지고 있습니다. 그의 지역등권론이 나오면서 정계복귀가 거론된 마당에 분열의 모습은 보이지 않을 것입니다."

실제로 민심취재 과정에서 나타난 시민 여론은 "선생님 가신 길에 누를 끼치는 일이 없어야 한다"는 분위기였다. 양동 시장에서 만난 노점상 이숙자씨(45)의 후보 선택 배경이다.

"민주당이 좋아서가 아니라 선생님을 보고 찍는 거지라우. 또 인물을 보더라도 옛날에 여당을 했드라도 민주화하겠다고 하고, 행정경험 있으면 우덜도 좋은 거 아니요? 서울사람들은 시비 걸 말이 없으니께 뺄 것 가지고 다 트집을 잡고 난리네. 누가 뭐라고 해도 우덜은 선생님 사람을 찍을랑께 선생님 욕할라는 기자믄 그만 가보소."

민주당 행태 비판해도 김대중 지지 확고

전남 도청 앞 광장. 솟아오르는 분수끝이 6월의 햇살을 받아 반짝거렸다. 도청 앞 분수대에 대한 광주시민의 애착을 보여주는 일화(?)가 있다.

한때 전남 도청은 광주시내 교통을 원활하게 하기 위해 건물을 헐고 금남로에서 도청 뒤에 자리한 조선대까지 관통도로를 만들자는 의견이 제시됐다. 그러나 시민들은 어떻게 광주항쟁의 유적지를 없앨 수 있겠느냐며 도청과 분수대 철거에 반대했다.

관통도로가 백지화된 지금 조선대 방면으로 가는 차량들은 분수대를 돌아서 ㄷ자로 된 길을 따라가게 되어 있다. 광주시민들은 도청과 분수대의 보존을 위해서 교통체증의 불편을 택한 것이다. 그 분수대 지하에는 지금 지하상가와 주차장이 만들어져 있다.

시민의 휴식을 위해 만든 지하광장에서 만난 정영일씨

(33, 가명)에게 김 이사장의 등권론이 지역감정을 부추기는 것이 아니냐는 질문을 던졌다. 정씨는 ㅈ은행 광주 지점 대리로 서울에서 대학을 졸업하고 고향 근무를 자청했다고 말했다.

"지역감정을 이용해 30년이 넘게 정권을 잡은 저들이 책임을 전가하는 것은 언어도단입니다. 92년 대선 결과에 승복해야 한다는 사실이 너무 힘들었지만 와이에스 개혁을 보고 위안을 삼았습니다. 그런데 지금 어떻습니까. 장관 하나 끼워 넣어 사람 놀리는 개각으로 호남을 소외하는 것까지는 좋다 이겁니다. YS는 국정을 수행할 능력도 철학도 없습니다. 나라를 걱정해야 할 대통령이 보여주는 식견이 그 정도밖에 안되고 역사와 국민을 자기 입맛에 맞게 하려는 버르장머리를 고치기 위해서라도 본때를 보여주어야 합니다."

그는 김 이사장이 다시 정계에 복귀해서 대통령에 도전하면 백 번이면 백 번 다 안된다는 것을 알기 때문에 그냥 잊으려고 해도 옆에서(민자당과 김 대통령) 건드리니까 민주당의 행태가 못마땅해도 투표할 때 2번으로 간다는 말을 덧붙였다. 정씨의 말처럼 광주는 더 이상 민주당의 아성은 아니었다. 김 이사장의 아성일 뿐.

무등건설 입주자 예정자들의 집단 민자당 입당은 민주당에 대한 이 지역 주민들의 입장이 어떤지를 극명하게 보여주고 있다. 그 밖에도 지자제 선거를 앞두고 국회의원 개인의 이해득실에 따라 과행적인 공천을 한 것도 주민들의 여론을 악화시키고 있는 요인 중의 하나다. 이런 것들이 김 이사장 퇴진 이후 지금까지 실리보다도 명분을 택한 지역민들을 흔들리게 하고 있는 것이다.

민자당 광주시 지구당의 한 당직자는 "민주당 공천과정에서 말뚝을 세워도 된다는 의원들의 과행적 행태에 대한 실망감, 싹쓸이가 지역발전에 도움이 되지 않는다는 인식이 확산되어 있습니다"라고 주장하면서 "분명 변화가 오고 있는데 친민자는 아니라는 것이 한계"라고 아쉬움을 토로했다.

이런 점에 대해서 민주당 광주시 지부의 한 청년 당직자는 민주당에 대한 지지가 예전과 같지 않음을 시인했다.

"심판의 날이 다가왔음을 알려주는 신호입니다. 시민을 위해 일하지 않고 김대중 선생님에게만 의존하면 된다는 국회의원들의 생각이 바뀌지 않으면 심판의 날은 더 빨리 올지도 모릅니다."

그럼에도 불구하고 광주·전남지역의 경우 민주당 비판의 정서가 확산되고는 있지만 적어도 김 이사장에 대한 지지는 변함이 없을 것이라는 예측이 지배적이다. 민주당의 행태에 대한 비판이 곧 김 이사장에 대한 평가절하로 이어지지는 않는다는 것이다. 이러한 예측은 민자당이 민주당 지지가 상대적으로 약하다고 판단하고 총력전을 펼치는 전북에서도 그대로 나타난다.

6월 1일 「중앙일보」 여론조사에 나타난 전북 유권자들의 후보자 지지성향은 민자 강현욱, 민주 유종근이 각각 30.6%, 31.1%로 그 차이가 미세하다. 한 가지 더 주목할 만한 조사 결과는 주민의 55.5%가 "지지하는 정치지도자와 후보자의 연관성을 고려하겠다"라고 답한 점이다. 이 조사 결과는 선거전이 막판으로 갈수록 김 이사장 지지가 민주당 후보 지지로 이어질 것이라는 전망을 갖게 한다. 결국 민자당의 '지역발전론' '호남 제2중대론'은 아직 김 이사장에 대한 지역 주민들의 애정을 넘어설 수준이 아니다. 그러므로 '이변'보다는 민자당의 선전에 그칠 것이라는 분위기다.

지금까지 결과를 종합하면 호남지역의 경우 광역단체장은 민주당의 싹쓸이가 예상되고 기초단체장은 인물에 따라 민자당의 부분적 승리가 예상된다. '미워도 다시 한 번' '호남공화국'의 재연인 것이다.

6·27선거와 희망의 정치

대전·대구·광주를 취재하는 동안 3김이 짜는 정치판에 염증을 느껴 아우성 치는 국민의 목소리를 여기저기서 들을 수 있었다.

한 나라의 대통령이 자신의 고향에 가서 공약보따리를 풀고, 정계를 은퇴한 노정치가는 고향에 가서 자신의 이름으로 후견인의 지지를 호소하고, 세류에 따라 변신을 거듭한 정치가는 고향에 가서 지역바람을 일으키느라 혼신의 노력을 다하는 것은 분명 주민자치의 지방화로 가는 길이 아니다.

3김에 대한 역사적 평가는 후세의 몫인지 모른다. 그러나 현실 정치판에서 유권자들은 정치인의 공과를 따져 표로써 심판해야 할 의무가 있다. 그것이 한 시대를 책임지고 다음 시대를 준비하는 국민의 자세이기 때문이다. 지역분할로 치닫으며 혼돈스러운 모습을 보이고 있는 선거를 보면서 많은 국민들은 착잡해 하고 있다.

지금은 정치적 과도기다. 그 혼돈의 시기를 3김이 대신하고 있을 뿐이다. 6월 27일이면 5천5백25명의 지방 일꾼이 탄생한다. 과도기를 넘어선 신세기는 그들이 열어갈 것이다. 이것은 거역할 수 없는 시대의 흐름이다. 결국 새로운 정치는 국민 스스로 선택할 수밖에 없다. ▣

김대중이 가야 할 길

마침내 김대중은 주사위를 던졌다. 성공하면 대권이 보장되지만 패배는 곧 정치적 죽음을 의미한다. 3전4기가 실패하면 역사는 그의 이름 앞에서 '민족의 지도자'라는 명예를 회수하고 '대권욕의 화신'이라는 낙인을 찍을 것이다. 국가와 민족을 위해 진정으로 김대중이 걸어야 할 길은 어디인가.

김종석 (본지 기자)

대 만출신의 일본 바둑기사 임해봉 9단의 별명은 '이중허리'다. 패색이 짙은 판에서도 절대 전의를 꺾지 않고 치밀한 수읽기를 통해 마침내 승리하는 그의 끈질긴 생명력에 빗대어 붙여진 별명이다. 그렇게 본다면 정치 9단 김대중 이사장은 '삼중허리'다. 40여년을 정치인으로 살아온 김 이사장은 세 차례나 대권에 도전했고 그때마다 국민의 선택을 받지 못했다.

"오늘로서 국회의원직을 사퇴하고 평범한 일반 시민이 되겠다. 이로써 40년의 파란 많았던 정치생활에 사실상 종막을 고한다고 생각하니 감개무량한 심정을 금할 길이 없다."

92년 대선 패배 이후 그의 정치적 생명은 끝난 듯했다. 정치판의 온갖 풍상을 뚫고 지나온 노정객이 눈물을 글썽이며 정계은퇴 선언을 하는 모습은 그의 지지자나 정적 모두에게 '감동'을 안겨주기에 충분했다.

"민족의 운명이 중대한 기로에 서 있고 여·야가 자기 몫을 다하지 못하고 있다. 통일시대의 21세기를 대비하고 국민에게 꿈과 희망을 주는 새로운 정당이 필요하다. 조그만 힘이라도 보태야겠다는 생각이다."

그로부터 2년7개월 만에 김 이사장은 정계복귀를 공식 선언했다. 김 이사장의 '기습공격'은 정계개편의 신호탄으로 솟아올라 정가에 일파만파의 파장을 일으키고 있다.

기습은 가장 효과적인 승리를 거두는 방책 중의 하나다. 하지만 실패의 위험성도 그만큼 크다. 이제 주사위는 던져졌다. 김 이사장에게 은퇴번복은 성공하면 3전4기의 발판을 마련하는 것이 되지만 실패하면 그가 쌓아온 명예와 정통성마저 위협당하는 정치적 생사가 달린 마지막 승부수다. '목숨을 건' 그의 절박성만큼 향후 정국은 엄청난 소용돌이에 휘말릴 징조를 보이고 있다.

한국 정치사의 딜레마 김대중

김 이사장은 한국정치의 딜레마다. 현실정치인 중에서 김이사장만큼 다양한 평가를 받는 정치인은 드물다. 아니

없다. 그에 대한 평가는 대략 세 가지로 요약된다.

첫째는 '범민주세력 수장론'이다. 이러한 평가는 그의 지역적 거점인 호남지역과 상대적으로 지역성을 탈피한 서울·경기 지역 야당성향의 사람들에게 호소력을 갖는다. 정치세력으로는 민주당 범동교동계 의원들의 주장이다. 이종찬 민주당 고문의 말을 들어보자.

"폴란드의 바웬사, 체코의 하벨, 남아프리카의 넬슨 만델라 등 외국의 경우 국민들은 그들과 더불어 싸워온 지도자들에게 기회를 주었다. 일종의 도덕적 보상을 한 것이다. 우리나라에도 일관되게 민주화 과정을 이끌어온 지도자가 있다. 야합이나 타협으로 집권기회를 가질 수 있었음에도 불구하고 이를 거부하고 정당한 민주적 과정을 거쳐 집권하려고 한 김 이사장에게도 한 번은 나라살림을 맡을 기회를 주어야 한다. 그래야 지금까지 구겨져온 역사가 제대로 펴질 것이다."

둘째는 대통령병 환자론'이다. 김 이사장이 오로지 대권만을 목표로 온갖 술수를 다 부린다는 것이다. 지역적으로는 경상도, 전국적으로는 여당성향의 중산층들이 동의하는 주장으로 집권 민자당의 논리다. 민자당 박범진 대변인의 말이다.

"김 이사장은 말의 신뢰성을 상실한 정치인이다. 식언에 식언을 거듭해오면서 '나 아니면 안된다'는 아집과 독선에 빠져 있다. 정치개입 명분을 국정혼란에 둔 것은 5·16쿠데타를 주도한 군부세력의 명분과 비슷하다."

셋째는 '장애론'이다. 과거 민주화 투쟁에 헌신한 김 이사장에게는 경의를 표하지만 정계복귀한 김 이사장은 진보와 개혁으로 가는 미래정치의 장애물이라는 것이다. 이른바 운동권 출신으로 최근 두 차례 대통령 선거에서 '김대중 대통령 만들기'에 헌신했던 진보적 성향의 젊은이와 비동교동계 야당인사들이 주장하는 것으로 지역적으로는 전국에 산재해 있다. ㄱ신문의 한 논설위원의 말이다.

"오늘날 정치가 이만큼이라도 민주화된 데는 김 이사장의 희생과 헌신이 기여한 바 크다. 반독재 민주화 투쟁 과정에서 쌓은 정치적 경륜과 지도역량도 가히 발군이라 할 만하다. 그러나 그의 정계복귀는 명분이 없다. 그의

1995년 8월 월간 말 41

472 재생, 부천 다시 날자!

정치일생이 오직 대통령직을 향한 것이었다고 결론지어지면 그의 저항과 투쟁, 고난과 희생이 너무 한정되어버린다. 그의 경륜은 다음 세대의 길을 열어주는 데 쓰여야지 가로막는 것이어서는 안된다.'

김 이사장에 대한 평가는 이렇게 정치적 입장에 따라 달라진다. 어느 한쪽의 주장에 선뜻 동의하기에는 각각의 주장에 너무 허점이 많다. 이러한 상반된 평가가 나오게 된 가장 큰 이유는 지역구도로 움직여 온 한국정치의 고질적 병폐에 기인한다.

지난 6·27지방선거 지원유세에서 김 이사장은 "나는 유세할 권리도 있고, 투표할 권리도 있으며, 선거에 출마할 권리도 있다"며 정계복귀를 암시했다. 민주공화국인 대한민국에서는 당연히 주장할 수 있는 권리다. 김 이사장의 정계복귀는 전적으로 자신의 의사에 따라 결정될 수 있다. 그러나 헌법에 표시 안된 정치인의 임무가 있다. 국민에게 기쁨을 주고, 국민의 삶의 질을 높이는 것이다.

김 이사장 복귀 대다수 국민이 반대

주간 「미디어 오늘」이 7월 초에 전국의 남녀성인들을 대상으로 조사한 여론조사 결과에 따르면 "김대중 아태재단 이사장의 정계복귀에 찬성하느냐"라는 질문에 "매우 반대" 37.0%, "다소 반대" 23.5%로 과반수를 훨씬 넘는 61.2%가 김 이사장의 정계복귀에 대해 부정적인 반응을 보였다. 찬성의견은 26.9%에 지나지 않았다.

각 일간지 여론조사도 비슷한 결과를 보여준다. "신당 반대" 51.6%(「한겨레신문」), "김대중씨 대통령 출마 반대" 61.0%(「국민일보」)다. 이처럼 우리 국민들의 대부분은 김 이사장의 정계복귀를 반대하고 있다. 그의 은퇴번복이 국민에게 전혀 설득력이 없는 일임에도 불구하고 그가 또다시 정치적 생명을 걸고 정계복귀를 강행한 까닭은 무엇일까.

김 이사장은 "국정혼란과 야당의 한계를 극복하여 국민에게 꿈을 주는 데 힘을 보태겠다"는 논리를 내세웠다. 이것은 '명분'에 불과한 것이고 정치적인 이유는 신당창당이 정권창출을 위한 최상의 카드기 때문이다. 그동안 김 이사장은 '수권정당'을 수차례 표방해왔다. 어쨌든 김 이사장은 정계복귀와 관련하여 스스로 책임지면 그뿐이다.

그러나 분명히 짚고 넘어가야 할 것이 있다. 대다수 국민이 반대하는 김 이사장의 정계복귀를 현실정치판에서 가능하게 한 원인이 무엇인가 하는 것이다. 김 이사장이 무엇을 잘못했는가를 따지기 전에 먼저 그 원인을 살

피는 까닭은 분명한 잘잘못을 따져서 당사자에게 '죄과'를 붙는 것이 책임정치로 가는 출발점이기 때문이다.

"김 이사장 정계복귀 1등공신은 김 대통령"

김 이사장 정계복귀의 '1등공신'은 누구일까. 그것은 바로 김 대통령이다. 김 대통령의 개혁중단, 인사정책과 인재부족, 독선적인 통치행태, 인재로 인한 대형사고 등이 민심의 이반을 불렀고 그것이 김 이사장의 정계복귀 토대를 마련해주었다. 무엇보다 그는 국정을 '야당정치' 하듯 하면서 김 이사장을 정적으로 대하며 그의 최소한의 정치적 실현조차 차단해버렸다. 서울대 김승흠 교수는 이렇게 말했다.

"김 대통령이 집권 이후 김대중 아태재단 이사장을 대국적인 견지에서 정치원로로 대접하고 김 이사장과 대화를 나누고 응분의 반응을 보였더라면 김 이사장은 정치원로로서 그에 맞는 행동을 했을 것이다. 그러나 김 대통령은 민주화 투쟁의 동반자인 김 이사장을 대접하기는커녕 오히려 발목을 잡고 늘어졌다."

김 이사장의 식견과 경륜도 나라의 자산인데 김대통령의 포용력이 부족해서 그것을 활용하지 못하게 함으로써 김 이사장의 독자적 정치행보를 유도하는 결과를 가져왔다는 것이다. ㄴ신문 국회 출입기자인 이아무씨도 비슷한 진단을 내놓았다.

"김 대통령은 자신이 놓은 덫에 자기가 걸려들었다. 3당 합당은 명백한 반호남전선이었고, 호남고립을 통한 정권획득이었다. 지역성을 볼모로 자신의 정치적 이해를 실현시킨 김 대통령이 국민이 납득할 만한 명분 없이 김종필 전 대표를 축출함으로써 6·27선거에서 반PK전선이 광범위하게 형성되게 만들었고 '반민자 바람'이라는 부메랑으로 돌아오게 한 것이다."

지역주의에 근거한 3당합당의 태생적 한계가 오히려 민자당을 강타했다는 지적이다. 말하자면 김 대통령이 지역감정을 정략적으로 부추겼다는 것이다.

김 대통령의 통치행태가 국민들로 하여금 민심을 떠나게 했다는 주장은 호남지역 출신 사람들에게서 더욱 강하게 제기되고 있다. 통산산업부 김아무(32) 사무관의 말이다.

"누가 보아도 문제가 있는 사람을 사사로운 의리로 중용하는 김 대통령의 인사는 국가를 사당화한다는 의혹을 불러일으켰다. 그것은 오만과 독선에 기인한다. 초원복국집 사건의 당사자인 박일룡 경찰청장, 김기춘 KBO총재의 요직임명, 개각에서 호남출신 장관 끼워 넣기 등은

어떤 명분도 설득력도 없다. 이런 사례는 김 대통령이 지역차별을 통한 통치를 하고 있음을 여실히 보여준 것이다."

대선 이후 호남의 민심은 "이제 우리가 할 일은 아이를 많이 낳는 것"이었다. 그러나 그들은 절망감을 떨쳐버리고 김 대통령의 개혁에 70%가 넘는 지지를 보냈다. 그럼에도 불구하고 김 대통령은 '호남끌어안기' 노력을 하지 않았다. 그가 지역감정을 해소할 어떤 노력도 하지 않았기 때문에 결과적으로 지역의 골은 더욱 깊어졌고, 이러한 분위기가 호남인의 김 이사장에 대한 '향수'를 불러일으킨 것이다.

김 대통령은 평소에 '인사가 만사'라는 말을 자주 했다. 그는 문민정부 출범 이후 주로 부산·경남 출신들을 중용했다. 자신의 집권 구상을 실현하기 위해 대통령의 마음을 잘 알고 '충성'을 다하는 인사를 대통령 가까이에 두고 통치에 도움을 받는 것은 당연한 권리다. 그러나 원칙에서 벗어난 인사는 계파의 이익만을 추구한다고 비쳐지기에 충분했다.

그밖의 국정수행 과정에서 김 대통령의 독주도 국민들에게는 오만함으로 보여졌다. 특히 야당을 허수아비 취급하는 김 대통령의 모습은 국민들에게 많은 실망을 안겨주었다. 야당총재를 손아랫사람 다루듯 하는 상식을 벗어난 행동도 대통령답지 않은 모습의 하나였다. 여기에 개혁성과와 문민정부라는 수사에 지나치게 집착한 김 대통령의 밀어붙이기식 통치행태는 초기 개혁에서 상당한 전과를 올렸음에도 불구하고 국민들의 지지로 연결되지 못하고 빛이 바래고 말았다. 국민이 함께하는 개혁이 아니라 대통령 혼자하는 개혁이 되고 만 것이다.

'2등 공신'은 대안 없는 세대교체론자

김 이사장 복귀의 '2등공신'은 이른바 세대교체론자들이다. 이기택, 박찬종, 이부영, 김덕룡, 노무현으로 대표되는 이들은 "정치발전을 위해서 세대교체가 필요하다"라는 정당한 주장을 하면서도 실제로 국민들로 하여금 '정권을 맡겨도 좋겠다'라는 신뢰를 얻는 데 실패했다. 이들의 공통점은 말로는 반김대중을 외치면서도 행동은 매우 '조심'하는 태도를 보이는 점이다. 동교동계 핵심인 한화갑 의원의 세대교체론에 대한 역공이다.

"국민들은 참신성을 가진 인사를 원한다. 그러나 그들은 말로는 세대교체를 떠들면서도 개혁적인 방안을 내놓지 못했다. 세대교체는 인물만 바꾼다고 되는 것이 아니다. 국정운영에 대한 각론도 없이 원칙만 떠든다고 세대

신3김시대에 두 사람은 협력할 수 있을까.

교체가 되는가?"

세대교체론자들로 하여금 자성을 요하게 하는 대목이다. 이들이 얼마나 현실적인 대안 제시를 위해 노력했는지 묻지 않을 수 없다. 이들은 "3김 세력이 너무 강하기 때문에 어렵다" "국민들의 호응이 없어서 힘들다"라는 변명만 늘어놓고 있었다. 만약 세대교체론자들이 여·야를 떠나 계파 싸움에 얽매이지 않고, 개혁적 정책에 대해서 한목소리를 내거나 일사불란하게 행동통일을 하여 국민의 지지를 호소했더라면 그들은 기대 이상의 지지를 받았을 것이다.

김 이사장 정계복귀의 '3등 공신'은 바로 지역감정에 기대어 투표한 국민들이다. 지난 6월 30일 「중앙일보」의 여론조사 결과를 살펴보자.

6·27 지자제 선거에서 나타난 선거결과에 대해서 유권자의 66.2%는 "정치지도자들이 지역감정을 부추긴 우리 사회의 병폐"라고 지적했다. 유권자 스스로 지역정서로 표출된 선거 결과를 반성하고 있는 모습이다.

그런데 "투표의 기준은 무엇이었는가"라는 질문에서 유권자의 52.9%는 투표할 때 "지역정서에 영향을 받았다"고 답했다("영향 받지 않았다" 43.5%). 이 결과는 유권자가 지역감정이 나쁘다는 것을 알면서도 실제 선거에서는 지역에 따라 투표했다는 것을 알 수 있다.

더욱 큰 문제는 지역갈등이 이제 영·호남 간의 대결로만 나타난 것이 아니라는 점이다. "6·27선거에서 지역정서의 표출은 당연한 것"이라는 응답이 충남(58.3%), 경북(42.2%), 광주(40.95), 대전(40.0%), 충북(39.1

%), 전북(33.4%), 제주(32.4%), 강원(29.4%), 부산 (27.6%), 서울(27.4%) 순으로 나타났다.

비록 국민전체는 아니더라도 상당수 국민들이 지역감정에 좌우되어 지역할거세력을 선택했다는 것은 우리 사회의 지역주의 폐해가 심각한 단계에 와 있음을 보여준 것이다. 물론 지자제 선거가 지방의 이익을 위한 선거라는 점을 고려한다 해도 자신의 이익을 대변할 정치인을 뽑는데 인물이나 정책보다 지역주의의 잣대로 평가했다는 것은 심각히 반성해야 할 문제다. 왜냐하면 국민의 투표기준이 지역감정을 벗어나지 못하면 지역할거를 기반으로 하고 있는 현재의 정치구도는 결코 깨지지 않을 것이기 때문이다.

민주적인 정당은 전당대회 통해서 당원 뜻 물어야

김 이사장의 정계복귀 준비는 상당히 오랫동안 준비된 것으로 알려졌다. 동교동계 한 측근은 "김 이사장은 이기택 총재의 리더십 부재, 계파간의 세력다툼으로 인한 당 체질개선의 한계, 호남지역 지역구 의원에 대한 민심 이반 등을 심각하게 고민했다"고 전했다.

오랜 장고 끝에 김 이사장은 "당의 변화 없이 미래를 기약할 수 없다"는 원칙을 세우고 "지금의 민주당으로는 총선에서 승리할 수 없다"고 최종 판단을 내렸다. 신당창당의 결심을 굳힌 그는 지자제 승리를 통한 파괴력을 이용한 정면돌파를 선택했다.

애초의 김 이사장의 행보가 빨라진 이유는 "김 이사장 정계복귀 포기를 전제로한 총재직 사퇴"라는 이 총재의 공격을 미리 예방하고, 정계복귀에 대한 국민여론의 악화를 조기돌파하기 위한 것이었다.

많은 사람들이 김 이사장의 신당창당을 비판하는 이유는 신당창당이 민주당의 당권과 대권이 달린 문제에서 파생되었다는 점 때문이다. 제대로 된 정당이라면 전당대회에서 당원의 뜻을 묻고 그들의 최종결정에 따르는 것이 민주적 정당운영의 기본원리다. 그러나 야당역사상 우리는 이런 근대적 정당을 가져본 적이 없다. 그런데 당내 문제가 어렵다고 해서 다수의 탈당을 통해 특정정치인을 배제한다는 것은 명확한 명분이 없는 한 국민을 설득하기 어렵다. 그들에게는 그것이 절박한 문제인지 몰라도 국민의 판단은 다른 것이다. 더구나 그것이 국민들과의 약속을 전면파기한 것이라면 동의할 사람이 과연 얼마나 되겠는가. 책임있는 정치인이 할 도리가 아니다.

권력을 중심으로 합종연횡하는 '모래성' 정당, 정치적 이해관계에 따라 같은 이념을 가진 민주적 집합체가 아닌

민주당 전당대회에서 당원들의 환호에 답례하고 있는 김대중과 이기택.

명망가 위주의 1인 지배정당, 공익보다는 사당적 이익에 급급한 정당은 무슨 이유에서건 비판받아 마땅하다. 물론 이런 정치풍토 조성에 대해서 정치권 모두의 반성이 우선적으로 필요하다.

김 이사장이 주도하고 있는 신당이 또다시 보수연합 형식으로 이합집산된다면 우리 역사에는 김 대통령의 3당 야합 이후 다시 한번 나쁜 관례를 기록하게 되는 것이다.

정계복귀에 대한 다섯 가지 문제제기

김 이사장의 신당에 대한 비판의 근거는 다음의 다섯 가지 이유 때문이다.

첫째는 김 이사장의 정계복귀가 우리 사회의 도덕성 불감증을 더욱 부채질한다는 것이다. 김 이사장의 정계은퇴 기자회견은 국민들의 가슴에 커다란 감동으로 다가왔고 많은 국민들로 하여금 눈물을 흘리게 했다. 그런데 김 이사장이 약속을 위반하고 '국민들의 아름다운 기억'을 회수한다면 그것은 책임있는 공인이 할 일이 아니다.

설령 다른 많은 정치인들이 약속을 어긴다 하더라도 민주세력임을 자처하는 김 이사장의 약속은 우리나라의 건강한 미래를 위해서도 매우 중요하다. 국민들의 정치불신감이 사라지지 않는 이유도 정치인들이 거짓말을 밥먹듯이 하기 때문이다. 장을병 전 성대총장의 김 이사장에 대한 비판이다.

정계은퇴를 선언하는 김대중 당시 민주당 총재.

"야당을 지지해줄 이유가 없어졌다. 야권 실세라고 하는 사람이 JP와 손잡고 민주주의와 지방자치를 망쳤다. DJ정계은퇴 때 나도 눈물 흘렸다. 물러나겠다고 했으면 지켜야지 왜 남의 눈물까지 훔치느냐."

김 이사장은 어제의 '동지'의 비판을 어떻게 받아들일까. "도대체 정치지도자라는 사람들이 자기가 한 말에 대해 책임을 지지 않는다면 어떻게 국민들이 그를 신뢰하고 따르겠는가" "그런 사람들이 정치를 잘할 수 있다고 믿을 수 있겠는가" 하는 국민들의 정치불신과 냉소주의에 대해 뭐라 답할 것인가.

둘째, 김 이사장의 정계복귀는 망국적인 지역감정을 더욱 부추길 수 있다. 지역감정과 지역분할구도는 상호보완적이다. 한 지역에서 지역분할구도를 극복하면 그 여파는 곧 다른 지역에도 미친다. 반대로 한 지역에서 지역분할구도가 보강되면 다른 지역에서도 지역결속이 심화된다.

6·27 지자제 선거에서 자민련의 약진이 김 이사장의 등권론에 힘입었다는 것은 주지의 사실이다. 그러므로 신당 창당이 특정지역을 기반으로 한다는 것은 결코 바람직스럽지 않다. 국회의원 회관에서 만난 민주당 당직자는 "민주주의에서 과반수는 최선이다. 한 정당에 소속한 의원 중에서 과반수가 넘는 의원이 호남지역이면 호남당 아닌가?"라고 김 이사장의 신당을 비난했다. 익명을 요구

한 재야인사 ㅈ씨의 말이다.

"김대중씨의 등권론의 핵심은 지역을 나누어 가지자는 얘기다. 호남이라도 확실히 챙겨서 자기 몫을 찾겠다는 것인데…… 그러나 어떤 수단과 방법을 쓰더라도 집권은 불가능할 것이다. 반DJ 벽은 너무 거대하다. 또 집권을 하더라도 결국에는 김영삼 정권과 별로 다르지 않을 것이다. 생각해보라. 개혁을 하려고 하면 지금보다 더 많은 지역에서 거센 반발이 있지 않겠는가. 김대중 대통령은 불가능하다."

그는 김 이사장이 결코 현재의 지역구도를 넘어서지 못할 것이라는 설명을 덧붙였다.

셋째, 김 이사장이 주도하는 보수세력을 연합하는 신당은 변화와 개혁의 시대인 다가오는 21세기에 시대착오적이다. 정당이 창당되기 위해서는 국민들이 납득할 만한 창당배경과 정강정책이 분명하게 제시되어야 한다. 이념과 정강정책의 선명성보다는 과거 집권세력이나, 5·6공 인사 결집을 시도하는 것은 보수대연합에 다름 아니다. 수권능력을 갖춘다는 미명으로 보수세력의 결집을 위해 노력할 때 사회의 진보적 발전을 위해서 노력하는 이들의 자리가 없다. 기독교 사회문제연구원 이선태씨의 김 이사장 '한계론'이다.

"김 이사장이 '이데올로기의 바다'를 건너온 청년들의 가슴을 품어 안을 수 있을 것인가. 정치세력화를 가로막

는 국가보안법을 철폐할 수 있는가. 정치활동을 금하고 있는 노동법을 개정할 수 있는가. 이러한 내용의 준비는 개혁의 바로미터다. 김 이사장이 말한 21세기 준비, 통일, 청년을 위한 역할은 공허한 메아리에 불과하다."

넷째, 특정 정치인 밑으로 '줄'을 서는 붕당은 통일 시대의 바람직한 모습이 아니다. 이미 국민들은 김 이사장을 둘러싸고 있는 가신그룹의 '선생님에 대한 무조건적인 충성'에 대해 많은 비판을 한 바 있다. 앞으로의 정치는 지역할거와 개인, 사당정치를 파괴하는 새로운 정치여야 한다.

호남인들이 '싹쓸이'라는 비난을 받아가면서도 김 이사장을 지지했던 것은 불의와는 결코 타협하지 않고 싸웠던 그에게 힘을 주기 위해서였다. "안되는 줄은 알지만 어쩔 것이요. 그래도 선생님이 나오신다면 찍어야제."라는 자조섞인 호남인의 가슴에 더이상 패배의 그늘을 드리우게 해서는 안된다. 이름을 밝히기를 거부한 전남대 김아무 교수는 "호남 사람들도 김 이사장이 '민족의 지도자'로 남기를 희망하고 있다"고 김 이사장의 정계복귀를 안타까워했다.

지자제 선거 전에 광주의 한 지역신문이 실시한 여론조사에서 "김대중 아태재단 이사장이 차기대권을 맡을 가능성"에 대해 "있다"가 30% 이하였다고 한다. 광주 전남 지역에서 활동하고 있는 홍성담씨는 "찬반 투표로 가더라도 김대중 대통령은 어렵다"고 잘라 말했다.

다섯째, 국민들이 새로운 정치세력을 원하고 있는 마당에 신3김구도는 세대교체를 가로막는 장애다. 현재 정국주도권은 3김이 쥐고 있다. 3김을 극복하는 것은 차세대의 몫이라 하더라도 후진을 위한 공정한 자리마련이 필요하다. 또한 지금의 정치구조는 기득권 정당들의 각축장으로 젊은이들로 하여금 정치적 단련을 할 수 없게 하고 있다. 청년전문가 그룹에서 간사로 일하고 있는 김 영씨의 주장이다.

"김 이사장은 오랜 세월 동안 국민의 지지를 받아왔다. 세대교체의 실현은 역사적 명분이고 시대적 명분이다. 그럼에도 불구하고 이들이 힘을 펴지 못하는 것은 그들의 1차적 책임이지만 그 진보의 공간을 점거하다시피한 김 이사장의 태도도 문제다. 이들이 지역정서와 줄서기 정치에 매달리지 않고 활발한 활동을 할 수 있도록 해야 할 것이다."

'민족의 지도자'로 가는길

김 이사장을 둘러싼 젊은 세대의 논의도 다양하다. "아

예 정계복귀를 막아야 한다"는 '봉쇄론'에서부터 "민주적 식견과 경륜을 이용해야 한다"는 '주문론'까지 그를 바라보는 시선은 뜨겁다. 김 이사장은 그동안 나타난 국민의 여론을 누구보다 귀담아 들었을 것이다. 그가 어느 길을 선택하건 간에 그것은 자유다. 그러나 그가 걸어야 할 길이 정도여야 한다는 것이 그를 아끼는 국민들의 생각이다.

지자제 선거과정을 통해 제기된 정치쟁점의 하나는 내각제였다. 권력구조의 문제로 권력분점식 내각제와 호헌론 혹은 대통령 중임제로의 개헌에 정치세력간의 각축이 예상된다. 그러나 권력구조의 문제는 국민의 삶의 질을 높이는 방향에서 진행되어야 할 것이다.

신3김시대의 지역구도에 대한 책임은 3김에게 있다. 그러므로 3김은 결자해지의 입장에서 지역구도를 스스로 푸는 노력을 해야 한다. 그 맨 선두에 김 이사장이 서야 함은 물론이다. 김 이사장은 '호남당' '김대중당'이라는 족쇄에서 벗어나기 위해 호남을 벗어난 큰 정치를 하고 PK인들까지 측근으로 맞이하는 태도를 가져야 한다. 신당 창당에 관여하고 있는 동교동계 의원의 말이다.

"지역에 기반하지 않는 정당은 있을 수가 없다. 정치인은 지역과 밀접하게 관계를 맺을 수밖에 없다. 그러므로 지역적인 특성은 무시할 수 없다. 지역발전의 동인으로 작용할 수도 있기 때문이다. 김 이사장의 지역등권론이 지역패권을 막고 지역간의 동등한 발전을 도모하도록 그 모범을 보일 것이다."

이제 우리는 그 약속을 지켜볼 수밖에 없다.

다음으로 김 이사장의 정계복귀는 개혁을 다그치기 위한 노정이어야 할 것이다. 21세기는 변화와 발전을 내재한 개혁의 시대가 되어야 한다. 그러므로 김 이사장은 개혁세력을 결집하는 데 더욱 앞장서야 한다. 민주대연합이 가능할 수 있도록 사심을 버리고 그 길로 매진해야 할 것이다. "장식용으로 명망가 몇 사람 데리고 올 것"이라는 비판자들의 따가운 시선을 가슴 깊게 새겨야 한다.

또 풀뿌리 민주주의를 위해 헌신해야 할 것이다. 김 이사장은 스스로 '지자제맨'임을 자처했다. 6·27 선거는 지역할거주의라는 부정적 평가와 정치사 초유의 연립개념이라는 각각의 의미를 지닌 선거였다. 그의 지원유세에 힘입어 민주당은 기초단체장을 비롯한 전부분에서 승리했다. 광주가 고향이라는 택시기사 김씨의 말에는 무엇인가 기대감이 실려 있었다.

"야당도 국정을 책임지는 자세를 보여야 한다. 행정능력을 발휘하여 야당도 수권가능하다는 것을 보여줄 수 있

김대중 총재(?). 2년 7개월 만에 정계복귀를 선언한 김대중 아태재단 이사장이 헤쳐 나가야 할 길은 멀다.

도록 국민을 위한 정치를 해야 한다.˝

'민주세력 수장'의 길 걸어야

지난 6월 26일 오후 3시 서대문 독립공원에서는 민주당 지자제 후보 정당연설회가 열렸다. 따가운 햇살을 피해서 사람들은 삼삼오오 나무 밑에 모여 앉아서 김 이사장이 오기만을 애타게(?) 기다렸다. 40대 이후의 남녀가 주류를 이루었는데 김상현 고문, 김근태 부총재, 장재식 의원이 잇따라 연단에 올라가서 민자당의 실정을 성토했다.

두 시간이 지난 오후 5시 15분 김상현 의원의 연설 도중에 군중의 일부가 술렁거렸다. ˝민족의 지도자 김대중 선생이 드디어 오셨습니다˝라는 김 고문의 말에 뒤이어 사람들이 여기저기서 연단 앞으로 모여들었고 사회자가 ˝얼마나 건강한 모습이십니까˝라고 말하자 대통령 유세를 방불케 하는 ˝김대중!˝ 연호가 뒤따랐다.

˝여러분이 안 오시면 될텐데 이렇게 몰려 나와서 환호를 하니까 민자당이 배가 아파서 나를 비난하고 난리입니다. 저는 투표권도 있고 출마할 권리도 있고 내 입으로 말할 권리도 있습니다. 그렇기 때문에 서대문 구청장으로

도 나올 수 있습니다. 다만 출마해도 여러분이 안 뽑아줄 것 같으니까 안 나온 것입니다.˝

김 이사장 특유의 달변에 청중들은 환호하고 웃었다.

˝저는 이런 유세는 다시 안할 것이라고 생각했는데 이렇게 여러분 앞에 섰습니다. 제 선거에서 떨어지고 남의 선거를 위해서 나선 내 팔자가 참으로 기구하다는 생각이 듭니다.˝

청중들은 허탈하게 웃었다. 그리고 더 힘찬 박수를 김 이사장에게 보냈다.

지방선거 이전까지 김 이사장은 ˝대통령은 하늘의 뜻을 얻어야 한다˝는 심경을 여러 차례 피력했다. 그렇다면 그의 정계복귀는 천심이 그에게 왔거나 '사람의 힘'으로 천심을 얻을 수 있다는 확신이 있을 때만이 가능하다. 천심이 그에게 왔는가. 현재의 국민적 분위기는 92년 대통령 선거 출마 때보다 훨씬 더 열악하다.

97년 12월, 김대중 대통령은 탄생할까. 아직은 누구도 장담할 수 없다. 그러나 김 이사장이 가야 할 길은 명확하다. 그가 걸어가야 하는 길은 '대권욕의 화신'이 가는 길이 아니라 '민주세력의 수장'이 가는 떳떳한 길이어야 한다는 것이다. ■

철의 기지에서 보낸 7박 8일

하루 4백만명이 이용하는 서울지하철은 대중교통의 꽃이다
시민들의 편의를 위해 아침 일찍부터 밤 늦게까지 운행되고 있는 지하철에는
철의 노동자 1만여명의 피와 땀이 묻어있다. 아무도 쳐주지 않는 지하에서 모두가 잠든 한밤중에
지하철 안전운행을 위해 최선을 다하고 있는 노동자들의 삶을 근착했다.

김종석 (본지기자)

서울역 매표구의 풍경

"7살쯤 된 남보라색 옷을 입은 여자아이를 종각역에서 보호하고 있으니 보호자께서는 종각역으로 지금 즉시 가시기 바랍니다."

지하철 서울역 구내 전역에 안내방송이 퍼진 시간은 퇴근시간이 막 시작된 오후 6시 10분. 서울역의 한 매표소에서 두 사람의 역무원이 쉴사이 없는 손놀림으로 표를 팔았다. 그런데 표를 파는 모습이 '비비꼬인' 이상하기 그지 없는 자세다. 원래 창고를 개조해서 만든 매표소라서 창틀이 낮아 거기에 맞춘 앉은뱅이 책상을 놓은데다가 승객들을 바라보는 창구쪽 밑이 바로 벽이라서 발을 뻗을 수가 없기 때문에 이상한 자세를 취하게 된 것이다.

이런 불편한 자세로 근무를 하던 승무원은 30분이 채 못되어 "다리가 저려온다"고 얼굴을 찡그렸다. 그런데 이들은 시민들로부터 끊임없이 시달린다.

여자(20대) : 합정역으로 가려면 시청이 빨라요? 신도림이 빨라요?

역무원1 : 시청으로 가세요.

남학생 : 정액권이 구겨졌는데요?

역무원1 : 첫번째 개찰구가 열렸으니까 들어와서 역무실로 오세요.

남자(30대) : 주안 둘.

역무원2 : (표를 내주며) ……

남자 : (약간 신경질적으로) 구간이라니까요

역무원2 : (다시 돈을 거슬러 주면서) 헷갈리니까 목적지를 말하세요.

남자(60대초) : (3백원을 내밀며) 구로역.

역무원1 : 50원 더 주세요.

남자 : (1천원짜리 지폐를 마지못해 준다) ……

역무원1 : (9백50원을 거슬러 준다) 여기 있습니다.

남자 : (셈을 하며) 잔돈을 더 주어야지?

역무원1 : 9백50원 맞잖아요.

남자 : (따지듯이) 내가 300원 주고 천원 주었으니까 그러니까…… (겸연쩍어 돌아서며) 계산을 확실히 잘 해야지.

7시 10분. 마침내 교대시간, 자리에서 일어나는 두 역무원의 얼굴에는 피곤함이 잔뜩 엉겨있다. 이렇게 하루 근무시간(12시부터 7시 10분까지)을 마치면 이들은 대부분 과김치가 된다. 이들이 오늘 하루 판매한 금액은 4백50여만원.

이들과 같은 일을 하는 서울지하철 역무원은 모두 3천여명. 서울역의 근무인원은 40명이다. 이중에서 8명은 구내원으로 선로변환이나 기계운전을 취급하고, 32명중 일근자를 제외한 나머지 인원(보통 6~7명)이 4조로 나뉘어 4조3교대(1조 : 오전 8시~오후 5시 10분, 2조 : 오후 12시~오후 8시, 3조 : 저녁 7시~다음날 오전 9시, 4조 : 휴무) 형태로 개인당 월 1백84시간을 근무한다.

서울역은 1일 이용승객 37만명(환승객 포함) 평균수입 2천1백만원(평일 2천3백만원, 일요일 1천9백만원) 승차권 구입승객 6만여명으로 이른바 1급지이다. 이런 급지 선정은 이용승객, 수익금액에 따라 등급을 분류하는데 1호선 전구간 9개역, 2호선 잠실·을지로·신도림·신림역, 3호선 종로3가·고속터미널역 등 모두 16개 역이 여기에 해당한다. 서울시내 1백14개 역중에서 가장 돈을 많이 벌어들이는 역은 잠실역이다. 청량리, 신림역 등도 하루 평균 3천만원 이상의 매출을 올린다.

이렇게 돈을 많이 번다는 것은 그만큼 업무량이 많다는 것. 그래서 1급지의 경우 18개월을 기준으로 근무를 교대하고 기타 역에서는 3년 정도를 근무한다. 규모가 작은 역들, 예를들면 녹번·불광역 등은 4~5명의 인원으로 근무해야 한다. 이런 곳은 휴무자가 한 사람이라도 있으면 거의 '말뚝근무'를 할 수밖에 없다. 역무인원 부족에 대해 역무원들의 불만은 대단했다. 지하철 공사가 89년 24시간 맞교대 근무에서 4조3교대 근무로 직제를 개편한 이후 지금까지 역무원에 대해 충원은 했지만 증원을 안했기 때문이다. 노조 역무지부 김선배 종로지회장의 말이다.

"89년 이후 수송인원 60%, 수입액 1백20%가 증가했음에도 역무원들은 그대로다. 그 결과 85년에는 역무원 평균연령이 27세였는데 현재는 35세. 연인원 1백40명

정도가 일이 힘들어서 이직을 하고 있다. 91년 공사에서 외부기관에 용역을 주었는데 그것과 현재인원을 비교해 보더라도 역무원은 5백20명이 부족한 실정이다."

인원부족과 함께 지하철 역무원들의 또다른 걱정거리는 지하환경, 특히 숙소 문제였다. 이들은 대부분 근무지가 지하여서 근무여건에 대한 불안감이 남달리 높았다. 서울역 지하통로에 마련된 숙소는 한눈에도 부실해 보였다. 철제침대 6개가 덩그러니 놓인 침실은 퀴퀴한 냄새에 찌들어 있었다. 한 켠에 놓인 공기청정기가 오히려 안쓰러워(?) 보였다. 더욱이 침실 바로 앞에 시민들이 보행하는 지하통로여서 먼지가 많다.

지난해 10월에 발표된 한양대 환경 및 산업의학연구소의 김윤신 교수등이 연구한「서울시 일부 지하철역내 대기오염물질에 대한 조사연구」논문은 지하철 안국역, 종로3가역, 경복궁역의 지하수 함유 평균 라돈농도가 각각 8천5백12.4피코큐리, 5천71.8피코큐리, 5천4백6.3피코큐리 등으로 각종 암발생 위험기준치인 5천피코큐리를 넘어섰다고 밝혔다. 이 수치는 일반대기중의 라돈기준치인 4피코큐리보다 무려 1천5백배나 높은 것이다.

철의 기지 군자, 정비전선 이상없다

오전 8시 30분. 용답역에서 기지를 찾아가는 길은 황량했다. 역사 한켠으로 조그맣게 난 오솔길을 접어들면 거기서부터 바로 군자기지인데 무수한 철로가 땅바닥에 금을 그어 놓은 듯이 깔려 있다. 철길 사이에는 수많은 자갈들이 서로의 몸을 맞대고 누워 햇볕에 물기를 털어내느라 가끔씩 반짝거렸다.

지하철공사는 군자·신정·지축·창동·수서 등 모두 다섯개의 차량기지를 가지고 있는데 총 2천3백여명이 근무한다. 다섯개 기지중에서 가장 먼저 만들어진 군자기지는 일명 '보충대'라고 불린다. 마치 논산훈련소가 훈련병을 훈련시켜 자대에 배치시키는 것처럼 신입사원들을 숙련공으로 훈련시켜서 다른 기지로 보내기 때문이다.

서울지하철 공사가 보유하고 있는 전동차는 95년 현재 1천9백42량으로 모두 4종류의 차종을 이루고 있다. 지하철 전동차는 저항차-초퍼차-GEC차-VVVF차의 발전 계보를 이루고 있는데 운용방식의 차이에 따라 전동차 명칭이 각기 다르다. 1호선에서 볼 수 있는 빨간색 전동차는 지하철공사 소속차량으로 모두가 저항차이다. 2호선에는 저항차, 초퍼차, GEC차가 섞여 있고, 3호선에는 GEC차, 4호선은 VVVF차가 운행되고 있다.

대지 6만3천평의 군자기지에 소속된 전동차는 5백30량. 정비 2백18명, 검수 4백여명 등 총 7백50여명이 전

동차의 안전운행을 책임진다. 차종류는 1호선 저항차 1백60량, 현대 저항차 20량, GEC차 3백50량이다. 차량정비는 크게 정비와 검수로 나눈다. 정비는 중정비를 담당하고 검수는 경정비를 담당한다.

8천9백평의 정비창은 기자의 눈에는 엄청나게 넓어보였다. 여기저기에 전동차의 부품들이 말그대로 '파편'이 되어 흩어져 있었다. 이곳 정비를 담당한 부서(기계, 전기, 전자 등 8개팀)는 전동차를 2년, 4년 주기로 순번을

지하공간 환경오염, 근무요원 부족 등 역무원의 근무조건은 매우 열악하다.

매겨 완전히 해체한 후에 문제부분을 고쳐서 다시 결합하는 일을 한다. 올해 정기정검을 받아야할 차량은 2백83량. 1편성(10량) 된 지하철을 18~20일 동안에 해체해서 다시 결합, 작업을 끝내야 한다.

기자가 1일 사원으로 작업에 참여한 낡은 1호선 전동차가 이틀전에 들어와 차체와 차대가 분리돼 있는 상태였다. 뎅그러니 놓여 있는 전동차의 운전석 바닥은 여기저기가 심하게 부식되어 있었다.

대차부분에서부터 작업을 시작했다. 대차는 차륜, 프레임, 윤축, 베아링등을 완전분해하여 점검한다. 공장안에는 자동세척기, 초음파 탐상기 등이 있었는데 부품을 검사할 때만 사용하고, 천정에 매달린 크레인으로 이동, 분리하는 작업을 제외하고는 철저하게 수작업에 의존했다.

2년동안 승객을 수송하고 들어온 차량의 밑부분에는 기름때와 먼지가 뒤엉켜 있어서 세척작업에서부터 시작하였다. 차바퀴 4개가 한 조를 이루며 차체를 떠받치는 역할을 하는 프레임을 10여명의 직원이 달려들어 해체한다. 웃옷을 벗은 사람들의 건강한 어깨에 기름이 묻어 번들거린다. 구릿빛 피부에서는 굵은 땀방울이 떨어진다. '꿍차' 하는 힘쓰는 소리가 공장안을 가르며 울린다.

프레임에서 차바퀴를 분리할 때는 크레인을 이용한다. 마침내 바퀴, 프레임, 차대가 분리되었다. 차대에는 '1974년 히다치'라는 제작표시가 있었다. 기름때가 묻어 있는 부품들은 자동세척기의 약품처리된 세제로 닦고 다시 따뜻한 물로 행군다(?). 차바퀴를 돌리는 베어링은 오랫동안 기름속에 잠겨 있었기 때문에 경유로 세척한다.

이렇게 각기 분리된 부품들은 여러곳으로 옮겨져 검사를 받는다. 차바퀴와 차축은 초음파 탐상기를 이용해서 파손유무를 찾아낸다. 검사를 마친 바퀴는 그동안 마모가 되어서 수평이 맞지 않기 때문에 다시 수평이 되게 깎는다. 차바퀴는 얇게 깎아지기 때문에 떨어져 나온 부분이 꼬이면서 예른 '쇠꽃'을 만들어 냈다. 얇은 강철판의 푸르스름한 빛깔 때문에 부스러기가 모이면 한포기 수국이 피어난다.

김기영 주임에게 정비에 관한 의문점들을 물었다.

—거의 모든 작업을 사람 손에 의존하고 있는데.

"해체공정은 기계작업 자체가 거의 불가능하다. 2만5천개나 되는 지하철 부품들은 고도로 세밀한 부품들이어서 수작업을 할 수 밖에 없다."

—정비를 하면서 특별히 어려운 점은.

"부품의 경우 발주에서 수입까지 시간이 많이 걸려서 확보가 어렵다. 더구나 우리나라 지하철의 경우 운전강도가 센 편이라 부품이 수명만큼 활용되지 못한다. 또 차종이 다양해서 지침서가 많기 때문에 공부를 많이 해야 한다. 현장작업을 해야하는 직원들의 근무 특성상 많은 부담이 된다."

오전 작업을 끝낸 후 점심식사 시간이 되자 보기드문 풍경이 펼쳐졌다. 정비창과 식당이 멀리 떨어져서 직원들이 '자가용'을 타고 가는 모습은 이색적 이었다. 여기저기서 식당으로 향하는 자전거의 행렬이 이어졌다. 7백원짜리 식권이었지만 시장이 반찬이었다.

오후에는 노조 박재은 차량1지회장과 대차를 제외한 나머지 공정을 살펴 보았다.

정비창 직원들은 대부분 기술 축적에 상당한 자신감을 가지고 있었다. 그들은 "지난해 과천선 사고에서도 사고차량 19대중 서울시 지하철공사 소속 2대를 제외한 17대가 철도청 소속이었다"며 "근무조건은 나빠도 실력은 좋다"고 자부심을 드러냈다. 박 지회장은 제어실에서 도어엔진실험기를 가리키면서 "차문개폐장치를 검사하는 기계인데 선배들이 맨땅에 헤딩하는 식으로 정비를 하면서 기술축적을 통해 스스로 만들어낸 것이다"고 자랑(?)했다.

정비창은 지하철의 고장원인을 무리한 운행 때문으로

검수고에서
안전점검을 하고 있는
검수원들의 작업모습.

보고 있다. 1량 정원은 1백70명 정도인데 출퇴근 시간에는 5백명 가까이 타기 때문에 기계에 무리가 갈 수 밖에 없다는 것이다.

검수원, 밤낮이 따로없는 안전운행의 파수꾼

검수 작업을 취재하기 위해 군자기지로 가는 길은 정비창으로 가는 길과 같았지만 주위에는 어둠이 깔린 저녁 9시경이었다. 주변 풍경도 달라진 것은 없었다. 그러나 수은등에 비친 기지의 풍경은 한 폭의 그림 같았다. '그림' 속에서 분주히 움직이는 그림자들이 있었다. 바로 차량 검수원들이었다. 노조의 정선식 차량2지회장의 도움을 받아 작업현장을 둘러보기로 했다.

차량 검수는 열차운행이 중단된 야간에 주로 진행된다. 점검은 1일, 3일 간격으로 진행하는 '일상검사' 두 달에 한 번씩 하는 '월상검사'가 있는데 이를 통하여 문제점을 찾고, 경정비를 실시한다. 이들의 근무형태는 3조2교대. 주간근무는 월상검사를 하고 야간근무자는 일상검사를 한다. 일상검사의 경우 1편성당 2시간 30분에서 3시간의 점검시간이 필요한데 현재 주어진 시간은 길어야 한시간이고 보통 30분만에 검사를 마친다. 하루저녁에 40편성(4백량) 정도를 점검하는데 한정된 시설과 인원, 열차의 휴식을 고려하면 9시부터 새벽 1시까지인 근무시간에 검사를 마치기란 여간 어려운 일이 아니다. 그렇기 때문에 정밀검사가 제대로 시행되기는 매우 어렵다.

검수고에 들어와 있는 차들은 '산차'(동력이 끊기지 않은 차를 지칭) 상태로 검사를 받는다. 전동기 돌아가는 소리, 압축공기 빠지는 소리 등으로 현장은 몹시 시끄러웠다. 전동차 1대에 매달리는 인원은 13명. 차대, 차내, 옥상으로 조를 나누어 검사를 실시한다.

검수는 이론적인 습득도 중요하지만 현장교육이 어느 분야보다 더 필요하다. 동일한 부품에 대해서도 차량마다 반응이 다르기 때문이다. 같은 GEC차라도 현대, 대우, 한진에 따라서 부품명칭이 다르고 위치도 다르다. 결국 부품을 뜯어서 바꿔 보고 반응을 살핀 후에 다시 제자리로 넣어 반응을 살피고 하면서 그 특성을 파악해야 하기 때문에 기술진들은 애를 먹고 있다. 이런 '맨땅에 헤딩식'의 노력은 결코 과소 평가할 수 없다. 철도청의 경우 저항차에서 VVVF차로 바로 차량을 바꿔 미처 기술축적을 못함으로써 지난해 잦은 사고로 홍역을 치렀다고 한다.

─4호선 차량은 신형인데 왜 고장이 나는가.

"VVVF는 운전실에서 모니터를 통하여 모든 상황을 파악할 수 있게 되어 있는데 실제 운용에 있어서 기관사들의 기계장악력이 떨어지기 때문에 많은 문제점이 발생한다. 더욱이 그 전동차는 최신기종이라 아직 기술적 완성도가 검증되지 않은 상태다."

―여름철에 유난히 실내가 더운 차량이 있는데.

"여름철이면 시민들은 짜증날 것이다. 냉방기는 외부업체에 용역을 주기 때문에 프레온가스 보충 등 일상적인 점검이 잘 안되고 있다. 그래서 시민들이 그런 불편을 겪게 된다. 용역은 한정된 금액으로 계약을 하기 때문에 최선의 상태를 유지하기가 어렵다. 또 1호선 저항차는 3개의 '저항군단'이 있어서 구조적으로 냉방이 불가능하다. 시민들이 알아두면 편리한데 차량 옆면에 0300이나 0400으로 표시된 전동차를 피하면 시원하게 갈 수 있다. 저항차의 경우 저항군단을 통하여 전력을 공급하면서 속도를 제어하기 때문에 어쩔 수 없이 열이 발생하게 된다. 이런 저항군단은 전동차 10량중 세량이 있다."

―부품유용이 지난해 국정감사에서 지적되었는데 지금도 해결이 안되었는가.

"지금은 많이 나아졌다. 유용이라기 보다는 현실적으로 아직도 이용할 수 밖에 없다. 모든 부품 구입이 언제든지 가능할 수는 없지 않은가? 물론 필수적인 부품확보가 최선의 방법이다. 보다 근본적으로 지하철을 안전하게 운행하기 위해서는 부품의 경우 지정된 기간이 되면 무조건 바꾸어 주어야 한다. 그러나 우리는 고장이 나지 않으면 유효기간이 넘어도 계속 쓴다. 결국 사고가 발생한 후에야 부품을 교체하게 되므로 소 잃고 외양간 고친격이다. 문제는 기술력이 아니라 공사의 의식전환과 투자다."

이런 지적은 뉴욕지하철을 보더라도 설득력을 갖는다. 올해로 개통 91년째를 맞고 있는 뉴욕지하철은 83~84년에 평균 18일에 한번씩 열차가 탈선했고 5분이상 지연된 횟수는 무려 3만7천5백86건(객차 1량기준). 그래서 '사고철'이라는 불명예스러운 이름을 얻었다. 그런데 12년이 지난 94년에는 5분 이상 지연된 횟수가 5천3백34회로 7배 가까이 줄었다. 또 MDBF(한번 수리를 받은 다음 다시 수리가 필요할 때까지의 운행거리)도 84년 1만1천5백45km에서 9만5백38km로 여덟배가 늘어 났다.

이처럼 뉴욕지하철이 열차의 평균수명이 20년을 넘겼음에도 오히려 예전보다 사고를 줄일 수 있었던 이유는 무엇일까. 그 이유는 신형열차나 장비 도입이 아니라 기존시설에 대한 철저한 수선·보수가 이루어졌기 때문이다. 이들은 열차의 문제발생 여부에 관계없이 바퀴축은 6년마다, 에어브레이크는 4년마다, 압축기, 배터리는 7년마다 정기적으로 수리 또는 교체하여 차체를 제외한 지하철의 중요부분을 거의 새차나 다름없이 만들었던 것이다.

천만 서울 시민의 발 승무원들의 삶과 애환

서울지하철의 승무원은 2천여명(조합원 1천7백여명)이다. 2호선의 경우 구로·신정·성수 등 3곳의 승무사무소가 있는데 직원들의 주거지를 고려해서 근무지역이 결정된다. 구로공단역에 위치한 구로승무사무소(이하 구로승무)의 직원은 2백92명. 이들중 내근자는 3조2교대 근무를 하고 기관사·차장은 교번근무라는 독특한 형태의 근무를 한다. 다이아(DIA)로 불리는 조별 근무형태가 그것이다.

승무원과 차장은 2명이 한조가 되어 1~66다이아(이하 조로 통일)를 이루는데 1~40조는 주간근무, 41~66조는 야간근무를 마치고 숙소에서 잠을 자고 다음날 새벽근무를 마치고 퇴근한다. 각조의 출근시간은 10~20분의 차이가 나고 퇴근 시간도 조마다 다르다. 주간 근무자의 경우는 통상 오전에 출근하여 2호선 순환선 두바퀴를 운행하고 2~3시간 휴식을 취한 후 오후에 한차례 운행을 마친 뒤에 퇴근한다. 한달 휴일은 6일로 각조별로 돌아가면서 쉰다. 이들에게 공휴일이나 명절은 없다. 또 승무원들은 불규칙적인 출근과 차량운전시간 때문에 제때에 식사를 하지못해 거의 모두 위장병을 가지고 있다.

어떻게 보면 기관사는 고독한 직업이다. 운행중에는 누구와도 대화를 나누지 못하고 '기계와의 대화'만을 해야하기 때문이다. 그래서 승무원들에게는 웃지 못할 사연도 많다. 한 승무원은 "예전에 3호선 운전중에 생리적 욕구를 도저히 참을 수 없어서 터널에 차를 세우고 운전실에서 신문지를 깔고 재빨리 일을 보고 출발한 적이 있었다"고 토로했다. 노조 김명기 승무지부장의 말을 들어보자.

"승무원은 말 그대로 천만 시민의 발이나 다름없다. 그럼에도 사회적 명예 임금 등 어느 것 하나에서도 제대로 대접 받지 못하고 있다. 집단이기주의라고 몰아부칠지도 모르지만 우리는 철도청 공무원보다 평균 임금이 10만원 이상 적다. 그런데도 해마다 기본급 3%인상을 강요한다. 노조의 요구를 집단이기주의나 정치투쟁으로 매도하는 것에 대해 분노하지 않을 수 없다."

김 지부장의 말대로 승무원은 서울시민의 발이다. '시민의 발'의 가장 큰 애로점은 무엇일까. 노조 구로승무지회 송의교 부지회장은 "안전운행을 위해서 편안한 근무환경이 마련돼야 하는데 근무환경이 너무 열악하다"고 잘라 말했다. 기자는 송 부지회장과 함께 시설들을 둘러 보았다.

3백명에 가까운 구로승무 직원들은 1인당 0.3평의 공간을 배당(?) 받고 있다. 각자에게 배당된 작은공간을 모아서 사무실, 휴식공간, 숙소, 체력단련실, 탈의실로 사용하고 있다. 비좁은 사무실은 제외하더라도 '시민의 발'들이 쉴 휴게실은 겨우 3~4평 정도. 휴식을 취하고 있는 승무원 세 팀이 바둑과 장기를 두고 있었다. 휴게실 한켠은 칸막이로 막아서 취미활동공간으로 쓰는데 두 명의 승무원이 수석을 다듬고 있었다. 그나마도 휴게실 바로 위쪽이 화장실이라서 심한 악취가 났다.

개찰구 안쪽으로 마련된 체력단련실에는 탁구대 하나가 놓여 있는데 공간이 협소해서 탁구대에 바짝 붙어야 겨우 게임을 할 수 있을 정도였다. 그나마 탈의실에 사물함을 놓을 자리가 부족한 관계로 탁구대 주변까지 개인 사물함이 자리를 잡고 앉았다. 그 옆에 마련된 탈의실에는 개인 사물함이 빼곡이 들어찬 관계로 통로가 비좁아져서 한 사람이 겨우 지날 수 있을 정도였다. 침실은 10~15명이 누울 공간은 되었지만 구로공단역 양방향에 고속화도로가 놓여 질주하는 차량들로 소음이 심했다.

승무원들이 다음으로 불만을 토로하는 사안은 안전운전확보 문제였다. 특히 출입문 개폐상황을 파악할 수 있는 I. TV에 대한 문제점 지적이 단연 많았다. 승무노보 『새벽열차』 8월호에 실린 성수통신원의 「2호선 I. TV 이대로 좋은가?」라는 글 한토막을 살펴보자.

눈이 빠지게 I. TV를 바라본다. 희미한 화면에 흐믈흐믈 승객들이 바빼 들락거린다. 인산인해를 이룬 승강장은 흡사 남대문 시장을 방불케 한다. 불합리한 위치선정과 희미한 화면상태로 승객승하차도 정확히 감지할 수 없다. ……시청·을지로4가·동대문운동장역에 I. TV를 컬러화면으로 교체했다. 이제야 안심하고 승객 승하차를 감시할 수 있겠구나. 내심 반가웠다. 그러나 웬걸 기대가 크면 실망도 큰 법인가. 동대문·을지로4가역은 그런 대로 승객 승하차 상태를 구분할 수 있지만 시청·을지로3가역은 차장을 우롱하는 건지 기존의 불합리한 화면위치는 개선하지 않고 색깔만 바꾸어 놓았다. 정말 한심하고 통탄할 노릇이다.

그동안 흑백 모니터였던 감시장치가 지금은 컬러모니터로 교체되고 있지만 새로 설치된 모니터도 곡선 승강장에만 설치됐거나 모니터의 위치가 사각을 잘 살필수 없게 설치되어 있어서 결국 방송에 의존할 수밖에 없다는 말이다. 김동천 대의원은 이런 주장을 했다.

"10량이면 약 2백미터 거리다. 직선 승강장에서도 끝이 가물가물하다. 싱가포르 지하철의 경우 2중 안전장치로 되어 있다. 승강장에 출입문과 같은 개폐시설이 되어 있다는 것이다. 대폭적인 투자를 통한 안전시설 확보가

되지 않으면 안전사고 위험은 상존할 수밖에 없다."

이 밖에도 시민들의 무질서가 운전상의 문제점으로 나타난다. 자신만 빨리 가겠다고 물건이나 발을 밀어 넣는 경우 열차가 그만큼 지연됨으로써 승차하고 있는 시민은 물론 전체 열차 간격까지 무질서해질 수 있다. 승무원들은 시민들의 질서 의식이 필요하다고 이구동성으로 입을 모았다.

"시민들이 열차가 위험하다는 생각을 안한다. 출퇴근 시에는 3~4분, 보통 때 6~7분 간격으로 열차가 운행되기 때문에 조금만 참으면 다음 차가 오는데 발을 밀어넣는다. 이런 행동은 시민들 스스로 피해주었으면 좋겠다."

구로승무 취재를 마치고 기자는 을지로 순환선 ×2×0호 기관차에 탑승하여 운전하는 모습을 지켜 보았다. 기관사의 손놀림에 따라 전동차가 서서히 움직이기 시작했다. 전동차의 경우 앞칸에 탄 기관사는 운전, 고장시 응급처치 등을 담당하고 맨뒤칸의 차장은 서비스 부분 즉 안내방송, 차문개폐 등을 담당한다.

지하철의 얌체족들

지하철이 '먹여 살리는 사람들'은 공사 직원들만이 아니다. 연말연시가 되면 유난히 승객들로부터 도움을 받으려는 사람들이 많은데 이 가운데 상당수가 불우이웃돕기 성금을 빙자해서 돈벌이를 해보려는 '얌체족'이다.

서울지하철경찰대가 지난 1월에 지하철 1~4호선에서 모두 80여건, 1백여명에 이르는 얌체족들을 붙잡아 이 가운데 '가짜 자선회원' 35명을 즉심에 넘겼는데 이들 '가짜'들 가운데 상당수가 손쉽게 용돈을 마련하기 위해 나선 대학생들이었다. 지방 ㄱ대생 최아무씨(20)는 "개인용돈과 등록금을 마련하려고 올라와서 이틀동안 25만원을 모았는데 죄가 되는 지는 몰랐다"고 선처를 바랐다. 최씨와 같은 경우는 이른바 '상경파'다. 아예 '본격적인 돈벌이파'도 있다. 3시간 만에 8만 1천원의 '고소득'을 올리다 적발된 박아무씨(41)는 "겨울에는 일거리도 없는데다 지하철에서 모금함을 들고 다니면 쉽게 돈을 벌 수 있다는 말을 듣고 일을 시작했다"고 털어 놓았다.

이들의 행위는 액수도 적고 적극적인 사기행위로 보기 어려워 즉심에 넘겨지고 말지만 대학생 신분에 걸맞는 행위는 결코 아니다. 또 지하철이 주로 서민들이 이용한다는 점을 '악용'하여 그들의 온정을 헛되게 만들고 실제로 노동능력이 없어서 어쩔 수 없이 시민들의 도움에 의존할 수 밖에 없는 '진짜'들의 '생존권을 위협'한다는 점에서도 얌체 짓 이상을 넘어서는 행위인 것이다. ■

운전실에는 각종 계기판과 운전·방송·출입문 개폐장치가 설치되어 있었고 사령실과 통화할 수 있는 무선시설이 있었다. 좌측 손으로 운전을 하고 오른손으로는 제동장치를 다룬다. 기관사 뒤쪽에는 ATS장치가 설치되어 있었다. 이 장치는 지하선로에 2백미터 간격으로 설치된 넓적한 철판모양의 ATS지상자에서 발생된 주파수와 신호를 교환하여 자동으로 제어하게 되어 있다.

신도림 지하밑으로 들어가는 입구는 땅이 마치 지하철을 삼킬 것처럼 입을 떡벌리고 있는 모습이었다. 지하벽면은 비교적 깨끗했지만 부분적으로 '땜질'한 흔적이 보였다. "삐이-"하는 부저소리(차장이 출입문 이상없음을 알리는 소리)와 함께 열차가 움직였다.

2호선 전동차 제한속도는 시속 80km. 신호등의 체계는 붉은색 등은 무조건 정지, 노란색 등 하나가 켜지면 45km, 노란색 등 둘이면 25km, 노란색 등과 초록색등이 동시에 켜지면 65km, 초록색 등이면 80km가 제한속도다. 전동차 기관사는 사령실에서 지시하는 신호체계에 따라 속도를 조정했다. 그밖에도 지하 벽면에는 수많은 표지가 있었는데 예컨대 310R/60km라는 표지에서 310은 터널의 굴절을 표시한 것이고 이곳에서 60km속도로 달릴수 있다는 표시였다.

열차가 당산역에 올라서자 짧은 시간 동안 답답했던 가슴이 확뚫리는 기분이었다. 당산역을 출발하자 우측 벽면에 30km 제한속도 표지가 보였다. 당산철교의 안전성 문제가 부각되면서 속도를 30km로 제한한 것이다. 거북이가 기어가듯 느리게 전동차가 다리를 건넜다. 기관사는 "강철로만 만들어서 소음도 심하고 위험하다"며 "담배를 피우고 싶으면 피워도 된다. 기관사들은 이곳과 잠실철교에서 담배를 피운다"고 웃었다.

홍대입구역부터는 전동차가 땅밑을 더욱 깊게 파고 들었다. 신촌역에서 이대역으로 난 터널은 벽면에 보수공사 흔적이 많았다. 이 구간은 지난해 11월, 지하터널의 벽체 콘크리트가 원래 설계보다 얇게 시공돼 붕괴사고의 우려가 크다는 사실이 밝혀졌다. 설계시방서에는 벽체 콘크리트 두께를 20cm로 시공토록 되어 있었는데 일부구간은 11cm로 시공되었다. 대부분의 구간이 15~18cm로 설계보다 얇게 시공된 것이다.

전동차가 이대역 부근에 다다를즈음 좌측 벽면에서 물이 떨어지는 것이 보였다. 여기저기 보수공사 흔적이 보였는데 기관사에게 "누수현상 입니까"라고 질문을 던지자 "누수는 아니고 터널이 깊기 때문에 지하수가 나오는 것"이라며 "일본의 경우 지하 터널의 지하수가 식수로 사용된다는데 이대역 물도 수질이 좋다고 한다"는 설명을 덧붙였다.

전동차가 한양대역을 벗어나자 밝은 햇살이 운전석 유리창을 뚫고 들어왔다. 어둑신한 지하에서 빠져나왔기 때문일까. 기관사는 햇살같은 목소리로 귓전에 오랫동안 맴도는 말을 남겼다.

"동료 중에서도 동료들을 배반하면 승진을 하기도 한다. 파업 때 지하철은 세울 수 없다고 말하면서 승차를 한 사람들이다. 그렇다고 그 사람들이 악이라는 말은 아니다. 시민의 입장에서 보면 선이고 직장 내에서 모두의 권익을 찾기 위한 투쟁에서는 악이다. 세상은 다 보는 각도에 따라서 선악이 갈리지 않는가. 나는 승진을 포기했지만 내방식 대로 세상을 사는 것도 뜻있는 일이라고 생각한다."

"안전사고시 승무원의 신분이 보장돼야"

1호선 승무를 담당하는 종로승무사무소는 2호선 지선인 신설동역에 있다. 이곳에서 근무하는 승무원은 1백90여명. 이들이 1호선 전동차 16편성의 전동차 운영을 책임지고 있다. 종로승무사무소에서는 청량리~수원, 청량리~주안, 청량리~부평, 신설동~성수를 운행한다. 청량리~수원간의 왕복운행시간은 2시간 40분정도. 1회 운행을 한 후 2~3시간의 휴식을 하고나서 부평이나 주안을 다녀오면 하루의 일과가 끝난다.

종로승무의 시설도 1인당 0.5평 정도의 넓으로 구로승무보다 개인당 평수만 클뿐 근무환경은 더 열악했다. 이밖에도 1호선의 경우 차량의 노후화로 인한 문제들이 어려움을 가중시키고 있다. 한 승무원은 "서울에 지상구간을 달릴 때면 운전석 앞 유리창 틈으로 송곳같은 바람이 파고 들어와 무릎이 얼 정도다"며 고개를 설래설래 저었다.

승무원들이 특히 조심하는 것은 안전사고. 한 달에 1~2건 정도의 사고가 발생하는데 그 책임은 개인이 져야 한다. 지난해 지하철 사고는 총 20건이 발생, 사망 11명(자살 8명, 부주의 3명) 부상 9명의 인명피해를 냈다. 이는 89년 22건(사망 10명), 90년 28건 (사망 15명), 91년 40건(사망 19명), 92년 28건(사망 15명) 등의 통계와 비슷한 수치로 한 해에 10여명 이상이 사망하는 것으로 나타나고 있다.

사망사고의 대부분은 승객의 부주의나 자살기도로 일어난 안전사고다. 그러나 승무원들은 승객부주의로 인한 안전사고가 나도 다친 승객의 응급조치에 매달리기보다 목격자를 확보하는데 오히려 더 신경을 써야 한다. 그 이유는 사고의 책임을 기관사나 차장에게 묻기 때문이다.

요즈음은 승객들이 귀찮은 증언을 피하려고 하기 때문에 기관사가 보호받기는 더욱 어렵다.

오후 6시 30분경. 기자는 노조 김동두 종로승무지회장과 수원행 열차에 몸을 실었다. 지하철 1호선 각 역은 퇴근길 시민들로 매우 붐볐다. 1호선은 철도청과 지하철공사가 함께 운행하는 구간으로 전기공급방식의 차이(철도청은 교류 2만5천V, 지하철은 직류 1천5백V 사용)로 두 지역에 사구간(청량리~회기, 서울역~남영 구간)이 있다. 사구간이란 전기공급이 끊기는 곳으로 전동차가 타력을 이용해서 운행한다.

— 사구간에서 사고위험성은 없는가.

"과거 6량 편성 때는 사구간 지역에 열차동력 전달장치가 빠져 기차가 멈추는 경우가 있었으나 10량 편성인 지금 그럴 위험은 없다. 그러나 서로 다른 조건에서 운행하는 기계는 고장날 확률이 그만큼 높지 않겠는가."

김 지회장과 대화를 하는 동안 열차가 마침내 사구간에 접어들었다. 지하철 자체 밧데리로 켜는 형광등만 빼고 일시에 불이 꺼졌다. 기관사가 스위치를 직류에서 교류로 바꾸었다. 사구간 통과를 마치자 전동차에 다시 불이 들어왔다. 생각보다 간단한 조작이었다.

— 이런 경우가 생긴 이유는.

"행정통합능력, 국정의 비효율성, 부처이기주의의 소산이 아니겠는가. 이런 결정을 한 권력자들은 가고 없지만 피해는 시민들과 시설을 운용하는 직원들에게 돌아오고 있다."

— 과거 지하철공사는 낙하산 인사의 대명사였는데.

"5공때는 군대의 계급장처럼 웃깃에 근무연수에 따라 표식을 했었는데 해가 바뀌어도 표식을 사가는 직원들이 많지 않자 조사가 나오기도 했다. 당시에 납품업자가 실력자의 친인척이었다는 소문이 나돌았다. 87년 노조설립 이전까지 지하철 공사 직원들은 '제2의 군대생활'을 했다. 작업복에는 계급장을 달고 상관에게 거수경례를 붙였다. 국기 하강식은 물론 군대식으로 점호를 받고 검열을 받았다."

남영역에 내려서 돌아오는 길에는 수원발 청량리행 열차 차장칸에 탑승했다. 차장의 업무는 훨씬 분주했다. 역에 도착하기 전에 안내방송 버튼을 누르고 열차가 도착하면 도착방송을 하고 출입문을 열었다. 출발전에는 창밖으로 고개를 내밀어 승강장 l. TV 화면을 확인하고, 출입문을 닫은 다음 출발신호를 기관사에게 보냈다. 차장은 잠시도 앉아 있을 틈이 없었다. 시간이 없을 뿐만아니라 운전실의 구조적인 문제(의자가 가운데 있음)로 앉기가 어려운 상태였다.

석치순 노조위원장(오른쪽에서 두번째). 서울지하철 노동조합은 조합원의 결속력이 매우 강하다.

열차가 종착역인 청량리역에 도착하자 승객들이 썰물처럼 빠져나갔다. 차장의 손길은 더 바빠졌다. 차량번호와 행선지 표지를 바꾸고, 다시 한번 방송을 통해 종착역임을 알렸다. 그곳에서 승차하는 사람도 있었다. 청소부 아주머니가 걸레와 쓰레기봉투를 들고 타더니 바삐 청소를 시작했다. 열차가 유치선(서울역과 청량리역에는 열차의 방향을 전환하기 위한 공간이 마련되어 있음)으로 빠져 나갔다. 차장과 기관사가 객실을 통하여 뛰다시피 자리를 바꾸었다. 이렇게 교대시간이 짧아서 승무원들은 가끔씩 철로에 '실례'를 하는 경우가 있다.

대부분의 근무자가 남자인 승무원중에 '유명인사'가 한 사람 있다. 성수승무사무소 소속 홍일점 차장 안성숙씨(23)가 그 주인공이다. 현재 기관사 교육을 마치고 기관사 발령대기를 하고 있는 안씨는 93년 5월부터 지금까지 차장으로 근무해 왔다. 그동안 '단지 최초라는 이유만으로' 언론에 시달려 왔던 안씨는 기관사로 발령을 받을 경우 또다시 '즐거운 시달림'을 받을 것으로 보인다. 다음은 안씨와의 일문일답.

— 지하철공사 안에 있는 여러 분야 중에서 특별히 승무분야를 택한 이유가 있었는가.

"어떤 특별한 동기는 없었다. 다른 일보다 어려울 것이라는 생각도 못했다. 그러나 막상 일을 해보니까 모든 것을 처음 해야 한다는 것 때문에 부담이 된다."

— 시민들의 반응은.

"'어머 여자네' 하고 자꾸 쳐다본다."

— 앞으로 결혼을 하더라도 계속해서 승무분야에서 일 할 것인가.

"나이가 어리기 때문에 아직은 무어라고 잘라 말하기는 어렵다. 그 때 상황을 봐야 알겠지만 지금 주어진 일에서 최선을 다하고 싶다."

자신이 하는 일이 사람들의 통념을 깨는 것이라 유난히

야간 선로
보수작업에 나선
보선원들의 작업모습

많은 사람들로부터 "여권운동에 대한 특별한 신념이 있느
냐"는 질문을 많이 받는다는 안씨는 "직장 일에 대해 만
족한다"며 수줍게 웃었다.

'밤부엉이'로 살아야 하는 보선원들

2호선 신설동역에 위치한 종로보선사무소(이하 종로보
선)는 창고를 개조하여 사무실로 사용하고 있다. 탈의실
은 환기시설 한 쪽에 만들어졌는데 환기장치가 돌아가고
있어서 소음이 심했다. 사무실 입구 한쪽에 마련된 침실
은 밀폐공간으로 지상의 공기가 들어오지 않아서 잠을 자
고 나면 얼굴이 붓는다고 한다. 12개의 침대가 놓인 공간
에 공기청정기를 설치해 놓았는데 작동되지 않았다. 한
보선원이 "외부에서 신선한 공기를 끌어올 수가 없고 기
기가 제기능을 못하기 때문에 아무런 효과가 없어서 아예
끄고 있다"는 설명을 해주었다.

공사 용역결과 보선 총인원은 적정인원이 7백55명인데
현재 근무인원은 6백55명이다. 근무형태는 3조2교대(잠
정안)에 따르고 있다. 보선도 과거에는 24시간 맞교대
근무를 했다. 주간 작업은 인명사고가 발생(연간 1~2명
이 목숨을 잃었다)하여 현재는 간부들을 제외한 인원은
차량운행이 마감된 이후에 야간작업을 한다. 1개조가 보
수작업, 다른 1개조가 순회조(철로 이상유무를 육안으로
검사) 근무를 한다.

종로보선은 서울역~청량리 구간의 철로 보수를 책임
진다. 기자와 같이 작업을 나갈 병조는 저녁 7시에 출근
을 해서 8시 30분부터 12시까지 간단한 수면을 취하고
12시 20분부터 작업에 들어간다. 보수반원과 달리 순회
조는 막차를 타고 서울역으로 나가서 2명이 상·하선을
따라 도보로 터널을 걸어오면서 철로의 이상 유무를 확인
한다. 8km가 넘는 구간을 걸어서 청량리역까지 오면 4시

50분 전후가 된다.

저녁 12시 20분. 기자는 보수반과 함께 모터카(인
공구 및 물탱크 수송)를 타고 오늘 작업장소인 제기~
량리 구간 보수 작업에 나섰다. 잔뜩 먼지가 낀 모터
경유를 연료로 사용하기 때문에 진동과 소음이 심했
"최소한 휘발유나 전기로 운행하는 차로 바꿔야 한디
것이 동행한 보선원의 주장이었다.

지하통로는 환하게 불이 켜져 있었다. 레일 위로는
기가 흐르지만 천정에 매달린 전선에는 전력공급이 ㅈ
되기 때문에 안전하다고 한다. 보선에서 하는 일은 ㅇ
철로 교체, 자갈다지기, 침목교체, 이음매, 절연이음
체결부 등을 검사한다. 오늘 작업은 자갈다지기와 철로
음매 파손유무 검사작업. 먼저 이음매 확인 작업팀과
께 가기로 했다. 모터카가 일행을 청량리역에 내려i
다시 제기동 쪽으로 돌아갔다. 터널 안은 매우 더웠i
겨울에도 모기가 있을 정도라고 한다.

지하벽면에는 일정한 간격으로 위치표시가 되어 (
다. 보선주임이 작업노트를 들고 이음매 검사를 지시
다. 이들이 특히 눈여겨 보는 것은 이음매 부분. 전
의 하중을 받아서 파손우려가 많기 때문이다. 그래서
음매는 손상이 없어도 수시로 풀어서 확인한다.

지하에 불이 켜져 있기는 했지만 손전등 하나를
이상 유무를 확인하는 폼새가 미덥지 않아서 "그렇게
서 이상이 발견되느냐"고 묻자 보선원은 "레일탐상차
1년에 2회씩 점검을 하지만 육안으로 확인하는 것이 !
적이다"라고 잘라 말했다. 기자와 동행한 노조의 한 ㅈ
도 이 말에 적극 동의했다.

"지하철공사에서 93년에 초음파로 균열여부를 확인
수 있는 탐상차 1대를 도입했으나 하루 10km정도!
작업을 못해 선로균열 등을 제대로 점검할 수 없다. ㅈ

해 11월 사고가 났던 지하철 2호선 한양대~뚝섬구간은 세차례에 걸쳐 탐상차를 이용, 선로를 점검했으나 균열사실을 발견치 못했다. 사람의 역할을 기계가 완전히 대신할 수는 없다."

새벽 2시 30분. 자갈다지기 작업을 하는 제기동역으로 가면서 보선지회장에게 몇가지 궁금한 것을 물었다.

— 나무침목과 시멘트침목의 차이는.

"3~4호선과 2기지하철의 경우 침목을 P.C침목(시멘트 침목)을 쓰는데 파손 우려가 작은 대신 소음문제가 뒤따른다. 그러나 곡선의 경우는 나무침목을 사용해야 한다."

— 지하철을 타다보면 유난히 덜컹거리는 곳이 있고 그렇지 않은 곳이 있는데 그 이유는 무엇인가.

"전동차 운행중에 덜컹거리는 부분은 이음매 부분이다. 승차감을 좋게 하기 위해 장대레일(레일과 레일 사이를 용접하여 이음새를 없앤 레일)을 쓰면 좋지만 여름철에 철로가 늘어날 경우 사고 위험이 있어서 전구간 장대레일을 사용하지 못하고 있다."

— 철로에 묻은 노란얼룩은 왜 생겼는가.

"레일탐상차가 지나가면서 조직파괴를 검사하기 위해 뿌린 페인트다."

제기동역쪽으로 다가갈수록 기계의 진동음이 더 가까워졌다. 육중한 소리를 내고 있는 것은 타이탐파(침목 밑의 자갈을 다지는 기계)였다. 그 기계는 도로 작업을 하면서 사용하는 콘크리트 파쇄기처럼 생겼는데 끝에 굴절된 쇠날이 달려서 그것이 침목 밑에 들어가 진동으로 자갈을 다졌다. 기자는 간단한 설명을 듣고 기계의 스위치를 올렸다. 스위치를 올리자마자 손에 엄청난 떨림이 전해져왔다. 온몸이 떨리는 것은 물론 힘으로 눌러야 하기 때문에 두개의 침목도 다지지 못하고 기계를 넘겨주고 말았다. 일이 힘들기 때문에 보선원도 2인1조로 한 사람이 다섯개의 침목을 다지면 곧바로 교대했다. 잠시 휴식을 취하면서 보선원들과 대화를 나누었다.

— 이렇게 꼭 수작업으로 다져야 하는가.

"멀티플 타이탐파(자동으로 레일 밑에 깔린 자갈을 다져주는 차)의 경우 1년에 2번 사용하는데 곡선 도로에서는 효과가 없기 때문에 직접 다져야 한다. 그래도 우리는 나은 편이다. 철도는 아직도 팽이질 하는 곳도 있다. 기차를 타고 가다가 보면 팽이질하는 모습을 볼 수 있는데 그 장면이 바로 자갈을 다지는 작업이다."

철도청은 비록 팽이로 작업을 하지만 깬 자갈을 사용하기 때문에 돌에 각이 져서 한번에 단단하게 다질 수 있는데 지하철의 경우 강자갈을 사용해서 지반이 쉽게 약해져

훨씬 손이 많이 간다고 한다. 짧은 휴식시간이 끝나고 작업이 다시 시작됐다. 기자는 신설동역까지 걸어가면서 터널상태를 살피기로 했다.

새벽 3시 30분. 제기동역은 역사에 환하게 불이 켜져 있었다. 여기저기를 둘러보다가 청소를 하고 있는 아주머니 두 분을 발견했다. 그들은 역사 물청소를 하고 있는 중이었다.

제기동역의 청소원은 주간 6명, 야간 3명(한달 4회 휴무). 야간근무자는 저녁 9시부터 다음날 아침 6시까지 근무를 한다. 물청소를 하고 있던 두 아주머니는 "한 사람이 휴가를 갔기 때문에 둘이서 역구내 물청소를 다해야 한다"며 "시민들이 신문지나 껌을 뱉지 않았으면 제일 좋겠다"고 말했다. 바람에 날린 신문지가 전동차의 앞유리를 가로막는 경우 안전운행에 영향을 미치기 때문이란다. "껌은 뱉기는 쉽지만 떼어내려면 너무 힘드니까 시민들이 협조해 주었으면 한다"는 당부도 잊지 않았다. 이들의 한달 월급은 35만원, 보너스는 연간 4백%로 일에 비해 턱없이 싼 임금이지만 이들은 "보람이 있다"며 환히 웃었다.

다시 철로로 내려와 신설동역을 향해서 걸었다. 지하벽면 여기저기는 보수한 흔적이 많았는데 누수지점만도 5~6군데였다. 많은 물은 아니었지만 물은 지속적으로 새고 있었다. 벽면에서 흘러나온 물은 바닥에 꽃게 알처럼 황토빛 색깔을 띤 거품을 만들었다. 손가락으로 거품을 묻혀 코끝에 대고 냄새를 맡아 보았지만 악취는 나지 않았다. 벽속의 철근이 부식된 것인지 오염된 물인지 보선원들도 잘 모른다고 했다.

새벽 4시. 전기반원들이 모터카를 타고 하선을 질주했다. 전기반의 모터카는 천장 높이까지 닿을 정도였는데 차 옥상에 오른 전기반원이 천정에 매달린 전선줄의 이상 유무를 점검하는 것이다.

신설동역에 다다를 즈음 터널 천장위로 가로등 불빛이 스며들었다. 공기를 순환시키기 위해 만든 자연환기구로 전동차가 지나가면 선두에서는 오염된 지하공기를 밀어내고 선미는 지상의 공기를 빨아들여서 공기를 순환시킨다(2호선은 강제환기구).

4시 30분. 작업반원들이 모터카를 타고 돌아왔다. 하루의 고단한 작업이 마침내 끝난 것이다. 시커먼 먼지를 둘러쓴 보선원들의 얼굴이 유난히 빛나보였다. 대부분의 서울 시민들이 곤한 잠에 빠져 있는 시각 아무도 보아주지 않는 곳에서 묵묵히 일하고 있는 사람들. 날이 밝으면 수많은 사람들이 지하철을 타고 터널을 지나겠지만 이들이 흘린 땀방울을 찾아낼 사람은 거의 없을 것이다. ■

집중기획

당국이 장기간 동태 감시한 고정간첩은 어디로 갔나

'북한 공작원' 김동식 사건의 진실

당국은 '고정간첩 동태 감시중 부여무장간첩을 포착했다'고 발표했다.
그렇다면 당국이 장기간 동태를 감시해 왔다는 고정간첩은 어디로 갔는가.
도저히 놓칠 수 없는 상황에서 '사라진 고정간첩, 그가 이 사건의 열쇠를 쥐고 있다.
말은 안기부가 이 고정간첩의 신병을 확보한 채 역공작에 이용했다는 강한 의혹을 제기한다

김종식(본지 기자)

때를 맞춰 또 나온 '간첩사건'

지난 11월 7일 함운경(32, 전 서울대 삼민투위원장)·이인영(31, 전 고려대 총학생회장)·우상호(33, 전 연세대 총학생회장)씨가 '부여 무장간첩과 만나고도 신고하지 않은 혐의(국가보안법상 불고지죄)'로 경찰에 의해 긴급 구속됐다. 그리고 하루 뒤에 허인회(32, 전 고려대 총학생회장)씨가 구속됐다. 공교롭게도 5·6공세력 주역중의 한사람이었던 노태우씨와 5·6공시절 '전두환·노태우 타도'를 외치며 청춘을 불사르며 저항했던 주역들이 각각 다른 이유로 사법처리 대상이 되어 뉴스의 인물로 떠오른 것이다.

이들이 구속되자 재야운동단체 관계자들의 반응은 대개 '또?' 였다. 5·18 광주학살자를 처벌하라는 국민적 요구가 그 어느 때보다 드높은 시점에서 학살자

중의 한 사람인 노태우씨 비자금 사건이 터져서 5·6공세력들과 민자당에게 '시련의 계절'이 예고되고 있을 때 '간첩접촉사건'이 나왔기 때문이다. 처음 간첩사건이 발표되었을 때 대부분의 재야단체는 과거와 달리 '조작 의혹'을 제기하지 않았다. '국내 조직 간첩사건'이 아니고 '무장 간첩 사건'이라서 '불똥'이 재야로 튀지 않을 것으로 생각했기 때문이다. 그런데 사건 초기 '무장 간첩'이었던 김동식이 검거후 '북한공작원' 이승철(김동식의 본명)로 바뀌면서 기어이 불똥은 튀고 말았다. 청년그룹의 핵심적인 지도자 네 명이 불고지 혐의로 구속된 것이다. 이와 관련해서 권영해 안기부장은 지난 9일 국회 정보위 보고에서 중간수사 결과를 이렇게 보고했다.

"금번 부여 침투간첩들은 고정간첩 대동복귀 외에 30대 운동권 핵심인물 포섭과 고정간첩망 점검임무를 띠고 왔다고 진술하고 있다. 좌익운동권 출신자들을 집중포섭하여 남한내 변혁운동과 친북통일 운동의 중

추세력으로 양성. 지하당을 구축. 각계각층에 포진시킨 다음 이들 지하혁명세력들의 현지 지도로 운동권의 반정부투쟁을 촉발시켜 사회혼란과 연공통일 분위기를 조성하기 위한 것으로 보인다."

청년단체들은 불고지 혐의로 네 명을 구속한 것에 대해 강하게 반발했다. 희망의 정치를 여는 젊은연대. 개혁과 연대를 위한 청년정치회의. 21세기전략아카데미. 한국민주청년단체협의회. 흥사단청년아카데미. 통일시대민주주의국민회의 청년위원회. 포럼 2001. 푸른사람들. 청년정보문화센타. 전대협동우회 등은 공동으로 기자회견을 갖고 이번 사건에 적극 대처할 것임을 밝혔다.

"우리 청년단체들은 이번 사건이 대단히 불순한 정치적 의도에 의해 진행되고 있는 것이 아닌가 하는 의구심을 강하게 가지고 있다. 현 정국은 내년 4월의 총선을 앞두고 노태우 부정축재 사건으로 여야 정치권 모두가 국민의 비판대에 올라 있으며, 특히 집권세력들이 정치적 수세에 몰려 있는 상태다. 여기에 민족민주운동진영이 정치세력화를 위한 논의와 준비를 구체화해 나가고 있으며, 청년세대 또한 기성 정치질서에 대한 강한 비판과 함께 정치적 진출을 꾀하고 있다. 이번에 문제가 된 우상호, 함운경, 이인영의 경우 청년세대와 청년운동에서 지도적 역할들을 해 왔던 사람들로 이들을 불고지죄라는 혐의로 연행한 것은 성장하고 있는 청년운동에 대한 의도적 정치공작의 일환이라는 의혹을 지울 수가 없다."

이들이 이렇게 반발하는 것은 과거와는 다른 이유 때문이다. 90년대 들어와서 발생한 간첩사건들은 보통 오랫동안 공작원이 '공작'을 하고, 정치적으로 매우 중요한 시기에 터졌다. 그런데 이번 사건은 시점이 미묘하기는 하나 아주 짧은 기간에 공작원이 '스치고' 지나치면서 청년운동의 지도자급들이 불고지죄로 구속된 점이다. 또 사건에 관련이 있는 사람들이 자신들의 자발적인 의사에 따라 '조직'에 가입하거나 참여한 것이 아니라. '어이없게 당했다'는 점에서도 과거의 간첩사건과는 차이를 보이고 있다. 청년단체들의 '분노'는 간첩 사건에 대한 의혹에서라기보다 국가보안법상의 불고지죄 남용에 대한 것으로 집중되고 있다.

사라진 고정간첩은 어디에 있을까

그러나 『말』지는 사건의 원점에서 보다 근본적인 문제제기를 하고자 한다. 안기부 발표에 의하면 '부여무장간첩 2명은 이 지역에서 장기간 암약해온 고정간첩을 대동월북할 임무를 띠고 남파되었다'고 했다. 그리고 체포정황에 대해서는 고정간첩과의 접선을 위해 약속된 접선 장소로 접근하는 과정에서 이들을 검문한 후 총격전이 벌어진 것이라고 했다. 또한 사건 초기 신문보도를 보면 '안기부 충남지부는 장기간에 걸쳐 이 고정간첩의 동태를 주시해 왔다'고 되어 있다. 그렇다면 이번 사건의 미스테리를 푸는 핵심열쇠는 '부여지역에서 장기간 암약해온 고정간첩'에게 있다. 안기부나 경찰청이 이번 사건의 단서를 잡은 것은 이 고정간첩의 동태를 파악하면서부터라고 했다. 즉 부여 석성산의 총격전이 있기 전부터 당국은 고정간첩의 존재를 파악하고 그의 동향을 예의주시해왔다는 것이다. 그런데 문제의 이 '고정간첩'은 지금 어디로 갔는가. 장기간 동태를 감시해왔다는 이 고정간첩을 결정적 순간에 놓친다는 것이 가능한 일인가. 간첩 박광남은 1차 총격전 때 일시적으로 도주했다가 결국 발각되어 사살 당했다 그런데 이 고정간첩은 어떻게 해서 포위망을 뚫고 온 데 간 데 없이 사라질 수 있었는가.

의혹은 또하나 있다. 구속자 가족들이 구속자들의 면회 과정에서 확인한 바에 따르면 당국은 김동식과 박광남이 묵었던 대전의 여관 주인으로부터 '간첩으로 보이는 수상한 사람들이 묵고 있다'는 신고를 받은 일이 있었는데도 '영장도 없이 아무나 잡아들일 수 있느냐'는 이유로 이들에 대해 아무런 조사도 하지 않고 방치해 두었다고 한다. 도저히 납득할 수 없는 대응이 아닐 수 없다. 일부러 그들을 붙잡지 않으려 한 것이 아니라면 말이다.

여기서 하나의 추론이 가능해진다. 즉 당국은 문제의 고정간첩의 신병을 이미 확보하고 있었다는 것이다. 9월 초 제주도를 통해 남파되었다는 김동식·박광남이 당국에 포착된 계기는 고정간첩의 동태를 감시하던 당국의 감시망에 그들이 걸려들었을 때부터다. 그리고 당국이 이 고정간첩을 놓쳤을 가능성은 상식적으로 봐서 없다 그렇다면 가능한 결론은 하나다. 당국은 이 고정간첩의 신병을 확보하고 있다. 이 고정간첩의 신병을 공개하지 않는 이유는 그가 이미 전향하여 당국에 협조하고 있기 때문이다. 그는 이미 당국에 협조하고 있는 상태에서 김동식과 박광남을 접선하게 되었고 당국은 당연히 이 두 사람의 동태를 파악할 수 있게 되었다. 나아가 '현지사정에 밝은' 이 고정간첩이 이 두 사람에게 공작대상과 공작방법을 지시하였다. 물론 이 고정간첩은 당국의 지시에 따르고 있는 상태였다. 어떤 계기인지 알 수 없으나 이미 당국에

'북한공작원' 김동식. 본명이 이승철로 밝혀진 김이 북한에서 가지고 왔다는 주민등록증.

포착되어 전향한 이 고정간첩이 과거의 자기 동료들을 상대로 역공작을 했을 가능성이 있다는 것이다. 이 경우 『말』지나 『길』지를 보면서 공작지도원과 함께 북한에서 공작대상을 결정해 내려왔다는 당국의 발표는 사실을 은폐하기 위해 지어낸 허구일 가능성이 높다.

당국이 이러한 추론에 반론을 가하기 위해서는 장기간 동태를 감시해왔다는 문제의 고정간첩이 지금 어디에 있는지, 만일 그를 놓쳤다면 어떻게 놓칠 수 있었는지 납득할 만한 설명을 제시할 수 있어야 한다.

양심의 자유를 말살하는 불고지죄

불고지 혐의로 긴급 구속된 네 사람 중에서 허씨를 제외한 세사람은 '누군가를 만난 것'에 대해서는 시인을 했다. 그러나 그들 중에서 그들이 만났던 사람이 "북한공작원이었다"고 생각한 사람은 아무도 없다. 특히 허씨는 "누구와도 만나지 않았다"고 주장하고 있다. 이들 네 사람 중에서 우상호씨는 지난 11일 구속적부심에서 "이유 있다"고 판결을 받아 석방된 상태고, 이씨와 함씨는 불고지죄가 아닌 자택·사무실 압수수색과정에서 발견된 책자 때문에 이적표현물 소지죄로 구속적부심이 기각됐다. 그렇다면 민가협을 비롯하여 대부분의 재야단체들이 "우리 사회에 불신풍조를 만연케 하고 사람관계를 파괴시키는 조항임과 동시에

헌법상에 보장되어 있는 양심의 자유와 침묵의 자유를 전적으로 말살하는 것으로 폐지되어야 마땅하다"고 주장하는 '불고지죄'는 어떤 죄인지를 살펴보자. 91년 5월 31일 개정된 국가보안법 제10조에 명시된 불고지죄의 내용은 다음과 같다.

> 제10조(불고지죄) 제3조(반국가단체의 구성등), 제4조(목적수행), 제5조 제1항(자진 지원 또는 금품수수), 제3항(제1항의 미수범에 한한다), 제4항(제1항의 예비, 음모)의 죄를 범한 사람은 정을 알면서 수사기관 또는 정보기관에 고지하지 아니한 자는 5년 이하의 징역 도는 2백만원 이하의 벌금에 처한다. 다만 본범과 친족관계가 있는 때는 그 형을 감경 또는 면제한다.

불고지죄의 성립유무를 판단하는데 중요한 기준은 바로 '정을 알면서'라는 부분이다. 이 부분은 쉬운 말로 바꾸면 '간첩이라는 사실을 인지하고도'로 바꿀 수 있다. 즉 간첩임을 '인지'했으면서도 신고를 하지 않으면 처벌을 받는다는 말이다. 이 말은 실제 간첩을 만났더라도 간첩임을 인지하지 못했다면 신고를 하지 않더라도 법률적인 처벌은 받지 않는다고 해석할 수 있다. 이런 해석의 근거는 대법원의 판례를 보면 분명히 나와 있다.

72년 대법원 판례(사건번호 71도 2247)에는 "불고

64

지죄가 성립하기 위하여는 본범의 행위가 반공법 3조 내지 7조의 죄를 범한 행위자라는 사실을 확실히 인식하고도 이를 조사·정보기관에 고지하지 아니함으로써 성립한다"라고 되어 있다. 지금은 반공법이 폐지되었기 때문에 판례 내용 중 3조, 7조에 해당하는 말은 '간첩 행위'로 볼 수 있다. 그렇다면 김동식을 만나고도 당국에 신고하지 않은 4명의 피의자들이 과연 불고지죄를 범했는지를 안기부가 발표한 자료와 구속적부심에서 피의자들의 증언 내용을 비교해 보면서 살펴볼 필요가 있다.

안기부는 지난 9일 국회 정보위원회 의원들에게 부여에서 생포된 무장간첩 김동식에 대한 심문과정을 담은 비디오 테이프를 이례적으로 공개했다. 비디오 테이프에는 김동식이 국민회의 당무위원인 허인회씨와의 접촉과정에 대해 진술하는 내용이 주로 담겨 있었다. 안기부는 그 이유를 "다른 3명은 접촉사실을 시인하나 허씨만 부인하고, 그로 인해 국민회의측이 이의를 제기하기 때문"이라고 설명했다. 다음은 안기부가 김동식의 진술을 토대로 작성한 피의자들의 접촉경위다.

권영해 안기부장 무장간첩 관련 국회 보고 요지

—이 자료는 권영해 안기부장이 국회에 보고한 「부여침투 무장간첩 수사상황」자료에서 전체 5가지 항목중에서 두 번째로 기술된 '재야 및 하원 운동권출신(4명)접촉, 포섭기도' 부분을 첨삭없이 그대로 기술한 것이다.

2. 재야 및 학원 운동권 출신(4명) 접촉, 포섭기도

○ 재북시 공작지도원으로부터 "30대 젊은 층의 재야 및 학생운동권 출신자를 포섭하라"는 지령을 받고 『말』지, 『길』지 등 국내에서 발행되는 월간지에 게재된 운동권출신자 등을 발췌, 공작지도원과 최종 토의를 거쳐 포섭대상자를 선정하고 이들의 국내 전화번호 등을 메모, 휴대 국내 잠입후 허인회(32세), 함운경(31세), 우상호(33세), 이인영(31세)등 4명과 접촉 자신은 "북에서 온 노동당 연락원"이라고 신분을 밝힌 후 "통일사업을 같이 하자'고 권유, 포섭 기도하였고 이외에도 여러 대상자를 포섭하려 했다고 진술하고 있어 계속 추궁 중에 있음.

○김동식이 진술한 접촉경위

허인회(32세, 국민회의 당무위원)·북에서 갖고 온 주소를 통해 허인회가 근무중인 영등포 전자유통센터 전화번호를 확인후 9. 16 10 30 전화를 "목포에서 전자상을 경영하는데 사업관련 자문을 받고 싶다"고 연락하고 사무실을 방문, 1차 접촉 점심식사를 위해 함께 식당으로 가던 도중 자신의 신분을 "북에서 온 연락당원" 이라고 밝히고 "허형과 함께 변혁운동과 통일방도를 좀 상의해 보고 싶다"며 포섭기도하고 반주를 겸해 점심식사 9. 20 16 00경 당산동소재 당산빌딩 지하다방에서 허인회를 재접촉, 통일운동에 대해 논의

이인영(31세 전대협 동우회장) 9. 8 침투당시 갖고 온 이인영의 집주소인 성남 분당의 주거지를 찾아갔으나 이사하여 접촉 실패 9. 22 『말』지 편집부 및 전국연합 사무실을 통해 이인영이 회장 으로 있는 전대협 동우회의 전화번호를 알아낸 후, 동일 16 00경 "대전에 사는 임성식이라는 후배" 라고 신분을 위장하여 전화, 만날 것 요청 동일 17 30경 기독교회관 2층 커피숍에서 이인영을 접촉, 자신의 신분을 "북에서 온 당 연락원" 이라고 밝히고 "변혁운동과 통일방도에 대해 상의해 보고 싶다"며 포섭기도.

우상호(33세, 청년정보문화센터 소장) 10. 17 11 00경 『길』지 편집 부에 전화하여 우상호의 근무처인 청년정보문화센터 전화번호와 위치를 알아낸 뒤 전화로 "인천에서 학생운동을 하는데 학생운동에 관한 글에 대해 자문을 받고 싶다" 면서 만날 것을 제의. 10. 18 14 00경 강남구 신사동소재 브로드웨이 극장 지하다방에서 우상호를 접촉, 자신의 신분을 "북에서 온 당연락원" 이라고 밝히고 "통일방도에 대해 상의해 보고 싶어서 왔다"며 포섭기도.

함운경(31세, 민족회의 조직부장) 9월 26일 17:00경 전국연합을 통해 함운경의 근무처 전화번호를 알아낸 후, 동일 전화로 "대전에 사는 이재경인데 선배의 부탁말씀을 전해 주겠다" 면서 만날 것을 요청 약 10분후 함운경의 사무실을 방문하고 조용히 할 애기가 있다며 밖으로 유인. 자신의 신분을 "북에서 온 당연락원"이라고 밝히고 "변혁운동과 통일방도에 대해 상의하고 싶다"며 포섭기도.

"기관의 공작원이거나, 정신병자인줄 알았다"

이제 지난 11월 11일 구속적부심에서 세명의 피의자들이 진술한 내용을 살펴보자(허인회씨는 세 사람과 별도로 조사를 받고 있는데 혐의 사실자체를 부인하고 있다. 우상호씨의 경우 본문 뒤쪽 인터뷰 참조).

이인영씨는 9월 22일 전대협동우회 사무실에서 임 아무라는 사람으로부터 전화를 받았는데 상대방이 "선배가 심부름을 시켜서 대전에서 왔다"며 만나자고 해서 "지금은 시간이 없고, 내일 명동성당 농성장에서

만나자"고 했더니 "급히 만나 전해야 할 것이 있으니 꼭 만나자"고 해서 오후 7시 기독교연합회관 로비에서 보자고 약속했다고 한다. 다음은 이씨의 증언이다.

"6시가 조금 지나 기독교연합회관 로비에 들어서니까 전화로 이야기한 차림의 사람이 다가와 인사를 하며 2층 커피숍으로 나를 안내했다. 커피숍에서 차를 주문하니까 영업시간이 끝나 안된다고 하여 그냥 자리에 앉아 간단하게 이야기를 하려고 하니 커피는 된다고 하여 주문을 하고 그 동안은 그냥 앉아 있었다. 대전의 어느 선배 부탁으로 왔느냐고 물으니까 역으로 '대전에 아는 사람이 있느냐'고 물어서 어느 선배냐고 재차 물으니까 '그게 아니라 북에서 왔는데……'라고 했다. 그래서 당신 정신병자아니냐, 안기부, 보안사, 경찰 어디서 왔느냐, 가라, 당신 누군데 나를 공작하려느냐고 화를 냈더니 그사람이 '흥분하지 마라, 침착해라'라고 말하길래 정신병자이

이인영씨.

거나 기관원이면 시간을 끌며 계속 대화하려고 하는 예전의 경험이 있어서 계속 헛소리 하면 신고하겠다고 말하고나서 자리에서 일어나 커피 값을 내려하니 자기가 내겠다고 하였으나 뿌리치고 커피값을 계산하고 나왔다. 나는 그가 정신병자나 기관의 공작인 줄 알았지 북한에서 진짜로 왔다고는 전혀 생각할 수 없었다. 그래서 신고를 해야겠다는 생각을 할 수도 없었다."

이인영씨가 상대방을 '정보기관 공작원'으로 생각한 것은 그 전날 명동성당에서 있었던 일 때문이었다. 이씨는 5·18 농성장에서 수첩과 메모리가 들어 있는 가방을 분실했다. 그날 농성장에는 농성참가자 외에도 경찰. 기관원들이 있었는데 이씨의 수첩에는 1천여명의 친·인척, 친구들의 연락처가 적혀 있었고, 메모리에는 자신의 일정이 기록되어 있어서 그 기록을 이용하여 기관이 공작정치에 이용했을지도 모른다는 의심을 할 수밖에 없었다고 한다.

더욱이 이씨는 전국연합 정치부국장 직책을 맡아 지자체 평가 및 총선 대책과 관련 지방출장을 자주 다녀서 전대협동우회 사무실에 자주 갈 수 없는 형편이었다. 그런데 마치 자신의 일정을 알고 있기라도 하듯이 전대협동우회 사무실로 전화를 해서 바로 통화를 할 수 있었다는 것이 아무래도 의심이 가서 기관의 '공작'

이 아닌가 하는 의혹을 가질 수밖에 없었다고 한다.

함운경씨의 경우는 '북에서 왔다'는 말은 듣지도 못했다고 한다. 함씨는 96년 총선 출마를 위해 자주민족통일민족회의 조직부장직을 사직하고 사무실에 나가지 않다가 9월 26일 인사차 사무실에 들렸다고 한다. 그런데 대구에선가 부산에선가 왔다는 사람이 전화통화 후에 사무실로 찾아와서 "통일문제에 대하여 이야기를 하자"고 했다. 함씨가 "사무실에서 이야기하라"고 했더니 그가 "밖에 나가서 이야기하자"고 해서 근처 다방으로 자리를 옮겼다. 다음은 함씨의 증언이다.

"서로간의 이야기 내용은 주로 통일문제와 대북 접촉에 관한 것이었다. 그가 8·15 민족공동행사에 대해 물어서 정부와 북한의 방해로 결국 자체 행사로 끝났다고 말했다. 대북 접촉에 대한 질문은 민족회의 간부진과 통일원 차원에서 진행됐다는 말을 하고 더 이상은 답변하지 않았다. 그랬더니 '내가 북을 잘 안다. 북에 대해서 어떻게 생각하느냐'고 물어서 이상한 사람이라고 생각했다. 그 전에도 듣지도 보지도 못한 이상한 단체에서 온 사람들이 많아서 실랑이를 했던 터라 또 그런 사람인 줄 알고 귀찮아서 내일 같은 장소에서 만나자고 한 후 나가지 않았다. 다 해서 5분 정도 이야기를 했는데 북한에서 온 사람이라고는 꿈에도 생각할 수 없었다. 그래서 신고하지 않았다. 그 사람은 '북을 잘 안다'고 했지 '북에서 왔다'는 말을 한 적이 없다."

간첩의 말을 국민의 말보다 믿어서야

이날 구속적부심에서 검사는 이들에게 불고지죄 혐의에 대해서만 질문한 것이 아니라 이들의 학생운동시절과 졸업 후 활동사항에 대해 물으면서 사상을 의심하는 모습을 노골적으로 드러냈다. 특히 이인영씨에 대해 검사는 "북에서 왔다면 당연히 신고를 해야 한다. 만나자마자 이렇게 발언한 것은 피의자의 평소 사상과 신분에 대해 미리 파악하고 단도직입적으로 물어본 것이 아닌가?"라고 질문을 해서 판사로부터 불필요한 질문이란 지적을 받고 스스로 질문을 취소하기도 했다. 또 "김동식과 원한관계가 있었는가"라고 질문을 한 뒤에 "신고하지 않은 이유가 평소 원한 살 행동을

했거나, 원한 살 사람이 있었기 때문이 아닌가"라고 재차 물어 판사가 의아해하는 표정을 짓기도 했다.

다음은 두사람의 최후진술이다.

"내 조국은 밉든 곱든 간에 반도의 남녘 하늘아래 아름다운 이땅이다. 검사는 간첩의 말보다는 우리의 말을 잘 들어라. 이런 식으로 하면 앞으로는 북한 간첩의 간자만 들어도 경찰. 안기부, 보안사에 신고하겠다(이인영)."

"미문화원 방화사건 당시 나를 수사하였던 사람은 나에게 한국을 떠나겠느냐고 물었다. 하지만 나는 이 나라를 사랑하기 때문에 앞으로도 이 나라의 발전을 위하여 대한민국에서 뿌리박고 살 것이다. 경찰과 검찰은 간첩의 이야기는 다 믿는다. 그런데 이 나라의 발전을 위하여 살고 있는 우리들의 이야기는 믿지 않는다(함운경)."

함운경씨.

결국 적부심에서 우상호씨는 "이유 있다"는 판정을 받고, 두 사람은 기각을 당했다. 두 사람의 구속적부심이 기각된 이유는 불고지죄 혐의 때문이 아니라 이적표현물 소지 때문이었다. 이씨는 『전대협6년사 사진첩』에 실린 격려사와 『전국연합정책 자료집』, 함씨의 경우 압수당한 책이 문제가 된 것이다. 이에 대해 이들의 변호를 담당했던 임종인 변호사는 "국가보안법에서 전가의 보도로 사용하는 법이 이적표현물소지죄다"라며 구속적부심 결과에 대해 이렇게 분석했다.

"구속적부심 재판과정에서 세사람의 불고지 혐의가 없음이 드러난 상황에서 한사람은 석방하고 두사람은 적부심을 기각하여 구속키로 한 것은 애초에 구속요건을 갖추지 못한 검찰의 체면을 살리기 위해 절충적인 판결을 내린 것으로 보인다."

지난 11일 서초동에 있는 백승헌 변호사 사무실에서는 구속자 가족 모임이 열렸다. 이 자리에는 이들의 변호를 맡았던 백 변호사 외에 함씨의 부인 김미정씨와 이씨의 부인 이도례씨(28) 등이 참석했다. 먼저 김씨에게 질문을 던졌다.

—함운경씨의 구속적부심이 기각되었는데 함씨의 반응은.

"운경씨는 빨리 나가는 것이 중요한 것이 아니라 무죄 판결을 받는 것이 중요하다고 말했다. 무슨 일이 있어도, 아무리 시간이 오래 걸리고. 어려움이 많다 하더라도 반드시 무죄 판결을 받을 때까지 싸우겠다며 밖에 있는 보다 많은 사람들에게 이 사건의 허구성을 알려 달라고 했다. 시간이 오래 걸리면 옥중출마도 고려하겠다고 말했다."

—이인영씨의 경우 검사로부터 유난히 추궁을 많이 받아 가족의 입장에서 할 말이 많을 것 같은데(이도례씨에게).

"저들이 제시할 수 있는 유일한 증거는 부여에서 생포된 간첩이라는 김동식의 진술이다. 그런데 현재 그가 누구이고 어디에 있으며 어떤 상태에서 진술하고 있는지 아무도 확인할 수 없는 상황에서 그의 진술만을 가지고 우리 남편들을 가두어 놓고 여론 재판을 붙이고 있다. 우리 남편들은 추운 경찰서 유치장에서 떨고 있는데 그는 아직 영장도 안 나오고 구속도 안된 상태로 베일에 가리워 있는 것이다. 이것이 객관적인 사실 수사에서 벗어나지 않았다고 누가 장담할 수 있었는가? 더욱이 언론을 통해 몇 번을 만났느니 통일논의를 했느니 하며 사실에 없는 내용을 흘려서 이들 청년지도자들의 위상을 훼손시키고 여론재판의 희생양으로 삼아 가려는 저들의 모습에 우리 가족들은 분노하고 있다. 경찰과 안기부가 떳떳하다면 김동식과 대질심문 등의 공개적인 수사를 진행해야 할 것이다."

김동식과 허인회의 진실게임

이들 두 사람과는 달리 허인회씨는 간첩 김동식과의 만남 자체를 부인하고 있다. 그러나 안기부는 비디오테이프까지 동원하면서 허씨에게 불고지죄는 물론 고무·찬양죄까지 부가할 수 있는 조사를 계속하고 있다. 다음은 서울지검 공안부 이기범 검사가 경찰에 발부한 긴급 구속영장 내용이다.

95. 9. 3. 00:30(안기부 자료:9. 2 24:00) 제주해안 제주도 남제주군 성산읍 온평리 해안으로 침투 남파한 북한 조선노동당 사회문화부 소속 공작원 김동식(가명:박광선. 33)이 9. 16 오전 10시경 피의자의 사무실 인근으로 찾아와 전화하는 과정에서 상가주변에서 공중전화로(안기부 자료:김동식의 본명은 이승철)

—박광선(간첩 김동식):나는 목포에서 전자상을 하

는 박광선이다. 장사와 관련해서 조언을 받고 싶으니 시간을 내줄수 없는가?

—허:시간이 없는데 사무실을 아는가?

—박:안다

—허:그럼 와 보아라

같은 날 오전 10:30경 박이 사무실에 혼자 찾아 들어가 5분 정도 기다려서 허씨를 만나

—박:안녕하세요. 내가 목포에서 온 박광선이다

—허:제가 허인회. 여기 명함이 있다면서 건네고

—박:허 선생을 만나 긴요하게 할말이 있으니, 시간을 좀 낼수 없는가?

—허:지금은 바쁘니. 점심시간에 다시 만나는 것이 어떤가?

12:30경 사무실에 박이 다시 찾아오기로 약속한후 같은 날 12:30분경 박이 다시 찾아가

—박:안녕하십니까 하며 인사말

—허:여기 가까운데 설렁탕 잘하는 곳이 있는데. 거기에가서 식사하며 이야기하는 것이 어떤가?

—박:그게 좋겠다. 실내에서 이야기하는 것보다 조용한 야외에서 이야기 하는 것이 어떤가

이때 피의자가 당산공원으로 인도. 당산공원의 잔디밭에 앉아 이야기를 하는 과정에서

—허:그래 하겠다는 이야기가 무엇인가

—박:한가지 요긴한 내용을 말하려고 한다.

나는 사실 목포에 사는 전자상이 아니라 북에서 온 당 연락원이다. 허형을 만나 변혁운동과 통일방도를 좀 상의해 보고 싶어 그런다. 내 이름은 박광선이다.

—허:나는 이미 운동권을 떠나 있는 몸이라 별로 상의해 볼것이 없다.

—박:날 믿지 못해 그러는 것이 아닌가? 믿지 못하겠다면 다른 방법으로 확인시켜줄 수 있다.

—허:믿고 못 믿는 것은 문제가 아니다. 확인은 내용적으로도 할 수 있는 것이다.

—박:그럼 좋다. 우리 식사나 하면서 이야기 하자.

—허:그렇게 하자면서, 음식점으로 인도

"나는 북에서 온 공작원이다"

음식점에 가서

—허:무엇으로 식사를 하겠는가?

—박:허형 좋은 것으로 하자.

—허:꼬리곰탕으로 하자.

—박:나도 그것으로 하겠다. 술도 한잔하자.

—허:난 얼마 못한다.

술이 나오자 한잔씩 부어놓고 잔을 잡은 (잔을 부딪침) 다음 술 마시며

—박:지금 젊은 연대에 관여하고 있는가?

—허:아니다. 난 별로 그런데 관심이 없다. 현재 국민회의에 나가고 있다. 앞으로 지구당 위원장직을 맡을 것같다. 그런데 박형은 'ㅌㄷ'(타도 제국주의 동맹)에 대해서 알고 있는가

인터뷰/우상호 청년정보문화센터 소장

"시대착오적인 불고지죄는 폐지해야"

지난 11월 7일 국가보안법상 불고지 혐의로 구속돼 구속적부심에서 서울지법 형사 항소3부 이우근 부장판사로부터 "이유 있다"는 판결을 받고 석방된 우상호씨를 전대협동우회 사무실에서 만났다.

—김동식을 만나게 된 것은.

"10월 중순 청년정보문화센타로 어떤 사람이 전화를 해서 『말』지에 학생운동에 대한 원고를 청탁하려고 한다면서 만나자고 했다. 그래서 『말』지에 직접연락하라고 했더니 글을 쓰는데 도움을 받고 싶다고 해서 17일은 바빠서 만날 수 없으니까 다음날 2시쯤에 연락하라고 하였다. 누구인지 몰랐지만 내가 한 단체대표이다보니 사람들이 만나자고 하면 쉽게 거절하기가 어렵다. 처음 보는 사람인데 어떻게 생겼는지 인상착의를 물으니까 내가 유명해서 알아볼 수 있다고 했다. 그리고는 약속한 사실을 잊고 있었는데 18일 오후 2시에 연락이 와서 사무실에서 나와 근처 브로드웨이 커피숍에서 만났다."

—무슨 이야기를 나누었는가.

"의례적으로 인사를 하는데 '고생이 많다'고 하길래 무슨 고생이냐고 답했다. 그리고 『말』지에 무슨 원고를 투고하려고 하느냐며 물으니까 '그게 아니라 나는 북에서 왔는데 함께 잘해 보자'고 해서 무슨 소리냐, 그런 소리 하지 마라, 당신 제 정신이 있는 사람이냐고 하면서 기관원이라는 생각이 들어 쐐기를 박아 주자는 생각으로 나는 북의 사상을 받아들일 생각도 없고 함께 무엇을 할 생각은 과거에도 현재도 또 미래에도 없다고 말하고 자리를 박차고 나왔다."

—북에서 왔다고 했는데 의심이 가지는 않았는가.

"운동권 출신들은 정보기관에 대한 피해의식을 가지고 있다. 사회 활동을 하면서도 정보기관의 '공작'에 끊임없

—박:그것은 26년 10월 17일 김주석이 조직한 조직이 아닌가.

—허:'조광'(조국광복회)에 대해서도 아는가?

—박:그것은 36년 5월 5일 동강에서 창건된 통전 조직이 아닌가.

—허:그런데 이번 8·15 민족대회 추진과정을 놓고 보면 북에서도 잘못하는 것이 있는 것같다.

—박:알만하다. 이해하라. 어떻게 운동에 나서게 되었는가?

—허:고등학교 다닐 때 광주사건이 터졌는데, 그것은 종교를 믿지 않은 사람이 정치를 하기 때문이라고 생각하여 독실한 종교신자이지만 고려대 정치학과를 선정하게 되었다. 대학 1학년때 농활을 갔는데 어느 날 저녁 선배가 광주항쟁 백서를 읽어주었는데 감동을 받고 그후 조금씩 데모에 참가. 4학년 때는 맨앞에 서게 되었다. 지난 시기, 지금 친구들이 잘 해주고 있기 때문이다. 내 친구 중에 80년대말 입당 문제를 고민했던 친구들도 있는데, 현재 자기위치에서 거의 다 합법적으로 활동하고 있다.

—박:그런가. 사업은 잘 되는가.

—허:먹고 살만큼 된다. 월급은 60~70만원 준다. 이번 추석에도 그냥 보냈다.

이때 담배 2갑, 술 1병을 더 요구하여

—허:박형은 지금 어디에 살고 있는가?

—박:서울에 산다.

—허:주민등록증을 보여줄 수 있는가. 하여 (보여줌) 현재 불편한 것은 없는가?

—박:없다. 옆에서 잘 돌봐주고 있다.

—허:그런데, 앞으로는 목포에 산다고 하지 말라. 말이 전혀 전라도 말이 아니어서. 오히려 강원도나 서울에 산다고 하는 것이 좋다.

—박:알 만하다. 참고하겠다. 한 번 다시 만나 진지하게 이야기해보는 것이 어떤가?

—허:다시 만나도 할 말이 없다.

—박:그래도 좋으니 부담감 가지지 말고 다시 만나자고 강력히 요구. 거기서 9월 20일 15시에 당산공원 이미 만난 장소에서 다시 만나기로 약속하면서 만약 30분 사이에 안 나오면 어떻게 하겠는가?

—허:그러면 삐삐번호를 알려주겠다. 이미 주었던 명함장에 삐삐번호를 적고 별도로 7942(친구사이)를 알려주었으며 또한 사용방법도 알려 주어 식사 후 박이 음식값 2만8천원을 지불하고 헤어진 후

2차로 간첩 김동식이 9월 20일 15시 당산공원에 나갔으나 피의자는 나타나지 않고 자전거를 탄 사람과 다른 1명이 나타났으며 그후 피의자에게 삐삐를 쳐서 당산빌딩 주변 다방 밑에서 4시경에 만나 당산빌딩 지하 다방에 들어가 20분간 대화를 나누는 등 국가존립 안전이나 자유민주적 기본질서를 위태롭게 한다는 정을 알고 반국가단체인 북한 노동당 공작원 임을 알면서도 수사기관이나 정보기관에 고지하여야 함에도 고

이 시달린다. 전에도 자신이 미국 CIA첩자라고 하는 사람, 감시 받고 있다고 주장하는 사람 등 정신이 이상한 사람들을 만난 경험이 있었기 때문에 그 사람도 그런 부류의 사람으로 생각했다. 더구나 5분도 안돼는 짧은 시간에 '북에서 왔다'는 단 한마디 말을 듣고 금방 간첩이라고 생각할 수 있겠는가? 예를 들어 이선실사건과 같은 간첩사건을 보더라도 간첩이 나를 포섭하려면 청년정보문화센터 회원으로 가입해서 열심히 활동한다거나 회비를 왕창 낸다거나 하는 수법을 통해서 나를 옭아매는 방법을 쓰면 모를까 만나자마자 '북에서 왔다'라고 말 할 리는 없다고 생각했기 때문에 미친 사람이라고 생각할 수밖에 없었다. 그래서 간첩일 것이라는 생각은 추호도 할 수 없었고 그래서 신고도 하지 않았다. 만약 노동당 당원증이나 권총 등 증거가 될 만한 것을 보여주었다면 당연히 신고했을 것이다."

—경찰 조사에서 김동식과 대질신문을 받았는가.

"직접 대질신문은 없었고, 수사과정에서 경찰이 사진을 보여주었는데 그 사진은 트레이닝복 차림이었다. 이인영의 경우와 마찬가지로 내가 만난 사람은 안경을 끼고 양복차림이라서 트레이닝복 차림의 그 인물이 내가 만난 사람이

라고 확신할 수 없었다. 내가 만난 시간은 5분도 채 안되는 시간이었기 때문에 지금도 인상착의나 만남 과정이 정확히 기억이 나지 않는다."

—이번 사건을 겪고 할 말이 많을 것 같은데.

"이 모든 것이 분단 상황으로 인해서 벌어진 불행한 일이다. 이번 사건도 원죄는 결국 정보기관의 '공작'이다. 학생운동을 한 경력을 문제 삼아 끊임없이 사상을 의심한다는 것은 있을 수 없는 일이다. 판사가 나를 풀어 준 것은 검찰의 논리가 전혀 설득력이 없다는 것을 의미한다. 또 경찰과 안기부는 구속 수사를 하지 않아도 될 사건을 가지고 우리들을 긴급 구속함으로써 마치 간첩에 포섭된 것처럼 발표를 하고 언론은 그 사실을 크게 다루었다. 우리가 구속된 것은 크게 보도됐지만 내가 적부심으로 풀려난 것은 『중앙일보』 외에는 한 줄도 보도되지 않고 있다. 이렇게 여론 재판을 받음으로써 앞으로 사회 활동을 하는 데 여러 가지 면에서 타격을 받게 될 것이다. 그 동안 국가보안법을 악용한 일은 여러 차례 있었다. 앞으로 더 이상 없었으면 좋겠다. 대표적인 악법인 국가보안법상의 불고지죄는 마땅히 폐지되어야 한다."■

지하지 않은 자로, 구속치 않으면 증거인멸 및 도주의 우려가 있는 자.

"알리바이 증명할 증거 가지고 있다"

김동식의 진술 내용에 따르면 허씨의 경우는 앞서 언급한 세 사람보다 훨씬 많은 이야기를 나누었음을 알 수 있다. 그 내용도 단순하지 않고 사안에 따라서는 허씨에게 치명적인 상처를 줄 수 있을 정도로 심각한 내용을 담고 있다. 그러나 허씨의 경우 김동식이 진술한 날짜와 시간대의 알리바이만 증명하면 사건의 진실이 밝혀지게 되어있다. 기자는 허씨의 부인 전제연씨(29)와 두차례 직접 만나고 몇 번의 전화통화를 통해 15일 현재까지의 상황을 물었다.

허인회씨.

―허씨의 경우 김동식을 만난 적이 없다고 하는데.

"그렇다."

―김동식의 진술이 거짓이라는 알리바이가 있는가.

"김동식이 사무실로 찾아와 처음 만났다고 하는 9월 16일 오전 10시 30분에는 허인회씨는 손님과 상담을 하고 있었다. 이것은 종업원들이 증명할 것이다. 그리고 당일 12시 30분에는 큰동생의 청첩장을 돌리기 위해 국회에 들어갔다. 또 9월 20일 오후 4시에는 국민회의 당사를 방문 컴퓨터 납품관계로 담당자를 만나고 있었다."

―증인들은 있는가.

"그렇다"

―긴급 구속되기 전에 김동식을 만났다는 얘기를 한 적은 없었는가.

"우상호·함운경·이인영씨 등 친분이 있는 사람들이 불고지 혐의로 구속됐다는 소식을 듣고 자신은 만난 적이 없다고 했다. 그 사람들을 만나려고 했다면 자기도 만나려고 했을 텐데 허인회씨가 회사 일이 바빠서 자주 사무실을 비우니까 연락을 못한 모양이라고 했다. 7일 밤에 비디오 테이프 세 개를 빌려서 봤는데 만약 김동식을 만났다면 그렇게 태연하게 있을 수 있겠는가."

―평소에 밖에서 있은 일에 대해서 말을 하는가.

"그렇다. 친구 누구를 만났고, 사업과 관련해서 어음을 막기 위해서 누구에게 돈을 빌렸고, 누구를 만나서 점심을 먹었다는 등 거의 얘기를 해주는 편이다."

―그렇다면 조작이라고 생각하는가.

"그렇다. 조사하는 수사관들의 말이 앞뒤가 맞지 않는다. 박광남의 수첩에는 9월 16일에서 23일까지 2, 3차 접촉에 실패했다고 써 있는데 김동식은 20일 두 번째 만났다고 되어 있다. 또 허인회씨는 계속 대질심문을 요구하고 있는데 수사관들은 이 요구를 묵살하고 있다."

―그밖에 조작이라고 내세울 다른 증거들이 있는가.

"허인회씨 구속 후에 수사관 다섯 명이 영등포에 있는 사무실에 와서 사무실과 직원들의 사진을 찍어 갔다. 경리 직원에게 김동식의 사진을 가지고 와서 4시간동안 본적이 있느냐고 물었다. 경리 직원은 본적이 없다고 말했다. 또 허인회씨를 면회 갔는데 수사관들이 잠을 30분밖에 안 재우면서 김동식을 만났는지를 캐묻고 있다고 했다. 김동식의 진술에는 허인회씨가 직원들 월급으로 60~70만원 준다고 했다는데 실제는 70만~1백20만원을 주고 있다. 또 김동식은 허인회씨가 운전면허를 취소당했다고 말했다는데 남편은 운전면허증을 취득하지도 않았다. 안기부 발표에는 김광식의 본명이 이승철이라고 나와 있는데 영장사본에는 없다. 또 운동에 투신하게 된 동기를 말한 부분이 있는데 88년 『신동아』와 인터뷰한 내용하고 똑같다. 그밖에도 사무실에만 몇 번 와보면 명함을 얻기는 쉽다.."

―허씨의 구속으로 어려운 점이 많을 텐데.

"허인회씨의 구속이 장기화되면 자금회전이 어렵기 때문에 회사가 부도 위기에 몰릴지도 모른다. 또 임신 6개월인데 아이가 태어나서 아빠 얼굴도 못보게 되면 어쩌나 하는 생각도 든다. 부모님들도 충격을 많이 받았다. 그리고 허인회씨 큰 동생은 직장으로부터 사표를 내라는 압력을 받고 있다."

또다시 진실을 역사에 맡길 것인가

이번 사건과 관련해서 모두 네 명이 관계기관에 신고를 했던 것으로 알려졌다. 그중에 제야인사는 정동년 5·18광주민중항쟁연합 의장과 ㅎ씨(그의 부인이 생업과 관련되어 있기 때문에 공개적인 거명을 피해 달라고 함)이다. 정동년씨와 ㅎ씨는 "북에서 왔다는 말을 듣고 함정이 아닌가 싶어서 신고를 했다"고 한다. 그 외 김동식이 장기투숙했다는 대전의 여관주인. 승려 등 모두 4명이다.

통일원 공보 실에 따르면 "북한측은 이 사건에 대해 방송을 통해서 여러 차례에 걸쳐 남한의 자작극이라고 주장하고 있다"고 밝혔다. 우리 정부는 북한에 "잇따른 무장간첩 침투를 엄중 경고 한다"며 정부의 입장을 밝힌 바 있다. 어느 한쪽은 거짓말을 하고 있는 것이다.

기자는 짧은 취재기간동안 내내 명치끝에서 솟아오르는 답답증을 취재가 끝날 때까지 끝내 거둬들이지 못했다. 이번 사건의 진실은 과연 무엇일까. 왜 간첩사건은 언제나 석연치 않은 의혹들을 남기는 것일까. 이런 물음에 대해 누구도 자신 있는 답을 내놓지 못한다. 다만 크게 두 가지 가능성을 생각해 볼 수 있다. 먼저 북한이 대남 공작 차원에서 일을 진행하다가 문제가 생기니까 발뺌을 하고 있거나 아니면 앞서의 추론대로 안기부가 이 사건을 조작했을 가능성이다.

글머리에서 지적했듯이 이번 사건은 여느 경우와 달리 몇 가지 특징을 가지고 있다. 안기부 발표대로라면 이번 간첩은 '공작원'과 '무장간첩'의 역할을 동시에 수행하면서 마치 안기부가 계획을 세운 듯이 필요한 공작목표를 정확히 집어내었다. 안기부의 입장에서라면 가장 껄끄러운 존재들인. 그리고 향후 한국 정치 상황에서 새로운 변화를 몰고올 잠재력이 있는 30대 청년운동의 지도자들을 목표로 삼았다는 것이다. 그리고 허인회씨의 구속영장에서 보았듯이 구체적인 물증을 남겼다. 간첩 김동식과 박광남은 수첩에 주요인물들을 짧은 시간에 만나고 다니면서 메모를 남겼다는 것이 그 증거들이다.

안기부와 검찰은 김동식을 공개 수사해야

사람을 만나자마자 몇 마디도 하지 않은 상태에서 대뜸 '북에서 왔다'라고 신분을 밝히면서 거듭되는 포섭 실패에도 불구하고 동일한 양태의 '오류'를 계속 반복했다는 점도 쉽게 납득하기 힘든 부분이다. 그리고 그는 검거되자마자 48시간도 안되어 모든 사실들을 털어놓았다. 고정간첩을 대동월북하기 위해서 내려왔

우상호씨.

다는 사실도 검거 바로 다음날 발표되었다. 당국의 발표에 의하면 김동식은 처음에 수사에 비협조적이었다고 했는데 어떻게 그처럼 빨리 김동식의 임무와 활동 상황을 파악할 수 있었는가. 또 김동식은 어쩌면 그렇게 안기부의 구미에 딱 들어맞는 공작을 하고 다녔을까.

익명을 요구한 어느 국회의원은 조심스럽게 이런 가능성을 확인해주었다. 서두에서 『말』지가 제기한 의혹과는 약간 다르지만 일맥상통하는 또 하나의 추론이다. 그에 의하면 김동식은 북한에서 남파한 간첩인데 이미 오래 전에 체포되어 안기부에 포섭당했다는 것이다. 안기부는 그를 이용하여 총선전에 청년운동을 분열 약화시키고 국민들의 반공반북 의식을 일깨워 총선국면을 유리하게 맞이하려 했다는 것이다.

물론 이런 가설들이 모든 의문들을 명쾌히 해명해주지는 못함을 인정한다. 그러나 당국이 구속자 가족들의 "공개 수사"를 외면하면서 사건의 본질에 관한 핵심적 사안들에 대해 계속 은폐하려 한다면 이는 곧 조작설에 입각한 추론이 설득력을 가짐을 반증하는 것이다. 나아가 당국이 현재 행하고 있는 국가보안법상 불고지죄 수사도 국민을 보호하려는 입장보다는 정치적으로 이용하려는 입장이 강하다는 비난을 면하기 어렵다. 국가안보를 명분으로 소중한 개인의 인권과 장래를 짓밟는 전체주의적 행태는 이제 끝나야 한다. 구속자들과 같이 대학을 다녔던 한 변호사의 말이다.

"이번 사건은 사건도 뭣도 아니다. 김동식의 말만 믿고 제 나라 국민이 하는 말은 믿지 않는 검찰이 부끄럽다. 5공 때 대학을 다녔던 80~85학번들은 시대의 무거움을 함께 나눴다는 동질감이 강하다. 이들은 분명 민주화의 주역이었다. 이들은 21세기에 자신들이 40대가 되었을 때 우리사회의 주도 층으로 자리 매김 하기 위해 많은 모임을 통해서 미래를 준비했다. 이들의 노력을 이런 식으로 꺾어서는 안된다. 물론 역사가 모든 진실을 밝혀 주겠지만."

진상은 과연 언제 햇볕 아래 모습을 드러낼 것인가. 우리는 그날을 기다린다. ■

안기부의 '간첩 만들기'와 김동식 사건의 진실

지난달 말 지는 부여간첩 김동식 사건과 관련하여 안기부가 고정간첩을 확보하고 있을 것이라는 강한 의혹을 제기했다. 말 지는 다시 한 번 안기부에 고정간첩의 행방을 밝힐 것을 강력히 요구한다. 그리고 간첩 김동식의 진술만을 토대로한 '간첩 만들기'를 즉각 중단할 것을 촉구한다.

김종석(본지 기자)

김동식은 정말로 남파간첩인가

요즈음 재야·시민 운동 단체에서는 자신의 신분을 밝히지 않고 특정인의 연락처를 물어 온 사람에게는 결코 다른 사람의 전화번호를 알려주지 않는다. 때아닌 '김동식 파동'으로 재야단체 관계자들이 바짝 긴장하고 있는 것이다.

김동식 그는 누구일까. 기자는 간첩 김동식의 뒤를 좇아 보기로 하고 그가 1차 근거지로 삼고 오랫동안 머물렀다는 성남의 단대리 여인숙을 찾았다. 다음은 여인숙 주인 강영미씨(37. 가명)와 나눈 일문일답이다.

—부여 간첩 김동식 일행이 여기에 묵은 적이 있는가.

"그 사람들은 9월 15일부터 10월 13일까지 이 여인숙에서 묵었다. 김동식 일행이 여인숙에 처음 온 것은 9월 15일로 박광선(김동식의 다른 이름). 박광남이라는 이름으로 투숙을 했다. 박광남이 '삼풍백화점 사고로 형수가 실종돼서 형님(김동식을 지칭)과 전국 유람이나 하려고 돌아다닌다'고 하면서 며칠 있겠다고 했다."

—부여 사건 발생 이후 김동식을 쉽게 알아볼 수 있었는가.

"김동식은 한 달 동안 거의 말 한 마디 안하고 지냈다. 죽은 박광선이가 다 알아서 했다. 사람이 너무 말이 없어서 지금도 확실하게 기억에 남는다."

—그들의 행동에서 이상한 점은 없었는가.

"그 사람들은 일반적인 투숙객들과 달랐다. 여기서는 청소. 빨래를 다 해주는데 모든 것을 자기들이 알아서 했다. 방을 어질러 놓지도 않았다. 처음에는 아무런 짐도 없었다. 그리고 나를 테스트하려고 그랬는지 장 서랍을 반쯤 열어 놓고 가거나 걸쇠고리. 넥타이를 특정한 위치에 걸어 놓고 다녔다. 내가 특별히 손을 대지 않자 나중에 짐을 가져다 놓았다. 007가방에는 체인을 감아 놓았는데 무엇이 들었는지 몹시 무거웠다. 하루는 '라면을 삶아 달라'고 해서 사 오라고 했더니 컵라면을 사 왔다. 그래서 신라면 같은 것 사 오면 내가 끓여 줄텐데 맛있는 컵라면을 사 왔느냐고 했더니 박광선이 '찬물에도 먹는데 물만 끓여 주면 좋지요'라고 해서 라면을 찬물에 넣어 먹는 사람도 있느냐고 했더니 당황하면서 '등산가면 그러기도 한다'고 얼버무렸다. 또 한 번은 빵을 사 왔는데 박광선이 '아줌마 빵을 없애세요' 했다. 우리가 쓰는 말이 아니라 이상하다는 생각이 들었다. 그 사람들은 방에서 텔레비전을 볼 때도 양복을 입은 채로 봤고, 낮에도 창문 커튼을 닫아 놓는 등 여러 가지 면에서 이상했다."

—그렇다면 신고를 했는가.

"10월 3일 파출소에 신고를 했다. 그러자 순경이 와서 주민등록증을 조회했는데 아무 이상이 없어서 그냥 넘어 갔다. 그 사람들의 소지품은 순경이 '영장이 있어야 볼 수 있다'고 해서 못 봤다. 순경이 가고 난 뒤에 그들이 놀라서 '왜 경찰이 왔느냐'고 물어서 살인사건이 나서 임검을 나왔다고 둘러댔다. 그 뒤 10월 13일 나갔다."

—날마다 들어와서 잤는가.

"한달 동안 9일은 들어오지 않았다. 여기서 잘 때도 항상 아침 일찍 일어나서 나갔다."

강씨의 말을 종합해 보면 그들은 은신을 하면서 나름대로 치밀했다. 그런데 공작원으로서 그들은 왜 그렇게 많은 실수(?)를 했을까. 안기부 주장대로 남한에 지하당을 구축하여 적화통일

부여간첩 김동식의 기자회견 모습

을 이루려고 한 그들이 두달 동안 공작한 결과는 오히려 참담한 실패라고 해도 과언이 아니다. 이제 그들이 벌여 놓은 공작이 어떤 것들인지 또 그 결과가 누구를 가장 이롭게 했는지를 알아보자.

공안정국의 검거선풍

95년 11월 7일 이인영. 우상호. 함운경. 11월 8일 허인회. 11월 15일 박충렬. 김태년. 11월 17일 성남지역 애국동맹사건 관련 7명. 11월 20일 광주전남연합 관계자 2명. 11월 23일 진보정치연합 광주지부 회원 6명. 11월 29일 조국통일범민족연합(이하 범민련) 관계자 29명 등 모두 50명이 최근 한달 사이에 국가안전기획부(이하 안기부)와 경찰에 의해 국가보안법 위반 혐의로 구속되었다.

지난 10월 24일 충남 부여에서 간첩 김동식이 체포된 이후 불어닥친 검거 선풍은 5·6공 시절의 공안정국에서도 그 유례를 찾아볼 수 없을 만큼 대대적인 규모로 전개되고 있다. 이번 검거선풍은 두 가지 특징이 있다. 먼저 15일 이전의 구속자들은 간첩 김동식과 직·간접적으로 관련되어 구속된 경우이고, 그 이후의 구속자들은 다 지난 시기의 활동을 문제 삼은 것이다.

성남지역의 김인회씨 등 6명은 소위 92년 발생한 중부지역당 산하 애국동맹이라는 조직사건. 광주전남연합 장진성씨는 94년 구국전위 사건. 진보정치연합 광주지부 회원들은 93년 사노맹 재건 사건 등으로 구속되었는데 모두 2~3년 전의 사건을 문제 삼은 것이다.

범민련의 경우는 두 가지 양상이 혼재돼 있다. 지난 90년 창립된 범민련은 91년 대법원으로부터 이적단체로 규정됐으나 4년여 동안 당국에서 사실상 활동을 묵인해 왔다. 그러다가 갑자기 범민련 남측본부 간부들을 구속한 것이다. 처음 이들의 혐의는 '김동식 대책회의를 하지 않았느냐'는 것이었다. 그런데 현재는 '북으로부터 공작금을 받지 않았는가'에 대한 조사를 받고 있다.

범민련 관계자에 따르면 "그 동안 범민련은 재정 사업으로 뱃지. 달력 등을 해외동포에게 판매해 왔는데 그 돈이 북한으로부터 내려온 공작금이 아닌가 하는 추궁을 받고 있다"는 것이다. 12월 15일 현재 강희남. 이천재씨는 안기부의 범민련 와해 의도와 공안정국 조성에 항의하여 단식을 하고 있다.

범민련 관계자들도 12월 1일부터 남측본부 사무실에서 항의농성을 벌이고 있는데 이들은 안기부가 임신 8개월인 고애순씨(29)와 고령에 녹내장으로 실명상태인 곽병준씨(73)에 대해 구속적부심을 기각한 것에 대해 분노하고 있었다. 농성자들은 "범민련 간부들은 대부분 고령이어서 도주의 위험이 없는데도 구속수사를 하는 것은 안기부가 공안정국을 조성하려는 의도"라고 주장했다.

이렇게 단기간에 수많은 재야인사들이 구속되자 지난 11월 30일 민주주의민족통일 전국연합. 민주사회를 위한 변호사모임. 천주교정의구현 전국사제단. 한국기독교교회협의회. 민주화실천 가족운동협의회 등이 중심이 되어 '총선시기 안기부 간첩사건조작 진상규명 공동대책위원회'를 구성했다. 이들은 안기부의 공안정

국 조성 음모를 규탄하면서 한 목소리로 안기부 해체를 주장했다.

"아닌 밤중에 김동식이라는 간첩이 출몰하여 전 국토를 긴장으로 몰아넣더니 이제는 그의 진술을 바탕으로 수많은 인사들이 잡혀 들어가고 있다. 결백을 주장하는 국민의 이야기보다 간첩의 이야기를 더 신뢰하는 집단이야말로 이적단체 반국가단체가 아니고 무엇이겠는가? 이런 반사회적이고 불법적인 이적집단은 즉각 해체되어야 마땅하다."

김동식 기자회견의 저의

무리한 안기부 수사에 대해 재야단체가 격렬하게 반발하자 안기부는 지난 12월 8일 서울 내곡동 신 청사에서 '부여침투 무장간첩 사건 전모'를 발표했다. 이 자리에서 안기부는 "김동식(33, 본명 이승철)이 5년 전인 90년 5월에 처음 남파돼 당시 '남한조선노동당 중부지역당' 총책으로 암약하고 있던 최고위급 남파간첩인 이선실과 고정간첩 황인호와 함께 대동월북한 경력이 있고, 이번 2차 침투에서는 고정간첩 복귀, 재야단체 인사를 포섭하고 지하당을 구축하라는 지령을 받고 남파되어 모두 7명을 접촉했는데 그 중에서 정동년, 황광우, 고은태(필명 고은)씨 등 3명만이 당국에

재야단체 관계자들은 안기부가 김동식 사건을 계기로 공안정국을 조성하려 한다며 반발하고 있다.

신고했다"고 발표했다. 그러면서 안기부는 "앞으로 김동식의 그 동안 행적 및 활동사항은 물론 지난 90년 1차 침투당시 이선실과 함께 접촉했던 인물에 대해서도 수사를 계속할 계획"이라고 밝혀 공안정국을 이어갈 것임을 암시했다.

그러나 이날 텔레비전으로 생중계된 기자회견은 안기부가 다분히 어떤 의도를 가지고 있음을 알 수 있다. 이날 김동식이 언급한 허인회, 박충렬, 김태년씨는 자신들의 혐의 사실을 부인하고 있는 상태였다. 그럼에도 안기부는 김동식의 진술만을 일방적으로 방영함으로써 이들을 '간첩'으로 만들었다. 민변소속 윤기원 변호사의 말이다.

"김동식은 입건도 되지 않은 상태다. 그는 명백히 간첩죄를 저질렀고, 경찰관이 목숨을 잃었다. 당연히 입건을 해서 피의자로 조사를 받아야 함에도 안기부와 경찰은 참고인으로 대하고 있다. 어떻게 이런 일이 있을 수 있는가?"

대부분의 재야인사들은 현정부와 공안당국이 국민들의 여망인 진정한 민주개혁의 완성보다는 노태우 부정축재 파문과 5·18 특별법 정국의 부담을 민족민주운동세력에게 떠넘겨 국민을 호도하려 하고 있다고 주장한다. 이들의 주장은 몇 가지 점에서 이들의 주장은 타당성이 있다.

첫째 이번 사건의 유죄의 증거가 오직 김동식의 진술 하나 뿐인데, 그의 진술에 따라 사람들이 무차별로 구속되고 있다는 점이다. 김동식은 안기부의 보호(?)하에 있기 때문에 피의자들은 도저히 증거를 인멸할 수 없다. 그런데도 그들을 긴급구속 하는 것은 다분히 의도가 깔려 있다고 볼 수밖에 없다는 것이다. 둘째 법치주의 국가에서 피의자는 형사소송법상 무죄추정의 원칙과 불구속수사의 원칙에 의거 재판을 받을 권리가 있는데 피의자들은 법의 보호를 받지 못하고 과거 공안정국과 같은 단죄를 받고 있다는 점이다. 셋째, 안기부의 수사발표대로라면 김동식이

122

처음부터 남한 내 고정간첩망을 점검하고 남한인사를 포섭하기 위해 침투하여 3개월 동안 암약한 것이 사실이라면 가장 큰 책임은 공안당국에 있는데도 당국은 모든 책임을 피의자들에게 돌리고 있다는 점이다. 그렇다면 진실은 어디에 있는 것일까.

"다 알고 있으니까 빨리 써"

전국연합 사무차장 박충렬씨와 성남미래 대표인 김태년씨의 안기부 수사과정을 살펴보면 너무나 어이가 없다. 다음은 박씨와 김씨의 구속영장 내용중 일부이다.

"피의자는 91년 12월부터 이른바 국내 재야단체의 총사령탑격인 전국연합(민주주의 민족통일 전국연합)에 가담, 동 조직을 바탕으로 사회주의 국가건설을 이루어 보겠다고 망상해 오던 자로, 1990년 일자미상경 북한에서 남파된 성명불상 공작원에게 포섭되어 A3지령 수신 방법 등을 현지 교육받고, 국내 재야운동권에서 활동하며 동조자를 포섭하라는 등의 지령을 받고, 약정된 통신 조직을 통해 불상내용의 지령을 수신하고 그 지령사항 실천결과 등을 북한공작조직에 보고하는 등"(박충렬)

"90년 일자불상경 부터 95년 10월경까지 북한 대남 공작기관인 조선노동당 사회문화부 소속 성명불상의 남파간첩으로부터 접촉제의 연락을 받은 후 수시로 만나 대남 공작 방안 등을 협의하는 등 회합하고 성명불상의 남파간첩으로 부터 현지 통신교육을 받고 구식 HF 고속 메모리 건전 무전기를 수령하여 활동사항을 대북 보고하는 등"(김태년)

영장에 기록된 혐의내용이 사실이라면 박씨와 김씨는 90년부터 암약해 온 고정간첩이다. 그러나 이들은 자신들의 혐의내용에 대해 완강히 부인하고 있다. 구속적부심에서 행한 이들의 최후 진술을 들어보자.

"나는 지금까지 안기부에서 수사를 받으면서 이 자리에 나오기까지 단 한번도 나에 대한 구속 이유를 듣지 못했다. 나는 북한공작원을 만나거나, 공작원 활동

태년)

이렇게 피의자들이 혐의 사실을 부□□□을 담당한 검사는 두 사람에게 인적 □□□□소지 등에 대해서만 간단하게 심문을 □□□통신에 대해서는 한마디의 심문도 하□□□부는 김동식의 진술에 근거한 혐의사□□□아무런 증거가 없는데도 두 사람의 구□□□했다. 그후 두 사람의 수사는 한마디□□□됐다. 안기부는 어떤 증거물도 제시□□□회가 잘 알고 있지 않느냐? 이야기를 □□□증거를 제시하겠다"며 이들에게 자백□□□김태년씨의 조사과정을 살펴보자.

처음에 안기부는 "김씨의 집에서 □□□다"고 주장했다. 그러나 안기부원이 □□□에도 무전기가 들어 있지 않자, 이□□□사무실에서 무전기를 발견했다"고 주□□□찾아간 성남미래 사무실은 5층 건물□□□쪽에 마련된 간이 화단(?)이 조금 파□□□었고, 강당의 천장 두 군데가 뜯겨 있□□□기의 천장 두 군데를 뜯어보고, 10센□□□땅을 파서 무전기를 발견했다는 것이□□□이 없었는지 안기부는 김씨측 변호인□□□은 없었던 일로 하자"고 했다. 그러나□□□이 김태년씨가 가지고 있는 헌 무전기□□□교환해 주려고 왔다"고 주장했다. 그□□□헌 무전기를 어디에 두었느냐고 추궁□□□

안기부의 말 바꾸기는 박충렬씨의 □□□대로 드러난다. 안기부는 "북한 방송□□□업을 잘하고 있다는 방송이 나온 사□□□에서 사살된 간첩 박광남의 몸에서 □□□이 발견됐다"며 간첩죄에 대해 자백□□□또 처음에는 "제주도에서 보낸 돈 4□□□왔느냐"고 묻다가 나중에는 "능내리□□□박충렬씨가 가져가기로 되어 있는 돈□□□다"고 주장했다. 그밖에도 "박씨가 92□□□□□□□□□□

가' 하는 입장을 보이고 있다. 지금 박씨의 경우 90년 반제동맹 사건 이후 학습모임에 대해서 캐묻고 있다. 잡아는 들였는데 아무 성과가 없으니까 그 모임을 문제삼아 중부지역당 잔당 정도로 몰고가려는 것이 아닌가 생각된다. 김태년씨도 통신·회합. 간첩죄 부분에 대한 혐의는 벗은 것 같고 성남미래의 활동과 관련한 조사를 받고 있다."

—안기부가 두 사람을 조사하는 과정에서 고문을 하지는 않았는가.

"과거와 같이 잔인한 고문은 없었지만 구타와 폭언. 잠을 못자게 하는 수법 등을 쓰면서 혐의 사실을 인정하라고 강요했다. 박씨의 경우 11월 30일. 12월 1일. 2일에 접견을 할 수 없었다. 현장검증에 나가서 능내리. 마석모란공원 등에서 진술을 강요당하며 구타를 당했다. 12월 4일 의사를 대동하고 접견신청을 했는데 안기부로부터 거부당했다."

—이번 사건의 문제점은.

"상식적인 조사과정은 수사관이 증거를 제시하거나 증인과 대질 심문을 통하여 그 혐의를 입증해야 하는데 무작정 '누구 만나서 어떤 일 했는지 다 알고 있으니까 빨리 써' 하는

박충렬씨.

식으로 수사를 한다는 것은 있을 수 없는 일이다."

—검찰의 구속영장 남발에 대해 지적하는 사람들도 많은데.

"안기부는 원래 그러니까 차치하더라도 검찰과 법원이 더 문제다. 아무런 증거도 없이 김동식의 말에 의존하여 성명불상. 일자불상. 내용불상 등의 내용을 가지고 간첩죄를 저질렀다고 영장을 청구한 검사나. 영

함씨는 김동식을 만나고도 신고를 하□ 혐의로 구속되었다. 그런데 기소과정□ 죄가 추가되었다.

국가보안법 제7조는 찬양·고무 등□ 제1항은 "국가의 존립·안전이나 자□서를 위태롭게 한다는 정을 알면서□ 구성원 또는 그 지령을 받은 자의 활□·선전·선동한자는 7년이하의 징역이□ 있다. 제5항은 "제1항·제3항(이적□ 또는 제4항(허□ 포)의 행위를 □ 도서 기타의 표□ 입·복사·소□ 판매 또는 취□ 항에 정한 형이□ 있다.

그 동안 국□ 독소조항으로 □ 아 끊임없는 위□ 왔다. 이에 헌□ 례에 거쳐 한정□ 바 있다. 다음□ 에 헌법재판소□ 보안법 제7조(□ 대한 한정합헌□

"동규정은 ▯□ 나치게 다의적□ 가 광범위하여

별적·자의적 집행에 의하여 기본적□ 가 있고 나아가 죄형법정주의에도 저□ 정치적으로 남용될 가능성도 있다. □ 항들은 국가의 안전·존립을 위태롭거□ 주적 기본질서에 실질적으로 위해를 □ 한 경우에만 적용되는 것으로 축소□ 할 것이며 이와 같은 해석 하에서만

정씨는 찬양·고무 죄 적용에 대해 이렇게 말했다.

"이번 사건이 얼마나 어이없는 일인가를 검찰당국이 더 잘 알고 있을 것이다. 불고지죄로는 공소유지가 어렵다는 것을 알고 있는 공안당국은 집을 압수수색하여 시내 유명서점(교보문고, 종로서적)에서 구입한 책과 남편이 두 번의 수감 생활을 하면서 교도당국의 검열을 거쳐 반입된 책들을 문제삼은 것이 그 증거다."

법정 결투 앞 둔 허인회와 김동식의 '진실 게임'

허인회씨와 김동식의 '진실게임'은 이제 법정에서 가려지게 됐다. 허씨는 서울지검 이기범 검사의 공소제기로 12월 6일자로 기소가 결정된 상태다. 그의 공소장에는 죄명 국가보안법위반, 적용법조 제10조, 제14조로 표기돼 있다. 제10조는 불고지죄이고, 제14조는 자격정지의 병과에 관한 조항으로 국가보안법 위반으로 유기징역형을 선고받을 경우 그 형의 장기 이하의 자격정지를 병과할 수 있다. 즉 불고지죄 형량이 5년 이하의 징역형에 처할 수 있음으로 5년 이하의 자격정지를 형량과 함께 부과할 수 있는 것이다.

허씨는 검찰 조사기간에 김동식과 대질심문을 요구하며 지난 11월 29일부터 12월 12일까지 옥중 단식을 했다. 허씨는 "김동식과의 대질심문은 물론 거짓말탐지기를 사용해서라도 결백을 밝혀 달라"고 변호인에게 요구하면서 자신의 혐의 사실을 완강하게 부인하고 있다. 허씨와 김동식의 진실게임은 허씨가 알리바이를 증명할 수 있느냐 없느냐에 달렸다. 김동식의 진술에 대한 허씨의 주장을 비교하면서 중요시간대에 대한 양측의 공방을 살펴보자(김동식의 진술내용은 지난호에 전재하였으므로 생략한다).

첫 번째. 구속영장에서 김동식은 "9월 16일 오전 10시경 허인회씨에게 전화를 걸어 통화했다"고 진술하고 있다. 이에 대해 허인회씨는 11월 15일 열린 구속 적부심에서 "전날 여동생인 허윤정의 결혼자금대출건으로 광주은행 강남지점 김석회대리와 밤 12시 넘게까지 과음을 해서 다른 날 아침보다 늦게 일어나 사무실에는 10시 15분 경에 도착해서 10시경에는 사무실에 없었다"고 주장했다. 이러한 사실은 허씨의 매제 임종원씨, 9시경에 사무실로 출근해 근무하고 있던 허씨의 동생 허정회 대리, 경리직원 오정화씨가 공증을 받아 제출한 진술서에서 확인하고 있다.

두 번째. 김동식은 "9월 16일 10시 30분경 허씨의 사무실에 혼자 찾아 들어가 5분 정도 기다렸다가 허씨를 만났다"고 진술했다. 이에 대해 허씨는 "그런 사람이 온 적이 없었다"고 주장한다. 허씨와 함께 사무실에 있었던 세 사람의 진술에 따르면 10시 15분부터 11시 50분경 까지 그 사이에 사무실을 찾아 온 사람은 단 3명 뿐으로서 10시 25분 전후(허씨가 도착하여 10분 정도 대화를 나누던 중)하여 허씨 사무실 앞에 위치한 '브로망' 빵집 주인이 찾아와 "잠시 후 거래처 여자 2명이 혼수품을 구입하러 오면 잘 해주라"고 부탁하고 간 뒤, 아주머니와 딸이 약 20~30분 정도 지나 사무실을 방문했는데 이 세 사람 이외에 사무실을 방문한 사람은 없었다는 것이다.

"9월 16일 오후 1시 허씨는 국회에 있었다"

세 번째. 김동식은 "9월 16일 12시 30분경 다시 사무실로 허씨를 찾아가 만난 후 당산공원에 가서 이야기를 하고, 인근 음식점으로 가서 꼬리곰탕을 먹으며 술을 한 잔 했다"고 진술했다. 이에 대한 임영화 변호사의 설명이다.

"9월 16일 11시 50분경 매제 임종원씨를 사무실 앞 주차장까지 배웅한 허씨는 사무실에서 자전거를 타고 광주은행 영등포지점으로 가서 전날 광주은행 강남지점에서 대출 받기로 계약했던 대출금 1천만 원을 인출했다. 허씨는 자필로 직접 예금청구서를 작성하고 현금 9백99만원을 인출하였는데, 그 인출 거래시각은 광주은행 영등포지점의 거래명세조회에서도 알 수 있듯이 12시 5분이다. 현금을 인출한 후 허씨는 12시 10분경 사무실에 도착하여 허정회 대리에게 현금을 건네주고 급히 국회로 향했다."

허씨로부터 지시를 받은 허정회 대리가 직원들에게 송금지시를 한 시각이 12시 20분경. 그렇다면 허씨는 12시 15분을 전후하여 자전거를 타고 국회로 떠났다는 결론이다. 허씨의 사무실에서 국회까지는 자전거로 갈 경우 보통 15~20분이 소요된다. 국회에서 허씨는 누구를 만났을까.

국회의원 이길재 의원의 비서관인 유기윤씨의 증언이다.

"12시 40분경 국정감사 준비를 하고 있을 때 허씨가 찾아와 여동생의 청첩장을 꺼내 주면서 '의원님께 전해 달라'고 했다. 그래서 장가를 또 가느냐며 농담을 건네면서 허씨에게 구입한 컴퓨터장비들이 고장이 잦다며 AS좀 확실히 해 달라고 했다. 그랬더니 허씨가 '필요한 것이 있으면 전화해라. 다른 의원실에도 가봐야 한다'라고 하면서 사무실을 나갔다."

다음은 신계륜 의원의 여비서인 신주회씨(28)가 구

속적부심에 제출한 진술서 내용이다.

"1995년 9월 16일(토)은 12:00 조금 지나서 의원회관 지하 1층 식당에서 황현택씨와 30~40분 정도 식사를 같이한 후 사무실로 올라왔다. 토요일에는 의원회관 식당에서 식사를 자주하지 않은데(메뉴가 주로 면류여서) 이날 식단이 밥과 국이라서 식사를 했기 때문에 그 날짜를 정확하게 기억하고 있다. 13:00 조금 못되어서 사무실에 올라왔는데 허인회씨가 사무실에 들렀다. 점심은 먹었느냐고 물었더니 '안 먹었다'고 대답해서 토요일이라서 식당이 일찍 끝나니까 빨리 가서 먹으라고 말했다."

지금까지 살펴본 허씨와 주변 사람들의 증언에 따르면 공소장에 기재된 김동식의 진술처럼 12시 30분에 김동식과 함께 당산공원까지 가고, 그 공원 잔디밭에 앉아 이야기를 나누고, 다시 인근 음식점에 가서 꼬리곰탕을 먹으며 술까지 한잔할 만한 시간적 여유가 없었음을 알 수 있다.

구속영장과 공소장의 내용이 틀린 이유

네 번째. 김동식은 "1995년 9월 20일 15시 경 당산공원에 나갔으나, 약속시간에 허씨가 나타나지 않고 자전거를 탄 사람과 다른 1명이 나타났으며, 그 후 허씨에게 삐삐를 쳐서 당산빌딩 주변 다방 밑에서 16시경 만나 당산빌딩 지하다방에 들어가 20분간 대화를 나누었다"고 진술했다. 이에 대해 허씨는 "국회에 있었기 때문에 김동식을 만난 사실이 없다"고 주장하고 있다.

다음은 국민회의 강철선 의원의 확인서 내용이다.

"본인은 새정치 국민회의 소속 전북 군산시 을구 국회의원 강철선입니다. 본인은 1995. 9. 20 16:00경 전후하여 의원회관 536호실 본인의 사무실에서 우리 당에 새로 입당한 허인회 당무위원이 찾아와서 만난 사실이 있습니다. 허인회 당무위원은 그의 외가가 본인의 집안일 뿐만 아니라 그가 과거 학생운동을 하다 구속 되었을 때에 본인이 변호인으로서 변론을 해 준 바 있어 잘 아는 사이 입니다. 그런 사이라 그가 자주 찾아 오고하여 만나고 지냈는데, 위 일시에도 본인의 사무실에 찾아와 "정당에 입당하여 정치 활동을 하다 보니 돈이 없어 힘들다"며 "좀 도와 달라"고하여 그날 마침 세비를 수령한 것이 있어 그 중에서 30만원을 그에게 준 바 있습니다. 그리고 나서 그와 그가 앞으로 선택할 선거구 문제에 관하여 약 20~30분간 이야기를 나눈 뒤, 같은 날 16:20 내지 16:30경에 그가 돌

아간 사실이 있습니다. 본인은 위의 내용이 사실임을 확인합니다."

강 의원을 만난 후에 허씨는 "16시 30분 경을 전후하여 다시 당사로 가서 윤철상 사무부총장과 조달부장을 만나 컴퓨터품목의 추가납품에 관하여 대화를 나눈 후 17시 30분경 회사로 돌아왔다"고 주장한다. 그러므로 영장에 기재된 피의 사실처럼 95년 9월 20일 16시 경부터 같은 날 16시 20분경까지 김동식을 만난 적이 없다는 것이다.

안기부가 제시한 구속영장신청의 소명자료는 오직 김동식의 진술 하나 뿐이었다. 구체적으로 드러난 물증이 없다면 김동식의 진술이 신빙성이 있는지를 살펴볼 필요가 있다. 구속적부심에서 허씨 변호인은 김동식이 진술하였다는 내용 중 허씨가 말했다고 보기 어려운 점에 대해 다음의 세 가지 사항을 들었다.

첫째. 김동식은 허씨로부터 직원들 월급을 60~70만원 준다고 들었다고 했으나, 실제로 허씨 사무실의 직원들 월급은 70~120만원 선으로서 회사를 운영하는 허씨가 자기회사 직원들 월급을 모를 수가 없다.

둘째. 김동식은 허씨로부터 술이 약하다는 말을 들었다고 하나, 허씨의 주량은 최소한 소주2병 이상이기 때문에 굳이 술이 약하다고 말할 필요가 없다.

셋째. 김동식은 허씨로부터 운전면허를 취소 당한 일이 있다고 들었다고 하나, 허씨는 아예 운전면허를 취득한 사실조차 없다.

검찰의 공소장에는 구속영장에 나타난 김동식의 진술을 대부분 그대로 공소 사실로 인정하고 있다. 그러나 구속영장에 "16일 10시경에 전화를 걸었다"는 부분이 공소장에는 "10시 15~20분경"으로 바뀌어 있다. 또 위에서 변호인이 제시한 세 가지 의문점이 공소장에서는 공교롭게도 빠져 있다. 이밖에도 구속영장에는 "피의자가 당산공원으로 인도"라고 되어 있는데 공소장에는 "김동식이 사전답사한 당산공원을 상기하며 '그러면 좀 멀기는 하지만 당산공원에가서 이야기하면 어떻겠느냐'라고 제의하여, 피고인이 동의하자 위 김동식이 피고인을 위 당산공원으로 안내"로 되어 있다. 이렇게 공소장과 구속영장의 내용이 차이가 나는 이유는 무엇일까.

안기부는 고정간첩의 행방을 밝혀야

지금까지 사실을 종합하면 안기부가 피의자들에 대한 모든 혐의근거를 김동식의 진술에만 의존하여 무리하게 수사를 하고 있음을 알 수 있다. 또하나 피의자

들이 김동식과 대질심문을 줄기차게 요구하고 있음에도 뚜렷한 이유없이 그 요구를 거부하면서 김동식을 철저하게 보호(?)하고 있음을 알 수 있다.

지난 호에서 『말』지는 안기부가 고정간첩을 확보하고 있다는 의문을 제기했다. 『말』지는 이번에도 고정간첩을 안기부가 확보하고 있다고 재차 주장한다. 그 근거는 다음과 같다. 안기부가 발표한 「부여침투 무장

허인회씨의 알리바이를 입증하기 위해 변호인측이 제출한 각종 자료들.

간첩사건 전모」라는 수사자료집 사건 개요 부분을 살펴보자.

"95. 4 경찰은 충남 부여지역에서 고정간첩이 활동하고 있다는 첩보를 입수. 국가안전기획부의 수사지원을 받아 색출활동에 착수하여 은거지를 추적한 끝에 부여군 석성면 소재 정각사 부근일 것으로 추정하고 감시활동을 하던 중. 10월초 간첩접선 징후가 포착되어 안기부의 정보 및 기술지원하에 안기부 수사관과 경찰 대공요원 등 5명이 합동으로 정각사 부근에 잠복 감시를 해 왔음"

위 발표를 보면 안기부와 경찰은 4월부터 고정간첩의 신변을 파악. 정각사 부근에서 암약하고 있음을 알았다. 안기부와 경찰은 김동식 보다 먼저 고정간첩의 위치를 알고 있었다. 동 수사자료집 31페이지를 살펴보자.

"김동식은 남파직전인 95. 8 하순경 남파임무중 하나로 '15년전 남파되어 활동하고 있는 공작원을 부여 정각사에서 접선. 대동복귀하라' '대상자가 만일 소란을 피우거나 변절했다는 확신이 서면 처리하라' 는 지시를 받고 침투한 후 10. 2 박광남과 함께 관광객으로 위장하여 정각사를 방문. 지형정찰을 하고 10. 22 북

한으로부터 '대상자에게 정각사에 가 있으라는 지시를 주었으니 주변을 잘 관찰한 다음 접선하라' 는 지령을 수신하고 10. 24 14:00 접선을 하기 위해 정각사에 출현"

김동식은 남파직전인 8월 고정간첩과 정각사에서 접선하라는 지령과 함께 "고정간첩이 변절했다는 확신이 있으면 처단하라"는 지령도 함께 받았다. 15년동안 활약한 고정간첩이라면 그만큼 첩보원으로서 자질을 인정받았을 것이다. 그런데 그런 공작원을 '의심'한다는 것은 무엇을 의미하는 것일까.

기자가 만난 안기부 관계자는 '고정 간첩 확보'에 대해서 "첩보전에서 충분히 있을 수 있는 일이지만 이번 사건과 관련된 고첩이 있는지는 모른다"고 했다. 그러면서 "과거와 같이 조작이나 고문은 상상할 수가 없다"는 말을 덧붙였다.

취재과정에서 안기부의 공작과 관련한 소문은 끊임없이 이어졌다. 그 중에서 "안기부가 고정간첩을 7년전에 확보해서 역공작에 이용하고 있다"는 이야기도 들렸다. 이 모든 의문은 안기부만이 풀 수 있다. 물론 안기부가 고정간첩을 확보하고도 첩보차원에서 신분을 공개할 수 없을 수도 있다. 그러나 이런 가정은 필요가 없다. 첩보전에서 신분이 드러난 공작원은 '이용가치'가 이미 사라져 버리기 때문이다. 그러므로 안기부는 이번 사건에서 '사라진 고정간첩'에 대해 하루빨리 신분을 공개해야 한다. 그리고 모든 의혹을 풀어야 할 것이다.

이번 사건을 취재하면서 기자는 취재 중에 박충렬씨의 구속영장에서 주목할 만한 내용을 발견했다. 바로 "피의자가 89년 석방 후 개전의 정을 보이지 않고 수사관계자를 가혹행위자로 고소하는 등"라는 부분이다. 박씨가 고발한 수사관계자는 공안사범 고문으로 악명을 떨친 이근안을 일컫는 말이다. 명백한 범죄자로 수배 중에 있는 고문수사관 이근안을 고발했다고 해서 피의자를 "개전의 정이 없다"고 단정하는 안기부의 오만함은 어디서 연유하는 것일까. 그러나 안기부는 이런 오만함이 변하지 않는 한 국민의 신뢰를 얻을 수 없음을 알아야 할 것이다.■

본지 95년 12월호 「북한공작원 김동식 사건의 진실」중에서 함운경씨 관련 내용중 "미문화원 방화사건 당시" 부분은 "미문화원 점거사건 당시"를 오기한 것이기에 이를 바로 잡습니다.

충절과 함께 흐르는 남한강 충주호

사 람 과 강

지금 흐르는 강물은 어제 흐르던 강물이 아니고 내일 흐르는 강물은 오늘 흐르는 강물이 아니다. 그러고 보면 자신을 표시하기 위해 어떤 흔적도 남기지 않고 묵묵히 흐르는 강물 앞에 사람의 과시욕은 얼마나 초라한 것인가.

글/김종석 기자 사진/박진희 기자

강물은 역사와 닮았다. 역사가 쉬지 않고 이어지는 것처럼 강물 또한 쉬지 않고 흐른다는 점에서 그렇다. 역사가 시대의 고비에서 사람들의 환희와 절망을 번갈아 기록하듯이 때로는 좁게 때로는 넓게 자신의 강폭으로 강주변에 살고 있는 사람들을 안고서 그들의 기쁨, 슬픔과 함께 흐르는 강.

그러나 무엇보다도 강물과 역사가 닮은 이유는 사람과의 관계 때문이다. 사람의 삶을 담은 것이 역사라면 강은 그 사람들에게 삶의 젖줄이다. 그래서 강을 따라가다 보면 사람의 역사가 투영되어 있음을 금방 알 수 있다. 특히 남한강은 힘으로 역사를 지배하려 했던 사람들과 그들에 의해 수난을 당한 인물들의 아픔이 많

도담삼봉의 우아한 자태(위).
죽어서라도 고향에 오고 싶었던 것일까 새로
만들어진 수물민의 묘지(왼쪽).

이 배어 있다.

중원문화의 본거지인 충주. 강
원도 평창 태기산에서 발원한 남
한강은 영월. 소백산. 월악산 자
락을 타고 굽이굽이 흐르다가 마
침내 충주에 이르러 거대한 '내
륙 속의 바다'가 된다. 1985년
10월 17일에 완성된 충주호는 만수위가 1백45미터.
저수면적이 9만3천평방미터. 저수량이 17억5천만톤으
로 2천6백만평의 땅을 삼키고 7천6백세대의 수물민을
고향으로부터 쫓아냈다.

이 광활한 바다는 그 상류에서부터 슬픈 역사를 기
록하고 있다. 지금으로 치면 쿠데타를 통해 정권을 찬
탈한 세조는 조카 단종을 노산군으로 강봉하고 영월의
청령포로 귀양을 보냈다. 어린 단종은 귀양살이 2년만
에 마침내 사약을 받고 승하했다. 그가 죽는 날까지
한양을 바라보며 흘린 눈물은 남한강에 보태어져 한양
에 이르렀을 것이다.

그래서일까. 단종이 승하한 후 영월의 호장 엄홍도
가 '시신에 손을 대는 자는 삼족을 멸한다'는 왕명에
도 불구하고 단종의 시신을 찾아 지금의 장릉에 묻었
다는 이야기는 더욱 슬프게 들린다.

충주호 선착장에 들러 배를
타고 내륙으로 들어가 보
기로 했다. 배가 출발하자마자
호수 주변에 가두리 양식장이
보였다. 향어. 송어 등을 양식하고 있는 이들은 팔도
중에서 유일하게 바다와 인접하지 않은 지역에 산 덕
분에 어부라는 직업과는 거리가 멀었는데 졸지에 낯선
직업을 갖게 된 사람들이었다.

햇빛을 받아 은빛으로 몸을 뒤척이는 강물. 골짜기
구석으로 봄은 벌써 찾아 들고 있었다. 해를 등지고
낚시를 드리우고 있는 사람들의 그림자가 길게 강으로
드리워져 있다. 저들이 낚고 있는 것은 물고기가 아니
라 일상의 삶에서 부대끼다 잃어버린 자신의 역사와
세월이 아닐까.

남한강과 달천이 만나는 이곳 충주는 예로부터 땅이
비옥하고 교통의 요충지여서 삼국시대부터 각 나라가
패권을 다투는 지역이었다. 이곳에는 삼국시대 세 나
라의 영토분쟁이 끊이지 않았음을 보여주는 중원고구
려비와 단양적성비가 있다.

지금 흐르는 강물은 어제 흐르던 강물이 아니고 내일 흐르는 강물은 오늘 흐르는 강물이 아니다. 그러나 많은 사람들은 강물은 변치 않는 것으로 착각한다. 그러고 보면 자신을 표시하기 위해 어떤 흔적도 남기지 않고 묵묵히 흐르는 강물앞에 사람의 과시욕 때문에 세워진 그 비석들은 얼마나 초라한 것인가. 입술을 굳게 다문 깊은 강물속 어디쯤에 전쟁에서 쓰러져간 고구려 신라 백제의 무명 군졸들의 한이 또아리틀고 있을 것이라고 생각한다면 그것은 지나친 억측일까.

충주댐에서 단양으로 가는 고개는 유난히 가파랐다. 우측으로 계명산. 좌측으로 남산을 끼고 굽이 돌아 오르는 이 고개는 그 옛날 단양과 청풍을 거처 경북 내륙까지 이어지는 관문이었다고 한다. 마지막 고개라는 자못 비장한 이름이 붙은 이 고개는 충주감옥으로 끌려가던 죄수들이 한 번 넘어서면 다시는 돌아올 수 없었기 때문에 그렇게 이름지어졌다고 한다.

마지막 고개에 오르기 전에 우리는 월악산. 단양 쪽으로 통하는 비포장 지름길을 택했다. 이 길은

수몰민의 고향으로 가는 길. 물속에 잠겼던 길이 옛날 모습을 드러냈다.

인적 한 점 찾아볼 수 없는 흙먼지만 풀풀 날리는 아리랑 고개였다. 눈 아래로는 충주호가 펼쳐지고 눈을 들어보면 험한 산과 하늘을 향해 오르는 길뿐. 「서편제」에서 송화가 눈보라를 맞으며 소리를 뽑던 그 고개처럼 지난날 이곳을 오르던 사람들도 아리랑 가락에 의지하며 한많은 고개를 넘었을 것이다.

구단양에서 대부분의 수몰민이 옮겨간 신단양은 남한강이 아이를 껴안듯이 시가지를 안고 있었다. 그 둑을 따라 강변도로를 달리다 보니 지는 해에 이마를 드러내고 있는 그림 같은 풍경이 펼쳐진다. 바로 도담삼봉의 우아한 자태였다. 도담삼봉은 조선 창업공신 정도전이 유년시절에 이곳 경치를 즐겨 호를 삼봉으로 지었다고 하는데 퇴계 이황이 이곳을 찾아 시 한 수를

읊었으니……

산은 단풍잎 붉고 물은 옥같이 맑은데/석양의 도담삼봉에 저녁노을 드리웠네/신선의 뗏목은 취벽에 기대고 잘 적에/별빛 달빛 아래 금빛 파도 너울지더라.

도담삼봉을 마주한 주차장 주변에는 규모가 큰 포장마차들만이 즐비하게 늘어 서 있었다. 그중 한 곳에서 이른 저녁을 먹는데 관광버스가 들어선다. 행락철도 아닌데 웬 관광객들인가 싶었다. "겨울 내내 손님이 없었는데 총선이 가까워지니까 사람들이 좀 온다"는 주인아주머니의 대답이었다. 그러고 보니 정치의 계절이었다. 세월은 달라도 사람들의 생각은 변하지 않은

충주호가 만들어지면서 '바다속의 섬'이 돼 버린 지역이 많다. 섬주민들의 발이 되어 주는 통통배.

것일까. 한 때 삼국으로 나뉘어 이 지역을 차지하기 위해 서로가 싸우더니 지금 또다시 한 나라에서 각각의 지역을 분점한 정치세력들이 '신3국지'를 펼치고 있으니 참으로 안타까운 일이다.

충주 시내에서 그리 멀리 떨어지지 않은 남한강과 달천이 만나는 곳에 탄금대가 자리하고 있다. 탄금대라는 명칭은 신라 진흥왕(551년) 때 우륵이 이곳에서 가야금을 탄주한데서 유래되었다고 한다. 탄금대에 있는 열두대에 올라 남한강을 보며 비운의 장수 신립을 생각해 보았다. 선조 25년(1592년) 한성판윤이었던 신 립은 팔도도순변사로 임명되어 문경새재에서 왜적을 맞아 싸우려고 하였으나 적의 선봉이 이미 새재를 점령하여 이곳에서 배수진을 치고 왜장 고니시 유키나가 이끄는 왜적과 분전고투중에 중과부적으로 패하게 되자 이곳 열두대에서 종사관 김여물과 함께 투신하였다. 그가 전사하자 선조는 그를 영의정에 추증하고 시호를 충장공이라 내렸다.

기자는 그의 추모비 앞에서 머리를 조아리고 마음속으로 용서를 빌었다. 우리 현대사에서 쿠데타의 원조로 18년을 폭압으로 통치한 장군이 대통령이었을 때 충무공 이순신을 위하여 우리는 신 립, 원 균을 무능한 자, 비겁한 자로 낙인찍지 않았던가. 좀 더 정확히 말하면 강직한 무인의 표상으로서 이순신 장군을 기리기 위해 임진왜란 무공자 3인(이순신, 권 율, 원 균) 중 한 사람인 원 균과 신 립을 평가절하 하지 않았던가.

역사의 힘은 참으로 위대하다. 지난날 힘으로 권력을 차지하려 했던 자들은 비명에 가거나 차디찬 감옥으로 향했으니. 그리고 보면 역사와 강물은 참으로 바르게 제 갈길을 간다.

남한강은 노래의 강이기도 하다. 아리랑의 원조인 「정선아리랑」이 전국으로 퍼진 것도 이 물길을 따라서였다. 대원군이 경복궁을 중건하는데 쓴 나무들은 대부분 정선에서 가져왔는데 베어진 나무들은 뗏목으로 만들어져 남한강을 따라 서울로 옮겨졌다. 그 과정에서 인부들이 불렀던 「정선 아리랑」이 서울까지 전해진 것이다. 넉넉하게 흐르는 강물 한 자락을 펼치면 금방

이라도 노래 한 가닥이 흘러나올 것만 같다.

청룡 흑룡 흩어져 비개인 나루/잡초나 일깨우는 잔바람이 되라네/뱃길이라 서울 사흘 모계 나루에/아흐레 나흘 찾아 박가분 파는/가을볕도 서러운 방물장수 되라네/산은 날더러 들꽃이 되라 하고/강은 날더러 잔돌이 되라 하네

— 「목계장터」 중에서

70년대 당시 최고 시인이었던 신경림 시인이 이곳에서 10년 세월을 보내며 뽑아 낸 절창이다. 목계는 옛

남한강과 달천이 만나는 곳에서 본 탄금대(오른쪽 끝).

탄금대에 마련된 신 립 장군추모비.

날에 흘러 다니던 뗏꾼이나 세곡을 실어 나르는 조운 배와 소금배를 몰던 상고배들이 나루에 내리면 장이 서던 곳. 한 때 흥청망청 거렸을 객주집과 투전꾼이 붐볐다던 봉놋방은 없어지고 지금은 강물만 무심히 흐르고 있었다.

그랬다. 남한강은 옛날과 달랐다. 아니 남한강 주변의 사람들이 많이 달라져 있었다. 농사로 생업을 삼던 이곳에 온천이 개발되고. 주변에 위락시설이 들어서면서 인심도 달라졌다. 상수원을 둘러싼 지역간의 분쟁이 일고. 개발과 보존사이에서 여러 사람의 목소리 또한 커지고 있었다.

그러나 시골 장날 "못난 놈들은 얼굴만 봐도 흥겹다"는 시인의 노래에 등장한 사람들은 없었지만 남한강은 흐르고 있었다. 여전히 입을 굳게 담은 채. ■

남도땅 오백리
섬진강의 봄소식

석양이 질 무렵 지리산 산그늘이 비추는 강을 유심히 들여다보면
거기에 아름다움만큼이나 서럽고 비장하고 분노에 찬 역사를 부둥켜안고 흐르는 강물이 있다
우리 현대사의 아픔을 두 눈 부릅뜨고 지켜보며 그 한을 가슴 깊이 간직해 온 무등산과 지리산이 흘린 눈물을
그대로 이어 받은 강 그 강이 바로 섬진강이다

섬진강은 농민의 강이다. 전북 진안군 마령면에서 시작하여 임실, 남원, 곡성, 구례를 거쳐서 하동 포구에 이르고, 마침내 남해 바다에 흘러들기까지 남도땅 오백리를 치달리며 세개의 도, 열두개의 시·군을 지나는 강이 바로 섬진강이다. 지리산 줄기를 감아 도는 이 강은 주변에 변변한 넓은 평야 하나 없어, 부지런한 농부들이 조그만 땅을 갖기 위해 '굵주 같은 땀'을 흘리며 산허리에 천수답을 만들고 위태로운 계단처럼 보이는 밭을 만들어 놓았다. 이들 농민들에게

섬진강 주변에는 계단식 논과 밭이 많다. 하얀 배꽃이 만발한 과수원에서 내려다 본 섬진강 모습.

맑디맑은 섬진강의 물은 그러기에 그들의 피와 땀이 모인 강인 것이다.

섬진강변의 마을에서 태어나 지금까지 고향을 지키고 있는 김용택 시인은 그의 첫시집 『섬진강』후기에서 섬진강을 안고 살아가는 사람들의 모습을 "숨이 컥컥 막히는 불볕 속에서 땀을 팥죽같이 흘리며 태양 속에 일과 함께 들어가셨다가 집에 오실 때면 얼굴이 팅팅 부었어도 쉴 때면 허리가, 온 삭신이 아프시다며 한참을 쉬지 않으시는 우리 어머니"라고 묘사하고 있다.

부챗살처럼 퍼지는 4월의 햇살 아래에 드러난 섬진강은 수고로운 농민들의 땀을 애써 외면하고(?) 보면

재첩을 채취하고 있는 사람들.

어머니의 품처럼 넉넉한 섬진강.

싱싱하게 살아 오르는 새색시 같은 강이다. 수양버들과 벚꽃 나무가 도열하듯이 서 있는 강변에는 이름 모를 들꽃들이 서로 어울려 사뭇 정신이 어지러울 정도로 온갖 교태를 부린다. 이도령의 눈에 비친 춘향이의 그네 타는 모습이 이렇게 아름다웠을까.

보통 판소리는 동·서편제로 나눈다. 동편은 운봉·구례·순창 등지에서 불리는 소리로 발성 초에 징중하고 꿋꿋한 호령조가 많고 끝을 맺을 때에는 매우 힘있고 둥글게 맺고 끊는 것으로 그 소리가 웅장함이 특징이다. 섬진강을 따르다 보면 이런 소리의 특성이 바로 이곳의 자연 환경과 무관하지 않음을 알 수 있다. 보일 듯 말 듯, 끊어질 듯 이어지는 강물, 세차게 흐르

다가 일시에 넉넉하게 흐르는 강물이 부리는 조화는 영락없는 판소리이다. 굽이굽이 흐르는 섬진강을 손가락으로 푹 찌르면 금방이라도 「춘향가」한 구절이 터져 나올 것만 같다.

기암괴석으로 이루어진 계곡의 강물은 "사면의 역졸들이 해 같은 마패를 달같이 드러매고, 달 같은 마패를 해같이 드러매고 좌우에서 우루루루루…… 삼문을 후다닥! 암행어사 출도야!"하는 암행어사 출도 장면처럼 빠른 자진모리 장단으로 흐른다. 평평한 바위가 깔린 강바닥을 지난 강물이 자갈들이 서로 몸을 비벼대는 마을 앞에 이르면 "어제 저녁 모시었을 제, 날 보고만 말씀 허였으면 마음놓고 잠을 자지. 지나간 밤 오날까지 간장 탄 걸 헤아리면 살어 있기가 뜻밖이오. 반가워라, 반가워라, 설리춘풍이 반가위라"하고 금의환향한 님에게 응석을 부리는 춘향의 편안한 마음과 같이 강물은 중모리 장단으로 흐른다. 그리고 마침내 소리꾼의 아니리처럼 사람들의 기쁨과 슬픔을 모은 강물은 수많은 사람들의 사연을 잘디잘게 부서진 금빛 모래벌판으로 만들어 놓는다. 섬진강이 흐르는 모습은 바로 유장한 동편제 가락, 바로 그 모습이었다.

삶에 찌들려 가슴이 피폐해진 사람은 한 번쯤 섬진강으로 가 볼일이다. 그 곳에 가면 지리산에 부딪쳐 메아리로 돌아오는 강물 소리, 은박지로 만든 별을 밤하늘에 손으로 매단 것처럼 큰별들, 그리고 금방이라도 은빛 폭포로 쏟아질 것 같은 은하수 세례를 받을 수가 있다. 그뿐만이 아니다. 그곳에는 고된 노동 속에서도 삶의 여유를 즐길 줄 아는 걸쭉한 남도 사투리와 텁텁한 막걸리, 도시인의 병든 마음을 금새 치료하는 투박한 농군들의 따뜻한 인성이라는 만병통치약이 강물과 함께 늘 아름답게 넘실대고 있다.

그러나 석양이 질 무렵 지리산 산그늘이 비추는 섬진강을 유심히 들여다보면 거기에는 아름다움만큼이나 서럽고 비참하고 분노에 찬 역사를 부둥켜안고 흐르는 강물이 있음을 알 수 있다. 낮에는 태극기를 밤에는 인공기를 번갈아 준비해야 했던 사람들과 그 과정에서

하동포구 송림에서 놀이를 즐기고 있는 행락객들(위).
강변에 핀 들꽃(중간).
지리산의 장엄한 모습(아래).

인공기를 번갈아 준비해야 했던 사람들과 그 과정에서 죽어 간 사람들. 그리고 분단된 조국에서 태어난 죄로 역사라는 이름 앞에 쓰러져야 했던 수많은 사람들……. 그렇게 섬진강은 우리 현대사의 아픔을 두 눈 부릅뜨고 지켜보고, 가슴 깊이 간직해 온 무등산과 지리산이 흘린 눈물을 그대로 이어 받는 강이기도 한 것이다.

섬진강 주변의 마을에는 유난히 커다란 느티나무가 많다. 부부가 오래 살다 보면 얼굴도 마음도 닮아 간다는데 그래서일까 느티나무와 섬진강은 매우 닮았다. 수백 년의 세월을 건디며 마을 사람들과 함께 살아온 느티나무. 땡볕이 내리쬐는 여름에 그늘을 만들어 사람들을 불러들이고, 마을 대소사를 논의하는 농민 민주주의 실현의 장이 되어 마을 사람들의 말에 귀를 기울인다. 섬진강도 이 마을 저 계곡에서 흘러 들어온 물들이 마치 느티나무의 실핏줄 같은 나뭇가지들이 모여서 줄기를 이루듯이 그렇게 큰 강을 이루어 사람들과 함께 흐른다.

섬진강이 다른 강과 다른 것은 무엇보다도 '만만함'이다. 이 강에는 유난히 농선(강을 가로질러 줄을 설치하고 사람이 줄을 당겨서 이동하는 조그만 배)이 많다. 남원에서 하동포구까지 줄잡아 30여척에 가까운 배들이 있었다. 노를 젓지 않고도 손으로 줄을 당겨서 강을 건널 수 있다는 것은 그만큼 강이 얕고 강폭이 좁다는 의미이다. 그래서 섬진강은 사람들에게 만만하게 보이는지도 모른다. 강이란 때로는 웅장하고 무섭기도 해야 하는데 섬진강은 그렇게 사람들이

십리벚꽃길이 끝나는 지점에 쌍계사가 있다(위).
경남 하동읍에 자리한 하동포구 노래비(아래).

'회롱'을 해도 도무지 화를 낼 줄 모르는 강이다.

그러나 강은 결코 만만하지 않다. 온순한 그곳 사람들에게는 한없이 넉넉한 강이지만 교만한 자에게는 무서운 교훈을 주는 강이다. 해마다 여름철이면 강을 얕잡아 보고 도강을 시도하다가 목숨을 잃은 피서객들이 유난히 많은 강이 바로 섬진강인 것이다.

섬진강을 따라가 보면 다른 강과 달리 유난히 다리가 많지 않음을 알 수 있다. 특히 영·호남이 맞닿는 곳에는 모두 세 개의 다리밖에 없다. 전남 광양시 다압면과 경남 하동군 하동읍을 연결해 주는 다리. 경전선 철교. 남해 고속도로를 이어주는 다리가 전부다. 섬진강이 도를 구분하는 경계선이 되어 생활권이

다르다 하더라도 주민들이 실제로 이용하는 다리가 단 하나에 불과하다는 것은 어찌 보면 슬픈 일이다. 지역간의 교류가 그만큼 적다는 것을 의미하기 때문이다.

우리 사회에서 지역감정의 병폐는 이미 치유하기가 힘들 정도로 그 상처가 깊다. 이번 기행을 하면서 기자는 구례에서 하동을 거쳐 남해까지 19번 국도를 타고 남행을 했다. 19번 국도는 전라도와 경상도를 이어주고 있었는데 놀랍게도—아무런 선도. 장벽도 없는데도—지역을 구분하는 경계 지역 주변에서는 각각의 지역 사투리를 쓰고 있었다. 섬진강을 거슬러 돌아오는 상경길에는 광양에서 구례까지 이어지는 861번 지방도를 이용했다. 섬진강을 사이에 두고 놓인 두 도로의 차이는 861번 도로가 전라도 지역만을 거치게 되어 있다는 점이었다. 거기서 기자는 감동적인 장면을 목격했다.

광양시 다압면 도사라는 지역에 이르렀을 즈음 꽃상여가 지나가고 있었다. 영정과 만장을 앞세우고 길게 늘어선 '학생부군밀양박공신위'의 꽃상여 행신은 푸른 섬진강을 배경으로 마치 한폭의 그림 같았다. 그런데 상여꾼들의 노래 소리가 특이했다. 그 소리는 어떤 합창보다도 감동적이었다. 아니 눈물겹도록 아름다운 화음이었다.

그랬다. 경상도와 전라도 사투리가 섞인 그 상여 소

전라도(왼쪽)와 경상도(오른쪽)를 이어주는 다리.

밭에 씨앗을 뿌리고 있는 경상도 아줌마.

섬진강변의 당산나무 아래서 노제를 올리고 있는 꽃상여 행렬.

리가 그들에게는 아무것도 아닌 지 몰라도 기자에게는 가슴 쩡한 장면이었다. 저들은 경상도 땅에서 농선을 타고 전라도 땅으로 건너와 슬픔을 더불어 나누고 있었다. 섬진강을 가로지르는 줄위에 매달린 농선이 서로의 따뜻한 마음을 나누는 가교였던 것이다.

그렇다. 지역감정 문제는 1백여미터의 강폭을 사이에 두고 살아가는 민초들에게 있는 것이 아니라 이 나라를 '지도하겠다'고 나선 정치인들에게 있었다. 이번 총선에서도 지역 투표 성향은 그대로 재연되었다. 92년 대선 당시 "지역감정을 부추기는 것이 제일이다"라고 망언을 했던 전직 검찰총장이라는 사람이 대통령의 고향에서 버젓이 당선되었다. 그는 과연 지난날의 과오를 뉘우치고 있을까.

지역색을 한껏 부풀린 정당들도 자신들의 기반을 다지는데 성공했다. 이제 그들은 자신들의 대권가도를 위해 분주히 뛸 것이다. 그러나 한번쯤. 한번쯤은 섬진강가로 달려와 농선을 타고서 강물에 자신의 모습을

비추어 볼일이다.

가수 조용남이 "전라도와 경상도를 가로지르는 섬진강 줄기 따라 화개장터에……"라고 흥겹게 노래를 불러 대던 화개장터에서는 벚꽃 축제가 한창이었다. "있어야 할 건 다 있다구요" 하는 노래 가사와 달리 시장은 초라했다. 쌍계사 십리벚꽃길도 계절의 시샘 때문인지 아직 벚꽃은 꽃망울을 머금고 있었다. 그러나 화개면 고수부지에서 열린 축제에 몰려든 사람들의 웅성거림 속에 이미 봄은 와 있었다. 경상도 사투리와 전라도 사투리가 뒤섞여서 하늘 높이 솟아오르고 그 속에서 우리 시대의 희망도 자라고 있었다.

지리산 자락의 붉은 진달래꽃이 흐벅지게 웃고 벚꽃이 만개하면 사람들은 모여들리라. 그때쯤 섬진강은 푸른 이빨을 맘껏 드러내고 사람들과 함께 힘차게 웃으리라.■

글/김종석 기자 사진/박여선 기자

6·10투쟁으로 부활한 5월광주

> 학생들의 시위를 구경하던 시민들이 경찰의 폭력에 야유를 퍼부으며 시위대에 합세했다. 그들은 독재정권의 하수인으로 여겨온 안기부·파출소·KBS에도 돌을 던졌다.

87년 5월 18일 광주민중항쟁 7주년을 맞아 광주 망월동 묘역에서는 1천여 명의 시민 학생들이 운집한 가운데 추모제와 기념식이 열렸다. 이 자리에서 '4·13 호헌조치 반대 및 민주헌법쟁취 범도민운동본부'(5월 29일 '민주헌법쟁취 국민운동 전남본부'로 개칭. 이하 전남본부)가 결성되었다.

전남본부는 고문에 윤기석(목사, 92년 작고) 조비오(신부) 조아라(YMCA 명예회장) 공동의장에 김병균(목 정평 협회장) 남재희(신부) 명노근(전남대 교수) 문병란(전사협 공동의장) 문정식(목사) 전계량(5·18유족회장) 배종렬(전 기농회장) 안성례(민가협 회장) 이기홍(변호사) 최성호(전 가농 회장) 지선(스님)을 선출했다.

그 밖에도 광주·전남 지역의 각계 단체들이 전남본부에 참여했는데 전남사회운동협의회, 광주노동자위원회, 전남기독교청년협의회, 전남기독교농민회, 한국기독교로회청년회 전남연합회, 민중문화연구회, 한국가톨릭농민회 전남연합회, 5·18유가족회, 5·18광주의거청년동지회, 전남민주주의청년연합, 한국가톨릭노동청년회 전남연합회, 한국기독노동자전남지역연맹, 불교승가회, 송백회, 전남목회자정의평화실천협의회, 가톨릭광주대교구

청년회, 대한예수교장로회청년회 전남연합회, 민주화실천가족운동협의회 광주지부, 목포대총학생회, 전남대총학생회, 나주NCC 등 총 21개 단체였다.

전남본부는 이 자리에서 성명서를 통해 "지금은 반독재 투쟁 세력이 공동으로 투쟁해야 할 때이며 4·13호헌조치에 반대하여 싸운 각계의 힘을 모아 범도민운동본부를 결성하였으며 앞으로 도민과 함께 행동하고 모든 민주 세력과 공동 보조하여 4·13호헌조치를 물리치고 민주 헌법을 쟁취할 때까지 계속 투쟁할 것"을 선언했다.

새벽까지 계속된 광주시내 시위

6월 10일 '박종철 고문살인 은폐조작 규탄 및 호헌철폐 범국민대회'(이하 6·10대회)를 저지하기 위해 경찰은 오전 6시부터 도청 앞 주차장을 폐쇄한 데 이어 오후 4시부터는 금남로 일대 버스·택시 승강장을 폐쇄하고, 충장로 입구, 한은 사거리, 노동부사무소 앞 등에 바리케이드를 설치하여 행사장인 YMCA와 도청 앞 광장으로 통하는 금남로에 차량 및 사람들의 출입을 통제했다. 29개 중대 4천여명의 경찰 병력을 투입, 이른바 6·10대회 원천봉쇄에 나선 것이다.

이에 앞서 경찰은 홍남순, 이기홍 변호사 등 재야인사 17명에 대해 오전 8시부터 가택보호 조처를 취했다. 또 관공서 및 대회장 주변지역 업체직원들에게는 오후 4시 이전에 귀가할 것을 요청하고, 3층 이상 빌딩 67곳에 대해 자체 경비를 강화하라고 건물주에게 요청했다.

6·10대회 저지를 위해 나선 것은 경찰들만이 아니었

다. 광주시교육위원회는 중고생들의 시위 참가를 막기 위해 중학교와 실업계 고교는 오후 4시 이전에, 인문계 고교는 밤 10시 이후에 학생들을 귀가토록 지시했다. 또 일부 택시 회사들은 운전자들이 대회 시작과 함께 경적을 울리는 것을 막기 위해 오전에 소속 택시의 경음기 연결 부분을 미리 떼어내기도 했다.

이 같은 긴장 속에서 오후 4시부터 대회장을 봉쇄하고 있던 전경들 주위로 시민들이 모여들기 시작했다. 5시 30분 무렵 시민들과 전경들이 완전 대치 상태에 들어갔다. 이 때부터 중앙로 사거리에 운집해 있던 학생 시민 3천여명이 "더 이상은 못 속겠다 거짓정권 몰아내자"는 플래카드를 앞세우고 전경들과 몸싸움을 시작했다. 경찰은 즉각 최루탄을 난사하며 시위 대열을 흐트러뜨렸다.

오후 6시 가톨릭센터와 중앙교회에서 애국가와 함께 옥외 방송이 시작되면서 시민들이 다시 중앙로 사거리로 운집했다. 가톨릭센터에서 나온 1백여명의 신부 수녀 및 신도들은 금남로에서 연좌 농성을 시도했지만 경찰의 무차별한 최루탄 난사로 신부 수녀들이 다수 부상당한 채 밀려나고 말았다. 같은 시각 광주경찰서(현 동부경찰서), 광주우체국, 충장로파출소, 원각사, 미문화원 등 경찰의 저지선 주변에서는 시민 학생들과 경찰 사이에서 쫓고 쫓기는 상황이 계속되었다. 경찰의 최루탄 난사를 피해 시내 곳곳으로 무리를 지어 이동한 시위대는 "호헌철폐 독재타도" 등의 구호를 외치면서 「우리의 소원은 통일」 「5월의 노래」를 부르며 시민들의 동참을 호소했다. 시위대는 그 밖에도 "호헌이 웬말이냐 4·13 조치 철회하라" "광주학살 배후조종 미국놈은 물러가라" 등의 구호를 외쳤다.

6시 30분경 황금동 사거리에 있는 충장로교회 옥상에 '군사독재 타도하자'라는 플래카드가 걸렸다. 뒤를 이어 전남본부 김병균 의장(목사)이 외치는 구호가 확성기를

통해 흘러 나왔다. 특히 "도청 앞으로 모입시다"라는 김 목사의 호소는 주변에 모여 있던 1천5백여 시민들로부터 열렬한 호응을 받았다. 광주시민들에게 도청 앞 광장은 망월동과 함께 성지였다. 독재정권에 항거해 수많은 시민들이 피를 흘린 역사의 현장이자, 80년 당시 '시민자치를 실현했던 장'이 바로 도청 앞 광장이기 때문이다. 그래서 광주민중항쟁을 경험한 광주시민들에게 "가자! 도청으로!"라는 구호는 곧바로 '민주주의 사수' '민주주의 실현'을 의미하는 것이었다.

4·13 호헌조치에 반대하는 각계각층의 목소리가 곳곳에서 터져 나왔다.

7시경 도청으로 향하던 시위대는 광산동 미문화원 앞에서 경찰의 최루탄에 밀려 광주공원 쪽으로 퇴각했다. 이 곳에서 다시 전열을 정비한 5천여명의 시위대는 다시 "도청 앞으로"라는 구호와 함께 광주세무서, 미문화원 앞으로 진출, 경찰과 대치하며 격렬한 시위를 벌였다. 같은 시각 YMCA 앞에서 1천여명, 원호청 앞에서 1천여명, 궁동 문화방송 앞에서 2천여명이 시위를 벌였다. 특히 문화방송 앞에서 시위를 벌이던 시위대는 경찰에 쫓겨 인근 전남여고로 피하려다 학교 담이 20m 가량 붕괴되어, 다수의 부상자가 발생하기도 했다.

시민들의 저항은 끈질겼다. 경찰이 최루탄을 발사하면

2백~5백명 단위로 나뉜 시위대는 충장로 등 좁은 도로로 몸을 숨겼다가 다시 금남로, 중앙로로 진출을 시도하며 경찰과 대치를 계속했다. 8시경에는 하교한 중고생들과 퇴근한 노동자들이 시위 군중과 합세, 시위 열기가 최고조에 이르렀다. 마침내 태평극장 주변에 1만5천여명의 시민이 운집, 경찰과 대치하며 연좌 농성에 돌입했다. 시위대는 경찰의 최루탄 난사에 맞서 인근 건물에서 호스를 연결하여 물을 뿌리며 대치했는데, 주변 상인들이 물 호스를 여기저기서 내놓을 때마다 시위대는 물론 시위를 지켜 보던 많은 시민들이 박수로 환영했다. 시위 군중의 증가에 놀란 경찰은 시위를 구경하던 일반 시민들에게 최루탄을 난사하기 시작했다. 이에 많은 시민들이 경찰의 무차별 최루탄 발사에 항의를 하기도 했다.

밤 9시경 광주공원까지 밀려난 시위대는 약 30분 동안 대중집회를 갖고 다시 금남로 진출을 시도했다. 중앙대교를 사이에 두고 경찰과 일진일퇴를 거듭하던 2만여명의 시위대는 10시 40분경 경찰이 광주공원에 다연발탄을 난사하자 소규모로 흩어져 산발적인 시위를 계속했다. 밤이 깊어지면서 소규모화한 시위대는 터미널, 시청, 산수동 오거리, 월산동 등지에서 산발적인 시위를 벌였는데 이 과정에서 새벽 4시 30분경 지산동파출소가 시위대의 공격을 받아 유리창이 부서졌다. 이 날 시위는 산수동 오거리 시위를 마지막으로 새벽 5시 30분경에야 완전히 끝났다.

목포·순천 '6·10대회' 시민 대거 참여

목포에서는 6·10대회 주최측인 목포사회운동청년연합, 목포민주회복국민회의, 목포대학총학생회, 목포기독교교회협의회 등 각 사회, 종교 단체의 목사, 재야인사들이 경찰에 의해 9일부터 가택연금됐다. 대회 당일 오후 3시경에는 전경과 사복을 포함한 일반경찰, 그리고 인근 신안지역에서 동원된 경찰 및 행정공무원들이 대회장 주변과 관공서 등지에 집중 배치됐다. 오후 4시경에는 중·고등학생들의 수업이 중단되고 학생들의 귀가 조치가 취해졌다. 학교 당국은 학생들에게 빨리 귀가하도록 종용하면서 "시내에서 깡패 소탕 작전이 있으므로 절대 시내를 배회하는 일이 없도록 하라"고 당부했다.

대회장인 역전 광장은 경찰병력에 의해 이미 봉쇄돼

있었다. 오후 5시 20분쯤 2호광장에서 목포대생 1백여명이 "살인정권 물러가라" "호헌철폐 독재타도" 등의 구호를 외치며 성명서, 전단 등을 배포하자 국민은행, 광주은행, 보해양조 근처로 약 5백여명의 시민들이 모여들기 시작했다. 이 때 목사, 재야 인사, 시민 등 1백여명이 "4·13조치 철회하라" "살인정권 물러가라"는 등의 구호를 외치며 경찰과 몸싸움을 벌이면서 시위 열기가 고조되기 시작했다. 경찰은 즉각 최루탄을 쏘며 진압에 나섰는데 1~2백명씩 모여 시위대를 구경하고 있던 시민들에게도 사과탄을 던져 시민들의 분노를 샀다.

마침내 시위를 구경하던 시민들이 경찰의 폭력행사에 야유를 퍼부으며 시위대에 합세했다. 2백여명의 청년, 학생들이 스크럼을 짜고 시위를 주도하자 시민들은 시위 대열에 동참, 구호를 외치고 노래를 부르면서 시민회관 쪽으로 이동하기 시작했다. 이들은 "4천만을 우롱하는 전두환은 퇴진하라" "미일외세 물리치고 민족자주 이룩하자"는 등의 구호가 적힌 피켓들을 들고 "호헌철폐 독재타도" 등의 구호를 외치며 가두행진을 계속했다.

6시 20분경 1천5백여명의 시민들이 시민회관 앞 광장에 운집했다. 청년·학생들의 주도로 대회가 진행되는 동안 시민들은 계속 불어났다. 다시 경찰의 최루탄 난사가 이어졌고 시위대는 시내 곳곳으로 흩어졌다. 분산 시위를 계속하던 시민·학생들은 8시로 예정된 연합예배와 미사 참석을 위해 연동교회와 성당 쪽으로 이동했다. 교회와 성당에서 각각 1천여명이 참석한 가운데 '나라를 위한 기도회'가 진행되는 동안 일부 시민들은 거리에서 싸움을 계속했다.

10시경 연합예배가 끝난 뒤 참석자들은 다시 시내 쪽으로 이동, 일부는 성당 쪽으로 합세했다. 성당의 미사가 끝나자 시민들은 가톨릭회관 앞까지 평화행진을 하기로 결의한 후 신부, 수녀들이 앞장선 가운데 2호광장 입구까지 진출했다. 시위대는 대기 중이던 경찰에게 평화적 행진임을 강조하고 길을 열어 줄 것을 요구했으나 경찰은 최루탄을 무차별 난사, 시위대를 해산시켰다. 그러나 시민들의 투쟁은 멈추지 않았다. 주변 상가가 모두 철시한 가운데 2천여명으로 불어난 시위대는 2호광장에 집결, 경찰과 대치 상태에 들어갔다. 신부들은 다시 한번 평화적 시위를 약속하며 경찰과 협상을 벌였다. 40여

"호헌철폐 독재타도"를 외치며 거리로 쏟아져 나온 시민과 학생들이 태극기를 앞세우고 행진하고 있다.

분간의 대치 끝에 마침내 경찰이 길을 열어 주자 시위대는 송홍철 신부 주도로 「애국가」「선구자」「님을 위한 행진곡」 등의 노래를 부르며 십자가를 앞세우고 행진했다. 5천여명으로 불어난 연도의 시민들은 시위대와 함께 "호헌철폐 독재타도" 등의 구호를 외치며 3호광장 쪽으로 나아갔다. 시위대가 3호광장에 도착했을 때는 더욱 많은 시민들이 시위에 동참, 그 수가 1만여명을 훨씬 넘어섰다.

자정 무렵 가톨릭회관 앞에서 시위대는 5천여명의 시민이 지켜보는 가운데 '개헌쟁취 결의대회'를 갖고 자진 해산했다. 그러나 일부 시민들은 귀가하지 않고 계속 자리를 지키며 당일 연행된 사람들의 석방을 요구하며 농성에 돌입, 새벽 1시가 넘도록 산발적인 시위를 계속했다. 이 날 목포에서는 역전, 연동파출소 등 파출소 네 곳에서 시위대의 투석으로 유리창이 파손되고, 26명의 시민 학생이 경찰에 의해 연행됐다.

순천에서는 순천대생들의 주도로 시위가 벌어졌다. 이 날 순천대생 수천명은 대의원회와 써클연합회 주최로 오후 3시 30분경 "종철이를 살려내라" "호헌철폐 독재타도" 등의 구호를 외치며 학내 집회를 시작했다. 학생들은 3시간 가량 학내시위를 가진 뒤 6시 30분경 가두 진출을 시도했다. 무장경찰과의 접전이 계속되는 가운데 2백여명의 학생들이 마침내 시내로 진출. 시청 주변에서

산발 시위를 벌였다. 이 날 시위에서 학생 16명이 연행되었다. 한편 전날인 6월 9일 순천노동회관에서는 청년 70~80명이 참석한 가운데 「나라를 위한 기도회」가 열려 다음날의 대회를 위한 준비와 결의를 다지고 대회 참가를 호소하는 전단을 살포했다.

6월 10일 광주·전남 지역에서는 광주에서 2백39명, 목포에서 26명, 순천에서 16명 등 모두 2백81명이 경찰에 연행되었다. 6·10대회에서 시민들이 보여준 투쟁 열기는 뜨거웠다. 6월 10일 이후 광주·전남 지역은 그 열기가 계속 상승세를 타지 못하고 지역별로 산발적인 시위만이 이어졌다. 그런 가운데 서울의 명동성당 농성 시위와 부산지역 시위 등으로 전국적인 반독재 투쟁 열기가 고조되면서 마침내 광주·전남 지역에서도 투쟁 열기가 들끓기 시작, 6월 20일 이후 시위가 절정으로 치달으면서 6월항쟁의 대미를 장식하게 된다.

전주시민, 안기부·KBS·파출소에 투석세례

전북 지역에서는 5월 21일 전주 고백교회에서 '호헌반대 민주헌법쟁취 전북위원회'(6월 4일 '민주헌법쟁취 국민운동 전북본부'로 개칭. 이하 전북본부)를 결성하려 했으나 경찰의 봉쇄로 대회장을 가톨릭센터 뒷마당으로 옮겨 결성식을 마쳤다.

이 자리에서 은명기(임마누엘교회 목사) 강희남(김재

난산교회 목사) 조용술(군산복음교회 목사) 송상규(익산 함열교회 목사) 권영균(부안성당 신부) 양만화 조규완이 고문으로 선출되고, 공동위원장은 신삼석(전북인권선교협의회장) 이수현(이리 주현동성당 신부) 전양권(군산옥구인권협의회장)이 맡았다. 그 밖에도 전북민주화운동협의회, 전북인권선교협의회, 전북정의실천성직자협의회, 남원지역 정의평화실천협의회, 전주교구 근로자의집, 전북기독교농민회, 전북가톨릭농민회, 전북기독교청년협의회, 가톨릭대학생전북연합회, 전북민주화실천가족운동협의회, 전북민주화추진협의회, 민헌연전북지부, 민주산악회전북지부, 전북문화운동협의회, 예수교장로회전북노회 교회와 사회위원회 등 총 15개 단체가 참여했다.

이들은 "평화적 정권교체란 민주 개헌을 통해 국민의 손으로 이루어져야 하며 민주화란 집권자의 선심으로 주어지는 가시적 민주화 조치가 아닌 투쟁을 통해서만 쟁취될 수 있다는 명백한 진리를 인식한다"며 도민들의 투쟁을 호소했다.

전주에서 열릴 예정이던 6·10대회는 경찰이 대회장인 덕진성당을 9일부터 통제함에 따라 백제로 사거리 등 가두에서 1만여명의 시민이 참가한 가운데 진행됐다.

오후 5시쯤 기독교 목사, 신도, 청년 등 3백여명이 전북일보사 앞에서, 가톨릭농민회 회원 등 70여명이 가톨릭센터에서 발대식을 갖고 경찰과 대치하였다. 가톨릭센터에서 농민, 신부, 시민이 행진을 시도하자 경찰은 센터 구내까지 들어와 최루탄을 발사, 가톨릭농민회 회원인 박영규씨가 안면부동맥이 파열되는 부상을 입었다.

한편 전주 시외버스정류장에서 발대식을 가진 성직자, 재야인사, 청년 등 50여명은 5시 30분쯤 천변로를 거쳐 전북일보사 앞 시위대와 합류했다. 전북일보사 앞에서 6백여명으로 늘어난 시위 행렬은 오후 6시쯤 백제로 사거리에 도착, 애국가를 부르며 도민 대회를 개최했다. 같은 시각 전북대, 우석대 학생 5백여명은 조흥은행 앞에 집결, 관통로로 행진하는 도중 가톨릭센터에서 행진해 오던 70여명의 농부, 신부, 수녀 등과 합류했다. 이들은 "고문추방" "민주헌법쟁취" 등의 구호를 외치며 조흥은행 앞과 오거리 사이에서 시위를 계속했다. 또 전주교육위원회 앞에서도 농민 60여명이 집결, 발대식을 갖고 코아백화점을 향해 나아가기 시작했다.

6시 25분쯤 백제로 사거리에 모인 집회 군중이 1천여명으로 늘어났고 주위에 시민 2천여명이 운집했다. 경찰은 6시 55분쯤 백제로 사거리에서 도민대회를 하고 있던 시민들에게 최루탄을 발사하면서 강제해산에 나섰다. 최루탄 난사로 흩어졌던 시민들은 두 방면으로 나뉘어 8백여명은 팔달로에서, 7백여명은 공설운동장 옆 도로에서 경찰 폭력에 항의하며 치열한 투석전을 전개했다. 팔달로로 나아가던 시위대는 금암동파출소 앞에서 전경 50여명을 물리치고 파출소 안에 걸려 있던 전두환의 사진을 찢어 버린 뒤 파출소 앞에 세워져 있던 경찰 오토바이 2대를 불태웠다. 같은 시간 덕진동 화영식당 골목에서도 최루탄을 운반하던 경찰봉고차 1대가 불태워졌다. 7시 45분쯤에는 시위대에 의해 고사동파출소 파손되기도 했다.

한편 조흥은행 앞과 오거리 사이를 행진하며 시위를 벌이던 시위대는 경찰의 최루탄 공세에 저항하며 시위를 계속, 연도에 서 있던 8천여명의 시민들로부터 큰 호응을 받았다. 시민들이 폭력 경찰에게는 심한 야유를 보내고 시위대에게는 박수를 치며 호응하자 경찰은 최루탄을 난사하며 시위대 해산에 나섰다. 이에 시위대는 피카디리극장, 시청, 대한투자신탁 사거리 쪽으로 밀려났다. 이 과정에서 일부 시민들이 전북은행 사거리를 우회, 안전기획부 대공상담소에 돌을 던져 유리창 10여 장을 파손시키기도 했다.

마침내 대한투자신탁 사거리를 중심으로 피카디리극장 입구, 시청 앞 등지에서 경찰과의 광범위한 대치선이 형성됐다. 백제로 사거리에서 시위대들이 속속 도착하면서 시위대의 수가 2천여명으로 늘어났고 주변에 시민 1만여명이 운집했다. 밤 9시가 넘도록 전주백화점, 코아백화점 부근에서 시위는 계속됐고 10시 30분쯤에는 5백여명의 시위대가 서노송동 파출소를 공격하고 KBS방송국에 15분간 투석을 했다. 시위대는 11시 10분쯤 만세 삼창과 함께 자진 해산했다.

전주는 14일 예장(통합)전북노회가 주최한 '나라를 위한 연합 예배'를 제외하고는 이후 18일까지 잠잠한 편이었다.

6월 10일 원광대학생 5천여명은 오후 1시쯤 가정관앞 광장에 집결, 출정식을 갖고 이 날을 '박종철군 고문은

폐조작 및 장기집권음모 분쇄의 날'로 선포했다. 학생들은 1시 50분쯤 투쟁선언문을 낭독하고 단과대학별로 시내에 진출, 평화대행진을 시작했다. 학생들은 2백~3백여명씩 대열을 지어 시내 곳곳에서 산발적으로 시위를 벌이다 4시쯤 미도백화점 앞에 1천여명의 학생들이 집결하여 대중집회를 가졌다. 집회를 마친 학생들은 이리 경찰서 앞으로 진출을 시도했으나 전경들의 최루탄 난사로 흩어졌다.

이리·군산에 메아리친 호헌철폐 함성

학생들은 오후 6시쯤 모현아파트 앞 도로상에 다시 2천여명이 모여 '규탄대회'를 가졌다. 이어 6시 30분쯤 행진에 들어가 미도백화점-이리경찰서-상업은행-중앙시장-창인동성당 앞으로 나아갔다. 7시 15분쯤 시민들은 창인동성당에서 이리경찰서 쪽으로 다시 진출을 시도했으나 경찰의 완강한 저지로 5천여명이 창인동성당 앞에서 연좌시위를 하며 2차 규탄대회를 가졌다.

시위대는 7시 50분쯤 다시 행진을 시작, 교육보험빌딩을 거쳐 8시 15분쯤 모현로터리에 모여 연좌에 들어갔다. 이 때 시민들이 계속 합세, 시위 군중은 1만여명에 이르렀다. 이들은 8시 30분쯤 시청 앞에 집결, 공무원에 대한 규탄을 한 뒤 8시 40분쯤 이리 수출자유지역 공단으로 향했다. 9시쯤 시위대는 공단 안으로 들어가 "노동3권 보장하라"는 구호를 외쳤고, 9시 5분쯤 공단 삼거리에 모여 '공단내 노동자탄압 규탄대회'를 가졌다. 시위대는 9시 15분쯤 다시 행진에 들어가 북부시장을 지나 9시 45분쯤 배산로터리에 집결했다. 시위대는 배산로타리에서 시내 진출을 시도했으나 경찰의 최루탄 난사로 흩어지고 이 과정에서 20여명이 연행됐다. 시위 학생들은 10시 50분쯤 북일파출소를 습격한 뒤 11시쯤 학교로 돌아가 평가회를 가진 뒤 해산했다.

군산에서는 6월 8일부터 대회장소인 월명동성당을 비롯 오룡동성당, 복음교회, 통일민주당 등이 주축이 되어 6.10대회 참여를 촉구하는 홍보방송과 함께 가두에서 안내 전단을 배포했다. 경찰은 대회를 가로막기 위해 10일 새벽 통일민주당사에 난입, 스피커, 플래카드 등을 탈취해 갔다. 오후 1시쯤에는 전경 3백여명이 월명동성당을 완전 봉쇄했다.

당국의 이런 탄압에도 불구하고 성광교회에 모여 있던 이진휘, 전양권, 박성인 목사 등 40여명은 5시 20분쯤 '호헌철폐' '민주헌법쟁취' 등이 새겨진 어깨띠를 두르고 대회장소인 월명동성당을 향해 도보로 행진을 시작했다. 5시 40분쯤 월명동성당 입구인 명산 사거리에서 ○○용술 목사, 박창신 신부 등 목회자와 민주당 당원, 시민들이 합세, 2백여명이 성당을 봉쇄한 경찰과 몸싸움을 벌였다. 6시가 되자 3백여명의 시민들이 '호헌이 웬말이냐, 살인정권 물러가라' 등의 플래카드 및 크고 작은 태극기 등을 들고 가두에서 '박종철군 고문살인 은폐규탄 및 호헌철폐 군산시민대회'를 시작했다. 시민대회는 애국가 제창, 묵념, 국민운동 군산·옥구지부 결성선언문 낭독, 박창신 신부의 강연으로 이어졌다.

대회를 마친 시민들은 6시 50분쯤 시청 앞을 향해 ○화적인 행진을 시작했다. 7시쯤 2천여명의 시민들이 시청 앞에 도착했다. 시민들의 참여가 계속 늘어나자 시위대는 다시 경찰서 앞, 민정당사 앞 로터리를 돌며 「우리의 소원은 통일」 「아리랑」 등의 노래를 부르고 "호헌철폐 독재타도" 등의 구호를 외쳤다. 시위대가 민주당사 앞을 지날 때 군중은 1만여명에 이르렀다. 7시 50분 군산 역전에 총집결한 시위대는 본 대열과 청년·학생으로 나누어 행진을 계속했다. 청년·학생 3백여명은 미원동 쪽으로 향했고, 본 대열 7천여명은 대명동, 영동 파출소를 거쳐 KBS 앞에 도착한 뒤 KBS의 왜곡, 편파 보도를 규탄했다. 이 때 전경들이 최루탄을 발사하면서 시위대 해산에 나섰다. 잠시 흩어졌던 시민들은 다시 집결하여 9시쯤 군산경찰서를 지나 녹두서점 앞에 모여 있던 청년 학생들과 합세, 경찰 저지선을 뚫고 시청 앞으로 행진을 계속했다. 다시 시청 앞에 5천여명의 시민이 운집했다.

9시 10분 경 시민들이 경찰의 대회장 봉쇄, 최루탄 발사 등에 대해 거세게 항의하자 군산 경찰서장이 공개 사과하고 연행자가 없음을 밝혔다. 시민들은 9시 20분쯤 평화대행진을 마무리하면서 국민의례와 "민주헌법쟁취 만세" "민주주의 만세" "대한민국 만세" 등의 구호로 만세삼창을 하고 시위를 마쳤다.

항쟁 초기 호남지역은 폭풍전야

6월항쟁 초기에 호남지역은 다른 지역에 비해 의외로(?) 조용했다. 학생운동을 주도한 전남대는 5월투쟁 과정에서 지도부의 상당수가 구속됐고, 조선대는 학내문제로 외부상황에 신속히 대처하지 못했다. 그러나 '빛나리'가 앞장선 학생들의 선도투쟁은 다시금 시민들의 투쟁에 불을 붙였다.

6월 10일 이후 19일까지 호남 지역에서는 이리 지역을 제외하고 대규모 투쟁이 전개되지 못했다. 이 지역에서는 서울에서 명동성당 농성시위, 부산에서 6월 15일~20일 시위, 대전에서 6월 18일~19일 시위가 절정을 이루었던 것과 달리 19일에 이르러서야 불붙기 시작했다. 이렇듯 6월항쟁 초기에 호남지역에서 대규모 시위가 벌어지지 않았던 이유는 시위의 실질적 주력이라 할 수 있는 학생운동의 대응 태세가 뒤늦게 갖춰졌기 때문이다.

전남대의 경우 5월투쟁을 주도해야 할 '오월투위'가 5월 18일 전원 연행 구속되면서 5월 투쟁기간에 총력을 기울였음에도 대규모 학생동원에 실패했다. 아울러 6월 9~11일까지 향봉대동제가 열리면서 상대적으로 6월투쟁에 집중하지 못했다. 조선대의 경우도 학내민주화 투쟁과정을 겪고 있었기 때문에 학생운동의 역량이 결집되지 못하고 있었다. 이런 상황은 호남지역의 다른 대학도 비슷했다.

국민운동 전남본부의 실질적인 대응이 늦었던 것도 6월항쟁 초기에 의외로 광주가 '조용했던' 이유 중 하나

였다. 전남본부는 5월 18일 망월동에서 전국 최초로 결성되었다고는 하지만 이 때까지만 하더라도 국민운동 전남본부와 5·18추모사업회와의 관계 설정을 둘러싼 논의가 완전히 해소되지 못한 상태였다. 조직 문제는 6월 25일 남동성당에서 전남본부 재편성을 통해서 비로소 해결되는데, 그 내용은 기존의 고문 3인에 홍남순 변호사 추가 영입하고 11인의 공동의장단을 23인으로 확대 개편한다는 것이었다. 이러한 전남본부의 내부 상황은 결국 학생·시민들에 대한 지도력 및 선전력 약화로 이어져 6월항쟁 초기 대중동원 실패로 나타났다. 그 가운데 학생들을 중심으로 투쟁 열기가 서서히 고조되기 시작했다.

전남대생 주도로 시위 열기 점차 고조

6월 14일 오후 5시 30분경 광주시 동구 운림동 문빈정사에서 불교승려와 신도 1백여명이 '민주쟁취 및 구속자석방을 위한 결의대회'를 가졌다. 이들은 7시 15분경 사찰에서 1백여m 떨어진 25번 버스종점까지 진출했다가 경찰의 저지로 30분간 연좌농성을 벌이다가 해산했다.

6월 16일 오후 4시 전남대생 2천여명은 전날에 이어 교내 5·18광장에서 '제2차 전남대 민주학생 비상총회'를 개최했다. 이 때 총학생회장 김승남(현 민주당 광명을지구당위원장) 총여학생회장 박춘애 등 23명이 삭발식을 거행하고, 50여명의 학생들이 혈서로 '민족민주만세 독재타도'라고 쓴 플래카드를 만들었다. 대회를 마친

학생들은 전남대 정문을 통해 시내로 평화시위를 하려고 했으나 경찰의 저지로 무산되었다. 오후 7시 30분경 학교 정문 앞에 연좌해 있는 학생들에게 경찰이 최루탄을 쏘며 학생 5명을 연행하자 주변의 시민들이 경찰차를 가로막고 석방을 요구하여 7시 50분경 모두 풀렸다. 평화적으로 시위를 끝낸 학생들 중 2백~3백여명은 교내 중앙도서관에 들어가 철야농성에 돌입했다.

6월 17일 오후 3시 30분 전남대에서 '호헌철폐 및 최루탄추방을 위한 특별대책위원회' 출범식이 열렸다. 이날 학생들은 각 단과대별로 비상총회를 갖고 집회에 참석했는데 5천여명의 학생들이 5·18광장 주변까지 가득 메우는 열기를 보였다. 학생들은 교내에서 평화대행진을 가진 후 경찰의 봉쇄망을 뚫고 시내로 진출, 오후 7시 55분부터 9시 35분까지 중앙국교 후문 앞과 미문화원 앞 등 시내 20여 군데에서 비폭력 시위를 벌였다.

이 날 시위에서 시민, 경찰 모두의 눈길을 끌어 모은 사람들이 있어 화제가 되었다. 그들은 바로 전날 전남대 시위에서 삭발을 감행한 20여명의 '빛나리'들이었다. 그들 대부분은 시위 대 맨 앞에서 싸웠다. 또 경찰은 그들이 다른 시위대와 확연히 차이가 나는 '극렬시위분자'였기 때문에 검거의 표적으로 삼았다. 나중에 이들 빛나리들은 '모자부대'로 변신했다. 따가운 햇살과 무차별로 쏘아 대는 최루탄으로부터 머리를 보호하느라 취한 조치였다. 6월항쟁 동안 용감한 빛나리들은 시민들로부터 많은 사랑을 받았다. 그러나 한편으로 최루탄의 독성 때문에 두피에 상처가 나 남다른 고생을 겪기도 했다.

6월 18일 저녁 8시 전남대생 5백여명이 충장로 1가 무등극장 앞길을 점거하여 시위를 시작, 시민 3천여명과 함께 도심지 20여 곳에서 최루탄 발사에 항의하는 시위를 벌였다. 이들 시위대 중 4백여명의 학생·시민들은 10시 50분경 동구 호남동 남동성당으로 들어가 철야농성에 돌입했다.

6월 19일 5시 10분경 시청 사거리와 동구 대인동 공

용터미널, 학동 전남대의대 앞 오거리 등 시내 10여 곳에서 시위가 시작되었다. 저녁 7시, 시내 금남로 4가 원각사에서 '호헌철폐 및 구속자 석방을 위한 법회'가 경찰의 삼엄한 통제 속에서 1백여명이 참석한 가운데 진행되었다. 8시경 학생 시민 등 5백여명이 동구 계림동파출소를 점거하여 집기 등을 밖으로 꺼내 소각했다. 10시경 시민들의 대거 참여로 1만여명 이상으로 불어난 시위대는 원각사 앞 중앙로 일대와 금남로 3, 4가, 공용터미

민주화물결은 누구도 거스를 수 없는 대세를 이루었다.

널, 충장로 일대 등에서 20일 아침 8시경까지 철야 시위를 벌였다.

이 날은 7만명 이상(경찰 추산: 총63회 연인원 4만5천여명 시위)의 시민 학생들이 시위에 참가했는데 7시경 중앙로에서 임선택군(10)이 최루탄 파편에 맞아 중상을 입고, 20일 새벽 1시경 태평극장 앞에서는 전남대생 오정규군(21)이 최루탄 파편에 맞아 4주 상처를 입는 등 50여명의 학생과 시민이 부상했다. 아울러 경찰도 1백57명이 부상 당하는 등 시위양상이 매우 격렬하게 전개되었다.

목포·순천 19일부터 시위 불붙기 시작

목포에서는 6·10대회 이후 6월 17일 목포대생들의 가두투쟁이 있었다. 18일에는 역전 광장이 봉쇄된 가운

데 시민회관 앞 목포극장 주변에서 '최루탄추방대회'가 열렸다. 3백여명의 시위대는 역전 진입을 시도했으나 실패했다. 이 때 시민들이 1천여명으로 불어났고 이들은 다음날 새벽 3시까지 산발적인 시위를 계속했다. 이 과정에서 역전 파출소가 시위대에 의해 파괴되기도 했다.

6월 19일 목포에서는 제1차 목포시민궐기대회가 열렸다. 오후 6시경 대학생 시위대 1백여명이 남교동 수문당 제과점 앞에서 "군부독재 타도하자"라는 구호를 외치며 시작된 시위는 목포대생들이 주축을 이루었는데 목포대 '반제민족자주화 반파쇼민주화투쟁위원회'가 최선봉에서 싸웠다. 특히 이 날 7시경에는 시민, 학생, 농민들이 목포·무안 지역의 양파값 폭락에 항의해 양파 2백여 개를 경찰에 던지며 "민중생존권 보장"을 주장하기도 했다. 이 날 목포 시민들은 경찰과 대치를 계속하면서 역전 입구, 남교시장, 2·3호광장 등 주요 간선도로를 점거해

시위를 계속했다. 이들은 연동·대성동·남교동 파출소에 투석을 하고 새벽 2시경 3호광장에서 해산했다. 이때 일부 시위대는 가톨릭회관으로 들어가 철야농성에 돌입했다.

순천에서는 6월 11일 순천대학생들이 전날 연행된 학우들의 석방을 요구하며 시위를 벌였다. 이들은 연행자가 석방되지 않으면 기말고사를 거부하겠다고 결의했다. 이에 경찰은 연행자 모두를 석방했고 시위는 일단 종결되었다. 이후 17일까지 별다른 움직임을 보이지 않던 순천대생들은 18일 교내에서 출정식을 갖고 시내 진출을 시도했다. 이들은 학교 앞 도로에서 경찰의 제지를 받고 연좌시위에 들어갔다. 무차별한 최루탄 난사에도 학생들은 도로에 드러누운 채 꼼짝도 하지 않았다. 주변에 모인 시민들의 거친 항의와 단호한 학생들의 결의에 놀란 경찰은 더 이상 최루탄을 쏘지 못했다.

인터뷰/ 김승남 민주당 광명을지구당위원장
"광주민중항쟁의 경험이 6월항쟁 승리의 원동력"

김승남 위원장(32)은 87년 6월항쟁 당시 전남대 총학생회장이었다. 6월항쟁 동안 광주 지역의 시위는 초반기에는 소강 상태였다가 6월 16일 전남대생들의 '삭발 혈서시위'를 계기로 불붙기 시작, 6월항쟁의 대단원을 장식하게 된다. 당시 삭발을 하고 혈서를 쓰면서 6월항쟁 주역으로 활동했던 김 위원장은 현재 민주당 광명을지구당위원장·민주당 기획조정실 전문위원으로 활동하고 있다.

—6월항쟁 초기 광주·전남 지역의 시위가 서울이나 부산에 비해 소강 상태를 보인 이유는.

"당시 광주지역은 5월투쟁에 집중하느라 다른 지역에 비해 상대적으로 6월투쟁 준비가 미흡했다. 뿐만 아니라 시위를 주도해야 할 학생운동세력의 역량도 충분히 결집되지 못한 상태였다. 광주·전남 지역 10여 개 대학 중 이른바 '운동권'으로 분류할 수 있는 총학생회는 전남대, 목포대뿐이었고 조선대는 학내 민주화 투쟁으로 6월항쟁에 총력을 기울일 수 없는 상태였다."

—광주지역 시위는 6월 20일 이후 절정을 이루며 6월 29일까지 계속되었는데 그 계기는 무엇이었는가.

"6월 16일 전남대에서 학생회 간부들을 비롯한 학우들의 삭발, 혈서 시위가 있었는데 이를 계기로 수많은 학우들이 대대적으로 시위에 참여했다. 그것이 자연스럽게 시내 가두 투쟁으로 이어졌고 시민들의 폭발적인 지지 및 참여를 이끌어 냈다."

—6월항쟁 동안 광주지역 시위의 특징은.

"전국적으로 국민들이 대대적으로 참여한 것이 6월항쟁의 큰 의의 중 하나지만 특히 광주 시민들의 자발적 참여는 놀라운 것이었다. 광주민중항쟁을 겪은 시민들은 시내 전역에서 앞장서서 시위를 주도했다. 연일 계속된 서현교회 앞 투쟁을 비롯해 시내 전역에서 시민들 스스로 주체가 되어 시위를 이끌어 나갔다. 또 80년 5월에 그랬듯이 양동·대인 시장 상인들은 시위대에게 김밥을 비롯한 먹거리를 자발적으로 제공했고, 쫓기는 시위대를 숨겨 주는 시민들도 많았다. 결국 80년 광주민중항쟁의 경험이 시민들로 하여금 6월항쟁의 주역으로 거듭나게 했고, 승리하는 원동력이 되었다."

—6월항쟁 10주년을 맞은 소감은.

"6월항쟁은 민주정부수립을 염원하는 국민적 여망의 표출이었고, 국민의 승리였다. 또한 이 땅의 민주화를 앞당기는 계기가 되었다. 하지만 양김 분열 때문에 대통령 선거에서 패배하여 노태우정권에게 국민의 피와 땀을 가로채이고 마는 결과를 가져왔다. 개인적인 정치적 욕망, 지역을 담보로 하는 지역주의 정치, 이런 것들이 6월항쟁의 숭고한 뜻은 결코 아닐 것이다. 그럼에도 현실 정치는 아직까지 구태를 벗어나지 못하고 있다. 특히 김영삼 정권이 6월항쟁의 성과를 직·간접적으로 이어받아 출범한 문민정부라는 점에서 김 대통령의 실정이 안타까울 뿐이다. 개혁정치가 성공했더라면 6월항쟁도 더욱 빛나고 민주세력에 대한 평가도 나아졌을 텐데…… 어쨌든 개혁정치 실패로 민주세력들에 대한 국민들의 평가가 절하된 것도 사실이다. 6월항쟁 10주년을 맞아서 민주세력들이 해야 할 일은 정치적인 이해관계에 매달려 분열하기보다는 진정한 민주주의의 완성을 위해 역량을 결집해야 한다는 것이다."

6월 19일 순천대 써클연합회와 대의원회를 중심으로 오후 3시 30분부터 출정식이 거행됐다. 국민의례와 결의문, 성명서 낭독을 끝낸 학생 2천여명은 교문을 사이에 두고 최루탄을 쏘며 선제 공격을 가해 오는 전경들과 대치했다. 7시 40분경 학생들은 마침내 교문 저지선을 뚫었고 축구골대 2개를 끌고 시청 앞으로 진출했다. 이 과정에서 격렬한 투석전이 벌어졌고 전경들이 도주하기 시작했다. 경찰 저지선을 무너뜨린 시위대는 KBS 방송국을 점령하고 기물을 파괴했다.

이 날 순천 시내에는 KBS 방송국의 피해액이 4천만원에 달한다는 풍문이 나돌았다. 학생들을 중심으로 한 시위대가 시청 앞으로 진출했을 때 시위 군중이 2만여명으로 불어났다. 전혀 예상하지 못한 상황이 벌어진 것이다. 시위 지도부는 엄청난 인파에 경악했다. 이런 사태에 대비한 프로그램을 미리 준비하지 못한 지도부는 '애국시민에게 드리는 글' 낭독, 대정부 성토 구호, 노래 등을 부르며 시위를 끌고 나갈 수밖에 없었다. 11시경 순천대 앞까지 가두행진을 벌인 시위대는 다음날 새벽 2시 30분에야 완전히 해산했다. 이들 시위대 중 일부는 매곡동성당에 들어가 철야농성에 돌입했다.

이리 원광대생 6월항쟁 시위 '개근상'

전북에서는 6월 10일 전주, 이리, 군산 3개 시에서 국민대회가 개최되면서 6월민주화대투쟁에 참여하기 시작, 6월 26일까지 이 세 곳을 중심으로 투쟁이 계속되었다. 전주와 군산 지역은 6월 10일 이후 18일 최루탄추방대회 때까지 대체적으로 소강상태를 유지했다.

전북지역에서 6월 18일까지 가장 눈부신 성과를 올리며 투쟁을 전개한 지역은 이리지역이었다. 이 지역은 상대적으로 다른 지역에 비해 민중민주운동의 경험 축적이 미약했을 뿐만 아니라 국민운동본부 이리지부가 결성되지 못해 투쟁 지도부가 구성되지 못한 불리한 조건이었다. 그럼에도 이리지역에서 투쟁 열기가 치솟았던 것은 원광대생들의 선도적인 투쟁 덕분이었다.

87년 들어 3~4월 학내 투쟁을 전개했던 원광대 총학생회는 5월 18일 '민주화발전추진위원회'를 발족, 광주영령추모제를 개최해 대중투쟁의 새로운 계기를 마련하고, 학내까지 진입하여 폭압적인 진압작전을 펼치는 경찰에 끈질기게 맞서 연일 5백~4천여명이 시위에 참가하는 '5월 대투쟁'을 전개했다. 이렇게 5월투쟁을 통해 축적된 원광대생들의 투쟁 역량과 열기는 6·10항쟁으로 고스란히 이어졌다. 그 결과 대부분의 호남지역이 6·10대회 이후 소강상태를 맞았던 것과는 달리 이리에서는 6월항쟁 초반부터 격렬한 투쟁이 전개되었다.

6월 11일 원광대생 3천여명은 오전 11시부터 규탄 대회를 가진 뒤 시내 진출을 시도했다. 시내로 진출한 학생들은 오후 3시부터 7시까지 역전, 미도백화점, 뉴타운, 모현아파트, 전신전화국 등지에서 7천여명의 시민들과 함께 산발적인 가두시위를 벌였다. 12일에도 학생들은 오전 11시경부터 학내집회를 갖고 정문, 후문, 병원쪽에서 시위를 벌였다. 13일에는 오후 3시 교내 교시탑 앞에서 이준근 총학생회장, 정채빈 민발추위원장 등 5명의 학생회 간부가 삭발식을 거행하고 시위를 가진 후 도서관에서 철야농성에 돌입했다. 14일에는 학교 버스 6대에 4백여명의 학생이 분승한 후 이리역으로 진출 가두투쟁을 벌였다. 14, 15, 16, 17일에도 학교에서 시위가 계속됐고, 18일에는 창인동성당에서 시민 3천여명과 함께 최루탄추방대회를 치르고 밤 11시까지 가두 투쟁을 계속했다.

6월항쟁 동안에 원광대생들은 6월 10일부터 26일까지 단 하루도 쉬지 않고 매일 시위에 나서는 '진기록'을 수립했다. 이들 원광대생들은 6월 15일에는 인근에 위치한 군산 시내까지 진출, 원정 시위를 감행하는 등 선도적·헌신적인 투쟁으로 전북지역 도민들의 민주 열기를 고양시키는 데 크게 기여했다. 이들의 눈부신 투쟁은 6월 26일 마침내 경찰 방어력을 완전히 무력하게 만들면서 2만여 이리 시민·학생이 참여한 대규모 평화대행진을 조직해 내기에 이른다.

군산에서는 6·10국민대회 이후, 6월 15일 원광대생들의 원정 가두시위, 6월 18일 월명동성당에서 있은 3백여 시민, 신도들의 최루탄추방대회를 제외하고는 특별한 움직임이 없었다. 대학이라고는 단과대학인 군산대학밖에 없고 그나마 학생운동의 역량이 축적되지 못한 상태였기 때문에 시위가 소강상태에서 머물 수밖에 없었다. □

호남지역민 60만 함성, 6월항쟁 대미 장식

호남지역 투쟁개황

6월 20일 이후 절정을 이룬 호남지역 시위의 특징으로 종교계의 역할이 지대했던 점과 두드러진 고교생 시위 참여, 일관된 반미자주화 투쟁 등을 꼽을 수 있다.

광주시민 90만 중 30만명. 목포시민 23만 중 3만명. 순천시민 12만 중 5만명. 여수시민 10만 중 4만명. 전주시민 40만 중 10만명. 이리시민 20만 중 4만명. 군산시민 17만 중 2만명. 모두 60여만명에 이르는 '민주주의의 함성'이 6월 26일 호남벌판에서 솟아올랐다. 6월민주화대투쟁 과정에서 '4·13 호헌조치 철폐' '군사독재 타도' '민주헌법 쟁취'를 외쳤던 호남지역 시민들의 민주화 열기가 폭발하고야 만 것이다. 광주, 전주를 비롯한 7개 도시를 중심으로 펼쳐진 이 날의 시위는 전두환 정권에게는 '죽음'을, 국민들에게는 민주주의의 '시작'을 알리는 투쟁이었다. 그리고 마침내 6월 29일 노태우의 '항복선언'이 나왔다.

광주·전남 지역은 6월 18일의 최루탄추방대회 이후 시위를 재개하여 10일간의 대투쟁을 전개했고, 전주·이리 지역은 22일 이후 전반적인 소강국면에서 연인원 20여만명의 총력투쟁을 전개, 6월항쟁 막바지의 긴장을 최대한 끌어올렸다. 그런 의미에서 호남지역에서 펼쳐진 시위는 서울·부산·영남·대전 지역의 선도적인 투쟁에 화답한, 6월항쟁의 대미를 장식한 투쟁이었다. 19일부

그 중에서 광주·목포의 19~21일, 순천의 20~
여수의 23일, 전주·이리의 23~25일, 군산의 2
일 투쟁은 특히 치열했고 시민들의 참여 또한 두
다.

종교계·고등학생들의 대거 참여

6월 20일 이후 절정을 이룬 호남지역의 시위
다음과 같은 몇 가지 특징이 나타났다.

첫째, 시민들의 자발적인 참여가 두드러졌다.
은 물론이고 교수, 교사, 목사, 신부, 상인, 노동
민, 고교생, 민주당원 할 것 없이 매우 광범한
직접 시위에 참여하여 그것을 주도하는 현상이
다. 시내 전역에서 연일 펼쳐진 시위에서 시민들
로 시위 지도부가 되어 투쟁을 전개해 나갔다.

둘째, 종교계의 역할이 매우 컸다. 광주대교구
신부들은 4월 21일 전국에서 가장 먼저 호헌반
농성에 돌입함으로써 전국 각지의 목사·교수·교
호원 등이 서명 및 단식 농성에 참여토록 하는
노릇을 했고, 광주 가톨릭센터가 개최한 '광주항
전'은 시민들로부터 큰 호응을 받아 10만여명이
기도 했다. 그 밖에 전남지역의 목포, 순천, 여수
지역의 전주, 이리, 군산 등지의 교회와 성당에서
한 '민주화를 위한 연합예배' '나라를 위한 기도
은 6월항쟁 동안 종교인은 물론 시민들의 투쟁

87년 6월 26일 거리를 가득 메운 채 국민평화대행진을 벌이고 있는 전주시민들.

을 해소하는 데 기여한 바가 컸고, 나아가 시민들로 하여금 학생 중심의 시위에 적극적으로 동참케 하는 분위기를 조성했다.

한편 일부 성당, 교회는 6월항쟁 동안 시위대의 농성장으로 활용됨으로써 투쟁의 구심점 역할을 하기도 했다. 광주에서는 천주교의 호남동성당을 비롯해 개신교의 중앙교회(예장합동 변한규 목사), 서현교회(예장통합 변남주 목사) 등이, 목포에서는 연동성당. 연동교회, 죽교동성당. 순천에서는 매곡동성당, 제일교회, 이리에서는 창인동성당. 군산에서는 월명동성당, 오룡동성당 등이 민주화와 민족해방을 갈구하는 시민들에게 개방된 교회로서의 역할을 충실히 수행했다. 특히 호남지역의 가톨릭성당은 6월항쟁 동안 대회장 또는 농성장으로 많이 활용되었다.

셋째. 고교생들의 시위 참여가 두드러졌다. 시·도교육위의 하교시간 조정, 학교 당국의 시위 참여 방해에도 불구하고 광주, 전주, 목포, 순천 지역에서 고교생들의

서현교회 농성에 참가한 학생들의 소속 학교가 19○ 나 됐고, 6월항쟁 동안 집단적으로 시위에 참여한 ○만 해도 동신여고, 중앙여고, 광주상고, 광주고, ○고, 숭신공고, 석산고, 진흥고. 문창고 등 10여 곳○되었다. 이들 고교생들은 21일에는 스스로 '민민특○결성해 시위에 조직적으로 참가하기도 했다. 그 밖에○포에서는 20일 목포고생 3백여명이 조직적으로 시○참여했고, 순천에서는 21일 고교생들이 시위대의 8○를 차지, 순천 시위가 절정을 이루는 데 기여했다.

한편 이들 고교생들은 '비폭력 노선'으로 일관한 ○생들과 달리 '시민 무장'을 주장해 시민들로부터 열○환영을 받았는데, 21일 광주·목포 시위, 25일 전주○위에서 고교생들은 경찰 폭력에 대해 "폭력으로 대○야 한다"고 주장하기도 했다. 이들 고교생들의 시위○여는 어느 지역에서나 시민들의 큰 호응을 받았고, ○현장의 분위기를 고조시키는 역할을 했다. 실제로 ○지역의 고교생들은 시위가 주춤했던 23일부터 25일○

넷째, 호남지역 투쟁에서는 투쟁 주체들의 조직적 역할 분담(선동, 홍보, 구호 및 모금 등)이 상당히 진전됨으로써 다양한 전술들이 전개되었다. 광주에서는 시위 당시 꽹과리·횃불 등이 동원되고, 다량의 대자보 제작, 벽·담장 또는 아스팔트 위의 스프레이 페인트 작업, 다양한 형태의 전단 배포 등이 이루어졌고, 전주에서는 대학생들이 대중 집회에서 마당극, 풍물놀이, 모의 대통령 선거, 군부독재 장례식, 순천에서는 사물놀이, 목포에서는 탈춤, 품바공연 등이 펼쳐져 시민들로부터 큰 호응을 받았다. 시위 과정에서 준비된 이런 프로그램은 시위에 참여한 시민들에게 재미(?)를 선사함은 물론 '시위 갈증'을 풀어 주는 촉매제가 됐다.

다섯째, 반독재투쟁과 함께 반미자주화투쟁이 일관되

게 나타났다. 이 같은 사실은 각종 진단과 구호, 성명서, 대자보의 내용을 살펴보면 쉽게 알 수 있는데, 이들 선전물들은 하나같이 반미자주화투쟁의 중요성을 강조하고 있다. 이런 현상은 특히 광주에서 두드러졌고 다른 지역에서도 해당 지역의 특성에 맞는 방법으로 표출됐다. 예컨대 군산지역의 경우, 미군전용 상가가 몰려 있는 영화동에서 시민들이 "독재정권 지원하는 미국은 물러가라"고 시위를 벌이기도 했다. 시민들이 자주 외친 대표적인 구호는 "독재지원 내정간섭 미국놈들 몰아내자" "군부독재 지원하는 미국놈들 물러가라" 등이었다.

여섯째, 시민들에 대한 시위대의 통제가 강화된 모습을 보였다. 개별적으로 화염병이나 투석전을 해야 한다며 과격 시위를 주장하던 시민들도 시위대에 의해 적절히 통제됐다. 그 밖에도 시위대에 비우호적인 모습을 보인 대상에게는 시위대의 제재 조치가 따랐다. 예컨대 광주에서는 신흥택시 기사가 전남대 교수들의 대화 내용을 경찰에 밀고했다는 의심을 받아 택시 5대가 시민들에 의해 파손되기도 했고, 호남지역민들의 성금으로 설립된 조선대를 사유물화한 박철웅 총장 집에는 시위대의 투석 및 화염병 공격이 있었다. 또, 전경들의 음료수를 보관하고 부상 전경들의 치료를 전담한다는 이유로 서석병원이 시위대로부터 투석 세례를 받기도 했다. 순천에서는 민정당 간부가 경영하던 '미성사'라는 안경점이 시위대의 공격목표가 되기도 했다. 이런 사례는 일종의 아래로부터 형성된 시민자치적 권력 행사이자 제재 조치인 것이다.

6·26 30만명 참가 80년 5월 해방 광주 재현

6월 19일부터 28일까지 진행된 광주 시위에는 매일 3만~30만명에 이르는 시민이 참가했다. 무려 10일 동안 밤낮을 가리지 않고 계속된 시위는 차라리 '전쟁'이었다. 이 기간 최루탄에 의해 부상당한 시민만 4백80명(신원확인자)에 이를 정도로 시위는 격렬했고, 26일 '국민평화대행진'에는 90만 광주시민 중 30여만명이 참가할 정도로 시민들의 호응 또한 컸다. 20일 이후의 광주 시내 시위참가자 구성비율을 살펴보면 시민:대학생:고교생이 대체로 7:2:1로 나타났다.

20일 오후 2시, 전남대 의대생 3백여명이 가운을 입고 시위에 나선 것을 시작으로 오후 4시 광주우체국 앞, 공용터미널, 구역4거리, 대성약국 주변, 황금동, 중앙국민학교 사거리, 가든백화점 뒤쪽 등지에서 2백~5백여 명씩의 시민·학생이 산발적인 시위를 벌였다. 7시 35분 중앙대교 앞에서 스크럼을 짠 학생 중심의 5백여 시위대에 시민들이 급속히 가세, 시위 대열이 1만여명으로 증가했다. 8시 32분 중앙대교 앞에서 전경과 대치하고 있던 시위대가 약 3만명으로 증가하여 중앙로(충파) 앞까지 도로를 완전 장악했다.

9시경에는 광주은행─원호청 앞─서현교회─대성국교 사이에 운집한 시민이 20여만명에 달했다. 도로를 가득 메운 시민들은 "호헌철폐 독재타도!" "광주학살원흉 미국놈들 몰아내자!" 등의 구호를 외치며 연좌시위를 벌였다. 그 사이에도 우체국 앞, 공용터미널 뒤쪽, 한미쇼핑, 가톨릭센터 주변, 금남로5가 등지에서는 5백~2천여명 규모의 시위대가 경찰에 맞서 산발적인 시위를 계속했다. 10시 5분에는 원호청─대성국교 앞에 약 8만명의 시민이 운집해 대중집회를 가졌다. 10시 45분 소나기가 쏟아져 금남로 3·4·5가 등에서 시위가 잠시 소강상태로 접어들었다. 11시 5분 중앙로─광주공원 사이에 2만여명의 시민이 재집결해 경찰과 대치했다. 이 때 시위에 꽹과리가 동원돼 시위대의 흥을 돋우기도 했다. 이 날 10만여명의 시민들은 새벽 1시까지 시위를 계속했고, 일부 시민들이 21일 아침까지 서현교회를 비롯한 시내 곳곳에서 산발적인 시위를 계속했다.

21일에도 전날과 비슷하게 오후 6시부터 다음날 아침까지 3만여명의 시민들이 서현교회를 중심으로 시위를 벌였다. 이 날 시위에서 특이했던 것은 오후 1시 고등학생 3백50여명이 광주지역 고등학생 민민투를 결성해서 조직적으로 시위에 참가하였고, 6월항쟁 기간 중 처음으로 시민들이 직접 제작한 화염병이 서현교회 앞에서 경찰과 대치 중 사용되었고, 밤 12시 30분경 중앙교회 앞에서 신흥택시가 중심이 된 차량 경적 시위가 있었다는 점이다.

23일에는 신흥택시 기사 1백여명이 50여 대의 차에 분승해 라이트를 켠 채 경적 시위에 나서 시민들의 눈길을 끌었다. 차량 시위는 오후 3시 10분부터 약 2시간 동안 광주고속─유동삼거리─금남로─중앙로 사거리에

서 계속됐는데, 택시 기사 중 한명이 "신흥택시 기사가 전남대 교수를 경찰에 밀고했다는 소문은 사실이 아니다"며 "우리도 독재타도에 앞장서고 있다"고 주장, 연도에 모인 1만여명의 시민들로부터 뜨거운 박수를 받았다. 시민들은 택시 뒷유리에 부착된 '독재타도' 구호를 따라 외치며 택시 뒤를 따라 도청 진출을 시도하기도 했다.

23~25일에는 '전두환-김영삼 회담' 발표 등 정치권의 변화로 인해 대규모 시위는 없었다. 그러나 고교생과 시민들을 중심으로 산발적인 시위가 밤늦게까지 계속됐다.

26일 국민평화대행진의 날. 정부측의 시간 끌기와 민주당의 무원칙한 동요 등에 분노한 시민들이 거리로 쏟아져 나왔다. 이 날 시위는 전남대생들이 공용터미널 앞에 있던 경찰 지프차 1대, 대형버스 1대를 전소시키면서 시작되었다. 저녁 7시경에는 한일은행 사거리 일대에 10만여명의 시민이 운집, 대규모 시위를 벌였다. 저녁 10시경에는 금남로 1·2가를 제외한 광주시내 전역이 해방구가 되다시피 했고, 금남로 일대에서 시위를 벌인 시민이 30여만명에 달해 6월항쟁 동안 최고의 인파를 기록했다.

목포, 격렬한 시위 '시민무장' 주장도

19일 열린 제1차 목포시민궐기대회로 시위가 가열될 조짐을 보이자 목포시내 고등학교는 다시 단축수업에 들어갔다. 20일 시위는 6시 반경 시민회관 앞에 모인 2천여명의 시민들이 역전 광장 진입을 시도하면서 시작됐다. 최루탄을 쏘며 진압에 나선 경찰에 맞서 싸우던 시위대는 대열을 나누어 시내 전역에서 산발적인 시위를 계속했다. 밤 10시에는 연동성당에서 1천여명의 시민·학생들이 참가한 가운데 목포대 총학생회 주최로 제2차 목포시민 궐기대회가 열렸다. 대회를 마친 시위대는 밤 11시경부터 새벽 3시까지 산발적인 시위를 벌였는데, 11시 반경에는 목포고생 2~3백명이 조직적으로 시위에 가담하기도 했다. 이 날 시위대 중 일부는 죽교동성당에서 철야 농성을 한 후 새벽 6시에 해산했다.

21일, 오후 6시 30분부터 시민회관 앞에서 목포대생들의 주도로 시위가 시작됐다. 8시경 남교로에 3천여명의 시민들이 도로를 가득 메운 가운데 대중집회가 열렸

다. 8시 50분경 1만여명의 시위대가 집결한 가운데 문화패 '갯돌'의 탈춤, 품바 약식공연이 펼쳐져 시민들로부터 큰 호응을 받았다. 공연을 끝낸 시위대는 다시 가두시위를 시작. 전신전화국 앞에서 경찰의 저지를 받았다. 평화적인 시위임에도 불구하고 경찰의 최루탄 난사로 부상자가 속출하자 참다 못한 시민들이 시위대에 합류해 경찰을 향해 분노를 터뜨렸다. 시민들과 일부 고교생들은 '시민무장'을 주장하며 돌과 화염병을 사용하자고 주장하기도 했다. 그 무렵 목포시 당국은 9시 반이 지나면 시가지의 가로등을 꺼 버렸는데 경찰은 이 점을 이용, 자정이 지나 시위대 숫자가 줄어들면 본격적으로 시위자들을 연행했다. 그럼에도 이 날 시위는 새벽 4시까지 산발적으로 계속됐다. 이후 목포에서 시위는 일단 수그러져 26일 평화대행진 때까지 일종의 휴지기를 보냈다.

26일, 시위는 오후 6시부터 목포시내 곳곳에서 동시다발로 시작됐다. 2호광장에서는 재야 인사들이, 중앙교회에서는 개신교 목사들이, 남교로 시민회관에서는 청년·학생들이 중심이 되어 시위를 벌였다. 6시 30분경 2만여명의 시위대가 2호광장까지 진출했다. 이 때까지 최루탄을 쏘지 않던 경찰은 이 날 최초로 역전 광장이 시위대에 의해 점령당하자 후미를 끊은 뒤 최루탄을 난사하기 시작했다. 다시 10여 곳으로 흩어진 시위대는 격렬한 투석전을 전개했다. 8시 30분경 시민회관 앞에 재집결한 3천여명의 시위대는 다시 역전 광장으로 진출을 시도, 경찰의 저지를 뚫기 위해 처음으로 화염병을 던졌다. 화염병 공격이 시작되자 이리저리 쫓겨다니던 시민들이 일제히 박수를 치고 환호하면서 화염병 투척을 계속하라고 요구하는 등 시민무장을 주장했다. 이 날도 시위대는 새벽 4시까지 산발시위를 계속했다.

한편, 목포 인근지역인 무안군과 완도군에서도 이 날 시위가 있었다. 특히 완도군에서는 오후 6시를 기해 8천여명의 군민들이 1시간 반 가량 시위를 했는데 이는 거의 모든 군민들이 시위에 가담했음을 보여 주는 것이다. 또 무안군에서는 기농과 가농 회원들을 중심으로 3백여명이 버스터미널 앞에서 시위를 벌였다. 이들은 저녁에는 목포로 건너와 3호광장 시위에 합세했다.

27일~28일 시위는 매우 격렬한 양상으로 전개됐다.

자정 무렵 대성동파출소가 1백여명의 시위군중에 의해 전소되고, 새벽 3시경에는 한 트럭운전사가 시위자 20여명을 태우고 역전으로 진입, 교통센터와 역전파출소를 전소시킨 후 전원이 연행돼 경찰로부터 심한 폭행을 당하기도 했다. 28일에도 밤 10시경 1백여명의 시위대가 2호광장에 집결, 전경들과 1시간여 동안 몸싸움을 벌이다가 30명이 연행되고 나머지 시위대는 새벽 1시까지 산발적인 시위를 벌였다. 29일에는 목포세무서를 주 공격목표로 6백여 개의 화염병이 준비됐으나 이른바 6·29선언으로 무산됐다.

순천, '여·순사건' 이후 최대 시위

6월 26일 순천 시가지는 5만 인파로 뒤덮였다. 순천시 인구가 12만여명임을 감안할 때 시민의 절반 가까이가 시위에 나선 것이다. 처음에 순천대생들을 중심으로 시작된 순천 시위는 20일부터 전면적인 가두투쟁으로 발전했다.

6월 20일 오후 6시 '살인최루탄 추방 및 호헌철폐를 위한 제1차 범시민궐기대회'가 도립병원 앞에서 거행됐다. 사전 협상을 통해 평화 시위를 보장한다는 경찰의 약속을 받아냈으나 경찰은 약속을 금방 깨고 최루탄을 무차별 난사했다. 이에 1백여명의 학생들이 도로에 드러누워 항의 시위를 했는데, 경찰이 이들에게 사과탄을 던져 학생 20여명이 부상을 당하는 참사가 발생했다. 도로 양편에서 학생들의 시위를 지켜 보고 있던 시민들이 이 광경을 목격하고 격분, 시위대에 가담하기 시작했다. 경찰과 공방전을 벌이며 도립병원—남교로터리를 거쳐 시청까지 진출한 시위대의 수는 금세 2만5천여명으로 불어났다. 기세를 올린 시위대의 일부가 평소 원성의 대상이었던 '미성사 안경원'을 목표로 몰려갔다. 미성사 주인 김아무씨는 민정당 간부로서, 순천지역 유지로 행세해 오고 있었다. 7시경 남대동 미성사 3층 건물 옥상에서 김아무씨의 아버지인 김형은씨(66)가 떨어져, 병원으로 옮기던 중 숨졌다. 옥상에서 시위대를 보고 있던 김씨가 분노한 시위 군중이 몰려오자 충격을 받고 실신, 추락했던 것이다. 김씨의 추락으로 미성사는 파괴를 모면했다.

시청 앞에서 "호헌철폐 독재타도!" "독재 지원하는 미

국은 물러가라!" "5월학살
원흉 전두환을 처단하
라!" 등의 구호를 외치
며 시위를 벌이던 시
위대는 8시경 마침
내 시청을 점거,
전두환 사진액자
를 끄집어내 화
형식을 가졌
다. 9시부터
궐기대회를
치른 시위
대는 햇
불 시
위를
벌

항쟁이 절정에 이르자
광주시민들은 모두 거리로 쏟아져
나왔다.

이며 매곡동성당 앞으로 자리를 옮겨 사물놀이, 해
방춤을 곁들인 성토대회를 열었다. 새벽 2시 30분경 3
백여명의 진압부대가 최루탄을 쏘고 방패를 휘두르며 군
화발로 짓밟는 등 시위대를 무차별 난타하고 강제로 해
산하자 46명이 성당 내로 들어가 철야 농성에 돌입했다.
이때 다수의 고교생들이 농성에 참여하고자 했으나 농성
자들은 이들을 돌려보냈다. 그러자 고교생들은 농성에
사용하라며 성금을 전달했다. 그 밖에도 많은 시민들이
음식물 등을 보내 이들의 농성을 지지했다.

6월 21일 시위대에 중요한 변화가 일어났다. 고교생
들이 시위대의 80% 가까이 차지한 것. 고교생들의 참여

로 이 날 시위는 비록 시위 군중 수에서는
26일보다 적었지만 순천시 6
월항쟁의 최고 절
정을 이루
었다. 이 날
은 지도부가
따로 없었다.
그럼에도 1만여명
의 시민들은 스스
로 지도부를 형성하
고 질서정연하게 움직
였다. 고교생들의 참여
로 사기가 오른 시위대는
최루탄 발사에 항의, 중앙
파출소의 유리창을 깨부수
고 남문파출소를 전소시켰다.
시청에서 재집결한 시위대 2천
여명은 자정을 넘어 다음날 새
벽까지 시위를 계속했다.
6월 26일. 전국적으로 국민평화
대행진이 벌어진 이 날 순천시내에
서는 6월항쟁사상 최대 인파인 5만여
명의 시민이 참여했다. 시위 군중의 위
세에 눌린 경찰은 진압을 포기, 길을 터
주고 최루탄도 발사하지 않았다. 시가지
곳곳을 누비며 기세를 올린 수만명의 군중
들은 9시경 시청 앞에 집결. 시청 유리창을
부수며 집회를 계속했다. 이 날도 시위대에 의
해 KBS방송국이 점령되고, 중앙동·북문·남
문 파출소가 파괴, 전소됐다.

여수, 23일 시위 절정 시민 절반이 총궐기

6월 23일 여수시위는 절정으로 치달았다. 오후 5시경
교동 오거리에서 민주헌법쟁취 시민궐기대회가 김충조
(현 국회의원) 이대성 등 재야인사 4명의 주도로 개최되
었다. 이 날 시위는 전청연 여수지역 사무실에서 확성기
로 "군부독재 타도하여 민주헌법 쟁취하자" "반민주적인
4·13조치 철회하라" 등의 구호와 「투사의 노래」 「5월

의 노래」「우리의 소원은 통일」등의 노래가 울려 퍼지면서 시민 3천여명이 집결, 진남로 일대를 오가며 진행됐다. 7시경 시위대는 중앙시장 차도를 점거하고 시위를 벌였는데 시민들이 순식간에 5천여명으로 증가, 전경들과 몸싸움 끝에 전경들을 진남관 밑까지 밀어내고 중앙로터리를 점거했다.

7시 30분경 1만여명으로 불어난 시위대가 민정당 사무실에 투석, 유리창 10여장을 깨트렸다. 이에 경찰들이

역시 광주시민이었다. 항쟁이 막바지에 이르자 광주시민들은 단합된 모습으로 군사독재의 간담을 서늘하게 만들었다.

해산에 나서 최루탄을 발사하자 시민들도 투석으로 응전했다. 8시 30분경 시위대는 경찰서·시청 도로를 장악, "광주학살 책임지고 전두환은 물러가라" "군사독재 타도하여 민중생존권 보장하자" 등의 구호를 외치며 역전까지 행진한 후 경찰서 광장으로 돌아왔다. 이 때 연도의 시민들은 3만여명에 이르렀다.

그 무렵 광주·순천 등지로 지원 나갔던 경찰병력이 급보를 받고 황급히 원대 복귀했다. 10시경 병력을 보충한 전경들과 중앙로로터리 쪽으로 행진하려던 시위대가 격돌했다. 평화행진을 하고 있던 시위대에 경찰이 최루

탄을 무차별로 난사하자 무방비 상태의 시위대가 흩어지면서 다수의 부상자가 발생했다. 역광장에 분노한 시민 2만여명이 재집결, 경찰과 대치하면서 격렬한 시위를 벌였다. 12시경에는 시위대에 의해 시청 민원실 유리창 50여 장이 깨지기도 했다. 이 날 시위는 새벽 4시까지 계속됐고, 그 과정에서 민정당사, 남산동·충무동·중앙동 파출소가 파괴됐다.

24일에도 학생·시민 3천여명이 중앙동로터리, 여객선터미널 등지에서 시위를 계속했다. 이 날 시위도 민정당사를 비롯 여수 시내 남산·충무·중앙·광무동 파출소가 파괴되고, 연행자가 34명에 이를 정도로 격렬하였다. 25일에도 시민회관 광장을 비롯해 여수 시내 곳곳에서 산발적인 시위가 이어졌다.

26일 오후 7시 중앙동로터리에서 7천여명의 시위대가 시위를 시자, 시청 및 경찰서 방면으로 진출하면서 경찰과 치열한 몸싸움이 벌어졌다. 8시경에는 시청 주변에서 횃불시위를 벌이며 1만여명의 시위대가 경찰과 대치했다. 이런 가운데 시위 참가 숫자가 더욱 늘어나 밤 10시경에는 여수시민 10만명 중 5만여명이 시위에 참가했다. 이 날 시민들은 경찰의 최루탄 발사에 맞서 격렬하게 싸우면서 서교동로터리와 국동 등지에서 새벽 4시까지 시위를 벌였다.

한편 광양에서도 민주당원, 가톨릭신자 등 1백여명이 신시장 입구에서 애국가를 부르며 시위를 하다가 저녁 10시경 해산했다. 이 때 시위에 가담했다는 이유로 강용재씨(식당업)가 광양경찰서에 연행되어 머리를 집단구타

당한 사건이 발생했다. 이에 광양성당에서 1백여명의 신도가 모여 최루탄 추방 등 5개항을 주장하며 28일 밤 9시부터 29일 아침 7시 30분까지 '폭력경찰규탄 철야기도회'를 가졌다.

전주, 도민평화대행진 10만 시민 참여

전주에서는 6·10대회 이후 시위가 일시 소강 상태에 접어든 듯했다. 그러나 19일~21일까지 이어진 전북대 학생 5백여명의 가두시위로 상황이 급변했다. 시민들의 열광적인 참여에 힘입어 전북본부 및 여타 민주단체들은 6월 22일부터 28일까지를 민주화실천기간으로 선포하고, 「임을 위한 행진곡」을 도민의 노래로 지정하면서 시민들에게 매일 오후 6시에 팔달로로 모이자고 호소했다.

22일부터 전주에서는 연일 대규모 대중집회 및 가두시위가 벌어졌다. 마침내 26일 전주시 인구 40만명 중 10만이 도민평화대행진에 참여했다. 대중집회장에서는 시국토론회, 마당극, 풍물놀이, 모의 대통령선거, 군부독재 장례식 등이 열려 시민들의 정치의식을 한층 더 고조시켰다. 전주 주변지역의 농민들도 조직적으로 전주시위에 참여했는데, 26일에는 5백여명이 도민평화대행진에 참가했다. 상인들의 참여도 두드러져 중앙시장 코아백화점의 상인들은 27만7천4백원의 성금을 전북본부에 전달하기도 했다. 또, 어떤 시민은 병 1천여 개를 모아 화염병 제작에 사용하라고 학교에 보내 주기도 했다.

22일 전북대 민주광장에서는 오전 11시부터 7천여명이 참석한 가운데 '호헌철폐와 군부독재종식을 위한 전북지역학생 총궐기촉구 비상학생총회'가 열렸다. 학생들은 집회가 끝난 후 곧바로 가두 진출을 시작했다. 12시 45분 코아백화점 앞에서 3천여명의 시민·학생들이 연좌 시위에 들어갔다. 시민들의 참여는 계속 늘어 오후 2시 46분쯤에는 1만5천명의 시민이 운집했다. 이 자리에서 시민들은 음료수 등을 제공하며 시위대를 격려하고 모금에도 적극 참가, 순식간에 1백만원이 걷혔다. 어떤 시민은 시위대에 앰프 등 방송 기자재를 제공하기도 했다. 시위대는 3시 40분쯤 코아백화점에서 전동성당 쪽으로 나아갔다. 3시 55분쯤 1만여명의 시위대를 향해 경찰이 최루탄을 발사, 1백20여명의 부상자가 발생했다.

시위대는 서중 앞—코아백화점 앞—관통로—조흥은행 오거리 등을 누비며 시위에 들어갔고, 8시 35분에는 조흥은행에서 5천여명, 전주백화점에서 1만여명이 경찰과 대치했다. 10시쯤 서중로터리에 시위대가 총집결, 1만5천명이 대중집회를 가진 뒤 해산했다 이후에도 시내 곳곳에서 시민·학생들은 새벽 2시까지 치열한 투석전을 전개하며 시위를 벌였다. 이 날 시위에서 고사동파출소가 전소되고, 태평동·금암동·진북동·중노송2동·덕진동 파출소가 전소 내지 반소됐다. 그뿐 아니라 시위대는 "민주시민 탄압하는 안기부 폐쇄하라"는 구호를 외치며 중앙동에 있던 안기부 대공상담소에 투석, 간판을 떼어 내기도 했다. 대공상담소는 28일까지 폐쇄됐다.

24일에는 전주대 예비역들을 중심으로 한 예비군 1백여명이 오전 10시 전주백화점에서 시위를 하다가 47명이 사복조에게 연행되었다. 그 과정에서 장말작 할머니(76)가 "최루탄을 쏘지 마라" "학생들을 때리지 마라"며 말리다가 경찰로부터 집단구타를 당했다. 오후 6시쯤 전북대, 전주대, 우석대생 2천여명 등 시민·학생 1만5천여명이 코아백화점 앞에 집결, 민주정부수립을 위한 실천대회를 가진 뒤 새벽 2시까지 시내 곳곳에서 격렬한 시위를 벌였다. 25일에는 전북대에서 전북도 내 7개 대학이 전북지역학생협의회(전학협)를 결성, 6·26 평화대행진에 적극 참여할 것을 결의하고 대시민 홍보를 위해 가두투쟁을 벌였다.

도민평화대행진이 열린 26일은 전주 민주화투쟁의 절정이었다. 경찰의 저지선을 뚫고 시민 10만여명이 시국토론회와 군부독재 장례식, 가두시위를 벌였다. 이 날 전투경찰 11개 중대를 포함한 정사복경찰 2천7백여명이 관통로 사거리 등 시내 요소요소에 배치돼 삼엄한 경계를 폈다. 그러나 시민투쟁의 열기는 경찰력을 무력화하기에 충분했다.

오후 6시 20분쯤 1천여명의 시민·학생이 '민주헌법 쟁취 전북평화대행진' 플래카드를 선두로 태극기와 "밥은 생명이다. 농민 살 길 보장하라" "민주헌법 쟁취하여 민주노조 실현하자" "미국은 군사독재지원 중단하라" 등의 플래카드를 세우고 조흥은행 앞에 모여 연좌했다. 주위의 시민들이 계속 합세, 2천여명으로 불어난 시위대는 6시 40분쯤 경찰의 1차 저지선을 돌파하고 관통로 사거리를 장악하고 7시 15분 도민대회 발대식을 시작했다. 대회는 전북본부 대변인인 박석진 목사의 사회로 진행돼 가톨릭농민회 이수금 회장의 구호 제창, 전북본부 공동의장인 임형택 목사의 성명서 낭독으로 끝났다. 대회 중 완산동에 사는 한 시민은 "자유와 민주를 사랑한다"는 리본 1천매를 만들어 집회장에 가지고 와 손수 시민들에게 달아 주기도 했다.

발대식이 끝나고 서중로터리로 행진을 시작할 즈음 시위군중은 10만여명에 달했다. 9시 25분쯤 서중로터리에서는 7만여명의 시민이 모인 가운데 범도민 시국토론회와 군부독재 장례식이 열렸다. 수십 개의 횃불이 점화되고, 학생들이 준비한 꽃상여가 경찰 저지를 뚫고 중앙성당을 출발. 풍물패를 앞세우고 10시 10분쯤 로터리에 도착했다. 11시쯤 꽃상여에 불을 점화함으로써 장례식은 절정에 이르렀다. 장례식이 끝난 뒤에는 횃불시위가 이어졌다. 이 때 경찰이 최루탄을 난사하며 해산에 나섰고, 시위대는 새벽 1시까지 시내 곳곳에서 산발적인 시위를 벌였다.

이리, 6·10에서 6·29까지 날마다 시위

6·10대회 이후 원광대생들이 중심이 되어 연일 시위가 벌어졌던 이리에서는 6월 29일까지 단 하루도 쉬지 않고 계속해서 시위가 이어지면서 시민들의 참여가 갈수록 확산되었다. 시위 양상도 매우 격렬하게 전개됐는데, 이는 경찰의 무차별한 최루탄 난사 때문이었다.

20일 오후 1시 40분쯤 3천여명의 시민, 학생들이 뉴타운백화점에 집결, 평화적으로 가두시위를 벌였으며, 5시 30분에는 창인동성당에서 최루탄과 경찰폭력에 항의하는 '범이리시민 총궐기대회'를 개최했다. 이후 시민·학생들은 새벽 1시 30분까지 가두시위를 벌였다. 학생 1백50여명은 창인동성당에서 이틀째 철야 농성을 계속했다. 이 날 시위로 역전파출소, 노동부 이리지방사무소, 이리세무서 유리창 1백여장이 깨지고 이리시청이 일부 불에 탔다.

21일, 시위는 대규모로 진행됐다. 이 날 오후 4시 이리 중앙교회에서는 이리·익산기독교연합회 주최로 '나라를 위한 연합기도회'가 교회 신도 및 시민, 학생 2천여명이 참가한 가운데 성황리에 열렸다. 교회 내 행사가

끝난 뒤 5시쯤 시민·학생들은 평화행진에 들어가 역전—모현아파트4거리—시청—기독교방송국으로 향했다. 이 때 참여한 시민들의 수는 무려 3만여명에 이르렀다. 시내 행진을 마친 뒤에 학생들은 별도로 시청에서 시민 1만여명과 함께 독자적인 집회를 가졌다. 이 자리에 참석한 이리 후레아패션 노동자들은 자신들이 겪은 다국적기업의 횡포와 부당해고 사례를 폭로했다. 집회를 끝낸 시민들은 새벽 2시까지 격렬한 시위를 벌였다.

22~25일에도 시위를 계속했던 이리 시민들은 마침내 26일 국민평화대행진을 통해 민주주의의 염원을 마음껏 표출했다. 이 날 경찰은 전경 1백여명을 동원, 4시 30분부터 대회 장소인 창인동성당을 봉쇄했다. 그러나 5시 50분쯤 국민운동본부 이리·익산지부 지도부와 시민 50여명이 사복경찰의 제지를 물리치고 창인동성당에 입장했다. 이들은 창인동성당에서 국민의례와 출정식을 갖고 2차 집결지인 제일은행 사거리로 나아가 원광대생들과 합류했다. 원광대 풍물놀이패의 마당굿으로 분위기가 한층 달아오른 가운데 집회가 시작됐다. 이 날 집회에서는 후레아패션 해고노동자, 농민, 학생 등 다양한 사람들이 참여했다. 집회가 끝난 뒤 8시 10분쯤에는 신광교회에서 전북은행 사거리까지 4만여명의 시민들이 거리를 가득 메웠다. 8시 30분쯤 2차 대중집회가 이리도서관과 이리여고 뒷편 도로에서 1만여명의 시민이 참가한 가운데 열렸고, 9시 20분쯤에는 역 앞에서 2만여명의 시민이 대중집회를 개최했다. 공식 집회가 끝난 뒤에도 시위는 계속돼 9시 50분쯤 민정당사 중앙로에서는 5천여명의 시위대가 전투경찰과 대처하며 시위를 벌였고, 10시 20분쯤에는 경찰서 로터리에 3천여명의 시민이 모여 연좌 농성을 했다. 이 과정에서 경찰이 시위대에 최루탄을 무차별 난사, 부상자가 속출했다. 경찰의 최루탄 난사에 분개한 시위대는 평화동·역전·남중동 파출소를 공격했고, 시청·노동청·세무서 등에 화염병을 던졌다.

군산, '6·29선언' 이후에도 시위 계속

군산에서는 6월 26일 17만 시민 중 2만여명이 시위에 참가했다. 그 여세를 모아 군산시민운동단체는 6월 27일~29일을 '민주화실천기간'으로 선포, 6월항쟁의 최후까지 시위를 계속했다.

26일 6시. 1만여명의 시민이 운집하여 시청 앞에서 민중의례를 갖고 삼학동 방면으로 거리시위를 시작했다. 시민들은 경찰서 앞에서 폭력경찰 규탄대회를 20여 분간 열었다. 6시 55분쯤 시위대는 다시 역전을 향해 행진하면서 "독재타도!" "광주학살원흉 전두환 노태우는 물러가라!" 등의 구호를 외쳤다. 7시 20분쯤 미원동 쪽에서 온 시위대와 합류, 1만8천여명으로 불어난 시위대는 「임을 위한 행진곡」을 부르며 KBS 쪽으로 진출했다. 시민들은 8시부터 KBS 앞에서 왜곡·편파보도에 항의, 시청료 거부를 결의했다. 8시 30분쯤 미군전용 상가가 몰려 있는 영화동을 지나면서 시민들은 "독재정권 지원하는 미국은 물러가라!"는 구호를 외치기도 했다. 또, 8시 50분쯤에는 법원 앞에 도착해 사법부가 독재정권의 시녀로 전락한 것을 규탄했다. 9시 10분쯤 시민 1만6천여명이 시청 앞 광장에서 범시민 시국토론회를 개최했다. 시국토론회를 마친 시위대는 역전까지 평화행진을 하고, 11시 20분쯤 시민·학생 1만5천여명이 역전 광장에서 "더 이상 못 속겠다 거짓정권 물러가라!" "군산시민 앞장서서 민주국가 이룩하자!" 등의 구호를 외친 후 해산했다.

이 날 민주헌법쟁취국민운동 군산·옥구지부는 군산시민들의 민주화 열기를 확인하고 27일을 민주의 날로, 28일을 자유의 날로, 29일을 통일의 날로 지정, '군산시민 민주화 실천기간'을 선포한 뒤 매일 6시에 시청 앞 사거리에 모이기로 결의했다.

다른 지역과 달리 군산에서는 26일 이후에도 27일부터 29일까지 1만명 내외의 시민이 참가하는 대규모 집회가 계속됐다. 27일에는 시청 앞에서 시민 2만여명이 모인 가운데 시국토론회 및 전두환군부독재, 매판외세정권, 독점재벌의 화형식을 거행했다. 28일에는 과열된 군산 시내 시위를 진압하기 위해 전북지역 진압경찰. 88특경대(헬멧 쓴 경찰) 2개 중대 3백여명이 추가로 파견되어 무차별한 진압작전을 벌였다. 이 때부터 시위는 격렬하게 진행됐다. 강압적인 경찰의 진압작전에 맞선 시위대는 미원동·개복동·영동 파출소를 공격하고. 명산동

6월항쟁의 열기에 힘입어 국민들은 곳곳에서 조직을 만들기 시작했다.

·미원동 파출소에 화염병을 던지며 새벽까지 시위를 벌였다.

29일 노태우의 시국수습방안 발표가 있은 뒤에도 시민들의 열기는 식지 않았다. 시민들은 28일 경찰의 무자비한 폭력 탄압에 분개, 시위대에 밥과 국까지 끓여 갖다주는 등 지원을 아끼지 않았다. 저녁 7시경 시위대는 연행자 석방, 부상자들의 병원비 지급을 경찰에 요구했다. 이에 경찰은 최루탄으로 대응, 시민들과 격렬한 투석전을 벌였다. 9시 20분쯤 시위대는 시청에 돌과 화염병을 던져 시청 유리창을 박살냈다. 시위가 격렬해지자 신부, 목사들이 중재에 나섰다. 그 결과 새벽 1시 25분쯤 연행자 17명이 석방되고, 새벽 3시 30분쯤 경찰서장은 과잉진압을 사과했다. ☐

노무현 국민회의 부총재

"추진력 있는 사람 중용해야 개혁 성공"

뻔히 패배가 예상되는 선거에서 그놈의 명분 때문에 무모하다 싶을 정도로 저돌적으로 나섰다가 번번이 깨지곤 했던 노무현 부총재. 무관의 제왕이었던 그가 6년 만에 다시 금배지를 달며 화려하게 재기했다. 현대자동차 노사분규 타결 과정에서 '상처뿐인 영광'을 얻고도 기죽지 않는 그를 만나 '정치의 역할'을 주제로 대화를 나누었다.

~바~찬

정범구 | 방송 저널리스트

무관의 제왕이었던 국민회의 노무현 부총재. 마침내 그가 '야인 정치인'에서 '실물 정치인'으로 6년 만에 복귀했다. 당선된 횟수만큼 그 힘을 발휘하는 국회에서 그는 이제 갓 금배지를 단 재선의원이다. 그것도 겨우 보궐선거로 국회의원이 된 것이다. 그럼에도 노 부총재의 정치적 영향력은 어느 중진의원 못지 않게 크고 대중적 지지 또한 높다.

노 부총재는 교체 선수가 경기장에 들어가자마자 골을 넣듯이 국회의원이 되자마자 보기좋게 '한골'을 넣었다. 현대자동차 노사분규를 대화로 푸는 데 일등공신 역할을 한 것이다. 그 동안 노사간의 극한적 대결에 이어 공권력 투입을 통한 사태해결 방식에 익숙해져 있던 우리에게 대화를 통한 노사분규 해결은 하나의 신선한 충격이었다.

그런데 노 부총재는 언론과 재벌로부터 감사나 격려의 인사를 받기는 커녕 집중포화를 맞았다. 심지어 대통령마저 '결승골'이 아닌 '자살골'로 판정했다. 그럼에도 노 부총재는 여전히 당당했다. 그런 그의 모습은 마치 과거 번번이 지는 싸움에 나설 때처럼 신선해 보였다.

"정치권이 나서면 불의라는 통념 생겼다"

—현대자동차 노사협상 중재과정에서 좋은 일을 하고도 언론과 재벌로부터 몰매를 맞은 꼴인데요. 이번 사건을 겪으면서 특별하게 느끼신 점이 있습니까.

"재계의 입맛에 맞지 않는 일을 하는 사람은 항상 얻어맞기 마련입니다. 예상한 일이기 때문에 별로 개의치 않습니다. (웃으며) 아무튼 이번에도 제가 재벌과 언론으로부터 일방적으로 두들겨 맞았습니다. 재계의 힘이 여전히 막강하다는 사실을 또 한번 확인했습

일시 : 1998년 9월 9일 정오
장소 : 여의도 맨하탄 호텔
대담 : 정범구 박사
진행 : 김경환 기자
사진 : 임종진 기자
정리 : 김종석

니다."

─노사협상 과정이 마치 줄타기를 하듯 곡절이 많았습니다. 가장 어려웠던 점은 뭡니까.

"세력균형이 파괴된 상황에서는 대화와 타협이 어렵다는 점입니다. 예를 들어 어떤 싸움에서 한쪽에만 힘이 있으면 그들은 항상 거의 다 차지하고 상대 쪽은 한두 개만 갖게 된다는 겁니다. 그런데 타협을 하면 상대방과 반반씩 나누어야 하기 때문에 힘있는 자는 결코 타협하려 하지 않습니다. 바로 그런 상황에서 정치의 조정력이 필요한 것인데……"

─회사측의 반응은 어땠습니까.

"두 가지 생각이 오락가락한 것 같습니다. 한편으로는 빨리 조업을 재개해서 손실을 줄이고 싶고, 한편으로는 차제에 강성노조를 쓸어버리고 싶은 이 두 가지 선택 사이에서 정리해고라는 사회적 명분을 업고 공권력을 통해 노동조합을 무력화시키려는 생각이 강했던 것 같아요. 그런데 노동자들이 타협을

통해 정리해고를 덜컥 수용하고 나니까 압박을 가할 명분을 찾지 못했던 거지요."

─협상이 몇 차례 결렬되면서 공권력 투입이 초읽기에 들어가기도 했는데 노동자들의 반응은 어땠습니까. 또 정리해고를 받아들이는 과정에서 진통이 컸던 것으로 알고 있는데요.

"노조 지도부는 현 시점에서 정리해고를 받아들일 수밖에 없다는 것을 알고 있었습니다. 그런데 그 동안 정리해고를 악의 제도라고 말해 왔기 때문에 차마 드러낼 수가 없었던 거지요. 정치야 많은 약점이 있어도 공권력과 언론을 동원해서 감출 수 있지만, 노동조합이야 도덕성 외에는 아무런 힘이 없지 않습니까. 지도부를 설득하는 일이 제일 어려웠습니다."

정치인 중에서 노동계에 정리해고를 수용하라고 말할 수 있는 사람은 많지 않을 것이다. '표 깎이는 짓'이기 때문이다. 노 부총재는 그 동안 노동자에 대한 각별한 애정과 신뢰를 쌓아 왔다. 그렇기 때문에 노조측에

서도 그의 말을 진진하게 들어 주는 것이다.

— 일부 시민 단체에서도 그 동안 정부가 강권 발동자로서의 역할만 하다가 이번에 처음으로 중재자 역할을 했다고 긍정적인 평가를 합니다. 그런 측면에서 대통령이 '정치가 깊이 개입한 것은 불만이다' 라고 말하기보다는 격려를 아끼지 않았으면 좋았겠다는 생각도 드는데요.

"대통령 말씀은 재계의 불만을 다독거려

주어야 한다는 현실적인 고려에서 나온 것이라고 봐야죠. 아무튼 이전까지는 노사대립이 격렬해지면 정치권이 개입하는 것이 하나의 통념이었습니다. 그런데 이번 사건 이후 정치가 나서는 것은 불의라는 통념이 생겨났습니다. 정치의 중요한 역할 중의 하나가 이해관계의 해소와 갈등의 조정인데 이제 정치가 나서기 어렵게 되었어요. 그 점을 아쉽게 생각합니다."

— 그런 점에서 볼 때 만도기계의 공권력 투입은 쟁점화하지 못하고 그냥 지나갔습니다. 그것도 언론의 책임일까요.

"저는 언론이 끊임없이 정책적인 평가와 분석을 해야 한다고 봅니다. 현대자동차 문제가 쟁점화한 뒤에 그와 전혀 다른 사건이 발생했으면 두 사건을 비교해서 판단의 근거를 제공해야 하는 것 아닙니까? 정치적 중재

는 나쁘다는 통념을 자기들이 만들어 놓고 뒤이어 발생한 공권력 투입 문제는 덮어 둔다면 공평한 처사가 아니지요."

— 김 대통령의 8·15 경축사에서도 그렇고 제2건국선언 중에도 신노사문화 창출이라는 말이 나오지 않습니까. 그런데도 현재 노사정위원회(이하 노사정위)의 역할은 그에 부응하지 못하고 있습니다. 어떤 문제가 있는 겁니까.

"정부와 재계가 노동계를 제도권에 진입하지 못하도록 자꾸 따돌리는 것이 문제입니다. 정부는 노사정위라는 테이블만 만들어 놓고, 알맹이 없는 보고서 한 장 달랑 들고 와서 토론하자고 합니다. 노동자들이 주요한 내용과 계획을 자세히 묻고 따지면 그것은 말해 줄 수 없다고 합니다. 그러면서 모든 문제는 법대로 처리하겠다는 입장입니다. 대화가 아닌 법대로 한다면 노사정위가 왜 필요합니까? 결국 지금의 노사정위는 노동자들 데려다 놓고 들러리 세운 꼴밖에 안되지요."

임기중 내각제는 대통령 불신임한다는 뜻

— 현실정치와 관련한 주제로 넘어가겠습니다. 현재 여소야대가 깨졌습니다. 여권의 야당의원 영입이 한창인데, 정치인들의 당적 변경에 대해서는 어떻게 생각하십니까.

"정치인이 정당을 옮기는 것은 국민과 약속한 정치노선의 위반이기 때문에 부정적인 것이 사실이지요. 원칙적으로 그런 행동은 바람직하지 못합니다. 하지만 지금 우리가 당면한 현실은 국가적인 비상국면입니다. 그래서 대통령께서도 여소야대의 비효율성을 극복하기 위해 정계개편을 해서라도 위기극복 체제를 만들려고 하는 것입니다. 저도 그것이 필요하다고 보기 때문에 적극적으로 도우려고 합니다. 이런 과도기에 한번쯤 왕창 뒤섞는 것도 좋다고 생각합니다."

— 인위적인 여대야소를 만들 수밖에 없는 것은 대통령과 국회의원의 임기가 다르기 때문입니다. 요즘 전개되는 답답한 정국을 보

먼서 차라리 내각제가 낫지 않느냐는 생각도 해 보는데요.

"내각제라는 제도 자체가 좋으냐 나쁘냐가 중요한 것이 아니고, 그 제도를 선택할 때의 정치적 상황이 더 중요합니다. 만일 국민들이 현 정권의 임기중에 내각제를 선택한다면 지금의 대통령을 불신임한다는 뜻입니다. 그 것은 곧 김종필 총리의 승리를 의미하는 것일 수도 있지요. 정치라는 것은 어떤 쟁점을 내걸고 정치적 전선에서 승리한 사람이 그 결과를 향유하기 마련입니다."

— 김대중 정부의 개혁에 대해서 우려하는 목소리가 많습니다. 노 부총재는 새 정부 출범 이후 6개월 동안 진행된 개혁 성과를 어떻게 평가하고 있습니까.

"지속적인 개혁이 이루어지고 있고 진전도 있다고 생각합니다. 무엇보다 대통령의 개혁 방향이 기득권 세력의 상당한 저항에도 불구하고 흔들리지 않고 일관되게 진행되고 있습니다. 다만 대통령이 소리만 요란한 개혁을 원하지 않기 때문에 성과가 없는 것처럼 보이지만 때가 되면 잘 될 것으로 봅니다. 저는 대통령이 주도하고 있는 개혁을 신뢰합니다."

— 현재 많은 사람들은 대통령은 준비되어 있는지 모르지만 당료나 관료는 준비되지 못했다는 말을 합니다. 당이 개혁의 구심점 역할을 하지 못하고 있기 때문에 지지부진하다는 주장도 하는데요.

"동의합니다. 하지만 당이 개혁의 구심점이 되기 위한 조건은 대통령의 강력한 신임입니다. 그것이야말로 개혁의 구심이 될 조직이 갖추어야 할 선결조건입니다. 지금은 관료의 경험을 가진 테크노크라트에 비해 정치의 경험을 가진 여당이 소외되고 있습니다. 개혁이 지지부진하다는 평가를 받는 것은 대통령의 개혁 의지나 프로그램이 부족해서가 아니라 실제로 개혁을 담당하는 손발들이 그것을 감당하지 못하고 있기 때문이에요. 지금 시기는 그 동안 진행해 온 개혁과

정을 총체적으로 평가하고 점검해서 새로운 대책을 내놓아야 할 때입니다. 필요하다면 사람도 바꿔야지요."

— 지금은 청와대를 포함한 관료집단이 개혁을 주도해 나가고 있는데 그것을 재평가해야 한다는 말씀입니까.

"그렇습니다."

— 실제로 언론 보도를 통해서 보면 개혁에 대한 관료들의 저항이 매우 심한 것 같습니다. 이런 문제를 어떻게 해야 해결할 수 있을까요.

"개혁에 저항하는 관료들을 몇 번 경고해서 안 되면 장관이 쳐야지요. 그러려면 대통

국민회의에 입당한 이인제 고문의 경우 3당 합당에 따라갔던 전력 때문에 원칙과 명분에서 훼손을 입었습니다. 노 부총재께서도 민주당 분당에 항의해서 국민회의에 참여하지 않다가 뒤늦게 분당의 당사자인 김 대통령의 품에 안겼습니다. 그 점을 어떻게 설명하시겠습니까.

령이 장관을 믿어 주어야 합니다. 예를 들어 '그건 장관하고 상의하시오' 또는 '장관, 이게 어떻게 된 거요' 하는 한마디가 관료들에게 큰 영향을 미칩니다."

추진력 있는 사람 중용할 때

— 결국 개혁 성공의 관건은 사람의 문제라는 말씀인데요. 그렇다면 대통령이 어떤 사람을 써야 한다고 보십니까.

"대통령이 사람을 쓰는 데서 용의주도하고 실수 없는 사람을 써서 채찍질을 통해 추진력을 붙이는 방법이 있을 수도 있고, 용의주도하지는 못하더라도 추진력이 있는 사람을 써서 적절한 통제를 통해 궤도이탈을 하지 않도록 하는 방법이 있을 것입니다. 만약 둘 중에 한 사람을 선택하라고 한다면 지금은 후자의 인물을 써야 한다고 봅니다. 와이에스는 추진력 있는 사람이 궤도를 이탈하면 통제할 능력이 없었습니다. 그러나 김 대통

령은 궤도이탈시 그것을 수정해 줄 능력이 있습니다. 용의주도하고 눈치를 보는 사람한테 채찍을 친다고 추진력이 생기지 않습니다. 특히 개혁이 저항에 부딪혀 있는 경제부문, 정치부문, 공공부문에서는 무식하다고 할 만큼 추진력 있는 사람을 내세워서 난관을 극복해 나가야 합니다. 현재 우리 상황이 정책만으로 문제를 해결할 수 있는 상태가 아니기 때문입니다."

— 냉정하게 평가해서 김대중 대통령을 어떤 지도자라고 생각하십니까.

"(웃으며)제가 정직하게 말하기에는 너무 부담스러운 질문 아닌가요? 많은 정치 지도

> 저는 지금도 정치적 판단은 논리가 아니라 대중이 받아들이는 정서 속에 존재한다고 생각합니다. 국민회의나 민주당은 야당의 줄기를 함께 하고 있었기 때문에 두 당이 합치는 것에 큰 거부감이 없었습니다.

자들이 자신의 정치 사상이나 노선 그리고 정치적 목표를 달성하기 위한 수단, 방침에 대해서 많은 이야기를 합니다. 하지만 막상 그 말을 들어 보면 총론은 화려하나 각론에서는 모순된 경우가 많습니다. 그런데 김 대통령은 총론과 각론 모두 일관성과 체계를 갖추고 있습니다. 그런 점에서 지도자적 자질을 갖추고 있다고 봅니다. 또 현실에서 자신의 정치적 지향을 실현하는 역량이 탁월한 분입니다."

— 그렇더라도 노 부총재가 보기에 흠이나 아쉬운 점이 많을 텐데요.

"대통령의 흠을 말하라고 하면 일을 좀 과감하게 하청 줄 것은 과감하게 넘기면 좋겠는데 그렇지 못하고 있습니다. 큰 틀에서 김대중 노선이라는 궤도를 이탈하지 않도록 통제하는 것이 좋은데 너무 많은 것을 스스로 결정합니다. 그 다음에 우리 사회에서 강력한 파워를 행사하고 있는 목소리에 대해 대

통령이 눈치를 본다고 할까……불경일 텐데.(웃음) 뭐라고 표현할까요? 말하자면 재계나 언론 등 강력한 파워를 행사하고 있는 기득권 세력을 너무 많이 의식하는 것 같아요. 그런 점은 매우 아쉽지요."

"앞으로는 절대 헛발질 안한다"

노 부총재는 96년 총선 때 부산에서 서울 종로로 지역구를 옮겼다. 그럼에도 지난 9월 10일 『부산일보』가 실시한 여론조사에서 노 부총재는 '부산지역의 차세대 정치 지도자' 1위(24.1%)로 뽑혔다. 김진재 의원(9.9%), 박관용 의원(9.4%), 이기택 전 의원(8.4%)이 그 뒤를 따랐다. 노 부총재가 국민회의 소속이고, 부산에 지역구가 없다는 점을 고려할 때 이는 각별한 의미를 갖는다.

— 언론에서 노 부총재를 차세대 주자로 거명하고 있습니다. 이런 보도를 보면 기분이 어떻습니까.

"여론조사를 보면 기분은 좋지요. 하지만 차세대 운운하면 참 부담스럽습니다. 혼자서 몰래 웃고 표정을 바꾸기도 하는데……. 제 개인적인 정치적 성취라는 과정에서 바라보면 3김과 우리 세대 사이에 중간세대인 선배들이 있었으면 하는 희망을 갖고 있지요. 과연 우리 세대가 진출해서 사회적 상황을 제대로 잘 꾸려 갈 수 있을까 하는 우려도 있고요."

— 상당히 겸손하신데 정치하는 분들의 표현을 빌리자면 '더 큰 봉사를 하기 위해서' 지금부터 준비를 해도 시간이 많은 것 같지는 않는데요.

"당내에서 권력이동의 징후가 보이면 권력이 분산됩니다. 차세대 운운하면 권력의 집중성과 효율성이 떨어지면서 그것이 조직 내부의 알력으로 나타날 수 있습니다. 그러면 차세대 주자로 거론되는 사람들도 상처를 입게 됩니다. 아직은 그런 얘기를 하는 것이 바람직하지 않습니다."

— 노 부총재는 대중적인 인기가 많은 정

치인 중의 한 사람입니다. 그 이유가 어디에 있다고 생각하십니까. 또 그 동안 정치를 해 오면서 특별히 지켜야겠다고 생각하는 정치적 원칙이나 신념은 무엇입니까.

"사람들은 화살을 잘 피하고 물살을 잘 타는 사람의 묘기를 지켜보면서 재미를 느끼지만 아주 거대한 흐름에 굽히지 않고 부딪쳐 나가고, 상처를 입으면서도 비바람을 뚫고 나가는 꿋꿋한 모습을 기대하기도 합니다. 어떤 의미에서는 그런 사람들이 바로 그 사회의 희망과 기상이라고 할 수 있습니다. 한 사회에 그런 기상을 가진 사람이 많아야 사회적으로 큰 위기가 왔을 때 그것을 돌파할 수 있습니다. 저는 정통성. 선명한 노선을 강조하면서 정치를 해 왔습니다. 앞으로도 이런 원칙을 지키면서 정치를 할 것입니다."

―정치에서의 정통성, 선명성을 말씀하셨는데요. 국민회의에 입당한 이인제 고문의 경우 3당 합당에 따라갔던 전력 때문에 원칙과 명분에서 훼손을 입었습니다. 노 부총재께서도 민주당 분당에 항의해서 국민회의에 참여하지 않다가 뒤늦게 분당의 당사자인 김 대통령의 품에 안겼습니다. 그 점을 어떻게 설명하시겠습니까.

"제가 국민회의 입당할 때 이런 이야기를 했습니다. 우리는 그 동안 논리로써 많은 이야기를 해 왔는데 사람들의 가슴 속에 살아 있는 야당. 그것이 야당임을 인정한다고 말했습니다. 저는 지금도 정치적 판단은 논리가 대중들이 받아들이는 정서 속에 존재한다고 생각합니다. 큰 흐름 속에서 국민회의나 민주당은 야당의 줄기를 함께 하고 있었기 때문에 두 당이 합치는 것에 큰 거부감이 없었습니다. 디제이의 분당이 어시스트를 해야 하는데 자꾸 골을 넣으려다가 헛방을 날린 것이라면 와이에스의 3당합당은 돌아서서 자살골을 넣어 버린 꼴입니다. 야당이 분당한 것은 실책이지만 야당 하다가 여당으로 가 버린 것은 배반입니다."

노 부총재는 "앞으로 정치를 하면서 절대 헛발질은 하지 않겠다"고 말했다. 동시에 "명분이 있는 싸움이라면 정치를 못하는 한이 있더라도 끝까지 싸우겠다"는 말도 잊지 않았다. 서로 다른 것처럼 들리는 이 말들의 진정한 의미는 무엇일까. 마지막 질문으로 당선 가능성을 떠나서 부산 시장과 종로 지역구 의원 중에서 어느 자리가 더 욕심이 나느냐고 물었다.

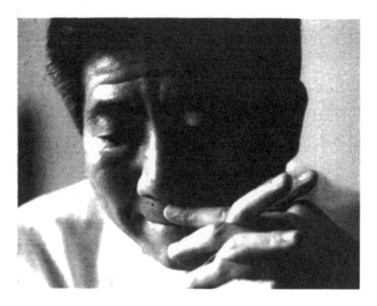

"'96년 총선 때 부산에서 서울로 올라오면서 저는 새로운 도전이라고 생각했습니다. 만약 제가 부산 시장을 하겠다고 내려가면 어쨌든 정치적 입지를 마련할 수 있을지는 모르지만 세상을 바꾸려고 한 사람의 기상은 없어지는 것이죠. 저는 부산 사람들에게 성공하기 전에는 돌아가지 않겠다고 약속하고 올라왔습니다."

노 부총재는 "너무 속셈을 드러낸 것이 아니냐"며 큰 소리로 웃었다. 오랜 낭인 생활에서 돌아와 격랑의 정치판을 다시 헤쳐 나가고 있는 그가 어떤 정치적 성공을 보여 줄지 자못 궁금했다. 그가 '초선 같은' 마음을 잃지 않는다면 자신의 목표에 훨씬 빨리 도달할 수 있을 것 같다는 생각이 들었다. □

최장집 대통령 자문 정책기획위원회 위원장

개혁 뒷받침할
시민·민주세력 동참 절

유비에게는 제갈공명, 세조에게는 한명회, 중종에게는 조광조가 있었다. 김대중 대통령에게는 최장집이 있다?
이론과 실천의 종합을 지향한다는 대통령 자문 정책위원회 최장집 위원장.
그가 '출사표'를 던지고 김대중 정부 개혁의 '조타수'로 나선 지 6개월이 되었다.
개혁 정책 입안을 맡고 있는 그가 펼쳐 보이는 중장기 우리 사회의 모습은 어떤 것일까.

최장집 위원장(55)은 고려대 정외과 61학번으로 학생운동 시절 한일회담 반대 시위에 참가했던 이른바 6·3세대다. 최 위원장은 학생운동 전력 때문에 정부의 '블랙리스트'에 올라 74년에야 출국 허가를 받아 유학을 떠났다. 그는 가장 치열한 학문을 하고 싶어서 정치학을 선택했고, 시카고대에서 권위주의 정권과 노동 문제를 연구했다. 그는 현실문제에서는 '참여파' 교수였다. 5공치하 때 각종 시국선언에 '단골 멤버'로 참여한 교수 중의 한 사람이었다. 87년 6월항쟁 직접 거리에 나설 정도였다.

현재 최 위원장은 우리 사회의 총체적 개혁을 위해 발벗고 나선 상태다. 한 사람의 지식인이 사회가 배려해 준 공간에서 교육을 받고, 자신이 배운 전문지식으로 그 사회 발전을 위해 노력하는 모습은 보기 좋은 것이었다.

일시 : 1998년 10월 14일 오후 4시
장소 : 세종로 대통령 자문
　　　 정책위원회 위원장실
대담 : 정범구 박사
진행 : 김경환 기자
사진 : 임종진 기자
정리 : 김종석

'제2건국'은 총체적 개혁 프로그램의 집약

― 대통령 자문정책위원회는 어떤 조직입니까.
"특이한 위상과 역할을 갖는 기구입니다. 정부와 시민사회의 중간 보드라인에 위치한 위원들은 주로 대학 교수이고 언론인 전문가 등을 포함해 40명입니다. 정책위가 하는 일은 현안에 얽매이지 않고 전문지식을 활용해서 국정의 중장기적인 정책을 개발하는 것입니다. 그밖에 대통령의 정치철학을 발전시키기 위한 방안 마련, 지식인 사회의 여론을 수렴해서 정책에 반영하는 일 등을 하고 있습니다."

― 정기적으로 대통령에게 보고하는 '직보체계'가 갖춰져 있습니까.
"정기적으로 보고하는 체계는 아니고 현안이 있으면 그 때마다 대통령께 직접 보고합니다."

― 정책위가 출범한 지 6개월이 되었습니다. 그 동안 어떤 정책을 대통령께 올렸습니까.
"경제 구조조정 문제, 현안정책에 대한 코멘트와 그 대안, 정치개혁 프로그램 등을 제시했습니다. 현재 정책위는 국정전반에 걸쳐서 개혁을 지속하기 위한 방안을 마련하기 위해 장기

프로젝트를 맡아서 연구하고 있습니다. 아마 11월 말쯤에는 가시적인 성과가 나타날 것으로 보입니다. 또 과제를 연구하는 과정에서 정책적 합의가 큰 것은 그때 그때 모아서 보고를 하고 있습니다. 지금까지 우리가 제일 많이 시간을 투자했던 것은 제2의 건국 프로젝트였습니다."

—제2의 건국 아이디어는 정책위에서 내놓은 것입니까.

"아닙니다. 대통령의 아이디어입니다. 대통령께서 이 말을 참 좋아합니다. 애초에는 취임사에 '제2의 건국'이라는 말을 넣고 싶어 하셨는데 해석하기에 따라서는 이 말의 의미가 앞의 정부를 비판하는 것처럼 보일 수 있다는 지적이 있어서 최종 검토 단계에서 제외됐습니다. 그후 정무수석이 바뀌면서 이 안을 구체화시키는 방향이 논의됐고, 그 때부터 제2의 건국 철학, 개혁 방향, 실천프로그램 등을 정무 수석실과 협조해 가면서 정책위에서 만들었습니다."

김대중 정부는 제2의 건국을 "대한민국 정부 수립 이후 50년 동안 이룩한 산업화와 민주화의 바탕 위에서 민주적 시장경제를 완성하고 6·25 이래 최대의 국난을 극복하기 위해 세계의 보편적 원칙과 규범을 우리 것으로 만들어 나라의 기틀을 쇄신하고 민주주의와 시장경제의 병행 발전을 통해 민족 대도약을 이뤄 세계 속의 선진한국을 건설하기 위한 '총체적 국정개혁'이자 '국민운동'"이라고 정의하고 있다.

과연 김대중 정부의 '제2의 건국'이라는 구호는 김영삼 정부가 내걸었다가 그야말로 '구호'로 그쳤던 변화와 개혁, 세계화, 역사바로세우기 등과 어떤 차별성을 가질 수 있을까. 최 위원장은 "제2의 건국 선언은 김대중 정부의 총체적 개혁 프로그램의 집약"이라고 말했다.

—제2의 건국 선언 내용에는 여러 가지 내용이 담겨 있는데요. 최 위원장께서는 개인적으로 어느 분야에 관심이 많으십니까.

"개인적으로 정치개혁을 포함한 국가구조의 개혁, 시민사회의 활성화, 국가와 시장경제가 만나는 새로운 경제체제 확립 등의 문제에 관심이 많습니다. 물론 여기에는 노동문제가 포함돼 있습니다."

—개혁의 주체가 누구냐는 문제제기를 하는 사람들이 많은데요.

"개혁의 주체가 누구인지 구체적으로 얘기하기가 어려운 상황입니다. 대통령이 구상하고 있는 개혁을 추진하는 중심축은 청와대와 정부 관료, 당이라고 할 수 있습니다. 대통령의 손발이 돼 주어야 하는 그들의 개혁에 대한 의지, 아이디어, 철학이 대통령에 비해 많이 부족합니다."

경제청문회 개최는 복잡한 정치적 판단 요구

—개혁 주체 미비의 주된 원인이 어디에 있다고 보십니까.

정범구 │ 김 대통령은 개혁을 위해서 시민단체의 정치참여가 필요하다는 점을 인정하고 있습니다. 그러나 현실적인 정치구조는 새로운 정치세력을 충원하는 데 대단히 폐쇄적입니다. 시민단체의 정치 참여가 제도적으로 봉쇄된 상태에서 개혁 세력을 충원하는 것은 한계가 있지 않겠습니까.

"아무래도 경제문제가 주요하게 부각되는 시기이다 보니까 경제분야 테크노크라트들이 현안 해결과정에서 중심이 될 수밖에 없기 때문이라고 봅니다. 근본적으로 개혁을 뒷받침할 수 있는 시민사회 민주화세력의 개혁 동참이 절실하게 필요합니다."

—언론 보도에 의하면 국민회의 의원 모임에서 개혁세력의 결집을 위해 이른바 민주대연합이 필요하고, 민주계와의 결합을 위해서는 경제청문회를 유보해야 한다는 주장을 하셨다고 하는데요. 그 주장은 아직 유효합니까.

"그 보도에 대해서는 해명이 필요합니다. 당시 저는 경제청문회를 바라보는 두 가지 측면을 이야기했는데 언론에서 한 측면만을 부각시켰습니다. 경제청문회는 원칙적인 입장과 정치적인 입장이 있습니다. 원칙적인 입장에 따르면 IMF 체제라는 국난을 맞게 한 책임자들의 잘못을 규명하는 청문회는 반드시 필요합니다. 하지만 지난날의 청문회는 특정 인사의 잘못을 정

치적으로 클로즈업시키는 청문회, 즉 사정의 의미와 정치적 의미를 가진 청문회였습니다. 김대중 정부의 청문회는 예전과 같은 형태가 돼서는 안됩니다."

잠시 숨을 고른 최 위원장의 말이 좀더 길게 이어졌다.

"김대중 정부의 경우 지지기반이 취약한 것이 사실입니다. 성공적인 개혁을 위해서는 지지기반을 더욱 넓혀야 합니다. 그러기 위해서는 민주화 세력들이 결집해야 한다고 봅니다. 김영삼 정부하에서 개혁을 추진했던 이른바 민주세력들의 지지기반은 대부분 영남지역이었습니다. 현 집권세력과 영남지역 민주세력이 정치적으로 통합하는 것은 지역화합은 물론 거대한 개혁 주체들이 결집했음을 의미합니다. 만약 청문회가 잘못된다면 그 타격이 민주세력에게도 미쳐서 민주세력 연합을 배제하는 결과를 가져올지도 모르기 때문에 경제청문회 개최를 유보하는 것도 좋겠다는 의견을 말했던 것입니다."

—김영삼 정부 초기에는 정치구도가 민주 대 반민주로 명확했습니다. 지금의 정치구도는 무어라 말하기가 어려운데요.

"현재의 정치구도는 어떤 중심선을 기준으로 양쪽을 구분하는 것이 매우 어렵습니다. 민주 대 반민주 구도라고 하기에는 전선이 너무 혼미하고……. 그래서 나타난 것이 지역성입니다."

—자민련이라는 존재 때문이 아닌가요.

"개혁은 대통령이 행정부를 중심으로 개혁 드라이브를 걸고, 국민적 의제와 개혁 사안을 제시하는 방법으로 지지세력을 넓히면서 모든 세력을 통합하는 방법으로 진행되어야 한다는 점에서, 그것이 지지부진한 이유를 자민련의 존재 때문이라고 할 수는 없습니다."

"시민세력의 정치참여 더욱 폭넓게 주어질 것"

—김대중 정부가 들어선 이후에도 지역구도의 심각성이 날로 더해지고 있습니다. 지역통합의 해법은 어디서 찾아야 할까요.

"무엇보다도 여당인 국민회의가 당을 개방해서 전국적인 정당이 되어야 합니다. 현재의 여

당은 오랜 야당생활을 통해 저항세력으로서의 자질은 충분한데 전체 국정운영에는 한계를 보이고 있습니다. 이것은 단지 당의 지도부만을 의미하지 않습니다. 또 지역성을 부추기는 것 중의 하나로 호남편중 인사문제를 들고 나오는데 그것은 그 동안 호남지역이 정치적으로 너무 소외됐기 때문에 그것을 바로잡다 보니까 나타난 현상입니다. 하지만 다시는 호남편중 인사라는 말이 나오지 않도록 대통령께서 신경을 써야 할 것입니다."

―개혁의 추동력을 어디서 끌어들일 것인지에 대해서 구체적으로 말씀해 주시죠.

"김대중 정부가 탄생하기를 원했던 지지세력들을 개혁의 지지자로 만들어야 합니다. 예컨대 노동자, 농민, 도시 저소득층, 소외지역 주민, 양심적 중산층이 여기에 해당할 것입니다. 바로 이들이 개혁의 추동력이 될 수 있도록 해야 합니다."

―김대중 대통령은 개혁 동참세력으로 시민단체를 끌어들이기 위해 정부와 시민단체 연대를 추진하고 있습니다. 이에 대해 시민단체의 관변화를 우려하는 목소리도 있는데요.

"시민사회의 가장 중요한 성격은 권력으로부터의 자율성입니다. 하지만 지금의 정부는 야당 시절부터 노동자 농민 등 이른바 비기득권층의 이해를 대변해 왔고, 앞으로도 그럴 겁니다. 현 정부와 마찬가지로 대부분의 시민단체도 우리 사회의 비기득권층의 이해를 위해 노력하고 있고, 무엇보다 총체적인 개혁을 간절하게 바라고 있습니다. 시민단체가 권력으로부터 자율성을 지켜야 한다는 점을 전제하면서, 지금 시기에는 정부와 시민단체가 파트너십을 발휘해 개혁을 위해 같이 가야 한다고 생각합니다."

―김대중 대통령은 개혁을 위해서는 시민단체의 정치참여가 필요하다는 점을 인정하고 있습니다. 그러나 현실적으로 정치구조는 새로운 정치세력을 충원하는 데 대단히 폐쇄적입니다. 국민회의가 발의한 통합선거법 개정안만 하더라도 시민단체의 정치 참여를 제한하는 87조에 대해 아무런 언급이 없습니다. 시민단체의 정치

참여가 제도적으로 봉쇄된 상태에서 개혁 세력을 충원하는 것은 한계가 있지 않겠습니까.

"대통령의 정치철학은 참여민주주의, 시민단체의 제한 없는 정치참여입니다. 그렇기 때문에 앞으로 시민단체의 정치참여 기회는 더욱 폭넓게 주어질 것입니다. 또 통합선거법은 아직 확정된 것이 아닙니다. 자신들의 이해관계가 걸린 정치개혁을 국회에서 국회의원만으로 한다는 것은 한계가 있습니다. 결국 그 추동력은 비정치적인 쪽에서 나와야 하는데 대통령과 시민단

체가 나서야 합니다."

"노동자·농민 정치권 진입하는 방안 마련"

―신진정치세력을 등용하는 방법으로 또, 지역갈등 해소의 방법으로 정당명부식 비례대표제가 거론되고 있습니다. 그러나 정당명부식 비례대표제가 지역구조를 해소하고, 신진 정치세력의 등장에 이바지할 것이란 전망에 대해서는 찬반양론이 있습니다. 정당명부제의 요점은 특정 정당이 5% 이상을 득표하면 의석을 배려한다는 것인데 과연 두 가지 목적을 이루는 데 실효성이 있을지 의문입니다. 실제로 과거 민중당이나 국민승리21의 전국적인 득표율은 1% 정도였습니다.

"5%라는 하한선은 독일의 경우를 참고한 것입니다. 그러나 독일이 하한선을 5%로 규정한 것은 바이마르 시대에 파편화된 정당체제로 인

해 혼란을 겪었기 때문에 그것을 되풀이하지 않겠다는 의미에서 만든 하나의 '문턱'입니다. 우리 나라에서는 그 동안 신진세력의 정치 참여가 약했기 때문에 문턱을 더 낮춰야 한다고 봅니다. 개인적으로는 3%가 적당하다고 생각합니다. 만약 그 이하로 책정할 경우 군소정당이 난립할 가능성이 많습니다. 독일처럼 지역별 비례대표제로 할 것인지 일본처럼 전국구 차원의 비례대표제를 할 것인지 두 가지 중 어느 하나가 좋다고 자신 있게 말할 수는 없습니다. 다만 우리 나라의 경우 외국에서 좋은 제도를 도입하고도 '한국적인 상황'을 강조하면서 본래 취지를 훼손해 버리는 사례가 많았기 때문에 앞으로 좀

최장집 대통령의 정치철학은 참여민주주의, 시민단체의 제한 없는 정치 참여입니다. 앞으로 시민단체의 정치참여 기회는 더욱 폭넓게 주어질 것입니다. 또 통합선거법은 아직 확정된 것이 아닙니다. 정치개혁을 국회의원만이 하는 것은 한계가 있습니다. 대통령과 시민단체가 나서야 합니다.

더 신중하게 연구할 필요가 있다고 생각합니다. 아울러 저는 기존의 소선거구제에 대한 검토도 필요하다고 봅니다. 차제에 중선거구제로 선거제도를 바꾸는 것도 생각해 볼 문제입니다. 하지만 무엇보다 선거제도 개혁에서 중요시되어야 할 점은 우리 사회에서 중요한 생산기반을 담당하는 노동자 농민들이 제도정치권으로 들어오는 방안이 마련되어야 한다는 것입니다."

—잠깐 화제를 돌려서 현대자동차 사태 해결 방식에 대해서, 또 노동시장의 유연화 주장에 대해서 여쭤 보겠습니다. 어떻게 생각하십니까.

"현대자동차의 경우 최선의 해결이었습니다. 다만 정치권의 개입을 통한 해결보다는 노사정위원회를 통해서 분규가 해결되었더라면 더 좋았을 것입니다. 노동시장 유연화는 필요하다고 생각합니다. 하지만 노동시장 유연화 과정에서 실업문제에 대한 국가적인 대책이 마련되고, 사회보장제도를 확충하는 정책들이 입안되어야 할 것입니다."

—노사정위원회 모델에 대해서는 어떻게 생각하십니까.

"모델은 좋다고 생각합니다. 문제는 어떻게 작동하는가입니다. 노사정위원회의 구조는 제도적 형식이 코프라티즘 즉, 노사협력주의에 근거하고 있습니다. 이런 제도 형식은 우리 나라에서 처음 시도되는 것으로 이 제도가 정착하기 위해서는 정부, 기업, 노동조합의 파트너십이 중요합니다. 노사정위원회가 잘되기 위해서는 노동자와 기업주들에게 타협하는 노하우가 필요한데 우리 나라에서는 서로가 서로를 인정하려 하지 않습니다. 또 정부 담당자들의 이해도 부족합니다. 이런 문제가 극복된다면 잘될 수 있을 것입니다."

작고 효율적인 정부·시민세력 육성이 개혁 목표

—시민단체인 참여연대에서 김대중 정부 개혁성과를 평가했는데 실업문제에 대한 점수가 제일 낮았습니다. 우리 나라의 미래는 아마도 실업이 일상화된 사회일 것이라는 예측도 있습니다.

"IMF체제가 끝난다 하더라도 우리 사회는 지난날처럼 저실업, 고성장 사회로 복귀하지는 못하고 저성장, 고실업 사회가 될 것입니다. 그렇기 때문에 고용문제에 대한 사회적인 고려가 그 어느 때보다 필요합니다. 기업의 구조조정 문제와 노동의 유연성 문제는 이원적인 정책으로 접근해야 합니다. 기업문제는 시장논리에 따르면 되지만 노동문제는 시장논리만을 따를 것이 아니라 사람의 문제라는 인식이 필요합니다. 그런 의미에서 새로운 한국적 모델이 창출돼야지요. 김대중 정부 개혁의 바로미터도 바로 노동정책이 될 것입니다."

—김대중 정부 차원을 넘어서 우리 나라의 중장기적인 목표는 무엇이어야 한다고 보십니까.

"무엇보다도 국가가 작고 효율적인 정부가 되어야 합니다. 국가의 민주화는 매우 중요한 문제입니다. 현재 우리 나라는 국가 권력이 너무 강해서 상대적으로 시민사회가 위축되어 있습니다. 그 결과 국가와 시민사회의 매개가 낙

후되고 전근대적이었습니다. 향후의 개혁은 총 체적인 개혁이어야 하고, 시민사회의 이익이 반영되는 구조여야 할 것입니다. 아울러 시민사회도 더욱 활성화되고 다원화되어야 합니다. 또한 우리 경제의 체질도 바뀌어야 합니다. 그 동안 우리 경제는 재벌중심의 전근대적인 경제 구조였습니다. 이제 국제적 기준에 맞게 경제구조가 재벌중심에서 합리적인 대기업 구조로 바뀌어야 합니다. 또 전문 기술을 가진 중소기업들이 많아져야 합니다. 그래야 경제기반이 탄탄해집니다."

―교수로서 연구활동을 하면서 학생들을 가르치는 것과 행정가로서 정부 직책을 맡아 개혁 프로그램을 내 오는 것에는 많은 차이가 있을 것 같은데요. 정부에 들어오고 나니까 어떻습니까.

"어려운 점이 많습니다. 교수 시절과 똑같은 입장에서 객관적인 발언을 해도 상상할 수 없는 방향에서 공격을 해 옵니다. 정치의 장이 권력 다툼의 장이 아닌, 합리적 담화가 통용되는 장이 되었으면 좋겠습니다."

―지도자로서 김대중 대통령에 대해서 어떻게 생각하십니까

"대단히 민주적이고 개혁적인 지도자입니다. 대부분의 지도자들은 어려운 문제를 강력한 권력으로 일거에 해결하려고 합니다. 또 그것을 기대하는 국민들도 의외로 많습니다. 김 대통령은 민주적 절차를 잘 지키는 스타일이라서 미시적이고 힘이 약한 것처럼 보이지만 실제로는 현안을 해결할 수 있는 힘과 리더십을 모두 소유하고 있습니다. 또 대통령직을 성실하게 수행하려고 항상 노력하는 분입니다."

최 위원장은 "김영삼 정부의 개혁은 청와대와 소수 엘리트들이 개혁 프로그램을 짜서 강한 권력의 힘으로 밀고 나가려는 비민주적인 방법이었다"면서 "그런 방식으로는 우리 사회의 수많은 개혁과제들을 해결할 수는 없다"고 했다. 최 위원장은 김대중 정부의 개혁 성공을 위해서는 무엇보다도 시민의 힘, 시민의 참여가 필요하다고 수 차례 강조했다. 개혁은 목표도 민주

적이어야 하고 방법도 민주적이어야만 한다는 것이다.

최 위원장은 바쁜 일정 속에서도 지난 학기에 이어 학교 강의를 계속하고 있다. 정부 바깥의 의견을 대통령에게 전달하는 데 학생들과의 대화가 도움을 준다고 생각하기 때문이다. 그러

고 보면 최 위원장은 천상 학자다.

김대중 대통령의 5년 임기가 끝났을 때 그의 '출사'는 과연 어떻게 기록될 것인가. 최 위원장이 이 땅 '민초'들의 아픔을 이해하고, 실천의 방법으로 최루탄 자욱했던 6월 항쟁의 거리를 선택했던 그 때의 기억을 소중하게 간직한다면, 그리고 그 토대에서 개혁 정책을 입안한다면, 그는 우리 역사에 개혁을 성공적으로 뒷받침한 '제갈공명'으로 기록될 수 있지 않을까. □

이번 학기를 끝으로 리영희 교수는 오랜 세월 동안 그의 이름 뒤를 따랐던 '교수'라는 호칭을 벗는다. 일 주일에 한 강좌 정도 맡았던 대학원 강의마저 그만두기로 결심했기 때문이다. 마침내 그가 원했던 자연인 리영희로 돌아가는 것이다. 5년 전 '은퇴선언'을 한 바 있지만 계속되는 시대적 혼란은 그가 쉬는 것을 허락하지 않았다. 격동의 한 세기를 불굴의 의지로 헤쳐 온 한 지사가 자연인으로 귀의하면서 우리에게 남기고자 하는 것은 무엇일까.

'중도에서 약간 좌'가
우리 시대 진보의 좌표

대담을 시작하기 직전 리영희 교수(70)는 "오늘은 재미있는 이야기를 하자"고 했다. 하지만 선생의 뜻은 처음부터 어긋나고 말았다. 방북 취재를 마치고 이틀 전에 돌아온 『말』지 사진기자가 선생 앞에 풀어 놓은 선물 때문이었다. 하기야 굳이 선물이 아니더라도 선생은 '재미있는 이야기'를 못했을 것이다. 어지러울 정도로 빠르게 진행되는 시대적 격변은 선생께서 아무리 은퇴를 했다고 주장해도, 사람들로 하여금 늘 선생을 찾게 하기 때문이다.

『말』지 사진기자가 선생께 드린 선물은 다 쓴 필름통 한 개와 세련되지 못한 포장물이었다. 필름통에는 사진기자가 단군릉, 묘향산, 이인모 노인댁 마당에서 담아 온 북녘의 흙이 들어 있었고, 얄팍한 포장물 안에는 묘향산을 노랗게 물들이고 있던 은행잎 몇 장, 오랜 분단의 상처를 치유하고 있던 이인모 노인댁 화단의 라일락 이파리 몇 장이 수줍은 듯 들어 있었다.

"정주영씨 방북은 놀라운 행위예술"

선생은 담담한 표정으로 어렵사리 남녘 땅으로 옮겨진 북녘의 흙과 낙엽을 어루만졌다. 잠시 침묵이 흘렀다. 대담자의 첫 질문은 자연스럽게 분단 상황과 관련된 것이었고, 결국 선생은 오늘의 대담에서도 예전에 그랬던 것처럼 선생의 의사에 반하는

일시 : 1998년 11월 5일 오후 2시
장소 : 프레지던트 호텔 6층
　　　한양대 언론정보대학원
대담 : 정범구 박사
진행 : 김경환 기자
사진 : 임종진 기자
정리 : 김종석
미술 : 김수정

'재미없는 이야기'를 할 수밖에 없었다.

—선생님께서도 곧 방북을 하시게 됩니다.(대담 이후인 11월 9일 리영희 교수는 방북 길에 올랐다.) 선생님께서는 개인적으로 방북이 처음인데 가셔서 어떤 것을 보실 생각입니까.

"그 동안 이북을 방문한 남한의 지식인들은 이북측에 대해 '개방을 하라', '이북을 고립에서 끌어 내자'고 하면서 마치 이북 사람들은 아무것도 모르는 것처럼 주장하고, 가서 가르쳐야 한다는 식으로 행동했습니다. 하지만 북쪽은 어려운 상황에서도 나름대로 그들의 방식대로 행동하고 방향을 판단하고 있습니다. 나는 겸허하게 갈 겁니다. 형님과 누님이 생존해 계시면 만나 보고, 또 어릴 적에 살았던 고향에 가 보려고 합니다. 지극히 개인적인 이산가족 현지 상봉이지요. 그 밖에는 아무런 계획이 없습니다. 현재 정책적인 것은 정부 당국자끼리 만나고 있고, 정부 당국의 위탁을 받은 여러 사람들이 이북에 드나들면서 많은 이야기를 하고, 학자들간의 교류나 심지어 총풍사건에서 보듯 정보기관원들도 비밀리에 만나고 있습니다. 그렇기 때문에 내가 무얼 하겠다는 주제넘은 생각은 안 하고 있습니다."

—수구초심(首丘初心)이라는 말이 있는데, 선생님도 연세가 들면서 고향이라는 것에 대해 정서적으로 끌리는 것이 있습니까.

"다른 사람들의 경우 6·25 때 나왔거나, 이북에 친척이 많다거나 하는 사연이 있지만 나는 열네 살의 나이에 서울로 유학을 나왔습니다. 내가 대가족 속에서 가족들과 함께 가깝게 어울려 살았으면 모르겠는데 그렇질 못했어요. 그래서인지 정서적·심리적으로 나를 구속하는 고향은 없습니다. 그것이 내게 불행인지 다행인지는 모르겠지만 아무튼 고향에 대한 감정이랄까 뭐. 그런 것은 특별하지 않아요. 하지만 가끔 어릴 적 썰매를 타고 놀던 골짝기, 낚시하러 다니던 개천 같은 곳이 꿈에 보이고는 합니다. 역시 어렸을 때 놀던 곳은 잊을 수가 없나 봐."

— 실향민 정서가 강하지는 않다는 말씀인데요. 하지만 분단의 벽을 뛰어넘는 데는 논리적인 면만이 아니라 정서적인 부분도 매우 중요하지 않습니까. 이번 정주영 현대그룹 명예회장의 방북을 보면서 어떤 생각을 하셨습니까.

"나는 정주영씨의 방북은 어쩌면 김 구 선생 방북 이후 최대의 사건이 아닌가 합니다. 정주영씨는 민족화해와 민족감정을 융합하는 대단한 일을 혼자서 체현한 겁니다. 정주영씨가 소를 몰고 이북으로 가는 전 과정은 한마디로 놀라운 행위예술이었습니다. 그는 누구도 감히 엄두를 내지 못한 일을 해냈습니다. 그의 생각과 행동은 한마디로 예술의 경지였습니다."

인류의 멸망과 발전을 추동하는 것은 인간의 이기심

— 세간의 사람들은 정주영씨의 방북을 보면서 그것이 장삿속인지 성공한 사업가의 고향에 대한 정염인지. 어느 것이 진의인지 잘 모르겠다는 말을 하는데요.

"어느 재야인사가 정주영씨가 소를 몰고 가는 것을 보면서 '소가 가는 것이 아니라 돈이 가는구나' 하고 탄식을 해요. 하지만 나는 그렇게 보는 것은 잘못이라고 여겨요. 우리 나라 재벌 중에서 정주영씨만큼 돈이 있는 사람은 많습니다. 또 이북이 고향인 기업가들도 많습니다. 물론 정주영씨가 그런 일을 하는 데 돈이 매개가 된 것은 사실입니다. 하지만 정주영씨가 행한 일은 그 효과도 대단한 것이지만 발상부터가 특출난 것입니다. 그런 일은 돈이 있다고 해서 누구나 할 수 있는 일이 아닙니다."

— 정주영씨의 방북 이후 남북경협에 대한 기대감이 커지고 있습니다. 표면적으로 나타난 것 외에 또 다른 중요한 의미가 있습니까.

"남북경협이 상호간에 도움이 된다는 사실은 누구나 압니다. 하지만 나는 그것 못지 않게 중요한 점이 두 가지 더 있다고 봐요. 하나는 북쪽이 앞으로 이북을 개발하는 데 필요한 자본의 성격을 민족자본으로 규정했다는 겁니다. 민족 내부의 자본인 현대를 받아들인 것은 아주 중요한 의미를 지닙니다. 또 하나는 북쪽이 일본과의 관계를 당분간 유보했다는 겁니다. 그 동안 이북은 일본, 유럽, 미국 등 외국 자본 유치를 적극 추진했습니다. 특히 일본에 대해 많은 기대를 했지요. 정주영씨의 방북은 일본에 대한 북쪽의 생각이 바뀌었음을 뜻하는 것입니다. 그 밖에도 김정일의 국가경영 방향, 자본철학이 어느 정도 드러났다는 의미가 있습니다."

—70, 80년대에 많은 사람들은 역사 발전을 이야기하면서 제도를 바꾸면 대부분의 모순이 사라질 것이라고 믿었습니다. 사회 변혁을 위해서 제도 개편을 해야 할 것이냐, 아니면 인간이 기본적으로 먼저 변해야 할 것이냐에 대한 논란은 시대 변화를 넘어서 오늘날까지도 여전히 유효한 것 같은데요.

"그 문제는 비단 우리에게만 해당되는 것이 아니라 전 인류의 문제라고 생각합니다. 공산주의가 구조결정적인 제도에 중점을 둔 것이라면 자본주의는 개인의 자유의지, 이성 같은 능력을 중시했습니다. 하지만 양쪽이 다 실패했습니다. 실패라기보다는 본래 이루려고 했던 것을 이루지 못했다고 봐야겠죠. 칸트, 베이컨, 콩트 더 올라가 아리스토텔레스가 이르길 '인간은 이성적이고, 사회적인 동물이다. 그래서 인간집단(인류)은 스스로 내일의 자기를 오늘 만들어 나가는 그런 이성적 능력이 있는 존재'라고 하였습니다. 그러나 서유럽적인 개념인 개인의 신념, 자유의지, 능력, 예지력, 이성이 오늘날 자본주의에서 발휘되었느냐. 난 그렇게 보지 않습니다. 사회주의가 구조적으로 인간을 고치고 문제를 해결하는 데 실패한 것처럼, 사회주의를 이겼다는 자본주의 역시 그 문제에서 실패했다고 봅니다. 난 개체로서 개인은 이성적인 동물이라고 생각합니다. 그러나 사회적 인간, 즉 집단을 이루었을 때 개인의 이성은 산술적 총화로 나타나지 않습니다."

리영희 교수는 잠시 숨을 고르더니 확신에 찬 표정으로 말을 이어 나갔다. 그는 이 문제에 대해 대단히 할 말이 많은 것 같았다.

"많은 증거가 있는데, 예를 들어 20세기 전반기 들어서 인류는 50년 동안 세계대전을 두 차례나 치렀고,

히틀러처럼 반이성의 극치인 정신병자와 철저하게 반문화적인 야만적 집단이 나타났고, 또 인간의 과학적 지식의 극치에서 나온 핵무기라는 산물이 오히려 수많은 사람을 죽이는 결과로 나타났습니다. 아직도 세계 도처에서 종교 전쟁이 벌어지고, 민족과 부족들끼리의 분쟁이 끊이질 않고 있어요. 우리 나라만 하더라도 남북분단 상황에서 동서간의 지역길등이 이어지고 있습니다. 인간은 이런 폐해를 뻔히 알고 있습니다. 그런데 인간은 집단화했을 때 이성을 상실하고 반이성적 모습을 보입니다. 결국 국가, 계급, 군대라는 집단에 의해 핵무기로 서로 죽이게 되는 단계에 이르러서야, 말하자면 비이성 반이성의 극치까지 가서야, 비로소 살아야겠다는 생명의 발동 때문에 돌아섭니다."

제가 선생님 말씀을 다 이해했는지 모르겠지만 결국 인간의 이기심이 문제라는 말씀인 것 같은데요.

"그렇습니다. 이기심이 물질적 생산력의 무한한 증대를 이룩했지만 그것이 인류를 멸망의 위기로 몰고 가기도 하고, 다시 위기에 직면했을 때 인류를 되살리는 역할을 하기도 합니다. 이런 실패와 생명의 재발견을 되풀이해 나가는 과정이 역사에서 영원히 반복되지 않을까 하고 생각합니다."

"이념적으로 중도에서 약간 좌인 진보여야"

—오늘날 진보적 지식인들은 몇 가지 문제를 놓고 갈등하고 있습니다. 과거에는 급박하게 대응해야 할 뚜렷한 투쟁 목표가 있었는데 지금은 그런 지향점이 분명하지 않습니다. 또 세기말적 전환기를 맞아 변화에 대한 전망을 갖기도 힘듭니다. 이런 시대에 지식인들은 어떻게 해야 한다고 보십니까.

"지난날 군사정권의 폭력정치하에서 치열하게 살아온 사람들, 나와 더불어 같은 길을 걸었던 후배들에게 두 가지 이야기를 하고 싶습니다. 첫째는 사회 변화가 몇 해 단위로 단시일 내에 이루어지는 것으로 보지 말라는 겁니다. 지난 반세기 동안 지속됐던 견딜 수 없는 폭력과 야만, 반지성, 반인간적 상황을 벗어나기 위해 우리는 가능하면 빠르고 총체적인 변화를 원했고, 그만큼 치열한 의식과 정열을 바쳤습니다. 하지만 사회는 역사적인 과정을 차근차근 밟아나가야만 진정 변화할 수 있었습니다. 둘째로, 우리는 지난 한 세기 동안 혁명이라는 방식으로 단시일 내에 변화를 꾀했던 사회제도나 구조가 제대로 뿌리 내리는 것을 보지 못

이제는 변화된 시대에 저의 후학들이 진보란 무엇인가를 놓고 그 의미를 재해석해야 하는데 어려움이 많습니다. 앞서 '중도에서 약간 좌' 라는 말씀을 하셨는데 선생님께서는 우리 시대 진보의 얼굴이 어떤 모습이어야 한다고 생각하십니까.

했습니다. 이것은 변혁을 부정하는 것이 아니라, 폭력이 수반되는 재래적 혁명으로는 그 지향 목표에 도달할 수 없고, 그것이 순리가 아니라는 것입니다. 우리가 지향하거나 희망하는 사회와 생활양식도 현존하는 이데올로기에 비춰 보자면 보수와 진보의 중간쯤에서 나와야 하지 않겠는가 하는 생각을 합니다. 다시 말해서 지식인들이 변화와 개혁의 목표를 상실하지 않도록 항상 진보적이기는 하되, 한 단계의 변화가 뿌리를 내리고 다음 단계의 변화로 이어지는 점진적인 발전방안을 마련하는 데 많은 노력을 기울였으면 합니다."

— 지난날 우리 세대는 선생님께 많은 것을 배웠습니다. 이제 변화된 시대에 저희 후학들이 진보란 무엇인가를 놓고 그 의미를 재해석해야 하는데 어려움이 많습니다. 앞서 '중도에서 약간 좌' 라는 말씀을 하셨는데 선생님께서는 우리 시대 진보의 얼굴이 어떤 모습이어야 한다고 생각하십니까.

"내가 이데올로기적인 스펙트럼으로 보자면 중도에서 약간 좌라고 말했는데, 세계적인 개념으로 말하자면 유럽의 15개 국가 중 13개 국가가 80년대 말부터 우익 · 보수 · 신자유주의에 근거한 국가체제를 유지하

다가 지금은 다시 중간 좌로 바뀌고 있습니다. 우리의 경우 이보다는 조금 더 진보적이었으면 좋겠습니다. 이제 우리도 유럽사회가 시민운동을 통해서 민주주의와 사회안정을 이룩했던 약 1백년 전의 사회발전 단계에 들어섰습니다. 그렇기 때문에 집단적 · 물리적인 폭력을 앞세우는 방식보다는 시민적 유대를 통한 계몽주의적 운동방식이 필요하다고 봅니다. 사회의 변혁은 지난날의 혁명과는 달리 시간은 더 걸리겠지만 착실하게 변화를 축적해 가는 점진주의여야 한다고 봅니다. 그 운동을 관통하는 이념은 폭력, 제도, 계급, 이데올로기가 아니라 인간의 행복, 생명의 존중을 동기와 목적으로 하는 아주 일상적이고 구체적인 이슈여야 할 것입니다. 지난날 우리는 국가, 민족, 안보, 반공, 사회, 경제 등과 같은 것에 너무나 큰 가치를 부여했습니다. 그 결과 사람이 소외되고, 파괴되고, 반인간화돼 왔습니다. 이제는 일상적이고, 구체적인 문제에 관심을 집중해야 합니다."

"최 교수 공격은 『조선일보』의 비열한 테러 행위"

— 현실적인 사안에 대해 질문을 하겠습니다. 우리 사회가 그래도 발전해 왔다는 것을 조금 다른 각도에서 느낄 수 있었던 것이 바로 최근에 발생한 최장집 교수 사건이었습니다. 지난날과 똑같이 되풀이되는 『조선일보』의 구태의연한 행태에 대해서 사회적 반응은 과거와 사뭇 달랐습니다. 이번 사건을 보면서 어떤 생각을 하셨는지요.

"한마디로 다양성을 생명으로 하는 민주사회의 지식과 학문, 지식인과 문화에 대한 비열하고 음흉한 테러 행위라고 봅니다. 군사정권하의 폭력통치, 반문화, 반지성적인 상황에서 양육되었던 『조선일보』가 시대정신과 역사의 전진을 막아 보려고 계속해서 부정적인 작태를 보이는 것은 참으로 한심한 일입니다. 그래도 『조선일보』 하나만이 반동적인 것은 다행한 일이죠."

— 그만큼 우리 사회의 세력관계가 바뀌고 있다고 보십니까.

"바뀌고 있다고 봅니다. 『월간조선』이 4~5년 전에 한완상씨를 공격할 때와 똑같은 수법, 똑같은 무기로 최장집씨를 공격했는데도 전개되는 상황은 예전과 상당히 다르다고 봅니다. 그런 점에서 우리 사회가 어느 정도는 변했다는 것을 느낍니다."

—저는 『조선일보』의 최장집 교수에 대한 공격을 보면서 우리 사회의 '완장 이데올로기'에 대해서 생각해 봤습니다. 50, 60년대만 하더라도 완장을 차고 다닌 사람들에 대한 공포감이 대단하지 않았습니까. 그런데 정치적으로 민감할 때마다 『조선일보』가 맡았던 역할이 바로 그렇게 완장을 차고 나오는 것이었습니다. 이번 사건에 대한 사회적 대응을 살폈을 때 이제 우리 사회가 레드 콤플렉스를 비롯한 완장 이데올로기에 대해 두려워하지 않을 정도로 성숙됐다고 볼 수 있겠습니까.

"그렇지는 않습니다. 지난 40여 년 동안 지속되었던 군사정권하의 사회는 소수의 야심가들이 국가를 사물화 하고, 폭력장치를 통해서 일체의 물과 가치를 박탈했던 사회였습니다. 그런데 어떻게 하루아침에 그런 사회가 탈바꿈할 수 있겠습니까. 어림없지요. 다만 지난 5~6년 사이의 시민운동과 군사정권하에서 계속되었던 민주화 투쟁. 그것을 토대로 한 학계와 지식인 사회의 지적·사상적 발전은 상당히 고무적이라고 봅니다."

—김대중 정부가 출범한 지 아홉 달이 되었는데요. 김 대통령의 행보를 어떻게 평가하십니까.

"나는 상당히 잘하고 있다고 생각합니다. 정직하게 말해서 이회창씨나 또 다른 누가 그 자리에 있다면, 이 난국을 이 정도로 극복한다는 것은 쉽지 않았을 것입니다. 특히 김대중 정부는 불행하게도 성향이 다른 정치세력과 연립할 수밖에 없을 만큼 정치기반이 취약한데 그 속에서 그나마 했으면 잘한 겁니다. 나는 대통령

의 역량이나 정치 철학에 대해서 60~70% 정도 찬동합니다."

"흐뭇한 마음으로 은퇴할 수 있어 기쁘다"

—세간의 사람들은 과거 선생님의 활동상을 통해서 매사에 원칙이 분명하고 투쟁의 전선이 명확한 것으로 기억하고 있습니다. 그런데 현재 선생님의 모습은 많이 부드러워졌고, 모가 깎여 약간은 둥근 모습으로 보이는데요. 그 이유가 시대의 변화 때문인지 아니면 자연적인 연령에 따른 것인지 잘 모르겠습니다.

"다 관련이 있습니다. 철학적으로 한 인간은 어차피 역사적 개체이기 때문에 살아온 상황. 상호관계 속에서 자기도 변화하는 것이니까요. 개인적으로 지난 30여 년은 그야말로 폭력이 난무하던 시대였고, 그 시대의 인간 생존양식은 분명히 대척점에 서는 선명한 투쟁 전략, 사상이 필요했습니다. 그러나 정치권력과 사회가 그래도 웬만큼 변화했다면 상황에 따른 주체의 대응방식도 상호 변화해야겠지요. 또 인간 본원적인 것이라고 하겠지만, 많은 경험을 하고 느끼고 체험하고, 성공과 실패를 거치는 동안 나이가 칠십이 되면서 젊음의 패기를 상실한 만큼 얻은 것이 있습니다. 사고의 폭이 넓어지고, 생각을 너그럽게 하고, 사물의 양면을 다 보고, 나와 변혁의 대상인 상대의 입장도 살펴보고, 또 인간적인 비애도 맛본 끝이라 끓는 피의 온도도 많이 내려갔습니다."

마지막 말끝에 리영희 교수는 수줍은 미소에 이어

너털웃음을 지어 보였다.

— 선생님께서 피의 온도가 내려갔다고 하시니까 연세로 봤을 때 당연한 말씀일 텐데도 참 여러 가지 생각이 듭니다. 인간적인 비애라는 말씀은 나이가 들어가는 것 때문에 느끼시는 겁니까.

"그것도 그렇지만 이루어지기를 바랐던 어떤 목표가 이루어지지 않고 또 그것이 이루어지지 않는다는 자각이 생기면서 동시에 한 인간이 이것밖에 못하는구나 하는 것 때문이죠. 별로 해놓은 것도 없이 나이는 들었고……."

만감이 교차하는 표정으로 잠시 말문을 닫았던 그가 한참 뒤에 말문을 열었다.

"하여튼 뭐라고 표현해야 할지 모르겠는데, 삶에 대한 인식이 나이만큼 변하고 있습니다. 또 한가지 개인적인 변화는 오랫동안 계속됐던 나의 주지주의, 실증주의적 성향과 인생관이 차츰 동양적인 것으로 바뀌어가는 것입니다. 이제는 무위라는 노장사상도 이해가가고, 불교적인 무상감도 느껴요. 개인적으로 반성을 하자면 지나치게 주지주의적인, 그리고 지극히 논리적인. 그래서 실증하거나 실천으로서 고증되지 않은 정서, 감정 이런 것이 내게 들어올 여지가 없었어요. 그만큼 인간의 폭이 좁았다고도 할 수 있죠. 이제서야

겨우 내 삶의 폭이 조금 넓어지는 것 같아요. 좋게 말하면 그렇고……."

정주영씨의 방북, 조선일보의 최장집 교수 공격. 우리 사회의 진보문제에 대해서 자신의 의견을 말할 때그의 말에 묻어 있었던 결기는 그가 개인의 심경을 피력하면서 어느 새 회한이 묻어나는 말투로 바뀌어 있다. 비록 육체는 노쇠해졌지만 정신만은 아직도 청년의 기상을 간직한 부조화에서 오는 고통을 그는 아무도 모르게 삭이고 있는지 모른다.

— 선생님께서는 오랫동안 현실 문제에 대해 발언해오셨습니다. 아직 현실문제에 개입하고 싶은 마음이남아 있지는 않습니까.

"그렇지는 않습니다. 어떤 생명체나 개인이든 운명적으로 주어진 역할이라는 게 한계가 있습니다. 지능이나 창의력, 심지어 기억력까지 포함해서 난 개인적으로 한계에 왔다고 생각합니다. 나의 보잘것 없는 자질과 능력이 지난 30년 동안 이 나라의 청년·학생. 지식인에게 정신적·사상적으로 작용했다는 것에 대해서도 과분하다고 느낍니다. 또 지금 이상으로 이름 석자를 날리고, 권세를 찾아 입신영달을 꾀하는 것은원래 나의 인생관과는 거리가 멉니다. 그리고 지난 30년 사이에 치열한 체험을 살려서 성장한 연부역강(年

富力强)한 후배·후학들이 학문과 실천의 각 분야에서 활약하고 있으니 나는 흐뭇한 마음으로 은퇴를 할 수 있어요. 참으로 기쁩니다. 학문적 발전을 위해서 일하고, 사회에서 선도적 역할을 한다는 것은 물론 좋은 일이지만, 좋은 일조차도 나이나 능력을 넘어서 지나치게 집착을 하게 되면 그것은 추하다고 생각해요. 자신의 능력 이상을 추구하는 것은 탐욕이지요. 최근에 나는 집착에 대한 불교적인 각성을 하게 됐어요. 하지만……"

마침내 그가 청년정신을 간직한 노인으로서 갖는 고통의 일단을 조심스럽게 토로했다.

"앞서 노장사상이라든가 불교의 무상, 자각 같은 것을 말하기는 했지만 아직도 나 자신은 한편으로는 뭔가 앙가주망(현실참여)을 하는 생활인이고 존재이기 때문에 사회적 존재로서 역할을 마저 해야 한다는 생각을 말끔하게 버리기는 어려워요. 몇 해 더 지나서 건강이 지금보다 못해지고, 사회가 더 나아져서 내가 할 일이 없어지면 편안한 마음으로 양로원에 간 심정으로 살텐데, 지금은 사회적 인간에서 개인적 인간으로 넘어가는 과정, 그 안에서 갈등을 느끼는 단계인 것 같아요."

탐(貪)·진(瞋)·치(癡), 세 글자의 뜻

— 요즘 불경을 자주 보신다고 하고 앞서 무상에 대한 말씀도 하셨는데 어떤 것을 배우십니까.

"무상보다는 집착을 버리는 것을 배웁니다. 부처님의 가르침에 이제 한 발짝 발을 들인 입장에서 무엇을 얘기한다는 것이 그렇지만 세 글자를 배웠어요. 바로 탐(貪) 진(瞋) 치(癡) 세 글자입니다. '탐'은 탐욕을 말하는 것인데 내가 살아오면서 권력, 명예, 돈에 대해 탐욕은 없었으니까 괜찮아요. '치'는 미련하고 깨닫지 못하는 것인데 내가 이치를 모르고 살지는 않았기 때문에 이것도 괜찮아요. 마지막으로 '진'은 노여움을 말하는 것인데 내가 젊은 시절부터 정치·사회에 대한 노여움, 부정부패에 대한 노여움을 품으면서 30년을 살아 왔어요. 그래서 개인적 생활로 은퇴한 지금도 뉴스를 보면 노여움을 자아내게 하지만, 그것을 대하는 자세는 많이 달라졌습니다. 인간에 대한 애증도 많이 사라졌고, 인간들이 다 괴로움 속에 있다는 연민을 느끼면서 살고 있습니다."

— 선생님께서 그렇게 변한 것을 가장 좋아하실 분은 가장 가까이에서 선생님을 지켜보시는 사모님일 것 같은데요.

"그래요. 아주 좋아하지요. 집사람은 행복하답니다. 그 동안 남편의 움직임이 자신의 성격이나 지식이나 사상과 거리가 있어서 따르지 못했는데 이제 남편이 되고, 애들의 아버지가 되고, 자연스러운 노인이 되니까 아주 기뻐하지요."

— 앞으로 특별한 계획이 있으십니까.

> 우리 사회의 변혁은 지난날의 혁명과는 달리 착실하게 변화를 축적해 가는 점진주의여이겠지요. 그 운동을 관통하는 이념은 폭력, 제도, 계급, 이데올로기가 아니라 구체적인 인간의 행복, 생명의 존중을 동기와 목적으로 하는 이슈여야 할 것입니다.

"이번 학기를 끝으로 이제 강의는 그만 두려고 합니다. 그리고 자기수양도 하면서 지병을 고치려고 합니다. 지난 5년간 술·담배 딱 끊고, 글 안 쓴 것도 병 치료를 위해서였습니다. 그러면서 불경도 읽고 시간이 나면 『역정』의 후반부를 써야겠다고 생각합니다. 60년대 이후 우리 사회의 다난했던 정치사·사회사·인간사를 모르는 세대가 많으니까 남겨 보자는 생각인데, 이제 건망증이 심해져서 그 전처럼 지난날의 기억들이 잘 떠오르질 않아요."

이번 학기를 끝으로 선생은 오랜 세월 그의 이름 뒤에 이어졌던 '교수'라는 호칭을 벗는다. 그가 치열하게 살아야했던 시대에는 어쩌면 교수라는 신분은 그에게 어울리지 않는 것이었는지 모른다. 지난날 그는 교수라기보다는 차라리 지사에 가까웠다. 8년 동안의 해직, 아홉 차례의 연행, 1천12일의 옥살이가 그 사실을 웅변적으로 말해 준다. 그는 오랜 기간 교수로 불렸음에도 해직기간 때문에 그 흔한 연금마저도 못 받고 있다. 물질적으로 동년배와 비교했을 때 상대적 빈곤감을 느낄 법도 한데 그는 전혀 개의치 않고 지난날의 삶에 자족하고 있다. 자신에게 주어진 역할을 훌륭하게 수행한 자만이 누릴 수 있는 노년의 여유를 그는 기꺼이 누리며 향유하고 있는 것이다. □

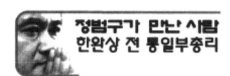
1년의 반성이 아닌
1백년의 반성을

문민정부 초대 통일원 장관으로 보수세력의 집중 포화를 받고 물러났던 한완상 전 부총리.
보수세력의 완강한 저항 속에서 추진되고 있는 김대중 대통령의 개혁을 지켜보면서
그는 누구보다도 할 말이 많을 것이다. 김대중 대통령의 개혁과
통일정책에 대한 그의 의견을 들어보자.

한완상 전 부총리(63)의 아파트 베란다에
는 크고 작은 화분들이 놓여 있었다. 세
개의 동양란 화분 뒤로 허리 높이의 장식대가 있었
고, 그 위에 사진틀이 여러 개 놓여 있었다. 그 중
한 장의 사진이 눈길을 끌었다. 왼쪽 어깨에서 오
른쪽 허리까지 비스듬히 노란 띠를 두른 한 전 부
총리는 왼쪽 가슴에 훈장을 달고 있었다. 사진 속
의 한 전 부총리는 조금은 어색한 웃음을 짓고 있
는 것처럼 보였다. 나중에 확인해 보니 김영삼 정
부 초기에 참여한 공로로 94년에 받은 청조근정훈
장이라고 했다.

눈길을 끌 만한 것은 또 있었다. 거실 한쪽 벽
면을 가득 채우고 있는 수예품이었다. 노인과 아이
들, 동물들이 즐거운 표정으로 놀고 있는 그림인
데, 그 풍경을 빙 돌아가며 성경구절이 수놓여져
있었다. 이사야서 11장 6, 7절의 구절이었다.

"그때에 이리가 어린 양과 함께 거하며 표범이
어린 염소와 함께 누우며 송아지와 어린 사자와 살
찐 짐승이 함께 있어 어린 아이에게 끌리며 암소와
곰이 함께 먹으며 그것들의 새끼가 엎드리며 사자

일시
1998년 12월 16일 오후 2시
장소
한완상 전 부총리 자택
대담
정범구 박사
진행
김경환 기자
사진
박여선 기자
정리
김종석

가 소처럼 풀을 먹을 것이며."

한 전 부총리는 독실한 기독교 신자다. 또 지
식인의 현실 참여를 줄곧 주장해 온 참여파 지식인
이다. 그는 김영삼 정부 초기에 자신의 지론대로
개혁을 이루기 위해 통일부총리로 참여했다. 통일
원 장관 재직시절 그는 이인모 노인을 북으로 송환
하는 등 평화적인 남북관계를 정립하기 위해 노력
했다. 하지만 일부 보수언론의 사상검증시비에 휘
말려 중도하차했다. 김대중 정부가 출범하고 현재
까지 진행되어 온 개혁을 지켜보면서 그는 누구보
다도 할 말이 많을 것이다.

내각제로 국력 소진시키는 작태 규탄해야

—김대중 정부 출범 10개월이 지났는데요. 개혁의
성과와 한계를 평가해 주시지요.

"김대중 정부 출범 10개월을 놓고 총체적인 평
가를 내리기는 아직 이릅니다. 성과라고 한다면 1
년 전부터 시작됐던 환란이 상당히 극복되었다는
점입니다. 환율안정, 주식시장의 활성화, 금리인하
등으로 기업들의 부담이 많이 감소되었습니다. 국

민들도 IMF체제를 극복할 수 있다는 자신감을 갖
게 되었습니다. 경제부문에 대한 국제 신인도도 좋
아졌지만, 정치적으로도 국제적인 위상이 훨씬 높
아졌습니다. 특히 대미관계 대일관계. 아세안과의
관계 개선 등은 이전 정부와 비교했을 때 매우 진
척된 상황입니다. 대북 관계도 이전 정부에 비해
의미 있는 성과를 거두고 있습니다. 민간 차원에서
남북교류의 물꼬를 튼 것이라든지. 간첩선 침투를
비롯해서 몇 차례 북한의 도발이 있었음에도 일관
성 있게 햇볕정책을 유지한 것은 참으로 잘한 일이
지요. 김대중 정부의 한계에 대해서 말하자면 혁명
보다 개혁이 어렵다는 인식을 못하고 있다는 점입
니다. 따라서 개혁주체세력의 시스템이 제대로 갖
취지지 못하고 있습니다. 또 이전 정권처럼 태생적
인 한계를 안고 있습니다. 물과 기름으로 공존하고
있는 디제이피 연대가 언제 화학적 반응을 해서 어
떤 부정적인 결과를 낳을지 모르는 상태입니다."
—내각제 논의에 대해서는 어떻게 생각하십니까.
　"현재 국민들은 내각제냐 대통령중심제냐에 관
심이 없습니다. 만약 선택하라고 한다면 남북관계.

경제위기 등을 고려했을 때 대통령중심제를 원하는
사람들이 많겠지요. 내각제는 단지 소수 정당의 자
구책에 불과합니다. 하지만 지금은 민족의 자구책
을 어떻게 세울 것인지를 걱정해야 할 때입니다.
나는 특정세력이 자신들의 이해를 위해 내각제를
주장하면서 국력을 소진시키고 국론을 분열시키는
작태에 대해 시민단체가 연합해서 강력하게 규탄해
야 한다고 생각합니다."
—개혁이 쉽지 않은 이유가 김대중 정부의 태생적
한계에서 온 것이라는 말씀인데요. 사실 김 대통령
이 보수세력 눈치를 너무 살피는 것이 아니냐는 지
적이 많습니다.

　"김 대통령 자신이 지난 30여년 동안 보수세력
으로부터 부당한 비판과 공격을 당했다는 점. 그런
보수세력의 힘을 빌어서 대통령에 당선되었다는 점
을 고려했을 때 김 대통령이 그들을 의식하고. 조
심하는 것은 이해할 수 있습니다. 하지만 일단 대
통령에 당선된 만큼 보다 근본적인 문제를 생각해
야 합니다. 집권과정에서 편의에 의해 약속한 것과
민족과 국가의 장래를 위해 국민에게 약속한 것 중

"혁명과 개혁은 다 전쟁이긴 하지만 개혁전쟁이 혁명전쟁을 하는 것보다 훨씬 어렵습니다. 그 이유는 이렇습니다. 첫째, 혁명은 피아 구분이 쉽게 되는데 개혁은 피아 구분이 안됩니다. 혁명전선에서는 각각의 세력들 간에 제복도 다르고, 적군의 움직임도 잘 드러납니다. 하지만 개혁전선에서는 누가 적이고 아군인지 알 수가 없습니다. 둘째, 혁명은 전선이 명확해서 고지도 선명하고, 참호를 파기도 쉽습니다. 하지만 개혁은 전선이 불명확해서 고지도 선명하지 않고, 같은 참호에 피아가 섞여 있습니다. 셋째, 혁명은 초법적인 방법으로 살생부를 만들어 제꺼제깍 처단하면서 단시일 내에 달성할 수 있지만 개혁은 민주적 절차를 지키면서 반대세력까지 껴안고 장기간에 걸쳐 이루어야 합니다. 이런 이유 때문에 혁명보다는 개혁이 훨씬 어렵습니다. 개혁을 성공적으로 수행하자면 튼튼한 몸통이 필요합니다. 그런데 지금은 그런 몸통이 없지 않습니까? 몸통이 없는 이런 상황에서 대통령의 프로그램이나 의지만 가지고 개혁을 성공적으로 수행한다는 것은 불가능합니다."

최장집 교수 사건을 놓고 보았을 때, 최 교수를 옹호하려는 사람들이 언론의 자유를 주장한 만큼 최 교수에게 위해를 가한 보수언론 또한 우리 사회를 위한 우국충정에서 그런 발언은 할 수 있다고 주장합니다.

에 더 중요한 것은 국민과의 약속입니다. 만약 이두 가지가 갈등을 일으킨다면 국민에게 약속한 것을 지키고 선택하는 도덕적 결단이 필요합니다. 그런데 그런 분명한 의지가 안 보입니다. 임기 중에 여론을 중시해서 인기에 연연하는 것과 임기를 마치고 역사가 어떻게 평가할 것인가를 놓고 볼 때 동서양의 훌륭한 지도자는 예외 없이 후자를 선택했습니다. 대통령이 되기 전에는 여론을 따를 수밖에 없었겠지만 대통령이 된 후에는 역사적인 평가를 두려워해야 합니다."

개혁이 혁명보다 더 어렵다

—기왕에 말씀을 하셨으니까 한 가지 여쭙겠습니다. 개혁이 혁명보다 어려운 이유는 무엇 때문입니까.

—개혁의 몸통이 없다는 말씀을 하셨는데요. 대통령이 가능한 한 다양한 계층의 의견을 포괄하고 개혁의 몸통을 만들기 위해서 제2건국위원회를 만든 것 아니겠습니까.

"한국이고 미국이고 간에 위기에 봉착한 정권일수록 심층적 토론을 자유롭게 할 수 있는 메커니즘을 만들어야 합니다. 정치는 종교가 아니기 때문에 모세가 기도를 통해 십계명을 얻은 것처럼 정치지도자 혼자 고민해서 이거다 하는 결론을 얻을 수는 없습니다. 현실 정치에서는 기나긴 정치 역정에서 같이 싸워 온 동지들과 함께 개혁을 이야기할 수밖에 없습니다. 사람이 건강하기 위해서는 위장과 심장이 따로 놀면 안되듯이 개혁이 성공하기 위해서는 몸통이 따로 놀지 않고 시스템화되어 유기적으로 움직여야 합니다. 나는 제2건국위원의 한 사람이기도 한데 위촉장을 받는 자리에 참석해서 좌우를 보니까 기가 막힌 사람들이 와 있었어요. 이전 정권 때부터 개혁을 반대했던 사람들이었는데, 그 사람들은 오히려 반개혁 여론을 조작하거나 개혁의 몸통이 순기능을 발휘하지 못하게 하는 역할을 하고 있습니다."

일괄타결 제안 놀라운 발상

—최근에 김대중 대통령은 금창리 지하핵시설 의혹을 비롯해서 북미간 현안 문제를 일괄타결로 해결하자는 제안을 했는데요.

"금창리 지하시설에 대한 의혹, 위성발사 문제 등을 일괄타결하자는 김 대통령의 제안은 평양과 워싱턴 간의 긴장관계를 고려했을 때 놀라운 발상입니다. 평양 당국이 외교적으로 제일 중요하게 여기는 것은 워싱턴과의 관계개선입니다. 미국의 경제제재 조치 해제, 북미간 연락사무소 설치, 국교정상화로 이어지는 일련의 조치를 간절하게 바라고 있는 북한의 요구를 들어줄 수 있는 권한은 서울 정부가 아니라 워싱턴 정부가 갖고 있습니다. 평양과 워싱턴 간에 관계개선이 되어야 서울과 평양 간의 관계개선이 가능합니다. 이것은 현실이에요. 그런데 왜 과거의 정치지도자들은 이런 발언을 쉽게 할 수 없었느냐? 국내적으로 극좌 모험주의자로 몰릴까봐서, 또 하나는 자존심 때문에 말하지 못했던 겁니다. 그런데 김 대통령은 발언을 했습니다. 북미관계가 개선되면 우리가 이익이라는 김 대통령의 생각은 현실적으로 매우 합리적인 것입니다."

—김대중 대통령의 햇볕정책이 일관성을 유지하면서 김영삼 대통령의 통일정책과 차별성을 보이고 있는 것은 사실입니다. 김 대통령의 통일정책인 햇볕론에 대해서는 어떻게 생각하십니까.

"이솝 우화에서 강풍과 햇볕은 본질적인 차이가 있습니다. 강풍은 억지로 나그네의 옷을 벗기려 하는 것이고, 햇볕은 옷을 벗느냐 마느냐를 나그네에게 맡긴 겁니다. 따뜻한 분위기를 만들어서 옷

을 벗을지 말지 나그네가 스스로 주체적인 판단을 내려서 결정하게 하는 것이지요. 이런 본질적인 차이를 이쪽에서 제대로 해명하지 못한 것 같아요. 우리 내부에서 햇볕론에 대한 비판이 나오니까 포용정책이라는 말을 썼는데 그 또한 오만불손한 표현입니다. 누가 누구를 포용한다는 것인지 저쪽 입장에서 보면 자존심이 상하는 것 아니겠습니까. 오히려 공변하자, 상호간에 다같이 변하자고 해야지요. 그런데 남한내의 비판세력들이 햇볕론을 유화정책이라고 하니까 아니다, 햇볕은 균도 죽인다, 라고 말했습니다. 북의 입장에서는 그럼 우리가 균이냐고 반발할 소지가 있는 것이지요. 그럴 때는 차라리 부드러움이 진짜 강한 것이라고 애기했으면 좋았을 것입니다. 태풍이 몰아칠 때 피해를 받는 사람은 해가 영원히 사라진 줄 압니다. 하지만 폭풍우 먹구름 뒤에서 해는 웃고 있습니다. 햇볕론도 그런 자신감으로 연결되어야 할 것입니다."

—햇볕론이 남북관계에 긍정적인 영향을 끼칠 것이라는 전망에도 불구하고 김대중 정부가 들어 선 후 남북 당국자간의 대화 진전이 없다는 점이 아쉬운데요. 지난 4월에 열렸던 비료회담이라든가 그 밖에 현 정부의 통일정책을 보면서 어떤 점이 문제라고 보십니까.

"비료회담의 실패가 남북 당사자간의 관계증진에 결정적인 악영향을 미쳤습니다. 북한 당국은 우리측의 해명을 기다리고 있을 겁니다. 북한의 입장에서 보면 4월에 열린 비료회담은 아주 절박했습니다. 4월에 비료를 가져가서 뿌려야 가을에 풍년을 맞고 좋은 분위기에서 9월에 김정일에게 정권이양이 될 텐데 그게 틀어진 것이죠. 초기에 정부는 상호주의를 내세우지 않았습니다. 하지만 일부 보수세력들과 보수언론들이 무엇 주고 뺨맞는 짓을 하지 말라 하는 등의 여론을 조성하면서 상호주의를 내세우기 시작했습니다. 북한이 필요로 했던 비료를 먼저 주고 이산가족은 나중에 만나게 해도 되는 일이었습니다. 그런데도 통일부는 여론에 밀려서 상호주의를 무리하게 내세움으로써 결국 실패를 자초한 것이죠. 북한 당국으로서는 김대중 정부에 나름대로 기대를 걸었을 텐데 그 기대가 산산조각

이 났겠지요. 그래서 김 대통령이 미국 방문시에 대북한 경제제재 조처를 완화하라고 하고, 일괄타결을 주장했음에도 아직까지 뚜렷한 반응을 보이지 않고 있는 것입니다."

—정부의 정책실현 의지부족, 수구적인 관료, 보수 언론의 공세가 복합적으로 작용해서 비료회담이 실패했다는 말씀인데요. 그렇다면 앞으로는 꼭 주는 것만큼 받는 것이 아니라 우리에게 명백한 개혁 프로그램이 있다면, 상대방의 반응에 개의치 않고 밀고 나가야 한다는 말씀인가요.

"그렇습니다. 비료회담의 경우 긍정적 상호주의에서 출발한 것입니다. 식량문제는 절박한 문제입니다. 그렇다면 절박성의 정도에 따라 한쪽이 아무런 조건 없이 해줄 수도 있었던 문제입니다. 비료와 이산가족을 교환하는 데 동시적 상호주의가 필요했던 것은 아닙니다. 그런데도 협상과정의 이면에서 적대적 상호주의가 작용했습니다. 시대가 변했는데도 적대적 상호주의라는 냉전적인 틀을 그대로 적용한 것은 분명히 잘못된 것입니다."

—그렇다면 앞으로가 중요할 텐데요. 새해에 남북 관계 진전을 위해 우리가 주안점을 두어야 할 부분으로 어떤 것들을 들 수 있을까요.

"좁게는 남북 당사자간에 핫라인이 복원되어야 합니다. 상호간에 사소한 오해로 엄청난 비극을 가져오는 일이 없도록 언제든지 남북 당사자간에 이야기를 할 수 있는 핫라인이 복원돼야 합니다. 이것은 긴장완화에 큰 도움이 될 것입니다. 그게 안되면 어떤 수준에서건 커뮤니케이션 라인이 형성되어야 합니다. 그마저도 안되면 인적 통로라도 만들어야 합니다. 넓게는 냉전 패러다임을 해체하고 민족의 미래를 좌우하는 21세기를 위해 치밀하고 거대한 프로그램을 마련해야 합니다. 적대적인 공생관계를 해체하기 위해서는 냉전유지비용을 절감하는 것부터 시작해야 할 것입니다."

정부가 시민운동 어용화해서는 안돼

—시민운동과 정부와의 관계에 대해 여쭙겠습니다. 시민운동단체가 하루아침에 개혁의 몸통으로 자리매김 할 수는 없을 것 같은데요.

"개혁이 성공하려면 위로부터의 개혁과 아래로부터의 개혁이 만나야 합니다. 즉 정부와 NGO 간에 협력체제가 구축되어야 한다는 말입니다. 우리가 20세기를 보내면서 얻은 소중한 교훈은 닫힌 체제는 고비용저효율병을 앓다가 죽고 만다는 사실입니다. 그 병을 이길 수 있는 장치, 백신이 바로 시민사회입니다. 나치, 공산전체주의는 시민사회를 없애버렸습니다. 그 결과 체제가 망했습니다. 국민의 정부는 이 점에 유의해야 할 것입니다. 개혁에 성공하기 위해서는 시민단체를 어용단체화해서는 안됩니다. 지원은 하되 간섭은 하지 않는 모습을 보여야 할 것입니다. 제2건국위만 해도 새마을운동처럼 너무 관의 주도로 진행되고 있습니다. 이렇게 되면 시민단체들의 진솔한 비판을 차단하는 결과를 가져올 수도 있습니다. 국가와 NGO간의 바람직한 관계는 지원은 하되 간섭은 하지 않는 것입니다."

—최장집 교수 사건을 놓고 보았을 때, 최 교수를 옹호하려는 사람들이 언론의 자유를 주장한 만큼 최 교수에게 위해를 가한 보수언론 또한 우리 사회를 위한 우국충정에서 그런 발언은 할 수 있다고 주장합니다.

"그렇죠. 가해자 집단도 가해 논거를 명확히 세우는 법입니다. 중세시대의 기독교 근본주의자들도 마귀를 내쫓는다는 명분으로 다른 기독교 신자들이 조금 다른 말을 하면 화형을 시키지 않았습니까. 그때 그들의 논거는 얼마나 선명했습니까. 최장집 교수 사태를 보면서 학자로서 아쉬운 점이 있습니다. 학문이란 질문하는 방법을 배우는 것입니다. 질문조차 못하게 되면 학문은 안됩니다. 뉴턴이 사과가 왜 떨어질까 하는 바보 같은 질문을 계속 하면서 만유인력의 법칙이라는 새로운 사실을 발견한 것입니다. 갈릴레이도 마찬가지입니다. 학자는 그 시대의 우상에 대해 창조적 회의를 하는 것이 필요합니다. 6·25에 대해 여러 가지 질문을 던져보는 것은 당연한 일입니다. 그것을 빨갱이 짓으로 몰아붙이면 원천적으로 학문을 때려잡자는 것입니다. 21세기에 나타날 뉴턴, 프로이드, 갈릴레오를 죽이는 결과입니다. 이것은 삭막한 닫힌 체제를 만드는 무시무시한 일이 될 겁니다. 나는 그런 점을 염려하

고 있습니다. 그런 논리에 따라 대북 정책을 강경
하게 펼수록 가장 좋아할 사람은 북한의 강경세력
들입니다. 무엇이 정말 남북관계를 악화시키는지
근본적으로 생각을 해 봐야 합니다."

—민주개혁국민연합이 발족하면서 공동상임의장을
맡으셨는데요. 그 모임의 성격은 어떤 것입니까.

"지난날 민주화 투쟁 당시 민주세력은 비판적
지지와 후보단일화 세력으로 갈라진 후에 지금까지
하나로 합치지 못했습니다. 그런데 이번에 정치권
에 간여하지 않은 시민사회에서 활동하는 분들이
힘을 합쳐서 NGO 차원에서 개혁의 중심역할을 해
보자는 취지에서 모임을 발족했습니다."

—일부에서는 그 조직을 둘러싸고 김대중 대통령
중심의 신당준비가 아니냐는 시각도 있는데요.

"그런 오해는 오히려 제2건국위가 받고 있는
줄로 압니다. 내가 가서 보니까 넓은 의미에서 신·
구교에 몸담은 분들, 학생운동 출신들이 많았습니
다. 역사와 국민이 요구하는 개혁을 김대중 정권이
성공적으로 완수할 수 있도록 시민운동 차원에서
힘을 불어넣는 역할을 하자는 겁니다."

—현정부에 참여할 의사가 있으십니까

그렇죠. 기자 집단도 기어 논거를 명확히 세우는 법입니다. 중세시대의 기독교 근본주의자들도 마귀를 내 쫓는다는 명분으로 다른 기독교 신자들이 조금 다른 말을 하면 화형을 시키지 않았습니까. 그때 그들의 논거는 얼마나 선명했습니까.

"현 정부가 수구냉전세력에게 포위되어 스스
로 개혁을 포기하고, 개혁세력을 쫓아내는 그런 전
철을 밟는다면 아예 고려할 필요가 없겠지요. 그러
나 현정부가 일관성 있게 개혁을 추진하면서 요청
을 한다면 명분이 있는 한 참여할 것입니다."

대담 중에 한 전 부총리는 "유럽을 휩쓸고 있
는 토니 블레어식의 제3의 길을 우리도 모색해야 한
다"면서 "그러기 위해서 우리는 20세기 마지막 해인
99년에 지난 1백년을 철저하게 반성해야 한다"고
말했다. 그는 또 민족과 국가를 위한 일이라면 어용
이라는 소리를 듣는 것도 대수롭지 않다는 말도 했

다. 우리 사회가 닫힌 체제로 멸망의 길을 걷지 않
도록 시민 운동을 열심히 하겠다는 것이다.

수예품에서 미처 다 맺지 못한 이사야서 11
장 8, 9절은 이렇게 끝난다.

"젖먹는 아이가 독사의 구멍에서 장난하며 젖
뗀 어린 아이가 독사의 굴에 손을 넣을 것이라 나
의 거룩한 산 모든 곳에서 해됨도 없고 상함도 없
을 것이니 이는 물이 바다를 덮음 같이 여호와를
아는 지식이 세상에 충만할 것임이리라."

한 전 부총리가 그의 주장대로 '유기적 지식
인'으로서 '해됨도 없고 상함도 없을' 남과 북의 관
계를 만드는데 앞장서는 모습을 많은 사람들은 기
대하고 있다.

정범구가 만난 사람
박원순 참여연대 사무처장

시민운동이 감시하고 비판해야 개혁도 성공한다

개인의 치부를 위해 온갖 비리를 저질러 국민적 공분을 사고 있는 이종기 변호사. 시민사회의 공익을 위해 변호사직을 내던지고(?) 시민운동가로 발벗고 나선 박원순 변호사. 두 변호사의 인생 행로는 너무나도 다르다. 우리 시대의 아름다운 변호사 박원순 참여연대 사무처장을 만나 새로운 시대에 걸맞은 '시민운동의 역할'을 주제로 대화를 나눴다.

주목할만한 시민운동가 박원순 참여연대 사무처장. 지난해 시민운동단체 공동신문인 주간 『시민의 신문』은 '시민운동 1년 평가'를 하면서 박 사무처장을 최고의 시민운동가로 뽑았다. 비록 거창한 상패와 상장은 없더라도 시민운동단체 실무자 1백42명이 직접 뽑았기에 그 의미는 어떤 상보다도 값진 것이었다. 그뿐만 아니다. 그가 몸담고 있는 참여연대는 '올해의 시민운동단체'로, 참여연대가 주도적으로 펼쳤던 '소액주주운동'은

일시
1999년 1월 11일 오전 10시
장소
참여연대 사무처장실
대담
정범구 박사
진행
김경란 기자
사진
임종진 기자
정리
김종석

'시민운동 10대 뉴스'에서 으뜸으로 뽑혔다.

우리 사회에서 성공의 한 표상으로 자리하고 있는 변호사직을 과감하게 버리고(?) 시민운동단체에서 3년째 상근해 온 박 사무처장. 그에게 이 '상'의 의미는 각별할 것이다. 그럼에도 그는 "참여연대의 모든 회원들이 받아야 할 상이 자신에게 잘못 왔다"고 겸손해 했다. 지난해에 이어 또다시 터진 법조계 비리가 국민들에게 허탈감을 안겨주고 있는 이 때에 개인의 영달과 치부를 위해서가 아니라 시민사회의 공익을 위해 발벗고 나선 한 변호사의 인생 행로는 그래서인지 더욱 아름다워 보인다.

참여연대 운영비 60~70% 회비로

—지난해 시민운동단체 실무자들이 뽑은 올해의 최고 시민운동가로 선정되셨습니다. 시민운동 분야에 종사하고 있는 분들이 뽑았다는 점에서 여느 상과 달리 허명만은 아니라는 생각이 듭니다. 변호사에서 시민운동가로 변신해서 최고의 시민운동가가 되기까지 그 소회가 남다를 텐데요.

"글쎄요. 다 허명이지요. 제가 어느새 시민
운동가가 되었는지 모르겠습니다만, 스스로는 아
직도 운동가라고 하기에는 부족하다고 생각합니
다. 얼떨결에 참여연대 사무처장직을 맡게 되었
는데 굳이 표현을 하자면 한발짝 한발짝 수렁에
빠져들어서(웃음) 여기까지 온 것 같습니다. 세
게 주어진 영광은 전적으로 참여연대 회원들과
전문일꾼들의 공로라고 봐야겠지요. 저는 운동은
한두 사람이 뛰어나서 된다고 생각하지 않습니
다. 변호사는 큰 사건을 혼자서 처리할 수 있지
만 시민운동가는 그럴 수 없습니다. 저는 금년쯤
에 사무처장직에서 물러났으면 하는데 잘 안되는
군요. 아무래도 제게 시민운동가라는 호칭은 너
무 어색한 것 같습니다."

─(웃으면서)겸손의 표현이 지나치십니다.
가장 주목받는 시민운동가가 되었는데 물러난다
고 하시니까 그 이유가 매우 궁금한데요.

"제가 사무처장직을 맡은 지가 5년이나 됐
고, 상근 한지도 3년이나 됐습니다. 새로운 아이
디어와 새로운 리더십을 가진 사람이 업무를 추
진하는 것이 훨씬 바람직할 것 같아요. 더욱이
참여연대의 정신은 한 사람의 스타, 한 사람만의
부각보다는 각자의 역할이 빛을 발하게 하는 조
직을 지향하고 있습니다. 때로는 한 사람에게 업
무가 집중되는 것이 필요하지만 반대로 악이 될
수도 있습니다. 그런 뜻에서 뭐든지 돌아가면서
맡는 것이 좋다고 생각합니다."

─박 사무처장 개인만이 아니라 참여연대
또한 지난해 최고의 시민운동단체로 뽑혔습니다.
물론 전체구성원들이 열심히 활동한 덕분이겠지
만 다른 이유도 있을 것 같습니다. 참여연대 사
랑 좀 해주시지요.

"참여연대가 실제 활동에 비해 너무나 과분
한 대접을 받고 있다고 생각합니다. 그 동안 우
리 사회가 총체적으로 부실했기 때문에 저희들의
목소리가 국민들에게 공감을 주었을 뿐이지 저희
가 잘해서 그런 것은 아니라고 봅니다. 우리 참
여연대를 자랑하자면 자발적인 활동을 하고 있는
회원들과 전문가 집단이 매우 알차다는 것입니

다. 현재 3천6백여 명의 회원들이 있는데 그 분
들이 매월 2천만원 이상의 회비를 납부해 주고
있습니다. 전체 운영비의 60~70%를 회비로 충
당하고 있는 셈이지요. 이런 외형적인 것 외에도
여러 분야에서 유기적으로 협력하고 있는 회원들
의 활동이 가장 큰 성과라고 봅니다."

─김대중 정부가 들어서면서 김영삼 정부
때보다 시민운동을 하기가 나아졌다고 보십니까.

"그럼요. 무엇보다도 시민운동단체를 대하
는 정부 관료들의 태도가 많이 바뀌었습니다. 정
부의 성격도 달라졌고 또 시민운동단체들이 지속
적인 활동을 한 결과이기도 하겠지만 전반적으로

있습니다. 또 어느 때보다 개혁담론에 대한 시민
운동단체간의 연대가 필요할 것입니다. 우선은
사안별로라도 열심히 연대해야겠지요."

정부를 비판하는 것이 시민운동의 임무

—시민운동단체의 활동과 관련해서 몇 가지
질문을 하겠습니다. 세간에서는 시민운동단체의
백화점식 운동방식에 대해서 많은 비판을 합니
다. 이런 지적을 어떻게 받아들이십니까.

"시민운동단체들이 자신들의 원칙을 지키면
서 자기 분야에서 열심히 활동해야겠지요. 하지
만 정당이 제 역할을 충분히 하지 못하는 조건에
서는 시민운동단체가 준정당적 역할을 할 수밖에
없습니다. 또 선의의 경쟁을 촉발시킬 수도 있기
때문에 백화점식 운영이 꼭 나쁘다고 할 수는 없
습니다. 막상 활동을 하다보면 어려움이 많습니
다. 저만하더라도 회의석상에서는 전문화된 역할
을 하자고 주장하지만 막상 주변에서는 너희는
왜 이런 일을 하지 않느냐고 비판하기도 합니다.
또 다른 단체에서 참여연대의 동참을 요구했을

많이 나아졌습니다. 언론도 NGO 페이지를 만
드는 등 지난날보다 훨씬 많이 시민운동단체를
주목하고 있습니다. 이런 현상은 우리 사회가 올
바로 가고 있다는 증거지요."

—시민운동 단체간의 연대는 어떻습니까.
잘 되고 있습니까.

"그렇지 않습니다. 언론이 띄워주는 측면이
강해서 그렇지 실제로 활성화된 시민운동단체의
숫자는 소수에 불과합니다. 대부분의 단체들이
연대사업을 할 수 있는 역량을 아직 갖추지 못한
상태고, 실제로 활동 내용이 받쳐주고 있는가 하
는 점을 살펴 봤을 때, 상설적인 운동단체도 없
는 상태입니다. 또 재야운동 부문단체와의 연결
도 정체된 상태입니다. 그럼에도 금년에는 내각
제 문제를 비롯한 정치 상황의 변화가 예견되고

많은 사람들이 개혁의 주체가 없다는 주장을 하고 있고, 김 대통령도 시민세력의 참여를 적극 수용하겠다는 입장을 여러 차례 밝힌 바 있습니다. 민화협, 제2건국위 같은 민관합동기구로 개혁 주체를 묶어 세우려는 노력을 가시화하고 있는데, 이런 정부의 시도를 어떻게 보고 있습니까.

때, 도움이 된다면 이름을 빌려주기도 합니다.
현실과 이상 사이에서 생기는 딜레마라고 할까
요."

—앞서 참여연대 회원이 3천6백 명이라고
하셨는데 우리 나라 시민운동의 경우 너무 서울
중심의 중앙집권조직으로 구성되어 있는 것은 아
닌가 하는 지적이 있습니다. 어떻게 보면 참여연
대도 지방분권화 시기에 걸맞지 않은 조직구조를
갖고 있다고 볼 수 있는데요.

"참여연대식의 운동은 한시적인 운동이라고

봅니다. 우리 사회의 문제는 정치, 언론, 법조 할 것 없이 총체성을 띠고 있습니다. 어느 한쪽도 정상이 아닙니다. 그렇기 때문에 우선 굵직굵직한 개혁과제에 집중할 필요가 있습니다. 이런 과제들이 어느 정도 해결되고 사회가 정상적으로 자리를 잡으면 작은 단체가 작은 문제를 취급하는 것이 가능하겠지요. 이론적으로는 시민운동을 지역에서부터, 밑에서부터 해야 한다고 하는데 실제로 우리 사회의 시민운동 토양은 황무지와 같아서 이론에 걸맞은 시민운동을 하기가 대단히 어렵습니다. 황무지의 표토(表土)라도 다듬어서 작은 풀이라도 자라게 해야겠다는 심정으로 일을 하고 있습니다."

―이른바 '529호실 사건'으로 불리는 안기부의 국회 정치사찰 문제와 관련해서 시민운동단체에서 진상조사단을 꾸리자는 제안이 나온 것으로 알고 있습니다. 참여연대는 어떤 입장입니까.

"그것은 진상조사라기보다는 평가의 문제입니다. 정치적으로 예민한 문제라 피해가고 싶지만 그럴 수 없는 현실도 있는 것 같습니다. 우리는 지난번에 부패방지법과 관련해서 한나라당을 방문했다가 여론에 혼난 적이 있습니다. 당시에 우리는 부패방지법을 당론으로 채택해 달라고 3당 모두 방문했습니다. 이회창 총재를 만나 의견 접근을 볼 수 있었는데, 한나라당은 특정한 사안이 발생했을 때 특별검사를 임명한다는 것이었고, 우리는 공직자 부패방지를 위해 특별검찰부를 상설적으로 운용하자는 것이었습니다. 우리 주장을 한나라당이 부분적으로 수용한 것이라고 볼 수 있는데 그것을 두고 어느 기자가 참여연대와 한나라당이 연대한다고 기사를 썼습니다. 전후 설명없이 한나라당과 연대한다는 기사가 나오는 바람에 항의하는 분들이 많았습니다."

―참여연대의 활동을 두고 새 정부에 너무 비판적인 것이 아니냐 하는 의견이 일부에서 있는 걸로 알고 있습니다.

"시민운동단체가 친정부적으로 변한 것이 이상한 일이지 정부를 비판하는 것이 이상한 일은 아니라고 생각합니다. 시민운동단체의 존재 의의는 정부를 비판하는 데 있습니다. 시민운동단체가 끊임없이 정부를 감시·비판하면서 대안을 내놓으면 정부가 시민운동단체가 내놓은 대안을 정책으로 입안하는 그런 사회 구조가 바람직한 것 아닙니까. 물론 일부에서 국민의 정부를 제대로 도와서 개혁을 성공하게 해야 하는 것이 아니냐는 주장도 하지만 정부를 비판함으로써 개혁도 성공할 수 있습니다."

제도화 안되면 개혁도 물거품

―정부와 시민운동단체와의 관계에 대해 말씀하셨는데요. 새 정부가 지난 1년 동안 진행해 온 개혁에 대해서는 어떻게 평가하십니까.

"저는 김대중 정부가 정말로 행복한 정부라고 생각했습니다. IMF체제를 오히려 전화위복의 계기로 삼아서 혁명적인 개혁을 완수하기를 바랐습니다. 그런데 너무 조심스러운 행보를 하면서 온전한 개혁을 이루지 못하고 있습니다. 예컨대 이번에 터진 법조비리만 하더라도 검찰을 개혁해서 검찰을 바로 세우면 사회가 바로 서게 됩니다. 새 정부가 들어선 이후 정치개혁, 재벌개혁도 별 성과가 없습니다. 특히 재벌개혁은 좀더 강도 높게 진행했어야 합니다. 경제가 이렇게 된 책임을 물어서 재벌회장들을 다 자리에서 물러나게 했어야 한다고 봅니다."

―그럼에도 불구하고 김대중 대통령은 '난 간단한 사람이 아니다. 집권 5년을 지켜보고 난 후에 개혁 성과를 평가해 달라'고 말하고 있습니다. 그만큼 개혁의 지속성을 강조하고 있는데 앞으로 개혁이 잘 될 것 같습니까.

"쉽지 않다고 봅니다. 개혁의 실천은 지속성이 중요하지만 타이밍이 있습니다. 집권 초반에 개혁의 토대를 닦아놓지 않으면 집권 중·후반기에 어려움이 닥칠 수밖에 없습니다. 현 정부는 1백% 완벽한 무결점 정부가 아닙니다. 앞으로 정부 각료 중에서 부정부패를 한 관료가 나타나기라도 한다면 현정부는 개혁을 하는데 큰 타격을 입게 될 것입니다. 저는 개혁은 제도화라고 생각합니다. 제도적인 개혁이 없으면 대통령이 개혁

—그 말씀은 곧 개혁의 주체가 없다는 말로 들립니다. 실제로 많은 사람들이 개혁의 주체가 없다는 주장을 하고 있고, 김 대통령도 시민세력의 참여를 적극 수용하겠다는 입장을 여러 차례 밝히면서 민화협, 제2건국위 같은 민관합동기구로 개혁 주체를 묶어 세우려는 노력을 가시화하고 있습니다. 이런 정부의 시도에 대

참여민주주의는 대통령이나 관료가 참여하는 것이 아니라 유권자, 납세자인 일반 국민들이 행정절차, 의정절차에 참여하는 것입니다. 일반 시민들이나 시민운동단체를 개혁과정에 동참시키지 않으면 개혁은 필연적으로 실패할 수밖에 없습니다. 김 대통령은 시민운동단체가 개혁 저항세력들과 싸울 수 있도록 제도적인 무기를 주어야 합니다.

을 하고 싶어도 하기 어려운 상황이 올 것입니다. 하지만 제도가 마련되어 있으면 하나의 근거, 하나의 진지가 되어 지속적으로 개혁을 추진할 수 있게 됩니다. 제도화 없는 개혁은 개혁이 아닙니다."

—개혁이 지지부진한 이유가 어디에 있다고 생각하십니까.

"야당의 여당 발목잡기 때문이기도 하지만 좁게는 집권 여당이나 정부, 넓게는 사회 구성원 모두에게도 책임이 있다고 봅니다. 특히 언론이나 학자들의 책임이 큽니다. 우리 사회 최대의 과제는 시민사회의 성숙입니다. 건전한 상식을 가진 집단의 존재가 사회발전의 원동력이 되도록 해야 하는 것이죠. 그럼에도 불구하고 그런 사회를 이루기 위해 구체적인 방법을 제시하는 언론이나 학자들이 별로 없는 것 같습니다. 개혁을 제도화 하는 구체적인 아이디어가 없으면 대통령이 아무리 개혁을 외쳐도 개혁은 이루어지지 않습니다. 교향악을 연주하는데 지휘자가 아무리 지휘를 잘하더라도 연주자의 연주가 따라주지 않으면 연주가 엉망이 돼버리는 것처럼 대통령이 아무리 개혁을 하려고 해도 개혁의 비전과 구체적인 전략이나 조직, 단체가 뒷받침하지 못하면 온전한 개혁은 불가능하다고 생각합니다."

해 너무 관주도라는 비판이 있기도 하고, 실제로 참여연대도 제2건국위 참여에 부정적인 입장을 갖고 있는 것으로 알고 있습니다.

"김 대통령이 취임기자회견에서 참여민주주의를 실현하겠다는 주장을 세 차례나 피력한 것을 보면서 저는 (웃으면서) 이제 참여연대는 관변단체가 될 수밖에 없겠구나 하는 생각을 했습니다. 그런데 시간이 지나면서 김 대통령의 참여민주주의에 대한 인식이 제가 생각하는 것과 다르다는 것을 알게 되었습니다. 참여민주주의는 대통령이나 관료가 참여하는 것이 아니라 유권자, 납세자인 일반 국민들이 행정절차, 의정절차에 참여하는 것입니다. 이미 대통령도 정부의 힘만으로는 개혁을 완성하는 것이 어렵다는 사실을 잘 알고 있습니다. 결국 일반 시민들이나 시민운동단체를 개혁 과정에 동참시키지 않으면 개혁은 필연적으로 실패할 수밖에 없습니다. 김 대통령은 일반 시민과 시민운동단체가 개혁에 저항하는

세력들과 싸울 수 있도록 무기를 주어야 합니다. 예컨대 정보공개법, 행정절차법, 주민투표제, 정부관계법 등을 대폭 수정해서 국민들이 국정에 참여할 수 있도록 제도를 마련해 주어야 할 것입니다. 제도적인 조처가 선행되지 않은, 말로만 하는 참여민주주의는 아무런 의미가 없습니다."

―참여민주주의에 대한 정부의 이해가 부족하다는 지적이신데, 정부는 거꾸로 시민단체들이 정부의 정책을 오해하고 있다는 불만을 갖고 있는 것 같습니다.

"제2건국위 문제만 하더라도 그렇습니다. 참여연대만큼 제2건국운동을 열심히 하는 데가 어디 있습니까. 그런데도 김 대통령은 제2건국위라는 이름 밑으로 시민운동단체들이 모이길 바라고 있습니다. 김 대통령이 진정으로 참여민주주의를 실천하고자 한다면 정부 주도의 제2건국운동 방식이 아닌, 다른 방식으로 시민운동단체를 도와야 할 것입니다. 예컨대 직접 개입하는 방식이 아니라 회비나 후원금에 대한 면세, 우편물 할인, 시민운동단체 실무간사들의 장기유학 지원 같은, 활동에 필요한 제도적인 장치를 마련해 주면 되는 것입니다. 그것이 바로 NGO를 활성화하는 것이고 개혁의 주체를 강화하는 것입니다."

견제와 균형의 시스템 갖춰야

―정권교체 이후에 많은 시민운동단체 인사들이 정부나 외곽단체에 들어갔는데, 이에 대해서는 긍정적으로 보시는지요. 또 현 정부에서 참여 요청이 있다면 받아들일 의향은 있습니까.

"단순한 연고주의에 의한 것이 아니라 도덕성을 갖추고, 참신한 아이디어를 가진 사람들이 많이 들어가서 정부가 바뀌면 좋겠지요. 하지만 시민운동단체에서 중요한 역할을 하는 사람들이 정부 내로 들어가는 것은 바람직하지 않다고 생각합니다. 시민운동 차원에서 할 수 있는 역할도 많거든요. 제 문제와 관련해서는 정부에서 참여 요청을 할 일도 없겠지만(웃음) 설령 요청이 있더라도 참여하지는 않을 겁니다. 적어도 시민운동단체 지도자들의 경우에는 시민운동단체를 통

해 얼굴을 내밀다가 정치권에 가려고 한다는 국민들의 시선을 불식시키려는 노력을 해야 한다고 생각합니다."

―마지막 질문을 하겠습니다. 앞으로 우리 사회가 이루어야 할 일이 너무나 많은데요. 우리가 어떤 좌표를 가지고 나아가야 할까요.

"저는 한마디로 우리 사회의 좌표는 시민사회의 성숙이라고 생각합니다. 그러기 위해서는 우리 사회에 견제와 균형의 원리가 작동하는 시스템이 갖춰져야겠지요. IMF체제에 대한 원인을 분석하는데 여러 가지 의견이 있지만 저는 그 최종적인 원인이 견제와 균형의 원리가 깨진 데서 비롯됐다고 봅니다. 그 동안 우리 사회에는 특정세력이나 특정인에게 집중된 권력을 견제할 구조가 마련돼 있지 못했습니다. 예컨대 입법, 사법, 행정, 언론 등의 분야에서 국민 개개인이 자기권리를 따지는 그런 구조가 되어야 하는데 그렇지 못했습니다. 그렇기 때문에 제도적인 영역에서 법률, 기구, 관행으로 견제와 균형의 원리가 작동할 수 있도록 시민사회단체가 공익이라는 잣대를 내세워 싸워야한다고 생각합니다."

박 사무처장은 "참여연대의 활동을 '구체적인 쟁점'을 '실효성 있는 방식'으로 풀어내려고 했다"면서 "앞으로도 긴 안목으로 사업을 결정하고, 끝까지 묽고 늘어져 결과를 얻어내고, 대중성과 전문성을 겸비한 완성도 있는 운동을 지향하겠다"고 말했다.

그는 대담을 하는 동안 다른 사람이나 다른 시민단체에 대해서 '나쁘다'는 말을 하지 않았다. 그리고 개인의 주장과 단체의 역할에서 반드시 그 의미를 짚어 냈다. 견제와 균형의 원리를 강조하는 그의 사고가 생활 속에 배어 있는 것이다. 하지만 정부의 실정과 개혁에 저항하는 세력들을 비판하는데는 조금도 주저하지 않았다.

박원순 참여연대 사무처장. 많은 사람들은 그가 늘 권력에게는 매처럼 날카로운 눈빛으로 감시하는 시민운동가로, 어려운 이웃에게는 지친 어깨를 기댈 수 있는 작은 소나무 같은 변호사로 남아 있기를 바라고 있다. ▫▫

정범구가 만난 사람
김중배 언론개혁시민연대 상임대표

모든 것을 말할 수 있는 백성이라야 산다

91년 『동아일보』 편집국장으로 사주의 '보도지침'에 항의해 사표를 던지면서 '권력보다 더 원칙적인 언론통제세력인
자본과의 지난한 싸움'을 예고했던 영원한 언론인 김중배 언론개혁시민연대 상임대표,
그를 만나 언론개혁을 주제로 대화를 나눴다.

대담을 하기로 약속했던 그 날은 올 겨울 들어 가장 추운 날씨였다. 더욱이 칼끝 같은 바람 때문에 체감 온도는 영하 15도를 육박했다. 두 시간 동안의 대담을 마치고 점심 식사를 하러 가는데 달랑 양복 하나만 걸친 김중배 선생은 단연 돋보였다. 두툼한 외투에 가죽장갑까지 끼고 선생의 뒤를 따르던 '젊은 취재진'은 행인들을 보기가 민망했다. 바지 주머니에 양손을 넣고, 왼쪽 거드랑이 밑에 서류봉투를 빼딱하게 끼고, "젊었을 적에는 하도 뻣뻣해서 '고대'를 했다"는 머리카락을 표표히 휘날리면서, 꼿꼿한 자세로 걸음을 옮기는 선생의 뒷모습은 10대 반항아 같았다. 취재진이 이심전심으로 '우리시대 반골'은 바로 저런 모습일 거라는 생각을 했다면 선생에게 결례가 되는 걸까.

선생이 안내한 '이북만두집'은 주변 빌딩들이 사면을 막아서서 마치 도심 속의 섬 같았다. 언론개혁이라는 딱딱한 주제로 두 시간이 넘도록 진을 뺀 탓이었을까. 선생은 자리에 앉아 윗도리를 벗자마자 소주부터 시켰다. 그는 술잔을 시원하게 들이키며 "정량을 말하기 힘들다"는 주량의 일단을 유감없이 선보였다. 그가 술을 마시는 모습을 옆에서 보고 있노라면 입에 군침이 돌 정도였다. 그는 술을 참 맛나게 마셨다. 술 한잔을 들이킨 그의 말은 더욱 감칠맛이 났다. 전라도 사투리가 약간 묻어 있는 말투, 간간이 곁들여진 호탕한 웃음, 그의 입담에 일행은 더없이 즐거워했다. 그리고 술잔이 앞에 놓이지 않았다면 쉽게 묻지도 못하고, 쉽게 답할 수도 없는 말들이 오갔다.

—김 대통령과는 친분이 있는 걸로 알고 있는데요. 정부로부터 참여 요청은 없었습니까.

"밖에서 할 일이 더 많지요. 아마 어지간해서는 잘 안 부를 겁니다."

술잔을 비운 선생이 장난기 어린 웃음을 지어 보였다.

—87년 대선 당시 김 대통령의 출마를 만류하셨던 것으로 알고 있습니다.

"당시에는 이른바 4자필승론이 대세였잖습니까? 그런데 저는 제 자료를 근거로 4자필패라는 생각을 했어요. 그래서 출마를 만류했지요. 또 92년 총선 후에는 김 대통령을 다시 만나 뵐 기회가 있어서 야권통합이 중요한 거 아니냐, 한 발짝 뒤로 물러나시라고 했지요. 그 뒤로는 만나자는 연락이 안 오더라고요. 하- 하- 하."

그는 그 큰 입을 활짝 열어 목젖이 보일 정도로 고개를 젖히면서 파안대소했다.

환갑을 훌쩍 넘긴 나이에 언론개혁의 전도사를 자처하고 나선 김중배 언개연 상임대표. 그가 즐겨 하는 말은 "말할 수 있는 백성이라야 산다는 것"이다. 이제 그의 화두에 어떤 뜻이 담겨져 있는지 그 속으로 들어가 보자.

운동가와 기자, 데모를 하느냐 안 하느냐 차이

—요즘 활동하시는 모습이 대단히 분주하신 것 같습니다. 저널리스트에서 시민운동가로 변신하신 후에 여러 직책을 맡고 계신데 언개연 대표 말고 맡고 계신 직책이 몇 개나 되십니까.

"시민단체들이 연대활동을 활발하게 하면서

일시
1999년 2월 5일 오전 10시
장소
프레스센터 19층 기자클럽
대담
정범구 박사
진행
김경란 기자
사진
임중진 기자
정리
김홍석
미술
김경희

자동적으로 공동대표로 참여하다 보니까 직함이 많아졌습니다. 그저 악을 쓰고 다니는 것이지요. (웃음)"

—뒤늦게 시민운동을 하시면서 특별하게 느끼신 점이 있으면 말씀해 주시죠.

"시민사회운동의 전문성 즉 각론은 발전이 잘 되고 있는데 단체들 간에 공약수를 찾는 것은 좀 부족하지 않은가 생각합니다. 한 대의 자동차를 완성하는 데 부품이 대략 3만여 개가 들어간다고 합니다. 시민운동을 자동차에 비유하자면 각각의 부품을 만드는 공장은 발전했는데 그것을 조립하는 전체 공정은 그렇지 못하다는 것이죠. 그래서 우리가 공동으로 찾아 가야 할 대안이라고 할까, 어떤 길을 마련할 수 있지 않을까 싶어서 사람들을 만나 의견을 나누고 있습니다."

—언론인 김중배에서 시민운동가 김중배로 변하신 모습이 자연스러워 보이는데요. 그런 활동을 하시는 선생님의 아이덴티티는 뭐라고 생각하십니까.

"저는 시민운동도 언론운동의 연장선상에 있다고 봅니다. 언론인들이 하는 일을 더 적극적으로 실천하는 것이 바로 시민운동가가 하는 일이라고 생각합니다. 그래서 그런지 두 가지 일이 다 비슷한 것 같아요. 차이점이라면 신문기자는 데모를 하면 안 되지만 시민운동가는 부지런히 데모를 한다는 것이지요. 집회 참가 초기에는 구호를 외치는데 손이 안 올라가서 참 괴롭데요.

지금은 잘 올라갑니다."

그가 계면쩍게 웃었다. 오랫동안 펜을 들고 싸웠던 그가 주먹을 불끈 쥐고 싸우는 모습이 조금은 어색하게 보이는 것도 사실이다.

—대담을 하다 보면 큰 일에 대해서만 묻고 답하게 되는데 선생님께는 좀 개인적인 것을 여쭙고 싶습니다. 사회적으로 선생님께 부과된 요구가 많은데 비해 선생님의 개인적인 삶에 대해서 사회는 책임져 주거나 해결해 주지 않는 것 같습니다. 솔직히 말씀드리자면 경제적인 문제는 어떻게 해결하시는지요.

"언젠가 보니까 『한국논단』, 『월간조선』 같은 잡지들에서 시민운동가들이 민주화라는 미명을 앞세워 사익을 채운다고 하던데요. (웃음) 그랬으면 좋겠는데 어렵습니다. 시민단체 상근자들은 대부분 월급조차 제대로 받지 못하고 일합니다. 누가 우스갯소리로 이 시대의 진짜 프롤레타리아는 시민운동단체 상근자라고 그러데요. 그에 비하면 저는 고료나 강연료가 있으니까 좀 나은 편이지요. 어려운 후배들을 볼 때마다 가슴이 아픕니다."

—우리 운동의 척박한 현실의 한 단면을 말씀해 주신 것인데요. 공익을 위해서 일하면서 개인적인 경제문제를 스스로 해결해야 한다는 사실이 어떻게 보면 가혹하다고 할 수도 있는데요. 그런 문제를 개인이 짊어지다 보면 운동에 영향을 미치지 않겠습니까.

"영향이야 미치겠지만 개인적으로 짊어져야지요. 모든 분야가 다 그렇지만 특히 시민운동가나 언론인은 경제적인 문제가 불투명해서는 안 됩니다. 금전적으로 당당하지 못하면 떳떳하게 일을 할 수가 없어요. 그럼에도 원칙과 현실 사이에서 난감할 때가 많기는 하지요. 예컨대 저만 하더라도 입법청원을 위해서 국회의원들을 자주 만나야 하고, 원만한 관계를 유지하기 위해서 후원회에 얼굴이라도 내밀어야 하는데 금전적인 여유가 없어서 가지 못하는 경우가 자주 생겨요. 그래서 저는 누구에게는 가고 누구에게는 안 갈 수 없어서 2년 전부터 일체 후원회에 참석하지

않고 있습니다."

개인의 경제적인 삶에 대한 질문이 계속되자 그는 쑥스러운 표정을 지었다. 대부분의 동년배들이 경제적인 여유를 갖추고 있는 반면 그렇지 못한 데서 오는 어색함 때문일 것이다.

바른 말 길로 생각의 물결을 다스려야

—이제 언론개혁 문제에 대해서 본격적으로 여쭙겠습니다. 우리 삶에서 미디어를 빼면 생활이 안 될 정도로 미디어가 막강한 힘을 발휘하고 있습니다. 미디어가 국민들의 생활을 지배하고 있다고 해도 과언이 아닌데요. 그만큼 미디어의 역할이 중요해진 것 같습니다. 언론개혁이 왜 중요한지에 대해서 말씀해 주시죠.

"요즘 들어서 글로벌시대, 무한경쟁시대를 헤쳐 나가기 위해서는 지금까지 해 왔던 규격화된 교육이 아니라 창조적인 교육, 다양한 교육을 해야 한다는 주장이 나오고 있습니다. 규격화된 교육을 이야기할 때마다 감초처럼 빠지지 않은 것이, 우리 나라 사람들은 대화나 토론을 못한다는 지적입니다. 그것은 문화나 교육 탓도 있지만 사실은 우리의 언론이 억압, 통제되어 왔기 때문이기도 합니다. 30년이 넘게 계속되었던 억압체제 하에서 우리는 제대로 말을 할 수도, 그림을 그릴 수도, 노래를 부를 수도 없었습니다. 사람들 모두가 하고 싶은 말을 하기 전에 과연 이 말을 해도 괜찮은지를 먼저 생각해야 하는 그런 세월을 살았습니다."

언론개혁 이야기가 나오자마자 그의 말투는 어느새 카랑카랑한 말투로 바뀌었다. 잠시 호흡을 고른 그가 이야기를 계속했다..

"함석헌 선생께서 '생각하는 백성이라야 산다'는 말씀을 하셨지만 저는 앞으로는 모든 것을 말할 수 있는 백성이라야 살 수 있다고 생각합니다. 고운 최치원 선생께서도 지증법사 비문에 '말 길로 생각의 물결을 다스린다'는 말씀을 남기셨는데요. 고운 선생의 말씀대로 언론이 바른 말 길을 열어 나갈 때, 비로소 민족의 창의성과 창조력이 활짝 꽃을 피우게 됩니다. 그런 의미에

저는 언론개혁 없이는 진정한 민주주의를 실할 수 없다고 생각합니다."

—선생님께서는 91년 9월에 이른바 사주의 도지침에 반발해서 동아일보사에서 사직을 하습니다. 당시에 언론이 권력과의 싸움에서 이 자본과의 힘겨운 싸움을 시작해야 한다는 말도 하셨는데요. 그 때와 비교했을 때 지금은 떻습니까.

"자유주의 언론에는 두 가지 측면이 있습니: 하나는 정치, 즉 권력과의 관계에서 지배권과 언론이 유착하는 것이고, 또 하나는 자본, 시장논리에 입각한 자본주의적 기계가 언론을 배하는 것이죠. 지배권력과 언론의 유착관계는 거에 비해서 많이 개선되었습니다. 하지만 자

본의 언론지배는 달라졌다고 보이지 않습니다. 여전히 언론의 발목을 잡고 있지요."

—지금 하신 말씀은 과거에는 권력의 간섭으로 언로가 막혔지만 현재는 자본에 의해 언로가 막혀 있다는 말씀인 것 같습니다.

"그렇습니다. IMF체제를 맞으면서 재벌들의 족별경영이나 경영권 세습이 경제적으로 얼마나 많은 문제점을 지니고 있는지 국민들이 알게 되었습니다. 신문사의 지배구조 또한 재벌 못지 않다는 것을 국민들이 알아야 합니다. 언론은 사회의 공기(公器)입니다. 그런 의미에서 언론은 사주들 마음대로 좌지우지되어서는 안 됩니다."

—한 사회에서 특정분야의 지배권력이 교체되지 않고 계속될 경우 그 세력은 사회적으로 대단히 위험할 수도 있다는 생각이 듭니다. 그런 관점에서 보자면 정치권력은 5년마다 교체되는 세력이지만 언론권력은 몇 십년 동안 교체되지 않은 세력입니다. 결국 언론개혁은 교체되는 권력과 교체되지 않는 권력과의 싸움이라고 할 수

있는데요. 현정부의 언론개혁 의지에 대해서는 어떻게 보십니까.

"지난 4년여 동안 논의되었던 통합방송법이 작년 말 법안 처리 과정에서 제외된 것은 매우 아쉽지요. 하지만 현재 방송개혁위원회를 구성하여 개혁 조처를 취하려 하고 있기 때문에 저로서는 언급을 피하겠습니다. 신문 분야는 적어도 현재까지의 움직임을 봤을 때 전체적으로 매우 소극적이라서 개혁 의지를 전혀 확인할 수 없습니다. 하지만 한 가닥 기대는 하지요. 김 대통령은 '어떤 자리에 있는 것이 중

우리 삶에서 미디어를 빼면 생활이 안 될 정도로 미디어가 막강한 힘을 발휘하고 있습니다. 미디어가 국민들의 생활을 지배한다고 해도 과언이 아닌데요. 그만큼 미디어의 역할이 중요해진 것 같습니다.

요한 것이 아니라 어떤 일을 하는지가 중요하다'는 말씀을 수없이 했습니다. 그것은 역사에 대해 책임을 진다는 말입니다. 정부나 대통령의 입장에서는 언론과의 밀월관계를 깨는 것이 부담스러울 수 있겠지만, 민족의 미래와 역사를 위해서라는 명분을 걸고 나왔다면, 후손들을 위해서라도 모종의 결단을 내려야 할 것입니다."

—신문 분야에 대한 개혁 의지가 보이지 않는 것은 정부가 신문계와의 갈등을 두려워하고 있기 때문인가요. 아니면 현정부의 신문개혁에 대한 밑그림이 없기 때문일까요.

"정부가 주도하는 신문 개혁은 자칫 잘못하

면 신문 탄압이나 통제라는 오해를 살 수 있습니다. 정부 주도의 신문개혁 발상은 위험선에 근접해 있지요. 또 현재 신문들은 수십 년 동안 이어져 온 체질이라고나 할까 타성이라고나 할까, 그런 것 때문에 정부에 대해서 제대로 비판하지 않고 있습니다. 이런 상황에서 정부도 무슨 개혁을 한답시고 평지풍파를 일으킬 필요는 없다고 생각할 수도 있겠지요. 하지만 현재의 정권 담당자들이 야당 시절에 언론에 대해서 많은 불만을 토로했고, 대통령 자신도 언론으로 인해 피해를 입은 당사자이기 때문에 언론개혁 의지는 분명히 있을 것으로 믿고 싶습니다. 저는 아직도 대통령이 언론개혁 의지를 가지고 있다고 믿습니다."

언론개혁 언론인만으론 역부족

—선생님께서 과거에 언론사 내부의 민주주의 또한 매우 중요한 문제라는 말씀을 하셨는데요. 언론매체들의 사내 민주주의가 일정 정도 성과를 거두었다고 생각하십니까.

"후배들에게 대단히 미안한 말이지만 이렇다 할 성과가 없었다고 생각합니다. 언론운동 초창기에는 편집국장 직선제나 임명동의제, 편집권 독립에 관한 주장 등 구체적인 성과가 있었지만 현재는 그 성과물마저 거의 유명무실해졌습니다. 이렇게 된 요인에는 여러 가지가 있겠지만 IMF 체제를 맞으면서 자기가 종사하고 있는 언론사가 생존해야 자기 생활도 안정될 수 있다는, 나쁘게 말하면 집단이기주의가 나타난 결과겠지요. 결국 원천적으로 신문사의 지배구조가 바뀌지 않고서는 진정한 내부 민주주의도 이루어질 수 없다는 점을 다시 한번 확인했다고 할까요."

—결국 사주의 권한이 강하고 자사이기주의가 팽배해 있는 상황에서 언론노조운동만으로는 언론개혁을 하는 데 한계가 있다는 말씀인가요.

"그렇지요. 현역 언론인
들만으로 언론개혁을 한다는
것이 불가능하다는 점을 우
리는 지난 10년간의 언론노
조운동을 통해서 확인했습니
다. 그래서 현역 언론인 단체
인 기자협회, 언론노련, PD
연합회 등이 참가하고 양대
노총은 물론 전국연합에서
경실련까지 거의 모든 시민
단체들이 연대해서 언론개혁
에 나선 것이지요."

—앞서 신문의 경우 변
화가 없다고 말씀하셨습니
다. 실제로 과거 『서울신문』
이 『대한매일』로 거듭나면서
일부에서는 『한겨레』의 정체
성에 대해 많은 이야기를 하
고 있습니다. 『한겨레』 내부
에서도 논란이 있는 것으로
알고 있는데요.

"글쎄요. 과거 『한겨레』 책임자로서 이 문제
에 대해 언급해야 할 의무도 있고, 거꾸로 자제
해야 할 의무도 있는데…. 저는 『한겨레』 후배들
을 만나면 이 시대에 『한겨레』가 찾아가야 할 길
이 있지 않겠는가 얘기합니다. 일부에서는 『한겨
레』가 여당지가 다 됐다고 말하기도 합니다. 물
론 여당이 잘 하면 잘 한다고 써야 되겠지만 여
당지라고 오해받을 소지는 줄여야 되겠지요. 이
정권이 추구하는 틀, 질서가 『한겨레』 창간에 동
조했거나 참여했던 사람들의 뜻에 부합되는 것인
지에 대해서 저는 『한겨레』 후배들이 늘 생각해
주길 바라고 있습니다."

—언론이나 지식인의 역할과 관련해서 현
정부가 개혁을 완수할 수 있도록 비판을 삼가자
는 의견도 있는 것으로 알고 있습니다만.

"백보 양보해서 비판의 강도는 조절할 수 있
었지만 아예 삼가는 것은 있을 수 없지요. 그 동
안 『한겨레』는 민중적인 삶을 생각하는 더불어

사는 삶을 추구하는, 자유와 평등을
생각하는 사람들을 위해서 노력해
왔습니다. 치열하게 말한다면 저는
『한겨레』가 기존의 제도권 언론들과
유사한 매체가 되기를 바라지 않았
습니다. 그렇다고 너무 의도적으로
현정부를 비판할 필요는 없겠지만
나름대로 정권에 대해서 할 말은 할
수 있어야지요."

내각제가 지역주의를 더 조장할 것

—이제 현안 문제에 대해서 몇
가지 질문을 하겠습니다. 『월간조
선』과 최장집 교수 사이에서 전개되
었던 공방이 최 교수의 소 취하로
일단락 된 것 같습니다. 이로써 사
건이 종료된 것으로 봐야 할까요.

"시민단체들이 조선일보 허위·

> **신**문사의 지배구조 또한 재벌 못지 않다는 것을
> 국민들이 알아야 합니다. 언론은 사회의
> 공기(公器)입니다. 그런 의미에서 언론은 사주들
> 마음대로 좌지우지되어서는 안 됩니다.

왜곡보도 공동대책위원회를 꾸려서 싸웠던 것은
최 교수 개인을 위해서가 아니라 수구냉전체제
아래서 수십 년 동안 자행되어 온 언론의 탈선에
제동을 걸어야 한다는 이유에서였습니다. 그렇기
때문에 『조선일보』의 생리, 체질이 변하지 않는
한 사건이 끝났다고 볼 수는 없지요. 더욱이 조
선일보사는 『말』지, 언개연, 『미디어 오늘』에 대
해서 소를 취하하지 않고 있습니다. 『조선일보』
나름대로는 편집국장을 바꾸는 등 상당한 변화를
시도하고 있다고 자부하고 있지만 그것은 다짐만
으로 되는 것이 아닙니다. 법관이 판결로 말하듯
이 기자는 기사로 말해야 합니다. 앞으로 『조선

그런데 현실은 전혀 그렇지 못합니다. 특히 지방언론들의 경우 정치인들의 지역주의 선동에 편승하는 경향마저 있습니다. 지난 대선 전에 지방에 다녀봤는데 지역에 따라 언론사의 논조가 완전히 다릅니다. 참으로 부끄러운 모습이지요."

─내각제 문제를 둘러싼 정치세력 간의 갈등이 심심찮게 언론지상에 오르내리고 있는데요. 이 문제에 대해서는 어떻게 보십니까.

"연전에 어느 신문을 보니까 어느 인사가 내각제를 하면 지역감정이 일어나지 않을 것이라고 썼던 데요. 저는 내각제가 지역주의를 더 조장할 것으로 봅니다. 시기적으로나 현실적으로 내각제는 적절하지 않다고 봐요. 이런 말을 신문에 쓰고 싶어도 저놈은 전라도 놈이니까 저런다고 할까 봐 쓰지 못하고 있는데…. 개인적으로도 지역감정은 참 큰 멍에입니다."

말을 하면서 그는 길게 한숨을 내쉬었다.

> **이**미 우리 사회에서 시장주의는 하나의 이데올로기가 되어 버린 상태입니다. 하지만 과연 시장주의라는 이데올로기는 우리가 믿고 따를 만한 것인가. 저는 대단히 회의적입니다.

일보』 기사를 보고 판단해야지요."

─최근의 현안 중에서 지역감정이 심각한 사회 문제로 대두되고 있습니다. 정치가 사회 통합에 기여하기보다는 오히려 분열을 조장하면서 지역감정을 부추기고 있는데요.

"언론학에서 총알이론이라는 것이 있습니다. 미디어의 보도 내용이 총알처럼 빨리 사람들의 마음 속으로 파고드는 것을 비유한 말인데, 그렇게 막강한 총알도 지역감정이라는 벽 앞에서는 속수무책입니다. 지극히 상식적인 사람도 지역주의라는 안경을 쓰게 되면 불행하게도 판단 불능상태가 됩니다. 참으로 답답한 노릇이지요. 저는 정치인들이 앞장서서 지역통합을 추진하는 것도 중요하지만 그런 분위기를 양성하고 촉진시키는 것은 언론이 해야 할 몫이라고 생각합니다.

대담을 하는 동안 현실과 이상 사이를 적절하게 오가며 합리적인 대안을 제시해 왔던 그도 이 문제에 대해서는 뚜렷한 대책이 없는지 고개를 절레절레 흔들었다. 그의 눈에 아주 짧게 처연한 기운이 머물다가 사라졌다.

시장만능주의가 대안일 수 없다

─제가 한 달에 한 번씩 대담을 하면서 개혁의 진척 정도를 체감해 보고 싶었다고 할까요. 그래서 항상 해 보는 질문입니다만 선생님께서는 김대중 정부의 개혁을 어떻게 평가하십니까.

"자동차나 반도체 분야의 구조조정이 과연 유효한 것인가에 대해서는 찬반양론이 있지만 그

것이 개혁이든 역진이든 간에 일정 정도 성과를 거둔 것이 사실입니다. 하지만 원천적으로 현정부의 개혁은 시장경제의 효율성을 추구하는 데 지나치게 편향되어 있습니다. 예컨대 우리 사회 공동체를 위해 필요한 자유, 평등, 공정한 질서를 마련하는 데는 너무 소홀했습니다. 저는 가끔 이런 생각을 합니다. 돈을 위해 자기 발목을 자르고, 자식의 손가락을 자르고, 실업을 이유로 이혼을 하는 세태를 보면서 1인당 국민소득이 3천 달러도 못될 때, 우리 사회의 현상은 어땠는가. 심지어 소득이 1백 달러도 안 되고, 지금보다 실업률이 높았던 때, 우리 사회의 문화 풍토는 어땠는가. 그런 것을 생각하면 그 동안 우리가 경제개발이라는 반쪽의 성장에만 너무 집착했던 것이 아닌가 하는 생각을 하게 됩니다. 물론 이런 현상이 대통령이나 정부만의 책임은 아니지만 현정부가 새로운 질서를 만들기 위한 노력을 얼마나 했는지, 개혁의 진전이 얼마나 이뤄졌는지를 따져 봤을 때 당사자들에게는 가혹할지 모르겠지만 뚜렷한 성과가 없었다고 생각합니다."

—선생님을 가리켜 저널리스트도 시민운동가도 아닌 '혁명가'라고 말하는 분들을 뵌 적이 있습니다. 선생님께서는 우리가 지향해야 할 사회구조가 어떤 모습이어야 한다고 생각하십니까.

"제가 우리 사회의 미래에 대해서 정밀하게 말할 처지나 주제는 못 됩니다. 다만 현상에 비추어 말하자면 시장 근본주의가 모든 질서, 모든 사회를 지배하는 그런 세상이 되어서는 안 된다고 봅니다. 앞서 말씀드렸듯이 시장 논리를 앞세워야 할 부분도 있겠지요. 또 부분적으로 경쟁의 논리가 도입되어야 할 분야도 있겠지요. 그런데 그런 경쟁 원리, 시장 논리가 지배해서는 안 되는 분야도 있지 않겠습니까. 대통령이 무한경쟁을 주장하면서 '2등도 소용없다'는 말을 하고 있습니다. 물론 어떤 뜻으로 그런 이야기를 했는지는 잘 압니다. 하지만 대통령이 국민 앞에서 그렇게 말을 해 버리면 우리 사회 공동체는 깨지고 맙니다."

약간 격양된 말투로 이야기를 마친 그가 찻잔에 조금 남아 있던 식은 커피를 마저 마셨다. 그리고 담배 하나를 피워 물고서 훨씬 차분해진 목소리로 말을 이어 나갔다.

"이미 우리 사회에서 시장주의는 하나의 이데올로기가 되어 버린 상태입니다. 하지만 과연 시장주의라는 이데올로기는 우리가 믿고 따를 만한 것인가. 저는 대단히 회의적입니다. 만약 내게 탁월한 이론이 있다면 그 길이 아니라 이 길로 가자고 자신 있게 주장할 텐데 그렇지 못해서 고민이고요. 개인적으로는 요즘에 이야기되고 있는 제3의 길이니 성찰적 근대화니 민주주의의 민주화니 하는 담론에 대해 관심을 갖고 있고, 또 부분적으로 그런 주장에 공감하고 있습니다."

김중배 선생은 대담을 마치면서 미국의 한 시민운동가가 시장주의 현상에 대해서 쓴 책의 한 대목을 소개했다.

"시장주의자들을 우주선에 타고 있는 카우보이로 비유한 부분이 있습니다. 서부를 개척했던 카우보이 정신으로 우주선 안에서 개척을 하겠다고 나서는 시장주의자들을 상상해 보세요. 그 우주선이 어떻게 되겠습니까."

세상을 살아가는 방법에는 여러 가지가 있다. 구부러지면서 사는 것, 부러지면서 사는 것도 그 중의 한 방법이다. 지난날 그는 늘 부러지는 쪽을 선택했다. 그는 앞으로도 누워서 수평으로 사느니, 일어서서 수직으로 사는 삶을 선택할 것으로 보인다. 그렇지 않다면 막강한 위력을 발휘하고 있는 권력과 자본에 맞서 돌팔매질을 할 수 없었을 테니까.

늦은 오후 날씨는 여전히 차가웠지만 그의 걸음걸이는 흐트러짐이 없었다. 그는 "'무기'를 구하기 위해 책을 쓰고 있다"며 짧은 술자리를 아쉬워했다. 즉 언개연 후원회를 개최할 예정인데 오시는 분들을 빈손으로 보낼 수 없어서 책을 쓰고 있는 중이라고 했다.

김중배 언개연 상임대표. 많은 사람들은 그가 '하고싶은 말을 다 할 수 있는 세상'을 만들기를 진심으로 바라고 있다. 마감

집중기획 **21세기와 정치개혁** | 디제이신당과 진보정당

인터뷰 · 이인영 국민회의 신당 창당발기인

"현실정치에 영합하지 않고 386정신 살리겠다"

- 지금은 386세대가 정치에 참여할 때다.
- 개인적으로 신당참여를 결정하면서 그렇게 편했던 것만은 아니다.
- 내년 총선 출마는 주위 분들의 의견을 존중해 최종 판단하겠다.
- 진보정당으로 현실정치에 토대를 구축하는 것은 힘들다.
- 산업화세대의 역할을 쉽게 부정하지 말아야 한다.

김종석 자유기고가

지난 9월 9일 국민회의 신당창당 발기인 19명의 명단이 발표되었다. 그 중 청년계를 대표해 참여한 이인영 전대협 초대 의장(36·전 고려대 학생회장)은 세간의 눈길을 끌기에 충분했다. 올 초부터 젊은피 수혈론의 주된 대상으로 지목되어 온 386세대의 '대표주자'로 참여하고 있기 때문이다.

9월 13일, 6월항쟁의 신호탄이 쏘아올려졌던 성공회성당 한편에 자리한 세실 레스토랑. 인터뷰를 준비하는 동안 그의 핸드폰은 쉬지 않고 울렸다. 통화 내용 중에는 "양복을 맞추러 가려는데 몇 시까지 영업하느냐"는 내용도 있었다. 6월항쟁을 이끈 주역으로, 세 차례의 옥고를 치른 뒤, 줄곧 재야 청년운동에 투신해 왔던 그가 바야흐로 '화려한 외출'을 준비하고 있음을 실감할 수 있었다.

신당과 386세대의 정치참여

—신당 발기인으로 참여하게 된 동기는.

"이제는 우리세대가 진보정당이든 기성정당이든 어떤 형태로든 정치참여를 시작할 때가 됐다고 생각했다. 현재 정부의 개혁이 미진하다는 젊은 사람들의 비판이 높다. 그런 목소리를 가감 없이 반영하는 게 필요한데, 개인적으로 부족한 점이 많지만, 그런 가교역할을 하기 위해 신당 참여를 결심했다."

—창당 발기인으로 참여해 달라는 제의는 누구에게서 받았고 누가 도와 주었나.

"비교적 많은 분들이 골고루 도와주신 것 같다. 그리고 정균환 단장으로부터 최종 제의를 받았다. 이미 정치권에 들어가 계신 운동권 선배들, 또 이번에 같이 참여하게 된 선배님들도 많이 도와 주셨다."

—앞으로 가교 역할을 어떻게 해 낼지 궁금한데 얼마나 많은 386세대가 참여할 것으로 보는가. 또 386세대의 정치참여가 성공할 것 같나.

"솔직히 결과가 어떻게 될지는 잘 모르겠다. 다만 내가 할 일은 현실 정치에 대한 개선의 필요성을 인정하고, 개혁을 강화하기 위해서 개혁세력의 결집이 필요하다고 공감하는 우리세대들을 되도록 많이 신당에 참여시키는 것이다. 386세대가 총선에 몇 명 출마하고 몇 명이나 당선되겠느냐는 건 가늠하기도 어렵고, 그것이 곧 성공을 의미한다고 보지는 않는다. 중요한 것은 우리세대가 정치권 전반에 얼마나 개혁적 기운을 불어넣을 수 있느냐다. 총선에 출마해 당선자를 몇 명 내느냐보다는 개혁의 주체들을 어떻게 국정의 요소요소에 배치하느냐가 중요하다. 유능한 젊은 이들이 신당에 참여해 중앙당은 물론 지구당의 정치 문화를 개선하고, 나아가 행정부, 국가산하 기관 등에 참여해 국정 전반에서 실질적인 개혁 주체세력으로 확고하게 자리잡아 지속적으로 개혁을 수행할 수 있는 구조를 만들어야 한다."

사실 386세대의 정치적 진출 모색은 94년 '30대 역할론'으로 표출된 바 있다. 96년에는 '젊은연대'가 3김 정치 극복을 화두로 '1천5백인 청년 선언'을 하기도 했다. 그러나 결과는 모두 실패로 돌아갔다. 그 이후 386세대의 정치세력화 논의는 정서적 동질감을 바탕으로 공통의 미래를 모색하자는 공감대 형성 수준에 머물렀을 뿐, 구체적인 행동을 위한 어떠한 합의에도 도달하지 못했다. 386세대가 이 사회의 '허리' 역할을 맡고 있다는 현실 인식, 즉 94년의 30대 역할론 수준에서 한발짝도 나아가지 못한 상태였다.

—정치권 진출을 놓고 386세대 내에서도 단일한 합의가 이루어지지 못한 듯한 인상을 받았다. 그런 와중에 민주노동당이라는 진보정당이 창당 발기인대회를 했다. 일부에서는 386세대가 힘을 발휘하기 위해서는 진보정당 깃발 아래로 집결해야 하는 것 아니냐는 주장도 있다.

"정치권 진출이라는 현실적인 문제만은 아니었다. 우리 세대의 정체성을 반영하는 정당의 모습은 어떤 것이어야 하는가에 대해 우리세대 내부에서도 견해가 엇갈리고 있다. 새로운 정당의 정책, 지지기반, 참여대상 등에서 서로의 의견 차이가 많았다. 물론 진보정당을 통해 우리 세대의 정체성을 실현하는 것도 필요하지만, 현실 정치에 기반을 마련하고, 정책의 유연성을 확장하는 것도 필요하다고 본다. 그 점에 대해서는 현실인식의 차이로 인정한다. 다만 다양한 출발로 각자의 길을 모색하되, 어느 시점에서 서로의 활동이 확인되고 검증되면 그 때까지 이룩한 성과들을 가지고 다시 만날 수 있을 것이다. 386세대의 현재 모습이 분열이나 분산이 아닌 다양한 출발로 이해되었으면 한다."

—때가 되면 원대복귀를 하겠다는 말인가.

"(웃음) 신당 발기인으로서 그런 말을 할 수 있겠는가. 확실한 것은 지금은 신당이 성공해야 한다는 것이다. 그 이후, 아마도 2002년쯤이 될 텐데 그 때는 또 정치지형이 많이 바뀔 것이다. 기성 정치인들이 이룬 성과와 젊은 사람들이 이룬 성과가 결합할 수 있는 길은 항상 열려 있을 것이라고 생각한다. 그런 문제는 특정 시점에 가서 판단해도 늦지 않다."

—386세대가 현실 정치에 참여하는 과정이 너무 편안한 길을 취하는 것은 아닌가 하는 지적도 있는데.

"충분히 경청할 만한 지적이고, 타당한 비판이라고 생각한다. 하지만 개인적으로 신당 참여를 결정하면서 그렇게 편했던 것은 아니다. 앞으

로 현실 정치에 영합하지 않고, 우리세대의 목소리를 제대로 전달하도록 최선을 다하는 과정에서 그런 우려들을 불식시키도록 노력하겠다."

현실성의 확보와 자기정체성의 유지

—그 동안 재야인사들이 각각의 명분을 가지고 현실 정치권으로 많이 들어갔다. 그런데 그들이 제도정치권 안에서 처음에 내세웠던 명분만큼 역할을 수행했느냐에 대해서 평가가 엇갈리고 있다. 어떻게 생각하는가.

"물론 그 분들이 현실정치의 벽에 막혀 어느 정도 한계를 보인 부분도 있다. 하지만 일률적으로 동일하게 평가할 수는 없다고 본다. 예컨대 한나라당에 머물면서 전교조문제 등에 대해서 당론과 다르게 행동한 분도 계시지 않는가. 다들 나름대로 열심히 활동하셨고, 성과도 있었다고 생각한다."

—현재 신당에 대한 여론조사를 보면 국민들의 기대치가 매우 낮다는 것을 알 수 있다. 가혹하게 말하자면 그것은 곧 그 동안 정치권에 들어간 재야 출신 인사들의 활동을 탐탁치 않게 여기고 있다는 반증이기도 하다. 그렇다면 이미 정치권에 참여한 사람들과 활동에 있어서도 차별성이 있어야 하지 않겠나.

"운동적 차원에서만 보자면 진보정당을 구축하는 것은 자기정체성을 확실히 할 수 있다는 장점을 가지고 있다. 하지만 그럴 경우 현실정치에서 토대를 구축하기 어렵다는 난점이 있다. 그간의 현실정치 참여를 '민주연합' 또는 '개혁연합'으로 표현할 수 있을 것이다. 이전에 참여한 사람들에 대해 일부에서는 '현실성은 확보했지만 상대적으로 정체성을 잃었다'고 비판하는데 일견 타당한 지적이다. 그럼에도 불구하고 현실성의

확보와 동시에 자기 정체성도 잃지 않는 방법의 모색은 여전히 계속되어야 한다고 생각한다. 현실성을 갖추면서도 어떻게 자기 정체성을 유지하거냐가 우리에게 주어진 과제다. 개인적으로는 비록 형식은 개별적인 참여지만 우리세대가 공감하는 내용과 지점에 근거해서 활동하려고 한다. 앞으로도 전대협동우회, 한국의 미래·제3의힘 등 우리세대의 목소리가 머물고 있는 곳의 여론을 정치권에 전달하도록 노력할 것이다."

—현실 정치권에 진입한 민주세력들의 경우 개인적 이해관계에 따라 개별적으로 당지도부와 정치적 직거래를 하면서 개혁세력으로서의 정체성도 힘도 다 잃었다는 평가가 있다. 이번에도 그러지 않으리라는 보장은 없을 텐데.

"누구 눈치를 봐서가 아니라 아직은 그에 대한 대답을 할 때가 아니라고 생각한다. 앞으로는 이미 현실정치에 참여하고 있는 분들과 이번에 참여한 분들이 머리를 맞대고 의견을 교환해 어떤 대안을 찾을 것이다."

그는 지난날 현실 정치권으로 들어간 선배들에 대해 지나칠 정도로 말을 아꼈다. 수차례에 걸쳐 이리저리 찔러보았지만 결국 그의 입을 여는 데는 역부족이었다.

—신당 창당 발기인들의 면면을 보면 개혁성보다는 전문성 위주로 발탁하지 않았나 싶다.

"시대에 조응하고, 사회와 국정 전반을 운영할 수 있는 능력을 갖춘 전문성은 개혁을 위해 절대로 필요하다고 생각한다. 영·정조 때 노론 벽파와 남인들의 개혁 싸움에서 남인들이 훨씬 개혁적이었지만 상공업이 발전하는 과정에서 형

성된 실학파의 등장이야말로 조선사회를 근대사회로 밀고 나간 동력이었다. 개혁이 정치분야만이 아닌 국정전반과 사회 전체의 변화, 그런 전환과 맞물려 있기 때문에 전문성이라는 것이 단순히 '전문적'이라는 의미가 아니라 '개혁'의 내용을 담고 있다고 본다."

—내년 총선에 출마할 생각인가.

"개인의 출마나 당선보다는 우선 우리세대의 승리에 더 많은 관심을 가지고 있다. 내가 개인적으로 출마를 결심하고 당선되었다고 가정했을 때, 그게 우리세대의 승리인가 되물어보면 전혀 의미가 없을 수도 있다. 개인의 성공이나 입지 확보는 아무런 의미가 없다. 우리세대가 얼마나 많이 신당에 참여해서 성공할 것인지, 또 신당이 어떻게 성공해서 개혁정당으로 거듭날 것인지를 먼저 고민할 것이다."

—신당의 성공을 위해 고향인 충주에서 출마하라고 한다면 따를 것인가.

"곤혹스러운 문제다. 여당이다 보니까 고향에서 내가 출마하기를 열망하는 사람도 있을 것이다. 하지만 내가 고향을 위해 봉사한 게 없다. 또 지금 내가 사는 곳은 성남이지만 서울에서 활동하느라 지역사회에 봉사한 것도 없다. 그런데 덜컥 그 곳에 간다는 것은 지역에서 열심히 일하고 계신 분들에게 도의적으로 옳지 않은 일이라고 생각한다."

—출마가능성을 배제하지 않고 있다고 봐도 되는가.

"주위 분들의 의사를 존중해서 최종적인 판단을 하겠다."

조용한 정치, 소탈한 정치, 겸손한 정치

—이제 현실 정치권으로 들어오는데 정치인 중에 닮고 싶은 사람이 있다면 누구인가.

"운동가로서는 문익환 목사, 이창복 의장, 김근태 의원 등을 존경한다. 정치권에서는 김대중 대통령이 운동권의 문익환 목사처럼 정치인들의 존경을 받고 있는 것 같은데 나는 아직 실감을 못하고 있다. 외교적 발언으로 김 대통령을

존경한다고 하면 좋을 텐데…. (웃음)"

—어떤 정치인이 되고 싶은가.

"조용한 정치, 소탈한 정치, 겸손한 정치를 하고 싶다. 이런 자세에서 출발해 정책능력을 갖춘 조직가, 예컨대 정책을 판단하고, 생산하고, 조직화하는 그런 정치인이 되겠다."

—현실정치를 하다보면 정치자금 문제뿐만 아니라 주변에서 도움을 주는 이른바 싱크탱크라 불리는 사람들의 역할도 중요하다고 보는데, 제대로 된 정치를 하기 위해 개인적으로 잘 준비되어 있다고 생각하나.

"다행히도 그 동안 좋은 친구들을 사귈 수 있어서 기획이든 정책이든 도와 줄 만한 분들이 많다. 하지만 돈 쓰는 정치는 전혀 준비하지 못했다."(웃음)

예전과 다르게 그는 요즘 참 잘 웃는다. '꿈플렛 체질'이라는 그가 말이다. 게다가 더욱 겸손해진 느낌을 준다. 80년대 운동권 세대의 신화를 잘 내세우지 않으려 한다는 것이다. 그래서 그는 80년대 운동적 성공은 60, 70년대에 자신을 희생했던 선배들에게 힘입은 바 크다고 말했다.

"그런 선배들의 역할이 있었기 때문에 80년대 운동이 활짝 꽃필 수 있었다. 그런데도 지금 그분들이 아닌 우리 세대가 정치권에서 부각되고 있다. 굉장히 죄송스럽다. 그래서 우리 세대는 그 선배들의 희생적인 삶을 존중해야 한다. 산업화를 이끌어 온 세대에 대해서도 '기성세대는 모두 가라'는 식으로 요구하는 것은 안될 말이다. 우리가 겸손하면 할수록 우리세대의 열정과 역사적 가치는 더 높이 평가받을 수 있다."

주사위는 이제 그의 손을 떠났다. 그를 비롯한 6월항쟁 주역들의 정치적 선택이 권력의 필요에 의해 수혈된 '장식품'이 될 것인지, 스스로의 판단에 의해 헌혈된 '정치적 대안'이 될 것인지는 아직 알 수 없다. 87년, 92년, 97년에 그랬던 것처럼 그가 선택한 결과물 우리는 기다릴 수밖에 없다. 하지만 스스로 결정한 정치적 선택에 대해 훗날 그가 어떻게 이야기할지 많은 사람들이 지켜볼 것이다. ▣▣